ACCESO GRATIS a la Lectura en la Nube

Para visualizar el libro electrónico en la nube de lectura envíe junto a su nombre y apellidos una fotografía del código de barras situado en la contraportada del libro y otra del ticket de compra a la dirección:

ebooktirant@tirant.com

En un máximo de 72 horas laborales le enviaremos el código de acceso con sus instrucciones.

Código Sanitario de Chile

Código Sanitario de Chile

4ª Edición

ÁNGELA VIVANCO MARTÍNEZ

Colaborador: **CARLOS FERNÁNDEZ VILLABLANCA**

tirant lo blanch

Valencia, 2024

EDITA: TIRANT LO BLANCH
C/ Artes Gráficas, 14 - 46010 - Valencia
Telfs.: 96/361 00 48 - 50
Fax: 96/369 41 51
Email: tlb@tirant.com
www.tirant.com
Librería virtual: https://editorial.tirant.com/cl
ISBN: 978-84-1056-994-2

Si tiene alguna queja o sugerencia, envíenos un mail a: *atencioncliente@tirant.com*. En caso de no ser atendida su sugerencia, por favor, lea en *www.tirant.net/index.php/empresa/politicas-de-empresa* nuestro procedimiento de quejas.

Responsabilidad Social Corporativa: http://www.tirant.net/Docs/RSCTirant.pdf

Este trabajo es especialmente dedicado a la labor judicial de las Señoras y los Señores Ministros de la E. Corte Suprema que sirven o han servido a Chile a través de su Tercera Sala, dedicada —entre otras materias— a la revisión de asuntos sanitarios.

Índice temático

PRÓLOGO

Al escribir, en el año 2020, la primera edición de este proyecto fundamentalmente sanitario, enfrentábamos una cruda realidad como país, mundo y sociedad a través del surgimiento de la pandemia por Coronavirus (Covid-19). Y tan sólo en 4 años la nueva generación de normativa sanitaria ha tomado un nuevo enfoque en la elaboración de políticas públicas, legislación y finalmente en la resolución de asuntos críticos para la sociedad y que ya resultan inesquivables, como la discusión sobre los sistemas de financiamiento de salud en Chile y los límites que puede establecerse en función de ese especial contrato de salud.

Desde entonces, y a lo largo de estas cuadro ediciones, la normativa sanitaria ha enfrentado una serie de modificaciones y crecimientos inorgánicos en el último tiempo, debido fundamentalmente a los nuevos conocimientos disponibles, que en todo caso requieren de una regulación materialmente específica y de utilidad práctica.

En primer lugar, se hace necesario recordar que durante el siglo XIX se materializan las primeras acciones en materia sanitaria en Chile, como la fundación de la Casa de Orates de Nuestra Señora de los Ángeles (1852), legislación sobre "casas de locos" (1856), la creación de la sociedad de farmacia de Santiago (1863) y su agencia símil para médicos (1869), la epidemia de cólera de 1866, o la fundación del Instituto de Higiene (1892) y el Patronato Nacional de la Infancia en 1900.

Los autores consideramos que este tipo de preocupaciones a temprano momento —en comparación al contexto latinoamericano— permitieron cimentar las bases para el desarrollo de una institucionalidad sanitaria que tuviese un rol fundamental en la sociedad, revelando que para nuestro país la existencia de procesos de estándar se materializaron en los distintos campos de salud que, al menos en ese momento, eran los relevantes. No es casualidad que sólo un par de años de después Chile ya empezara a mostrar los mejores indicadores sanitarios de la región, incluidas potencias.

El año 1918 se promulga formalmente el primer Código Sanitario de nuestro país, gracias a un trabajo exhaustivo realizado por los comisionados Ramón Corbalán, Lucio Córdova, Alejandro del Río y Octavio Maira. Dentro de sus principales notas distintivas podemos apreciar la creación de una orgánica estatal en función de la situación sanitaria de la población, a través de la constitución de la Dirección General de Sanidad y sus dependencias afines. Adicionalmente, prohibió, restringió o autorizó la realización de determinadas prácticas en materia sanitaria, fitosanitaria, de animales y "pestes".

Hacia 1931 se publica la nueva versión del Código Sanitario, profundizado nuevos aspectos no abarcados por la edición anterior. De la mano del los doctores Alfredo Demaría y Rodolfo Krauss se enfatizan las acciones de higiene ambiental y la orgánica del Servicio Nacional de Salubridad, a través de la división del país en zonas específicas para la aplicación de la normativa sanitaria.

Esta nueva actualización vuelve a materializar lo ya señalado, un refortalecimiento importante en materia sanitaria chilena a través de disposiciones legales, reglamentarias e inclusive de tipo local. Para este momento, nuestro país había debido enfrentar fenómenos frente a los cuales la ciencia permitía reaccionar de forma más eficiente, como plagas, condiciones de higiene básica en viviendas y lugares de trabajo, servicios públicos, entre otros.

La ejecución de nuevas acciones de promoción de la salud, como el control de la natalidad, los planes nacionales en materia reproductiva, la inoculación de vacunas para hacer frente a las enfermedades, la nutrición infantil, y la situación relativa a los animales, requirieron en 1968 la actualización de la normativa sanitaria, siendo profundamente reformulado el texto para adoptar su actual configuración. Para este momento, era importante situar de un carácter administrativo a la institución, reforzando las principales funciones encomendadas frente a la ampliación de nuevos campos de conocimiento y ciencia que requerían urgente una nueva formulación en la sociedad.

En el intertanto, se han realizado diversas modificaciones en sus disposiciones, destacando entre ellas la regulación relativa a la interrupción voluntaria del embarazo en tres causales (Ley de Aborto), la experimentación científica en seres humanos (Ley Ricarte Soto) y una serie de disposiciones relativas a la ejecución de normas administrativas para el control de la pandemia causada por el SARS-CoV-2.

En el último tiempo la agenda se ha avocado a un dilema mundial en género y en especie, como es el caso del funcionamiento económico y prestacional en materia sanitaria. Mundial, porque sabemos que inclusive los principales sistemas de potencias observan dificultades estructurales en pilares que se consideraban inamovibles. De especie, porque observamos como la especial configuración en Chile de los contratos de salud requiere un análisis más allá que el mero mercantilismo. No es de extrañar entonces que los esfuerzos estén puestos en un funcionamiento mixto del sistema a través de distintas fórmulas que permitan un aporte más distributivo al de antaño que lamentablemente (inclusive según lo declarado por la jurisprudencia) transgredía ciertas normas de igualdad contra mujeres, pacientes crónicos, adultos mayores, entre otros.

De esa forma, llegamos a la configuración actual del derecho sanitario chileno fuertemente influenciado por la nueva concepción del derecho a la protección de la salud (entendido no sólo como una ausencia de enfermedad, sino que teniendo en consideración las notas de la Organización Mundial de la Salud que han entendido que se trata del total bienestar físico, psicológico y social del individuo humano) y de su configuración a nivel constitucional. En adición a ello, las nuevas preocupaciones para que un "sistema" sea eficiente a la par de económico para los consumidores y de promoción para la industria privada, especialmente la enfocada en los nuevos desarrollos científico-tecnológicos en salud.

En ese sentido, nuestro Texto Fundamental ha configurado el derecho a la protección de la salud dentro de las garantías reconocidas a las personas dentro de la categoría de derechos "económicos, sociales y culturales" (también llamados de segunda generación). Este punto de vista ha permitido reafirmar que se trata de un derecho de carácter social que se compone por elementos y condicionantes propias de las personas, el uso de recursos individuales y estatales, y circunstancias inalcanzables por nuestra disciplina; como la enfermedad terminal y la muerte.

A su turno, se impone el deber del Estado de llevar y promover la salud, realizar labores educativas y generar todas las acciones efectivas, de modo que llegue a todos los habitantes de modo efectivo. Esta obligación se materializa a través de las clásicas acciones en materia sanitaria, a saber; la promoción de la salud, la protección de la salud, la recuperación de la salud a través de la medicina curativa y la rehabilitación de la salud.

En una materialización del principio de subsidiariedad, se ha establecido también a nivel constitucional un sistema mixto de prestaciones sanitarias, consagrando una modalidad de libre elección entre los ciudadanos para adscribir a un sistema público de salud (administrado fundamentalmente por el Fondo Nacional de Salud —FONASA— [dependiente del Ministerio de Salud] y órganos estatales colaboradores) o incorporarse al sector privado (entregado a las Instituciones de Salud Previsionales —ISAPRE— y a seguros complementarios).

Esta concepción dual del sistema sanitario chileno ha sido recogida por nuestro Tribunal Constitucional en relación con la naturaleza del contrato de salud, precisando que las cláusulas de dicha convención deben orientarse a materializar el goce real y legítimo de dicho derecho. Nos parece adecuada la idea referida si se considera que, por su naturaleza, el derecho a la protección de la salud debe ser siempre interpretado a la luz de la prohibición de regresividad, esto es, establecer circunstancias o características menos beneficiosas que las que actualmente se dispongan. Ello es plenamente armónico con los Tratados Internacionales ratificados por Chile y que se encuentran vigente en materia de derechos humanos.

Ahora bien, las notas expuestas no alcanzan todas las dimensiones de este derecho, quedando una serie de circunstancias relevantes de naturaleza más bien ideológica entregadas a otras disposiciones normativas. En ese sentido, aún se hace necesario establecer la dimensión sexual y reproductiva del derecho a la salud, al estar íntimamente ligados por su naturaleza, lo que lleva a circunstancias específicas que requieren regulación, como es la interrupción voluntaria del embarazo. Del mismo modo, la existencia de cobertura extraordinaria económica para determinadas patologías, como la Ley Ricarte Soto, cuya estructura escapa a la lógica del sistema híbrido que hemos hecho notar. Inclusive, se suele incluir también dentro de estas ideas algunas notas bioéticas íntimamente relacionado al estado sanitario de las personas; como la salud mental, la eutanasia, la relación con el medioambiente, entre otros. En cualquier caso, nos parece necesario hacer notar que se trata de una garantía en evolución y cuyo auge se ha alcanzado precisamente con el devenir de los tiempos.

En una línea parecida debe destacarse que existen conflictos que han debido ser entregados a la resolución de los Tribunales de Justicia, como es el acceso a tratamientos y/o prestaciones médicas de alto costo, excluidas de las opciones disponibles por los prestadores públicos y privados, y que usualmente se refieren a drogas experimentales que pero que han demostrado seguridad, efectividad y eficacia en la experiencia comparada internacional. En dichos casos, se ha asentado como un criterio prácticamente invariable por nuestra jurisprudencia, la circunstancia de ser el tratamiento elemental para que la persona afectada no pierda su vida o pueda mantener una calidad de vida digna (ambas circunstancias garantizadas por nuestra Constitución), se imponen a la suficiencia de los recursos económicos del Estado, y en su ejercicio el Juez se limita a decir el derecho en el caso concreto para dar resolución a un asunto trágico y que en ausencia de pronunciamiento somete a las personas, en sí ya provistas de notas de vulnerabilidad, a un abandono del Estado respecto a tales garantías. Por cierto que la circunstancia notada, así como ocurre en otros asuntos sanitarios controvertidos, como el alza de los precios en los contratos de salud, las licencias médicas o las coberturas económicas de las prestaciones, impone desafíos no sólo a la judicatura, sino que también al legislador y al poder ejecutivo.

En ese escenario, hemos asumido el desafío de sistematizar la normativa de mayor relevancia en materia sanitaria dentro del ordenamiento jurídico chileno. En este punto debe recordarse que el establecimiento de esta legislación fue producto fundamentalmente del desarrollo científico y el auge de nuevos conocimientos y técnicas que permitieron la realización de nuevas prácticas que incidían en el plano biológico. De allí que el legislador —lo que incluye la potestad reglamentaria del Presidente de la República— reaccionara estableciendo en diferentes materias la normativa de estilo.

La regulación en el Código Sanitario resulta imprescindible para entender la orgánica del sistema de salud de Chile, así como las actividades de protección y promoción de la salud, junto con la higiene en los lugares de trabajo. Adicionalmente, regula los productos farmacéuticos, cosméticos, el ejercicio de la medicina y establecimientos sanitarios, así como el uso de tejidos humanos, para finalizar el cuerpo legal con las normas relativas al procedimiento administrativo especial que existe en nuestro país en materia sanitaria.

En forma adicional, se han anexado normas que refieren a las materias que requieren autorización sanitaria por parte de la autoridad, circunstancia elemental para la regulación económica nacional, junto con la normativa relativa a emanaciones o contaminación atmosférica, el consumo humano de aguas y la regulación sanitaria en los lugares de trabajo para dar protección a los empleados.

A nivel biológico, destacan las leyes sobre trasplante y donación de órganos, la investigación científica en el ser humano y que prohíbe la clonación, el reglamento de estupefacientes, normativa relativa a equipos e insumos radioactivos, los productos cosméticos, la rabia y el tratamiento de los animales, la regulación relativa a los alimentos destinados al consumo humano, el procedimiento frente a enfermedades transmisibles de declaración obligatoria y las infecciones de transmisión sexual, entre otras materias, han buscado actualizar nuestra normativa a los desafíos internacionales que se han erigido en los temas expresados.

Finalmente, desde una perspectiva jurídica, debemos mencionar que se ha incluido la legislación relativa a los derechos y deberes de las personas en sus atenciones de salud, el régimen de las garantías explícitas en salud, la regulación de la sanidad marítima, área y de fronteras, así como la regulación de las profesiones sanitarias, brindan una exquisita fuente normativa para ser un material de consulta a los profesionales jurídicos. También es importante destacar la reciente promulgación de la nueva normativa relativa a la salud mental (Ley N.° 21.331), que actualiza la legislación relativa a la protección y resguardo de las personas y sus derechos en sus atenciones de salud mental.

Sin duda que todos los temas que nos hemos propuesto analizar han sufrido importantes modificaciones en su interpretación y su aplicación en la práctica derivada de la situación de la pandemia propiciada por el SARS-CoV-2. En dicho escenario, parece elemental recordar que la protección de la población y de su estado sanitario es una obligación estatal impuesta a toda la Nación, a cuyo mandato estamos llamados todos los ciudadanos, pero en un rol de garante, y con una actuación principal, el Estado, al ser necesario arbitrar los medios para la normalidad del país sobre todo en materia sanitaria.

El establecimiento de nuevas medidas sanitarias, asociadas a la restricción de las personas, es la fórmula requerida para enfrentar desafíos mundiales como la situación pandémica actual. En todo caso, ello no resulta suficiente, y la coordinación entre Estados y en particular de organismos especializados (como la Organización Mundial de la Salud o las agencias sanitarias extranjeras), resulta fundamental para permitir medidas efectivas de control de la enfermedad y protección a la población.

Por otra parte, la aplicación de criterios bioéticos a dilemas contemporáneos, como la inoculación voluntaria de la población, la efectividad de las vacunas o los actos estatales asociados a la movilidad, continúan requiriendo una mayor materialización en la toma y ejecución de decisiones. En ese orden de ideas, la no maleficencia y la justicia exigen replantearse las medidas adoptadas pues de suyo implican una circunstancia compleja en un contexto especial, pero, adicionalmente, porque van revestidos de implicancias en los determinantes propios de la salud que la población ya tiene, por lo que, cuando menos, se requiere adoptar decisiones que no importen la lesión en los derechos de los ciudadanos, y, en su defecto, la limitación al mínimo de dichos efectos nocivos.

Finalmente, de la mano de las últimas actualizaciones legislativas y regulatorias existentes en materia sanitaria, se puede observar un nuevo enfoque centrado en el impacto de grupos especialmente vulnerable o condiciones de salud de antaño desplazadas por la "agenda", y al respecto son valorables acciones como la promulgación de legislación para el desarrollo y protección de la salud mental, la protección y resguardo de personas —fundamentalmente mujeres— que ejercen el rol de cuidadoras, el resguardo de información médica-comercial y la limitación para ser usada como una limitante al paciente, o la protección de las personas con algún grado de espectro autista. Este tipo de legislación ha permitido lograr una valorización de pacientes históricamente desplazados y que hoy cuentan con nuevos estatutos que les reconocen y benefician en las distintas situaciones planteadas.

Los desafíos impuestos por la ciencia, la técnica y la biología usualmente avanzan de forma más acelerada que lo permiso a la ciencia jurídica. Aunque tratando de regular muchas veces situaciones desconocidas, nuestra normativa ha permitido establecer pautas concretas y serias para la ejecución de acciones en la población. El desafío continúa siendo para todos los órganos del Estado, y para todos los Estados, en la materialización de las acciones que permitan a la población el mayor goce posible en el derecho a la protección de la salud.

La Autora.

DECRETO CON FUERZA DE LEY 725
CÓDIGO SANITARIO

Santiago, 11 de diciembre de 1967.

VISTO: lo dispuesto en el artículo 14 de la Ley N° 16.585, decreto: modifícase el decreto con fuerza de ley N° 226, de 15 de mayo de 1931, que aprobó el Código Sanitario, en la forma que aparece en el presente texto:

Título Preliminar

Párrafo I
Disposiciones generales

Artículo 1.- El Código Sanitario rige todas las cuestiones relacionadas con el fomento, protección y recuperación de la salud de los habitantes de la República, salvo aquellas sometidas a otras leyes.

Artículo 2.- El Presidente de la República dictará, previo informe del Director General de Salud, los reglamentos necesarios para la aplicación de las normas contenidas en el presente Código.

Artículo 3.- Corresponde al Servicio Nacional de Salud, sin perjuicio de las facultades del Ministerio de Salud Pública, atender todas las materias relacionadas con la salud pública y el bienestar higiénico del país, de conformidad con lo dispuesto en el inciso final del N° 14 del artículo 10 de la Constitución Política del Estado, este Código y su Ley Orgánica.

Artículo 4.- A las Municipalidades corresponde atender los asuntos de orden sanitario que le entregan el artículo 105 de la Constitución Política del Estado y las disposiciones de este Código.

Artículo 5.- Cada vez que el presente código, la ley o el reglamento aluda a la autoridad sanitaria, deberá entenderse por ella al Ministro de Salud, en las materias que son de competencia de dicha Secretaría de Estado; a los Secretarios Regionales Ministeriales de Salud, como sucesores legales de los Servicios de Salud y del Servicio de Salud del Ambiente de la Región Metropolitana, respecto de las atribuciones y funciones que este Código, la ley o el reglamento radica en dichas autoridades y que ejercerá dentro del territorio nacional de que se trate; y al Director del Instituto de Salud Pública, en relación con las facultades que legalmente le corresponden respecto de las materias sanitarias que este Código, la ley o el reglamento regula, sin perjuicio de los funcionarios en quienes estas autoridades hayan delegado válidamente sus atribuciones.

Artículo 6.- Las definiciones que se contienen en los preceptos siguientes, valdrán para el solo efecto de la aplicación de este Código y de sus reglamentos.

Artículo 7.- Las autorizaciones o permisos concedidos por los Servicios de Salud, de acuerdo con las atribuciones de este Código, tendrán la duración que para cada caso se establezca en los respectivos reglamentos, con un mínimo de tres años. Estos plazos se entenderán automática y sucesivamente prorrogados por períodos iguales, mientras no sean expresamente dejados sin efecto.

La autoridad sanitaria ante quien se presente una solicitud de autorización o permiso, deberá pronunciarse dentro del plazo de 30 días hábiles, contado desde que el requirente complete los antecedentes exigidos para ello, y en caso de denegarla, deberá hacerlo fundadamente.

Si la autoridad sanitaria no emitiere un pronunciamiento dentro de dicho plazo, la autorización se entenderá concedida salvo respecto de aquellas materias que de acuerdo con la ley requieren autorización expresa.

Estas últimas actividades no podrán iniciar su funcionamiento mientras no obtengan la autorización sanitaria respectiva.

Artículo 8.- Para el cumplimiento de las órdenes que expida en conformidad a las facultades que le concede el presente Código y sus reglamentos, el Director General de Salud podrá requerir el auxilio de la fuerza pública directamente de la Unidad del Cuerpo de Carabineros de Chile más cercana y éstas estarán obligadas a proporcionarla.

Párrafo II
De los Servicios de Salud

Artículo 9.- Sin perjuicio de las atribuciones del Ministerio de Salud y del Instituto de Salud Pública de Chile, así como de las demás facultades que les confieren las leyes, corresponde en especial a los Directores de los Servicios de Salud en sus respectivos territorios:

a) Velar por el cumplimiento de las disposiciones de este Código y de los reglamentos, resoluciones e instrucciones que lo complementen, y sancionar a los infractores;

b) Dictar dentro de las atribuciones conferidas por el presente Código, las órdenes y medidas de carácter general, local o particular, que fueren necesarias para su debido cumplimiento;

c) Solicitar al Presidente de la República, a través del Ministerio de Salud, la dictación de los reglamentos del presente Código y proponerle las normas que deben regular las funciones de orden sanitario a cargo de las Municipalidades;

d) Informar al Ministerio de Salud sobre las materias que éste le requiera;

e) Solicitar de las autoridades, instituciones públicas o privadas o individuos particulares, los datos y cooperación que estime convenientes para el mejor ejercicio de sus atribuciones. Los datos o cooperación deben ser proporcionados en el plazo prudencial que el Director del Servicio señale;

f) Rebajar o eximir, en casos excepcionales y por motivos fundados, los derechos que deben pagarse por las actuaciones de los Servicios, fijados por el Arancel aprobado por el Ministerio de Salud, a determinadas personas naturales o jurídicas que ejecuten actividades de asistencia social, docencia o investigación científica. Las mismas facultades serán ejercidas por el Director del Instituto de Salud Pública de Chile, que podrá aplicarlas especialmente respecto de los controles relativos a medicamentos para necesidades personales de enfermos o de donaciones en casos de emergencias o catástrofes, y

g) Delegar las facultades que les concede el presente Código.

Artículo 10.- Para el cumplimiento de campañas sanitarias o en casos de emergencia, el Servicio Nacional de Salud podrá contratar, por períodos transitorios, personal de acuerdo a las normas del Código del Trabajo, con cargo a campañas sanitarias o imprevistos, según corresponda. Estas contrataciones se harán directamente por dicho Servicio, sin necesidad de cumplir otros requisitos que los señalados en ese cuerpo legal.

El personal así contratado cesará automáticamente en sus funciones a la expiración del plazo fijado en su contrato, cualquiera que sea la duración de éste.

Párrafo III
De las atribuciones y obligaciones sanitarias de las Municipalidades

Artículo 11.- Sin perjuicio de las atribuciones que competen al Servicio Nacional de Salud, corresponde, en el orden sanitario, a las Municipalidades:

a) Proveer a la limpieza y a las condiciones de seguridad de sitios públicos, de tránsito y de recreo;

b) Recolectar, transportar y eliminar por métodos adecuados, a juicio del Servicio Nacional de Salud, las basuras, residuos y desperdicios que se depositen o produzcan en la vía urbana;

c) Velar por el cumplimiento de las disposiciones que sobre higiene y seguridad se establecen en la Ordenanza General de Construcciones y Urbanización;

d) Reglamentar y controlar las condiciones de limpieza y conservación exterior de las casas-habitación, fábricas, edificios públicos, cuarteles, conventos, teatros y otros locales públicos y particulares;

e) Establecer plazas, parques o locales públicos de juego o recreo para adultos y niños, así como baños y servicios higiénicos públicos; y

f) Proveer a la limpieza y conservación de los canales, acequias y bebederos, considerando además las condiciones de seguridad necesarias para prevenir accidentes.

Artículo 12.- El Presidente de la República, por intermedio de los Ministerios del Interior y Salud Pública, y a propuesta del Director General de Salud, deberá, estableciendo servicios y obligaciones mínimas, reglamentar la forma como las Municipalidades ejercerán las funciones sanitarias que se les encomienden en la presente ley. Todo acto o reglamento municipal que esté en pugna con dichas normas sanitarias es nulo y esta nulidad será declarada por el Presidente de la República.

Artículo 13.- En caso de negligencia grave de una Municipalidad en el cumplimiento de sus obligaciones sanitarias específicas, sin perjuicio de lo establecido en el artículo 165, el Presidente de la República podrá transferir por períodos que no excedan de dos años, el cumplimiento de tales obligaciones al Servicio Nacional de Salud, a costa de la Municipalidad respectiva, con acuerdo previo del Ministerio del Interior.

Artículo 14.- Corresponderá al Servicio Nacional de Salud la supresión de cualquier factor que, originado en un territorio municipal, ponga en peligro la salud, seguridad o bienestar de la población de otro territorio municipal.

Artículo 15.- Las Municipalidades de la República no podrán otorgar patentes ni permisos definitivos para el funcionamiento de locales o para el ejercicio de determinadas actividades que requieran de autorización del Servicio Nacional de Salud, sin que previamente se les acredite haberse dado cumplimiento a tal requisito.

Las patentes o permisos concedidos por las Municipalidades con omisión del requisito establecido en el inciso precedente serán nulas y las Municipalidades que las hayan otorgado deberán proceder a cancelarlas.

Sin perjuicio de lo anterior, el Servicio Nacional de Salud procederá sin más trámite a ordenar la paralización de la obra, clausura del establecimiento o la prohibición del ejercicio de la actividad o comercio, según corresponda.

LIBRO PRIMERO
DE LA PROTECCIÓN Y PROMOCIÓN DE LA SALUD

Título I
DE LA PROTECCIÓN MATERNO INFANTIL

Artículo 16.- Toda mujer, durante el embarazo y hasta el sexto mes del nacimiento del hijo, y el niño, tendrán derecho a la protección y vigilancia del Estado por intermedio de las instituciones que correspondan.

La tuición del Estado comprenderá la higiene y asistencia social, tanto de la madre como del hijo.

Artículo 17.- La atención de la mujer y del niño durante los períodos a que se refiere el artículo anterior será gratuita para los indigentes en todos los establecimientos del Servicio Nacional de Salud, conforme lo determine el reglamento.

Artículo 18.- La leche de la madre es de propiedad exclusiva de su hijo y, en consecuencia, está obligada a amamantarlo por sí misma, salvo que por indicación médica, se resuelva lo contrario.

La madre no podrá amamantar niños ajenos mientras el propio lo requiera, a menos que medie autorización médica.

Artículo 19.- El control de la atención médico-preventiva y dental de los alumnos de los establecimientos fiscales de educación, será efectuado por el Servicio Nacional de Salud.

Los establecimientos particulares de educación deberán mantener, a su costa, un servicio que preste las atenciones antes señaladas de acuerdo con las normas que les fije el Servicio Nacional de Salud.

Título II
DE LAS ENFERMEDADES TRANSMISIBLES

Párrafo I
Disposiciones generales

Artículo 20.- Todo médico-cirujano que asista a persona que padezca de una enfermedad transmisible sujeta a declaración obligatoria, comunicará por escrito el diagnóstico cierto o probable a la autoridad sanitaria más próxima.

Igual obligación afectará a toda persona que en su casa o establecimiento tuviere uno de dichos enfermos, si no hubiere sido éste atendido por un médico-cirujano; a los directores técnicos de las farmacias que despachen recetas destinadas al tratamiento de estas enfermedades y a quienes dirigen técnicamente los laboratorios clínicos que realicen los exámenes para su confirmación diagnóstica.

Artículo 21.- Un reglamento determinará las enfermedades transmisibles que deben ser comunicadas obligatoriamente a las autoridades sanitarias, así como la forma y condiciones de la notificación.

Artículo 22.- Será responsabilidad de la autoridad sanitaria el aislamiento de toda persona que padezca una enfermedad de declaración obligatoria, la cual de preferencia y especialmen-

te en caso de amenaza de epidemia o insuficiencia del aislamiento en domicilio, deberá ser internada en un establecimiento hospitalario u otro local especial para este fin.

Artículo 23.- La autoridad sanitaria deberá proveer al médico-cirujano particular que lo solicite, siempre que ello sea posible, de los medios adecuados de diagnóstico para el rápido y eficaz reconocimiento de aquellas enfermedades transmisibles susceptibles de provocar epidemias.

Artículo 24.- El Servicio Nacional de Salud podrá inspeccionar y visitar todos los establecimientos e instituciones públicas o particulares que alberguen a grupos de personas, pudiendo adoptar las medidas necesarias para protegerlas de las enfermedades transmisibles, y ordenar, incluso, la clausura del establecimiento, si fuere necesaria.

Artículo 25.- Los Directores de los establecimientos educacionales estarán obligados a prohibir temporalmente la asistencia a clase de aquellos alumnos que, a juicio de la autoridad sanitaria, presenten peligro de contagio de una enfermedad transmisible. Dicha exclusión cesará cuando el afectado acredite, por medio de certificación médica, no hallarse en estado contagioso.

Artículo 26.- Toda persona que hubiere estado en contacto con paciente de enfermedad transmisible, podrá ser sometida por la autoridad sanitaria a observación, aislamiento y demás medidas preventivas que fueren necesarias para evitar la propagación de la enfermedad.

La habitación o local contaminado, será, en caso necesario, sometido por la autoridad sanitaria a cualquier procedimiento que permita proteger la salud de sus ocupantes.

Artículo 27.- El Servicio Nacional de Salud determinará el período mínimo de aislamiento a que deben someterse los enfermos contagiosos, así como las restricciones a que se sujetarán las personas que sean portadoras de agentes patógenos o las que pudieren encontrarse en el período de incubación de enfermedades transmisibles.

Artículo 28.- Todo profesional que trate a una persona que padezca de una enfermedad transmisible deberá ordenar la adecuada desinfección de las excreciones, ropas, utensilios y demás objetos que puedan ser contaminados y transmitir el contagio. En casos especiales, la desinfección podrá ser reemplazada por la incineración, si así lo acordare la autoridad sanitaria.

Artículo 29.- El Servicio Nacional de Salud determinará la forma y condiciones en que se efectuarán la desinfección, desinsectación o desratización:

a) de las habitaciones o locales destinados a viviendas;

b) de los edificios y locales públicos y privados, como fábricas, talleres, teatros, vehículos de uso público, etc.;

c) de las ropas y de otros artículos usados o que se ofrezcan para la venta, o se presten o arrienden o empeñen;

d) de los residuos domésticos o industriales que pudieran transmitir infecciones o enfermedades parasitarias, y

e) en general, de cualesquiera otros sitios u objetos, que requieran dichas medidas profilácticas.

Artículo 30.- Se prohíbe a los laboratorios bacteriológicos privados sin autorización expresa de la autoridad sanitaria, cultivar los microorganismos específicos y los parásitos de las enfermedades transmisibles que no existen en el territorio de la República.

Artículo 31.- En caso de peligro de epidemia o cuando ésta se hubiere declarado en cualquier lugar del territorio, el Servicio Nacional de Salud podrá disponer o tomar a su cargo el sacrificio de los animales o la eliminación de los insectos propagadores de la enfermedad, así como el saneamiento de los pantanos y demás lugares en donde la epidemia se ha desarrollado, la protección sanitaria del agua potable y el saneamiento de las aguas corrientes que se utilicen para el riego.

Artículo 32.- El Servicio Nacional de Salud tendrá a su cargo la vacunación de los habitantes contra las enfermedades transmisibles.

El Presidente de la República, a propuesta del Director de Salud, podrá declarar obligatoria la vacunación de la población contra las enfermedades transmisibles para las cuales existan procedimientos eficaces de inmunización.

Igualmente, podrá declarar obligatoria la vacunación de los animales contra enfermedades transmisibles al hombre.

El Servicio Nacional de Salud podrá disponer de las medidas necesarias para que, en interés de la salud pública, las autoridades controlen el cumplimiento por parte de los habitantes del territorio nacional de la obligación de vacunarse contra las enfermedades transmisibles en los casos en que tal vacunación sea obligatoria.

Artículo 33.- La vacunación y revacunación antivariólica son obligatorias para todos los habitantes de la República, con las excepciones que el Servicio Nacional de Salud determine.

Igualmente, son obligatorias las vacunaciones contra la difteria y la tos ferina, dentro de las edades y en las condiciones que el Servicio Nacional de Salud determine.

En casos especiales, las personas podrán ser eximidas temporalmente de las vacunaciones exhibiendo un certificado médico que lo justifique, el que deberá ser visado por la autoridad sanitaria competente.

Artículo 34.- Toda persona mordida, rasguñada o que hubiere podido ser infectada por un animal enfermo o sospechoso de tener rabia, deberá someterse al tratamiento antirrábico que determine el Servicio Nacional de Salud. Dicho tratamiento estará a cargo de ese organismo, el que podrá disponer el examen y la internación obligatoria de las personas que se encuentren en esa situación.

Artículo 35.- Un reglamento especial fijará los requisitos sanitarios que deben cumplir los ferrocarriles, naves, aeronaves o cualquier otro medio de transporte terrestre, fluvial, marítimo o aéreo, que pudiera diseminar enfermedades en el territorio de la República.

Artículo 36.- Cuando una parte del territorio se viere amenazada o invadida por una epidemia o por un aumento notable de alguna enfermedad, o cuando se produjeren emergencias que signifiquen grave riesgo para la salud o la vida de los habitantes, podrá el Presidente de la República, previo informe del Servicio Nacional de Salud, otorgar al Director General facultades extraordinarias para evitar la propagación del mal o enfrentar la emergencia.

Artículo 37.- Un reglamento determinará las profesiones u ocupaciones que no podrán desempeñar los pacientes o portadores de gérmenes de enfermedades transmisibles.

Párrafo II
De las enfermedades venéreas

Artículo 38.- El Servicio Nacional de Salud tendrá a su cargo la lucha contra las enfermedades venéreas y procurará evitar su propagación por todos los medios educacionales, preventivos o de otro orden que estime necesarios.

Artículo 39.- Un reglamento establecerá la forma y condiciones en que deba realizarse la educación sexual y antivenérea en los establecimientos educacionales, cuarteles, naves, maestranzas, fábricas, talleres, hospitales, cárceles, casas de corrección y demás establecimientos que fije el reglamento; y las condiciones en que se podrá examinar, obligar a tratarse o internar para su curación, a las personas que se dediquen al comercio sexual y a las que estén afectadas de males venéreos que constituyan una amenaza para la salud pública.

Artículo 40.- Será obligatoria la denuncia al Servicio Nacional de Salud de los casos de enfermedades venéreas que determine el reglamento y también la de los enfermos venéreos contagiosos que se nieguen a seguir el tratamiento necesario.

Artículo 41.- Para las personas que se dedican al comercio sexual, se llevará una estadística sanitaria, no permitiéndose su agrupación en prostíbulos cerrados o casas de tolerancia.

La vigilancia del cumplimiento de este artículo corresponderá a las Prefecturas de Carabineros, las que deberán ordenar y llevar a efecto la clausura de los locales en que funcionan dichos prostíbulos, sin perjuicio de las sanciones que imponga el Servicio Nacional de Salud.

Las clausuras realizadas por el Cuerpo de Carabineros no podrán ser alzadas sino a solicitud del propietario del inmueble y por orden judicial expedida por el Juez Letrado en lo Civil de Mayor Cuantía correspondiente, el que resolverá con conocimiento de causa y previo informe del Servicio Nacional de Salud. Dispuesto el alzamiento de la clausura, el inmueble no podrá ser restituido sino a su propietario.

Título III
DE LOS LABORATORIOS DE SALUD PÚBLICA

Artículo 42.- El Servicio Nacional de Salud establecerá en los puntos del territorio de la República que sea necesario, los laboratorios indispensables para realizar los análisis e investigaciones que se estimen apropiadas para proteger y mantener la salud pública.

Artículo 43.- El Instituto Bacteriológico será el Laboratorio Central del Servicio Nacional de Salud y prestará ayuda técnica, asesoramiento y supervigilancia a todos los demás laboratorios de dicho Servicio distribuidos en el país.

Los Servicios de Salud otorgarán su reconocimiento como laboratorios de salud pública a todos aquellos laboratorios que cumplan los requisitos que para este efecto determinará el reglamento.

Artículo 44.- Además de las actividades señaladas en el artículo anterior y las previstas en su ley orgánica, el Instituto podrá, en caso de ausencia o insuficiencia de productos idóneos, fabricar aquellos de carácter biológico destinados al consumo por los Servicios de Salud, los demás servicios públicos o la población en general.

Artículo 45.- Las reclamaciones que pudieren deducirse contra los resultados de exámenes o análisis que practiquen en materia sanitaria los laboratorios de los Servicios de Salud, los que éstos utilicen en los diferentes puntos del país o aquellos que hayan obtenido el reconocimiento como laboratorios de salud pública, serán resueltas por el Instituto.

Artículo 46.- Corresponderá a los Servicios de Salud la fiscalización de los laboratorios destinados al diagnóstico de las enfermedades del hombre y al control de factores ambientales y alimentos, como también la fiscalización de los laboratorios de certificación de calidad de éstos.

Para tales efectos, los Servicios de Salud podrán contratar los métodos o procedimientos que consideren técnicamente adecuados, con entidades externas especializadas o con el Instituto.

Título IV
DE LAS ESTADÍSTICAS SANITARIAS

Artículo 47.- Sin perjuicio de las atribuciones de la Dirección de Estadística y Censo y del Consejo Nacional Consultivo de Salud, el Servicio Nacional de Salud tendrá a su cargo la recolección de aquellos datos estadísticos cuyo conocimiento tenga importancia para la protección, fomento y recuperación de la salud.

Artículo 48.- Los oficiales del Registro Civil estarán obligados a proporcionar semanalmente a la autoridad local del Servicio Nacional de Salud, los datos necesarios para la clasificación y análisis estadístico de los nacidos vivos, fallecidos y de las defunciones fetales ocurridos en ese lapso.

Artículo 49.- El Presidente de la República podrá establecer la notificación obligatoria a la autoridad sanitaria, por las personas señaladas en el artículo 20, de todas aquellas enfermedades no comprendidas en el Título II de este Libro, cuando dicha información sea necesaria para el Servicio Nacional de Salud.

Cualquiera institución pública, privada o municipal estará obligada a suministrar, dentro del plazo que fije la autoridad sanitaria los datos estadísticos que solicite el Servicio Nacional de Salud.

Artículo 50.- Los oficiales del Registro Civil deberán dar a conocer de inmediato a la autoridad sanitaria local las defunciones causadas por enfermedades de declaración obligatoria y por aborto.

Este aviso se remitirá por escrito inmediatamente después de practicada la inscripción y en él se expresarán el nombre, sexo, profesión u oficio, nacionalidad, estado civil, la fecha y lugar de la defunción, causa de ésta y el último domicilio del difunto, así como el nombre y domicilio de la persona que haya solicitado la inscripción.

Título V
DE LA DIVULGACIÓN Y EDUCACIÓN SANITARIAS

Artículo 51.- El Servicio Nacional de Salud deberá capacitar al individuo y a los grupos sociales mediante acciones educativas, tendientes a compenetrarlos de su responsabilidad en los problemas de salud personal y de la comunidad y para estimular su participación activa en la solución de ellos.

Artículo 52.- Las instituciones educacionales y las empresas informativas del Estado o particulares, deberán coordinar los programas que digan relación con salud u otros similares, con los del Servicio, cuando éste lo solicite.

Artículo 53.- Queda prohibida cualquiera forma de publicación o propaganda referente a higiene, medicina preventiva o curativa y ramas semejantes que, a juicio del Servicio Nacional de Salud, tienda a engañar al público o a perjudicar la salud colectiva o individual.

Artículo 54.- Se considerará que desde el punto de vista sanitario se engaña al público y se perjudican los intereses de la población, cuando por medio de publicaciones, proyecciones y transmisiones o cualquier otro sistema de propaganda audiovisual, se ofrezcan o anuncien los servicios de persona o personas que no están facultadas legalmente para ejercer la medicina y demás ramas relacionadas con la prevención o curación de las enfermedades. Asimismo, no podrán anunciarse como productos medicinales, nutritivos o de utilidad médica sino aquellos que hayan sido autorizados o reconocidos como tales por el Servicio Nacional de Salud.

LIBRO SEGUNDO
DE LA PROFILAXIS SANITARIA INTERNACIONAL

Título I
DEFINICIONES

Artículo 55.- Para la aplicación del presente Libro y sus reglamentos, se entenderá por:

"Aislamiento": la medida consistente en separar una persona o grupo de personas de las demás, con excepción del personal sanitario en servicio, a fin de evitar la propagación de una infección;

"Área local infectada":

a) Un área local en la cual exista un foco de peste, cólera, fiebre amarilla o viruela;

b) Un área local en la cual exista una epidemia de tifus o de fiebre recurrente;

c) Un área local en la cual exista peste entre los roedores ya sea en tierra o a bordo de embarcaciones portuarias, y

d) Un área local o grupos de áreas locales en donde existan las mismas condiciones que en las zonas endémicas de fiebre amarilla.

"Certificado válido": tratándose de vacunación, el certificado expedido en conformidad a los reglamentos.

"Enfermedades sujetas a cuarentena": la peste, el cólera, la fiebre amarilla, la viruela, el tifo exantemático y la fiebre recurrente.

"Epidemia": la extensión de un foco infeccioso o su multiplicación.

"Foco infeccioso": núcleo activo o latente o agentes patógenos en un medio apto para su supervivencia, multiplicación y transmisión, que puede propagar enfermedades infecto-contagiosas.

"Persona infectada": una persona que padece de una enfermedad sujeta a cuarentena o que se presume que está infectada con dicha enfermedad.

"Sospechoso": toda persona que la autoridad sanitaria considera haber estado expuesta al riesgo de ser infectada por una enfermedad sujeta a cuarentena y que puede propagar dicha enfermedad.

"Visita médica": la visita e inspección de una nave, aeronave, tren o vehículo de carretera y el examen preliminar de las personas a bordo, pero no la inspección periódica de una nave hecha con el fin de determinar si hay necesidad de desratización.

"Inspección general sanitaria": la visita de una autoridad sanitaria de puerto, a las naves mercantes nacionales cada seis meses con el objeto de verificar población marina, fumigación, estado general sanitario del buque, enfermería y equipo médico a bordo.

Título II
DE LA PROTECCIÓN SANITARIA INTERNACIONAL

Artículo 56.- Corresponde al Servicio Nacional de Salud en materia de protección sanitaria internacional:

a) Adoptar en los puertos, fronteras y sitios de tránsito o tráfico, medidas contra la introducción al territorio nacional o propagación al extranjero, de enfermedades susceptibles de transmitirse al hombre;

b) Recolectar datos estadísticos relativos a la morbilidad de otros países, y

c) Estimular el intercambio internacional de informaciones que tengan importancia en el mejoramiento de la salud pública y en el control de las enfermedades propias del hombre.

Artículo 57.- Cuando el país está amenazado o invadido por peste, cólera, fiebre amarilla, viruela, tifo exantemático o cualquiera otra enfermedad transmisible, el Servido Nacional de Salud deberá establecer medidas adecuadas para impedir la transmisión internacional de dichas enfermedades, ya sea que éstas puedan propagarse por medio de pasajeros y tripulación, cargamento, buques, aviones, trenes y vehículos de carreteras, así como por mosquitos, piojos, ratas u otros agentes transmisores de enfermedades.

También podrán adoptarse las medidas sanitarias pertinentes frente al conocimiento del primer caso que se presente en el extranjero de las enfermedades enumeradas en el inciso anterior.

Se comunicará por vía regular a los Gobiernos y al Organismo Internacional correspondiente, la índole y extensión de las medidas sanitarias que se hayan adoptado.

Entre las medidas señaladas en los incisos anteriores, podrá prohibirse el embarque o desembarque de pasajeros, tripulación y carga.

Artículo 58.- El Servicio Nacional de Salud en las circunstancias mencionadas en el artículo anterior, publicará las medidas preventivas que los buques u otros medios de transporte, así como los pasajeros y tripulación, deberán tomar en el punto de salida del país infectado. Dicha publicación se comunicará, por vía regular, a los representantes diplomáticos o consulares acreditados por el país infectado, así como a la oficina internacional correspondiente.

Artículo 59.- El Servicio Nacional de Salud dará a conocer a las naciones extranjeras, la nómina de los puertos del territorio nacional, dotados de útiles y personal necesario para efectuar la desratización de los barcos.

Artículo 60.- El Servicio Nacional de Salud informará al Organismo Internacional correspondiente, cuando un área local infectada que no pertenezca a una zona endémica, se encuentra de nuevo libre de infección.

Se considerará que un área local infectada está de nuevo libre de infección cuando se hayan adoptado y mantenido todas las medidas profilácticas para impedir la recurrencia de la enfermedad, y su posible propagación a otras áreas, de acuerdo con el reglamento respectivo.

Artículo 61.- Antes de arribar al primer puerto de escala del territorio nacional, el capitán del buque informará sobre el estado de salud a bordo y, al arribo, llenará y remitirá a la autoridad sanitaria de dicho puerto una Declaración Marítima de Sanidad, que irá refrendada por el médico de a bordo si lo hubiere.

El capitán y el médico de a bordo, si lo hubiere, suministrarán cualquier información complementaria requerida por dicha autoridad respecto a las condiciones sanitarias a bordo durante el viaje.

La Declaración Marítima de Sanidad se hará conforme al modelo especificado en el reglamento respectivo.

Artículo 62.- Siempre que sea posible, las autoridades locales del Servicio Nacional de Salud deberán otorgar libre plática por radio a todo buque o aeronave cuando, basándose en los informes que uno u otro suministre antes de su llegada, la autoridad sanitaria del puerto estime que su arribo no dará lugar a la introducción o propagación de una enfermedad sujeta a cuarentena.

La autoridad sanitaria de un puerto, aeropuerto o puesto fronterizo podrá someter a visita médica a todo buque, aeronave tren o vehículo de carretera a su llegada, así como a toda persona que efectúe un viaje internacional.

Artículo 63.- El período de detención de las naves, aeronaves, trenes y vehículos de carreteras para los fines de la inspección o tratamiento, será el más breve posible. Las medidas y formalidades sanitarias se deberán aplicar sin discriminación, iniciar inmediatamente y terminar sin tardanza.

La desinfección, desinsectación y demás operaciones sanitarias deberán ejecutarse de modo que:

a) no causen molestias indebidas a las personas ni daño alguno a su salud;

b) no causen avería alguna a la estructura de la nave, aeronave u otro vehículo o a sus maquinarias y equipos, y

c) se evite todo riesgo de incendio.

Al ejecutar dichas operaciones sobre mercancías, equipajes y demás objetos, se deberán tomar las precauciones necesarias para evitar toda avería.

Artículo 64.- Un reglamento determinará la suma que los buques deberán pagar por los servicios de cuarentena y fumigación, la que en ningún caso excederá del costo, más un 10% del precio de los materiales empleados.

Artículo 65.- El Servicio Nacional de Salud notificará al Organismo Internacional que corresponda, por telegrama, dentro de las veinticuatro horas de haber sido informado, que un área local se ha transformado en área infectada.

La existencia de la enfermedad así notificada, deberá comprobarse a la brevedad posible por exámenes de laboratorio y los resultados serán comunicados inmediatamente por telegrama al organismo Internacional correspondiente.

En el curso de una epidemia, las notificaciones e informaciones prescritas en los incisos anteriores, deberán ser completadas a intervalos regulares, en comunicaciones dirigidas al Organismo Internacional respectivo.

Artículo 66.- Un Reglamento de Sanidad Marítima, Aérea y de Frontera establecerá la forma en que se cumplirán las disposiciones de este Libro y en especial las que se relacionan con:

a) las restricciones sanitarias a que deben someterse los inmigrantes y demás personas que deseen entrar al país;

b) el tráfico y tránsito marítimo, lacustre, terrestre y aéreo internacional;

c) los enganches y traslados de trabajadores;

d) la fijación del arancel sanitario, y

e) las restricciones sanitarias que sean indispensables para la conveniente protección de la salud pública y para evitar la propagación de enfermedades de uno a otro país.

LIBRO TERCERO
DE LA HIGIENE Y SEGURIDAD DEL AMBIENTE Y DE LOS LUGARES DE TRABAJO

Título I
NORMAS GENERALES

Artículo 67.- Corresponde al Servicio Nacional de Salud velar porque se eliminen o controlen todos los factores, elementos o agentes del medio ambiente que afecten la salud, la seguridad y el bienestar de los habitantes en conformidad a las disposiciones del presente Código y sus reglamentos.

Artículo 68.- Un reglamento contendrá las normas sobre condiciones de saneamiento y seguridad de las ciudades, balnearios, campos y territorios mineros, así como los de todo sitio, edificio, vivienda, establecimiento, local o lugar de trabajo, cualquiera que sea la naturaleza de ellos.

Título II
DE LA HIGIENE Y SEGURIDAD DEL AMBIENTE

Párrafo I
De las aguas y de sus usos sanitarios

Artículo 69.- No podrá iniciarse la construcción o remodelación de una población, sin que el Servicio Nacional de Salud haya aprobado previamente los servicios de agua potable y de alcantarillado o desagües.

Asimismo, ninguna de las viviendas que integran la población podrá ser ocupada antes de que la autoridad sanitaria compruebe que los sistemas instalados se encuentran conformes con los aprobados.

Las Municipalidades no podrán dar permiso de edificación, ni otorgar la recepción final de las construcciones, sin que se cumplan los requisitos señalados en los incisos anteriores.

El Servicio Nacional de Salud podrá ordenar el desalojo de las viviendas que hayan sido ocupadas sin cumplir previamente los requisitos antes señalados.

Artículo 70.- Las instalaciones sanitarias de viviendas, industrias o locales de cualquiera naturaleza, serán materia de reglamentos especiales que dicte el Presidente de la República, previo informe de la Dirección General de Salud.

Artículo 71.- Corresponde al Servicio Nacional de Salud aprobar los proyectos relativos a la construcción, reparación, modificación y ampliación de cualquier obra pública o particular destinada a:

a) la provisión o purificación de agua potable de una población, y

b) la evacuación, tratamiento o disposición final de desagües, aguas servidas de cualquier naturaleza y residuos industriales o mineros.

Antes de poner en explotación las obras mencionadas, ellas deben ser autorizadas por el Servicio Nacional de Salud.

Artículo 72.- El Servicio Nacional de Salud ejercerá la vigilancia sanitaria sobre provisiones o plantas de agua destinadas al uso del hombre, como asimismo de las plantas depuradoras de aguas servidas y de residuos industriales o mineros; podrá sancionar a los responsables de infracciones y en casos calificados, intervenir directamente en la explotación de estos servicios, previo decreto del Presidente de la República.

Artículo 73.- Prohíbese descargar las aguas servidas y los residuos industriales o mineros en ríos o lagunas, o en cualquier otra fuente o masa de agua que sirva para proporcionar agua potable a alguna población, para riego o para balneario, sin que antes se proceda a su depuración en la forma que se señale en los reglamentos.

Sin perjuicio de lo establecido en el Libro IX de este Código, la autoridad sanitaria podrá ordenar la inmediata suspensión de dichas descargas y exigir la ejecución de sistemas de tratamientos satisfactorios destinados a impedir toda contaminación.

Artículo 74.- No se podrá ejecutar labores mineras en sitios donde se han alumbrado aguas subterráneas en terrenos particulares ni en aquellos lugares cuya explotación pueda afectar el caudal o la calidad natural del agua, sin previa autorización del Servicio Nacional de Salud, el que fijará las condiciones de seguridad y el área de protección de la fuente o caudal correspondiente.

El Servicio Nacional de Salud podrá ordenar en todo caso la paralización de las obras o faenas cuando ellas puedan afectar el caudal o la calidad del agua.

Artículo 75.- Prohíbese usar las aguas de alcantarillado, desagües, acequias u otras aguas declaradas contaminadas por la autoridad sanitaria, para la crianza de moluscos y cultivo de vegetales y frutos que suelen ser consumidos sin cocer y crecen a ras de la tierra.

No obstante, estas aguas se podrán usar en el riego agrícola, cuando se obtenga la autorización correspondiente del Servicio Nacional de Salud, quien determinará el grado de tratamiento, de depuración o desinfección que sea necesario para cada tipo de cultivo.

Artículo 76.- Corresponderá a la autoridad sanitaria autorizar la instalación, ampliación y modificación de los balnearios, baños y piscinas destinados al uso público, como asimismo, vigilar su funcionamiento.

Párrafo II
De las viviendas, locales, campamentos y demás

Artículo 77.- El reglamento comprenderá normas como las que se refieren a:

a) las condiciones de saneamiento previo de los terrenos que se destinarán a nuevas construcciones, de acuerdo con las características y las necesidades higiénicas de la localidad, sin perjuicio de lo dispuesto en las leyes especiales que rijan la materia;

b) la calidad, naturaleza y demás requisitos higiénicos que deberán tener los materiales empleados en las construcciones y reparaciones de casas, edificios y locales;

c) las condiciones sanitarias y de seguridad que deben cumplir una casa, edificio o local, para ser habitados u ofrecidos en arrendamiento y la determinación del número máximo de personas que pueden ocuparlos;

d) las condiciones sanitarias y de seguridad de los locales o sitios en que se efectúen espectáculos públicos y de esparcimiento o recreo, o se alberguen transitoriamente grupos de personas, como ser escuelas, teatros, cines, estadios, carpas, campamentos de verano, de faenas mineras u otras;

e) la prohibición de mantener determinadas especies de animales o el número máximo de ellos que pueden ser tolerados en una casa habitación o en locales públicos o privados, y las condiciones de higiene y seguridad que deben cumplirse para su mantención, y

la protección contra insectos, roedores y otros animales capaces de transmitir enfermedades al hombre.

Párrafo III
De los desperdicios y basuras

Artículo 78.- El reglamento fijará las condiciones de saneamiento y seguridad relativas a la acumulación, selección, industrialización, comercio o disposición final de basuras y desperdicios.

Artículo 79.- Para proceder a la construcción, reparación, modificación y ampliación de cualquier planta de tratamiento de basuras y desperdicios de cualquier clase, será necesaria la aprobación previa del proyecto por el Servicio Nacional de Salud.

Artículo 80.- Corresponde al Servicio Nacional de Salud autorizar la instalación y vigilar el funcionamiento de todo lugar destinado a la acumulación, selección, industrialización, comercio o disposición final de basuras y desperdicios de cualquier clase.

Al otorgar esta autorización, el Servicio Nacional de Salud determinará las condiciones sanitarias y de seguridad que deben cumplirse para evitar molestia o peligro para la salud de la comunidad o del personal que trabaje en estas faenas.

Artículo 81.- Los vehículos y sistemas de transporte de materiales que, a juicio del Servicio Nacional de Salud, puedan significar un peligro o molestia a la población y los de transporte de basuras y desperdicios de cualquier naturaleza, deberán reunir los requisitos que señale dicho Servicio, el que, además, ejercerá vigilancia sanitaria sobre ellos.

Título III
DE LA HIGIENE Y SEGURIDAD DE LOS LUGARES DE TRABAJO

Artículo 82.- El reglamento comprenderá normas como las que se refieren a:

a) las condiciones de higiene y seguridad que deben reunir los lugares de trabajo, los equipos, maquinarias, instalaciones, materiales y cualquier otro elemento, con el fin de proteger eficazmente la vida, la salud y bienestar de los obreros y empleados y de la población en general;

b) las medidas de protección sanitaria y de seguridad que deben adoptarse en la extracción, elaboración y manipulación de substancias producidas o utilizadas en los lugares en que se efectúe trabajo humano;

c) las condiciones de higiene y seguridad que deben reunir los equipos de protección personal y la obligación de su uso.

Artículo 83.- Las municipalidades no podrán otorgar patentes definitivas para la instalación, ampliación o traslado de industrias, sin informe previo de la autoridad sanitaria sobre los efectos que ésta puede ocasionar en el ambiente.

Para evacuar dicho informe, la autoridad sanitaria tomará en cuenta los planos reguladores comunales o intercomunales y los riesgos que el funcionamiento de la industria pueda causar a sus trabajadores, al vecindario y a la comunidad.

No obstante lo dispuesto en el inciso anterior, la autoridad sanitaria informará favorablemente una determinada actividad industrial o comercial, siempre que la evaluación sanitaria ambiental que se realice para evacuar el informe, determine que técnicamente se han controlado todos los riesgos asociados a su funcionamiento.

Artículo 84.- El Servicio Nacional de Salud podrá disponer el traslado de aquellas industrias o depósitos de materiales que, a su juicio, representen un peligro para la salud, seguridad y bienestar de la población.

La autoridad sanitaria no podrá exigir el traslado antes del plazo de un año, contado desde la fecha de la notificación.

Artículo 85.- Los planos reguladores comunales o intercomunales no podrán ser aprobados sin previo informe favorable del Servicio Nacional de Salud, respecto a las materias de que trata el presente título.

Artículo 86.- Corresponderá a los Servicios de Salud, dentro del territorio de su competencia, otorgar la autorización previa para que puedan funcionar en él, instalaciones radiactivas, entendiéndose por tales aquellas en que se produzcan, traten, manipulen, almacenen o utilicen materiales radiactivos o equipos que generen radiaciones ionizantes.

La producción, fabricación, adquisición, posesión, uso, manipulación, almacenamiento, importación, exportación, distribución, venta, transporte, abandono o desecho de sustancias radiactivas que se utilicen o mantengan en las instalaciones radiactivas o en los equipos generadores de radiaciones ionizantes, deberán ser autorizados por dichos Servicios.

Les corresponderá, asimismo, el control de las instalaciones radiactivas y de los equipos generadores de radiaciones ionizantes; y la prevención de los riesgos derivados del uso y aplicación de las sustancias radiactivas y de las radiaciones ionizantes, respecto de las personas expuestas, del elemento que las genera y del medio ambiente.

Las personas que se desempeñen en las instalaciones radiactivas, utilizando o manipulando sustancias radiactivas u operando equipos o aparatos generadores de radiaciones ionizantes, deberán tener autorización del Servicio de Salud correspondiente.

Artículo 87.- El Servicio Nacional de Salud tendrá a su cargo la recopilación y análisis de los datos estadísticos referentes a los accidentes y enfermedades profesionales, los que le deberán ser proporcionados por el empleador, en la forma y con la periodicidad que él señale.

Las enfermedades profesionales serán notificadas por el médico que las constate, en la forma y condiciones que el Servicio Nacional de Salud establezca.

Artículo 88.- Corresponde exclusivamente al Servicio Nacional de Salud determinar en cada caso las incapacidades permanentes debidas a accidentes del trabajo o enfermedades profesionales.

Título IV
DE OTROS FACTORES DE RIESGOS

Párrafo I
De la contaminación del aire y de los ruidos y vibraciones

Artículo 89.- El reglamento comprenderá normas como las que se refieren a:

a) La conservación y pureza del aire y evitar en él la presencia de materias u olores que constituyan una amenaza para la salud, seguridad o bienestar del hombre o que tengan influencia desfavorable sobre el uso y goce de los bienes.

La reglamentación determinará, además, los casos y condiciones en que podrá ser prohibida o controlada la emisión a la atmósfera de dichas substancias;

b) la protección de la salud, seguridad y bienestar de los ocupantes de edificios o locales de cualquier naturaleza, del vecindario y de la población en general, así como la de los animales domésticos y de los bienes, contra los perjuicios, peligros e inconvenientes de carácter mental o material que provengan de la producción de ruidos, vibraciones o trepidaciones molestos, cualquiera que sea su origen.

Párrafo II
De las substancias tóxicas o peligrosas para la salud

Artículo 90.- El reglamento fijará las condiciones en que podrá realizarse la producción, importación, expendio, tenencia, transporte, distribución, utilización y eliminación de las substancias tóxicas y productos peligrosos de carácter corrosivo o irritante, inflamable o comburente; explosivos de uso pirotécnico y demás substancias que signifiquen un riesgo para la salud, la seguridad o el bienestar de los seres humanos y animales.

Los productos señalados en el inciso anterior no podrán ser importados o fabricados en el país, sin autorización previa de la Dirección General de Salud.

El Director General de Salud queda facultado para controlar y prohibir en casos calificados el expendio de tales substancias y productos, cuyo uso indiscriminado pueda dar origen a accidentes o intoxicaciones, así como para decomisarlos si las circunstancias lo requieren.

Artículo 91.- Sin perjuicio de lo dispuesto en el artículo anterior un reglamento establecerá las condiciones en que se podrá realizar la fabricación, importación, almacenamiento, envase, distribución, o expendio a cualquier título, manipulación, formulación, uso o aplicación, de los pesticidas para uso sanitario y doméstico, así como la manipulación de los que puedan afectar la salud del hombre.

Artículo 92.- Todo producto destinado a ser aplicado en el medio ambiente con el objeto de combatir organismos capaces de producir daños en el hombre, animales, plantas, semillas y objetos inanimados, será considerado pesticida.

Artículo 93.- Ningún pesticida podrá ser importado o fabricado en el país sin autorización del Director General de Salud, debiendo obtenerse para su venta y distribución a cualquier título, el correspondiente registro.

Exceptúanse de esta prohibición las muestras que se importen destinadas a obtener su registro, en las cantidades que determine el reglamento.

LIBRO CUARTO
DE LOS PRODUCTOS FARMACÉUTICOS, ALIMENTOS DE USO MÉDICO, COSMÉTICOS, PRODUCTOS ALIMENTICIOS Y ARTICULOS DE USO MEDICO

Título I
NORMAS COMUNES

Artículo 94.- El Instituto de Salud Pública será la autoridad encargada en todo el territorio nacional del control sanitario de los productos farmacéuticos y cosméticos, y de velar por el cumplimiento de las disposiciones que sobre la materia se contienen en el presente Código y sus reglamentos. Tratándose de productos alimenticios, la autoridad sanitaria serán los Servicios de Salud, y en la Región Metropolitana de Santiago, el Servicio de Salud del Ambiente.

Un reglamento contendrá las normas de carácter sanitario sobre producción, registro, almacenamiento, tenencia, distribución, venta e importación, según corresponda, y las características de los productos farmacéuticos, cosméticos y alimenticios.

Artículo 95.- Los productos a que se refiere el artículo anterior deberán responder en su composición química y características microbiológicas a sus nomenclaturas y a las denominaciones legales y reglamentarias establecidas y, en el caso de los alimentos, además, a sus caracteres organolépticos.

Artículo 96.- Se prohíbe la fabricación, importación, tenencia, distribución y transferencia, a cualquier título, de los productos farmacéuticos, alimentos de uso médico, cosméticos y productos alimenticios contaminados, adulterados, falsificados o alterados.

El Servicio Nacional de Salud determinará, en cada caso, si la sanción aplicable a quienes infrinjan este artículo corresponde, individual o conjuntamente, al importador, fabricante, exportador, expendedor o tenedor del producto.

Título II
DE LOS PRODUCTOS FARMACÉUTICOS, ALIMENTICIOS DE USO MÉDICO, COSMÉTICOS Y ARTÍCULOS DE USO MÉDICO

Artículo 97.- Se entenderá por producto farmacéutico cualquiera substancia, natural o sintética, o mezcla de ellas, que se destine a la administración al hombre o a los animales con fines de curación, atenuación, tratamiento, prevención o diagnóstico de las enfermedades o de sus síntomas.

Artículo 98.- Alimentos de uso médico son aquellos que, por haber sido sometidos a procesos que modifican la concentración relativa de los diversos nutrientes de su constitución o la calidad de los mismos, o por incorporación de substancias ajenas a su composición, adquieren propiedades terapéuticas.

Los alimentos simplemente enriquecidos en vitaminas normalmente presentes en ellos, no serán considerados alimentos de uso médico para los efectos de este Código.

Artículo 99.- Se entenderá por cosmético cualquier preparado que se destine a ser aplicado externamente al cuerpo humano con fines de embellecimiento, modificación de su aspecto físico o conservación de las condiciones físico-químicas normales de la piel y de sus anexos.

Artículo 100.- El Ministerio de Salud Pública aprobará, previo informe de sus Unidades Técnicas Normativas, un Formulario Nacional de Medicamentos que contendrá la nómina de los productos farmacéuticos indispensables en el país para una eficiente terapéutica. Este Formulario Nacional precisará la forma farmacéutica y dosis de cada medicamento y señalará el uso, limitaciones y peligro de los mismos.

El Director General de Salud dispondrá las medidas necesarias para que la población y los servicios que presten atención médica se encuentren permanentemente abastecidos de los productos farmacéuticos que componen el Formulario Nacional de Medicamentos.

Artículo 101.- Los instrumentos, aparatos, dispositivos y otros artículos o elementos destinados al diagnóstico, prevención y tratamiento de enfermedades de seres humanos, así como al reemplazo o modificación de sus anatomías y que no correspondan a las sustancias descritas en los artículos 97, 98 y 99 de este Código, deberán cumplir con las normas y exigencias de calidad que les sean aplicables según su naturaleza, en conformidad con las siguientes disposiciones:

Las personas naturales o jurídicas que, a cualquier título, fabriquen, importen, comercialicen o distribuyan tales elementos, deberán realizar el respectivo control y certificación de su calidad en servicios, instituciones, laboratorios o establecimientos con autorización sanitaria expresa, otorgada de conformidad a lo dispuesto en el artículo 7 de este Código.

El reglamento deberá establecer las condiciones de equipamiento y demás recursos de que deberán disponer los establecimientos, así como también la forma en que se solicitará y otorgará esta autorización. Las entidades cuyas solicitudes sean denegadas o no contestadas dentro del plazo a que se refiere el inciso segundo del artículo 7 de este Código, podrán reclamar, dentro del plazo de quince días hábiles, ante el Ministerio de Salud. El reglamento señalará la forma en que deberá tramitarse este recurso.

El Instituto de Salud Pública de Chile, será el organismo encargado de autorizar y fiscalizar a las entidades que realicen el referido control y certificación, debiendo, a falta de organismos privados que desarrollen dichas tareas, ejecutarlas por sí mismo.

c) Los controles y pruebas de calidad que deban efectuarse en virtud de lo dispuesto en las letras anteriores, se sujetarán a las especificaciones técnicas fijadas por las normas oficiales aprobadas y, a falta de éstas, por las que apruebe el Ministerio de Salud, a proposición del mencionado Instituto y sobre la base de la información obtenida en la materia de parte de organismos internacionales o entidades extranjeras especializadas de control.

Las personas naturales o jurídicas cuyos instrumentos, aparatos, dispositivos, artículos o elementos sean rechazados por el control de calidad de una entidad autorizada, podrán reclamar ante el Instituto de Salud Pública de Chile, en el plazo de quince días hábiles, en la forma que señale el reglamento.

d) Por Decreto Supremo fundado del Ministerio de Salud, se hará efectiva la aplicación de las disposiciones de este artículo a las diferentes clases o tipos de instrumentos, aparatos, dispositivos, artículos y elementos de que trata, a proposición del Instituto de Salud Pública de Chile, en la que deberá indicarse las especificaciones técnicas a que se sujetará su control de calidad, aprobadas con arreglo a la letra c) y las entidades que cuentan con autorización oficial para ejecutarlo o la inexistencia de interesados en obtener esta autorización.

e) Será competente para instruir el sumario sanitario y sancionar las infracciones a estas disposiciones el Director del Servicio de Salud en cuyo territorio se cometan.

f) Los elementos que se comercialicen o distribuyan, a cualquier título, sin contar con el certificado de calidad establecido en esta disposición, serán decomisados, sin perjuicio de las demás medidas que pueda adoptar la autoridad sanitaria.

Las destinaciones aduaneras de estos elementos se sujetarán a las disposiciones de la ley No. 18.164 y su uso y disposición deberán ser autorizados por el Instituto de Salud Pública de Chile.

El costo de las certificaciones será de cargo exclusivo de las personas naturales o jurídicas que las soliciten.

Artículo 102.- Ningún producto farmacéutico o cosmético podrá ser comercializado ni distribuido en el país sin que se proceda a su registro previo en el Instituto de Salud Pública.

Sin embargo, la autoridad sanitaria podrá autorizar provisionalmente la venta o uso, sin previo registro, de productos farmacéuticos para usos medicinales urgentes, para investigación científica o ensayos clínicos.

El Servicio Nacional de Aduanas informará mensualmente al Instituto de Salud Pública acerca de los productos farmacéuticos y cosméticos que hayan sido importados al país, como también sobre su cantidad y el nombre del importador.

Corresponderá al Ministerio de Salud pronunciarse previamente respecto de la cancelación de un registro o la denegación de su otorgamiento.

Artículo 103.- Un reglamento determinará las normas de control de calidad a que estarán sujetos los productos farmacéuticos y cosméticos que se importen o fabriquen en el país. No obstante, todo laboratorio de producción deberá tener su propio sistema de control de calidad de sus productos a cargo de un farmacéutico o químico-farmacéutico.

Artículo 104.- Derogado.

Artículo 105.- El Ministerio de Salud aprobará la o las farmacopeas que regirán en el país.

Artículo 106.- Requerirán del registro previo a que se refiere el inciso primero del artículo 102, la fabricación, importación, internación, distribución, transferencia, posesión o tenencia de productos estupefacientes, psicotrópicos y demás sustancias que produzcan efectos análogos, los que, incluido su consumo, se someterán a las disposiciones de un reglamento especial; como asimismo el tránsito en la República hacia países extranjeros de estas sustancias, respetándose las obligaciones contraídas por el Estado en sus convenios y tratados internacionales.

Artículo 107.- Cuando lo requiera la debida protección de la salud pública, el Presidente de la República podrá, previo informe del Director General de Salud, aplicará las normas contenidas en el artículo anterior a medicamentos tales como estimulantes sedativos, hipnóticos, tranquilizantes o ataráxicos.

Título III
DE LOS PRODUCTOS ALIMENTICIOS

Artículo 108.- Se entenderá por alimentos o productos alimenticios cualquier substancia o mezcla de substancias destinadas al consumo humano, incluyendo las bebidas y todos los ingredientes y aditivos de dichas substancias.

Artículo 109.- El reglamento determinará las características que deben reunir los alimentos o productos alimenticios destinados al consumo humano.

Artículo 110.- Corresponderá a la autoridad sanitaria aprobar la instalación y controlar el funcionamiento de:

a) los locales destinados a la producción, elaboración, envases almacenamiento, distribución y venta de alimentos, y

b) los mataderos y frigoríficos, públicos y particulares.

Corresponderá asimismo a dicha autoridad realizar, directamente o mediante delegación a entidades públicas o privadas idóneas o a profesionales calificados, la inspección médico-veterinaria de los animales que se beneficien en ellos y de las carnes.

Artículo 111.- El Servicio Nacional de Salud concederá permisos que autoricen la producción, distribución o expendio de todos los alimentos.

LIBRO QUINTO
DEL EJERCICIO DE LA MEDICINA Y PROFESIONES AFINES

Artículo 112.- Sólo podrán desempeñar actividades propias de la medicina, odontología, química y farmacia u otras relacionadas con la conservación y restablecimiento de la salud quienes poseen el título respectivo otorgado por la Universidad de Chile u otra Universidad reconocida por el Estado y estén habilitados legalmente para el ejercicio de sus profesiones.

Asimismo, podrán ejercer profesiones auxiliares de las referidas en el inciso anterior quienes cuenten con autorización del Director General de Salud. Un reglamento determinará las profesiones auxiliares y la forma y condiciones en que se concederá dicha autorización, la que será permanente, a menos que el Director General de Salud, por resolución fundada, disponga su cancelación.

No obstante lo dispuesto en el inciso primero, con la autorización del Director General de Salud podrán desempeñarse como médicos, dentistas, químico-farmacéuticos o matronas en barcos, islas o lugares apartados, aquellas personas que acreditaren título profesional otorgado en el extranjero.

Artículo 113.- Se considera ejercicio ilegal de la profesión de médico-cirujano todo acto realizado con el propósito de formular diagnóstico, pronóstico o tratamiento en pacientes o consultantes, en forma directa o indirecta, por personas que no están legalmente autorizadas para el ejercicio de la medicina.

No obstante lo dispuesto en el inciso anterior, quienes cumplan funciones de colaboración médica, podrán realizar algunas de las actividades señaladas, siempre que medie indicación y supervigilancia médica. Asimismo, podrán atender enfermos en caso de accidentes súbitos o en situaciones de extrema urgencia cuando no haya médico-cirujano alguno en la localidad o habiéndolo, no sea posible su asistencia profesional.

Los servicios profesionales del psicólogo comprenden la aplicación de principios y procedimientos psicológicos que tienen por finalidad asistir, aconsejar o hacer psicoterapia a las personas con el propósito de promover el óptimo desarrollo potencial de su personalidad o corregir sus alteraciones o desajustes. Cuando estos profesionales presten sus servicios a personas que estén mentalmente enfermas, deberán poner de inmediato este hecho en conocimiento de un médico especialista y podrán colaborar con éste en la atención del enfermo.

Los servicios profesionales de la enfermera comprenden la gestión del cuidado en lo relativo a promoción, mantención y restauración de la salud, la prevención de enfermedades o lesiones, y la ejecución de acciones derivadas del diagnóstico y tratamiento médico y el deber de velar por la mejor administración de los recursos de asistencia para el paciente.

Artículo 114.- Prohíbese a una misma persona ejercer conjuntamente las profesiones de médico - cirujano y las de farmacéutico químico - farmacéutico o bioquímico.

Artículo 115.- Los cirujano-dentistas sólo podrán prestar atenciones odonto-estomatológicas. Podrán, asimismo, adquirir o prescribir los medicamentos necesarios para dichos fines, de acuerdo al reglamento que dicte el Director General de Salud.

Artículo 116.- Los laboratoristas dentales sólo podrán ejercer sus actividades a indicación de cirujano-dentistas, quedándoles prohibido ejecutar trabajos en la cavidad bucal.

Artículo 117.- Los servicios profesionales de la matrona comprenden la atención del embarazo, parto y puerperio normales y la atención del recién nacido, como, asimismo, actividades relacionadas con la lactancia materna, la planificación familiar y la ejecución de acciones derivadas del diagnóstico y tratamiento médico y el deber de velar por la mejor administración de los recursos de asistencia para el paciente.

En la asistencia de partos, sólo podrán intervenir mediante maniobras en que se apliquen técnicas manuales y practicar aquellas curaciones que signifiquen atención inmediata de la parturienta.

Podrán usar y prescribir sólo aquellos medicamentos que el reglamento clasifique como necesarios para la atención de partos normales.

Artículo 118.- Los consultorios de matronas podrán ser destinados al control de la evolución del embarazo y quedarán incluidos en la reglamentación sobre maternidades particulares.

Artículo 119.- No podrá ejecutarse ninguna acción cuyo fin sea provocar un aborto.

Artículo 120.- Los profesionales señalados en el artículo 112 de este Código no podrán ejercer su profesión y tener intereses comerciales que digan relación directa con su actividad, en establecimientos destinados a la importación, producción, distribución y venta de productos farmacéuticos, aparatos ortopédicos, prótesis y artículos ópticos, a menos que el Colegio respectivo emita en cada caso un informe estableciendo que no se vulnera la ética profesional. Exceptúanse de esta prohibición los químico-farmacéuticos y farmacéuticos.

Artículo 120 bis.- Los profesionales a que se refiere este Libro podrán otorgar prestaciones a distancia mediante tecnologías de la información y comunicaciones, dentro del ámbito de sus competencias, en las condiciones y con los requisitos que establezcan el reglamento y las demás normativas que al efecto dicte el Ministerio de Salud.

LIBRO SEXTO
DE LOS LABORATORIOS, FARMACIAS Y OTROS ESTABLECIMIENTOS

Artículo 121.- La fabricación y elaboración de productos farmacéuticos sólo se permitirá en las farmacias y laboratorios destinados a este objeto.

Artículo 122.- Ninguna farmacia, droguería o laboratorio de productos farmacéuticos podrá instalarse, funcionar o trasladarse sin autorización del Servicio Nacional de Salud.

El reglamento de que trata el inciso anterior deberá considerar las circunstancias particulares de aquellos establecimientos que otorgan prestaciones o atenciones apoyadas en tecnologías de la información y las comunicaciones a distancia.

Corresponderá a éste, asimismo, la fiscalización de dichos establecimientos.

Artículo 123.- La venta al público de los productos farmacéuticos para uso humano sólo podrá hacerse en las Farmacias, las que deberán ser dirigidas técnicamente por un Farmacéutico o Químico Farmacéutico.

No obstante y en conformidad a las instrucciones que imparta el Ministerio de Salud, el Servicio Nacional de Salud podrá autorizar la instalación y funcionamiento de almacenes farmacéuticos. Estos almacenes sólo podrán expender los productos farmacéuticos y demás elementos que determine el reglamento.

Los almacenes farmacéuticos estarán dirigidos por prácticos de farmacia quienes deberán ser autorizados por el Servicio Nacional de Salud, previa comprobación de las condiciones de idoneidad y competencia que determine el decreto supremo reglamentario del Ministerio de Salud.

Sin perjuicio de lo dispuesto en los incisos anteriores, los productos farmacéuticos para uso humano autorizados en el reglamento podrán ser expendidos en otros establecimientos, a cargo de un práctico de farmacia, en la forma y condiciones que determine el reglamento, el que, además, fijará la nómina de dichos productos.

Artículo 124.- Los médicos-cirujanos, cirujanos-dentistas y matronas podrán, para el ejercicio de su profesión, mantener existencia de productos farmacéuticos para ser administrados por ellos.

Artículo 125.- El Servicio Nacional de Salud podrá autorizar la instalación de botiquines para el despacho o venta de productos farmacéuticos y elementos de primeros auxilios que determine el reglamento, en clínicas, maternidades, casas de socorro, campamentos mineros, termas, postas médicas, cuarteles y navíos.

Artículo 126.- Las droguerías y laboratorios de productos farmacéuticos, alimentos de uso médico, cosméticos y preparados higiénicos deberán ser dirigidos técnicamente por un farmacéutico o químico farmacéutico.

En los casos de elaboración de materias primas o drogas de origen biológico, que se obtengan por procesos de tal índole, la dirección técnica podrá, además, corresponder a un bioquímico, a un médico-cirujano microbiólogo o a un médico veterinario.

Las droguerías y depósitos de productos farmacéuticos de uso exclusivamente animal, podrán ser asistidos técnicamente por médico veterinario.

La dirección técnica de las farmacias será incompatible entre sí y con la de cualquier otro de los establecimientos enunciados en el presente artículo.

Artículo 127.- Los productos farmacéuticos sólo podrán expenderse al público con receta médica, salvo aquellos que determine el reglamento.

Las recetas médicas y análisis o exámenes de laboratorios clínicos y servicios relacionados con la salud son reservados. Sólo podrá revelarse su contenido o darse copia de ellos con el consentimiento expreso del paciente, otorgado por escrito. Quien divulgare su contenido indebidamente, o infringiere las disposiciones del inciso siguiente, será castigado en la forma y con las sanciones establecidas en el Libro Décimo.

Lo dispuesto en este artículo no obsta para que las farmacias puedan dar a conocer, para fines estadísticos, las ventas de productos farmacéuticos de cualquier naturaleza, incluyendo la denominación y cantidad de ellos. En ningún caso la información que proporcionen las farmacias consignará el nombre de los pacientes destinatarios de las recetas, ni el de los médicos que las expidieron, ni datos que sirvan para identificarlos.

Artículo 128.- Sólo en los establecimientos de óptica podrán fabricarse lentes con fuerza dióptrica de acuerdo con las prescripciones que se ordenen en la receta médica correspondiente.

Los establecimientos de óptica podrán abrir locales destinados a la recepción y al despacho de recetas médicas en que se prescriban estos lentes, bajo la responsabilidad técnica de la óptica pertinente.

Artículo 128 Bis.- Autorízase la fabricación, venta y entrega, sin receta médica, de lentes con fuerza dióptrica sólo esférica e igual en ambos ojos, sin rectificación de astigmatismo, destinados a corregir problemas de presbicia en personas mayores de cuarenta años.

La venta o entrega de dichos lentes deberá acompañarse de una advertencia sobre la conveniencia de una evaluación oftalmológica que permita prevenir riesgos para la salud ocular.

Artículo 129.- La instalación, ampliación, modificación o traslado de establecimientos públicos y particulares de asistencia médica, tales como hospitales, maternidades, clínicas, policlínicas, sanatorios, asilos, casas de reposo, establecimientos de óptica, laboratorios clínicos, institutos de fisioterapia y psicoterapia, será autorizada por el Servicio Nacional de Salud, a quien corresponderá también vigilar su funcionamiento.

Igualmente, corresponde al Servicio Nacional de Salud vigilar el funcionamiento de peluquerías, institutos de belleza, gabinete de pedicuría y otros establecimientos similares.

La dirección técnica de los establecimientos señalados en el inciso primero, estará a cargo de profesionales con el título que, en cada caso, determine el Servicio Nacional de Salud.

LIBRO SÉPTIMO
DE LA OBSERVACIÓN Y RECLUSIÓN DE LOS ENFERMOS MENTALES, DE LOS ALCOHÓLICOS Y DE LOS QUE PRESENTEN ESTADO DE DEPENDENCIA DE OTRAS DROGAS Y SUBSTANCIAS

Artículo 130.- El Director General de Salud, resolverá sobre la observación de los enfermos mentales, de los que presentan dependencias de drogas u otras substancias, de los alcohólicos y de las personas presuntivamente afectadas por estas alteraciones, así como sobre su internación, permanencia y salida de los establecimientos públicos o particulares destinados a ese objeto. Estos establecimientos cumplirán con los requisitos que señala el reglamento.

Artículo 131.- La internación de las personas a que se refiere el artículo anterior, puede ser voluntaria, administrativa, judicial o de urgencia. El reglamento establecerá las condiciones de estos tipos de internación.

Artículo 132.- En los casos de ingreso voluntario la salida del establecimiento se efectuará por indicación médica o a pedido del enfermo, siempre que la autoridad sanitaria estime que éste puede vivir fuera del establecimiento sin constituir un peligro para él o para los demás.

La salida de las personas internadas por resolución administrativa será decretada por el Director General de Salud, aun cuando se trate de un enfermo hospitalizado en un establecimiento particular. El Director General podrá autorizar su salida a solicitud escrita de los familiares o de los representantes legales y bajo la responsabilidad de éstos, para su atención domiciliaria, previa autorización médica y siempre que se garantice el control y vigilancia del enfermo en términos que no constituya peligro para sí ni para terceros.

Los enfermos mentales, los que dependen de drogas u otras substancias y los alcohólicos ingresados por orden judicial saldrán cuando lo decrete el juez respectivo.

Artículo 133.- Los Directores de establecimientos especializados de atención psiquiátrica serán curadores provisorios de los bienes de los enfermos hospitalizados en ellos que carecieren de curador o no estén sometidos a patria potestad o potestad marital, mientras permanezcan internados o no se les designe curador, de acuerdo a las normas del derecho común.

Para ejercer esta curaduría los funcionarios antes indicados no necesitarán de discernimiento, ni estarán obligados a rendir fianza ni hacer inventario. En lo demás se regirán por las disposiciones del derecho común.

En el ejercicio de esta curaduría el Director del establecimiento gozará del privilegio de pobreza en las actuaciones judiciales y extrajudiciales que realice y no percibirá retribución alguna, sin perjuicio de los derechos que correspondan al Servicio Nacional de Salud en conformidad al arancel que se dicte de acuerdo con el presente Código.

Artículo 134.- Los registros, libros, fichas clínicas y documentos de los establecimientos mencionados en el artículo 130 tendrán el carácter de reservado, salvo para las autoridades judiciales y para el Servicio Nacional de Salud.

Sólo el Director del Establecimiento en el caso de los establecimientos públicos, y el Director o el médico tratante, en el caso de los establecimientos privados podrán dar certificados sobre la permanencia de los enfermos en los establecimientos psiquiátricos, la naturaleza de su enfermedad o cualquiera otra materia relacionada con su hospitalización. Este certificado sólo podrán solicitarlo los enfermos, sus representantes legales o las autoridades judiciales.

LIBRO OCTAVO
DE LAS INHUMACIONES, EXHUMACIONES Y TRASLADO DE CADÁVERES

Artículo 135.- Sólo en cementerios legalmente autorizados podrá efectuarse la inhumación de cadáveres o restos humanos.

Sin embargo, el Director General de Salud podrá autorizar la inhumación temporal o perpetua de cadáveres en lugares que no sean cementerios, en las condiciones que establezca en cada caso.

Artículo 136.- Sólo el Servicio Nacional de Salud podrá autorizar la instalación y funcionamiento de cementerios, crematorios, casas funerarias y demás establecimientos semejantes. Un reglamento contendrá las normas que regirán para la instalación y funcionamiento de los mencionados establecimientos y sobre la inhumación, cremación, transporte y exhumación de cadáveres.

Artículo 137.- No podrá rechazarse en un cementerio la inhumación de un cadáver, sin una justa causa calificada por el Servicio Nacional de Salud.

Artículo 138.- Corresponderá a las Municipalidades de la República instalar cementerios, previa aprobación del Servicio Nacional de Salud, en los lugares en que no los hubiere o fueren insuficientes, pudiendo adquirir o expropiar terrenos para tal objeto.

Artículo 139.- Ningún cadáver podrá permanecer insepulto por más de cuarenta y ocho horas, a menos que el Servicio Nacional de Salud lo autorice, o cuando haya sido embalsamado o se requiera practicar alguna investigación de carácter científico o judicial.

El Servicio Nacional de Salud podrá ordenar la inhumación, en un plazo inferior cuando razones técnicas lo aconsejen.

Artículo 140.- La obligación de dar sepultura a un cadáver recaerá sobre el cónyuge sobreviviente o sobre el pariente más próximo que estuviere en condición de sufragar los gastos.

Artículo 141.- Prohíbese inscribir en el Registro Civil las defunciones e inhumaciones de cadáveres si no se justifican previamente las causas del fallecimiento mediante un certificado del médico que lo asistió en la última enfermedad. A falta de éste, corresponderá extender dicho certificado al Servicio Nacional de Salud en las condiciones que determine el reglamento.

Artículo 142.- A falta de certificación médica establecida en el artículo anterior, la verificación del fallecimiento se establecerá mediante la declaración de dos o más testigos, rendida ante el Oficial del Registro Civil o ante cualquier autoridad judicial del lugar en que haya ocurrido la muerte. Esta declaración deberá ser hecha de preferencia por las personas que hubieren estado presentes en los momentos antes del deceso, de todo lo cual se dejará expresa constancia.

Artículo 143.- Los fallecimientos deberán ser inscritos en el Registro Civil de acuerdo con la clasificación internacional de las causas de muerte.

Artículo 144.- La exhumación, transporte internacional, internación y traslado de una localidad a otra del territorio nacional de cadáveres o restos humanos, sólo podrá efectuarse con autorización del Director General de Salud. Las exhumaciones que decrete la Justicia Ordinaria se exceptúan de esta obligación.

Artículo 145.- Derogado.

LIBRO NOVENO
DEL APROVECHAMIENTO DE TEJIDOS O PARTES DEL CUERPO DE UN DONANTE VIVO Y DE LA UTILIZACIÓN DE CADÁVERES O PARTE DE ELLOS CON FINES CIENTÍFICOS O TERAPÉUTICOS

Artículo 145.- El aprovechamiento de tejidos o partes del cuerpo de un donante vivo, para su injerto en otra persona, sólo se permitirá cuando fuere a título gratuito y con fines terapéuticos.

Artículo 146.- Toda persona plenamente capaz podrá disponer de su cadáver, o de partes de él, con el objeto de que sea utilizado en fines de investigación científica, para la docencia universitaria, para la elaboración de productos terapéuticos o en la realización de injertos.

El donante manifestará su voluntad por escrito, pudiendo revocarla en la misma forma, todo ello de conformidad con las formalidades que señale el reglamento.

Artículo 147.- Los cadáveres de personas fallecidas en establecimientos hospitalarios públicos o privados, o que se encuentren en establecimientos del servicio médico legal, que no fueren reclamados dentro del plazo que señale el reglamento, podrán ser destinados a estudios e investigación científica, y sus órganos y tejidos, destinados a la elaboración de productos terapéuticos y a la realización de injertos.

Podrán ser destinados a los mismos fines cuando el cónyuge o, a falta de éste, los parientes en primer grado de consanguinidad en la línea recta o colateral no manifestaren su oposición dentro del plazo y en la forma que señale el reglamento.

Artículo 148.- Podrán también destinarse a injertos con fines terapéuticos los tejidos de cadáveres de personas cuyo cónyuge o, a falta de éste, los parientes en el orden señalado en el artículo 42 del Código Civil, otorguen autorización en un acta suscrita ante el director del establecimiento hospitalario donde hubiere ocurrido el fallecimiento.

Artículo 149.- Derogado.

Artículo 150.- No será aplicable a las donaciones de que trata este Libro lo dispuesto en los artículos 1137 a 1146 del Código Civil.

Artículo 151.- Cuando una persona hubiere fallecido en alguno de los casos indicados en el artículo 121 del Código de Procedimiento Penal o cuando su muerte hubiere dado lugar a un proceso penal, será necesaria la autorización del Director del Servicio Médico Legal o del médico cirujano en quien éste haya delegado esta atribución para destinar el cadáver a cualquiera de las finalidades previstas en este Libro, además del cumplimiento de los otros requisitos.

En aquellos casos en que el Servicio Médico Legal no tenga la infraestructura material o de personal para otorgar la autorización, o ésta sea necesaria y requerida fuera de su horario normal de funcionamiento, la delegación recaerá en el director de un hospital del Servicio de Salud en cuyo territorio jurisdiccional se produjere la muerte del potencial donante.

Artículo 152.- Será nulo y sin ningún valor el acto o contrato que, a título oneroso, contenga la promesa o entrega de un tejido o parte del cuerpo humano para efectuar un injerto.

Artículo 153.- Las placentas y otros órganos y tejidos que determine el reglamento podrán destinarse a la elaboración de productos terapéuticos y a otros usos que el mismo reglamento indique.

Artículo 154.- Las disposiciones de este Libro no se aplicarán a las donaciones de sangre ni a las de otros tejidos que señale el reglamento.

LIBRO DÉCIMO
DE LOS PROCEDIMIENTOS Y SANCIONES

Título I
DE LA INSPECCIÓN Y ALLANAMIENTO

Artículo 155 (146).- Para la debida aplicación del presente Código y de sus reglamentos, decretos y resoluciones del Director General de Salud, la autoridad sanitaria podrá practicar la inspección y registro de cualquier sitio, edificio, casa, local y lugares de abajo, sean públicos o privados.

Cuando se trate de edificio o lugares cerrados, deberá procederse a la entrada y registro previo decreto de allanamiento del Director General de Salud, con el auxilio de la fuerza pública si fuere necesario.

Artículo 156 (147).- Estas actuaciones serán realizadas por funcionarios del Servicio Nacional de Salud. Cuando con ocasión de ellas se constatare una infracción a este Código o a sus reglamentos, se levantará acta dejándose constancia de los hechos materia de la infracción.

El acta deberá ser firmada por el funcionario que practique la diligencia, el que tendrá el carácter de ministro de fe.

Artículo 157 (148).- En los casos de allanamiento, se notificará al dueño o arrendatario del lugar o edificio en que hubiere de practicarse la diligencia, o al encargado de su conservación o custodia.

Si no es habida alguna de las personas expresadas, la notificación se hará a cualquier persona mayor de edad que se halle en dicho lugar o edificio; si no se encontrare a nadie, se hará constar esta circunstancia en el acta que se levantará al efecto.

Artículo 158 (149).- Practicadas las diligencias prescritas en el artículo anterior se procederá a la entrada y registro, para cuyo efecto se invitará al dueño, arrendatario o persona encargada a presenciar el acto. Si dichas personas estuvieren impedidas o ausentes, la invitación se hará a un miembro adulto de su familia, o en su defecto, a cualquier persona.

Todos los concurrentes que pudieran, firmarán el acta que al efecto se levantare, la que contendrá el inventario de los bienes que se recojan y se dará copia al interesado, si la solicitare.

Artículo 159 (150).- Si durante la inspección o registro o allanamiento se comprobara una infracción a la ley o reglamentos y se encontraren los elementos que hubieren servido para cometerla, podrán ser éstos trasladados a los depósitos o almacenes del Servicio Nacional de Salud o cerrarse y sellarse la parte del local y de los muebles en que se hubieren encontrado, mientras resuelve la autoridad sanitaria.

Artículo 160 (151).- A fin de comprobar el correcto cumplimiento de las disposiciones del presente Código y sus reglamentos, el Servicio Nacional de Salud podrá, previo recibo y sin necesidad de pago, retirar de las aduanas y de los sitios en que se elaboren, distribuyan o expendan, aquellas muestras que fuere necesario examinar.

Título II
DEL SUMARIO SANITARIO

Artículo 161 (152).- Los sumarios que se instruyan por infracciones al presente Código y a sus reglamentos, decretos o resoluciones del Director General de Salud, podrán iniciarse de oficio o por denuncia de particulares.

Artículo 162 (153).- La autoridad sanitaria tendrá autoridad suficiente para investigar y tomar declaraciones necesarias en el esclarecimiento de los hechos relacionados con las leyes, reglamentos y resoluciones sanitarias.

Artículo 163 (154).- Cuando se trate de sumarios iniciados de oficio, deberá citarse al infractor después de levantada el acta respectiva. La persona citada deberá concurrir el día y horas que se señale, con todos sus medios probatorios. En caso de inasistencia, tendrá lugar lo dispuesto en el artículo 158 del presente Código.

Artículo 164 (155).- Cuando se trate de sumarios iniciados por denuncia de particulares, la autoridad sanitaria citará al posible infractor, así como al denunciante, y examinará separadamente a los testigos y demás medios probatorios que se le presenten, levantando acta de lo obrado ante dos personas, y se practicará las investigaciones necesarias para el esclarecimiento de los hechos denunciados.

Artículo 165 (156).- Las notificaciones que sea menester practicar se harán por funcionarios del Servicio Nacional de Salud o de Carabineros, quienes procederán con sujeción a las instrucciones que se impartan, dejando testimonio escrito de su actuación.

Artículo 166 (157).- Bastará para dar por establecida la existencia de una infracción a las leyes y reglamentos sanitarios el testimonio de dos personas contestes en el hecho y en sus circunstancias esenciales; o el acta, que levante el funcionario del Servicio al comprobarla.

Artículo 167 (158).- Establecida la infracción, la autoridad sanitaria dictará sentencia sin más trámite.

Artículo 168 (159).- Los infractores a quienes se les aplicare multa deberán acreditar su pago ante la autoridad sanitaria que los sancionó, dentro del plazo de cinco días hábiles contado desde la notificación de la sentencia.

Artículo 169 (160).- Si transcurrido el plazo señalado en el artículo anterior, el infractor no hubiere pagado la multa, sufrirá, por vía de sustitución y apremio, un día de prisión por cada décimo de unidad tributaria mensual que comprenda dicha multa.

Para llevar a cabo esta medida, el Director del correspondiente Servicio de Salud o del Instituto de Salud Pública de Chile, en su caso, solicitará del Intendente o Gobernador respectivo el auxilio de la fuerza pública, quienes dispondrán sin más trámite la detención del infractor y su ingreso al establecimiento penal respectivo a cuyo efecto librarán la orden correspondiente en conformidad a las reglas generales, dando cuenta de lo obrado a la autoridad sanitaria.

Artículo 170 (161).- La clausura y demás medidas sanitarias ordenadas en la sentencia, no podrán dejarse sin efecto o suspenderse a menos que el Director General de Salud así lo ordenare, o que lo dispusiera la justicia ordinaria al fallar por sentencia definitiva ejecutoriada o que cause ejecutoria, la reclamación que se interponga.

Artículo 171 (162).- De las sanciones aplicadas por el Servicio Nacional de Salud podrá reclamarse ante la justicia ordinaria civil, dentro de los cinco días hábiles siguientes a la notificación de la sentencia, reclamo que tramitará en forma breve y sumaria. Para dar curso a ellos se exigirá que el infractor acompañe el comprobante de haber pagado la multa.

El tribunal desechará la reclamación si los hechos que hayan motivado la sanción se encuentren comprobados en el sumario sanitario de acuerdo a las normas del presente Código, si tales hechos constituyen efectivamente una infracción a las leyes o reglamentos sanitarios y si la sanción aplicada es la que corresponde a la infracción cometida.

Artículo 172 (163).- Las sentencias que dicte la autoridad sanitaria podrán cumplirse no obstante encontrarse pendiente la reclamación a que se refiere el artículo anterior, sin perjuicio de lo que por sentencia definitiva ejecutoriada o que cause ejecutoria resuelva la justicia ordinaria al pronunciarse sobre aquélla.

Artículo 173 (164).- En todos los procedimientos judiciales a que diere lugar la aplicación del presente Código, el Servicio Nacional de Salud gozará de privilegio de pobreza y estará exento de hacer las consignaciones que ordena la ley.

Título III
DE LAS SANCIONES Y MEDIDAS SANITARIAS

Artículo 174 (165).- La infracción de cualquiera de las disposiciones de este Código o de sus reglamentos y de las resoluciones que dicten los Directores de los Servicios de Salud o el Director del Instituto de Salud Pública de Chile, según sea el caso, salvo las disposiciones que tengan una sanción especial, será castigada con multa de un décimo de unidad tributaria mensual hasta mil unidades tributarias mensuales. Las reincidencias podrán ser sancionadas hasta con el doble de la multa original.

Las infracciones antes señaladas podrán ser sancionadas, además, con la clausura de establecimientos, recintos, edificios, casas, locales o lugares de trabajo donde se cometiere la infracción; con la cancelación de la autorización de funcionamiento o de los permisos concedidos; con la paralización de obras o faenas; con la suspensión de la distribución y uso de los productos de que se trate, y con el retiro, decomiso, destrucción o desnaturalización de los mismos, cuando proceda.

Lo anterior es sin perjuicio de hacer efectivas las responsabilidades que establezcan otros cuerpos legales respecto de los hechos.

Artículo 174 bis.- Las resoluciones que establezcan las infracciones y determinen las multas tendrán mérito ejecutivo y se harán exigibles por la Tesorería General de la República, en los términos previstos en el inciso segundo del artículo 35 del decreto ley N° 1.263, de 1975, orgánico de Administración Financiera del Estado.

El retardo en el pago de estas multas devengará los intereses y reajustes establecidos en el artículo 53 del Código Tributario.

La Tesorería General de la República hará uso del mecanismo contemplado en el artículo 6 del Estatuto Orgánico del Servicio de Tesorerías, cuyo texto refundido, coordinado, sistematizado y actualizado fue fijado por el decreto con fuerza de ley N° 1, de 1994, del Ministerio de Hacienda.

Sin perjuicio de lo dispuesto en los incisos anteriores, en el pago de estas multas se podrá aplicar lo dispuesto en el artículo 192 del Código Tributario, en lo que corresponda.

Artículo 175 (166).- En los casos en que la sanción consista en la Cancelación de la autorización de funcionamiento o de los permisos concedidos, el Servicio Nacional de Salud comunicará este hecho a la Municipalidad respectiva para que proceda a cancelar la correspondiente patente.

Artículo 176 (167).- Los auxilios en especie, tales como medicamentos, alimentos terapéuticos o suplementarios, que el Servicio Nacional de Salud entregue a la población en cumplimiento de sus programas, no podrán ser comercializados por quienes los reciben.

Sin perjuicio de la sanción que corresponda al beneficiario que infringiere esta disposición, serán especialmente sancionados quienes adquieran el producto directamente de aquél o de un tercero, a cualquier título, y quienes, sin tener derecho a él, lo tengan en su poder.

Artículo 177 (168).- El Director General de Salud podrá cuando se trate de una primera infracción y aparecieren antecedentes que lo justifiquen, apercibir y amonestar al infractor, sin aplicar la multa y demás sanciones, exigiendo que se subsanen los defectos que dieron origen a la infracción, dentro del plazo que se señale.

Artículo 178 (169).- La autoridad podrá también, como medida sanitaria, ordenar en casos justificados la clausura, prohibición de funcionamiento de casas, locales o establecimientos, paralización de faenas, decomiso, destrucción y desnaturalización de productos.

Estas medidas podrán ser impuestas por el ministro de fe, con el solo mérito del acta levantada cuando exista un riesgo inminente para la salud, de lo que deberá dar cuenta inmediata a su jefe directo. Copia del acta deberá ser entregada al interesado

Artículo 179 (170).- Las multas que se impongan por infracción a las disposiciones de este Código y sus reglamentos o a las resoluciones de la autoridad sanitaria serán a beneficio fiscal.

Artículo 180 (171).- Todos los objetos decomisados por el Servicio Nacional de Salud en virtud de las facultades que le confiere el presente Código, se destinarán a beneficio de esa Institución o los destruirá, cuando proceda.

No obstante, el Servicio podrá dejar los mencionados objetos en poder de su dueño siempre que puedan ser desnaturalizados y empleados en otros fines sin riesgo para la salud pública. En este caso el interesado deberá cumplir todas las exigencias que le formule el Servicio.

Las especies que atendida su naturaleza o el estado en que se encuentren no deban ser destruidas, ni sean útiles a la Institución y respecto de las cuales no se haya aplicado el inciso anterior, deberán subastarse por intermedio de la Dirección General del Crédito Prendario y de Martillo y su producido ingresará a fondos generales del Servicio Nacional de Salud.

Artículo 181 (172).- Las especies decomisadas con ocasión de un delito contra la salud pública se destinarán también al Servicio Nacional de Salud, el que dispondrá de ellas en las mismas condiciones señaladas en el artículo anterior.

Los estupefacientes incautados con ocasión de un proceso criminal que no puedan ser objeto de la sanción señalada en el artículo 31 del Código Penal, por haber terminado el respectivo proceso en sobreseimiento o sentencia absolutoria, se destinarán al Servicio Nacional de Salud, a menos que la persona en cuyo poder se encontró la especie acredite su legítima adquisición con la correspondiente autorización para poseerla y usarla de acuerdo a este Código y sus reglamentos.

Artículo 182 (173).- Derógase el Decreto con Fuerza de Ley N 226, de 15 de mayo de 1931, y sus modificaciones posteriores.

Los reglamentos preexistentes que versen sobre las materias que en este Código se tratan quedan derogados sólo en la parte que le fueren contrarios.

Artículo Transitorio. Las personas que a la vigencia del presente Código Sanitario se encontraban autorizadas para dirigir sus propias farmacias en su calidad de prácticos en farmacia, podrán continuar haciéndolo.

Anótese, tómese razón, comuníquese, publíquese e insértese en la Recopilación que corresponda de la Contraloría General de la República.- E FREI M.- Ramón Valdivieso Delauna

Lo que transcribo a U. para su conocimiento.- Saluda a U.- Patricio Silva Garín, Subsecretario de Salud Pública.

DECRETO CON FUERZA DE LEY 1 DETERMINA MATERIAS QUE REQUIEREN AUTORIZACIÓN SANITARIA EXPRESA

Santiago, 8 de Noviembre de 1989.- Hoy se decretó lo que sigue:

D.F.L. Núm 1.- Visto: lo dispuesto en el artículo 7° del Código Sanitario, aprobado por decreto con fuerza de ley N° 725 de 1968 del Ministerio de Salud; las modificaciones a él introducidas por el artículo único de la ley N° 18.498 y por la letra a), del artículo 10°, de la ley N° 18.796; y

Teniendo presente: las facultades que me confiere el artículo 11 de la ley N° 18.796, y en el artículo 32 N° 3 de la Constitución Política del Estado, dicto el siguiente Decreto

1.- Determínanse las siguientes materias que, conforme a lo dispuesto en el artículo 7° del Código Sanitario requieren autorización sanitaria expresa:

1.- Clínicas.

2.- Hospitales.

3.- Laboratorios Clínicos.

4.- Salas de Procedimientos y Pabellones de Cirugía Menor. 5.- Laboratorios de Salud Pública.

6.- Instalación, funcionamiento y traslado de farmacias, droguerías, almacenes farmacéuticos y depósitos de productos farmacéuticos de uso humano.

7.- Instalación, funcionamiento y traslado de farmacias homeopáticas y de farmacias de urgencia.

8.- Sector del local de la farmacia que haya de destinarse a la preparación de fórmulas magistrales y oficinales, sean o no de productos homeopáticos.

9.- Transferencia o destrucción de productos farmacéuticos estupefacientes o psicotrópicos, en caso de cierre de farmacias, droguerías y depósitos de productos farmacéuticos de uso humano.

10.- Registro de medicamentos, cosméticos y pesticidas de uso doméstico. 11.- Textos y publicidad de medicamentos y pesticidas de uso doméstico.

12.- Comercialización de medicamentos sin registro para investigación científica y ensayos clínicos.

13.- Envase y rotulación de productos farmacéuticos.

14.- Modificación de registros (cambio de fórmulas, formas farmacéuticas y otros).

15.- Series de productos biológicos sometidos a este control.

16.- Fabricación, importación, internación, distribución, transferencia, posesión o tenencia de productos estupefacientes, psicotrópicos y demás sustancias que causen efectos análogos conforme a la reglamentación vigente.

17.- Previsiones anuales de importación y exportación de productos estupefacientes y psicotrópicos.

18.- Importación o exportación de productos estupefacientes y psicotrópicos comprendidos en las previsiones anuales.

19.- Uso de sustancias estupefacientes y psicotrópicas prohibidas para fines de investigación científica.

20.- Local, funcionamiento y traslado de Laboratorios de producción químico farmacéutica y Laboratorios externos de control de calidad.

21.- Instituciones de control y certificación de calidad de elementos de protección personal contra accidentes del trabajo y enfermedades profesionales.

22.- Funcionamiento de obras destinadas a la provisión o purificación de agua potable de una población o a la evacuación, tratamiento o disposición final de desagües, aguas servidas de cualquier naturaleza y residuos industriales o mineros.

23.- Uso de aguas servidas en riego agrícola, de acuerdo al grado de tratamiento de depuración o desinfección aprobado por la autoridad sanitaria.

24.- Labores mineras en sitios donde se extrae agua subterránea para uso sanitario o en lugares cuya explotación pueda afectar el caudal o la calidad natural del agua destinada a usos sanitarios.

25.- Instalación de todo lugar destinado a la acumulación, selección, industrialización, comercio o disposición final de basuras y desperdicios de cualquier clase.

26.- Instalación y funcionamiento de cementerios públicos o privados, crematorios e incineradores de desechos biológicos.

27.- Fabricación de subproductos de aguas minerales.

28.- Internación y/o transporte internacional de cadáveres o restos humanos. 29.- Instalación, ampliación o modificación de balnearios, baños públicos y de funcionamiento y modificación de piscinas públicas que usen aguas de fuentes no autorizadas sanitariamente.

30.- Instalación, funcionamiento, ampliación o modificación de establecimientos destinados a producción, elaboración y/o envase de alimentos y de establecimientos destinados al almacenamiento, distribución y/o venta de alimentos que necesiten refrigeración.

31.- Instalación, funcionamiento, ampliación o modificación de establecimientos destinados a la elaboración, manipulación o consumo de alimentos.

32.- Mataderos y frigoríficos.

33.- Destrucción, procesamiento y exportación de decomisos por mataderos.

34.- Desnaturalización de alimentos destinados a uso industrial no alimentario o alimentación animal.

35.- Enajenación de alimentos procedentes de rezagos de aduana, empresas de transporte, salvatajes de incendios, catástrofes y desastres.

36.- Operación instalaciones radiactivas 2da. y 3ra. categoría.

37.- Cierre temporal o definitivo de instalaciones radiactivas 2da. categoría. 38.- Operación equipos generadores radiaciones ionizantes móviles.

39.- Personas que se desempeñan en instalaciones radiactivas o equipos generadores de radiaciones ionizantes.

40.- Importación, exportación, venta, distribución, almacenamiento y abandono o desecho de sustancias radiactivas.

41.- Empresas aplicadoras de pesticidas.

42.- Fabricación y/o importación de plaguicidas.

43.- Importación y/o fabricación de sustancias químicas peligrosas para la salud. 44.- Acumulación y disposición final de residuos dentro del predio industrial, local o lugar de trabajo cuando los residuos sean inflamables, explosivos o contengan algunos de los elementos o compuestos señalados en el artículo 13 del "Reglamento de Condiciones Sanitarias y Ambientales Mínimas en los Lugares de Trabajo". 45.- Expertos en Prevención de Riesgos Ocupacionales.

46.- Profesionales para efectuar revisiones y pruebas de calderas y generadores de vapor.

2.- El presente decreto con fuerza de ley comenzará a regir en la fecha de su publicación en el Diario Oficial, fecha en la cual también entrará en vigencia la modificación introducida al artículo 7° del Código Sanitario por el artículo 10° letra a) de la ley N° 18.796, conforme lo expresa el artículo 12 de la misma ley.

Anótese, tómese razón, publíquese en el Diario Oficial e insértese en la recopilación oficial de Contraloría General de la República.- AUGUSTO PINOCHET UGARTE, General de Ejército, Presidente de la República.- Juan Giaconi Gandolfo, Ministro de Salud.

Lo que transcribo a Ud. para su conocimiento.- Saluda a Ud., Angel Guzmán Véliz, Subsecretario de Salud (S).

LEY Nº 19.451
ESTABLECE NORMAS SOBRE TRASPLANTE Y DONACIÓN DE ÓRGANOS

Teniendo presente que el H. Congreso Nacional ha dado su aprobación al siguiente Proyecto de Ley:

TÍTULO I
NORMAS GENERALES

Artículo 1.- Los trasplantes de órganos sólo podrán realizarse con fines terapéuticos.

Artículo 2.- Las extracciones y trasplantes de órganos sólo podrán realizarse en hospitales y clínicas que acrediten cumplir con las condiciones y requisitos establecidos por las normas vigentes.

Dichos establecimientos deberán llevar un registro de las actividades a que se refiere el inciso anterior.

Artículo 2 bis.- Las personas cuyo estado de salud lo requiera tendrán derecho a ser receptoras de órganos.

Toda persona mayor de dieciocho años será considerada, por el solo ministerio de la ley, como donante de sus órganos una vez fallecida, a menos que hasta antes del momento en que se decida la extracción del órgano, se presente una documentación fidedigna, otorgada ante notario público, en la que conste que el donante en vida manifestó su voluntad de no serlo. El notario deberá remitir dicha información al Servicio de Registro Civil e Identificación para efectos del Registro Nacional de No Donantes, según lo establezca el reglamento respectivo.

En caso de existir duda fundada respecto a la renuncia de la condición de donante o a la vigencia de ella, se deberá consultar en forma previa sobre la extracción de uno o más órganos del fallecido, por orden de prelación, a las siguientes personas:

a) El o la cónyuge, conviviente civil o conviviente de hecho.
b) Cualquiera de los hijos mayores de 18 años.
c) Cualquiera de los padres.
d) El representante legal, el tutor o el curador.
e) Cualquiera de los hermanos mayores de 18 años.
f) Cualquiera de los nietos mayores de 18 años.
g) Eliminada.
h) Eliminada.
i) Eliminada.

Se entenderá que existe duda fundada respecto de la condición de donante por el hecho de pertenecer al Registro Nacional de No Donantes a que se refiere la ley Nº 20.413, o de presentar ante el médico encargado del procedimiento documentos contradictorios.

Para los efectos de su intervención en el procedimiento de trasplantes, la enumeración precedente constituye orden de prelación, de manera que la intervención de una o más personas pertenecientes a una categoría excluya a las demás comprendidas en la misma categoría y en las categorías siguientes.

En el evento de no existir parientes directos del difunto que puedan acreditar su condición de no donante al momento de su deceso, se tendrá por su voluntad presunta la de ser donante.

Cuando el difunto no estuviere inscrito en el Registro Nacional de No Donantes se presumirá su voluntad de ser donante. En tal caso, los familiares serán informados acerca del procedimiento a seguir.

En ausencia de todas las personas señaladas en el inciso tercero, o no habiendo manifestado los mismos la voluntad de oponerse a la donación entre el momento de la certificación inequívoca de la muerte encefálica y el que antecede a aquel en que los órganos dejan de ser útiles para ser trasplantados exitosamente, se respetará la condición de donante presunto del fallecido y se dispondrá de esos órganos para su mejor aprovechamiento.

En el caso de que varias personas se encuentren en igualdad de condiciones para la recepción de un órgano, el hecho de no estar inscrito en el Registro de No Donantes deberá tomarse en cuenta para priorizarlo respecto del que sí lo está.

Artículo 2 ter.- En todo caso, siempre se deberá respetar la voluntad de la persona, tanto de la inscrita en el Registro Nacional de No Donantes, como de la no inscrita, que de conformidad a la ley, se considera como donante.

Artículo 2 quáter.- Será obligación del médico tratante notificar a la respectiva Unidad de Coordinación de Procuramiento de Órganos y Tejidos, acerca del estado de muerte encefálica del paciente.

El médico que incumpla esta obligación será responsable administrativa y/o civilmente, según fuera el caso, sin perjuicio de lo dispuesto en el artículo 491 del Código Penal. La referida responsabilidad administrativa se regirá por las normas de la ley N° 18.834, sobre Estatuto Administrativo, cuyo texto refundido, coordinado y sistematizado fue fijado por el decreto con fuerza de ley N° 29, del Ministerio de Hacienda, promulgado el año 2004 y publicado el año 2005.

Artículo 3.- La donación de órganos sólo podrá realizarse a título gratuito. Se prohíbe, será nulo y sin ningún valor el acto o contrato que, a título oneroso, contenga la promesa o entrega de un órgano para efectuar un trasplante.

Los gastos en que se incurra con motivo de la extracción del órgano que se dona, forman parte de los gastos propios del trasplante y serán imputables al sistema de salud del receptor de acuerdo a las normas legales, reglamentarias y contractuales que correspondan.

Artículo 3 bis.- No podrán facilitarse ni divulgarse informaciones que permitan identificar al donante.

Asimismo, los familiares del donante no podrán conocer la identidad del receptor, ni el receptor o sus familiares la del donante y, en general, queda prohibida cualquier difusión de información que pueda relacionar directamente la extracción con el ulterior injerto o implantación.

Esta prohibición no afectará a los directamente interesados en una donación entre personas vivas, a excepción del mecanismo de donación de órganos establecido en los artículos 4° bis y 4° ter.

La información relativa a donantes y receptores de órganos humanos será recogida, tratada y custodiada en la más estricta confidencialidad y se considerará un dato sensible, conforme a lo dispuesto en la ley N° 19.628, sobre protección de la vida privada.

TÍTULO II
DE LA EXTRACCIÓN DE ÓRGANOS A DONANTES VIVOS

Artículo 4.- La extracción de órganos en vida con fines de trasplante, conforme a lo dispuesto en los artículos 4° bis y 4° ter, sólo se realizará cuando se estime que razonablemente no causará un grave perjuicio a la salud del donante y existan perspectivas de éxito para conservar la vida o mejorar la salud del receptor. Esta extracción siempre deberá practicarse previo informe positivo de aptitud física.

El reglamento establecerá los órganos que podrán ser objeto de extracción en estos casos.

Artículo 4 bis.- La extracción de órganos en vida con fines de trasplante sólo se permitirá en personas capaces mayores de dieciocho años y cuando el receptor sea su pariente consanguíneo o por adopción hasta el cuarto grado, o su pariente por afinidad hasta el segundo grado inclusive o su cónyuge, o una persona que, sin ser su cónyuge, conviva con el donante, o su conviviente civil.

Asimismo, se permitirá la extracción de órganos en vida con fines de trasplante cuando el donante sea una persona capaz, mayor de dieciocho años, y se ofrezca voluntariamente y en forma altruista para la extracción y donación en vida. En este caso, el órgano extraído tendrá como destino ser trasplantado a la persona que corresponda y esté incluida en el registro nacional de potenciales receptores de órganos a cargo del Instituto de Salud Pública de Chile, con el propósito de conservar su vida o mejorar su salud.

Para los efectos dispuestos en los incisos anteriores, se deberán cumplir, además, los requisitos siguientes:

1.- En el momento de la donación, el donante no debe pertenecer al registro nacional de no donantes a que se refiere el artículo 2° bis.

2.- El donante debe expresar su consentimiento por escrito, en forma libre e informada, y debe encontrarse en pleno goce de sus facultades, lo que deberá ser certificado por dos médicos especialistas en salud mental, sin perjuicio de cumplir con la certificación dispuesta en el artículo 5°. Asimismo, al manifestar su consentimiento deberá declarar, bajo juramento, que efectúa la donación de forma gratuita y espontánea, libre de fuerza y de toda coacción. En el caso del inciso primero de este artículo deberá, además, indicar expresamente el nombre del respectivo receptor.

3.- La donación se efectuará al registro nacional de potenciales receptores de órganos, según lo dispuesto en el inciso anterior.

El consentimiento del donante no puede ser sustituido ni complementado, pudiendo siempre ser revocado, hasta el instante mismo de la intervención quirúrgica, mientras conserve capacidad para expresar su voluntad, caso en el cual la extracción no será practicada.

Artículo 4 ter.- En los casos que no existan condiciones médicas favorables para el trasplante de órganos entre las personas mencionadas en el inciso primero del artículo anterior, se permitirá la donación cruzada de órganos. Se entiende por donación cruzada aquella que se realiza entre parejas donante-receptor que se encuentren en la situación descrita y estén inscritas en un registro nacional de parejas donante-receptor, en el Instituto de Salud Pública, como responsable del listado nacional de potenciales receptores de órganos.

Artículo 4 quáter.- El reglamento elaborado por el Ministerio de Salud establecerá las normas para la organización y funcionamiento del registro de parejas donante-receptor y del registro de donantes altruistas, el cual tendrá por objetivo facilitar la búsqueda de parejas biológicamente compatibles entre sí y aplicar criterios de priorización para los trasplantes.

Artículo 4 quinquies.- La información relativa a donantes y receptores de las modalidades establecidas en los artículos 4° bis y 4° ter será tratada y custodiada con estricta confidencialidad y será considerada como dato sensible conforme a lo dispuesto en la ley N° 19.628, sobre Protección de la Vida Privada.

Artículo 5.- La aptitud física de una persona, a que se refiere el artículo 4°, deberá ser certificada, a lo menos, por dos médicos distintos de los que vayan a efectuar la extracción o el trasplante.

Artículo 6.- El donante deberá manifestar el consentimiento requerido, señalando el o los órganos que está dispuesto a donar, de modo libre, expreso e informado.

Del consentimiento se dejará constancia en un acta ante el director del establecimiento donde haya de efectuarse la extracción, quien para estos efectos tendrá el carácter de ministro de fe. La calidad de ministro de fe se hará extensiva a quien el referido director delegue tal cometido.

El acta, que deberá ser firmada por el donante, quien además estampará en ella su huella dígito pulgar, contendrá la información relativa a los riesgos de la operación y a las eventuales consecuencias físicas y sicológicas que la extracción le pueda ocasionar a aquél, como asimismo la individualización del receptor. El acta deberá ser suscrita por los médicos que hayan emitido el informe de aptitud física del donante y por el médico que le haya proporcionado la referida información, cuyo contenido se especificará en el reglamento y en ella el ministro de fe deberá dejar constancia que, en su criterio, el donante se encuentra en pleno uso de sus facultades mentales.

El consentimiento podrá ser revocado en cualquier momento antes de la extracción, sin sujeción a formalidad alguna. Sin perjuicio de lo anterior, deberá dejarse constancia de ello en la misma acta de consentimiento a que se refiere el inciso segundo. La revocación no generará responsabilidades de ninguna especie. Las donaciones de órganos no estarán sujetas a las normas establecidas en los artículos 1137 a 1146 del Código Civil.

TÍTULO III
DE LA EXTRACCIÓN DE ÓRGANOS A PERSONAS EN ESTADO DE MUERTE

Artículo 7.- Derogado

Artículo 8.- Derogado

Artículo 9.- Derogado

Artículo 10.- En caso de fallecimiento de menores de dieciocho años, sólo sus padres o su representante legal podrán autorizar, de manera expresa, la donación de sus órganos. El vínculo familiar o la representación que se invoque se acreditará, a falta de otra prueba, mediante declaración jurada que deberá extenderse en el acto mismo de la interrogación ante el director del establecimiento asistencial o ante quien éste delegue dicha función, en los términos señalados en el inciso segundo del artículo 6°.

Artículo 11.- Para los efectos previstos en esta ley, la muerte se acreditará mediante certificación unánime e inequívoca, otorgada por un equipo de médicos, uno de cuyos integrantes, al menos, deberá desempeñarse en el campo de la neurología o neurocirugía.

Los médicos que otorguen la certificación no podrán formar parte del equipo que vaya a efectuar el trasplante.

La certificación se otorgará cuando se haya comprobado la abolición total e irreversible de todas las funciones encefálicas, lo que se acreditará con la certeza diagnóstica de la causa del mal, según parámetros clínicos corroborados por las pruebas o exámenes calificados. El reglamento deberá considerar, como mínimo, que la persona cuya muerte encefálica se declara, presente las siguientes condiciones:

1.- Ningún movimiento voluntario observado durante una hora;

2.- Apnea luego de tres minutos de desconexión de ventilador, y

3.- Ausencia de reflejos troncoencefálicos.

En estos casos, al certificado de defunción expedido por un médico, se agregará un documento en que se dejará constancia de los antecedentes que permitieron acreditar la muerte.

Artículo 12.- Tratándose de los casos previstos en los artículos 199 y 201 del Código Procesal Penal, o cuando la muerte hubiese dado lugar a una investigación penal, será necesaria la autorización del Fiscal para destinar el cadáver a las finalidades previstas en esta ley.

Para adoptar su decisión, el Fiscal deberá consultar al médico del Servicio Médico Legal o al facultativo que éste designe. Dicho profesional deberá constituirse en el establecimiento donde se encuentra el eventual donante e informará al Fiscal si la extracción de los órganos pudiere afectar la realización de exámenes médicos necesarios para el éxito de la investigación.

La autorización podrá ser solicitada por el medio de comunicación que resulte más expedito. Deberá dejarse constancia escrita de la autorización otorgada, la que se comunicará al facultativo que la solicita de la forma que resulte más adecuada a la premura del procedimiento médico.

TÍTULO IV
DE LAS SANCIONES

Artículo 13.- El que facilitare o proporcionare a otro, con ánimo de lucro, algún órgano propio para ser usado con fines de trasplante, será penado con presidio menor en su grado mínimo. En la misma pena incurrirá el que ofreciere o proporcionare dinero o cualesquiera otras prestaciones materiales o económicas con el objeto de obtener para si mismo algún órgano o el consentimiento necesario para su extracción.

Si las conductas señaladas en el inciso anterior fueren realizadas por cuenta de terceros, la pena se aumentará en dos grados.

Artículo 13 bis.- El que extraiga órganos de un cadáver con fines de trasplante sin cumplir con las disposiciones de esta ley será penado con presidio menor en su grado mínimo. En igual sanción incurrirá quien destine dichos órganos a un uso distinto al permitido por la presente ley o el Código Sanitario, así como quien destine, en cualquier momento, con ánimo de lucro o para fines distintos de los autorizados en esta ley, órganos, tejidos o fluidos humanos provenientes de una intervención propia de la interrupción del embarazo.

La infracción a las normas contenidas en el artículo 3° bis se sancionará con una multa de veinte a cincuenta unidades tributarias mensuales.

TÍTULO V
DISPOSICIONES VARIAS

Artículo 14.- La importación y la exportación de órganos con fines de trasplante podrán efectuarse solamente a título gratuito, por los hospitales y clínicas a que se refiere el artículo 2° y por aquellas entidades que, dada su vinculación con las materias reguladas por esta ley, sean autorizadas para ello por el Ministerio de Salud.

Artículo 14 bis.- El Ministerio de Salud, por intermedio de la Subsecretaría de Redes Asistenciales, deberá garantizar la existencia de una coordinación nacional de trasplantes, que tendrá por misión la implementación de una política nacional en el marco de las normas, objetivos y principios establecidos en esta ley y que será aplicable tanto a la Red Asistencial del Sistema Nacional de Servicios de Salud, como a los prestadores institucionales de salud privados y públicos que no pertenezcan a dicha Red.

Artículo 15.- En el reglamento se establecerán las normas para la organización y funcionamiento de un registro de potenciales receptores de órganos y se determinarán las prioridades para su recepción, cuando éstos provienen de personas fallecidas. Al Instituto de Salud Pública le corresponderá llevar este registro.

El Servicio de Registro Civil e Identificación deberá llevar un registro nacional de no donantes, que será público y estará disponible para su consulta expedita, especialmente por los establecimientos de salud públicos y privados.

Todo aquel que en vida desee revocar su inscripción en el Registro Nacional de No Donantes puede hacerlo en cualquier momento, expresando dicha voluntad ante el Servicio de Registro Civil e Identificación.

Artículo 15 bis.- Corresponderá al Ministerio de Salud establecer las normas de certificación necesarias para los profesionales que realizan actos de procuramiento de órganos y tejidos; así como establecer requisitos adicionales para la acreditación de los establecimientos que se señalan en el artículo 2°.

Igualmente le corresponderá establecer, de acuerdo a los principios de cooperación, eficacia y solidaridad, las regulaciones, coordinaciones y los mecanismos técnicos, humanos y operativos que sean necesarios para fomentar y ejecutar las actividades de donación, extracción, preservación, distribución, intercambio y trasplante de órganos y tejidos en todo el país.

Artículo 16.- Créase una Comisión Asesora del Ministerio de Salud, denominada "Comisión Nacional de Trasplante de Órganos", con el objeto de estudiar y proponer a la aludida Secretaría de Estado, planes, programas y normas relacionados con los trasplantes de órganos.

La Comisión estará integrada por las siguientes personas:

a) El Ministro de Salud o la persona que éste designe en su representación, quien la presidirá;

b) El Presidente del Departamento de Ética del Colegio Médico de Chile A.G. o la persona a quien éste designe en su representación;

c) Un académico designado por los Decanos de las Facultades de Medicina de las universidades reconocidas oficialmente por el Estado;

d) Un académico designado por los Decanos de las Facultades de Economía de las universidades reconocidas oficialmente por el Estado;

e) Un representante de las Sociedades o Corporaciones Científicas relacionadas con trasplantes de órganos;

f) Un representante de las organizaciones que agrupan a pacientes que requieren de trasplante de órganos o han sido sometidos a dicha intervención, y g) Un director o directivo de Servicios de Salud, y un abogado del Ministerio de Salud, designados por el Ministro del ramo.

El reglamento determinará los mecanismos necesarios para formalizar estas designaciones, las que serán servidas ad-honorem y el período durante el cual las personas designadas integrarán la Comisión.

Artículo 17.- Modifícase el Libro Noveno del Código Sanitario en la forma que a continuación se indica:

a) Elimínase de su título la expresión "ORGANOS,".

b) Sustitúyense los siguientes artículos, en la forma que a continuación se indica:

"Artículo 145.- El aprovechamiento de tejidos o partes del cuerpo de un donante vivo, para su injerto en otra persona, sólo se permitirá cuando fuere a título gratuito y con fines terapéuticos.

Artículo 146.- Toda persona plenamente capaz podrá disponer de su cadáver, o de partes de él, con el objeto de que sea utilizado en fines de investigación científica, para la docencia universitaria, para la elaboración de productos terapéuticos o en la realización de injertos.

El donante manifestará su voluntad por escrito, pudiendo revocarla en la misma forma, todo ello de conformidad con las formalidades que señale el reglamento.".

c) Modifícanse los artículos 148, 151 y 152 en los términos que a continuación se señalan:

1.- Reemplázanse, en el artículo 148, las expresiones "trasplantes" y "órganos" por "injertos" y "tejidos", respectivamente.

2.- Agrégase, en el artículo 151, un inciso segundo del siguiente tenor:

"En aquellos casos en que el Servicio Médico Legal no tenga la infraestructura material o de personal para otorgar la autorización, o ésta sea necesaria y requerida fuera de su horario normal de funcionamiento, la delegación recaerá en el director de un hospital del Servicio de Salud en cuyo territorio jurisdiccional se produjere la muerte del potencial donante.".

3.- Sustitúyense, en el artículo 152, los vocablos "órgano" y "trasplante", por "tejido" e "injerto", respectivamente.

d) Derógase el artículo 149.

Artículo 18.- Esta ley comenzará a regir noventa días después de la fecha de su publicación.

Artículo transitorio.- El procedimiento establecido en los incisos segundo, tercero, quinto, sexto y séptimo del artículo 9° entrará en vigencia ciento ochenta días después de la publicación de la presente ley. Durante ese período el Ministerio de Salud realizará campañas de divulgación masiva de sus contenidos.".

Y por cuanto el H. Congreso Nacional ha aprobado las observaciones formuladas por el Ejecutivo, por tanto promúlguese y llévese a efecto como Ley de la República.

Santiago, 29 de marzo de 1996.- EDUARDO FREI RUIZ-TAGLE, Presidente de la República.- Carlos Massad Abud, Ministro de Salud.

Lo que transcribo para su conocimiento.- Saluda a Ud., Dr. Fernando Muñoz Porras, Subsecretario de Salud.

LEY Nº 20.120
SOBRE LA INVESTIGACIÓN CIENTÍFICA EN EL SER HUMANO, SU GENOMA, Y PROHIBE LA CLONACIÓN HUMANA

Teniendo presente que el H. Congreso Nacional ha dado su aprobación al siguiente proyecto de ley originado en moción del H. Senador señor Mariano Ruiz-Esquide Jara y de los ex Senadores señores Nicolás Díaz Sánchez, Juan Hamilton Depassier, Sergio Páez Verdugo y Andrés Zaldívar Larraín

Proyecto de ley:

Artículo 1.- Esta ley tiene por finalidad proteger la vida de los seres humanos, desde el momento de la concepción, su integridad física y psíquica, así como su diversidad e identidad genética, en relación con la investigación científica biomédica y sus aplicaciones clínicas.

Artículo 2.- La libertad para llevar a cabo actividades de investigación científica biomédica en seres humanos tiene como límite el respeto a los derechos y libertades esenciales que emanan de la naturaleza humana, reconocidos tanto por la Constitución Política de la República como por los tratados internacionales ratificados por Chile y que se encuentren vigentes.

Artículo 3.- Prohíbese toda práctica eugenésica, salvo la consejería genética.

Artículo 4.- Prohíbese toda forma de discriminación arbitraria basada en el patrimonio genético de las personas.

En consecuencia, los resultados de exámenes genéticos y análisis predictivos de la misma naturaleza no podrán ser utilizados con ese fin.

Artículo 5.- Prohíbese la clonación de seres humanos, cualesquiera que sean el fin perseguido y la técnica utilizada.

Artículo 6.- El cultivo de tejidos y órganos sólo procederá con fines de diagnósticos terapéuticos o de investigación científica. En ningún caso podrán destruirse embriones humanos para obtener las células troncales que den origen a dichos tejidos y órganos.

Artículo 7.- La terapia génica en células somáticas estará autorizada sólo con fines de tratamiento de enfermedades o a impedir su aparición.

Artículo 8.- El conocimiento del genoma humano es patrimonio común de la humanidad. En consecuencia, nadie puede atribuirse ni constituir propiedad sobre el mismo ni sobre parte de él. El conocimiento de la estructura de un gen y de las secuencias totales o parciales de ADN no son patentables.

Los procesos biotecnológicos derivados del conocimiento del genoma humano, así como los productos obtenidos directamente de ellos, diagnósticos o terapéuticos, son patentables según las reglas generales.

Artículo 9.- Sólo se podrá investigar y determinar la identidad genética de un ser humano si se cuenta con su consentimiento previo e informado o, en su defecto, el de aquel que deba suplir su voluntad en conformidad con la ley. Lo anterior es sin perjuicio de la facultad de los tribunales de justicia, en la forma y en los casos establecidos en la ley.

Artículo 10.- Toda investigación científica en seres humanos que implique algún tipo de intervención física o psíquica deberá ser realizada siempre por profesionales idóneos en la materia, justificarse en su objetivo y metodología y ajustarse en todo a lo dispuesto en esta ley.

No podrá desarrollarse una investigación científica si hay antecedentes que permitan suponer que existe un riesgo de destrucción, muerte o lesión corporal grave y duradera para un ser humano.

Toda investigación científica biomédica deberá contar con la autorización expresa del director del establecimiento dentro del cual se efectúe, previo informe favorable del Comité Ético Científico que corresponda, según el reglamento.

Artículo 11.- Toda investigación científica en un ser humano deberá contar con su consentimiento previo, expreso, libre e informado, o, en su defecto, el de aquel que deba suplir su voluntad en conformidad con la ley.

Para los efectos de esta ley, existe consentimiento informado cuando la persona que debe prestarlo conoce los aspectos esenciales de la investigación, en especial su finalidad, beneficios, riesgos y los procedimientos o tratamientos alternativos. Para ello deberá habérsele proporcionado información adecuada, suficiente y comprensible sobre ella. Asimismo, deberá hacerse especial mención del derecho que tiene de no autorizar la investigación o de revocar su consentimiento en cualquier momento y por cualquier medio, sin que ello importe responsabilidad, sanción o pérdida de beneficio alguno.

El consentimiento deberá constar en un acta firmada por la persona que ha de consentir en la investigación, por el director responsable de ella y por el director del centro o establecimiento donde ella se llevará a cabo, quien, además, actuará como ministro de fe.

En todo caso, el consentimiento deberá ser nuevamente solicitado cada vez que los términos o condiciones en que se desarrolle la investigación sufran modificaciones, salvo que éstas sean consideradas menores por el Comité Ético Científico que haya aprobado el proyecto de investigación.

Artículo 12.- La información genética de un ser humano será reservada. Lo anterior es sin perjuicio de las facultades de los tribunales de justicia, en los casos y en la forma establecidos en la ley. Asimismo, para los efectos de esta ley, resultan plenamente aplicables las disposiciones sobre secreto profesional.

Artículo 13.- La recopilación, almacenamiento, tratamiento y difusión del genoma de las personas se ajustará a las disposiciones de la ley N° 19.628, sobre protección de datos de carácter personal.

Los datos del genoma humano que permitan la identificación de una persona deberán ser encriptados para su almacenamiento y transmisión.

La encriptación podrá omitirse temporalmente por razones de utilidad pública.

Artículo 14.- Prohíbese solicitar, recibir, indagar, poseer y utilizar información sobre el genoma relativa a una persona, salvo que ella lo autorice expresamente o, en su defecto, el que deba suplir su voluntad en conformidad con la ley. Lo anterior es sin perjuicio de las facultades de los tribunales de justicia, en los casos y en la forma establecidos en la ley.

Artículo 15.- Créase una Comisión Nacional de Bioética, que estará integrada por nueve profesionales, expertos en bioética, designados por el Presidente de la República, con acuerdo del Senado adoptado por los dos tercios de sus miembros en ejercicio, en sesión especial convocada al efecto.

Los miembros de esta Comisión durarán cuatro años en sus cargos y podrán ser reelegidos. El Presidente de la República, en el momento de solicitar el acuerdo del Senado, propondrá al miembro que asumirá el cargo de Presidente.

La Comisión tendrá una Secretaría Ejecutiva, que coordinará su funcionamiento y cumplirá los acuerdos que aquélla adopte y estará conformada por el personal que al efecto asigne el Ministerio de Salud.

Artículo 16.- La Comisión Nacional de Bioética tendrá, entre sus funciones, asesorar a los distintos Poderes del Estado en los asuntos éticos que se presenten como producto de los avances científicos y tecnológicos en biomedicina, así como en las materias relacionadas con la investigación científica biomédica en seres humanos, recomendando la dictación, modificación y supresión de las normas que la regulen.

Las resoluciones o acuerdos de la Comisión se adoptarán por simple mayoría, no obstante lo cual deberán hacerse constar las diferencias producidas en su seno y la posición de minoría.

Artículo 17.- El que clonare o iniciare un proceso de clonar seres humanos y el que realizare cualquier procedimiento eugenésico en contravención al artículo 3°, será castigado con la pena de presidio menor en su grado medio a máximo y con la inhabilitación absoluta para el ejercicio de la profesión durante el tiempo que dure la condena.

En caso de reincidencia, el infractor será sancionado, además, con la pena de inhabilitación perpetua para ejercer la profesión.

Artículo 18.- El que violare la reserva de la información sobre el genoma humano, fuera de los casos que autoriza el artículo 12, sufrirá las penas establecidas en ambos incisos del artículo 247 del Código Penal, según el caso.

El que omitiere la encriptación exigida en esta ley será sancionado con multa de hasta mil unidades de fomento.

Artículo 19.- El que falsificare el acta a que se refiere el inciso tercero del artículo 11 será sancionado con la pena de reclusión menor en su grado mínimo y con multa de 10 a 20 unidades tributarias mensuales.

Igual pena se aplicará a quien maliciosamente usare, con cualquier fin, un acta falsa.

El que omitiere la referida acta o la confeccionare manifiestamente incompleta será sancionado con multa de 10 a 20 unidades tributarias mensuales.

Artículo 20.- Todo el que desarrollare un proyecto de investigación científica biomédica en seres humanos o en su genoma, sin contar con las autorizaciones correspondientes exigidas por la presente ley, será sancionado con la suspensión por tres años del ejercicio profesional y con la prohibición absoluta de ejercicio profesional en el territorio nacional en caso de reincidencia.

Artículo 21.- Corresponderá al Ministerio de Salud establecer, mediante reglamento, las normas que complementen o desarrollen los contenidos de esta ley.

Y por cuanto he tenido a bien aprobarlo y sancionarlo; por tanto promúlguese y llévese a efecto como Ley de la República.

Santiago, 7 de septiembre de 2006.- MICHELLE BACHELET JERIA, Presidenta de la República.- María Soledad Barría Iroume, Ministra de Salud.

Lo que transcribo a Ud., para su conocimiento.- Saluda a Ud., Lidia Amarales Osorio, Subsecretaria de Salud Pública.

LEY Nº 20.584
REGULA LOS DERECHOS Y DEBERES QUE TIENEN LAS PERSONAS EN RELACIÓN CON ACCIONES VINCULADAS A SU ATENCIÓN EN SALUD

Teniendo presente que el H. Congreso Nacional ha dado su aprobación al siguiente Proyecto de ley:

"TÍTULO I
DISPOSICIONES GENERALES

Artículo 1.- Esta ley tiene por objeto regular los derechos y deberes que las personas tienen en relación con acciones vinculadas a su atención de salud.

Sus disposiciones se aplicarán a cualquier tipo de prestador de acciones de salud, sea público o privado. Asimismo, y en lo que corresponda, se aplicarán a los demás profesionales y trabajadores que, por cualquier causa, deban atender público o se vinculen con el otorgamiento de las atenciones de salud.

Artículo 2.- Toda persona tiene derecho, cualquiera que sea el prestador que ejecute las acciones de promoción, protección y recuperación de su salud y de su rehabilitación, a que ellas sean dadas oportunamente y sin discriminación arbitraria, en las formas y condiciones que determinan la Constitución y las leyes.

La atención que se proporcione a las personas con discapacidad física o mental y a aquellas que se encuentren privadas de libertad, deberá regirse por las normas que dicte el Ministerio de Salud, para asegurar que aquella sea oportuna y de igual calidad.

Artículo 3.- Se entiende por prestador de salud, en adelante el prestador, toda persona, natural o jurídica, pública o privada, cuya actividad sea el otorgamiento de atenciones de salud. Los prestadores son de dos categorías: institucionales e individuales.

Prestadores institucionales son aquellos que organizan en establecimientos asistenciales medios personales, materiales e inmateriales destinados al otorgamiento de prestaciones de salud, dotados de una individualidad determinada y ordenados bajo una dirección, cualquiera sea su naturaleza y nivel de complejidad. Corresponde a sus órganos la misión de velar porque en los establecimientos indicados se respeten los contenidos de esta ley.

Prestadores individuales son las personas naturales que, de manera independiente, dependiente de un prestador institucional o por medio de un convenio con éste, otorgan directamente prestaciones de salud a las personas o colaboran directa o indirectamente en la ejecución de éstas. Se consideran prestadores individuales los profesionales de la salud a que se refiere el Libro Quinto del Código Sanitario.

Para el otorgamiento de prestaciones de salud todo prestador deberá haber cumplido las disposiciones legales y reglamentarias relativas a los procesos de certificación y acreditación, cuando correspondan.

TÍTULO II
DERECHOS DE LAS PERSONAS EN SU ATENCIÓN DE SALUD

PÁRRAFO 1°
DE LA SEGURIDAD EN LA ATENCIÓN DE SALUD

Artículo 4.- Toda persona tiene derecho a que, en el marco de la atención de salud que se le brinda, los miembros del equipo de salud y los prestadores institucionales cumplan las normas vigentes en el país, y con los protocolos establecidos, en materia de seguridad del paciente y calidad de la atención de salud, referentes a materias tales como infecciones intrahospitalarias, identificación y accidentabilidad de los pacientes, errores en la atención de salud y, en general, todos aquellos eventos adversos evitables según las prácticas comúnmente aceptadas. Adicionalmente, toda persona o quien la represente tiene derecho a ser informada acerca de la ocurrencia de un evento adverso, independientemente de la magnitud de los daños que aquel haya ocasionado.

Las normas y protocolos a que se refiere el inciso primero serán aprobados por resolución del Ministro de Salud, publicada en el Diario Oficial, y deberán ser permanentemente revisados y actualizados de acuerdo a la evidencia científica disponible.

PÁRRAFO 2°
DEL DERECHO A UN TRATO DIGNO

Artículo 5°.- En su atención de salud, las personas tienen derecho a recibir un trato digno y respetuoso en todo momento y en cualquier circunstancia.

En consecuencia, los prestadores deberán:

a) Velar porque se utilice un lenguaje adecuado e inteligible durante la atención; cuidar que las personas que adolezcan de alguna discapacidad, no tengan dominio del idioma castellano o sólo lo tengan en forma parcial, puedan recibir la información necesaria y comprensible, por intermedio de un funcionario del establecimiento, si existiere, o con apoyo de un tercero que sea designado por la persona atendida.

b) Velar porque se adopten actitudes que se ajusten a las normas de cortesía y amabilidad generalmente aceptadas, y porque las personas atendidas sean tratadas y llamadas por su nombre.

c) Respetar y proteger la vida privada y la honra de la persona durante su atención de salud. En especial, se deberá asegurar estos derechos en relación con la toma de fotografías, grabaciones o filmaciones, cualquiera que sea su fin o uso. En todo caso, para la toma de fotografías, grabaciones o filmaciones para usos o fines periodísticos o publicitarios se requerirá autorización escrita del paciente o de su representante legal.

La atención otorgada por alumnos en establecimientos de carácter docente asistencial, como también en las entidades que han suscrito acuerdos de colaboración con universidades o institutos reconocidos, deberá contar con la supervisión de un médico u otro profesional de la salud que trabaje en dicho establecimiento y que corresponda según el tipo de prestación.

Un reglamento expedido por el Ministerio de Salud establecerá las normas para dar cumplimiento a lo dispuesto en el literal c) y en el inciso precedente.

PÁRRAFO 3°
DEL DERECHO A LA ATENCIÓN PREFERENTE

Artículo 5 bis.- Toda persona mayor de 60 años, como también toda persona en situación de discapacidad, tendrá derecho a ser atendida preferente y oportunamente por cualquier prestador de acciones de salud, con el fin de facilitar su acceso a dichas acciones, sin perjuicio de la priorización que corresponda aplicar según la condición de salud de emergencia o urgencia de los pacientes, de acuerdo al protocolo respectivo.

Esta atención preferente y oportuna consistirá, al momento del ingreso del paciente, en la adopción por el prestador de las siguientes medidas:

I. Si se tratare de una consulta de salud:

a) En la entrega de número para la solicitud de día y hora de atención.

b) En la asignación de día y hora para la atención.

c) En la asignación prioritaria para la consulta de salud de urgencia.

Si en la consulta el médico o profesional de salud considera necesario que el paciente sea evaluado por un médico especialista, generando una interconsulta, deberá ser priorizada de la misma manera indicada en el inciso anterior.

II. Si se tratare de la prescripción y dispensación de medicamentos:

a) En la emisión y gestión de la receta médica respectiva.

b) En la entrega de número para la dispensación de medicamentos en la farmacia.

c) En la dispensación de medicamentos en la farmacia.

III. Si se tratare de toma de exámenes o procedimientos médicos más complejos:

a) En la entrega de número para la solicitud de día y hora para su realización.

b) En la asignación de día y hora para su realización.

c) En la posterior asignación prioritaria para la realización de exámenes o procedimientos médicos más complejos.

Artículo 5 ter.- El prestador de acciones de salud deberá consignar con caracteres legibles, en un lugar visible y de fácil acceso del recinto en que se desempeña, el texto de este derecho a la atención preferente y oportuna.

PÁRRAFO 4
DEL DERECHO A TENER COMPAÑÍA Y ASISTENCIA ESPIRITUAL

Artículo 6.- Toda persona tiene derecho a que los prestadores le faciliten la compañía de familiares y amigos cercanos durante su hospitalización y con ocasión de prestaciones ambulatorias, de acuerdo con la reglamentación interna de cada establecimiento, la que en ningún caso podrá restringir este derecho de la persona más allá de lo que requiera su beneficio clínico.

Asimismo, toda persona que lo solicite tiene derecho a recibir, oportunamente y en conformidad a la ley, consejería y asistencia religiosa o espiritual.

Artículo 7.- En aquellos territorios con alta concentración de población indígena, los prestadores institucionales públicos deberán asegurar el derecho de las personas pertenecientes a los pueblos originarios a recibir una atención de salud con pertinencia cultural, lo cual se expresará en la aplicación de un modelo de salud intercultural validado ante las comunidades indígenas, el cual deberá contener, a lo menos, el reconocimiento, protección y fortalecimiento de los conocimientos y las prácticas de los sistemas de sanación de los pueblos originarios; la existencia de facilitadores interculturales y señalización en idioma español y del pueblo originario que corresponda al territorio, y el derecho a recibir asistencia religiosa propia de su cultura.

PÁRRAFO 5º
DEL DERECHO DE INFORMACIÓN

Artículo 8.- Toda persona tiene derecho a que el prestador institucional le proporcione información suficiente, oportuna, veraz y comprensible, sea en forma visual, verbal o por escrito, respecto de los siguientes elementos:

a) Las atenciones de salud o tipos de acciones de salud que el prestador respectivo ofrece o tiene disponibles y los mecanismos a través de los cuales se puede acceder a dichas prestaciones, así como el valor de las mismas.

b) Las condiciones previsionales de salud requeridas para su atención, los antecedentes o documentos solicitados en cada caso y los trámites necesarios para obtener la atención de salud.

c) Las condiciones y obligaciones contempladas en sus reglamentos internos que las personas deberán cumplir mientras se encuentren al interior de los establecimientos asistenciales.

d) Las instancias y formas de efectuar comentarios, agradecimientos, reclamos y sugerencias.

Los prestadores deberán colocar y mantener en un lugar público y visible, una carta de derechos y deberes de las personas en relación con la atención de salud, cuyo contenido será determinado mediante resolución del Ministro de Salud.

Los prestadores individuales estarán obligados a proporcionar la información señalada en las letras a) y b) y en el inciso precedente.

Artículo 9.- Toda persona tiene derecho a que todos y cada uno de los miembros del equipo de salud que la atiendan tengan algún sistema visible de identificación personal, incluyendo la función que desempeñan, así como a saber quien autoriza y efectúa sus diagnósticos y tratamientos.

Se entenderá que el equipo de salud comprende todo individuo que actúe como miembro de un equipo de personas, que tiene la función de realizar algún tipo de atención o prestación de salud. Lo anterior incluye a profesionales y no profesionales, tanto del área de la salud como de otras que tengan participación en el quehacer de salud.

Artículo 10.- Toda persona tiene derecho a ser informada, en forma oportuna y comprensible, por parte del médico u otro profesional tratante, acerca del estado de su salud, del posible diagnóstico de su enfermedad, de las alternativas de tratamiento disponibles para su recuperación y de los riesgos que ello pueda representar, así como del pronóstico esperado, y del proceso previsible del postoperatorio cuando procediere, de acuerdo con su edad y condición personal y emocional. Asimismo, todo niño, niña y adolescente tiene derecho a recibir información sobre su enfermedad y la forma en que se realizará su tratamiento, adaptada a su edad, desarrollo mental y estado afectivo y psicológico.

Cuando la condición de la persona, a juicio de su médico tratante, no le permita recibir la información directamente o padezca de dificultades de entendimiento o se encuentre con alteración de conciencia, la información a que se refiere el inciso anterior será dada a su representante legal, o en su defecto, a la persona bajo cuyo cuidado se encuentre. Sin perjuicio de lo anterior, una vez que haya recuperado la conciencia y la capacidad de comprender, deberá ser informada en los términos indicados en el inciso precedente.

Tratándose de atenciones médicas de emergencia o urgencia, es decir, de aquellas en que la falta de intervención inmediata e impostergable implique un riesgo vital o secuela funcional grave para la persona y ella no esté en condiciones de recibir y comprender la información, ésta será proporcionada a su representante o a la persona a cuyo cuidado se encuentre, velando porque se limite a la situación descrita. Sin perjuicio de lo anterior, la persona deberá ser informada, de acuerdo con lo indicado en los incisos precedentes, cuando a juicio del médico tratante las condiciones en que se encuentre lo permitan, siempre que ello no ponga en riesgo su vida. La imposibilidad de entregar la información no podrá, en ningún caso, dilatar o posponer la atención de salud de emergencia o urgencia.

Los prestadores deberán adoptar las medidas necesarias para asegurar la adecuada confidencialidad durante la entrega de esta información, así como la existencia de lugares apropiados para ello.

Artículo 11.- Toda persona tendrá derecho a recibir, por parte del médico tratante, una vez finalizada su hospitalización, un informe legible que, a lo menos, deberá contener:

a) La identificación de la persona y del profesional que actuó como tratante principal;

b) El período de tratamiento;

c) Una información comprensible acerca del diagnóstico de ingreso y de alta, con sus respectivas fechas, y los resultados más relevantes de exámenes y procedimientos efectuados que sean pertinentes al diagnóstico e indicaciones a seguir, y

d) Una lista de los medicamentos y dosis suministrados durante el tratamiento y de aquellos prescritos en la receta médica.

El prestador deberá entregar por escrito la información sobre los aranceles y procedimientos de cobro de las prestaciones de salud que le fueron aplicadas, incluyendo pormenorizadamente, cuando corresponda, los insumos, medicamentos, exámenes, derechos de pabellón, días-cama y honorarios de quienes le atendieron, antes del pago, si éste correspondiere.

Toda persona podrá solicitar, en cualquier momento de su tratamiento, un informe que señale la duración de éste, el diagnóstico y los procedimientos aplicados.

Asimismo, toda persona tendrá derecho a que se le extienda un certificado que acredite su estado de salud y licencia médica si corresponde, cuando su exigencia se establezca por una disposición legal o reglamentaria, o cuando lo solicite para fines particulares. El referido certificado será emitido, de preferencia, por el profesional que trató al paciente que lo solicita.

PÁRRAFO 6°
DE LA RESERVA DE LA INFORMACIÓN CONTENIDA EN LA FICHA CLÍNICA

Artículo 12.- La ficha clínica es el instrumento obligatorio en el que se registra el conjunto de antecedentes relativos a las diferentes áreas relacionadas con la salud de las personas, que tiene como finalidad la integración de la información necesaria en el proceso asistencial de cada paciente. Podrá configurarse de manera electrónica, en papel o en cualquier otro soporte, siempre que los registros sean completos y se asegure el oportuno acceso, conservación y confidencialidad de los datos, así como la autenticidad de su contenido y de los cambios efectuados en ella.

Toda la información que surja, tanto de la ficha clínica como de los estudios y demás documentos donde se registren procedimientos y tratamientos a los que fueron sometidas las personas, será considerada como dato sensible, de conformidad con lo dispuesto en la letra g) del artículo 2° de la ley N° 19.628.

Artículo 13.- La ficha clínica permanecerá por un período de al menos quince años en poder del prestador, quien será responsable de la reserva de su contenido. Un reglamento expedido a través del Ministerio de Salud establecerá la forma y las condiciones bajo las cuales los prestadores almacenarán las fichas, así como las normas necesarias para su administración, adecuada protección y eliminación.

Los terceros que no estén directamente relacionados con la atención de salud de la persona no tendrán acceso a la información contenida en la respectiva ficha clínica. Ello incluye al personal de salud y administrativo del mismo prestador, no vinculado a la atención de la persona.

Sin perjuicio de lo anterior, la información contenida en la ficha, copia de la misma o parte de ella, será entregada, total o parcialmente, a solicitud expresa de las personas y organismos que se indican a continuación, en los casos, forma y condiciones que se señalan:

a) Al titular de la ficha clínica, a su representante legal o, en caso de fallecimiento del titular, a sus herederos.

b) A un tercero debidamente autorizado por el titular, mediante poder simple otorgado ante notario.

c) A los tribunales de justicia, siempre que la información contenida en la ficha clínica se relacione con las causas que estuvieren conociendo.

d) A los fiscales del Ministerio Público y a los abogados, previa autorización del juez competente, cuando la información se vincule directamente con las investigaciones o defensas que tengan a su cargo.

e) Al Ley 20850

Las instituciones y personas indicadas precedentemente adoptarán las providencias necesarias para asegurar la reserva de la identidad del titular las fichas clínicas a las que accedan, de los datos médicos, genéticos u otros de carácter sensible contenidos en ellas y para que toda esta información sea utilizada exclusivamente para los fines para los cuales fue requerida.

PÁRRAFO 7°
DE LA AUTONOMÍA DE LAS PERSONAS EN SU ATENCIÓN DE SALUD

"§" 1. Del consentimiento informado

Artículo 14.- Toda persona tiene derecho a otorgar o denegar su voluntad para someterse a cualquier procedimiento o tratamiento vinculado a su atención de salud, con las limitaciones establecidas en el artículo 16.

Este derecho debe ser ejercido en forma libre, voluntaria, expresa e informada, para lo cual será necesario que el profesional tratante entregue información adecuada, suficiente y comprensible, según lo establecido en el artículo 10.

En ningún caso el rechazo a tratamientos podrá tener como objetivo la aceleración artificial de la muerte, la realización de prácticas eutanásicas o el auxilio al suicidio.

Por regla general, este proceso se efectuará en forma verbal, pero deberá constar por escrito en el caso de intervenciones quirúrgicas, procedimientos diagnósticos y terapéuticos invasivos y, en general, para la aplicación de procedimientos que conlleven un riesgo relevante y conocido para la salud del afectado. En estos casos, tanto la información misma, como el hecho de su entrega, la aceptación o el rechazo deberán constar por escrito en la ficha clínica del paciente y referirse, al menos, a los contenidos indicados en el inciso primero del artículo 10. Se presume que la persona ha recibido la información pertinente para la manifestación de su consentimiento, cuando hay constancia de su firma en el documento explicativo del procedimiento o tratamiento al cual deba someterse.

Sin perjuicio de las facultades de los padres o del representante legal para otorgar el consentimiento en materia de salud en representación de los menores de edad competentes, todo niño, niña y adolescente tiene derecho a ser oído respecto de los tratamientos que se le aplican y a optar entre las alternativas que éstos otorguen, según la situación lo permita, tomando en consideración su edad, madurez, desarrollo mental y su estado afectivo y psicológico. Deberá dejarse constancia de que el niño, niña o adolescente ha sido informado y se le ha oído.

En el caso de una investigación científica biomédica en el ser humano y sus aplicaciones clínicas, la negativa de un niño, niña o adolescente a participar o continuar en ella debe ser respetada. Si ya ha sido iniciada, se le debe informar de los riesgos de retirarse anticipadamente de ella.

Artículo 15.- No obstante lo establecido en el artículo anterior, no se requerirá la manifestación de voluntad en las siguientes situaciones:

a) En el caso de que la falta de aplicación de los procedimientos, tratamientos o intervenciones señalados en el artículo anterior supongan un riesgo para la salud pública, de conformidad con lo dispuesto en la ley, debiendo dejarse constancia de ello en la ficha clínica de la persona.

b) En aquellos casos en que la condición de salud o cuadro clínico de la persona implique riesgo vital o secuela funcional grave de no mediar atención médica inmediata e impostergable y el paciente no se encuentre en condiciones de expresar su voluntad ni sea posible obtener el consentimiento de su representante legal, de su apoderado o de la persona a cuyo cuidado se encuentre, según corresponda.

c) Cuando la persona se encuentra en incapacidad de manifestar su voluntad y no es posible obtenerla de su representante legal, por no existir o por no ser habido. En estos casos se adoptarán las medidas apropiadas en orden a garantizar la protección de la vida.

"§" 2. Del estado de salud terminal y la voluntad manifestada previamente

Artículo 16.- La persona que fuere informada de que su estado de salud es terminal, tiene derecho a otorgar o denegar su voluntad para someterse a cualquier tratamiento que tenga como efecto prolongar artificialmente su vida, sin perjuicio de mantener las medidas de soporte ordinario. En ningún caso, el rechazo de tratamiento podrá implicar como objetivo la aceleración artificial del proceso de muerte.

Este derecho de elección no resulta aplicable cuando, como producto de la falta de esta intervención, procedimiento o tratamiento, se ponga en riesgo la salud pública, en los términos establecidos en el Código Sanitario. De esta circunstancia deberá dejarse constancia por el profesional tratante en la ficha clínica de la persona.

Para el correcto ejercicio del derecho establecido en el inciso primero, los profesionales tratantes están obligados a proporcionar información completa y comprensible.

Las personas que se encuentren en este estado tendrán derecho a vivir con dignidad hasta el momento de la muerte. En consecuencia, tienen derecho a los cuidados paliativos que les permitan hacer más soportables los efectos de la enfermedad, a la compañía de sus familiares y personas a cuyo cuidado estén y a recibir, cuando lo requieran, asistencia espiritual.

Siempre podrá solicitar el alta voluntaria la misma persona, el apoderado que ella haya designado o los parientes señalados en el artículo 42 del Código Civil, en orden preferente y excluyente conforme a dicha enunciación.

"§" 3. De los comités de ética

Artículo 17.- En el caso de que el profesional tratante tenga dudas acerca de la competencia de la persona, o estime que la decisión manifestada por ésta o sus representantes legales la expone a graves daños a su salud o a riesgo de morir, que serían evitables prudencialmente siguiendo los tratamientos indicados, deberá solicitar la opinión del comité de ética del establecimiento o, en caso de no poseer uno, al que según el reglamento dispuesto en el artículo 20 le corresponda.

Asimismo, si la insistencia en la indicación de los tratamientos o la limitación del esfuerzo terapéutico son rechazadas por la persona o por sus representantes legales, se podrá solicitar la opinión de dicho comité.

En ambos casos, el pronunciamiento del comité tendrá sólo el carácter de recomendación y sus integrantes no tendrán responsabilidad civil o penal respecto de lo que ocurra en definitiva. En el caso de que la consulta diga relación con la atención a menores de edad, el comité deberá tener en cuenta especialmente el interés superior de estos últimos.

Tanto la persona como cualquiera a su nombre podrán, si no se conformaren con la opinión del comité, solicitar a la Corte de Apelaciones del domicilio del actor la revisión del caso y la adopción de las medidas que estime necesarias. Esta acción se tramitará de acuerdo con las normas del recurso establecido en el artículo 20 de la Constitución Política de la República.

Si el profesional tratante difiere de la decisión manifestada por la persona o su representante, podrá declarar su voluntad de no continuar como responsable del tratamiento, siempre y cuando asegure que esta responsabilidad será asumida por otro profesional de la salud técnicamente calificado, de acuerdo al caso clínico específico.

Artículo 18.- En el caso de que la persona, en virtud de los artículos anteriores, expresare su voluntad de no ser tratada, quisiere interrumpir el tratamiento o se negare a cumplir las prescripciones médicas, podrá solicitar el alta voluntaria. Asimismo, en estos casos, la Dirección del correspondiente establecimiento de salud, a propuesta del profesional tratante y previa consulta al comité de ética, podrá decretar el alta forzosa.

Artículo 19.- Tratándose de personas en estado de muerte cerebral, la defunción se certificará una vez que ésta se haya acreditado de acuerdo con las prescripciones que al respecto contiene el artículo 11 de la ley N° 19.451, con prescindencia de la calidad de donante de órganos que pueda tener la persona.

Artículo 20.- Mediante un reglamento expedido a través del Ministerio de Salud se establecerán las normas necesarias para la creación, funcionamiento periódico y control de los comités de ética, y los mecanismos que permitirán a los establecimientos acceder a comités de ética de su elección, en caso de que no posean o no estén en condiciones de constituir uno. Además, se fijarán mediante instrucciones y resoluciones las normas técnicas y administrativas necesarias para la estandarización de los procesos y documentos vinculados al ejercicio de los derechos regulados en este párrafo.

Dichos comités deberán existir al menos en los siguientes establecimientos, siempre que presten atención cerrada: autogestionados en red, experimentales, de alta complejidad e institutos de especialidad.

PÁRRAFO 8°
DE LA PROTECCIÓN DE LA AUTONOMÍA DE LAS PERSONAS QUE PARTICIPAN EN UNA INVESTIGACIÓN CIENTÍFICA

Artículo 21.- Toda persona deberá ser informada y tendrá derecho a elegir su incorporación en cualquier tipo de investigación científica biomédica, en los términos de la ley N°20.120. Su expresión de voluntad deberá ser previa, expresa, libre, informada, personal y constar por escrito. En ningún caso esta decisión podrá significar menoscabo en su atención ni menos sanción alguna.

Artículo 22.- Mediante un reglamento expedido por el Ministerio de Salud, en los términos de la ley N° 20.120, se establecerán las normas necesarias para regular los requisitos de los protocolos de investigación y los procedimientos administrativos y normas sobre constitución, funcionamiento y financiamiento de comités para la evaluación ético-científica; para la aprobación de protocolos y para la acreditación de los comités por parte de la Autoridad Sanitaria; la declaración y efectos sobre conflictos de interés de investigadores, autoridades y miembros de comités y, en general, las demás normas necesarias para la adecuada protección de los derechos de las personas respecto de la investigación científica biomédica.

PÁRRAFO 9°
DE LOS DERECHOS DE LAS PERSONAS CON DISCAPACIDAD PSÍQUICA O INTELECTUAL

Artículo 23.- La reserva de la información que el profesional tratante debe mantener frente al paciente o la restricción al acceso por parte del titular a los contenidos de su ficha clínica, en razón de los efectos negativos que esa información pudiera tener en su estado mental, obliga al profesional a informar al representante legal del paciente o a la persona bajo cuyo cuidado se encuentre, las razones médicas que justifican tal reserva o restricción.

Artículo 24.- Sin perjuicio de lo dispuesto en el artículo 15 de esta ley, si la persona no se encuentra en condiciones de manifestar su voluntad, las indicaciones y aplicación de tratamientos invasivos e irreversibles, tales como esterilización con fines contraceptivos, psicocirugía u otro de carácter irreversible, deberán contar siempre con el informe favorable del comité de ética del establecimiento.

Artículo 25.- Suprimido.

Artículo 26.- Suprimido.

Artículo 27.- Suprimido.

Artículo 28.- No se podrá desarrollar investigación biomédica en adultos que no son capaces física o mentalmente de expresar su consentimiento o de los que no es posible conocer su preferencia, a menos que la condición física o mental que impide otorgar el consentimiento informado o expresar su preferencia sea una característica necesaria del grupo investigado. En estos casos, no se podrá involucrar en investigación sin consentimiento a una persona cuya condición de salud sea tratable de modo que pueda recobrar su capacidad de consentir.

En estas circunstancias, además de dar cabal cumplimiento a las normas contenidas en la ley N° 20.120, sobre la investigación científica en el ser humano, su genoma, y prohíbe la clonación humana, y en el Código Sanitario, según corresponda, el protocolo de la investigación deberá contener las razones específicas para incluir a individuos con una enfermedad que no les permite expresar su consentimiento o manifestar su preferencia. Se deberá acreditar que la investigación involucra un potencial beneficio directo para la persona e implica riesgos mínimos para ella. Asimismo, se deberá contar previamente con el informe favorable de un comité ético científico acreditado y con la autorización de la Secretaría Regional Ministerial de Salud.

En esos casos, los miembros del comité que evalúe el proyecto no podrán encontrarse vinculados directa ni indirectamente con el centro o institución en el cual se desarrollará la investigación, ni con el investigador principal o el patrocinador del proyecto.

Se deberá obtener a la brevedad el consentimiento o manifestación de preferencia de la persona que haya recuperado su capacidad física o mental para otorgar dicho consentimiento o manifestar su preferencia.

Las personas con enfermedad neurodegenerativa o psiquiátrica podrán otorgar anticipadamente su consentimiento informado para ser sujetos de ensayo en investigaciones futuras, cuando no estén en condiciones de consentir o expresar preferencia.

La investigación biomédica en personas menores de edad se regirá por lo dispuesto en la ley N° 20.120. Con todo, deberá respetarse su negativa a participar o continuar en la investigación.

Artículo 29.- Sin perjuicio de las facultades de los tribunales ordinarios de justicia, el Ministerio de Salud deberá asegurar la existencia y funcionamiento de una Comisión Nacional de Protección de los Derechos de las Personas con Enfermedades Mentales y de Comisiones Regionales de Protección, una en cada región del país, cuya función principal será velar por la protección de derechos y defensoría de las personas con discapacidad psíquica o intelectual en la atención de salud entregada por los prestadores públicos o privados, sea en las modalidades de atención comunitaria, ambulatoria, hospitalaria o de urgencia. Serán atribuciones de la Comisión Nacional:

a) Promover, proteger y defender los derechos humanos de las personas con discapacidad psíquica e intelectual cuando éstos sean o puedan ser vulnerados.

b) Proponer al Ministerio de Salud, a través de la Subsecretaría de Salud Pública, directrices técnicas y normativas complementarias con el fin de garantizar la aplicación de la presente ley para promover y proteger los derechos de las personas con discapacidad psíquica e intelectual.

c) Coordinar y velar por el buen funcionamiento de las Comisiones Regionales.

d) Proponer a la Subsecretaría de Salud Pública la vinculación y coordinación de la Comisión con otros organismos públicos y privados de derechos humanos.

e) Revisar los reclamos contra lo obrado por las Comisiones Regionales.

f) Revisar las indicaciones y aplicación de tratamientos invasivos e irreversibles.

g) Revisar hechos que involucren vulneración de derechos de las personas y muertes ocurridas durante la hospitalización psiquiátrica.

Serán funciones de las Comisiones Regionales:

a) Efectuar visitas y supervisar las instalaciones y procedimientos relacionados con la hospitalización y aplicación de tratamientos a personas con discapacidad psíquica o intelectual.

b) Revisar las actuaciones de los prestadores públicos y privados en relación a las hospitalizaciones involuntarias y a las medidas o tratamientos que priven a la persona de desplazamiento o restrinjan temporalmente su contacto con otras personas, y controlar dichas actuaciones, medidas y tratamientos periódicamente.

c) Revisar los reclamos que los usuarios y cualquier otra persona en su nombre realicen sobre vulneración de derechos vinculados a la atención en salud.

d) Emitir recomendaciones a la Autoridad Sanitaria sobre los casos y situaciones sometidos a su conocimiento o revisión.

e) Recomendar a los prestadores institucionales e individuales la adopción de las medidas adecuadas para evitar, impedir o poner término a la vulneración de los derechos de las personas con discapacidad psíquica o intelectual.

f) Cumplir y ejecutar las directrices técnicas emitidas por el Ministerio de Salud.

La Comisión Nacional estará conformada por las siguientes personas, quienes se desempeñarán ad honorem:

a) Dos miembros de asociaciones gremiales de profesionales del área de la salud, que sean representativos del área de la salud mental.

b) Un miembro de la asociación gremial de abogados que cuente con el mayor número de adherentes.

c) Dos miembros de sociedades científicas del área de la salud mental.

d) Dos representantes de asociaciones de usuarios de la salud mental.

e) Dos representantes de asociaciones de familiares de personas con discapacidad psíquica o intelectual.

f) Un representante de la Autoridad Sanitaria.

La Comisión tendrá una Secretaría Ejecutiva, que coordinará su funcionamiento y cumplirá los acuerdos que aquella adopte y estará conformada por el personal que al efecto asigne el Ministerio de Salud.

En la conformación de las Comisiones Regionales el Ministerio de Salud procurará una integración con similares características, de acuerdo a la realidad local de la respectiva Región.

Un reglamento señalará la manera en que se designarán dichas personas y las normas necesarias para el adecuado funcionamiento de las Comisiones indicadas en este artículo.

En contra de las acciones efectuadas por los prestadores institucionales e individuales, o por la autoridad sanitaria, las personas con discapacidad psíquica o intelectual afectadas, sus representantes y cualquiera a su nombre podrán recurrir directamente a la Corte de Apelaciones del domicilio del afectado para el resguardo de sus derechos. La Comisión Nacional o las Comisiones Regionales podrán informar a la Corte de Apelaciones del lugar en que tengan su asiento, de los casos de que tomen conocimiento en el ejercicio de sus funciones, y entregarle todos los antecedentes para que ésta restablezca el imperio del derecho.

Las acciones ante las Cortes de Apelaciones se tramitarán de acuerdo a las normas del recurso establecido en el artículo 20 de la Constitución Política de la República.

PÁRRAFO 10º
DE LA PARTICIPACIÓN DE LAS PERSONAS USUARIAS

Artículo 30.- Sin perjuicio de los mecanismos e instancias de participación creados por ley, por reglamento o por resolución, toda persona tiene derecho a efectuar las consultas y los reclamos que estime pertinentes, respecto de la atención de salud recibida. Asimismo, los usuarios podrán manifestar por escrito sus sugerencias y opiniones respecto de dicha atención.

Por medio del Ministerio de Salud, con consulta a las instancias de participación creadas por ley, se reglamentarán los procedimientos para que los usuarios ejerzan estos derechos, y el plazo y la forma en que los prestadores deberán responder o resolver, según el caso.

Al reglamentar la existencia de comités de ética que atiendan las consultas de las personas que consideren necesaria la evaluación de un caso desde el punto de vista ético clínico, se deberá asegurar la participación de los usuarios en dichos comités. En el caso de los prestadores institucionales, serán éstos los que provean los medios para que sus usuarios accedan a un comité de ética, si así lo requirieren. Los prestadores individuales darán a conocer a las personas el comité de ética al cual estuvieren adscritos. Los Servicios de Salud deberán disponer de, al menos, un comité de ética, al cual se entenderán adscritos los prestadores privados individuales de su territorio, en caso de no estarlo a algún otro.

PÁRRAFO 11°
DE LOS MEDICAMENTOS E INSUMOS

Artículo 31.- Los prestadores institucionales, públicos y privados, mantendrán una base de datos actualizada y otros registros de libre acceso, con información que contenga los precios de las prestaciones, de los insumos y de los medicamentos que cobren en la atención de personas.

Asimismo, al momento de ingresar, se informará por escrito, a la persona o a su representante, de los posibles plazos para el pago de las prestaciones, medicamentos e insumos utilizados, así como de los cargos por intereses u otros conceptos.

En los casos en que la persona deba concurrir al pago de las atenciones que recibe, ya sea total o parcialmente, podrá solicitar, en cualquier oportunidad, una cuenta actualizada y detallada de los gastos en que se haya incurrido en su atención de salud.

Artículo 32.- Si las dosis de medicamentos o insumos fueren unitarias, en el caso de que la persona deba concurrir al pago de ellas, sólo estará obligada al pago de aquellas unidades efectivamente usadas en el tratamiento correspondiente.

TÍTULO III
DE LOS DEBERES DE LAS PERSONAS EN SU ATENCIÓN DE SALUD

Artículo 33.- Para el debido respeto de la normativa vigente en materia de salud, la autoridad competente implementará las medidas que aseguren una amplia difusión de ella.

Tanto las personas que soliciten o reciban atención de salud por parte de un prestador institucional, como sus familiares, representantes o quienes los visiten, tendrán el deber de respetar el reglamento interno de dicho establecimiento.

Artículo 34.- Sin perjuicio del deber preferente del prestador de informar de acuerdo a lo indicado en el Párrafo 4° del Título II de esta ley, la persona que solicita una atención de salud procurará informarse acerca del funcionamiento del establecimiento que la recibe para los fines de la prestación que requiere, especialmente, respecto de los horarios y modalidades de atención, así como sobre los mecanismos de financiamiento existentes, sin perjuicio de la obligación del prestador de otorgar esta información.

Asimismo, deberá informarse acerca de los procedimientos de consulta y reclamo establecidos.

Artículo 35.- Todas las personas que ingresen a los establecimientos de salud deberán cuidar las instalaciones y equipamiento que el prestador mantiene a disposición para los fines de atención, respondiendo de los perjuicios según las reglas generales.

Las personas deberán tratar respetuosamente a los integrantes del equipo de salud, sean éstos profesionales, técnicos o administrativos. Igual obligación corresponde a los familiares, representantes legales y otras personas que los acompañen o visiten.

El trato irrespetuoso o los actos de violencia verbal o física en contra de los integrantes del equipo de salud, de las demás personas atendidas o de otras personas, dará derecho a la autoridad del establecimiento para requerir, cuando la situación lo amerite, la presencia de la fuerza pública para restringir el acceso al establecimiento de quienes afecten el normal desenvolvimiento de las actividades en él desarrolladas, sin perjuicio del derecho a perseguir las responsabilidades civiles o penales que correspondan. También podrá ordenar el alta disciplinaria del paciente que incurra en maltrato o en actos de violencia, siempre que ello no ponga en riesgo su vida o su salud.

La autoridad del establecimiento podrá requerir a quien corresponda los medios de seguridad adecuados para asegurar el normal desenvolvimiento de las actividades desarrolladas en ésta, impidiendo el acceso de la o las personas que porten armas o artefactos incendiarios. Para estos efectos, en cada uno de sus accesos podrá disponer dispositivos de detección de metales o arco detector de metales. Asimismo, la autoridad del establecimiento podrá requerir el auxilio de la fuerza pública en caso de indicios graves que permitan presumir respecto de una o más de las personas que se encuentran en el establecimiento, que pudieran atentar contra la vida o la integridad de los miembros del equipo de salud, y con la finalidad de restaurar el normal desenvolvimiento de las actividades desarrolladas en éste.

Si el tribunal decreta una medida cautelar que impide el acceso del imputado al establecimiento de salud, no se considerará que aquél incurre en quebrantamiento de la misma si ingresa a éste cuando exista un peligro grave para su vida o salud. Una vez que dicho peligro grave deje de existir, el imputado deberá ser trasladado inmediatamente a otro establecimiento de salud, si corresponde. La autoridad del establecimiento levantará un acta de todo lo obrado, la que deberá remitir en el más breve plazo al Ministerio Público.

Artículo 35 bis.- Los integrantes del equipo de salud y los trabajadores de los establecimientos de salud de prestadores institucionales que, con motivo del desempeño de funciones clínicas, técnicas o administrativas, fueren objeto de atentados a su integridad física o psicológica u objeto de tratos vejatorios, degradantes o maltratos por parte de pacientes, usuarios o cualquier persona ajena al establecimiento, podrán exigir, mediante una solicitud escrita dirigida a la autoridad del establecimiento, que dicho prestador les proporcione los mecanismos de defensa jurídica adecuados para el ejercicio de las acciones civiles y penales correspondientes. Respecto de los funcionarios de los establecimientos que conforman la red asistencial de los servicios de salud, se aplicará lo dispuesto en el artículo 90 del decreto con fuerza de ley N° 29, de 2004, del Ministerio de Hacienda, que fija el texto refundido, coordinado y sistematizado de la ley N° 18.834, sobre Estatuto Administrativo.

Artículo 36.- Tanto la persona que solicita la atención de salud, como sus familiares o representantes legales, deberán colaborar con los miembros del equipo de salud que la atiende, informando de manera veraz acerca de sus necesidades y problemas de salud y de todos los antecedentes que conozcan o les sean solicitados para su adecuado diagnóstico y tratamiento.

TÍTULO IV
DEL CUMPLIMIENTO DE LA LEY

Artículo 37.- Sin perjuicio del derecho de las personas a reclamar ante las diferentes instancias o entidades que determina la normativa vigente, toda persona podrá reclamar el cumplimiento de los derechos que esta ley le confiere ante el prestador institucional, el que deberá contar con personal especialmente habilitado para este efecto y con un sistema de registro y respuesta escrita de los reclamos planteados. El prestador deberá adoptar las medidas que procedan para la acertada solución de las irregularidades detectadas.

Si la persona estimare que la respuesta no es satisfactoria o que no se han solucionado las irregularidades, podrá recurrir ante la Superintendencia de Salud.

Un reglamento regulará el procedimiento a que se sujetarán los reclamos, el plazo en que el prestador deberá comunicar una respuesta a la persona que haya efectuado el reclamo por escrito, el registro que se llevará para dejar constancia de los reclamos y las demás normas que permitan un efectivo ejercicio del derecho a que se refiere este artículo.

Asimismo, las personas tendrán derecho a requerir, alternativamente, la iniciación de un procedimiento de mediación, en los términos de la ley N° 19.966 y sus normas complementarias.

Artículo 38.- Corresponderá a los prestadores públicos y privados dar cumplimiento a los derechos que esta ley consagra a todas las personas. En el caso de los prestadores institucionales públicos, deberán, además, adoptar las medidas que sean necesarias para hacer efectiva la responsabilidad administrativa de los funcionarios, mediante los procedimientos administrativos o procesos de calificación correspondientes.

La Superintendencia de Salud, a través de su Intendencia de Prestadores, controlará el cumplimiento de esta ley por los prestadores de salud públicos y privados, recomendando la adopción de medidas necesarias para corregir las irregularidades que se detecten.

En el caso de que ellas no sean corregidas dentro de los plazos fijados para este efecto por el Intendente de Prestadores, éste ordenará dejar constancia de ello al prestador en un lugar visible, para conocimiento público, dentro del establecimiento de que se trate.

Si transcurrido el plazo que fijare el Intendente de Prestadores para la solución de las irregularidades, el que no excederá de dos meses, el prestador no cumpliere la orden, será sancionado de acuerdo con las normas establecidas en los Títulos IV y V del Capítulo VII, del Libro I del decreto con fuerza de ley N° 1, de 2006, del Ministerio de Salud.

En contra de las sanciones aplicadas el prestador podrá interponer los recursos de reposición y jerárquico, en los términos del Párrafo 2° del Capítulo IV de la ley N° 19.880.

TÍTULO V
DISPOSICIONES VARIAS

Artículo 39.- Introdúcense las siguientes modificaciones en la Ley sobre Registro Civil, cuyo texto refundido, coordinado y sistematizado fue fijado por el artículo 3° del decreto con fuerza de ley N° 1, de 2000, del Ministerio de Justicia:

1) Agrégase, en el número 1° del artículo 3°, el siguiente párrafo segundo, sustituyéndose el actual punto y coma (;) que figura al final del referido número por un punto aparte(.):

"El padre o la madre, al requerir esta inscripción, podrá solicitar que, junto con anotarse la comuna en que nació su hijo, se registre, en la misma partida, la comuna o localidad en la que estuviere avecindada la madre del recién nacido, la que deberá consignarse como lugar de origen de éste;".

2) Modifícase el artículo 31 de la siguiente manera:

a) Elimínase, en el número 3°, la conjunción copulativa "y", la segunda vez que aparece y sustitúyese el punto aparte (.) con que termina el número 4° por la expresión ", y".

b) Agrégase el siguiente número 5°, nuevo:

"5°. La comuna o localidad en la que estuviere avecindada la madre del recién nacido deberá consignarse tanto en esta partida, cuanto en el certificado de nacimiento, como lugar de origen del hijo.

DISPOSICIÓN TRANSITORIA

Artículo transitorio.- Esta ley entrará en vigencia el primer día del sexto mes siguiente al de su publicación en el Diario Oficial.

Los reglamentos complementarios de la presente ley se dictarán dentro del mes siguiente a la entrada en vigencia de ella.".

Habiéndose cumplido con lo establecido en el N° 1° del Artículo 93 de la Constitución Política de la República y por cuanto he tenido a bien aprobarlo y sancionarlo; por tanto, promúlguese y llévese a efecto como Ley de la República.

Santiago, 13 de abril de 2012.- SEBASTIÁN PIÑERA ECHENIQUE, Presidente de la República.- Jaime Mañalich Muxi, Ministro de Salud.

Transcribo para su conocimiento ley N°20.584/2012.- Saluda atentamente a Ud., Nancy Sepúlveda Velásquez, Subsecretaria de Salud Pública (S).

TRIBUNAL CONSTITUCIONAL

Proyecto de ley que regula los derechos y deberes que tienen las personas en relación con acciones vinculadas a su atención en salud. (Boletín N°4398-11).

La Secretaria del Tribunal Constitucional, quien suscribe, certifica que la Honorable Cámara de Diputados envió el proyecto enunciado en el rubro, aprobado por el Congreso Nacional, a fin de que este Tribunal, ejerciera el control de constitucionalidad respecto de las normas que regulan materias propias de ley orgánica constitucional que aquel contiene, y que por sentencia de 27 de marzo de 2012 en los autos Rol N°2.159-12-CPR.

Se declara:

1° Que las expresiones "quien tenga el carácter de parte o imputado en" y "defensores", contenidas respectivamente en las letras c) y d) del inciso tercero del artículo 13; y de igual modo el término "legales", incluido en el inciso cuarto del artículo 25 del proyecto, son inconstitucionales y deben ser suprimidos del texto del proyecto de ley.

2° Que los artículos 13, inciso tercero, letras c) y d); 17, inciso cuarto; 25, inciso cuarto; y 29, inciso séptimo, del proyecto de ley, con exclusión de los términos declarados inconstitucionales, no son contrarios a la Constitución.

Santiago, 27 de marzo de 2012.- Marta de la Fuente Olguín, Secretaria.

LEY Nº 20.850
CREA UN SISTEMA DE PROTECCIÓN FINANCIERA PARA DIAGNÓSTICOS Y TRATAMIENTOS DE ALTO COSTO Y RINDE HOMENAJE PÓSTUMO A DON LUIS RICARTE SOTO GALLEGOS

Teniendo presente que el H. Congreso Nacional ha dado su aprobación al siguiente Proyecto de ley:

TÍTULO I
DISPOSICIONES GENERALES

Artículo 1.- Objeto de la ley. Créase un Sistema de Protección Financiera para el otorgamiento de aquellos diagnósticos y tratamientos de alto costo que declare el decreto supremo del Ministerio de Salud, a que hace referencia el artículo 5°, y formará parte del Régimen General de Garantías en Salud al que se refiere el artículo 134 del decreto con fuerza de ley Nº 1, de 2005, del Ministerio de Salud, que fija el texto refundido, coordinado y sistematizado del decreto ley Nº 2.763, de 1979, y de las leyes Nos 18.933 y 18.469.

El Fondo Nacional de Salud deberá asegurar esta protección financiera a todos los beneficiarios de los sistemas previsionales de salud de Chile.

Se excluyen de la presente ley las prestaciones efectivamente cubiertas: A) Por las leyes Nº 16.744, que establece normas sobre accidentes del trabajo y enfermedades profesionales, y Nº 18.490, sobre seguro obligatorio de accidentes personales causados por circulación de vehículos motorizados y B) por el Contrato de Salud Previsional a través de la Cobertura Adicional para Enfermedades Catastróficas (CAEC).

De este modo, los beneficiarios de las instituciones de salud previsional, para acceder a las garantías contempladas en esta ley, deberán impetrar primero la cobertura adicional de enfermedades catastróficas contemplada en los contratos de salud previsional cuando fuere procedente. En caso contrario, se les aplicará las disposiciones de esta ley sin exclusiones.

El otorgamiento de las prestaciones y la protección financiera del Sistema que regula esta ley serán constitutivos de derechos para los beneficiarios y su cumplimiento podrá ser exigido por éstos ante el Fondo Nacional de Salud y la Superintendencia de Salud a través de la Intendencia de Fondos y Seguros Previsionales de Salud, conforme al ámbito de competencias que a cada institución le corresponda.

Artículo 2.- Definiciones. Para los efectos previstos en esta ley, se entenderá por:

a) Diagnósticos de alto costo: El constituido por el conjunto de prestaciones demostradamente útiles para la confirmación y posterior control y tratamiento de la patología, cuando dichas prestaciones diagnósticas impiden el acceso al tratamiento o impactan catastróficamente en el gasto del beneficiario.

b) Tratamiento de alto costo: El constituido por medicamentos, alimentos o elementos de uso médico asociados a enfermedades o condiciones de salud y por las prestaciones indispensables para su confirmación diagnóstica y seguimiento, que por su costo impiden el acceso a éstos o accediendo, impactan catastróficamente en el gasto de los beneficiarios.

c) Beneficiarios: Los de los sistemas previsionales de salud, con exclusión de las prestaciones a que se refiere el inciso tercero del artículo 1°.

d) Sistema de Protección Financiera: Conjunto ordenado de prestaciones y derechos en virtud del cual el Fondo Nacional de Salud se encuentra obligado a asegurar el otorgamiento de la confirmación diagnóstica y los tratamientos de alto costo a los beneficiarios, conforme a la presente ley.

e) Protección financiera: Aquella constituida por la cobertura del valor total de las prestaciones de la confirmación diagnóstica y los tratamientos de alto costo respecto de todos los beneficiarios de esta ley.

f) Red de prestadores para diagnósticos y tratamientos de alto costo: Aquellos prestadores de salud aprobados por el Ministerio de Salud para el otorgamiento de las prestaciones contempladas en esta ley, conforme al artículo 13.

g) Productos sanitarios: Son los regulados en los Títulos I, II y IV del Libro Cuarto del Código Sanitario.

h) Umbral: Cifra que resulta de la metodología definida en el artículo 6° y que define universalmente el monto sobre el cual se considera que un diagnóstico o un tratamiento son de alto costo.

TÍTULO II
DEL EJERCICIO DE LA PROTECCIÓN FINANCIERA

Artículo 3.- Del Ejercicio de la cobertura financiera. Para contar con el sistema de protección financiera establecido en la letra e) del artículo 2°, las prestaciones deben ser otorgadas en la Red de Prestadores que correspondan en conformidad a esta ley.

Por el contrario, no contarán con el sistema de protección financiera las prestaciones no cubiertas por el Sistema de Protección Financiera para Diagnósticos y Tratamientos de Alto Costo o que, estando cubiertas, hayan sido otorgadas fuera de la Red de Prestadores que corresponden conforme a esta ley.

No obstante, tratándose de una condición de salud que implique urgencia vital o secuela funcional grave, en los términos señalados en el decreto N° 369, del Ministerio de Salud, de 1985, que aprueba el Reglamento del Régimen de Prestaciones de Salud y sus modificaciones, y que, en consecuencia, requiera hospitalización inmediata e impostergable en un establecimiento diferente de los contemplados en la Red de Prestadores aprobados por el Ministerio de Salud, el beneficiario tendrá igualmente derecho a las prestaciones incluidas en el Sistema de Protección Financiera de que trata esta ley, hasta que el paciente se encuentre en condiciones de ser trasladado a alguno de los prestadores aprobados por el Ministerio de Salud.

En esta circunstancia, los costos de los tratamientos cubiertos por esta ley y que sean proporcionados por el prestador de urgencia, le serán rembolsados por el Fondo Nacional de Salud, con cargo al Fondo de Tratamientos de Alto Costo.

Sin perjuicio de lo anterior, el médico tratante en el establecimiento será quien determine el momento a partir del cual, para los efectos de este artículo, el paciente se encuentra en condiciones de ser trasladado, caso en el cual se aplicarán las reglas siguientes:

a) Si la persona facultada para ello conforme al artículo 10 de la ley N° 20.584, no obstante la determinación del médico, opta por la mantención en el establecimiento, los copagos que se devenguen de acuerdo a su sistema previsional de salud, a partir de ese momento no se encontrarán cubiertos por este Sistema.

b) Si la persona facultada para ello conforme al artículo 10 de la ley N° 20.584, en el mismo caso, opta por el traslado a un establecimiento que no forma parte de la red de prestadores aprobados por el Ministerio de Salud, se aplicará lo dispuesto en la letra precedente.

c) Si la persona facultada para ello conforme al artículo 10 de la ley N° 20.584, opta por el traslado a un establecimiento de la red de prestadores aprobados por el Ministerio de Salud, continuará la protección financiera de la que trata esta ley.

Si con posterioridad a las situaciones descritas en las letras a) y b) del inciso precedente, el paciente decide ingresar a la red de prestadores aprobados por el Ministerio de Salud, se iniciará o reiniciará el cómputo para la protección financiera de esta ley.

Los establecimientos que reciban personas que se hallen en la situación descrita en el inciso segundo deberán informarlo a la Intendencia de Fondos y Seguros Previsionales y al Fondo Nacional de Salud dentro de las veinticuatro horas siguientes, señalando la identidad de las mismas. Dicha información deberá registrarse a través del sitio electrónico habilitado por la referida Intendencia para estos efectos y estará inmediatamente disponible para su consulta por las Instituciones Previsionales de Salud, el Fondo Nacional de Salud, las instituciones de salud previsional de las Fuerzas Armadas y las de Orden y Seguridad Pública y el Ministerio de Salud.

Con todo, para los efectos de este artículo, los beneficiarios del Sistema que hayan requerido atención cerrada de conformidad con las disposiciones contenidas en la ley N° 19.966, que establece un régimen de garantías en salud, para acceder a las garantías explícitas allí consagradas, se entenderá que dicha atención ha sido otorgada por la Red de Prestadores aprobados por el Ministerio de Salud, mientras dure su hospitalización.

En caso de discrepancia acerca de la calificación de una situación como de urgencia vital o secuela funcional grave, el Fondo Nacional de Salud por sí o a través de la red de prestadores aprobados por el Ministerio de Salud para el otorgamiento de las prestaciones de alto costo con sistema de protección financiera, así como el paciente o su representante, podrá requerir que resuelva la Superintendencia de Salud, a través de la Intendencia de Fondos y Seguros Previsionales. Igual acción se confiere al paciente o su representante.

Los mecanismos de reembolso a los prestadores a que haya lugar en virtud del presente artículo serán definidos mediante un reglamento.

La Superintendencia de Salud, a través de la Intendencia de Fondos y Seguros Previsionales, será la entidad encargada de resolver las controversias que surjan con ocasión de la aplicación de este artículo.

Artículo 4.- Remisión. Las normas para la adecuada aplicación de lo dispuesto en este Título serán las contenidas en el reglamento al que hace referencia el artículo 10 de la ley N° 19.966.

TÍTULO III
DE LA DETERMINACIÓN DE TRATAMIENTOS DE ALTO COSTO CON SISTEMA DE PROTECCIÓN FINANCIERA

Artículo 5.- Del decreto que determina los diagnósticos y Tratamientos de Alto Costo con sistema de protección financiera. Los tratamientos de alto costo para condiciones específicas de salud con sistema de protección financiera, tales como enfermedades oncológicas, inmunológicas y raras o poco frecuentes, serán determinados a través de un decreto supremo del Ministerio de Salud, suscrito también por el Ministro de Hacienda, de conformidad al procedimiento establecido en esta ley y en el reglamento.

Sólo podrán incorporarse a este decreto los diagnósticos y tratamientos de alto costo que cumplan con las siguientes condiciones copulativas:

a) Que el costo de los diagnósticos o tratamientos sea igual o superior al determinado en el umbral de que trata el artículo 6°.

b) Que los diagnósticos y tratamientos hayan sido objeto de una favorable evaluación científica de la evidencia, conforme al artículo 7°.

c) Que los diagnósticos y los tratamientos hayan sido recomendados de acuerdo a lo dispuesto en el artículo 8°.

d) Que se haya decidido la incorporación de los diagnósticos y los tratamientos, conforme a lo señalado en el artículo 9°.

Artículo 6.- De la determinación del umbral. Los Ministerios de Salud y de Hacienda, cada tres años mediante decreto supremo, fijarán el umbral nacional de costo anual para determinar si un diagnóstico o un tratamiento es de alto costo, tomando en cuenta el cuarenta por ciento de los ingresos familiares anuales promedio una vez cubiertos los gastos básicos de subsistencia, conforme al reglamento.

Los antecedentes tenidos a la vista y los fundamentos para determinar el umbral serán públicos y formarán parte del decreto referido en el inciso primero.

Artículo 7.- Del proceso de evaluación científica de la evidencia. El proceso destinado a determinar los diagnósticos y tratamientos de alto costo con Sistema de Protección Financiera y su respectiva revisión se iniciará de oficio por el Ministerio de Salud, que, a través de la Subsecretaría de Salud Pública, realizará una evaluación científica basada en la evidencia disponible, para el diagnóstico o tratamiento de una condición específica de salud.

Al inicio del proceso de evaluación, la Subsecretaría de Salud Pública tomará especialmente en cuenta las opiniones y recomendaciones de diagnósticos o tratamientos a evaluar, que hagan sus comisiones técnicas asesoras y las agrupaciones de pacientes inscritas de acuerdo a lo dispuesto en el artículo 30 de esta ley.

Con todo, sólo podrán ser objeto de evaluación aquellos diagnósticos y tratamientos que cumplan con la condición establecida en la letra a) del artículo 5°. Cuando razonablemente no sea posible establecer en esta instancia el valor estimado de un diagnóstico o de un tratamiento, la Subsecretaría de Salud Pública podrá igualmente, por resolución fundada, autorizar el inicio del proceso de evaluación.

La Subsecretaría de Salud Pública podrá encargar en todo o parte, respetando la ley N° 19.886, los estudios necesarios para la evaluación señalada en el inciso precedente a otras instituciones públicas o privadas, considerando la especialidad del estudio por abordar.

La evaluación del respectivo diagnóstico o tratamiento deberá comprender, a lo menos, la eficacia y efectividad relativas; la seguridad, la evaluación económica, la implementación, la evaluación de las condiciones de pago a través del mecanismo de riesgo compartido, el impacto presupuestario, los efectos en las redes asistenciales, las alternativas disponibles si existieren, precio máximo industrial, las repercusiones éticas, jurídicas y sociales y el alcance y plazo de revisión de la evaluación, todo conforme a la norma técnica que al efecto dicte la Subsecretaría de Salud Pública.

En el caso de existir información con carácter de no divulgada, necesaria para la realización de la evaluación, se entenderá que concurre lo dispuesto en la letra b) del artículo 91 de la ley N° 19.039, de propiedad industrial, cuyo texto refundido, coordinado y sistematizado fue fijado por el decreto con fuerza de ley N° 3, de 2006, del Ministerio de Economía, Fomento y Reconstrucción.

Para considerar las repercusiones en las redes asistenciales del diagnóstico o tratamiento en estudio, la evaluación deberá tener en cuenta un informe elaborado para esos efectos por la Subsecretaría de Redes Asistenciales.

La evaluación considerará que las garantías de las que trata esta ley serán las mismas para todos sus beneficiarios, pero sobre la base de esta evaluación podrán ser diferentes para una misma prestación, conforme a criterios clínicos generales de carácter de efectividad terapéutica, tales como enfermedad, edad u otras variables objetivas que sean pertinentes.

La evaluación concluirá con un informe que será público, pero no recurrible. La publicación deberá efectuarse en el sitio electrónico del Ministerio de Salud, a lo menos quince días antes del inicio del proceso de recomendación.

Las instituciones relacionadas con el área de la salud deberán proporcionar la información que les sea requerida por la Subsecretaría de Salud Pública, para los efectos de realizar la evaluación científica de la evidencia.

Un reglamento del Ministerio de Salud regulará el proceso de evaluación científica de la evidencia, el que deberá contemplar, entre otros, que se desarrolle con observancia a normas éticas y de transparencia.

Artículo 8.- Del proceso de elaboración de recomendación priorizada. La evaluación técnica de la evidencia será analizada y priorizada sobre la base del valor científico, económico y social que el tratamiento importe. Este proceso estará a cargo de la Subsecretaría de Salud Pública, que constituirá la Comisión de Recomendación Priorizada y que será creada por resolución del Ministerio de Salud.

La Comisión estará conformada por 12 miembros de reconocida idoneidad en los campos de la medicina, salud pública, economía, bioética, derecho sanitario y expertos en fármacos, elementos de uso médico y alimentos, quienes serán designados por el Ministro de Salud, previa convocatoria pública. Dentro de esta Comisión, la sociedad civil participará a través de dos representantes de las agrupaciones de pacientes registradas conforme al artículo 30, elegidos por éstas. La Comisión será presidida por el Subsecretario de Salud Pública.

La Comisión deliberará, sobre la base de los elementos de valor científico, económico y social, acerca de la pertinencia de la inclusión de los tratamientos en el decreto señalado en el artículo 5°. La recomendación deberá contener la propuesta de contenido y el plazo de revisión de la decisión.

Para la formulación de su recomendación, la Comisión de Recomendación Priorizada podrá considerar, entre los antecedentes, ofertas formales de precio de los potenciales proveedores de los productos sanitarios en estudio. A solicitud del proveedor, dicha información deberá ser mantenida en carácter de confidencial. Esta presentación no será vinculante para el Estado, ni para la decisión de compra, la que se realizará conforme a lo establecido en la ley N° 19.886 y las disposiciones contenidas en el Título VIII de esta ley. Con todo, el precio informado a la Comisión de Recomendación Priorizada deberá ser respetado por el proveedor en caso de presentarse al proceso de compra respectivo, no pudiendo ser superior a este. En este caso, pasará a ser pública la presentación efectuada en la etapa de la que trata este artículo.

De lo obrado, la comisión levantará un acta pública que podrá ser impugnada por cualquier interesado dentro del plazo de cinco días hábiles administrativos ante la misma Comisión.

La elección de los integrantes, el funcionamiento y el proceso deliberativo de las comisiones se regularán a través del reglamento que dicte, al efecto, el Ministerio de Salud, considerando los principios de participación social, probidad, independencia, ética y transparencia.

Los integrantes de la Comisión al momento de asumir su encargo deberán presentar una declaración de intereses que contenga la individualización de las actividades profesionales, laborales, económicas, gremiales o de beneficencia, sean o no remuneradas, que realice o en que participe.

No podrán ser miembros de la comisión las personas que incurran en una o más de las siguientes inhabilidades:

a) Tener algún interés personal en el asunto específico a debatir por la comisión o tenerlo su cónyuge o conviviente civil, hijos o parientes hasta el cuarto grado de consanguinidad y segundo de afinidad, inclusive, o una persona jurídica en la que tenga, directa o indirectamente, el diez por ciento o más de la participación, acciones o derechos, cualquiera sea su tipo, o ejerza en ella funciones de administración o control.

b) Haber recibido financiamiento, total o parcial, transferencias monetarias, o aportes de cualquier naturaleza destinados a viajes, consultorías, asesorías, investigación o cualquiera otra actividad, sea para uso personal, de su cónyuge o conviviente civil, hijos o parientes hasta el cuarto grado de consanguinidad y segundo de afinidad, inclusive. Lo anterior, también será aplicable a los titulares de registros, permisos o autorizaciones sanitarias; a los establecimientos del área de la salud; o a cualquier persona natural o jurídica que participe en la producción, distribución, intermediación, comercialización, expendio o administración de productos farmacéuticos, alimentos especiales o elementos de uso médico. Igualmente se incluye en esta inhabilidad la circunstancia de haber recibido los beneficios señalados precedentemente, aquella persona jurídica en la cual el interesado tenga, directa o indirectamente, el diez por ciento o más de la participación, acciones o derechos, cualquiera sea su tipo, o tenga en ella la administración o control de la misma.

c) Participar, directa o indirectamente, en la propiedad de registros, permisos, autorizaciones sanitarias, patentes industriales o cualquiera clase de propiedad industrial o intelectual de productos farmacéuticos, alimentos especiales o elementos de uso médico; en la propiedad de establecimientos del área de la salud; o en la propiedad de cualquier persona natural o jurídica que participe en la producción, distribución, intermediación, comercialización, expendio o administración de productos farmacéuticos, alimentos especiales o elementos de uso médico. Se incluye en esta inhabilidad cualquier otro tipo de participación no propietaria que genere beneficios económicos al interesado o a las personas naturales o jurídicas indicadas en la letra precedente.

Las inhabilidades señaladas en las letras b) y c) precedentes se aplicarán a las situaciones señaladas, ocurridas dentro de los veinticuatro meses anteriores al nombramiento del interesado como miembro de la comisión. Del mismo modo, los miembros de una comisión no podrán incurrir en las conductas indicadas en las letras b) y c) precedentes dentro de los veinticuatro meses siguientes al término del trabajo de la comisión respectiva.

Si a alguno de los representantes de las agrupaciones de pacientes le fuera aplicable las inhabilidades antes señaladas, las agrupaciones podrán reemplazar al representante inhabilitado. De lo contrario, perderán la representación.

Las recusaciones en contra de los integrantes de la Comisión deberán ser presentadas dentro del plazo establecido para el recurso de impugnación a que se refiere el inciso quinto.

Si con posterioridad a este plazo se conoce alguna inhabilidad de algún miembro de la comisión, se procederá conforme a lo dispuesto en los artículos 53 y siguientes de la ley N° 19.880, que establece bases de los procedimientos administrativos que rigen los actos de los órganos de la Administración del Estado.

La infracción de las normas sobre conflictos de intereses o inhabilidades establecidas en los incisos precedentes será sancionada según lo dispuesto en el artículo 12, sin perjuicio de las responsabilidades penales que correspondan.

Artículo 9.- Del proceso de decisión. Los Ministerios de Salud y de Hacienda, sobre la base de la evaluación y recomendación, determinarán mediante decreto supremo fundado los diagnósticos y tratamientos que cubrirá el Sistema de Protección Financiera para Diagnósticos y

Tratamientos de Alto Costo. En éste, se establecerán además el plazo y contenido de la revisión de la decisión, conforme a lo dispuesto en este Título.

Para estos efectos, la Dirección de Presupuestos del Ministerio de Hacienda deberá elaborar estudios respecto de la sustentabilidad financiera del Fondo de Diagnósticos y Tratamientos de Alto Costo, los que serán públicos y servirán de base para la dictación del decreto señalado en el inciso anterior.

El conjunto de Tratamientos de Alto Costo que cubrirá el Sistema de Protección Financiera deberá tener un costo anual esperado, para el período de vigencia del correspondiente decreto, igual o inferior al ochenta por ciento del valor esperado al 1 de enero del año siguiente a su dictación, de los recursos totales con que contará el Fondo en dicho año.

Con todo, si a la fecha de dictación del segundo decreto y de los sucesivos se prevé que se superará el porcentaje señalado en el inciso anterior, considerando el conjunto de diagnósticos y tratamientos de alto costo con protección financiera del decreto vigente, el nuevo decreto sólo podrá incluir los antedichos diagnósticos y tratamientos.

El Fondo Nacional de Salud deberá proporcionar a la Dirección de Presupuestos la información necesaria para la elaboración de los señalados estudios, aun cuando ella contenga datos sensibles conforme a lo dispuesto en la ley N° 19.628, sobre Protección de la Vida Privada, debiendo, en todo caso, guardar respecto de ella la debida reserva o secreto.

Este decreto deberá contener al menos una nómina de los diagnósticos, medicamentos, alimentos y elementos de uso médico, indicando las enfermedades o condiciones de salud asociadas a cada uno de ellos, conforme a los protocolos que al efecto dicte el Ministerio de Salud, y la fecha de inicio de la entrada en vigencia de la protección financiera.

La información contenida en el sistema deberá mantenerse a disposición permanente del público, a través de su sitio electrónico, actualizado, al menos, una vez al mes.

Artículo 10.- De la vigencia y modificación de los diagnósticos y tratamientos de alto costo con protección financiera. El decreto que apruebe los diagnósticos y tratamientos de alto costo con protección financiera y sus modificaciones entrará en vigencia el primer día del sexto mes siguiente al de su publicación en el Diario Oficial. No obstante, las modificaciones podrán entrar en vigencia antes, cuando existan circunstancias calificadas y fundamentadas en el decreto respectivo.

Los diagnósticos y tratamientos de alto costo con protección financiera tendrán una vigencia de tres años. Si no se hubieren modificado al vencimiento de este plazo, se entenderán prorrogados por otros tres años, y así sucesivamente.

Con todo, en circunstancias especiales, el Presidente de la República podrá disponer, por decreto fundado, la modificación antes de cumplirse el plazo indicado en el inciso anterior.

En los casos en que un diagnóstico o un tratamiento de alto costo con protección financiera sea incorporado al Régimen de Garantías Explícitas en Salud, regulado por la ley N° 19.966, pasará a regirse por esta normativa. En este caso, la garantía de protección financiera para dicho diagnóstico o tratamiento de alto costo continuará vigente y exigible para los beneficiarios de los Sistemas de Salud que no se encuentran incorporados al Régimen de Garantías Explícitas en Salud, mientras subsista su eficacia o utilidad terapéutica, de lo que deberá dejarse constancia en el decreto modificatorio.

Artículo 11.- Modificación de un tratamiento. En el caso que, conforme al procedimiento regulado en este Título, un tratamiento de alto costo deba ser modificado por otro de mayor utilidad terapéutica, el respectivo decreto deberá establecer, de ser necesario, la forma en que se realizará la transición para el uso del nuevo tratamiento, considerando la factibilidad técnica del cambio, las condiciones de salud de los pacientes y la continuidad de los tratamientos.

Artículo 12.- De la infracción a las normas de este Título. El que por medios o maniobras ilegítimas ejecute acciones de cualquier clase que tengan por objeto inducir o incentivar a los pacientes o a cualquier persona, autoridad o funcionario para solicitar, exigir, prescribir, recomendar o determinar un diagnóstico o tratamiento de alto costo o alguno de sus componentes sujeto al Sistema de Protección Financiera, por motivos o bajo un procedimiento distinto de los regulados en esta ley, será sancionado con multa de cien a diez mil unidades tributarias mensuales, atendida la naturaleza y gravedad de la infracción. Si el infractor obtuviere un beneficio económico por la comisión de la infracción, la multa será equivalente al monto del beneficio percibido, si éste fuera superior a las diez mil unidades tributarias mensuales. Para el caso de las reincidencias, éstas podrán ser sancionadas hasta con el doble de la multa original. Todo lo anterior es sin perjuicio de la responsabilidad penal que pudiere existir.

Si estas infracciones fueren cometidas por personas naturales o jurídicas que ejerzan actividades relacionadas con el área de la salud, podrán ser sancionadas, además, con la cancelación de la autorización de funcionamiento o de los permisos concedidos, según corresponda, o con la eliminación del registro del artículo 30, en el caso de las agrupaciones de pacientes.

Las resoluciones que establezcan las infracciones y determinen las multas tendrán mérito ejecutivo y se harán efectivas de acuerdo con los artículos 434 y siguientes del Código de Procedimiento Civil.

El plazo de prescripción de la infracción, así como de la sanción será de cuatro años.

El procedimiento administrativo sancionatorio se regirá por las reglas establecidas en el Libro Décimo del Código Sanitario y será sustanciado y resuelto por la autoridad sanitaria respectiva, según la naturaleza del producto.

Asimismo, sobre la base de los antecedentes que obren en el sumario sanitario respectivo, la Subsecretaría de Salud Pública podrá revocar la aprobación a que alude el artículo 13.

TÍTULO IV
DE LA OBLIGATORIEDAD DEL OTORGAMIENTO DE LOS TRATAMIENTOS INCORPORADOS AL SISTEMA DE PROTECCIÓN FINANCIERA PARA TRATAMIENTOS DE ALTO COSTO

Artículo 13.- Obligatoriedad del otorgamiento de las prestaciones de confirmación diagnóstica y de los tratamientos. El Fondo Nacional de Salud deberá dar cumplimiento obligatorio al Sistema de Protección Financiera para Diagnósticos y Tratamientos de Alto Costo que regula esta ley para los beneficiarios señalados en su artículo 2°. Las prestaciones contempladas en el Sistema se otorgarán con las garantías explícitas señaladas en las letras b) y c) del artículo 4° de la ley N° 19.966, además de la garantía financiera contemplada en esta ley.

El decreto supremo dictado conforme a lo dispuesto en el artículo 5° indicará, para cada diagnóstico y tratamiento, el momento a partir del cual los beneficiarios tendrán derecho a la protección financiera. Los prestadores de salud, el Fondo Nacional de Salud, las instituciones previsionales de salud de las Fuerzas Armadas y de Orden y de Seguridad Pública, y las instituciones de salud previsional deberán informar a los beneficiarios de esta ley que tienen derecho a la protección financiera otorgada por el Sistema, en la forma, oportunidad y condiciones que establezca para estos efectos el reglamento.

Para otorgar las prestaciones de confirmación diagnóstica y los tratamientos, los prestadores, sean públicos o privados, deberán estar acreditados en la Superintendencia de Salud, en la forma, condiciones y oportunidad establecidas en la letra b) del artículo 4° de la ley N° 19.966 y contar con la aprobación del Ministerio de Salud, conforme al reglamento que se dicte al efecto.

Sin perjuicio de lo anterior, excepcionalmente y en circunstancias calificadas, a través de un decreto supremo fundado del Ministerio de Salud, la Subsecretaría de Salud Pública podrá autorizar el otorgamiento de las prestaciones de confirmación diagnóstica y de los tratamientos a los prestadores que no hayan obtenido dicha acreditación. Se entenderá que concurre una circunstancia calificada cuando no exista algún otro prestador aprobado por el Ministerio de Salud que haya obtenido la acreditación, poniendo en riesgo la continuidad de los tratamientos a los beneficiarios en condiciones adecuadas de oportunidad y accesibilidad.

A través de decreto del Ministerio de Salud, se definirá la red de prestadores que otorgará las prestaciones sujetas al sistema de protección financiera de que trata esta ley. Para que los prestadores que formen parte de la red puedan otorgar tales prestaciones deberán suscribir, previamente, un convenio con el Fondo Nacional de Salud.

Para todos los efectos legales, los prestadores que hayan suscrito dicho convenio con el Fondo Nacional de Salud se entenderán adscritos al Sistema Nacional de Servicios de Salud en todo lo relacionado con el otorgamiento de prestaciones contempladas en esta ley.

En caso de incumplimiento del Fondo Nacional de Salud o de los prestadores de salud que formen parte del Sistema de Diagnósticos y Tratamientos de Alto Costo, que digan relación con las coberturas y beneficios que otorga esta ley, el afectado o quien lo represente podrá reclamar ante la Intendencia de Fondos y Seguros Previsionales de la Superintendencia de Salud, de conformidad con el procedimiento establecido en los artículos 117 y siguientes del decreto con fuerza de ley N° 1, de 2005, del Ministerio de Salud, la que deberá resolver la controversia.

Adicionalmente, a través del procedimiento administrativo respectivo, la Superintendencia de Salud podrá aplicar frente al incumplimiento de las obligaciones de este Título, algunas de las siguientes acciones:

1. Amonestación.

2. Multa de diez a mil unidades tributarias mensuales.

Tratándose de establecimientos asistenciales públicos podrá además solicitar la instrucción del respectivo sumario administrativo.

Asimismo, remitirá los antecedentes al Fondo Nacional de Salud a efectos que adopte las medidas que correspondan en relación a los convenios suscritos.

La Superintendencia de Salud siempre podrá iniciar de oficio este tipo de procedimientos.

Las infracciones y sanciones dispuestas en este Título prescribirán en el plazo de dos años.

El otorgamiento de las prestaciones no contempladas en el Sistema de Protección Financiera para Diagnósticos y Tratamientos de Alto Costo se regirá conforme a las normas que correspondan de acuerdo al Sistema previsional de salud del beneficiario.

Artículo 14.- Atención en la red de prestadores. Para tener derecho al Sistema de Protección Financiera para Diagnósticos y Tratamientos de Alto Costo los beneficiarios deberán atenderse en la red de prestadores que les corresponda, la cual se encontrará definida a través de decreto del Ministerio de Salud, conforme a lo señalado en el artículo 13.

Las atenciones efectuadas en la red de prestadores definida en el inciso anterior, y las asociadas pero no contempladas en el Sistema de Protección Financiera para Diagnósticos y Tratamientos de Alto Costo, se entenderán efectuadas en la red asistencial definida por el respectivo sistema previsional de salud del paciente, para todos los efectos legales y de coberturas.

TÍTULO V
DE LA CONTINUIDAD DE LOS TRATAMIENTOS INCORPORADOS AL SISTEMA DE PROTECCIÓN FINANCIERA PARA TRATAMIENTOS DE ALTO COSTO

Artículo 15.- Suspensión o extinción del registro sanitario o de la autorización para distribuir o comercializar. Si conforme al Código Sanitario es suspendida o prohibida la distribución o comercialización de un producto sanitario contemplado en el Sistema de Protección Financiera para Diagnósticos y Tratamientos de Alto Costo, o bien, su registro es suspendido, cancelado o ha perdido vigencia, el Fondo Nacional de Salud no estará obligado a su entrega, sino hasta haberse completado el procedimiento previsto en los artículos 31 y siguientes.

En tales circunstancias, siempre que no exista en el mercado chileno otra alternativa terapéutica al precio máximo industrial referido en el artículo 7° y sólo con la finalidad de asegurar el abastecimiento de los productos sanitarios y garantizar a la población la continuidad de los tratamientos que se encuentran incorporados al Sistema del que trata esta ley, previa autorización del Ministerio de Salud, la Central de Abastecimiento del Sistema Nacional de Servicios de Salud podrá, excepcionalmente, importarlos y distribuirlos, independientemente si cuentan o no con autorización o registro sanitarios, mientras se inicie el procedimiento regulado en el artículo 31 o bien, mientras se restablece su abastecimiento.

En el caso de productos sujetos a derechos de propiedad industrial, se entenderá que las circunstancias antes descritas constituyen razones de salud pública para los efectos de lo dispuesto en el número 2 del artículo 51 de la ley N° 19.039, de Propiedad Industrial, cuyo texto refundido coordinado y sistematizado fue fijado por el decreto con fuerza de ley N° 3, de 2006, del Ministerio de Economía, Fomento y Reconstrucción. La solicitud a que hace referencia el artículo 51 bis B de ese cuerpo legal será presentada por el director de la Central de Abastecimiento del Sistema Nacional de Servicios de Salud.

Los titulares de los registros o autorizaciones sanitarias, los productores o los importadores serán responsables civilmente por la falta de continuidad de los tratamientos.

Artículo 16.- Suspensión voluntaria. Los titulares de los registros sanitarios o autorizaciones sanitarias, productores o importadores de los productos sanitarios incorporados al Sistema de Protección Financiera para Diagnósticos y Tratamientos de Alto Costo o al Régimen de Garantías Explícitas en Salud, no podrán suspender voluntariamente la distribución de los productos y deberán garantizar su adecuado abastecimiento. Con todo, podrán suspender voluntariamente la distribución cuando esta decisión se base en el conocimiento que el producto puede causar daños a la salud de la población, lo que deberá ser informado inmediatamente al Instituto de Salud Pública.

Asimismo, cualquier circunstancia que ponga en riesgo el abastecimiento de los productos sanitarios deberá ser comunicada por el titular del registro o autorización sanitaria, productor, importador o distribuidor, dentro de las veinticuatro horas siguientes de conocido el hecho, al Ministerio de Salud, al Fondo Nacional de Salud, a la Central de Abastecimiento del Sistema Nacional de Servicios de Salud y a la Superintendencia de Salud. El Instituto de Salud Pública deberá poner esta información en conocimiento del público general, mediante una publicación en el sitio electrónico institucional.

Dicha comunicación no exime de las obligaciones y responsabilidades que corresponden por desabastecimiento al titular del registro o autorización sanitaria, productor, importador o distribuidor y la infracción será sancionada conforme al artículo 18, considerándose como falta reiterada cada día de desabastecimiento en el sistema.

Los establecimientos de salud, la Central de Abastecimiento del Sistema Nacional de Servicios de Salud, el Instituto de Salud Pública y los establecimientos regulados por el Título III del Libro Sexto del Código Sanitario, que tomen conocimiento por cualquier causa de quiebres en los stocks o desabastecimiento de los productos sanitarios contemplados en el Sistema de Protección Financiera para Diagnósticos y Tratamientos de Alto Costo, deberán comunicarlo a las entidades señaladas en el inciso anterior, en igual plazo.

Tratándose de la cancelación de registros o autorizaciones sanitarias, regirán las limitaciones contempladas en este artículo.

Artículo 17.- Continuidad de tratamientos de acuerdo con los sistemas previsionales de salud y los ensayos clínicos. Los tratamientos prescritos y financiados a un beneficiario conforme a su sistema previsional de salud, no podrán dejar de otorgarse a pretexto que se encuentran incorporados al Sistema de Protección Financiera para Diagnósticos y Tratamientos de Alto Costo y que el paciente no cumple con los criterios clínicos de inclusión.

Asimismo, los pacientes sujetos de ensayos clínicos tendrán derecho por parte del titular de la autorización especial para uso provisional para fines de investigación o del titular del registro, en su caso, a la continuidad gratuita de los tratamientos recibidos conforme al protocolo de estudio, aun cuando éste haya finalizado y mientras subsista su utilidad terapéutica.

Artículo 18.- Infracciones y sanciones. Las infracciones a este Título se regirán por las disposiciones contenidas en el Libro Décimo del Código Sanitario y serán conocidas y resueltas por la autoridad sanitaria respectiva, según la naturaleza del producto.

Los titulares de los registros o autorizaciones responderán de los perjuicios que causen por esta infracción a los pacientes, prestadores y al Fondo Nacional de Salud.

TÍTULO VI
SISTEMA DE PROTECCIÓN FINANCIERA PARA DIAGNÓSTICOS Y TRATAMIENTOS DE ALTO COSTO

Artículo 19.- Fondo para Diagnósticos y Tratamientos de Alto Costo. Créase un Fondo para Diagnósticos y Tratamientos de Alto Costo destinado al financiamiento total o parcial de diagnósticos y tratamientos de alto costo con Sistema de Protección Financiera, incluidos en el decreto a que se hace referencia en el artículo 5° para los beneficiarios señalados en la letra c) del artículo 2°.

Artículo 20.- Aportes. El Fondo para Diagnósticos y Tratamientos de Alto Costo se financiará con los siguientes recursos:

a) Aportes fiscales anuales por un monto de hasta cien mil millones de pesos. Dicho monto se reajustará el 1 de enero de cada año en el 100% de la variación que experimente el Índice de Precios al Consumidor determinado por el Instituto Nacional de Estadísticas, entre el mes de noviembre del año ante precedente y noviembre del año anterior a la fecha en que opere el reajuste respectivo.

b) Donaciones que se le hagan y herencias y legados que acepte el Ministerio de Hacienda, lo que deberá hacer con beneficio de inventario.

c) Los aportes de la cooperación internacional que reciba a cualquier título.

d) La rentabilidad que genere la inversión de los recursos del mismo.

Los recursos para el financiamiento del Fondo para Diagnósticos y Tratamientos de Alto Costo estarán contemplados en la partida presupuestaria del Tesoro Público.

Dichos recursos podrán invertirse en los instrumentos, operaciones y contratos que establezca el Ministerio de Hacienda, mediante instrucciones, de acuerdo con lo dispuesto en el artículo 12 de la ley N° 20.128.

Artículo 21.- Remisión. Mediante un reglamento dictado por el Ministerio de Hacienda dentro de los noventa días siguientes a la publicación de esta ley, se establecerán los mecanismos, procedimientos y demás normas necesarias para la aplicación de los recursos y rendición de cuentas del Fondo para Diagnósticos y Tratamientos de Alto Costo. Estos recursos podrán ser utilizados a partir de la entrada en vigencia del primer decreto a que se refiere el artículo 5°.

El Fondo para Diagnósticos y Tratamientos de Alto Costo traspasará recursos al Fondo Nacional de Salud, de acuerdo a lo establecido en dicho reglamento.

El monto de los recursos traspasados será equivalente al costo de los tratamientos.

TÍTULO VII
DE LA COMISIÓN CIUDADANA DE VIGILANCIA Y CONTROL Y DEL SISTEMA DE PROTECCIÓN FINANCIERA PARA DIAGNÓSTICOS Y TRATAMIENTOS DE ALTO COSTO

Artículo 22.- De la Comisión Ciudadana de Vigilancia y Control. Existirá una Comisión Ciudadana de Vigilancia y Control del Sistema de Protección Financiera para Diagnósticos y Tratamientos de Alto Costo integrada por cuatro representantes de asociaciones de pacientes, de las registradas según el artículo 30; dos representantes de asociaciones científicas; dos académicos de facultades de medicina de alguna institución de educación superior acreditada institucionalmente, de conformidad con la ley N° 20.129, que establece el Sistema Nacional de Aseguramiento de la Calidad de la Educación Superior, y cuatro expertos del área de la salud designados por el Ministro de Salud, uno de los cuales asumirá la secretaría ejecutiva.

Esta Comisión tendrá como función asesorar a los ministros de Salud y de Hacienda, a través del monitoreo del funcionamiento de este Sistema y de la respectiva elaboración de recomendaciones.

Artículo 23.- Información a la Comisión. Esta Comisión estará especialmente facultada para conocer y ser informada por las instituciones relacionadas con este Sistema, de las siguientes materias:

a) Procedimientos para asegurar el otorgamiento oportuno e íntegro de las prestaciones contempladas en el Fondo para Diagnósticos y Tratamientos de Alto Costo.

b) Criterios utilizados por el Fondo Nacional de Salud para cumplir con las políticas e instrucciones emanadas del Ministerio de Salud y, dentro del ámbito de sus atribuciones, por la Superintendencia de Salud.

c) Recibir una cuenta trimestral del Fondo Nacional de Salud sobre la ejecución presupuestaria de los recursos transferidos por el Fondo y las coberturas otorgadas, incluyendo el tratamiento de datos sensibles relacionados con la información de pacientes, en los términos señalados por la ley N° 19.628.

d) Ejecución de los convenios referidos en el artículo 13.

e) Del cumplimiento y ejecución de las materias tratadas en los Títulos IV, V y VIII.

f) En general, de las medidas, instrumentos y procedimientos destinados al adecuado cumplimiento de las obligaciones y ejercicio de las funciones establecidas en esta ley para el otorgamiento de las prestaciones incorporadas al Fondo para Diagnósticos y Tratamientos de Alto Costo.

La Comisión no estará facultada para intervenir en la administración del Fondo para Diagnósticos y Tratamientos de Alto Costo.

Artículo 24.- Miembros de la Comisión. Los miembros de la Comisión serán designados por decreto supremo del Ministro de Salud y durarán cuatro años en sus funciones.

Un reglamento, expedido a través del Ministerio de Salud, y suscrito por el Ministro de Hacienda, regulará las funciones e integración de esta Comisión, la elección de sus miembros, el régimen de prohibiciones e inhabilidades al que estarán sometidos, las causales de cesación en sus cargos y las demás normas necesarias para su adecuado funcionamiento.

Los representantes de asociaciones de pacientes de enfermedades que integren la Comisión serán elegidos entre las personas que formen parte de las organizaciones registradas según el artículo 30, respetando la plena autonomía de las mismas. La elección deberá ajustarse a principios democráticos, participativos, transparentes y pluralistas.

La Subsecretaría de Salud Pública otorgará asistencia administrativa para el funcionamiento de esta Comisión.

A su vez, la Comisión podrá solicitar asistencia técnica a los órganos y servicios públicos pertinentes.

Artículo 25.- Informe de la Comisión. La Comisión deberá emitir un informe anual que contenga los resultados y conclusiones de sus observaciones y la formulación de recomendaciones, el que deberá ser remitido a los ministros de Salud y de Hacienda y difundido conforme al procedimiento y modalidades que establezca el reglamento.

Artículo 26.- Informes del Fondo Nacional de Salud y la Central Nacional de Abastecimiento del Sistema de Servicios de Salud. El Fondo Nacional de Salud y la Central Nacional de Abastecimiento del Sistema Nacional de Servicios de Salud deberán informar a la Superintendencia de Salud, al menos trimestralmente, de los precios unitarios, frecuencias y prestaciones otorgadas que formen parte del Sistema de Protección Financiera de Alto Costo y que hayan sido requeridas en este carácter. Esto, de conformidad con las instrucciones que imparta la Superintendencia de Salud mediante circulares de general aplicación.

Artículo 27.- Sistema de información. El Fondo Nacional de Salud deberá implementar un sistema de información que permita el seguimiento, monitoreo y control del otorgamiento de las prestaciones contempladas en el Sistema, así como del gasto ejecutado para cada una de ellas, conforme al reglamento.

Asimismo, el Sistema deberá contener un registro de los productos sanitarios que han sido incluidos en el Sistema de Protección Financiera para Diagnósticos y Tratamientos de Alto Costo, los respectivos proveedores, precios de compra y duración de los contratos celebrados con la Central Nacional de Abastecimiento del Sistema Nacional de Servicios de Salud, conforme con lo dispuesto en el artículo 31. Esta información deberá estar disponible en el sitio electrónico del Fondo Nacional de Salud y actualizarse al menos mensualmente.

La información contenida en el sistema deberá mantenerse a disposición permanente del público, a través de su sitio electrónico, actualizado, al menos, una vez al mes.

Artículo 28.- Convenios de entrega y actualización de información. Los prestadores que cumplan con los requisitos establecidos en el artículo 13 deberán celebrar un convenio con el Fondo Nacional de Salud para el otorgamiento de las prestaciones, el que contendrá, entre otros, la obligatoriedad para aquellos de suscribir, registrar y actualizar el Sistema de información de acuerdo al reglamento.

Artículo 29.- Acceso al Sistema. El Ministerio de Salud, la Superintendencia de Salud, la Dirección de Presupuestos y la Comisión de la que trata este Título podrán acceder al sistema de información y a la información correspondiente a la salud de los pacientes. Los funcionarios y miembros de la Comisión deberán guardar, respecto de esta última, la debida reserva o secreto, sujetándose en todo a lo dispuesto en la ley Nº 19.628.

Artículo 30.- Registro de asociaciones o agrupaciones de pacientes. El Ministerio de Salud llevará un registro público de las asociaciones o agrupaciones de pacientes de enfermedades o problemas de salud contemplados en el Sistema de Protección Financiera, conforme al reglamento.

TÍTULO VIII
DE LA ADQUISICIÓN DE LOS PRODUCTOS SANITARIOS CONTEMPLADOS EN EL SISTEMA DE PROTECCIÓN FINANCIERA PARA DIAGNÓSTICOS Y TRATAMIENTOS DE ALTO COSTO

Artículo 31.- Adquisición. La Central de Abastecimiento del Sistema Nacional de Servicios de Salud será la entidad encargada de adquirir los productos sanitarios necesarios para el otorgamiento de las prestaciones cubiertas por el Sistema del que trata esta ley.

Las adquisiciones se realizarán conforme a las normas contenidas en la ley Nº 19.886 y su reglamento. Sin perjuicio de ello, por resolución fundada y en circunstancias calificadas, como la insuficiente capacidad de oferta de los productos sanitarios por parte de los proveedores o la necesidad de velar por la continuidad de los tratamientos de los pacientes, la Central de Abastecimiento podrá contratar un mismo producto sanitario con más de un proveedor.

Asimismo, cuando la referida Central sea titular de un registro, podrá contratar a través de la modalidad de trato directo la compra y,o importación del producto sanitario.

La Central de Abastecimiento podrá solicitar ante la autoridad sanitaria que corresponda, según la naturaleza del producto, el registro sanitario provisional o autorización sanitaria pertinente, en circunstancias de desabastecimiento, inaccesibilidad o escasa oferta de los productos sanitarios requeridos para el otorgamiento de las prestaciones, lo que será determinado por resolución del Ministerio de Salud. Este registro o autorización no obstará a la libre comercialización del producto por parte de terceros.

Artículo 32.- Financiamiento. La adquisición de productos sanitarios será financiada directamente por el Fondo Nacional de Salud, que podrá entregar anticipos a la Central de Abastecimiento del Sistema Nacional de Servicios de Salud para financiar los trámites, entre otros, de registro, importación y aduana.

Artículo 33.- Condición resolutoria. Se tendrán por resueltos de pleno derecho los contratos de suministro vigentes cuando los precios de los productos sanitarios adquiridos por la Central de Abastecimiento del Sistema Nacional de Servicios de Salud experimenten variaciones anuales superiores a las del Índice de Precios al Consumidor, durante la vigencia del decreto establecido en el artículo 5º, o excedan, en su caso, del precio máximo industrial determinado durante el proceso de evaluación científica de la evidencia.

Si no hubiere en el mercado chileno otro proveedor con el precio reajustado según la regla señalada anteriormente, la Central de Abastecimiento podrá adquirir los productos de acuerdo al procedimiento señalado en el artículo 31.

TÍTULO IX
MODIFICACIONES A OTROS CUERPOS LEGALES

Artículo 34.- Introdúcense las siguientes modificaciones en el Código Sanitario:

1) En su artículo 100:

a) Reemplázanse los incisos cuarto y quinto, por los siguientes:

"Prohíbese la donación de productos farmacéuticos realizada con fines publicitarios, como asimismo los incentivos de cualquier índole que induzcan a privilegiar el uso, prescripción, dispensación, venta o administración de uno o más productos farmacéuticos a cualquier persona. Con todo, el Ministerio de Salud, mediante decreto supremo fundado, podrá incluir dentro de esta prohibición algunos elementos de uso médico.

Se entenderá por incentivo cualquier pago, regalo, servicio o beneficio económico entregado o realizado a las personas, por parte de laboratorios farmacéuticos, droguerías, importadores o distribuidores de medicamentos o establecimientos farmacéuticos, por quienes los representen o, en general, por quienes tengan algún interés en que se privilegie el uso de uno o más productos o dispositivos.".

b) Agréganse los siguientes incisos sexto y séptimo, nuevos, pasando los actuales sexto y séptimo a ser octavo y noveno, respectivamente:

"Los titulares de registros, permisos o autorizaciones sanitarias, los establecimientos del área de la salud y cualquier persona natural o jurídica que participe en la producción, distribución, intermediación, comercialización, expendio o administración de productos farmacéuticos, alimentos especiales o elementos de uso médico, podrán financiar, total o parcialmente, transferir o entregar, a título gratuito o a precios preferentes, esta clase de productos a los pacientes que los requieran, sujeto a las regulaciones legales, caso en el cual el beneficiario tendrá derecho a continuar percibiendo el beneficio otorgado, en iguales o mejores condiciones, mientras subsista la utilidad terapéutica del producto de que se trate.

Con todo, esta restricción no impide la aplicación de beneficios otorgados al consumidor final a través de convenios, prestaciones de bienestar, acuerdos colectivos u otros similares que signifiquen rebajas o descuentos en los precios en forma genérica y que, en ningún caso, impliquen el incentivo del que trata el presente artículo.".

2) Añádense los siguientes Títulos V y VI, nuevos, en el Libro Cuarto, a continuación del artículo 111:

"TÍTULO V

DE LOS ENSAYOS CLÍNICOS DE PRODUCTOS FARMACÉUTICOS Y ELEMENTOS DE USO MÉDICO

Artículo 111 A.- Los productos farmacéuticos y los elementos de uso médico para ser utilizados en investigaciones científicas en seres humanos deberán contar con una autorización especial para su uso provisional, otorgada por el Instituto de Salud Pública conforme al presente Libro.

La autorización especial para uso provisional con fines de investigación se requerirá para todo producto farmacéutico o dispositivo médico, sea porque no cuenten con el respectivo registro sanitario o bien, contando con éste, se pretenda su utilización de manera distinta a la registrada. Con todo, el Ministerio de Salud podrá establecer, mediante decreto supremo, la exención de esta exigencia a los elementos de uso médico cuya utilización no conlleve un riesgo relevante para las personas.

Para efectuar la solicitud de autorización especial para uso provisional con fines de investigación, el solicitante deberá presentar, previa aprobación conforme a lo dispuesto en el artículo 10 de la ley Nº 20.120, el protocolo de investigación, el formato de consentimiento informado, la póliza de seguros y todo otro antecedente que establezca el reglamento.

Esta autorización especial no podrá tener una duración mayor a un año, contado desde la fecha de la resolución que la concede, y podrá ser renovada por períodos iguales y sucesivos, siempre que cumpla con los requisitos establecidos en este Código, en la ley Nº 20.120 y en los respectivos reglamentos.

Los productos farmacéuticos y elementos de uso médico que cuenten con autorización especial para uso provisional con fines de investigación sólo podrán ser destinados al uso que la misma autorización determine, quedando prohibida su tenencia, distribución y transferencia a cualquier título o su uso de manera distinta a la registrada.

El Instituto de Salud Pública deberá llevar un registro público de todas las investigaciones científicas en seres humanos con productos farmacéuticos o elementos de uso médicos autorizadas para realizarse en el país, con las menciones que señale el reglamento. Dicho registro estará sujeto a las disposiciones del artículo 7º del artículo primero de la ley Nº 20.285, sobre Acceso a la Información Pública.

Artículo 111 B.- El titular de la autorización, la entidad patrocinante, el investigador principal y el respectivo centro donde se realice la investigación serán responsables de notificar al Instituto de Salud Pública y al Comité Ético Científico que corresponda, en el plazo y según la forma que establezca el reglamento respectivo, de las reacciones adversas y los eventos adversos producidos con ocasión del estudio. Asimismo, serán responsables del cumplimiento de las normas sobre farmacovigilancia y tecnovigilancia conforme al reglamento.

Un reglamento dictado a través del Ministerio de Salud regulará las materias de las que trata el presente artículo.

Artículo 111 C.- El paciente sujeto de ensayo clínico tendrá derecho a que, una vez terminado éste, el titular de la autorización especial para uso provisional con fines de investigación y, con posterioridad en su caso, el titular del registro sanitario del producto sanitario de que se trate, le otorgue sin costo para el paciente la continuidad del tratamiento por todo el tiempo que persista su utilidad terapéutica, conforme al protocolo de investigación respectivo.

Esta obligación afectará al titular del registro sanitario, aun cuando no haya sido el titular de la autorización provisional o haya adquirido con posterioridad el registro sanitario.

Artículo 111 D.- Todo centro donde se realice investigación de productos farmacéuticos y elementos de uso médico en seres humanos deberá estar acreditado por el Instituto de Salud Pública, conforme a los estándares, exigencias y procedimientos que establezca el reglamento.

La misma autoridad será competente para la fiscalización del cumplimiento de los protocolos de investigación, de los consentimientos informados, de las buenas prácticas clínicas, de las notificaciones de reacciones adversas y de eventos adversos y, en general, del cumplimiento de la normativa relacionada con esta materia.

El Instituto de Salud Pública tendrá libre acceso a la información relacionada con la investigación. Toda obligación de reserva contemplada en protocolos, o convenciones y documentos en general, será inoponible a esa autoridad. Toda disposición en contravención a esta ley contenida en los referidos protocolos, convenciones y documentos es nula, sin perjuicio de la aplicación de las disposiciones contenidas en los artículos 89 y 91, letra b), de la ley Nº 19.039, de Propiedad Industrial, cuyo texto refundido, coordinado y sistematizado fue fijado por el decreto con fuerza de ley Nº 3, de 2006, del Ministerio de Economía, Fomento y Reconstrucción.

Artículo 111 E.- Los titulares de las autorizaciones para uso provisional con fines de investigación serán responsables por los daños que causen con ocasión de la investigación, aunque estos se deriven de hechos o circunstancias que no se hubieren podido prever o evitar según el estado de los conocimientos de la ciencia o de la técnica, existentes en el momento de producirse los daños.

Asimismo, acreditado el daño, se presumirá que éste se ha producido con ocasión de la investigación.

La acción para perseguir esta responsabilidad prescribirá en el plazo de diez años, contado desde la manifestación del daño. No obstante, en caso de decretarse una alerta sanitaria con ocasión de una epidemia o pandemia y durante la vigencia de ésta, dicho plazo se contará desde el término del respectivo ensayo, cuando se trate de investigaciones que tengan por objeto el desarrollo de productos farmacéuticos y dispositivos médicos destinados a enfrentar las circunstancias que sirvieron de fundamento al decreto de alerta sanitaria.

Artículo 111 F.- Será obligación de los titulares de las autorizaciones especiales para uso provisional para fines de investigación de productos farmacéuticos y,o elementos de uso médico contar con una póliza de seguro por responsabilidad civil, conforme al reglamento que se dicte a través del Ministerio de Salud.

A través de un decreto supremo del Ministerio de Salud se establecerá la clase de los elementos de uso médico para cuya investigación será obligatoria la presentación de pólizas de seguro.

Artículo 111 G.- Las infracciones de lo dispuesto en el presente Título serán sancionadas conforme a las normas del Libro Décimo de este Código y a las contenidas en la ley Nº 20.120, sobre la investigación científica en el ser humano, su genoma, y prohíbe la clonación humana.

TÍTULO VI

DE LA RESPONSABILIDAD POR PRODUCTOS SANITARIOS DEFECTUOSOS

Artículo 111 H.- Se entenderá por productos sanitarios los regulados en los Títulos I, II y IV de este Libro.

Se entenderá por producto sanitario defectuoso aquél que no ofrezca la seguridad suficiente, teniendo en cuenta todas las circunstancias ligadas al producto y, especialmente, su presentación y el uso razonablemente previsible.

Asimismo, un producto es defectuoso si no ofrece la misma seguridad normalmente ofrecida por los demás ejemplares de la misma serie.

Un producto no podrá ser considerado defectuoso por el solo hecho de que tal producto se ponga posteriormente en circulación de forma perfeccionada.

Artículo 111 I.- Todo daño causado por el uso de un producto sanitario defectuoso dará lugar a las responsabilidades civiles y penales, según corresponda.

Serán responsables de los daños los titulares de los registros o autorizaciones, los fabricantes y los importadores, según corresponda. Las personas responsables del daño lo serán solidariamente ante los perjudicados. El que hubiere respondido ante el perjudicado tendrá derecho a repetir frente a los otros responsables, según su participación en la producción del daño.

La Central de Abastecimiento del Sistema Nacional de Servicios de Salud, en su calidad de órgano de la Administración del Estado, responderá en su caso, conforme a las reglas establecidas en el Título III de la ley Nº 19.966, que establece un régimen de garantías en salud, pudiendo siempre repetir contra las personas señaladas en el inciso anterior. El plazo de prescripción para ejercer esta acción será de cinco años.

Artículo 111 J.- El perjudicado que pretenda obtener la reparación de los daños causados tendrá que probar el defecto, el daño y la relación de causalidad entre ambos.

En los ensayos clínicos, acreditado el daño, se presumirá que éste se ha producido con ocasión de la investigación.

Artículo 111 K.- El demandado no podrá eximirse de responsabilidad alegando que los daños ocasionados por un producto sanitario defectuoso se originan de hechos o circunstancias que no se previeron según el estado de los conocimientos científicos o técnicos existentes en el momento de su puesta en circulación o uso.

Artículo 111 L.- La acción de reparación de los daños y perjuicios previstos en este Título prescribirá a los cinco años contados desde la manifestación del daño, ya sea por el defecto del producto o por el daño que dicho defecto le ocasionó. La acción de repetición del que hubiese satisfecho la indemnización contra todos los demás responsables del daño prescribirá en el plazo de dos años contado desde el día de su pago.

La acción para el resarcimiento de los daños producidos con ocasión de un ensayo clínico prescribirá en el plazo establecido en el artículo 111 E.

Artículo 111 M.- Los fabricantes e importadores de los productos sanitarios deberán contar con un seguro, aval o garantía financiera equivalente, para responder de los daños sobre la salud derivados de problemas de seguridad de los mismos, en los términos que establezca el reglamento.

Artículo 111 N.- El ejercicio de las acciones jurisdiccionales para la reparación de los daños de que trata este Título se regirá por lo dispuesto en el Párrafo II del Título III de la ley Nº 19.966.

Para estos efectos, forman parte de la Red Asistencial de la que trata el artículo 17 del decreto con fuerza de ley Nº 1, de 2005, del Ministerio de Salud, los prestadores que hayan celebrado un convenio con el Fondo Nacional de Salud para el otorgamiento de prestaciones cuya cobertura se encuentra a su cargo.

Asimismo, las reclamaciones por productos defectuosos o daños causados con ocasión de un ensayo clínico se presentarán ante la entidad establecida en el artículo 44 de la ley Nº 19.966 y se regirán por el procedimiento establecido en dicha norma.".

Artículo 35.- Agrégase en el artículo 13 de la ley Nº 20.584, que regula los derechos y deberes que tienen las personas en relación con acciones vinculadas a su atención en salud, el siguiente literal e):

"e) Al Instituto de Salud Pública, en el ejercicio de sus facultades.".

Artículo 36.- Modifícase el decreto con fuerza de ley Nº 1, de 2005, del Ministerio de Salud, que fija el texto refundido, coordinado y sistematizado del decreto ley Nº 2.763, de 1979, y de las leyes Nº 18.469 y Nº 18.933, de la siguiente forma:

1) Intercálase en su artículo 50, el siguiente literal e), nuevo, pasando el actual a ser f) y así sucesivamente:

"e) Asegurar el otorgamiento de las prestaciones de diagnósticos y tratamientos de alto costo, en la forma y condiciones establecidas en la ley, y administrar operativamente los recursos contemplados para el financiamiento de dichos diagnósticos y tratamientos.".

2) Incorpórase el siguiente artículo 50 bis:

"Artículo 50 bis.- El Fondo Nacional de Salud deberá informar a la Comisión Ciudadana de Vigilancia y Control del Sistema de Protección Financiera para Diagnósticos y Tratamientos de Alto Costo, de las materias y en las condiciones que establezca la ley.

Será de responsabilidad del director del Fondo Nacional de Salud proporcionar la referida información.

Asimismo, el Fondo Nacional de Salud deberá implementar y administrar el sistema de información para el otorgamiento de las prestaciones incorporadas al Sistema de Protección Financiera para Diagnósticos y Tratamientos de Alto Costo, de acuerdo a la ley respectiva.".

3) Agrégase en su artículo 70 el siguiente literal e):

"e) Proveer los productos sanitarios necesarios para el otorgamiento de las prestaciones cubiertas por el Sistema de Protección Financiera para Diagnósticos y Tratamientos de Alto Costo. Asimismo, podrá proveer los productos sanitarios para tratamientos de alto costo no cubiertos por dicho Sistema, para las Fuerzas Armadas y de Orden y Seguridad y para las Instituciones de Salud Previsional, a solicitud de los organismos respectivos, previo pago anticipado de, al menos, los gastos que irrogue su importación y,o registro. Para los efectos de esta letra, la Central podrá registrar, importar, adquirir, almacenar, distribuir, transportar, arrendar y vender esos productos.".

4) Modifícase en el artículo 107, su inciso segundo, en el siguiente sentido:

a) Elimínase la conjunción "y", la segunda vez que aparece.

b) Agrégase, luego de la palabra "Salud", la frase "y al Sistema de Protección Financiera para Diagnósticos y Tratamientos de Alto Costo".

c) Incorpórase el siguiente inciso final:

"De la misma manera, le corresponde el control y supervigilancia del Sistema de Protección Financiera para Diagnósticos y Tratamientos de Alto Costo. Para estos efectos, podrá regular, fiscalizar y resolver las controversias respecto de prestadores, seguros, fondos e instituciones que participen de todos los sistemas previsionales de salud, incluyendo los de las Fuerzas Armadas, Carabineros de Chile, Policía de Investigaciones y Gendarmería de Chile.".

5) Reemplázase el nombre del párrafo 2° del Título III del Capítulo VII del Libro I, por el siguiente "De la Supervigilancia y Control de las Garantías Explícitas en Salud y del Sistema de Protección Financiera para Diagnósticos y Tratamientos de Alto Costo".

6) Modifícase su artículo 115, en el siguiente sentido:

a) Intercálase, en el inciso primero, antes de los dos puntos, la expresión "y el Sistema de Protección Financiera para Diagnósticos y Tratamientos de Alto Costo".

b) Añádese, en el número 1, a continuación de la palabra "Salud", la expresión "y de las prestaciones del Sistema de Protección Financiera para Diagnósticos y Tratamientos de Alto Costo".

c) Incorpórase, en el número 2, a continuación de la expresión "Salud", la frase "y el Sistema de Protección Financiera para Diagnósticos y Tratamientos de Alto Costo".

d) Intercálase el siguiente número 5, nuevo, pasando el actual a ser 6, y así sucesivamente:

"5.- Dictar las instrucciones de carácter general al Fondo Nacional de Salud, instituciones de salud previsionales, prestadores e instituciones de salud de las Fuerzas Armas, Carabineros de Chile, Policía de Investigaciones y Gendarmería de Chile, con el objeto de facilitar la aplicación del Sistema de Protección Financiera para Diagnósticos y Tratamientos de Alto Costo y el acceso a sus beneficiarios; realizar la correcta interpretación de sus normas, y fiscalizar su cumplimiento, salvo en las materias propias reguladas en el Código Sanitario;".

e) Intercálase, en el actual número 5, que pasa a ser 6, a continuación de la expresión "en Salud", las dos veces que aparece, la frase "y el Sistema de Protección Financiera para Diagnósticos y Tratamientos de Alto Costo".

f) Agrégase, a continuación del actual número 7, que pasa a ser 8, el siguiente número 9, nuevo:

"9.- Requerir de los prestadores, tanto públicos como privados, del Fondo Nacional de Salud, de la Comisión Ciudadana de Vigilancia y Control del Sistema de Protección Financiera para Diagnósticos y Tratamientos de Alto Costo, de la Central de Abastecimiento del Sistema Nacional de Servicios de Salud, de las Fuerzas Armadas, Carabineros de Chile, Policía de Investigaciones y Gendarmería de Chile y en general, de cualquier institución pública y,o privada la información que acredite el cumplimiento del Sistema de Protección Financiera para

Diagnósticos y Tratamientos de Alto Costo, sobre oportunidad y calidad de las prestaciones y beneficios de salud que se otorguen a los beneficiarios, sin perjuicio de las facultades que pudieren corresponder a otros organismos. Esta facultad se extenderá al otorgamiento de las prestaciones no contempladas pero asociadas al Sistema, efectuadas en la Red de Prestadores aprobada por el Ministerio de Salud;".

g) Agrégase, en el actual número 9, que pasa a ser 11, a continuación de la palabra "salud", la segunda vez que aparece, la expresión "así como con el Sistema de Protección Financiera para Diagnósticos y Tratamientos de Alto Costo".

7) Añádese en el inciso primero de su artículo 116, antes del punto aparte, la siguiente frase: "y en el Sistema de Protección Financiera para Diagnósticos y Tratamientos de Alto Costo".

8) Incorpórase en el literal a) de su artículo 189, el siguiente inciso final:

"Asimismo, las instituciones de salud previsional deberán informar a sus afiliados respecto de la existencia y cobertura del Sistema de Protección Financiera para Diagnósticos y Tratamientos de Alto Costo, y, cuando proceda, transferir al Fondo para Diagnósticos y Tratamientos de Alto Costo los recursos que por concepto de cobertura adicional de enfermedades catastróficas corresponda otorgar. Esta última materia deberá ser reglada mediante instrucciones de la Intendencia de Fondos y Seguros Previsionales de la Superintendencia de Salud.".

DISPOSICIONES TRANSITORIAS

Artículo primero.- Las normas de esta ley regirán a contar de la entrada en vigencia del decreto a que se refiere el artículo 5º, según lo señalado en el inciso siguiente. No obstante, a contar de la fecha de publicación de esta ley, podrán dictarse los decretos y reglamentos a que ella se refiere.

El primer decreto que establezca los tratamientos de alto costo que se incorporan al sistema que regula esta ley podrá dictarse una vez publicados los reglamentos señalados en los artículos 6º y 13, inciso segundo, sin que le sea aplicable el procedimiento contenido en los artículos 7º, 8º y 9º, inciso primero, ni el plazo fijado en el inciso primero del artículo 10. Este decreto tendrá vigencia hasta el 31 de diciembre del año 2016.

Los reglamentos señalados en los artículos 6º y 13 deberán dictarse dentro del plazo de noventa días contado desde la publicación de esta ley.

El segundo decreto que establezca los tratamientos de alto costo será dictado antes del 31 de diciembre del año 2016, entrará en vigencia a contar del 1 de enero del año 2017 y regirá hasta el 31 de diciembre de 2017. Para la elaboración de este decreto será necesario cumplir todos los procedimientos previstos en esta ley, con excepción del establecido en los artículos 7º, 8º y 9º, inciso primero, para los tratamientos incluidos en el primer decreto.

El tercer decreto que establezca los tratamientos de alto costo será dictado antes del 31 de diciembre del año 2017, entrará en vigencia a contar del 1 de enero del año 2018 y regirá hasta el 30 de junio de 2019. Para la elaboración de este decreto será necesario cumplir todos los procedimientos previstos en esta ley.

El cuarto decreto que fije estos mismos tratamientos y los sucesivos serán dictados junto al decreto que establezca las Garantías Explícitas en Salud, conforme a lo dispuesto en el artículo 23, inciso segundo, de la ley Nº 19.966, y su vigencia se extenderá por el término señalado en el artículo 14. Para la elaboración del tercer decreto y los sucesivos será necesario cumplir todos los procedimientos previstos en esta ley.

La Garantía Explícita de Calidad será exigible cuando entre en vigencia, conforme a la ley Nº 19.966.

Los integrantes de la primera Comisión Ciudadana de Vigilancia y Control del Sistema, a que se refiere el artículo 22, que se indican a continuación, durarán en sus funciones dos años: un representante de asociaciones de pacientes, uno de asociaciones científicas, un académico de facultades de medicina de una institución de educación superior acreditada institucionalmente y dos expertos del área de la salud designados por el Ministro de Salud. Los demás integrantes de dicha Comisión durarán cuatro años en sus funciones.

Artículo segundo.- El Fondo para Diagnósticos y Tratamientos de Alto Costo se constituirá a más tardar en la fecha de entrada en vigencia del primer decreto señalado en el artículo 5°.

Los aportes fiscales anuales para el Fondo a que hace referencia el artículo 20 se regirán por las reglas siguientes:

1) A más tardar el 31 de diciembre de 2015, el aporte fiscal provendrá de recursos del Fondo Nacional de Salud y treinta mil millones de pesos del Tesoro Público.

2) Durante el año 2016, la Ley de Presupuestos aportará sesenta mil millones de pesos.

3) En el tercer, cuarto y quinto año de vigencia del Fondo, la Ley de Presupuestos aportará anualmente cien mil millones de pesos.

4) A contar del cuarto año de vigencia se aplicará lo dispuesto en la letra a) del artículo 20 y se otorgará el primer reajuste establecido en dicho artículo.

Artículo tercero.- El mayor gasto fiscal que irrogue la aplicación de esta ley durante el primer año de su entrada en vigencia se financiará con cargo a los recursos contemplados en la partida presupuestaria del Ministerio de Salud. No obstante, el Ministerio de Hacienda, con cargo a la Partida Presupuestaria del Tesoro Público podrá suplementar dicho presupuesto en la parte del gasto que no se pudiera financiar con estos recursos. Para los años siguientes, el financiamiento se realizará con cargo a los recursos que la Ley de Presupuestos asigne para estos fines.".

Y por cuanto he tenido a bien aprobarlo y sancionarlo; por tanto promúlguese y llévese a efecto como Ley de la República.

Santiago, 1 de junio de 2015.- MICHELLE BACHELET JERIA, Presidenta de la República.- Carmen Castillo Taucher, Ministra de Salud.- Rodrigo Valdés Pulido, Ministro de Hacienda.- Jorge Insunza Gregorio De Las Heras, Ministro Secretario General de la Presidencia.

Transcribo para su conocimiento Ley N° 20.850 de 01-06-2015.- Saluda atentamente a Ud., Jaime Burrows Oyarzún, Subsecretario de Salud Pública.

LEY Nº 19.966
ESTABLECE UN RÉGIMEN DE GARANTÍAS EN SALUD

Teniendo presente que el H. Congreso Nacional ha dado su aprobación al siguiente Proyecto de ley:

TÍTULO I
DEL RÉGIMEN GENERAL DE GARANTÍAS EN SALUD

PÁRRAFO 1º
DISPOSICIONES GENERALES

Artículo 1.- El Régimen General de Garantías en Salud, en adelante el Régimen General de Garantías, es un instrumento de regulación sanitaria que forma parte integrante del Régimen de Prestaciones de Salud a que se refiere el artículo 4º de la ley Nº 18.469, elaborado de acuerdo al Plan Nacional de Salud y a los recursos de que disponga el país. Establecerá las prestaciones de carácter promocional, preventivo, curativo, de rehabilitación y paliativo, y los programas que el Fondo Nacional de Salud deberá cubrir a sus respectivos beneficiarios, en su modalidad de atención institucional, conforme a lo establecido en la ley Nº 18.469.

Artículo 2.- El Régimen General de Garantías contendrá, además, Garantías Explícitas en Salud relativas a acceso, calidad, protección financiera y oportunidad con que deben ser otorgadas las prestaciones asociadas a un conjunto priorizado de programas, enfermedades o condiciones de salud que señale el decreto correspondiente. El Fondo Nacional de Salud y las Instituciones de Salud Previsional deberán asegurar obligatoriamente dichas garantías a sus respectivos beneficiarios.

Las Garantías Explícitas en Salud serán constitutivas de derechos para los beneficiarios y su cumplimiento podrá ser exigido por éstos ante el Fondo Nacional de Salud o las Instituciones de Salud Previsional, la Superintendencia de Salud y las demás instancias que correspondan.

Asimismo, las garantías señaladas en los incisos precedentes serán las mismas para los beneficiarios de las leyes Nº 18.469 y Nº 18.933, pero podrán ser diferentes para una misma prestación, conforme a criterios generales, tales como enfermedad, sexo, grupo de edad u otras variables objetivas que sean pertinentes.

Las Instituciones de Salud Previsional estarán también obligadas a asegurar el otorgamiento de las prestaciones y la cobertura financiera que el Fondo Nacional de Salud confiere como mínimo en su modalidad de libre elección, en los términos del artículo 31 de esta ley.

Artículo 3.- El Ministerio de Salud dictará las normas e instrucciones generales sobre acceso, calidad y oportunidad para las prestaciones que se otorguen a los beneficiarios del Fondo Nacional de Salud no contempladas en el artículo anterior, tales como estándares de atención y gestión de tiempos de espera, teniendo presente los recursos físicos, humanos y presupuestarios disponibles. Dichas normas e instrucciones generales serán de público conocimiento.

Las normas señaladas en el inciso anterior no podrán sufrir menoscabo por el establecimiento y las sucesivas modificaciones de las Garantías Explícitas en Salud, sin perjuicio de las modificaciones fundadas en aspectos sanitarios, técnicos y administrativos que correspondan.

Artículo 4.- Para los efectos previstos en el artículo 2º, se entenderá por:

a) Garantía Explícita de Acceso: obligación del Fondo Nacional de Salud y de las Instituciones de Salud Previsional de asegurar el otorgamiento de las prestaciones de salud garantizadas a los beneficiarios de las leyes N° 18.469 y N° 18.933, respectivamente, en la forma y condiciones que determine el decreto a que se refiere el artículo 11.

b) Garantía Explícita de Calidad: otorgamiento de las prestaciones de salud garantizadas por un prestador registrado o acreditado, de acuerdo a la ley N° 19.937, en la forma y condiciones que determine el decreto a que se refiere el artículo 11.

c) Garantía Explícita de Oportunidad: plazo máximo para el otorgamiento de las prestaciones de salud garantizadas, en la forma y condiciones que determine el decreto a que se refiere el artículo 11. Dicho plazo considerará, a lo menos, el tiempo en que la prestación deberá ser otorgada por el prestador de salud que corresponda en primer lugar; el tiempo para ser atendido por un prestador distinto, designado por el Fondo Nacional de Salud o la Institución de Salud Previsional, cuando no hubiere sido atendido por el primero; y, en defecto de los anteriores, el tiempo en que el prestador definido por la Superintendencia de Salud deba otorgar la prestación con cargo a las instituciones antes señaladas. No se entenderá que hay incumplimiento de la garantía en los casos de fuerza mayor, caso fortuito o que se deriven de causa imputable al beneficiario.

d) Garantía Explícita de Protección Financiera: la contribución que deberá efectuar el afiliado por prestación o grupo de prestaciones, la que deberá ser de un 20% del valor determinado en un arancel de referencia del Régimen.

No obstante lo anterior, el Fondo Nacional de Salud deberá cubrir el valor total de las prestaciones, respecto de los grupos A y B a que se refiere el artículo 29 de la ley N° 18.469, y podrá ofrecer una cobertura financiera mayor a la dispuesta en el párrafo anterior a las personas pertenecientes a los grupos C y D señalados en el mismo artículo, de acuerdo con las normas establecidas en el Título IV de la ley N° 18.469.

El arancel señalado en el párrafo primero de esta letra deberá aprobarse en el decreto supremo a que se refiere el artículo 11 y sujetarse a los procedimientos indicados en el Párrafo 3° del presente Título.

PÁRRAFO 2°
DE LA COBERTURA FINANCIERA ADICIONAL

Artículo 5.- Sin perjuicio de lo dispuesto en el artículo 4° de esta ley, los afiliados a las Instituciones de Salud Previsional o al Fondo Nacional de Salud tendrán derecho a una cobertura financiera adicional de cargo de dichos organismos, según corresponda, en los términos y condiciones que establece el presente Párrafo y su reglamento.

Artículo 6.- Se entenderá por cobertura financiera adicional el financiamiento del 100% de los copagos originados sólo por enfermedades o condiciones de salud contenidas en las Garantías Explícitas en Salud de que trata esta ley, que superen el deducible a que se refiere el inciso segundo.

Se entenderá por deducible la suma de los copagos que habrán de ser acumulados por cada evento para tener derecho a la cobertura financiera adicional.

Artículo 7.- Para los afiliados a las Instituciones de Salud Previsional y para aquellos pertenecientes al Grupo D, a que se refiere el artículo 29 de la ley N° 18.469, el deducible equivaldrá a 29 cotizaciones mensuales, legales o pactadas, según corresponda, por cada evento asociado a las Garantías Explícitas en Salud que le ocurra a el o a los beneficiarios que de él dependan; en estos casos, dicho deducible no excederá de 122 unidades de fomento. En el caso de los afiliados pertenecientes al Grupo C de la referida ley, el deducible equivaldrá a 21 cotizaciones mensuales por evento.

En caso de existir más de un evento en un período de doce meses, contados desde que se devenga el primer copago del primer evento, el deducible para el conjunto de los eventos, para los afiliados a las Instituciones de Salud Previsional y para aquellos pertenecientes al Grupo D de la ley N° 18.469, será de 43 cotizaciones mensuales, legales o pactadas, según corresponda; en estos casos, dicho deducible no excederá de 181 unidades de fomento. En el caso de los afiliados pertenecientes al Grupo C de la referida ley, dicho deducible será de 31 cotizaciones mensuales.

Para los efectos de lo dispuesto en este artículo, en caso de que la cotización base sea la legal, dicha cotización será determinada de acuerdo al promedio de las cotizaciones declaradas o pagadas en los últimos seis meses o las equivalentes, en el caso de pago de subsidio de incapacidad laboral; dicho promedio deberá calcularse retroactivamente, a partir de la cotización declarada o pagada el mes inmediatamente anterior al inicio del evento, o del primer evento, según corresponda. Si en el referido período se registraran menos de seis cotizaciones declaradas o pagadas, la cotización se determinará sobre la base del promedio del número de meses que registren información.

En caso de que la cotización corresponda a un monto pactado, el deducible se calculará sobre la base de la cotización del mes anterior a aquél en que se devengue el primer copago.

Artículo 8.- Tratándose de trabajadores independientes afiliados al Fondo Nacional de Salud y que se encuentren clasificados en el grupo D de la ley N° 18.469, el deducible por cada evento será el equivalente a dos veces el promedio de sus ingresos mensuales calculados conforme a lo dispuesto en el artículo 33 de dicha ley, promediándose sólo los meses en que haya recibido ingresos en los doce meses anteriores al evento; en estos casos, dicho deducible no excederá de 122 unidades de fomento. En el caso de que dichos trabajadores se encuentren clasificados en el Grupo C de la referida ley, dicho deducible equivaldrá a 1,47 veces el promedio mensual de los mencionados ingresos.

Si hubiera más de un evento en un período de doce meses, contado desde que se devenga el primer copago del primer evento, el deducible para el conjunto de los eventos, para los afiliados pertenecientes al Grupo D de la ley N° 18.469, será equivalente a 3 veces el promedio mensual de los ingresos de dichos afiliados, calculados conforme a lo dispuesto en el inciso anterior; en estos casos, dicho deducible no excederá de 181 unidades de fomento. En el caso de los afiliados pertenecientes al Grupo C de la referida ley, dicho deducible será equivalente a 2,16 veces el promedio mensual de los mencionados ingresos.

Artículo 9.- El deducible deberá ser acumulado en un período máximo de doce meses y se computará desde la fecha en que el beneficiario registre el primer copago devengado. Si al cabo de los doce meses no se alcanzara a completar el deducible, los copagos no se acumularán para el siguiente período, reiniciándose el cómputo del deducible por otros doce meses, y así sucesivamente.

Para los efectos del cómputo del deducible no se contabilizarán los copagos que tengan origen en prestaciones no cubiertas por las Garantías Explícitas en Salud o que, estando cubiertas, hayan sido otorgadas fuera de la Red Asistencial o por prestadores distintos a los designados por las Instituciones de Salud Previsional o el Fondo Nacional de Salud para otorgar dichas Garantías, sin perjuicio de los prestadores designados por la Superintendencia, conforme a la letra c) del artículo 4°.

No obstante lo dispuesto en el inciso anterior, y sólo para los efectos de la acumulación del deducible, tratándose de una condición de salud garantizada explícitamente que implique urgencia vital o secuela funcional grave y que, en consecuencia, requiera hospitalización inmediata e impostergable en un establecimiento diferente de los contemplados en la Red Asistencial o del designado por la Institución de Salud Previsional, se computarán los copagos devengados en dicho establecimiento, de acuerdo al plan contratado o a la ley Nº 18.469, hasta que el paciente se encuentre en condiciones de ser trasladado.

Sin perjuicio de lo dispuesto en el inciso séptimo, el médico tratante en el establecimiento será quien determine el momento a partir del cual, para los efectos de este artículo, el paciente se encuentra en condiciones de ser trasladado, caso en el cual se aplicarán las reglas siguientes:

a) Si el paciente o sus familiares, no obstante la determinación del médico, optan por la mantención en el establecimiento, los copagos que se devenguen a partir de ese momento no se computarán para el cálculo del deducible.

b) Si el paciente o sus familiares, en el mismo caso, optan por el traslado a un establecimiento que no forma parte de la Red Asistencial o no es de aquellos designados por la Institución de Salud Previsional o el Fondo Nacional de Salud, según corresponda, se aplicará lo dispuesto en la letra precedente.

c) Si el paciente o sus familiares optan por el traslado a un establecimiento de la Red Asistencial o a uno de los designados por la Institución de Salud Previsional o el Fondo Nacional de Salud, según corresponda, se reiniciará a partir de ese momento el cómputo de los copagos para el cálculo del deducible.

Si con posterioridad a las situaciones descritas en las letras a) y b) del inciso precedente, el paciente decide ingresar a la Red Asistencial o ser atendido por el prestador designado por la Institución de Salud Previsional, se iniciará o reiniciará el cómputo de los copagos para el cálculo del deducible.

Los establecimientos que reciban personas que se hallen en la situación descrita en el inciso tercero deberán informarlo a la Intendencia de Fondos y Seguros Previsionales dentro de las veinticuatro horas siguientes, señalando la identidad de las mismas. Dicha información deberá registrarse a través de la página electrónica habilitada por la referida Intendencia para estos efectos y estará inmediatamente disponible para su consulta por el Fondo Nacional de Salud y las Instituciones de Salud Previsional.

En caso de discrepancia acerca de la calificación de una situación como de urgencia vital o con secuela funcional grave, el Fondo Nacional de Salud y las Instituciones de Salud Previsional podrán requerir que resuelva la Superintendencia de Salud, a través de la Intendencia de Fondos y Seguros Previsionales. Deberán interponer el requerimiento, suscrito por un médico registrado en la Superintendencia, dentro de las veinticuatro horas siguientes al momento en que consideren que el paciente se encuentra en condiciones de ser trasladado, acompañando los antecedentes clínicos en que se funda su parecer. Si los antecedentes son insuficientes o no están suscritos por el mencionado profesional, la Intendencia podrá rechazar de plano la solicitud. La Intendencia resolverá dentro del plazo de dos días corridos y el costo de su intervención será de cargo del requirente. En caso de impugnaciones reiteradas e injustificadas de la calificación hecha por el médico tratante de situaciones de urgencia vital o con secuela funcional grave, la Intendencia sancionará al requirente.

Artículo 10.- Un reglamento del Ministerio de Salud, suscrito además por el Ministro de Hacienda, fijará las normas para la adecuada aplicación de lo dispuesto en este Párrafo, debiendo establecer, entre otras cosas, los supuestos de hecho que configuran un evento, el momento de inicio y término del mismo, las circunstancias en que una atención o un conjunto de atenciones será considerada de urgencia vital o generadora de una secuela funcional grave, la información que deberá registrarse como mínimo y los procedimientos que deberán cumplir los beneficiarios, los prestadores y el Fondo Nacional de Salud y las Instituciones de Salud Previsional.

PÁRRAFO 3°
DE LA DETERMINACIÓN DE LAS GARANTÍAS EXPLÍCITAS DEL RÉGIMEN GENERAL DE GARANTÍAS EN SALUD

Artículo 11.- Las Garantías Explícitas en Salud serán elaboradas por el Ministerio de Salud, de conformidad con el procedimiento establecido en esta ley y en el reglamento, y deberán ser aprobadas por decreto supremo de dicho Ministerio suscrito, además, por el Ministro de Hacienda.

Artículo 12.- Al iniciar el proceso destinado a establecer las Garantías Explícitas en Salud, el Ministerio de Hacienda fijará el marco de los recursos disponibles para su financiamiento en el Fondo Nacional de Salud y el valor de la Prima Universal, expresado en unidades de fomento, al que deberán ajustarse dichas Garantías.

Las Garantías Explícitas en Salud que se determinen no podrán generar un costo esperado individual promedio pertinente, del conjunto de los beneficiarios del Fondo Nacional de Salud y las Instituciones de Salud Previsional, estimado para un período de doce meses, significativamente diferente de la Prima Universal que se haya establecido conforme al inciso anterior.

Dicho costo esperado individual deberá estimarse sobre la base de los protocolos referenciales que haya definido el Ministerio de Salud y de las demás normas que establezca un reglamento suscrito por los Ministros de Salud y de Hacienda.

Artículo 13.- La elaboración de la propuesta de Garantías Explícitas en Salud considerará el desarrollo de estudios con el objetivo de determinar un listado de prioridades en salud y de intervenciones que consideren la situación de salud de la población, la efectividad de las intervenciones, su contribución a la extensión o a la calidad de vida y, cuando sea posible, su relación costo efectividad.

Para ello se deberân desarrollar estudios epidemiológicos, entre otros de carga de enfermedad, revisiones sistemáticas sobre la efectividad, evaluaciones económicas, demanda potencial y capacidad de oferta del sistema de salud chileno.

Artículo 14.- Considerando los estudios señalados en el artículo precedente, y la experiencia y la evidencia científica nacional y extranjera, se confeccionará un listado de enfermedades y sus prestaciones asociadas, debiendo descartarse de éstas todas aquéllas para las cuales no haya fundamentos de que signifícan un beneficio para la sobrevida o la calidad de vida de los afectados. Asimismo, se deberá estimar el costo de incorporarlas al Régimen, de acuerdo con la capacidad de oferta de los sectores público y privado y con la demanda potencial de tales intervenciones. Un reglamento establecerá las variables y el mecanismo que deberán utilizarse para la priorización.

Artículo 15.- La propuesta se someterá a un proceso de verificación del costo esperado por beneficiario del conjunto priorizado con garantías explícitas, mediante un estudio convocado para tales efectos, que será dirigido y coordinado por el Ministerio de Salud.

El Fondo Nacional de Salud y las Instituciones de Salud Previsional intervendrán en el proceso, en la forma y condiciones que dispongan esta ley y el reglamento, y deberán proporcionar toda la información necesaria, en la forma y condiciones que el Ministerio de Salud solicite.

Artículo 16.- Para la realización del estudio señalado en el artículo anterior, el Ministerio de Salud, mediante resolución publicada en extracto en el Diario Oficial y en otro medio impreso o electrónico de amplio acceso nacional e internacional, convocará a una licitación para oferentes nacionales e internacionales, que se regirá por las reglas establecidas en la presente ley y, supletoriamente, por lo dispuesto en la ley N° 19.886.

Las bases administrativas y técnicas deberán contemplar, entre otras materias, el plazo de entrega del estudio, los criterios técnicos en los cuales deberá fundarse, la realización de una audiencia que tenga por objetivo dar a conocer los resultados al Fondo Nacional de Salud y a las Instituciones de Salud Previsional y un plazo para que éstas y aquél realicen observaciones.

Artículo 17.- Considerando los resultados del estudio, los Ministerios de Salud y de Hacienda someterán la propuesta a la consideración del Consejo Consultivo. Cumplidos los procedimientos regulados en este Párrafo y en el siguiente, los Ministros de Salud y de Hacienda dictarán el decreto a que se refiere el artículo 11.

Artículo 18.- Los cambios en el valor de la Prima Universal no podrán ser superiores a la variación experimentada por el Índice General Real de Remuneraciones por Hora, calculado por el Instituto Nacional de Estadísticas, o el que lo reemplace, entre el nonagésimo día anterior a la promulgación del decreto que contenga las Garantías Explícitas en Salud que se está modificando y el nonagésimo día anterior a la promulgación del decreto que contenga la respectiva modificación.

Artículo 19.- El Fondo Nacional de Salud y las Instituciones de Salud Previsional deberán informar periódicamente a la Superintendencia de Salud los precios unitarios, frecuencias y prestaciones otorgadas que formen parte de las Garantías Explícitas del Régimen y que hayan sido requeridas en este carácter; todo ello de conformidad con las instrucciones que, mediante circulares de general aplicación, imparta la Superintendencia de Salud. Esta información deberá ser considerada en los estudios que deben desarrollarse conforme al procedimiento descrito en los artículos anteriores.

PÁRRAFO 4°
DEL CONSEJO CONSULTIVO

Artículo 20.- Un Consejo asesorará al Ministro de Salud en todas las materias relacionadas con el análisis, evaluación y revisión de las Garantías Explícitas en Salud.

El Consejo será convocado por el Ministro cada vez que lo estime necesario y cuando, de acuerdo con esta ley, deba ser oído.

Artículo 21.- El Consejo estará compuesto de nueve miembros de reconocida idoneidad en el campo de la medicina, salud pública, economía, bioética, derecho sanitario y disciplinas relacionadas.

Dichos consejeros serán nombrados de la siguiente manera:

1.- Un representante de la Academia Chilena de Medicina, elegido por ésta.

2.- Dos representantes de las facultades de medicina de las universidades reconocidas oficialmente en Chile, elegidos por éstas conforme al reglamento.

3.- Dos representantes de facultades de economía o administración de las universidades reconocidas oficialmente en Chile, elegidos por éstas conforme al reglamento.

4.- Un representante de las facultades de química y farmacia de las universidades reconocidas oficialmente en Chile, elegido por éstas conforme al reglamento.

5.- Tres miembros designados por el Presidente de la República, debiendo velar por la debida representación regional en su designación.

Los consejeros ejercerán sus funciones a partir de la publicación del decreto que fija las Garantías Explícitas en Salud, durarán en sus cargos tres años y su elección o designación podrá renovarse por una sola vez. No percibirán remuneración alguna por su desempeño.

El Consejo será presidido por uno de sus miembros, elegido por éstos conforme al reglamento. Podrán asistir a sus sesiones, con derecho a voz, los Ministros y Subsecretarios de Salud y de Hacienda.

Asimismo, contará con una Secretaría Ejecutiva, a cargo de un profesional designado y remunerado por la Subsecretaría de Salud Pública del Ministerio de Salud, a propuesta del Consejo. El Secretario Ejecutivo coordinará el funcionamiento del Consejo, realizando las labores que para tal efecto defina el reglamento.

Artículo 22.- El Consejo, dentro del plazo que al efecto fije el reglamento, emitirá una opinión fundada al Ministro de Salud sobre la propuesta a que se refiere el artículo 17.

Asimismo, dará su opinión respecto de todas las materias en que el Ministro pida su parecer.

Las modificaciones que proponga el Consejo deberán indicar los ajustes necesarios para mantener el costo de la propuesta dentro del marco presupuestario definido.

Para cumplir con lo dispuesto en los incisos precedentes, los consejeros deberán contar con los estudios y antecedentes técnicos proporcionados por el Ministerio. Sin perjuicio de lo anterior, para el cumplimiento de su función, el Consejo podrá encargar, a través de la Subsecretaría de Salud Pública, otros antecedentes y estudios técnicos complementarios a los proporcionados, de acuerdo al presupuesto que anualmente le destine para estos efectos dicha Subsecretaría. Ésta no podrá negarse a dar curso a dichas solicitudes, si se ajustan a los recursos disponibles.

Un reglamento dictado por el Ministerio de Salud, previa sugerencia del propio Consejo, establecerá lo relativo a su funcionamiento, al quórum para sesionar y tomar acuerdos, las causales de inhabilidad o cesación en el cargo de consejero, y el plazo para recibir los antecedentes técnicos que debe proporcionar el Ministerio de Salud y para pronunciarse.

Asimismo, el reglamento señalará la forma en que el Consejo deberá recoger las opiniones del Fondo Nacional de Salud, de las Instituciones de Salud Previsional y de los prestadores de salud públicos y privados, las que deberá consignar en su informe.

PÁRRAFO 5°
DE LA VIGENCIA Y MODIFICACIÓN DE LAS GARANTÍAS EXPLÍCITAS DEL RÉGIMEN GENERAL DE GARANTÍAS EN SALUD

Artículo 23.- Las Garantías Explícitas en Salud y sus posteriores modificaciones entrarán en vigencia el primer día del sexto mes siguiente al de su publicación en el Diario Oficial. Con todo, las modificaciones podrán entrar en vigencia antes del plazo señalado, cuando existan circunstancias calificadas y fundamentadas en el decreto respectivo.

Las Garantías Explícitas en Salud tendrán una vigencia de tres años. Si no se hubieran modificado al vencimiento del plazo señalado precedentemente, se entenderán prorrogadas por otros tres años y así sucesivamente.

Con todo, en circunstancias especiales, el Presidente de la República podrá disponer, por decreto supremo fundado, la modificación antes de cumplirse el plazo indicado en el inciso anterior.

Las modificaciones a que se refiere este artículo deberán cumplir todos los procedimientos y requisitos que establece esta ley, especialmente los contemplados en los Párrafos 3º y 4º de este Título.

PÁRRAFO 6º
DE LA OBLIGATORIEDAD EN EL OTORGAMIENTO DE LAS GARANTÍAS EXPLÍCITAS DEL RÉGIMEN GENERAL DE GARANTÍAS EN SALUD

Artículo 24.- El Fondo Nacional de Salud y las Instituciones de Salud Previsional deberán dar cumplimiento obligatorio a las Garantías Explícitas en Salud que contemple el Régimen que regula esta ley para con sus respectivos beneficiarios.

El decreto supremo señalado en el artículo 11 indicará, para cada patología, el momento a partir del cual los beneficiarios tendrán derecho a las Garantías Explícitas. Los prestadores de salud deberán informar, tanto a los beneficiarios de la ley Nº 18.469 como a los de la ley Nº 18.933, que tienen derecho a las Garantías Explícitas en Salud otorgadas por el Régimen, en la forma, oportunidad y condiciones que establezca para estos efectos el reglamento. En caso de incumplimiento, el afectado o quien lo represente podrá reclamar ante la Superintendencia de Salud, la que podrá sancionar a los prestadores con amonestación o, en caso de falta reiterada, con suspensión de hasta ciento ochenta días para otorgar las Garantías Explícitas en Salud, sea a través del Fondo Nacional de Salud o de una Institución de Salud Previsional, así como para otorgar prestaciones en la Modalidad de Libre Elección del Fondo Nacional de Salud.

Para otorgar las prestaciones garantizadas explícitamente, los prestadores deberán estar registrados o acreditados en la Superintendencia de Salud, de acuerdo a lo señalado en la letra b) del artículo 4º. Asimismo, dichas prestaciones se otorgarán exclusivamente a través de establecimientos ubicados en el territorio nacional, sin perjuicio de lo que se estipule en el contrato respectivo para el otorgamiento de estas prestaciones, en el caso de los afiliados a las Instituciones de Salud Previsional.

Artículo 25.- Para tener derecho a las Garantías Explícitas en Salud, los beneficiarios de la ley Nº 18.469 deberán atenderse en la Red Asistencial que les corresponda. Asimismo, deberán acceder a ésta a través de la atención primaria de salud, salvo tratándose de casos de urgencia o emergencia, certificados oportunamente por el profesional de la salud del servicio de urgencia respectivo, y las demás situaciones que determine el reglamento, el que será suscrito, además, por el Ministro de Hacienda.

El referido reglamento determinará también la forma y condiciones en que los prestadores de salud independientes, que hayan suscrito convenio para estos efectos con el Fondo Nacional de Salud, podrán derivar a la Red Asistencial, en el nivel de atención correspondiente, a aquellos beneficiarios de la ley Nº 18.469 a quienes se les haya confirmado el diagnóstico de alguna de las enfermedades o condiciones de salud garantizadas. Dichos beneficiarios, para acogerse a las normas del Régimen General de Garantías en Salud, deberán atenderse en la Red Asistencial respectiva, gozando en ella de las Garantías Explícitas.

Artículo 26.- Los beneficiarios de la ley Nº 18.469 podrán elegir, dentro del establecimiento en que deban ser atendidos, al profesional de su preferencia, siempre que ello permita cumplir con la garantía explícita de oportunidad. Corresponderá al Director del establecimiento determinar si existe la mencionada disponibilidad.

En caso contrario deberán atenderse con el profesional que se determine, dentro del mismo establecimiento o en aquel donde sean derivados.

Artículo 27.- Los beneficiarios de la ley N° 18.469 podrán optar por atenderse conforme a la modalidad de libre elección, de acuerdo con lo dispuesto en los artículos 12 y 13 de ese mismo cuerpo legal, en cuyo caso no regirán las Garantías Explícitas de que trata esta ley.

Artículo 28.- Para tener derecho a las Garantías Explícitas en Salud, los beneficiarios de la ley N° 18.933 a quienes se les haya diagnosticado alguna de las enfermedades o condiciones de salud cubiertas por dichas Garantías Explícitas, deberán atenderse con alguno de los prestadores de salud que, para tales efectos, determine la Institución de Salud Previsional a la que se encuentren afiliados, de acuerdo al plan contratado para estos efectos. No obstante lo anterior, los beneficiarios podrán optar por atenderse conforme a su plan complementario vigente con la Institución, en cuyo caso no regirán las Garantías Explícitas de que trata esta ley.

Artículo 29.- La Superintendencia de Salud establecerá los mecanismos o instrumentos que deberán implementar el Fondo Nacional de Salud y las Instituciones de Salud Previsional para que éstos o los prestadores, cuando corresponda, dejen constancia e informen de, a lo menos, las siguientes materias en lo que se refiere a las Garantías Explícitas en Salud señaladas en el artículo 2° de esta ley: enfermedad o condición de salud consultada y prestación asociada; monto del pago que corresponda hacer al beneficiario; plazo dentro del cual deberá ser otorgada la prestación correspondiente; constancia del otorgamiento efectivo de la prestación o la causal por la que ella no se otorgó, con expresa mención de la razón de la negativa.

Asimismo, deberá regular los mecanismos que deberán implementar el Fondo Nacional de Salud y las Instituciones de Salud Previsional, para cumplir con la Garantía Explícita de oportunidad prevista en esta ley en caso de que la prestación no hubiera sido otorgada a tiempo al beneficiario.

Artículo 30.- La obligatoriedad en el cumplimiento de la Garantía Explícita de oportunidad podrá suspenderse de acuerdo a lo dispuesto en el artículo 36 del Código Sanitario, por el plazo máximo de un mes, prorrogable si se mantuvieran las causales indicadas en dicho precepto.

PÁRRAFO 7°
OTRAS OBLIGACIONES

Artículo 31.- En la misma oportunidad en que se determinen las Garantías Explícitas en Salud se fijará, por decreto de los Ministerios de Salud y de Hacienda, la cobertura financiera para la modalidad de libre elección que el Fondo Nacional de Salud deberá otorgar, como mínimo, a los afiliados de la ley N° 18.469 y a los beneficiarios que de ellos dependan, decreto que tendrá el mismo plazo de vigencia que las mencionadas Garantías Explícitas.

Artículo 32.- Las modificaciones a la cobertura financiera que se realicen conforme al artículo anterior, no podrán significar un crecimiento en el costo esperado por beneficiario de la modalidad de libre elección del Fondo Nacional de Salud superior a la variación experimentada por el Índice General Nominal de Remuneraciones por Hora, calculado por el Instituto Nacional de Estadísticas o el organismo que lo reemplace, entre el nonagésimo día anterior a la promulgación del decreto que contenga las Garantías Explícitas en Salud que se está modificando y el nonagésimo día anterior a la promulgación del decreto que contenga la respectiva modificación.

Artículo 33.- El decreto que fije las Garantías Explícitas en Salud determinará las metas de cobertura del examen de medicina preventiva señalado en la letra a) del artículo 8º de la ley Nº 18.469, que serán obligatorias para el Fondo Nacional de Salud y las Instituciones de Salud Previsional.

Corresponderá a la Superintendencia de Salud fiscalizar el cumplimiento de las metas señaladas en el inciso anterior.

TÍTULO II
DISPOSICIONES VARIAS

Artículo 34.- Introdúcense las siguientes modificaciones en la ley Nº 18.469:

1.- Agrégase la siguiente letra g), al artículo 6º:

"g) Las personas que gocen de una prestación de cesantía de acuerdo a la ley Nº 19.728 y sus causantes de asignación familiar.".

2.- Sustitúyese el encabezado del artículo 8º, y su letra a), de la siguiente forma:

"Artículo 8.- Los beneficiarios tendrán derecho a recibir del Régimen General de Garantías en Salud las siguientes prestaciones:

a) El examen de medicina preventiva, constituido por un plan periódico de monitoreo y evaluación de la salud a lo largo del ciclo vital con el propósito de reducir la morbimortalidad o sufrimiento, debido a aquellas enfermedades o condiciones prevenibles o controlables que formen parte de las prioridades sanitarias.

Para su inclusión en el examen de medicina preventiva sólo deberán ser consideradas aquellas enfermedades o condiciones para las cuales existe evidencia del beneficio de la detección temprana en un individuo asintomático. El Ministerio de Salud definirá, entre otros, los procedimientos, contenidos, plazo y frecuencia del examen, fijando condiciones equivalentes para los sectores público y privado. Los resultados deben ser manejados como datos sensibles y las personas examinadas no podrán ser objeto de discriminación a consecuencia de ellos.".

3.- Modifícase el artículo 11 de la siguiente manera:

a) Sustitúyese su inciso primero por el siguiente:

"Artículo 11.- Las prestaciones comprendidas en el Régimen General de Garantías en Salud se otorgarán por el Fondo Nacional de Salud, a través de los Establecimientos de Salud correspondientes a la Red Asistencial de cada Servicio de Salud y los Establecimientos de Salud de carácter experimental.".

b) Suprímense los incisos tercero y cuarto.

4.- Agréganse, en el artículo 27, los siguientes incisos nuevos:

"La Tesorería General de la República podrá retener de la devolución de impuestos a la renta, y de cualquier otra devolución o crédito fiscal a favor del contribuyente, las sumas que éste adeude al Fondo Nacional de Salud o a las entidades públicas que forman parte del Sistema Nacional de Servicios de Salud, por concepto de atenciones recibidas por aquél o por sus beneficiarios en los establecimientos de la Red Asistencial correspondiente, siempre que no exista litigio pendiente en que se controvierta la existencia de la deuda, su monto o su exigibilidad.

Para este efecto, el Fondo Nacional de Salud comunicará a la Tesorería General de la República, antes del 31 de marzo de cada año, la individualización de los deudores y el monto a retener a cada uno de ellos.

Los dineros que por este concepto retenga la Tesorería General de la República deberán ser girados por ella a favor del Fondo Nacional de Salud, el que los deberá transferir al organismo correspondiente, todo conforme a los procedimientos y plazos que fije el reglamento.

Si el monto de la devolución de impuestos fuere inferior a la cantidad adeudada, subsistirá la obligación del contribuyente, por el saldo insoluto. Las deudas generadas por incumplimiento en el pago de las tarifas que señala el inciso primero se reajustarán según la variación que experimente el Índice de Precios al Consumidor, fijado por el Instituto Nacional de Estadísticas, entre el nonagésimo día anterior a aquel en que debió efectuarse el pago y el nonagésimo día anterior a aquel en que efectivamente se realice, y devengará los intereses penales que establece el inciso cuarto del artículo 31.".

5.- Modifícase el inciso final del artículo 30 de la siguiente manera:

i. Reemplázase la expresión "Servicio de Salud", por "Fondo Nacional de Salud".

ii. Sustitúyese la frase "de acuerdo a criterios previamente definidos mediante resolución fundada del Director del Fondo Nacional de Salud" por la siguiente, precedida por una coma (,): "pudiendo encomendar dicho cometido a los Directores de Servicios de Salud y a los Directores de Establecimientos de Autogestión en Red".

6.- Modifícase el artículo 33 de la siguiente manera:

i. En el inciso sexto, sustitúyense las palabras "afiliado" y "afiliados" por "beneficiario" y "beneficiarios", respectivamente, y la frase "servicio público" por "organismo de la administración del Estado".

ii.- En el inciso séptimo, reemplázase la palabra "afiliado" por "beneficiario".

Artículo 35.- Introdúcense las siguientes modificaciones en la ley N° 18.933:

1.- En el artículo 2°:

a) Sustitúyese, al final de la letra i), la expresión ", y" por un punto y coma (;).

b) Sustitúyese, en la letra j), el punto final (.) por la letra "y", precedida de una coma (,).

c) Agrégase, a continuación de la letra j), la siguiente letra k), nueva:

"k) La expresión "plan de salud convenido", "plan de salud", "plan complementario" o "plan", por cualquier beneficio o conjunto de beneficios adicionales a las Garantías Explícitas relativas a acceso, calidad, protección financiera y oportunidad contempladas en el Régimen General de Garantías en Salud.".

2.- En el inciso segundo del artículo 33:

a) Sustitúyese el encabezado, por el siguiente:

"En este contrato, las partes convendrán libremente las prestaciones y beneficios incluidos, así como la forma, modalidad y condiciones de su otorgamiento. Con todo, los referidos contratos deberán comprender, como mínimo, lo siguiente:".

b) Reemplázase la letra a), por la siguiente:

"a) Las Garantías Explícitas relativas a acceso, calidad, protección financiera y oportunidad contempladas en el Régimen General de Garantías en Salud, en conformidad a lo dispuesto en la ley que establece dicho Régimen.

Asimismo, se deberá pactar un plan complementario a las Garantías Explícitas señaladas precedentemente, el que incluirá los beneficios del artículo 18 de la ley N° 18.469, y los referidos en el artículo 35 de esta ley, en tanto no sean parte de dichas Garantías Explícitas, incluyendo copagos máximos, porcentajes de cobertura y valores sobre los cuales se aplicarán, según corresponda. Este plan deberá contemplar, a lo menos, las prestaciones y la cobertura financiera que se fije como mínimo para la modalidad de libre elección que debe otorgar el Fondo Nacional de Salud, de acuerdo a lo dispuesto en el Régimen General de Garantías en Salud.".

c) Sustitúyese la letra c) por la siguiente:

"c) Mecanismos para el otorgamiento de todas las prestaciones y beneficios que norma esta ley y de aquellos que se estipulen en el contrato.".

d) Intercálase, en el párrafo primero de la letra d), a continuación de la palabra "reemplace", la expresión: "en la modalidad de libre elección"; y sustitúyese el párrafo segundo de dicha letra, por el siguiente:

"El precio de las Garantías Explícitas se regulará de acuerdo a lo dispuesto en el Párrafo 5° de este Título.".

3.- Sustitúyese el inciso primero del artículo 33 bis, por el siguiente:

"Artículo 33 bis.- No podrá estipularse un plan complementario en el que se pacten beneficios para alguna prestación específica por un valor inferior al 25% de la cobertura que ese mismo plan le confiera a la prestación genérica correspondiente. Asimismo, las prestaciones no podrán tener una bonificación inferior a la cobertura financiera que el Fondo Nacional de Salud asegura, en la modalidad de libre elección, a todas las prestaciones contempladas en el arancel a que se refiere el artículo 31 de la ley que establece el Régimen General de Garantías en Salud. Las cláusulas que contravengan esta norma se tendrán por no escritas.".

4.- Intercálase, a continuación del artículo 42, el siguiente Párrafo 5°, nuevo, pasando los actuales párrafos 5° y 6° a ser 6° y 7°, respectivamente:

"Párrafo 5°

De las Garantías Explícitas del Régimen General de Garantías en Salud

Artículo 42 A.- Además de lo establecido en los artículos 33 y 35, las Instituciones de Salud Previsional estarán obligadas a asegurar a los cotizantes y sus beneficiarios las Garantías Explícitas en Salud relativas a acceso, calidad, protección financiera y oportunidad contempladas en el Régimen General de Garantías en Salud, de conformidad a lo dispuesto en la ley que establece dicho Régimen.

Los procedimientos y mecanismos para el otorgamiento de las garantías deberán sujetarse al reglamento y serán sometidos por las Instituciones de Salud Previsional al conocimiento y aprobación de la Superintendencia.

Lo dispuesto en las letras e), f) y g) del artículo 33 no será aplicable a los beneficios a que se refiere este artículo, salvo en cuanto se convenga la exclusión de prestaciones cubiertas por otras leyes, hasta el monto de lo pagado por estas últimas.

El precio de los beneficios a que se refiere este Párrafo, y la unidad en que se pacte, será el mismo para todos los beneficiarios de la Institución de Salud Previsional, sin que pueda aplicarse para su determinación la relación de precios por sexo y edad prevista en el contrato para el plan complementario y, salvo lo dispuesto en el artículo 42 C, deberá convenirse en términos claros e independiente del precio del mencionado plan.

Artículo 42 B.- Sin perjuicio de la fecha de afiliación, las Instituciones de Salud Previsional estarán obligadas a asegurar las Garantías Explícitas en Salud a que se refiere este Párrafo, a contar del primer día del sexto mes siguiente a la fecha de publicación del decreto que las contemple o de sus posteriores modificaciones. Dichas Garantías Explícitas sólo podrán variar cuando el referido decreto sea revisado y modificado.

La Institución de Salud Previsional deberá informar a la Superintendencia, dentro de los noventa días siguientes a la publicación del mencionado decreto, el precio que cobrará por las Garantías Explícitas en Salud. Dicho precio se expresará en unidades de fomento o en la moneda de curso legal en el país. Corresponderá a la Superintendencia publicar en el Diario Oficial, con treinta días de anticipación a la vigencia del antedicho decreto, a lo menos, el precio fijado por cada Institución de Salud Previsional. Se presumirá de derecho que los afiliados han sido notificados del precio, desde la referida publicación.

La Institución de Salud Previsional podrá cobrar el precio desde el mes en que entre en vigencia el decreto o al cumplirse la respectiva anualidad; en este último caso, no procederá el cobro con efecto retroactivo. La opción que elija la Institución de Salud Previsional deberá aplicarse a todos los afiliados a ella.

El precio sólo podrá variar cada tres años, contados desde la vigencia del decreto respectivo, o en un plazo inferior, si el decreto es revisado antes del período señalado.

En las modificaciones posteriores del decreto que contiene las Garantías Explícitas en Salud, la Institución de Salud Previsional podrá alterar el precio, lo que deberá comunicar a la Superintendencia en los términos señalados en el inciso segundo de este artículo. Si nada dice, se entenderá que ha optado por mantener el precio.

Artículo 42 C.- Las Instituciones de Salud Previsional a que se refiere el inciso final del artículo 39, podrán asegurar las Garantías Explícitas en Salud materia del presente Párrafo y las demás prestaciones pactadas en el plan complementario, con cargo al porcentaje de la cotización legal para salud.

Artículo 42 D.- Las normas del Párrafo 3° del Título II de esta ley, se aplicarán a las cotizaciones correspondientes al otorgamiento de las Garantías Explícitas en Salud por las Instituciones de Salud Previsional.

Artículo 42 E.- Sin perjuicio de lo dispuesto en el inciso segundo del artículo 38, el afiliado podrá desahuciar el contrato de salud dentro de los sesenta días siguientes a la entrada en vigencia de las Garantías Explícitas en Salud o de sus posteriores modificaciones. Si nada dice dentro del referido plazo, el afiliado sólo podrá desahuciar el contrato sujetándose a las reglas contenidas en el referido precepto legal.".

Artículo 36.- Suprímense, en el párrafo segundo de la letra b) del artículo 27 del decreto ley N° 2.763, de 1979, las oraciones que comienzan con la frase "por petición expresa del Ministro de Salud" y terminan con la frase "si las circunstancias así lo ameritan", así como la coma (,) que las antecede.

Artículo 37.- Sin perjuicio de lo establecido en el Régimen General de Garantías en Salud, mantendrán su vigencia las prestaciones de salud relativas a la atención médica curativa establecidas en las siguientes normas legales: ley N° 6.174, de Medicina Preventiva; ley N° 18.948; ley N° 19.086; ley N° 19.123; ley N° 19.779; decreto ley N° 1.757, de 1977; decreto ley N° 1.772, de 1977, y decreto ley N° 2.859, de 1979.

TÍTULO III
DE LA RESPONSABILIDAD EN MATERIA SANITARIA

PÁRRAFO I
DISPOSICIONES GENERALES

Artículo 38.- Los órganos de la Administración del Estado en materia sanitaria serán responsables de los daños que causen a particulares por falta de servicio.

El particular deberá acreditar que el daño se produjo por la acción u omisión del órgano, mediando dicha falta de servicio.

Los órganos de la Administración del Estado que en materia sanitaria sean condenados en juicio, tendrán derecho a repetir en contra del funcionario que haya actuado con imprudencia temeraria o dolo en el ejercicio de sus funciones, y en virtud de cuya actuación el servicio fue condenado. La conducta imprudente o dolosa del funcionario deberá siempre ser acreditada en el juicio en que se ejerce la acción de repetición, la que prescribirá en el plazo de dos años, contado desde la fecha en que la sentencia que condene al órgano quede firme o ejecutoriada.

Artículo 39.- En el caso señalado en el inciso final del artículo anterior, los órganos de la Administración del Estado deberán instruir la investigación sumaria o sumario administrativo correspondiente, a más tardar diez días después de notificada la sentencia de término.

Artículo 40.- La acción para perseguir esta responsabilidad prescribirá en el plazo de cuatro años, contado desde la acción u omisión.

Artículo 41.- La indemnización por el daño moral será fijada por el juez considerando la gravedad del daño y la modificación de las condiciones de existencia del afectado con el daño producido, atendiendo su edad y condiciones físicas.

No serán indemnizables los daños que se deriven de hechos o circunstancias que no se hubieran podido prever o evitar según el estado de los conocimientos de la ciencia o de la técnica existentes en el momento de producirse aquéllos.

Artículo 42.- El Fondo Nacional de Salud será responsable por falta de servicio y las Instituciones de Salud Previsional por incumplimiento negligente, de su obligación de asegurar el otorgamiento de las garantías explícitas de salud contempladas en esta ley, siempre que tal incumplimiento sea consecuencia directa de su actuar.

Responderán del incumplimiento de las Garantías Explícitas en Salud los prestadores inscritos ante la Superintendencia de Salud, y no las instituciones mencionadas en el inciso anterior, en caso de que el referido incumplimiento sea consecuencia de la acción u omisión de dichos prestadores.

PÁRRAFO II
DE LA MEDIACIÓN

Artículo 43.- El ejercicio de las acciones jurisdiccionales contra los prestadores institucionales públicos que forman las redes asistenciales definidas por el artículo 16 bis del decreto ley Nº 2.763, de 1979, o sus funcionarios, para obtener la reparación de los daños ocasionados en el cumplimiento de sus funciones de otorgamiento de prestaciones de carácter asistencial, requiere que el interesado, previamente, haya sometido su reclamo a un procedimiento de mediación ante el Consejo de Defensa del Estado, el que podrá designar como mediador a uno de sus funcionarios, a otro en comisión de servicio o a un profesional que reúna los requisitos del artículo 54.

En el caso de los prestadores privados, los interesados deberán someterse a un procedimiento de mediación ante mediadores acreditados por la Superintendencia de Salud, conforme a esta ley y el reglamento, procedimiento que será de cargo de las partes. Las partes deberán designar de común acuerdo al mediador y, a falta de acuerdo, la mediación se entenderá fracasada.

La mediación es un procedimiento no adversarial y tiene por objetivo propender a que, mediante la comunicación directa entre las partes y con intervención de un mediador, ellas lleguen a una solución extrajudicial de la controversia.

Artículo 44.- En el caso del inciso primero del artículo anterior, el interesado deberá presentar su reclamo ante el Consejo de Defensa del Estado, con indicación del nombre completo, cédula de identidad, edad, profesión u oficio, domicilio y demás antecedentes que permitan su identificación y la de su representante legal, en caso de que, según las reglas generales, deba actuar representado, el motivo del reclamo y, en lo posible, peticiones concretas en contra del prestador reclamado, acompañando todos los antecedentes que estime conveniente.

En el caso del inciso segundo del artículo anterior, el interesado deberá presentar directamente su reclamo a la Superintendencia de Salud.

Si el mediador advierte que otras personas podrían tener interés en el acuerdo, o que éste debe contar con la participación de personas que no han comparecido, se las deberá citar.

Ingresado el reclamo, se citará a las partes a una primera audiencia, fijándose la fecha, hora y lugar en que deberán comparecer.

Artículo 45.- El plazo total para el procedimiento de mediación será de sesenta días corridos a partir del tercer día de la primera citación al reclamado; previo acuerdo de las partes, este plazo podrá ser prorrogado hasta enterar ciento veinte días, como máximo.

Si dentro del plazo original o prorrogado no hubiera acuerdo, se entenderá fracasado el procedimiento y se levantará un acta, que deberá ser firmada por ambas partes. En caso que alguna no quiera o no pueda firmar, dejará constancia de ello el mediador, quien actuará como ministro de fe.

Durante el plazo que dure la mediación se suspenderá el término de prescripción, tanto de las acciones civiles como de las criminales a que hubiera lugar.

Artículo 46.- Durante el procedimiento, el mediador podrá citar a todas las audiencias necesarias para el cumplimiento de los fines de la mediación.

Si la primera audiencia de mediación fracasara por la incomparecencia de cualquiera de las partes, se las citará nuevamente. Si fracasara esta segunda citación por incomparecencia de los mismos citados, se entenderá que la mediación ha fracasado si, dentro de tercero día, no acompañan antecedentes verosímiles que justifiquen la incomparecencia. En caso que la incomparecencia se declare justificada, se citará por tercera y última vez a las partes, para una primera audiencia.

Para las audiencias posteriores, en caso de que las hubiera, se procederá de la misma forma.

Artículo 47.- En la primera audiencia, el mediador deberá informar a las partes acerca de la naturaleza y los objetivos de la mediación, de su duración y etapas y del carácter voluntario de los acuerdos que de ella deriven, y las ilustrará acerca del valor jurídico de dichos acuerdos.

Las partes, en cualquier momento de la mediación, podrán expresar su voluntad de no perseverar en el procedimiento, el que se dará por terminado mediante un acta que deberá ser firmada por aquéllas y el mediador. En caso que alguna de las partes se niegue a firmar, se dejará constancia de ello.

Artículo 48.- La comparecencia a las audiencias deberá ser personal, sin perjuicio de que las partes puedan designar un apoderado facultado expresamente para transigir. Los prestadores institucionales comparecerán a través de su representante legal o de un apoderado debidamente facultado. Sin perjuicio de lo señalado, las partes podrán ser asistidas o acompañadas por terceros.

Artículo 49.- El mediador tendrá amplia libertad para sesionar con las partes, ya sea en forma conjunta o por separado, de lo cual deberá mantener informada a la otra parte. Asimismo, deberá mantener una actitud imparcial y velar porque se respeten los principios de igualdad, celeridad, voluntariedad, confidencialidad e imparcialidad.

El mediador deberá ayudar a las partes a llegar por sí mismas a la solución de su controversia, sin perjuicio de proponer bases para un acuerdo, en caso de ser necesario. Para ello procurará tomar contacto personal con las partes, podrá efectuar visitas al lugar donde ocurrieron los hechos, requerir de las partes o de terceros los antecedentes que estime necesarios y, a menos que cualquiera de las partes se oponga, solicitar informes técnicos a expertos sobre la materia de la mediación, cuyo costo será de cargo de las partes.

Artículo 50.- En el caso del inciso primero del artículo 43, el mediador deberá cumplir especialmente con el principio de probidad administrativa, para garantizar su imparcialidad. Las partes podrán solicitar la inhabilidad del mediador y el nombramiento de otro al Consejo de Defensa del Estado, el que resolverá en una única audiencia, a más tardar dentro de tercer día hábil. Si alguna de las partes no se conformara con la decisión, se entenderá fracasado el procedimiento y se levantará un acta.

Sin perjuicio de lo anterior, si el mediador considera que existen hechos o circunstancias que lo inhabilitan para intervenir en el asunto, deberá declararlo de oficio y traspasarlo a otro, según establezca el reglamento. Si el mediador no considera grave la causal, expondrá la situación a las partes y, si éstas no se oponen, proseguirá el procedimiento ante él. En caso contrario, el asunto será traspasado a otro mediador.

Artículo 51.- Para permitir el éxito del procedimiento todas las declaraciones de las partes y las actuaciones de la mediación tendrán el carácter de secretas.

En conformidad a lo establecido en el inciso anterior, tanto el mediador como las partes involucradas deberán guardar reserva de todo lo que hayan conocido durante o con ocasión del proceso de mediación. Este deber de confidencialidad alcanza a los terceros que tomen conocimiento del caso a través de informes o intervenciones que hayan contribuido al desarrollo o al éxito del procedimiento.

La violación de dicha reserva será sancionada con la pena prevista en el artículo 247 del Código Penal.

Sin perjuicio de lo anterior, los documentos e instrumentos, públicos o privados, que sean acompañados al procedimiento, no quedarán afectos al secreto y su uso y valor probatorio en juicio posterior se regirá por las reglas generales. Las partes podrán requerir la devolución de los documentos e instrumentos acompañados una vez concluido el procedimiento de mediación.

Artículo 52.- Las citaciones que este Párrafo establece se regirán por lo dispuesto en el Párrafo 1° del Capítulo III de la ley N° 19.880.

Artículo 53.- En caso de llegar a acuerdo, se levantará un acta firmada por las partes y el mediador. En ella se describirán los términos del acuerdo, las obligaciones que asume cada una de las partes y la expresa renuncia del reclamante a todas las acciones judiciales correspondientes. El acta surtirá los efectos de un contrato de transacción.

En el caso de prestadores institucionales públicos, los contratos de transacción deberán ser aprobados por el Consejo de Defensa del Estado, según lo dispuesto en el inciso primero del artículo 7° del decreto con fuerza de ley N° 1, del Ministerio de Hacienda, de 1993, cuando se trate de sumas superiores a mil unidades de fomento. Además, los contratos de transacción deberán ser aprobados por resolución del Ministerio de Hacienda, cuando se trate de sumas superiores a tres mil unidades de fomento.

Los montos que se acuerde pagar como resultado de la mediación obligarán única y exclusivamente los recursos del prestador institucional público involucrado.

Una resolución conjunta de los Ministerios de Salud y de Hacienda establecerá los montos máximos que, en virtud del procedimiento reglado en este Párrafo, podrán pagar los prestadores institucionales públicos.

Los prestadores institucionales públicos deberán instruir la investigación sumaria o sumario administrativo correspondiente, a más tardar diez días después de la total tramitación del contrato de transacción, sin perjuicio del derecho de demandar a el o los funcionarios que hayan incurrido en culpa o dolo, para obtener el resarcimiento de lo que se haya pagado en virtud del contrato de transacción.

Artículo 54.- Para ser inscrito en el Registro de Mediadores, se requiere poseer título profesional de una carrera de a lo menos diez semestres de duración, otorgado por una institución de educación superior del Estado o reconocida por éste, cinco años de experiencia laboral y no haber sido condenado ni haber sido objeto de una formalización de investigación criminal, en su caso, por delito que merezca pena aflictiva.

La Superintendencia de Salud establecerá los aranceles que corresponda pagar por la mediación, en el caso del inciso segundo del artículo 43.

Artículo 55.- Mediante un reglamento dictado conjuntamente por los Ministerios de Salud y de Hacienda se establecerá la forma de designación de los mediadores, las modalidades de control de éstos, las causales de eliminación del Registro y las demás normas que permitan el funcionamiento del sistema establecido en el presente Párrafo.

DISPOSICIONES TRANSITORIAS

Artículo primero.- Las Garantías Explícitas en Salud del Régimen General de Garantías en Salud entrarán en vigencia según el siguiente cronograma:

1.- A contar del 1 de abril de 2005, las Garantías Explícitas se aplicarán a un máximo de veinticinco patologías o condiciones de salud y la Prima Universal anual no podrá ser superior a 1,02 unidades de fomento.

2.- A contar del 1 de abril de 2006, las Garantías Explícitas se aplicarán a un máximo de cuarenta patologías o condiciones de salud y la Prima Universal anual no podrá ser superior a 2,04 unidades de fomento.

3.- A contar del 1 de abril de 2007, las Garantías Explícitas se aplicarán a un máximo de cincuenta y seis patologías o condiciones de salud y la Prima Universal anual no podrá ser superior a 3,06 unidades de fomento.

Si a las fechas indicadas el decreto respectivo no hubiera sido publicado en el Diario Oficial o si, habiendo sido publicado, no hubieran transcurrido al menos cinco meses, las Garantías Explícitas entrarán en vigencia el primer día del sexto mes siguiente a la publicación que corresponda.

Artículo segundo.- El cambio en el valor de la Prima Universal que se fije en el decreto posterior al que se dicte en aplicación del N° 3 del artículo precedente, no podrá ser superior a la variación experimentada por el Índice General Real de Remuneraciones por Hora, calculado por el Instituto Nacional de Estadísticas, o el que lo reemplace, entre el nonagésimo día anterior a la promulgación del decreto que establezca las Garantías Explícitas en Salud indicadas en el N° 1 del artículo anterior y el nonagésimo día anterior a la promulgación del decreto que contenga la respectiva modificación y, en todo caso, deberá ser suficiente para cubrir el costo esperado de las Garantías Explícitas incluidas en el respectivo decreto.

Artículo tercero.- Las normas de la presente ley regirán a contar de la entrada en vigencia del decreto que establezca las Garantías Explícitas en Salud señaladas en el numeral 1, del artículo primero transitorio, conforme a las normas de dicho artículo, salvo las siguientes excepciones:

1.- El decreto conjunto de los Ministerios de Salud y Hacienda que establezca las Garantías Explícitas en Salud, señaladas en el numeral 1 del artículo primero transitorio, podrá dictarse a contar de la fecha de publicación de esta ley y no le será aplicable el procedimiento de determinación de las Garantías Explícitas. Para la elaboración de los restantes decretos será necesario cumplir todos los trámites previstos en esta ley.

2.- La Garantía Explícita de Calidad será exigible cuando entren en vigencia los sistemas de certificación, acreditación y registro de la Superintendencia de Salud, conforme a lo dispuesto en la ley N° 19.937.

3.- Las normas sobre mediación establecidas en el Párrafo II del Título III de esta ley entrarán en vigencia seis meses después de la publicación de esta ley.

4.- La exigencia de que el médico se encuentre registrado en la Superintendencia de Salud, contenida en el inciso final del artículo 9° de esta ley, se hará efectiva de acuerdo al numeral 2 precedente.

Artículo cuarto.- Facúltase al Presidente de la República para que, dentro del plazo de seis meses, contado desde la publicación de esta ley, mediante un decreto con fuerza de ley expedido por intermedio del Ministerio de Salud, fije los textos refundidos y sistematizados de las leyes N° 18.469 y N° 18.933 y del decreto ley N° 2.763, de 1979, en el que se incluirá la Superintendencia de Salud creada en la ley N° 19.937.

En el ejercicio de esta facultad se deberá reemplazar, en todas las normas en que aparezca y cuando corresponda, la frase "Régimen de Garantías en Salud" por la frase "Régimen General de Garantías en Salud.".

Y por cuanto he tenido a bien aprobarlo y sancionarlo; por tanto promúlguese y llévese a efecto como Ley de la República.

Santiago, 25 de agosto de 2004.- RICARDO LAGOS ESCOBAR, Presidente de la República.- Pedro García Aspillaga, Ministro de Salud.- Nicolás Eyzaguirre Guzmán, Ministro de Hacienda.

Lo que transcribo a Ud. para su conocimiento.- Saluda a usted, Antonio Infante Barros, Subsecretario de Salud.

DECRETO Nº 404
REGLAMENTO DE ESTUPEFACIENTES

NÚM. 404.- Santiago, 2 de noviembre de 1983.- Visto: Estos antecedentes, la necesidad de revisar y actualizar las normas que complementan el Código Sanitario en materia de sustancias, drogas y demás productos denominados Estupefacientes; lo dispuesto en los artículos 2º, 9º, letra c) y 106º y en el Libro Décimo de ese cuerpo legal, aprobado por el decreto con fuerza de ley 725, de 1968; en los artículos 2º, 3º, 4º y 5º de la ley 18.164, de 17 de septiembre de 1982, y en los artículos 4º letra b), 16º, 17º, 35º, 37º letra b) y 42º del decreto ley 2.763, de 1979; y teniendo presente las facultades que me confiere el Nº 8 del artículo 32º de la Constitución Política de la República,

DECRETO:

Apruébase el siguiente Reglamento de Estupefacientes:

TÍTULO I
DISPOSICIONES GENERALES

Artículo 1.- La importación, exportación, tránsito, extracción, producción, fabricación, fraccionamiento, preparación, distribución, transporte, transferencia a cualquier título, expendio, posesión, tenencia y uso de las drogas, preparados y demás productos estupefacientes se someterán a las normas del presente reglamento.

Artículo 2.- Para los efectos del presente reglamento, se entenderá por:

a) Lista I- Lista II: Lista de drogas, que con esa numeración forman parte del Título V de este reglamento.

b) Droga: cualquier materia o sustancia, natural o sintética, que esté incluida en las listas señaladas en el Título V de este reglamento.

c) Preparado o producto estupefaciente: toda solución o mezcla, en cualquier estado físico, que contenga una o más drogas estupefacientes incluidas en las Listas.

d) Importación y exportación: transporte material, sea de ingreso o salida, respectivamente del territorio nacional, de una droga, preparado o producto estupefaciente.

e) En tránsito: mercancía que atraviesa un país situado entre el país de origen y el de destino.

f) Extracción: separación de uno o varios principios activos cuyas acciones quedan comprendidas entre los incluidos en este reglamento, sea materias primas de origen vegetal, animal, orgánico o inorgánico.

g) Producción o proceso de producción: conjunto de operaciones necesarias para la elaboración de un determinado producto, incluyendo la fabricación hasta la obtención de una forma farmacéutica, su distribución en envases definitivos y sus correspondientes controles de calidad.

h) Fabricación: todos los procesos que permitan obtener substancias estupefacientes, incluidas su refinación y transformación en otras de la misma naturaleza, que efectúen los laboratorios de producción.

i) Fraccionamiento: división del contenido de un todo, sea materia prima o producto farmacéutico que la contenga.

j) Preparación: elaboración, por medio de operaciones farmacéuticas y en base a una o varias substancias medicinales, de un producto destinado a ser usado como medicamento o como ingrediente de un medicamento.

k) Distribución: transferencia a cualquier título, que efectúa el laboratorio de la Industria Químico Farmacéutica, a establecimientos sanitariamente autorizados para la adquisición, tenencia, venta y/o uso de lo transferido.

l) Transporte: traslado, de un lugar a otro, dentro del territorio nacional, de las substancias incluidas en este reglamento, con la debida autorización sanitaria.

m) Transferencia a cualquier título: traspaso de dominio, mediante documento que así lo deje establecido, que efectúa el distribuidor a los establecimientos autorizados para su expendio o uso.

n) Expendio: venta al detalle, a título oneroso y directamente al usuario que efectúan las farmacias o demás establecimientos autorizados para estos efectos, respecto de las substancias a que se refiere el presente reglamento.

o) Posesión: tenencia de las substancias incluidas en este reglamento, a cualquier título, para uso personal y lícito.

p) Tenencia: mantención de la mercancía, con los resguardos reglamentarios pertinentes, para uso de terceros.

q) Uso: consumo y empleo lícito, conforme a las disposiciones reglamentarias pertinentes.

Artículo 3.- Se considerarán además, productos estupefacientes las drogas, que se agreguen a las Listas citadas en el artículo precedente, mediante decreto supremo del Ministerio de Salud, el que regirá a contar desde el día 1° del mes siguiente a su publicación en el Diario Oficial.

En la misma forma se procederá para excluir una droga, de dichas Listas o modificar su clasificación en ellas.

Artículo 4.- Corresponderá al Instituto de Salud Pública de Chile el control de la importación, exportación, tránsito, extracción, producción, fabricación, fraccionamiento y distribución de los productos estupefacientes.

Por su parte, a los Servicios de Salud les corresponderá el control de las actividades de preparación, transporte, transferencia a cualquier título, expendio, posesión, tenencia y uso de los productos estupefacientes, dentro del territorio de su competencia.

Artículo 5.- La importación, exportación, tránsito, extracción, producción, fabricación, fraccionamiento, preparación, distribución, transporte, transferencia a cualquier título, expendio, posesión y tenencia de acetorfina, cannabis, resina de cannabis, extractos y tinturas de cannabis, cetobemidona, desomorfina, etorfina, heroína, cocaína, carfentanilo y las sales de estas substancias, en su caso, estarán prohibidas en el territorio nacional. Sin perjuicio de lo anterior, en casos calificados y para fines de investigación científica, el uso de estas substancias podrá ser autorizado por el Instituto de Salud Pública de Chile, en las condiciones que determine la resolución correspondiente

Con todo, el Instituto de Salud Pública podrá autorizar y controlar el uso de cannabis, resina de cannabis, extractos y tinturas de cannabis para la elaboración de productos farmacéuticos de uso humano.

Artículo 6.- Estará prohibido, asimismo, el cultivo de la adormidera (Papaver Somniferum L.) y del arbusto de la coca (Eritroxylon Coca).

Artículo 7.- Las disposiciones del presente decreto son sin perjuicio de la aplicación a las drogas, preparados y especialidades farmacéuticas estupefacientes de las normas de los decretos 435, de 1981, y 162, de 1982, y otras normas complementarias del Código Sanitario en cuanto ellas sean pertinentes y compatibles con este reglamento.

TÍTULO II
DE LA IMPORTACIÓN Y EXPORTACIÓN

Artículo 8.- Las drogas, preparados y productos estupefacientes sólo podrán ser importados o exportados del territorio nacional por laboratorios de producción químico farmacéuticas, droguerías, farmacias, hospitales e instituciones de investigación médica o científica previa autorización del Instituto de Salud Pública de Chile.

Con ese objeto, los establecimientos o entidades interesadas comunicarán a ese Instituto, en el mes de octubre de cada año, sus previsiones de importación o exportación de dichos productos para el año calendario siguiente, a fin de que ese organismo, sobre la base de la información aportada por el solicitante, determine la cantidad que podrá importar o exportar durante ese período.

Artículo 9.- Para importar o exportar estupefacientes incluidos en las previsiones aprobadas, cada establecimiento deberá solicitar al Instituto de Salud Pública de Chile autorización respecto de cada producto y partida determinada.

La autorización se otorgará mediante un Certificado Oficial de Importación o Exportación, que deberá emitirse dentro de los treinta días siguientes a la fecha de la solicitud.

Artículo 10.- La solicitud de importación deberá indicar los siguientes datos:

a) Nombre y domicilio del establecimiento o de su representante legal, si se trata de una persona jurídica;

b) Individualización del director técnico del establecimiento o del profesional del área de la salud responsable, en los casos de las instituciones de investigación médica o científica;

c) Nombre y domicilio del exportador y país de origen del producto;

d) Denominación genérica y nomenclatura química de identificación de la droga o producto;

e) Cantidad que se desea importar;

f) Forma farmacéutica, nombre y naturaleza del envase, si se trata de preparados o especialidades farmacéuticas, y

g) Aduana a través de la cual se efectuará la internación del producto.

Artículo 11.- La solicitud de exportación deberá indicar los siguientes datos:

a) Nombre y domicilio del establecimiento exportador y de su representante, si se trata de una persona jurídica;

b) Nombre y domicilio del destinatario y país de destino;

c) Director técnico del establecimiento;

d) Denominación genérica y nomenclatura química de identificación de la droga o producto;

e) Cantidad del producto que se desea exportar;

f) Forma farmacéutica, nombre y naturaleza del envase, si se trata de preparados o especialidades farmacéuticas;

g) Número y fecha del certificado de importación y autoridad que lo ha emitido en el país de destino, y

h) Aduana a través de la cual se efectuará la exportación.

Artículo 12.- Los Certificados Oficiales de Importación y Exportación tendrán una validez de cuatro meses contados desde la fecha de su emisión y la respectiva internación o exportación, según corresponda, deberá efectuarse, en todo caso, dentro del plazo máximo de 6 meses contados desde la misma fecha.

Artículo 13.- Para cursar cualquiera destinación aduanera de los productos estupefacientes cuya importación haya sido autorizada, el Servicio de Aduana exigirá un certificado emitido por el Servicio de Salud respectivo, en el que se señale el lugar autorizado donde deberán depositarse estas substancias, la ruta y las condiciones de transporte que deberán utilizarse para efectuar su traslado desde los recintos aduaneros hasta el lugar de depósito indicado.

El Servicio de Salud correspondiente deberá pronunciarse respecto del certificado a que se alude en el inciso anterior, a más tardar en el plazo de tres días hábiles contados desde la fecha de la petición y, en caso de rechazo deberá hacerlo por resolución fundada.

Artículo 14.- Una vez concluida la tramitación del documento de destinación aduanera y retirados los productos estupefacientes de los recintos primarios de Aduana, quedarán depositados bajo la responsabilidad del consignatario, quien no podrá producir, fabricar, fraccionar, ni distribuirlos, sin obtener la autorización de la autoridad sanitaria competente.

Esta autoridad deberá dictar la resolución otorgando o rechazando la autorización, o bien, fijando un período de seguridad con el fin de que se efectúen los controles sanitarios correspondientes, durante el cual los productos no podrán ser comercializados. Dicha resolución deberá dictarse dentro del plazo de tres días hábiles contados desde la fecha en que el interesado le comunique haber ingresado esas substancias a su lugar de depósito, acompañando copia del certificado emitido por el Servicio de Salud que permitió su traslado a ese recinto.

Si por cualquier razón el interesado no recibiera los estupefacientes en las cantidades indicadas en el certificado, deberá comunicar de inmediato este hecho al Instituto de Salud Pública de Chile a fin de que se investiguen las causas del extravío, pérdida o sustracción de las sustancias.

Artículo 15.- Los productos estupefacientes que ingresen al país en tránsito no podrán ser sometidos a operación o manipulación alguna que pueda alterar su naturaleza ni modificar su embalaje, salvo en casos calificados que autorice el Instituto de Salud Pública de Chile.

TÍTULO III
DE LA PRODUCCIÓN Y EXPENDIO

Artículo 16.- La extracción, producción, fabricación, fraccionamiento o preparación de estupefacientes sólo podrá llevarse a efecto en laboratorios de producción químico farmacéutica, farmacias y otros establecimientos autorizados.

Para estos efectos, el propietario del establecimiento solicitará autorización al Instituto de Salud Pública de Chile, antes del 1° de noviembre de cada año, indicando la cantidad de estupefacientes que se propone extraer, producir, fabricar, fraccionar o preparar durante el año calendario siguiente, la que podrá ser objetada por ese Organismo dentro de los treinta días siguientes a su presentación, vencidos los cuales se entenderá aprobada.

Artículo 17.- Todo establecimiento autorizado para extraer, producir, fabricar, fraccionar o preparar estupefacientes llevará un registro actualizado, que estará permanentemente a disposición de la autoridad sanitaria y que deberá contener las siguientes anotaciones:

a) las cantidades y procedencias de las drogas o productos estupefacientes ingresadas al establecimiento y fechas de sus ingresos;

b) las cantidades de los productos estupefacientes fabricados por el establecimiento, las fechas de fabricación, y los nombres y domicilios de los destinatarios, y

c) Los saldos correspondientes.

Los mismos establecimientos deberán comunicar al Instituto de Salud Pública de Chile, antes del día 15 de enero de cada año, la siguiente información:

a) La cantidad total de drogas estupefacientes ingresadas al establecimiento durante al año anterior y los saldos existentes a la fecha de su comunicación, y

b) Las cantidades totales de los productos estupefacientes extraídos o elaborados durante el mismo período y los saldos existentes a la fecha de la comunicación.

Artículo 18.- Los referidos establecimientos deberán llevar actualizado un Libro de Control de Estupefacientes, visado por el Instituto de Salud Pública de Chile o por el Servicio de Salud a quien se asigne esta función, en el que se registrarán en forma separada los siguientes datos, respecto de cada droga o producto estupefaciente, indicando su denominación comercial si ello procediera:

a) Ingresos:

– Fecha;

– Cantidad;

– Número y fecha de la resolución que haya autorizado la internación, distribución o transferencia en su caso;

– Proveedor, número y fecha de la factura, guía u otro documento, según corresponda, y

– Número de serie, cuando corresponda.

b) Egresos:

– Fecha

– Cantidad

– Nombre de la droga, medicamento que la contenga o producto estupefaciente y número de serie, cuando proceda.

– Número y fecha de la factura, guía u otro documento de control interno del establecimiento.

– Número de la receta cheque, número de registro de la receta si es preparado magistral.

– Nombre del médico cirujano o profesional que haya extendido la receta en su caso, y cédula de identidad.

– Nombre y domicilio del destinatario o paciente; y

– Nombre y cédula de identidad del adquirente; y

c) Saldos.

Artículo 19.- Los envases de los productos estupefacientes no podrán contener una cantidad superior a 12 unidades posológicas y no deberán ser fraccionados en su expendio. El contenido de los envases clínicos destinados a ser utilizados exclusivamente en establecimientos asistenciales, podrá ser mayor del señalado anteriormente.

Las etiquetas de los envases deberán expresar la condición de venta del producto y la leyenda en letras negras sobre fondo blanco: "Sujeto a Control de Estupefacientes". Las etiquetas llevarán, además, una estrella de cinco puntas de color rojo, cuyo tamaño no podrá ser inferior a la sexta parte de la superficie de la cara principal del envase.

Artículo 20.- El inicio, suspensión o término de la elaboración y/o comercialización de todo producto estupefaciente deberá ser comunicado por el respectivo establecimiento al Instituto de Salud Pública de Chile dentro de los treinta días siguiente. El incumplimiento de esta obligación podrá dar lugar a la cancelación de la autorización y registro sanitario del producto.

Para reanudar la fabricación o comercialización de un producto estupefaciente cuya elaboración se hubiera suspendido, el establecimiento deberá comunicarlo previamente al Instituto.

Artículo 21.- Sólo podrán adquirir sustancias naturales y drogas estupefacientes los establecimientos indicados en el artículo 16° previa autorización del Instituto de Salud Pública de Chile, otorgada a solicitud suscrita por el Director Técnico del establecimiento. Tanto el vendedor como el adquirente deberán conservar copia de la respectiva autorización.

Artículo 22.- Las drogas y los productos estupefacientes podrán ser adquiridos por los siguientes establecimientos, con intervención del respectivo Director Técnico del establecimiento o del profesional del área de la salud responsable, en los casos de las instituciones de investigación médica o científica:

a) Laboratorios de producción química farmacéutica;

b) Farmacias;

c) Droguerías;

d) Hospitales y consultorios del Estado;

e) Hospitales y clínicas particulares, y

f) Instituciones y establecimientos universitarios, para fines de investigación clínica o científica.

-) Botiquines de Salas de Procedimiento y Pabellones de Cirugía Menor.

g) Botiquines de entidades que presten servicios de transporte avanzado de enfermos y de entidades que realicen transporte aéreo de personas enfermas o accidentadas.

Las ventas o entregas a cualquier título de drogas o productos estupefacientes que se efectúen a los laboratorios, droguerías, farmacias o establecimientos de atención médica, deberán ser comunicadas al Instituto de Salud Pública de Chile, dentro del plazo que se fije por resolución del Ministerio de Salud, mediante copia de las respectivas guías de entrega, suscritas por el Director Técnico.

Las farmacias remitirán, asimismo, al Servicio de Salud respectivo las recetas cheque a que se refiere el artículo 24 y la copia de las guías de entrega aludidas en el inciso anterior, dentro del plazo que se determine por resolución del Ministerio de Salud.

Artículo 23.- Los productos que contengan estupefacientes de las Listas I y II sólo podrán expenderse al público en farmacias o laboratorios mediante "Receta Cheque" o "Receta Médica Retenida", según sea su respectiva condición de venta. Ambos tipos de receta tendrán los formatos que fije el Ministerio de Salud por resolución.

Sin perjuicio de lo anterior, en el caso de los productos farmacéuticos que contengan dosis mínimas de drogas estupefacientes mezcladas con uno o varios ingredientes más, la autoridad sanitaria podrá disponer otra modalidad de venta.

En el caso de los productos farmacéuticos que contengan codeína o etilmorfina en dosis que no superen los 10 mg. por unidad de administración mezcladas con uno o varios ingredientes más, la condición de venta será receta médica simple.

En el caso de los productos farmacéuticos que contengan dosis sobre 10 mg. e inferior a 60 mg. de codeína o etilmorfina, asociada a uno o varios ingredientes más, la condición de venta es receta retenida.

Para aquellos productos farmacéuticos que contengan dosis iguales o superiores a 60 mg. de codeína o etilmorfina, asociada a uno o varios ingredientes más, la condición de venta es receta cheque.

Las especialidades farmacéuticas que contengan cannabis, resina de cannabis, extractos y tinturas de cannabis podrán expenderse al público en farmacias o laboratorios mediante receta médica retenida con control de existencia.

Artículo 24.- Existirán tres clases de recetas cheques:
a) en fondo café claro, para uso de médicos cirujanos;
b) en fondo amarillo, para ser adquiridas por farmacias;
c) en fondo rojo, para ser adquiridas por establecimientos psiquiátricos.

Los talonarios de formularios de recetas cheques serán confeccionados por intermedio de la Central de Abastecimiento del Sistema Nacional de Servicios de Salud, con los resguardos necesarios para evitar su falsificación.

Artículo 25.- Las recetas cheques sólo podrán extenderse en los formularios oficiales que formen parte de talonarios que los Servicios de Salud proporcionarán a los médicos cirujanos, previa acreditación de su calidad profesional. En ellos deberá individualizarse el nombre y cédula de identidad del médico cirujano.

Los formularios de recetas cheques serán de uso personal y exclusivo del profesional y no podrán transferirse ni cederse a ningún título.

En caso de extravío, hurto, robo o sustracción de uno o más formularios, el profesional deberá dar aviso de inmediato a la Dirección del respectivo Servicio de Salud, la que, a su vez, formulará la denuncia correspondiente a la Justicia y lo comunicará a los demás Servicios de Salud.

El médico cirujano podrá hacer esta denuncia y deberá, además, publicar el hecho en un aviso destacado en el diario de mayor circulación de la localidad durante tres días consecutivos, y acompañar el recibo de pago de estas publicaciones al solicitar un nuevo talonario de recetas cheques.

En caso de anularse una o más recetas, el profesional deberá hacer entrega de ellas al Servicio de Salud correspondiente, al momento de solicitar un nuevo talonario.

Artículo 26.- La receta cheque y la receta retenida deberán ser extendidas íntegramente por el médico cirujano y en ellas se anotarán en forma clara y completa los antecedentes indicados en el respectivo formulario, sin dejar espacios en blanco ni enmendaduras. En caso de ser el paciente menor de edad y no tener cédula de identidad, el médico dejará el espacio correspondiente al número de la cédula en blanco y consignará junto al nombre del menor y entre paréntesis, la edad del mismo, en años cumplidos.

Asimismo, la receta cheque deberá extenderse en original y duplicado y el profesional que lo haga registrará en el talón correspondiente los datos que en él se indican.

En cada receta podrá prescribirse un sólo producto estupefaciente en la dosis necesaria para un paciente, indicándose las cantidades en letras y números, su dosis diaria y la clave correspondiente al producto, según el código que haya fijado el Ministerio de Salud por resolución.

La receta cheque y la receta retenida tendrán una validez de treinta días contados desde la fecha en que ellas sean extendidas.

En el caso de la venta a través de medios electrónicos con receta retenida, se estará a lo dispuesto en el Título VI bis del decreto N° 466, de 1984, del Ministerio de Salud, que aprueba Reglamento de farmacias, droguerías, almacenes farmacéuticos, botiquines y depósitos autorizados.

Artículo 27.- Con intervención del respectivo Director Técnico, las farmacias podrán adquirir formularios de recetas cheques, con el objeto de mantenerlos a disposición de médicos cirujanos para la prescripción de estupefacientes, en casos de emergencia.

El formulario deberá usarse exclusivamente en el establecimiento y no podrá ser transferido ni cedido a ningún título.

Artículo 28.- Los establecimientos psiquiátricos podrán adquirir formularios de recetas cheques, con intervención del respectivo Director Técnico, para utilizarlos en la prescripción de los estupefacientes que se utilicen en el tratamiento de fármacodependientes atendidos en el establecimiento.

Artículo 29.- Las recetas cheques y las recetas médicas retenidas en que se prescriban drogas o productos estupefacientes deberán ser despachadas personalmente por el Director Técnico de la farmacia o laboratorio de producción, siempre que ellas se presenten por una persona mayor de dieciocho años de edad, quien deberá exhibir su cédula de identidad.

Artículo 30.- Antes de despachar la receta, el Director Técnico del establecimiento deberá revisarla minuciosamente, para comprobar que ella esté extendida en las condiciones fijadas por el presente reglamento. Si constatare defectos, enmendaduras u omisiones, se abstendrá de despacharla y la devolverá al interesado, consignando en el reverso sus observaciones, su firma, la fecha y el timbre del establecimiento.

En el caso de que el Director Técnico estimare fundadamente que la receta ha sido falsificada o adulterada, no la despachará y la retendrá en su poder, tomando nota del nombre, apellidos, domicilio y cédula de identidad del portador; procurará ubicar al profesional que supuestamente haya suscrito la receta, y dará cuenta de la situación al Servicio de Salud correspondiente.

Artículo 31.- Si la receta no mereciera objeciones, el Director Técnico anotará, en el espacio destinado a su uso exclusivo, los datos que indica el formulario. Todas las recetas despachadas deberán inutilizarse y permanecer archivadas correlativamente en el establecimiento, a lo menos, durante el año siguiente a su despacho. A requerimiento del interesado, el Director Técnico del establecimiento deberá proporcionarle copia de la prescripción consignada en la receta despachada, expresando esta circunstancia al pie del documento, bajo su firma.

Artículo 32.- Las prescripciones magistrales u oficinales que contengan drogas estupefacientes sólo podrán extenderse y despacharse mediante "receta cheque".

INCISO DEROGADO

Artículo 33.- Se exceptuarán de la exigencia de la receta cheque, las prescripciones de productos estupefacientes que se formulen en recetarios especiales autorizados para estos efectos por los Servicios de Salud, en los establecimientos asistenciales dependientes del Sistema Nacional de Servicios de Salud, de las Fuerzas Armadas y Carabineros, y de las Universidades y en hospitales y clínicas particulares, destinadas exclusivamente al uso interno de estos establecimientos.

Artículo 34.- No podrán elaborarse ni distribuirse muestras médicas de ninguno de los productos estupefacientes comprendidos en las Listas I y II del Título V, ni efectuar promoción o difusión comercial de ellos, salvo que contenga dosis mínimas de drogas estupefacientes y el Instituto de Salud Pública de Chile autorice específicamente distribuir muestras médicas y promover esos medicamentos.

Artículo 35.- Todos los establecimientos autorizados para mantener existencias de productos estupefacientes deberán conservarlos permanentemente bajo llave y adoptar las demás medidas necesarias para prevenir su hurto, robo, sustracción o extravío.

TÍTULO IV
DE LAS SANCIONES Y VIGENCIA

Artículo 36.- La infracción a las disposiciones del presente reglamento será sancionada por la autoridad sanitaria competente en la forma y con arreglo a los procedimientos previstos en el Libro X del Código Sanitario, sin perjuicio de la responsabilidad penal que pudiera derivar del mismo hecho y de lo establecido en el artículo 3° de la ley 18.164.

Artículo 37.- Este reglamento entrará en vigencia sesenta días después de su publicación en el Diario Oficial, fecha en que quedará derogado el decreto supremo 137, de 12 de marzo de 1960, del Ministerio de Salud, así como toda otra norma, resolución o disposición reglamentaria o administrativa que sea contraria o incompatible con las de este reglamento.

TÍTULO V
DE LAS LISTAS DE ESTUPEFACIENTES

LISTA I

ACETILMETADOL (3-acetoxi-6-dimetilamino-4,4-difenilheptano)

ACETORFINA (3-0-acetiltetrahidro-7 alfa-(1-hidroxi-1 metilbutil)-6,14-endoeteno-oripavina)

ALFACETILMETADOL (alfa-3-acetoxi-6-dimetilamino-4,4-difenilheptano)

ALFAMEPRODINA (alfa-3-etil-1-metil-4-fenil-4-propionoxipiperidina)

ALFAMETADOL (alfa-6-dimetilamino-4,4-difenil-3-heptanol)

ALFAPRODINA (alfa-1,3-dimetil-4-fenil-4-propionoxipiperidina)

ALILPRODINA (3-alil-1-metil-4-fenil-propionoxipiperidina)

ANILERIDINA (éster etílico del ácido1-para-amino-fenetil-4-fenilpiperidín-4-carboxílico)

BECITRAMIDA (1-(3-ciano-3,3-difenilpropil)-4-(2-oxo-3-propionil-1-bencimidazolinil)-piperidina)

BENCETIDINA (éster etílico del ácido 1-(2-benciloxietil-4-fenilpiperidín-4-carboxílico)

BENCILMORFINA (3-bencilmorfina)

BETACETILMETADOL (beta-3-acetoxi-6-dimetilamino-4,4-difenilheptano)

BETAMEPRODINA (beta-3-etil-1-metil-4-fenil-4-propionoxipiperidina)

BETAMETADOL (beta-6-dimetilamino-4,4-difenil-3-heptanol)

BETAPRODINA (beta-1,3-dimetil-4-fenil-4-propionoxipiperidina)

BUTIRATO DE DIOXAFETILO (etil 4-morfolín-2,2-difenilbutirato)

ELIMINADA

CETOBEMIDONA (4-meta-hidroxifenil-1-metil-4-propionilpiperidina)

CLONITACENO	(2-para-clorobencil-1-(2-dietilaminoetil)-5-nitrobencimidazole)
COCA	(Hojas de)
COCAINA	(éster metílico de bonzoilecgonina)
CODOXIMA	(dihidrocodeinona-6-carboximetiloxima)
CONCENTRADO DE PAJA DE ADORMIDERA	(el material que se obtiene cuando la paja de adormidera ha entrado en un proceso para concentración de sus alcaloides, en el momento en que pasa al comercio)
DESOMORFINA	(dihidrodesoximorfina)
DEXTROMORAMIDA	((+)-4-(2-metil-4-oxo-3,3-difenil-4- (1-pirrolidinil)-butil)-morfolina)
DIAMPROMIDA	(N- (2-metilfenetilamino)-propil)-propionanilida)
DIETILTIAMBUTENO	(3-dietilamino-1,1-di-(2'-tienil)-1-buteno)
DIFENOXILATO	(éster etílico del ácido 1-(3-ciano-3,3-difenilpropil)-4-fenilpiperidín-4-carboxílico)
DIFENOXINA	(ácido 1-(3-ciano-3,3-difenilpropil)-4-fenilisonipecótico)
DIHIDROMORFINA	(4,5-epoxi-17-metil-morfinano-3,6-diol)
DIMEFEPTANOL	(6-(dimetilamino)-4,4- difenil-3-heptanol)
DIMENOXADOL	(2-dimetilaminoetil-1-etoxi-1,1'-difenilacetato)
DIMETILTIAMBUTENO	(3-dimetilamino-1,1-di-(2' -tienil)-1-buteno)
DIPIPANONA	(4,4-difenil-6-piperidin-3-heptanona)
DROTEBANOL	(3,4-dimetoxi-17-metilmofinán-6 Beta,14-diol)
ECGONINA	sus ésteres y derivados que sean convertibles en ecgonina y cocaína.
ETILMETILTIAMBUTENO	(3-etilmetilamino-1,1-di(2' -tienil)-1 buteno)
ETONITACENO	(1-dietilaminoetil-2-para-etoxibencil-5-nitrobencimidazole)
ETORFINA	(tetrahidro-7 alfa-(1-hidroxi-1-metilbutil) 6,14-endoetenooripavina)
ETOXERIDINA	(éster etílico del ácido 1-(2-(2-hidroxietoxi)-etil)-4- fenilpiperidín-4-carboxílico)
FENADOXONA	(6-morfolín-4,4-difenil-3-heptanona)
FENAMPROMIDA	(N-(1-metil-2-piperdidinoetil)-propionanilida)
FENAZOCINA	(2'-hidroxi-5,9-dimetil-2-fenetil-2,7-benzomorfano)
FENOMORFANO	(3-hidroxi-N-fenetilmorfinano)
FENOPERIDINA	(éster etílico del ácido 1-(3-hidroxi-3-fenilpropil-)- 4-fenilpiperidín-4-carboxílico)
FENTALINA	N-(1-fenetil-4-piperidinil) N-fenilpropionamida
FURETIDINA	(éster etílico del ácido 1-(2-tetrahidrofurfuriloxietil) 4-fenilpiperidín-4-carboxílico)
HEROINA	(diacetilmorfina)
HIDROCODONA	(dihidrocodeinona)
HIDROMORFINOL	(14-hidroxidihidromorfina)
HIDROMORFONA	(dihidromorfinona)

HIDROXIPETIDINA	(éster etílico del ácido 4-(meta-hidroxifenil) 1-metilpiperidín-4-carboxílico)
ISOMETADONA	(6-dimetilamino-5-metil-4,4-difenil-3-hexanona)
LEVOFENACILMORFANO	((-)-3-hidroxi-N-fenacilmorfinano)
LEVOMETORFANO	((-)-3-metoxi-N-metilmorfinano)
LEVOMORAMIDA	((-)-4-(2-metil-4-oxo-3,3-difenil-4-(1-pirrolidinil)-butil)-morfolina
LEVORFANOL	((-)-3-hidroxi-N-metilmorfinano)
METADONA	(6-dimetilamino-4,4-difenil-3-heptanona)
METADONA, intermediario de la	(4-ciano-2-dimetilamino-4,4-difenilbutano
METAZOCINA	(2'-hidroxi-2,5,9-trimetil, 6,7-benzomorfano)
METILDESORFINA	(6-metil-delta-6-deoximorfina)
METILDIHIDROMORFINA	(6-metildihidromorfina)
METOPON	(5-metildihidromorfinona)
MIROFINA	6-miristil-3-bencilmorfina
MORAMIDA, intermediario de la	(ácido 2-metil-3-morfolín- 1,1-difenilpropano carboxílico)
MORFERIDINA	(éster etílico del ácido 1-(2-morfolinoetil)-4-fenilpiperidín-4-carboxílico)
MORFINA	7,8-didehidro-4,5-epoxi-17-metil-morfinano-3,6-diol)
MORFINA BROMOMETILATO metil bromero de morfina y otros derivados de la morfina con nitrógeno pentavalente, incluyendo en particular los derivados de N-oximorfina, uno de los cuales es la N-oxicodeína	
NICOMORFINA	(3,6-dinicotinilmorfina)
NORACIMETADOL	((+)-alfa-3-acetoxi-6-metilamino-4,4-difenilheptano)
NORLEVORFANOL	((-)-3-hidroximorfinano)
NORMETADONA	(6-dimetilamino-4,4-difenil-3-hexanona)
NORMORFINA	(demetilmorfina)
NORPIPANONA	(4,4-difenil-6-piperidín-3-hexanona)
N-OXIMORFINA	N-óxido de morfina
OPIO	Látex desecado de las cápsulas inmaduras del papaver somniferum
OXICODONA	(14-hidroxidihidrocodeinona)
OXIMORFONA	(14-hidroxidihidromorfinona)
PETIDINA	(éster etílico del ácido 1-metil-4-fenilpiperidín-4-carboxílico)
PETIDINA, intermediario A de la	(4-ciano-1-metil-4-fenilpiperidina)
PETIDINA, intermediario B de la	(éster etílico del ácido 4-fenilpiperidín-4-carboxílico)
PETIDINA, intermediario C de la	(ácido 1-metil-4-fenilpiperidín-4-carboxílico)
PIMINODINA	(éster etílico del ácido 4-fenil-1-(3-fenilaminopropil)-piperidín-4-carboxílico)
PIRITRAMIDA	(amida del ácido 1-(3-ciano-3,3-difenilpropil)-4-(1-piperidín)-piperidín-4-carboxílico)
PROHEPTACINA	(1,3-dimetil-4-fenil-4-propionoxiazacicloheptano)

PROPERIDINA	(éster isopropílico del ácido 1-metil-4-fenilpiperidín-4-carboxílico)
RACEMETORFANO	((+)-3-metoxi-N-metilmorfinano)
RACEMORAMIDA	((+)-4 (2-metil-4-oxo-3,3 difenil-4-(1-pirrolidinil)-butil-morfolina)
RACEMORFANO	((+)-3-hidroxi-N-metilmorfinano)
SUFENTANIL	(N-(4-(metoximetil)-1-(2-(2-tienil)etil)-4-piperidil) propionanilida)
TEBACON	(acetildihidrocodeinona o acetildemetilodihidrotebaína)
TEBAINA	3,6-dimetil-morfina
TILIDINA	((+)-2-(dimetilamino)-1-fenil-3-ciclohexeno-1-carboxilato de etilo)
TRIMEPERIDINA	(1,2,5-trimetil-4-fenil-4-propionoxipiperidina); y ALFENTANIL (monoclorhidrato de N-(1-(2)-4-etil-4,5-dihidro-5-oxo-1H-tetrazol-1-il) etil)-4-(metoximetil-4-piperidinil-N-fenilpropanamida)
ACETIL-ALFA-METILFENTANILO	(N- (1-(a-metilfenetil)-4-piperidilo)acetanilida)
ALFA-METILFENTANILO	(N- (1(a-metilfenetil)-4-piperidilo)propionanilida)
3-METILFENTANILO	(N- (3-metil-1-(fenetil-4-piperidilo)propionanilida)
MPPP	(1-metil-4-fenil-4-propionato de piperidina(éster))
PEPAP	(1-fenetil-4-fenil-4-acetato de piperidina (éster)

Los isómeros, a menos que estén expresamente exceptuados, de los estupefacientes de esta Lista.

Los ésteres y éteres de los estupefacientes enumerados en la presente Lista, siempre y cuando no figuren en otra Lista.

Las sales de los estupefacientes enumerados en esta Lista, incluso las sales de ésteres, éteres e isómeros en las condiciones antes expuestas.

Lista II

ACETILDIHIDROCODEINA	(6-acetil-7,8-dihidrocodeína)
Cannabis	sumidades, floridas o con fruto, de la planta de cannabis (resina no extraída)
Resina de Cannabis	
Extractos y Tinturas	resina separada, en bruto o purificada, obtenida de la de Cannabis planta de cannabis
CODEINA	(3-metilmorfina)
DEXTROPROPOXIFENO	(alfa-(+)-4-dimetilamino-1,2-difenil-3-metil-2 butanol propionato)
DIHIDROCODEINA	(7,8-dihidrocodeína)
ETILMORFINA	(DIONINA) (3-etilmorfina)
FOLCODINA	3- (2-(4-morfonil) etil) morfina
NICOCODINA	(6-nicotinilcodeína)
NICODICODINA	(6-nicotinildihidrocodeína)
NORCODEINA	(N-demetilcodeína)
PROPIRAMO	(N-(1-metil-2-piperidinil-etil)-N-2-piridilpropionamida); y

Los isómeros, a menos que estén expresamente exceptuados, de los estupefacientes de esta Lista.

Las sales de los estupefacientes enumerados en esta Lista, incluso las sales de los isómeros en las condiciones expuestas.

DIHIDROETORFINA	7, 8.dihidro - 7 -alfa-[1-(R)-hidroxi-1-metilbutil]- 6, 14-endo-etanotetrahidrooripavina
REMIFENTANIL	Éster metílico del ácido 1-(2-metoxicarboniletil)-4- (fenilpropionilamino) - piperidin -4- carboxilico
3-METILTIOFENTANIL	N-[3- metil -1-[2-(2-tienil)etil]-4-piperidil] propionanilida
Alfa METILTIOFENTANIL	N-[1-[1-metil-2-(2-tienil)etil]-4-piperidil] propionanilida
Beta - HIDROXIFENTANIL	N- [1-(beta - hidroxifenetil)-4-piperidil] propionanilida
PARA-FLUOROFENTANIL	4-fluoro-N-(1-fenetil-4-piperidil) propionanilida
TIOFENTANIL	N-[1-[2-(2-tienil)etil]-4-piperidil] propionanilida

Anótese, tómese razón, comuníquese, publíquese e insértese en la Recopilación oficial de Reglamentos de la Contraloría General de la República.- AUGUSTO PINOCHET UGARTE.- Winston Chinchón, Ministro de Salud

DECRETO Nº 405
REGLAMENTO DE PRODUCTOS PSICOTRÓPICOS

NÚM. 405.- Santiago, 2 de noviembre de 1983.- Visto: Estos antecedentes; la necesidad de revisar y actualizar las normas que complementan el Código Sanitario en materia de sustancias, drogas y demás productos denominados Psicotrópicos; lo dispuesto en los artículos 2º, 9º letra c) y 107º y en el Libro Décimo de ese cuerpo legal, aprobado por el decreto con fuerza de ley 725, de 1968 y en los artículos 2º, 3º, 4º y 5º de la ley 18.164, de 17 de septiembre de 1982, y en los artículos 4º letra b), 16º, 17º, 35º, 37º, letra b) y 42º del decreto ley 2.763, de 1979; y teniendo presente las facultades que me confiere el Nº 8 del artículo 32º de la Constitución Política de la República,

DECRETO:

Apruébase el siguiente Reglamento de Productos Psicotrópicos:

TÍTULO I
Disposiciones Generales

Artículo 1.- La importación, exportación, tránsito, extracción, producción, fabricación, fraccionamiento, preparación, distribución, transporte, transferencia a cualquier título, expendio, posesión, tenencia y uso de las drogas, preparados y demás productos psicotrópicos se someterán a las normas del presente reglamento.

Artículo 2.- Para los efectos del presente reglamento, se entenderá por:

a) Lista I-Lista II- Lista III y Lista IV: Lista de drogas, que con esa numeración forman parte del Título V de este reglamento.

b) Drogas: cualquier materia o sustancia, natural o sintética, que esté incluida en las Listas señaladas en el Título V de este reglamento.

c) Preparado o producto psicotrópico: toda solución o mezcla, en cualquier estado físico, que contenga una o más drogas psicotrópicas incluidas en las Listas.

d) Importación y exportación: transporte material, sea de ingreso o salida, respectivamente del territorio nacional, de una droga, preparado o producto psicotrópico.

e) En tránsito: mercancía que atraviesa un país situado entre el país de origen y el de destino.

f) Extracción: separación de uno o varios principios activos cuyas acciones quedan comprendidas entre los incluidos en este reglamento, sea de materias primas de origen vegetal, animal, orgánico o inorgánico.

g) Producción o proceso de producción: conjunto de operaciones necesarias para la elaboración de un determinado producto, incluyendo la fabricación hasta la obtención de una forma farmacéutica, su distribución en envases definitivos y sus correspondientes controles de calidad.

h) Fabricación: todos los procesos que permitan obtener substancias psicotrópicas, incluidas su refinación y transformación en otras de la misma naturaleza, que efectúan los laboratorios de producción.

i) Fraccionamiento: división del contenido de un todo, sea materia prima o producto farmacéutico que la contenga.

j) Preparación: elaboración, por medio de operaciones farmacéuticas y en base a una o varias substancias medicinales, de un producto destinado a ser usado como medicamento o como ingrediente de un medicamento.

k) Distribución: transferencia a cualquier título, que efectúa el laboratorio de la Industria Químico Farmacéutica, a establecimientos sanitariamente autorizados para la adquisición, tenencia, venta y/o uso de lo transferido.

l) Transporte: traslado, de un lugar a otro, dentro del territorio nacional, de las substancias incluidas en este reglamento, con la debida autorización sanitaria.

m) Transferencia a cualquier título: traspaso de dominio, mediante documento escrito que así lo deje establecido, que efectúa el distribuidor a los establecimientos autorizados para su expendio o uso.

n) Expendio: venta al detalle, a título oneroso y directamente al usuario que efectúan las farmacias o demás establecimientos autorizados para estos efectos, respecto de las substancias a que se refiere el presente reglamento.

o) Posesión: tenencia de las substancias incluidas en este reglamento a cualquier título, para su uso personal y lícito.

p) Tenencia: mantención de la mercancía, con los resguardos reglamentarios pertinentes, para uso de terceros.

q) Uso: consumo y empleo lícito, conforme a las disposiciones reglamentarias pertinentes.

Artículo 3.- Se considerarán, además, productos psicotrópicos las drogas, que se agreguen a las Listas citadas en el artículo precedente, mediante decreto supremo del Ministerio de Salud, el que regirá a contar desde el día 1° del mes siguiente a su publicación en el Diario Oficial.

En la misma forma se procederá para excluir una droga, de dichas Listas o modificar su clasificación en ellas.

Artículo 4.- Las referencias que las leyes, reglamentos, decretos supremos, resoluciones y otras disposiciones vigentes hacen a las "sustancias o productos farmacéuticos que causen dependencia", se entenderán formuladas a los productos psicotrópicos sometidos al presente reglamento.

Artículo 5.- Corresponderá al Instituto de Salud Pública de Chile el control de la importación, exportación, tránsito, extracción, producción, fabricación, fraccionamiento y distribución de los productos psicotrópicos.

Por su parte, a los Servicios de Salud les corresponderá el control de las actividades de preparación, transporte, transferencia a cualquier título, expendio, posesión, tenencia y uso de los productos psicotrópicos, dentro del territorio de su competencia.

Artículo 6.- La importación, exportación, tránsito, extracción, producción, fabricación, fraccionamiento, preparación, distribución, transporte, transferencia a cualquier título, expendio, posesión y tenencia de las drogas, preparados y especialidades farmacéuticas incluidas en la Lista I, estarán prohibidas en el territorio nacional.

Con todo, en casos calificados y para fines de investigación científica, el uso de estas substancias podrá ser autorizado por el Instituto de Salud Pública de Chile, en las condiciones que determine la resolución correspondiente.

Sin perjuicio de lo anterior, el Instituto de Salud Pública podrá autorizar y controlar el uso de todos los isómeros de los tetrahidrocanabinoles para la elaboración de productos farmacéuticos de uso humano.

Artículo 7.- Las disposiciones del presente decreto son sin perjuicio de la aplicación a las drogas, preparados y especialidades farmacéuticas psicotrópicas de las normas de los decretos supremos: 435, de 1981 y 162 de 1982, y otras normas complementarias del Código Sanitario, en cuanto ellas sean pertinentes y compatibles con este reglamento.

TÍTULO II
DE LA IMPORTACIÓN Y EXPORTACIÓN

Artículo 8.- Las drogas, preparados y productos psicotrópicos sólo podrán ser importados o exportados del territorio nacional por laboratorios de producción químico farmacéutica, droguerías, farmacias, hospitales e instituciones de investigación médica o científica, previa autorización del Instituto de Salud Pública de Chile.

Con ese objeto, los establecimientos o entidades interesadas comunicarán a ese Instituto, en el mes de octubre de cada año, sus provisiones de importación o exportación de dichos productos para el año calendario siguiente, a fin de que ese organismo, sobre la base de la información aportada por el solicitante, determine la cantidad que podrá importar o exportar durante ese período.

Artículo 9.- Para importar o exportar psicotrópicos incluidos en las previsiones aprobadas, cada establecimiento deberá solicitar al Instituto de Salud Pública de Chile autorización respecto de cada producto y partida determinadas.

La autorización se otorgará mediante un Certificado Oficial de Importación o Exportación, que deberá emitirse dentro de los treinta días siguientes a la fecha de la solicitud.

Artículo 10.- La solicitud de importación deberá indicar los siguientes datos:

a) Nombre y domicilio del establecimiento o de su representante legal, si se trata de una persona jurídica;

b) Individualización del director técnico del establecimiento o del profesional del área de la salud responsable, en los casos de las instituciones de investigación médica o científica;

c) Nombre y domicilio del exportador y país de origen del producto;

d) Denominación genérica y nomenclatura química de identificación de la droga o producto;

e) Cantidad que se desee importar;

f) Forma farmacéutica, nombre y naturaleza del envase, si se trata de preparados o especialidades farmacéuticas, y

g) Aduana a través de la cual se efectuará la internación del producto.

Artículo 11.- La solicitud de exportación deberá indicar los siguientes datos:

a) Nombre y domicilio del establecimiento exportador y de su representante, si se trata de una persona jurídica;

b) Nombre y domicilio del destinatario y país de destino;

c) Director técnico del establecimiento;

d) Denominación genérica y nomenclatura química de identificación de la droga o producto;

e) Cantidad del producto que se desea exportar;

f) Forma farmacéutica, nombre y naturaleza del envase, si se trata de preparados o especialidades farmacéuticas;

g) Número y fecha del certificado de importación y autoridad que lo ha emitido en el país de destino, y

h) Aduana a través de la cual se efectuará la exportación.

Artículo 12.- Los Certificados Oficiales de Importación y Exportación tendrán una validez de cuatro meses contados desde la fecha de su emisión y la respectiva internación o exportación, según corresponda deberá efectuarse, en todo caso, dentro del plazo máximo de 6 meses contados desde la misma fecha.

Artículo 13.- Para cursar cualquiera destinación aduanera de los productos psicotrópicos cuya importación haya sido autorizada, el Servicio de Aduana exigirá un certificado emitido por el Servicio de Salud respectivo, en el que se señale el lugar autorizado donde deberán depositarse estas substancias, la ruta y las condiciones de transporte que deberán utilizarse para efectuar su traslado desde los recintos aduaneros hasta el lugar de depósito indicado.

El Servicio de Salud correspondiente deberá pronunciarse respecto del certificado a que se alude en el inciso anterior, a más tardar en el plazo de tres días hábiles contados desde la fecha de la petición y, en caso de rechazo, deberá hacerlo por resolución fundada.

Si por cualquier razón el interesado no recibiera los psicotrópicos en las cantidades indicadas en el certificado, deberá comunicar de inmediato este hecho al Instituto de Salud Pública de Chile a fin de que se investiguen las causas de extravío, pérdida o sustracción de las sustancias.

Artículo 14.- Una vez concluida la tramitación del documento de destinación aduanera y retirados los productos psicotrópicos de los recintos primarios de Aduanas, quedarán depositados bajo la responsabilidad del consignatario, quien no podrá producir, fabricar, fraccionar ni distribuirlos, sin obtener la autorización de la autoridad sanitaria competente.

Esta autoridad deberá dictar la resolución otorgando o rechazando la autorización, o bien, fijando un período de seguridad con el fin de que se efectúen los controles sanitarios correspondientes, durante el cual los productos no podrán ser comercializados. Dicha resolución deberá dictarse dentro del plazo de tres días hábiles contados desde la fecha en que el interesado le comunique haber ingresado esas substancias a su lugar de depósito, acompañando copia del certificado emitido por el Servicio de Salud que permitió su traslado a ese recinto.

Artículo 15.- Los productos psicotrópicos que ingresen al país en tránsito no podrán ser sometidos a operación o manipulación alguna que pueda alterar su naturaleza ni modificar su embalaje, salvo en casos calificados que autorice el Instituto de Salud Pública de Chile.

TÍTULO III
DE LA PRODUCCIÓN Y EXPENDIO

Artículo 16.- La extracción, producción, fabricación, fraccionamiento o preparación de psicotrópicos sólo podrá llevarse a efecto en laboratorios de producción químico farmacéutica, farmacias y otros establecimientos autorizados.

Para estos efectos, el propietario del establecimiento solicitará autorización al Instituto de Salud Pública de Chile, antes del 1° de noviembre de cada año, indicando la cantidad de psicotrópicos que se propone extraer, producir, fabricar, fraccionar o preparar durante el año calendario siguiente, la que podrá ser objetada por ese Organismo dentro de los treinta días siguientes a su presentación, vencidos los cuales se entenderá aprobada.

Artículo 17.- Todo establecimiento autorizado para extraer, producir, fabricar, fraccionar o preparar psicotrópicos llevará un registro actualizado, que estará permanentemente a disposición de la autoridad sanitaria y que deberá contener las siguientes anotaciones:

a) Las cantidades y procedencias de las drogas o productos psicotrópicos ingresadas al establecimiento y fechas de sus ingresos;

b) Las cantidades de productos psicotrópicos y muestras médicas de benzodiazepinas autorizadas, fabricados por el establecimiento, las fechas de fabricación y los nombres y los domicilios de los destinatarios.

c) los saldos correspondientes.

Los mismos establecimientos deberán comunicar al Instituto de Salud Pública de Chile, antes del día 15 de enero de cada año, la siguiente información:

a) la cantidad total de drogas psicotrópicas ingresadas al establecimiento durante el año anterior y los saldos existentes a la fecha de la comunicación, y

b) Las cantidades totales de las muestras médicas de benzodiaepinas autorizadas y de los productos psicotrópicos extraídos o elaborados durante el mismo período y los saldos existentes a la fecha de la comunicación.

Artículo 18.- Los referidos establecimientos deberán llevar actualizado un Libro de Control de Productos Psicotrópicos, visado por el Instituto de Salud Pública, de Chile, o por el Servicio de Salud a quien se asigne esta función en el que se registrarán en forma separada los siguientes datos, respecto de cada droga o producto psicotrópico, indicando su denominación comercial si ello procediera:

a) Ingresos:

– Fecha;

– Cantidad;

– Número y fecha de la resolución que haya autorizado la internación, distribución o transferencia en su caso;

– Proveedor, número y fecha de la factura, guía u otro documento, según corresponda, y

– Número de serie, cuando corresponda.

b) Egresos:

– Fecha;

– Cantidad;

– Nombre de la droga, medicamento que la contenga o producto psicotrópico y número de serie, cuando proceda;

– Número y fecha de la factura, guía u otro documento de control interno del establecimiento;

– Número de la receta cheque, número de registro de la receta si es preparado magistral;

– Nombre del médico cirujano o profesional que haya extendido la receta, en su caso, y cédula de identidad;

– Nombre y domicilio del destinatario o paciente, y

– Nombre y cédula de identidad del adquirente, y c) Saldos.

Artículo 18 bis.- Para el control de las benzodiazepinas incluidas en la lista IV de este Reglamento por los decretos supremos N°s. 1506, de 1993 y 1186, de 1994, ambos del Ministerio de Salud, con excepción del Flunitrazepam, Lorazepam y Triazolam, las farmacias podrán optar por el mecanismo previsto en el artículo anterior, o bien, llevar actualizado en el mismo Libro de Control de Productos Psicotrópicos, visado por el Servicio de Salud e indicado en el artículo precedente, en forma separada respecto de cada producto psicotrópico que corresponda a la misma forma farmacéutica, e igual dosis y cantidad de unidades posológicas por envase, los siguientes datos:

a) Ingresos; fecha; cantidad; número y fecha de la resolución que haya autorizado la internación, distribución o transferencia en su caso; y proveedor, número y fecha de la factura, guía u otro documento, según corresponda.

b) Egresos: fecha del día en que se efectúa el registro; cantidad total despachada en el período respectivo; y cantidad total de recetas correspondientes al total despachado en el mismo período.

c) Saldos.

Artículo 19.- Los envases de productos psicotrópicos no podrán tener una cantidad superior a treinta unidades posológicas, salvo que se trate de envases clínicos.

Las etiquetas de los envases deberán expresar la condición de venta del producto y la leyenda en letras negras sobre fondo blanco: "Sujeto a Control de Psicotrópicos". Las etiquetas llevarán, además, una estrella de cinco puntas de color verde, cuyo tamaño no podrá ser inferior a la sexta parte de la superficie de la cara principal del envase.

Artículo 20.- El inicio, suspensión o término de la elaboración y/o comercialización de todo producto psicotrópico deberá ser comunicado por el respectivo establecimiento al Instituto de Salud Pública de Chile dentro de los treinta días siguientes. El incumplimiento de esta obligación podrá dar lugar a la cancelación de la autorización y registro sanitario del producto.

Para reanudar la fabricación o comercialización de un producto psicotrópico cuya elaboración se hubiera suspendido, el establecimiento deberá comunicarlo previamente al Instituto.

Artículo 21.- Sólo podrán adquirir sustancias naturales y drogas psicotrópicas los establecimientos indicados en el artículo 16° previa autorización del Instituto de Salud Pública de Chile, otorgada a solicitud suscrita por el Director Técnico del establecimiento. Tanto el vendedor como el adquirente deberán conservar copia de la respectiva autorización.

Artículo 22.- Las drogas y los productos psicotrópicos podrán ser adquiridos por los siguientes establecimientos, con intervención del respectivo Director Técnico del establecimiento o del profesional del área de la salud responsable, en los casos de las instituciones de investigación médica o científica:

a) Laboratorios de producción químico farmacéutica;

b) Farmacias;

c) Droguerías;

d) Hospitales y consultorios del Estado;

e) Hospitales y clínicas particulares, y

f) Instituciones y establecimientos universitarios, para fines de investigación clínica o científica.

g) Botiquines de clínicas veterinarias respecto de los productos psicotrópicos de la lista IV.

-) Botiquines de Salas de Procedimiento y Pabellones de Cirugía Menor.

h) Botiquines de entidades que presten servicios de transporte avanzado de enfermos y de entidades que realicen transporte aéreo de personas enfermas o accidentadas.

Las ventas o entregas a cualquier título de drogas o productos psicotrópicos que se efectúen a los laboratorios, droguerías, farmacias o establecimientos de atención médica, deberán ser comunicadas al Instituto de Salud Pública de Chile, dentro del plazo que se fije por resolución del Ministerio de Salud, mediante copia de las respectivas guías de entrega, suscritas por el Director Técnico.

Las farmacias remitirán, asimismo, al Servicio de Salud respectivo las recetas cheque a que se refiere el artículo 24 y la copia de las guías de entrega aludidas en el inciso anterior, dentro del plazo que se determine por resolución del Ministro de Salud.

Artículo 23.- Los preparados o productos psicotrópicos sólo podrán expenderse al público en farmacias o laboratorios mediante "Receta Cheque" en los casos de los productos contenidos en las Listas II y III o "Receta Médica Retenida", tratándose de los contemplados en la Lista IV, según sea su respectiva condición de venta. Ambos tipos de recetas tendrán los formatos que fije el Ministerio de Salud por Resolución.

Sin perjuicio de lo anterior, en el caso de los preparados o productos farmacéuticos que contengan dosis mínimas de drogas psicotrópicas mezcladas con uno o varios ingredientes más, la autoridad sanitaria podrá disponer otra modalidad de venta.

Las especialidades farmacéuticas que contengan tetrahidrocanabinoles (todos los isómeros) podrán expenderse al público en farmacias o laboratorios mediante receta médica retenida con control de existencia.

Tratándose de productos psicotrópicos que se encuentren incorporados en las Listas II y III, cuyas drogas y principios activos se presenten en una forma farmacéutica que pueda acreditar que el riesgo de abuso es insignificante o nulo, la autoridad sanitaria podrá determinar o reemplazar su condición de venta a la de "Receta Médica Retenida".

Artículo 24.- Las recetas cheques sólo podrán extenderse en los formularios oficiales que formen parte de talonarios que los Servicios de Salud proporcionarán a los médicos cirujanos, previa acreditación de su calidad profesional. En ellos deberá individualizarse el nombre y cédula de identidad del médico cirujano.

Los formularios de recetas cheques serán de uso personal y exclusivo del profesional y no podrán transferirse ni cederse a ningún título.

En caso de extravío, hurto, robo o sustracción de uno o más formularios, el profesional deberá dar aviso de inmediato a la Dirección del respectivo Servicio de Salud, la que, a su vez, formulará la denuncia correspondiente a la Justicia y lo comunicará a los demás Servicios de Salud. El médico cirujano podrá hacer esta denuncia y deberá, además, publicar el hecho en un aviso destacado en el diario de mayor circulación de la localidad durante tres días consecutivos, y acompañar el recibo de pago de estas publicaciones al solicitar un nuevo talonario de recetas cheques.

En caso de anularse una o más recetas, el profesional deberá hacer entrega de ellas al Servicio de Salud correspondiente, al momento de solicitar un nuevo talonario.

Artículo 25.- La receta cheque y la receta retenida deberán ser extendidas íntegramente por el médico cirujano y en ellas se anotarán en forma clara y completa los antecedentes indicados en el respectivo formulario, sin dejar espacios en blanco ni enmendaduras. En caso de ser el paciente menor de edad y no tener cédula de identidad, el médico dejará el espacio correspondiente al número de la cédula en blanco y consignará junto al nombre del menor y entre paréntesis, la edad del mismo, en años cumplidos.

Asimismo, la receta cheque deberá extenderse en original y duplicado y el profesional que lo haga registrará en el talón correspondiente los datos que en él se indican.

En cada receta podrá prescribirse un solo producto psicotrópico en la dosis necesaria para un paciente, indicándose las cantidades en letras y números, su dosis diaria y la clave correspondiente al producto, según el código que haya fijado el Ministerio de Salud por Resolución. Si se trata de una fórmula magistral, la xprescripción no podrá superar los 30 días de tratamiento, de acuerdo a la dosificación diaria prescrita, debiendo dispensarse el total de la receta de una sola vez.

La receta cheque y la receta retenida tendrán una validez de treinta días contados desde la fecha en que ellas sean extendidas.

En el caso de la venta a través de medios electrónicos con receta retenida, se estará a lo dispuesto en el Título VI bis del decreto Nº 466, de 1984, del Ministerio de Salud, que aprueba Reglamento de farmacias, droguerías, almacenes farmacéuticos, botiquines y depósitos autorizados.

Artículo 26.- Las farmacias podrán, con intervención de su respectivo Director Técnico, adquirir formularios de recetas cheques para su utilización en casos de emergencia, en el Servicio de Salud en cuyo territorio estén ubicadas.

El formulario deberá usarse exclusivamente en el establecimiento y no podrá ser transferido ni cedido a ningún título.

Artículo 27.- Las recetas cheques y las recetas médicas retiradas en que se prescriban drogas o productos psicotrópicos deberán ser despachadas personalmente por el Director Técnico de la farmacia o laboratorio de producción, siempre que ellas se presenten por una persona mayor de dieciocho años de edad quien deberá exhibir su cédula de identidad.

Artículo 28.- Antes de despachar la receta, el Director Técnico del establecimiento deberá revisarla minuciosamente, para comprobar que ella esté extendida en las condiciones fijadas por el presente reglamento. Si constatare defecto u omisiones, se abstendrá de despacharla y la devolverá al interesado, consignando en el reverso sus observaciones, su firma, la fecha y el timbre del establecimiento.

En el caso de que el Director Técnico estimare fundadamente que la receta ha sido falsificada o adulterada, no la despachará y la retendrá en su poder, tomando nota del nombre, apellidos, domicilio y cédula de identidad del portador; procurará ubicar al profesional que supuestamente haya suscrito la receta, y dará cuenta de la situación al Servicio de Salud correspondiente.

Artículo 29.- Si la receta no mereciera objeciones, el Director Técnico anotará, en el espacio destinado a su uso exclusivo, los datos que indica el formulario.

Inmediatamente de despachada la receta, el Director Técnico procederá a inscribirla en el Registro de Psicotrópicos del establecimiento.

Todas las recetas despachadas deberán inutilizarse y permanecer archivadas correlativamente en el establecimiento, a lo menos, durante el año siguiente a su despacho.

A requerimiento del interesado, el Director Técnico del establecimiento deberá proporcionarle copia de la prescripción consignada en la receta despachada, expresando esta circunstancia al pie del documento, bajo su firma.

Artículo 30.- Las prescripciones magistrales u oficinales que contengan drogas de las Listas II y III sólo podrán extenderse y despacharse mediante "receta cheque" y las que contengan drogas de la Lista IV, a través de "receta retenida".

Los preparados magistrales que contengan alguno de los siguientes principios activos, no podrán exceder de las cantidades y condiciones que a continuación se indica y que corresponden a una formulación de liberación convencional:

Principio	Cantidad en mg. por unidad posológica	Total de unidades en 24 horas
Eliminado		
Anfepramona (dietilpropión)	25	hasta 3
Femproporex	10 hasta	3
Fentermina	8 hasta	3
Mazindol	1 hasta	3
Sibutramina	15 mg.	Hasta 1

Los fármacos anfetaminas y metanfetaminas no podrán prescribirse como anorexígenos en la formulación magistral.

Cada unidad posológica podrá contener sólo un principio activo de los mencionados y no podrá contener además otros principios activos con propiedades diuréticas o laxantes, hormona tiroidea, o derivados de la misma ni otros psicotrópicos.

Artículo 31.- Se exceptuarán de la exigencia de la receta cheque, las prescripciones de productos psicotrópicos que se formulen en recetarios especiales autorizados para estos efectos por los Servicios de Salud, en los establecimientos asistenciales dependientes del Sistema Nacional de Servicios de Salud, de las Fuerzas Armadas y Carabineros, y de las Universidades y en hospitales y clínicas particulares, destinadas exclusivamente al uso interno de estos establecimientos.

Artículo 32.- Los cirujanos dentistas podrán prescribir preparados psicotrópicos de la lista IV. Además, podrán adquirir en farmacias dichos preparados, en una cantidad no superior a 150 unidades posológicas, para administrarlos directamente a sus pacientes. En este caso, el expendio de estos productos deberá efectuarse directamente a la persona de estos profesionales, mediante el uso de recetas de su propiedad, las cuales deberán indicar que el expendio se solicita para el uso no personal sino para el ejercicio de su profesión en terceros a los que presta servicios, quedando dichas recetas retenidas, previa individualización del profesional, y registrada en el libro al que alude el artículo 18° de este reglamento, registro que se dispondrá en una sección especial destinada a estas inscripciones.

Los médicos veterinarios podrán prescribir y adquirir productos psicotrópicos para utilizarlos personalmente en el tratamiento de animales, mediante órdenes autorizadas por el Servicio de Salud correspondiente, y deberán anotar en un libro especial las dosis administradas, la fecha de su utilización, la especie animal y el nombre del propietario de éste. Los productos de la lista IV podrán prescribirlos mediante las correspondientes recetas retenidas, las que sin perjuicio de ajustarse a lo dispuesto en los artículos 23 y 25 de este reglamento, deberán además consignar su uso veterinario y el nombre y cédula de identidad del dueño o responsable del animal al que se efectúa la prescripción.

Artículo 33.- No podrán elaborarse ni distribuirse muestras médicas de ninguno de los productos psicotrópicos comprendidos en las Listas II, III y IV del Título V, ni efectuar promoción o difusión comercial de ellos, salvo que contenga dosis mínimas de productos psicotrópicos y el Instituto de Salud Pública de Chile autorice específicamente distribuir muestras médicas y promover esos medicamentos.

Artículo 33 bis.- Sin perjuicio de lo establecido en el artículo anterior, los laboratorios de producción podrán elaborar y distribuir muestras médicas de benzodiazepinas, a excepción de aquellas que contengan lorazepam, triazolam y fluritrazepam, para lo cual deberán declarar, en la solicitud que se presente al Instituto, de conformidad a lo dispuesto en el artículo 16, la cantidad de materia prima que destinarán a su elaboración.

Las droguerías que hayan registrado productos farmacéuticos, y los importen como productos terminados, a granel para su fraccionamiento y envase por terceros o materias primas para su fabricación por terceros, podrán entregar muestras médicas de benzodiazepinas, con exceción de aquellos que contengan lorazepan, triazolan y flunitrazepan. Para ello deberán declararlo así, en los documentos a que se refieren los artículos 8° y 9° de este Reglamento, indicando la cantidad del producto terminado, a granel o materia prima que se destinará a muestra médica.

El Instituto determinará la cantidad de unidades posológicas y demás menciones que deberá contener el envase de la muestra médica, en el momento de otorgar una autorización.

La distribución de estas muestras, que efectúe el establecimiento a los médicos-cirujanos y cirujanos dentistas, se materializará mediante recibo que se otorgará en copia y original cuyo formato y contenido será aprobado por resolución del Ministerio de Salud.

El original de dicho documento, suscrito por el profesional, será mantenido en custodia por el establecimiento durante el plazo de dos años contados desde su recepción y estará a disposición de la autoridad sanitaria. La copia quedará en poder del profesional.

Los establecimientos podrán asimismo informar acerca de estos productos, en forma directa y personalizada, a los profesionales encargados de su prescripción y dispensación.

El régimen aplicable en este artículo a las benzodiazepinas, con excepción de aquellas que contengan lorazepan, triazolam o flumitrazepan, será aplicable también el producto zolpidem.

Artículo 34.- Todos los establecimientos autorizados para mantener existencias de productos psicotrópicos deberán conservarlos permanentemente bajo llave y adoptar las demás medidas necesarias para prevenir su hurto, robo, sustracción o extravío.

TÍTULO IV
DE LAS SANCIONES Y VIGENCIA

Artículo 35.- La infracción a las disposiciones del presente reglamento será sancionada por la autoridad sanitaria competente en la forma y con arreglo a los procedimientos previstos en el Libro X del Código Sanitario, sin perjuicio de la responsabilidad penal que pudiera derivar del mismo hecho y de lo establecido en el artículo 3° de la ley 18.164.

Artículo 36.- Este reglamento entrará en vigencia sesenta días después de su publicación en el Diario Oficial, fecha en que quedará derogado el decreto supremo 4, de 2 de enero de 1970, del Ministerio de Salud y sus modificaciones, así como toda otra norma, resolución o disposición reglamentaria o administrativa que sea contraria o incompatible con las de este reglamento, tales como las resoluciones 90, de 4 de febrero de 1970; 422, de 20 de mayo de 1971; 7.565, de 27 de noviembre de 1972; 124, de 7 de enero de 1976; 1.324, de 3 de octubre de 1977, todas del Director General de ex Servicio Nacional de Salud, y la 1.707, de 21 de septiembre de 1982, del Director del Instituto de Salud Pública de Chile.

Artículo 37.- Este reglamento entrará en vigencia sesenta días después de su publicación en el Diario Oficial, fecha en que quedará derogado el decreto supremo N° 4, de 2 de Enero de 1970, del Ministerio de Salud y sus modificaciones, así como toda otra norma, resolución o disposición reglamentaria o administrativa que sea contraria o incompatible con las de este reglamento, tales como las Resoluciones N°s. 90, de 4 de Febrero de 1970; 422, de 20 de Mayo de 1971; 7565, de 27 de Noviembre de 1972; 124, de 7 de Enero de 1976; 1324, de 3 de Octubre de 1977, todas del Director General de ex Servicio Nacional de Salud, y la N° 1707, de 21 de Septiembre de 1982, del Director del Instituto de Salud Publica de Chile.

TÍTULO V
DE LAS LISTAS DE PSICOTRÓPICOS

DROGAS: LISTA I

DET	N,N- dietiltriptamina
DMHP	3-(1,2-dimetilheptil)-l-hidroxi-7,8,9,10 tetrahidro - 6,6, 9-trimetil-6H dibenzo b,d pirano
DMT	N,N-dimetiltriptamina
LISERGIDA (LSD, LSD 25)	N,N-dietil-D-lisergamida (dietil-amida del ácido-D-Lisérgico)
MESCALINA	3,4,5-trimetoxifenetilamina
PARAHEXILO	3-hexil-1-hidroxi-7,8,9,10 - tetrahidro-6,6,9- trimetil-6H-dibenzo {b,d} pirano
PSILOCIBINA	3-{2-) dimetil-amino)-etil} 1H-indol-4-ol fosfato
PSILOCINA, PSILOTSINA	3-(2-(dimetilamino) etil)-4-hidroxi-indol
STP, DOM	2-amino-1-(2,5-dimetoxi-4-metil) fenil propano
TETRAHIDROCANABINOLES (todos los isómeros)	6a (10a), 6a (7), 7, 8, 9, 10, 9 (II)y sus variantes estereoquímicas
FENCICLIDINA y sus análogos:	1-(1-fenilciclohexil) piperidina
– TCP	1-{1-(2-tienil) ciclohexil} piperidina
– PHP o PCPY	1-(1-fenilciclohexil) pirrolidina
– PCE	N-etil-1 fenilciclohexilamina
FENMETRACINA	3-metil-2-fenilmorfolina
GLUTETIMIDA	2-etil-2-fenilglutarimida
LEFETAMINA SPA	(-)-1-dimetilamino-1,2-
difeniletano	
MECLOCUALONA	3-(o-clorofenil)2-metil-4- (3H) quinazolinona
METACUALONA	2-metil-3-o-tolil-4(3H)- quinazolinona
DMA	dl-2,5-dimetoxi-alfa-metilfenetilamina
PMA	4-metoxi-alfa-metilfeniletilamina
CATINONA	(-) alfa-aminopropiofenona
TMA	dl-3,4,5-trimetoxi-alfa-metilfeniletilamina
DOET	dl-2,5-dimetoxi-4-etil-alfa-metilfeniletilamina
MMDA	dl-5-metoxi-3,4-metilenedioxi-alfa-metil-fenil etilamina
MDMA	dl-3,4-metilenedioxi-N, alfa-dimetil-feniletilamina
BROLAMFETAMINA DOB	2,5-Dimetoxi-4-bromoamfetamina
MDA	3,4-metilenodioxiamfetamina
TMA	dl-3,4,5-trimetoxi-a-metilfeniletilamina
4 - MTA	-metil-4-metiltiofeetilamina
ETRIPTAMINA	3-(2-aminobutil) indol
N-hidroxi MDA	(±) - N- [? -metil-3,4-(metilendioxi) fenetil] hidroxilamina

MDE, N-etil MDA	(±) - N-etil - - metil -3,4-(metilendioxi) fenetilamina
METCATINONA	2-(metilamino)-1-fenilpropan-1-ona
m-CPP	o 1-(3-clorofenil)-piperazina
5F-APINACA o 5F-AKB48	o N-(1-adamantil)-1-(5-fluoropentil)-1H-indazol-3-carboxamida
4-METILAMINOREX	(±) -cis-2-amino-4-metil-5-fenil-2-oxazolina
Dimetilona ßk-MDDMA N,	N-dimetil-beta-ceto-3,4-metilendioxianfetamina (incluye sus enantiomeros y mezcla racemica)
Butilona o ßk-MBDB	1-(1,3-benzodioxol-5-il)-N-metilbutan-2-amina (incluye sus enantiomeros y mezcla racemica).

Las sales de las sustancias enumeradas en esta Lista y toda sustancia alucinógena o de efectos nocivos análogos

Sustancias derivadas de la feniletilamina y dimetiltriptamina con efecto alucinógenos contenidas en todo material o preparación, en cualquier cantidad de sustancias, sales, isómeros o mezclas que se indican a continuación:

a) Derivados estructurales y análogos de la feniletilamina
2-(4-cloro-2,5-dimetoxi-fenil)- N-[(2-metoxifenil) metil]-etanamina (25C-NBOMe)
N-(2-metoxibencil)-2,5-dimetoxi-4-iodofeniletilamina (25I- NBOMe)
N-(2-hidroxibencil)-2,5-dimetoxi-4-iodofeniletilamina (25I- NBOH)
2,5-dimetoxi-N-(2-metoxibencil)- feniletilamina (25H-NB2OMe)
2,5-dimetoxi-N-(3-metoxibencil)- feniletilamina (25H-NB3OMe)
2,5-dimetoxi-N-(4-metoxibencil)- feniletilamina (25H-NB4OMe)
2,5-dimetoxi-4-bromo-N-(2-metoxibencil)- feniletilamina (25B-NB2OMe)
2,5-dimetoxi-4-bromo-N-(3-metoxibencil)- feniletilamina (25B-NB3OMe)
2,5-dimetoxi-4-bromo-N-(4-metoxibencil)- feniletilamina (25B-NB4OMe)
2,5-dimetoxi-4-cloro-N-(2-metoxibencil)- feniletilamina (25C-NB2OMe)
2,5-dimetoxi-4-cloro-N-(3-metoxibencil)- feniletilamina (25C-NB3OMe)
2,5-dimetoxi-4-cloro-N-(4-metoxibencil)- feniletilamina (25C-NB4OMe)
2,5-dimetoxi-4-metil-N-(2-metoxibencil)- feniletilamina (25D-NB2OMe)
2,5-dimetoxi-4-metil-N-(3-metoxibencil)- feniletilamina (25D-NB3OMe)
2,5-dimetoxi-4-metil-N-(4-metoxibencil)- feniletilamina (25D-NB4OMe)
2,5-dimetoxi-4-etil-N-(2-metoxibencil)- feniletilamina (25E-NB2OMe)
2,5-dimetoxi-4-etil-N-(3-metoxibencil)- feniletilamina (25E-NB3OMe)
2,5-dimetoxi-4-etil-N-(4-metoxibencil)- feniletilamina (25E-NB4OMe)
2,5-dimetoxi-4-iodo-N-(2-metoxibencil)- feniletilamina (25I-NB2OMe)
2,5-dimetoxi-4-iodo-N-(3-metoxibencil)- feniletilamina (25I-NB3OMe)
2,5-dimetoxi-4-iodo-N-(4-metoxibencil)- feniletilamina (25I-NB4OMe)
2,5-dimetoxi-4-nitro-N-(2-metoxibencil)- feniletilamina (25N-NB2OMe)
2,5-dimetoxi-4-nitro-N-(3-metoxibencil)- feniletilamina (25N-NB3OMe)
2,5-dimetoxi-4-nitro-N-(4-metoxibencil)- feniletilamina (25N-NB4OMe)
2,5-dimetoxi-4-propil-N-(2-metoxibencil)- feniletilamina (25P-NB2OMe)
2,5-dimetoxi-4-propil-N-(3-metoxibencil)- feniletilamina (25P-NB3OMe)
2,5-dimetoxi-4-propil-N-(4-metoxibencil)- feniletilamina (25P-NB4OMe)
2,5-dimetoxi-4-etiltio-N-(2-metoxibencil)- feniletilamina (25T2-NB2OMe)
2,5-dimetoxi-4-etiltio-N-(3-metoxibencil)- feniletilamina (25T2-NB3OMe)
2,5-dimetoxi-4-etiltio-N-(4-metoxibencil)- feniletilamina (25P-NB4OMe)

2,5-dimetoxi-4-isopropiltio-N-(2-metoxibencil)- feniletilamina (25T4-NB2OMe)
2,5-dimetoxi-4-isopropiltio-N-(3-metoxibencil)- feniletilamina (25T4-NB3OMe)
2,5-dimetoxi-4-isopropiltio-N-(4-metoxibencil)- feniletilamina (25T4-NB4OMe)
2,5-dimetoxi-4-propiltio-N-(2-metoxibencil)- feniletilamina (25T7-NB2OMe)
2,5-dimetoxi-4-propiftio-N-(3-metoxibencil)- feniletilamina (25T7 -NB3OMe)
2,5-dimetoxi-4-propiltio-N-(4-metoxibencil)- feniletilamina (25T7-NB4OMe)

b) Derivados y análogos estructurales de la dimetiltripamina
4-hidroxi-N,N-diisopropiltriptamina (4-HO-DIPT)
5-metoxi-N,N-dimetiltriptamina (5-MEO-DMT)
5-metoxi-N-metil-N-isopropiltriptamina ((5-MEO-MIPT)
5-metoxi-N, N-dialiltriptamina ((5-MEO-DALT)
Diisopropiltriptamina (DIPT)

DROGAS: LISTA II

AMFETAMINA	(+-) -2-amino-1-fenilpropano y sus isómeros ópticos
DEXAMFETAMINA	(+-) -2-amino-1-fenilpropano
FENDIMETRAZINA	3,4 dimetil-2-fenilmorfolina
METAMFETAMINA (Desoxiefedrina)	(+-) -2-metilamino-1-fenilpropano
METILFENIDATO	Eter metílico del ácido alfa-fenil-(2-piperidil acético)
CATINA	d-treo-2-amino-1-hidroxi-1-(Norps eudoefedrina) fenilpropano
FENETILINA	dl-3,7-dihidro-1,3-dimetil- 7-(2-(1-metil-2- feniletil) amino -etil)-1-1H-purina-2,6 -dionia
LEVANFETAMINA RACEMATO DE	1-alfa-metilfenetilamina
METAMFETAMINA	(±) -N,a-dimetilfenetilamina
ANFEPRAMONA	(Dietilpropión) 2-(dietilamino)-propiofenona
FENPROPOREX	dl-3{(&-metilfenetil)amino} propionitrilo
FENTERMINA	&,&-dimetilfenetilamina
MAZINDOL	5-(p-clorofenil)- 2,5 - dihidro-3H-imidazo {2,1-&} isoindol-5-ol
2-CB	4-bromo-2,5 dimetoxifenetilamina
AMINEPTINA	(ácido 7 - [(10, 11-dihidro 5 H - dibenzo [a, d] ciclohepteno-5 il) amino] heptanoico)

Las sales de las sustancias enumeradas en esta Lista, siempre que la existencia de esas sales sea posible.

La condición de venta de los productos que contengan estas drogas o sus sales es "BAJO RECETA CHEQUE". \

DROGAS: LISTA III

ALOBARBITAL	Ácido 5,5 dialil-barbitúrico
AMOBARBITAL	Ácido 5-etil-5-(3-metilbutil) barbitúrico
APROBARBITAL	Ácido 5-alil-5-isopropil-barbitúrico
BARBITAL	Ácido 5,5-dietilbarbitúrico
BRALLOBARBITAL	Ácido 5-alil-5-(2-bromoalil)-barbitúrico

BUTALBITAL	Ácido 5-alil-5-isobutil-barbitúrico
CICLOBARBITAL	Ácido 5-(1-ciclohexen-1-il) 5-etilbarbitúrico
FENOBARBITAL	Ácido 5-etil-5-fenilbarbitúrico
HEXOBARBITAL	Ácido 5, (1-ciclohexenil)-1,5-dimetil barbitúrico
MEFOBARBITA	Ácido 5-etil-1-metil-5-fenilbarbitúrico
MEPROBAMATO	Dicarbamato de 2 metil-2-propil-1-3-propanodiol
METABARBITAL	Ácido 5,5 dietil-1-metilbarbitúrico
PENTOBARBITAL	Ácido 5-etil-5-(1-metilbutil) barbitúrico
PROXIBARBAL	Ácido 5-alil-5-B-hidroxi-propil-barbitúrico
SECBUTABARBITAL	Ácido 5-sec-butil-5-etilbarbitúrico
SECOBARBITAL	Ácido 5-alil-5-(1-metilbutil) barbitúrico
PENT AZOCINA	1,2,3,4,5,6-hexahidro-6-11-dimetil-3-(3-metil-2butanil) 2,6-metano-3-benzazocin-8-ol
BURENORFINA	21-ciclopropil-7-alfa- (S)1-hidroxi-1,2,2-trimetilpropil-6,14-endo-etano-6,7,8, 14-tetrahidrooripavina

Las sales de las sustancias enumeradas en esta Lista.

La condición de venta de los productos que contengan estas drogas o sus sales es "BAJO RECETA CHEQUE".

DROGAS: LISTA IV

ACECARBROMAL	N-acetil-N-bromodietilacetil-urea
ALPRAZOLAM	8-cloro-1-metil-6-fenil-4H-s-triazolo[4,3-a] [1,4] benzodiacepina
BENZFETAMINA	N-bencil-N, à-dimetilfenetilamina
BROMAZEPAM	7-bromo-1,3-dihidro-5-(2-piridil)-2H-1,4-benzodiacepin-2-ona
BROMISOVAL	à-bromo-á-dimetil-propanoilurea
BUTALLYLONAL	Ácido 5(2-bromoalil)-5-sec-butil barbitúrico
BUTOBARBITAL	ácido 5-butil-5-etilbarbitúrico
CAMAZEPAM	7-cloro-1,3-dihidro-3-hidroxi-1-metil-5-fenil-2H-1,4-benzodiacepin-2-onadimetilcarbamato (éster)
CARBROMAL	N(-à-bromo-à-etil-butiril-urea)
CLOBAZAM	7-cloro-1-metil-5-fenil-1H-1,5-benzodiacepin-2,4(3H,5H)-diona
CLOBENZOREX	(+)-N-(O-clorobenzil)-à-metilfenetilamina
CONAZEPAM	5-(o-clorofenil)-1,3-dihidro-7-nitro-2H-1,4-benzodiacepin-2-ona
CLORALODOL	2-metil 4- (2,2,2-tricloro-1-hidroxietoxi) 2-pentanol
CLORALOSA	1,2-o (2,2,2-tricloro etilideno)-à- D glucofuranosa
CLORAZEPATO	7-cloro-2,3-dihidro-2-oxo-5-fenil-1H-1,4-benzodiacepin-3-ácido carboxílico
CLORDIAZEPOXIDO	7-cloro-2-(metilamino)-5-fenil-3H-1,4-benzodiacepin-4-óxido
CLORFENTERMINA	1-(p-clorofenil)-2 metil-2-aminopropano
CLOTIAZEPAM	5-(o-clorofenil)-7-etil-1,3-dihidro-1-metil-2H-tieno[2,3-e]-1,4-diacepin-2-ona

CLOXAZOLAM	10-cloro-11b-(o-clorofenil)-2,3,7,11b-tetrahidrooxazolo[3,2d][1,4]benzodiacepin-6(5H)-ona
DELORAZEPAM	7-cloro-5-(o-clorofenil)-1,3-dihidro-2H-1,4-benzodiacepin-2-ona
DEXTROMETORFANO	(+) 3-metoxi-N-metil-morfinano
DIAZEPAM	7-cloro-1,3-dihidro-1-metil-5-fenil-2H-1,4-benzodiacepin-2-ona
ESTAZOLAM	8-cloro-6-fenil-4H-s-triazolo[4,3-a][1,4] benzodiacepina
ETCLORVINOL	1-cloro-3-etil-1-penteno-4-in-3-ol
ETILANFETAMINA	N-etil-à-metilfenetilamina
ETINAMATO	1-carbamato de etinilciclohexanol
FENCANFAMINA	N-etil-3-fenil-2-norbornanamina
FENILETINILCARBINOL CARBAMATO	Etinil-bencil-carbamato
FLUDIAZEPAM	7-cloro-5-(o-fluorofenil)-1,3-dihidro-1-metil-2H-1,4-benzodiacepin-2-ona
FLUNITRAZEPAM	5-(o-fluorofenil)-1,3-dihidro-1-metil-7-nitro-2H-1,4-benzodiacepin-2-ona
FLURAZEPAM	7-cloro-1-[2-(dietilamino)etil]-5-(o-fluorofenil)-1,3-dihidro-2H-1,4-benzodiacepin-2-ona
HALAZEPAM	7-cloro-1,3-dihidro-5-fenil-1-(2,2,2-trifluoroetil)-2H-1,4-benzodiacepin-2-ona
HALOXAZOLAM	10-bromo-11b-(o-fluorofenil)-2,3,7,11b-tetrahidrooxazolo[3,2-d][1,4]benzodiacepin-6(5H)-ona
HEPTABARBO	Ácido 5-ciclo-hep-1-enil-5-etil-barbitúrico
HIDRATO DE CLORAL	2-2-2-tricloroetano 1-1-diol
KETAZOLAM	11-cloro-8,12b-dihidro-2,8-dimetil-12b-fenil-4H-[1,3]-oxazino-[3,2-d][1,4]benzodiacepin-4,7(6H)-diona
LOFLAZEPATO DEETILO	etil 7-cloro-5-(o-fluorofenil)-2,3-dihidro-2-oxo-1H-1,4-benzodiacepin-3-carboxilato
LOPRAZOLAM	6-(o-clorofenil)-2,4-dihidro-2-[(4-metil-1-piperacinil) metileno]-8-nitro-1H-imidazo[1,2- a][1,4] benzodiacepin-1-ona
LORAZEPAM	7-cloro-5-(o-clorofenil)-1,3-dihidro-3-hidroxi-2H-1,4-benzodiacepin-2-ona
LORMETAZEPAM	7-cloro-5-(o-clorofenil)-1,3-dihidro-3-hidroxi-1-metil-2H-1,4-benzodiacepin-2-ona
MEDAZEPAM	7-cloro-2,3-dihidro-1-metil-5-fenil-1H-1,4-benzodiacepina
MEFENOREX	N-(3-cloropropil)-à-metil-fenetilamina
METILPENTINOL	3-metil-1-pentil-3-ol
METIPRILONA	3,3-dietil-5-metil-2,4-piperidino-diona
MIDAZOLAM	8-cloro-6-(o-fluorofenil)-1-metil-4H-imidazo[1,5-a][1,4]benzodiacepina
N-ETILANFETAMINA	dl-N, etil-alfa-metilfeniletilamina
NIMETAZEPAM	1,3-dihidro-1-metil-7-nitro-5-fenil-2H-1,4-benzodiacepin-2-ona

NITRAZEPAM	1,3-dihidro-7-nitro-5-fenil-2H-1,4-benzodiacepin-2-ona
NORDAZEPAM	7-cloro-1,3-dihidro-5-fenil-2H-1,4-benzodiacepin-2-ona
OXAZEPAM	7-cloro-1,3-dihidro-3-hidroxi-5-fenil-2H-1,4-benzodiacepin-2-ona
OXAZOLAM	10-cloro-2,3,7,11b-tetrahidro-2-metil-11b-feniloxazolo [3,2-d][1,4]benzodiacepin-6(5H)-ona
PEMOLINA	2-amino-5-fenil-2-oxazolina-4-ona
PINAZEPAM	7-cloro-1,3-dihidro-5-fenil-1-(2-propinil)-2H-1,4-benzodiacepin-2-ona
PIPRADROL	à,à-difenil-2-piperidinametanol
PIROVALERONA	4'-metil-2-(1-pirrolidinil)valerofenona
PRAZEPAM	7-cloro-1-(ciclopropilmetil)-1,3-dihidro-5-fenil-2H-1,4-benzodiacepin-2-ona
PROPILHEXEDRINA	N,à-dimetilciclohexanoctilamina
PROBARBITAL	Ácido 5 etil-5-isopropil-barbitúrico
PROLINTANO	1 fenil-2-pirrolidilpentano
TEMAZEPAM	7-cloro-1,3-dihidro-3-hidroxi-1-metil-5-fenil-2H-1,4-benzodiacepin-2-ona
TETRAZEPAM	7-cloro-5-(1-ciclohexen-1-il)-1,3-dihidro-1-metil-2h-1,4-benzodiacepin-2-ona
TRANILCIPROMINA	2 fenil ciclopropanamina
TRIAZOLAM	8-cloro-6-(o-clorofenil)-1-metil-4H-s-triazolo[4,3-a] [1,4]benzodiacepina
VINILBITAL	ácido 5-(1-metilbutil)-5-vinil-barbit
BROTIZOLAM	2 - bromo - 4- (2 - clorofenil) - 9- metil - 6H - tieno [3,2 -f] [1,2,4] triazolo [4,3 -a] [1,4] diazepina
ETIZOLAM	4 - (2 - clorofenil) - 2 - etil - 9 - metil - 6H - tieno [3,2 - f] - s - triazolo [4,3 -a] [1,4] diazepina
QUAZEPAM	7 - cloro - 5 - (2 - fluorofenil) - 1,3 - dihidro - 1 - (2,2,2 - trifluoroetil) - 1,4 - benzodiazepina - 2 - tiona
GHB	Ácido gama-hidroxibutirico
ZOLPIDEM	N,N,6- trimetil-2-p-tolilimidazol [1,2-alfa] piridina-3- acetamida
AMINOREX	2-amino-5-fenil-2-oxazolina
MESOCARBO	(imina de 3-(alfa-metilfenetil)-N-(fenilcarbamoil) sidnona)

Las sales de las sustancias enumeradas en esta lista.

La condición de venta de los productos farmacéuticos que contengan estas drogas y sus sales es mediante "RECETA MÉDICA RETENIDA".

Anótese, tómese razón, comuníquese, publíquese e insértese en la Recopilación oficial de Reglamentos de la Contraloría General de la República.- AUGUSTO PINOCHET UGARTE.- Winston Chinchón, Ministro de Salud.

Lo que transcribo a Ud. para su conocimiento.- Saluda a Ud.- Fernando Symon Torres, Subsecretario de Salud subrogante.

DECRETO Nº 570
APRUEBA REGLAMENTO PARA LA INTERNACIÓN DE LAS PERSONAS CON ENFERMEDADES MENTALES Y SOBRE LOS ESTABLECIMIENTOS QUE LA PROPORCIONAN[1]

Núm. 570.- Santiago, 28 de agosto de 1998.- Visto: Lo dispuesto en el Libro Séptimo del Código Sanitario, decreto con fuerza de ley No 725, de 1968, del Ministerio de Salud, en especial en sus artículos 130 y 131;

Considerando:

1.- El interés nacional en proveer a todos sus ciudadanos amplio acceso a la salud, parte de la cual es el tratamiento psiquiátrico en internación para aquellos que lo requieran, de modo que éste sea de la más alta calidad, en concordancia con una buena y actualizada práctica clínica, libre de toda forma de discriminación y de abuso y con amplias oportunidades para el ejercicio de las libertades y la participación del paciente.

2.- Los avances de la terapéutica psiquiátrica, farmacológica, las psicoterapias, la rehabilitación especializada y las nuevas modalidades de atención en salud mental y psiquiatría, que incluyen redes de servicios, sean estos establecimientos o programas organizados para proveer atenciones eficaces, diversificadas y apropiadas a las necesidades clínicas y psicosociales individuales de los pacientes, todo ello inmerso en un trato humanitario permanentemente orientado hacia el logro del máximo nivel de reinserción en la vida social, que les sea posible a las personas que requieren de atención de salud mental.

3.- Los objetivos de modernización del Estado, de reforzamiento de la participación activa de la sociedad civil y de integración de metas de desarrollo económico y social con otras propias del desarrollo humano, todos los cuales hacen necesario que se actualicen periódicamente los cuerpos legales y regulatorios, como es el caso del antiguo reglamento de internación de insanos, que este decreto supremo reemplaza; establecer modalidades para que determinadas decisiones, potencialmente vulnerantes de los derechos personales, sean tomadas con las máximas salvaguardias y transparencia y que se facilite el ejercicio de la toma de decisiones informadas por la población respecto de su propia salud. Teniendo presente las facultades que me confiere el artículo 32 No 8 de la Constitución Política del Estado,

Decreto:

Apruébase el siguiente reglamento para la internación, tratamiento y alta de las personas con enfermedades mentales y sobre los establecimientos destinados a su atención:

TÍTULO I
DISPOSICIONES GENERALES

Artículo 1.- Corresponderá al Estado ejercer acciones de fomento y protección de la salud mental de la población, detectando y previniendo situaciones de riesgo que puedan afectarla, así como velar porque se ejecuten las actividades de recuperación y de rehabilitación de las

---

[1] Esta versión se encuentra actualmente vigente, aunque es recomendable al lector tener presente que se encuentra presente la dictación por el Ejecutivo del reglamento de la Ley 21.331 que puede modificar parcial o totalmente esta disposición.

personas enfermas, ya sea que ello se realice con sus propios recursos o a través de entidades privadas autorizadas para estos efectos.

Artículo 2.- El tratamiento a otorgarse a las personas que padecen enfermedades mentales debe ser multidimensional y sus componentes deben adaptarse a los diferentes momentos de la evolución del trastorno base y a las necesidades de la persona que lo experimenta.

Estará dirigido en forma simultánea, a contrarrestar los factores causales y a obtener alivio o remisión de los síntomas o signos clínicos de la enfermedad mental de base, a recuperar la adaptación a la situación de vida habitual del sujeto y, en algunos casos, a permitir una adecuada toma de conciencia y aceptación emocional de la perturbación experimentada, de la eventual secuela y de su significación para la identidad personal.

Artículo 3.- Para estos efectos deberán existir establecimientos especializados y, en los establecimientos de salud general, unidades o servicios de atención especializada de personas que padecen trastornos mentales, cuyo objetivo será prestar esta atención, en forma cerrada y/o ambulatoria, programada o de urgencia, mediante la aplicación de los procedimientos diagnósticos y terapéuticos que correspondan.

Los establecimientos públicos y privados de esta naturaleza que se establezcan para cumplir las funciones asistenciales antes descritas, deberán cumplir las exigencias específicas que respecto de cada tipo de ellos, disponga el "Protocolo de acreditación de establecimientos y unidades que componen la red de servicios de salud mental y psiquiatría", que deberá ser aprobado por resolución del Ministerio de Salud, dictada en uso de sus atribuciones legales técnico normativas.

Artículo 4.- El presente reglamento se refiere exclusivamente a los establecimientos de internación psiquiátrica, sean públicos o privados, destinados a otorgar tratamiento curativo o de rehabilitación, a través de un régimen de residencia total o parcial, así como a la organización e infraestructura de estos locales, todo ello con miras a garantizar a los pacientes una adecuada atención de salud.

Del mismo modo regulará el ingreso, permanencia y egreso desde estos establecimientos, de las personas que sufren enfermedades mentales.

Artículo 5.- Toda persona que lo precise, tiene derecho a acceder a un tratamiento psiquiátrico, otorgado conforme a una buena y actualizada práctica clínica especializada y a los medios disponibles para ello, el que siempre deberá incluir oportunidades para participar activamente en las instancias del proceso de tratamiento que así lo requieran.

En el caso que el tratamiento requiera de hospitalización o internación, el establecimiento garantizará el libre acceso a toda persona que cumpla con los requisitos técnicos y administrativos establecidos para este efecto, la existencia de condiciones adecuadas para ello y una atención libre de toda forma de abuso.

Artículo 6.- Para los efectos de este reglamento, se entenderá por:

1o.- Pacientes psiquiátricos: Las personas que sufren de una enfermedad o trastorno mental y que se encuentren bajo supervisión o tratamiento médico especializado. 2o.- Enfermedad o trastorno mental: Es una condición mórbida que sobreviene en una determinada persona, afectando en intensidades variables, el funcionamiento de la mente, el organismo, la personalidad y la interacción social, en forma transitoria o permanente.

Las enfermedades o trastornos mentales a que se refiere el presente reglamento, son los contemplados en la Clasificación Internacional de Enfermedades, décima versión, de la Organización Mundial de la Salud, con el nombre de "Trastornos Mentales y del Comportamiento", documento que con las adecuaciones del caso, será aprobado por resolución del Ministerio de Salud, dictada en uso de sus atribuciones legales técnico normativas, evaluado periódicamente por un grupo experto, convocado específicamente por el Ministerio para tales efectos.

3o.- Crisis: Es un episodio de duración variable de pérdida, total o parcial, de la capacidad de control sobre sí mismo y/o sobre su situación vital, que una persona experimenta por primera vez o en forma intermitente, a raíz de un trastorno mental conocido o probable, según criterio médico.

4o.- Tratamiento psiquiátrico: Toda acción, incluidas las propias de la medicina y otras profesiones relacionadas, tales como psicología, enfermería, terapia ocupacional, trabajo social y otras según sea procedente, efectuadas bajo la supervisión de un médico tratante y que tengan por objeto producir la recuperación o mejoría, adaptación y/o habilitación de una persona que sufre una enfermedad o trastorno mental.

5o.- Plan de tratamiento: Es la enunciación del ordenamiento jerárquico y secuencial de las acciones de salud incluidas en el tratamiento, que se registra en la ficha clínica del paciente, para ser efectuadas en un lapso determinado, por el equipo tratante, bajo la supervisión y responsabilidad del médico a cargo.

El plan de tratamiento establecerá el grado de autonomía de los pacientes psiquiátricos, de acuerdo a los criterios técnicos que el equipo tratante se dé para ello, tales como sistema de puertas abiertas, toma de decisiones de carácter legal, financiero u otras, internación conjunta con familiares, etc. siempre que no contravengan las disposiciones de este reglamento.

6o.- Rehabilitación psicosocial: Es el proceso que busca mejorar el acceso a las oportunidades que el ambiente social ofrece a las personas que presentan una discapacidad derivada de una enfermedad o trastorno mental, a través de intervenciones de carácter técnico-profesionales orientadas a disminuir sus limitaciones, incrementar sus capacidades remanentes y modificar los factores ambientales involucrados, de modo que alcancen el máximo nivel que permita su condición, en cuanto a autonomía y desenvolvimiento social. Se aplica también al caso de personas que, además o por efectos de una discapacidad física o sensorial, experimentan perturbaciones psicológicas asociadas o inhabilitantes por sí mismas.

7o.- Médico tratante o a cargo: Es aquel médico cirujano que puede acreditar la realización y aprobación por parte de una entidad académica legalmente autorizada para el efecto, de una especialización en el área de la psiquiatría o que puede acreditar a lo menos cinco años de experiencia en establecimientos de hospitalización o internación psiquiátrica o en centros de atención abierta de la especialidad, a través de la certificación de una entidad calificada para ello.

8o.- Equipo tratante: Es el conjunto de recursos humanos de carácter profesional, técnico o auxiliar, que concurre a la atención del paciente, encabezados por el médico a cargo, en un determinado establecimiento o unidad especializados.

9o.- Conductas perturbadoras o agresivas: Son acciones violentas de carácter físico o psíquico, de niveles variable de intensidad y peligrosidad, que se ejercen sobre sí mismo o sobre otras personas o cosas, en forma predecible o impredecible, provocando una perturbación en el ambiente social de la persona que las ejerce, las que deben ser evaluadas conforme a un criterio técnico, compartido por el equipo tratante, sobre la base, entre otros, de episodios anteriores de la misma naturaleza, reacciones similares frente a estímulos presentes en las mismas situaciones y condiciones clínicas regularmente asociadas y específicamente evaluadas, tales como impulsividad, agresividad, personalidad antisocial, manifestaciones paranoides u otras.

10.- Autoridad sanitaria.- Es el director del Servicio de Salud en cuyo territorio de competencia se encuentra ubicado el establecimiento o unidad de internación psiquiátrica y/o los funcionarios en los cuales haya delegado las atribuciones relacionadas con las materias de que trata este reglamento.

11.- Director de establecimiento.- Es la persona que ostenta la dirección del establecimiento o unidad de internación psiquiátrica. En el caso de los hospitales generales, del sector público, se considerará como tal, al jefe del servicio clínico especializado en psiquiatría y salud mental.

12.- Establecimiento de internación psiquiátrica: es el hospital o clínica especializada o aquella unidad especializada que forma parte de un establecimiento de salud general, que se destinen específicamente a la internación psiquiátrica.

TÍTULO II
DE LAS PERSONAS SUSCEPTIBLES DE TRATAMIENTO BAJO RÉGIMEN DE INTERNACIÓN PSIQUIÁTRICA

Artículo 7.- Se considerará afecta a esta reglamentación a toda persona que sufre de una enfermedad o trastorno mental, que deba ser internada en un establecimiento destinado a tal objeto.

El diagnóstico de una enfermedad o trastorno mental corresponderá exclusivamente al médico, el que podrá requerir de la coparticipación de un profesional psicólogo y/o de la colaboración de otros profesionales de la salud, con el fin de obtener una evaluación integral del sujeto.

TÍTULO III
DE LA INTERNACIÓN

Artículo 8.- Todo proceso de tratamiento psiquiátrico que requiera proporcionar internación a una persona con enfermedad o trastorno mental utilizará preferentemente, el medio menos restrictivo de sus derechos y libertades personales.

Corresponderá al médico tratante decidir técnicamente la elección del medio que resulte más adecuado.

Artículo 9.- Para proceder a cualquier tipo de internación u hospitalización de una persona con enfermedad o trastorno mental, la medida deberá ser indicada por un médico cirujano, preferentemente que cumpla las condiciones de médico tratante que señala el artículo 6 número 7 y, sólo en el evento de no existir este último, en la localidad o que, habiéndolo, no sea posible su asistencia profesional, por otros médicos cirujanos. En este caso, la medida deberá ser evaluada y confirmada por un médico tratante o por el mismo, previamente asesorado por aquél, dentro de un plazo de 72 horas, de lo que se dejará constancia en la ficha clínica.

Sólo procederá la internación psiquiátrica cuando concurran una o más de las siguientes condiciones:

a) Necesidad de efectuar un diagnóstico o evaluación clínica que no pueda realizarse en forma ambulatoria.

b) Necesidad de incorporar a la persona a un plan de tratamiento que no sea posible de llevarse a cabo de manera eficaz en forma ambulatoria, atendida la situación de vida del sujeto.

c) Que el estado o condición psíquica o conductual de la persona represente un riesgo de daño físico, psíquico o psicosocial inminente, para sí misma o para terceros.

Artículo 10.- Atendiendo al grado de aceptación de la internación, ésta puede ser voluntaria y no voluntaria. Constituye una internación voluntaria aquella que nace de un acuerdo libre e informado entre el paciente y su médico tratante basado en la comprensión de la indicación médica y/o la solicitud de la propia persona.

Artículo 11.- Constituyen una internación de carácter no voluntario, las siguientes:
a) La de urgencia no voluntaria,
b) La administrativa, y
c) La judicial.

Artículo 12.- El médico que indica una internación voluntaria determinará que esta sea dispuesta como de urgencia o programada.

La internación voluntaria tiene por objeto proveer el mejor tratamiento disponible para el paciente, atendido que éste no resulta conveniente o seguro de realizarse en forma ambulatoria. Su indicación corresponde al médico tratante y su ejecución estará a cargo del médico y del equipo tratante.

Al cabo de 60 días requerirá para su extensión, de la opinión concordante de un segundo médico psiquiatra y de una manera similar, podrá prolongarse por períodos consecutivos, hasta un máximo acumulado de 180 días.

En caso de requerirse prolongar la internación hasta 180 días más, ella debe ser resuelta por el comité a que se refiere el artículo 19, a solicitud del médico tratante.

En todo caso, si la internación continúa siendo necesaria, más allá de las prórrogas señaladas en la opinión del citado comité, su prolongación deberá ser resuelta por éste, remitiendo los antecedentes al conocimiento de la Comisión aludida en el artículo 59, en resguardo de los derechos del paciente.

Artículo 13.- La internación de urgencia no voluntaria es la dispuesta por un médico, atendido a que el paciente se encuentra en una situación de crisis y que no es posible contar con el consentimiento a que se refieren el artículo 10 ni culminar el trámite de una internación administrativa.

Sólo podrá extenderse por un período máximo de 72 horas, con el exclusivo objeto de realizar la observación indispensable para elaborar un diagnóstico médico especializado, o bien, para superar la crisis en la que se encuentra el paciente, al cabo de lo cual se determinará su alta o tratamiento; este último podrá verificarse en forma ambulatoria o bajo internación.

Si, cumplido dicho plazo, según la evaluación médica, la crisis del paciente continúa y éste persiste en no otorgar su consentimiento a continuar el tratamiento en régimen de internación, se procederá a elevar los antecedentes a la autoridad sanitaria correspondiente para que resuelva, en un plazo de 72 horas, su internación administrativa y, si la deniega se determinará su alta, comunicando la situación a la persona que actuará como su apoderado en la relación con el equipo tratante y el establecimiento que lo acoge.

Artículo 14.- Se considerará una internación administrativa, aquella que ha sido determinada por la autoridad sanitaria, a partir de la iniciativa de la autoridad policial, de la familia, del médico tratante en el caso del inciso tercero del artículo anterior o de cualquier miembro de la comunidad, con el fin de trasladar o internar en un centro asistencial, a una persona, aparentemente afectada por un trastorno mental, cuya conducta pone en riesgo su integridad y la de los demás, o bien, altera el orden o la tranquilidad en lugares de uso o acceso público.

En el caso de que el paciente no consienta a su traslado, el apremio físico a que deba ser sometido, será el mínimo indispensable para el efecto de ser conducido al establecimiento asistencial. El cuidado de la persona y de su conducta disrruptiva si se presenta, será acordada en cada caso, entre la autoridad policial y de salud presentes, aplicando un criterio de colaboración eficaz y de salvaguardia de la integridad física y psíquica del supuesto enfermo y de los terceros que puedan verse severamente afectados.

En todo caso, el auxilio de la fuerza pública deberá ser siempre proporcionado en la oportunidad que lo solicite la autoridad sanitaria, en conformidad con el artículo 8o del Código Sanitario.

Si el traslado es realizado por personal y vehículos dependientes de un centro asistencial o de instituciones encargadas del transporte de enfermos, los procedimientos de contención que deban utilizarse se ajustarán a los criterios señalados por el Ministerio de Salud, en ejercicio de sus facultades legales.

La internación administrativa deberá ser reevaluada cada treinta días con la opinión de otro médico que cumpla con las características de un médico tratante e informada a la autoridad sanitaria que la ordenó hasta la proposición de su alta.

Artículo 15.- Internación judicial es aquella dispuesta por resolución de un Tribunal de Justicia.

Artículo 16.- El procedimiento de internación implicará registrar a lo menos los siguientes datos:

– Individualización del paciente.

– Individualización de su representante legal y/o de la persona que actuará como su apoderado en la relación con el equipo tratante y el establecimiento que lo acoge.

– Expresión de las causales que hacen necesaria su internación, conforme a lo previsto en el artículo 9o.

– Tipo de internación que se efectúa.

– Individualización y firma del médico que la indica y su acreditación.

TÍTULO IV
APLICACIÓN DEL TRATAMIENTO DURANTE LA INTERNACIÓN

Artículo 17.- La persona que padece un trastorno mental, internada en un establecimiento de internación psiquiátrica, tiene derecho a recibir un tratamiento especializado, conducido por el médico a cargo y efectuado por el equipo tratante, de manera que cumpla con los estándares de calidad en aplicación a la fecha y salvaguarde el respeto de los derechos personales del paciente.

Artículo 18.- Efectuada la internación, corresponde al médico tratante informar al paciente y a sus familiares, cuando proceda y el paciente libremente lo consienta, acerca de su diagnóstico, del plan de tratamiento propuesto y del resultado de las evaluaciones que se le vayan practicando.

Además, pondrá en su conocimiento el derecho que les asiste a oponerse al tratamiento que se le indica, elevando el correspondiente recurso a la dirección del establecimiento.

Artículo 19.- En todo establecimiento de internación psiquiátrica, se deberá constituir un comité asesor técnico y ético, formado por profesionales de idoneidad reconocida, con el fin de otorgar asesoría a la dirección del mismo, cuando sea solicitada en la forma que esta reglamentación establece, para colaborar en las resoluciones de carácter técnico y ético que deban adoptarse respecto de los pacientes internados en ellos.

En el caso de los establecimientos privados, estos profesionales serán seleccionados entre aquellos que se desempeñan en ellos en forma regular, en tanto que, en los de carácter público, se integrará con sus funcionarios, debiendo, en ambos casos, ser elegidos por votación, entre ellos mismos.

Corresponderá al director determinar el período de duración del mandato de este cuerpo y el número de sus integrantes elegidos, el que oscilará entre 3 y 5, según la magnitud del establecimiento, servicio o unidad, de los cuales no menos del 75% serán médicos psiquiatras.

El comité se reunirá cuando sea convocado por el director con este objeto, oportunidad en que podrá ser invitado un representante de alguna agrupación de familiares de pacientes psiquiátricos.

Su responsabilidad en el orden ético, será independiente y no alterará aquellas que pudieren corresponder, en otras áreas, al médico tratante y/o al resto de los funcionarios de la institución, en forma individual o actuando como equipo.

Subtítulo 1o
Del Consentimiento para Tratamientos

Artículo 20.- Consentimiento para tratamiento es la autorización que una persona otorga en forma voluntaria, a la propuesta del plan de tratamiento que le indica el médico a cargo y a sus variaciones.

Esta autorización deberá estar basada en el conocimiento de los fundamentos que hacen aconsejable tal tratamiento o procedimiento, los propósitos, riesgos y efectos directos y colaterales, incluyendo las posibilidades de éxito de otras alternativas terapéuticas existentes y la factibilidad de su realización.

Artículo 21.- Toda persona internada, cuya capacidad de decisión no se encuentre gravemente comprometida por su enfermedad o afección, podrá decidir por sí misma, aceptando o rechazando en forma libre y voluntaria y con debido conocimiento de causa, el plan de tratamiento que se le ofrezca.

Corresponderá al médico tratante resolver acerca de la capacidad de consentir del paciente, así como entregar en su caso, la información que sea necesaria, para que éste alcance el conocimiento a que se refiere el artículo precedente, de acuerdo a su capacidad de comprensión.

Artículo 22.- Sólo podrá aplicarse un tratamiento, siempre que no sea irreversible, sin el consentimiento previo e informado del paciente, en los siguientes casos:

a) Si la persona es un menor, caso en el cual el consentimiento deberá otorgarse por su representante legal y/o la persona que actuará como su apoderado en la relación con el equipo tratante y el establecimiento que lo acoge.

b) Si la persona, está inconsciente y/o requiere del tratamiento en forma urgente para preservar su salud o su vida.

c) Si se trata de un paciente internado en conformidad al artículo 15.

d) Si la persona es mayor de edad y ha sido evaluada por su médico tratante como incapaz de consentir, de la manera prevista en el artículo 21, se solicitará la anuencia del familiar que actúa como apoderado conforme al artículo 16. Si éste no existe se informará al director del establecimiento, quien deberá consignar su opinión concordante por escrito en la historia clínica.

Artículo 23.- La persona que ha consentido en un tratamiento puede retractarse de ello, caso en el cual, el médico tratante deberá explicar al paciente o al familiar o persona que se ha hecho responsable como apoderado, conforme al artículo 16, las consecuencias que tal interrupción pudiere ocasionarle.

De persistir la negativa, si el médico tratante considera que el paciente ha perdido su capacidad de consentir o que la interrupción del tratamiento puede afectar gravemente el curso de la enfermedad, deberá solicitar una segunda opinión a un médico psiquiatra interconsultor y, además, al director del establecimiento, consignándose ambas opiniones en la ficha clínica del paciente.

En este caso, si las opiniones a que se refiere el inciso anterior, fueren concordantes con la suya, el médico tratante podrá continuar el tratamiento en la forma propuesta, sin contar con el consentimiento del paciente ni de su apoderado, hasta por un plazo de treinta días, al cabo de los cuales, de persistir la negativa, será suspendido.

Artículo 24.- Los siguientes tratamientos requerirán siempre de un consentimiento específicamente referido a ellos, otorgado por el paciente o, cuando corresponda, por la persona con el carácter de apoderado a que se refiere el artículo 16 o, en su defecto, de una segunda opinión psiquiátrica que ratifique la indicación clínica, la que deberá estamparse en la ficha correspondiente:

a) Terapia electroconvulsivante, cada serie de una o más aplicaciones.

b) Administración de medicamentos que siendo necesarios, produzcan efectos colaterales previamente experimentados como difícilmente tolerables por el paciente y/o modificaciones de su comportamiento o rendimiento que le signifiquen desventajas.

c) Tratamientos aversivos destinados a la modificación de conductas.

Artículo 25.- Requerirán siempre del consentimiento establecido en el artículo anterior que ratifique la del médico tratante, lo que deberá estamparse en la ficha clínica del paciente, los tratamientos o procedimientos irreversibles, considerándose tales, a aquellos cuyos procesos o resultados signifiquen cambios físicos o mentales de ese carácter. En estos casos los antecedentes serán remitidos al conocimiento de la Comisión aludida en el artículo 59, en resguardo de los derechos del paciente.

Dentro de este grupo, se considerarán los siguientes:

a) Psicocirugía o cirugía aplicada al tejido cerebral, con el fin de suprimir o modificar funcionamientos o conductas del paciente.

b) Aplicación de mecanismos terapéuticos en el paciente, tales como hormonas de carácter persistente, con el propósito de reducir o suprimir el impulso sexual.

c) Aplicación de técnicas de esterilización.

d) Cualquier otra forma de tratamiento irreversible.

La aplicación de las técnicas a que se alude en las letras a), b) y c) del inciso anterior así como la irreversibilidad de cualquier forma de tratamiento serán determinadas por resolución del Ministerio de Salud.

Subtítulo 2o
Del Manejo de Conductas Perturbadoras o Agresivas durante la Internación

Artículo 26.- Para configurar el carácter agresivo o perturbador del comportamiento de una persona con trastorno mental y tomar las medidas de manejo que más adelante se señalan, deberán considerarse tanto las condiciones de la persona cuanto las circunstancias personales y ambientales, que en la actualidad o en el pasado determinaron la expresión de la o las conductas definibles como perturbadoras o agresivas.

Artículo 27.- El uso de medidas de contención física o farmacológica y de observación continua en aislamiento, se reservarán para aquellas circunstancias en las que la conducta perturbadora o de agresión, física o psíquica, hacia sí mismo o hacia los demás, es de un grado de intensidad o inminencia tal, que representa un peligro para la propia persona y/o para los terceros que la rodean.

En todo caso, previo a la adopción de estos procedimientos, deberán considerarse los diversos factores humanos y ambientales que promueven tal tipo de comportamientos y agotar todas las medidas posibles para evitar el uso de aislamiento y contención.

Se prohíbe la utilización de estas medidas como medio de castigo, para forzar conductas de sometimiento o facilitar el trabajo del personal.

Artículo 28.- La decisión de las medidas de contención o de observación continua en aislamiento debe ser adoptada personalmente por el médico tratante, de propia iniciativa, a petición del equipo tratante o del propio paciente y se adoptarán tras la realización de una apreciación del estado físico y mental del paciente, dejándose constancia en la ficha clínica, acerca de la oportunidad, circunstancias y duración de dicho procedimiento y de las probables causas de las conductas perturbadoras que lo hacen necesario.

Solamente en casos de extrema urgencia que requieran de acción inmediata, podrá adoptarse esta medida por parte del director del establecimiento o de quien lo reemplace, sin perjuicio de informar al médico tratante a la brevedad posible.

Artículo 29.- La observación continua en aislamiento deberá efectuarse en una pieza que cuente con las condiciones de seguridad necesarias para evitar riesgos y daños al paciente, al cual se le deberá privar de cualquier elemento que pudiere permitirle autolesionarse.

Mientras la persona permanezca en observación continua en aislamiento, deberá destacarse a un miembro del personal del centro que mantenga una observación del paciente al menos cada 15 minutos, registrándose su evolución.

Artículo 30.- El plan de tratamiento en aislamiento deberá ser llevado a cabo por el médico y el equipo tratante.

En el caso de que la observación continua en aislamiento deba durar más de 2 horas, será evaluado al cabo de ese lapso, por el médico tratante y por el director del establecimiento o quien lo subrogue, antes de ser prorrogado, para analizar sus resultados en el paciente.

Si la observación continua en aislamiento se prolonga por más de 8 horas consecutivas o más de 12 horas en forma intermitente, en un período de 48 horas, sin que se obtengan los resultados esperados, su prolongación deberá ser aprobada por el director del establecimiento, asesorado en la forma prevista en el artículo 19 y, en todo caso, no podrá extenderse por más allá de una suma total de 24 horas adicionales.

Subtítulo 3o
De los Derechos y Deberes de los Pacientes

Artículo 31.- A todo paciente internado, voluntaria o no voluntariamente, en establecimientos de internación psiquiátrica les serán respetados los derechos que en el orden patrimonial y personal, se contemplan en este subtítulo y, por su parte, deberá cumplir con las obligaciones que a su respecto se señalan.

El director del establecimiento velará por que al momento de su ingreso, cada paciente, o en el caso de encontrarse imposibilitado, su representante legal o la persona que actuará como su apoderado en la relación con el equipo tratante y el establecimiento que lo acoge, reciban información escrita acerca de los derechos y deberes que les corresponden mientras se encuentra internado.

Artículo 32.- En el orden patrimonial los pacientes tendrán derecho a que el Tribunal designe un curador de sus bienes y mientras ello no ocurra, corresponderá al director del establecimiento ejercer la curaduría provisoria, mientras permanezcan internados, a menos que se encuentren sometidos a patria potestad.

Para ejercer esta curaduría, el director no necesitará de discernimiento, ni estará obligado a rendir fianza o a hacer inventario, debiendo servir este cargo en forma gratuita. Gozará de privilegio de pobreza en las actuaciones judiciales y extrajudiciales que deba efectuar en el ejercicio de la curaduría, rigiéndose en todo lo demás por las disposiciones comunes que acerca de la materia se contemplan en el Código Civil.

El ejercicio de la curaduría podrá ser delegado, en el caso de los establecimientos del sector público, por el director del establecimiento, en un profesional, funcionario de su dependencia, que se encuentre capacitado para ejercerla, sin perjuicio de la responsabilidad que le corresponde de velar por el adecuado ejercicio de esta función por parte del delegado.

Artículo 33.- En ese mismo orden patrimonial, los pacientes tendrán derecho a que los recursos económicos de que disponen, sean invertidos en la satisfacción de aquellas necesidades personales relativas a su bienestar, confort y esparcimiento; al uso y goce de los elementos de uso personal de su propiedad que no signifiquen un riesgo para su salud y su vida o para las de los demás, así como a obtener una retribución pecuniaria por los trabajos lucrativos que realicen, en cumplimiento de las terapias que les han sido dispuestas en su respectivo plan de tratamiento.

Artículo 34.- Correlativamente a estos derechos, los pacientes deberán informar acerca de su situación previsional, económica y de los recursos de que disponen para solventar su internación; cuidar y mantener sus bienes, así como aquellos elementos que han sido puestos a su disposición dentro del establecimiento y, además, participar de las tareas y trabajos que se les encomienden como parte del programa de tratamiento contemplado para ellos.

Artículo 35.- Las personas que por causa de padecer de un trastorno mental deban ser internadas, tienen derecho a ser informadas acerca del plan de tratamiento indicado para ellas; del desarrollo y evaluación del mismo; los eventuales traslados y posibilidades de alta, así como de las personas que integran el equipo de salud que lo está atendiendo y del médico tratante a cargo.

Una vez recibida la información acerca de las alternativas de su tratamiento, corresponderá al paciente ejercer su opción de consentir cualquiera de ellas, o solicitar una segunda opinión, cuando corresponda, en la forma prevista en el Subtítulo 1o.

Todo paciente tendrá derecho a que se resguarde su seguridad personal y la confidencialidad de su estadía y tratamiento dentro del establecimiento, a mantener el ejercicio de su vida privada en cuanto sea compatible con éste y a no ser sometido a investigaciones y estudios no autorizados por él.

Los registros, libros, fichas clínicas y documentos de estos establecimientos que atañen a la condición clínica de sus pacientes, tendrán el carácter de reservados, salvo para las autoridades judicial y sanitaria.

Sólo el director del establecimiento público o los funcionarios en quienes delegue esta facultad, y el director médico o el médico tratante, en el caso de los establecimientos privados, podrán otorgar certificados acerca de la permanencia del enfermo, la naturaleza de su enfermedad o cualquier otra información relacionada con su internación. La certificación solamente podrá ser extendida a petición del enfermo, su representante legal o las autoridades judiciales.

Artículo 36.- El paciente internado colaborará en el desarrollo de las terapias acordadas para él, cumpliendo las indicaciones del médico tratante.

Deberá además respetar la confidencialidad, la vida privada y los derechos de los demás pacientes internados.

Artículo 37.- Los pacientes internados en establecimientos psiquiátricos tienen derecho a que se respete su dignidad de personas, salvaguardándoles de toda forma de prejuicio o discriminación negativa.

Mientras dure su permanencia en el establecimiento, los pacientes podrán ejercer sus derechos ciudadanos si corresponde, acceder a una libertad de movimientos y comunicación con el exterior compatible con el tratamiento programado, sobre la base de recibir visitas, obtener asesorías de orden legal o económico y el apoyo espiritual que requieran de los ministros de los credos religiosos que profesen.

Artículo 38.- Las perturbaciones o amenazas que se generen para los pacientes y que les impidan o dificulten el goce de estos derechos, los habilitarán para entablar las reclamaciones a que se alude en el Título VI de este reglamento, sin perjuicio de las demás acciones legales que procedan.

Subtítulo 4o
De las Altas o Término del Tratamiento en Internación

Artículo 39.- Se entenderá por alta, el término de la etapa de internación dentro de un plan de tratamiento, ordenada por el médico tratante, cuando las circunstancias que hicieron necesaria dicha internación, han sido superadas y el paciente puede continuar su recuperación en forma ambulatoria o bien pasar a la etapa de rehabilitación psicosocial.

El alta podrá también otorgarse condicionada al cumplimiento de los procedimientos que establezca el médico tratante, los que deberán cumplirse por parte del paciente, su representante legal y/o la persona que actúa como su apoderado en la relación con el equipo tratante y el establecimiento que lo acoge y, en caso contrario, harán procedente su revocación.

Toda la información sobre el alta y la condicionalidad impuesta para su otorgamiento, si correspondiera, deberán quedar registradas en la ficha clínica del paciente.

Artículo 40.- Los pacientes que hayan ingresado a tratamiento en internación, en forma voluntaria, podrán obtener su alta por indicación del médico tratante, la que se otorgará por su propia decisión o a solicitud del paciente, su representante legal o la persona que actúa como su apoderado en la relación con el equipo tratante y el establecimiento que lo acoge, siempre que su salida no constituya un riesgo para sí o para los demás.

En caso que el alta solicitada por el paciente sea denegada por la circunstancia expuesta, se iniciará una internación no voluntaria de urgencia si se cumplen las condiciones previstas en el artículo 13, o bien, administrativa, en su caso.

Artículo 41.- El alta de los pacientes internados administrativamente, será dispuesta mediante resolución de la autoridad que la ordenó, a proposición del médico tratante, conforme al artículo 14 inciso final.

Artículo 42.- El alta administrativa podrá disponerse incluso en el evento de que el paciente mantenga un grado de perturbación psicológica y/o conducta riesgosa para sí o para terceros, similar al que motivó su ingreso, a solicitud escrita de los familiares o representantes legales siempre que cuente con la autorización del médico tratante y ellos garanticen y se responsabilicen de su control y vigilancia domiciliaria.

Artículo 43.- El alta de los pacientes internados como medida de seguridad por resolución judicial será ordenada por el Tribunal.

Para estos efectos la autoridad sanitaria informará al Tribunal en la oportunidad en que considere que han cesado las condiciones que hicieron necesaria la adopción de dicha medida de seguridad.

Artículo 44.- En el caso de que un paciente internado en forma no voluntaria, se fugue del recinto asistencial o bien, cuando éste no regrese al establecimiento en aquellos casos en que goza de un alta condicionada y se trata de personas que sin un adecuado resguardo o protección, pueden generar un peligro para sí mismas o para terceros, el director del establecimiento podrá notificar del hecho a la autoridad policial o judicial. Esta notificación será obligatoria, si se trata de un paciente internado por la vía judicial, que aún permanece bajo la tuición del tribunal respectivo, con el fin de que sea reincorporado al centro de internación psiquiátrica, para reprogramar y reiniciar su plan de tratamiento, en cambio, en el caso de los pacientes internados administrativamente que se fuguen corresponderá al médico tratante resolver en conjunto con la autoridad sanitaria la notificación a la autoridad policial.

Artículo 45.- Con todo, un paciente que se ha fugado de un recinto asistencial, no podrá ser reinternado en un establecimiento psiquiátrico al cabo de los 30 días siguientes a aquel de su fuga, sin haber sido sometido nuevamente a una evaluación por médico psiquiatra. Lo expuesto en el inciso anterior, no se aplicará a aquellos pacientes internados por orden de la autoridad judicial y que se encuentran sometidos aún a su control y resguardo.

TÍTULO V
DE LOS ESTABLECIMIENTOS QUE PRESTAN ATENCIÓN ESPECIALIZADA EN PSIQUIATRÍA Y SALUD MENTAL, BAJO RÉGIMEN DE INTERNACIÓN

Artículo 46.- Los establecimientos que presten atenciones especializadas en psiquiatría a personas que requieren de tratamiento o rehabilitación, bajo régimen de internación, completa o parcial, se sujetarán a las disposiciones de este reglamento, debiendo cumplir los requisitos que a su respecto se establecen, según el tipo de tratamiento que realizan.

Estas exigencias, en cuanto a recursos técnicos, físicos y humanos, serán determinadas por resolución del Ministerio de Salud, de conformidad a sus facultades técnico-normativas.

Artículo 47.- Los establecimientos de atención especializada en psiquiatría y salud mental, bajo régimen de internación, podrán organizarse en una o varias de las siguientes categorías:

1o.- Establecimientos de hospitalización completa: son las que proveen facilidades durante el día y la noche, para la estadía, de pacientes psiquiátricos que requieren internación; pueden constituirse como entidades independientes o formando parte de un hospital o clínica general.

2o.- Establecimientos de internación parcial, que a su vez, pueden ser de dos tipos:

a) Diurna: son aquellas que admiten la estadía de pacientes psiquiátricos durante varias horas del día, para proveerles las acciones y procedimientos que sean convenientes, y b) Nocturnas: destinadas a ingresar pacientes para efectuar o preparar determinados procedimientos de diagnóstico o tratamiento, medidas de manejo ambiental y otras que sean necesarias de efectuar durante la noche.

3o.- Establecimientos de internación completa de larga estadía: Son las que proveen una residencia adecuada a los pacientes psiquiátricos con mayor grado de persistencia de discapacidad asegurando el cumplimiento del tratamiento y proveyendo un plan de rehabilitación psicosocial, que facilite su reinserción social y laboral.

Artículo 48.- Sin perjuicio de lo dispuesto en el artículo anterior, cualquier establecimiento que otorgue atención psiquiátrica, deberá cumplir con las condiciones generales de diseño, construcción y habilitación, que garanticen una adecuada iluminación diurna y nocturna, aireación o ventilación, aislamiento y calefacción, cuando corresponda, para asegurar la higiene y el bienestar de los pacientes y su seguridad frente a emergencias.

Además de lo expuesto, estarán sujetos a las exigencias básicas de higiene y seguridad establecidas para los lugares de trabajo, contenidas en la reglamentación aprobada por decreto supremo No 745, de 1992, de esta Secretaría de Estado.

Artículo 49.- Estos establecimientos deberán cumplir, además de las condiciones generales antes enunciadas, los siguientes requisitos especiales, según corresponda:

1o.- Mantener un espacio destinado al cuidado intensivo de pacientes que presentan conductas perturbadoras o agresivas, que tenga las condiciones necesarias para un tratamiento adecuado de la situación, evitando interferencias en el funcionamiento regular del establecimiento respecto de los pacientes.

2o.- En el caso de que el establecimiento albergue a personas con trastornos mentales, que además padecen de discapacidades físicas o sensoriales, se deberá contar con la infraestructura y habilitación pertinente para su adecuada rehabilitación y mejor desplazamiento y seguridad.

3o.- El área de dormitorios podrá ser individual o compartida, en este último caso, por no más de seis residentes por habitación; dispondrá de separaciones visuales y otras que permitan la privacidad de cada persona y la seguridad de sus pertenencias.

4o.- El área de comedores deberá permitir compartir los horarios de comidas por parte de los pacientes, en mesas con capacidad para cuatro a seis personas.

5o.- El área de servicios sanitarios deberá contar con un número de artefactos proporcionalmente adecuado al número de personas que los ocupan y con sistemas de provisión de agua fría y temperada.

6o.- Los espacios destinados a recreación y esparcimiento deberán considerar áreas abiertas y cerradas con dimensiones adecuadas para el desplazamiento o permanencia de los pacientes, además de implementos y/o equipos de entretención.

7o.- Los pacientes deberán tener acceso a comunicación telefónica, información sobre fecha y hora, noticias y otros antecedentes o medios que le permitan mantener y acrecentar el grado de ubicación en su entorno ambiental social y cultural.

Artículo 50.- Cada establecimiento organizará su funcionamiento de la manera que mejor se adecue al cumplimiento de su objetivo, contemplándose a lo menos, los siguientes procedimientos:

1o.- De registro de la información clínica de cada persona internada y de archivo y conservación de fichas clínicas, que asegure su confidencialidad.

2o.- Para el análisis periódico de la información relativa al conjunto de pacientes internados, el cumplimiento de los requisitos reglamentarios establecidos al efecto y el grado de satisfacción de los usuarios.

3o.- Para otorgar información básica inicial al paciente y/o a su representante legal y/o la persona que actuará como su apoderado de la relación con el equipo tratante y el establecimiento que lo acoge la que se formulará por escrito y contendrá, a lo menos, datos tales como derechos y deberes del paciente, características del establecimiento y/o unidad, su organización y funcionamiento.

Adicionalmente, el establecimiento velará porque los equipos tratantes entreguen constantemente información a los familiares y al paciente acerca de su evolución clínica y tratamiento.

4o.- De emergencia ante situaciones de incendios, sismos y otros desastres, escrito, conocido y ensayado periódicamente.

5o.- De visitas que permita que el paciente decida acerca de si las recibe, de la periodicidad para ello, o bien, si las discrimina o incluso rechaza. Ningún paciente será privado de este derecho a menos que así haya sido establecido por el médico tratante y conste en su hoja o ficha de tratamiento. En el caso que esta situación sea reiterada, contrariando la voluntad del paciente, éste podrá someter el caso a la resolución del director, el que podrá resolver por sí mismo o asesorado en la forma como lo establece el artículo 19.

6o.- Que permitan personalizar el entorno del paciente, su autonomía en la disposición de aquellos bienes propios de uso personal, que sin ser indispensables, aumentan su comodidad y sentido de identidad y familiaridad con su hábitat.

7o.- Para proveer alimentación balanceada y de buena presentación, además de la posibilidad de acceder a regímenes dietéticos especiales, en los casos que así lo haya dispuesto el médico tratante.

8o.- Para la consideración y resolución de reclamos, sobre la base de un libro u otro mecanismo, que se encuentre a disposición de los pacientes y de la familia en forma permanente, el que deberá ser revisado diariamente por el director del establecimiento, quien además fijará un plazo para su resolución y respuesta a quien realiza el reclamo.

Artículo 51.- La dirección técnica de estos establecimientos o unidades, estará a cargo del profesional capacitado según el tipo de atención que en él se otorgue, el que deberá cumplirla en una jornada adecuada al horario de atención y, en caso de ausencia o impedimento, será reemplazado por otro profesional idóneo designado con antelación para tal efecto.

En el caso de los establecimientos a que se refieren los Nos. 1o y 2o del artículo 47, deberá ser médico especializado en psiquiatría en la forma como se determina en el artículo 6o No 7.

En el caso del No 3 del mismo artículo, el director podrá ser: un médico especializado al igual que en el inciso anterior, un médico general u otro profesional de la salud que acrediten un nivel de experiencia en rehabilitación psicosocial. En este último caso, deberá disponerse de un médico de llamada para consultas de urgencia.

Artículo 52.- El director del establecimiento estará a cargo de su adecuada administración, organización y funcionamiento, en cuanto a infraestructura, instalaciones, equipamiento y elementos de uso terapéutico, tales como medicamentos y otros, así como de las condiciones de trabajo del personal y de aquellas que dicen relación con una adecuada calidad de vida y con la satisfacción de las necesidades básicas de los residentes.

Le corresponderá en especial las siguientes funciones técnicas:

1o.- Velar por que el equipo tratante dé cumplimiento a los tratamientos prescritos a los residentes por sus respectivos médicos a cargo.

2o.- Preocuparse de la idoneidad y capacitación del personal técnico y auxiliar que se desempeñe en el establecimiento o unidad.

3o.- Representar al establecimiento o unidad ante la autoridad sanitaria y demás autoridades que tengan injerencia en su gestión, otorgando las certificaciones que corresponda.

4o.- Responsabilizarse de la permanencia de los internados en el establecimiento, conjugando las medidas restrictivas que impone su tratamiento, con las máximas libertades que sea posible otorgarles según su especial condición.

5o.- Cumplir las demás funciones específicas que se le asignan en esta reglamentación y, en general, efectuar todas las acciones que sean necesarias para mantener un normal desenvolvimiento de las actividades del centro.

El desempeño de las funciones técnicas descritas en el inciso anterior, corresponderá al jefe de servicio o de unidad clínica especializada que forma parte de un establecimiento de salud general y a éste serán exigidos los requisitos de idoneidad aludidos en el artículo 51.

Artículo 53.- El personal profesional, técnico y auxiliar del área de salud de estos establecimientos, deberá tener la capacitación y disposición adecuada para contribuir a la eficacia de los tratamientos dispuestos para los residentes, habida consideración a la condición de enfermos psiquiátricos de quienes se encuentran sometidos a un régimen de internación, debiendo, a lo menos, cumplir las funciones y obligaciones que se le asignen, las cuales deberán constar en un documento escrito de descripción de sus actividades.

La unidad de administración de los recursos humanos del establecimiento se encargará además, de la implementación de los mecanismos de capacitación periódica del personal que sea necesaria para mantener la más alta idoneidad posible.

El personal estará en conocimiento de los procedimientos disciplinarios establecidos, para hacer efectiva la responsabilidad que les correspondiera, en aquellos actos realizados con abuso o desmedro de los derechos de los pacientes.

Artículo 54.- Por lo menos dos tercios del personal profesional, técnico o auxiliar, destinado a labores asistenciales directas de pacientes, deberá desempeñarse en jornada completa de trabajo.

La relación personal-pacientes, según el tipo de establecimiento o unidad, será la que se refiere en las normas aludidas en el artículo 3o del presente reglamento.

TÍTULO VI
DE LA AUTORIZACIÓN, INSPECCIÓN Y SANCIONES

Artículo 55.- La autorización para la instalación y funcionamiento de los establecimientos privados de internación psiquiátrica será otorgada previa acreditación y verificación de los requisitos generales que se establecen en el Título V precedente y de aquellos especiales que se dispongan en la resolución a que se refiere el artículo 3o.

La solicitud correspondiente deberá presentarse a la Oficina de Registro y Control de Profesiones Médicas y Paramédicas del Servicio de Salud en cuyo territorio de competencia se encuentre situado el establecimiento. Esta oficina procederá, con la asesoría del Departamento de Programas de Salud del Ambiente, en lo que corresponde a las condiciones básicas exigibles para los lugares de trabajo y del Departamento de Programas de Salud de las Personas, con los profesionales especializados del Servicio que sean necesarios, en cuanto a la acreditación de las condiciones técnicas propias del área.

La solicitud deberá ser suscrita por el profesional que ejercerá la dirección técnica del establecimiento y deberá acompañar los antecedentes necesarios para acreditar el cumplimiento de los requisitos especiales exigidos, sin perjuicio de aportar los siguientes antecedentes generales:

a) Ubicación y nombre del establecimiento.

b) Individualización del representante legal y de quién asumirá la dirección técnica.

c) Instrumentos que acrediten el dominio del inmueble o los derechos a utilizarlo.

d) Programa de atención que se propone otorgar, de acuerdo a lo dispuesto en el artículo 47.

e) Croquis o plano del edificio que indique la distribución funcional de las dependencias.

f) Copias de los planos de las instalaciones de electricidad, de agua potable, gas y seguridad.

Artículo 56.- La resolución de autorización sanitaria expresa, será otorgada por el director del Servicio de Salud o por el funcionario de su dependencia en quien haya delegado esta función.

La autoridad sanitaria aludida se pronunciará sobre la solicitud que le ha sido presentada, dentro del plazo de 30 días corridos, contados desde la fecha en que el requirente ha completado los antecedentes exigidos para su otorgamiento y, en caso de denegarla, deberá hacerlo mediante resolución fundada.

Al cabo de dicho lapso, si la autoridad no ha emitido un pronunciamiento al respecto, éste le será plenamente exigible a través de los recursos que la ley confiere, sin perjuicio de lo cual, el establecimiento no podrá iniciar sus actividades, mientras no cuente con la autorización expresa que requiere.

La autorización tendrá validez por el plazo de 5 años, el que será renovado, por períodos iguales y sucesivos, mientras no sea expresamente dejada sin efecto. Dentro de los seis meses anteriores al vencimiento de dicho plazo, el director del establecimiento comunicará esta circunstancia a la autoridad sanitaria.

Artículo 57.- La autorización sanitaria otorgada para la instalación y funcionamiento de un establecimiento de atención psiquiátrica, no obsta al ejercicio de la actividad fiscalizadora del Servicio de Salud competente, la que podrá ejercerse de oficio o mediante denuncia de particulares.

Las infracciones a las disposiciones de esta reglamentación y de la demás normativa aplicable, según su naturaleza, serán sancionados de acuerdo a los procedimientos y mecanismos disciplinarios que se contemplan en el Libro Décimo del Código Sanitario, Decreto con Fuerza de Ley No 725, de 1968, del Ministerio de Salud.

Artículo 58.- La autoridad sanitaria deberá visitar periódicamente los establecimientos públicos y privados destinados a la atención de personas que sufren trastornos mentales, con el fin de supervisarlos y asesorarlos en el cumplimiento de las disposiciones relativas a la internación, tratamiento y alta de los pacientes, de manera de garantizar el ejercicio de los derechos que a éstos confiere la normativa en vigencia.

Para ello podrá, entre otras diligencias, examinar las fichas clínicas de los pacientes sometidos a tratamiento y revisar el libro o instrumento de que se disponga para recibir sus quejas o reclamos, el que deberá ser foliado, timbrado o sancionado de cualquier forma que asegure su invulnerabilidad. En este mecanismo deberá dejarse constancia, además, de las acciones adoptadas por la dirección técnica del establecimiento para solucionar el problema detectado y del plazo que ello implicó.

Sin perjuicio de lo expuesto, toda persona que sienta amenazados, perturbados o infringidos los derechos que este reglamento reconoce en favor de las personas que sufren trastornos mentales, podrá elevar el conocimiento del caso al Ministerio de Salud, el que contará con la asesoría de la Comisión Nacional de Protección de las Personas Afectadas de Enfermedades Mentales para derivar el caso con la recomendación correspondiente a la autoridad sanitaria.

TÍTULO VII
DISPOSICIONES FINALES

Artículo 59.- Este reglamento entrará en vigencia al cabo seis meses contados desde la fecha de su publicación en Diario Oficial de la República, una vez que haya sido tomado razón por la Contraloría General. Durante dicho período, se constituirá la Comisión Nacional de Protección de las Personas Afectadas de Enfermedades Mentales, en el Ministerio de Salud.

Artículo 60.- Derógase, a partir de la vigencia de este reglamento, el decreto supremo No 68, de 1927, del Ministerio de Higiene, Asistencia y Previsión Social, que aprobó el Reglamento General para la Organización y Atención de los Servicios de Salubridad Mental y Hospitalización y Reclusión de Insanos, y el Título VIII del decreto supremo No 161, de 1982, del Ministerio de Salud, que aprobó el Reglamento de Hospitales y Clínicas Privadas.

Anótese, tómese razón y publíquese.- EDUARDO FREI RUIZ-TAGLE, Presidente de la República.- Alex Figueroa Muñoz, Ministro de Salud.

Lo que transcribo a Ud. para su conocimiento.- Saluda a Ud., María Soledad Barría Iroume, Subsecretario de Salud (S).

DECRETO Nº 239
APRUEBA REGLAMENTO DEL SISTEMA NACIONAL DE CONTROL DE COSMÉTICOS

Núm. 239.- Santiago, 20 de septiembre de 2002.- Visto: lo dispuesto en los artículos 4º, letra b), 35 y 37 del decreto ley Nº 2763 de 1979; en los artículos 94, 95, 96, 99, 102 y 103, del Código Sanitario, aprobado por decreto con fuerza de ley Nº 725 de 1967, del Ministerio de Salud;

Considerando: lo informado por el Instituto de Salud Pública y por la División de Salud de las Personas en el memorando Nº 655, de 21 de junio de 2001, y Teniendo presente, las facultades que me confiere el artículo 32 Nº 8 de la Constitución Política del Estado, dicto lo siguiente,

Decreto:

Apruébase el siguiente Reglamento del Sistema Nacional de Control de Productos Cosméticos.

TÍTULO I
DISPOSICIONES GENERALES

Artículo 1.- El registro, importación, producción, almacenamiento, tenencia, expendio o distribución a cualquier título y la publicidad y promoción de los productos cosméticos se regirán por las disposiciones contenidas en el presente reglamento.

Artículo 2.- El Instituto de Salud Pública de Chile, en adelante el Instituto, es la autoridad sanitaria encargada en todo el territorio nacional del control sanitario y registro de los productos cosméticos y de velar por el cumplimiento de las disposiciones que sobre la materia se contienen en el Código Sanitario y en su reglamentación complementaria, así como de verificar la ejecución del control y certificación de calidad de los mismos productos.

Artículo 3.- Corresponderá, asimismo, al Instituto autorizar la instalación de los establecimientos que fabriquen cosméticos y fiscalizar su funcionamiento, conforme a las disposiciones contempladas en este reglamento y a las normas técnicas generales que apruebe el Ministerio de Salud.

Artículo 4.- Los productos cosméticos importados o fabricados en el país, para ser comercializados y distribuidos en el territorio nacional, deberán contar previamente con registro sanitario, en la forma y condiciones que establece el presente reglamento.

Artículo 5.- Para los efectos del presente reglamento se entenderá por:

a) Cosmético o producto cosmético: cualquier preparado que se destine para ser aplicado externamente al cuerpo humano con fines de embellecimiento, modificación de su aspecto físico o conservación de las condiciones físico químicas normales de la piel y de sus anexos,

b) Productos de bajo riesgo de producción como los jabones sólidos destinados exclusivamente al aseo personal y otros que califiquen como tales y que específicamente determine por resolución del Instituto de Salud Pública,

c) Productos de higiene como los jabones líquidos, champúes, bálsamos acondicionadores, dentífricos, colutorios o enjuagatorios bucales, desodorantes, antiperspirantes, productos para rasurar la barba y para después de rasurarla, talcos y otros que específicamente se determinen por resolución del Instituto de Salud Pública.

d) Cosmético infantil: el cosmético destinado a niños menores de 6 años, incluyendo los perfumes, lociones y colonias, que tendrá como requisitos los necesarios para la edad, según las formas cosméticas de que se trate, tales como pH y límites microbianos, cuando corresponda. En todo caso, no podrán ser alergénicos ni irritantes.

e) Forma cosmética: forma o estado físico en el cual se presenta un producto conforme a sus especificaciones.

f) Prácticas de buena manufactura de cosméticos: los procedimientos establecidos para garantizar la calidad uniforme y satisfactoria de los productos cosméticos.

g) Producción o proceso de producción: el conjunto de operaciones necesarias para la manufactura de un determinado producto, incluyendo la fabricación hasta la obtención de la forma cosmética, su fraccionamiento en envases definitivos, su rotulación y sus correspondientes controles de calidad.

h) Laboratorio externo de control de calidad: el establecimiento autorizado por el Instituto para realizar análisis y ensayos relativos a productos sometidos al presente reglamento, a solicitud de cualquier persona natural o jurídica.

i) Materia prima: toda sustancia que interviene directamente en la fabricación de un producto cosmético, sea que ella quede inalterada o sea modificada o eliminada en el curso del proceso de producción.

j) Ingrediente cosmético: toda sustancia autorizada por el Instituto de Salud Pública para ser usada en un producto cosmético, que permanece en el producto terminado y puede ser ingrediente común o con actividad cosmética.

k) Ingrediente con actividad cosmética: la sustancia que por sí sola o en conjunto con otras causa el efecto cosmético declarado en su registro.

l) Ingrediente común: aquel utilizado para obtener la forma cosmética sin incidir en el efecto propio del producto o que se usa sólo como odorizante o colorante.

m) Especificaciones: el documento técnico que define los atributos y parámetros que debe cumplir una materia prima, material de envase, producto o servicio. Indica todas las pruebas y análisis que serán utilizados para determinar tales atributos o parámetros y establece los criterios de aceptación o rechazo.

n) Márgenes de tolerancia: los porcentajes de desviaciones máximas admisibles respecto de los atributos y parámetros declarados en una especificación.

o) Boletín de análisis: el documento emitido por el departamento de control de calidad del laboratorio productor, sea nacional o extranjero, o por el laboratorio externo de control de calidad, que indica los resultados obtenidos al evaluar cada una de las especificaciones definidas por el productor.

p) Cuarentena: condición durante la cual las materias primas, los materiales de envase y empaque, los productos semi-elaborados, los productos elaborados a granel o los productos terminados, según el caso, se mantienen temporalmente con prohibición de uso para asegurar su certidumbre, hasta el informe de aprobación o rechazo del sistema de control de calidad.

q) Folleto interno: el documento destinado a comunicar al usuario el correcto uso de un producto cosmético, advertencias y precauciones.

r) Material de envase y empaque: el utilizado para contener y rotular un producto en su presentación definitiva. Este podrá ser interno o externo, según esté o no en contacto directo con la forma cosmética.

s) Envase primario o interno: el que está en contacto directo con el producto.

t) Envase secundario o externo: el que sirve de presentación exterior del producto para el consumidor, cuando exista un envase primario.

u) Envase definitivo: el que consiste en el envase primario único o incluye también el secundario, tengan o no su rotulación completa, siempre que el producto cosmético no vaya a experimentar manipulación posterior.

v) Partida,serie o lote: la cantidad de un producto obtenido en un ciclo de producción, a través de etapas continuadas, y que se caracteriza por su homogeneidad. En los procesos automáticos continuos, se determinará por su envasado primario respecto a una cantidad de producto que acredite homogeneidad.

w) Sublote: la fracción específica e identificada de una partida o serie.

x) Producto semi-elaborado: el que se encuentra en alguna de las fases intermedias de su proceso de fabricación, que antecede a la forma cosmética definitiva.

y) Producto elaborado a granel: el que se encuentra en su forma cosmética definitiva, pero aún no ha sido fraccionado en sus envases definitivos.

z) Producto terminado: el que está en su envase definitivo, rotulado y listo para ser distribuido y comercializado.

aa) Estabilidad: la cualidad de un producto cosmético de mantener inalteradas las especificaciones declaradas en su registro.

bb) Período de vigencia mínima: el lapso determinado durante el cual un producto debe mantenerse estable bajo las condiciones de almacenamiento definidas por su estudio de estabilidad.

cc) Fecha de expiración: la indicada por el mes y año calendario, más allá de la cual no puede esperarse que el producto conserve su estabilidad.

dd) Publicidad: el conjunto de procedimientos empleados para dar a conocer, destacar o hacer distinguir al público, directa o indirectamente y a través de cualquier medio o procedimiento de difusión, las características propias, condiciones de distribución, expendio y uso de los productos cosméticos.

ee) Registro: la inscripción de un producto cosmético, una vez que ha sido sometido a la aprobación previa descrita en los artículos 30 y siguientes, en un rol especial, que mantiene el Instituto, lo que permite su comercialización o distribución en el país.

ff) Etiqueta o rótulo: la representación gráfica que reproduce la leyenda que se adhiere o inscribe en los envases del producto;

gg) Certificado de libre venta: el documento extendido por la autoridad sanitaria del país exportador, a petición del interesado, en el cual debe constar:

a. que el establecimiento productor reúne las condiciones exigidas por la legislación sanitaria del país fabricante.

b. que tiene la autorización para elaborar y distribuir en ese país el producto que se quiere importar, reproduciéndose íntegramente la fórmula autorizada.

c. que su expendio está sometido a algún régimen restrictivo o control especial, si así fuere.

hh) Certificado oficial de producto cosmético: documento extendido por la autoridad sanitaria del país exportador en el cual puede constar, alternativamente y a petición del titular del respectivo registro:

a) Todas o algunas de las menciones propias de un certificado de libre venta.

b) Todas o algunas de las menciones de dicho certificado, junto a otras circunstancias acreditadas en las declaraciones del registro.

c) Cualquiera otra condición o circunstancia que conste a la autoridad sanitaria o le sea acreditada a su satisfacción por el peticionario.

ii) Control en el mercado: las acciones que corresponde ejercer al Instituto de Salud Pública de Chile, en la fase de comercialización de un producto cosmético, destinadas a verificar el cumplimiento de las normas sanitarias sobre importación, producción, almacenamiento, tenencia, control de calidad, expendio o distribución de los productos cosméticos.

jj) Seguridad de uso: la evaluación satisfactoria de la seguridad para la salud humana del producto terminado, considerando el perfil toxicológico general de sus ingredientes, concentraciones, su estructura química y su nivel de exposición en las condiciones normales de uso.

kk) Cosméticos Especiales: aquellos que conllevan un riesgo en su uso por su formulación, concentración de ingredientes activos o su finalidad, requiriendo de una indicación especial de uso.

ll) Producto de Protección Solar o Protectores Solares: Aquellos destinados a ser aplicados sobre la piel con la finalidad exclusiva o principal de protegerla de la radiación ultravioleta A y/o B, ya sea absorbiéndola, dispersándola o reflejándola.

mm) Factor de protección solar: cociente entre la dosis mínima eritematógena en una piel protegida por un producto de protección solar y la dosis mínima eritematógena en la misma piel sin proteger.

Artículo 6.- Producto cosmético contaminado es aquel que contiene microorganismos patógenos, o no patógenos fuera de los límites permitidos o parásitos capaces de producir enfermedades en el hombre, según normas técnicas generales adoptadas oficialmente por resolución del Ministerio de Salud.

Artículo 7.- Producto cosmético adulterado es aquel cuya composición ha sido modificada con respecto a la fórmula declarada en el registro, con el propósito de ocultar una alteración o extraer total o parcialmente un ingrediente o incluir ingredientes prohibidos o en concentraciones distintas a las declaradas, con excepción de las variedades de un mismo producto a que se refiere el artículo 22.

Artículo 8.- Producto cosmético falsificado es aquel:

a) cuya rotulación en el envase no expresa lo declarado en el registro;

b) que declara contener ingredientes que no corresponden a la fórmula declarada en el registro;

c) que se expende con el mismo nombre de fantasía o marca comercial de otro producto similar registrado, siendo que no corresponde a dicho producto, o

d) al que se le hubiese separado el contenido del envase original, total o parcialmente y sustituido por otra substancia.

Artículo 9.- Producto cosmético alterado es aquel que por deficiencia en la elaboración, almacenamiento, transporte, conservación o cualquiera otra causa:

a) haya sufrido modificaciones que alteren su calidad;

b) se presenta con los envoltorios, etiquetas o envases deteriorados, o

c) se distribuya o expenda más allá de la fecha de expiración indicada en su rotulación.

Artículo 10.- Todo registro sanitario será válido por un período de cinco años, contados desde la fecha de su aprobación y será otorgado previa solicitud del interesado y pago del derecho arancelario correspondiente, sin perjuicio de lo dispuesto en el artículo siguiente. Este plazo se entenderá automática y sucesivamente prorrogado, pagando el derecho arancelario, por períodos iguales, mientras no sea expresamente dejado sin efecto. Se establecerá un registro en base a un rol por empresa.

Artículo 11.- Podrá cancelarse el registro sanitario de un producto en los siguientes casos:

a) A petición del titular del registro

b) Si se comprueba falsificación o engaño en cualquiera de las declaraciones presentadas para solicitar el registro;

c) Si se comprueban cambios cualitativos o cuantitativos significativos en los ingredientes declarados en el re-gistro;

d) Si se comprueban infracciones graves a las disposiciones sanitarias, entendiéndose por tales las que comprometan la salud de la población;

e) Si uno de los ingredientes del producto es eliminado del listado de ingredientes autorizados para uso en cosméticos, se limita su uso, se reduce su concentración o se incluye en el listado de ingredientes prohibidos para uso en cosméticos.

Artículo 12.- Corresponderá al Ministerio de Salud pronunciarse previamente respecto de la cancelación de un registro o la denegación de su otorgamiento que le sea propuesta por el Instituto.

Artículo 13.- Cuando por circunstancias detectadas en el ejercicio de sus funciones de control o mediante antecedentes científicos emanados de la Organización Mundial de la Salud, de organismos o entidades nacionales o internacionales o de su propia investigación, el Instituto determine, mediante resolución fundada, que un producto o ingrediente cosmético perjudica la salud pública cuando se apliquen en las condiciones normales de empleo, podrá:

a) Modificar el respectivo Listado de Ingredientes;

b) Exigir o disponer las modificaciones necesarias en los registros respectivos que garanticen la seguridad y eficacia en el uso del producto o ingrediente, sea en su formulación, finalidad cosmética, formas de empleo, rotulación u otra condición que precise ser modificada, dentro de un plazo definitivo;

c) Solicitar al Ministerio de Salud su pronunciamiento para la cancelación inmediata del registro; y

d) Denegar la solicitud de registro que se encuentre en trámite, de conformidad a lo dispuesto en el artículo 23.

Artículo 14.- La fabricación de los productos cosméticos corresponderá a los laboratorios de producción y los laboratorios autorizados para la fabricación de productos de higiene y de bajo riesgo de producción.

Los laboratorios señalados no estarán obligados a registrar los productos cosméticos destinados exclusivamente a la exportación, debiendo sólo notificar al Instituto esta circunstancia. Sin embargo, la distribución y comercialización de dichos productos en el país deberá hacerse previo registro, de conformidad a las normas del presente reglamento.

Artículo 15.- La importación de los productos cosméticos podrá ser efectuada por cualquier persona natural o jurídica, de acuerdo con las normas establecidas en la legislación vigente y en este reglamento.

Sólo los laboratorios de producción podrán importar o recibir, por cuenta propia o de terceros, productos semi-elaborados o elaborados a granel, para efectos de su terminación.

Sin embargo, los productos importados terminados cuya rotulación de origen no contenga las menciones de las letras f) a j) del artículo 40 de este reglamento, podrán ser recibidos en bodegas autorizadas, donde les deberán ser agregadas las menciones faltantes, previo a su distribución. En todo caso, si la rotulación de dichos productos carece, además, de alguna de las menciones de las letras a) a e) del artículo 40, se considerará producto elaborado a granel.

Artículo 16.- Una vez concluida la tramitación de las destinaciones aduaneras de materias primas, cosméticos semielaborados o elaborados a granel y productos cosméticos terminados, que el Servicio Nacional de Aduanas haya cursado previa certificación emitida por el Servicio de Salud respectivo, y se hayan retirado los productos de los recintos de aduana, ellos quedarán depositados bajo la responsabilidad del consignatario. Este no podrá usar, consumir, vender, comercializar, distribuir, ceder o disponer de ellos a ningún título, sin obtener la autorización del Instituto de Salud Pública.

Dicha autorización deberá emitirse dentro del plazo de tres días hábiles contados desde la fecha en que el interesado comunique a la autoridad el ingreso de los productos a su lugar de depósito, acompañando copia del certificado del Servicio de Salud que permitió su traslado a ese recinto.

El Servicio Nacional de Aduanas informará mensualmente al Instituto acerca de los productos cosméticos que hayan sido importados al país, como también de su cantidad y el nombre del importador.

Artículo 17.- Para que el Instituto de Salud Pública dé curso a esta autorización para el uso y/o disposición, el importador deberá acompañar a la solicitud el boletín de análisis emitido, indistintamente, por el fabricante extranjero o por un laboratorio de control de calidad chileno y referido expresamente a la partida que se desee internar. La autorización deberá otorgarse dentro del plazo de tres días hábiles.

Artículo 18.- Los productos cosméticos podrán distribuirse y expenderse en farmacias, perfumerías y otros establecimientos comerciales.

Asimismo, los laboratorios de producción podrán expender al público sus propios productos, en las condiciones de expendio aplicables a su naturaleza.

TÍTULO II
DEL REGISTRO DE COSMÉTICOS

§ 1º NORMAS GENERALES

Artículo 19.- Todos los cosméticos, cualquiera sea su función o finalidad cosmética, se regirán por las disposiciones del presente reglamento.

Artículo 20.- Con todo, sin que necesariamente expresen las funciones específicas que pueden o no incluirse en ellas, se entenderán como finalidades propias de cosméticos, entre otras, las siguientes:

a) Productos de higiene personal
b) Maquillaje
c) Coloración del cabello
d) Bronceado
e) Protección solar
f) Embellecimiento capilar
g) Depilación y epilación
h) Cuidado de la piel
i) Cualquiera otra que corresponda a las finalidades propias de un producto cosmético.

Los productos a que se refieren las letras b) y c) del artículo 5º y los odorizantes, preparados que contengan sustancias aromáticas, naturales o sintéticas, se entenderán registrados por el solo hecho de haberse autorizado sanitariamente el establecimiento productor o importador.

Para ello los establecimientos que elaboren o importen este tipo de productos deberán formular una declaración ante el Instituto dentro de los treinta días siguientes al comienzo de su funcionamiento o iniciación de actividades, respecto de la individualización del propietario, su ubicación, línea de actividades y de la fórmula y características de cada uno de sus productos. Una vez presentados los antecedentes se inscribirá el establecimiento en la línea de actividad declarada.

En todo caso cada uno de los nuevos productos a que se refieren las letras b) y c) del artículo 5° deberán ser notificados al Instituto de Salud Pública, antes de su comercialización en el país.

No obstante lo anterior los fabricantes e importadores de estos productos podrán solicitar voluntariamente el registro cumpliendo con los antecedentes mencionados en el presente reglamento.

Artículo 21.- Todo producto cosmético, cualquiera sea su denominación, clase o finalidad, solamente debe tener acción local sobre la piel y sus anexos; y si es absorbido por el organismo, debe carecer de efectos sistémicos.

Artículo 22.- Se considerarán variedades de un mismo producto y, por ello, no requerirán de registros adicionales, sus composiciones que mantengan la misma concentración de sus ingredientes con actividad cosmética, conserven los mismos ingredientes comunes y omitan uno o más de los colorantes, saborizantes u odorizantes considerados en su fórmula cualitativa.

Artículo 23.- La solicitud de registro para comercializar y distribuir un producto cosmético, de fabricación nacional o importado, deberá presentarse en el Instituto, en formularios especiales aprobados por éste, bajo la forma de una declaración jurada, los que serán suscritos por el interesado o su representante legal, según proceda, y por el responsable de la dirección técnica.

No podrá objetarse la recepción de solicitudes que contengan todas las declaraciones señaladas en los artículos 25° y 26°.

El registro deberá aprobarse o denegarse dentro del plazo de cinco días hábiles contados desde la recepción de la respectiva solicitud en el Instituto. En caso de denegarse su otorgamiento, se requerirá el pronunciamiento previo del Ministerio de Salud.

Asimismo, las solicitudes podrán presentarse y resolverse por medios magnéticos, electrónicos, computacionales, internet o por cualquier otro medio que determine el Instituto, el que elaborará formularios especiales para tales efectos y adoptará las medidas que resguarden adecuadamente los intereses públicos comprometidos. Siempre que se utilice tal sistema de procesamiento, las solicitudes deberán resolverse en un plazo máximo de 3 días hábiles.

Artículo 24.- El Instituto otorgará un número de inscripción al titular que actúe directamente o contrate a un tercero como importador o elaborador de cosméticos. Este se otorgará con el sólo mérito del formulario o presentación en que se declare el nombre o razón social, representación legal, RUT de la empresa, dirección y teléfono, exhibiendo cédula de identidad del declarante y acompañando copia de su inscripción como sociedad en el Registro de Comercio, en su caso.

Estas cifras servirán de base al número del registro que otorgará el Instituto.

Artículo 25.- Los formularios deberán consignar las siguientes declaraciones:

a) Identificación de la persona natural o jurídica que solicita el registro. En el caso de los mandatarios, éstos deberán identificar a la persona natural o jurídica en cuya representación actúan, quien será la titular del registro para todos los efectos legales.

b) Identificación del director técnico asesor del solicitante que asuma la responsabilidad de los requisitos técnicos del producto;

c) Denominación del producto y especificación de su finalidad cosmética;

d) Objetivo de la solicitud, a saber:

d.1. producto de fabricación propia;

d.2. producto fabricado en Chile por un tercero;

d.3. producto importado terminado;

d.4. producto importado a granel o semielaborado y terminado en Chile por el titular o por un tercero

e) Nombre completo del mandante extranjero, si se invoca el uso de una licencia o poder.

f) El número de inscripción en el Instituto del solicitante que actúe directamente o contrate a un tercero como importador o elaborador de cosméticos, seguido del que corresponda a su propio orden secuencial de productos.

g) Descripción e interpretación de la clave o código, si el producto es importado o el solicitante por cualquier causa no la hubiere acreditado.

h) Nombres completos y direcciones de las empresas nacionales o extranjeras fabricantes del cosmético.

Artículo 26.- Los formularios señalados en el artículo anterior deberán ser acompañados, a lo menos, de las declaraciones escritas que siguen, suscritas igualmente por el solicitante:

a) Fórmula cualitativa completa y expresión cuantitativa de sus ingredientes con actividad cosmética o que estén sujetos a restricciones de concentración.

La fórmula cuantitativa deberá ser expresada en unidades de peso o volumen del sistema métrico decimal o en unidades convencionales internacionalmente reconocidas, según el caso.

Para estos efectos, todos los ingredientes del producto se identificarán por los nombres del Registro de Ingredientes Cosméticos del Instituto de Salud Pública de Chile o por las nomenclaturas INCI;

b) Declaración técnica, en idioma castellano. Deberá consignar, a lo menos, la siguiente relación:

b.1. especificaciones del producto terminado, especialmente incluidas su descripción física, características físico químicas o microbiológicas con sus respectivos márgenes de tolerancia, cuando corresponda;

b.2. indicar la metodología que utilizará para la identificación y valoración de los ingredientes cuantitativamente expresados en la fórmula;

b.3. período de vigencia, señalando su fundamento técnico; y

b.4. tipo y material de los envases.

c) Certificación de seguridad de uso, expedida por profesional idóneo;

d) Documentos legales, constituidos según el caso por:

d.1. acreditación legal y representación del solicitante, si es persona jurídica;

d.2. acreditación de las características y circunstancias del producto a que se refieren las letras a) y b) de la letra gg) del artículo 5°, mediante certificado de libre venta, certificado oficial de producto cosmético u otro de la respectiva autoridad sanitaria o bien, cuando así lo autorice la legislación del país exportador, la certificación de la entidad industrial o comercial de cosméticos. Cuando en el país de origen no se emitan certificaciones por alguna entidad oficial o agrupación comercial, podrá presentarse el certificado legalizado del fabricante extranjero que acredite la información del producto;

e) Comprobante de pago del derecho arancelario correspondiente a lo que se solicite.

Artículo 27.- Sin perjuicio de lo anterior, deberán presentarse adicionalmente los siguientes antecedentes, de acuerdo a la naturaleza y finalidad de los productos, en las condiciones que a continuación se indican:

a) Tratándose de Productos Cosméticos Especiales, tales como: protectores solares, tinturas para el cabello, decolorantes, activadores de color, alisadores y ondulantes de cabello, pastas dentales y enjuagatorios bucales con flúor, epilatorios y depilatorios exceptuando las ceras y otros que determine el Ministerio mediante resolución fundada a propuesta del Instituto, se deberá indicar en las especificaciones de producto terminado, la metodología de identificación y valoración de los ingredientes activos declarados en la fórmula.

b) Los productos cosméticos que deseen anunciarse como protectores solares, cosméticos hipoalergénicos o cosméticos infantiles deberán adjuntar un resumen de los estudios técnicos que permitan avalar sus propiedades, declarando que se mantendrán a disposición de la autoridad sanitaria, en todo momento, los estudios completos.

Sin perjuicio de lo anterior, el Instituto mediante resolución fundada, podrá solicitar al requirente de registro sanitario cualquier antecedente administrativo o técnico que sea necesario para respaldar lo solicitado.

Artículo 28.- Se prohíbe designar un producto cosmético con un nombre de fantasía que pueda inducir a engaño en cuanto a sus propiedades cosméticas o composición.

En ningún caso podrá tener denominaciones utilizadas en productos farmacéuticos o que se asocien a sus propiedades.

Artículo 29.- El titular de todo registro podrá solicitar al Instituto que emita el certificado oficial de producto cosmético. En este documento pueden constar, alternativamente y a petición del titular del respectivo registro:

a) Todas o algunas de las menciones propias de un certificado de libre venta;

b) Todas o algunas de las menciones de dicho certificado, junto a otras circunstancias acreditadas en las declaraciones del registro; o

c) Cualquiera otra condición o circunstancia que conste a la autoridad sanitaria o le sea acreditada a su satisfacción por el peticionario.

§ 2º EVALUACIÓN

Artículo 30.- El Instituto evaluará las solicitudes de registro sobre la base de las declaraciones indicadas en los artículos 25º y 26º y sólo comprenderá la verificación de los siguientes aspectos:

a) denominación;

b) finalidad cosmética;

c) fórmula, y

d) personería de los solicitantes.

El Instituto podrá requerir al solicitante la rectificación de las omisiones o errores que se adviertan en las solicitudes. Asimismo, podrá devolver al interesado las solicitudes en que no se acompañen los antecedentes señalados en las letras anteriores.

Artículo 31.- La aprobación del producto cuyo registro se solicita, se efectuará en base a la comparación de los ingredientes constitutivos de la fórmula del producto cosmético con los listados de ingredientes autorizados, limitados o prohibidos que aprobará y publicará el Instituto. A falta de éstos, se utilizarán como referencia los listados de la Unión Europea contenidos en la Directiva 76/768/CEE del Consejo de 27 de julio de 1976, y sus modificaciones posteriores, relativa a la aproximación de las legislaciones de los Estados Miembros en materia de productos cosméticos; y los listados aprobados por la Food and Drug Administration de los Estados Unidos de América.

Artículo 32.- Las especificaciones del producto deberán ser claras, precisas y completas, según los requisitos establecidos en la letra b) del artículo 26°.

Artículo 33.- La petición de registrar productos cosméticos diferentes, aunque se solicite para comercializarlos como un solo todo, será considerada como una solicitud independiente para cada uno de ellos, debiendo cumplir cada una las condiciones señaladas en el presente Título.

Artículo 34.- El Instituto otorgará el registro cuando la solicitud se acompañe con las declaraciones señaladas en los artículos 25° y 26°, y una vez evaluados satisfactoriamente los antecedentes enunciados en el artículo 30°.

El Instituto dictará la resolución denegatoria sólo una vez recibido el pronunciamiento del Ministerio de Salud.

Con todo, el interesado que no esté conforme con la resolución del Instituto podrá recurrir a dicho Ministerio, en la forma prescrita en el artículo 53° del decreto supremo N° 1.222, de 1996, de la misma Secretaría de Estado.

Artículo 35.- El Instituto fiscalizará el cumplimiento de las normas sanitarias que regulan el otorgamiento de los registros sanitarios, en la forma que señala el Título V de este reglamento.

Artículo 36.- El Instituto por resolución fundada podrá requerir la modificación del registro de un producto cosmético en los términos señalados en el artículo 13 del presente reglamento.

Artículo 37.- La modificación de un registro deberá hacerse mediante resolución fundada.

Artículo 38.- Todo registro sanitario otorgado para distribuir y comercializar un producto cosmético podrá ser transferido por quien lo obtuvo a otra persona natural o jurídica.

En los casos de registros concedidos en virtud de una licencia o poder, su transferencia sólo podrá autorizarse con el consentimiento del licenciante, conocimiento del licenciado y solicitud del nuevo apoderado.

§ 3° ROTULACIÓN

Artículo 39.- La rotulación de los productos cosméticos deberá ceñirse a las normas contenidas en este reglamento y corresponder a las declaraciones del registro.

Artículo 40.- La rotulación de los envases de todo producto cosmético se hará en idioma español, sin perjuicio de lo dispuesto en el artículo 41° y deberá indicar, a lo menos, las menciones que se expresan a continuación:

a) Nombre del producto;

b) Finalidad cosmética, salvo que ella resulte obvia por la denominación del producto;

c) Listado cualitativo de la fórmula completa que señale sus ingredientes, según la Nomenclatura Internacional de Ingredientes Cosméticos (INCI), en el orden decreciente de sus concentraciones.

No obstante, la nómina de todos los colorantes que alternativamente puedan incorporarse al producto, podrá ser precedida de la frase "puede contener";

d) Período de vigencia mínima o fecha de expiración, cuando fuera necesario;

e) Código o clave de la partida o serie de fabricación. Si el producto es importado conservará la serie de origen, sujeto a lo dispuesto en la letra g) del artículo 25°;

f) Contenido neto expresado en unidades del sistema métrico decimal;

g) Nombre o razón social y dirección del titular y, cuando no coincida, también las del fabricante o importador según el caso, con indicación del país donde fue fabricado el producto;

h) Modo de empleo, indicaciones, advertencias y precauciones sobre su uso, según proceda;

i) Número de registro aprobado por el Instituto determinado según la letra f) del artículo 25°, precedido de la sigla individualizadora "I.S.P.".

j) Precauciones de almacenamiento y conservación, cuando fuere necesario.

Cuando el tamaño del envase del producto no permita incluir todas las indicaciones en el rótulo o cuando el uso del cosmético pueda constituir un riesgo para la salud de las personas, deberá agregarse un prospecto que se adjuntará al envase del mismo producto que incluya indicaciones, advertencias y precauciones.

Artículo 40 bis.- Los productos cosméticos que a continuación se indican deberán incorporar en su rotulación las siguientes menciones:

a) Cosméticos Infantiles: Indicación de forma destacada de la leyenda "Permitido su uso en niños menores de 6 años"

b) Para los productos que tengan como finalidad ser protectores solares:

– Indicación del factor de protección solar, según artículo 5° letra mm), de acuerdo a la siguiente tabla:

Categoría a indicar en la etiqueta	Factor de protección solar (FPS) a indicar en la etiqueta	Factor de protección solar medido
Protección Baja	6	6-9.9
	10	10 - 14.9
Protección Media	15	15-19.9
	20	20-24.9
	25	25-29.9
Protección Alta	30	30-49.9
	50	50-59.9
Protección Muy Alta	50+	Igual o mayor a 60

– Indicación del lapso para su reaplicación.

– Precauciones de uso y advertencias, tales como: "En niños menores de seis meses de edad no se recomienda la exposición al sol".

– Quedan prohibidas las frases: "protección total", "a prueba de agua" o aquellas que aludan al mismo significado, así como toda otra que,: no pueda ser acreditada en cuanto a las cualidades y propiedades, que invocan.

Sin perjuicio de lo anterior, el Instituto mediante resolución fundada podrá establecer la tipografía y otras características relativas a las menciones señaladas precedentemente, así como otros requerimientos de rotulación específicos atendida la naturaleza y el adecuado uso de cada producto cosmético.

Artículo 41.- En la rotulación o en el texto de los anexos de un producto cosmético de importación o fabricado en Chile para su exportación podrá utilizarse, adicionalmente, idiomas extranjeros.

TÍTULO III
DE LOS INGREDIENTES

Artículo 42.- Serán listados oficiales de ingredientes cosméticos los aprobados por el Instituto de Salud Pública.

El Instituto, de oficio o a solicitud de cualquier persona natural o jurídica, evaluará y resolverá la aceptación y clasificación o el rechazo de los ingredientes que podrán ser utilizados en la fabricación de productos cosméticos. Toda resolución denegatoria deberá ser fundada y requerirá el pronunciamiento previo del Ministerio de Salud.

Sin perjuicio de lo anterior, para efectos del registro y confección del listado oficial de ingredientes cosméticos, se usarán como referencia los listados oficiales de la Unión Europea, las normas del Food and Drug Administration, de los Estados Unidos de América, y las recomendaciones de organismos técnicos nacionales o internacionales reconocidos.

Los listados de ingredientes deberán ser publicados anualmente en el Diario Oficial, para efectos de una adecuada publicidad.

Artículo 43.- Para efectos de actualizar los listados a que se refiere el artículo 44°, el Instituto constituirá, anualmente, una comisión interdisciplinaria, que actuará como órgano asesor de la autoridad sanitaria.

Artículo 44.- Corresponderá al Instituto de Salud Pública actualizar los siguientes listados, y proponer su aprobación al Ministerio de Salud:

a) Listado de Ingredientes Cosméticos.
b) Listado de Ingredientes Prohibidos en Cosméticos.
c) Listado de Ingredientes Cosméticos de Uso o Concentración Limitados.
d) Listado de Colorantes Permitidos en Cosméticos.
e) Listado de Preservantes Permitidos en Cosméticos.
f) Listado de Filtros Solares Permitidos en Cosméticos.

Todos los ingredientes cosméticos deberán cumplir las especificaciones de calidad que se definan en estos listados.

En cualquier tiempo podrá presentarse al Instituto una solicitud de modificación de los listados, la que regirá desde la fecha de la resolución que la aprobare.

Artículo 45.- Las solicitudes de incorporación de ingredientes, ampliación o restricción de uso o concentración y demás modificaciones a los listados establecidos en el artículo 44°, deberán ser acompañadas de la pertinente información científica respecto de:

a) Perfil toxicológico general del ingrediente.
b) Estructura química, cuando corresponda.
c) Estudios clínicos.
d) Uso o autorización del ingrediente para fines cosméticos en otros países.

e) Otros antecedentes necesarios para evaluar su seguridad de uso e inocuidad del ingrediente.

TÍTULO IV
PUBLICIDAD Y PROMOCIÓN

Artículo 46.- La publicidad o promoción por cualquier medio de los productos cosméticos deberá conformarse a la naturaleza del producto y respetar la finalidad cosmética declarada en el registro.

Artículo 47.- Para dar a conocer o hacer publicidad en cualquier forma a un producto cosmético no se podrán emplear términos, expresiones, gráficos, figuras, alusiones o interpretaciones que contraríen la verdad científica e induzcan a equivocación o engaño.

Artículo 48.- La publicidad o promoción de los productos cosméticos no podrán atribuirles, sea directa o indirectamente, propiedades terapéuticas o efectos o características que el producto no posea o no puedan ser comprobados.

Artículo 49.- Queda prohibida la donación, entrega o distribución al público, con fines de publicidad o promoción, aun gratuita, de productos cosméticos que no cuenten con registro sanitario.

El Instituto podrá suspender o prohibir, por resolución fundada, la publicidad y promoción de los productos cosméticos cuando no cumplan con las disposiciones del presente título.

TÍTULO V
DEL CONTROL EN EL MERCADO

Artículo 50.- El control en el mercado se orientará a verificar y promover el cumplimiento de las normas sanitarias sobre cosméticos, especialmente en los siguientes aspectos:

a. Examen de los documentos y demás antecedentes que acrediten la veracidad de las declaraciones contenidas en el registro, las denuncias de los usuarios y demás datos que existan sobre sus efectos adversos.

b. Control de la calidad sanitaria de los productos cosméticos, durante las etapas de importación, producción y comercialización.

c. Fiscalización de las acciones de publicidad y de promoción de estos productos, de conformidad al Título IV de este reglamento.

d. Control del funcionamiento de los laboratorios de producción cosmética, los laboratorios externos de control de calidad y los establecimientos que fabriquen productos de higiene o cosméticos de bajo riesgo de producción.

e. Muestreo de productos cosméticos en sus puntos de distribución o venta y análisis de ellos y sus respectivas contramuestras.

Artículo 51.- Como resultado de las acciones de fiscalización, el Instituto deberá pedir, según corresponda, la corrección de las declaraciones del registro o, en su caso, proponer su cancelación al Ministerio de Salud.

Artículo 52.- Los titulares de los registros de productos cosméticos, sean fabricantes o importadores, estarán obligados a presentar, exhibir e informar al Instituto de Salud Pública de Chile los documentos, instrumentos, informes, análisis y demás antecedentes que les soliciten los fiscalizadores, respecto de las siguientes circunstancias:

a) Respaldo técnico de las menciones y declaraciones efectuadas al solicitar el registro sanitario de un producto cosmético.

b) Antecedentes, estudios y/o respaldo científico, cuando corresponda, sobre la seguridad de uso que un producto posee, referidos tanto a su fórmula, características y especificaciones como a todos los efectos adversos.

c) Procesos de producción, sus modalidades, controles y registros.

Artículo 53.- La no presentación, exhibición e información de los antecedentes señalados en el artículo anterior, que sean requeridos por el Instituto, dentro de los plazos prudenciales que se fijaren para ello, constituirán una infracción sanitaria, la que se sancionará, previa instrucción de sumario correspondiente.

TÍTULO VI
DEL CONTROL DE CALIDAD

Artículo 54.- La responsabilidad por la calidad de los productos corresponderá siempre a sus importadores o fabricantes, según les corresponda.

Sin perjuicio de lo anterior, los distribuidores, expendedores o comercializadores de cosméticos, deberán adoptar las medidas de control que aseguren la calidad de los cosméticos en sus etapas de almacenamiento, tenencia, distribución, expendio o venta, según corresponda.

Artículo 55.- El Instituto es el organismo encargado de evaluar la calidad de los productos cosméticos a través de acciones inspectivas en los establecimientos fabricantes, importadores, distribuidores y vendedores.

Artículo 56.- Toda persona natural o jurídica que actúe como fabricante de los productos cosméticos, deberá adoptar un sistema de control de calidad que certifique el cumplimiento de las especificaciones de producción, de las materias primas y del producto terminado.

Las personas naturales o jurídicas que actúen como importadoras de productos semi-elaborados o a granel, deberán contar con un sistema de control de calidad a su respecto, que cubra hasta el producto terminado elaborado con ellos.

Las personas naturales o jurídicas que actúen como importadoras de productos terminados deberán efectuar o contratar los análisis que certifiquen la calidad de estos productos, a menos que por resolución fundada del Instituto de Salud Pública se los exima de ello, validando el control de calidad efectuado en el país de origen.

Artículo 57.- Los laboratorios de producción que no dispongan de un departamento de control de calidad completo, podrán recurrir a los servicios de los laboratorios externos de control de calidad que cuenten con autorización otorgada por el Instituto, conforme al artículo 85°.

Artículo 58.- Las especificaciones de calidad del producto terminado corresponderán a las declaradas al solicitarse el registro sanitario o sus posteriores modificaciones.

Los registros que deberán llevarse para satisfacer los requerimientos del sistema de calidad podrán ser documentales o computacionales debidamente validados.

Artículo 59.- Todo laboratorio de control de calidad deberá adoptar las buenas prácticas de laboratorio, según su línea de actividades.

Artículo 60.- El Instituto podrá solicitar muestras y contramuestras de cada partida, serie o lote de productos cosméticos en trámite de importación, importados o fabricados por el laboratorio de producción nacional, a fin de realizar los análisis que se requieran para garantizar la calidad del producto.

Los laboratorios externos de control de calidad, en su caso, deberán conservar por el plazo de 3 años las contramuestras de los productos terminados que hayan analizado.

Artículo 61.- El fabricante, importador y distribuidor, según corresponda, será responsable de la recuperación oportuna y expedita de una partida, serie o lote por él fabricado, importado o distribuido, cuando la autoridad sanitaria lo determine por resolución fundada.

Artículo 62.- Los establecimientos de producción, importación, distribución o expendio, así como los Servicios de Salud, deben acoger toda denuncia relacionada con la calidad, uso, almacenamiento, conservación y publicidad de un producto cosmético, debiendo ser comunicada a la dirección del Instituto de Salud Pública.

Artículo 63.- Sin perjuicio de lo establecido en los artículos anteriores, en la ejecución de las actividades propias del análisis de las muestras de los productos, el Instituto podrá recurrir a los servicios de otros laboratorios de control de calidad autorizados por éste.

TÍTULO VII
DE LOS ESTABLECIMIENTOS

§ 1° DISPOSICIONES GENERALES

Artículo 64.- Laboratorio de producción es todo establecimiento en que se efectúe la fabricación, fraccionamiento y envase de los productos cosméticos, de conformidad a las normas del presente párrafo. Estos establecimientos podrán igualmente fabricar, importar o distribuir materias primas que se utilicen en la industria cosmética.

Artículo 65.- La instalación de un laboratorio de producción cosmética deberá ser autorizada por el Instituto, al que corresponderá, además, fiscalizar su funcionamiento, sin perjuicio de los convenios de cooperación que puedan suscribirse con los Servicios de Salud de conformidad a la ley.

En caso de establecer convenios de cooperación, los Servicios de Salud deberán enviar al Instituto las copias de las resoluciones que dicten para autorizar la fabricación de cosméticos, así como de las cancelaciones y cierres temporales o definitivos que dispongan mediante los sumarios sanitarios que instruyan.

Los laboratorios que solamente fabriquen productos cosméticos de bajo riesgo se regirán por las reglas especiales que se contemplan en el párrafo 5° de este título.

Artículo 66.- La autorización de funcionamiento otorgada por el Instituto mantendrá su vigencia, en tanto no se incurra en alguna de las causales de cancelación establecidas en el presente reglamento

Artículo 67.- La autorización de funcionamiento de un laboratorio de producción podrá cancelarse cuando:

a) El titular de la autorización de laboratorio o su representante legal comunique su voluntad de no continuar sus actividades,

b) El titular de la autorización de laboratorio haya dejado de actuar definitivamente o, a lo menos, por más de 180 días, o

c) Sea procedente por aplicación de una sanción sanitaria, conforme a la instrucción del sumario correspondiente.

Artículo 68.- Deberán ser igualmente autorizados por el Instituto el traslado o ampliación de la planta física y de la línea de actividades del establecimiento.

Si un laboratorio realiza producción de líneas de actividades no autorizadas, sea que correspondan a cosméticos de fabricación propia o por cuenta de terceros, el Instituto podrá disponer la paralización inmediata de la línea de producción, sin perjuicio de las sanciones que se apliquen en el sumario sanitario que se dispusiere.

Artículo 69.- Toda persona natural o jurídica que adquiera un laboratorio de producción cosmética o se haga cargo de su explotación o administración por cuenta propia o ajena, deberá comunicarlo al Instituto, dentro del plazo de 60 días, acompañando los instrumentos que acrediten su derecho.

§ 2º DE LA AUTORIZACIÓN DE INSTALACIÓN Y FUNCIONAMIENTO

Artículo 70.- La instalación de un laboratorio de producción deberá hacerse en un local independiente. En el caso que coexista en el mismo establecimiento, fabricación de productos farmacéuticos y cosméticos, estos últimos deberán fabricarse en áreas separadas, debidamente habilitadas.

La aprobación de los planos y del local se efectuará dentro del plazo de treinta días contados desde que el interesado presente los siguientes documentos:

a) Instrumentos que acrediten el título jurídico en virtud del cual el inmueble ha podido ser destinado a la instalación del laboratorio y su denominación comercial.

b) Planos del local, su distribución, diagramas de desplazamiento de personal

c) Líneas de producción que se ejecutarán, y d) Comprobante de pago del derecho arancelario correspondiente.

Su rechazo deberá ser fundado.

Artículo 71.- Aprobados los planos y el local, el interesado solicitará al Instituto la autorización de funcionamiento, para cuyos efectos la solicitud deberá contener, a lo menos, la siguiente información:

a) Nómina de las instalaciones y equipos con que cuenta el establecimiento, tanto para el proceso de producción como para su control de calidad.

b) Descripción de la o las claves que utilizará en conformidad a lo establecido en los artículos 74º y siguientes de este reglamento.

c) Comprobante de pago del derecho arancelario correspondiente.

Artículo 72.- Cada partida, serie o lote de un producto cosmético se identificará mediante un código o clave que permita individualizarla en cualquiera de las etapas de producción, almacenamiento, distribución y comercialización.

Dicha clave deberá ser informada por el laboratorio de producción al Instituto, quien la inscribirá en un rol oficial. En la misma forma se procederá para sus modificaciones y para claves diferentes que utilice un mismo laboratorio o distribuidor, respecto de productos importados o fabricados por terceros, según proceda.

Artículo 73.- Las claves utilizadas para individualizar las partidas o series o lotes de las mismas, deberán reproducirse en las etiquetas de cada unidad del producto terminado.

Artículo 74.- Las claves de los productos tanto nacionales como importados estarán formadas por números o por combinaciones de letras y números, debiendo reproducir, a lo menos, el mes y el año de fabricación y el número de serie correspondiente a la partida, en orden correlativo y cronológico.

Artículo 75.- Si un producto cosmético de una misma partida, serie o lote es terminado en etapas discontinuas, cada una de ellas constituirán sublotes, los que deberán individualizarse con un agregado a la clave original.

Artículo 76.- Comprobado mediante inspección del local el cumplimiento de los requisitos pertinentes señalados en los artículos anteriores, se dictará la resolución que autorice el funcionamiento del establecimiento, dentro del plazo máximo de treinta días, contados desde la presentación de los antecedentes correspondientes.

En caso contrario, su rechazo deberá ser fundado.

Artículo 77.- Todo titular de la autorización de laboratorio o su representante legal, en su caso, deberá comunicar oportunamente al Instituto el cierre temporal o definitivo de su laboratorio de producción.

Vencido el plazo de cierre temporal, el interesado deberá solicitar su reapertura y el Instituto la autorizará previa verificación de sus condiciones de funcionamiento.

Si el cierre se prolongare por más de ciento ochenta días, caducará definitivamente la autorización de funcionamiento, lo que deberá declararse por resolución del Instituto, dictada de oficio o a petición del propietario o de su representante legal, salvo causa mayor justificada.

§ 3º DE LA PLANTA FÍSICA

Artículo 78.- Todo edificio destinado a la fabricación de los productos cosméticos será especialmente diseñado, construido o adaptado y su tamaño y construcción corresponderá al giro de la empresa.

Artículo 79.- La planta física de un laboratorio de producción cosmética deberá considerar, a lo menos, las siguientes áreas o secciones que estarán claramente especificadas en los planos presentados y aprobados por el Instituto:

a) almacenamiento;
b) baños y vestuarios;
c) fabricación;
d) envase-empaque;
e) expedición y
f) laboratorio de control de calidad.

Artículo 80.- Las plantas y especialmente las áreas de producción, almacenamiento, fabricación y control de calidad deberán ajustarse a las normas adoptadas por los artículos 78º y 79º.

Artículo 81.- Podrán existir áreas modulares y específicamente definidas para realizar separadamente cada uno de los siguientes procedimientos:

a) Recepción y cuarentena de los materiales antes de su aprobación;

b) Almacenamiento de materiales rechazados;
c) Almacenamiento de materiales aprobados;
d) Almacenamiento de productos en proceso:
e) Almacenamiento en cuarentena de productos terminados, y
f) Almacenamiento de los productos terminados aprobados y de contramuestras.

Artículo 82.- El laboratorio de producción cosmética deberá disponer de recintos especiales e independientes para el almacenamiento de sustancias inflamables o que representen riesgos de explosión, corrosivos, tóxicos y contaminantes. Estos recintos cumplirán estrictamente con las medidas de seguridad que determinen los organismos competentes.

Artículo 83.- Las áreas de producción y los laboratorios de control de calidad estarán separadas físicamente de las oficinas administrativas y demás dependencias del establecimiento.

Artículo 84.- El departamento de producción deberá disponer, a lo menos, de las siguientes áreas:
a) fabricación;
b) lavado y secado, cuando corresponda;
c) envase-empaque, y
d) bodegas.

Artículo 85.- El departamento de control de calidad, deberá disponer de las siguientes áreas, cuando corresponda:
a) área o lugar habilitado para recepción de muestras;
b) análisis físico-químicos;
c) lavado de material;
d) microbiología, cuando los procesos de fabricación así lo requieran;
e) ensayos biológicos, cuando procediere, y f) bioterios, si procede.
Las áreas indicadas en las letras d), e) y f) podrán ser sustituidas por servicios externos que cuenten con las autorizaciones que correspondan.

Artículo 86.- Las secciones de fabricación y de envases podrán constituir una sola unidad, cuando se empleen sistemas técnicos de producción en serie que no permitan separar las diferentes fases de elaboración de los productos y siempre que no exista el riesgo de contaminación cruzada.

Artículo 87.- El departamento de control de calidad de un laboratorio de producción cosmética podrá igualmente prestar sus servicios a otros, como laboratorio externo de control de calidad.

§ 4º ORGANIZACIÓN Y FUNCIONAMIENTO

Artículo 88.- Los departamentos de producción de productos cosméticos y de control de calidad, deberán funcionar bajo la responsabilidad de profesionales químico-farmacéu-ticos.

Artículo 89.- El director técnico, o quien legalmente lo reemplace, será responsable, en general, de la organización y desarrollo de los componentes del proceso de producción en el orden técnico y, garantizar la conformidad de la fórmula de los productos que se elaboren, envasen o importen con la declarada y aprobada en los documentos del registro.

Asimismo, deberá ejercer las demás funciones que le asignan las leyes y reglamentos en lo relativo a su actividad profesional.

Artículo 90.- El proceso de producción de cada partida, serie o lote de un producto deberá quedar consignado en documentos foliados denominados: "Planilla de fabricación" y "Planilla de Envase-Empaque".

Artículo 91.- El departamento de producción deberá mantener las planillas de fabricación y de envase-empaque de cada serie, partida o lote fabricado, durante tres años desde la fecha de su elaboración. Estos antecedentes podrán ser computarizados.

Artículo 92.- El sistema de control de calidad de los laboratorios de producción cosmética deberá desarrollarse conforme a los requerimientos del aseguramiento de la calidad.

Las metodologías y las especificaciones de calidad de las materias primas corresponderán a las establecidas por el profesional responsable y las especificaciones de calidad del producto terminado corresponderán a las declaradas en el registro sanitario o a la notificación del producto de higiene.

Artículo 93.- Corresponderá al jefe del departamento de control de calidad del establecimiento responder de las actividades inherentes al sistema de calidad adoptado y, en particular, de las siguientes funciones:

a) Determinar las especificaciones y metodología analítica, para cada una de las materias primas, materiales de envase-empaque, productos en proceso y productos terminados, ejecutando el muestreo representativo de cada uno de ellos, en conformidad con los planes establecidos y diseñados con criterio estadístico;

b) Aprobar o rechazar materias primas, productos en proceso, productos elaborados a granel, productos terminados y materiales de envase-empaque, proponiendo rectificación o reprocesamiento cuando correspondiese, dejándose constancia por escrito de la observación pertinente;

c) Diseñar y hacer ejecutar los estudios de estabilidad y otros para cada uno de los productos terminados;

d) Estudiar los parámetros críticos en los procesos de fabricación aplicables a tales procesos.

e) Comprobar periódicamente los programas establecidos para verificar la confiabilidad y precisión de los instrumentos y equipos de laboratorios;

f) Diseñar y ejecutar un programa para verificar la confiabilidad de los métodos empleados en la inspección y análisis de las características de calidad de materiales y productos;

g) Validar los procesos de manufactura que pueden ser responsables de causar variación en las características de los productos en proceso y productos terminados;

h) Registrar y analizar las quejas y reclamos sobre calidad de los productos que hayan sido devueltos por los usuarios o investigados por la autoridad sanitaria,

i) Velar por el mantenimiento adecuado de las contramuestras de productos terminados, y j) Responder de la calidad y estabilidad y conformidad con las fórmulas registradas de los productos que se elaboren, envasen o importen por cuenta propia o ajena.

Artículo 94.- El departamento de control de calidad deberá mantener registros de cada una de las operaciones y análisis efectuados a cada serie, partida, o lote fabricado y de sus correspondientes materias primas, material de envase-empaque durante tres años desde la fecha de su elaboración.

Artículo 95.- A los laboratorios externos de control de calidad de productos cosméticos le serán aplicables las disposiciones del presente título, en lo que fuere pertinente.

§ 5° DE LA AUTORIZACIÓN DE LOS LABORATORIOS QUE FABRIQUEN PRODUCTOS DE BAJO RIESGO

Artículo 96.- Los laboratorios que fabriquen productos de bajo riesgo deberán presentar una declaración ante el Instituto dentro de los 30 días siguientes al comienzo de su funcionamiento o iniciación de actividades, respecto de:

a) individualización del titular de la autorización del laboratorio.

b) croquis o plano del local y su distribución, que considere a lo menos área de fabricación y/o almacenamiento de los insumos.

c) declaración de aceptación de responsabilidad suscrita por la persona a cargo de la fabricación, de acuerdo a lo señalado en el artículo 88.

d) descripción de los equipos e implementos de que dispondrá el laboratorio para la fabricación de productos cosméticos bajo riesgo.

e) indicación de los controles de calidad que se realizarán a los productos.

f) comprobante de pago de los derechos arancelarios correspondientes.

Una vez presentados estos antecedentes y cancelado el derecho arancelario correspondiente, se entenderá autorizado para fabricar los productos respectivos.

Artículo 97.- Esta autorización mantendrá su vigencia en tanto no se incurra en alguna causal de cancelación o se verifique el incumplimiento de las condiciones que se establecen en este párrafo.

Serán causales de cancelación:

a) fabricar cosméticos para los cuales no esté autorizado;

b) que el titular de la autorización del laboratorio o su representante legal comunique su voluntad de no continuar sus actividades.

c) que el titular de la autorización del laboratorio haya dejado de actuar definitivamente o, a lo menos, por más de 180 días.

d) que el titular de la autorización del laboratorio, de acuerdo al mérito del sumario sanitario que correspondiere, sea sancionado por fabricar productos falsificados, adulterados, contaminados o alterados.

Artículo 98.- Toda persona natural o jurídica que adquiera un establecimiento de este tipo, o se haga cargo de su explotación o administración por cuenta propia o ajena, deberá comunicarlo al Instituto de Salud Pública, dentro del plazo de 60 días, acompañando los instrumentos que acrediten su derecho.

El titular de la autorización del laboratorio o representante legal deberá comunicar oportunamente al Instituto de Salud Pública, todo cierre temporal o definitivo de éste.

Artículo 99.- El Director Técnico deberá supervisar sus actividades, impartir las instrucciones de trabajo y mantener un "Registro General de Producción", con sus anotaciones al día, que señalará, a lo menos, su fecha, nombre del producto, número de serie asignado y número de unidades obtenidas.

Además, será responsable de las siguientes actividades:

a) mantener las contramuestras de las series fabricadas;

b) registrar y analizar las quejas y reclamos relativos a la calidad de los cosméticos devueltos por los usuarios o investigados por el Instituto de Salud Publica;

c) mantener las contramuestras, registros de fabricación durante tres años desde la fecha de su elaboración, y

d) ejercer las demás funciones que le asignen las leyes y reglamentos.

§ 6° DE LAS RESPONSABILIDADES

Artículo 100.- Las responsabilidades que afecten al director técnico y al jefe del departamento de control de calidad alcanzarán al titular de la autorización de laboratorio o su representante legal cuando le corresponda, de acuerdo a las normas generales que gobiernan la materia.

Artículo 101.- Los titulares de la autorización de laboratorio, profesionales, jefes de áreas y encargados de la producción de los laboratorios que fabriquen exclusivamente productos de bajo riesgo, serán responsables de las obligaciones que al efecto se le señalan en el párrafo 5° de este Título, según corresponda.

TÍTULO VIII
DE LAS SANCIONES

Artículo 102.- Las infracciones a las disposiciones del presente reglamento serán sancionadas por el Instituto, previa instrucción del respectivo sumario, en conformidad a lo dispuesto en el Libro X del Código Sanitario y demás normas establecidas en la legislación vigente.

Artículo 103.- En contra de las resoluciones que dicte el Instituto, en las materias a que se refiere el presente reglamento, podrá recurrirse al Ministerio de Salud en la forma prescrita en el artículo 53° del decreto supremo N° 1.222, de 1996, de la misma Secretaría de Estado.

TÍTULO FINAL

Artículo 104.- Deróganse todas las disposiciones reglamentarias que regulen de manera diferente las materias a que se refiere el presente reglamento y especialmente las relativas a productos cosméticos contenidas en el Título IV "De los Cosméticos" del decreto supremo N° 1.876, de 1995, del Ministerio de Salud. Asimismo, suprímese de dicho reglamento todas las referencias a cosméticos que se hacen en su articulado.

Artículos Transitorios

Artículo 1.- El presente reglamento regirá a partir de su publicación en el Diario Oficial. Sin embargo, las solicitudes de registro presentadas con anterioridad a la entrada en vigencia de este reglamento, continuarán tramitándose conforme a lo dispuesto en el decreto supremo N° 1.876, de 1995, del Ministerio de Salud, salvo que el solicitante exprese su voluntad en contrario.

Artículo 2.- Respecto de los productos cosméticos que contengan sustancias que no se conformen a los Listados a que se refiere el Título III, se dispondrá de un plazo de 6 meses para retirarlos del mercado o modificar su formulación conforme a ellos, plazo que se contará desde la publicación de los Listados o sus posteriores modificaciones.

Artículo 3.- Las autorizaciones sanitarias otorgadas por el Instituto de Salud Pública a los laboratorios de producción que actualmente fabriquen cosméticos seguirán plenamente vigentes.

Anótese, tómese razón, insértese en la recopilación oficial de reglamentos de la Contraloría General de la República y publíquese en el Diario Oficial de la República.- RICARDO LAGOS ESCOBAR, Presidente de la República.- L. Gonzalo Navarrete Muñoz, Ministro de Salud (S).

Lo que transcribo a Ud. para su conocimiento.- Saluda a usted, Antonio Infante Barros, Subsecretario de Salud.

DECRETO Nº 3
APRUEBA REGLAMENTO DEL SISTEMA NACIONAL DE CONTROL DE LOS PRODUCTOS FARMACÉUTICOS DE USO HUMANO

Núm. 3.- Santiago, 25 de enero de 2010.- Visto: lo dispuesto en los Libros cuarto y sexto y demás disposiciones pertinentes del Decreto con Fuerza de Ley Nº 725, de 1967, del Ministerio de Salud, que aprueba el Código Sanitario.

Considerando: La necesidad de actualizar, organizar y completar las normas vigentes respecto de la materia, y

Teniendo presente las facultades que me confiere el artículo 32 Nº 6, de la Constitución Política de la República, dicto el siguiente

Decreto:

Apruébase el siguiente Reglamento del Sistema Nacional de Control de los Productos Farmacéuticos de Uso Humano:

TÍTULO PRELIMINAR
ÁMBITO DE APLICACIÓN Y AUTORIDADES COMPETENTES.

Artículo 1.- El presente reglamento incluye las normas técnicas, administrativas y demás condiciones o requisitos que debe cumplir el registro, importación, internación y exportación, producción, almacenamiento y tenencia, distribución a título gratuito u oneroso, publicidad e información de los productos farmacéuticos, así como su utilización con fines de investigación científica.

Artículo 2.- Corresponde al Ministerio de Salud, a través de la Subsecretaría de Salud Pública, ejercer un rol rector y regulador en materia de productos farmacéuticos, para lo cual debe aprobar la política nacional de medicamentos y dictar los reglamentos y las normas técnicas y administrativas que deberán cumplir las entidades públicas y privadas que aborden las actividades señaladas en el artículo anterior, las que serán aprobadas mediante los actos administrativos que sean pertinentes.

Artículo 3.- El Instituto de Salud Pública es la autoridad sanitaria encargada en todo el territorio nacional del control sanitario de los productos farmacéuticos y de velar por el cumplimiento de las disposiciones que se contienen en el presente reglamento, en el Código Sanitario, en su reglamentación complementaria y en las demás normas legales sobre la materia.

Le corresponde ejercer las acciones de control de la calidad de los productos farmacéuticos en cualquiera de las fases a que se refiere el artículo 1º, autorizar la instalación y funcionamiento de Laboratorios Farmacéuticos, autorizar y registrar productos farmacéuticos y otros sujetos a estas modalidades de control, controlar las condiciones de importación e internación, exportación, fabricación, distribución, como asimismo, de la publicidad e información de los mismos productos, controlar los estupefacientes y productos farmacéuticos que causen dependencia y demás sustancias psicotrópicas susceptibles de surtir análogo efecto, respecto de su importación, exportación y de su uso lícito en el proceso de elaboración de productos farmacéuticos y fiscalizar el cumplimiento de las normas contenidas en este reglamento y en los demás que rigen estas materias.

Artículo 4.- Las Secretarías Regionales Ministeriales de Salud, en adelante las SEREMI, son las autoridades competentes para autorizar la internación de los productos farmacéuticos de acuerdo a lo dispuesto en el artículo 2° de la ley N° 18.164. Además, les corresponderá aplicar y fiscalizar el cumplimiento de las normas contenidas en este reglamento respecto de su distribución, almacenamiento y tenencia, en la medida que ello sea realizado por establecimientos del área farmacéutica autorizados, con excepción de los Laboratorios Farmacéuticos.

Artículo 5.- Para los efectos del presente reglamento, se entenderá por:

1) Actividad biológica: Respuesta medible de la actividad o potencia, in vivo o in vitro, que caracteriza a una determinada cantidad de producto farmacéutico, con respecto a un patrón de referencia.

2) Administración: Acto mediante el cual se coloca el medicamento en contacto con el ser humano, para que pueda ejercer acción local o sea absorbido y ejerza acción sistémica.

3) Aseguramiento de la calidad: Sistema planificado e integral que tiene por objeto asegurar que los procesos y sus resultados cumplan con los requisitos de calidad previamente establecidos para ellos.

4) Biodisponibilidad: Cantidad de un principio activo proveniente de una forma farmacéutica, que llega a la circulación sistémica y la velocidad con que esto ocurre.

5) Buenas Prácticas de Laboratorio (BPL): Conjunto de reglas, procedimientos operativos y prácticas que garantizan que los datos generados por un sistema de control de calidad son reproducibles y representativos, asegurando la validez y confiabilidad de los resultados; estas normas técnicas serán aprobadas por Decreto Supremo del Ministerio, a propuesta del Instituto.

6) Buenas Prácticas de Manufactura (BPM): Normas técnicas mínimas establecidas para todos los procedimientos destinados a garantizar la calidad uniforme y satisfactoria de los productos farmacéuticos, dentro de los límites aceptados y vigentes para cada uno de ellos; estas normas técnicas serán aprobadas por Decreto Supremo del Ministerio, a propuesta del Instituto.

Atendida la naturaleza y empleo de los productos farmacéuticos destinados a su uso en investigaciones científicas en seres humanos, se dictarán normas específicas en relación a su manufactura, las que serán aprobadas como normas técnicas, por decreto supremo del Ministerio de Salud, a propuesta del Instituto.

7) Calidad de un medicamento: Aptitud del medicamento para el uso para el cual se destina, la que está determinada por su eficacia, seguridad y estabilidad, conforme a las características de identidad, potencia, pureza y otras, conforme al respectivo registro sanitario.

8) Certificado de registro sanitario: Documento extendido por la autoridad sanitaria del país productor o de procedencia, a petición del interesado, en el cual debe constar:

– Que el establecimiento productor reúne las condiciones exigidas por la legislación sanitaria de su país para elaborar, acondicionar o envasar el producto registrado;

– Que el producto está registrado en el país que emite el certificado de acuerdo a la normativa vigente, señalándose íntegramente la fórmula autorizada;

– Que su expendio o distribución a cualquier título, está sometido a algún régimen restrictivo o control especial de tipo sanitario, si así fuere.

9) Control de calidad: Actividades que tienen por objeto asegurar, durante todas las etapas de fabricación, lotes uniformes de productos conforme a las especificaciones de identidad, potencia, pureza y demás requisitos de calidad establecidos en sus respectivas monografías, autorizados en el correspondiente registro sanitario.

10) Control de estantería: Verificación de calidad de un producto que se encuentra en su etapa de expendio y entrega al público y que es realizado por el Instituto o por la autoridad

sanitaria con la cual éste convenga, de acuerdo a programas establecidos por el Ministerio a proposición del Instituto.

11) Clave: Combinación alfanumérica o numérica distintiva, que permite la identificación única y sin igual en cualquiera de las etapas de fabricación, almacenamiento, distribución y expendio de un producto farmacéutico, con fines de asegurar su trazabilidad.

12) Contramuestra: Porción finita de muestra que debe conservarse de los productos analizados, en los mismos términos de las muestras de referencia o retención.

13) Cuarentena: Condición transitoria de aislamiento físico o por otros medios, de las materias primas, materiales y productos intermedios, semielaborados, a granel, semiterminados o terminados, durante la cual se encuentra prohibida su utilización o distribución, mientras se adopte la decisión de su liberación, rechazo o reprocesamiento, conforme al resultado del control de calidad respectivo.

14) Dispensación: Acto por el cual el profesional químico farmacéutico proporciona un medicamento a una persona, generalmente para cumplir la prescripción de un profesional habilitado, a través del cual se le informa y orienta sobre su uso, influencia de los alimentos, interacciones con otros medicamentos, reconocimiento de potenciales reacciones adversas, condiciones de su almacenamiento u otra información relevante, todo ello de acuerdo a lo autorizado en el registro.

15) Distribución: Reparto del producto farmacéutico que se realiza entre establecimientos productores, importadores, distribuidores, u otros autorizados sanitariamente para disponer de ellos.

16) Dosificación: Intervalo de administración y período de tratamiento dispuesto para la dosis de un medicamento o producto farmacéutico.

17) Dosis: La cantidad total de un medicamento o producto farmacéutico contenido en la forma farmacéutica autorizada y que se administra en cada oportunidad.

18) Droga vegetal o material vegetal: La planta o partes de ella sin procesar, usadas con un propósito medicinal o farmacéutico.

19) Eficacia: Aptitud de un medicamento o producto farmacéutico para producir los efectos terapéuticos propuestos, determinada por métodos científicos y estudios clínicos realizados en seres humanos.

20) Encarte: Funda de cartón u otro material que protege al blister o tira y que contiene la información del folleto paciente y/o rotulado gráfico autorizado.

21) Ensayos de disolución: Pruebas "in vitro" que, mediante condiciones experimentales definidas, permiten determinar la velocidad de disolución de un principio activo sólido desde una forma farmacéutica.

22) Envase dispensador: Aquel destinado a especialidades farmacéuticas de venta directa, permitidos para expenderse en blister, tiras, sobres, encartes u otro sistema protector del envase primario, de acuerdo con las condiciones autorizadas en su registro.

23) Envase primario: Aquel que es empleado para contener un producto farmacéutico en su forma farmacéutica definitiva y que se encuentra en contacto directo con ella.

24) Envase secundario: Aquel que siendo inviolable, permite además contener, proteger y conservar el envase primario.

25) Envases clínicos: Aquellos destinados al uso en establecimientos de asistencia médica y farmacias, para ser administrados o entregados a pacientes o adquirentes, según corresponda.

Este tipo de envases de medicamentos, además podrán ser fraccionados en farmacias o establecimientos asistenciales en conformidad a la normativa vigente.

26) Equivalentes farmacéuticos: Productos farmacéuticos que contienen idénticas cantidades de los mismos principios activos o sus mismas sales o ésteres, presentados en idéntica

forma farmacéutica y vía de administración, pero que no necesariamente contienen los mismos excipientes y que cumplen con las mismas o comparables especificaciones de calidad.

27) Equivalentes terapéuticos: Equivalentes farmacéuticos que cumplen con las mismas o comparables especificaciones de calidad y que al ser administrados según las condiciones especificadas en su rotulación sus efectos, con respecto a eficacia y seguridad, son esencialmente los mismos, todo ello determinado por estudios apropiados.

28) Especialidad farmacéutica: Producto farmacéutico registrado que se presenta en envase uniforme y característico, condicionado para su uso y designado con nombre genérico u otra denominación. Se entenderán incluidos aquellos elementos o dispositivos adecuados para su administración, en los casos en que así se presentaren.

29) Especificaciones: Documento técnico que define los atributos de una materia prima, material, producto, servicio u otro y que determina las variables que deben ser evaluadas en éstos, describiendo todas las pruebas, ensayos y análisis utilizados para su determinación y estableciendo los criterios de aceptación o rechazo.

30) Estabilidad: Capacidad para mantener las propiedades originales dentro de las especificaciones señaladas y autorizadas en la monografía de un principio activo o de un producto farmacéutico terminado, que permite asegurar sus propiedades físicas, químicas, biológicas y microbiológicas, cuando corresponda, dentro de límites especificados, durante todo su período de eficacia.

31) Estado de producción: Etapa de fabricación en la cual se encuentra un producto farmacéutico dentro del proceso productivo, distinguiéndose productos semielaborados, a granel, semiterminados o terminados.

32) Estudio de equivalencia terapéutica: Estudio comparativo (clínico, de biodisponibilidad, farmacodinámico o "in vitro") entre un producto farmacéutico de referencia o comparador y otro en estudio.

33) Estudio de estabilidad a tiempo real: Estudio de estabilidad realizado por el tiempo propuesto para el período de eficacia y en condiciones de almacenamiento, temperatura y humedad determinadas según la naturaleza del producto.

34) Estudio de estabilidad acelerado: Estudio de estabilidad diseñado para aumentar la velocidad de degradación química o los cambios físicos de un principio activo o un producto farmacéutico en su envase primario propuesto, usando condiciones de almacenamiento severas, de temperatura y humedad, como parte de un programa de almacenamiento formal, durante un determinado periodo de tiempo según el principio activo en evaluación y cuyos resultados permiten establecer su estabilidad por determinado periodo.

35) Estudio de estabilidad: Serie de pruebas, ensayos y análisis relacionados con las características físicas, químicas, biológicas y microbiológicas de un principio activo o un producto farmacéutico, para obtener información sobre su estabilidad, con el fin de definir su período de eficacia en determinadas condiciones de envase y almacenamiento.

36) Estudios de biodisponibilidad: Estudios farmacocinéticos que, a través de un diseño experimental preestablecido, permiten determinar la biodisponibilidad de un principio activo.

37) Estudios farmacocinéticos: Ensayos "in vivo" que, mediante diseños experimentales preestablecidos, permiten establecer la cinética de los procesos de absorción, distribución, metabolismo y excreción de los principios activos y metabolitos de un producto farmacéutico.

38) Evaluación de un producto farmacéutico: Estudio sistemático de los antecedentes exigidos al interesado que solicita el registro sanitario, respecto de la pertinencia de los antecedentes administrativos y técnicos, tales como las propiedades farmacéuticas, farmacológicas, toxicológicas, clínicas y terapéuticas, con el fin de determinar o verificar si el producto es apto para el uso en las indicaciones propuestas.

39) Excipiente: Cualquier materia prima utilizada en la manufactura de los productos a que se refiere el presente reglamento, que no sea un principio activo.

40) Expendio: Venta al detalle de un producto farmacéutico al público usuario o consumidor.

41) Farmacovigilancia: Conjunto de actividades relacionadas con la detección, evaluación, comprensión y prevención de los efectos adversos asociados al uso de los medicamentos.

42) Fecha de expiración, vencimiento o caducidad: La indicada por el mes y año calendario y en algunos casos, además por el día, conforme a lo aprobado en el respectivo registro sanitario; más allá de la cual no puede esperarse que el producto conserve su estabilidad.

43) Forma farmacéutica: Forma física en la cual se presenta una medicamento, para facilitar su fraccionamiento, dispensación, dosificación y administración o empleo.

44) Fórmula patrón o fórmula maestra: Documento o conjunto de documentos que especifican las materias primas y sus cantidades, así como los materiales de envase empaque, junto con una descripción de los procedimientos y precauciones requeridos para producir una cantidad específica de un producto terminado, consignando, además, las instrucciones de fabricación y los controles en proceso.

45) Importación: Es el acto mediante el cual un producto farmacéutico procedente del extranjero, ingresa, se interna y queda en condición de ser distribuido, cumpliendo con la normativa vigente.

45 bis) Importación para consumo exclusivo del importador: Es el acto mediante el cual un producto farmacéutico procedente del extranjero, ingresa con el solo objeto de ser utilizado terapéuticamente por el importador.

45 ter) Importador: Aquel que efectúa o a cuyo nombre se efectúa la importación.

46) Impurezas: Cualquier componente que no está definido como constituyente de la materia prima o producto.

47) Internación: Es el acto mediante el cual un producto farmacéutico procedente del extranjero, ingresa a un lugar de almacenamiento debidamente autorizado, en espera de la autorización para su distribución y uso.

48) Licencia: Poder o permiso legalmente otorgado por una persona natural o jurídica, que concede a otra la autorización para solicitar, modificar o cancelar un registro sanitario, en calidad de titular del mismo.

49) Marcadores vegetales: Son constituyentes químicamente definidos de los ingredientes activos del vegetal, de interés para propósitos de control de calidad, independientemente de que ellos tengan o no actividad terapéutica y que pueden servir para calcular la cantidad de ingredientes activos del vegetal en el producto final, siempre que hayan sido cuantificados en la droga o preparación vegetal empleada como materia prima en la preparación.

50) Márgenes de tolerancia: Porcentajes, máximo y mínimo, oficialmente permitidos de un principio activo declarado en un producto.

51) Materia prima: Toda sustancia, de calidad definida, que interviene directamente en la fabricación de la forma farmacéutica, sea que ella quede inalterada o sea modificada o eliminada en el curso del proceso de fabricación.

52) Material de envase: Material utilizado como envase primario, secundario o encarte.

53) Monografía: Documento que contiene la descripción técnica, farmacéutica y científica de las características y propiedades de un producto.

54) Muestra médica: Unidad de una especialidad farmacéutica, destinada exclusivamente a la distribución gratuita a los profesionales legalmente habilitados para su prescripción, cuya rotulación es idéntica a la del producto registrado, con la indicación de su condición de muestra médica, la cual puede incluir información al profesional.

55) Muestras de referencia o muestras de retención: Son las muestras recogidas de cada lote de producto terminado que deben ser mantenidas, hasta un año después de la fecha de expiración, en su envase final y almacenadas en las condiciones señaladas en el registro sanitario.

56) Muestra o Contramuestra legal: Muestra que ha sido tomada por la autoridad sanitaria en uso de sus facultades fiscalizadoras, dejando constancia de este hecho en el acta respectiva y en condiciones de cadena de custodia.

57) Nombre genérico de un producto farmacéutico: Denominación aceptada por la Organización Mundial de la Salud (O.M.S.), bajo los distintivos y siglas "Denominaciones Comunes Internacionales" (D.C.I.) o Internacional Non Proprietary Names (INN) y en su defecto en las farmacopeas oficialmente reconocidas en el país.

58) País de procedencia: Aquel desde el cual un producto farmacéutico es despachado para su importación hacia nuestro país, sin considerar aquellos territorios por los cuales transita.

59) País de producción: Aquel en el cual se sitúa el establecimiento de fabricación de un producto farmacéutico, en cualquiera de las etapas requeridas para la obtención de un producto terminado.

60) Período de eficacia: Lapso autorizado por el Instituto en el respectivo registro sanitario, durante el cual un producto debe mantener su estabilidad bajo las condiciones de envase y almacenamiento definidas en su estudio de estabilidad.

61) Potencia: Actividad terapéutica de un producto farmacéutico para producir un efecto dado, verificada por ensayos de laboratorio apropiados o por datos clínicos controlados, obtenidos a través de la administración del producto en las condiciones de empleo prescritas, recomendadas y aprobadas, la que se expresa, conforme a la concentración de los principios activos que constituyen la fórmula del producto, en las relaciones peso/peso, peso/volumen, unidad de dosis/volumen o en unidades referidas a un estándar reconocido internacionalmente.

62) Preparación vegetal: Planta o partes de planta pulverizada, su extracto, tintura, jugo exprimido, aceite graso o esencial, goma o resina u otro producto de un proceso determinado, excluyendo sus constituyentes aislados definidos químicamente o sus mezclas, sin perjuicio de la posibilidad de contener otros componentes, tales como solventes, diluyentes o preservantes, los que deben ser declarados.

63) Principio activo: Sustancia o mezcla de sustancias dotadas de efecto farmacológico específico, o bien, que sin poseer actividad farmacológica, al ser administrada al organismo la adquieren.

64) Procedimiento operativo estándar (POE): Documento escrito que contiene instrucciones actualizadas, numeradas en secuencia lógica y continua, para llevar a cabo operaciones de carácter general, no necesariamente circunscritas a un producto o material específico, lo que debe ser diseñado, revisado y actualizado por personal competente y autorizado para su implementación por los profesionales técnicos responsables del establecimiento en el que se emplean, siendo utilizados para complementar documentación de producción y para control y aseguramiento de la calidad.

65) Producto a granel: Producto que se encuentra en su forma farmacéutica definitiva.

66) Producto farmacéutico de asociación: Aquel que contiene dos o más principios incorporados en una forma farmacéutica.

67) Producto farmacéutico de combinación: Aquel que está constituido por dos o más productos farmacéuticos que se incluyen en un solo envase para ser administrados en forma secuencial o simultánea.

68) Producto farmacéutico de referencia o comparador: Producto determinado por la autoridad sanitaria como tal, respecto del cual se compara otro que requiere evaluación de su equivalencia terapéutica.

69) Producto semielaborado: Sustancia o mezcla de sustancias procesadas parcialmente, que antecede a su forma farmacéutica y que requieren más etapas de fabricación.

70) Producto semiterminado: Producto que se encuentra en su forma farmacéutica y envase primario definitivos.

71) Producto terminado: Producto que está en su envase definitivo, rotulado y listo para su distribución a cualquier título.

72) Producción, Proceso de producción, Fabricación, Manufactura o Faena: Conjunto de operaciones involucradas en la obtención de un producto farmacéutico, desde la adquisición y recepción de materiales, hasta la liberación, almacenamiento y sus correspondientes controles de calidad.

73) Reacción adversa a medicamento (RAM): La reacción nociva y no intencionada que se produce a dosis utilizadas normalmente en el ser humano.

74) Reacción adversa seria: Cualquier reacción adversa que sea mortal o que pueda poner en peligro la vida o que implique incapacidad o invalidez grave o que tenga por consecuencia la hospitalización o prolongación de la misma.

75) Reacción adversa inesperada: Reacción adversa que no se menciona en la monografía del producto, folletos de información al paciente y al profesional que prescribe autorizados en el respectivo registro sanitario.

76) Receta médica: Orden suscrita por un profesional legalmente habilitado para ello, con el fin de que una cantidad de uno o más medicamentos, sea dispensada y administrada conforme a lo indicado en ella.

77) Registro sanitario: Proceso de evaluación de un producto farmacéutico que siendo favorable, se traduce en una inscripción en un rol especial con numeración correlativa que mantiene el Instituto, previo a su distribución y uso.

78) Rotulado gráfico: Representación gráfica que reproduce el texto oficialmente autorizado en el respectivo registro sanitario, para los diferentes tipos de envases aprobados para el producto, según proceda.

79) Serie o Lote: Una cantidad definida de materia prima, material de envasado o producto procesado, que se realiza en un solo ciclo productivo o a través de etapas continuadas, que se caracteriza por su homogeneidad.

80) Subserie o Sublote: Fracción específica e identificada de un lote.

81) Tenencia: Es la posesión de un producto farmacéutico por una persona natural o jurídica, acredite o no un justo título para ello.

82) Titular de Registro sanitario: Persona natural o jurídica, nacional o extranjera, domiciliada en Chile, a cuyo nombre figura un registro sanitario.

83) Trazabilidad de datos analíticos: Propiedad o característica que tiene el resultado de una medición o el valor de un estándar, que puede ser relacionado con referencias especificadas, usualmente estándares nacionales o internacionales, a través de una cadena continua de comparaciones todas con incertidumbres especificadas.

84) Trazabilidad de un producto: Capacidad de identificar el origen y el desplazamiento de una unidad específica de un producto en cualquiera de sus etapas de fabricación y/o un lote de producción, a través de la cadena de distribución, así como a través de las diferentes entidades que intervienen, hasta llegar a su dispensación, administración o uso.

85) Unidad de venta: Presentación autorizada de venta para ser dispensada y expendida.

86) Validación: Acción documentada, efectuada en concordancia con los principios de las Buenas Prácticas de Manufactura y de Laboratorio, que demuestran que los procedimientos, procesos, actividades o sistemas empleados en la producción y en el control de calidad, son conducentes a los resultados dispuestos, dentro de los límites establecidos.

Artículo 6.- Está prohibida la fabricación, importación, tenencia, distribución y transferencia, a cualquier título, de productos farmacéuticos que se encuentren en alguna de las siguientes condiciones:

1. Producto farmacéutico contaminado: Aquel que contiene microorganismos o parásitos o partes de éstos, capaces de producir enfermedades en las personas o cantidades no permitidas de substancias potencialmente tóxicas, cancerígenas o mutagénicas u otros materiales extraños.

2. Producto farmacéutico alterado: Aquel producto terminado que por deficiencia en el almacenamiento, transporte, conservación o cualquiera otra causa posterior a su producción:

a. ha disminuido su actividad por debajo de los límites especificados en el respectivo registro sanitario o, en el caso de materias primas, en sus especificaciones de calidad, referidas a textos oficiales,

b. ha perdido su eficacia o sufrido modificaciones que alteren su calidad,

c. se presenta en un envase deteriorado, o

d. se distribuya o expenda terminado el período de eficacia.

3. Producto farmacéutico adulterado: Aquel cuya composición, especificaciones u otras condiciones contempladas en el respectivo registro sanitario o, en el caso de materias primas, en sus especificaciones de calidad referidas a textos oficiales, ha sido modificado sin autorización previa o sin dar cumplimiento a dichas especificaciones.

4. Producto farmacéutico falsificado: Aquel producto farmacéutico que no cuenta con registro o autorización sanitaria o que ha sido fabricado o importado por quien no cuenta con autorización sanitaria para ello. Se entenderán además como productos falsificados aquellos distribuidos o expendidos por quien no cuenta con autorización para ello.

El Instituto fiscalizará la existencia de productos farmacéuticos en estas situaciones, pudiendo aplicar las medidas sanitarias que procedan y, previa la instrucción del sumario correspondiente, las sanciones a que haya lugar.

A las SEREMI les corresponderá fiscalizar el expendio y dispensación de los productos que se encuentren en alguna de las condiciones descritas, con las mismas facultades del inciso anterior.

Las SEREMI deberán informar al Instituto sus hallazgos relacionados con el inciso anterior, con el fin de que este último realice las inspecciones, disponga las medidas e instruya los sumarios que sean pertinentes respecto de los titulares de los registros sanitarios, los fabricantes, importadores o distribuidores, según corresponda.

Asimismo, el Instituto o la SEREMI, en su caso, deberá realizar la respectiva denuncia ante el Ministerio Público con el fin que éste investigue y establezca las responsabilidades penales que procedieren.

TÍTULO I
DE LOS PRODUCTOS FARMACÉUTICOS

PÁRRAFO PRIMERO
DE SU DEFINICIÓN

Artículo 7.- Producto farmacéutico o medicamento es cualquier sustancia, natural o sintética, o mezcla de ellas, que se destine al ser humano con fines de curación, atenuación, tratamiento, prevención o diagnóstico de las enfermedades o sus síntomas, para modificar sistemas fisiológicos o el estado mental en beneficio de la persona a quien le es administrado.

Se consideran productos farmacéuticos las materias primas activas, los preparados farmacéuticos, las especialidades farmacéuticas y los medicamentos herbarios tradicionales.

Artículo 8.- Corresponderá al Instituto determinar, mediante resolución fundada, el régimen de control que corresponda aplicar a todos aquellos productos que se atribuyan o posean algunas de las propiedades señaladas en el artículo anterior y se rotulen o anuncien como alimentos, siendo vinculante lo resuelto tanto a aquellos productos que deseen ser distribuidos y expendidos por primera vez, como a aquellos que se encuentren en circulación.

La determinación del régimen de control a aplicar, podrá ser realizada de oficio o a petición de particulares u otros órganos públicos que en el ejercicio de sus actividades fiscalizadoras detecten productos en las condiciones señaladas en el inciso primero de este artículo.

Para la determinación del régimen de control aplicable solicitado por las SEREMI, éstas remitirán al Instituto un informe técnico y copia de todos los antecedentes que obren en su poder, así como también, cuando proceda, los resultados de sus actividades inspectivas y fiscalizadoras.

Si el Instituto determina que el régimen de control a aplicar es el propio de un producto farmacéutico, la resolución que así lo determine se publicará en el Diario Oficial y se notificará al interesado con el fin de que solicite su registro sanitario, aportando los antecedentes que el caso requiera, conforme a su categoría o clasificación, lo que será aplicable a todos aquellos productos que tengan los componentes a los cuales se le ha atribuido actividad terapéutica.

Desde la comunicación mencionada en el inciso anterior y mientras no se obtenga el registro sanitario para el producto, que ha sido catalogado como producto farmacéutico, éste deberá ser retirado del mercado por parte de quien lo distribuyó o expendió, sin perjuicio de las responsabilidades sanitarias a que ello diere lugar. Lo dispuesto también será aplicable al resto de los productos que contengan el o los componentes declarados como propios de un producto farmacéutico.

En el evento que el Instituto determine que el régimen de control a aplicar no corresponde al de un producto farmacéutico, remitirá los antecedentes conjuntamente a un informe técnico que funde su evaluación al Ministerio para su revisión.

Artículo 9.- La determinación del régimen de control aplicable podrá ser efectuada, además, cuando existan dudas acerca de la clasificación de otros productos, tales como cosméticos, pesticidas de uso sanitario y doméstico, o dispositivos médicos; siendo aplicable el mismo procedimiento señalado precedentemente.

PÁRRAFO SEGUNDO
DE LAS ESPECIALIDADES FARMACÉUTICAS Y SU CLASIFICACIÓN.

Artículo 10.- Las especialidades farmacéuticas, de acuerdo a su naturaleza, se clasifican en:

a) Productos de origen o síntesis química;

b) Productos biológicos;

c) Radiofármacos;

d) Fitofármacos;

e) Productos homeopáticos;

f) Gases medicinales;

g) Otros que, comprendidos en el concepto de especialidad farmacéutica, no estén incluidos en algunas de las categorías anteriores.

Artículo 11.- Son productos de origen o de síntesis química, aquellas especialidades farmacéuticas constituidas por uno o mas principios activos purificados e identificados, obtenidos a través de un proceso de síntesis química o de extracción.

Artículo 12.- Son productos biológicos, aquellas especialidades farmacéuticas cuya obtención y/o producción involucra a organismos vivos, así como sus fluidos o tejidos.

Los productos biológicos se clasifican de la siguiente manera:

a) Vacunas: Productos biológicos que han sido formulados para provocar una inmunidad activa específica.

b) Sueros: Productos biológicos que han sido formulados para provocar una inmunidad pasiva.

c) Hemoderivados: Productos biológicos derivados de la sangre o plasma humano, obtenidos por procedimientos industriales, cuya materia prima sea la sangre o el plasma humano. Estos medicamentos incluyen, especialmente, la albúmina, los factores de coagulación y las inmunoglobulinas de origen humano, excluidos la sangre completa, el plasma y las células sanguíneas de origen humano.

d) Hormonas: Productos biológicos de tipo proteico, derivado aminoacídico, esferoidal o lipídico, que siendo de origen natural, se emplean para tratar algunos trastornos, ya sea compensando o aumentando su falta. Aquellas de origen sintético quedarán comprendidos en la letra a) del artículo 10º.

e) Biotecnológicos o Fármacos recombinantes: Productos biológicos de tipo proteico desarrollados por la ingeniería genética, obtenidos por medio de técnicas de combinación de ácidos nucleicos (ADN, ácido desoxirribonucleico y ARN, ácido ribonucleico) recombinante, anticuerpos monoclonales, entre otros.

f) Antibióticos: Son productos biológicos constituidos por sustancias secretadas por un microorganismo con capacidad antimicrobiana. Tratándose de antibióticos de origen sintético, estos serán considerados dentro de la letra a) del artículo 10º.

g) Alérgenos: Producto biológico, destinado a identificar o provocar una modificación específica y adquirida de la respuesta inmunológica a un agente alergizante.

h) Terapia génica: Producto biológico obtenido mediante el conjunto de procesos destinados a transferir un gen (ADN o ARN) profiláctico, de diagnóstico o terapéutico, in vivo o ex vivo, a células humanas o animales y su posterior expresión in vivo.

Artículo 13.- Son radiofármacos, aquellos productos o formulaciones marcadas con radionucleidos o radioisótopos, destinados a ser usados en el diagnóstico o tratamiento de enfermedades, cualquiera sea la vía de administración empleada.

Artículo 14.- Son fitofármacos, aquellas especialidades farmacéuticas cuyos ingredientes activos provienen de las partes aéreas o subterráneas de plantas u otro material vegetal y están debidamente estandarizados.

Artículo 15.- Son productos homeopáticos, aquellas especialidades farmacéuticas constituidas por substancias homeopáticas y preparados a partir de componentes o materias primas de origen vegetal, animal, mineral o químico, de acuerdo a un procedimiento de fabricación homeopático, descrito en normas oficialmente aprobadas por decretos supremos del Ministerio, que incluyen obligatoriamente los procesos de dilución y dinamización de sus tinturas madres, los que, además, deben haber sido ensayados en individuo sano y repertorizados, para ser prescritos o utilizados de acuerdo a la ley de la similitud. Un producto homeopático podrá contener una o varias substancias homeopáticas.

Artículo 16.- Son gases medicinales, las especialidades farmacéuticas constituidas por uno o más componentes gaseosos de concentración conocida, grado de impureza acotado y elaborado de acuerdo a especificaciones registradas, que se destina a la administración al ser humano, los cuales serán regidos por la reglamentación específica que los regule.

Artículo 17.- Además de los grupos señalados, se entenderán comprendidos dentro de las especialidades farmacéuticas, cualquier otro producto que se rotule, anuncie o atribuya por cualquier medio, con propiedades terapéuticas, sean éstas curativas, de atenuación, tratamiento, diagnóstico o prevención de las enfermedades o sus síntomas, o para modificar sistemas fisiológicos o el estado mental en beneficio de la persona a quien le es administrado, y que no sean clasificables en ninguna de las categorías anteriores.

Se entienden comprendidos en este grupo final, entre otros, los siguientes:

a) Los productos de administración parenteral, cualquiera sea su composición, propiedades o efectos.

b) Las vitaminas, minerales y otros nutrientes, en las dosis terapéuticas que se determinen en la norma técnica respectiva aprobada por decreto supremo del Ministerio.

c) Los productos de origen animal o mineral, así como aquellos que constituyan asociaciones de drogas vegetales y preparaciones vegetales con principios activos de diferente naturaleza.

TÍTULO II
DEL REGISTRO SANITARIO DE LAS ESPECIALIDADES FARMACÉUTICAS Y OTROS PRODUCTOS FARMACÉUTICOS

PÁRRAFO PRIMERO
CONCEPTO Y FINALIDAD

Artículo 18.- El registro sanitario de una especialidad farmacéutica consiste en un proceso de evaluación y estudio sistemático de sus propiedades farmacéuticas, farmacológicas, toxicológicas y clínicas, destinado a verificar su calidad, seguridad y eficacia, que se traduce en una inscripción en un rol especial con numeración correlativa que mantiene el Instituto, que habilita y autoriza su distribución y uso en el país.

El registro sanitario no exime a su titular o usuario a cualquier título, de la obligación de dar cumplimiento a las demás disposiciones legales o reglamentarias que regulan la comercialización de dichos productos.

El registro sanitario podrá ser solicitado por cualquier persona natural o jurídica, nacional o extranjera debidamente representada y domiciliada en Chile.

Artículo 19.- El acto administrativo de registro sanitario es independiente de los aspectos comerciales o de propiedad intelectual o industrial de quienes lo requieren u obtienen, en los términos previstos por el artículo 49 de la Ley N° 19.039 sobre Propiedad Industrial, cuyo texto refundido, coordinado y sistematizado fue fijado por el DFL N° 3 de 2006, del Ministerio de Economía, Fomento y Reconstrucción.

Artículo 20.- Todo producto farmacéutico importado o fabricado en el país, para ser distribuido o utilizado a cualquier título en el territorio nacional deberá contar previamente con registro sanitario.

Artículo 21.- En forma excepcional, el Instituto podrá autorizar la venta o el uso provisional de determinados productos farmacéuticos sin registro sanitario, fundado en alguna de las siguientes causales, que se enuncian por vía ejemplar atendiendo las disposiciones del artículo 99º del Código Sanitario:

a) Uso medicinal urgente derivado de situaciones de desabastecimiento o inaccesibilidad, que afecten a las personas, consideradas colectivamente.

b) Aquellos productos farmacéuticos para uso medicinal urgente importados para consumo exclusivo del importador.

c) Tratándose de productos para ser utilizados en investigación científica o ensayos clínicos, previo informe favorable del o los comités de ética correspondiente, conforme a las normas sobre ensayos clínicos realizados en seres humanos, que apruebe el Ministerio de Salud.

En el caso de las letras a) y b), la autorización referida en el presente artículo bastará para el uso de los productos farmacéuticos, sin ser requerido el trámite de internación dispuesto en el título IV del presente reglamento.

Artículo 21 A.- La autorización del Instituto a que se refieren los literales a) y b) del artículo anterior se hará mediante resolución fundada.

Para dichos efectos, el Instituto podrá generar un listado de medicamentos pre aprobados para su importación en conformidad al artículo anterior. Formarán parte de dicho listado aquellos medicamentos en los que conste la autorización de comercialización por parte del país del que se importa.

En el caso de la letra b) del artículo precedente, la cantidad máxima que podrá autorizarse será aquella que permita el tratamiento por seis meses.

Artículo 22.- Las solicitudes presentadas por los interesados, para la venta o uso provisional de productos farmacéuticos, fundadas en las letras a) y b) del artículo anterior se presentarán ante el Instituto, debiendo acreditarse, por cualquier medio, la autorización otorgada por la autoridad sanitaria del país de procedencia o de fabricación según corresponda y la prescripción de los productos farmacéuticos por un profesional habilitado, dejando constancia de la necesidad y duración del tratamiento. Estas autorizaciones podrán solicitarse por el interesado las veces que sean necesarias.

Artículo 23.- Las solicitudes para el uso provisional en investigación científica o ensayo clínico de un producto farmacéutico deberán presentarse ante el Instituto acompañadas del protocolo aprobado por el comité de ética, en los términos a que se refiere la letra c) del artículo 21º; el mismo documento deberá acompañarse cuando se trate de un producto que cuenta con registro sanitario y se pretenda su utilización de manera distinta a la autorizada. Asimismo, las solicitudes deberán acompañar un certificado oficial emitido por la autoridad competente del país donde se sitúe el establecimiento productor, emitido en los términos señalados en el numeral 10.a.4 del artículo 29 del presente reglamento, en lo que corresponda.

Artículo 24.- Conforme a los convenios de colaboración que sean celebrados entre el Instituto y las SEREMI de regiones que cuenten con aduanas fronterizas, realizados en conformidad a las disposiciones de la Ley Orgánica Constitucional de Bases Generales de la Administración del Estado, ley Nº 18.575, cuyo texto refundido, coordinado y sistematizado fue fijado por el DFL Nº 1 de 2000 del Ministerio Secretaría General de la Presidencia, esta última autoridad podrá autorizar la internación de medicamentos en las causales del artículo 21.

La respectiva SEREMI deberá informar mensualmente al Instituto las autorizaciones concedidas en conformidad a este artículo.

Artículo 25.- Para los efectos de lo dispuesto en el artículo 99° del Código Sanitario, los preparados farmacéuticos contarán con un número de registro sanitario oficial, que será aquel que se incorpore en el Registro Oficial de Elaboración, el que se considerará como el registro oficial del Instituto de Salud Pública.

Artículo 26.- Las materias primas activas constituidas por drogas naturales o sintéticas a granel, se entenderán registradas por el solo hecho de ser incluidas en la fórmula de una especialidad farmacéutica que cuente con registro sanitario o por la respectiva autorización de uso y disposición, cuando éstas sean importadas por establecimientos autorizados para ello.

Artículo 27.- Se entenderá por medicamentos herbarios tradicionales, aquellos constituidos por las plantas o partes de plantas, frescas o desecadas, enteras o trituradas, envasadas y etiquetadas artesanalmente y rotuladas con la denominación utilizada por la costumbre popular en el ámbito de las tradiciones culturales chilenas, que hayan sido reconocidos en la respectiva norma técnica aprobada por decreto supremo del Ministerio, a la que se alude en el párrafo siguiente. Se entenderán registrados para los efectos de su libre venta y distribución, por el solo hecho que la SEREMI competente haya autorizado el establecimiento donde se almacenan, elaboran, fraccionan o envasan o se realizan otras actividades propias de su procesamiento, debiendo cumplir las siguientes condiciones:

a) Deberán estar en un listado contenido en una norma técnica aprobada por decreto supremo del Ministerio, dictada en uso de sus atribuciones legales técnico normativas, la que señalará la denominación, propiedades terapéuticas y usos de cada una de ellas, debiendo ser empleadas como auxiliares sintomáticos.

b) Estar envasadas artesanalmente como especies vegetales aisladas, no mezcladas.

c) Consignar en sus rótulos sólo aquellas propiedades reconocidas en el decreto aludido precedentemente.

PÁRRAFO SEGUNDO
DE LOS REQUISITOS DEL REGISTRO SANITARIO

Artículo 28.- Las solicitudes de registro sanitario deberán ser presentadas ante el Instituto, cumpliendo con los requisitos generales y especiales que se determinan en este Título.

Los requisitos generales de registro comprenden aspectos administrativos, de información técnica, de calidad farmacéutica y de seguridad y eficacia clínica del producto farmacéutico a registrar, que son de común aplicación a todos los registros; por su parte, los requisitos especiales derivan de la naturaleza de ellos y de cuya procedencia y veracidad debe responsabilizarse el profesional que suscribe la solicitud.

1° De los requisitos generales del registro sanitario

A.- Requisitos administrativos

Artículo 29.- Toda solicitud de registro sanitario deberá cumplir con los siguientes requisitos generales de carácter administrativo y acompañar la siguiente información:

1. Identificación y domicilio del interesado y su representante legal, tratándose de personas jurídicas.

2. Nombre del director técnico de la entidad que solicita el registro sanitario o del profesional idóneo, cuando no le es exigible la dirección técnica, que asuma la responsabilidad de la información técnica que se proporciona.

3. Denominación del producto farmacéutico, debiendo consignarse en este acápite lo siguiente:

a) Nombre de fantasía o genérico, correspondiente a su denominación común internacional o, en su defecto, el nombre farmacopeico o químico;

b) Forma farmacéutica;

c) Dosis unitaria por forma farmacéutica;

d) Vía de administración.

4. Clase o grupo terapéutico, debiendo indicarse, además, la clasificación anátomo-terapéutica correspondiente.

5. Régimen de fabricación, debiendo distinguirse:

a) Fabricación nacional, para aquellos productos fabricados en un laboratorio farmacéutico, legal y técnicamente habilitado para ello, sea que la fabricación sea propia o por cuenta ajena.

b) Productos importados, distinguiéndose entre:

b.1. Productos importados terminados que han sido fabricados en el extranjero, sea que la importación se realice en forma directa o a través de otros establecimientos autorizados.

b.2. Productos importados semiterminados en su envase primario definitivo, para ser acondicionados en el país, sea en forma directa o a través de otros establecimientos autorizados.

b.3. Productos importados a granel en su forma farmacéutica definitiva para ser envasados en el país, sea que ello se ejecute en forma directa o a través de otros establecimientos autorizados.

b.4. Productos importados semielaborados para llevar a efecto en el país las demás etapas de producción necesarias para obtener un producto terminado, sea en forma directa o a través de otros establecimientos autorizados.

6. Individualización del licenciante conforme a la denominación con que figure en la licencia, si el trámite se hace en uso de licencia.

7. Nombre y dirección del establecimiento productor, si es fabricado en el país o en el extranjero.

8. Presentación del producto, describiendo él o los contenidos de los diferentes envases: venta al público, envases clínicos y/o como muestras médicas cuando corresponda; incluyendo aquellos elementos o dispositivos que se incorporen para su administración.

9. Descripción física del material de los envases, señalando su tipo, tanto respecto del envase primario y secundario, así como aquellos elementos o dispositivos que se incorporen para su administración, cuando corresponda.

10. Documentos legales, en idioma castellano o debidamente traducidos bajo la firma del representante legal, profesional asignado al efecto por la empresa o del Director Técnico, cuando corresponda, constituidos por los siguientes, según se trate de productos importados o fabricados en el país:

a) Tratándose de productos importados en cualquiera de sus fases, deberá acompañarse:

a.1. Certificado de registro sanitario o Certificado de producto farmacéutico o Certificado de autorización sanitaria o Certificación oficial recomendada por la Organización Mundial de la Salud, emitida por la autoridad sanitaria del país de procedencia y que acredite bajo firma legalizada que el establecimiento productor o almacenador, en su caso, reúne las condiciones exigidas por la legislación sanitaria de su país; que el producto está registrado en su país de acuerdo a la normativa vigente señalando íntegramente su fórmula autorizada; y que su expendio está sometido a algún régimen restrictivo o control especial de tipo sanitario, si así fuere.

a.2. Convenio de fabricación suscrito entre el solicitante y un laboratorio farmacéutico de producción extranjero, debidamente legalizado.

a.3. Licencia legalizada de quien la otorga, cuando corresponda.

a.4. Certificado oficial emitido por la autoridad sanitaria competente del país donde se sitúa el establecimiento productor, que acredite que el fabricante extranjero está debidamente autorizado en su país; que cumple con Buenas Prácticas de Manufactura, de acuerdo a las recomendaciones de la OMS, señalando las áreas de producción o tipos de productos que se encuentra autorizado a fabricar, a menos que dichas acreditaciones se encuentren contenidas en el documento señalado en la letra a1) de este artículo.

a.5. Convenio de importación autorizado ante notario público o debidamente legalizado, cuando corresponda.

a.6. Convenio de fabricación y/o distribución nacional autorizado ante notario, cuando proceda, adjuntando la autorización sanitaria de cada establecimiento.

a.7. Convenio de control de calidad con laboratorio farmacéutico autorizado por el Instituto, autorizado ante notario, cuando procediere.

b) Productos fabricados en el país:

b.1. Convenio de fabricación y/o distribución nacional autorizado ante notario, incorporando la autorización sanitaria de cada establecimiento, cuando proceda.

b.2. Licencia legalizada de quien la otorga, si corresponde.

b.3. Convenio de control de calidad con laboratorio farmacéutico autorizado por el Instituto, cuando procediere.

Artículo 30.- Tratándose de productos farmacéuticos importados como productos terminados, semiterminados, a granel o semielaborados se permitirá que el solicitante acredite el cumplimiento de las Buenas Prácticas de Manufactura del fabricante en conformidad a lo dispuesto en los artículos 192° y 193°, caso en el cual no le serán aplicables las exigencias señaladas en la letra a.4. del artículo precedente.

B.- Requisitos de la Información Técnica

Artículo 31.- Toda solicitud de registro sanitario deberá cumplir los siguientes requisitos generales referentes a la Información técnica relacionada con el producto farmacéutico, adjuntándose para el efecto los siguientes antecedentes:

1. Monografía clínica y farmacológica, en idioma español, suscrita por el director técnico o asesor técnico.
2. Proyecto de rotulado gráfico para todas las presentaciones de venta a público, clínico y muestra médica, en idioma español.
3. Proyecto de folleto de información al profesional, avalado por la información científica pertinente y con la declaración de los estudios de biodisponibilidad y de su equivalencia terapéutica, en el caso de los productos farmacéuticos cuyos principios activos estén sujetos a dicha exigencia.
4. Proyecto de folleto de información al paciente, avalado por la información científica pertinente.

C.- Requisitos de Calidad Farmacéutica

Artículo 32.- Toda solicitud de registro sanitario deberá cumplir con los requisitos generales que acrediten la calidad farmacéutica del producto, para cuyo efecto deberá consignar la siguiente información:

1. Composición cuali-cuantitativa del producto farmacéutico, expresada en el siguiente orden y con las siguientes reglas:

a) Declaración cuali-cuantitativa de cada uno de los principios activos.

b) Declaración cuali-cuantitativa de cada uno de los excipientes.

c) Declaración cualitativa de cualquier excipiente utilizado y eliminado durante el proceso productivo, cuando proceda.

d) La composición cuali-cuantitativa expresada en unidades de masa o volumen del sistema métrico decimal, o unidades de actividad biológica. Siempre que sea posible se indicará la actividad biológica por unidad de masa o volumen.

e) Los principios activos y excipientes se designarán por su denominación común internacional (DCI) o en su defecto el nombre farmacopeico existente. En el caso de las sustancias no farmacopeicas se utilizará la denominación química en idioma español. No podrán utilizarse abreviaciones ni marcas comerciales para la denominación.

f) Si en la composición del producto hubieren colorantes, deben especificarse con sus nombres genéricos o, a falta de éstos, por su designación química o sus equivalentes que tengan en los Índices de Colorantes Permitidos y aprobados en el país por la norma técnica correspondiente, aprobada por decreto supremo del Ministerio; igual disposición será aplicable cuando se utilicen cápsulas coloreadas.

2. Respecto de los principios activos utilizados en la fabricación de productos farmacéuticos, se informará lo siguiente:

a) Especificación y Método de control de calidad, ajustándose a las exigencias contempladas en farmacopeas o textos oficiales vigentes en Chile o monografías tipo farmacopeas del mismo, si no estuviere indicado en dichos textos oficiales.

b) Declarar proveedor y fabricante de el o los principios activos, adjuntando el boletín de análisis con todos los parámetros que caractericen el principio activo.

c) Procedencia del estándar primario de referencia, adjuntando el certificado de análisis respectivo señalando a lo menos su origen, potencia, trazabilidad y otros ensayos pertinentes que lo caractericen.

d) Espectrograma o cromatograma del principio activo y del estándar por cualquier método instrumental, cuando corresponda.

e) Condiciones de almacenamiento del principio activo como materia prima.

3. Especificaciones y métodos de control de todos sus excipientes, ajustándose a las exigencias contempladas en las farmacopeas o textos oficiales vigentes en Chile o monografías de los mismos si no estuviese indicado en dichos textos.

4. Metodología analítica, en idioma castellano, suscrita por el profesional técnico que presenta la solicitud y por el jefe del departamento de control de calidad, sea del laboratorio interno o del laboratorio farmacéutico de control de calidad externo.

a) La metodología analítica debe ser completa, de forma tal de caracterizar el producto farmacéutico y deberá incluir todos los controles necesarios para asegurar la calidad del producto, en función de la forma farmacéutica elaborada.

b) La metodología analítica de todos los productos farmacéuticos deberá incluir los siguientes métodos de ensayos generales: descripción organoléptica (apariencia, dimensiones, forma, color, olor, entre otros); identificación selectiva para el o los principios activos, valoración, potencia o actividad de el o los principios activos, la determinación de impurezas cuando proceda y la descripción del tipo y material de envase-empaque, tanto primario como secundario.

c) Los métodos de ensayos específicos según forma farmacéutica serán establecidos de acuerdo a la normativa técnica complementaria vigente, emitida por el Instituto.

d) La metodología deberá presentar su validación en todos aquellos casos en que no se encuentren descritas en farmacopeas oficialmente reconocidas.

5. Estudios especiales:

a) En las formas farmacéuticas de liberación modificada, tales como retardada o entérica, prolongada y otras, deberá declararse esta condición y comprobarse mediante estudios farmacocinéticos, ensayos de disolución o de difusión u otro tipo de estudios apropiados, debidamente respaldados.

b) Estudios de equivalencia terapéutica y biodisponibilidad, en el caso de los productos farmacéuticos cuyos principios activos estén sujetos a dicha exigencia.

6. Hoja resumen, que incluya los parámetros analíticos y sus criterios de aceptación con los cuales se caracteriza el producto, documento que una vez oficializado, se convertirá en las especificaciones de producto terminado, con las que la especialidad farmacéutica deberá cumplir durante todo su período de eficacia.

7. Proposición del período de eficacia y las condiciones de almacenamiento y envase, tanto para la especialidad farmacéutica como para el producto reconstituido si procede, avalado por los estudios de estabilidad que correspondan, con las siguientes precisiones:

a) Los antecedentes de estabilidad deben incluir como mínimo: fórmula estudiada, identificación del fabricante y responsable del estudio de estabilidad, condiciones de temperatura, humedad, material de envase y series estudiadas (mínimos 3 series o lotes pilotos), además incluir el diseño programado y señalar los procedimientos analíticos utilizados y las especificaciones de producto terminado; todo lo anterior de acuerdo a la Guía de Estabilidad de Productos Farmacéuticos, aprobada como norma técnica mediante decreto supremo del Ministerio, a propuesta del Instituto.

b) Cuando el producto requiere dilución previa a su administración, se deberán adjuntar los estudios de estabilidad para la formulación, el solvente (si se incluye en la presentación) y el producto reconstituido. En el caso de que el producto requiera dilución y no se incluya en la presentación el solvente, se indicarán los solventes recomendados y se requerirá además la presentación de los estudios de estabilidad de la formulación y del producto reconstituido.

c) Si el producto debe ser diluido para su administración inmediata, solo se debe adjuntar el estudio de compatibilidad con los diluyentes correspondientes, eximiéndose del requisito establecido en la letra anterior.

d) Cuando se trate de un principio activo que no se encuentre incorporado en la fórmula autorizada de otra especialidad farmacéutica con registro sanitario en el país, deberá incluir los resultados de los estudios de degradación forzada y condiciones de estrés, para el mismo, además de lo solicitado en el numeral 2.

8. Información técnica referida a la manufactura, clave utilizada en la misma, control de calidad y datos físico-químicos, incorporados en una ficha resumida con un diagrama de flujo y los controles en proceso realizados.

Artículo 33.- Para los efectos de establecer la identidad, potencia, pureza, estabilidad y otros requisitos de calidad física, química, microbiológica y biofarmacéutica de los principios activos y de las formas farmacéuticas de los medicamentos cuyo registro se solicite, el Instituto se ceñirá a las normas pertinentes contenidas en las siguientes farmacopeas y sus suplementos:

a) Farmacopea Chilena.

b) Farmacopea Internacional.

c) Farmacopea Europea.

d) Farmacopea de Estados Unidos y The National Formulary.

e) Farmacopea Británica.

f) Farmacopea Francesa.

g) Farmacopea Alemana.

h) Farmacopea Homeopática Alemana.

i) Farmacopea Wilmar Schwabe.
j) Farmacopea Homeopática de USA.
k) Farmacopea Homeopática de México.
l) Farmacopea Japonesa.
m) Farmacopea Española.
n) Farmacopea de México.
ñ) Farmacopea Brasileña.

Se reconocerán también para los fines antes señalados, en forma complementaria de las farmacopeas indicadas, las series de informes técnicos del Comité de Expertos de la Organización Mundial de la Salud para patrones biológicos, biotecnológicos, químicos radioactivos u otros y el Título 21 del "Code of Federal Regulations" (C.F.R.), punto 1.1 de los Estados Unidos de Norteamérica.

Cuando se trate de un producto farmacéutico que no figure en ninguno de los textos oficiales antes señalados, el Instituto fundadamente podrá aceptar o rechazar, parcial o totalmente, la información técnica que proporcione el interesado.

Artículo 34.- Cuando los textos oficiales referidos en el artículo anterior no indiquen márgenes de tolerancia u otras especificaciones, éstos deberán ser señalados en la solicitud de registro para que el Instituto resuelva acerca de su suficiencia.

Artículo 35.- Dada la naturaleza, diversidad y extensión de los requisitos generales de calidad farmacéutica, estos podrán ser detallados en normas técnicas complementarias aprobadas por decreto supremo del Ministerio, a propuesta del Instituto.

D.- Requisitos de Seguridad y Eficacia

Artículo 36.- Toda solicitud de registro sanitario deberá incluir antecedentes de seguridad y eficacia, para lo cual se deberá acompañar la información científica referida a:

1. Estudios de desarrollo del producto farmacéutico, que incluyan estudios químicos, farmacéuticos y biológicos, según corresponda, de la fórmula propuesta y su justificación.
2. Estudios preclínicos, tales como aquellos estudios que se realizan "in vitro" y/o en animales de experimentación, diseñados generalmente con la finalidad de obtener información necesaria para decidir si se justifican estudios más amplios en seres humanos, sin exponerlos a riesgos injustificados.
3. Estudios farmacológicos selectivos en animales.
4. Estudios toxicológicos en animales, que corresponderán a los ensayos de toxicidad aguda y crónica, teratogenicidad, embriotoxicidad, fertilidad, mutagénesis y, en su caso, carcinogénesis y, en general, aquellos que sean necesarios para una correcta evaluación de la seguridad y tolerancia de un producto farmacéutico.
5. Estudios clínicos fases I, II y III, que avalen la seguridad y eficacia del producto que se pretende registrar. Se podrán presentar estudios clínicos de productos que no correspondan a la fórmula que se pretenda registrar, siempre que se haya acreditado su equivalencia farmacéutica y terapéutica, mediante los respectivos estudios.
6. Estudios farmacocinéticos, cuando corresponda.
7. Estudios para demostrar biodisponibilidad o equivalencia terapéutica del producto farmacéutico que se pretenda registrar, en el caso de los productos cuyos principios activos estén sujetos a dicha exigencia.
8. Informe químico, farmacéutico y biológico, que incluya pruebas analíticas, químicas, físico-químicas, biológicas o microbiológicas y que permitan concluir si el producto que se

pretende registrar se encuentra conforme con la composición declarada, presenta la adecuada calidad, los métodos de control propuestos se ajustan al estado de los conocimientos científicos, la formulación y forma farmacéutica están adecuados a los fines propuestos y el envase es idóneo para la correcta conservación.

9. Informe toxicológico y farmacológico, que incluya pruebas o ensayos preclínicos que permitan reportar cuál es la toxicidad del producto y cuáles son sus propiedades farmacológicas comprobadas.

10. Informe clínico elaborado por experto externo: El informe deberá evaluar los estudios aportados por el solicitante, en cuanto éstos puedan avalar que el producto demuestra una adecuada tolerancia, que la posología recomendada es correcta, así como las eventuales contraindicaciones y efectos secundarios.

2° De las condiciones y precisiones del registro de determinadas especialidades farmacéuticas

Artículo 37.- Para el registro de productos farmacéuticos que constituyan asociación de principios activos a dosis fijas, se deberán acreditar, además, las siguientes condiciones:

a) Cada componente activo deberá contribuir al efecto terapéutico del producto y la asociación deberá contribuir a mejorar la adherencia del paciente al tratamiento;

b) La dosis de cada componente, así como la frecuencia de administración y duración del tratamiento, deberá conferir seguridad y eficacia a la asociación, evitándose el peligro de potenciar reacciones adversas;

c) Deberá haber compatibilidad entre sus ingredientes, incluyendo los excipientes que se utilicen en el conjunto, desde el punto de vista químico, farmacológico, farmacocinético y biofarmacéutico, in vitro e in vivo, según corresponda; y

d) Los efectos secundarios, colaterales o tóxicos deberán ser de igual o menor intensidad que los que puedan presentar normalmente cada uno de los componentes activos aislados.

Artículo 38.- Sin perjuicio de lo anterior, será rechazada la solicitud de registro sanitario de los productos farmacéuticos que constituyan asociación de principios activos a dosis fijas en las siguientes situaciones:

a) Sean indicados para enfermedades o síntomas que tienen un curso natural diferente al señalado en el registro para cada uno de sus componentes activos, a menos que se demuestre lo contrario; o

b) Alguno de los componentes nuevos que se agregue no disponga de pruebas clínicas, farmacológicas y demás sujetas a evaluación.

Artículo 39.- Tratándose de productos farmacéuticos de combinación, quien solicite el registro sanitario deberá acreditar su seguridad y eficacia en el uso del conjunto propuesto. Además se deberá demostrar que:

a) Cada especialidad farmacéutica deberá contribuir al efecto terapéutico del producto de combinación.

b) La dosis de cada especialidad, así como la frecuencia de administración y duración del tratamiento, deberá conferir seguridad y eficacia a la combinación, sin que exista peligro de potenciar reacciones adversas.

c) Deberá haber compatibilidad en los ingredientes que se utilicen en cada especialidad farmacéutica, incluyendo los excipientes, desde el punto de vista químico, farmacológico, farmacocinético y biofarmacéutico, in vitro e in vivo, según corresponda.

d) Los efectos secundarios o colaterales o tóxicos deberán ser de igual o menor intensidad que los que pueden presentar normalmente cada una de las especialidades farmacéuticas en forma aislada.

Los productos de combinación no podrán incluir fitofármacos o productos homeopáticos, asociados entre sí o con otras especialidades farmacéuticas.

Artículo 40.- Para el registro de fitofármacos atendida su naturaleza, se tendrán en consideración las siguientes precisiones:

a) La seguridad deberá ser avalada con la presentación de estudios pre-clínicos, toxicológicos en animales y clínicos fase I, mientras que la eficacia debe ser avalada con estudios clínicos fase II y III. En los casos en que exista información proveniente de literatura oficial de los diferentes organismos internacionales o extranjeros, tales como OMS, FDA o EMEA; al momento de solicitar un registro sanitario, esta se aceptará como válida en reemplazo de la anterior.

b) Las solicitudes de registro deberán ceñirse a lo establecido en los requisitos generales del registro, con las siguientes reglas especiales:

b.1. No se requerirá la presentación de estudios de equivalencia terapéutica al momento de su registro o en sus posteriores modificaciones.

b.2. Se deberá incluir la descripción del proceso de fabricación.

b.3. Su denominación genérica corresponderá a la denominación taxonómica botánica del vegetal que aporta el o los ingredientes activos.

b.4. La expresión de su fórmula cuali-cuantitativa deberá incluir: el tipo de preparación vegetal empleada, tales como extracto seco, extracto fluido, extracto blando, polvo u otro; seguido de la o las partes del vegetal que se emplean, más su nombre científico con su concentración y su equivalencia en un marcador vegetal, cuando corresponda.

b.5 No podrán incluir mezclas con medicamentos alopáticos.

b.6. La identidad y pureza de los componentes se establecerá de acuerdo con lo que dispongan las farmacopeas o las fuentes de información científica internacionales o extranjeras, debiendo presentarse la correspondiente validación de la metodología analítica propuesta.

b.7. La metodología analítica para la evaluación del producto terminado así como sus materias primas deberá aparecer en alguna de las farmacopeas oficialmente aceptadas en nuestro país o en fuentes de información científica extranjeras o se deberá presentar la correspondiente validación de la metodología analítica propuesta.

b.8. Deberán cumplir con las especificaciones de producto terminado de acuerdo a la forma farmacéutica en que ellos se presenten, sin embargo podrá exceptuarse la valoración del o los principios activos en el producto terminado, reemplazándose ésta por la valoración del marcador vegetal específico.

b.9. No se considerarán fitofármacos los productos que contienen principios activos aislados o sintéticos, aunque sean preparados de materia prima de origen vegetal.

Artículo 41.- Tratándose del registro sanitario de los productos homeopáticos, atendida su naturaleza, se tendrán en consideración las siguientes precisiones, acerca de las siguientes materias:

a) Respecto de los antecedentes de calidad farmacéutica del producto:

a.1. Las denominaciones genéricas de sus principios activos se expresarán en latín, según lo establecido en las farmacopeas reconocidas.

a.2. En las fórmulas cuali-cuantitativas, cada substancia homeopática debe expresarse con su denominación latina seguida de su grado de dilución final, es decir, en el producto terminado, más su concentración.

a.3. Debe haber una clara y completa descripción de la o las materias primas de la partida que se emplean en la preparación de la substancia homeopática, su caracterización, método de preparación y controles físico-químicos efectuados.

a.4. Se debe incluir la descripción del o los métodos de fabricación utilizados en la preparación del producto terminado.

a.5. Los productos farmacéuticos homeopáticos deben cumplir con las especificaciones de producto terminado de acuerdo a la forma farmacéutica en que ellos se presenten, como cualquier otro tipo de medicamento, con excepción de la valoración del o los principios activos en el producto terminado.

a.6. Cuando los productos homeopáticos se administren en forma de comprimidos convencionales deben efectuarse ensayos de desintegración en reemplazo del ensayo de disolución.

b) Respecto de la presentación de antecedentes que respalden la eficacia y seguridad del producto, podrán emplearse además de los textos mencionados expresamente en el artículo 33° del presente decreto, otras farmacopeas, documentos emitidos por comités de expertos de la OMS u otros reconocidos por decreto supremo del Ministerio, dictado bajo la fórmula "Por orden del Presidente de la República", a propuesta del Instituto.

Artículo 42.- En el caso del registro sanitario de productos biológicos, las solicitudes, además de cumplir con los requisitos generales respecto del producto que se pretende registrar, deberán observar las siguientes precisiones y acompañar los antecedentes que se indican respecto de:

a) Denominación del producto, en el siguiente orden:

a.1. Nombre de fantasía o en su caso el nombre genérico (DCI) o farmacopeico. En el caso de vacunas, se utilizará el nombre latino de acuerdo a la enfermedad contra la cual protege.

a.2. El proceso de producción cuando los principios activos sean microorganismos vivos o muertos; mencionando el proceso de la siguiente manera: "viva", "atenuada", "conjugada" o "inactivada" u otra.

a.3. El método de producción, tratándose de un principio activo que sea producido por un organismo vivo que ha sido modificado tecnológicamente, mencionándose el proceso de la siguiente manera: "recombinante".

a.4. Forma farmacéutica y dosis, si procede.

b) Composición cuali-cuantitativa, en el siguiente orden:

b.1. Declaración cuali-cuantitativa de cada uno de los principios activos.

b.2. Declaración cuali-cuantitativa de cada uno de los excipientes.

b.3. Declaración cuali-cuantitativa de cualquier adyuvante o adsorbente presente, cuando corresponda.

b.4. La composición cuali-cuantitativa se debe expresar, si corresponde, en unidades de masa o volumen del sistema métrico decimal. El contenido proteico o las unidades de actividad biológica se expresarán por unidad de masa o volumen, o en su defecto se expresarán en Unidades Internacionales.

b.5. Cuando se trate de productos para inmunización activa, se declarará preferentemente la composición cuali-cuantitativa por dosis unitaria.

b.6. Los principios activos se nombrarán preferentemente por su Denominación Común Internacional (DCI) o, en su defecto, por el nombre farmacopeico existente. Para las sustancias no farmacopeicas se utilizará la denominación química o biológica y en el caso de vacunas, el nombre latino de acuerdo a la enfermedad contra la cual protege. No se podrán utilizar abreviaciones para la denominación.

b.7. Se declarará la denominación taxonómica de los microorganismos, sin abreviaciones, además se deberá incluir la cepa, el serotipo u otra señalización de sub-especie apropiada cuando corresponda.

b.8. Se deberá declarar la naturaleza de cualquier sistema celular utilizado en la producción del producto biológico, así como la utilización de tecnología ADN o ARN recombinante.

b.9. Si uno de los principios activos es un microorganismo vivo, se declarará el componente químico utilizado en el método de inactivación química.

b.10. Cuando la declaración cuali-cuantitativa incluya adsorbente como el aluminio, la declaración cuantitativa de sus compuestos deberá declararse en términos de la cantidad por dosis.

b.11. Al final de la fórmula se detallarán cuantitativamente los preservantes cuando estén presentes y cualitativamente los residuos de antibióticos y agentes antimicrobianos utilizados en el proceso de fabricación y que inducen potenciales reacciones alérgicas en ciertos individuos.

b.12. Si en la composición del producto hubiere colorantes, deberán especificarse con sus nombres genéricos o, a falta de éstos, por su designación química o sus equivalentes que tengan en los Índices de Colorantes permitidos y aprobados en el país por la norma técnica correspondiente, aprobada por Decreto Supremo del Ministerio.

Igual disposición será aplicable cuando se utilicen cápsulas coloreadas.

c) Requisitos de El o de los principios activos, incluyendo especificación de calidad y pureza así como los métodos de control de los mismos, acompañando la siguiente información:

c.1. Declarar fabricante y proveedor del principio activo.

c.2. Declarar proveedor así como la trazabilidad, cuando corresponda, del estándar de referencia utilizado para la calificación del principio activo.

c.3. Condiciones de almacenamiento del principio activo: temperatura, humedad y calidad del envase.

c.4. Descripción de otros elementos deseados y los compuestos relacionados, sus propiedades y características: estructura, actividad biológica u otra.

c.5. Cuando se describan principios activos provenientes de sangre humana o hemoderivados se deberá indicar los procedimientos empleados para garantizar al máximo la ausencia de agentes potencialmente patógenos que puedan transmitirse, incluyendo:

c.5.1. Protocolo de selección de donantes.

c.5.2. Método de fraccionamiento del plasma.

c.5.3. Todos los ensayos realizados sobre el plasma, antes y durante el proceso, incluyendo la determinación de antígenos de superficie de la Hepatitis B (VHB) y los anticuerpos contra los Virus de la Inmunodeficiencia Humana (VIH) y contra el virus de la Hepatitis C (VHC) y otros que procedan.

c.5.4. Temperatura de almacenamiento del principio activo y sus controles.

c.5.5. Período de validez y fecha de caducidad.

c.5.6. Métodos de inactivación de contaminantes infecciosos que pueda contener el material de partida, productos intermedios y productos finales.

d) Método de fabricación:

d.1. Descripción del método de fabricación del producto, incluyendo los controles en proceso y su tolerancia.

d.2. Descripción del proceso de fabricación, la que debe incluir la descripción de las materias primas, etapas críticas y reproceso, cuando corresponda, además incluir la forma como se seleccionaron los controles que se utilizarán como rutinarios en el control del producto terminado.

d.3. Descripción de la fuente y materiales de partida para la elaboración del principio activo biológico.

d.4. Describir las acciones tomadas para evitar o controlar la contaminación por agentes adventicios, tanto virales como VIH, VHB, VHC, entre otros, como no-virales, tales como agentes de la Encefalopatía Espongiforme Transmisible (EET), bacterias, micoplasma u hongos.

d.5. Descripción y antecedentes del proceso de validación.

e) Control de Excipientes:

e.1. Adjuntar la especificación de calidad y pureza así como los métodos de control de los excipientes a utilizar en la formulación, ajustándose a las exigencias contempladas en textos oficiales autorizados en el presente reglamento o monografías de los mismos, si no estuviere indicado en dichos textos.

e.2. Adjuntar acreditación acerca de la ausencia de materias primas procedentes de especies animales afectadas por las EET u otras transmisibles.

f) Control de producto terminado:

f.1. Debe incluir como mínimo la siguiente información:

. Descripción y apariencia (estado físico, color, olor y claridad, cuando corresponda);

. Identificación selectiva para el o los principios activos;

. Valoración, potencia o actividad de el o los principios activos;

. Determinación de impurezas, cuando proceda;

. Descripción de la naturaleza y tipo de material de empaque, envase, tanto primario como secundario, y accesorios, cuando estos últimos estén en contacto con el producto farmacéutico;

. Cualquiera otra determinado por resolución del Instituto, de acuerdo a la naturaleza y composición del producto biológico.

f.2. Señalar los criterios de aceptación y valores máximos y mínimos cuando sean factores determinantes.

f.3. Hoja resumen, que incluya los parámetros analíticos y sus criterios de aceptación con los que se caracteriza el producto biológico. Este documento, una vez oficializado, se convertirá en las especificaciones de producto terminado, con las que el producto biológico deberá cumplir durante todo su período de eficacia.

g) Material de envase:

g.1. Descripción de la naturaleza y tipo del material de envase, tanto del primario, secundario y accesorios, cuando estos últimos estén en contacto con el producto farmacéutico.

g.2. Debe incluir la información respecto de la elección del material de envase primario, considerando la protección de la luz y humedad que provee, compatibilidad del material escogido con la forma farmacéutica y su administración.

g.3. Cuando la forma farmacéutica sea estéril, debe incluir información sobre la integridad del sistema de cierre del envase primario para evitar la contaminación microbiana.

h) Estudio de estabilidad para la formulación, el solvente y el producto reconstituido, según corresponda:

h.1. Los antecedentes de estabilidad deben incluir como mínimo:

. Fórmula estudiada;

. Identificación del fabricante y responsable del estudio de estabilidad;

. Condiciones de temperatura, humedad, material de envase y series estudiadas (mínimo 3 series o lotes pilotos) y el diseño programado, los procedimientos analíticos utilizados y las especificaciones de producto terminado, todo ello según proceda, de acuerdo a la Guía de estabilidad de productos farmacéuticos a que se refiere el artículo 32.

h.2. Cuando se trate de un producto biológico que contenga un principio activo que se incorpore por primera vez en el campo de la medicina en nuestro país, deberá incluir los resultados de los estudios de estabilidad para degradación forzada y condiciones de estrés.

h.3. Proposición del período de eficacia y las precauciones de almacenamiento, ambos avalados por el estudio de estabilidad correspondiente, además indicar el período de eficacia para el producto reconstituido, cuando corresponda.

h.4. Si el producto debe ser diluido previo a su administración, se deben adjuntar los estudios de compatibilidad y estabilidad con los diluyentes correspondientes, según proceda.

i) Requisitos de Seguridad y Eficacia.

En los casos de los productos biotecnológicos, mediante Decreto Supremo del Ministerio, a propuesta del Instituto, se establecerá la norma técnica que determinará los principios activos y sus respectivas presentaciones, respecto de cada uno de los cuales podrá admitirse la abreviación de estudios clínicos destinados a avalar eficacia y seguridad del producto, basándose en la existencia de otro producto biotecnológico registrado, que utilice los mismos principios activos, dosis unitaria, forma farmacéutica y vía de administración.

Sin perjuicio de lo expuesto, el interesado deberá acompañar los estudios comparativos con el producto de referencia, que respecto de cada principio activo se indique, de manera de caracterizar apropiadamente al producto y demostrar su naturaleza similar con el innovador o referente ya aludido.

PÁRRAFO TERCERO
DEL PROCEDIMIENTO APLICABLE A LA SOLICITUD DE REGISTRO.

Artículo 43.- La solicitud de registro sanitario, conjuntamente con los antecedentes que deben acompañarse según el tipo de producto farmacéutico, será presentada al Instituto de Salud Pública en los formularios aprobados, previo pago del arancel correspondiente.

Dicha solicitud se hará constar en un expediente, escrito o electrónico, que deberá ordenarse de acuerdo al formato que apruebe el Director del Instituto mediante resolución. En el referido expediente se asentarán los documentos presentados por los interesados, con expresión de la hora y fecha de presentación, otorgándose un número de referencia para su ingreso y seguimiento, previo pago del arancel correspondiente a la primera fase de admisibilidad de la solicitud.

Artículo 44.- Dentro del plazo de diez días hábiles, el Instituto realizará una revisión de forma de la solicitud y sus antecedentes, emitiendo un pronunciamiento sobre su admisibilidad.

Artículo 45.- En el caso de resolverse la admisibilidad de la solicitud para los fines de su evaluación y revisión respecto del fondo, se notificará al interesado la resolución que así lo determine, con el objeto de que éste o su representante comparezca a pagar el arancel correspondiente a la siguiente fase del procedimiento.

Si se determina que la solicitud no es admisible, la resolución que así lo establezca sólo podrá basarse en la ausencia de los antecedentes requeridos por este reglamento y su normativa complementaria, de acuerdo al tipo de especialidad farmacéutica, y señalará los antecedentes que deben agregarse para superar la objeción, otorgándose para ello un plazo de cinco días hábiles, vencido el cual el Instituto procederá en la forma establecida en el inciso primero o declarará no ha lugar a la solicitud.

Artículo 46.- Al declararse la admisibilidad del procedimiento de registro, se remitirán los antecedentes a la dependencia correspondiente, de acuerdo a la naturaleza de los mismos, para su posterior análisis, por separado.

Artículo 47.- De ser favorable las evaluaciones practicadas por las instancias mencionadas, y dentro del plazo total de seis meses contados desde la fecha de pago del arancel correspondiente, se otorgará el registro sanitario del producto solicitado, mediante la dictación de una resolución, la que será notificada formalmente a quien figura como solicitante.

Artículo 48.- La resolución que otorga el registro sanitario de una especialidad farmacéutica deberá contener al menos los siguientes puntos:

a. Nombre y dirección del titular.

b. Nombre y dirección del fabricante, procedente, importador, Laboratorio Farmacéutico de Producción o Acondicionamiento, de Control de Calidad, Distribuidor, y Licenciante, cuando procediere.

c. Número de registro.

d. Denominación de la especialidad farmacéutica.

e. Composición cuantitativa y cualitativa completa.

f. Forma Farmacéutica.

g. Grupo Terapéutico.

h. Condiciones de almacenamiento y período de eficacia.

i. Envases y presentaciones autorizados.

j. Indicaciones terapéuticas autorizadas.

k. Condiciones de prescripción y expendio, establecidas de acuerdo a las normas que dicte el Ministerio.

l. Si el producto queda sometido a control legal, control de serie u otros, indicando su fundamento las condiciones en las cuales debe efectuarse.

m. Limitaciones de la autorización referentes a la vigencia y exigencia de vigilancia en el uso del producto registrado.

n. Obligaciones específicas del titular del registro.

o. Obligatoriedad de informar el primer lote de producción o importación para la distribución a cualquier título, de acuerdo a lo señalado en el artículo 71°.

p. Otros que sean pertinentes, de acuerdo a la naturaleza y composición específica de cada producto farmacéutico, así como aquellos referidos a la producción, importación, control de calidad, almacenamiento, distribución o entrega a cualquier título y protección de datos de naturaleza "no divulgados".

q. En uno o más anexos timbrados, que se considerarán formar parte integrante de la resolución, se deberá incluir el rotulado gráfico autorizado, el folleto de información al paciente o inserto, el folleto de información al profesional, las especificaciones de producto terminado y la metodología de análisis de producto terminado.

Artículo 49.- En el evento que la evaluación practicada recomendare la denegación del registro sanitario basado en:

– Cuestiones conexas o accesorias: éstas serán puestas en conocimiento del solicitante, quien dispondrá de un plazo de 15 días hábiles para formular las alegaciones que estime pertinente, transcurrido el cual el Instituto decidirá sobre ellas en la resolución final.

– Insuficiencia de los antecedentes o estudios presentados: se notificará al interesado con el fin de que aporte mayores antecedentes dentro del plazo de 30 días hábiles, y de ser dichos nuevos antecedentes suficientes para garantizar las condiciones señaladas precedentemente, se concederá el registro sanitario.

En el evento que tales nuevos antecedentes no fueren presentados dentro del plazo otorgado o que, presentados en tiempo, fueren nuevamente evaluados como insuficientes, el Instituto procederá con la denegación del registro sanitario, mediante resolución fundada que así lo establezca, la que será notificada al requirente.

Sin perjuicio de lo anterior y dentro del plazo de 6 meses posteriores a la fecha de notificación de la denegación, el solicitante podrá iniciar un nuevo procedimiento de registro, acompañando en su solicitud los antecedentes, aclaraciones y correcciones que sean necesarias para superar las causales de la denegatoria. En este caso, el Instituto tendrá el plazo de 3 meses para verificar los antecedentes anteriores, evaluar los nuevos y de ser suficientes, conceder el respectivo registro sanitario.

Artículo 50.- Durante la tramitación del registro sanitario quien tenga la calidad de interesado en conformidad a la ley Nº 19.880 podrá aducir alegaciones y aportar documentos u otros elementos de juicio para que sean considerados como antecedentes para la concesión o denegación del respectivo registro sanitario.

Una vez concedido el registro sanitario, la resolución que lo otorga quedará disponible en el sitio electrónico oficial del Instituto de Salud Pública.

Tratándose de los casos en que por aplicación de la ley Nº 19.039 dicha información tenga la naturaleza de no divulgada, se estará a las disposiciones contenidas en dicha normativa y su reglamentación complementaria.

PÁRRAFO CUARTO
DE LOS PROCEDIMIENTOS ESPECIALES DE REGISTRO

1º Del procedimiento abreviado de registro

Artículo 51.- El procedimiento ordinario de registro sanitario podrá ser abreviado con el fin de reducir los plazos de tramitación establecidos, de oficio o a petición del interesado, fundándose en la concurrencia de alguna de las siguientes circunstancias:

1) Que el producto farmacéutico sea necesario para ser distribuido a la población en cumplimiento de planes o programas de salud aprobados por el Ministerio, en los que se aborden determinadas situaciones de riesgo sanitario o patologías específicas y que están destinados a determinados grupos de personas, en el marco de los intereses de salud pública nacionales.

2) Que el producto farmacéutico haya sido incluido en la nómina de los productos incorporados al Formulario Nacional de Medicamentos, evento en el cual el interesado deberá utilizar las monografías del Formulario para acelerar la tramitación del registro.

Una vez cumplido los requisitos señalados precedentemente, el Instituto dictará la resolución que acoge la solicitud de registro al procedimiento abreviado.

El Instituto procederá a la reducción de los plazos establecidos para el registro sanitario, atendida la etapa de tramitación en que se encuentre. En todo caso, el procedimiento total no podrá exceder de cuatro meses.

2º Del procedimiento simplificado de registro

Artículo 52.- El procedimiento ordinario de registro sanitario podrá ser simplificado, previa solicitud del interesado, omitiendo determinados antecedentes, en los casos y en la forma que a continuación se indica:

1. Cuando se trate de productos farmacéuticos que contengan el mismo principio activo, en igual cantidad por forma farmacéutica y la misma vía de administración que otro producto que cuente o haya contado con registro sanitario no cancelado por el Instituto por razones de salud pública, caso en el cual podrá ser omitida la presentación de los antecedentes que dicen relación con la seguridad y eficacia, salvo que por motivos fundados y mediante resolución, el Instituto determine la necesidad de contar con todos o algunos de aquellos antecedentes.

En el caso de un producto farmacéutico de liberación no convencional que sea equivalente farmacéutico de uno ya registrado, deberán adjuntarse los estudios de equivalencia terapéutica que correspondan.

2. Cuando se trate de principios activos suficientemente conocidos y experimentados, de manera que su eficacia, seguridad de uso y reacciones adversas consten en la literatura científica, podrán sustituirse los antecedentes relativos a estudios pre-clínicos, por la bibliografía pertinente. Asimismo, podrá ser parcialmente omitida la información científica referida a la eficacia y seguridad del producto que se pretende registrar; en este último caso la solicitud será evaluada por el Instituto, pudiendo requerir fundadamente la totalidad de los antecedentes.

3. Cuando se trate de un producto farmacéutico que sea equivalente farmacéutico de uno ya registrado y que se encuentre en los listados de principios activos a los cuales se les ha exigido demostrar su equivalencia terapéutica, caso en el cual deberán presentarse los estudios correspondientes que la norma especifica indique.

4. Cuando se trate de un producto fabricado en el país con el fin exclusivo de ser exportado, que de acuerdo a la normativa chilena sea considerado como producto farmacéutico y que acredite que en el país de destino sea considerado como producto alimenticio, mediante documento emitido por su autoridad sanitaria, podrá ser omitida la presentación de los antecedentes que dicen relación con la seguridad y eficacia, salvo que mediante resolución fundada el Instituto determine la necesidad de contar con todos o algunos de aquellos antecedentes.

El plazo total para la resolución de la solicitud que se tramite mediante el procedimiento simplificado de registro será de 5 meses desde el ingreso de la solicitud.

Artículo 53.- No podrán someterse al procedimiento de registro sanitario simplificado los casos que se indican a continuación:

a) El producto farmacéutico cuyo registro sanitario se solicita se incorpora por primera vez en el campo de la medicina en el país; salvo que se trate del caso señalado en el artículo 52°, numeral segundo;

b) El producto farmacéutico cuyo registro sanitario se solicita contiene el mismo principio activo que otro ya registrado, cuya información o datos cuentan con la protección establecida en el párrafo 2° del Título VIII de la ley N° 19.039, otorgada de acuerdo a la reglamentación específica que rige la materia, o bien, se basa en datos que cuentan con dicha protección;

c) El producto farmacéutico cuyo registro se solicita incluye una nueva utilidad terapéutica, esquema posológico, extensión de una vía de administración previamente aprobada o grupo etario, respecto de una ya registrada;

d) El producto farmacéutico cuyo registro sanitario se solicita presenta: una modificación en la composición y concentración de los principios activos de una fórmula ya registrada; o contiene nuevas sales, ésteres, complejos o isoformas de los principios activos que componen una especialidad farmacéutica ya registrada; o constituye combinaciones de principios activos a dosis fijas, que separadamente disponen o no de registro sanitario;

e) En todos los casos en que el producto farmacéutico, cuyo registro se solicita se presente en una forma farmacéutica distinta a otra registrada y que modifique la liberación del o de los principios activos;

f) En los casos que se solicite, por primera vez, un registro sanitario de un producto farmacéutico de combinación;

g) Cuando se solicite el registro sanitario de un producto biológico.

Artículo 54.- Tratándose de las solicitudes de registro sanitario de productos farmacéuticos homeopáticos, sólo podrán acogerse a un procedimiento simplificado de registro cuando cumplan copulativamente con las siguientes condiciones:

a) Vía de administración oral o externa;

b) Ausencia de indicación terapéutica particular en el proyecto de rotulado gráfico o en los proyectos de folleto de información al profesional y al paciente;

c) Estar constituida por una sola sustancia homeopática, en un grado de dilución que garantice la inocuidad del medicamento, y

d) La sustancia homeopática que compone el producto farmacéutico debe ser obtenida a partir de sustancias o materias primas de origen vegetal, animal, mineral o químico que se encuentren descritas en farmacopeas reconocidas, conforme a un procedimiento de fabricación homeopático que también se encuentre descrito en dichos textos.

3° Del procedimiento acelerado de registro

Artículo 54 A.- Aquellos medicamentos que estén registrados en Agencias Reguladoras de Medicamentos de Alta Vigilancia podrán someterse al procedimiento acelerado de registro.

Para solicitar el procedimiento acelerado de registro, el requirente deberá indicar en su solicitud la existencia de un registro sanitario o autorización de uso otorgada por alguna de las Agencias Reguladoras señaladas en el inciso primero. Esta deberá ser en la misma indicación terapéutica cuya autorización se solicita.

Una vez certificada la existencia de registro sanitario o autorización de venta en alguna de las agencias del artículo 54° C, cumpliendo los requisitos de este párrafo, el medicamento será registrado por el Instituto sin más trámite.

Artículo 54 B.- Con el objeto de obtener el registro sanitario del medicamento, el solicitante que opte por el procedimiento de registro acelerado deberá presentar los mismos antecedentes de respaldo entregados a la Agencia Reguladora que otorgó el registro, junto al Certificado de Producto Farmacéutico. La revisión que realice el Instituto deberá tener en consideración lo ya analizado por la respectiva Agencia.

Artículo 54 C.- Se considerarán Agencias Reguladoras de Medicamentos de Alta Vigilancia las siguientes:

I. Aquellas definidas como agencias reguladoras estrictas (stringentregulatoryauthorities) en el Anexo 5 del "WHO ExpertCommitteeonSpecificationsforPharmaceuticalPreparations - WHO TechnicalReport Series, N° 986 - Forfy-eighthReport" y sus modificaciones posteriores.

II. Aquellas calificadas en Nivel IV en el Sistema de Evaluación de Autoridades Reguladoras Nacionales de Medicamentos de la Organización Panamericana de la Salud.

III. Los miembros de la "PharmaceuticalInspection Co-operationScheme" (PIC/S).

Artículo 54 D.- Para productos farmacéuticos reconocidos por las Agencias Regulatorias especificadas precedentemente, se reconocerán las autorizaciones y certificaciones de éstas, tales como Buenas Prácticas de Manufactura (GMP) y estudios de bioequivalencia.

Artículo 54 E.- Siempre que no se requieran complementos, rectificaciones, aclaraciones o enmiendas por parte del solicitante, la tramitación acelerada no podrá exceder de tres meses contados desde que es recibida la solicitud con todos los antecedentes.

Artículo 54 F.- Con todo, el registro sanitario conforme a este procedimiento sólo podrá ser concedido en la medida que no haya sido denegado en una o más Agencias de alta vigilancia sanitaria.

Artículo 54 G.- No podrán acogerse a este procedimiento de registro los productos biológicos. Esto podrá ser exceptuado a través de una resolución fundada del Ministro de Salud. Esta resolución podrá exceptuar a determinados productos biológicos o a una categoría de ellos.

Asimismo, no podrá utilizarse este procedimiento cuando existan razones de salud pública respecto a un determinado producto farmacéutico o categoría de productos. Esta circunstancia se calificará a través de una resolución fundada del Ministro de Salud.

PÁRRAFO QUINTO
VIGENCIA, SUSPENSIÓN Y CANCELACIÓN DEL REGISTRO SANITARIO

Artículo 55.- El registro sanitario de una especialidad farmacéutica tendrá una vigencia de cinco años, contados desde la fecha de la resolución que lo concede, y podrá ser renovado por períodos iguales y sucesivos, siempre que no haya sido cancelado y se cumplan las siguientes condiciones:

1. Pago del arancel correspondiente.
2. Superación de las observaciones formuladas para la suspensión del registro sanitario dentro del plazo concedido para ello. En el caso que la vigencia del registro sanitario expirare pendiente dicho plazo, deberá solicitarse la renovación dentro de los 15 días posteriores al vencimiento del plazo otorgado para superar dichas observaciones.
3. Inexistencia de multas pendientes de pago o cumplimiento de otras medidas o sanciones sanitarias aplicadas por el Instituto si fuere el caso, en relación con el registro que se pretende renovar.

La renovación del registro sanitario deberá ser denegada cuando se constate el incumplimiento de algunas de las obligaciones que corresponden al titular del registro sanitario.

Artículo 56.- La solicitud de renovación de registro sanitario deberá presentarse ante el Instituto y, en el caso de los productos importados, deberá ser acompañada del Certificado de producto farmacéutico o Certificado de registro o Certificado de autorización sanitaria o Certificación oficial recomendada por la Organización Mundial de la Salud, emitido por la autoridad sanitaria del país de procedencia y que acredite que el establecimiento productor o almacenador, según corresponda, reúne las condiciones exigidas por la legislación sanitaria de su país, que el producto está registrado en el país de acuerdo a la normativa vigente, señalando íntegramente su fórmula autorizada y que su expendio está sometido a algún régimen restrictivo o control especial de tipo sanitario, si así fuere.

Artículo 57.- La resolución de renovación de registro sanitario deberá mantener la numeración de registro asignada en la inscripción, agregándole el año de renovación y señalar la fecha de caducidad del mismo.

Artículo 58.- Todo registro sanitario podrá ser suspendido por alguna de las siguientes causales:

1. Si se comprueban cambios significativos en la indicación terapéutica o en la composición o en las formas de dosificación o en la aplicación u otras condiciones anunciadas en la rotulación o en la información al profesional o la publicidad u otras, que no correspondan a lo aprobado en el registro sanitario.

2. Si se presentan fallas a la calidad del producto en dos series.

La resolución que establezca la suspensión del registro sanitario determinará sus alcances y fijará el plazo en el cual deberán subsanarse satisfactoriamente las observaciones que la motivaron; en caso de incumplimiento, se procederá a su cancelación.

Artículo 59.- Todo registro sanitario podrá ser cancelado de oficio o por denuncia de interesados, con pronunciamiento previo del Ministerio de Salud, cuando concurra alguna de las siguientes causales:

a) Cuando mediante antecedentes científicos emanados de la Organización Mundial de la Salud, de organismos o entidades nacionales, extranjeras o internacionales o de su propia investigación, el Instituto se forme la convicción que un producto no es seguro o eficaz, conforme a lo aprobado en el respectivo registro sanitario, generándose a su respecto alguna de las siguientes situaciones:

a.1. Peligro manifiesto para la salud pública.

a.2. Relación riesgo/beneficio terapéutico desfavorable.

a.3. Ineficacia terapéutica.

b) Cuando se compruebe que cualquiera de los datos suministrados en la solicitud de registro sanitario han sido debidamente acreditados como falsos.

c) Cuando habiéndose suspendido el registro sanitario no se han subsanado los motivos que la fundamentaron dentro del plazo fijado para tal efecto.

Artículo 60.- El titular del registro sanitario cancelado o suspendido será responsable de tomar las medidas necesarias para la adecuada recolección, destrucción o desnaturalización, cuando así lo determine el Instituto, de las unidades del producto farmacéutico que se encuentren almacenadas en sus dependencias y aquellas distribuidas, de acuerdo a la normativa vigente, a otros establecimientos del área farmacéutica o asistenciales y de informar al público usuario que pudiere estar en condiciones de hacer uso personal del producto de que se trate.

Artículo 61.- La suspensión y cancelación de un registro sanitario deberán ser determinadas por el Instituto mediante una resolución fundada que será notificada a quien figure como titular del mismo.

Artículo 62.- Sin perjuicio de lo dispuesto en el artículo 59°, el Instituto podrá cancelar el registro sanitario, previa instrucción del sumario sanitario correspondiente, además de la multa que se aplique, en conformidad a lo dispuesto en el artículo 174° del Código Sanitario.

PÁRRAFO SEXTO
DE LAS MODIFICACIONES DEL REGISTRO SANITARIO

1° De los aspectos técnicos sanitarios

Artículo 63.- Por resolución fundada del Instituto, de oficio o a petición del titular, podrán modificarse algunas de las menciones contenidas en la resolución del registro sanitario de una especialidad farmacéutica.

Artículo 64.- El Instituto podrá exigir, mediante resolución fundada, realizar o exigir que dentro de un plazo definido se realicen las modificaciones del registro que sean necesarias para garantizar la calidad, seguridad y eficacia en el uso de una o varias especialidades farmacéuticas, cuando mediante antecedentes científicos emanados de la Organización Mundial de la Salud, de organismos o entidades nacionales, internacionales o extranjeras o de su propia investigación, se forme la convicción que alguna de las condiciones de uso autorizadas presenta un riesgo en su seguridad y eficacia.

Artículo 65.- A petición del titular del registro sanitario el Instituto, mediante resolución, podrá autorizar modificaciones, respecto de sus aspectos analíticos, técnicos y legales, pudiendo incluir las siguientes:

1. Expresión de la fórmula, incluyendo la composición de los excipientes.
2. Especificaciones del producto terminado, los métodos de control del producto terminado y el período de eficacia.
3. Presentación, contenido, tipo del envase y dispositivos o elementos que se incorporen para su administración. Tratándose de la modificación del envase primario, deberán adjuntarse los respectivos estudios de estabilidad, si corresponde.
4. Condición de venta.
5. Denominación y rotulado gráfico.
6. Régimen, procedencia, acondicionador, licenciante, distribuidor, importador, laboratorio farmacéutico de control de calidad, así como la modificación de la razón social de los mismos y del titular.
7. Folletos de información al profesional y al paciente.
8. Indicaciones terapéuticas, esquemas terapéuticos, modificación de grupo etáreo y nueva vía de administración, las que serán sometidas a la evaluación técnica pertinente, conforme al procedimiento ordinario de registro sanitario de especialidades farmacéuticas.
9. Cambio del fabricante del producto farmacéutico o de los principios activos; así como modificaciones del proceso productivo.
10. Cualquier otra, a excepción de aquellas que alteren la naturaleza e identidad de la especialidad farmacéutica, vale decir, aquellas que digan relación con el principio activo, su dosis, su forma farmacéutica o cuando la modificación altere su sistema de liberación. En estos últimos casos se requerirá de otro registro.

Artículo 66.- Las solicitudes de modificación de registro sanitario de especialidades farmacéuticas serán presentadas ante el Instituto en los formularios autorizados para tal efecto, adjuntando los antecedentes técnico-científicos que respalden lo solicitado y debidamente foliadas.

El Instituto dará o no lugar, mediante resolución fundada, a las solicitudes de modificación de registro en un plazo no superior a tres meses contados desde la fecha de presentación de la solicitud, con excepción de las señaladas en el numeral 8º del artículo precedente.

Cuando durante la evaluación de la solicitud de modificación y los antecedentes suministrados, se verifique la insuficiencia de los mismos para respaldar lo solicitado, deberá notificarse al usuario tal situación, señalando específicamente las objeciones y los antecedentes que deben agregarse para superarlas, otorgando para ello un plazo no inferior a diez ni superior a treinta días hábiles.

2° De los aspectos administrativos

Artículo 67.- Toda modificación de registro sanitario que no incida en los aspectos técnicos relacionados con la calidad, seguridad y eficacia de las especialidades farmacéuticas, deberá ser notificada por el titular al Instituto de Salud Pública, quien procederá a su actualización.

Artículo 68.- Los cambios de titularidad de un registro sanitario de una especialidad farmacéutica podrán ser solicitados al Instituto, siempre que el nuevo titular cumpla con los requisitos pertinentes, manteniendo las demás condiciones autorizadas en el registro o adjuntando los antecedentes que permitan respaldar su modificación de acuerdo a lo dispuesto en los artículos anteriores.

La solicitud deberá ser respaldada con los instrumentos legales correspondientes, debidamente legalizados y traducidos bajo la firma del representante legal.

En los casos de registros sanitarios concedidos en virtud de una licencia se estará a lo estipulado en el respectivo documento y a falta de mención expresa el cambio de titularidad sólo podrá autorizarse con el consentimiento del licenciante, conocimiento del licenciado y solicitud de nuevo titular.

Artículo 69.- En los casos en que se requiera el cambio de la titularidad y otras modificaciones de registro sanitario, se procederá a resolverlas conjuntamente.

Artículo 69 A.- En los casos que se requiera la autorización de un nuevo fabricante de un medicamento, manteniendo el ya autorizado, solo deberán presentarse ante el instituto los antecedentes que acrediten la implementación del proceso productivo mediante transferencia tecnológica y un sistema de gestión de la calidad similar a aquel productor ya autorizado previamente. De ser suficientes los antecedentes presentados, el Instituto asignará un nuevo número de registro sanitario, manteniendo los demás aspectos ya autorizados previamente.

Sin perjuicio de lo anterior y mediante resolución fundada, el Instituto podrá requerir nuevos antecedentes, estudios o aplicar todas o algunas de las demás exigencias de registro sanitario.

Artículo 70.- Las cambios se asentarán en el correspondiente registro, en los mismos plazos y condiciones señalados en el artículo 66° para las demás modificaciones de registro sanitario.

PÁRRAFO SÉPTIMO
DE LAS OBLIGACIONES COMUNES A TODO TITULAR DE REGISTRO SANITARIO

Artículo 71.- El titular de registro sanitario es el responsable final de la seguridad y eficacia del medicamento.

Sin perjuicio de las obligaciones específicas establecidas en atención a la naturaleza de cada especialidad farmacéutica, todo titular de registro sanitario estará obligado a:

1) Respetar y hacer cumplir las condiciones de autorización contempladas en el respectivo registro sanitario y las demás señaladas por el presente reglamento.

2) Cumplir las obligaciones que le impone el Título X sobre la Vigilancia sanitaria.

3) Comunicar de inmediato al Instituto y a la Subsecretaría de Salud Pública los retiros de productos del mercado que practiquen, informando adecuadamente los motivos y medidas adoptadas para este efecto.

4) Informar al Ministerio, al Instituto y a la Central de Abastecimiento del Sistema Nacional de Servicios de Salud la intención de suspender en forma temporal o permanente la distribución del producto, con una antelación de 3 a 6 meses respectivamente.

5) Mantener actualizado el registro sanitario, con arreglo al estado de la ciencia y la técnica, especialmente en relación a los métodos de control de calidad, así como a la seguridad y la eficacia de la especialidad farmacéutica.

6) Comunicar al Instituto los cambios en su información administrativa dentro del plazo de 30 días.

7) El titular de un producto farmacéutico registrado deberá comunicar al Instituto la fecha de fabricación del primer lote industrial y adjuntar el cronograma de validación del proceso productivo.

8) Las demás que señale el reglamento.

TÍTULO III
DE LOS ENVASES Y EL ROTULADO

Artículo 72.- Toda especialidad farmacéutica deberá presentarse en un envase primario y secundario, debiendo ambos garantizar su inviolabilidad como producto terminado y contener, además, el folleto de información al paciente.

A petición del titular del registro, en forma excepcional el Instituto podrá eximirlo de la exigencia del envase secundario o folleto de información al paciente, cuando el primario garantice por sí solo que puede preservar la calidad de la forma farmacéutica y la inclusión de todas las menciones que el rotulado exige para el envase secundario o para el folleto de información al paciente.

Artículo 73.- El envase primario de las especialidades farmacéuticas deberá ser apto y adecuado para la conservación de su contenido, de conformidad con los estudios de estabilidad presentados para el mismo en el registro o sus modificaciones posteriores.

Artículo 74.- La rotulación de los envases secundarios se hará en idioma castellano, con caracteres claramente visibles y deberá indicar, a lo menos, las menciones que se expresan a continuación, quedando prohibidas las leyendas publicitarias o de promoción:

1. Denominación de la especialidad farmacéutica.
2. Forma farmacéutica y dosis unitaria en el caso de monodrogas.
3. Cuando se trate de formas farmacéuticas de liberación no convencional, esta circunstancia deberá ser registrada en el envase, según lo declarado en el registro respectivo.
4. Cantidad de unidades posológicas.
5. Composición de la fórmula: principio o principios activos indicados cuali-cuantitativamente y excipientes enumerados cualitativamente.
6. Nombre y domicilio del titular y del laboratorio fabricante, acondicionador o importador, según corresponda.
7. Vía de administración.
8. Condición de venta aprobada, expresada en la sigla correspondiente o con su texto completo.
9. Fecha de expiración. En el caso de productos de preparación extemporánea, se indicará además el solvente, incluido o recomendado y el período de eficacia una vez reconstituido, si corresponde.
10. Número de registro otorgado por el Instituto, antecedido de la sigla de individualización "Reg. I.S.P:".

11. La clave del producto. Si el producto es importado terminado, conservará la clave de origen.

12. Condiciones de almacenamiento y conservación.

13. Incorporación de la leyenda: "Mayor información en www.ispch.cl" y de las demás a que se alude en el artículo 87°, según corresponda.

14. Cualquiera otra indicación que se exija especial y adicionalmente en este reglamento o que el Instituto considere fundamentadamente necesaria al otorgar el registro o que se determine con posterioridad.

Artículo 75.- El envase primario deberá llevar impresas, como mínimo las menciones señaladas en los números 1, 2, 7, 9, 10 y 11, del artículo anterior.

Artículo 76.- En el caso de las especialidades farmacéuticas que se dispongan en presentación para muestra médica, se deberá además inscribir la mención: "MUESTRA MEDICA PROHIBIDA SU VENTA", tanto en el envase primario como secundario, en forma clara, indeleble y visible.

Artículo 77.- Los rótulos deberán estar impresos o adheridos en la parte externa de los envases y sin contacto con su contenido. La letra deberá usar caracteres Arial u otros de tipo rectilíneos semejantes y de un tamaño mínimo de cuerpo 6.

Artículo 78.- En forma excepcional el rotulado gráfico de un producto farmacéutico importado terminado, podrá incluir textos en otros idiomas, además del castellano, siempre que no altere el texto autorizado por el Instituto.

Artículo 79.- Los titulares de registros sanitarios podrán incluir en los rótulos, bajo su exclusiva responsabilidad respecto de terceros, las menciones que, en relación a derechos de propiedad industrial, exija la ley, para habilitar el ejercicio de los derechos conferidos por ella.

Artículo 80.- Todos los rotulados gráficos y el folleto de información al paciente y al profesional, presentados al momento de solicitar el registro sanitario, deberán corresponder al texto definitivo que tendrán una vez autorizados, sin perjuicio de las modificaciones que pueda introducirles el Instituto.

A los folletos de información al paciente, les serán aplicable la regla del artículo 77° respecto del tamaño y tipo de letra en el cual deberán ser incorporados en el envase secundario.

Las mismas exigencias regirán para las modificaciones posteriores de tal rotulado gráfico y folleto de información al paciente y al profesional.

Artículo 81.- Las especialidades farmacéuticas cuya condición de venta es directa, deberán llevar en el folleto de información al paciente o en sus rótulos, además de las indicaciones descritas en el artículo 74°, las que se mencionan a continuación:

a) Instrucciones relativas a dosificación habitual para cada indicación, de acuerdo a lo autorizado en el respectivo registro.

b) Advertencias necesarias para la utilización segura y efectiva, señalando las contraindicaciones, interacciones y reacciones adversas, cuando corresponda, todo ello según determine el Instituto al otorgar el registro sanitario.

La presentación de estos productos podrá efectuarse en envases dispensadores siempre que cada blister o tira, esté contenido en un encarte u otra unidad, donde se consigne el texto completo de la leyenda aprobada en el envase secundario y en el folleto de información al paciente, en el caso que no lo adjuntare.

Artículo 82.- La denominación de una especialidad farmacéutica corresponderá a su nombre genérico o de fantasía.

No obstante lo anterior, si se trata de una especialidad farmacéutica con una identificación distinta a su nombre genérico y que contenga un solo principio activo, éste deberá ser identificable por su nombre genérico impreso en caracteres claramente legibles, en términos que reúnan las siguientes condiciones:

a) Estar ubicado en la línea inferior e inmediata a la denominación autorizada.

b) Mantener el color de letras y el mismo fondo de la denominación autorizada.

c) Tener una dimensión no inferior al cincuenta por ciento de dicha denominación, con un tamaño que no sea inferior al indicado en el artículo 77° del presente reglamento.

d) Estar impreso en letras mayúsculas.

Artículo 83.- Una especialidad farmacéutica no podrá designarse con un nombre de fantasía, en los casos que se indican:

a) Que sea igual o similar a una denominación común internacional, o a una denominación química o genérica propia o distinta de aquella referida al o a los principios activos que la componen.

b) Que pueda inducir a confusión, al ser igual o semejante al nombre de otro producto registrado con un principio activo diferente o propiedades terapéuticas diferentes.

c) Que el nombre haya servido para identificar un producto cuyo registro haya sido cancelado o haya expirado, salvo que hayan transcurrido 10 años o más en el caso de productos de venta directa y 5 años o más en los demás casos, con propiedades terapéuticas diferentes; salvo que se acredite que el producto nunca fue comercializado en el país.

d) Que el nombre ampare o sea similar al nombre de un alimento, cosmético o de algún otro producto sujeto a control sanitario.

e) Que el nombre induzca al uso equivocado o que estimule la automedicación.

Sin perjuicio de todo lo expuesto, el titular de un registro podrá denominar con un mismo nombre de fantasía una serie de especialidades farmacéuticas registradas siempre que en sus composiciones mantengan al menos un mismo principio activo sobre el cual se determina la acción terapéutica principal y su condición de venta sea directa.

Artículo 84.- Los envases de toda solución parenteral de 100 ml o más, deberán llevar una rotulación que debe indicar, además de las menciones del artículo 74°, su fecha de fabricación en forma clara, indeleble y visible, señalando día, mes y año y la advertencia de desechar en caso de turbidez o precipitado, a menos que dichas condiciones estén señaladas como especificaciones propias del producto terminado y autorizadas en el respectivo registro.

En el caso de las soluciones de uso parenteral que contengan electrolitos en monodroga, además de lo señalado en el inciso anterior, ello deberá indicarse en la inscripción del rótulo en letras de un color definido o, en su defecto, con un distintivo del color correspondiente. El Instituto establecerá los colores para cada catión del principio activo de las soluciones respectivas.

Artículo 85.- La cantidad de producto farmacéutico deberá expresarse en peso, volumen o unidad, según el caso.

Si se trata de ampollas o frasco-ampollas, cada una llevará las indicaciones señaladas para los envases primarios y la cantidad de el o de los principios activos, a menos que por el tamaño del envase, el Instituto mediante resolución considere pertinente eximir, total o parcialmente, de algunas de estas exigencias.

Artículo 86.- La composición del producto deberá reproducirse en sus componentes activos, de acuerdo a lo aprobado al otorgarse el registro e indicará, además, la equivalencia de el o de los principios activos en su droga base y el listado cualitativo de todos los excipientes.

La composición de la fórmula se expresará en porcentajes y en la dosis unitaria respectiva cuando se trate de jarabes, soluciones, emulsiones, polvos, pomadas, cremas y geles y otras formas farmacéuticas de naturaleza similar.

Tratándose de ampollas, cápsulas, comprimidos, grageas, óvulos y supositorios, las fórmulas de composición se expresarán por cada dosis unitaria.

Aquellas formas farmacéuticas sólidas o líquidas que no se presenten en unidades del tipo comprimidos, grageas, óvulos u otras similares, expresarán, además, el o los principios activos contenidos en las medidas de administración corrientes o usuales.

Artículo 87.- Los rótulos deberán señalar en forma destacada, cuando proceda, las siguientes leyendas:

- "SUJETO A CONTROL DE ESTUPEFACIENTES"
- "SUJETO A CONTROL DE PSICOTRÓPICOS"
- "FORMULARIO NACIONAL"
- "ENVASE CLÍNICO SÓLO PARA ESTABLECIMIENTOS MÉDICO-ASISTENCIALES"
- "ENVASE CLÍNICO PARA VENTA EN ESTABLECIMIENTOS FARMACÉUTICOS AUTORIZADOS"
- "USO EXTERNO"
- "USO BAJO SUPERVISIÓN MÉDICA"
- "MUESTRA MÉDICA PROHIBIDA SU VENTA"
- R=Receta Simple, RR=Receta Retenida, RCH=Receta Cheque, VD = Venta Directa

En el caso de los rótulos de los envases secundarios de los productos farmacéuticos que hayan demostrado su equivalencia terapéutica, ante el Instituto de acuerdo con las disposiciones del artículo 221 de este reglamento y sus normas complementarias, éstos deberán contener la siguiente imagen y textos asociados (isologo):

La imagen y sus textos asociados deberán estar impresos en los envases secundarios correspondientes. Estas menciones en ningún caso, podrán contener u ocultar ningún tipo de información propia del envase.

El isologo deberá figurar al menos en cuatro de las seis caras habituales del envase secundario, en la forma como se establece en la norma gráfica pertinente, a la que alude el siguiente inciso, cubriendo un 20% de su área, en la parte inferior de la misma. En el caso de aquellos productos que se expendan o entreguen en sus envases primarios, deberá incorporarse la imagen y sus textos asociados, en la respectiva etiqueta o superficie rotulada, en la misma forma y condiciones detalladas precedentemente.

Este isologo deberá ajustarse a las especificaciones técnicas establecidas y aprobadas mediante decreto supremo del Ministerio de Salud, suscrito bajo la fórmula "Por orden del Presidente de la República", las que incluirán aspectos relacionados con el cuerpo y expandido de la letra, interlineado, tipografía, contraste, colores y demás características de la imagen y del texto, dimensiones, relaciones y especificaciones técnicas. Asimismo, las imágenes del envase conteniendo el isologo podrán ser replicadas en otros materiales de publicidad e información, si éstos están permitidos.

Artículo 88.- Toda serie o lote o subserie o sublote de un producto farmacéutico se identificará mediante una clave que permitirá individualizarlo en cualquiera de las etapas, desde su producción hasta su dispensación o uso.

La estructura de la clave, para efectos de su interpretación, deberá ser informada al Instituto por el titular del registro sanitario respectivo. En la misma forma se procederá para sus modificaciones y para claves diferentes que puedan utilizarse.

Artículo 89.- Las claves deberán reproducirse en los rótulos de los envases primario y secundario de la especialidad farmacéutica.

Artículo 90.- Las claves estarán formadas por números o por combinaciones de letras y números, debiendo reproducir el mes y el año de fabricación y el número de serie correspondiente a la partida, en orden correlativo y cronológico. En su defecto, podrá emplearse como clave cualquier combinación alfa-numérica pero debiendo consignar, conjuntamente, la fecha de elaboración en mes y año, en todos los rótulos, además de las exigencias generales de rotulado.

Artículo 91.- En caso de productos farmacéuticos importados terminados, el titular del registro deberá declarar la clave del país de origen en el momento de solicitar el registro, señalando su interpretación.

Artículo 92.- Si un producto farmacéutico de un mismo lote o serie es terminado en etapas discontinuas, cada una de ellas constituirá un sublote y deberá individualizarse con un agregado al número de serie original.

TÍTULO IV
DE LA IMPORTACIÓN E INTERNACIÓN DE PRODUCTOS FARMACÉUTICOS

PÁRRAFO PRIMERO
DISPOSICIONES GENERALES

Artículo 93.- La importación de una especialidad farmacéutica solamente podrá efectuarse cuando ésta cuente con registro sanitario vigente y que no haya sido suspendida su importación, sin perjuicio de los casos y condiciones previstos en el Párrafo Primero del Título II de este reglamento.

Artículo 94.- En forma excepcional una especialidad farmacéutica para ser importada como producto terminado por cualquier persona natural o jurídica, no requerirá de un nuevo registro sanitario para su importación y distribución por personas distintas de las que obtuvieron dicho registro, cuando se acredite, mediante los documentos establecidos en el artículo 29° número 10 literal a.1 de este reglamento, que el producto farmacéutico, además de tener idéntica fórmula, nombre genérico o denominación, proviene del mismo laboratorio productor y país de procedencia que la especialidad farmacéutica previamente registrada.

Una vez acreditado lo anterior, el Instituto autorizará mediante resolución, la importación por una cantidad determinada y autorizará su uso y disposición con el solo mérito de la autorización y los respectivos boletines correspondientes a los análisis practicados por un laboratorio de control de calidad a la o las partidas internadas.

En caso que la importación se requiera para consumo exclusivo del importador, se estará a lo dispuesto en los artículos 21, 21 A y 22 del presente reglamento.

PÁRRAFO SEGUNDO
DE LA IMPORTACIÓN E INTERNACIÓN

Artículo 95.- La importación de las especialidades farmacéuticas podrá ser efectuada por los laboratorios farmacéuticos autorizados, farmacias, droguerías y depósitos de productos farmacéuticos y, en general, por cualquiera persona natural o jurídica, de acuerdo con las normas establecidas en la legislación vigente.

Procederá la importación de medicamentos con o sin registro sanitario en Chile, para consumo exclusivo del importador, previa autorización del Instituto y siempre que estén prescritos por un profesional habilitado, que deje constancia de la necesidad y duración del tratamiento.

En caso que la importación se requiera para consumo exclusivo del importador, se estará a lo dispuesto en los artículos 21, 21 A y 22 del presente reglamento.

Artículo 96.- Toda persona natural o jurídica podrá importar especialidades farmacéuticas, así como las materias primas destinadas a su elaboración. Sin perjuicio de lo anterior, para su internación al territorio nacional se requerirá disponer de un lugar debidamente autorizado para su almacenamiento, procesamiento o posterior distribución, tales como: laboratorios farmacéuticos, farmacias, droguerías y depósitos de productos farmacéuticos, según corresponda a la naturaleza y finalidad del material importado.

El trámite de internación no será requerido en caso de importar especialidades farmacéuticas por las causales contempladas en el artículo 21 del presente reglamento.

Artículo 97.- Sólo los laboratorios farmacéuticos de producción podrán internar productos farmacéuticos en cualquiera de sus etapas de producción.

Los laboratorios farmacéuticos acondicionadores podrán internar productos farmacéuticos semiterminados.

Respecto de las especialidades farmacéuticas que se internen como producto terminado sólo podrán ser recibidas y almacenadas por establecimientos debidamente autorizados para ello.

Las materias primas destinadas a la fabricación de medicamentos o a su comercialización a establecimientos productores de los mismos, sólo podrán ser internadas por droguerías y laboratorios farmacéuticos de producción.

PÁRRAFO TERCERO
DEL TRÁMITE DE INTERNACIÓN DE PRODUCTOS FARMACÉUTICOS

Artículo 98.- Para la internación de todo producto farmacéutico se deberá solicitar un Certificado de Destinación Aduanera a la SEREMI correspondiente a la aduana de ingreso del producto, debiendo adjuntar los antecedentes pertinentes, en el que se señalará el material internado, su cantidad y su naturaleza, así como la ruta y medio de transporte para efectuar su traslado desde los recintos aduaneros a un establecimiento autorizado para ello.

La SEREMI deberá pronunciarse respecto de la solicitud que se alude en el inciso anterior, dentro del plazo de tres días hábiles contados desde la fecha de presentación de la petición y, en caso de rechazo, deberá hacerlo por resolución fundada.

Las SEREMI, a través del Ministerio, podrán suscribir convenios con otras entidades públicas para la emisión de los señalados certificados, suscritos en conformidad a las disposiciones de la Ley Orgánica Constitucional de Bases Generales de la Administración del Estado, Ley N° 18.575, cuyo texto refundido, coordinado y sistematizado fue fijado por el D.F.L. N° 1, de 2000, del Ministerio Secretaría General de la Presidencia.

Artículo 99.- Para cursar cualquier destinación aduanera de productos farmacéuticos, el interesado deberá presentar al Servicio Nacional de Aduanas el certificado emitido por la SEREMI respectiva.

Una vez concluida la tramitación del documento de destinación aduanera y retirados los productos de los recintos de aduana, ellos quedarán depositados bajo la responsabilidad del consignatario, quien no podrá usar, consumir, vender, ceder o disponer de ellos a ningún título, sin obtener el visto bueno del Instituto otorgando su autorización de uso y disposición, negándola o fijando un período de seguridad para practicar los controles sanitarios correspondientes, tiempo durante el cual los productos no podrán ser utilizados ni distribuidos a ningún título.

Dicha autorización será solicitada al Instituto de Salud Pública adjuntando la documentación relativa a la importación (factura y documento de embarque), la certificación de destinación aduanera y el protocolo de análisis de control de calidad del país productor o, en su defecto, el protocolo de análisis realizado en el país, salvo las muestras de productos farmacéuticos destinadas exclusivamente a análisis y desarrollo o para la obtención de su registro sanitario, debiendo la autorización emitirse dentro del plazo de tres días hábiles contados desde la fecha en que el interesado comunique a la autoridad el ingreso de los productos al establecimiento de depósito.

El otorgamiento de la autorización de uso y disposición, no eximirá a los solicitantes de la obligación de cumplir paralelamente con los demás requisitos legales, reglamentarios o administrativos que se exijan para autorizar su uso o distribución, como así mismo de la observancia de los derechos de terceros establecidos por la legislación.

El Servicio Nacional de Aduanas informará mensualmente al Instituto acerca de los productos farmacéuticos que hayan sido importados al país, como también de su cantidad y el nombre del importador.

En todo caso, tratándose de especialidades farmacéuticas, la bodega o establecimiento de depósito declarados por el importador deberá contar con la autorización de la SEREMI de Salud correspondiente.

TÍTULO V
DE LA EXPORTACIÓN DE ESPECIALIDADES FARMACÉUTICAS

Artículo 100.- Sólo podrán ser exportados los productos farmacéuticos que cuenten con registro sanitario vigente en Chile, previa notificación al Instituto.

Artículo 101.- Las especialidades farmacéuticas destinadas a la exportación que se rotulen como "Productos para la Exportación" no les serán aplicables las exigencias reglamentarias respecto de los envases, rotulado gráfico, folleto de información al paciente, salvo lo referente a la identificación del producto terminado, la que deberá contar con las siguientes menciones:

A. Nombre del producto, debiendo incluir su denominación genérica.

B. Forma farmacéutica.

C. Registro I.S.P.
D. Nombre del establecimiento fabricante.
E. Numero de serie y fecha de expiración.

Artículo 102.- Serán aplicables a la elaboración, control de calidad y almacenamiento de los productos destinados exclusivamente a la exportación, las normas de Buenas Prácticas de Manufactura y de Laboratorio.

Artículo 103.- Los productos farmacéuticos destinados exclusivamente a la exportación deberán ser envasados, almacenados y transportados de manera apropiada a su naturaleza.

Artículo 104.- El titular del registro podrá solicitar al Instituto la emisión de un Certificado de Producto Farmacéutico, el que deberá ser emitido dentro del plazo de 10 días contados desde la recepción de la correspondiente solicitud.

Artículo 105.- Queda prohibida la distribución y utilización a cualquier título en el país de los productos rotulados de acuerdo a lo dispuesto en el artículo 101° del presente reglamento o registrados exclusivamente para la exportación.

TÍTULO VI
LABORATORIOS FARMACÉUTICOS

PÁRRAFO PRIMERO
DISPOSICIONES GENERALES

Artículo 106.- La fabricación de las especialidades farmacéuticas corresponderá exclusivamente a los laboratorios farmacéuticos regulados y autorizados en conformidad al presente reglamento. Las farmacias sólo podrán elaborar preparados farmacéuticos, magistrales y oficinales de acuerdo a las normas establecidas en la reglamentación específica.

Artículo 107.- Laboratorio Farmacéutico es todo establecimiento destinado a la importación, producción, envasado, acondicionamiento o control de calidad de los productos a que se refiere el presente reglamento. De acuerdo a sus actividades se clasifican en las siguientes categorías:

a) Laboratorio Farmacéutico de Producción: Será todo establecimiento en que se efectúe la fabricación, importación, fraccionamiento, envase o acondicionamiento, así como cualquier otra actividad relacionada con la producción y control de calidad, de los productos farmacéuticos. Estos establecimientos podrán igualmente fabricar, importar o distribuir materias primas que se utilicen en la industria farmacéutica.

b) Laboratorio Farmacéutico Acondicionador: Será todo establecimiento destinado exclusivamente a procesos que no alteren la integridad del envase primario de un producto farmacéutico para convertirlo en producto terminado.

c) Laboratorio Farmacéutico de Control de Calidad: Será todo establecimiento que en dependencias o secciones exclusivamente destinadas a este objeto, realice análisis, ensayos, investigación y desarrollo de metodología analítica y otros estudios analíticos relativos a los productos sometidos al presente reglamento u otros, tales como aquellos establecimientos que, entre otras, realizan estudios de Equivalencia Terapéutica in vitro, a solicitud de cualquier persona natural o jurídica, mediante el respectivo convenio. En el caso de los departamentos de control de calidad de los laboratorios farmacéuticos de producción, que deseen prestar servicios de control de calidad a terceros, se requerirá de una autorización adicional, otorgada por el Instituto.

Artículo 108.- Todo Laboratorio Farmacéutico deberá observar la regulación contenida en las Buenas Prácticas de Manufactura y de Laboratorio, según corresponda a las actividades para las cuales se encuentra autorizado.

PÁRRAFO SEGUNDO
AUTORIZACIÓN SANITARIA DE LOS LABORATORIOS

Artículo 110.- La autorización de instalación y funcionamiento otorgada por el Instituto, tendrá una vigencia de 3 años y se renovará en conformidad al párrafo noveno del presente título.

Artículo 111.- Toda persona natural o jurídica que adquiera un laboratorio farmacéutico o se haga cargo de su explotación o administración por cuenta propia o ajena, deberá comunicarlo al Instituto, dentro del plazo de 30 días, acompañando los instrumentos que acrediten su derecho, identificando al representante legal y adjuntando la nómina de profesionales a cargo de la Dirección Técnica, Jefatura de Producción, Aseguramiento de la Calidad y Control de Calidad, que correspondan de acuerdo al tipo de establecimiento.

Artículo 112.- El Instituto podrá inspeccionar el establecimiento para verificar las condiciones de su funcionamiento, de acuerdo con las disposiciones del presente reglamento y las Buenas Prácticas de Manufactura y Laboratorio.

PÁRRAFO TERCERO
PROCEDIMIENTO DE AUTORIZACIÓN DE INSTALACIÓN Y FUNCIONAMIENTO

Artículo 113.- La instalación de un laboratorio farmacéutico deberá hacerse en un local independiente.

Artículo 114.- La autorización de instalación del laboratorio se deberá efectuar por resolución del Instituto, dentro del plazo de 30 días hábiles, contados desde que el interesado presente en forma completa, al Instituto los siguientes documentos:

a) Individualización del solicitante.

b) Instrumentos legales que acrediten el título invocado para la posesión del establecimiento y denominación comercial.

c) Plano arquitectónico, en duplicado del local, junto con diagramas de flujo o desplazamiento de personal, materiales y sistemas de apoyo crítico cuando corresponda así como especificaciones técnicas del establecimiento, respecto a las áreas y su distribución, conforme a las Buenas Prácticas de Manufactura y Laboratorio, según corresponda.

d) Categoría de laboratorio y líneas de producción, análisis y/o actividades que se ejecutarán.

e) Comprobante de pago de derecho arancelario.

En forma previa a la solicitud de autorización de instalación del local, los interesados podrán solicitar al Instituto, previo pago del arancel correspondiente, la evaluación de los diagramas de flujo señalados precedentemente.

Artículo 115.- Una vez instalado el establecimiento de que se trate, el interesado solicitará al Instituto, previo a requerir la autorización de funcionamiento, la comprobación en obra de la conformidad entre la información entregada al momento de solicitar la autorización de instalación, lo desarrollado y las Buenas Prácticas de Manufactura y Laboratorio, según corresponda; dejándose constancia en acta de las no conformidades.

Artículo 116.- La autorización de funcionamiento de un laboratorio farmacéutico se deberá realizar mediante resolución del Instituto dentro del plazo 30 días desde que el interesado acompañe en forma completa la siguiente información:

a) Nómina de las instalaciones y equipos con que cuenta el establecimiento, debidamente calificados, según corresponda a la categoría.

b) Declaraciones suscritas por los profesionales que asumirán la dirección técnica, jefatura de producción, de aseguramiento de la calidad, y de control de calidad, según corresponda; sin perjuicio de las disposiciones especiales que este reglamento contempla.

c) Actividades, líneas de producción o de control de calidad a ejecutar.

d) Descripción de la o las claves que utilizará en conformidad a lo establecido en el presente reglamento, cuando se trate de laboratorios farmacéuticos de producción.

e) Cualquier otra información que el Instituto haya solicitado fundadamente.

Artículo 117.- Una vez recibida la solicitud de autorización de funcionamiento, el Instituto declarará su admisibilidad o inadmisibilidad dentro de los 15 días siguientes a su presentación, sobre la base de los antecedentes enunciados en el artículo anterior. Declarada la inadmisibilidad el Instituto comunicará al interesado los antecedentes faltantes para que en plazo de 5 días hábiles los acompañe, bajo el apercibimiento de tenerlo por desistido de su solicitud.

Si los antecedentes acompañados resultan insuficientes, o no conformes con lo desarrollado y lo exigido en la normativa vigente, el Instituto dictará dentro de los 30 días siguientes, una resolución fundada que rechazará la solicitud de funcionamiento.

Si los antecedentes acompañados son suficientes, el Instituto dictará dentro de los 30 días siguientes, una resolución autorizando el funcionamiento del laboratorio, la que contendrá las siguientes menciones:

1. Nombre, categoría y dirección del laboratorio farmacéutico.
2. Representante legal y profesionales que asuman responsabilidades técnicas.
3. Líneas de actividades, producción y/o análisis autorizados.

PÁRRAFO CUARTO
REQUERIMIENTOS DE LA PLANTA FÍSICA DE LOS LABORATORIOS FARMACÉUTICOS

Artículo 118.- Todo laboratorio farmacéutico será especialmente diseñado y su tamaño y construcción deberán cumplir con las disposiciones de este reglamento y las Buenas Prácticas de Manufactura y de Laboratorio, según corresponda a su categoría. La ubicación deberá ser tal que no se encuentre cercano a establecimientos que por las actividades que realicen sean fuente de contaminación, ni que a su vez la origine en su entorno.

Artículo 119.- El laboratorio deberá disponer de recintos especiales e independientes para el almacenamiento de sustancias inflamables o que representen riesgos de explosión, corrosivos, tóxicos y contaminantes. Estos recintos cumplirán estrictamente con las medidas de seguridad que determinen los organismos competentes.

Artículo 120.- El laboratorio que fabrique o envase productos farmacéuticos que tengan principios activos estupefacientes, psicotrópicos u otros sometidos a controles especiales, deberá disponer de recintos de almacenamiento independientes y de acceso restringido.

Artículo 121.- Los establecimientos que importen, fabriquen, envasen, acondicionen o distribuyan a cualquier título productos biológicos u otros que requieran condiciones especiales de almacenamiento, de acuerdo a lo autorizado en el respectivo registro sanitario, deberán asegurar la conservación de la temperatura y mantener registros de ellas hasta su distribución.

1º De los Laboratorios Farmacéuticos de Producción

Artículo 122.- La planta física de un laboratorio farmacéutico de producción deberá considerar, a lo menos las siguientes áreas, las que estarán claramente especificadas en los diagramas presentados y aprobados por el Instituto:

a) Recepción y muestreo de los materiales y productos.

b) Cuarentena de los materiales y productos.

c) Muestreo de materias primas.

d) Fraccionamiento de materias primas.

e) Almacenamiento de materiales aprobados.

f) Almacenamiento de materiales rechazados.

g) Fabricación.

h) Lavado y secado de utensilios y materiales.

i) Envasado primario y etiquetado.

j) Envasado secundario y rotulado.

k) Cuarentena de productos terminados y de los sometidos a control de serie, cuando procediere.

l) Almacenamiento de productos terminados aprobados.

m) Almacenamiento de muestras de referencia y de contramuestras.

n) Almacenamiento de productos retirados.

o) Almacenamiento de productos rechazados.

p) Almacenamiento de productos devueltos.

q) Almacenamiento de productos en proceso.

r) Laboratorio de control de calidad.

s) Áreas para operaciones de control de calidad de productos en proceso.

t) Fabricación y fraccionamiento estéril y aséptico de productos farmacéuticos, en conformidad a las Buenas Prácticas de Manufactura, cuando corresponda.

u) Expedición o despacho.

v) Mantención.

w) Oficinas para los profesionales responsables.

x) Baño y vestuarios para el uso del personal, previo al ingreso o egreso a la planta, según corresponda.

En los casos de las zonas descritas en las letras b), e), k) y l), no se requerirá de secciones separadas físicamente, si existe un sistema electrónico que permita el adecuado control de los diferentes estados de los materiales.

Los Laboratorios Farmacéuticos de Producción podrán externalizar, en locales independientes, las zonas de almacenamiento de productos terminados. Si el local independiente es de propiedad del laboratorio constituirá una ampliación de su planta; en tanto que si pertenece a un tercero, este último deberá contar con la autorización sanitaria correspondiente, emitida por la SEREMI respectiva, la que deberá fiscalizar la actividad que en él se desarrolle, conforme a los requerimientos generales de almacenamiento dispuestos en el presente reglamento.

Artículo 123.- El área correspondiente a producción deberá estar estructurada, equipada y habilitada, según las formas farmacéuticas que se fabriquen y controlen, para impedir la contaminación cruzada.

Artículo 124.- Las áreas de fabricación y de envase podrán constituir una sola unidad, cuando se empleen sistemas técnicos de producción en serie, que no permitan separar las diferentes fases de elaboración de los productos y siempre que se adopten las medidas necesarias para evitar la contaminación cruzada.

Artículo 125.- La fabricación y envasado de productos farmacéuticos estériles sólo podrá efectuarse en recintos especialmente habilitados para este fin, cumpliendo, además, con las condiciones necesarias para ejecutar:

a) El fraccionamiento estéril de productos no esterilizables en envases finales.

b) El fraccionamiento aséptico de productos esterilizables en envases finales.

Artículo 126.- Cuando se utilicen animales de laboratorio, éstos deberán mantenerse en recintos aislados y especialmente habilitados para dichos efectos, en la forma y condiciones que autorice el Instituto.

Artículo 127.- Las instalaciones, equipos y demás implementos que se utilicen en un laboratorio de producción, deberán tener el diseño, tamaño y materiales de fabricación de acuerdo a las Buenas Prácticas de Manufactura asegurando, a lo menos, lo siguiente:

a) Etapas continuas y ordenadas de fabricación y control de calidad.

b) El mantenimiento de las condiciones higiénicas necesarias.

c) La verificación del correcto funcionamiento de los equipos, instalaciones e instrumental, así como la correspondiente calificación de los mismos.

Artículo 128.- Los laboratorios de producción que realicen acciones de investigación y desarrollo de productos en sus establecimientos, deberán disponer de equipamiento y personal calificados para tales efectos.

Artículo 129.- La fabricación de materias primas o drogas de origen biológico que se obtengan por procesos de esta índole, destinadas a la elaboración de productos biológicos, sólo podrá efectuarse en laboratorios especialmente habilitados y equipados para ello o en secciones de los mismos y separados de los laboratorios de producción, requiriendo, en todo caso, la correspondiente autorización del Instituto.

Estos recintos, además de cumplir con lo establecido en el presente Título, deberán contar con un sistema que incluya instalaciones y equipos exclusivos que permita la descontaminación, neutralización, inactivación e incineración de materiales de riesgo.

Artículo 130.- Sólo en recintos debidamente acondicionados y equipados para minimizar el riesgo de contaminación, se podrá:

a) Manipular microorganismos, toxinas, cultivos celulares y otros que determine el Instituto.

b) Elaborar y envasar productos biológicos que contengan microorganismos, toxinas, cultivos celulares y otros.

En todo caso, el envasado de los productos elaborados deberá realizarse en áreas de contaminación controlada.

2° De los Laboratorios Farmacéuticos Acondicionadores

Artículo 131.- La planta física de los Laboratorios Farmacéuticos Acondicionadores deberá considerar, al menos, las siguientes áreas:

a) Recepción y muestreo de materiales y productos.

b) Cuarentena de materiales y de productos.

c) Almacenamiento de materiales y productos aprobados.

d) Acondicionamiento.

e) Cuarentena de productos terminados y de aquellos sometidos a control de serie, cuando procediere.

f) Almacenamiento de producto terminado aprobado.

g) Almacenamiento de materiales y productos rechazados y retirados, debidamente circunscritos.

h) Almacenamiento de productos terminados devueltos.

i) Almacenamiento de muestras de referencia y de contramuestras.

j) Expedición o despacho.

k) Mantención: si procede.

l) Control de calidad en lo que proceda a la línea o líneas de producción que se desarrollen, incluyendo a lo menos un área de análisis de material de etiquetado, de envase y de producto terminado respecto de su rotulado gráfico.

m) Oficina para el o los profesionales responsables.

n) Baños y vestuarios.

En los casos de las zonas descritas en las letras b), c) e) y f) no se requerirá de secciones separadas físicamente, si existe un sistema electrónico que permita el adecuado control de los diferentes estados de los materiales.

3° De los Laboratorios Farmacéuticos de Control de Calidad

Artículo 132.- El Laboratorio Farmacéutico de Control de Calidad Externo, o el departamento de control de calidad de un Laboratorio Farmacéutico de Producción, deberá disponer de las siguientes áreas, según corresponda a sus líneas de actividades:

a) Recepción y almacenamiento de muestras.

b) Almacenamiento de contramuestras.

c) Análisis físico-químicos.

d) Lavado de materiales.

e) Sala de instrumentos.

f) Microbiología, según corresponda.

g) Análisis de materiales de envase y empaque.

h) Ensayos biológicos.

i) Bioterios.

j) Oficina(s) para el(los) profesional(es) responsable(s).

k) Baños y vestuarios.

l) Almacenamiento de reactivos.

Estas secciones deberán contar con un número suficiente de salas o áreas para asegurar que los sistemas de ensayos estén aislados unos de otros.

Artículo 133.- El departamento de control de calidad de un Laboratorio Farmacéutico de Producción deberá disponer de las áreas señaladas en el artículo anterior, en lo que corresponda a su línea de actividades.

En los casos que se disponga de un área de microbiología, se deberá contar con salas separadas de esterilidad, recuento y de lavado.

Este servicio podrá contratarse externamente, salvo que se trate de los controles de calidad realizados en el proceso de producción hasta la etapa de envasado primario inclusive, en la fabricación de productos inyectables y de aquellos que se elaboren mediante llenado aséptico.

4° Consideraciones comunes a todas las plantas físicas de un Laboratorio Farmacéutico

Artículo 134.- Todas las plantas físicas deberán ajustarse a las exigencias establecidas en las Buenas Prácticas de Manufactura y Laboratorio.

Artículo 135.- La fabricación de productos con principios altamente activos, tales como hormonas, citostáticos, Beta-lactámicos, radiofármacos, e inmunosupresores contenidos en los listados internacionales u otros autorizados o reconocidos por el Instituto mediante resolución fundada, deberá efectuarse en instalaciones especiales e independientes o aisladas según corresponda, de aquellas utilizadas en la elaboración de los demás productos, tomando las medidas especiales requeridas para el personal que manipula tales productos, en cuanto a vestimenta y elementos protectores que eviten riesgos en la salud, según se determine en las normas técnicas que se aprueben por decreto supremo del Ministerio, dictado bajo la fórmula "Por orden del Presidente de la República" a proposición del Instituto.

Por resolución fundada del Instituto, se establecerán además los listados de principios altamente activos que podrán ser fabricados o acondicionados en áreas comunes, utilizando el sistema de trabajo por campañas, con métodos validados de limpieza de áreas y equipos.

Artículo 136.- Las áreas de producción y de control de calidad estarán separadas físicamente, sin perjuicio del control de calidad que se aplique en el mismo proceso productivo.

PÁRRAFO QUINTO
LOS PROCEDIMIENTOS Y REGISTROS

Artículo 137.- De cada una de las operaciones realizadas en la etapa de producción, se deberá dejar constancia escrita, la que deberá corresponder fielmente al procedimiento operativo estándar de producción y a las Buenas Prácticas de Manufactura.

Artículo 138.- Se deberá contar con una fórmula maestra para cada producto y tamaño de lote a fabricar, que corresponda fielmente a la fórmula unitaria cuali-cuantitativa, autorizada en el respectivo registro sanitario.

Artículo 139.- El proceso de producción de cada serie o lote de un producto deberá quedar consignado en documentos foliados denominados "Planilla de fabricación" y "Planilla de envase-empaque o de acondicionamiento", los que deberán mantenerse permanentemente actualizados. Para el caso de los laboratorios farmacéuticos acondicionadores, sólo se aplicará la "Planilla de acondicionamiento".

Artículo 140.- La Planilla de fabricación es el documento foliado basado en las partes pertinentes de la fórmula maestra actualizada. Deberá incluir, a lo menos, los siguientes datos:

a) Individualización del producto.
b) Cantidad a fabricar.
c) Número de serie asignado conforme a la clave autorizada.
d) Fechas de iniciación y de término de la fabricación.

e) Fórmula cualitativa y cuantitativa, que deberá corresponder proporcionalmente a la fórmula autorizada en el registro sanitario.

f) Materias primas que se utilicen en la fabricación del producto.

g) Número de los boletines de análisis de las materias primas que se utilicen en la fabricación del producto.

h) Rendimiento que teóricamente se puede esperar de las operaciones en las distintas fases de la fabricación, límites de rendimiento admisibles y rendimiento real obtenido.

i) Procedimiento operativo estándar de fabricación que incluya, a lo menos:

1. Instrucciones detalladas y precauciones que hay que observar en el proceso de fabricación.

2. Individualización de todas las pruebas y análisis necesarios para la inspección de la calidad durante cada una de las fases de producción, con indicación del nombre de las personas que ejecutaron dichas pruebas y análisis.

j) Boletines de análisis del producto.

k) Todo otro antecedente sobre problemas especiales, incluyendo detalles, con la firma autorizada para cualquier desviación de la fórmula registrada.

l) Nombre y firma del profesional responsable de la producción.

Artículo 141.- Planilla de envase-empaque es el documento foliado basado en las partes relevantes de la fórmula maestra o de las instrucciones de envase-empaque, aprobadas y vigentes, que debe incluir a lo menos, los siguientes datos:

a) Individualización del producto y su presentación.

b) Número de serie asignado conforme a clave declarada y aprobada, individualizando con otro u otros números o letras los diferentes sub-lotes de la serie, en conformidad a lo establecido en el presente reglamento.

c) Fecha de inicio y término del proceso de envasado.

d) Nombre y cantidad de los insumos utilizados en conformidad a lo autorizado en el registro sanitario.

e) Número de los boletines de análisis de los materiales que se utilicen.

f) Rendimiento teórico, límites de rendimiento admisible y rendimiento real obtenido, con los comentarios pertinentes.

g) Procedimiento operativo estándar de envase-empaque, que incluya a lo menos:

1. Instrucciones detalladas y precauciones que hay que observar durante el proceso.

2. Individualización de todas las pruebas y análisis necesarios para la inspección de la calidad durante cada una de las fases de envase-empaque, con indicación del nombre de las personas que ejecutaron dichas pruebas y análisis, sea del laboratorio de análisis propio o el autorizado para control de calidad externo, según la etapa que corresponda.

h) Conciliación de los graneles, de los materiales de envase-empaque impresos utilizados en el proceso, destruidos, devueltos, entre otros.

i) Todo otro antecedente relevante en el proceso de envase-empaque, como muestras de materiales impresos utilizados, incluyendo número de serie, fecha de expiración y cualquier otra impresión y anotación de problemas especiales, que comprenda detalles para cualquier desviación de las instrucciones de envase-empaque.

j) Nombre y firma del profesional responsable del proceso.

En el caso de los laboratorios farmacéuticos de acondicionamiento la planilla descrita en el inciso anterior se denominará "Planilla de acondicionamiento" a la que le aplicarán las mismas menciones señaladas precedentemente en cuanto correspondan.

Artículo 142.- Todo laboratorio farmacéutico de producción y acondicionamiento, deberá mantener un "Registro general de producción", con las siguientes anotaciones al día y en orden cronológico, respecto de cada producto, en cuanto corresponda:

a) Fecha de planificación, nombre del producto y número de serie asignado.

b) Número de la "Planilla de fabricación".

c) Fechas de inicio y de término de la elaboración del producto a granel.

d) Rendimiento teórico y práctico del producto a granel.

e) Número de Planilla de envase-empaque o acondicionamiento.

f) Fechas de inicio y de término del proceso de envase-empaque o acondicionamiento.

g) Rendimiento teórico y práctico del producto terminado.

h) Números de boletines de análisis del producto terminado.

i) Número y fecha de la resolución que autorice la serie o lote, cuando se trate de productos sometidos al régimen de control de serie, conforme a lo establecido en el reglamento.

j) Fecha de vencimiento del producto, la que deberá establecerse en base a la fecha de elaboración del producto y el período de eficacia autorizado en el respectivo registro sanitario.

k) Nombres y firmas del jefe de producción.

Artículo 143.- Los laboratorios farmacéuticos que manejen estupefacientes, productos psicotrópicos y otros sometidos a controles especiales, deberán mantener los registros oficiales en la forma y condiciones que la reglamentación correspondiente exija.

Artículo 144.- Los laboratorios farmacéuticos deberán realizar actividades de control de calidad para asegurar el cumplimiento de las especificaciones técnicas del producto, autorizadas en el respectivo registro sanitario.

Las metodologías analíticas y especificaciones de calidad, serán las que se hayan autorizado en las respectivas monografías al conceder el registro sanitario o en las modificaciones aprobadas posteriormente.

Deberá existir además un sistema de aseguramiento de calidad, el que deberá desarrollarse conforme a la noción de seguridad integrada, entendiéndose por tal, el conjunto de normas y procedimientos planificados y sistematizados necesarios para garantizar la calidad del producto terminado.

Artículo 145.- El laboratorio farmacéutico deberá mantener registros de cada una de las operaciones y análisis efectuados a cada serie o lote fabricado y de sus correspondientes materias primas y material de envase-empaque, por un año más allá de la fecha de expiración del producto.

Los registros mencionados incluirán: boletines de análisis de materias primas, materiales de envase-empaque, productos en proceso y productos terminados, protocolos de calificación de equipos de producción; validación de técnicas analíticas; hojas de vida de funcionamiento, calibraciones, mantenimiento de instalaciones, equipos e instrumentales y otros, todo ello en conformidad con las Buenas Prácticas de Manufactura y Buenas Prácticas de Laboratorio.

Artículo 146.- Los registros de que trata este párrafo deberán mantenerse permanentemente actualizados, ser de fácil acceso y dejar constancia de toda modificación.

Estos registros podrán ser llevados en un sistema computacional en la medida que cumpla con los requisitos señalados.

Artículo 147.- Tratándose de los laboratorios acondicionadores les será aplicable lo dispuesto en los artículos anteriores, en lo pertinente al proceso que realizan, debiendo aprobarse el proceso mediante la firma del profesional responsable de la calidad.

PÁRRAFO SEXTO
DEL PERSONAL Y LAS RESPONSABILIDADES

Artículo 148.- Los laboratorios farmacéuticos de producción deberán contar con personal idóneo para el desempeño de los siguientes cargos:

1.- Director Técnico.
2.- Jefe de Producción.
3.- Jefe de Control de Calidad.
4.- Jefe de Aseguramiento de la Calidad.

No obstante lo dispuesto, el Instituto podrá autorizar, mediante resolución fundada, atendida la complejidad del laboratorio de que se trate, que un mismo profesional asuma la Dirección Técnica y la Jefatura de Producción, y/o que un mismo profesional asuma la Jefatura de Control de Calidad y Aseguramiento de la Calidad.

Tratándose de laboratorios acondicionadores, el profesional a cargo de la Dirección Técnica podrá asumir, además, las funciones y responsabilidades del Jefe de Producción; por su parte, el Jefe de Control de Calidad podrá asumir las del Jefe de Aseguramiento de la Calidad.

Sin perjuicio de lo dispuesto en el inciso anterior, estos cargos deberán ser desempeñados por profesionales químico farmacéuticos, en forma independiente, siendo responsables técnicamente de las obligaciones que el presente reglamento les impone.

Artículo 149.- Los laboratorios externos de control de calidad funcionarán bajo la responsabilidad de un Director Técnico, de profesión químico farmacéutico.

Artículo 150.- La dirección técnica de los laboratorios farmacéuticos que fabrican exclusivamente materias primas o drogas de origen biológico, que se obtengan por procesos de la misma índole, podrá además, corresponder a un bioquímico o un médico-cirujano con especialización en microbiología.

Artículo 151.- Los cargos de Director Técnico, de Jefe de Producción, Jefe de Control de Calidad y Jefe de Aseguramiento de la Calidad, deberán ser ejercidos en forma continua y permanente durante todo el tiempo de funcionamiento del laboratorio, debiendo informarse al Instituto, dentro del plazo de 30 días contados desde la fecha en que asuman, el nombre y dirección a la cual se le efectuarán las notificaciones válidamente.

En caso de ausencia del titular, deberán ser suplidos de inmediato por otros de igual profesión y por el tiempo que dure su ausencia. En todo caso la responsabilidad de los procesos ya iniciados afectará siempre al titular, sin perjuicio de la que exista respecto del suplente.

Tratándose de profesionales que asuman tales cargos en calidad de suplentes, deberá dejarse constancia en todas las planillas y registros existentes, así como también, ser informado mensualmente al Instituto.

Si la ausencia del titular se prolonga por un lapso superior a 48 horas, deberá ser suplido en las condiciones señaladas precedentemente y además comunicado al Instituto. Igual comunicación deberá hacerse al término de sus funciones o suspensión de las mismas.

Artículo 152.- Corresponderá al Director Técnico representar al establecimiento ante la autoridad sanitaria, para los fines del cumplimiento de la presente normativa respecto de los siguientes aspectos:

a) Garantizar la veracidad de la información declarada en el registro sanitario.

b) Llevar un archivo con las resoluciones de registro de productos, sus modificaciones, la información al profesional, publicidad y de toda documentación enviada o recibida del Instituto.

c) Remitir oportunamente toda la información que, en conformidad al presente reglamento, deba enviarse al Instituto o que éste le requiera y que no tenga señalado otro responsable.

d) Velar por que la publicidad y la información de los productos farmacéuticos se ajuste a lo estipulado en el registro sanitario y a la normativa sanitaria vigente.

e) Ejercer las demás funciones que le asignan las leyes y reglamentos.

Artículo 153.- Corresponderá al Jefe de Producción, en general, la organización y desarrollo de los componentes del proceso de producción en el orden técnico, siendo especialmente responsable de los siguientes aspectos:

a) Garantizar la conformidad de la fórmula de los productos que se fabriquen, envasen o importen con lo declarado y aprobado en las especificaciones del registro.

b) Observar y hacer cumplir las Buenas Prácticas de Manufactura.

c) Asegurar el correcto cumplimiento de las instrucciones relacionadas con los procesos de fabricación, envasado y almacenamiento, incluyendo los controles de proceso.

d) Vigilar el mantenimiento del departamento en general, instalaciones y equipos.

e) Ejercer las demás funciones que le asignan las leyes y reglamentos.

Artículo 154.- Corresponderán al Jefe de Control de Calidad del establecimiento las siguientes funciones:

a) Garantizar que las especificaciones y metodología analítica, para cada una de las materias primas, materiales de envase-empaque, productos en proceso y productos terminados, correspondan a lo autorizado en el respectivo registro sanitario, ejecutando o responsabilizándose del muestreo representativo de cada uno de ellos, en conformidad con los planes establecidos y diseñados con criterio estadístico.

b) Aprobar o rechazar materias primas, productos en proceso, productos terminados y materiales de envase-empaque de acuerdo a las especificaciones y metodologías autorizadas en el respectivo registro sanitario, proponiendo su rectificación, reprocesamiento o destrucción cuando correspondiere, dejándose constancia por escrito de la observación pertinente.

c) Ejecutar los estudios de estabilidad y otros análisis para cada uno de los productos terminados.

d) Informar al jefe de aseguramiento de la calidad, oportuna y verazmente de todos los antecedentes requeridos para la liberación de un lote o serie de un producto, debiendo indicar expresamente cualquier observación que influya en la misma.

e) Planificar, establecer y controlar la realización de los trabajos de laboratorio, velando por el cumplimiento de las normas sobre Buenas Prácticas de Laboratorio.

f) Velar por el mantenimiento adecuado de las muestras de referencia y/o contramuestras de materias primas, de productos en proceso y de productos terminados.

g) Garantizar la confiabilidad de los resultados analíticos de los controles de calidad que se realicen en su laboratorio, en los productos que se elaboren, envasen o importen por cuenta propia o ajena.

h) Ejercer las demás funciones que le asignen las leyes y reglamentos, en lo relativo a su actividad profesional en el establecimiento.

Artículo 155.- Corresponderá al Jefe de Aseguramiento de la Calidad, en general realizar las actividades inherentes al sistema de calidad adoptado y las gestiones para asegurar que los productos farmacéuticos tienen la calidad requerida conforme al respectivo registro sanitario y especialmente deberá:

a) Verificar que la elaboración de los productos se realice de acuerdo a las Buenas Prácticas de Manufactura y de Laboratorio y supervisar su cumplimiento en todos los niveles.

b) Asegurar el adecuado asentamiento de los datos en cada uno de los registros que todo laboratorio farmacéutico debe mantener en conformidad a la normativa vigente.

c) Liberar para la distribución al mercado cada serie o lote de producción, lo que deberá referirse, entre otros, a la evaluación del cumplimiento de las especificaciones del registro sanitario, cumplimiento de Buenas Prácticas de Manufactura y de Laboratorio, proceso de producción, resultados de análisis practicados, revisión de la documentación del lote o serie, controles en proceso y análisis de desviaciones, sin perjuicio de las responsabilidades que afecten al Jefe de Producción o de Control de Calidad, según corresponda.

d) Establecer los programas de validación, tanto de los procesos de manufactura que puedan ser responsables de causar variación en las características de los productos en proceso y productos terminados, como de las metodologías de análisis.

e) Registrar y analizar las quejas y reclamos sobre la calidad de los productos que hayan sido denunciados o devueltos por los usuarios o investigados por la autoridad sanitaria y adoptar las medidas necesarias para subsanar las deficiencias encontradas.

f) Establecer y hacer cumplir los programas de calibración y calificación de los equipos e instrumentos del laboratorio farmacéutico, según corresponda.

g) Estudiar y hacer ejecutar los estudios de estabilidad.

h) Diseñar y hacer ejecutar un programa para verificar la confiabilidad de los métodos empleados en la inspección y análisis de las características de calidad de materiales y productos.

i) Diseñar y hacer ejecutar los programas para autoinspecciones y auditorías a proveedores y prestadores de servicios externos.

j) Ejercer las demás funciones que le asignen las leyes y reglamentos, en lo relativo a su actividad profesional en el establecimiento.

Artículo 156.- Corresponderá al Director Técnico del Laboratorio Farmacéutico de Control de Calidad externo representar al establecimiento ante la autoridad sanitaria para los fines del cumplimiento de la presente normativa y, en particular, desarrollar las siguientes funciones:

a) Emitir los boletines de análisis de las materias primas, productos en proceso o terminados conforme a las metodologías y especificaciones, en cuanto corresponda, establecidas en los respectivos registros sanitarios, resolviendo sobre su aprobación o rechazo.

b) Establecer y hacer cumplir periódicamente los programas establecidos para calibrar y calificar los instrumentos y equipos de laboratorios, según corresponda.

c) Diseñar y ejecutar un programa para verificar la confiabilidad de los métodos empleados en el muestreo, inspección y análisis de las características de calidad de productos.

d) Planificar, establecer y controlar la realización de los trabajos de laboratorio, velando por el cumplimiento de las normas de Buenas Prácticas de Laboratorio.

e) Garantizar la confiabilidad de los resultados analíticos de controles de calidad que se realicen en su laboratorio en los productos que se elaboren, envasen o importen, cuyos análisis le hayan sido encomendados.

f) Efectuar la toma de muestras de los productos que analizará, de acuerdo a un procedimiento que asegure su representatividad.

Artículo 157.- La persona natural o jurídica dueña del establecimiento, cuando corresponda, deberá proporcionar a los profesionales señalados los recursos técnicos y económicos que ellos precisen para responder de los requerimientos establecidos en este reglamento.

Artículo 158.- Las responsabilidades que afecten al Director Técnico, al Jefe de Producción, al Jefe de Control de Calidad y al Jefe de Aseguramiento de la Calidad, alcanzarán siempre a la persona natural o jurídica, propietaria del establecimiento, cuando corresponda, de acuerdo a las normas generales que gobiernan la materia.

Artículo 159.- La persona natural o jurídica propietario del establecimiento, cuando corresponda, responderá junto con el Director Técnico de la correcta distribución o expendio, a cualquier título, de los productos que el establecimiento fabrique o importe, así como de la publicidad e información que se haga de los mismos.

Artículo 160.- La persona natural o jurídica propietaria y el director técnico del establecimiento responderán de la adquisición, mantenimiento, tenencia y empleo de los estupefacientes, productos psicotrópicos y otros sometidos a controles especiales, en la forma y condiciones que establezca la reglamentación correspondiente.

PÁRRAFO SÉPTIMO
DE LA CONTRATACIÓN DE SERVICIOS A TERCEROS

Artículo 161.- Los titulares de un registro sanitario podrán comprar servicios relacionados, entre otros, con la fabricación, acondicionamiento y análisis y ensayos específicos de control de calidad, a un laboratorio farmacéutico, siempre que ello conste en el respectivo convenio y así haya sido autorizado en el correspondiente registro sanitario o en sus modificaciones posteriores.

Artículo 162.- El convenio de fabricación o acondicionamiento de productos farmacéuticos, en cualquiera de sus etapas, deberá incluir los aspectos técnicos propios de la etapa a que se refiera, conforme a las Buenas Prácticas de Manufactura.

Artículo 163.- El convenio de control de calidad deberá establecer claramente las actividades encomendadas, considerando los requerimientos establecidos en las Buenas Prácticas de Laboratorio.

Igualmente el convenio deberá contener la obligación del contratante de entregar toda la información necesaria para llevar a cabo los respectivos análisis en conformidad a las Buenas Prácticas de Laboratorio y especificaciones del registro sanitario.

Artículo 164.- En todo caso, quien ejecuta actividades en cumplimiento de un convenio deberá cumplir con las mismas exigencias y requisitos exigidos para la actividad que desarrolla y estará sujeto a las mismas responsabilidades que este reglamento establece respecto de ésta.

PÁRRAFO OCTAVO
ESTABLECIMIENTOS ESPECIALES DE PRODUCCIÓN

Artículo 165.- La producción de los fitofármacos, los productos homeopáticos y aquellos a que se refiere el artículo 17° de este Reglamento, deberá satisfacer las necesidades de los procesos de fabricación de los mismos, de acuerdo a las Buenas Prácticas de Manufactura o de conformidad con las normas técnicas aprobadas por decreto supremo del Ministerio, dictada a proposición del Instituto.

Artículo 166.- Los establecimientos que elaboren medicamentos herbarios tradicionales, quedan exceptuados de las normas señaladas en este título y serán autorizados y fiscalizados por la SEREMI correspondiente, dentro del ámbito de su competencia.

Por decreto supremo del Ministerio, se aprobará la norma técnica que establecerá las exigencias para los establecimientos que artesanalmente almacenan, fraccionan, envasan o realizan otras operaciones relativas a la elaboración de medicamentos herbarios tradicionales.

PÁRRAFO NOVENO
DE LA VIGENCIA, CANCELACIÓN Y SUSPENSIÓN DE LA AUTORIZACIÓN DE FUNCIONAMIENTO

Artículo 167.- La autorización de funcionamiento de un laboratorio farmacéutico tendrá una vigencia de tres años contados desde la fecha de su otorgamiento y podrá ser renovada automáticamente por períodos iguales y sucesivos, en tanto no se incurra en alguna de las causales de cancelación establecidas en el presente reglamento y se dé cumplimiento a las normas y especificaciones de fabricación de las Buenas Prácticas de Manufactura y de Laboratorio.

Para estos efectos, el Instituto podrá inspeccionar y fiscalizar las condiciones de funcionamiento de los laboratorios farmacéuticos y verificar el cumplimiento de la normativa vigente.

Artículo 168.- La autorización de funcionamiento de un laboratorio farmacéutico podrá ser cancelada, mediante resolución fundada del Instituto, en los siguientes casos:

a) El propietario o su representante legal, comunique su voluntad de no continuar sus actividades.

b) El establecimiento autorizado suspenda su funcionamiento por el lapso de seis meses.

Artículo 169.- Sin perjuicio de lo señalado en el artículo anterior, la autorización de funcionamiento de un laboratorio farmacéutico podrá también cancelarse, de acuerdo al mérito del sumario sanitario que deberá instruirse, entre otros, en los siguientes casos:

a) No se efectuaren los análisis de materias primas y productos terminados, según corresponda.

b) Se fabricaren uno o más productos falsificados, contaminados, alterados o adulterados.

c) Se presentaren fallas reiteradas a la calidad de los productos fabricados o acondicionados por el establecimiento, relativas a la eficacia y seguridad, en más de tres series de productos que correspondan a un mismo registro sanitario o más de cuatro series que correspondan a distintos productos dentro del período de 1 año.

d) Cuando habiendo sido suspendido total o parcialmente el establecimiento, se verificaren las mismas infracciones que motivaron su suspensión.

Artículo 170.- La paralización de faenas o suspensión de actividades, procederá cuando se compruebe alguna de las siguientes condiciones:

a) Que un laboratorio farmacéutico funciona sin Director Técnico, Jefe de Producción, Jefe de Control de Calidad o Jefe de Aseguramiento de la Calidad, según corresponda.

b) Que no se han subsanado las deficiencias observadas que le han sido notificadas, dentro de los plazos que el Instituto le hubiere señalado.

c) Que no se cumplen las normas y especificaciones de fabricación de las Buenas Prácticas de Manufactura y Laboratorio, en lo que corresponda a la categoría y líneas de actividades de establecimiento, que pongan en riesgo la eficacia, seguridad y calidad de los productos.

La suspensión o paralización podrá ser total o parcial.

Artículo 171.- Tratándose de la suspensión o paralización se indicarán, además las condiciones y el plazo en que deberán cumplirse para que se disponga la reanudación de las faenas.

Artículo 172.- Todo propietario deberá comunicar al Instituto, dentro de los 30 días siguientes, el cierre temporal o definitivo de su laboratorio farmacéutico.

Tratándose del cierre temporal que exceda los 6 meses o que implique algún cambio de la planta física, sus instalaciones o su línea de actividades, deberá solicitarse la autorización correspondiente para reanudar faenas o actividades.

TÍTULO VII
DE LA CALIDAD

PÁRRAFO PRIMERO
DISPOSICIONES GENERALES

Artículo 173.- Todo producto farmacéutico que se fabrique o importe al país deberá ser sometido a control de calidad, salvo las excepciones establecidas en el presente reglamento.

La responsabilidad por la calidad de los productos corresponderá a los fabricantes, importadores, distribuidores, expendedores o tenedores a cualquier título, según corresponda y en lo que fuere pertinente.

Artículo 174.- Toda persona natural o jurídica, propietaria de un establecimiento que actúe como fabricante de productos farmacéuticos, deberá adoptar un sistema de control de calidad que asegure el cumplimiento de las especificaciones de producción, de las materias primas y de producto terminado, a través de la realización de los análisis correspondientes.

La misma obligación afectará a las personas naturales o jurídicas, que actúen como importadoras de productos farmacéuticos en cualquiera de sus etapas de producción, según corresponda.

Por su parte, las personas naturales o jurídicas que actúen como importadoras de materias primas destinadas a la elaboración de productos farmacéuticos, deberán contar con un sistema que acredite la calidad de ellas.

Artículo 175.- Todo titular de registro sanitario deberá acreditar que la fabricación, nacional o extranjera, de los productos farmacéuticos se ajusta al concepto de aseguramiento de calidad, en el sentido de demostrar que los métodos de análisis y de fabricación cuentan con una validación y son conducentes a la obtención de productos que cumplen con los requisitos de calidad establecidos en el respectivo registro sanitario, de acuerdo a los lineamientos generales establecidos en las Buenas Prácticas de Manufactura y de Laboratorios.

No obstante lo anterior, en el caso de las validaciones de los procesos de fabricación de productos farmacéuticos podrá aceptarse un cronograma de cumplimiento.

Artículo 176.- El Instituto podrá suspender mediante resolución fundada, la distribución de un producto farmacéutico que no acredite o dé cumplimiento a lo requerido en el artículo anterior. En este caso, el titular podrá realizar los ajustes pertinentes para asegurar que los procesos estén validados, pudiendo restablecer la autorización para la distribución, previa resolución del Instituto.

Artículo 177.- Toda persona natural o jurídica que cuente con autorización para usar provisionalmente un producto farmacéutico sin registro sanitario previo, de acuerdo a las letras a) y b) del artículo 21° de este reglamento, tendrá la obligación de contar con instrumentos que garanticen la calidad del producto y realizar los ensayos y análisis de control de calidad, que se determinen en la resolución que lo autorizó.

PÁRRAFO SEGUNDO
REQUISITOS DE CALIDAD

Artículo 178.- Los requerimientos de calidad de las especialidades farmacéuticas serán los establecidos en las especificaciones del producto y los métodos de control que se utilizarán serán los aprobados al otorgarse el respectivo registro sanitario o en sus modificaciones posteriores.

Artículo 179.- Los requerimientos de calidad de las materias primas destinadas a la fabricación de productos farmacéuticos, serán los declarados en las especificaciones del registro sanitario, siendo responsabilidad de los laboratorios farmacéuticos de producción de medicamentos, el control de calidad y el cumplimiento de las demás exigencias, antes de su distribución.

Cualquier cambio del fabricante de el o los principios activos, que se produzca con posterioridad al otorgamiento del registro sanitario, deberá ser informado al Instituto, aportando los antecedentes que demuestren que la modificación de origen no afecta la calidad, eficacia y estabilidad del producto, sin perjuicio de la facultad del Instituto para realizar un muestreo selectivo con el fin de verificar las especificaciones con que fue otorgado el registro, para lo cual podrá solicitar mayores antecedentes.

PÁRRAFO TERCERO
DEL CONTROL DE SERIE

Artículo 180.- Sin perjuicio de las disposiciones generales de control de calidad señaladas precedentemente, el Instituto, mediante resolución fundada, podrá someter a control de serie, en forma temporal o permanente, a cualquier producto, teniendo en consideración su naturaleza, la variabilidad de los métodos de análisis empleados en su control u otras razones debidamente fundamentadas.

Artículo 181.- Para el control de serie, el Instituto de Salud Pública determinará, por resolución, la realización de todo o parte de los ensayos o análisis incluidos en las especificaciones de producto terminado, autorizados en el respectivo registro sanitario y su frecuencia para cada producto.

Artículo 182.- La aprobación del lote o sublote, no exime al titular del registro sanitario de la obligatoriedad de realizar los controles de calidad que establece este reglamento y su normativa complementaria.

Artículo 183.- Todos los productos biológicos deberán someterse al procedimiento de control de serie.

Artículo 184.- La solicitud de control de serie, deberá corresponder a un lote o sublote totalmente terminado e individualizado con un código alfanumérico diferente cada vez que se presente la solicitud respectiva; debiendo adjuntar lo siguiente:

a) Certificado de liberación de lote emitido por el Jefe de Aseguramiento de la Calidad en el caso de la producción nacional o por el fabricante o la autoridad sanitaria de su país, en el caso de los productos importados, terminados o semiterminados, según corresponda.

b) Boletín de Análisis respectivo efectuado en Chile o boletín de análisis del país fabricante cuando se trate de productos importados terminados, semiterminados o granel.

c) Estándares necesarios para la realización del análisis.

Artículo 185.- Para realizar el procedimiento de control de serie, el Instituto procederá a tomar dos muestras, una de las cuales quedará sellada y documentada en las dependencias donde se realice el muestreo, bajo la responsabilidad del Director Técnico. El tamaño de cada muestra será suficiente para realizar dos análisis completos, de acuerdo a las especificaciones de producto terminado autorizadas en el respectivo registro sanitario y se llevará a cabo mediante procedimientos de muestreo determinados por resolución del Instituto.

Artículo 186.- La aprobación o rechazo de un lote o sublote sometido a control de serie, se efectuará en el plazo de 20 días hábiles, contados desde que se reciban conforme los antecedentes descritos en el artículo 184º del presente reglamento, a excepción de las vacunas, cuyo control de serie se efectuará en un plazo de 40 días hábiles.

No obstante lo anterior, el Instituto podrá por razones fundadas aumentar el plazo señalado en el inciso anterior.

Rechazado el control de serie, el fabricante o importador deberá proceder a la inmediata destrucción del producto, la que se hará efectiva en los lugares autorizados, en presencia del Director Técnico y de un ministro de fe pública designado por el Instituto, levantando un acta de todo lo obrado.

Excepcionalmente, el Instituto podrá autorizar el reprocesamiento del producto rechazado, previa solicitud fundada del interesado, en cuyo caso la resolución respectiva fijará las condiciones bajo las cuales se efectuará.

PÁRRAFO CUARTO
DE LA EXENCIÓN DE CONTROL DE CALIDAD Y DEL CONTROL DE SERIE

Artículo 187.- El Instituto podrá eximir a los productos importados terminados, del control de calidad y/o de serie, en todo o parte de ellos, cuando se trate de productos de muy baja rotación y elevado costo unitario y se solicite y acredite fundadamente por el titular del registro sanitario.

Para estos efectos el interesado deberá entregar antecedentes suficientes acerca de la validación de los métodos analíticos empleados en la liberación del lote en el país de fabricación, boletín de análisis del país de procedencia y los registros de mantención de la cadena de frío, cuando corresponda.

Artículo 188.- La resolución que conceda la exención o la deniegue deberá ser fundada. En caso de ser favorable contendrá las siguientes menciones:

1. Denominación de la especialidad farmacéutica.

2. Cantidad máxima autorizada y periodicidad de la importación.
3. Análisis eximidos.
4. Cantidad de contramuestras que deberán conservarse.
5. Vigencia de la resolución que concede la eximición.

PÁRRAFO QUINTO
OBLIGACIONES RELACIONADAS CON EL CONTROL DE CALIDAD

Artículo 189.- El titular del registro sanitario será responsable de conservar contramuestras de cada lote de productos farmacéuticos fabricados localmente o en cada importación realizada, en cantidad suficiente para realizar, a lo menos, dos análisis completos del producto, de acuerdo a las especificaciones aprobadas en el respectivo registro sanitario, convenientemente rotuladas y almacenadas, bajo la custodia Jefe de Control de Calidad, sea este del propio laboratorio farmacéutico o de aquel que presta servicios externamente mediante convenio.

Las contramuestras y documentación correspondiente deberán mantenerse por un año más allá de la fecha de vencimiento del producto.

PÁRRAFO SEXTO
FISCALIZACIÓN DE LA CALIDAD

Artículo 190.- El Instituto de Salud Pública es la autoridad sanitaria encargada de fiscalizar la calidad de los productos farmacéuticos a través de acciones inspectivas, de control de estantería u otras en establecimientos fabricantes, importadores, acondicionadores, distribuidores, expendedores y asistenciales.

Estas actividades podrán extenderse a estudios de biodisponibilidad y a aquellos destinados a demostrar la equivalencia terapéutica de acuerdo a lo dispuesto en el Título X de este reglamento.

Artículo 191.- Toda falla de calidad de productos farmacéuticos o reclamo sobre ella, deberán ser notificados al Instituto, al que corresponderá evaluarlos y determinar las acciones que procedan en su caso.

Si esta falla se produjere por el almacenamiento, distribución a través de droguerías o expendio, los antecedentes serán remitidos a la SEREMI correspondiente, para que haga efectiva la responsabilidad de quienes procediere, a través del respectivo sumario sanitario.

Artículo 192.- Tratándose de importadores de productos fabricados en el extranjero como productos terminados, semiterminados, elaborados a granel o semielaborados, corresponderá al Instituto verificar el cumplimiento, por parte del laboratorio productor radicado en el extranjero, de las Buenas Prácticas de Manufactura de acuerdo a las líneas de producción que correspondan.

Para los efectos de la verificación en laboratorios extranjeros el Instituto podrá contratar asesorías y servicios externos o suscribir convenios con entidades nacionales o extranjeras, públicas o privadas, que sean necesarios para su realización conforme con los estándares de calidad requeridos.

Artículo 193.- Sin perjuicio de lo anterior, el Instituto podrá aceptar la acreditación y certificación internacional de especialidades farmacéuticas y plantas de producción, en la medida que las normas técnicas de producción y control de calidad aplicadas por la autoridad sanitaria del país fabricante o del país reconocido como acreditador, hayan sido declaradas homologables por resolución del Ministerio de Salud o que consten en Tratados Internacionales.

En caso de no ser homologables, el Instituto procederá en la forma señalada en el artículo anterior a costa del solicitante de registro sanitario o de su titular, cuando corresponda.

Artículo 194.- En el caso de que mediante el respectivo sumario sanitario, se comprueben fallas a la calidad, de tres o más lotes de distintos productos farmacéuticos de una misma línea de producción de un determinado laboratorio fabricante, el Instituto modificará la autorización sanitaria, excluyendo la línea de producción correspondiente a dichos productos o procederá a la suspensión de la importación y distribución autorizadas en los registros sanitarios de todas aquellas especialidades farmacéuticas cuyo fabricante autorizado incluya esa línea de producción.

TÍTULO VIII
DE LA DISTRIBUCIÓN

Artículo 195.- La distribución de los productos se hará por los laboratorios farmacéuticos de producción y acondicionadores, droguerías y depósitos de productos farmacéuticos de uso humano y dental, en las condiciones que para cada uno de ellos se establezcan en el respectivo registro sanitario y sólo a los establecimientos autorizados sanitariamente para su recepción.

Artículo 196.- La venta al público de especialidades farmacéuticas sólo podrá efectuarse en las farmacias, almacenes farmacéuticos y depósitos de productos farmacéuticos dentales u otros, en las condiciones que para cada uno de ellos estén reglamentariamente establecidas.

Los laboratorios farmacéuticos y las droguerías podrán expender al público sus productos, fabricados o importados, en recintos separados dentro de su planta física y especialmente habilitados para estos efectos, en las condiciones de expendio aprobadas en el registro sanitario. Estos recintos funcionarán bajo la responsabilidad del Director Técnico del establecimiento o del profesional químico-farmacéutico que se designe. Estos recintos deberán contar con la aprobación, en cuanto a su ubicación y funcionamiento, otorgada por el Instituto o la SEREMI de Salud competente, respectivamente.

Asimismo, estos establecimientos podrán expender al público tales productos, en las condiciones de expendio aprobadas, en recintos independientes, separados de su planta física, a cargo de un profesional químico-farmacéutico, previa autorización de la SEREMI de Salud correspondiente.

Artículo 197.- La condición de venta al público de una especialidad farmacéutica será determinada en el respectivo registro sanitario y en el caso de las autorizaciones de uso sin registro sanitario, en la respectiva resolución; para ambos casos se considerarán las indicaciones terapéuticas y modo de uso autorizado, así como las reacciones adversas e interacciones del producto.

BLa condición de venta de una especialidad farmacéutica, deberá ser observada estrictamente en su expendio o entrega a cualquier título a los usuarios y no podrá distribuirse gratuitamente en ningún sitio, por ningún medio, ni bajo pretexto o condición alguna.

Se exceptúan de lo dispuesto en el inciso anterior, aquellas unidades rotuladas y distribuidas directa y exclusivamente a los profesionales facultados legalmente a prescribir, como muestras médicas, en sus consultas o en reuniones científicas en que ellos participen, las que deberán ser dispensadas directamente por el profesional al paciente.

No obstante lo anterior, se autorizará la donación de especialidades farmacéuticas y de aquellos productos a los que se alude en el artículo 21, letra a), a los establecimientos asistenciales públicos o privados, con una antelación mínima de un año a su vencimiento o seis meses en este último caso, previa autorización del Instituto, los que deberán contar en su envase con una leyenda referida a su condición de distiribución gratuita, para ser dispensados en la misma condición a los pacientes.

El establecimiento receptor de la donación deberá entregarlos gratuitamente.

TÍTULO IX
LA PUBLICIDAD E INFORMACIÓN

PÁRRAFO PRIMERO
DISPOSICIONES GENERALES

Artículo 199.- La publicidad y la información, al paciente y al profesional, relativa a las especialidades farmacéuticas, se regirá por las normas de este Título, para lo cual se entenderá por:

a) Publicidad: Conjunto de procedimientos o actividades empleados para dar a conocer, destacar, distinguir directa o indirectamente al público, a través de cualquier medio o procedimiento de difusión, las características propias, condiciones de distribución, expendio y uso de los productos a que se refiere el presente reglamento.

b) Información al profesional: Conjunto de procedimientos y actividades, dirigidas a los profesionales legalmente habilitados para prescribir o dispensar productos farmacéuticos, con la finalidad de darles a conocer los productos a que se refiere el presente reglamento, ajustándose a lo autorizado en el respectivo registro sanitario.

c) Folleto de información al profesional: Documento que contendrá a lo menos las características de la especialidad farmacéutica; aspectos farmacocinéticos, farmacodinámicos y toxicológicos del mismo; así como las indicaciones, dosificación, grupo etáreo al cual va dirigido, contraindicaciones, interacciones, precauciones y/o advertencias, reacciones adversas, dentro de las cuales es preciso señalar las que puedan presentarse durante el embarazo, lactancia o en poblaciones especiales; las medidas, a tomar en casos de sobredosis y otros aspectos, determinadas por la autoridad en base a la naturaleza e información científica disponible de un producto farmacéutico, con la finalidad de informar a los profesionales legalmente habilitados para prescribir o dispensar productos farmacéuticos.

d) Folleto de información al paciente: Documento destinado a informar al paciente sobre una especialidad farmacéutica. Contendrá a lo menos la información referente a la indicación autorizada, advertencias, contraindicaciones, interacciones con otros productos, precauciones y toda otra información que la autoridad sanitaria determine en el registro, que permitan asegurar su correcto uso. El folleto de los productos farmacéuticos de venta directa, deberá señalar además información acerca de la dosificación habitual para uso en particular y su modo de empleo aprobados en el registro.

Artículo 200.- La publicidad que podrá realizarse de las especialidades farmacéuticas de venta directa, será sólo aquella autorizada previamente por el Instituto de Salud Pública. La publicidad podrá reproducir solamente el contenido exacto, total o parcial, de los folletos de información al paciente y rótulos, que hayan sido aprobados en el respectivo registro sanitario.

Sólo podrá referirse a las recomendaciones terapéuticas que hayan sido aprobadas por el Instituto en el respectivo registro sanitario y, en ningún caso, podrán contener títulos, figuras, indicaciones, efectos, alusiones o menciones, que no se conformen con ello.

La publicidad que sea contraria a lo indicado precedentemente, será sancionada, previo sumario sanitario.

Artículo 201.- No podrá hacerse publicidad de las especialidades cuya condición de venta sea receta simple, receta retenida o receta cheque.

INCISO DEROGADO

Artículo 202.- Quedará prohibida la donación, entrega o distribución gratuita de medicamentos con fines de publicidad. Se presumirá esta finalidad en toda entrega, donación o distribución gratuita, masiva o individual, que no se encuentre amparada por el artículo 198º.

Artículo 203.- El Instituto podrá suspender o prohibir por resolución fundada la publicidad e información al profesional, de las especialidades farmacéuticas que no cumplan con las disposiciones del presente Título, sin perjuicio de la instrucción del sumario sanitario que correspondiere.

Para estos efectos, el Instituto requerirá a quien corresponda, los textos de la publicidad e información de tales productos y ordenará el cese y/o retiro inmediato de la publicidad, pudiendo además, mediante resolución fundada, suspender el registro sanitario.

Artículo 204.- Cuando la información al profesional demuestre no corresponder a la aprobada en el registro, el Instituto, mediante resolución fundada, podrá suspender el registro sanitario y, además, ordenar el retiro de todos los folletos.

Artículo 205.- Las modificaciones de los folletos de información al paciente y al profesional autorizados en el registro, podrán ser solicitadas por su titular, debiendo ser aprobadas o rechazadas mediante resolución fundada. Asimismo el Instituto podrá, mediante resolución fundada modificar los folletos autorizados previo aviso al titular, para que adopte las medidas que procedan.

Artículo 206.- Los titulares de registro sanitario, importadores, fabricantes o distribuidores y expendedores que publiciten o realicen actividades de información al profesional que prescribe, por sí o a través de terceros, con infracción a lo dispuesto en el presente reglamento, serán sancionados previa instrucción del correspondiente sumario sanitario.

Artículo 207.- Quedan prohibidas las publicaciones, proyecciones, transmisiones o cualquier otro sistema de propaganda audiovisual mediante los cuales se anuncie como productos medicinales o de utilidad médica a alguno que no haya sido autorizado o reconocido como tal por la autoridad.

La autoridad sanitaria podrá resolver la paralización inmediata de dicha actividad, en los términos del artículo 178º del Código Sanitario, sin perjuicio de la responsabilidad sanitaria que pueda afectar al infractor, según se determine en el correspondiente sumario.

Artículo 207 A.- Serán responsables de la realización de publicidad no autorizada, además de los titulares de los registros, todas aquellas personas naturales o jurídicas que participen en la difusión de dicha publicidad y que, sin mediar su actuación, ésta no se hubiese podido llevar a cabo.

PÁRRAFO SEGUNDO
DE LA INFORMACIÓN AL PROFESIONAL

Artículo 208.- La información al profesional de las especialidades farmacéuticas de venta bajo receta simple, estará dirigida exclusivamente a los profesionales legalmente facultados para prescribir, y a los químico-farmacéuticos encargados de la dispensación.

Artículo 209.- La información entregada al profesional deberá ser verídica, exacta, íntegra y susceptible de comprobación, debiendo estar de acuerdo al uso terapéutico, propiedades y contenido del folleto de información al profesional, conforme a lo aprobado en el correspondiente registro.

Deberá además, señalar la fórmula, las indicaciones, las interacciones, contraindicaciones, precauciones y advertencias, reacciones adversas, efectos secundarios, dosificación y riesgos de toxicidad, así como su tratamiento.

Los textos y expresiones gráficas deberán ajustarse al tipo de producto farmacéutico, sin alteraciones, distorsiones o calificativos de cualquiera otra índole y ser exacta, verdadera y susceptible de comprobación.

Artículo 210.- En el folleto de información al profesional se deberá incorporar la información relativa a la biodisponibilidad o equivalencia terapéutica demostrada en los casos que éstas sean obligatorias.

Artículo 211.- Cuando la información haga referencia a estudios clínicos, farmacológicos u otros antecedentes científicos, deberá estar debidamente individualizada y las citas deberán corresponder a la fiel transcripción de ellos. Estos estudios deberán estar disponibles íntegramente, para los profesionales que lo soliciten, según procediere.

No se podrá atribuir como propios, estudios que no se refieran a la especialidad farmacéutica de que se trata. Si se utilizan gráficos, tablas o referencias del producto, deberá señalarse la bibliografía, fuente de referencia y el nombre del producto y del titular de su registro, de manera claramente visible.

Artículo 212.- No se podrán atribuir como exclusivas de un producto, las características generales que posean otros. La comparación con otros medicamentos registrados con el mismo principio activo, deberá demostrarse con los estudios que los avalen.

Toda información científica no reconocida en el respectivo registro sanitario, referente a indicaciones terapéuticas y dosificaciones distintas a las autorizadas, podrá ser entregada a los profesionales habilitados para prescribir, señalando expresamente tal condición y siendo el eventual uso de aquella, de exclusiva responsabilidad del profesional.

Artículo 213.- No podrán usarse incentivos de cualquier índole tales como dinero, bienes, servicios u otros dirigidos a los profesionales responsables de la prescripción o dispensación, así como a las personas encargadas de su expendio, para estimular la prescripción, dispensación o expendio de unos productos o empresas sobre otras.

PÁRRAFO TERCERO
DE LA PUBLICIDAD EN ESTABLECIMIENTOS FARMACÉUTICOS

Artículo 214.- En los establecimientos de fabricación y distribución sólo podrán anunciarse las especialidades farmacéuticas cuya condición de venta sea directa, indicando su denominación autorizada y envase aprobado y el distintivo del productor o distribuidor, si lo tuviese.

INCISOS ELIMINADOS.

Artículo 215.- En estos establecimientos no podrán utilizarse procedimientos de publicidad que puedan inducir a la compra, uso o elección no indicada de los medicamentos, tales como rifas, sorteos, donación de muestras u otras formas que estimulen el consumo, uso indebido o automedicación, en su caso. Asimismo, no podrá estimularse la venta de productos farmacéuticos mediante incentivos de cualquier índole dirigida al personal de las farmacias.

TÍTULO X
DE LA VIGILANCIA SANITARIA

PÁRRAFO PRIMERO
DE LA FARMACOVIGILANCIA

Artículo 216.- El Instituto es la autoridad sanitaria encargada de la vigilancia de la seguridad de las especialidades farmacéuticas, registradas y de aquellas que no estando registradas, han sido autorizadas para su uso en investigación científica o provisional.

Artículo 217.- Los profesionales de la salud tienen el deber de comunicar al Instituto, todas las sospechas de reacciones adversas de las que tengan conocimiento y que pudieran haber sido causadas por un determinado producto farmacéutico.

La misma obligación recaerá en el Director Técnico de los establecimientos asistenciales, los cuales deberán mantener un registro actualizado de estos eventos.

La comunicación de la información de que trata este artículo, deberá realizarse en los formularios que para tal efecto determine el Instituto de Salud Pública, mediante resolución.

Tratándose de la sospecha de una reacción adversa seria a medicamento, la comunicación deberá ser efectuada dentro de las 72 horas siguientes a la toma de conocimiento del hecho. En los demás casos deberá comunicarse dentro del plazo de 30 días.

Artículo 218.- Los titulares de registros o autorizaciones sanitarios deberán implementar y mantener un sistema de farmacovigilancia, propio o externalizado, siendo su Asesor Técnico, responsable de:

a) Crear, adoptar y mantener un sistema documentado para recopilar y tratar en un archivo único la información sobre todas las presuntas reacciones adversas.

b) Preparar y presentar trimestralmente al Instituto de Salud Pública, la información acerca de las sospechas de reacciones adversas en los formularios autorizados, a menos que mediante resolución fundada el Instituto determine un plazo inferior.

c) Asegurar que se dé una respuesta rápida y completa a cualquier solicitud de información adicional que requiera el Instituto de Salud Pública y que sea necesaria para evaluar los beneficios y riesgos de una especialidad farmacéutica, dentro de los plazos que esa entidad establezca.

En casos calificados, el Instituto de Salud Pública, por resolución fundada podrá disponer además medidas especiales de farmacovigilancia para determinados productos.

Artículo 219.- Los titulares de registro sanitario de especialidades farmacéuticas estarán obligados a mantener actualizada la información sobre seguridad del producto y a una continua evaluación de la relación riesgo-beneficio del mismo, conforme a lo dispuesto en el Párrafo Séptimo del Título II de este reglamento.

Artículo 220.- El Instituto analizará la información de vigilancia disponible y en su caso, requerirá los estudios necesarios para evaluar la seguridad de una especialidad farmacéutica, en las condiciones de uso autorizadas. Además podrá proponer las medidas necesarias para minimizar los riesgos asociados al uso de especialidades farmacéuticas y para mantener un adecuado equilibrio en la relación riesgo-beneficio de las mismas.

Sin perjuicio de lo señalado en la ley N° 19.628, sobre Protección de Datos de Carácter Personal, los antecedentes, la evaluación y las medidas señaladas precedentemente, tendrán el carácter de información pública, pudiendo darse a conocer por cualquier medio de difusión.

PÁRRAFO SEGUNDO
DE LA EQUIVALENCIA TERAPÉUTICA

Artículo 221.- El Ministerio de Salud, mediante decreto, aprobará la norma técnica que determine los productos que requieren demostrar su equivalencia terapéutica, estableciendo las listas de los principios activos y de los productos farmacéuticos que servirán de referencia de los mismos, cuando corresponda; lo que podrá hacer a proposición del Instituto.

No requerirán demostrar bioequivalencia las especialidades farmacéuticas contempladas en las letras b), c), d) y e), del artículo 10° del presente reglamento, ni tampoco los preparados farmacéuticos.

Asimismo, por decreto del Ministerio se aprobará la norma técnica que establezca los criterios técnicos necesarios para determinar los productos farmacéuticos que requieran demostrar equivalencia terapéutica.

Las normas y demás procedimientos para la realización de los estudios de biodisponibilidad así como los estudios de equivalencia terapéutica, en los casos que correspondan, serán establecidos por decreto del Ministerio, lo que podrá hacer a proposición del Instituto.

Artículo 221 bis.- Se entenderá que han demostrado su equivalencia terapéutica aquellos productos farmacéuticos que hayan certificado dicha condición ante alguna de las Agencias Reguladoras de Medicamentos de Alta Vigilancia a las que se alude en el artículo 54° C. De la misma manera, se entenderá que han demostrado su equivalencia terapéutica aquellos productos farmacéuticos que hayan sido precalificados por la Organización Mundial de la Salud como tal.

TÍTULO XI
DE LOS PROCEDIMIENTOS, SANCIONES Y RECURSOS

Artículo 222.- Los procedimientos administrativos, notificaciones y cómputo de plazos a que dé lugar la aplicación del presente reglamento, se regirán por las disposiciones de la ley N° 19.880, sobre bases de los procedimientos administrativos que rigen los actos de los órganos de la administración del Estado.

Artículo 223.- Las infracciones a las disposiciones del presente reglamento serán sancionadas por el Instituto, previa instrucción del respectivo sumario sanitario, de acuerdo a lo señalado en este decreto y en conformidad a lo dispuesto en el Libro X del Código Sanitario y legislación sanitaria complementaria.

De las sanciones aplicadas sólo podrá reclamarse judicialmente en la forma establecida en el artículo 171° del Código Sanitario.

Las disposiciones, cuya fiscalización ha sido radicada en las SEREMI serán sancionadas por éstas en conformidad a los incisos precedentes.

Artículo 224.- En uso de sus atribuciones de fiscalización sanitaria el Instituto, en casos justificados, podrá aplicar medidas de emergencia, sin necesidad de sumario sanitario previo. Las mismas medidas podrán ser aplicadas por el ministro de fe designado por el Instituto, con el sólo mérito del acta que levante, cuando exista un riesgo inminente para la salud. Iguales atribuciones tendrán las SEREMI o sus ministros de fe, respecto de la fiscalización que el presente reglamento les encarga expresamente a ellas.

Artículo 225.- Salvo lo dispuesto en el inciso segundo del artículo 223°, de las actuaciones y resoluciones que adopte el Director del Instituto en el ejercicio de sus funciones, en relación con las materias a que se refiere el presente reglamento, podrá interponerse recurso de reclamación ante el Ministerio de Salud, dentro del plazo de cinco días hábiles contados desde la fecha de la notificación de la respectiva resolución en su caso.

En caso que el afectado requiera un mayor tiempo para presentar antecedentes que avalen su reclamación, deberá solicitarlo dentro de plazo, al Ministerio de Salud, el que decidirá al respecto.

Una vez presentado el recurso, el Ministerio deberá requerir los antecedentes al Instituto y se pronunciará sobre la reclamación dentro del plazo de diez días de recibidos dichos documentos, salvo que técnicamente requiera un mayor plazo para dicho efecto.

Si se interpone recurso de reposición ante el mismo Instituto, la reclamación de que trata este artículo podrá interponerse en el mismo plazo y subsidiariamente. En este caso la resolución que resuelva la reposición servirá de informe para los efectos señalados en el inciso anterior.

TÍTULO FINAL
VIGENCIA

Artículo 226.- El presente reglamento entrará en vigencia 6 meses después de su publicación en el Diario Oficial, fecha en la que quedará derogado el decreto supremo Nº 1.876, de 1995, del Ministerio de Salud, así como cualquier otra norma, resolución o disposición que fuere contraria o incompatible con las contenidas en este decreto reglamentario.

Sin perjuicio de lo dispuesto en el inciso anterior, las disposiciones contenidas en el artículo 175°, de este reglamento, entrarán a regir desde su publicación en el Diario Oficial.

ARTÍCULOS TRANSITORIOS

PRIMER ARTÍCULO TRANSITORIO
DE LOS REGISTROS SANITARIOS

Los registros sanitarios concedidos al amparo del Decreto Supremo Nº 1.876, de 1995 del Ministerio de Salud, que por este acto se deroga, mantendrán su validez y vigencia. Con todo, el Instituto de Salud Pública, mediante resolución fundada, podrá requerir los antecedentes que estime pertinentes para la actualización de los registros sanitarios, con el fin de dar cumplimiento a las disposiciones de este reglamento, concediendo un plazo para ello, el que no podrá ser inferior a un año.

Las disposiciones que este reglamento dispone en materia de rotulado serán exigibles al año siguiente contado desde su vigencia.

Las solicitudes de registro sanitario que se encuentren con tramitación pendiente a la fecha de entrada en vigencia de este Reglamento continuarán tramitándose de acuerdo con las disposiciones del decreto supremo N° 1.876, de 1995, del Ministerio de Salud, y en el caso de ser concedidos, la resolución que lo otorgue indicará los antecedentes necesarios para verificar el cumplimiento de los nuevos requisitos que establece el presente reglamento, otorgando para ello un plazo que no exceda de un año, contado desde la fecha de su notificación.

SEGUNDO ARTÍCULO TRANSITORIO
DE LAS AUTORIZACIONES SANITARIAS

Las autorizaciones sanitarias concedidas al amparo del Decreto Supremo N° 1.876, de 1995, del Ministerio de Salud, que por este acto se deroga, mantendrán su validez y vigencia. Con todo, los Laboratorios Farmacéuticos autorizados a esta fecha deberán dar cumplimiento a la normativa de acuerdo al siguiente cronograma:

- Requisitos de Estructura Física: Dentro del plazo de 2 años
- Requisitos de Personal y Administrativos: Dentro del plazo de 1 año
- Requisitos Técnicos y Metodología : Dentro del plazo de 1 año

Las autorizaciones de instalación y funcionamiento de Laboratorios Farmacéuticos que se encuentren en trámite a la fecha de entrada en vigencia de este Reglamento deberán ser retiradas dentro de los 30 días siguientes, pudiendo ser reingresadas dentro de los 5 meses siguientes, sin cobro arancelario, cumpliendo con los requisitos y formalidades que esta reglamentación establece. Aquellas solicitudes que no sean retiradas dentro del plazo establecido, serán denegadas de plano.

Anótese, tómese razón y publíquese.- michelle bachelet jeria, Presidenta de la Republica.- Alvaro Erazo Latorre, Ministro de Salud.

Transcribo para su conocimiento Decreto afecto N° 3, de 25-01-2010.- Saluda atentamente a Ud., María Soledad Carvallo Holtz, Subsecretaria de Salud Pública (S).

CONTRALORÍA GENERAL DE LA REPÚBLICA

División Jurídica

Cursa con alcance decreto N° 3, de 2010, del Ministerio de Salud

N° 27.949.- Santiago, 4 de mayo de 2011.

Esta Entidad de Control ha dado curso al documento del rubro, mediante el cual se aprueba el reglamento del sistema nacional de control de los productos farmacéuticos de uso humano, por encontrarse ajustado a derecho, pero cumple con hacer presente que esta Contraloría General entiende que los aspectos que se indican en los incisos segundo y tercero de su artículo 221 deben ser regulados mediante decreto supremo expedido a través del Ministerio de Salud, y no por resolución, como allí se expresa.

Con el alcance que antecede se ha tomado razón del acto administrativo del epígrafe.

Saluda atentamente a Ud., Ramiro Mendoza Zúñiga, Contralor General de la República.

DECRETO Nº 144
ESTABLECE NORMAS PARA EVITAR EMANACIONES O CONTAMINANTES ATMOSFÉRICOS DE CUALQUIERA NATURALEZA

Núm. 144.- Santiago, 2 de mayo de 1961.- Visto: lo dispuesto en el artículo 5º, letra b), y el artículo 26º, Nº 4, del Código Sanitario; artículo 63º, letra g), de la ley 10.383; artículo 1º, letra g), del decreto 755, 26 de septiembre de 1952, y el artículo 17º del decreto 762, de 6 de septiembre de 1956, del Ministerio de Salud Pública, y teniendo presente lo solicitado por el Director General de Salud en oficios 1.709, de 28 de enero, y 7.388, de 8 de abril, del presente año, respectivamente,

Decreto:

Artículo 1.- Los gases, vapores, humos, polvo, emanaciones o contaminantes de cualquiera naturaleza, producidos en cualquier establecimiento fabril o lugar de trabajo, deberán captarse o eliminarse en forma tal que no causen peligros, daños o molestias al vencindario.

Artículo 2.- Los equipos de combustión de los servicios de calefacción o agua caliente de cualquier tipo de edificio, que utilicen combustibles sólidos o líquidos, deberán contar con la aprobación del Servicio Nacional de Salud, organismo que la otorgará cuando estime que la combustión puede efectuarse sin producción de humos, gases o quemados, gases tóxicos o malos olores y sin que escapen al aire cenizas o residuos sólidos.

Artículo 3.- Los sistemas destinados a la incineración de basuras en actual funcionamiento, o los que se instalen en el futuro, deberán contar con la aprobación del Servicio Nacional de Salud, autoridad que la otorgará cuando estime que pueden funcionar sin producir humos, gases, tóxicos o malos olores y siempre que no liberen a la atmósfera cenizas o residuos sólidos.

Artículo 4.- Las Municipalidades del país sólo podrán otorgar permisos para construir edificios, o transformar los existentes, cuando las solicitudes respectivas se acompañen con la autorización del Servicio Nacional de Salud para las instalaciones de equipos de combustión de los servicios de calefacción o agua caliente y sistema de incineración de basuras que contemplen los proyectos. De la misma manera, las Municipalidades no podrán recibir definitivamente las obras mientras no se les exhiba la aprobación del Servicio Nacional de Salud para tales equipos ya instalados.

Artículo 5.- El personal que maneje los equipos de combustión o los sistema de incineración, a quien se refieren los artículos precedentes, deberá contar con un certificado de competencia del Servicio Nacional de Salud, el que se otorgará luego de comprobar que el interesado posee los conocimientos mínimos indispensables para el buen manejo de estas instalaciones.

Artículo 6.- Prohíbese dentro del radio urbano de las ciudades la incineración libre, sea en la vía pública o en los recintos privados, de hojas secas, basuras u otros desperdicios.

Artículo 7.- Prohíbese la circulación de todo vehículo motorizado que despida humo visible por su tubo de escape.

Artículo 8.- Corresponderá al Servicio Nacional de Salud:

a) Calificar los peligros, daños o molestias que pueda producir todo contaminante que se libere a la atmósfera, cualquiera sea su origen;

b) Fijar, cuando así lo estime conveniente, las concentraciones máximas permitibles de cualquier contaminante, sea en los afluentes de chimeneas, extractores u otros dispositivos que lo liberen a la atmósfera, o sea en la atmósfera misma;

c) Determinar los métodos oficiales de análisis de los diversos contaminantes atmosféricos. El Laboratorio de Higiene Industrial del Servicio Nacional de Salud tendrá el carácter de Laboratorio Oficial para todos los efectos reglamentarios relacionados con la determinación de la contaminación, y su personal técnico tendrá el carácter de ministro de fe, en los términos y para los fines a que se refiere el artículo 255° del Código Sanitario (1807) (1808);

d) Especificar las obras, dispositivos, instalaciones o medidas que sea necesario ejecutar o poner en práctica en cada caso particular para evitar estos peligros, daños o molestias;

e) Prestar su aprobación a los proyectos, planos y especificaciones correspondientes;

f) Fijar los plazos en que deben ejecutarse o introducirse las modificaciones a las obras, instalaciones o dispositivos que se indiquen;

g) Efectuar recepción de las obras o instalaciones ejecutadas;

h) Otorgar los certificados de competencia a que se refiere el artículo 4°;

i) Autorizar el funcionamiento de los sistemas destinados a la incineración de las basuras, y j) Vigilar, en general, el cumplimiento de todas las disposiciones a que se refiere el presente reglamento.

Artículo 9.- Sin perjuicio de lo dispuesto en el artículo anterior, corresponderá al Cuerpo de Carabineros la denuncia de las infracciones a lo dispuesto en los artículos 6° y 7° del presente reglamento.

Artículo 10.- Las infracciones al presente reglamento serán sancionadas de acuerdo a lo dispuesto en el Código Sanitario (1809), con excepción de las infracciones a los artículos 6° y 7°, que serán sancionadas de acuerdo a la Ley de Organización y Atribuciones de los Juzgados de Policía Local (decreto 216, del Ministerio del Interior, de fecha 11 de enero de 1955, publicado en el "Diario Oficial" el 4 de febrero de 1955) (1810).

Tómese razón, comuníquese, publíquese e insértese en la Recopilación que corresponda de la Contraloría General de la República (1811).- JORGE ALESSANDRI RODRÍGUEZ.- Sótero del Río.

DECRETO Nº 735
REGLAMENTO DE LOS SERVICIOS DE AGUA DESTINADOS AL CONSUMO HUMANO

Santiago, 7 de Noviembre de 1969.- Hoy se decretó lo que sigue:

Núm. 735.- Visto: lo informado por el Servicio Nacional de Salud mediante oficio Nº 3.109, de 21 de Febrero del año en curso; lo dispuesto en los artículos 2º, 71º y 72º del Código Sanitario y en uso de la facultad que me confiere en Nº 2 del artículo 72º de la Constitución Política del Estado.

Decreto:

1.- Derógase el decreto supremo Nº 1.132, de 3 de Mayo de 1952, del ex Ministerio de Salubridad, Previsión y Asistencia Social;

2.- Apruébase el siguiente "Reglamento de los Servicios de agua destinados al consumo humano":

I.- DISPOSICIONES GENERALES

Artículo 1.- Todo servicio de agua potable deberá proporcionar agua de buena calidad en cantidad suficiente para abastecer satisfactoriamente a la población que le corresponde atender, debiendo además, asegurar la continuidad del suministro contra interrupciones ocasionadas por fallas de sus instalaciones o de su explotación.

Artículo 2.- La Secretaría Regional Ministerial de Salud respectiva deberá aprobar todo proyecto de construcción, reparación, modificación o ampliación de cualquier obra pública o particular destinada a la provisión o purificación de agua para el consumo humano, que no sea parte o no esté conectado a un servicio público sanitario regido por el DFL Nº 382 de 1988 del Ministerio de Obras Públicas.

Asimismo, una vez construida, reparada, modificada o ampliada y antes de entrar a prestar servicios, la obra debe ser autorizada por el citado organismo.

Artículo 3.- La obra de un servicio de agua potable que no se encuentre prestando funciones, total o parcialmente, durante algún tiempo, deberá ser convenientemente desinfectada antes de ser puesta nuevamente en explotación, de acuerdo con el método de desinfección que determine la autoridad sanitaria.

Artículo 4.- Corresponde a la Secretaría Regional Ministerial de Salud respectiva comprobar las condiciones sanitarias de todo servicio de agua potable, vigilar su funcionamiento y hacer cumplir las disposiciones del presente Reglamento, sin perjuicio de las atribuciones de los Ministerios de Obras Públicas y Transportes y de la Vivienda y Urbanismo.

Artículo 5.- El Presidente de la República, mediante decreto supremo, podrá autorizar a la Secretaría Regional Ministerial de Salud respectiva para que intervenga directamente la explotación de un servicio de agua potable, cuando se compruebe que su funcionamiento constituye un peligro para la salud de la población que sirve.

II.- DE LA CALIDAD DEL AGUA

Artículo 6.- Se autorizará la explotación y funcionamiento de un servicio de agua cuando ésta, sometida a análisis bacteriológico, no acuse existencia de gérmenes del grupo coliforme. Si acusa existencia de estos gérmenes, aun cuando no se encuentren gérmenes patógenos, se considerará contaminada.

Sin embargo, en los servicios con red de distribución se aceptará como agua potable desde un punto de vista bacteriológico, aquella que cumpla con las exigencias establecidas en los artículos 16, 17, y 17 bis del presente Reglamento.

En los casos de abastecimiento de agua a una o a un reducido grupo de viviendas o a un establecimiento, con sistema particular de agua, se aceptará como agua potable aquella que se encuentre exenta de Escherichia coli y cuyo número de organismos coliformes totales no sobrepase de un coli por cien centímetros cúbicos de agua, lo que se determinará por el término medio de los resultados de los exámenes bacteriológicos de una cantidad de muestras de agua que fije la autoridad sanitaria.

Artículo 7.- Todo servicio de agua potable deberá someter el agua que obtenga de su fuente de abastecimiento a alguno de los procesos de tratamiento general que se indican más adelante, para ser considerada apta para el consumo humano. Para estos efectos las aguas se clasifican en los siguientes grupos de acuerdo con el tratamiento que requieran:

a) Aguas que requieran de simple cloración o su equivalente.

Este grupo incluye las aguas subterráneas y superficiales sujetas a pequeña contaminación, y cuyas condiciones de captación sean favorables. Su contenido de bacilos coliformes no deberá subir como término medio mensual de 50 por 100 centímetros cúbicos antes de ser tratada.

b) Aguas que requieren de tratamiento completo de filtración con cloración ulterior.

Este grupo incluye todas las aguas que requieren filtración para eliminar la turbiedad y el color; las con una demanda de cloro alta o variable, y las contaminadas con aguas servidas, cuyo contenido en bacterias coliformes no suba en promedio de 5 mil por 100 centímetros cúbicos en ningún mes, ni en más del 20% de las muestras analizadas en cualquier mes.

c) Aguas que requieren de tratamiento auxiliar, además de filtración y cloración.

Este grupo incluye las aguas que, cumpliendo con los requisitos de la letra anterior con respecto al contenido mensual medio de bacterias coliformes, tienen un índice que sube de 5.000 coli por 100 centímetros cúbicos en más del 20% de las muestras analizadas en un mes y no exceden de 20 mil bacilos coli por 100 centímetros cúbicos en mas del 5% de las muestras analizadas en el mismo período.

Se entiende por tratamiento auxiliares la presedimentación, la precloración u otros procedimientos que produzcan iguales efectos y pueden ser utilizados separadamente o en conjunto, según sea necesario, siempre que sean autorizados por a la Secretaría Regional Ministerial de Salud respectiva.

d) Aguas que requieren de almacenamiento preliminar prolongado.

Las aguas que no puedan ser incluidas en alguno de los grupos precedentes, no podrán ser utilizadas en un servicio de agua potable, a menos que sus condiciones sean mejoradas de tal modo que, a juicio de la Secretaría Regional Ministerial de Salud respectiva, logren cumplir con los requisitos que en cada grupo se señalan, sea por medio de un almacenamiento preliminar prolongado u otros medios de resultados equivalentes.

Artículo 8.- El agua destinada al consumo humano no debe contener elementos o sustancias químicas en concentraciones totales mayores que las indicadas a continuación:

Elementos Esenciales

Elementos	Expresado como Elementos Totales	Límite Máximo (mg/l)
Cobre	Cu	2,0
Cromo total	Cr	0,05
Fluoruro	F-	1,5
Hierro	Fe	0,3
Manganeso	Mn	0,1
Magnesio	Mg	125,0
Selenio	Se	0,01
Zinc	Zn	3,0

Elementos o Sustancias No Esenciales

Elementos o Sustancias	Expresado como Elementos o Sustancias Totales	Límite Máximo (mg/l)
Arsénico	As	0,01
Cadmio	Cd	0,01
Cianuro	CN-	0,05
Mercurio	Hg	0,001
Nitrato	NO-3	50
Nitrito 3	NO-2	3
Razón nitrato + nitrito	1)	1
Plomo	Pb	0,5

1) Suma de las razones entre la concentración medida de cada uno y su respectivo límite máximo.

Sustancia	Sustancias Orgánicas Límite Máximo (μg/l)
Tetracloroeteno	40
Benceno	10
Tolueno	700
Xilenos	500

Plaguicidas

Sustancia	Límite máximo (μg/l)
DDT + DDD +DDE	2
2,4 - D	30
Lindano	2
Metoxicloro	20
Pentaclorofenol	9

Productos Secundarios de la Desinfección

Producto	Límite Máximo (mg/l)
Monocloroamina	3
Dibromoclorometano	0,1

Bromodiclorometano	0,06
Tribromometano	0,1
Triclorometano	0,2
Trihalometanos	1 *)

*) suma de las razones entre la concentración medida de cada uno y su respectivo límite máximo.

Elementos Radioactivos

El agua destinada a consumo humano no debe contener sustancias y elementos radioactivos en concentraciones mayores que las indicadas en la tabla siguiente:

Elemento	Límite Máximo (Bq/l)
Estroncio 90	0,37
Radio 226	0,11
Actividad base total (excluyendo Sr-90, Ra-226 y Otros emisores alfa)	37
Actividad beta total (incluyendo Sr-90, corregidas para el K-40 y otros radioemisores naturales)	1,9
Actividad alfa total (incluyendo Ra -226 y otros emisores alfa)	0,55

Parámetros Organolépticos

El agua destinada a consumo humano debe cumplir con los requisitos establecidos en la siguiente tabla y las tolerancias indicadas en el artículo 18 ter.

Parámetros	Expresado como	Unidad	Límite Máximo
Físicos:	-	Unidad Pt-Co	20
Color verdadero	-	mg/l	inodora
Olor	-	mg/l	insípida
Sabor	-	-	1,5
Inorgánicos: Amoníaco	NH3	mg/l	400
Cloruro	Cl-	mg/l	6,5<pH<8,5
PH	-	µg/l	500
Sulfato	SO4-2		1500
Sólidos Disueltos totales	-		2
Orgánicos: Compuestos fenólico	Fenol		

Artículo 9.- Sin perjuicio de lo señalado en los artículos anteriores, las aguas que se empleen en la explotación de servicios de agua potable no deberán contener sustancias tóxicas o dañinas ni organismos que no puedan ser eliminados por un tratamiento y, además, estar libres de organismos microscópicos o sustancias que puedan causar perturbaciones en la normal operación y eficiencia de los procesos de tratamiento.

Para la determinación de las condiciones señaladas en el inciso anterior, el agua antes de ser tratada debe ser sometida a los análisis que ordene la Secretaría Regional Ministerial de Salud.

Artículo 10.- El agua destinada a consumo humano distribuida por redes debe ser sometida a un proceso de desinfección, debiendo existir una concentración residual de desinfectante activo en la red en forma permanente.

En caso de utilizarse como desinfectante cloro o sus derivados, la concentración residual máxima de cloro libre debe ser 2 mg/l en condiciones normales de operación en cualquier punto de la red. El Ministerio de Salud, en casos excepcionales y a través del Acto Administrativo correspondiente, podrá exigir concentraciones superiores, en condiciones especiales para un servicio de agua potable en particular.

La concentración residual mínima de cloro libre debe ser de 0,2 mg/l en cualquier punto de la red.

De todas las muestras que se analicen de cloro libre mensualmente en un servicio de agua potable:

Un número menor o igual al 10% de ellas puede tener una concentración residual de desinfectante activo inferior al mínimo establecido;

Un número no mayor al indicado a continuación podrá tener ausencia de cloro residual libre:

i) una muestra, cuando se analicen hasta 100 muestras;

ii) tres muestras, cuando se analicen más de 100 muestras.

El Ministerio de Salud, en casos excepcionales y a través del Acto Administrativo correspondiente, podrá establecer condiciones y exigencias diferentes a las señaladas en el inciso anterior, para un servicio de agua potable en particular, que ella calificará.

El uso de cualquier desinfectante diferente a un generador de cloro activo debe ser autorizado por el Ministerio de Salud, quien fijará las concentraciones máximas y mínimas de su presencia en el agua y las tolerancias para su cumplimiento.

Los servicios de agua potable que actualmente se encuentran sometidos a cloración, así como los nuevos que se instalen, que deseen utilizar la yodación para la desinfección del agua, deberán solicitar la autorización correspondiente a la Secretaría Regional Ministerial de Salud respectiva.

Artículo 11.- La Secretaría Regional Ministerial de Salud respectiva podrá disponer que un servicio de agua potable fluorure el agua que distribuye, cuando la población a la que provee presente altos indicadores de caries dentales y el nivel de fluoruros naturales presentes en el agua sea inferior de 0,5 mg/l.

En la resolución que así lo disponga se fijará la concentración del ión fluoruro a mantener en las redes de distribución, la que deberá estar dentro del rango de 0,6 y 1,0 mg/l.

Las empresas que deban fluorurar el agua deberán contar con un sistema de fluoruración provisto de autorización sanitaria, la que se concederá previa constatación de que posee los siguientes elementos y características:

a) equipos adecuados para la adición de fluoruro en la planta de purificación de agua o estación de bombeo.

b) provisión constante de un producto químico adecuado de fluoruro de acuerdo a las normas de la Asociación Americana de Plantas de Agua Potable, AWWA.

c) personal capaz de mantener el sistema de fluoruración y de llevar los registros adecuados.

d) datos del producto químico que usa, según dispone la Norma Chilena NCh 2245. Of.2003 "Hoja de Datos de Seguridad de Productos Químicos-Contenido y Disposición de los Temas."

e) plan de contingencias propio, que establezca claramente las medidas a adoptar en situaciones de riesgo para las personas o instalaciones, en el transporte, recepción en la planta, operación, manipulación y almacenamiento.

f) consideración de todos los aspectos de seguridad asociados al tipo y estado del producto químico que se utiliza, para proteger la salud tanto de los trabajadores como de la población.

g) el diseño del sistema deberá prever que la cantidad de fluoruro que pueda entrar a la red en caso de accidentes no exceda de la cantidad de fluoruro requerido para un día de operación.

h) mecanismo de seguridad que detenga automáticamente la adición de fluoruro si disminuye repentinamente el flujo de agua que pasa a través de ella.

i) en caso de utilizarse fluorsilicato de sodio (Na2SiF6) como fuente de ión fluoruro, éste deberá aplicarse mediante sistemas de dosificación que eviten variaciones de concentraciones en la red.

j) programa de manejo adecuado de residuos sólidos y líquidos de acuerdo con la normativa vigente.

Artículo 11 bis.- La empresa productora del agua fluorurada deberá monitorear diariamente los niveles de fluoruro en la planta y en los sistemas de distribución de agua potable por medio de muestras que serán tomadas en el efluente de la planta de tratamiento y en distintos puntos de la red los que se deberán variar cada día, debiendo analizar al menos una muestra diaria por cada 500.000 habitantes servidos o fracción. Los resultados diarios serán enviados mensualmente a la Secretaría Regional Ministerial competente en el formulario que ese organismo señale al efecto.

Se entenderá que la empresa está brindando el servicio de fluoruración del agua si la concentración de flúor en ésta es igual o superior a 0,5 mg/l. Sin embargo para lograr efectividad sanitaria de esta medida, los promedios de concentración deberán encontrarse dentro de los rangos aceptables, en relación a la concentración óptima de fluoruros indicada para la respectiva empresa, según los períodos indicados en la siguiente tabla:

control	Concentración mínima de F (mg/l)	Concentración máxima de F (mg/l)
Diario Promedio de concentraciones diarias	COF - 0,1	COF + 0,5
Mensual Promedio de concentraciones promedio diarias	COF - 0,1	COF + 0,3
Anual Promedio de concentraciones promedio mensuales	COF - 0,1	COF + 0,1

(COF= concentración óptima de Flúor)

En ningún caso la concentración de alguna muestra individual puede ser superior de la concentración máxima permitida para flúor en el artículo 8º de este reglamento.

Artículo 12.- Toda fuente de captación de agua destinada al consumo humano deberá estar proyectada y protegida, construida y explotada de manera que impida la contaminación de las aguas captadas.

Artículo 13.- Toda planta de tratamiento de agua potable deberá estar proyectada, construida y explotada de manera de proporcionar una eficaz purificación de agua, para lograr la calidad que las normas de este Reglamento establecen.

Asimismo, toda aducción, estanque de almacenamiento, sistema de distribución y, en general, las partes de un servicio de agua potable ubicadas a continuación de las plantas o sistemas de tratamiento, deberán ser proyectadas, construidas y explotadas de manera de impedir la contaminación del agua ya purificada, antes de su entrega al consumidor.

En la red de distribución no deberán existir contactos directos o indirectos con cursos de agua contaminada, tuberías de alcantarillado o focos de contaminación en general, y tampoco se aceptarán conexiones cruzadas con otros servicios de agua potable sin previo acuerdo entre los servicios interesados, y una vez que, a juicio de la autoridad sanitaria, se hayan tomado las medidas necesarias para impedir toda posibilidad de contaminación recíproca.

Artículo 14.- El agua que ha sido sometida a todas las etapas de tratamiento, excepto la cloración final o la yodación en su caso, no deberá subir su contenido de bacilos coliformes como término medio mensual de 50 coli por 100 centímetros cúbicos.

Artículo 15.- El agua de la red de distribución deberá cumplir con las condiciones establecidas en los artículos 15 bis, 16, 17 y 17 bis del presente Reglamento y en las respectivas resoluciones de su aprobación y autorización, y ser controlada por el servicio que la trata y distribuye y por la Secretaría Regional Ministerial de Salud respectiva.

Sin embargo, cuando un servicio de agua desee emplear el método de la membrana filtrante para el control bacteriológico, deberá ser autorizado por la Secretaría Regional Ministerial de Salud, el que establecerá las modalidades para su aplicación.

Artículo 15 bis.- El agua potable en cada servicio deberá cumplir además con todas las condiciones siguientes:

– la turbiedad media mensual debe ser menor o igual a 2 UNT, obtenida como promedio artiméticos de todas las muestras puntuales analizadas en el mes.

– de todas las muestras que se analicen mensualmente, la turbiedad puede superar el valor de 4 UNT en una muestra cuando se hayan analizado menos de 20 muestras en el mes y en el 5% de las muestras cuando se hayan analizado 20 muestras o más en el mes.

– ninguna muestra podrá exceder el valor de 20 UNT

– en todas las muestras que se analicen mensualmente, aquellas que presenten turbiedades entre 10 UNT y 20 UNT no podrán corresponder a un mismo período de 24 horas.

Artículo 16.- De todas las muestras que se analicen mensualmente en un servicio de agua potable destinada a consumo humano, se acepta la presencia de coliformes totales en:

a) Una muestra, cuando se hayan analizado menos de 10 muestras en el mes.

b) El 10% de las muestras, cuando se hayan analizado 10 o más muestras en el mes.

Artículo 17.- De todas las muestras que se analicen mensualmente en un servicio de agua potable destinada a consumo humano, se acepta la presencia de coliformes totales en una concentración mayor o igual a 5 UFC o NMP por 100 ml:

a) Una muestra, cuando se haya analizado menos de 20 muestras en el mes.

b) El 5% de las muestras, cuando se haya analizado 20 o más muestras en el mes.

Artículo 17 bis.- Todas las muestras que se analicen mensualmente en un servicio de agua potable destinada a consumo humano, deben estar exentas de Escherichia Coli. Para la verificación de este requisito, en las muestras en que se haya detectado la presencia de coliformes totales, se debe confirmar adicionalmente la ausencia de Escherichia Coli.

Artículo 18.- Será obligatorio para los servicios de agua potable tener un sistema de control bacteriológico.

En caso que el resultado de dicho control determine que se está suministrando agua bacteriológicamente contaminada, el administrador del servicio de agua potable deberá tomar de inmediato las providencias necesarias para encontrar las causas de la contaminación y ejecutará las acciones necesarias para suprimirlas.

La Secretaría Regional Ministerial de Salud respectiva podrá, mediante su propio sistema de muestreo, calificar la calidad bacteriológica del agua y en caso de detectar una contaminación exigirá, dentro del plazo que estime conveniente, la supresión de las causas de esta deficiencia, sin perjuicio de imponer la sanción correspondiente o adoptar la medida sanitaria que proceda.

Ariículo 18 bis.- El Ministerio de Salud podrá autorizar para localidades específicas el suministro de agua con concentraciones de cloruro superiores a 400 mg/l y/o sulfato superiores de 500 mg/l, en aquellos casos calificados en que se demuestre que los riesgos asociados a las restricciones que al consumo de la población pudiera imponer el suministro de agua que cumpla con el valor antes señalado sean mayores que los riesgos asociados al consumo del agua con concentraciones de cloruro superiores a 400 mg/l y/o sulfato superiores a 500 mg/l.

Artículo 18 ter.- Se entenderá por parámetros críticos aquellos parámetros característicos de la fuente o del servicio de agua potable destinada a consumo humano a que hace referencia el artículo 8 y que en ausencia o falla del proceso de tratamiento superan el límite máximo allí establecido.

La tolerancia para los parámetros críticos que aparecen en las tablas Elementos Esenciales, Elementos o Sustancias No Esenciales y Parámetros Organolépticos será la siguiente:

a) Una muestra, cuando se hayan analizado menos de 10 muestras en el mes.

b) El 10% de las muestras, cuando se hayan analizado 10 o más muestras en el mes.

El promedio aritmético de todas las muestras analizadas en el mes, no deberá exceder los límites establecidos en la tabla correspondiente.

Para el caso de los elementos o sustancias: cobre, fluoruro, nitrato y nitrito, ninguna muestra puntual podrá exceder el doble del límite establecido en la respectiva tabla del artículo 8°.

Artículo 18 cuater.- El Ministerio de Salud, en aquellos casos calificados en que exista razones objetivas fundadas para sospechar la presencia de alguna de las sustancias tóxicas que figuran en las tablas 1, 2 o 3 en una determinada fuente de agua o en el agua suministrada a una localidad específica, podrá requerir de parte del servicio de agua potable respectivo el cumplimiento del límite que en dichas tablas figura para la sustancia en cuestión.

Tabla 1: Componentes Orgánicos

Componentes	Límite Máximo (µg/l)
Alcanos clorados	
Tetracloruro de carbono	2
Diclorometano	20
1,2 - Dicloroetano	30
1,1,1 - Tricloroetano	2000
Etenos clorados	
Cloruro de Vinilo	2

1,1 - Dicloroeteno	20
1,2 - Dicloroeteno	30
Tricloroeteno	2000
Hidrocarburos aromáticos	
Etilbenceno	300
Estireno	20
Benzo(a)pireno	0,7
Bencenos clorados	
Monoclorobenceno	300
1,2 - Diclorobenceno	1000
1,4 - Diclorobenceno	300
Triclorobencenos (total)	20
Diversos	
Adipato de di (2-etilhexilo)	80
Ftalato de di (2-etilhexilo)	8
Acrilamida	0,5
Epiclorhidrina	0,4
Hexaclorobutadieno	0,6
Ácido edético (EDTA)	200
Ácido nitrilotriacético	200
Óxido de tributilestaño	2

Tabla 2: Plaguicidas

Plaguicidas	Límite Máximo (μg/l)
Alacloro	20
Aldicarb	10
Aldrina/dieldrina	0,03
Atrazina	2
Bentazona	30
Carbofurano	5
Clordano	0,2
Clortolurón	30
1,2 - Dibromo- 3 - Cloropropano	1
1,2 - Dicloropropano	20
1,3 - Dicloropropeno	20
Heptacloro y heptaclorepóxido	0,03
Hexaclorobenceno	1
Isoproturón	9
MCPA	2
Metolacloro	10
Molinato	6
Pendimetalina	20
Permetrina	20
Propanil	20
Piridato	100

Simazina	2
Trifluralina	20
Herbicidas clorofenóxidos distintos del 2,4-D y el	90
MCPA 2,4-DB	100
Dicloroprop	9
Fenoprop	10
Mecoprop	9
2,4,5 - T	

Tabla 3: Productos secundarios de Desinfectantes

Producto	Límite Máximo (mg/l)
Bromato	0,025
Clorito	0,2
Clorofenoles	0,2
2,4,6 - Triclorofenol	0,9
Formaldehído	0,1
Bromoformo	0,2
Cloroformo	
Ácidos acéticos clorados	
Ácido dicloroacético	0,05
Ácido tricloroacético	0,1
Hidrato de coral (tricloroacetaldehído)	0,1
Acetonitrilos halogenados	0,09
Dicloroacetonitrilo	0,1
Dibromoacetonitrilo	0,001
Tricloroacetonitrilo	0,07
Cloruro de cianógeno (como CN)	

III.- DE LA CANTIDAD

Artículo 19.- Se considerará como cantidad de agua suficiente que debe abastecer un servicio de agua potable, la que resulte de multiplicar la población a servir por la dotación media estimada como necesaria, la cual será determinada para cada caso por la autoridad sanitaria, quien considerará además, un 50% para prevenir las exigencias de los días de consumo máximo.

Artículo 20.- La fuente de captación deberá proporcionar el agua cruda suficiente para satisfacer las necesidades del abastecimiento de los días de consumo máximo.

En el caso de fuentes de gastos muy variables, deberán considerarse los coeficientes de seguridad adecuados para cumplir esta exigencia, aún en la época de caudales mínimos, o consultar las obras de seguridad necesarias, como ser tranques o sus equivalentes.

Para los efectos de este artículo, se considerará, la población calculada al final del periodo de previsión de las obras. En caso de emergencia, la autoridad sanitaria al aprobar los proyectos considerará la población existente en el momento de construirse el servicio.

Artículo 21.- Las plantas de tratamiento, las aducciones y cañerías alimentadoras de los estanques deberán estar proyectadas y construidas de manera de tener capacidad para tratar y conducir el gasto correspondiente al día de máximo consumo.

Deberán también consultarse las instalaciones de reservas necesarias para que al quedar fuera de servicio cualquier parte del sistema, no perjudique el abastecimiento de la población.

Artículo 22.- Todo servicio de agua potable deberá consultar un volumen de almacenamiento adecuado, el que será determinado en cada caso por la autoridad sanitaria, la que en casos justificados podrá exceptuar de esta obligación a las viviendas unifamiliares siempre que se asegure la continuidad del abastecimiento.

Los servicios sanitarios regidos por el DFL Nº 382 de 1988, del Ministerio de Obras Públicas, deberán diseñar los estanques de almacenamiento de agua de acuerdo con lo establecido en la NCh. 691Of.98 y el decreto Nº 50 de 2002, del Ministerio de Obras Públicas, Reglamento de Instalaciones Domiciliarias de Agua Potable y de Alcantarillado.

Artículo 23.- Todas las partes constitutivas de un servicio de agua potable deberán estar proyectadas, construidas y explotadas en forma que aseguren la continuidad del abastecimiento, impidiendo toda interrupción del suministro, ya sea por cortes en la fuente de capitación, fallas de los equipos, falta de personal técnico eficiente, introducción de personas extrañas o de animales en los establecimientos o cualquiera otra eventualidad.

Artículo 23 bis.- Deberá evitarse el ingreso de cualquier materia extraña al interior de los estanques de almacenamiento de agua, para lo cual éstos deberán permanecer tapados, sus ductos de ventilación deberán estar provistos con rejillas y deberá obturarse cualquier orificio que no sea funcional al mismo y que no esté debidamente protegido.

Al menos cada tres meses deberá efectuarse una prolija inspección de dichos estanques y de sus instalaciones anexas, con el fin de determinar su estado de limpieza, funcionamiento y conservación. El aseo y desinfección de los mismos deberá hacerse al menos una vez al año o antes si se encuentran en su interior materias o cuerpos extraños susceptibles de descomposición, acumulación de lodos u otras impurezas que afecten la potabilidad del agua.

IV.- DE LOS OPERADORES

Artículo 24.- El estado de salud y las condiciones físicas e higiénicas de los operadores de plantas deberán ser compatibles con las condiciones sanitarias de un servicio de agua potable.

Artículo 25.- Sin perjuicio del control indicado en el artículo anterior, en casos especiales, tales como brotes epidémicos, deberán cumplirse las medidas que la autoridad sanitaria indique.

Artículo 26.- Será de responsabilidad de los administradores de servicios de agua potable velar por las condiciones de salud e higiene de los operadores. En caso de que exista duda respecto al estado de determinado operador, deberá recurrirse a la autoridad sanitaria correspondiente, a fin de que tome las medidas pertinentes.

Artículo 27.- Los administradores de los servicios de abastecimiento de agua potable serán personalmente responsables ante la autoridad sanitaria de la operación y mantención de los sistemas y de evitar toda adulteración de muestras de agua destinadas a análisis bacteriológicos, falsificando el resultado de determinaciones de cloro residual o de yodación, fluoruración u otros elementos o incurriendo en cualquiera otra falta que signifique incumplimiento del presente reglamento o que perjudique en cualquier forma las condiciones higiénicas del agua entregada a los consumidores.

Artículo 28.- De acuerdo con su importancia las diferentes secciones de un servicio de agua potable deberán estar constantemente vigiladas, para lo cual deberán disponer de las facilidades necesarias para la permanencia del personal que, a juicio de la autoridad sanitaria, sea necesario para ello.

V.- DE LAS SANCIONES

Artículo 29.- La Autoridad Sanitaria Regional controlará el cumplimiento de las disposiciones del presente Reglamento y sus infracciones serán sancionadas en conformidad al Libro X del Código Sanitario, DFL. N° 725, de 1967.

Anótese, tómese razón, comuníquese, publíquese e insértese en la Recopilación que corresponda de la Contraloría General de la República.- E. FREI M. - Ramón Valdivieso Delaunay.

Lo que transcribo a U. para su conocimiento.- Saluda a U.- Patricio Silva Garín, Subsecretario de Salud Pública.

DECRETO Nº 357
REGLAMENTO GENERAL DE CEMENTERIOS

NÚM. 357.- Santiago, 15 de mayo de 1970.- Visto: lo informado por el Servicio Nacional de Salud mediante oficio 8.531, de 8 de mayo de 1970; lo dispuesto en el Libro VIII del Código Sanitario y en conformidad a la facultad que me confiere el Nº 2 del artículo 72º de la Constitución Política del Estado,

DECRETO:

Apruébase el siguiente "Reglamento General de Cementerios".

TÍTULO I
DE LAS AUTORIZACIONES

Artículo 1.- Los cementerios, velatorios, casas funerarias y crematorios, públicos o particulares, quedan sometidos, en lo que se refiere a su instalación, funcionamiento y clausura temporal o definitiva, a las disposiciones contenidas en el Código Sanitario, en el presente reglamento y en lo que proceda, a sus propios reglamentos internos.

Artículo 2.- Para los efectos de este reglamento se entenderá por:

a) Cementerio: establecimiento destinado a la inhumación o la incineración de cadáveres o de restos humanos y a la conservación de cenizas provenientes de incineraciones;

b) Velatorio: recinto al que son trasladados, para sus exequias, los restos de personas fallecidas y donde permanecen hasta el momento de su sepultación;

c) Casas funerarias: establecimientos destinados a proveer urnas, ataúdes, ánforas y cofres; y a prestar los servicios necesarios para la sepultación, incineración, transporte y traslado de cadáveres o de restos humanos.

Artículo 3.- Corresponde al Servicio Nacional de Salud autorizar la instalación y el funcionamiento de todo cementerio, público o particular, velatorio, casa funeraria, crematorio y otros establecimientos semejantes.

Artículo 4.- La autorización para la instalación o funcionamiento de un cementerio o de un crematorio deberá ser solicitada a la autoridad sanitaria zonal correspondiente.

La solicitud de autorización de un cementerio deberá contener los antecedentes y adjuntar los documentos que a continuación se señalan:

1.- Títulos de 10 años de la propiedad destinada a cementerio;

2.- Ubicación del terreno;

3.- Plano de éste, que deberá comprender un área de 50 metros más allá de cada uno de sus deslindes;

4.- Plano general del cementerio y ubicación de sus construcciones;

5.- Plano de las construcciones y sus especificaciones técnicas;

6.- Reglamento interno y arancel del cementerio;

7.- Población de la localidad, región, comunidad o colectividad a que servirá el establecimiento, y

8.- Aprobación de la respectiva Municipalidad, en cuanto a la ubicación del cementerio, en los casos en que ésta corresponda, de acuerdo con lo que se señala en el artículo 9º o.

La autorización para la instalación y funcionamiento de un crematorio deberá ser solicitada a la autoridad sanitaria correspondiente.

La solicitud deberá contener los antecedentes y adjuntar los documentos que se mencionan en los números 1, 2, 5, 6 y 8 de este artículo y, además, ceñirse a las exigencias establecidas en el Título VII de este reglamento.

Artículo 5.- Con el informe de la autoridad sanitaria local respectiva, el Director General de Salud o su delegado dictará la resolución que autorice o deniegue la instalación del cementerio o del crematorio, en el lugar propuesto. En la misma resolución resolverá sobre el reglamento y el arancel.

Artículo 6.- El Director General de Salud o su delegado, con el informe previo de la autoridad sanitaria local correspondiente, podrá autorizar el funcionamiento del cementerio, cuando por lo menos se hayan ejecutado las siguientes obras: cierre total de la superficie que comprenderá el establecimiento, construcción de los caminos de acceso a los terrenos destinados a las inhumaciones, y, construcción de los edificios indispensables para las oficinas administrativas del establecimiento. En la misma resolución se fijarán los plazos dentro de los cuales se deberá dar total cumplimiento a las obras y exigencias que, de acuerdo con el presente reglamento, deberá comprender el establecimiento, bajo apercibimiento de clausura, si ellas no fueren realizadas dentro de los plazos que se hubieren señalado.

Artículo 7.- Los terrenos que se destinen a cementerio deberán estar cerrados en todo el perímetro de su superficie con cierros de material sólido, madera o rejas que impidan la entrada de animales. Estos cierros deberán tener una altura mínima de 2.00mts., una barda de protección y las puertas necesarias para un fácil acceso al establecimiento.

Los muros sólidos de cierro podrán ser utilizados como fondo de pabellones o galerías de nichos.

Artículo 8.- En aquellas comunas que cuenten con planos reguladores comunales o intercomunales aprobados por decreto supremo, en los que se establezca la ubicación de los cementerios, bastará la sola autorización del Servicio Nacional de Salud para que puedan instalarse estos establecimientos en los sitios señalados en dichos planos reguladores, autorización que se otorgará siempre que los establecimientos proyectados cumplan con todos los requisitos exigidos en el presente reglamento, en los términos considerados en los artículos anteriores.

Artículo 9.- En los casos de comunas que carezcan de planos reguladores o cuando los planos de estas comunas no señalen emplazamiento para cementerios, el sitio de ubicación de éstos deberá contar con la aprobación de la Municipalidad respectiva, conforme lo señalado en el artículo 4º, Nº 8, de este reglamento.

Artículo 10.- En las localidades en que no hubiere cementerio o en que los que existieren fueren insuficientes, corresponderá a las Municipalidades respectivas fundar estos establecimientos, previa autorización del Servicio Nacional de Salud, el cual, sin perjuicio de lo anterior, también podrá autorizar en dichas localidades, cementerios particulares en las condiciones que establece este reglamento.

Artículo 11.- En todos los casos en que fuere necesario fundar un nuevo cementerio, el Servicio Nacional de Salud deberá comunicarlo a la Municipalidad que corresponda, la que deberá así disponerlo y solicitar la autorización de su instalación al Servicio, dentro del plazo de seis meses. De la misma manera, el Servicio Nacional de Salud podrá exigir a sus propietarios la ampliación de los ya existentes.

Artículo 12.- Sin perjuicio de la aprobación previa por el Servicio Nacional de Salud, de los planos y especificaciones de las construcciones destinadas a las oficinas administrativas de todo cementerio o crematorio, quedarán éstas sometidas en todo a las normas establecidas en la Ley General de Construcciones y Urbanización.

Artículo 13.- La construcción de mausoleos, capillas mortuorias, nichos y demás construcciones funerarias, tanto en los cementerios públicos como en los particulares, quedan también sometidas a la autorización previa del Servicio Nacional de Salud. También quedan sometidos a la aprobación previa del Servicio Nacional de Salud, los proyectos de las obras de pavimentación de las calles interiores del establecimiento, así como los senderos y veredas y demás obras necesarias para el funcionamiento de un cementerio, las que quedarán bajo la supervigilancia del Servicio, durante el período de su ejecución, hasta su aprobación final por el Servicio.

TÍTULO II
DE LOS CEMENTERIOS

Artículo 14.- Todo cementerio contará con una superficie de terreno adecuada a las necesidades que el establecimiento deba satisfacer; estará a cargo de un director o administrador que será responsable de él ante la autoridad sanitaria y dispondrá del personal necesario para cumplir sus funciones.

Las obligaciones de estos funcionarios serán establecidas en los reglamentos internos de los cementerios.

Artículo 15.- Habrá dos clases de cementerios: los generales o públicos y los particulares. Los primeros son los que pertenecen a alguna institución del Estado, como por ejemplo los de propiedad del Servicio Nacional de Salud y los de propiedad de las municipalidades. Son cementerios particulares, los de cultos religiosos determinados, como los católicos y otros, los de colonias extranjeras, los de comunidades religiosas, los indígenas, los de corporaciones o fundaciones de beneficencia, etc.

Artículo 16.- Los terrenos dedicados a cementerios deberán ser única, exclusiva e irrevocablemente destinados a este objeto.

El suelo deberá ser permeable, parejo y su pendiente no exceder de un 20%. No obstante, estas exigencias podrán ser modificadas por el Servicio Nacional de Salud, si las condiciones especiales de la región así lo determinan.

Artículo 17.- Si en razón de las condiciones o características especiales de la región fuere necesario autorizar la instalación de cementerios en terrenos impermeables se exigirá un sistema adecuado de drenaje.

Artículo 18.- Ningún cementerio podrá estar ubicado a menos de 25 metros de una morada o vivienda.

Artículo 19.- Las palabras "morada o vivienda", no comprenderán las casas abandonadas ni las ocupadas por el personal del cementerio o destinadas para el cuidado del establecimiento.

Artículo 20.- El área destinada a sepultación de los cementerios no podrá estar situada a una distancia menor de treinta metros de la ribera de un río, manantial, acequia, pozo u otra fuente que pueda abastecer de agua para la bebida o el riego. Sin embargo, en casos calificados por resolución fundada y previo informe técnico favorable, la autoridad sanitaria podrá utilizar una distancia menor, la que en ningún caso podrá ser inferior a diez metros. Se entenderá por área de sepultación aquella parte de los terrenos del cementerio específicamente destinados a la sepultación de cadáveres o restos humanos.

Artículo 21.- El Director General de Salud, o su delegado, podrá ordenar la ejecución de los trabajos y obras que estime necesarios para el mejoramiento de cualquier cementerio y podrá disponer su clausura temporal o definitiva si juzga que constituye amenaza para la salud pública.

Artículo 22.- Los trabajos que se ordene ejecutar en un cementerio deberán hacerse por la Dirección o administración del mismo, dentro del plazo que indique el Director General o su delegado.

Artículo 23.- Mientras un cementerio esté en reparaciones, no se permitirá la sepultación de cadáveres sin conocimiento y autorización del Servicio Nacional de Salud, quien señalará las medidas provisorias que procedan.

Artículo 24.- Cuando en una localidad no haya más que un cementerio y éste no reúna los requisitos indispensables o no se efectúen en él las reparaciones necesarias indicadas por la autoridad sanitaria, dentro de los plazos establecidos en las resoluciones pertinentes, el Director General, o su delegado, podrá disponer su clausura, previo aviso dado con 6 meses de anterioridad a la Municipalidad respectiva, para que proceda a la apertura de uno nuevo.

La autoridad sanitaria, en casos calificados, podrá discrecionalmente autorizar el mantenimiento o reapertura provisoria de un cementerio que no reúna los requisitos señalados en el presente reglamento.

Artículo 25.- Dentro de todo cementerio deberá reservarse el espacio suficiente para calles, con el objeto de circunscribir los cuarteles de sepultación y facilitar el tránsito de personas y el acceso a los mausoleos y nichos. Estas calles podrán ser usadas sólo para la circulación de los carros de sepultación y de servicio interno y para el acceso de peatones. No podrá existir ninguna sepultura a más de 100 metros de una calle o pasaje.

No obstante, en los cementerios que sirvan una población superior a 100.000 habitantes, se podrán consultar calles para el tránsito de vehículos de movilización particular.

Artículo 26.- Todo cementerio deberá destinar, como mínimo, un 20% de la superficie total de su terreno a la construcción de sepulturas en tierra en patio común. De este terreno se destinará la mitad para sepultaciones gratuitas y fosa común.

En los cementerios que cuenten con horno crematorio, se eliminará la fosa común, siendo obligatoria la incineración de cadáveres o de restos humanos destinados a ella.

Artículo 27.- Los cementerios prestarán todos o algunos de los servicios que se indican:

a) sepultaciones;
b) traslados;
c) exhumaciones;
d) incineraciones;

e) depósitos de cadáveres en tránsito;
f) capillas o velatorios;
g) reducciones;
h) columbarios, e
i) cinerarios comunes.
Estos servicios estarán a cargo del personal del cementerio.

Artículo 28.- Las sepultaciones, exhumaciones, traslados internos, reducciones y los depósitos de cadáveres en tránsito serán servicios obligatorios para todo cementerio.

TÍTULO III
DE LAS SEPULTURAS

Artículo 29.- En todo cementerio podrá haber las siguientes clases de sepulturas:
a) sepulturas o mausoleos de familia;
b) bóvedas o mausoleos de sociedades, comunidades o congregaciones;
c) nichos perpetuos cuyos derechos se hubieren constituido con anterioridad a la vigencia del presente decreto;
d) nichos temporales de largo plazo;
e) nichos temporales de corto plazo;
f) nichos perpetuos y temporales para párvulos y para cadáveres reducidos;
g) sepulturas en tierra perpetuas;
h) sepulturas en tierra temporales;
i) sepulturas en fosa común;
j) columbarios o nichos para cenizas de cadáveres incinerados, en los casos de cementerios con horno crematorio, y
k) cinerarios, en los mismos casos.

Artículo 30.- Las sepulturas de familia son aquellas que dan derecho a la sepultación de él o de los propietarios fundadores y de sus cónyuges, y de sus ascendientes y descendientes legítimos y sus cónyuges hasta la tercera generación, sin perjuicio de lo dispuesto en el artículo 55º.

Podrá haber los siguientes tipos de sepulturas de familia:

1) Nichos-bóvedas: son los ubicados en la rasante del suelo de pabellones o galerías de nichos;

2) Bóvedas: toda tumba subterránea;

3) Capillas: aquellas construcciones que cuenten con nichos a un costado, quedando la puerta al otro, con o sin bóvedas y osario en el subsuelo, y

4) Mausoleo: aquellas construcciones que dispongan de nichos a ambos lados, con o sin bóvedas y osario en el subsuelo.

Artículo 31.- Mausoleos de sociedades, corporaciones o comunidades son aquellos que dan derecho a la sepultación de los restos mortales de los miembros de las sociedades, corporaciones, congregaciones, instituciones de derecho público o privado, mutualidades o de cualquiera otra institución con personalidad jurídica y cuyos nombres, cuando proceda, se encuentren inscritos en las listas que dichas sociedades o corporaciones deberán enviar anualmente a la Dirección o administración del cementerio respectivo.

En todo caso, las inscripciones en las listas y las exclusiones de ellas se comunicarán a la Dirección o Administración del cementerio correspondiente, dentro del mes en que se produzcan, no permitiéndose en estos mausuleos la sepultación de miembros de las respectivas instituciones, con menos de seis meses de afiliación societaria.

Artículo 32.- Nichos temporales de largo plazo son los que sirven para la sepultación de un solo cadáver. Con todo, se autorizará la sepultación en ellos de los ascendientes y descendientes o cónyuges de las personas cuyos restos ocupan estos nichos, siempre que estos últimos puedan ser reducidos, a juicio del Director del Cementerio. El derecho por estos nichos perdurará por 20 años, pudiendo renovarse por una sola vez por igual período, pagando los derechos correspondientes a un nicho desocupado de largo plazo. Lo dispuesto en el inciso anterior, respecto del plazo y pago de derechos, no afectará los derechos constituidos sobre nichos perpetuos con anterioridad a la vigencia de la presente modificación.

Artículo 33.- Nichos temporales de corto plazo son los que dan derecho a la sepultación de un solo cadáver, por un período mínimo de 5 años, dando derecho a su renovación por períodos iguales y sucesivos hasta por 20 años, sin perjuicio de la posibilidad de transformarlos en cualquier momento, antes del vencimiento de su ocupación, en nichos temporales de largo plazo, pagándose los derechos correspondientes.

Artículo 34.- En todos los cementerios deberán existir nichos temporales de corto plazo o perpetuos, de dimensiones adecuadas para la sepultación de restos de párvulos y de cadáveres reducidos, pagándose los derechos correspondientes.

Artículo 35.- Las sepulturas en tierra son las que permiten la inhumación de uno o más cadáveres en terrenos especialmente destinados a este objeto, dentro de un cementerio. Tendrán dos metros veinte centímetros de largo por noventa centímetros de ancho, cuando son destinados a adultos y un metro cuarenta y tres centímetros por setenta centímetros cuando son destinados a niños menores de 10 años. En ambos casos la profundidad de la fosa será de un metro treinta. Estas sepulturas podrán ser temporales de corto plazo o perpetuas y estarán sometidas en todo al régimen de sepulturas-nichos. El adquirente de un terreno para sepultura contrae desde la fecha que se le expida el título respectivo la obligación de iniciar los trabajos dentro del plazo de un año. Si no cumpliere con esta obligación, el Cementerio podrá recuperar los terrenos vendidos, restituyendo al interesado el cincuenta por ciento de su valor a la época de su devolución. Si al término de dos años de adquirido el terreno no se hubiesen terminado los trabajos iniciados, el Cementerio también podrá recuperarlo con las obras que se hubiesen realizado, pagando el cincuenta por ciento del terreno más el valor de las construcciones, avaluadas por el Director del Cementerio. El afectado podrá reclamar de esta determinación ante el Director Regional respectivo, el que resolverá con el mérito de los antecedentes que estime del caso requerir y de los que aporte el recurrente.

Artículo 36.- Toda sepultura, mausoleo o nicho deberá tener una inscripción con el nombre de la o las personas o familias a cuyo nombre se encuentren registrados en el cementerio.

Artículo 37.- La fosa común es un depósito destinado a la inhumación de cadáveres de indigentes, de restos humanos no reclamados y a los fines señalados en el artículo siguiente.

Artículo 38.- Vencido el plazo de ocupación de una sepultura temporal, el cementerio, si nadie reclama los restos existentes en ella, podrá retirarlos para trasladarlos a la fosa común o para proceder a su incineración, en los casos que el establecimiento cuente con crematorios, sin responsabilidad alguna para la Dirección del cementerio. Del mismo modo podrán ser entregados a título gratuito dichos restos por el Cementerio a las Universidades públicas o privadas que impartan carreras del área de salud, para los fines de docencia o investigación propios de dichas entidades. En caso de ser reclamados dichos restos, los interesados podrán ordenar la reducción o cremación de ellos, pudiendo trasladarlos a nichos perpetuos o temporales para cadáveres reducidos o a columbarios o cincerarios si fuesen cremados, pagando los derechos correspondientes.

Artículo 39.- En caso de desocupación de un nicho perpetuo o temporal de largo plazo por haber sido trasladados los restos existentes en él, el dominio volverá al cementerio, pero el propietario tendrá derecho a que el establecimiento le reembolse una parte proporcional de su valor actualizado al momento de su desocupación, equivalente a un 40% si la desocupación se produce antes del término de los primeros cinco años de la compra de la sepultura y de un 20% si la desocupación se efectúa antes de los 10 años. Después de 10 años de ocupación de una sepultura perpetua o temporal de largo plazo, no habrá derecho a devolución alguna.

Artículo 40.- Desde el momento de hallarse terminada la construcción de una sepultura de familia, o desde su adquisición, en su caso pesan sobre sus propietarios y familiares con derecho a sepultación en ella la obligación de mantenerla en buen estado de conservación y aseo.

La Dirección del Cementerio deberá dar aviso del deterioro, abandono o estado de peligro en que se encuentren las sepulturas, por carta certificada cuando sea posible ubicar a sus propietarios, descendientes con derecho a sepultación en ella o familiares más próximos del fundador, para que dentro de un plazo que fije la Dirección o Administración del establecimiento procedan a efectuar las reparaciones que fueran necesarias. Si no es posible ubicar las direcciones de estas personas, se harán las respectivas publicaciones en el diario de mayor circulación de la localidad.

En caso de que los obligados no atendieran este requerimiento, la Dirección del establecimiento quedará facultada para tomar las siguientes medidas:

a) Suspender el derecho a sepultación en la sepultura hasta que ella no sea reparada.

b) Reparar la sepultura cuando se trate de trabajo que no requiera una inversión de consideración, a juicio del Director.

c) Tapiar la sepultura cuando existan restos o urnas visibles desde el exterior.

d) Proceder a la demolición total o parcial de la sepultura, según los deterioros detectados, cuando se trate de construcciones que ofrezcan evidente peligro de derrumbe, o cuando, debido a su total abandono, contribuyen a deteriorar la imagen de aseo, orden y respeto del lugar donde se encuentran.

e) Cuando sea necesario demoler alguna sepultura, ya sea parcial o totalmente, se levantará previamente un Acta con la información técnica en la cual debe dejarse constancia de la necesidad de su demolición.

f) Si al demolerse una sepultura existieran restos yacentes, éstos serán reducidos y sepultados en nichos especiales para restos que para estos fines destinará la Dirección del establecimiento, dejándose constancia de este hecho en Acta firmada por el Director.

g) En todos aquellos casos que sea necesario incurrir en gastos, los propietarios de las sepulturas o descendientes con derecho deberán cancelar estos gastos; caso contrario, no se les autorizará ninguna sepultación en la sepultura reparada.

Artículo 41.- Los derechos de los propietarios fundadores de una sepultura de familia y de sus parientes, con derecho a ser sepultados en ella, son perpetuos.

Artículo 42.- Las sepulturas de familia son intransferibles. Sin embargo, podrán ser transferidas cuando concurran los siguientes requisitos:

1) Que la sepultura se encuentre desocupada;

2) Que la transferencia o enajenación la efectúen los propietarios fundadores, y a falta de éstos, sus causa-habientes que tengan derecho a ser inhumados en la sepultura;

3) Que la transferencia se efectúa por escritura pública, la que deberá ser inscrita en el registro de propiedad y en el de transferencias que debe llevar todo cementerio;

4) Que la transferencia sea autorizada por el Director del cementerio, y

5) Que se pague el derecho de enajenación que se establezca en el reglamento interno del cementerio, el que en ningún caso podrá ser superior al 10% de tasación que de la sepultura familiar practique la Dirección del cementerio.

Sin perjuicio de lo dispuesto en el inciso anterior, podrán enajenarse sepulturas de familia que no estén desocupadas, cuando los adquirentes de éstas, sean parientes consanguíneos de los propietarios fundadores, hasta el sexto grado de la línea colateral, inclusive, o afines, hasta el segundo grado también inclusive. En tal caso, los nuevos adquirentes deberán mantener, en los mismos nichos en que se encontraban inhumados, los cadáveres y restos de los fundadores, si estuvieren en la sepultura a la fecha de la transferencia sin que sea permitida su reducción o incineración con posterioridad a la enajenación de la sepultura. Los demás cadáveres o restos podrán ser reducidos o incinerados de acuerdo con las reglas generales.

Artículo 43.- Volverán al dominio del Cementerio aquellos terrenos cuyos títulos daten por más de 50 años y se encuentren abandonados, en los cuales no se registra ninguna sepultación, y que no presenten ningún tipo de construcción. Para disponer de estos terrenos se requiere:

a) Se efectúe previamente un reconocimiento para verificar que no se haya efectuado alguna sepultación.

b) Se levantará un Acta indicando resultado del reconocimiento y dejando constancia en ella que el terreno pasa a dominio del Cementerio.

Artículo 44.- Corresponderá al Director General del Servicio Nacional de Salud, conocer y resolver sobre cualquier reclamo o problema que se origine con motivo de la enajenación o transferencia a cualquier título de una sepultura de familia, en los casos de cementerios de propiedad de dicho servicio.

Artículo 45.- Los propietarios de los cementerios podrán construir por cuenta del establecimiento nichos, bóvedas, mausoleos, capillas, columbarios y cinerarios, con materiales sólidos e impermeables.

En todo caso, queda prohibida la construcción de ninguno de los tipos de sepulturas mencionadas en el inciso anterior, con una altura superior a 3,50 metros, medidos desde la rasante del suelo.

Artículo 46.- En todo cementerio deberán llevarse, a lo menos, los libros y archivos siguientes:

1.- Registro de recepción de cadáveres;

2.- Registro de sepultaciones, en el cual deberá indicarse el sitio de inhumación de cada cadáver;

3.- Registro de estadística, en el que deberá indicarse la fecha del fallecimiento y de la sepultación; el sexo, la edad, y la causa de la muerte o su diagnóstico, si constare en el certificado de defunción respectivo;

4.- Registro de fallecidos a causa de enfermedades de declaración obligatoria;

5.- Registro de exhumaciones y traslados, internos y a otros cementerios, con indicación precisa del sitio o del lugar al cual se traslada el cadáver;

6.- Registro de incineraciones, en los establecimientos que cuenten con este Servicio;

7.- Registro de reducciones;

8.- Registro de manifestaciones de última voluntad;

9.- Registro de propiedad de mausoleos, nichos y sepulturas en tierra, perpetuos;

10.- Archivo de títulos de dominio de sepulturas de familia;

11.- Archivo de escrituras públicas de transferencia de sepulturas de familia;

12.- Archivo de documentos otorgados ante notario sobre manifestaciones, de última voluntad, acerca de disposición de cadáveres y restos humanos;

13.- Archivo de planos de construcciones ejecutadas por particulares, y

14.- Archivo de planos de construcciones ejecutadas por el establecimiento.

Artículo 47.- Los libros y archivos a que se refiere el artículo anterior estarán en todo momento a disposición del Servicio Nacional de Salud, para su inspección y revisión, quien podrá además autorizar a determinados cementerios para que los reemplacen por sistemas mecanizados, kárdex u otros que garanticen la rápida obtención de los datos que deben consignarse en los libros de registro.

TÍTULO IV
DE LAS SEPULTACIONES

Artículo 48.- Ningún cadáver podrá permanecer insepulto por más de 48 horas, salvo en los casos que a continuación se expresan:

1.- Cuando la autoridad judicial o el Servicio Nacional de Salud, ordene o disponga lo contrario, con el objeto de practicar investigaciones;

2.- Cuando se trate de cadáveres no reclamados, que sean destinados a fines de investigación científica, de acuerdo con lo previsto en el Código Sanitario;

3.- Cuando se trate de cadáveres embalsamados, previa autorización del Servicio Nacional de Salud, y;

4.- Cuando se trate de cadáveres donados por voluntad expresa del fallecido, para fines científicos.

El Servicio Nacional de Salud podrá ordenar la inhumación de un cadáver en un plazo inferior al señalado en el inciso 1° de este artículo, cuando razones técnicas así lo aconsejen.

Artículo 49.- Ningún cementerio podrá rechazar la inhumación o la incineración de un cadáver, sin una justa causa calificada por la autoridad sanitaria, a menos que se trate de un cementerio particular destinado a la inhumación de determinadas personas o grupos de personas, conforme lo señalado en su reglamento interno.

Tampoco podrá rechazarse la inhumación o incineración del producto de la concepción que no alcanza a nacer, respecto del cual se ha extendido un certificado médico de defunción y estadística de mortalidad fetal, en los casos en que se cuente con el correspondiente pase de sepultación.

Artículo 50.- Los encargados de los cementerios y los responsables de cualquier lugar en que haya de sepultarse un cadáver, no permitirán que se les dé sepultura sin la licencia o pase del Oficial del Registro Civil de la Circunscripción en que haya ocurrido el fallecimiento.

Lo anterior, sin perjuicio de las atribuciones de la autoridad sanitaria en casos de emergencia y de lo dispuesto por el decreto con fuerza de ley 1, de 11 de febrero de 1970, reglamentario del artículo 83° de la ley 17.271, que establece normas especiales para los días domingos y festivos en el curso del año 1970.

Artículo 51.- Sólo se permitirá la sepultación de cadáveres colocados en urnas herméticamente cerradas, de manera que impidan el escape de gases de putrefacción.

Se exceptúan del requisito exigido en el inciso anterior a los que se sepulten en tierra.

Artículo 52.- En los casos en que la inhumación de un cadáver deba practicarse en un cementerio distinto del que corresponda, según las disposiciones del reglamento orgánico del Registro Civil, el pase respectivo lo dará el oficial civil previa autorización para el traslado del cadáver, otorgada por la autoridad sanitaria local correspondiente. En todo caso, el pase deberá ser visado por el oficial civil de la circunscripción dentro de la cual se encuentre el cementerio en que será inhumado el cadáver.

Artículo 53.- La obligación de dar sepultura a un cadáver recae sobre el cónyuge sobreviviente o sobre el pariente más próximo que esté en condiciones de sufragar los gastos.

Los indigentes serán sepultados en el cementerio de la localidad en que haya ocurrido el deceso, gratuitamente a petición de la autoridad.

Artículo 54.- La inhumación, exhumación, traslado interno, reducción e incineración de cadáveres y de restos humanos, sólo podrá efectuarse por funcionarios de los cementerios.

Artículo 55.- En los casos en que se solicite la sepultación de un cadáver en un mausoleo de familia al cual los títulos no le dan derecho, se requerirá el permiso de los propietarios fundadores y a falta de ellos, el de la mayoría de los parientes de grado más próximo con derecho a ser sepultados en él, debidamente acreditada ante la Dirección o Administración del Cementerio, además de la aprobación de esta última autoridad.

Artículo 56.- Siempre que fuere factible, se permitirá la reducción de cadáveres o de restos humanos sepultados en cementerios, para cuyo efecto se requerirá de la autorización expresa y por escrito del cónyuge sobreviviente del difunto cuyo cadáver se desee reducir. A falta de éste, el de la mayoría de los ascendientes y descendientes en primer grado, mayores de edad. Esta manifestación de voluntad deberá efectuarse ante el Director o Administrador del cementerio respectivo, previa verificación del parentesco de los deudos, acreditado con los certificados de filiación correspondientes.

Artículo 57.- No existiendo los parientes indicados en el artículo anterior, deberá contarse con la autorización expresa y por escrito, de la mayoría absoluta de los ascendientes y descendientes de grado más próximo de la persona cuyos restos se pretende reducir.

Artículo 58.- Para los efectos de calificar la voluntad de la mayoría absoluta de los parientes, respecto del destino de los restos de un cadáver, en los casos previstos en los artículos anteriores, se observarán las siguientes normas:

1.- Se citará a los parientes a una reunión a la oficina del Director o Administrador del cementerio, para los efectos de que expresen su voluntad;

2.- Se entenderá por mayoría absoluta aquella que cuente con la mitad más uno de las opiniones de las personas que concurran a la citación;

3.- En caso de empate, decidirá el Director o Administrador del cementerio;

4.- La citación deberá publicarse una vez, a lo menos en el diario de mayor circulación de la localidad, o en el de cabecera del departamento, por cuenta de la o las personas que soliciten la diligencia, y

5.- El parentesco deberá acreditarse con los certificados de filiación correspondientes.

Artículo 59.- Todos los problemas a que diere lugar la aplicación de las normas contempladas en los artículos anteriores, así como los casos no previstos que se presenten sobre estas materias, serán resueltos por el Servicio Nacional de Salud.

Artículo 60.- En los casos de cadáveres sepultados transitoriamente en mausoleos en que no se tienen derechos familiares, las reducciones, traslados o incineraciones, en su caso, se dispondrán por el Director o Administrador del cementerio a solicitud de los propietarios de la sepultura. A falta de ellos, de sus descendientes con derechos en la sepultura.

Artículo 61.- Toda persona mayor de edad, cualquiera que fuere su estado civil, tiene derecho a disponer por anticipado acerca del lugar y forma en que habrá de procederse para la inhumación de sus restos, al producirse su fallecimiento, dentro de las normas legales y reglamentarias vigentes.

Esta manifestación de última voluntad se hará en el registro que para este efecto se llevará en todos los cementerios, o mediante instrumento extendido ante notario. En este último caso, el interesado deberá entregar una copia del documento al Director o administrador del cementerio que corresponda, el que lo incorporará al archivo que para estos efectos se mantendrá en todo cementerio; otra copia deberá estar en poder de la persona encargada de cumplir la voluntad del fallecido.

TÍTULO V
DE LOS VELATORIOS

Artículo 62.- Los velatorios deberán cumplir con los siguientes requisitos:

1.- Dispondrán de una antesala y de dos habitaciones, como mínimo. Una de las habitaciones estará destinada a la ubicación de la urna y de los elementos necesarios para el acto de velar al difunto. Deberá tener una superficie mínima de 18 metros cuadrados y su lado menor será de 3 metros. La segunda habitación estará destinada para la recepción y permanencia de las personas que concurran a acompañar los restos de la persona fallecida. Estará dotada de puertas que abran hacia el exterior, con un ancho mínimo de 1,40 metro, sin gradas.

2.- Las ventanas del establecimiento que den a la calle, tendrán alfeizar o antepecho a una altura mínima de 1,60 metros, medida desde el piso.

Los pisos, zócalos, muros y cielos rasos deberán ser de material lavable y no se permitirá la existencia de elementos combustibles o contaminables, como cortinas, alfombras, visillos y otros.

3.- El establecimiento deberá disponer de servicios higiénicos para hombres y mujeres, de acuerdo con la reglamentación sanitaria vigente, sobre locales públicos.

4.- El establecimiento deberá tener una entrada de vehículos, de modo que el traslado de urnas y de los elementos destinados a levantar la capilla se efectúen en forma privada, evitando la vista a vías públicas y predios vecinos.

Artículo 63.- Los velatorios no podrán estar ubicados en la misma cuadra, sea en la misma acera o en la de enfrente, respecto de la o las puertas de acceso al público, de los establecimientos de atención médica que cuenten con servicios de hospitalización, sean éstos públicos o privados.

El establecimiento deberá tener aislamiento visual y acústico respecto de sus inmuebles vecinos.

Los velatorios estarán destinados exclusivamente a sus objetivos específicos, quedando prohibido en ellos, en consecuencia, el expendio de comestibles y bebidas de cualquier clase como, asimismo, el ejercicio de toda actividad que no sea alguna de las expresamente autorizadas para dichos establecimientos en el presente Reglamento.

Exceptúanse de las exigencias previstas anteriormente los velatorios ubicados en los alrededores del Servicio Médico Legal, los ubicados en el interior de establecimientos hospitalarios y destinados al culto religioso, y en aquellos locales que ocasionalmente cumplan esa función.

Artículo 64.- En todo velatorio se deberá llevar un libro de registro en el que se consignará la individualización de la persona cuyos restos ingresen al establecimiento, así como de las personas que solicitaron los servicios.

TÍTULO VI
DE LAS CASAS FUNERARIAS

Artículo 65.- Los establecimientos dedicados a proporcionar servicios funerarios deberán ceñirse a las siguientes disposiciones:

1.- Dispondrán de una sala exclusivamente destinada a la atención de público y de un recinto interior, privado, sin vista a la calle, para la mantención y exhibición de los artículos y elementos muebles de su especialidad, el que podrá estar anexado a un taller de provisión de materiales, también interior.

2.- No podrán estar ubicadas en la misma cuadra, sea en la misma acera o en la de enfrente, respecto de la o las puertas de acceso al público, de los establecimientos de atención médica que cuenten con servicio de hospitalización, sean éstos públicos o privados. Exceptúanse de lo dispuesto en el párrafo precedente las casas funerarias ubicadas en los alrededores del Servicio Médico Legal.

3.- No podrán mantener agentes, representantes, sucursales o agencias en los establecimientos señalados en el número anterior o a menor distancia que la allí indicada.

4.- No podrán exhibir públicamente ataúdes, urnas u otros artículos o elementos semejantes.

5.- DEROGADO.

6.- Deberán disponer permanentemente de urnas y ataúdes para adultos y párvulos de diferentes calidades y precios.

Artículo 66.- Las casas funerarias no podrán por sí, sin la autorización del Servicio Nacional de Salud, efectuar reemplazos o cambios de urnas o ataúdes, reducciones, exhumaciones o traslados de cadáveres.

Artículo 67.- Las urnas y ataúdes destinados al transporte y sepultación de cadáveres o de restos humanos, deberán ser impermeables y permitir ser cerrados herméticamente.

Artículo 68.- Queda prohibido:

1.- El transporte de cadáveres o restos humanos en vehículos que no estén especialmente destinados o acondicionados para estos efectos;

2.- El transporte de elementos para los funerales en vehículos descubiertos, y

3.- El estacionamiento injustificado de los vehículos a que se refieren los números anteriores, en la vía pública.

TÍTULO VII
DE LOS CREMATORIOS

Artículo 69.- Para solicitar la autorización de instalación y funcionamiento de hornos crematorios de cadáveres y de restos humanos deberá acompañarse la siguiente información y antecedentes a la Secretaría Regional Ministerial de Salud correspondiente:

1) Planos y demás especificaciones técnicas aprobados previamente por la Dirección de Obras Municipales de la respectiva comuna, que indiquen, además, que cuenta con estacionamiento de vehículos.

2) Emplazamiento en un terreno no inferior a diez mil metros cuadrados o que la altura mínima de la chimenea por donde salen los gases residuales de la cremación no sea inferior a 30 metros.

3) El edificio debe tener una sala de incineración en donde habrá, por lo menos, dos hornos de sistema adecuado, a juicio de la autoridad sanitaria correspondiente.

4) Disposición de cámara frigorífica con capacidad mínima para seis cadáveres.

5) Existencia de oficina de atención de público y de sala de estar; servicios higiénicos separados para hombres y mujeres de acuerdo con la capacidad de público que atienda.

Una vez en funcionamiento, los crematorios deberán llevar registros en que se consignen:

1) Nombre, edad, sexo, estado civil, nacionalidad, fecha y causa de la muerte de la persona cuyos restos se incineren.

2) Identificación de los deudos o de las personas que solicitaron la incineración.

3) Último domicilio en Chile de la persona cuyos restos se incineran.

4) Archivos con los documentos que identifiquen los restos de la persona incinerada, que deberán incluir sus huellas dactilares.

5) Constancia de si la incineración se llevó a efecto por voluntad del extinto, expresada en conformidad a este reglamento o de los parientes u otras personas, o en los demás casos contemplados en este cuerpo normativo.

6) Libro en que se consignará el acta de la incineración, la cual llevará, por lo menos, la firma de uno de los deudos del incinerado o de terceros que la solicitaron y de la autoridad del cementerio.

7) El destino del ataúd de aquellas personas cuyos restos fueron incinerados, conforme al artículo siguiente.

Artículo 70.- Previa autorización de la autoridad sanitaria correspondiente y de los familiares del occiso, los cementerios podrán reutilizar el ataúd que contenía los restos que fueron incinerados, para la inhumación de indigentes. Con todo, aquellos ataúdes que constituyan riesgo para la salud de la población, deberán ser destruidos según indicación de esa misma autoridad.

Artículo 71.- Todo horno crematorio de cadáveres de personas o restos humanos deberá contar con el personal idóneo necesario para su funcionamiento.

Artículo 72.- Los cementerios que cuenten con hornos crematorios, así como los crematorios independientes, consultarán nichos para columbarios y cinerarios, estos últimos para el depósito de cenizas en común.

Artículo 73.- Para que en un crematorio se proceda a incinerar un cadáver, se requerirá autorización previa otorgada por el Director General del Servicio Nacional de Salud o por su delegado.

Esta autorización se concederá siempre que se cumplan los siguientes requisitos:

a) Que se haya dado cumplimiento a todos los requisitos exigidos para la sepultación de un cadáver, en el Título VIII del Código Sanitario, y

b) Que exista petición escrita de incineración del cadáver, conforme a las siguientes normas:

1.- Que se acredite la manifestación de voluntad en tal sentido, formulada por escrito, antes de su fallecimiento, en las condiciones señaladas por este reglamento, por la persona cuyos restos se desee incinerar;

2.- A falta de esta manifestación de última voluntad, que la solicite el cónyuge sobreviviente;

3.- A falta de cónyuge sobreviviente, que la soliciten los hijos del fallecido, si existieren y fueren mayores de edad o de ambos padres o del que sobreviviere en caso contrario; en el caso que corresponda la petición de los hijos, se deberá contar con el voto favorable de por lo menos la mayoría de ellos;

4.- En el caso de tratarse de un menor, deberán solicitarla ambos padres, si vivieren, o el que sobreviviere; a falta de éstos, la mayoría de los hermanos mayores de edad, y a falta de éstos, de los ascendientes de grado más próximo;

5.- A falta de cónyuge, hijos y padres, deberán solicitarla los hermanos, y a falta de éstos, los ascendientes de grado más próximo, y a falta de éstos, los colaterales de grado próximo;

6.- A falta de todos los anteriores, deberá solicitarla, fundamentalmente, la persona encargada de proceder a la sepultación de los restos de la persona de que se trate;

7.- En el caso de los extranjeros que carezcan de parientes en Chile, bastará la petición formulada por el representante diplomático o consular del país de origen del fallecido.

En los casos en que se solicita la cremación de un cadáver de una persona fallecida a causa de un accidente o por causas que hicieren suponer la existencia de un crimen o simple delito, la autoridad sanitaria no expedirá la autorización sin que antes se le exhiba la autorización judicial correspondiente.

Artículo 74.- Sin perjuicio de lo dispuesto en el artículo anterior, el Director General del Servicio Nacional de Salud o su delegado podrán disponer la incineración de cadáveres de personas fallecidas en establecimientos asistenciales, cuyos restos no hayan sido reclamados por sus familiares dentro de los plazos establecidos.

También podrán disponer la incineración de:

1.- Los restos provenientes de necropsias;

2.- Los restos de nacidos muertos en hospitales o maternidades y los destinados a fosa común;

3.- Los provenientes de sepulturas temporales de plazo vencido y los destinados a fosa común, en general, y

4.- Los cadáveres de personas fallecidas durante epidemias o a consecuencia de terremotos o calamidades públicas, siempre que, indentificados, no sean reclamados dentro de un plazo prudencial.

TÍTULO VIII
DE LA EXHUMACIÓN Y DEL TRANSPORTE DE CADÁVERES

Artículo 75.- La exhumación, transporte internacional, internación y traslado dentro del territorio nacional, de cadáveres o de restos humanos, sólo podrá efectuarse con autorización del Secretario Regional Ministerial de Salud competente, sea a petición de los parientes más cercanos del fallecido o de terceros, según el orden señalado en el artículo 73°. Se exceptúan de esta exigencia las exhumaciones que decrete la justicia ordinaria.

Las Secretarías Regionales Ministeriales de Salud podrán autorizar mensualmente a las empresas funerarias el traslado de cadáveres dentro del territorio nacional a un lugar distinto de aquel en que ocurrió el deceso, siempre que éste se efectúe en los vehículos especialmente acondicionados para este efecto comprendidos en dicha autorización, que los ataúdes respectivos cumplan con los requisitos de los artículos 51 y 67 de este reglamento y que la empresa funeraria mantenga un registro, el que estará permanentemente a disposición de la autoridad sanitaria, en que se deje constancia de la fecha del traslado, lugares de salida y de destino, identificación del fallecido, vehículo que realizó el transporte y características del ataúd. Copia de estos datos se acompañarán a la siguiente petición.

Artículo 76.- Siempre que se solicite la autorización de traslado de un cadáver o de restos humanos para fuera del cementerio en que se encuentren depositados, la autoridad sanitaria deberá previamente pronunciarse sobre si se debe o no reemplazar el ataúd.

No requiere de autorización de la autoridad sanitaria el traslado de cenizas de restos humanos, pero éstas deberán ser transportadas en cofres o ánforas, debidamente cerrados.

Artículo 77.- Cuando se trate de trasladar cadáveres o restos humanos desde una ciudad o localidad a otra, del país hacia el extranjero, el ataúd se colocará en un compartimiento separado, dentro de la nave, aeronave, tren o vehículo de carretera, bajo la responsabilidad del capitán de la nave o aeronave, o del conductor del tren o vehículo, en su caso.

En los casos en que le corresponda otorgar su autorización, la autoridad sanitaria comprobará la impermeabilidad y buen estado de conservación del ataúd y una vez cerciorada de este hecho, levantará acta, sellará la urna y emitirá la autorización respectiva.

El sello colocado por la autoridad sanitaria sobre el ataúd, no podrá ser destruido o retirado hasta la llegada de la urna al cementerio o lugar de su destino.

Artículo 78.- Los cadáveres transportados desde el extranjero al territorio nacional, por cualquiera vía, no podrán ser introducidos al país sin que previamente se acredite ante la autoridad sanitaria, por medio de documentos extendidos por las autoridades sanitarias del punto de origen, debidamente visados por el Cónsul de Chile, que el transporte no ofrece peligros para la salud pública.

TÍTULO IX
DISTRIBUCIÓN DE CADÁVERES PARA FINES DE INVESTIGACIÓN CIENTÍFICA

Artículo 79.- El fallecimiento de una persona en un establecimiento asistencial será hecho comunicar por su director o jefe, de inmediato, a los deudos de ésta, si los hubiere, usándose para estos efectos el medio más rápido, sin perjuicio de la obligación que tendrá de hacer colocar diariamente en lugar visible, de acceso al público, la lista de los fallecidos en el día.

INCISO 2.- DEROGADO.-

Artículo 80.- La entrega y distribución de los cadáveres a que se refiere el artículo anterior se efectuará discrecionalmente a las escuelas de medicina e institutos de investigación universitarias, según las necesidades de cada uno de ellos.

Los cadáveres de personas que hayan hecho manifestación de voluntad de donar sus restos para fines de investigación científica o para trasplantes, serán entregados a sus destinatarios.

TÍTULO X
DE LA MORGUE Y DEL DEPÓSITO

Artículo 81.- En las localidades o pueblos en donde no hubiere establecimientos especiales para el depósito de cadáveres, los cementerios tendrán una sala destinada a la exposición de cadáveres de personas no identificadas y cuyo envío se efectúe por las autoridades correspondientes. Esta sala, que servirá para las autopsias, estará dotada de una mesa de plano inclinado y de material impermeable, como mármol o similares, y deberá disponer de los servicios de agua potable y de desagüe.

Contará, además, con un compartimiento o recinto para depósito de cadáveres.

TÍTULO XI
DE LOS ARANCELES

Artículo 82.- Los cementerios fijarán en su reglamento interno el arancel para el cobro de los derechos por diversos servicios que prestan, el que deberá ser aprobado por el Servicio Nacional de Salud, salvo los cementerios municipales, cuyo arancel se regulará de acuerdo con lo dispuesto en el artículo 23° de la ley 11.704.

El arancel de los cementerios generales de propiedad del Servicio Nacional de Salud se establecerá por resolución del Director General de dicho servicio.

TÍTULO XII
DE LAS SANCIONES

Artículo 83.- Cualquiera infracción al presente reglamento será sancionada por el Director General del Servicio Nacional de Salud, en conformidad a lo prescrito por el Título III del Libro IX del Código Sanitario.

TÍTULO FINAL

Artículo 84.- El presente reglamento entrará en vigencia a partir de la fecha de su publicación en el Diario Oficial.

Artículo 85.- Derógase en todas sus partes el decreto supremo 421, de 14 de abril de 1932, del Ministerio de Bienestar Social, que contiene el Reglamento General de Cementerios, y déjase vigente en todas sus partes el Reglamento de Cementerios Indígenas, aprobado por decreto supremo 1.754, de 11 de noviembre de 1930, del Ministerio de Bienestar Social, modificado por decreto 1.877, de fecha 18 de diciembre de 1930, del mismo Ministerio.

Artículo transitorio

Artículo 1.- Cuando se trate de cementerios generales que pertenezcan al Servicio Nacional de Salud, el aviso en el diario de mayor circulación de la localidad, que previene el inciso 2° del artículo 40° del presente reglamento, deberá publicarse en el Diario Oficial, durante el año 1970, en virtud de lo dispuesto en el artículo 88° de la ley 17.271.

Anótese, tómese razón, comuníquese, publíquese e insértese en la recopilación que corresponda de la Contraloría General de la República.- EDUARDO FREI MONTALVA.- Ramón Valdivieso.

DECRETO Nº 161
APRUEBA REGLAMENTO DE HOSPITALES Y CLÍNICAS

Santiago, 6 de Agosto de 1982.- Hoy se decretó lo que sigue:

Núm. 161.- Visto: Estos antecedentes; la necesidad de reglamentar la instalación y funcionamiento de los hospitales y clínicas privadas; lo dispuesto en el artículo 129 y en los Libros VII y IX del Código Sanitario y en los artículos 4, 6, 16 y 17 del decreto ley Nº 2.763, de 1979; y teniendo presente las facultades que me confiere el Nº 8 del artículo 32 de la Constitución Política de la República de Chile, Decreto:

Apruébase el siguiente reglamento de autorización y funcionamiento de hospitales y clínicas:

TÍTULO I
DISPOSICIONES GENERALES

Artículo 1.- El presente reglamento se aplicará a todo los hospitales, clínicas y demás establecimientos de salud en que se preste atención cerrada para ejecutar fundamentalmente acciones de recuperación y rehabilitación a personas enfermas.

Artículo 2.- Los establecimientos o centros destinados a la atención de personas cuya condición física o mental demande cuidados permanente, sin requerir atención médica y de enfermería continua, tales como hogares de ancianos, asilos, casas de reposo, hospicios, etc., no estarán sometidos a este reglamento, pero deberán ser autorizados e inspeccionados por la autoridad sanitaria, en conformidad a la ley.

Artículo 3.- Para los efectos de este reglamento se entenderá por hospital el establecimiento que atienda a pacientes cuyo estado de salud requiere de atención profesional médica y de enfermería continua, organizado en servicios clínicos y unidades de apoyo diagnóstico y terapéutico diferenciados.

Se entenderá por clínica el establecimiento que preste dicha atención, sin disponer de servicios clínicos y unidades de apoyo diferenciados.

TÍTULO II
DE LA AUTORIZACIÓN DE INSTALACIÓN

Artículo 4.- La instalación de los establecimientos sometidos al presente decreto será autorizada por el Secretario Regional Ministerial de Salud en cuyo territorio estén ubicados, al que corresponderá, además, inspeccionar su funcionamiento.

Los instrumentos que aplique dicha autoridad sanitaria para la evaluación del cumplimiento de los requisitos establecidos por el presente reglamento para el otorgamiento de dicha autorización serán iguales para todos los establecimientos, ya sea que pertenezcan al sector público o al sector privado. Con el fin de asegurar la igualdad de criterios por parte de todas las autoridades sanitarias regionales del país, el Ministerio de Salud, mediante decreto supremo firmado "Por Orden del Presidente de la República" aprobará las correspondientes normas técnicas para la debida ejecución de dichas evaluaciones.

Artículo 5.- La autorización tendrá una vigencia de tres años, vencidos los cuales ella se entenderá automáticamente renovada, a menos que existan razones calificadas para disponer caducidad, mediante resolución fundada del Secretario Regional Ministerial de Salud.

Artículo 6.- Requerirán también autorización de la Secretaría Regional Ministerial de Salud correspondiente las modificaciones de las plantas físicas o de los objetivos y campos de acción de los establecimientos y su traslado a otras ubicaciones.

Artículo 7.- La instalación de todo hospital o clínica deberá hacerse en un local independiente y adecuado.

Para su aprobación, el interesado presentará al Servicio de Salud una solicitud en la que deberán indicarse o acompañarse los siguientes datos y antecedentes:

a) Ubicación y nombre del establecimiento;

b) Individualización del propietario o de un representante, si se tratare de una persona jurídica;

c) Instrumentos que acrediten el dominio del inmueble o los derechos a utilizarlo;

d) Objetivos y campos de acción en que se desarrollará la actividad del establecimiento;

e) Croquis del edificio, que indique la distribución funcional de las dependencias; y

f) Copias de los planos de las instalaciones de electricidad, de agua potable y de gas, visados por las autoridades competentes.

Artículo 8.- Las solicitudes serán estudiadas por la oficina o dependencia de la Secretaría Regional Ministerial de Salud a la que su Secretario Regional Ministerial de Salud asigne esta función y deberán ser informadas, previa visita al inmueble, dentro del plazo de quince días hábiles contados desde la fecha de su presentación.

Artículo 9.- Con dicho informe, el Secretario Regional Ministerial de Salud dictará una resolución aprobando el local o rechazando la solicitud, en cuyo caso deberán expresarse las razones en que se funda la denegación.

Artículo 10.- Aprobado el local, el interesado solicitará la autorización de instalación, indicando la siguiente información:

a) Individualización del médico cirujano que asumirá la dirección técnica del establecimiento, acompañada de la aceptación escrita de este profesional;

b) Indicación de los profesionales, técnicos y demás personal que integrarán su dotación estable; y

c) Descripción de los equipos e instalaciones con que contará el establecimiento.

Artículo 11.- La oficina a que se refiere el artículo 8º verificará si la solicitud reúne los requisitos indicados e informará de ello, dentro de los quince días siguientes a su presentación, el Secretario Regional Ministerial de Salud, el que deberá dictar la resolución que autorice la instalación del establecimiento, previa comprobación del pago del arancel correspondiente.

En caso de que la solicitud de autorización mereciera observaciones, la resolución del Secretario Regional Ministerial de Salud de Salud fijará el plazo dentro del cual ellas deberán se subsanadas, a cuyo vencimiento se dictará la resolución que deniegue en definitiva la instalación, si dichas objeciones no han sido satisfechas por el interesado.

Si, en cambio, el interesado da cumplimiento a la resolución del Secretario Regional Ministerial de Salud, éste autorizará de inmediato la instalación del establecimiento.

Artículo 12.- Las solicitudes a que se refieren los artículos 7 y 10 podrán presentarse conjuntamente por el interesado en una misma presentación, para obtener la aprobación del local y la autorización de instalación del establecimiento.

En este caso, la solicitud deberá ser estudiada y resuelta dentro del plazo de veinticinco días hábiles, contados desde su presentación.

Artículo 13.- Al mismo procedimiento señalado en los artículos anteriores, se sujetarán las solicitudes de cambio de ubicación o traslado de los establecimientos.

Las solicitudes de autorización de modificaciones de las plantas físicas, objetivos y campos de acción de los establecimientos deberán tramitarse y resolverse dentro del plazo de quince días hábiles contados desde su presentación.

Artículo 14.- Si por cualquier circunstancia la Secretaría Regional Ministerial de Salud no diere cumplimiento a los plazos indicados en los artículos 8,11,12 y 13, su Secretario Regional Ministerial de Salud deberá informar de inmediato al Ministerio de Salud las razones que han determinado esa situación y adoptar las medidas necesarias para resolver la solicitud que se encuentre pendiente.

Artículo 15.- La autorización de instalación de un establecimiento sólo podrá ser revocada en virtud de las causales y con arreglo a los procedimientos señalados en el Código Sanitario, mediante resolución fundada del Secretario Regional Ministerial de Salud correspondiente.

Tanto el cierre temporal programado de parte de las dependencias de los establecimientos como el cierre definitivo voluntario o derivado de fuerza mayor deberán comunicarse al Secretario Regional Ministerial de Salud.

TÍTULO III
DE LA ORGANIZACIÓN Y DIRECCIÓN TÉCNICA

Artículo 16.- Cada establecimiento podrá determinar libremente su organización interna, sin perjuicio de que ella deba contar con sistemas que aseguren a los pacientes como mínimo:

a) Atención médica de emergencia;

b) Hidratación y transfusiones;

c) Aplicación de oxígeno y aspiración;

d) Disponibilidad permanente de material e instrumental esterilizado;

e) Medicamentos de urgencia;

f) Evacuación expedita de los pacientes y del personal, en caso de incendios u otras catástrofes; y,

g) Alimentación y Nutrición.

Artículo 17.- Asimismo, los establecimientos deberán contar con un sistema de registro e información bioestadística que consulte al menos:

a) Registro de ingresos y egresos;

b) Fichas clínicas individuales;

c) Epicrisis;

d) Carnet o informe de alta; y

e) Denuncia de enfermedades de notificaciones obligatoria.

El plazo de conservación de la referida documentación por parte de estos establecimientos, será de un mínimo de diez años.

El plazo señalado regirá a contar de la última atención efectuada al paciente.

Todo paciente tiene derecho de recabar la entrega de informes de resultados de exámenes de laboratorio, de anatomía patológica, radiografías, procedimientos, diagnósticos y terapéuticos (cirugías, endoscopías y otros), en el momento que lo estime necesario y dentro del plazo mínimo establecido.

Artículo 18.- La Dirección Técnica de cada establecimiento estará a cargo del médico cirujano a quien se asigne esta función de modo permanente y que deberá ser reemplazado de inmediato por otro médico cirujano en caso de ausencia o impedimento.

Artículo 19.- El Director será responsable de todos los aspectos técnicos de la gestión del establecimiento y deberá velar por el adecuado funcionamiento de los equipos, instrumentos e instalaciones necesarias para la correcta atención de los pacientes, así como por la observancia de las normas y procedimientos respectivos, por parte de la dotación del establecimiento.

Corresponderá, además, al Director Técnico velar por:

a) La ejecución de los tratamientos indicados por los profesionales tratantes;

b) El registro de los datos y de la información bioestadística;

c) Emitir las certificaciones de alcance médico sin perjuicio de las que otorguen los profesionales tratantes;

d) El cumplimiento de las disposiciones sobre asepsia, antisepsia y demás normas técnicas aprobadas por el Ministerio de Salud con el objeto de prevenir infecciones intrahospitalarias;

e) La supervisión de la higiene del personal y del establecimiento;

f) Las relaciones con la autoridad sanitaria; y,

g) El cumplimiento de las disposiciones sobre calidad e inocuidad de los Servicios de Alimentación y Nutrición.

Artículo 20.- A los profesionales tratantes corresponderá específicamente:

a) La formulación de diagnósticos, solicitudes de exámenes y procedimientos;

b) La prescripción de tratamientos y su ejecución cuando ello sea procedente; y

c) La concesión de altas y sus indicaciones.

Artículo 21.- Las acciones de apoyo necesarias para las actividades señaladas en las letras a) y b) del artículo anterior podrán ser ejecutadas en el establecimiento o por otras entidades y profesionales.

Artículo 22.- Toda la información bioestadística o clínica que afecte a personas internadas o atendidas en el establecimiento tendrá carácter reservado y estará sujeta a las disposiciones relativas al secreto profesional.

Sólo el Director Técnico del establecimiento podrá proporcionar o autorizar la entrega de dicha información a los Tribunales de Justicia y demás instituciones legalmente autorizadas para requerirla.

Respecto de otra clase de instituciones, sólo podrá proporcionarse información con la conformidad del paciente o entregarse datos estadísticos globales en los que no se identifique a personas determinadas.

Artículo 23.- Asimismo, el Director Técnico velará porque en el establecimiento se cumplan las disposiciones legales y reglamentarias relativas a:

a) Manejo de productos terapéuticos;

b) Manejo de productos radioactivos y sustancias ionizantes;

c) Conservación y custodia de estupefacientes, sustancias psicotrópicas y productos farmacéuticos que causen dependencia o que estén sometidos a controles especiales;

d) Laboratorio clínico, banco de sangre, radiología y demás unidades de apoyo técnico;

e) Disposición de cadáveres, restos orgánicos y desechos biológicos;

f) Servicios de Alimentación y Nutrición;

g) Disposición de excretas y basuras; y

h) En general, de todo material o equipo que constituya riesgo para la salud o cuyo manejo esté sujeto a normas sanitarias especiales.

TÍTULO IV
DEL LOCAL, INSTALACIONES Y PERSONAL

Artículo 24.- Además de cumplir las condiciones generales en materia de construcciones, los locales en que funcionen los establecimientos sometidos al presente reglamento deberán satisfacer las exigencias relativas a la higiene y seguridad de sus pacientes y personales, según sus respectivas naturaleza y campos de acciones.

Artículo 25.- La distribución funcional de los establecimientos deberá permitir que en ellos se desarrollen adecuadamente las siguientes actividades:

a) Hospitalización;

b) Manejo y control de medicamentos e instrumental;

c) Manejo de ropa limpia y sucia;

d) Almacenamiento de desechos, hasta su adecuada disposición;

e) Servicios higiénicos para pacientes, visitantes y personal;

f) Ejecución de exámenes o procedimientos especiales si corresponde; y,

g) Proporcionar alimentación y nutrición a los pacientes.

Artículo 26.- Todos los establecimientos deberán disponer de a lo menos un profesional de la salud, en forma continua encargado de la atención nocturna, cuyo nombre y profesión deberá darse a conocer en un sitio destacado, y de un sistema que asegure la atención médica de las emergencias internas.

TÍTULO V
DE LOS ESTABLECIMIENTOS QUE PRESTAN ATENCIÓN MÉDICO QUIRÚRGICA

Artículo 27.- Los establecimientos que desarrollen especialidades quirúrgicas deberán cumplir con las disposiciones generales del presente reglamento y con las que contiene este título.

Artículo 28.- Estos establecimientos deberán contar con la planta física, la organización técnica administrativa y con el equipamiento necesarios para permitir la ejecución de esas especialidades en condiciones de seguridad para los pacientes.

Artículo 29.- La planta física de estos establecimientos deberá contemplar:

a) Sectores de circulación restringida con delimitaciones de áreas sépticas y asépticas;

b) Iluminación, ventilación y calefacción adecuadas;

c) Número de quirófanos adecuado a la capacidad del establecimiento;

e) Vestuario de personal con servicios higiénicos independientes;

f) Sector de lavado quirúrgico equipado con este objeto;

g) Dependencias para el almacenamiento de material esterilizado anexas a los quirófanos;
h) Sala de recuperación postanestésica;
i) Medios de transporte de pacientes que garanticen su seguridad.

Artículo 30.- Las salas quirúrgicas deberán contar, a lo menos, con el siguiente equipamiento:
a) Mesa quirúrgica articulada;
b) Lámpara móvil;
c) Equipo de administración de anestesia y de aspiración;
d) Equipo de reanimación cardiocirculatoria;
e) Medicamentos de emergencia;
f) Instrumental y elementos de uso quirúrgico; y
g) Equipos de hidratación y transfusión.

Artículo 31.- Asimismo, los servicios quirúrgicos del establecimiento deberán disponer de:
a) Equipo electrógeno auxiliar interconectado al área quirúrgica;
b) Sistema de esterilización dotado e implementado con los controles establecidos por las normas respectivas;
c) Personal estable adiestrado para las funciones que se desarrollan en el pabellón;
d) Sistemas que aseguren el suministro oportuno de la ropa limpia y esterilizada necesaria; y
e) Sistemas de suministro y reposición de instrumental quirúrgico y elementos terapéuticos.

Artículo 32.- La sala de recuperación post anestésica constituirá una dependencia anexa al área quirúrgica y estará destinada a la atención de los pacientes mientras se restablece la normalidad de sus funciones cardiorrespiratorias. Deberán contar con los siguientes elementos:
a) Personal adiestrado;
b) Equipos de reanimación cardiocirculatoria;
c) Oxígeno y equipos de aspiración;
d) Medicamentos para emergencia; y
e) Sistema de llamado para el profesional de turno.

TÍTULO VI
DE LOS ESTABLECIMIENTOS QUE PRESTEN ATENCIÓN GINECO-OBSTÉTRICA

Artículo 33.- Los establecimientos que presten atención obstétrica neonatológica y su complemento ginecológico se denominarán maternidades, sin perjuicio de que estas acciones puedan también desarrollarse en un Servicio diferenciado de hospitales y clínicas generales.

Artículo 34.- Estos establecimientos o servicios deberán cumplir las exigencias señaladas en las disposiciones generales de este reglamento y las que se contemplan en el presente título.

Artículo 35.- Además de las dependencias y elementos indicadas en el artículo 29 estos establecimientos deberán contar con los siguientes recintos:
a) Salas de aislamiento;
b) Sala de partos;
c) Quirófano propio o acceso expedito a los del establecimiento de que forme parte el Servicio;
d) Sala de observación y reanimación de los recién nacidos anexa a la de partos;
e) Banco de sangre o disponibilidad permanente de este elemento.

Artículo 36.- Las salas de partos deberán disponer de las siguientes condiciones y elementos:

a) Sistemas que permitan la atención individual de parturientas;

b) Mesas de partos y accesorios clínicos;

c) Equipos de suministro de oxígeno y aspiración;

d) Instrumental para la atención de partos normales y operatorios;

e) Medicamentos de urgencia; y

f) Equipos y material para la atención inmediata de los recién nacidos.

Artículo 37.- La sala de observación de los recién nacidos deberá contar con los equipos y elementos necesarios para reanimación, con cunas calefaccionadas o incubadoras suficientes, según la capacidad del establecimiento o servicio y cumplir con lo dispuesto en el artículo 31º, letra a).

Artículo 38.- Estos establecimientos deberán contar con un sistema técnico para la atención de los recién nacidos de alto riesgo, sea como unidad propia o mediante convenios con otros establecimientos que dispongan de unidades de neonatología, en los que deberá pactarse la forma cómo se efectuará el traslado seguro de los recién nacidos.

Artículo 39.- Además de los indicados en el artículo 17º, en estos establecimientos deberán existir los siguientes registros:

a) Partos e intervenciones;

b) Certificación de partos para las inscripciones civiles;

c) Sistemas que aseguren la correcta identificación de los recién nacidos;

d) Carnet de altas de los recién nacidos que incluya diagnósticos y vacunas aplicadas; y

e) Constancia de defunción de mortinatos.

Artículo 40.- Los recién nacidos sólo se entregarán a sus padres o quienes posean su representación legal.

Respecto de los nacidos y fallecidos, así como de aquellos productos de la concepción que no alcanzaron a nacer, corresponderá al médico tratante o al profesional que asistió el parto según el caso, extender el certificado médico de defunción o el de defunción y estadística de mortalidad fetal, según corresponda. En este último caso dicha certificación se extenderá cuando el producto de la concepción sea identificable o diferenciable de las membranas ovulares o del tejido placentario, cualquiera sea su peso o edad gestacional y será entregada a sus progenitores, quienes dispondrán del plazo de 72 horas para solicitar la entrega de los restos con fines de inhumación.

TÍTULO VII
DE LOS ESTABLECIMIENTOS QUE PRESTEN ATENCIÓN PEDIÁTRICA

Artículo 41.- Los establecimientos que presten atención a niños deberán someterse a las disposiciones generales de este reglamento, a las especiales relativas a los establecimientos de atención médico quirúrgica si desarrollan esta especialidad y a las que contiene el presente título.

Artículo 42.- La dotación de recursos de personal y de equipos e instrumentos de estos establecimientos deberá ser adecuada a las necesidades de la clase de paciente que atiendan.

Artículo 43.- Estos establecimientos deberán disponer de un sistema que garantice atención de enfermería continua, con la debida supervisión de enfermera profesional durante las veinticuatro horas del día.

Artículo 44.- Estos establecimientos deberán contar con una unidad Servicio Dietético de Leche (SEDILE), una Central de Fórmulas Enterales (CEFE) y una unidad de Lactario, que se regirán por la norma técnica que emita el Ministro de Salud.

El Servicio Dietético de Leche (SEDILE) es la unidad destinada a la preparación, envasado, conservación, esterilización y distribución de las fórmulas lácteas, que reciben los lactantes hospitalizados.

La Central de Fórmulas Enterales (CEFE) es la unidad destinada a la preparación, envasado, conservación, esterilización y distribución de determinadas mezclas de macro y micronutrientes (fórmulas enterales) administradas al tubo digestivo, mediante sondas de alimentación o como suplementos orales, en pacientes pediátricos y también en adultos hospitalizados.

Las unidades de Servicios Dietéticos de Leche (SEDILE) y Central de Fórmulas Enterales (CEFE), deben ser espacios físicos diseñados y destinados exclusivamente a la preparación, envasado, conservación, esterilización y distribución de las fórmulas lácteas y enterales, bajo estrictos estándares de calidad nutricional e inocuidad alimentaria.

La unidad de Lactario, servirá de apoyo a la función clínica, cuyo objetivo es mantener la lactancia materna del lactante hospitalizado, proporcionando a la madre un lugar adecuado para la extracción segura e inocua de su leche. Debe ubicarse en los servicios de maternidad y pediatría hospitalaria para mantener la lactancia materna de aquellos niños o niñas que no pueden recibir leche directamente de su madre.

Estas unidades deben contar con personal técnico en alimentación capacitado y al menos un profesional nutricionista que entre sus funciones dentro del establecimiento tendrá a cargo la organización y supervisión de estas unidades.

Artículo 44 bis.- Estos establecimientos podrán tener un Banco de Leche Humana (BLH).

Un Banco de Leche Humana es una unidad especializada donde la leche humana donada por madres aptas para tales fines debe ser recibida, clasificada, procesada, almacenada, pasteurizada y distribuida bajo las máximas medidas de calidad y seguridad microbiológica a pacientes prematuros o lactantes hospitalizados que no disponen de leche de su madre y que la requieran por indicación del profesional de salud competente.

Los Bancos de Leche Humana (BLH), se organizarán y regirán por la respectiva norma técnica que emita el Ministerio de Salud.

Esta unidad debe contar con personal técnico capacitado en alimentación y un profesional nutricionista que entre sus funciones dentro del establecimiento tendrá a cargo la organización y supervisión de esta unidad.

Artículo 45.- Estos establecimientos deberán contar con salas de aislamiento equipadas para los menores que padezcan o puedan sufrir enfermedades infectocontagiosas sin perjuicio de su denuncia oportuna a la autoridad sanitaria.

TÍTULO VIII
DE LOS ESTABLECIMIENTOS QUE PRESTEN ATENCIÓN PSIQUIÁTRICA

Artículo 46.- DEROGADO

Artículo 47.- DEROGADO

Artículo 48.- DEROGADO

Artículo 49.- DEROGADO

TÍTULO IX
DE LA APLICACIÓN Y VIGENCIA DEL REGLAMENTO

Artículo 50.- Corresponderá a el Secretario Regional Ministerial de Salud en cuyo territorio estén ubicados los establecimientos, velar por la aplicación del presente decreto e inspeccionar el funcionamiento de los establecimientos sometidos a sus disposiciones.

La contravención de sus disposiciones será sancionada por la misma autoridad, en la forma y con arreglo a los procedimientos previstos en el Libro Noveno del Código Sanitario.

Artículo 51.- El presente reglamento entrará en vigencia sesenta días después de su publicación en el Diario Oficial, fecha en que quedará derogada toda norma, disposición o instrucción contraria o incompatible con sus preceptos.

Disposiciones Transitorias

Artículo 1.- Los hospitales y clínicas que se encuentren legalmente en funcionamiento a la fecha de vigencia del presente decreto, no requerirán de nueva autorización para continuar en actividades ni deberán cambiar sus actuales denominaciones.

No obstante, los establecimientos que actualmente no cumplan con todas las condiciones que señala este reglamento, en materia de dependencias, equipos e instalaciones deberán satisfacer esas exigencias dentro del plazo de un año, contado desde la fecha de publicación del presente decreto.

Anótese, tómese razón, comuníquese, publíquese e insértese en la Recopilación Oficial de Reglamentos de la Contraloría General de la República.- AUGUSTO PINOCHET UGARTE, General de Ejército, Presidente de la República.- Hernán Rivera Calderón, Contralmirante, Ministro de Salud.

Lo que transcribo a Ud. para su conocimiento.- Saluda a Ud.- Hernán Büchi Buc, Subsecretario de Salud.

DECRETO Nº 334
REGLAMENTO SOBRE CASAS DE REPOSO, ASILOS Y OTROS ESTABLECIMIENTOS SIMILARES

Publicado en el Diario Oficial de 27 de octubre de 1983

SANTIAGO, 6 de septiembre de 1983.-

VISTO: lo dispuesto en los decretos supremos Nºs. 161, de 6 de agosto de 1982, y 194, de 10 de agosto de 1978, ambos del Ministerio de Salud y en los artículos 2º, 9º, letra c) y 129, del decreto con fuerza de ley Nº 725, de 1968, que aprobó el Código Sanitario y las facultades que me confiere el artículo 32 Nº 8 de la Constitución Política del Estado,

DECRETO:

Apruébase el siguiente reglamento sobre hogares de ancianos, casas de reposo, asilos, hospicios y otros establecimientos similares.

Artículo 1.- El presente reglamento se aplicará a todos aquellos establecimientos a que se refiere el artículo 2º del decreto supremo Nº 161, de 6 de agosto de 1982, del Ministerio de Salud, que aprueba el reglamento de hospitales y clínicas privadas.

Artículo 2.- Los establecimientos o centros destinados a la atención de personas cuya condición física o mental demande cuidados permanentes, sin presentar patologías que exijan control médico, procedimientos de apoyo clínico, tratamiento oral o parenteral permanentes, continuos o discontinuos, deberán disponer de una planta física que cumplirá a lo menos con los requisitos establecidos en los artículos 5º a 11, 15, inciso primero, 18 y 21 a 27, todos inclusive, del decreto supremo Nº 194, de 10 de agosto de 1978, del Ministerio de Salud que aprobó el reglamento de hoteles y establecimientos similares, sin perjuicio de lo cual deberán contar con áreas destinadas a la recreación y al esparcimiento.

Los espacios destinados al servicio de alimentación deberán cumplir las condiciones higiénicas y sanitarias que aseguren una adecuada preparación, manipulación y consumo de los alimentos.

Artículo 3.- Los establecimientos a que se refiere este reglamento deberán, para su funcionamiento, ser aprobados por la autoridad sanitaria, a cuya inspección quedarán también sometidos.

Artículo 4.- La dirección de estos establecimientos estará a cargo de un director responsable ante la autoridad sanitaria, quien velará por el cumplimiento de los aspectos técnicos y de funcionamiento del mismo.

Artículo 5.- Deberán contar, asimismo, con el personal idóneo, en número suficiente para satisfacer, en forma permanente y adecuada, la atención de los internos.

Artículo 6.- Aquellos establecimientos que reciban personas portadoras de problemas de salud, que requieran control y/o tratamiento médico, deberán, sin perjuicio de las exigencias señaladas en los artículos precedentes, cumplir los siguientes requisitos:

a) Una sala de aislamiento, con capacidad máxima para dos personas, por cada 50 asilados.

b) Auxiliar de enfermería en forma permanente en una proporción de 1 por cada 25 asilados.

c) Enfermera universitaria a tiempo completo por cada 50 internos, o media jornada diurna, por cada 25 pacientes.

d) Un médico cirujano de llamada para casos de emergencia.

Artículo 7.- La autorización sanitaria corresponderá otorgarla al Director del Servicio de Salud en cuyo territorio de competencia esté ubicado el establecimiento, a excepción de la Región Metropolitana, en la que dicha autorización será otorgada por el Servicio de Salud del Ambiente de la Región Metropolitana. En el caso de los establecimientos a que se refiere el artículo anterior, esta autorización será siempre otorgada por el Director del Servicio de Salud, cualquiera sea el territorio en que se encuentren ubicados.

Artículo 8.- Para los efectos de obtener dicha autorización, el interesado deberá presentar una solicitud en la que deberá indicar la ubicación y nombre del establecimiento y acompañar todos los antecedentes que sean necesarios para acreditar el cumplimiento de los requisitos exigidos en los artículos precedentes, según corresponda.

Artículo 9.- El Director del Servicio respectivo dictará una resolución aprobando o rechazando la solicitud, dentro de un plazo de 15 días contados desde la fecha de su presentación.

La resolución denegatoria deberá ser fundada y copia de ella se remitirá al Ministerio de Salud.

Si transcurrido el plazo señalado, el Servicio de Salud no ha emitido pronunciamiento, se entenderá aprobada la solicitud, debiendo dictarse la correspondiente resolución aprobatoria.

Al mismo procedimiento señalado en los incisos anteriores se sujetarán las solicitudes de cambio de ubicación o traslado.

Artículo 10.-El presente reglamento entrará en vigencia treinta días después de su publicación en el Diario Oficial, fecha en que quedará derogado el decreto supremo Nº 638, de 25 de abril de 1945, del Ministerio de Salubridad, Previsión y Asistencia Social, que aprobó el reglamento sobre casas de reposo y sanatorios para tuberculosos, así como cualquier otra norma, instrucción o disposición contraria o incompatible con las contenidas en el presente reglamento, que sean de igual o inferior jerarquía.

DISPOSICIONES TRANSITORIAS

Las casas de reposo, asilos y demás establecimientos reglamentados en el presente decreto supremo, que se encuentren actualmente en funcionamiento no requerirán de nueva autorización sanitaria para continuar operando.

No obstante lo anterior, los establecimiento que no cumplan con los requisitos que se señalan en este reglamento, deberán satisfacer dichas exigencias dentro del plazo de 6 meses, contados desde la fecha de publicación del presente decreto supremo.

Anótese, tómese razón, comuníquese, publíquese e insértese en la recopilación de reglamentos de la Contraloría General de la República.- AUGUSTO PINOCHET UGARTE, General de Ejército, Presidente de la República.- Winston Chinchón Bunting, Ministro de Salud.

DECRETO Nº 133
APRUEBA REGLAMENTO SOBRE AUTORIZACIONES PARA INSTALACIONES RADIACTIVAS O EQUIPOS GENERADORES DE RADIACIONES IONIZANTES, PERSONAL QUE SE DESEMPEÑA EN ELLAS, U OPERE TALES EQUIPOS Y OTRAS ACTIVIDADES AFINES SANTIAGO, 22 DE MAYO DE 1984.- HOY SE DECRETÓ LO QUE SIGUE:

Núm. 133.- Visto: Lo dispuesto en los artículos 86 y 90 del decreto con fuerza de ley Nº 725, de 1968, que aprobó el Código Sanitario; en el Libro Décimo del mismo cuerpo legal; en el artículo 67 de la Ley Nº 18.302; en la Ley Nº 16.319 y las facultades que me confiere el artículo 32 Nº 8 de la Constitución Política del Estado.

Decreto:

Apruébase el siguiente reglamento sobre autorizaciones para instalaciones radiactivas o equipos generadores de radiaciones ionizantes, personal que se desempeña en ellas, u opere tales equipos y otras actividades afines.

TÍTULO I
DISPOSICIONES GENERALES

Artículo 1.- El presente reglamento establece las condiciones y requisitos que deben cumplir las instalaciones radiactivas o los equipos generadores de radiaciones ionizantes, el personal que se desempeñe en ellas u opere estos equipos, la importación, exportación, distribución y venta de las sustancias radiactivas que se utilicen o mantengan en las instalaciones radiactivas o en los equipos generadores de radiaciones ionizantes y el abandono o desecho de sustancias radiactivas.

Artículo 2.- Las instalaciones radiactivas o equipos generadores de radiaciones ionizantes a que se refiere el artículo precedente, no podrán funcionar sin autorización previa del Servicio de Salud en cuyo territorio se encuentren ubicados. Tratándose de la Región Metropolitana, esta facultad le corresponderá al Servicio de Salud del Ambiente de esa Región.

Artículo 3.- Toda persona que se desempeñe en las instalaciones radiactivas u opere equipos generadores de radiaciones ionizantes, y esté expuesta a dichas radiaciones, deberá contar con autorización del Servicio de Salud correspondiente.

Artículo 4.- La adquisición, posesión, uso, manejo, manipulación, almacenamiento, importación, exportación, distribución y venta de sustancias radiactivas no podrá efectuarse sin la autorización sanitaria pertinente.

Artículo 5.- Compete, igualmente, a los Servicios de Salud el control y fiscalización del correcto cumplimiento de las disposiciones establecidas en este reglamento y en las normas e instrucciones que conforme a él imparta el Ministerio de Salud.

TÍTULO II
DE LAS DEFINICIONES

Artículo 6.- Para los efectos del presente reglamento se entenderá por:

a) Instalaciones radiactivas.- El recinto o dependencia habilitado especialmente para producir, tratar, manipular, almacenar o utilizar sustancias radiactivas u operar equipos generadores de radiaciones ionizantes.

b) Sustancia radiactiva.- Cualquier sustancia que tenga una actividad específica mayor de dos milésimas de microcurio por gramo o su equivalente en otras unidades.

c) Radiaciones ionizantes.- Es la programación de energía de naturaleza corpuscular o electromagnética, que en su interacción con la materia produce ionización.

d) Desecho radiactivo.- Cualquier sustancia radiactiva o material contaminado por dicha sustancia que, habiendo utilizado sido con fines científicos, médicos, agrícolas, comerciales, industriales u otros, sean desechados.

e) Historial dosemétrico.- Conjunto de documentos que acrediten las dosis recibidas por una persona expuesta a las radiaciones ionizantes durante todo su desempeño laboral.

f) Dosimetría.- Técnica para medir las dosis absorbidas por una persona, expuesta a las radiaciones ionizantes, en un período de tiempo determinado.

TÍTULO III
DE LAS INSTALACIONES RADIACTIVAS

Artículo 7.- Las instalaciones radiactivas se clasificarán en tres categorías.

Quedan comprendidos en la primera categoría los aceleradores de partículas, plantas de irradiación, laboratorios de alta radiotoxicidad, radioterapia y roentgenterapia profunda, gammagrafía y radiografía industrial.

Pertenecen a la segunda categoría los laboratorios de baja radiotoxicidad, rayos X para diagnóstico médico o dental, radioterapia y roentgenterapia superficial.

La tercera categoría incluye los equipos de fuente sellada de uso industrial, tales como: pesómetros, densitómetros, medidores de flujo y de nivel, detectores de humo, medidores de espesores, etc. Asimismo, quedan comprendidas en esta categoría las fuentes patrones, estimuladores cardiacos radiosotópicos, marcadores o simuladores de uso médico, equipos de rayos X para control de equipajes, correspondencia, etc., fluroscopía industrial y difractómetros.

Artículo 8.- Las instalaciones de primera categoría requerirán autorización de construcción, operación y cierre temporal o definitivo.

Las instalaciones de segunda categoría requerirán autorización de operación y de cierre temporal o definitivo, y las de tercera categoría, sólo requerirán autorización de operación.

Artículo 9.- Para el otorgamiento de la autorización de construcción de las instalaciones de primera categoría, el interesado deberá presentar los siguientes antecedentes:

a) Plano de ubicación e informe de emplazamiento, cuando corresponda.

b) Anteproyecto de construcción.

c) Plano y memoria de diseño de la instalación, que deberá incluir blindajes, manuales de los equipos, de los sistemas de seguridad y control, y de los sistemas auxiliares, y

d) Plan de utilización, que contendrá una descripción de los elementos radiactivos y de los equipos generadores de radiaciones ionizantes, y la utilización estimada de los mismos.

Artículo 10.- Para el otorgamiento de la autorización de operación de las instalaciones de primera categoría, el interesado deberá presentar los siguientes documentos:

a) Manual de operación y mantenimiento de sistemas y equipos con descripción de los procedimientos.

b) Plan de emergencia, en caso de accidente.

c) Informe de funcionamiento y de seguridad radiológica favorable de la autoridad sanitaria. Este informe también podrá ser emitido por una persona natural o jurídica, especialmente autorizada para estos efectos, por los Servicios de Salud, conforme a las normas que al respecto dicte el Ministerio de Salud.

Artículo 11.- Para el otorgamiento de la autorización de operación de las instalaciones radiactivas de segunda categoría, se exigirá:

a) Manual de operación y mantenimiento de sistemas y equipos.

b) Informe de funcionamiento y de seguridad radiológica favorable de la autoridad sanitaria. Este informe también podrá ser emitido por una persona natural o jurídica, especialmente autorizada para estos efectos, por los Servicios de Salud, conforme a las normas que al respecto dicte el Ministerio de Salud.

Artículo 12.- Para el otorgamiento de la autorización de operación de las instalaciones de tercera categoría, el interesado deberá presentar el plano de la instalación y las especificaciones técnicas de los equipos.

Artículo 13.- Para el otorgamiento de las autorizaciones de cierre temporal o definitivo de las instalaciones radiactivas de primera y segunda categoría, el interesado deberá presentar a la autoridad sanitaria una solicitud debidamente fundada, en la que se indicará los procedimientos y sistemas de seguridad que se adoptarán para tales efectos.

Artículo 14.- El titular de una autorización para instalación radiactiva, será siempre responsable de la seguridad de su emplazamiento, puesta en servicio, funcionamiento y cierre temporal o definitivo, sin perjuicio de la responsabilidad que pudiera afectar al personal que se desempeña en dicha instalación, de acuerdo a las normas generales del derecho.

Artículo 15.- Para el otorgamiento de la autorización de operación de los equipos generadores de radiaciones ionizantes móviles, el interesado deberá presentar ante el Servicio de Salud correspondiente, los siguientes antecedentes:

a) Manual de operación y mantenimiento del equipo con descripción de los procedimientos.

b) Nómina de los operadores, debidamente autorizados, encargados del manejo de tales equipos. Dicha nómina deberá mantenerse actualizada, comunicándose a la autoridad sanitaria cualquier cambio que se produzca en ella.

TÍTULO IV
DE LAS AUTORIZACIONES PARA LAS PERSONAS QUE SE DESEMPEÑAN EN LAS INSTALACIONES RADIACTIVAS

Artículo 16.- Toda persona que desarrolle actividades relacionadas directamente con el uso, manejo o manipulación de sustancias radiactivas u opere equipos generadores de radiaciones ionizantes deberá ser autorizada por el Servicio de Salud correspondiente. Esta autorización tendrá validez en todo el territorio nacional.

Artículo 17.- Para obtener esta autorización, el interesado deberá acreditar ante el Servicio de Salud respectivo, el cumplimiento de los siguientes requisitos:

a) Licencia secundaria o su equivalente.

b) Haber aprobado el curso de protección radiológica, dictado por la Comisión Chilena de Energía Nuclear, los Servicios de Salud, el Instituto de Salud Pública de Chile, u otros organismos autorizados por el Ministerio de Salud, o haber convalidado estudios realizados al efecto, ante los Servicios de Salud.

Artículo 18.- No obstante lo dispuesto en el artículo precedente, podrán optar a esta autorización aquellas personas que acrediten fehacientemente, haberse desempeñado en tales actividades por un período de a lo menos tres años. Para estos efectos, los Servicios de Salud, cuando lo estimen conveniente, podrán exigir que el solicitante rinda un examen acerca de materias de protección radiológica.

Asimismo, se exigirá a los interesados la presentación de su historial dosimétrico, o en su defecto, el examen médico correspondiente.

Artículo 19.- Las autorizaciones a que se refiere el presente título, serán otorgadas por un plazo máximo de tres años. Para su renovación, deberá considerarse el historial dosimétrico del interesado, que llevará el Instituto de Salud Pública de Chile.

La dosimetría personal podrá efectuarse por otro organismo habilitado para tales efectos, por el Ministerio de Salud.

TÍTULO V
DE LAS AUTORIZACIONES DE IMPORTACIÓN, EXPORTACIÓN, VENTA, DISTRIBUCIÓN Y ALMACENAMIENTO DE SUSTANCIAS RADIACTIVAS

Artículo 20.- Las sustancias radiactivas no podrán ser internadas al territorio nacional o enviadas fuera del él, sin la competente autorización sanitaria.

Asimismo, la transferencia a cualquier título de dichas sustancias, deberá contar con autorización del Servicio de Salud respectivo.

Artículo 21.- Los lugares destinados al almacenamiento de sustancias o desechos radiactivos, deberán contar con autorización del Servicio de Salud competente.

TÍTULO VI
DEL ABANDONO O DESECHO DE SUSTANCIAS RADIACTIVAS

Artículo 22.- Todo abandono o desecho de sustancias radiactivas, requerirá de autorización del Servicio de Salud respectivo.

TÍTULO VII
DE LAS SANCIONES

Artículo 23.- El incumplimiento de las disposiciones establecidas en este reglamento, será sancionado por los Servicios de Salud en la forma y conforme a los procedimientos previstos en el Libro Décimo del Código Sanitario.

TÍTULO FINAL

Artículo 24.- El presente reglamento entrará en vigencia a contar de su publicación en el Diario Oficial, fecha en la cual quedará derogada toda norma, disposición contraria o incompatible con sus preceptos.

DISPOSICIONES TRANSITORIAS

Artículo 1.- Las instalaciones radiactivas o los equipos generadores de radiaciones ionizantes que se encuentren en funcionamiento a la fecha de vigencia de este decreto, sin autorización sanitaria, deberán obtener la correspondiente autorización de operación de acuerdo a las normas que se establecen en esta materia, dentro del plazo de 180 días contados desde la fecha de su vigencia.

Artículo 2.- Las personas que actualmente se encuentren desempeñandose en instalaciones radiactivas u operen equipos generadores de radiaciones ionizantes sin la correspondiente autorización sanitaria, deberán obtenerla dentro del mismo plazo señalado en el artículo precedente.

Anótese, tómese razón, publíquese e insértese en la Recopilación de Reglamentos de la Contraloría General de la República.- AUGUSTO PINOCHET UGARTE, General de Ejército, Presidente de la República.- Augusto Schuster Cortés, Ministro de Salud subrogante.- Samuel Lira Ovalle, Ministro de Minería.

Lo que transcribo a Ud. para su conocimiento.- Saluda a Ud.- Augusto Schuster Cortés, Subsecretario de Salud.

DECRETO N° 466
APRUEBA REGLAMENTO DE FARMACIAS, DROGUERÍAS, ALMACENES FARMACÉUTICOS, BOTIQUINES Y DEPÓSITOS AUTORIZADOS

(Publicado en el "Diario Oficial" N° 32.119, de 12 de marzo de 1985)

NÚM. 466.- Santiago, 31 de diciembre de 1984.- Visto: La necesidad de actualizar el Reglamento de Farmacias, Droguerías, Almacenes Farmacéuticos y Botiquines Autorizados, aprobado por decreto supremo 162, de 1982, del Ministerio de Salud; lo establecido en los libros IV y VI del decreto con fuerza de ley 725, de 1968; en el decreto ley 2.763, de 1979, y las facultades que me confiere el artículo 32°, N° 8, de la Constitución Política del Estado,

DECRETO:

TÍTULO I
DISPOSICIONES GENERALES

Artículo 1.- El presente reglamento establece las condiciones sanitarias en que debe efectuarse la distribución, la preparación de fórmulas magistrales y oficinales, el fraccionamiento y el expendio de productos farmacéuticos, alimentos de uso médico en Farmacias, Almacenes Farmacéuticos, Droguerías, Depósitos de Productos Farmacéuticos humanos, veterinarios y dentales y botiquines, según corresponda.

Artículo 2.- Corresponderá a las Secretarías Regionales Ministeriales de Salud autorizar la instalación y el funcionamiento y el traslado de los establecimientos señalados, inspeccionarlos y velar porque ellos cumplan las disposiciones relativas a la materia que se contienen en el Código Sanitario, en este reglamento y en las normas técnicas que apruebe el Ministerio de Salud.

Artículo 3.- Dichas autorizaciones sólo podrán emitirse previa inspección del establecimiento y la solicitud de instalación, funcionamiento, o traslado deberán ser resueltas por la Secretaría Regional Ministerial de Salud, correspondiente a su ubicación, dentro del plazo de quince días hábiles contados desde la fecha en que ellas se presenten.

El rechazo de la solicitud deberá ser fundado y se comunicará a la Subsecretaría del Ministerio de Salud.

Asimismo, el Secretario Regional Ministerial de Salud deberá informar por escrito a esa Subsecretaría las razones que hayan impedido resolver una solicitud dentro del plazo fijado en el inciso 1°.

Artículo 4.- Cualquiera persona natural o jurídica podrá instalar o adquirir los establecimientos indicados en el artículo 1°, dando cumplimiento a las disposiciones que para cada uno de ellos señala el presente reglamento.

Artículo 5.- La autorización de instalación o funcionamiento será válida por un plazo de tres años contados desde su otorgamiento y se entenderá renovado automática y sucesivamente prorrogado por períodos iguales, a menos que la autoridad sanitaria resuelva lo contrario fundadamente o que el propietario o su representante comunique su voluntad de no continuar sus actividades, antes del vencimiento del término original o de sus prórrogas.

Artículo 6.- En aquellas comunas en que no exista farmacia podrá autorizarse la instalación de almacenes farmacéuticos o farmacias móviles itinerantes que cumplan los requisitos reglamentarios que se prevén en los artículos pertinentes.

Por excepción podrá autorizarse la instalación de dichos establecimientos en los sectores de las comunas, en las que existiendo farmacia, se verifiquen impedimentos geográficos o de transporte, que dificulten el acceso de los usuarios a ellas.

En aquellas localidades en que no existan farmacias ni almacenes farmacéuticos, el Secretario Regional Ministerial de Salud correspondiente podrá autorizar la venta al público de productos farmacéuticos, de alimentos de uso médico, y de elementos de curación y de primeros auxilios por las farmacias o botiquines de los establecimientos asistenciales de la localidad.

Dicha venta deberá efectuarse en las condiciones que se indican en el artículo 32°.

Estos permisos serán revocables y caducarán automáticamente al autorizarse la instalación de una Farmacia o Almacén Farmacéutico en la localidad.

Artículo 7.- Según los productos que puedan vender al público los establecimientos se clasificarán en:

A) Farmacias;

B) Almacenes Farmacéuticos;

C) Depósitos Veterinarios, y

D) Depósitos Dentales.

TÍTULO II
DE LAS FARMACIAS

PÁRRAFO I
DEL DOMINIO, INSTALACIÓN, FUNCIONAMIENTO Y CIERRE.

Artículo 8.- Farmacia es todo establecimiento o parte de él, destinado a la venta de productos farmacéuticos y alimentos de uso médico; a la confección de productos farmacéuticos de carácter oficinal y a los que se preparen extemporáneamente conforme a fórmulas magistrales prescritas por profesionales legalmente habilitados; y al fraccionamiento de envases clínicos de productos farmacéuticos, conforme a las normas que se indican en el presente reglamento.

Además, podrán ordenar a un laboratorio de producción autorizado, la elaboración de productos farmacéuticos y cosméticos, para su venta en el establecimiento, adquirir para su dispensación productos farmacéuticos en envases clínicos e importar productos farmacéuticos, alimentos de uso médico y cosméticos en conformidad a las disposiciones reglamentarias pertinentes.

Podrán instalarse farmacias móviles itinerantes, en las localidades y con la periodicidad y horarios que determine la autoridad sanitaria en el acto de su autorización sanitaria, destinadas al expendio al público de productos farmacéuticos, que se regirán por las disposiciones especiales que se contemplan en esta reglamentación y en subsidio por aquellas que son aplicables a las demás farmacias. Estas farmacias no podrán adquirir ni expender productos psicotrópicos o estupefacientes, elaborar productos farmacéuticos de carácter oficinal o magistral, fraccionar envases clínicos de productos farmacéuticos ni realizar las actividades a las que se refiere el siguiente artículo 9°.

Las farmacias podrán expender medicamentos a través de medios electrónicos. Para estos efectos, deberán cumplir con las disposiciones del Título VI bis y demás que les sean aplicables de este reglamento.

Artículo 9.- Las farmacias podrán realizar bajo la responsabilidad de su Director Técnico, los análisis clínicos, químicos o bioquímicos u otros procedimientos que se determinen mediante resolución de la Subsecretaría de Salud.

Para practicar exámenes de laboratorio no contemplados en el inciso anterior, deberán solicitar autorización específica al Secretaría Regional Ministerial de Salud correspondiente, el que deberá comprobar las adecuadas condiciones de instalación de sus laboratorios.

Artículo 10.- Para obtener la autorización de instalación y funcionamiento o traslado, el interesado deberá presentar al Instituto de Salud Pública los siguientes documentos:

a) Solicitud en que deberá constar la individualización del propietario o del representante legal según el caso, nombre del Director Técnico y la ubicación del establecimiento.

b) Declaración del químico-farmacéutico o farmacéutico que asumirá la dirección técnica de la farmacia acreditando su calidad de tal y señalando su cédula de identidad y domicilio particular, y

c) Copia autorizada de los instrumentos legales que acrediten el dominio del establecimiento.

Para la exhibición y posterior expendio de medicamentos de venta directa en repisas, estanterías, góndolas, anaqueles, dispensadores u otros dispositivos similares de acceso directo al público, se deberá contar con autorización sanitaria del Instituto de Salud Pública. Igual obligación corresponderá para la modificación de la planta física que, para los mismos fines, soliciten las farmacias ya autorizadas

En el caso de las farmacias móviles itinerantes, para obtener la autorización de instalación y funcionamiento, el interesado deberá adicionalmente presentar a la autoridad sanitaria la siguiente documentación:

a) Declaración respecto de la ubicación, horarios e itinerarios cuya autorización se pretende.

b) Copia de los instrumentos legales que acrediten el dominio del vehículo, su permiso circulación y revisión técnica.

c) Autorización emitida por la o las municipalidades respectivas respecto de los sitios de su ubicación cuando se trate de vías o lugares de uso públicos o copia autorizada de los instrumentos que acrediten el título en virtud del cual puede utilizar el lugar si es de propiedad privada.

Artículo 11.- Las Farmacias pertenecientes a los establecimientos médico-asistenciales del sector público y privado estarán sujetas a las disposiciones del presente reglamento, con excepción de las contenidas en el Párrafo V, de este Título.

Artículo 12.- Toda persona que adquiera una farmacia a cualquier título deberá comunicarlo por escrito al Secretaría Regional Ministerial de Salud dentro del plazo de quince (15) días, acompañando los documentos a que se refiere el artículo 10° del presente título.

Cumplido lo anterior, la Secretaría Regional Ministerial de Salud procederá a dictar la resolución modificatoria del dominio que así lo acredite.

Artículo 13.- Todo propietario de Farmacia deberá comunicar por escrito al Secretaría Regional Ministerial de Salud el traspaso o el cierre definitivo o temporal de su establecimiento, pero en este último caso sólo cuando afecte el programa semestral de turnos.

En cualquiera de las referidas situaciones, exceptuando el cierre temporal, el interesado deberá solicitar la transferencia de los productos sujetos a control legal de acuerdo a la normativa reglamentaria vigente o, en su defecto, la autoridad sanitaria procederá a su decomiso;

debiendo dejarse constancia de la solicitud, si se trata del traspaso del establecimiento, en la resolución modificatoria del dominio de la farmacia, que dicte el Servicio de Salud.

Si la comunicación de cierre se funda en la ausencia temporal o definitiva del Director Técnico de la farmacia y en la localidad no hubiere otro establecimiento farmacéutico, la Secretaría Regional Ministerial de Salud podrá autorizar la transformación de la farmacia en almacén farmacéutico bajo la dirección de un Práctico de Farmacia, limitado a las actividades que indica el presente reglamento.

PÁRRAFO II
DE LOS REQUISITOS QUE DEBEN REUNIR SUS INSTALACIONES

Artículo 14.- La planta física de una farmacia deberá contar con un local debidamente circunscrito, y con el equipamiento que asegure el almacenamiento y conservación adecuada de los productos farmacéuticos y la elaboración de productos farmacéuticos y cosméticos en su caso, según las normas que fije el Ministerio de Salud, debiendo cumplir las condiciones sanitarias y ambientales mínimas de los lugares de trabajo dispuestas en el decreto supremo 78, de 9 de febrero de 1983, del Ministerio de Salud.

Para la elaboración de productos farmacéuticos de carácter oficinal o magistral la farmacia deberá contar con un recetario en sección aparte diferenciada de las otras secciones, que permita y facilite la mantención de condiciones higiénicas adecuadas y permanentes. Sus instalaciones, equipos, instrumentos y demás implementos deberán ser adecuados para el tipo de fórmulas magistrales u oficinales que se preparen.

Deberá mantener en una estantería exclusiva y bajo llave los estupefacientes, productos psicotrópicos y los venenos, sin perjuicio de adoptar, cuando corresponda, las medidas necesarias para prevenir su hurto, robo, sustracción o extravío.

Además, la farmacia deberá contar con el servicio de fraccionamiento, sea por ella misma o mediante servicio prestado por un tercero.

En caso que el fraccionamiento sea realizado por un tercero, este deberá ser autorizado previamente por la Secretaría Regional Ministerial de Salud, debiendo dar cumplimiento al artículo 14 bis y a todas las normas que se aplican para el fraccionamiento realizado por el mismo establecimiento, señaladas en el presente reglamento.

En el caso de las farmacias itinerantes, el vehículo deberá contar con el equipamiento que asegure el almacenamiento, control de temperatura y conservación adecuada de los medicamentos y con la señalética apropiada, que permita su inequívoca identificación como establecimiento de expendio de farmacéutico.

Artículo 14 bis.- Para el fraccionamiento, se deberá contar con un sector circunscrito, debidamente diferenciado de las otras secciones del establecimiento y destinado exclusivamente a la ejecución del fraccionamiento.

El acceso al sector de fraccionamiento se encontrará restringido al público en general.

El sector deberá disponer de una superficie de material liso e impermeable, de fácil limpieza y desinfección. Asimismo, tener acceso directo a un lavamanos y contar con los instrumentos y demás implementos de uso exclusivo que sean necesarios para los procedimientos a ejecutar, considerando el tipo y forma del medicamento a fraccionar.

En el caso que las labores de fraccionamiento sean realizadas en forma simultánea por dos o más personas, deberá contar con estaciones de trabajo que aseguren la independencia de cada operación. Las estaciones deberán estar separadas entre sí por una barrera física de material liso e impermeable, de fácil limpieza y desinfección.

La labor de fraccionamiento deberá realizarse por producto mediante un proceso continuo, lo que incluye la recolección de los materiales y el medicamento a fraccionar, así como la extracción de las unidades requeridas y su disposición en el envase destinado al paciente.

Antes de proceder con una segunda operación, la superficie de trabajo debe quedar despejada y los productos sobrantes del procedimiento anterior deben ser almacenados en su envase respectivo u otro adecuado, debiendo evitar en todo momento confusiones, intercambios o contaminación.

Sólo podrán fraccionarse envases de medicamentos cuya fecha de expiración, al momento del expendio, sea superior a los seis meses.

El personal que desarrolle labores de fraccionamiento deberá ajustarse a los procedimientos respectivos.

Artículo 14 A.- Para la exhibición y posterior expendio de medicamentos de venta directa en repisas, estanterías, góndolas, anaqueles, dispensadores u otros dispositivos similares, se podrán utilizar indistintamente, el producto propiamente tal, el envase vacío, así como otros dispositivos con imágenes o elementos que lo representen.

Para estos efectos, las farmacias deberán contar con una zona exclusiva y delimitada al interior de su establecimiento, claramente identificada y que permita el acceso inmediato a los usuarios para ejercer la decisión directa de compra del medicamento.

La exhibición de medicamentos propiamente tal, deberá considerar medidas de resguardo con el fin de evitar que niños o infantes alcancen o manipulen los productos, para lo cual éstos se ubicarán a partir de una altura mínima de un metro, debiendo disponer además de otras medidas que cumplan con la misma finalidad.

Cuando se trate de la exhibición de envases vacíos, éstos deberán incluir la leyenda "Muestra de Exhibición", en al menos una de las caras principales, en tamaño no inferior a un cuarto de la superficie de ésta y en un color que contraste respecto de los demás elementos gráficos del envase.

Los elementos representativos que se empleen para exhibir los medicamentos de venta directa, deberán ser de un tamaño de al menos 7 por 11 centímetros y tener impresas o adheridas las imágenes que sean copia fiel de la cara principal del envase secundario o principal autorizado por el Instituto de Salud Pública, para el medicamento que se trate.

Los medicamentos o los elementos que los representen, deberán exhibirse indicando su precio y estar disponibles para su venta, todo ello conforme al presente reglamento.

Asimismo, deberán exhibirse en grupos de acuerdo a sus categorías terapéuticas y dentro de éstas, cuando se trate de monodrogas, por principio activo y dosis por forma farmacéutica.

Para los efectos de lo dispuesto en el inciso precedente, se podrán emplear las siguientes categorías terapéuticas, las cuales deberán estar visiblemente identificadas:

a. Medicamentos de uso oftálmico.
b. Medicamentos analgésicos, antiinflamatorios y antipiréticos.
c. Medicamentos antifúngicos.
d. Medicamentos antitusivos.
e. Medicamentos para molestias gastrointestinales.
f. Medicamentos anestésicos locales.
g. Medicamentos antigripales.
h. Medicamentos antialérgicos.
i. Medicamentos antisépticos.
j. Vitaminas y minerales.
k. Otros.

Las consideraciones para la ubicación, presencia o ausencia de los medicamentos o los elementos que los representen en las estanterías o dispositivos indicados en este artículo, así como los mecanismos o acciones destinados al incentivo a la venta, tales como afiches, presencia de promotores u otros similares, no podrán vulnerar lo dispuesto en el inciso 4° del artículo 100 del Código Sanitario.

Artículo 15.- Las farmacias estarán obligadas a tener en existencia en forma permanente los productos señalados en el Título IX del presente reglamento.

Artículo 16.- Las drogas deberán almacenarse en envases apropiados para su adecuada conservación, rotulados en caracteres de imprenta claramente legibles. Estos rótulos no podrán ser objeto de enmiendas ni superposiciones.

Artículo 17.- Las farmacias dispondrán de al menos una copia del siguiente material de consulta, el que estará ubicado en un espacio debidamente identificado y de libre acceso al público:

1. Reglamentos: de "Farmacias, Droguerías, Almacenes Farmacéuticos, Botiquines y Depósitos Autorizados"; de "Estupefacientes"; de "Productos Psicotrópicos"; y del "Sistema Nacional de Control de Productos Farmacéuticos de Uso Humano".
2. El Formulario Nacional de Medicamentos y los Petitorios de Establecimientos de Expendio Farmacéuticos.
3. Las monografías de productos farmacéuticos de venta directa, aprobadas por resolución del Ministro de Salud, de oficio o a propuesta del Instituto de Salud Pública.
4. Listados de:

i. Los productos que deben demostrar bioequivalencia, de acuerdo a la normativa vigente.

ii. Los medicamentos que ya han demostrado bioequivalencia. El listado deberá estar ordenado de acuerdo a su principio activo y dosis por forma farmacéutica y actualizada al menos durante los 5 primeros días de cada mes, conforme a la información disponible en la página web del Instituto de Salud Pública.

Al momento de expender los productos farmacéuticos deberá informarse al adquirente, conforme a la prescripción o requerimiento, la existencia de medicamentos identificados de acuerdo a su denominación común internacional, especialmente, aquellos que forman parte del petitorio mínimo al que se alude en el numeral 2 del inciso precedente.

Además de lo indicado en los incisos precedentes, las farmacias deberán contar con infografías instaladas en espacios visibles al público, que promuevan el uso racional de medicamentos, junto con permitir la lectura de advertencias sobre el adecuado uso y dosificación de los medicamentos con condición de venta directa, reacciones adversas a medicamentos e información relacionada con números telefónicos de líneas existentes que provean información toxicológica de forma gratuita.

El texto y formato de las infografías obligatorias serán aprobados por resolución del Ministro de Salud y deberán contener al menos las siguientes menciones:

- "Antes de usar un medicamento, lea detenidamente las indicaciones contenidas en su envase y folleto de información al paciente";
- "Para mayor información, consulte al profesional tratante y/o al químico farmacéutico" y,
- "Para información de medicamentos y su uso racional visite www.ispch.cl y www.minsal.cl.

En el caso de aquellas farmacias que realicen expendio de medicamentos a través de medios electrónicos, se regirán por lo dispuesto en el Título VI bis del presente reglamento.

Artículo 18.- Las farmacias deberán poseer los siguientes Registros Oficiales:
- De inspección;
- De fraccionamiento de envases;
- De control de Estupefacientes;
- De control de Productos Psicotrópicos, y
- De reclamos.

Estos registros serán foliados y deberán ser autorizados por la Secretaría Regional Ministerial de Salud, o visados por el Instituto de Salud Pública de Chile, según corresponda, debiendo mantenerse y estar a disposición de los funcionarios del Secretaría Regional Ministerial de Salud o Instituto de Salud Pública de Chile en todo momento y circunstancia.

Las denuncias estampadas en el Libro de Reclamos que digan relación con calidad, seguridad y eficacia de los productos farmacéuticos que se expenden en la farmacia, así como la disponibilidad de aquellos considerados en el Petitorio Farmacéutico, en la forma como establece el artículo 93, deberán ser contestadas dentro de plazo máximo de 3 días por el Director Técnico del establecimiento con copia a la SEREMI de Salud correspondiente.

Artículo 19.- El registro de inspección estará destinado a:

a) Registrar las visitas inspectivas que practiquen funcionarios del Instituto de Salud Pública y las anotaciones y observaciones, si las hubiere.

b) Anotar por el químico farmacéutico, la fecha en la que éste asume la Dirección técnica del establecimiento y la de su término.

Las mismas anotaciones hará el profesional que lo reemplace, en caso de ausencia temporal con ocasión de feriados legales, permisos superiores a 24 horas, licencias médicas u otros de semejante naturaleza; debiendo comunicar, además, en forma previa o inmediata al Instituto de Salud Pública de Chile, señalando el periodo en que desempeñará las funciones.

c) Registrar los motivos fundados de las ausencias del Químico Farmacéutico dentro de su jornada laboral.

Artículo 19 A.- El registro de fraccionamiento de envases podrá ser físico o digital y deberá indicar el fraccionamiento realizado por cada receta dispensada.

Este registro permitirá la trazabilidad de los productos dispensados y el establecimiento que realice la venta de medicamentos deberá mantenerlo actualizado y disponible para su fiscalización. Será responsable de éste el Director Técnico respectivo.

El registro de fraccionamiento de envases deberá considerar, al menos, los siguientes datos:

1. N° correlativo y año asignado en la farmacia para cada fraccionamiento.
2. Fecha del fraccionamiento.
3. Nombre, RUT y teléfono del paciente.
4. Nombre y RUT del prescriptor.
5. Medicamento prescrito.
6. Datos del producto:
   i. Denominación común internacional y nombre de fantasía, si lo hubiere.
   ii. Forma farmacéutica y dosis.
   iii. Cantidad.
7. N° o números de registro sanitario del medicamento.
8. N° o números de lote del medicamento.
9. Fecha de vencimiento del medicamento según lote.
10. Nombre del químico farmacéutico que efectuó o supervisó el fraccionamiento.
11. Nombre de la persona que realizó el fraccionamiento, si fuere diferente del anterior.

Los registros no podrán ser alterados con enmiendas, ni dejar espacios en blanco entre las anotaciones. Sin perjuicio de lo anterior, podrán realizarse las correcciones que se requieran, dejando la evidencia de la misma y la firma del que autorizó el cambio o anulación del registro.

Artículo 20.- En los Registros de Estupefacientes y de Productos Psicotrópicos el Director Técnico, efectuará las anotaciones que para cada caso señalan el artículo 18° de los decretos supremos 404 y 405, de 2 de noviembre de 1983, del Ministerio de Salud.

Artículo 21.- Las recetas despachadas de productos de venta restringida deberán foliarse correlativamente y se archivarán en forma cronológica, pudiendo destruirse al cabo de un año.

Artículo 22.- El Registro de reclamos estará destinado a que el público deje constancia de sus observaciones, y se hallará permanentemente a su disposición.

En el caso de aquellas farmacias que realicen expendio de medicamentos a través de medios electrónicos, el Registro deberá estar a disposición del público a través de la página web de la farmacia. En dicho registro electrónico, se podrá dejar constancia de las observaciones de los usuarios, así como consultar los reclamos que en él consten.

PÁRRAFO III
DEL PERSONAL, SUS OBLIGACIONES Y RESPONSABILIDADES

Artículo 23.- Las farmacias funcionarán bajo la Dirección Técnica de un profesional químico-farmacéutico o farmacéutico, el que deberá ejercer su cargo a lo menos ocho horas diarias, sin que la mera ausencia constituya infracción si ha sido registrada en el Registro de recetas. Podrá ser reemplazado temporal o definitivamente en sus funciones sólo por otro profesional químico farmacéutico o farmacéutico.

Aquellos establecimientos cuya jornada de atención al público sea inferior a ocho horas, podrán contratar un profesional químico-farmacéutico o farmacéutico por el número de horas que comprende dicha jornada.

En el caso que el horario de funcionamiento supere la jornada laboral del profesional, éste deberá ser reemplazado por otro químico farmacéutico, que asuma las responsabilidades y funciones del primero, en el horario correspondiente.

Además en la parte interior de la farmacia y en sitio especialmente visible al público, se anunciará el nombre completo del Director del establecimiento.

Artículo 24.- El Director Técnico o su reemplazante, cuando procediere, será responsable de:

a) Verificar que el despacho de las recetas se efectúe conforme a las disposiciones legales respectivas, cautelando que se cumplan las condiciones de venta indicadas para cada producto farmacéutico;

b) Despachar personalmente las recetas de productos farmacéuticos sometidos a controles legales especiales: estupefacientes, productos psicotrópicos, otros asimilados a estas disposiciones y los productos de venta bajo receta retenida, dejando constancia en la receta de su nombre y firma, sin perjuicio de las modalidades especiales que se establecen en los Reglamentos de Estupefacientes y Productos Psicotrópicos, según corresponda;

c) La adquisición, tenencia, custodia y expendio de estupefacientes, productos psicotrópicos, otros asimilados a estas disposiciones y los productos de venta bajo receta retenida.

d) Promover el uso racional de los medicamentos;

e) Efectuar o supervisar el fraccionamiento de envases de medicamentos para la entrega del número de dosis requerido por la persona, según la prescripción del profesional legalmente habilitado;

f) Extender copia de las recetas de medicamentos cuya condición de venta sea "Receta Retenida" o "Receta Cheque", cuando ellas sean solicitadas. La copia deberá hacerse en papel con membrete que individualice el establecimiento, la fecha en que ella se extiende y el nombre del profesional que la suscribe. En caso de que se trate de productos que por disposición de la autoridad sanitaria, esté prohibida la repetición de su despacho, dicha copia deberá indicar esta prohibición;

g) Velar porque el sistema de almacenamiento de los productos farmacéuticos asegure su conservación, estabilidad y calidad;

h) Velar que el despacho a domicilio asegure la conservación, estabilidad y calidad de los productos farmacéuticos;

i) Adiestrar al personal auxiliar y supervisar el correcto desempeño de las funciones que en éste se deleguen;

j) Supervisar que el funcionamiento y actividades de la farmacia se desarrollen dentro del marco de la legislación sanitaria vigente y que se cumplan todas las normas e instrucciones que emanen de la autoridad sanitaria en relación con las farmacias;

k) Retirar de circulación los productos farmacéuticos a la fecha de su vencimiento;

l) Mantener al día los Registros indicados en el Párrafo II del Título II del presente reglamento, y

m) Comunicar por escrito al Director del Servicio de Salud respectivo el horario en que ejercerá sus funciones.

El Director Técnico señalado en la letra e) se entenderá referido a un químico-farmacéutico o farmacéutico, cuando el fraccionamiento sea realizado mediante convenio con un tercero.

Artículo 25.- Si la farmacia efectuare importaciones de productos farmacéuticos, el Director Técnico será responsable de la aplicación y cumplimiento de las disposiciones relativas a la materia en el reglamento del Sistema Nacional de Control de Productos Farmacéuticos, Alimentos de Uso Médico y Cosméticos.

Artículo 26.- Las responsabilidades que afectan al Director Técnico alcanzarán al propietario del establecimiento, de acuerdo a las normas generales que gobiernan la materia.

En ausencia del Director Técnico, el propietario y el personal auxiliar, no podrán desempeñar las funciones que son propias del químico-farmacéutico o farmacéutico, salvo que tengan esa calidad profesional. En caso de transgredir esta disposición, la responsabilidad recaerá en todos los infractores.

Artículo 27.- El propietario y el Director Técnico del establecimiento responderán de la adquisición de los estupefacientes, productos psicotrópicos y otros sometidos a controles especiales, en la forma y condiciones que establezca la reglamentación correspondiente.

Artículo 28.- Se dará el calificativo de "Auxiliar de Farmacia" a la persona que cuente con autorización sanitaria para desempeñarse como tal bajo la supervisión del Director Técnico de la Farmacia, previa comprobación de sus aptitudes y cumplimiento de los siguientes requisitos:

a) Haber rendido satisfactoriamente el 4° año de enseñanza media o estudios equivalentes, calificados por el Ministerio de Educación.

b) Haber desempeñado labores de bodegaje, reposición y manejo de productos farmacéuticos en farmacia, a lo menos, durante un año, debiendo adjuntar una certificación emitida por el Químico-Farmacéutico o Farmacéutico, Director Técnico del establecimiento, que deje constancia de ello.

c) Rendir satisfactoriamente un examen de competencia ante la autoridad sanitaria, sobre las siguientes materias:

• Regulación sanitaria respecto de la distribución y venta de productos farmacéuticos de uso humano.

• Condiciones adecuadas de almacenamiento y venta de productos farmacéuticos.

• Acción terapéutica y contraindicaciones de productos farmacéuticos, cuya condición de venta es directa.

Artículo 29.- La examinación del postulante se llevará a efecto bajo el procedimiento señalado en el artículo 67 de este reglamento, debiendo, quien la requiera, elevar la respectiva solicitud al Secretario Regional Ministerial correspondiente, adjuntando los antecedentes señalados en el artículo precedente.

La Secretaría Regional Ministerial de Salud correspondiente otorgará la autorización sanitaria al Auxiliar de Farmacia, si procediere, y emitirá la certificación de la constancia de tal hecho. Asimismo, dicha Secretaría llevará el registro respectivo y notificará a la Superintendencia de Salud, para los efectos de los registros relativos a prestadores individuales de salud, previstos en el decreto supremo N° 16 de 2007, del Ministerio de Salud.

Artículo 30.- El interesado que presente algún documento falso o adulterado perderá su opción a adquirir la calidad de Auxiliar de Farmacia, lo que se declarará mediante un comunicado a todas las Secretarías Regionales Ministeriales de Salud.

Artículo 31.- El Secretario Regional Ministerial de Salud podrá, previo sumario sanitario, en el que se haya acreditado fehacientemente alguna infracción a la normativa sanitaria por parte de un Auxiliar de Farmacia, aplicar alguna de las sanciones a las que se refiere el Libro X del Código Sanitario. En el caso de la suspensión o cancelación de la autorización sanitaria de Auxiliar de Farmacia, la resolución que así lo establezca deberá ser notificada al afectado y a su empleador, y se comunicará a todas las Secretarías Regionales Ministeriales de Salud del país.

PÁRRAFO IV
DEL EXPENDIO, DISPENSACIÓN Y FRACCIONAMIENTO DE PRODUCTOS FARMACÉUTICOS

Artículo 32.- El expendio de los productos farmacéuticos se hará de acuerdo a las condiciones de venta aprobadas en los respectivos registros sanitarios y rotuladas en su envase, las cuales pueden ser:

1. Venta Directa, es decir, sin receta= VD;
2. Venta bajo receta simple =R;
3. Venta bajo receta retenida =RR, o
4. Venta bajo receta cheque =RCH.

Artículo 33.- Para los efectos del presente Reglamento, se entenderá por:

1. Receta: El instrumento privado, gráfico o electrónico, mediante el cual el profesional habilitado para prescribir indica a una persona identificada y previamente evaluada, como parte integrante del acto médico y por consiguiente de la relación clínica, el uso y las condiciones de empleo de un producto farmacéutico, por su denominación común internacional (D.C.I.) o su denominación de fantasía si lo prefiere.

En caso que en la prescripción se individualice al producto farmacéutico por su denominación de fantasía, deberá agregarse, a modo de información, la denominación común internacional correspondiente, cuando existan medicamentos bioequivalentes certificados, condición que por el solo efecto de la ley, autoriza el intercambio del producto prescrito, en los términos del inciso siguiente.

Si el medicamento prescrito es de aquellos que deben demostrar bioequivalencia, la dispensación se realizará en los términos del artículo 34 de este Reglamento.

2. Receta magistral: Aquella en que un profesional legalmente habilitado para ello prescribe una fórmula especial para un paciente determinado, la que debe elaborarse en el momento de su presentación.

3. Receta Retenida: Aquella a través de la cual se prescriben productos sujetos a esta condición de venta, la que deberá archivarse en el establecimiento, conforme a lo dispuesto en el artículo 21 del presente reglamento.

Cuando se trate de la prescripción de estupefacientes y productos psicotrópicos cuya condición de venta es receta retenida, ésta deberá ser impresa y extendida conforme lo disponen los respectivos reglamentos.

4. Receta Cheque: Aquella por medio de la cual se prescriben productos estupefacientes o psicotrópicos y que se extiende empleando los formularios oficiales, gráficos o electrónicos, conforme a lo dispuesto en los reglamentos respectivos.

Artículo 34.- La prescripción del profesional indicará el período de tiempo necesario para el tratamiento total o su repetición periódica.

La prescripción de los productos a los que se refiere el artículo 98 del Código Sanitario se regulará conforme a lo dispuesto en los reglamentos específicos que rigen la materia.

A su turno, el expendio de los productos farmacéuticos se hará conforme a la respectiva receta.

Sin perjuicio de lo anterior, si de acuerdo a la normativa vigente el medicamento prescrito es de aquellos que deben demostrar bioequivalencia, a solicitud del requirente, el químico farmacéutico podrá, por sí mismo o en quien este delegue, expender cualquier otro bioequivalente que contenga el mismo principio activo y dosis por forma farmacéutica. Tratándose de productos que no requieren demostrar bioequivalencia se expenderá conforme a la receta.

Al momento del expendio y tratándose de recetas que prescriban productos farmacéuticos no sujetos a control legal, en éstas se deberá dejar constancia de su despacho mediante timbre del establecimiento, conservando visibles todas las indicaciones señaladas en el artículo 38. Tratándose de recetas cuya dispensación sea parcial o periódica, al reverso del documento deberá dejarse constancia de los despachos realizados, indicando la cantidad de productos entregados y la fecha de recepción, con timbre de la farmacia.

El Ministerio de Salud aprobará, mediante decreto, una norma técnica sobre "Buenas Prácticas de Prescripción y Dispensación.

Artículo 34 A.- Para efectos del expendio, la Receta podrá ser extendida por médico cirujano, cirujano dentista, médico veterinario, matrona o cualquier otro profesional legalmente habilitado para hacerlo.

Artículo 35.- Los cirujanos dentistas sólo podrán prescribir aquellos medicamentos necesarios para la atención odontoestomatológica inmediata y/o para el tratamiento posterior, sean éstos de venta directa, de venta bajo receta médica, de venta bajo receta médica retenida o productos de la lista IV, del Reglamento de Productos Psicotrópicos, en la forma y condiciones en él indicadas.

Artículo 36.- Los médicos veterinarios sólo podrán extender recetas en que se prescriban productos farmacéuticos para ser administrados a animales, debiendo especificarse en ellas el uso veterinario y consignarse el nombre del dueño o responsable del animal al que se efectúa la prescripción.

Artículo 37.- Las matronas sólo podrán prescribir los medicamentos necesarios para partos normales:
– Retractores de la fibra uterina;
– Preparados hormonales oxitócicos; y
– Analgésicos no narcóticos.

Artículo 38.- El expendio de medicamentos, cuya condición de venta es bajo receta simple o receta retenida se realizará contra ésta, sea gráfica o electrónica, debiendo esta última contar con firma electrónica avanzada del facultativo autorizado, conforme lo dispuesto en la ley Nº 19.799.

Toda receta, gráfica o electrónica, deberá contener la siguiente información:

a) Individualización del profesional que la extiende, señalando su nombre, número de la cédula de identidad, profesión, domicilio y en su caso, el Número del Registro Nacional de Prestadores Individuales de Salud, de la Superintendencia de Salud, indicado después de la siguiente sigla "REG-SIS Nº :". Estos datos deberán ser impresos o timbrados.

b) Individualización del paciente, señalando su nombre, número cédula de identidad y domicilio.

c) La prescripción, escrita o reproducida, en forma clara, legible y completa, debiendo contener: nombre del producto y su denominación común internacional si fuera distinta, dosis, forma farmacéutica y vía de administración; dosificación o posología, indicando el intervalo de administración y período de tratamiento. En las recetas gráficas, estos contenidos deberán ser consignados en letra imprenta.

Cuando se trate de fórmulas magistrales los componentes deberán indicarse con su denominación común internacional o química no permitiéndose claves o abreviaturas.

d) Cualquier otra indicación, cuando corresponda, que permita la correcta administración y adecuado tratamiento, así como el uso racional del medicamento prescrito.

e) Nombre manuscrito o por timbre, y firma del profesional.

f) Fecha en que se extiende la receta.

Asimismo, una norma técnica aprobada mediante decreto del Ministerio de Salud determinará los formatos obligatorios a los que debe ajustarse cada tipo de receta y establecerá las leyendas y/o símbolos que deberán contener para propender al uso racional de los medicamentos y la seguridad de la medicación.

Las recetas impresas deberán estar foliadas, y previo a su uso, timbradas por las Secretarías Regionales Ministeriales de Salud o validadas mediante sistema electrónico que determine el Ministerio de Salud.

En el caso de las recetas electrónicas, el profesional que prescribe o las farmacias deberán entregar una copia de la misma a solicitud del paciente a fin de que este pueda hacer correcto uso de los productos prescritos.

Tratándose de prescripciones realizadas por un Médico Veterinario, éstas quedan exceptuadas de contener la información exigida en la letra b) del presente artículo, debiendo en su reemplazo indicar el nombre de la persona responsable del animal al cual están destinados los productos farmacéuticos prescritos.

Artículo 39.- Cuando se prescriban productos farmacéuticos sometidos a controles especiales, los profesionales que lo hagan deberán cumplir estrictamente los requisitos de formulación que determinen los reglamentos pertinentes.

Artículo 39 A.- El propietario, el director técnico y el auxiliar de la farmacia en que se expenda un medicamento diferente al indicado en la receta, contraviniendo lo dispuesto en este Reglamento, serán sancionados conforme lo dispuesto en el Libro Décimo del Código Sanitario.

Artículo 40.- El fraccionamiento de envases de medicamentos deberá ser efectuado por el Director Técnico o químico farmacéutico, según sea el caso, o supervisado por éste cuando la actividad sea realizada por otro profesional o por auxiliares de farmacia.

Para efectos de este reglamento, se entenderá por fraccionamiento de envases de medicamentos, el proceso por el cual el Director Técnico o químico farmacéutico, según sea el caso, o a quien éste supervise, extrae desde un envase clínico el número de unidades posológicas que se requieran, de acuerdo a la prescripción emitida por un profesional competente, para su dispensación al paciente, y entregándole información y orientación sobre el tratamiento indicado.

El fraccionamiento procederá en medicamentos cuyo envase primario contenga de manera separada cada unidad posológica, ya sea conteniendo una o varias dosis del producto farmacéutico que se trate.

Las Formas farmacéuticas que podrán fraccionarse serán:

– Formas farmacéuticas líquidas en todos sus tipos y formas de administración, dispuestas en envases primarios monodosis.

– Formas farmacéuticas sólidas, tales como comprimidos y cápsulas en todos sus tipos.

– Formas Farmacéuticas Semisólidas, tales como óvulos o supositorios.

– Polvos para reconstituir como solución acuosa, dispuestas en envases primarios monodosis.

– Sistemas Terapéuticos Transdérmicos y Parches.

Sin perjuicio de lo anterior, no podrán fraccionarse los productos estupefacientes y productos psicotrópicos, regulados en los Reglamentos de Estupefacientes y de Productos Psicotrópicos contenidos en los decretos supremos N° 404 y N° 405, ambos de 1983, del Ministerio de Salud, respectivamente.

Durante el proceso de fraccionamiento, los envases primarios podrán manipularse mediante corte, división, extracción o separación, sin exponer la forma farmacéutica al ambiente, ni dañar el alveolo o reservorio en que ésta se encuentre.

Queda prohibido fraccionar productos de combinación, productos oncológicos, radiofármacos, hormonas y cualquier producto farmacéutico cuya condición de almacenamiento sea refrigerado o que sea fotosensible.

Artículo 40 A.- Eliminado.

Artículo 40 B.- Una vez fraccionados, los productos deberán contenerse en un envase de material y capacidad adecuados a su contenido, debidamente rotulado y sellado mediante cinta de seguridad adhesiva o similar.

La rotulación del envase de productos fraccionados podrá realizarse por impresión, timbrado o etiquetado, siempre de manera indeleble y legible, utilizando caracteres del tipo "ARIAL" u otros tipos rectilíneos semejantes, y de un tamaño mínimo de cuerpo "7". La información a consignar en los rótulos de los envases deberá indicar al menos lo siguiente:

– Número correlativo de fraccionamiento, con indicación de año con los dos últimos dígitos.

– Nombre y Rut del paciente.

– Datos del Producto:

– Denominación Común Internacional.

– Forma farmacéutica y dosis.

– Dosificación y cantidad.

– Vía de administración.

– N° de registro sanitario del medicamento.

– N° o números de lote del medicamento.

– Fecha de vencimiento del medicamento. En caso de que se fraccione más de un lote de un medicamento, se deberá indicar solo la fecha más próxima.

– Nombre, teléfono y dirección del establecimiento.

Todo envase de un producto fraccionado deberá contener la siguiente frase: "Para mayor información, consulte a su prescriptor o químico farmacéutico. Visite www.ispch.cl y www.minsal.cl".

Artículo 40 C.- Eliminado.

Artículo 40 D.- El Director Técnico o químico farmacéutico, según sea el caso, de la farmacia deberá velar por la correcta ejecución de cada una de las actividades de fraccionamiento que se realicen; debiendo existir para ello procedimientos establecidos y conocidos por su personal.

Para estos efectos, se deberá contar con procedimientos documentados sobre al menos las siguientes materias:

- Almacenamiento de los medicamentos a fraccionar.
- Recepción y almacenamiento de material de envase.
- Fases del fraccionamiento, desde la preparación de la estación de trabajo hasta el envasado final y posterior despeje de la zona.
- Envasado y rotulado.
- Dispensación.
- Higiene del personal.
- Procedimientos y medidas de protección para evitar la contaminación del producto.
- Limpieza general del sector de fraccionamiento.
- Documentación y registros.

Artículo 40 E.- En la dispensación que realice el Director Técnico del establecimiento, químico farmacéutico o quien éste supervise, de medicamentos que hayan sido fraccionados deberá entregar, de forma verbal, la información al paciente o adquirente acerca del producto que adquiere, incluyendo las correspondientes instrucciones de administración, según la prescripción que se trate. Además, deberá entregar junto con los productos dispensados, los respectivos folletos de información al paciente, autorizados en el registro sanitario.

Tratándose de expendio de medicamentos fraccionados, a través de medios electrónicos, el director técnico o a quien éste supervise, deberá enviar, junto con los productos, los respectivos folletos de información.

Artículo 40 F.- El Ministerio de Salud evaluará la implementación y cumplimiento de los artículos 14 bis, 19 A y 40 a 40 E.

A tal efecto y de acuerdo con el artículo 47 del Código Sanitario, el Ministerio, mediante una norma técnica, establecerá los datos estadísticos de relevancia para la realización de dicha evaluación. Respecto de los cuales el Instituto de Salud Pública de Chile le proporcionará información de acuerdo a los antecedentes que recabe semestralmente de las farmacias, en el ejercicio de su función de control sanitario de los productos farmacéuticos.

PÁRRAFO V
DEL HORARIO DE ATENCIÓN Y TURNOS

Artículo 41.- El horario de atención de la farmacia será determinado por su propietario, pudiendo comprender jornada diurna, nocturna y en días no hábiles y deberá comunicarse al Instituto de Salud Pública y anunciarse al público mediante letrero colocado en lugar visible. No obstante, las farmacias deberán atender público en forma ininterrumpida mientras se encuentren de turno.

Durante el horario nocturno las farmacias podrán atender público a través de una ventanilla.

Sin perjuicio de lo anterior, el Instituto de Salud Pública podrá autorizar el funcionamiento de Farmacias de Urgencia, las que deberán permanecer abiertas y atender público las 24 horas del día, durante todo el año. En este caso deberán contar con la presencia del Director Técnico, sin que la mera ausencia constituya infracción, si ha sido registrada en el Registro de recetas.

Tratándose de las farmacias itinerantes, su horario de funcionamiento será determinado por su propietario, y autorizado por el Instituto, no pudiendo ser inferior a 4 horas en cada ubicación.

Artículo 42.- El Instituto de Salud Pública fijará semestralmente los turnos de las farmacias, los que serán obligatorios, sin perjuicio de lo dispuesto en el artículo 45.

Para la aplicación del presente reglamento, se entenderá por turno la apertura obligatoria de una farmacia en un horario determinado, el que se realizará previa asignación mediante resolución del Instituto, con la finalidad de asegurar una adecuada disponibilidad de medicamentos, en días inhábiles y feriados legales y en horario nocturno.

Para estos efectos, dicho Servicio confeccionará antes del 30 de noviembre y del 30 de mayo de cada año, las nóminas de turnos que deberá cumplir semestralmente cada farmacia, con indicación de su nombre, ubicación, sector de la población que deberá atender y fechas en que le corresponderá cumplirlos.

Una copia de esta nómina deberá remitirse dentro de los primeros quince días de los meses de diciembre y junio de cada año a la Jefatura de Carabineros de Chile y a en alguno de los medios de comunicación existentes en la localidad para su difusión.

Artículo 43.- El Instituto de Salud Pública notificará a los Directores Técnicos de las farmacias, personalmente o por carta certificada, los turnos que deberán cumplir en el semestre correspondiente. Sin perjuicio de lo indicado, los Directores Técnicos podrán ser notificados mediante correo electrónico, si de manera previa ellos hubiesen informado una dirección electrónica para dichos efectos.

Cualquiera sea el medio de notificación, ésta deberá efectuarse en la primera quincena de los meses de diciembre y junio de cada año.

Artículo 44.- Las farmacias deberán indicar su turno mediante un cartel, que se colocará en un lugar exterior del establecimiento, fácilmente visible del público. Si no le correspondiere turno, deberán señalar, en igual forma, el nombre y ubicación de las farmacias más inmediatas a las que les corresponda turno.

Artículo 44 A.- Para los efectos de la fijación de los turnos, el Instituto deberá considerar datos poblacionales, así como la cantidad de farmacias, almacenes farmacéuticos y establecimientos de salud existentes en la localidad y sus respectivos horarios de atención al público, así como su accesibilidad.

Para lo anterior, el Instituto deberá considerar aspectos geográficos y de transporte, relacionados con la accesibilidad de la población a los establecimientos señalados en el inciso anterior y a los medios de transporte público.

En las localidades donde existan farmacias de urgencia, los turnos que asigne el Instituto no podrán exceder de la medianoche.

Artículo 44 B.- En aquellos lugares donde no existan establecimientos de expendio de medicamentos al público, el Ministerio de Salud adoptará las medidas necesarias para la adecuada disponibilidad de fármacos, a través de los establecimientos de salud.

Artículo 45.- Ninguna farmacia podrá eximirse de los turnos fijados por el Instituto de Salud Pública. No obstante, en casos debidamente calificados, el Instituto podrá suspender el cumplimiento del turno por el tiempo que estime prudencial, designando en su reemplazo otra farmacia que lo haga.

Sin perjuicio de lo expuesto, tratándose de aquellas farmacias que se encuentren instaladas al interior de otros establecimientos de mayor tamaño y sin acceso independiente a vías de uso público, no podrá fijárseles turnos más allá de las condiciones y horario de atención al público del establecimiento donde están insertas; en estos casos el turno deberá fijarse respecto de las farmacias cercanas a tales establecimientos.

Asimismo, un director técnico de un establecimiento podrá acordar con otro, encargado de un establecimiento similar, el traspaso de la obligación de realizar un turno asignado, previa autorización del Instituto.

Las farmacias móviles itinerantes estarán eximidas de la realización de turnos.

PÁRRAFO VI
DE LA INFORMACIÓN DE PRECIOS

Artículo 45 A.- Las Farmacias deberán garantizar en materia de expendio de productos farmacéuticos, la transparencia, el acceso a la información y la veracidad de la misma. Para estos efectos, informarán los precios de los productos por envase y por cada unidad posológica y las demás características relevantes que más adelante se regulan.

Artículo 45 B.- La información de los precios de los productos farmacéuticos que se encuentren disponibles para su expendio, deberá ser suministrada al público por medios que aseguren su entrega clara, oportuna, transparente, veraz y susceptible de ser comprobada. Queda prohibida cualquier expresión o forma de presentación de la información que induzca a error o engaño al adquirente, o que favorezca el uso de un producto por sobre otro; por ejemplo, distorsionando o impidiendo la comparación entre dos o más alternativas.

La información de precios de los demás productos que se expendan en una Farmacia, se regirán por las normas generales que regulan esta materia.

Artículo 45 C.- Las Farmacias deberán contar con una lista de precios de productos farmacéuticos permanentemente actualizada y accesible al público de forma directa, sin restricciones, ni intervención de terceros, salvo que ésta sea requerida por el consultante.

La lista de precios de productos farmacéuticos disponibles para el expendio, deberá contener la siguiente información:

a) Nombre del principio activo bajo su denominación común internacional.

b) Dosis por forma farmacéutica.

c) Denominación de fantasía si la tuviera.

d) Titular del registro del producto farmacéutico.

e) Presentación, incluyendo el contenido, expresado en número de dosis o unidades para cada una de sus presentaciones disponibles.

f) El precio del producto dispuesto a la venta.

g) El precio por unidad de medida.

h) Si el producto es bioequivalente.

Asimismo, la lista deberá ordenarse agrupando los productos que contengan un mismo principio activo y dosis por forma farmacéutica y dentro de éstos, por orden alfabético.

Los medicamentos de combinación o compuestos por una asociación de dos o tres principios activos deberán listarse en orden alfabético de acuerdo a la fórmula descrita en sus rótulos.

En el caso de medicamentos cuya composición incorpora más de tres principios activos, la lista de precios no deberá indicar su composición, sino que agruparlos de acuerdo a su categoría terapéutica.

Se entenderá como precio por unidad de medida, el precio del producto por dosis posológica. En el caso de formas farmacéuticas liquidas o similares, el precio por unidad de medida se indicará por cada cien mililitros.

Artículo 45 D.- La obligación de informar los precios podrá cumplirse a través de los siguientes medios:

a) Lista impresa, o

b) Dispositivos electrónicos que permitan la consulta directa del adquirente, sin intermediarios ni restricciones, mostrando la lista de precios y/o permitiendo consultas sobre la misma.

Los dispositivos electrónicos deberán cumplir con las exigencias establecidas en el artículo 45 C y permitir la búsqueda por el nombre del producto o principio activo mostrando todos los resultados que contengan el mismo principio activo y dosis por forma farmacéutica, en el orden y forma establecidos en este Reglamento.

Además, la lista de precios podrá publicarse en el sitio web del establecimiento, si lo hubiere.

Artículo 45 E.- Tratándose de medicamentos de venta directa, ubicados en estanterías u otros dispositivos similares de acceso directo al público, los establecimientos deberán informar además de su precio, el valor por unidad de medida, ya sea en el mismo producto o junto a él.

Artículo 45 F.- Todo medicamento disponible para su expendio deberá indicar el precio en su envase, el cual deberá ser susceptible de comprobación en las correspondientes listas de precios.

La indicación del precio en los envases de los medicamentos deberá realizarse por impresión, escrituración o etiquetado. La actividad de impresión o etiquetado podrá realizarse en la misma farmacia o en otro establecimiento autorizado para el acondicionamiento, almacenamiento, distribución o expendio de productos farmacéuticos, no requiriendo de autorización especial para ello.

Artículo 45 G.- El rotulado de los precios constará en los envases, de acuerdo a las siguientes reglas:

a) El precio deberá ser claro, legible y escrito con sustancias o medios de impresión indelebles.

b) Los caracteres deberán ser del tipo Arial u otros tipos rectilíneos semejantes, de un tamaño mínimo de cuerpo "10". Sin perjuicio de lo anterior, en las farmacias y otros establecimientos de expendio de medicamentos al público, podrá escribirse manualmente el precio de los productos que se ofrezcan, ya sea sobre etiquetas adhesivas o directamente sobre sus envases, para lo cual la escrituración deberá realizarse con trazos rectos y simples, empleando números arábigos.

c) La indicación del precio no podrá cubrir u obstaculizar la información que obligatoriamente deben contener los envases de los medicamentos, de acuerdo a su respectivo registro sanitario y a la reglamentación correspondiente.

Artículo 45 H.- No les será aplicable a los preparados magistrales y a los productos que requieran para su dispensación un proceso de fraccionamiento previo, la obligación relativa al rotulado de precios, sin perjuicio de la obligación de entrega oportuna de tal información, conforme al presente Reglamento.

Asimismo, a los productos que requieran para su dispensación un proceso de fraccionamiento previo, tampoco les regirá lo dispuesto en la letra f), del artículo 45 C.

TÍTULO III
DE LAS DROGUERÍAS

Artículo 46.- Droguería es todo establecimiento destinado a la importación, fraccionamiento, distribución y venta de drogas a granel, sustancias químicas, reactivos, colorantes permitidos, aparatos de física y química y accesorios médicos y quirúrgicos.

Podrán, además, importar o adquirir productos farmacéuticos y alimentos de uso médico en las condiciones señaladas en el reglamento del Sistema Nacional de Control de Productos Farmacéuticos, Alimentos de Uso Médico y Cosméticos. La distribución de estos productos sólo podrá hacerse a farmacias, almacenes farmacéuticos, depósito de productos farmacéuticos de uso veterinario o dental y botiquines autorizados. Las droguerías funcionarán bajo la dirección técnica de un profesional químico farmacéutico.

Las droguerías estarán facultadas para la distribución de muestras médicas de productos farmacéuticos que contienen benzodiazepinas contenidas en la lista IV del Reglamento de Productos Psicotrópicos, cuyo registro sanitario hayan requerido, con el fin de entregarlos exclusivamente a los profesionales facultados para prescribirlos y sujetándose a los controles establecidos en el decreto supremo N° 923 de 1995, del Ministerio de Salud.

Artículo 47.- Para obtener la autorización de funcionamiento, instalación o traslado, el interesado deberá presentar al Secretaría Regional Ministerial de Salud los siguientes documentos:

a) Solicitud en que deberá constar la individualización del propietario, o del representante legal según el caso, el nombre del Director Técnico y la ubicación del establecimiento;

b) Declaración del profesional químico farmacéutico, que asumirá la dirección técnica de la droguería, acreditando su calidad de tal, señalando su cédula de identidad y domicilio particular, y

c) Copia autorizada de los instrumentos legales que acrediten el dominio del establecimiento.

Artículo 48.- Todo propietario de droguería deberá comunicar por escrito al Secretaría Regional Ministerial de Salud correspondiente el cierre definitivo o temporal de su establecimiento.

Si el cierre es definitivo por término de funciones, el interesado solicitará la transferencia de los productos estupefacientes y psicotrópicos, de acuerdo a las normas reglamentarias vigentes, o en su defecto la autoridad sanitaria procederá a su decomiso.

Artículo 49.- La planta física de una droguería deberá contar con un local debidamente circunscrito, y con el equipamiento que permita asegurar el almacenamiento y conservación adecuada de los productos según las normas fijadas en la materia por el Ministerio de Salud.

Deberá mantener en una estantería exclusiva y bajo llave los estupefacientes, los productos psicotrópicos y los venenos.

Artículo 50.- La droguería deberá contar con un sistema de control de calidad, tanto de las drogas o materias primas que adquiere, fracciona por sí o por un tercero, y distribuye, como de los productos farmacéuticos que importe y distribuye, en conformidad a lo dispuesto en el Título V del reglamento del Sistema Nacional de Control de Productos Farmacéuticos, Alimentos de Uso Médico y Cosméticos.

En los envases de cada partida de drogas o materia prima analizada, se inscribirá el número del boletín de análisis respectivo.

En todo caso, la droguería deberá mantener un archivo de todos los protocolos de análisis.

Artículo 51.- Toda droguería deberá poseer un Registro de Inspección, para los efectos de lo señalado en las letras b) y c) del artículo 19º del presente reglamento.

Si la droguería comerciare con estupefacientes y productos psicotrópicos, deberá tener, además, el registro a que se refiere el artículo 20º del presente reglamento y cumplir las demás normas especiales aplicables a la materia.

Artículo 52.- Respecto del personal de las droguerías regirán las mismas disposiciones del Párrafo III del Título I del presente reglamento, con excepción de las establecidas en el artículo 24º.

En las droguerías, el Director Técnico o su reemplazante, cuando procediere, será responsable de:

a) Intervenir en la adquisición y responder de la tenencia, custodia y expendio de estupefacientes y productos psicotrópicos y demás sujetos a controles legales especiales;

b) Del fraccionamiento de drogas, sea por sí mismo o mediante convenio con un tercero;

d) Velar porque el sistema de almacenamiento de las drogas y de los productos farmacéuticos asegure su conservación, estabilidad y calidad;

d) Adiestrar al personal auxiliar y supervisar el correcto desempeño de las funciones que en éste se deleguen, y

e) Del cumplimiento de las disposiciones del artículo 50º de este reglamento.

Artículo 53.- Las responsabilidades que afecten al Director Técnico alcanzarán al propietario del establecimiento, de acuerdo a las normas generales que gobiernan la materia.

En ausencia del Director Técnico, el propietario y el personal auxiliar, no podrán desempeñar las funciones que son propias del químico-farmacéutico o farmacéutico, salvo que tengan esa calidad profesional. En caso de transgredir esta disposición, la responsabilidad recaerá en todos los infractores.

Artículo 54.- El propietario del establecimiento responderá de la adquisición de los estupefacientes, productos psicotrópicos y otros sometidos a controles especiales, en la forma y condiciones que señale la reglamentación correspondiente.

Artículo 55.- El Director Técnico y, asimismo, el propietario, responderán de que la distribución de productos farmacéuticos y alimentos de uso médico sea efectuada a los establecimientos autorizados para su expendio al público.

TÍTULO IV
DE LOS ALMACENES FARMACÉUTICOS Y DE LOS ALMACENES FARMACÉUTICOS COMPLEMENTARIOS

PÁRRAFO I

Artículo 56.- Almacén farmacéutico es todo establecimiento o parte de él destinado a la venta de los siguientes productos:

a) Medicamentos de venta directa.

b) Medicamentos de venta bajo receta médica que se señalan en el Título X del presente reglamento.

c) Elementos médico-quirúrgicos, de primeros auxilios y de curación.

Los almacenes farmacéuticos podrán instalarse de manera independiente, con acceso a vías de uso público, o como un espacio circunscrito dentro de otro establecimiento.

Los almacenes farmacéuticos podrán expender medicamentos a través de medios electrónicos. Para estos efectos, deberán cumplir con las disposiciones del Título VI bis y demás que les sean aplicables de este reglamento y conciliables con, considerando la naturaleza de los medios por los cuales realizan el expendio.

La dirección técnica de estos establecimientos estará a cargo de un práctico de farmacia, quien deberá desempeñarla durante todo su horario de funcionamiento, siendo su ejercicio incompatible en el mismo horario, con la de otro establecimiento farmacéutico.

En caso de ausencia temporal del director técnico con ocasión de feriados legales, permisos superiores a 24 horas, licencias médicas u otros de semejante naturaleza, éste podrá ser reemplazado por otro práctico de farmacia, quien deberá notificar en forma previa o inmediata al Instituto de Salud Pública de Chile, señalando el periodo en que desempeñará las funciones.

Cuando el Director Técnico deba ausentarse por motivos justificados dentro de su jornada laboral, deberá registrar dicha situación conforme lo dispuesto en el artículo 64 de este Reglamento.

Artículo 57.- A los almacenes farmacéuticos y a los almacenes farmacéuticos complementarios les estará estrictamente prohibida la adquisición y venta de productos farmacéuticos no autorizados en el artículo anterior.

De la misma manera, a estos establecimientos les estará estrictamente prohibido la preparación y el despacho de fórmulas magistrales y oficinales

Todas las recetas que prescriban productos farmacéuticos indicados en el Título X del presente reglamento o productos farmacéuticos complementarios, según sea el caso, que sean despachadas en el establecimiento deberán archivarse en orden correlativo o cronológico, y mantenerse a disposición de la autoridad sanitaria.

Artículo 58.- Para obtener la autorización de funcionamiento, instalación o traslado el interesado deberá presentar al Instituto de Salud Pública los siguientes documentos:

a) Solicitud en que deberá constar la individualización del propietario o representante legal según el caso, ubicación del establecimiento y nombre del Práctico de Farmacia;

b) La declaración del Práctico de Farmacia que asumirá la responsabilidad de la dirección del almacén farmacéutico o almacén farmacéutico complementario, en su caso, acreditando su calidad de tal y señalando su cédula de identidad y domicilio particular, y

c) Copia autorizada de los instrumentos legales en los que consta el título en virtud del cual se posee el establecimiento.

Para la exhibición y posterior expendio de medicamentos de venta directa en repisas, estanterías, góndolas, anaqueles, dispensadores u otros dispositivos similares de acceso directo al público, se deberá contar con autorización sanitaria del Instituto de Salud Pública. Igual obligación corresponderá para la modificación de la planta física que, para los mismos fines, soliciten los almacenes ya autorizados.

Artículo 59.- Todo propietario de un almacén farmacéutico o Almacén Farmacéutico Complementario, en su caso deberá comunicar por escrito al Instituto de Salud Pública el cierre definitivo o temporal de su establecimiento.

Artículo 60.- El horario de atención de los almacenes farmacéuticos y almacenes farmacéuticos complementarios, en su caso será determinado por su propietario comunicado por escrito al Instituto de Salud Pública y anunciado al público mediante letrero colocado en lugar visible.

INCISOS ELIMINADOS.

Artículo 61.- La planta física de un almacén farmacéutico deberá estar en un local debidamente circunscrito y que permita asegurar el almacenamiento y conservación adecuada de los productos farmacéuticos.

Además, el almacén farmacéutico que quisiera contar con el servicio de fraccionamiento, sea por el mismo o mediante servicio prestado por un tercero, deberá cumplir con lo establecido en el artículo 14 inciso quinto y 14 bis del presente reglamento, sobre condiciones para el fraccionamiento.

Estos establecimientos exhibirán en la parte exterior del local el rótulo o letrero "Almacén Farmacéutico" con su nombre comercial.

Deberá colocar en lugar visible el nombre del Práctico de Farmacia responsable y la lista de productos farmacéuticos que están autorizados a comercializar.

A los Almacenes Farmacéuticos Complementarios les serán aplicables las mismas normas dispuestas en los incisos anteriores para los Almacenes Farmacéuticos, sin embargo el rótulo o letrero correspondiente, al agregar su nombre comercial, no podrá contener alusiones que puedan inducir a engaño respecto de propiedades milagrosas o sobrenaturales de los medicamentos complementarios, sin que sea necesario agregar una lista de aquellos que expenden.

A los almacenes farmacéuticos les serán aplicables las siguientes normas contenidas en el Título II de este reglamento:

a) Las referidas a la exhibición y expendio de medicamentos de venta directa, conforme a lo dispuesto en el artículo 14 A.

b) Las referidas al expendio de productos farmacéuticos, contenidas en el párrafo IV, en lo que sea compatible con este Título.

c) La asignación y cumplimiento de turnos del Párrafo V.

d) La Información de precios, del Párrafo VI.

Artículo 62.- Los almacenes farmacéuticos estarán obligados a mantener en existencia, en forma permanente y siempre disponible al público, los productos que se indiquen en el Petitorio Farmacéutico Mínimo de Medicamentos correspondiente, determinado mediante resolución del Ministro de Salud, todo conforme a lo dispuesto en los artículos 94 y 101 del Código Sanitario.

Artículo 63.- Los almacenes farmacéuticos dispondrán de al menos una copia del siguiente material de consulta, el que estará ubicado en un espacio debidamente identificado y de libre acceso:

1. Del presente Reglamento y del Reglamento del Sistema Nacional de Control de Productos Farmacéuticos de Uso Humano.
2. El Formulario Nacional de Medicamentos y de su Petitorio Mínimo Farmacéutico.
3. Las monografías de productos farmacéuticos de venta directa, aprobadas por resolución del Ministro de Salud, de oficio o a propuesta del Instituto de Salud Pública.
4. Listado de Farmacias cercanas, con su nombre y localización.
5. Listados de:

i. Los productos que deben demostrar bioequivalencia, de acuerdo a la normativa vigente.

ii. Los medicamentos que ya han demostrado bioequivalencia. El listado deberá estar ordenado de acuerdo a su principio activo y dosis por forma farmacéutica y actualizada al menos durante los 5 primeros días de cada mes, conforme a la información disponible en la página web del Instituto de Salud Pública.

Asimismo, les serán aplicables a los almacenes farmacéuticos las normas señaladas en los incisos 2°, 3° y 4° del artículo 17 del presente reglamento.

Artículo 64.- El Almacén Farmacéutico deberá poseer los siguientes registros oficiales, para efecto de los artículos 19, 19 A y 22, según corresponda:

a) De inspección,

b) De fraccionamiento de envases, cuando correspondiere, y

c) De reclamos.

Estos registros deberán estar foliados y previamente autorizados por el Instituto de Salud Pública de Chile, debiendo mantenerse a su disposición en todo momento y circunstancia.

Las denuncias estampadas en el Libro de Reclamos que digan relación con calidad, seguridad y eficacia de los productos farmacéuticos que se expenden en el almacén, así como con la disponibilidad de aquellos considerados en su Petitorio Mínimo Farmacéutico, deberán ser contestadas dentro de plazo máximo de 3 días por el Director Técnico del establecimiento con copia al Instituto de Salud Pública de Chile.

PÁRRAFO II
DEL PERSONAL, SUS OBLIGACIONES Y RESPONSABILIDADES

Artículo 65.- El Práctico de Farmacia en el almacén farmacéutico será responsable de:

a) Despachar personalmente las recetas médicas que prescriban productos sujetos a esta condición de venta indicados en el Título X;

b) Velar porque el sistema de almacenamiento de los productos farmacéuticos asegure su conservación, estabilidad y calidad;

c) Supervisar el fraccionamiento de medicamentos, cuando corresponda;

d) Adiestrar al personal auxiliar y supervisar su correcto desempeño;

e) Supervisar que en todo momento el funcionamiento y actividades del almacén farmacéutico se desarrollen dentro del marco de la legislación sanitaria vigente y que se cumplan todas las instrucciones que emanan de la autoridad sanitaria en relación con los almacenes farmacéuticos;

f) Retirar de circulación los productos farmacéuticos a la fecha de su vencimiento, y

g) Mantener al día el archivo de recetas mencionado en el artículo 57°.

Las mismas responsabilidades descritas en el incisoprecedente, serán asumidas por el Práctico de Farmacia del Almacén Farmacéutico Complementario, a quien corresponderá el despacho personal de los productos farmacéuticos complementarios, en el caso de que tengan esa condición de venta.

Artículo 66.- Se denominará Práctico de Farmacia a aquel que cuente con autorización sanitaria para desempeñarse como Auxiliar de Farmacia, previo cumplimiento, además, de los siguientes requisitos:

a) Haberse desempeñado como auxiliar de farmacia por lo menos durante cinco años cronológicos anteriores, debiendo ser uno de ellos inmediatamente anterior a la solicitud de autorización, lo que se acreditará mediante certificación del Director Técnico de la o las farmacias en las que haya ejercido.

b) Rendir satisfactoriamente un examen de competencia ante la autoridad sanitaria.

Quienes cuenten con un título de Técnico de Farmacia de Nivel Superior, conferido por un establecimiento de educación superior del Estado, o reconocido por éste, podrán desempeñarse como Práctico de Farmacia, sin requerir de la autorización de que trata este artículo.

Artículo 66.- Se denominará Práctico de Farmacia a aquel que cuente con autorización sanitaria para desempeñarse como Auxiliar de Farmacia, previo cumplimiento, además, de los siguientes requisitos:

a) Haberse desempeñado como auxiliar de farmacia por lo menos durante cinco años cronológicos anteriores, debiendo ser uno de ellos inmediatamente anterior a la solicitud de autorización, lo que se acreditará mediante certificación del Director Técnico de la o las farmacias en las que haya ejercido.

b) Rendir satisfactoriamente un examen de competencia ante la autoridad sanitaria.

Quienes cuenten con un título de Técnico de Farmacia de Nivel Superior, conferido por un establecimiento de educación superior del Estado, o reconocido por éste, podrán desempeñarse como Práctico de Farmacia, sin requerir de la autorización de que trata este artículo.

Artículo 67.- El examen de competencia se rendirá ante una Comisión integrada por el Secretario Regional Ministerial o su representante, un profesional del área de la salud y un químico farmacéutico, preferentemente de su dependencia, que sean designados por él, los que se inhabilitarán, según corresponda, de conformidad a lo dispuesto en el artículo 12 de la ley 19.880.

Artículo 68.- Para someterse al examen de competencia, el interesado elevará una solicitud al Secretario Regional Ministerial, en la que se individualice y acredite como auxiliar de farmacia, acompañando certificación de esta última circunstancia y los demás antecedentes referidos en el artículo 66.

Artículo 69.- El examen versará sobre las siguientes materias:

a) Acciones farmacológicas, terapéuticas y reacciones adversas, indicaciones, interacciones y contraindicaciones de los productos farmacéuticos contenidos en el petitorio de los Almacenes Farmacéuticos.

b) Condiciones adecuadas de almacenamiento de los productos termolábiles y otros que requieran condiciones especiales de almacenamiento.

c) Regulación farmacéutica aplicable a los locales de su desempeño.

Artículo 70.- Si el candidato aprueba el examen, el Director del Servicio correspondiente dictará una resolución otorgándole la calidad de Práctico de Farmacia, la que se comunicará a todos las Secretarías Regionales Ministeriales de Salud del país.

Artículo 71.- Si el postulante fuere reprobado en el examen, las Secretarías Regionales Ministeriales de Salud dictará la resolución correspondiente, la que se comunicará también a las Secretarías Regionales Ministeriales de Salud del país. En todo caso, el afectado sólo podrá repetir el examen después de transcurrido un año desde la fecha de la primera prueba.

Artículo 72.- La Secretaría Regional Ministerial de Salud que haya emitido una autorización sanitaria para el ejercicio como Práctico de Farmacia, llevará el registro respectivo y emitirá la certificación de la constancia de tal hecho. Asimismo, dicha Secretaría notificará a la Superintendencia de Salud, para los efectos de los registros relativos a prestadores individuales de salud, previstos en el decreto supremo N° 16, de 2007, del Ministerio de Salud.

El interesado que en su solicitud presente algún documento falso o adulterado, perderá su opción a adquirir la calidad de Práctico de Farmacia, lo que se declarará mediante un comunicado a todas las Secretarías Regionales Ministeriales de Salud.

El Secretario Regional Ministerial de Salud podrá, previo sumario sanitario en el que se haya acreditado fehacientemente alguna infracción a la normativa sanitaria por parte de un Práctico de Farmacia, aplicar alguna de las sanciones a las que se refiere el Libro X del Código Sanitario. En el caso de la suspensión o cancelación de autorización sanitaria de Práctico de Farmacia, la resolución que así lo establezca deberá ser notificada al afectado y a su empleador, y se comunicará a todas las Secretarías Regionales Ministeriales de Salud del país.

Artículo 73.- De las infracciones al cumplimiento de las disposiciones de este Título serán responsables además del propietario del establecimiento el Práctico de Farmacia director y el respectivo proveedor, de acuerdo a las normas generales que gobiernan la materia.

TÍTULO V
DE LOS BOTIQUINES

Artículo 74.- Botiquín es el recinto en que se mantienen productos farmacéuticos para el uso interno de clínicas, maternidades, casas de socorro, campamentos mineros, termas, postas médicas, cuarteles, navíos, cooperativas de consumo, clínicas veterinarias y otros establecimientos.

Artículo 75.- La solicitud de autorización de funcionamiento deberá presentarse al Secretaría Regional Ministerial de Salud correspondiente acompañada de:

a) Individualización del propietario o representante legal en su caso;

b) Ubicación y autorización competente de funcionamiento del establecimiento al que pertenece, si procediere, y

c) Declaración escrita del médico, matrona, médico veterinario o personal auxiliar autorizado para estos efectos por la Secretaría Regional Ministerial de Salud, que se responsabilizará de la adquisición y expendio de los productos farmacéuticos que se utilicen.

Artículo 76.- Todas las adquisiciones de productos farmacéuticos para los botiquines deberán ser suscritas por el profesional o el auxiliar que haya asumido su responsabilidad en el abastecimiento y expendio de ellos.

Si dicho profesional o auxiliar pusiere término a sus funciones, deberá dar aviso anticipado a la correspondiente Secretaría Regional Ministerial de Salud, dentro de los 30 días anteriores a su retiro. En todo caso, el propietario deberá comunicar el nombre del profesional o auxiliar que lo reemplazará en la forma señalada en la letra c) del artículo 75°.

Artículo 77.- Si el botiquín deja definitivamente de funcionar, su propietario deberá dar aviso dentro de los 30 días siguientes al Secretaría Regional Ministerial de Salud respectivo, el que procederá a cancelar la autorización de funcionamiento, y al mismo tiempo, dispondrá la liquidación de las existencias que tuviere, en la forma y plazo que se determine.

Artículo 78.- Los botiquines podrán adquirir productos farmacéuticos en envases clínicos sólo cuando pertenezcan a establecimientos médico-asistenciales o a clínicas veterinarias.

Les quedará estrictamente prohibido preparar y despachar fórmulas magistrales y oficinales.

Artículo 79.- Los botiquines que adquieran estupefacientes y productos psicotrópicos, para ser usados en el establecimiento a que pertenecen, quedarán sometidos a las disposiciones reglamentarias que gobiernan la materia.

Artículo 79 A.- Los establecimientos de asistencia médica abierta y cerrada que incorporen medicamentos a la prestación de salud y que cuenten con farmacia o botiquín, podrán disponer, por sí o por terceros autorizados, de servicios de administración, fraccionamiento y entrega de medicamentos, conforme a la norma técnica que se apruebe mediante decreto del Ministerio de Salud.

TÍTULO VI
DE LOS DEPÓSITOS DE PRODUCTOS FARMACÉUTICOS HUMANOS, VETERINARIOS, DENTALES Y CÁMARAS DE VACUNAS E INMUNOGLOBULINAS

Artículo 80.- Depósito de Productos Farmacéuticos de Uso Humano es la bodega destinada al almacenamiento de productos farmacéuticos importados terminados, y que ha sido autorizada para distribuir directamente dichos productos a otros establecimientos, para su uso o expendio.

Deberá ser dirigido técnicamente por un químico farmacéutico, durante el horario indispensable y compatible con la complejidad del establecimiento.

Artículo 80 bis.- Los depósitos de vacunas e inmunoglobulinas deberán ser dirigidos técnicamente por un químico farmacéutico o enfermera(o), durante el horario indispensable y compatible con la complejidad del establecimiento, y serán los responsables de las actividades que en ellos se realicen

Artículo 81.- Para obtener la autorización de instalación, el interesado deberá presentar al Secretaría Regional Ministerial de Salud los siguientes documentos:

a) Solicitud en que deberá constar la individualización del propietario, o del representante legal según el caso, nombre del Director Técnico, ubicación del establecimiento, y

b) Declaración del químico farmacéutico que asumirá la Dirección Técnica, acreditando su calidad de tal y señalando su cédula de identidad y domicilio particular. Tratándose de depósitos de vacunas e inmunoglobulinas, dicha declaración será efectuada por el químico farmacéutico o enfermera(o) que asuma su Dirección Técnica

Artículo 82.- La resolución que autorice el depósito deberá consignar el nombre de dicho profesional y su jornada; y se comunicará al Instituto de Salud Pública de Chile.

Artículo 83.- Depósito de Productos Farmacéuticos Veterinarios es aquel que mantiene para su distribución o expendio productos farmacéuticos de uso exclusivamente animal. Podrá, además, importar y distribuir dichos productos a otros establecimientos farmacéuticos autorizados o venderlos al público.

Funcionará bajo la Dirección Técnica de un químico farmacéutico, farmacéutico o médico veterinario, acreditando su calidad de tal y señalando su cédula de identidad y domicilio particular.

Artículo 84.- Depósito de Productos Farmacéuticos Dentales es aquel que mantiene para su distribución o expendio productos farmacéuticos de uso exclusivo dental. Podrá, además, importar y distribuir dichos productos a otros establecimientos farmacéuticos autorizados o venderlos al público.

Funcionará bajo la Dirección Técnica de un químico farmacéutico, farmacéutico o cirujano dentista, acreditando su calidad de tal y señalando su cédula de identidad y domicilio particular, el cual deberá ejercer su cargo durante el horario indispensable y compatible con la complejidad del establecimiento.

Artículo 85.- Los establecimientos a que se refiere el presente Título se regirán por las disposiciones contenidas en el Título III De las Droguerías, en todo lo que les fuere pertinente.

Artículo 86.- Les quedará prohibido a los Depósitos de Productos Farmacéuticos la confección de recetas magistrales u oficinales, aunque correspondan al empleo veterinario o dental, las que, en todo caso, deberán ser despachadas por las farmacias.

Artículo 87.- Los Directores Técnicos y los propietarios de los establecimientos mencionados en este Título serán responsables del cumplimiento de las disposiciones contenidas en el decreto supremo 435, de 1981, del Ministerio de Salud, en lo que les fuere pertinente.

TÍTULO VI BIS
DEL EXPENDIO DE MEDICAMENTOS POR MEDIOS ELECTRÓNICOS

Artículo 87 A.- Del expendio de medicamentos por medios electrónicos. El expendio de medicamentos al público podrá hacerse por medios electrónicos, por las farmacias y los almacenes farmacéuticos.

Para ello se requerirá autorización de comercialización ante el Instituto de Salud Pública, la que se otorgará si existe el cumplimiento de las leyes y reglamentos aplicables.

La autorización referida en el inciso anterior será indefinida a menos que la autoridad sanitaria resuelva lo contrario fundadamente o el autorizado comunique al Instituto de Salud Pública su intención de dejar sin efecto la autorización.

Artículo 87 B.- Requisitos para la autorización. Para obtener la autorización de comercialización de medicamentos mediante medios electrónicos, se deberá cumplir con las siguientes condiciones:

1. Con la autorización de instalación o funcionamiento. según el establecimiento de que se trate.

2. Contar con un sitio electrónico, a cualquier título, que sirva de soporte para la comercialización de medicamentos. El sitio electrónico que se trate deberá cumplir, en todo momento, con la presente normativa.

3. Contar con un servicio de entrega, sea directamente o el servicio otorgado por un tercero, el cual cumpla con las condiciones de mantenimiento indicado en la monografía de los productos farmacéuticos.

Artículo 87 C.- De las importaciones. Las importaciones de productos farmacéuticos que se realicen para el expendio por medios electrónicos deberán cumplir con las disposiciones relativas a la materia contenidas en el decreto supremo N° 3, de 2010, del Ministerio de Salud, reglamento del sistema nacional de control de los productos farmacéuticos de uso humano o el que lo reemplace.

Artículo 87 D.- Petitorio Farmacéutico. Quienes expendan medicamentos mediante medios electrónicos estarán obligados a tener disponibilidad permanente de los productos señalados en el Petitorio Farmacéutico del que trata el artículo 101 del Código Sanitario.

Artículo 87 E.- Del expendio según condición de venta. Los establecimientos autorizados para el expendio electrónico de medicamentos podrán dispensar medicamentos de Venta Directa sin exigir la receta médica.

En el caso de aquellos medicamentos cuya condición de venta es receta simple, el expendio se hará previa comunicación de la receta al establecimiento. Para cumplir con este requisito podrá ponerse a disposición del establecimiento una receta médica electrónica o una copia digitalizada de una receta emitida por medios físicos. En el caso de la receta médica electrónica, el expendedor deberá verificar que se cumplan con los requisitos del artículo 101 del Código Sanitario. Respecto a la copia digitalizada de una receta emitida por medios físicos, además de los requisitos del artículo señalado, quien expende el medicamento deberá verificar la correspondencia entre el soporte físico y la digitalización de este.

En los casos de los medicamentos que requieren receta retenida, el expendio podrá efectuarse a través de receta médica electrónica, o bien, a través de una copia digitalizada de una receta física. En el caso que se trate de una copia digitalizada, la receta física deberá entregarse al momento de la recepción del producto farmacéutico por parte del consumidor.

Los medicamentos cuya condición de venta es "receta-cheque" no están comprendidos entre aquellos que pueden expenderse por medios electrónicos.

Artículo 87 F.- Dispensación de medicamentos que deben demostrar bioequivalencia. Si el medicamento es de aquellos que deben demostrar bioequivalencia, el sitio web ofrecerá la alternativa de comprar cualquiera de aquellos que son bioequivalentes del mismo. Este ofrecimiento deberá ocurrir antes de que finalice la compra del producto.

Artículo 87 G.- Información necesaria para el expendio. Quien solicite medicamentos por vía electrónica deberá informar su nombre, apellido, teléfono de contacto, correo electrónico y dirección.

Artículo 87 H.- Despacho. El paquete de despacho deberá proteger adecuadamente el producto, estar sellado y etiquetado con, al menos, la siguiente información:

a. Datos del requirente y dirección.

b. Datos de contacto del establecimiento que despachó el pedido.

c. Indicación de condiciones especiales de transporte.

El transporte deberá realizarse de manera que se asegure que los productos no sufran ninguna alteración ni merma de su calidad.

El transporte podrá realizarse por terceros. Sin perjuicio de lo anterior, la responsabilidad sanitaria por los productos despachados será siempre del establecimiento autorizado para el expendio de medicamentos. Esto, sin perjuicio de las acciones del derecho común para obtener la indemnización de los perjuicios causados.

Artículo 87 I.- Devolución. Los establecimientos deberán informar las condiciones para la devolución de los productos, de acuerdo a lo establecido en las disposiciones de la ley 19.496.

Sin perjuicio de lo anterior, no podrán realizarse devoluciones de medicamentos cuya condición de almacenamiento sea bajo refrigeración, salvo que el producto no corresponda al requerido o esté dañado al momento de su recepción. En estos casos, los productos devueltos deberán ser destruidos.

Artículo 87 J.- Información de precios. La información de los precios de los productos farmacéuticos que se encuentren disponibles para su expendio, deberá ser suministrada de forma clara, oportuna, transparente y veraz. Se prohíbe cualquier expresión o forma de presentación de la información que induzca a error o engaño al consumidor, que favorezca el uso de un producto por sobre otro o impida la comparación entre dos o más alternativas.

Artículo 87 K.- Información del producto farmacéutico. El sitio electrónico deberá contener, al menos, la siguiente información para cada uno de los productos exhibidos:

1. Fotografía del envase secundario del producto farmacéutico.
2. Nombre del producto farmacéutico.
3. Nombre del principio activo bajo su denominación común internacional.
4. Forma farmacéutica.
5. Dosis por forma farmacéutica.
6. Precio por producto fraccionado.
7. Precio.

Artículo 87 L.- Información farmacéutica. El sitio electrónico en el cual se comercialicen los medicamentos deberá contener infografías que promuevan el uso racional de medicamentos, advertencias sobre el adecuado uso y dosificación de los medicamentos con condición de venta directa, reacciones adversas a medicamentos e información relacionada con números telefónicos de líneas existentes que provean información toxicológica de forma gratuita, como el centro de asistencia remota del Ministerio de Salud.

Las infografías serán aprobadas por el Ministerio de Salud y puestas a disposición en un sitio electrónico oficial del Estado dispuesto para ello.

Artículo 87 M.- Información reglamentaria. El sitio electrónico deberá contar con un enlace de acceso directo al siguiente material:

1. Reglamento de Farmacias, Droguerías, Almacenes Farmacéuticos, Botiquines y Depósitos Autorizados, aprobado mediante decreto supremo Nº 466, de 1984, del Ministerio de Salud, o el que lo reemplace.

2. Reglamento del Sistema Nacional de Control de Productos Farmacéuticos de Uso Humano, aprobado mediante decreto supremo Nº 3, de 2010, del Ministerio de Salud, o el que lo reemplace.

Artículo 87 N.- De la protección de datos. La receta y su contenido, los análisis y exámenes de laboratorios clínicos y los servicios prestados relacionados con la salud serán reservados y considerados datos sensibles sujetándose a lo establecido en la ley 19.628 o la que la reemplace.

Los establecimientos que efectúen expendio de medicamentos a través de medios electrónicos deberán resguardar la seguridad y confidencialidad de los datos personales a los que tengan acceso. En consecuencia, deberán ceñirse en todo momento a las disposiciones de las leyes 19.628, 20.584 y demás leyes y reglamentos que sean aplicables en la materia.

Artículo 87 Ñ.- De la publicidad y presentación de los productos. Los sitios electrónicos de los establecimientos que expendan medicamentos en conformidad a este Título no podrán realizar publicidad de medicamentos en otros términos a lo dispuesto por el artículo 100 del Código Sanitario. Asimismo, no podrán presentar la información sobre los productos que venden de manera que induzcan a error o engaño, o que favorezca la venta de un producto sobre otro.

Lo anterior no obsta a la indicación de beneficios otorgados al consumidor final a través de convenios, acuerdos u otros similares que signifiquen rebajas o descuentos en los precios. Estos descuentos o rebajas deberán estar establecidos en forma genérica y en ningún caso podrán constituir incentivo para privilegiar el uso de uno o más productos determinados.

TÍTULO VII
DE LA SUBASTA DE PRODUCTOS FARMACÉUTICOS Y ALIMENTO DE USO MÉDICO

Artículo 88.- Toda subasta de productos farmacéuticos y alimentos de uso médico deberá ser comunicada al Secretaría Regional Ministerial de Salud respectivo, con 30 días de anticipación, acompañándose copia del inventario de productos que se va a subastar.

Artículo 89.- Los productos farmacéuticos y alimentos de uso médico que se subasten sólo podrán ser adjudicados a propietarios de establecimientos farmacéuticos que acrediten su condición de tales ante el Martillero Público.

Artículo 90.- Los estupefacientes y productos psicotrópicos y demás sometidos a controles legales especiales, constituirán lotes separados, a lo que podrán hacer posturas únicamente quienes presenten, para estos efectos autorización del Instituto de Salud Pública de Chile.

Dichos productos no podrán ser entregados sino mediante recibo firmado por el Director Técnico del establecimiento adquirente, que señale el nombre, características y cantidad de cada producto subastado.

Los recibos serán remitidos por el Martillero Público a más tardar dentro de los diez días siguientes de finalizar el remate, al Instituto de Salud Pública de Chile mediante copia de las respectivas guías de entrega.

TÍTULO VIII
DE LAS SANCIONES Y OTRAS DISPOSICIONES

Artículo 91.- Las infracciones a las disposiciones del presente reglamento serán sancionadas por las Secretarías Regionales Ministeriales de Salud en cuyo territorio se cometieren, previa instrucción del respectivo sumario, en conformidad con lo establecido en el Libro X del Código Sanitario.

TÍTULO IX
PETITORIO FARMACÉUTICO

Artículo 92.- Las farmacias, con exclusión de aquellas aludidas en el artículo 11, y los almacenes farmacéuticos deberán mantener en existencia, como mínimo, los medicamentos contenidos en el Petitorio Farmacéutico, aprobado para cada uno éstos mediante resolución del Ministro de Salud.

Artículo 93.- Derogado.

TÍTULO X
PRODUCTOS FARMACÉUTICOS DE VENTA BAJO RECETA MÉDICA

Artículo 94.- El presente Título contiene la nómina de productos farmacéuticos de "Venta Bajo Receta Médica" que pueden venderse en los Almacenes Farmacéuticos.

La nómina se presenta con su nombre genérico, correspondiente a la denominación común internacional; su forma farmacéutica y la dosis contenida en la misma.

Sin perjuicio de la obligación establecida en el artículo 62 de este reglamento, en el Almacén Farmacéutico podrán expenderse los medicamentos que contengan el mismo principio activo y dosis por forma farmacéutica que los indicados en la nómina, independiente de su denominación o nombre de fantasía.

Los almacenes farmacéuticos pueden expender los productos farmacéuticos de "Venta Bajo Receta Médica" y mientras subsista esta condición en el respectivo registro sanitario, que se contienen en la siguiente nómina:

Grupo 1	
01.02 Anestésicos locales	
Lidocaína (clorhidrato)	Gel tópico 2%
	Solución oral 4%
	Spray 10%
Grupo 2	
02.01 Analgésicos no opiáceos	
Diclofenaco (sódico)	Supositorio infantil 12,5 mg
	Comprimido 50 mg
Metamizol sódico	Solución inyectable 0,5 g/ml
02.03 antigotosos	
Alopurinol	Comprimido 100 mg
Grupo 3	
03.01 Antihistamínicos H1	
Clorfenamina	Comprimido 4 mg
	Solución inyectable 10 mg/ml
Loratadina	Comprimido 10 mg
	Jarabe 5 mg/5 ml
03.03 Glucocorticoides	
Prednisona	Comprimido 5 mg

Grupo 5	
05.00 Anticonvulsivantes y antiepilépticos	
Carbamazepina	Comprimido 200 mg
Fenitoina (sódica)	Comprimido 100 mg
Grupo 6	
06.01 Antihelmínticos intestinales	
Mebendazol	Comprimido 100 mg Suspensión oral 100 mg/5 ml
06.02 Antibacterianos	
06.02.01 Beta lactámicos	
Amoxicilina	Cápsula 500 mg Polvo para suspensión oral 500 mg/5ml
Bencilpenicilina	Polvo para solución inyectable 1000000 UI Polvo para solución inyectable 2000000 UI
Benzatina bencilpenicilina	Polvo para solución inyectable 600000 UI Polvo para solución inyectable 1200000 UI Polvo para solución inyectable 2400000 UI
Cloxacilina (sódica)	Cápsula o comprimido 250 mg Cápsula o comprimido 500 mg Polvo para solución inyectable 500 mg
06.02.04 Macrólidos	
Eritromicina (etilsuccinato)	Comprimido 500 mg
06.02.05 Sulfonamidas	
Cotrimoxazol	Comprimido smt 400 + tmp 80 mg Comprimido smt 800 + tmp160 mg Suspensión oral smt 200 mg + tmp 40 mg/5 ml Solución inyectable smt 80 mg + tmp 16 mg/ml
06.02.07 otros antibacterianos	
Cloranfenicol	Solución oftálmica 0,5% Ungüento oftálmico 1%
06.04 Antifúngicos	
Clotrimazol	Óvulo o comprimido vaginal 100 mg Crema 2%
Nistatina	Suspensión oral 100.000 ui/ml Comprimido 100.000 ui Comprimido vaginal 100.000 ui Pomada 100.000 ui/g
06.05 Antivirales	
06.05.01 Antiherpéticos	
Aciclovir	Crema 5%
06.06 Antiprotozoarios	
Metronidazol	Comprimido vaginal 500 mg Comprimido 250 mg Comprimido 500 mg

Grupo 9	
09.01 Antianémicos	
Ferroso gluconato	Solución oral para gotas 200 mg/ml
Grupo 11	
11.01 Antianginosos	
Atenolol	Comprimido 50 mg
	Comprimido 100 mg
Isosorbida dinitrato	Comprimido sublingual 5 mg
Nitroglicerina	Comprimido 0,6 mg
Propranolol (clorhidrato)	Comprimido 10 mg
	Comprimido 40 mg
11.02 Antiarrítmicos	
Digoxina	Comprimido 0,25 mg
11.03 Antihipertensivos	
Enalapril (maleato)	Comprimido 5 mg
	Comprimido 20 mg
Hidroclorotiazida	Comprimido 50 mg
Losartan (potásico)	Comprimido 50 mg
Metildopa	Comprimido 250 mg
11.06 Hipolipidemiantes	
Atorvastatina	Comprimido 20 mg
Gemfibrozilo	Comprimido 300 mg
Grupo 12	
12.01 Antimicóticos	
Griseofulvina	Comprimido 500 mg
12.02 Antiinfecciosos	
Bacitracina + neomicina	Pomada 5 mg + 500 ui/g
Grupo 15	
15.01 Diuréticos tiazídicos	
Hidroclorotiazida	Comprimido 50 mg
15.02 Diuréticos de asa	
Furosemida	Comprimido 40 mg
Grupo 16	
16.01 Antiácidos y otros medicamentos antiulcerosos	
Famotidina	Comprimido 40 mg
16.02 Antieméticos	
Metoclopramida	Solución oral para gotas 2 mg/ml
Domperidona	Supositorio 30 mg
16.04 Antiespasmódicos	
Atropina sulfato	Solución inyectable 1 mg/ml
Papaverina (clorhidrato)	Solución inyectable 40 mg/ml
16.06 Medicamentos usados en la diarrea	
Loperamida	Comprimido 2 mg
Grupo 17	
17.01.01 Glucocorticoides	
Betametasona	Comprimido 0,6 mg
Clobetasol (propionato)	Crema 0,05%
17.03 Anticonceptivos	

Levonorgestrel	Comprimido 0,75 mg Comprimido 1,5 mg
Levonorgestrel+Etinilestradiol	Comprimido 0,15 mg + 0,03 mg
17.04 Estrógenos	
Estrógenos conjugados	Comprimido 0,625 mg
17.06 Medicamentos usados en el tratamiento de la diabetes mellitus	
Clorpropamida	Comprimido 250 mg
Insulina humana	Solución inyectable 100 UI/ml Cristalina
Insulina humana	Suspensión inyectable 100 UI/ml
Metformina (clorhidrato)	Comprimido 850 mg
Tolbutamida	Comprimido 500 mg
17.07.01 Preparados de tiroides	
Levotiroxina sódica	Comprimido 0,05 mg Comprimido 0,1 mg
17.07.02 Medicamentos antitiroideos	
Propiltiouracilo	Comprimido 50 mg
Grupo 18	
18.04 Antiglaucomatosos	
Timolol (maleato)	Solución oftálmica 0,25% Solución oftálmica 0,5%
18.05 Midriáticos y ciclopléjicos	
Atropina sulfato	Solución oftálmica 0,5%
Grupo 20	
20.01 Neurolépticos antisicóticos	
20.01.01 Fenotiazínicos	
Clorpromazina	Comprimido 25 mg
20.02 Medicamentos usados en el trastorno del ánimo	
20.02.01 Antidepresivos	
20.02.01.02 Inhibidores de la recaptación de serotonina	
Sertralina	Comprimidos 50 mg
Grupo 21	
21.01 Broncodilatadores	
21.01.01 Agonistas selectivos beta 2	
Salbutamol (sulfato)	Jarabe 2 mg/5 ml Suspensión para inhalación oral 100 mcg/dosis Comprimido 2 mg Comprimido 4 mg
21.02 Glucocorticoides	
Beclometasona (dipropionato)	Aerosol para inhalación 100 mcg/dosis
Grupo 22	
22.02 Electrolitos	
Potasio gluconato	Elixir 31,2%
Grupo 23	
23.01 Vitaminas	
Vitaminas A-C-D	Solución oral para gotas (según fórmula)".

TÍTULO XI
DE LAS FARMACIAS HOMEOPÁTICAS

Artículo 95.- Farmacia Homeopática es todo establecimiento destinado a la venta de productos farmacéuticos homeopáticos y fitoterápicos y a la confección de preparados homeopáticos de carácter oficinal y a los que se elaboren extemporáneamente conforme a fórmulas magistrales prescritas por profesionales legalmente habilitados.

Además podrán expender los productos farmacéuticos contemplados en la letra k) del artículo 26 del decreto supremo N° 1.876 de 1995, del Ministerio de Salud.

Artículo 96.- DEROGADO.

Artículo 97.- Para los efectos de establecer la identidad, potencia, pureza y estabilidad de los principios activos y de las formas farmacéuticas de los preparados homeopáticos, se considerarán farmacopeas oficiales la Farmacopea Chilena, las Farmacopeas Homeopáticas de Wilmar Schwabe, de Alemania, de los Estados Unidos de América, de Europa y de Francia, y sus suplementos correspondientes.

Artículo 98.- DEROGADO.

Artículo 99.- Las Farmacias Homeopáticas se regirán, además de lo prescrito en el presente Título, por las disposiciones de los Títulos I, VIII, Disposiciones Transitorias y por el Título II del presente reglamento con excepción de los artículos 8°, 9°, 11, 13, 14 inciso tercero, 15, 17 y 18 en lo que se refiere a los Reglamentos y Registros Oficiales de Control de Estupefacientes y de Productos Psicotrópicos, 20, 21, 24 letras b), c), e) y f), 27, 33 inciso primero y 41 al 45.

Para el cumplimiento de lo dispuesto en el inciso cuarto del articulo 33 podrán las farmacias homeopáticas ajustarse además de la Farmacopea Chilena a las demás farmacopeas aprobadas.

TÍTULO FINAL

Artículo 100.- Este reglamento entrará en vigencia 30 días después de su publicación en el Diario Oficial; fecha en que quedarán derogados el decreto supremo 162, de 6 de agosto de 1982 del Ministerio de Salud y sus modificaciones, así como cualquier otra norma o disposición que fuere contraria o incompatible con las contenidas en este decreto.

Disposiciones Transitorias

Artículo 1.- Lo dispuesto en el artículo 28° del presente reglamento, no obstará a que los "Auxiliares de Farmacia de 1er. grado" autorizados como tales a la fecha de su vigencia, conserven su denominación y calidad como tales.

Artículo 2.- Asimismo, la exigencia establecida en la letra a) del artículo 28° de este reglamento no afectará a quienes a la fecha de su vigencia hayan sido autorizados para desempeñarse como Auxiliares de 1er. o 2do. grado, de acuerdo con el decreto supremo 428, de 1975, del Ministerio de Salud Pública y sus modificaciones posteriores.

Artículo 3.- Sin perjuicio de las facultades fiscalizadoras de la autoridad sanitaria, las farmacias, droguerías, botiquines y almacenes farmacéuticos que se encuentren autorizados en conformidad a este reglamento, no requerirán una nueva autorización para ejecutar el fraccionamiento de medicamentos. El presente decreto entrará en vigencia según se dispone a continuación:

1. Al sexto mes de publicado el presente decreto, en el caso de farmacias o droguerías que no se encuentren comprendidas dentro de aquellas de las que trata el inciso segundo del artículo 2° de la ley 20.416.

2. Al noveno mes de publicado el presente decreto, tratándose de farmacias o droguerías catalogadas como medianas empresas según lo dispuesto en el inciso segundo del artículo 2° de la ley N° 20.416.

3. Al primer año de publicado el decreto, en el caso de farmacias o droguerías que sean calificadas como microempresas o pequeñas empresas conforme a lo dispuesto en el inciso segundo del artículo 2° de la ley N° 20.416.

Para el cálculo de los ingresos anuales de los que trata el inciso segundo del artículo 2° de la ley 20.416, se considerarán todos los ingresos que haya obtenido la cadena de que se trate. Para estos efectos, se entenderá que forman parte de la misma cadena, aquellos establecimientos que comparten el nombre principal y tengan similares signos distintivos, aunque la propiedad de los locales pertenezca a distintas personas.

Anótese, tómese razón, comuníquese, publíquese e insértese en la Recopilación oficial de Reglamentos de la Contraloría General de la República.- AUGUSTO PINOCHET UGARTE.- Winston Chinchón, Ministro de Salud.

DECRETO Nº 3
APRUEBA REGLAMENTO DE PROTECCIÓN RADIOLÓGICA DE INSTALACIONES RADIOACTIVAS

Santiago, 3 de Enero de 1985.- Hoy se decretó lo que sigue:

Núm. 3.- Visto: Lo dispuesto ene el artículo 67 de la Ley Nº 18.302; en el artículo 86 del decreto con fuerza de ley Nº 725 de 1968, del Ministerio de Salud, que aprueba el Código Sanitario; en el decreto supremo Nº 78, de 9 de Febrero de 1983, del Ministerio de Salud; y las facultades que me confiere el artículo 32 Nº 8 de la Constitución Política del Estado.

Decreto:

Apruébase el siguiente reglamento de protección radiológica de instalaciones radioactivas.

Artículo 1.- El presente reglamento establece las medidas de protección personal radiológica y los límites de dosis radiactivas que pueden recibir las personas ocupacionalmente expuestas, con el objeto de prevenir y evitar la sobreexposición a las radiaciones ionizantes y sus efectos en la salud.

Se exceptúan, por consiguiente, de la aplicación de este reglamento a las personas que reciban dosis provenientes de la radiación natural o como consecuencia de un diagnóstico o tratamiento médico.

Artículo 2.- Para los fines de este reglamento se considerará persona ocupacionalmente expuesta, a aquella que se desempeñe en las instalaciones radiactivas u opere equipos generadores de radiaciones ionizantes, la que deberá, además, contar con la autorización sanitaria a que se refiere el decreto supremo Nº 133, de 22 de Mayo de 1984, del Ministerio de Salud.

Artículo 3.- Corresponderá a los Servicios de Salud y al Servicio de Salud del Ambiente en la Región Metropolitana fiscalizar y controlar el cumplimiento de las disposiciones del presente reglamento y las del Código Sanitario en la misma materia, todo ello de acuerdo con las normas e instrucciones generales que imparta el Ministerio de Salud.

El Instituto de Salud Pública tendrá el carácter de laboratorio nacional y de referencia en las materias a que se refiere este reglamento. Le corresponderá, asimismo, fijar los métodos de análisis, procedimientos de muestreo y técnicas de medición orientadas al personal expuesto.

Artículo 4.- Toda persona ocupacionalmente expuesta deberá portar durante su jornada de trabajo, un dosímetro personal destinado a detectar y registrar las radiaciones ionizantes que pudiere recibir, el que le será proporcionado por el empleador cada vez que sea necesario.

Asimismo, el empleador deberá otorgar todos los elementos de protección radiológica personal necesarios para disminuir los riesgos del trabajador expuesto.

Artículo 5.- Será obligación del empleador remitir, trimestralmente, al Instituto de Salud Pública, el o los dosímetros personales de sus trabajadores expuestos, para que ese organismo registre las dosis recibidas por el personal durante el período señalado, en sus respectivos historiales dosimétricos.

Artículo 6.- Si se detectare que un trabajador ha excedido el límite de dosis anual, el Instituto lo comunicará al Servicio de Salud correspondiente, con el objeto de que éste exija al empleador que destine a su dependiente a otra función.

Artículo 7.- La dosimetría personal, entendida ésta como la técnica para medir las dosis absorbidas por una persona expuesta a las radiaciones ionizantes en un período determinado, podrá ser efectuada por la Comisión Chilena de Energía Nuclear u otros organismos especialmente habilitados para tales efectos por el Ministerio de Salud.

Artículo 8.- Los organismos interesados en desarrollar tales actividades en las instalaciones radiactivas, solicitarán su habilitación al Ministerio de Salud, para lo cual deberán:

a) Acreditar que disponen del personal idóneo para desempeñar estas funciones;

b) Especificar el tipo de dosimetría a efectuar;

c) Acreditar, mediante certificado, que su sistema dosimétrico está referido al laboratorio patrón nacional reconocido por el Ministerio de Salud;

d) Especificar los rangos de detección de su sistema dosimétrico;

e) Contar con un informe favorable del Instituto de Salud Pública, en el cual se deje constancia de que el organismo solicitante posee la infraestructura técnica suficiente. Dicho informe deberá detallar cada uno de los elementos disponibles y los métodos y procedimientos aprobados por el Instituto para efectuar la dosimetría.

Artículo 9.- Los organismos habilitados por el Ministerio de Salud para estos efectos, deberán remitir, trimestralmente, al Instituto de Salud Pública la siguiente información:

a) Individualización del trabajador, lugar del trabajo y funciones específicas que desempeña en las instalaciones radiactivas;

b) Dosis absorbidas por el trabajador;

c) Nombre del empleador.

Artículo 10.- El Instituto de Salud Pública deberá controlar que los organismos habilitados para efectuar la dosimetría personal, la ejecuten conforme a los procedimientos individualizados en el informe a que se refiere el artículo 8°, letra e).

Artículo 11.- Si el Instituto de Salud Pública detectare que el servicio de dosimetría no se efectúa por dichos organismos de acuerdo a los métodos y procedimientos aprobados, procederá a comunicarlo al Ministerio de Salud, con el objeto de que éste determine si corresponde cancelar la habilitación otorgada.

Sin perjuicio de lo anterior, esta situación será comunicada al Servicio de Salud competente, para que se apliquen las medidas que correspondan.

Artículo 12.- Los límites de dosis (LD) para trabajadores expuestos a radiaciones ionizantes serán las siguientes:

Órgano Expuesto	Límites de Dosis rem Anual
Cuerpo entero, gónadas, médula ósea	5
Cristalino	30
Cualquier otro órgano en forma individual	50

Artículo 13.- Se exceptúa de lo establecido en el artículo anterior a las mujeres en edad de procrear para las cuales la irradiación al abdomen se reducirá al mínimo posible, no sobrepasando 1,25 rem trimestrales por única vez en el año.

Artículo 14.- Una vez comprobado el embarazo e informado el empleador por parte de la interesada, ésta no podrá recibir irradiación de origen ocupacional superior a 0,5 rem al feto durante todo el período de la gestación hasta el término del embarazo.

Artículo 15.- Los menores de 18 años no podrán exponerse ocupacionalmente a radiaciones ionizantes.

Artículo 16.- Para todo trabajador expuesto a contaminación interna con cualquier radionúclido se estará a lo establecido en las normas que para tales efectos imparta el Ministerio de Salud.

Para el caso particular del yodo radiactivo, el trabajador ocupacionalmente expuesto se someterá a un control trimestral de orina. Los costos, asociados a tales exámenes serán de cargo del empleador. Las dosis resultantes se adicionarán a las indicadas en el artículo 12.

Artículo 17.- En aquellas situaciones en las cuales se requiera sobreexponer a un individuo a contaminación, tales como mantención de las instalaciones radiactivas, se deberá contar con una autorización expresa del Director del Servicio de Salud, que fijará los límites de dosis que pueda recibir en el evento.

Artículo 18.- Las dependencias de una instalación radiactiva deberán estar adecuadamente señalizadas, conforme a las normas técnicas que imparta el Ministerio de Salud.

Deberá señalizarse, además, las áreas de acceso prohibido al público, como también se deberá indicar el nombre de las personas calificadas para operar los equipos de la instalación.

Artículo 19.- Las infracciones al presente reglamento serán sancionadas en la forma y de acuerdo a los procedimientos establecidos en el Libro Décimo del Código Sanitario.

Artículo 20.- Deróganse los artículos 39 a 43, ambos inclusive, del decreto supremo N° 78, del 9 de Febrero de 1983, del Ministerio de Salud, que aprueba el reglamento sobre condiciones sanitarias y ambientales mínimas en los lugares de trabajo.

Anótese, tómese razón, publíquese e insértese en la Recopilación Oficial de Reglamentos de la Contraloría General de la República AUGUSTO PINOCHET UGARTE, General de Ejército, Presidente de la República.- Winston Chinchón Bunting, Ministro de Salud.- Samuel Lira Ovalle, Ministro de Minería.

Lo que transcribo a Ud. para su conocimiento.- Saluda a Ud.- Augusto Schuster Cortés, Subsecretario de Salud.

DECRETO Nº 4
APRUEBA REGLAMENTO DE ESTABLECIMIENTOS DE ÓPTICA

Santiago, 3 de Enero de 1985.- Hoy se decretó lo que sigue:

Núm. 4.- Visto: Lo dispuesto en los artículos 2º, 9º, letra c), 128 y 129 del decreto con fuerza de ley Nº 725, de 1968, del Ministerio de Salud Pública, que aprobó el Código Sanitario y las facultades que me confiere el artículo 32 Nº 8 de la Constitución Política del Estado,

Decreto:

Apruébase el siguiente reglamento de los establecimientos de óptica.

Artículo 1.- Se considera establecimiento de óptica, todo local, o parte debidamente circunscrita de él, donde se expendan anteojos o lentes con fuerza dióptrica o donde se adapten y expendan lentes de contacto, tengan o no fuerza dióptrica.

Sólo los establecimientos de óptica podrán despachar anteojos o lentes con fuerza dióptrica, despacho que deberá efectuarse exclusivamente bajo receta médica, la que no podrá ser alterada.

Artículo 2.- La dirección técnica de los establecimientos de óptica deberá estar a cargo de un óptico o contactólogo, según corresponda, certificado como tal por la autoridad sanitaria.

Artículo 3.- La instalación, ampliación, modificación o traslado de estos establecimientos deberá ser autorizada por el Servicio de Salud en cuyo territorio éste se encuentre ubicado.

Artículo 4.- Para obtener la autorización de instalación o traslado, el interesado deberá presentar al Servicio de Salud, los siguientes documentos:

a) nombre del propietario y ubicación del establecimiento;

b) declaración del óptico que asumirá la dirección técnica;

c) indicación de los elementos, aparatos o equipos de que dispone de acuerdo a lo previsto en el artículo 6º;

d) referencia al sistema de registro de recetas médicas que utilizará el establecimiento, y

e) copia del cartel a exhibirse en el cual se señale, con caracteres destacado, que el anteojo o lente con fuerza dióptrica, sólo se despachará en forma indicada en la receta médica.

Además deberá acreditarse el cumplimiento de las condiciones sanitarias y ambientales mínimas de los lugares de trabajo, contempladas en el decreto supremo Nº 78, de 1983, del Ministerio de Salud.

Artículo 5.- El Servicio de Salud correspondiente deberá pronunciarse sobre la solicitud dentro de un plazo máximo de diez días, contados desde la fecha en que ésta se presente. El rechazo de la solicitud deberá ser fundado y se comunicará al Ministerio de Salud.

Artículo 6.- Todo establecimiento de óptica dedicado al expendio de anteojos bajo receta médica deberá disponer de a lo menos los siguientes elementos:

a) frontofocómetro;

b) esferómetro;

c) regla milimetrada;

d) espesímetro, y

e) regla o elemento para determinar la distancia pupilar, altura del segmento en la ubicación de los cristales multifocales para la determinación de la montura y de toda otra medición propia de la labor del óptico.

Artículo 7.- Será de responsabilidad del director técnico la fidelidad y exactitud en el despacho de las recetas que prescriban los anteojos o lentes, las cuales deberán incorporarse al sistema de registro de estos documentos, cuya custodia le corresponde.

Artículo 8.- Toda receta médica una vez despachada, será timbrada con el nombre y ubicación del establecimiento y en ella se indicará su ubicación en el sistema de registro que éste lleve.

Artículo 9.- Los establecimientos dedicados a la adaptación y expendio de lentes de contacto, deberán acreditar, además de lo señalado en el artículo 4º, que constan con una sala debidamente aislada y dedicada exclusivamente a la adaptación y control de estos lentes, así como a la enseñanza de su uso.

En reemplazo de los elementos indicados en la letra c) de dicho artículo se hará mención a los equipos o aparatos que se señalan en el artículo siguiente.

Artículo 10.- Serán elementos indispensables con que deberán contar todos los establecimientos a que se refiere el artículo anterior, los que a continuación se indican:

a) frontofocómetro;

b) keratómetro u oftalmómetro;

c) accesorio de keratómetro para medir radiocurvatura de lente de contacto rígido;

d) microscopio con lámpara de hendidura;

e) lámpara de Burton;

f) tabla o proyector de optotipos;

g) montura de pruebas;

h) caja de prueba de lentes oftálmicos;

i) caja de papelillos de fluoresceína;

j) equipos de retoques con moldes de diferentes radios;

k) aseptizador;

l) regla de diámetros para lentes de contacto, y m) tabla de conversión de dioptrías a milímetros.

Artículo 11.- Para obtener la certificación como óptico por parte de la autoridad sanitaria, se requiere acreditar los siguientes antecedentes:

a) 21 años de edad;

b) certificado de antecedentes sin anotaciones penales;

c) haber rendido satisfactoriamente 2º año de Enseñanza Media o estudios equivalentes, certificados por el Ministerio de Educación Pública;

d) haber aprobado el examen teórico práctico, y e) acreditar, a lo menos, una experiencia de 3 años de trabajo, en un establecimiento de óptica, mediante certificado extendido por el o los establecimientos en que se haya desempeñado.

Artículo 12.- El examen a que se refiere la letra d) del artículo anterior, será rendido ante una comisión integrada por los siguientes profesionales:

a) el Director del Servicio de Salud correspondiente, quien la presidirá, pudiendo delegar su representación en el Sub-Director Médico del Servicio;

b) el Jefe de la Oficina de Registro y Control de Profesiones Médicas y Paramédicas o quien ejerza esa función, y

c) dos médicos cirujanos oftalmólogos designados por el Director del Servicio.

Los integrantes de la citada comisión se inhabilitarán por la circunstancia de haber sido o ser actualmente empleador o jefe directo de los interesados, procediéndose de inmediato a su reemplazo por los funcionarios de la especialidad que determine el Director del Servicio.

Artículo 13.- El postulante que se presente a rendir dicho examen, deberá acreditar conocimientos suficientes en lo relativo a los siguientes aspectos:

A) Práctico: Reparación de anteojos, engaste correcto de cristales esféricos con respecto a su centro óptico, medición de cristales esféricos en frontofocómetro y marcados de centro óptico; dominio total en la confección de todo tipo de recetas de anteojos ya sean esféricos, multifocales cilíndricos o combinados, impecablemente presentados; capacidad para analizar y revisar anteojos confeccionados respecto de las recetas que les dieron origen.

B) Teórico: Principios elementales sobre lentes oftálmicos; características físicas de dichos lentes y método para detectar su poder de refracción; elaboración de los diferentes cristales oftálmicos; óptica física y geometría aplicada a los diferentes tipos de cristales; sistemas ópticos, el ojo como sistema óptico; vicios de refracción, anomalías visuales, visión subnormal y sus correcciones; nociones básicas sobre ética profesional.

Artículo 14.- Para obtener la certificación como contactólogo, por parte de la autoridad sanitaria, se deberá acreditar el cumplimiento de los requisitos contemplados en el artículo 11, sin perjuicio de lo cual el postulante deberá rendir un examen ante una comisión integrada según lo dispuesto en el artículo 12, que comprenderá una fase teórica y una práctica, referentes a:

A) Práctica: Uso de los instrumentos; mediciones topográficas de la córnea; terminaciones de los lentes; modificación de los lentes; higiene y aseptización de los mismos; medición de lentes de contacto; demostración, in situ, de habilidad para la colocación de los lentes.

B) Teórica: Conocimiento de los diversos sistemas de adaptación de los distintos tipos de lentes de contacto; teoría de la adaptación; diseños y cálculos de lentes partiendo de una prescripción; diferentes tipos de fabricación de lentes de contactos; lentes blandos; tipos de adaptación.

Artículo 15.- La comisión a que se refiere el artículo 12 se constituirá cada vez que sea necesario, con una periodicidad no superior a seis meses, siempre que existan interesados en rendir el examen.

Artículo 16.- La infracción a las disposiciones del presente reglamento serán sancionadas en conformidad a lo dispuesto en el Libro Décimo del Código Sanitario.

Artículo 17.- Derógase el decreto supremo Nº 742, de 2 de Septiembre de 1959, del Ministerio de Salud Pública y Previsión Social y sus modificaciones, así como toda norma o instrucción que sea contraria o incompatible con lo establecido en el presente decreto.

Anótese, tómese razón, comuníquese y publíquese e insértese en la Recopilación Oficial de Reglamentos de la Contraloría General de la República.- AUGUSTO PINOCHET UGARTE, General de Ejército, Presidente de la República.- Winston Chinchón Bunting, Ministro de Salud.

Lo que transcribo a Ud. para su conocimiento.- Saluda a Ud.- Augusto Schuster Cortés, Subsecretario de Salud.

DECRETO Nº 144
REGLAMENTA PRODUCCIÓN, DISTRIBUCIÓN, EXPENDIO Y USO DE LOS SOLVENTES ORGÁNICOS NOCIVOS PARA LA SALUD QUE INDICA

SANTIAGO, 10 de mayo de 1985.

VISTO: lo dispuesto en el artículo 2º y en el Párrafo II, Título IV, del Libro III, del Código Sanitario; en el artículo 314, del Código Penal; en los artículos 4º letra b), 6º y 62 del decreto ley Nº 2763, de 1979; en la resolución Nº 1022, de 24 de septiembre de 1975, del Director General de Salud; y en el decreto supremo Nº 25, de 9 de febrero de 1982, del Ministerio de Salud; y en uso de las facultades que me confiere el Nº 8 del artículo 32 de la Constitución Política de la República de Chile y,

CONSIDERANDO:

La necesidad de actualizar, complementar y refundir las normas de protección por los riesgos derivados de algunas sustancias tóxicas y peligrosas para la salud, cuyo uso indiscriminado y fácil acceso las hacen especialmente nocivas.

Que, en particular, constituyen un problema de salud los efectos psicotrópicos derivados de la inhalación de solventes orgánicos, especialmente en jóvenes y menores de edad.

DECRETO:

Artículo 1.- El presente decreto se aplicará a la producción, distribución, expendio y utilización de solventes orgánicos puros, mezclas de éstos y productos de uso industrial o doméstico que los contengan.

Son solventes orgánicos para los efectos del presente decreto, las sustancias o compuestos químicos volátiles, cuya inhalación producen efectos psicotrópicos nocivos para la salud.

Se entiende por efectos psicotrópicos las modificaciones de las funciones psíquicas y de la conducta.

Artículo 2.- Las sustancias o solventes orgánicos de uso médico, tales como anestésicos de aplicación local o general, se regirán, en todo lo que les fuere pertinente, por el decreto supremo Nº 435, de l 30 de noviembre de 1981, y sus modificaciones, del Ministerio de Salud, que aprueba el reglamento del Sistema Nacional de Control de Productos Farmacéuticos, Alimentos de Uso Médico y Cosméticos.

Prohíbese el expendio de tales sustancias o solventes para usos distintos de los propiamente médicos.

Artículo 3.- Prohíbese la producción, distribución y expendio a cualquier título de los solventes orgánicos a que se refiere el artículo 1º, en envases de bebidas o alimentos de consumo habitual, que induzcan o puedan inducir a confusión respecto de su contenido.

Asimismo, prohíbese denominarlos comercialmente con marcas o nombres de fantasía que sugiera alguna característica o propiedad no correspondiente con su uso técnico, o que induzcan o puedan inducir a un uso perjudicial para la salud.

Artículo 4.- Todos los solventes orgánicos y los productos que los contengan, a excepción de aquellos de uso médico indicados en el artículo 2°, que se comercialicen en el país, deberán tener impreso o etiquetado, clara y nítidamente, en caracteres blancos sobre fondo negro o negro sobre fondo blanco, o, en colores que contrasten el fondo con los caracteres, la siguiente leyenda en idioma castellano:

"USESE EN AMBIENTES VENTILADOS"

"LA INHALACION FRECUENTE Y PROLONGADA DE ESTE PRODUCTO GENERA DAÑOS IRREPARABLES A LA SALUD"

MINISTERIO DE SALUD

Esta leyenda estará enmarcada en un rectángulo que ocupe no menos de un 10% de la superficie del manto exterior del envase de capacidad hasta 1 litro, no menos de un 5% en envases de capacidad de más de 1 litro, hasta 20 litros, y, no menos de 2,5% en envases de capacidad de más de 20 litros.

Estará impresa en letra "helvética", del tipo "Medium italic", de tamaño proporcional al tamaño del rectángulo precedentemente señalado.

Los productos importados llevarán una etiqueta complementaria adherida al envase conteniendo la leyenda de advertencia especificada anteriormente, cuando ésta no haya sido considerada en la rotulación original o no esté en idioma castellano.

El Ministerio de Salud podrá autorizar, en casos debidamente calificados y por resolución fundada, el empleo de un texto diferente al de la leyenda especificada en el inciso primero de este artículo, siempre que su contenido exprese claramente el daño a la salud que genera la inhalación deliberada del producto.

Artículo 5.- DEROGADO.

Artículo 6.- Prohíbese la venta o transferencia a cualquier título, a menores de 18 años, de adhesivos y pegamentos que contengan solventes orgánicos, como asimismo, los solventes puros o mezclas de éstos y otros productos que los contengan.

Prohíbese también, el fraccionamiento de sus envases comerciales originales de estas mismas sustancias, para los efectos de su venta. No obstante, a los establecimientos industriales o comerciales, que de acuerdo a las necesidades propias de su giro, deban fraccionar envases originales que contengan solventes orgánicos o productos que los contengan, les estará permitido hacerlo, siempre que para los efectos de su venta, despachen tales productos en envases divisionarios, sellados y etiquetados de acuerdo a lo dispuesto en el presente decreto.

Los propietarios o representantes legales de los establecimientos que produzcan, distribuyan o expendan, los productos mencionados precedentemente, serán responsables de velar por el fiel cumplimiento de esta disposición reglamentaria de parte de sus dependientes.

Artículo 7.- Prohíbese el uso en las actividades docentes de los establecimientos de Enseñanza Prebásica, Básica y Media del país, de adhesivos y pegamentos que contengan solventes orgánicos, como, asimismo, los solventes puros o mezclas de éstos y otros productos que los contengan.

Exceptúase de la prohibición anterior aquellos casos especialmente calificados y autorizados por la Autoridad Sanitaria, en que el uso de tales productos sea técnicamente irreemplazable.

Artículo 8.- Los solventes orgánicos o productos derivados de ellos que sean producidos, distribuidos y comercializados clandestinamente o sin cumplir con los requisitos establecidos en el presente decreto, serán decomisados e inutilizados por la Autoridad Sanitaria.

Sin perjuicio de lo anterior, la Autoridad Sanitaria procederá a hacer la denuncia por el delito tipificado en el artículo 314 del Código Penal.

Artículo 9.- Prohíbese el uso de benceno (C6H6) como solvente o diluyente, o como componente en la fabricación de productos que expongan a los usuarios al contacto dérmico, ingestión o inhalación de sus vapores.

Artículo 10.- Exceptúase de la prohibición establecida en el artículo anterior:

a) La incorporación del benceno como carburante en las gasolinas, las que solamente podrán ser empleadas como combustible; [7]

b) Los solventes, diluyentes y productos de destilación que contengan como impureza hasta un máximo de 1,2% en peso de benceno; tolerancia que a contar del 1° de enero de 1989 se rebajará a 0,9% y desde el 1° de enero de 1990 a 0,5%; [8]

c) El uso de benceno como materia prima en síntesis orgánica; y

d) El uso de benceno en aquellos procesos u operaciones en que éste sea técnicamente irreemplazable, los que deberán ser calificados y autorizados por la Autoridad Sanitaria.

Artículo 11.- En aquellos procesos y operaciones en que sea permitido el uso del benceno, según lo dispuesto en el artículo precedente, deberán adoptarse las medidas preventivas y de control adecuadas para proteger a las personas, sin que puedan excederse las concentraciones ambientales máximas permitidas por la reglamentación vigente.

Artículo 12.- La bencina y el kerosene destinados al uso doméstico están incluidos en la prohibición establecida en el artículo 3° del presente decreto.

Artículo 13.- El Ministerio de Salud mediante resolución que se publicará en el Diario Oficial determinará la lista de los solventes orgánicos a que se refiere el artículo 1° del presente decreto. 9

El Instituto de Salud Pública de Chile tendrá el carácter de laboratorio oficial para realizar los análisis correspondientes, con el fin de determinar en caso de duda, la composición cualitativa y/o cuantitativa de los solventes orgánicos o productos señalados en el presente decreto.

Artículo 14.- Corresponderá a los Servicios de Salud del país y en la Región Metropolitana al Servicio de Salud del Ambiente, la fiscalización de las disposiciones del presente decreto, así como sancionar las infracciones al mismo de conformidad con o dispuesto en el Libro Décimo del Código Sanitario, sin perjuicio de lo establecido en el artículo 314 del Código Penal.

Artículo 15.- Los Ministerios de Salud y Educación Pública a través de la Comisión Nacional Mixta, Asesora de Salud y Educación, establecida por decreto supremo N° 20, de 24 de agosto de 1984, del Ministerio de Salud, publicado en el Diario Oficial de 24 de septiembre de 1984, elaborarán un Programa de Educación y Prevención de Riesgos derivados del uso indebido de solventes orgánicos y otras sustancias tóxicas o peligrosas para la salud, destinado especialmente a niños y adolescentes.

Artículo 16.- Los artículos 1° al 15, ambos inclusive del presente Reglamento entrarán en vigencia 180 días después de su publicación en el Diario Oficial, fecha a contar de la cual se entenderán derogados los decretos supremos N°s. 25 y 293, de 9 de febrero y 20 de diciembre d e 1982, respectivamente, del Ministerio de Salud, la resolución N° 9 del 2 de enero de 1979, del Delegado de Gobierno en el ex Servicio Nacional de Salud y los N°s. 4°,5° y 7° de la resolución N° 1022, de 24 de septiembre de 1975, del Director General de Salud, así como cualquier otra norma, resolución o disposición que fuere contraria o incompatible con las contenidas en este decreto supremo.

Artículo 17.- Derógase a contar de la fecha de publicación en el Diario Oficial del presente decreto, el decreto supremo N° 352, de 2 de noviembre de 1984, del Ministerio de Salud, sin publicar en el Diario Oficial.

Anótese, tómese razón, comuníquese, publíquese e insértese en la Recopilación Oficial de Reglamentos de la Contraloría General de la República.- AUGUSTO PINOCHET UGARTE, General de Ejército, Presidente de la República.-Augusto Schuster Cortés, Ministro de Salud subrogante.-Horacio Aránguiz Donoso, Ministro de Educación Pública.

Lo que transcribo a Ud. para su conocimiento.- Saluda a Ud.- Augusto Schuster Cortés, Subsecretario de Salud.

DECRETO Nº 263
APRUEBA REGLAMENTO DE SANIDAD MARÍTIMA, AÉREA Y DE LAS FRONTERAS

Santiago, 29 de Agosto de 1985.- Hoy se decretó lo que sigue:

Núm. 263.- Visto: Lo dispuesto en el Libro Segundo, en especial en el artículo 66, del decreto con fuerza de ley Nº 725 de 1968 que aprobó el Código Sanitario y en el decreto ley Nº 2.763 de 1979;

Considerando: los cambios que ha experimentado el país en cuanto a tránsito y comercio internacional, así como la evolución favorable, observada en la situación epidemiológica a nivel nacional y mundial, desde el año 1941 a la fecha, y

Teniendo presente: las facultades que me confiere el artículo 32 Nº 8 de la Constitución Política del Estado

Decreto:

Apruébase el siguiente Reglamento de Sanidad Marítima, Aérea y de las Fronteras:

TÍTULO I
DISPOSICIONES GENERALES

Artículo 1.- El presente reglamento tiene por objeto establecer las condiciones sanitarias mínimas que deben adoptarse en puertos, aeropuertos y puestos fronterizos, en materia de protección nacional e internacional.

Artículo 2.- Las enfermedades objeto de medidas sanitarias son peste, cólera, fiebre amarilla o cualquier otra enfermedad transmisible que determine el Ministerio de Salud.

Artículo 3.- El Ministerio de Salud informará a la Organización Mundial de la Salud, por telex, en un plazo no superior a veinticuatro horas, la notificación de una enfermedad objeto de la presente reglamentación; dicha notificación no será necesaria tratándose de un caso importado o caso transferido.

Artículo 4.- El Ministerio de Salud adoptará de inmediato las medidas pertinentes de protección, al recibir información de la Organización Mundial de la Salud, de la existencia de un caso de enfermedad objeto de reglamentación en un país cuyas naves, aviones, trenes o vehículos llegan a Chile.

TÍTULO II
DE LAS DEFINICIONES

Artículo 5.- Para los fines del presente reglamento se establecen las siguientes definiciones:

Aeronave: Vehículo de transporte aéreo que efectúa viajes internacionales.

Aeropuertos: Son aquellos designados por nuestro país como puerta de entrada y salida para el tráfico aéreo internacional y donde se llevan a cabo los trámites de aduana, inmigración, salud pública, reglamentación veterinaria y fitosanitaria y procedimientos similares.

Aislamiento: Es la separación física de una persona o grupo de personas del resto de la comunidad, con excepción del personal sanitario de servicios, con objeto de evitar que se propague una infección. Área infectada: Es el área local delimitada por el Ministerio de Salud, en que la autoridad sanitaria detecte la presencia de enfermedades cuarentenables objeto de medidas sanitarias internacionales. El área infectada no ha de coincidir necesariamente con la demarcación administrativa, sino que es la parte del territorio que, por razones de sus características, densidad y movilidad de la población, por la posible intervención de vectores y reservorios animales, o por ambas causas, se presta a la transmisión de la enfermedad detectada. Arribo: De un barco, de una aeronave, de un tren o de un vehículo por carretera es:

a) en el caso de una embarcación marítima, la llegada a un puerto;

b) en el caso de una aeronave, la llegada a un aeropuerto;

c) en el caso de un tren o vehículo de carretera, la llegada a puestos fronterizos.

Caso Importado: Es una persona infectada que ha contraído la enfermedad en otros países e ingresa al territorio chileno.

Caso transferido: Es una persona infectada que ha contraído la enfermedad en el área jurisdiccional de un Servicio de Salud y se detecta en otro. Certificado válido: Es un certificado expedido de conformidad a los reglamentos vigentes.

Contenedor: Es un embalaje para transporte:

a) de material duradero y por lo tanto, de resistencia suficiente para permitir su empleo repetido;

b) especialmente diseñado para facilitar el transporte de mercaderías en uno o varios tipos de vehículos, sin necesidad de operaciones intermedias de embalado o desembalado;

c) con dispositivos que faciliten su manejo, particularmente durante el transbordo de un vehículo a otro;

d) fabricado de manera que resulte fácil de llenar y vaciar.

El término contenedor no debe hacerse extensivo a los embalajes ordinarios ni a los vehículos. Desinsectación: Es la operación practicada para matar insectos vectores de enfermedades al hombre en barcos, aeronaves, trenes, vehículos de carretera o de otro tipo y en contenedores.

Desratización: Es la operación de fumigaciones practicada en barcos para eliminar ratas y sus parásitos.

Enfermedades sujetas a cuarentena: la peste, el cólera, la fiebre amarilla, la viruela, el tifo exantemático y la fiebre recurrente.

Cuarentena: Es el estado o condición de un buque, aeronave, un tren, un vehículo de carretera o de un contenedor, durante el tiempo en que se le aplican las medidas dispuestas por la autoridad sanitaria para prevenir la propagación de la enfermedad, de sus reservorios o de sus vectores.

Epidemia: Es la multiplicación de número de casos o de un foco de una enfermedad sujeto a reglamentación. Equipaje: Son los efectos personales de un viajero o un tripulante.

Inspección general sanitaria: Es la visita de la autoridad sanitaria a las naves mercantes nacionales, cada seis meses, con el objeto de verificar población murina, fumigación, estado general sanitario del barco, enfermería y equipo médico.

Libre plática: En el caso de un barco, es la autorización para entrar en un puerto e iniciar el desembarco y las demás operaciones, y en el caso de una aeronave, después del aterrizaje, la autorización para proceder al desembarco y las demás operaciones. Persona infectada: Es una persona que padece de una enfermedad objeto de reglamentación o que se sospeche que está infectada con dicha enfermedad.

Puerto: Es todo puerto marítimo.

Sospechoso: Es toda persona que la autoridad sanitaria considere haber estado expuesta al riesgo de ser infectada por una enfermedad objeto a reglamentación y que pueda propagar dicha enfermedad.

Tripulación: Es el personal de servicio de un barco, de una aeronave, un tren o de un vehículo de carretera.

Visita inspectiva: Es la visita de inspección para la recepción de un barco, una aeronave, un tren, un vehículo de carretera o de un contenedor, y la verificación de sus condiciones sanitarias generales. Vuelo: Es el lapso de tiempo que transcurre desde que se cierran las puertas de una aeronave antes del despegue, hasta que se abren al arribo.

Zona de tránsito directo: Es una zona especial establecida en un aeropuerto, con la aprobación de la autoridad sanitaria competente y bajo su vigilancia inmediata, para facilitar el tráfico en tránsito de pasajeros y tripulantes, sin que salgan del aeropuerto, cuando hace escala el avión.

TÍTULO III
CONDICIONES GENERALES DEL CONTROL SANITARIO

Artículo 6.- El control sanitario lo ejercerán los Servicios de Salud en cuya área jurisdiccional se encuentran los aeropuertos, puertos marítimos y puestos fronterizos expresamente designados para ello por el Ministerio de Salud. Sin embargo, las naves provenientes del extranjero podrán recepcionarse en cualquier puerto del país.

Artículo 7.- Todos los puertos y aeropuertos deberán contar con fuentes de abastecimiento de agua potable y de alimentos aptos para el consumo humano. La conservación y manipulación del agua potable y de los alimentos se efectuarán de modo de protegerlos de cualquier posible contaminación y deberán cumplir con las normas reglamentarias vigentes.

Todo puerto o aeropuerto deberá disponer de un sistema adecuado para la remoción y eliminación sanitaria de deposiciones, aguas servidas, basuras y cualquier sustancia peligrosa para la salud.

Artículo 8.- La autoridad sanitaria adoptará las medidas pertinentes para que la administración de los puertos y/o aeropuertos de su territorio jurisdiccional efectúen las acciones destinadas a mantener los roedores bajo control.

Artículo 9.- Cuando la autoridad sanitaria considere que las condiciones epidemiológicas de los países vecinos lo justifican, se habilitarán los medios necesarios para la aplicación de medidas sanitarias en los puertos fronterizos, las que pueden incluir hasta el cierre de la frontera, medida que será notificada de inmediato a los países afectados.

Artículo 10.- Las naves nacionales inscritas en el Registro de Naves de la Dirección del Territorio Marítimo y Marina Mercante, serán inspeccionadas para determinar sus condiciones sanitarias, cada seis meses, debiendo cumplir con las disposiciones sanitarias vigentes en materia de saneamiento básico y control de alimentos.

Sin perjuicio de lo anterior, cuando en una nave nacional se presente un caso sospechoso o lo solicite la autoridad marítima, la autoridad sanitaria podrá disponer visitas inspectivas de reconocimiento.

Artículo 11.- Los certificados que soliciten los interesados para acreditar las medidas sanitarias aplicadas a barcos, aeronaves, trenes, vehículos de carretera y contenedores, con indicación de las partes del contenedor que han sido tratadas, serán entregadas en forma gratuita por la autoridad sanitaria. En lo referente a las aeronaves, el certificado podrá sustituirse, a petición de los interesados, por una anotación en la parte sanitaria de la Declaración General de Aeronaves.

Asimismo la autoridad sanitaria deberá expedir gratuitamente, a petición de los interesados:

a) certificado de la fecha de llegada o salida y de las medidas aplicadas a su persona y a su equipaje.

b) certificados de las medidas sanitarias que se hubieren aplicado a las mercaderías, para los consignadores, consignatarios y transportistas de mercaderías o para los agentes respectivos.

Artículo 12.- Las personas sujetas a vigilancia no serán aisladas y quedarán en libertad de movimiento, sin perjuicio de lo cual, si la autoridad sanitaria lo estima conveniente, podrá exigir a esas personas que se presenten ante ella a intervalos determinados. La autoridad sanitaria podrá, ademas, someter a las personas citadas a examen médico para determinar su estado de salud.

Las personas sometidas a vigilancia que deban trasladarse a otro lugar situado dentro o fuera del territorio en que se encuentren, deberán informar de este traslado a la autoridad sanitaria, la cual avisará inmediatamente a la del lugar de destino de la persona. A su llegada, ésta deberá presentarse a la mencionada autoridad para que se adopten las medidas pertinentes.

Artículo 13.- Salvo en casos de urgencia excepcional, con peligro grave para la salud pública, la autoridad sanitaria de los puertos o los aeropuertos no podrá negar la libre plática a los barcos o aeronaves que no estén infectados y en los que no se presuma la existencia de una enfermedad objeto de reglamentación. En particular, no deberá impedirse en esas condiciones la carga o la descarga de mercaderías ni el abastecimiento de víveres, combustible o agua.

Artículo 14.- No se permitirá el vaciado de aguas servidas, ni las provenientes de cala o sentina, en aguas de los puertos chilenos sin que medie un tratamiento previo que garantice su desinfección. Tampoco podrán botarse desperdicios que puedan contaminar las aguas.

Artículo 15.- Los capitanes de las naves atracadas a los muelles adoptarán las medidas pertinentes para que las amarras que unen la nave a tierra sean provistas de defensas anti-ratas. Los puentes de comunicación con tierra serán levantados tan pronto cese el trabajo a bordo.

TÍTULO IV
MEDIDAS SANITARIAS A LA SALIDA

Artículo 16.- La autoridad sanitaria de los puertos, aeropuertos y puestos fronterizos deberá adoptar las medidas pertinentes para impedir la salida de personas infectadas o sospechosas.

Igualmente arbitrará las medidas necesarias para impedir que se introduzcan posibles agentes de infección o vectores de cualquier enfermedad objeto de reglamentación a bordo de un barco, una aeronave, un tren, un vehículo de carretera o en el interior de un contenedor.

Sin embargo, en caso de personas que en un viaje internacional queden sometidas a vigilancia al arribo, podrán recibir autorización para continuar su viaje, debiendo la autoridad sanitaria informar por la vía más rápida, de este hecho, a la autoridad sanitaria del lugar de destino.

Artículo 17.- No se aplicarán medidas sanitarias a los barcos que crucen las aguas territoriales sin atracar a puerto o fondear en la costa. Sin embargo, si el barco hace escala, se le aplicarán las leyes y reglamentos sanitarios vigentes.

Artículo 18.- Los pasajeros y tripulantes de aeronaves que lleguen en tránsito y que permanezcan en la zona de tránsito directo de un aeropuerto no serán objeto de medidas sanitarias.

TÍTULO V
MEDIDAS SANITARIAS AL ARRIBO

Artículo 19.- La autoridad sanitaria podrá autorizar el otorgamiento de libre plática por radio a los barcos o aeronaves, cuando juzgue por los informes recibidos, que el arribo no causará problemas sanitarios.

Si pese a la información recibida por radio en una nave aparentemente indemne, el personal sanitario en visita obtiene evidencia de riesgo para la salud, las personas que han subido a bordo quedarán sometidas a las medidas de vigilancia o aislamiento que señale la autoridad sanitaria.

Artículo 20.- En las naves sospechosas de enfermedad reglamentada, la autoridad sanitaria no otorgará la libre plática sin efectuar previamente la visita de inspección y sólo entonces se permitirá el acceso del resto de la comisión receptora.

Artículo 21.- Al arribo de un barco, aeronave, tren o un vehículo de carretera, la autoridad sanitaria podrá ordenar el desembarco y el aislamiento de cualquiera persona afectada de una enfermedad objeto de reglamentación. El desembarco será obligado si lo pide la persona que tiene la responsabilidad del medio de transporte y siempre que la autoridad sanitaria considere que en el puerto o puesto fronterizo los existen medios adecuados para atenderlo.

Artículo 22.- La autoridad sanitaria podrá someter a vigilancia a cualquiera persona que ingrese por cualquier medio al territorio nacional desde un área infectada. La vigilancia podrá prolongarse hasta transcurrido un tiempo igual al período de incubación de la enfermedad. Salvo en los casos previstos expresamente en el presente reglamento, no se impondrá aislamiento, sino sólo vigilancia.

Artículo 23.- La declaración y documentos sanitarios que presente el Capitán de toda nave de guerra nacional o extrajera deberá ser examinado por el personal de sanidad naval, repartición que deberá además, adoptar las medidas de atención médica, aislamiento, etc., correspondiente a tripulantes enfermos de esas naves. En caso de corresponder a enfermedades sujetas a cuarentena o de vigilancia especial determinada por la Organización Mundial de la Salud, la información deberá transmitirse a la autoridad sanitaria.

Artículo 24.- La nave que hubiere recibido libre plática en algunos de los puertos de la República no necesitará visitas, salvo cuando después de la salida del puerto sobrevenga en él o a bordo algún accidente de importancia epidemiológica que justifique nuevas medidas sanitarias.

Artículo 25.- No se considerará que una aeronave procede de un área infectada por el solo hecho de que haya aterrizado en un aeropuerto de esa área, a menos que el aeropuerto mismo sea área infectada.

Artículo 26.- En caso de aeronave indemne que haya aterrizado en un área infectada, pero cuyos pasajeros y tripulantes hayan permanecido en la zona de tránsito directo o no hayan desembarcado, se considerará que ninguna de las personas a bordo proceden de esa área.

Artículo 27.- Si el examen médico permite reconocer algún caso cierto o probable de cualquiera de las enfermedades indicadas en el artículo 2° del presente reglamento, el Servicio de Salud correspondiente adoptará respecto a la nave, tripulantes y pasajeros las medidas de profilaxis correspondientes y avisará de inmediato al Ministerio de Salud y a la autoridad marítima.

Artículo 28.- Las naves sujetas a inspección sanitaria, al entrar en los puertos del país usarán las señales internacionales que existen sobre la materia.

TÍTULO VI
DISPOSICIONES ESPECIALES RELATIVAS A LAS ENFERMEDADES OBJETO DE REGLAMENTACIÓN

Artículo 29.- Para los efectos del presente reglamento se fijan los siguientes períodos de incubación de las enfermedades establecidas en el artículo 2° de este reglamento.

a) Peste: seis días.

b) Cólera: cinco días.

c) Fiebre amarilla: seis días.

Artículo 30.- Los barcos o aeronaves se considerarán:

1) infectados por la peste cuando a su arribo:

a) se encuentra a bordo un caso de peste humana,

b) se encuentran roedores infectados por la peste,

c) si ha ocurrido a bordo algún caso de peste humana después de transcurridos seis días de la fecha del embarque.

2) sospechosos por su arribo si:

a) aún no habiendo ya a bordo ningún caso de peste humana, lo hubo dentro de los seis días siguientes a la fecha del embarque.

b) entre los roedores que existan a bordo se observó una mortalidad anormal por causas no determinadas.

c) haya a bordo una persona que haya estado expuesta a la peste neumónica y no haya sido sometida a aislamiento antes de embarcar.

3) indemnes, al arribo, aun cuando procedan de áreas infectadas o transporten personas procedentes de dichas áreas, si al efectuar la visita de inspección de autoridad sanitaria comprueba que no existen las condiciones especificadas en los párrafos 1 y 2 del presente artículo.

Artículo 31.- Al arribo de un barco infectado o sospechoso de infección o de una aeronave infectada, la autoridad sanitaria podrá aplicar las siguientes medidas:

1.a) desinsectación y vigilancia de cualquier sospechoso por un lapso de tiempo de seis días desde la fecha del arribo.

b) desinsectación y en caso necesario desinfección:

b.1) del equipaje de las personas infectadas o sospechosas.

b.2) de todos los demás objetos usados por la persona infectada o sospechosa, de cualquier parte del barco o de la aeronave que se considera contaminada.

2) Al arribo de un barco, aeronave, tren o vehículo de carretera en el que viaje una persona aquejada de peste neumónica o, tratándose de barcos, cuando se haya declarado a bordo un caso de peste neumónica en los seis días anteriores al arribo, la autoridad sanitaria pueda disponer además de la aplicación de las medidas prescritas en el párrafo 1. del presente artículo, el aislamiento de los pasajeros y tripulantes por el período de seis días, contados desde la fecha de la última exposición a la infección.

3) En caso de peste de los roedores a bordo de un barco o en los contenedores que transporte, se practicará la desinsectación y la desratización de la nave, en régimen de cuarentena si fuera necesario y con arreglo a las siguientes disposiciones:

a) la desratización se efectuará tan pronto como se hayan vaciado las bodegas previamente desinfectadas.

b) podrán efectuarse una o más desratizaciones preliminares de un barco con el cargamento en bodegas o durante la descarga, para impedir que escapen los roedores infectados.

c) si no se puede conseguir la destrucción completa de los roedores porque se va a descargar sólo parte del cargamento, se autorizará la descarga pertinente pero la autoridad sanitaria podrá aplicar cualquiera medida que considere necesaria, inclusive la cuarentena del barco para impedir que escapen los roedores infectados.

4) Cuando se encuentre un roedor muerto de peste a bordo de una aeronave ésta será desinsectada y desratizada, en régimen de cuarentena si fuera necesario.

Artículo 32.- Un barco dejará de considerarse infectado o sospechoso de infección y una aeronave dejará de considerarse infectada, cuando se hayan aplicado debidamente las medidas exigidas por la autoridad sanitaria en conformidad con lo establecido por el presente reglamento o cuando se haya determinado que la mortandad de los roedores no se debe a la peste. Cumplidas esas condiciones deberá otorgarse la libre plática al barco o aeronave.

Artículo 33.- Los barcos y las aeronaves indemnes serán admitidos en libre plática a su arribo, pero si proceden de un área infectada la autoridad sanitaria puede adoptar las siguientes medidas:

a) someter a cualquier sospechoso que desembarque a vigilancia durante un máximo de seis días, contados desde la fecha en que el barco o la aeronave haya salido del área infectada.

b) en casos excepcionales y por razones fundadas que deberá comunicar por escrito al capitán del barco, exigir la desinsectación y la eliminación de los roedores de a bordo.

Artículo 34.- Si al arribo de un barco, aeronave, tren o vehículo de carretera se descubre un caso de cólera o si se ha declarado algún caso de cólera a bordo, la autoridad sanitaria podrá:

a) someter a vigilancia o aislamiento a los pasajeros o tripulantes sospechosos durante un máximo de cinco días contados de la fecha de desembarco;

b) supervisar la eliminación y evacuación higiénica del agua, alimentos (con exclusión del cargamento), las excretas humanas, aguas residuales, incluso las aguas de cala, los desechos y cualquier otra materia que se considere contaminada. También se encargará de la desinfección de los depósitos de agua y de la vajilla y utensilios de cocina.

Una vez efectuado lo dispuesto en la letra b), el barco, la aeronave, tren o vehículo de carretera será admitido en la libre plática.

Artículo 35.- Se considerará un barco infectado por fiebre amarilla, cuando a su arribo haya a bordo un caso de enfermo de fiebre amarilla o ésta se haya declarado durante la travesía. Se considerará sospechoso un barco cuando hayan transcurrido menos de seis días entre su salida de un área infectada y su arribo, o si han transcurrido menos de treinta días si a su arribo la autoridad sanitaria encuentra a bordo ejemplares de Aedes Aegypti u otro vector de la fiebre amarilla. Todos los barcos que no estén en los casos anteriormente expuestos se considerarán indemnes.

Artículo 36.- Se considerará infectada una aeronave cuando a su arribo exista a bordo un caso de fiebre amarilla. Se considerará sospechosa una aeronave cuando se encuentre a bordo vectores vivos, o no se compruebe que ha sido desinfectada al salir de un aeropuerto infectado. Todas las aeronaves que no estén en los casos anteriormente indicados se considerarán indemnes.

Artículo 37.- Al arribo de un barco, aeronave, tren o vehículo de carretera, infectado o sospechoso, la autoridad sanitaria deberá proceder a su inspección y a la destrucción del Aedes Aegypti u otros vectores que existan a bordo.

TÍTULO VII
MEDIDAS EN CASO DE MUERTE A BORDO Y TRASLADO DE CADÁVERES

Artículo 38.- Cuando una persona que se encuentre a bordo en alta mar o en aguas interiores, falleciere por cualquier causa, el Capitán de la nave avisará por radio a la autoridad marítima con el fin de que ésta, previa consulta con la autoridad sanitaria, disponga las medidas pertinentes.

Artículo 39.- Cualquier traslado de cadáveres por vía marítima, aérea o terrestre deberá atenerse a las disposiciones que sobre la materia determina el Reglamento General de Cementerios.

TÍTULO VIII
DEL PERSONAL Y EQUIPO SANITARIO A BORDO

Artículo 40.- En todas las naves que cuenten en su tripulación con Oficiales de la Marina Mercante Nacional, uno de ellos deberá estar en posesión de un certificado vigente otorgado por el Servicio de Salud que corresponda en el que conste que se encuentra en condiciones de desarrollar las funciones que este reglamento indica.

Artículo 41.- Los enfermeros practicantes que se encuentren actualmente en funciones podrán seguir prestando sus servicios a bordo.

Artículo 42.- Los elementos para atención médica estarán a cargo del personal indicado precedentemente, con preparación para la atención de los pacientes y capacitado para recibir instrucciones de un médico desde tierra, a través de la radio.

Artículo 43.- Toda nave de la Marina Mercante Nacional con tripulación superior a diez hombres y que haga travesías de más de cuarenta y ocho horas de duración, con o sin escala, deberá contar con elementos terapéuticos y de curación para casos de enfermedad o accidente, de acuerdo a lo dispuesto por el Ministerio de Salud.

Artículo 44.- Por resolución del Ministerio de Salud se fijarán los medicamentos e instrumental que llevarán los botiquines de a bordo, así como el equipo médico y dependencias en los casos que éste determine, cuya mantención y existencia serán revisados por la autoridad sanitaria.

Artículo 45.- Los botiquines estarán ubicados en un lugar de fácil acceso y que garantice las adecuadas condiciones de almacenamiento y seguridad de los medicamentos e instrumental.

Artículo 46.- El botiquín deberá mantenerse permanentemente cerrado y en perfectas condiciones de aseo y orden.

Los medicamentos deberán cumplir con todas las disposiciones sanitarias vigentes y el instrumental se mantendrá en condiciones que permitan su inmediato uso.

TÍTULO IX
DE LAS OBLIGACIONES DEL PERSONAL SANITARIO A BORDO

Artículo 47.- Antes de arribar al primer puerto de escala del país, el Capitán de una embarcación marítima que efectúe una travesía internacional, informará sobre el estado de salud a bordo y llenará y entregará al arribo, una Declaración Marítima de Sanidad refrendada por el médico de a bordo, si lo hubiere, a la autoridad sanitaria.

El Capitán y el médico del barco, si lo hubiere, facilitarán la información que solicite la autoridad sanitaria respecto a las condiciones de sanidad a bordo durante la travesía.

Artículo 48.- El médico de a bordo, si lo hubiere, o el Capitán de la nave, llevará un diario del estado sanitario del barco y de las comunicaciones sobre la materia, que haya tenido en el mar, de acuerdo a las disposiciones determinadas en la Reglamentación Internacional.

Artículo 49.- El Capitán y el médico, si lo hubiere, denunciará a la autoridad sanitaria, inmediatamente después de arribar la nave, toda enfermedad infecciosa, confirmada o probable que hubiere ocurrido a bordo durante la navegación.

Artículo 50.- El médico, Oficial o enfermero practicante a cargo de la atención médica informará a la autoridad sanitaria del puerto en el momento de la visita inspectiva sobre las novedades ocurridas durante el viaje y el estado sanitario del barco y la acompañará en la inspección dándole toda la información que facilite el desempeño de sus funciones de control a bordo.

Artículo 51.- El médico, Oficial a cargo de la atención médica o el enfermero practicante, en su caso, informará al Capitán para que no permita el embarque de personas que presenten síntomas de enfermedad sospechosa ni de cargas que puedan ser portadoras de enfermedades, y si se presentara a bordo un caso de enfermedad contagiosa, dispondrá el aislamiento del enfermo, desinfección del buque y la destrucción de los objetos contaminados.

Artículo 52.- En toda nave de la Marina Mercante Nacional, deberán llevarse libros de consulta de la Organización Mundial de la Salud o similar sobre el tratamiento de enfermedades y accidentes para la mayor eficacia de los servicios que preste el personal sanitario a bordo.

Artículo 53.- En caso de enfermedad infecto-contagiosa o cuarentenable, se aplicarán las disposiciones del Reglamento Sanitario Internacional.

TÍTULO X
DE LAS RESTRICCIONES SANITARIAS PARA EL INGRESO DE PERSONAS AL PAÍS

Artículo 54.- Todo extranjero que desee trasladarse a Chile con el ánimo de residir, deberá venir provisto de un certificado de salud expedido por un médico cirujano que haya designado el Cónsul Chileno residente en el puerto de embarque o en el puerto de origen o, a falta de éste, el Cónsul General de Chile en el país de que se trata, y visado por el mismo funcionario.

Acreditará el certificado que éste no padece de: cólera, hidrofobia, fiebre amarilla, tifus exantemático epidémico, tifus exantemático murino, peste, malaria, lepra, tracoma u otra enfermedad crónica transmisible sin estar a la fecha de ingreso en tratamiento específico.

Artículo 55.- Los certificados de estas personas serán examinados y visados por la autoridad sanitaria del primer puerto marítimo o aeropuerto en que la nave o aeronave arribe, o bien, en la Estación Sanitaria terrestre que corresponda.

Si el certificado no cumpliere con las condiciones establecidas anteriormente, la autoridad sanitaria notificará por escrito al Capitán de la nave, de la aeronave o al conductor del tren, bus o vehículo.

Artículo 56.- En todo caso la autoridad sanitaria podrá examinar prolijamente a estos extranjeros, pudiendo practicar en ellos exámenes de laboratorio con el propósito de confirmar o descartar patologías inaparentes o condición de portadores.

Artículo 57.- Ningún extranjero que padezca de algún defecto orgánico incurable tal como sordo-mudez, ceguera, mutilación de un miembro importante o sufra una enfermedad mental crónica o invalidante, podrá entrar en el territorio nacional, para residir en él, salvo que por un tercero acredite que éste contará con suficientes medios de subsistencia y mantención en el país.

Artículo 58.- Para viajar con destino al país como turista, no se requerirá certificado sanitario alguno, salvo en los casos y circunstancias que se determine por resolución del Ministerio de Salud.

Sin perjuicio de lo anterior, dichas personas no podrán ingresar ni aun en esta calidad, si padecen de alguna enfermedad señalada en el artículo 54.

Artículo 59.- Si algún extranjero hubiere violado las prohibiciones establecidas en este Reglamento para entrar al país, el Ministerio de Salud solicitará a la autoridad administrativa correspondiente la deportación de tal persona al lugar de su origen a costa de la compañía de transporte, de navegación o del armador que e hubiere conducido. Análoga medida aplicará al que haya infringido las disposiciones a que se refiere el artículo 58 de este Reglamento.

Artículo 60.- Si el enfermo se hubiere embarcado en un puerto o aeropuerto chileno, se le someterá a aislamiento bajo las condiciones y vigilancia que determine la autoridad sanitaria.

TÍTULO XI
DISPOSICIONES FINALES

Artículo 61.- Cualquier infracción al presente Reglamento será sancionada de acuerdo a las disposiciones establecidas en el Código Sanitario.

Artículo 62.- El presente Reglamento entrará en vigencia a contar de su publicación en el Diario Oficial, fecha en que se entenderá derogado el decreto supremo N° 132, de 26 de febrero de 1941, del ex Ministerio de Salud Pública y Previsión Social.

Anótese, tómese razón, comuníquese, publíquese e insértese en la Recopilación Oficial de Reglamentos de la Contraloría General de la República.- AUGUSTO PINOCHET UGARTE, General de Ejército, Presidente de la República.- Dr. Winston Chinchón Bunting, Ministro de Salud.

Lo que transcribo a Ud. para su conocimiento. Saluda a Ud.- Dr. Fernando Symon Torres, Subsecretario de Salud subrogante.

DECRETO Nº 1.775
ESTABLECE NORMAS PARA LA APLICACIÓN DEL ARTÍCULO 75 DEL CÓDIGO SANITARIO

Núm. 1.775.- Santiago, 30 de Mayo de 1995.- Visto: lo establecido en el artículo 75 del Código Sanitario; lo dispuesto en los artículos 4° y 6° del decreto ley N° 2.763, de 1979; lo informado por la División Programas de Salud en su Mem. N° 4B/1103 de 3 de agosto de 1994; lo señalado en la resolución N° 55, de 1992 y en el oficio N° 41.477 de 1994, de la Contraloría General de la República; y teniendo presente las facultades que me otorgan los artículos 24 y 32 N° 8 de la Constitución Política del Estado, y

Considerando:

– Que, de acuerdo a lo establecido en el artículo 75 del Código Sanitario los Servicios de Salud tienen facultades para declarar contaminadas determinadas aguas;

– Que las altas tasas de morbilidad por afecciones entéricas de tipo infeccioso están principalmente asociadas a factores de riesgo del medio ambiente, en especial a aguas contaminadas con desechos fecales humanos;

– Que dicha contaminación tiene como principal causa la existencia de emisarios de alcantarillado que constituyen afluentes de ríos y canales cuyas aguas se utilizan en el riego agrícola;

– Que por ello es importante impedir la utilización de esas aguas para el cultivo de vegetales y frutos de crecimiento a ras de suelo y que suelen consumirse crudos;

– Que la adopción de medidas sanitarias tendientes a impedir la utilización de aguas contaminadas, resulta más necesaria todavía si se tiene presente el peligro que implica para Chile la epidemia de cólera que subsiste en países de América y aun las características endémicas que ha adoptado esa enfermedad en naciones limítrofes.

– Que se ha comprobado la existencia del "vibrio cholerae" y otros gérmenes patógenos en muestras ambientales, y

– Que para fines de conocimiento general de los frutos y productos que se suelen consumir sin cocer y crecen a ras de la tierra que presentan un riesgo epidemiológico significativo es conveniente indicarlos, sin que ello implique que sean los únicos que reúnen esas características, sino solamente que constituyen los de mayor riesgo sanitario,

Decreto:

Artículo 1.- Para los efectos de la declaración de contaminación de determinadas aguas a que se refiere el artículo 75 del Código Sanitario, fíjase como límite máximo permisible un contenido de 1000 coliformes fecales por 100 mililitros de agua.

Este contenido corresponderá a la media geométrica de los valores de las determinaciones del contenido de coliformes fecales por 100 mililitros, de al menos 5 muestras del curso o masa de agua en cuestión.

Las muestras deberán tomarse, dentro de un lapso no mayor de dos meses, durante la temporada de riego de cultivos correspondientes a los vegetales y frutos que suelen ser consumidos sin cocer y crecen a ras de la tierra.

Artículo 2.- Las declaraciones de contaminación a que se alude en el artículo anterior por parte de los respectivos Servicios de Salud, deberán estar referidas determinadamente a todo o parte del curso o masa de agua de que se trate, siempre que los muestreos previos demuestren que exceden el mencionado límite permisible de coliformes fecales.

Artículo 3.- Para optimizar los efectos sanitarios de la declaración de contaminación de determinadas aguas se deja constancia que se encuentran en la categoría de vegetales y frutos que suelen ser consumidos sin cocer y que crecen a ras de la tierra, entre otros los siguientes productos:

- Toda especie de lechugas
- Achicorias
- Cilantro
- Perejil
- Rábanos y rabanitos
- Fresas y fresones
- Frutillas
- Apio
- Repollo
- Espinacas

Anótese, tómese razón y publíquese.- EDUARDO FREI RUIZ-TAGLE, Presidente de la República.- Fernando Muñoz Porras, Ministro de Salud Subrogante.

Lo que transcribo a Ud. para su conocimiento.- Saluda a Ud., Dr. Fernando Muñoz Porras, Subsecretario de Salud.

DECRETO Nº 1.222
APRUEBA REGLAMENTO DEL INSTITUTO DE SALUD PÚBLICA DE CHILE

Núm. 1.222.- Santiago, 27 de diciembre de 1996.- Visto: lo dispuesto en los artículos 4º, 6º y 35 y siguientes del decreto Ley Nº 2.763, de 1979, en los artículos 42 a 46 del Código Sanitario aprobado por DFL 725 de 1967, del Ministerio de Salud y las facultades que me conceden los artículos 24 y 32 Nº 8 de la Constitución Política de la República de Chile,

Decreto:

Apruébase el siguiente Reglamento del Instituto de Salud Pública de Chile:

TÍTULO I
DE LA NATURALEZA Y FINES DEL INSTITUTO

Artículo 1.- El Instituto de Salud Pública de Chile, "Dr. Eugenio Suárez Herreros", será un servicio público funcionalmente descentralizado y que estará dotado de personalidad jurídica y patrimonio propio.

Estará sometido a la supervigilancia del Presidente de la República por intermedio del Ministerio de Salud en su funcionamiento y en la ejecución de las políticas, normas y directivas que apruebe esa Secretaría de Estado.

Artículo 2.- Al Instituto le corresponderá servir de laboratorio nacional y de referencia en microbiología, inmunología, bromatología, farmacología, laboratorio clínico, contaminación ambiental y salud ocupacional y desempeñar las demás funciones que le asigne la ley, sin perjuicio de las funciones del Servicio de Salud del Ambiente de la Región Metropolitana.

Artículo 3.- La Sede del Instituto será la ciudad de Santiago, sin perjuicio de sus relaciones funcionales y técnicas con las unidades que en las materias de su especialidad existan en los Servicios de Salud de las distintas Regiones, formando parte de estos Servicios para los efectos legales y administrativos.

TÍTULO II
DE LAS FUNCIONES

Artículo 4.- Serán funciones del Instituto:

a) Servir de laboratorio nacional y de referencia, normalizador y supervisor de los laboratorios de salud pública que determine el Ministerio de Salud, en las materias indicadas en el artículo 2º;

b) Ejercer las actividades relativas al control de calidad de medicamentos, alimentos de uso médico y demás productos sujetos a control sanitario, las que comprenderán las siguientes funciones:

1.- Autorizar la instalación de laboratorios de producción químico-farmacéutica e inspeccionar su funcionamiento, como asimismo los laboratorios externos de control de calidad;

2.- Autorizar y registrar medicamentos y demás productos sujetos a estas modalidades de control, de acuerdo con las normas que determine el Ministerio de Salud.

3.- Controlar las condiciones de internación, exportación, fabricación, distribución, expendio y uso a cualquier título, como asimismo, de la propaganda y promoción de los mismos productos, en conformidad con el reglamento respectivo, y

4.- Controlar los estupefacientes y productos farmacéuticos que causen dependencia y demás sustancias psicotrópicas susceptibles de surtir análogo efecto, respecto de su importación y de su uso lícito en el proceso de elaboración de productos farmacéuticos;

c) Ser el organismo productor oficial del Estado para la elaboración de productos biológicos, conforme a programas aprobados por el Ministerio de Salud, sin perjuicio de las acciones que puedan desarrollar los laboratorios y entidades privadas en este campo;

El Instituto no podrá elaborar productos farmacéuticos ni otros indicados en la letra precedente, sino en casos calificados y previa autorización otorgada por resolución del Ministerio de Salud;

d) Prestar servicios de asistencia y asesoría a otros organismos y entidades públicas o privadas;

e) Promover y efectuar trabajos de investigación aplicada relacionada con sus funciones, y

f) Desarrollar actividades de capacitación en las áreas de su competencia.

Artículo 5.- Las funciones señaladas en el artículo anterior deberán ejercerse con estricta sujeción a las disposiciones legales y reglamentarias relativas a las materias a que se refieren, y de acuerdo con las políticas, normas, planes y programas generales aprobados por el Ministerio de Salud.

Artículo 6.- Para el cumplimiento de sus funciones, el Instituto podrá celebrar convenios de prestación de servicios, asistencia y asesoría con organismos y entidades públicas o privadas, nacionales, extranjeras e internacionales, en la forma y condiciones que determine la legislación vigente.

TÍTULO III
DE LA DIRECCIÓN Y ADMINISTRACIÓN

Artículo 7.- La Administración superior del Instituto corresponderá al Director, que será funcionario de la exclusiva confianza del Presidente de la República, nombrado previa proposición del Ministro de Salud.

Artículo 8.- El Director ejercerá la jefatura superior del Instituto y tendrá su representación judicial y extrajudicial.

Sin embargo, en el orden judicial, no podrá designar árbitros en calidad de arbitradores ni otorgar las facultades de éstos a los que sean de derecho.

Artículo 9.- El Director será subrogado, en caso de ausencia o impedimento, por el Jefe del Departamento de Laboratorio de Salud, y, en defecto de éste y en el mismo orden si sucesivamente faltaren, por el Jefe del Departamento de Control Nacional, el Jefe del Departamento de Salud Ocupacional y Contaminación Ambiental, el Jefe del Departamento de Finanzas, Administración y Servicio Interno y el Jefe del Departamento de Producción.

Artículo 10.- Las atribuciones del Director serán las siguientes:

a) Dirigir, planificar, coordinar y supervigilar el funcionamiento del Instituto, de acuerdo con las normas, políticas y directivas aprobadas por el Ministerio de Salud;

b) Ejercer las funciones y potestades que las leyes N° s. 4.557, 5.078, 5.894, 10.383 y 16.744 y el decreto con fuerza de ley N° 725, de 1967, y otras normas legales y reglamentarias confieren al Director General de Salud en las materias de competencia del Instituto;

c) Asesorar e informar al Ministerio de Salud en asuntos comprendidos en las funciones del Instituto;

d) Ejecutar y celebrar, en conformidad a este Reglamento, toda clase de actos y contratos sobre bienes muebles e inmuebles y sobre cosas corporales e incorporales, incluso aquellas que permitan enajenar y transferir el dominio, pero en este caso sólo a título oneroso, y transigir respecto de derechos, acciones y obligaciones, sean contractuales o extracontractuales.

Las transacciones a que se refiere el inciso anterior deberán ser aprobadas por resolución del Ministerio de Hacienda, cuando se trate de sumas superiores a cinco mil unidades de fomento.

Con todo, no podrán enajenarse bienes inmuebles sin que medie autorización previa otorgada por resolución del Ministerio de Salud y de acuerdo a las normas del decreto ley N° 1.939, de 1977;

e) Proponer al Ministerio de Salud, para su aprobación, los planes, programas y el presupuesto anual del Instituto;

f) Administrar los recursos y bienes del Instituto y velar por su inversión, uso y conservación, de acuerdo con normas que rigen la materia;

g) Proponer al Ministerio de Salud, para su aprobación, los aranceles de derechos que percibirá el Instituto por el ejercicio de sus funciones de control;

h) Celebrar convenios de prestación de servicios, asistencia y asesoría, en la forma y condiciones que determine la legislación vigente;

i) Recurrir a los servicios de otros laboratorios o entidades autorizadas, cuando ello sea necesario para el mejor cumplimiento de las funciones del Instituto;

j) Designar a los funcionarios y poner término a sus servicios, y, en general, resolver sobre todos los asuntos relativos al personal del Instituto, con las facultades propias de un jefe superior de Servicio, en conformidad con la ley;

k) Determinar y modificar la estructura interna del Instituto, en conformidad a las normas legales y reglamentación vigente;

l) Delegar algunas de sus atribuciones en jefes del Instituto, sin perjuicio de su responsabilidad como jefe superior del Servicio;

m) Conferir mandatos en asuntos determinados, y

n) Ejercer las demás funciones que le asignen las leyes y reglamentos.

Artículo 11.- En el ejercicio de sus funciones, el Director será asesorado por el Consejo Técnico, que estará integrado por los Jefes de los Departamentos del Instituto y por un representante del Ministerio de Salud, nombrado por el Ministro.

El Consejo Técnico será presidido por el Director, quien designará al funcionario que deberá desempeñarse como Secretario.

Artículo 12.- El Consejo Técnico deberá reunirse a lo menos una vez al mes, para considerar los asuntos que su Presidente indique al elaborar la tabla respectiva.

Sus acuerdos no serán obligatorios sino que tendrán el carácter de recomendaciones.

A las reuniones del Consejo podrán asistir los funcionarios del Instituto o de otros organismos cuya concurrencia el Presidente estime necesaria.

TÍTULO IV
DE LA ORGANIZACIÓN

Artículo 13.- La Dirección del Instituto estará integrada por el Director con su Secretaría Ejecutiva; por la Auditoría Administrativa, por la Asesoría Jurídica y por Relaciones Públicas, en el carácter de unidades asesoras y por el Subdepartamento de Planificación y Auditoría Técnica.

Del Director dependerán los Departamentos de Laboratorios de Salud; de Producción; de Control Nacional; de Salud Ocupacional y Contaminación Ambiental y de Finanzas, Administración y Servicio Interno.

Artículo 14.- A la Secretaría Ejecutiva le corresponderá colaborar directa e inmediatamente con el Director, será el órgano de enlace y comunicación con los distintos Departamentos y tendrá a su cargo, además, las siguientes funciones:

a) Recibir y clasificar la documentación confidencial o personal dirigida al Director y supervisar la actividad de su Secretaría.

b) Estudiar las disposiciones de aplicación general que corresponda emitir a la Dirección y, una vez aprobadas, clasificarlas, registrarlas y organizar su difusión;

c) Coordinar los centros de documentación científica del Instituto; y

d) Desempeñar las demás funciones que le encomiende el Director, en las materias de su competencia.

Artículo 15.- A la Auditoría Administrativa le corresponderá asesorar al Director en la fiscalización, control y evaluación de las actividades del Servicio de orden administrativo, financiero y patrimonial y desempeñará, en especial, las siguientes funciones:

a) Controlar la regularidad y corrección de las operaciones y procedimientos relativos al ingreso, administración e inversión de los recursos financieros y patrimoniales del Servicio y la observancia de las normas de Administración financiera del Estado y demás disposiciones pertinentes a la materia;

b) Controlar el fiel y oportuno cumplimiento de las disposiciones relacionadas con el funcionamiento general de los servicios públicos, los derechos y obligaciones de los funcionarios y demás asuntos de aplicación común en toda la Administración o especiales para el instituto;

c) Colaborar en el cumplimiento de las misiones que le encomiende, por intermedio de la Dirección del Servicio el Ministerio de Salud y preparar los informes y antecedentes que por el mismo conducto le solicite la Contraloría General de la República, y

d) Desempeñar las demás funciones que le asigne el Director del Instituto en las materias de su competencia.

En el cumplimiento de sus funciones específicas podrá tener acceso a antecedentes o asuntos protegidos bajo la clasificación de secreto o reserva, con el deber legal de mantener igual grado de reserva.

A la Auditoría Administrativa le será aplicable lo dispuesto en la letra e) del artículo 43° del presente reglamento.

Artículo 16.- A la Asesoría Jurídica le corresponderá:

a) Asesorar al Director y otras jefaturas del Instituto en la aplicación de las normas legales y reglamentarias y otras disposiciones, emitiendo los informes que le sean requeridos;

b) Redactar y revisar los proyectos de formalización de actos, contratos y convenios en que participe el Instituto y realizar las gestiones tendientes a materializarlos;

c) Intervenir en la elaboración de las resoluciones e instrucciones que deba aprobar la Dirección del Instituto a requerimiento de ésta;

d) Preparar los informes y las consultas a la Contraloría General sobre la interpretación de normas legales y reglamentarias;

e) Asumir la defensa del Instituto en los juicios en que sea parte o en los asuntos en que tenga interés ante los Tribunales de Justicia, y

f) Ejercer las demás funciones que le encomiende el Director del Instituto en las materias de su especialidad.

Artículo 17.- Al subdepartamento de Planificación y Auditoría Técnica le corresponderá asesorar al Director y a los distintos Departamentos, en la preparación de los proyectos de planes y programas del Instituto y en el control y la evaluación de aquéllos que aprobare el Director y tendrá a su cargo, además, las siguientes funciones:

a) Prestar asesoría en la preparación de los proyectos de garantía de la calidad y en la supervisión y coordinación ejecutiva de aquéllos que aprobare el Director;

b) Promover, coordinar y evaluar las acciones destinadas a garantizar la calidad de los procesos técnicos y de gestión del Instituto;

c) Actuar como auditoría técnica del Instituto, para asegurar la observancia de los procedimientos y exigencias técnicas fijadas por la Dirección, de acuerdo con normas nacionales e internacionales de control de calidad;

d) Asesorar en la preparación de los proyectos técnicos, de organización y métodos, administrativos e informáticos del Instituto y en la supervisión y coordinación de aquéllos que aprobare el Director;

e) Realizar los estudios que le asigne el Director y coordinar los que éste encomiende en materias específicas a profesionales especializados, y

f) Desempeñar las demás funciones que le encomiende el Director, en las materias de su competencia.

Artículo 18.- A la Oficina de Relaciones Públicas le corresponderá:

a) Preparar material relativo a las actividades del Instituto para su difusión en medios nacionales e internacionales,

b) Organizar conferencias de prensa y actividades similares, a requerimiento del Director o de la Secretaría Ejecutiva de la Dirección,

c) Imponerse de las informaciones relacionadas con el Instituto y con el Sector Salud, dando conocimiento oportuno de ellas a las autoridades correspondientes, proponiendo o recomendando las acciones que sean pertinentes,

d) Mantener contacto con las Oficinas de Relaciones Públicas del Ministerio de Salud de los demás organismos del Sistema Nacional de Servicios de Salud y de otras instituciones y entidades en lo referente a actividades o asuntos relacionados con la salud, y

e) Desempeñar las demás funciones relativas a la materia que le asigne o encomiende el Director del Instituto.

En el ejercicio de sus actividades, la oficina contará con la colaboración de los distintos Departamentos del Instituto, a los que podrá dirigirse para obtener la información que ella requiera.

Artículo 19.- Al Departamento de Laboratorios de Salud le corresponderá ejecutar las actividades que debe cumplir el Instituto como laboratorio nacional y de referencia, normalizador y supervisor de los laboratorios de salud pública que determine el Ministerio de Salud;

ejercer directamente las funciones técnicas especializadas en diagnóstico de laboratorio y las relativas a los centros de referencia regionales, especialmente en lo que sea atinente a asuntos epidemiológicos de interés nacional y a la normalización, supervisión y coordinación de los laboratorios de los Servicios de Salud que integran el Sistema Nacional de Laboratorios y colaborar con esos Servicios en la fiscalización que ellos ejercen sobre los laboratorios destinados al diagnóstico de las enfermedades del hombre proporcionándoles, a su solicitud, los métodos o procedimientos que considere técnicamente apropiados y ejercerá especialmente las siguientes funciones:

a) Efectuar exámenes de alta complejidad y de confirmación; transferencia tecnológica; capacitación y preparación de reactivos, patrones y cepas para uso en referencia;

b) Normalizar técnicas y preparar instrucciones de utilización para uso en laboratorios clínicos del Sistema Nacional de Servicios de Salud, incluidos, para estos efectos, los laboratorios que formen parte de los bancos de sangre de esos Servicios;

c) Realizar acciones de apoyo a la vigilancia epidemiológica y a programas ministeriales en el campo de su competencia;

d) Evaluar la calidad de las prestaciones de los laboratorios clínicos del Sistema Nacional de Servicios de Salud;

e) Conocer e informar las reclamaciones que se deduzcan contra los resultados de exámenes o análisis que practiquen en materia sanitaria los Servicios de Salud, los que éstos utilicen en los diferentes puntos del país o hayan obtenido su reconocimiento como laboratorios de salud pública.

f) Realizar investigación aplicada, difusión y desarrollo tecnológico en el ámbito de sus especialidades.

g) Asesorar e informar al Director en los asuntos de su competencia, y

h) Desempeñar las demás funciones que le asigne el Director del Instituto en su área.

Artículo 20.- Del Departamento de Laboratorios de Salud dependerán los Subdepartamentos de Microbiología Clínica, Inmunología Clínica y Coordinación de Laboratorios.

Artículo 21.- Al Subdepartamento de Microbiología Clínica le corresponderá:

a) Actuar como laboratorio de referencia del Sistema Nacional de Servicios de Salud en bacteriología, serología y virología, prestando los servicios y desarrollando acciones de difusión e investigación aplicada relativas a estas disciplinas;

b) Realizar exámenes especializados de microbiología clínica y asesorar en estos aspectos al Sistema Nacional de Laboratorios;

c) Elaborar antisueros, antígenos, sueros de reactividad evaluada, cultivos celulares y demás productos propios de su especialidad.

d) En general, efectuar acciones de diagnóstico, normalización e investigación aplicada en materias de su competencia.

Artículo 22.- Al Subdepartamento de Inmunología Clínica le corresponderá:

a) Actuar como laboratorio de referencia del Sistema Nacional de Servicios de Salud en el campo de la inmunología clínica y de la inmunoquímica;

b) Desarrollar, aplicar y difundir métodos de diagnóstico inmunológico;

c) Producir los reactivos necesarios para el cumplimiento de sus funciones; y

d) Prestar los servicios y desarrollar las acciones de diagnóstico, normalización, difusión, extensión e investigación aplicada en el área de la inmunología.

Artículo 23.- Al Subdepartamento de Coordinación de Laboratorios le corresponderá:

a) Coordinar la acción de las dependencias del Departamento, que actúen como centros de referencia nacionales, en su proyección hacia los laboratorios de los Servicios de Salud y viceversa.

b) Actuar como laboratorio de referencia del Sistema Nacional de Servicios de Salud, en los campos de la hematología, química clínica, parasitología y otras materias de su especialidad.

c) Evaluar los informes de asesorías técnicas, proponiendo las medidas a que ello dé lugar.

d) Llevar y mantener actualizada la información estadística y demás antecedentes que sean útiles al Sistema Nacional de Servicios de Salud en las materias relativas a laboratorios;

y

e) Efectuar acciones de diagnóstico, normalización e investigación aplicada en materias de su competencia.

Artículo 24.- Al Departamento de Producción le corresponderá:

a) Coordinar las actividades de los centros de elaboración de productos biológicos, de fármacos, medios de cultivos y reactivos para diagnósticos del Instituto;

b) Elaborar y proponer al Director el plan anual de producción del Departamento;

c) Suministrar los animales mayores y menores necesarios para su utilización en los laboratorios del Instituto, en la cantidad y calidad que ellos requieran, de acuerdo con los programas aprobados;

d) Asesorar y supervisar a todas las dependencias del Instituto en la mantención de los animales de trabajo, así como en la adquisición, conservación y remodelación de los espacios físicos en que ellos deben mantenerse;

e) Administrar el o los predios agrícolas destinados a la producción de animales de laboratorio, tanto en lo relacionado con esta actividad como con la producción de los elementos agropecuarios que ella requiera;

f) Efectuar control de materias primas, productos en proceso y finales, para asegurar la observancia de los procedimientos y exigencias técnicas fijadas por la Dirección, de acuerdo con normas nacionales e internacionales de control de calidad;

g) Detectar, investigar e informar cualquiera anomalía técnica en el proceso de producción y proponer las medidas correctivas pertinentes;

h) Controlar, en general, el fiel cumplimiento de todas las disposiciones de orden técnico establecidas en normas y manuales aprobados por la Dirección, para preservar la calidad y confiabilidad de los productos que elabore, e

i) Practicar los controles de calidad que le encomiende específicamente el Director del Instituto;

j) Desempeñar las demás funciones que le asigne el Director del Instituto en su especialidad.

Artículo 25.- Del Departamento de Producción dependerán los Subdepartamentos de Vacunas y Antitoxinas Bacterianas y de Envase de Productos Biológicos.

Artículo 26.- Al Subdepartamento de Vacunas y Antitoxinas Bacterianas le corresponderá:

a) Producir vacunas, antitoxinas y toxoides en la variedad, cantidad, calidad y tiempos establecidos en el programa de producción del Departamento;

b) Velar por la ejecución correcta de las técnicas de producción oficial y desarrollar investigación aplicada para mejorar los métodos de elaboración;

c) Elaborar las vacunas antirrábicas, tanto de uso humano como veterinario, tipo canino, y mantener un cepario de virus rábico fijo;

d) Elaborar las vacunas en el campo de su especialidad para ser utilizadas como referencia nacional en los estudios y controles de potencia de estos productos, y

e) Elaborar las demás vacunas y sueros indicados en el Programa de Producción.

Artículo 27.- Al Subdepartamento de Envase de Productos Biológicos le corresponderá:

a) Ejecutar el envase aséptico de todos los productos biológicos del Instituto en la forma y cantidades fijados por el plan de producción.

b) Elaborar medios de cultivo y reactivos para diagnóstico en la cantidad y calidad establecidas en el Programa de Producción, tanto para satisfacer las necesidades del Instituto como las que eventualmente requieran los laboratorios de los Servicios de Salud;

c) Preparar y esterilizar todo el material de vidrio necesario para el funcionamiento de los laboratorios del Instituto;

d) Liofilizar o desecar productos de todas las dependencias del Instituto,

e) Preparar y proponer normas para la elaboración de medios de cultivo y el correcto uso del material de vidrio, tanto para el Instituto como para los laboratorios de los Servicios de Salud.

Artículo 28.- Al Departamento de Control Nacional le corresponderá desarrollar las funciones relativas al control de medicamentos, cosméticos, reactivos y elementos biológicos de diagnóstico, alimentos y demás productos sujetos a control sanitario, de acuerdo con las disposiciones legales y reglamentarias vigentes y las normas aprobadas por el Ministerio para desarrollar dichos controles y especialmente, ejercerá las siguientes funciones:

a) Efectuar como Laboratorio Oficial del Estado el control de calidad de los productos indicados anteriormente que se elaboren o se importen o exporten del país;

b) Evaluar la información científica disponible para registrar un producto nuevo y proponer el informe pertinente para su calificación;

c) Programar y coordinar la ejecución de las actividades de farmacovigilancia para evaluar los efectos de los diferentes medicamentos autorizados en el país;

d) Efectuar el control de los establecimientos de fabricación de productos farmacéuticos, cosméticos y pesticidas de uso sanitario y doméstico y de los laboratorios externos de control de calidad de estos productos.

e) Efectuar el control de los estupefacientes, psicotrópicos y demás productos sometidos a controles legales o condiciones especiales, respecto de su exportación e importación, así como de su uso lícito en la elaboración de medicamentos;

f) Reunir y proporcionar la información necesaria para el cumplimiento de los compromisos contraídos por el Gobierno en tratados y convenios internacionales, en las materias de su competencia;

g) Velar por el cumplimiento de las disposiciones que rigen a los productos farmacéuticos sometidos al sistema de control de serie;

h) Velar por el cumplimiento de las disposiciones sobre fijación de fechas de vencimiento o períodos de eficacia aprobados al otorgarse el registro sanitario o con posterioridad;

i) Informar las solicitudes de instalación, apertura, funcionamiento, modificación y traslado de los establecimientos de fabricación de productos farmacéuticos, alimentos de uso médico, cosméticos y otros productos sometidos al control del Instituto, así como de los laboratorios externos de control de control de calidad de los mismos productos;

j) Practicar el control y vigilancia técnica del funcionamiento de los establecimientos y laboratorios referidos en la letra anterior y elaborar los informes respectivos;

k) Efectuar las investigaciones, instruir los sumarios sanitarios y ejecutar las auditorías de proceso que se ordene practicar en los mismos establecimientos y laboratorios e informar de los resultados de estos procedimientos;

l) Informar las solicitudes de importación, exportación, tránsito, extracción, producción, fabricación, fraccionamiento y distribución de drogas, preparados y productos estupefacientes y psicotrópicos;

m) Determinar las previsiones anuales y preparar los Certificados Oficiales de Importación o Exportación y otros instrumentos relativos a las mismas sustancias;

n) Reunir, procesar, mantener actualizadas y preparar las comunicaciones de la información estadística o de otra naturaleza referente a las mencionadas sustancias que debe despacharse a autoridades nacionales u organismos internacionales, y

ñ) Preparar los informes que respecto de esas sustancias deba remitirse a los Tribunales de Justicia y otros organismos, de acuerdo con las disposiciones legales o reglamentarias aplicables en la materia y los convenios celebrados por el Instituto.

o) Reunir, seleccionar, evaluar, clasificar, organizar y mantener actualizada la información farmacológica y clínica sobre medicamentos;

p) Proporcionar información sobre todos los aspectos técnicos relacionados con los medicamentos, destinada a los profesionales de la salud pública y privada;

q) Colaborar en el estudio, elaboración y proposición de normas y otras disposiciones sobre uso racional de medicamentos;

r) Preparar información para los boletines y otras publicaciones que edite el Instituto;

s) Asesorar e informar al Director en los asuntos propios de sus funciones;

t) Desempeñar las demás actividades que le asigne el Director del Instituto.

Artículo 29.- Del Departamento de Control Nacional dependerán los Subdepartamentos Registro, Químico Analítico, Reactivos de Diagnóstico y del Ambiente.

Artículo 30.- Al Subdepartamento de Registro le corresponderá:

a) Evaluar y proponer el registro de los medicamentos, cosméticos y demás productos sujetos a este procedimiento de control o la denegación de las solicitudes respectivas y las cancelaciones o modificaciones de los registros otorgados;

b) Proponer las condiciones de rotulación, distribución, expendio, uso, propaganda y promoción de los mismos productos, y

c) Informar las solicitudes de uso y disposición de los productos indicados en la letra a) que se importen al país.

Artículo 31.- Al Subdepartamento Químico Analítico le corresponderá:

a) Practicar los análisis correspondientes a los productos farmacéuticos y cosméticos sometidos al control de serie o a otros controles de calidad previstos en sus respectivos regímenes sanitarios e informar de sus resultados;

b) Realizar los análisis de las muestras que le sean entregadas por la jefatura del Departamento o remitidas al Instituto por los Organismos del Sistema Nacional de Servicios de Salud, los Tribunales de Justicia u otras reparticiones u organismos, elaborando los informes técnicos respectivos, y

c) Estudiar y desarrollar técnicas para perfeccionar el control de calidad y garantizar el cumplimiento de los requisitos de actividad, pureza, inocuidad, eficacia, estabilidad y otros de los productos sometidos a control sanitario.

Artículo 32.- Al Subdepartamento Reactivos de Diagnóstico le corresponderá:

a) Colaborar con el desarrollo de las relaciones del Instituto con las entidades públicas y privadas vinculadas a la producción, internación, evaluación y empleo de reactivos de diagnóstico;

b) Apoyar a los laboratorios del Instituto en la obtención, recopilación y sistematización de los antecedentes científicos relativos a la evaluación de los reactivos de diagnóstico;

c) Reunir, procesar, actualizar y preparar las comunicaciones e información estadística o de otra naturaleza referente a los mencionados productos que deba despacharse a autoridades nacionales u organismos internacionales;

d) Preparar los informes que respecto de esos productos deba remitirse a los Tribunales de Justicia y otros organismos, y

e) Realizar investigación aplicada en las áreas de su competencia.

Artículo 33.- Al Subdepartamento Laboratorios del Ambiente le corresponderá:

a) Normalizar los laboratorios del ambiente de los Servicios de Salud, informar sobre la evaluación de sus actividades, desarrollar otras acciones propias de su condición de centro nacional de referencia; y colaborar con los Servicios de Salud en la fiscalización de los laboratorios destinados al control de factores ambientales y de alimentos, proporcionándoles, cuando lo soliciten, información sobre métodos o procedimientos técnicamente apropiados;

b) Practicar análisis químicos, microbiológicos, toxicológicos y otros exámenes de muestras de alimentos, aguas y otras sustancias, así como de elementos contaminantes;

c) Conocer e informar las reclamaciones contra resultados de exámenes o análisis que practiquen los laboratorios de Servicios de Salud o los que éstos utilicen en los diferentes puntos del país o que hayan obtenido su reconocimiento como laboratorio de salud pública, en materias relativas al ambiente;

d) Efectuar investigación aplicada en técnicas relativas a las materias de su competencia para su perfeccionamiento y difusión, y

e) Realizar actividades de apoyo a la vigilancia epidemiológica y a programas ministeriales.

Artículo 34.- Al Departamento de Salud Ocupacional y Contaminación Ambiental le corresponderá:

a) Actuar como laboratorio nacional y de referencia en el campo de la salud ocupacional y de la contaminación atmosférica, prestando los servicios y realizando las acciones propias de esta actividad;

b) Contribuir a la solución de los problemas de salud de los trabajadores en el medio ocupacional, a través de asesorías técnicas, docencia e investigación aplicada en la materia;

c) Realizar estudios, exámenes y otras acciones de orden técnico relativas a contaminación atmosférica, necesarias para las actividades del Instituto o que requieran los organismos del Sistema Nacional de Servicios de Salud, desarrollando, según el caso, labores de asesoría, docencia e investigación aplicada en este campo;

d) Realizar acciones dirigidas a determinar y evaluar los riesgos de accidentes del trabajo y proponer medidas de prevención de accidentes y enfermedades ocupacionales;

e) Intervenir en la autorización, control y fiscalización de las instituciones, laboratorios y establecimientos y que se interesen en ser reconocidos oficialmente para prestar servicios de control y certificación de calidad de elementos de protección personal contra riesgos ocupacionales;

f) Desempeñar las demás funciones que le asigne el Director del Instituto en su especialidad.

Artículo 35.- Del Departamento de Salud Ocupacional y Contaminación Ambiental dependerán los Subdepartamentos de Higiene y Seguridad Industrial y de Medicina Ocupacional.

Artículo 36.- Al Subdepartamento de Higiene y Seguridad Industrial le corresponderá:

a) Desarrollar acciones conducentes a detectar y evaluar los riesgos de naturaleza químico-física en los medios laborales y de los contaminantes atmosféricos, así como elaborar y proponer las pautas necesarias para prevenir tales riesgos;

b) Realizar las acciones técnicas necesarias para las funciones señaladas en la letra e) del artículo 34;

c) Desempeñar las demás funciones que le encomiende el Director en el área de su especialidad.

Artículo 37.- Al Subdepartamento de Medicina Ocupacional le corresponderá:

a) Realizar acciones conducentes a la detección precoz de las enfermedades profesionales;

b) Efectuar estudios epidemiológicos y metodológicos dirigidos a evaluar los daños que causen dichas enfermedades, y

c) Desempeñar las demás funciones que le encomiende el Director en el área de su especialidad.

Artículo 38.- Al Departamento de Finanzas, Administración y Servicio Interno le corresponderá estudiar y proponer alternativas para el financiamiento y eficiente utilización de los recursos disponibles; tendrá a su cargo el manejo contable y presupuestario del Instituto, y ejecutará las funciones relativas a personal y bienestar, abastecimiento, comercialización, mantención, costos y, en general, de administración interna que requiera su actividad.

En el desempeño de estas funciones deberá especialmente:

a) Colaborar con el Director en la gestión financiera y administrativa del Instituto, velando especialmente por la oportunidad, corrección y legitimidad de sus operaciones.

b) Colaborar con los Departamentos técnicos del Instituto en la gestión financiera y administrativa de sus unidades, velando por la calidad, cantidad y oportunidad de la provisión de bienes y servicios que soliciten esas dependencias para el adecuado desarrollo de sus funciones;

c) Elaborar los proyectos de resoluciones, actos, bases de propuestas y demás documentos relacionados con su competencia que deban ser presentados a la aprobación del Director o de otras Jefaturas, haciéndose cargo de su tramitación y comunicación, tanto en el Instituto como a otros Organismos, entidades o personas, según el caso;

d) Ejercer por intermedio de su Jefatura, las funciones de Ministro de Fe, para extender certificados o formalizar actos y documentos oficiales del Instituto;

e) Colaborar en la preparación, compatibilización, racionalización y consolidación de los planes y programas del Instituto;

f) Recopilar, mantener y evaluar la información estadística ligada al manejo administrativo y financiero de las actividades del Instituto;

g) Ejecutar el mantenimiento, capacitar a los usuarios y velar por la correcta operación de los sistemas de procesamiento de atos;

h) Efectuar el mantenimiento de todos los bienes muebles e inmuebles del Instituto, con excepción de los destinados a la producción, crianza y mantención de animales de laboratorio y de los bienes necesarios para su alimentación, preocupándose del cumplimiento de sus finalidades y objetivos de producción,

i) Materializar las tareas de capacitación del Instituto, coordinando centralizadamente la ejecución de estas actividades, sin perjuicio de su planificación por la Dirección y de la asesoría y supervisión técnica de los demás Departamentos y dependencias del Organismo, en sus respectivas especialidades;

j) Desempeñar funciones relativas al bienestar del personal;

k) Registrar y controlar los gastos de operación del Instituto,

l) Centralizar la recepción, registro y distribución interna de las solicitudes, documentos y muestras que se presenten al Instituto, informar al público sobre su tramitación y resultados, así como numerar, registrar y despachar los informes, oficios y demás correspondencia, expidiendo las certificaciones que conciernan a estas acciones;

m) Estudiar y proponer pautas para la adecuada comercialización de los productos y servicios del Instituto, así como sus aranceles y precios; efectuar dicha comercialización y recaudar los ingresos que de ello provengan, y

n) Mantener una adecuada estadística de las ventas de bienes y servicios, para lo que podrá recabar la información necesaria de las unidades que dispongan de ellas.

ñ) Proponer las especificaciones técnicas de las licitaciones y contratos que se deba efectuar para las acciones de construcción, mantención y habilitación que le competen;

o) Centralizar la custodia y facilitar el uso de los planos de los inmuebles, manuales operativos y de mantención del equipamiento y de las normas y especificaciones técnicas de sus insumos;

p) Coordinar y apoyar las acciones de seguridad y bioseguridad, incluyendo el requerimiento, distribución, custodia y mantención de los elementos físicos necesarios, sin perjuicio de la supervisión técnica que deban proporcionar otras dependencias del Instituto;

q) Encargarse de la administración del transporte del Instituto, velando por el estado y conservación de los vehículos y administrar la entrega de combustible para los de su dotación, y

r) Supervisar y controlar el cumplimiento de los contratistas de acciones de apoyo relacionadas con las áreas a su cargo, incluyendo todo tipo de mantenciones y servicios como portería, vigilancia, lavandería, aseo y jardines.

s) Asesorar al Director en los asuntos relacionados con sus funciones; y

t) Desempeñar las demás funciones que le asigne el Director.

Artículo 39.- Del Departamento de Finanzas, Administración y Servicio Interno dependerán los Subdepartamentos Recursos Financieros, Abastecimiento y Recursos Humanos.

Artículo 40.- Al Subdepartamento de Recursos Financieros le corresponderá:

a) Confeccionar el proyecto de presupuesto anual del Instituto, de acuerdo con las normas legales y reglamentarias y demás disposiciones aplicables a la materia, y someterlo a la consideración del Director;

b) Elaborar el proyecto de Balance General y demás estados o informes contables o financieros que deba presentar el Instituto o sean requeridos por su Dirección o los Departamentos técnicos;

c) Proponer procedimientos internos de administración contable y financiera, en conformidad con las disposiciones legales y reglamentarias pertinentes y las instrucciones emanadas de las autoridades competentes, y, una vez aprobados, ejecutarlos y velar por su aplicación;

d) Realizar todo el manejo de fondos y de tesorería, así como el inventario físico y el control de existencias y de los bienes del Instituto;

e) Controlar, registrar y autorizar toda orden de pago, y

f) Velar por la correcta y eficiente utilización de los recursos financieros, analizar las respectivas cuentas de ingresos y egresos y controlar los costos de los bienes y servicios que produce el Instituto.

Artículo 41.- Al Subdepartamento de Abastecimiento le corresponderá:

a) Elaborar y proponer el programa anual de adquisiciones, sobre la base de los requerimientos ordinarios de todas las dependencias del Instituto; y ejecutar y controlar la gestión de dicho programa, una vez aprobado;

b) Realizar las adquisiciones e importaciones de productos, materias primas, insumos y demás elementos, velar por la cantidad, calidad, oportunidad, almacenamiento y distribución de esos elementos, y

c) Proporcionar la información necesaria para la planificación y correcta ejecución del abastecimiento.

Artículo 42.- Al Subdepartamento de Recursos Humanos le corresponderá:

a) Planificar, organizar, coordinar y evaluar la administración de los recursos humanos del Instituto y desarrollar las actividades relativas al reclutamiento, selección y capacitación del personal;

b) Organizar, coordinar y ejecutar las acciones necesarias para la capacitación, tanto de los funcionarios del Instituto o de los Servicios de Salud cuando corresponda, como, excepcionalmente, de personas ajenas al Instituto, todo ello con la asesoría y supervisión técnica de los demás Departamentos y dependencias;

c) Elaborar las resoluciones y demás documentos relativos a la designación, término de servicios y, en general, a los derechos y obligaciones de los funcionarios, y velar por su oportuna tramitación y cumplimiento;

d) Coordinar y acreditar el proceso de calificación anual del personal y confeccionar y comunicar los escalafones;

e) Elaborar y tramitar las resoluciones que ordenen la instrucción de sumarios administrativos e investigaciones sumarias y practicar las notificaciones a que esos procedimientos den lugar;

f) Controlar la dotación, recibir y mantener actualizadas las fianzas y llevar registros individuales de los funcionarios, en que consten sus designaciones, destinaciones, calificaciones, promociones y demás antecedentes, así como las actuaciones de mérito y de demérito que ellos hayan realizado;

g) Efectuar el cálculo, liquidación y distribución de las remuneraciones del personal;

h) Desarrollar las acciones de bienestar social del personal del Instituto y verificar y acreditar los requisitos necesarios para la obtención de los beneficios que se otorguen a través del Servicio de Bienestar, y

Artículo 43.- Serán atribuciones de los Jefes de los Departamentos:

a) Informar y prestar su asesoría al Director en las materias de su especialidad;

b) Dirigir, planificar, programar, supervisar y coordinar la acción de los Subdepartamentos y demás dependencias a su cargo, velando por el uso adecuado y eficiente de los recursos asignados;

c) Propender a la capacitación del personal de su dependencia;

d) Dar cuenta de las faltas que los funcionarios a su cargo cometan a la disciplina, de oficio o previa recomendación de los jefes de Subdepartamento;

e) Ejercer las funciones y facultades que le delegue el Director, sin perjuicio de la responsabilidad de éste como Jefe Superior del Servicio;

f) Solicitar a la Dirección del Instituto, la colaboración ocasional de funcionarios profesionales, técnicos o administrativos de otras dependencias del organismo, según la naturaleza y volumen de las labores que deban desempeñarse.

Artículo 44.- Serán atribuciones de los Jefes de Subdepartamentos:

a) Dar cumplimiento y ejecutar los programas y acciones correspondientes a los Departamentos y prestar su colaboración y asesoría a las jefaturas de que dependen;

b) Dirigir a los profesionales y demás funcionarios sometidos a su dependencia y administrar los recursos materiales y financieros asignados para el logro de los objetivos del Instituto;

c) Cumplir y velar por la fiel observancia de las normas legales y reglamentarias que rigen al Instituto, así como las disposiciones contenidas en manuales e instrucciones y otras directivas superiores;

d) Distribuir las funciones y tareas correspondientes al Subdepartamento, entre las Secciones y funcionarios que de ellos dependen, y

e) Desempeñar las demás funciones y tareas que les delegue el Director del Instituto o le encomiende el Jefe del Departamento respectivo.

Artículo 45.- La determinación de la estructura interna de los Subdepartamentos enumerados en el presente Título, será resuelta por el Director de acuerdo con las necesidades del Instituto y considerando la organización fijada en la ley y este reglamento.

TÍTULO V
DEL PATRIMONIO DEL INSTITUTO Y SU ADMINISTRACIÓN

Artículo 46.- El patrimonio del Instituto se formará con los bienes y recursos a que se refieren los artículos 43° y 44° del decreto ley N° 2.763, de 1979.

Artículo 47.- Sin perjuicio de lo establecido en la letra d) del artículo 10° del presente reglamento, respecto de la aprobación de las transacciones que excedan de cinco mil unidades de fomento y de la enajenación de bienes inmuebles, el Director podrá:

a) Comprar, vender y permutar toda clase de bienes muebles o inmuebles y ceder y adquirir derechos sobre los mismos, incluyendo los valores mobiliarios, fijando precios, forma de pago y de entrega y toda clase de condiciones y modalidades; percibir o pagar el precio, recibir o entregar la cosa adquirida y ejecutar todos los derechos que al comprador y al vendedor otorgan las leyes; convenir pactos accesorios, como el de retroventa y otros similares;

b) Dar y tomar en arrendamiento toda clase de bienes muebles e inmuebles y servicios materiales e inmateriales, cumpliendo las exigencias legales a que están sometidos estos contratos, pudiendo al efecto fijar rentas, precios y horarios, plazos de cualquiera extensión, condiciones y otras modalidades;

c) Modificar y prorrogar las comunidades, pedir su liquidación y participación, designar liquidadores, con las limitaciones contenidas en el inciso segundo del artículo 19° del decreto ley N° 2.763, de 1979;

d) Celebrar contratos de comodato sobre toda clase de bienes, muebles e inmuebles, ya sea actuando en calidad de comodante como en la de comodatario. Actuando como comodante, sólo podrá entregar bienes a ese título cuando a su juicio fundado el contrato permita la realización, directa o indirecta de las funciones que señala el artículo 37° del decreto ley N° 2.763, de 1979;

e) Celebrar contratos de seguros, depósitos, hipotecas, prendas y demás contratos nominados e innominados;

f) Abrir cuentas corrientes bancarias en la forma y condiciones que señala y reglamenta el decreto ley N° 1.263, de 1975, sobre la Administración Financiera del Estado y girar sobre ellas, extendiendo los correspondientes cheques;

g) Girar letras de cambio, libranzas y pagarés extendidos a la orden del Instituto y ejercitar todas las acciones que correspondan respecto de tales documentos y girar, endosar en comisión de cobranza o para su depósito en cuenta corriente bancaria, cobrar, endosar, cancelar, y protestar cheques y toda clase de documentos mercantiles;

h) Recibir bienes en garantía de otros contratos, aceptar fianzas simples y solidarias y toda clase de cauciones a favor del Servicio;

i) Expedir, recibir, endosar, cancelar y hacer toda clase de actos con giros, facturas, notas de entrega y venta, conocimientos de entrega y embarque, póliza de seguro y demás documentos de igual naturaleza o semejante;

j) Licitar bienes y llamar a propuestas públicas y privadas, y simples cotizaciones señalando las condiciones de los llamados y sus bases, y

k) En general, realizar toda clase de actos y actuaciones y celebrar todo tipo de convenciones y contratos necesarios para el cumplimiento de los fines del Instituto, sin más limitaciones que las generales que establezcan las leyes y reglamentos.

El Director podrá conferir mandatos especiales para asuntos determinados. Los mandatarios no podrán delegar el mandato, sin mención expresa que así lo autorice.

Artículo 48.- Las adquisiciones de terrenos, como asimismo la compra de casa, edificios, locales y otros similares deberá estar autorizada en el presupuesto vigente, en el ítem respectivo, con una referencia a lo menos genérica a la respectiva inversión.

Artículo 49.- Las adquisiciones de bienes de uso y consumo cuya cuantía exceda de 400 unidades de fomento, deberán realizarse llamando a cotizaciones o propuestas anunciadas públicamente, salvo que se efectúen a la Central de Abastecimiento del Sistema Nacional de Servicio de Salud.

Toda compra o adquisición, cualquiera que fuese su cuantía, deberá estar debidamente respaldada en el presupuesto.

Artículo 50.- Las donaciones que se hagan al Instituto, por cualquiera institución o persona serán aceptadas mediante una resolución del Director y no requerirán del trámite de la insinuación. Tratándose de bienes raíces, corresponderá al Director hacer estudiar y calificar los títulos de dominio del donante y redactar la escritura pública de donación correspondiente. El oferente deberá acompañar los títulos pertinentes, que calificará la Asesoría Jurídica.

Las donaciones que se hagan al Instituto deberán ser puras y simples. Podrán, sin embargo, aceptarse donaciones modales, siempre que la modalidad consista en aplicar el bien a la satisfacción directa o indirecta de un objeto vinculado a las finalidades legales del Instituto. Las herencias no podrán ser aceptadas sino con beneficio de inventario, y si ellas, las donaciones y asignaciones impusieran gravámenes pertinentes, su aceptación deberá darse por resolución fundada. Las normas anteriores relativas a las donaciones serán aplicables, en lo pertinente, a las herencias y legados.

Los bienes donados, legados o heredados por el Instituto, con la obligación de aplicarlos a un fin especial o determinado, no podrán ser destinados a otro objeto que el indicado por el donante o testador, sin perjuicio de la plena vigencia de las disposiciones relativas al cumplimiento por la analogía de las obligaciones modales.

TÍTULO VI
DEL EJERCICIO DE LAS FACULTADES DE CONTROL

Artículo 51.- Al Director del Instituto le corresponderá autorizar la instalación, apertura y funcionamiento de los laboratorios y establecimientos de producción o importación química farmacéutica y los laboratorios de control externo de calidad de dichos establecimientos, en conformidad con las normas legales y reglamentarias vigentes en la materia, así como de las disposiciones que las complementan. Asimismo, le corresponderá dirigir la inspección de su funcionamiento, mediante visitas de las que quedará constancia en el respectivo libro del laboratorio, y disponer de inmediato el sumario de rigor en caso de constatarse alguna infracción, todo ello de acuerdo con las disposiciones del Código Sanitario y de sus reglamentos.

Artículo 52.- Conforme a lo señalado en la letra b) del artículo 4° del presente reglamento, el Director tendrá a su cargo el ejercicio de las funciones de control sanitario, en la forma y condiciones establecidas en la legislación y reglamentos relativos a la materia. Para ello contará con la colaboración del Departamento de Control Nacional y demás dependencias del Instituto y podrá encomendar y delegar en ellas la ejecución de determinadas acciones de control o solicitar al Ministerio que se las asigne a uno o más Servicios de Salud, según corresponda, sin perjuicio de su autoridad, facultades y responsabilidades como jefe superior del Instituto.

Artículo 53.- De las actuaciones y resoluciones que adopte el Director del Instituto en el ejercicio de sus funciones en relación con las materias a que se refiere al artículo anterior, podrá interponerse recurso de reclamación ante el Ministerio de Salud, dentro del plazo de cinco días contados desde la fecha de la notificación de la respectiva resolución. En caso que el afectado requiera un mayor tiempo para presentar antecedentes que avalen su reclamación, deberá solicitarlo al Ministerio de Salud, el que decidirá al respecto. Presentado el recurso, el Ministerio deberá requerir los antecedentes al Instituto y se pronunciará sobre la reclamación dentro del plazo de diez días de recibidos dichos documentos, salvo que técnicamente requiera un mayor plazo para dicho efecto."

TÍTULO VII
NORMAS COMPLEMENTARIAS

Artículo 54.- Las referencias que las leyes, reglamentos, decretos, resoluciones u otras disposiciones formulen al Servicio Nacional de Salud y al Director General de Salud en relación con el Instituto Bacteriológico de Chile y Nacional de Salud Ocupacional, se entenderán hechas al Instituto de Salud Pública de Chile "Dr. Eugenio Suárez Herreros".

Artículo 55.- Derógase el decreto N° 79 de 1980, del Ministerio de Salud.

Artículo 56.- El presente reglamento regirá a contar de la fecha de su publicación en el Diario Oficial.

Anótese, tómese razón, publíquese e insértese en la Recopilación Oficial de Reglamentos de la Contraloría General de la República.- EDUARDO FREI RUIZ-TAGLE, Presidente de la República.- Alex Figueroa Muñoz, Ministro de Salud.

Lo que transcribo a Ud. para su conocimiento.- Saluda a Ud., Dr. Fernando Muñoz Porras, Subsecretario de Salud.

DECRETO Nº 218
APRUEBA REGLAMENTO DE SERVICIOS PRIVADOS DE TRASLADO DE ENFERMOS

Núm. 218.- Santiago, 31 de marzo de 1997.- Visto: lo dispuesto en el artículo 129 del Código Sanitario, aprobado por decreto con fuerza de ley No 725 de 1967, del Ministerio de Salud; en el decreto ley No 2.763 de 1979 y teniendo presente las facultades que me conceden los artículos 24 y 32 No 8 de la Constitución Política de la República de Chile, y

Considerando:

– La obligación de la autoridad sanitaria de resguardar la salud de la población, entre otras formas, a través de la vigilancia y fiscalización de las actividades y establecimientos que ejecutan acciones de atención de pacientes.

– La necesidad de que el traslado de los enfermos sea realizado en condiciones técnicas adecuadas y en forma oportuna, de modo de evitar su agravación a los daños que de su mal pudieran derivarse.

– La importancia y magnitud que han adquirido los servicios de traslado de enfermos y la necesidad de regular las actividades que ellos realizan en beneficio de la población usuaria.

Decreto:

Apruébase el siguiente Reglamento de Servicios Privados de Traslado de Enfermos:

PÁRRAFO I
DISPOSICIONES GENERALES

Artículo 1.- El presente reglamento se aplicará a los establecimientos privados de asistencia médica que presten servicios de traslado de enfermos a centros hospitalarios o médicos para su atención, u otro lugar, tanto en situaciones de emergencia médica como en las que no la constituyan. Dichos establecimientos podrán pertenecer a centros asistenciales u hospitalarios o conformar un servicio independiente que brinde esta sola prestación.

Artículo 2.- Para efectos de este reglamento se entenderá por:

a) Ambulancias: Vehículos destinados a la asistencia de pacientes en situaciones de emergencia, que cuentan con características técnicas de superficie, altura, potencia y suspensión adecuadas para realizar esta labor y están dotadas de equipo de comunicaciones y sistema de balizas y sirenas.

b) Transporte Sanitario Simple: Transporte de pacientes en una ambulancia tripulada por un conductor y un auxiliar de enfermería, sin vigilancia especializada ni equipamiento complejo, con asistencia mínima constituida por la posición del paciente o el suministro de algún elemento de ayuda básica.

c) Transporte Avanzado: Aquel que se efectúa en una ambulancia cuya tripulación y equipamiento permiten que actúe proporcionando soporte vital avanzado, tripulada por un médico, un técnico paramédico y un conductor. Constituye, de acuerdo a su implementación, una unidad de tratamiento intensivo móvil, dirigida por el médico reanimador y equipada con material de alta complejidad.

d) Reanimación Avanzada: Manejo de alta complejidad destinado a obtener una recuperación estable de la perfusión tisular y del ritmo cardíaco. Comprende acciones como monitorización, desfibrilación, manejo invasivo de la vía aérea, acceso vascular y soporte farmacológico.

e) Atención Domiciliaria: Modalidad de ejercicio de la medicina, en la cual el profesional se desplaza al lugar en que se encuentra el paciente. Su desarrollo comporta la metódica habitual: anamnesis, examen físico, hipótesis diagnóstica, prescripción y, según el caso, el comienzo de una terapia. Ella solamente puede ser efectuada por médicos-cirujanos habilitados para el ejercicio de la medicina en el país.

Artículo 3.- Los establecimientos de traslado de enfermos podrán prestar servicio de transporte sanitario simple o avanzado, o de ambas clases. Para conocimiento de sus usuarios, deberán señalar en forma clara en sus avisos publicitarios, en su establecimiento y en las ambulancias con que lo llevan a cabo, el tipo de servicio que ofrecen.

Asimismo, deberán indicar con toda claridad al solicitante en cada oportunidad, y previo a su envío, el tipo de servicio que se le proporcionará.

PÁRRAFO II
DE LA AUTORIZACIÓN DE FUNCIONAMIENTO

Artículo 4.- Corresponderá al Servicio de Salud en cuyo territorio se encuentren ubicados los establecimientos regidos por este reglamento, autorizar la instalación, funcionamiento, ampliación, modificación o traslado de éstos, como asimismo, fiscalizar su funcionamiento.

Artículo 5.- Para la obtención de la autorización de instalación y funcionamiento del establecimiento, el propietario o representante legal, en caso de tratarse de una persona jurídica, deberá elevar una solicitud al Servicio de Salud competente señalando el tipo de servicio que desea prestar, acompañada de los siguientes antecedentes:

a) Nombre, dirección y teléfono del establecimiento,

b) Individualización, Rut y domicilio del propietario y, respecto de las personas jurídicas, esos mismos datos de su representante legal y documentos que acrediten la personalidad jurídica y personería de éste.

c) Documentos que acrediten el dominio del inmueble o del derecho a usarlo por el peticionario.

d) Identificación del director técnico responsable con copia de su certificado de título y horario de trabajo.

e) Especificación de los elementos y material con que cumplirá su servicio; ambulancias con su respectivo equipamiento; equipos de comunicaciones, etc.

En caso de tratarse de un servicio con clientes afiliados, el material y equipos con que cuente deberá ser suficiente para cubrir la demanda potencial contratada.

f) Planta de personal de médicos y enfermeras con que funcionará con sus horarios de trabajo y sistema de turnos.

g) Libro foliado, que será timbrado por el Servicio de Salud, de sugerencias y reclamos de los usuarios.

Artículo 6.- La modificación de cualquiera de los elementos, circunstancias o antecedentes proporcionados al Servicio de Salud para la obtención de la autorización de funcionamiento, señalados en las letras a), b), c), d) o e) del artículo 5o de este reglamento, deberá ser comunicada y autorizada previamente por éste; las modificaciones respecto de la letra f), deberán ser comunicadas en forma previa a su ocurrencia a dicha autoridad sanitaria.

Artículo 7.- Verificado el cumplimiento de los requisitos establecidos en este reglamento, el Servicio de Salud competente otorgará la autorización de instalación y funcionamiento del establecimiento, la que tendrá una vigencia de tres años, renovable en forma automática por períodos iguales mientras no sea dejada sin efecto.

El rechazo de la solicitud deberá efectuarse mediante resolución fundada.

Artículo 8.- El propietario de un servicio de transporte de pacientes, deberá comunicar al Servicio de Salud respectivo, en forma previa a su ocurrencia, el cierre temporal o definitivo de su establecimiento, así como a sus afiliados, en su caso.

Artículo 9.- Los medicamentos que disponga el servicio para el ejercicio de su actividad, serán mantenidos en un botiquín, el cual deberá cumplir con la normativa que regula a dichos establecimientos y tener la correspondiente autorización del Servicio de Salud competente.

PÁRRAFO III
DE SU FUNCIONAMIENTO

Artículo 10.- La dirección técnica de los establecimientos de traslado de enfermos deberá ser ejercida por un médico-cirujano, el que será responsable ante la autoridad sanitaria del correcto funcionamiento del establecimiento y del cumplimiento de la normativa sanitaria que le sea aplicable.

Artículo 11.- Corresponderá, además, al director técnico:

a) Velar porque el personal reúna los requisitos pertinentes de formación y capacitación necesarios para su desempeño.

b) Elaborar y mantener actualizadas normas de procedimientos técnicos y de organización del servicio y preocuparse de la difusión de ellas y su conocimiento por todo el personal.

c) Planificar, organizar y supervisar las actividades de atención prehospitalaria, en los establecimientos que proporcionen este servicio.

d) Estimular y promover la capacitación del personal en el área de atención prehospitalaria, en el caso de la letra anterior.

e) Cuidar que se entregue el servicio ofrecido al paciente en las mejores condiciones técnicas y de rapidez.

f) Preocuparse de contar con los medios necesarios para otorgar servicio a los clientes abonados, en relación con su número, en caso de que proporcione este tipo de prestación.

Artículo 12.- Los establecimientos de transporte de pacientes, deberán llevar registros manuales o computacionales de los servicios que presten en los que conste, a lo menos, la identificación del paciente, lugares de inicio y destino del transporte efectuado y condición del paciente. Igualmente, deberán llenar la correspondiente ficha clínica en caso de que presten atención al paciente.

Artículo 13.- La atención médica domiciliaria no se encuentra regida por el presente reglamento, sin embargo, en caso de que el establecimiento proporcione este servicio adicionalmente, es de su responsabilidad verificar que él sea efectuado por médicos-cirujanos autorizados para el ejercicio de su profesión en el país, de acuerdo a las normas que la rigen.

PÁRRAFO IV
FISCALIZACIÓN Y VIGENCIA

Artículo 14.- Corresponderá a los Servicios de Salud fiscalizar el cumplimiento del presente reglamento y supervisar el funcionamiento de los establecimientos ubicados en su territorio jurisdiccional.

La contravención de sus disposiciones será sancionada por la misma autoridad, de acuerdo a lo dispuesto en el Libro Décimo del Código Sanitario.

Artículo Transitorio.- Los establecimientos de traslado de pacientes que se encuentren en funciones a la fecha de publicación del presente reglamento, tendrán un plazo de un año contado desde ese día para ajustarse a sus disposiciones y solicitar su respectiva autorización de funcionamiento.

Anótese, tómese razón, publíquese e insértese en la Recopilación Oficial de la Contraloría General de la República.- EDUARDO FREI RUIZ-TAGLE, Presidente de la República.- Fernando Muñoz Porras, Ministro de Salud Subrogante.

Lo que transcribo a Ud. para su conocimiento.- Saluda a Ud., Fernando Muñoz Porras, Subsecretario de Salud.

DECRETO Nº 283
APRUEBA REGLAMENTO SOBRE SALAS DE PROCEDIMIENTOS Y PABELLONES DE CIRUGÍA MENOR

Núm. 283.- Santiago, 28 de abril de 1997.- Visto: lo dispuesto en los artículos 2o y 129 del Código Sanitario, aprobado por el decreto con fuerza de ley No 725, de 1967, del Ministerio de Salud; en el decreto con fuerza de ley No 1, de 1989, de esta Secretaría de Estado; en el decreto ley No 2763, de 1979 y teniendo presente las facultades que me confieren los artículos 24 y 32 No 8 de la Constitución Política del Estado,

Decreto:

Apruébase el siguiente Reglamento sobre Salas de Procedimientos y Pabellones de Cirugía Menor:

TÍTULO I
DE LAS SALAS DE PROCEDIMIENTOS

Artículo 1.- Para los efectos del presente Reglamento se denominan Salas de Procedimientos a locales o recintos de establecimientos públicos o privados de salud destinados a efectuar procedimientos de salud, de diagnóstico o terapéuticos, en pacientes ambulatorios, y que no requieren de hospitalización. Estos deberán formar parte de un establecimiento de salud o ser dependencia anexa a consultas de profesionales.

Artículo 2.- En las salas de procedimientos se podrán realizar procedimientos de tipo invasivo y no invasivo.

Se entenderá por procedimiento no invasivo, aquél que no involucra solución de continuidad de piel ni mucosas, ni acceso instrumental a cavidades o conductos naturales del organismo, tales como procedimientos electroencefalográficos, electrocardiográficos, densintometría, imagenología sin medios de contraste y otros similares.

Se entenderá por procedimiento invasivo aquél que involucra acceso instrumental a vías o conductos naturales del organismo y que requieren efectuarse con técnica aséptica, tales como radiografías con medio de contraste, endoscopias digestivas, respiratorias u otros procedimientos del área odontológica tales como exodoncia simple (diente erupcionado), biopsia de tejidos blandos o eliminación de bridas o frenillo.

Artículo 3.- Las solicitudes de autorización de instalación y funcionamiento deberán ser presentadas al Secretario Regional Ministerial de Salud en cuyo territorio se encuentre ubicada la sala de procedimientos, adjuntando los siguientes antecedentes:

a) Nombre y domicilio del establecimiento donde se ubicará la sala de procedimientos o domicilio de la consulta, en su caso;

b) Documentación que acredite el derecho a uso del inmueble;

c) Individualización del propietario de la sala de procedimientos y del representante legal en caso de tratarse de una persona jurídica;

d) Plano de la planta física del local en que se señalen las diferentes dependencias;

e) Plano o certificado de las instalaciones eléctricas, de agua potable y alcantarillado del local;

f) Indicación del personal profesional y auxiliar que se desempeñará en la sala de procedimientos;

g) Listado de procedimientos a efectuar, y h) Descripción del equipamiento e instrumental, señalando marca y modelo y de las instalaciones que se dispondrá.

Obtenida la autorización y previo al funcionamiento de la sala de procedimientos, se deberá enviar a la Secretaría Regional Ministerial de Salud respectivo la individualización del Director Técnico, de los profesionales y del personal auxiliar que laborará en él, acompañada de fotocopia legalizada del título o certificados de estudios, según corresponda.

Artículo 4.- La instalación y funcionamiento de las salas de procedimientos sometidas al presente reglamento requieren de autorización expresa otorgada por la Secretaría Regional Ministerial de Salud en cuyo territorio se encuentre ubicada. No 1 b) Requieren asimismo de igual autorización, los cambios de objetivo, modificación de la planta física y de traslado o cierre del local.

Deberá comunicarse oportunamente al Servicio el cambio de Director Técnico.

Los instrumentos que aplique dicha autoridad sanitaria para la evaluación del cumplimiento de los No 1 c) requisitos establecidos por el presente reglamento para el otorgamiento de dicha autorización serán iguales para todos los establecimientos, ya sea que pertenezcan al sector público o al sector privado. A fin de asegurar la igualdad de criterios por parte de todas las autoridades sanitarias regionales del país, el Ministerio de Salud, mediante decreto supremo firmado "Por Orden del Presidente de la República" aprobará las correspondientes normas técnicas para la debida ejecución de dichas evaluaciones.

Artículo 5.- La Dirección Técnica de estas salas de procedimientos estará a cargo de un profesional de la salud, quien será responsable ante la autoridad sanitaria del funcionamiento de dichas salas y de dar cumplimiento a la reglamentación sanitaria y normas técnicas vigentes.

Artículo 6.- Las salas de procedimientos deberán contar con un equipo profesional y personal auxiliar paramédico que posea conocimientos afines a la clase de procedimientos que se van a realizar.

Artículo 7.- La dirección de la sala de procedimientos deberá proveer los insumos y equipamientos necesarios para la clase de procedimientos a realizar como asimismo, dotar al personal de las vestimentas y los elementos de protección adecuados.

Artículo 8.- La construcción e instalaciones de las salas de procedimientos deberán dar cumplimiento a lo que dispone la Ordenanza General de Urbanismo y Construcciones.

Las salas que utilicen radiaciones ionizantes deberán estar ubicadas en zonas de uso restringido al público y sus instalaciones y funcionamiento atenerse a la normativa vigente.

Artículo 9.- Las salas de procedimientos deberán contar con las siguientes dependencias que podrán ser comunes con las del establecimiento o consulta donde estén instaladas:

a) Sala de espera;

b) Servicios higiénicos para público y personal, separados por sexo;

c) Recinto de vestuario para el personal;

d) Sector para guardar útiles de aseo y mantención;

e) Depósito transitorio de basura;

f) Sector para guardar insumos e instrumental.

Las salas de procedimiento que se encuentren anexas a consultas de profesionales que cuenten con menos de 3 boxes de atención individual, no requerirán la separación de los baños para público y para personal ni la distinción por sexos, pudiendo servir el baño, además, como lugar de vestuario.

Artículo 10.- La sala de procedimientos propiamente tal deberá contar con:

– Delimitación de área limpia y sucia, con sus respectivos lavamanos. Para el caso de salas de endoscopia se deberá contar además con un receptáculo especial para el lavado del endoscopio;

– Área para lavado, preparación y esterilización de equipos, instrumental e insumos en que se cumpla la normativa atingente;

– Luces de emergencia; - Mesa para instrumental y lámpara auxiliar; - Sistema de eliminación de materiales contaminados, cortopunzantes y productos químicos de acuerdo a normas vigentes, y

– Pisos y muros lisos y de material lavable.

– Un botiquín de medicamentos autorizado de acuerdo a las normas contenidas en el decreto supremo No 466, de 1984, del Ministerio de Salud, cuando sea procedente.

Las salas de procedimientos donde se realice la sedación consciente de los pacientes, deberán contar con el equipamiento y los elementos que permitan una actuación oportuna y eficaz en casos de situaciones de urgencia o emergencia médica, tales como lipotimia, crisis hipertensiva, shock glicémico, reacciones anafilácticas convulsiones, paro cardiorrespiratorio u otros de naturaleza similar.

Se entiende por sedación consciente el estado de depresión de la conciencia inducido por drogas, generalmente benzodiazepinas u otros fármacos que deprimen el sistema nervioso central, durante el cual el paciente sedado es capaz de responder adecuadamente a estímulos verbales, solos o acompañados de estimulación táctil leve.

TÍTULO II
DE LOS PABELLONES DE CIRUGÍA MENOR

Artículo 11.- Para los efectos de este Reglamento se denomina Pabellón de Cirugía Menor a los locales o recintos destinados a realizar intervenciones quirúrgicas médicas u odontológicas, que no requieren la hospitalización del paciente, al que se le aplica sedación y/o anestesia local. Estos deberán formar parte de un establecimiento de salud o ser dependencia anexa a consultas de profesionales.

Respecto de la profesión de odontología, se considerarán intervenciones quirúrgicas que requieren de pabellón de cirugía menor, aquellas comprendidas en las áreas de cirugía máxilo facial, cirugía periodontal, cirugía ortognática y preprotésica e implantología

Artículo 12.- Se entenderá por cirugía menor a aquellos procedimientos invasivos que involucran solución de continuidad de piel o mucosa, acceso instrumental a cavidades naturales y que requieren ser realizados con técnicas estériles, tales como: procedimientos de cirugía plástica, dermatología, oftalmología, serología, traumatología, ginecología, cirugía bucal, periodontal y otros.

Artículo 13.- Las solicitudes de autorización de instalación y funcionamiento deberán ser presentadas al Secretario Regional Ministerial de Salud en cuyo territorio se encuentre ubicado el pabellón, adjuntando No 1 b) los siguientes antecedentes:

a) Nombre y domicilio del establecimiento donde se ubicará el pabellón o domicilio de la consulta, en su caso;

b) Documentación que acredite el derecho a uso del inmueble;

c) Individualización del propietario del pabellón de cirugía menor y del representante legal en caso de tratarse de una persona jurídica;

d) Plano de la planta física del local en que se señalen las diferentes dependencias;

e) Plano o certificado de las instalaciones eléctricas, de agua potable y de alcantarillado del local;

f) Indicación del personal profesional y auxiliar que se desempeñará en el pabellón;

g) Listado de procedimientos o intervenciones a efectuar, y

h) Descripción del equipamiento e instrumental señalando marca y modelo, y de las instalaciones que se dispondrá.

Obtenida la autorización y previo al funcionamiento del pabellón, se deberá enviar a la Secretaría Regional Ministerial de Salud respectivo la individualización del No 1 b) Director Técnico, de los profesionales y del personal auxiliar que laborará en él, acompañada de fotocopia legalizada del título o certificados de estudios, según corresponda.

Artículo 14.- El pabellón de cirugía menor y sus instalaciones deberán asegurar la higiene y seguridad de los procedimientos e intervenciones que en él se realicen. Para ello deberán contar con las siguientes dependencias y elementos:

a) Quirófanos de acceso único, con ventanas selladas o de cierres herméticos si las tuviese, para permitir efectuar las técnicas sin riesgo de contaminación, y, de dimensiones suficientemente amplias;

b) Sector de lavado quirúrgico para el personal, anexo al quirófano;

c) Sala de vestuario para pacientes y personal, anexa al quirófano;

d) Sector de almacenamiento de equipos, ropa e instrumental estéril;

e) Unidad de esterilización con secciones de lavado, preparación y esterilización de equipos e instrumental;

f) Pisos, muros y cielos de material duro, liso, lavable y susceptible de ser desinfectados;

g) Sistema de iluminación, calefacción y ventilación que aseguren la mantención de asepsia;

h) Disposición adecuada e independiente de receptáculos para ropa sucia y desechos;

i) Sector para guardar útiles de aseo;

j) Instalaciones de agua y botaguas exclusivamente para realizar limpieza y desinfección posterior a cada procedimiento o intervención, y

k) Dar cumplimiento a lo establecido en el artículo 8o de este Reglamento.

Artículo 15.- El Pabellón de Cirugía Menor deberá disponer solamente del instrumental necesario para actuar en los campos autorizados y contar con un Manual de Procedimientos Específicos.

Artículo 16.- El Pabellón de Cirugía Menor deberá mantener una existencia mínima de medicamentos, en un botiquín debidamente autorizado, que garantice que las intervenciones se realicen en forma segura para el paciente.

El manejo de medicamentos, estupefacientes y psicotrópicos quedará sometido a las disposiciones reglamentarias vigentes en la materia.

Artículo 17.- El Pabellón de Cirugía Menor deberá disponer de equipamiento y elementos que permitan en caso de urgencia cardiorrespiratoria, actuar en forma oportuna y segura para el paciente.

TÍTULO III
DISPOSICIONES GENERALES

Artículo 18.- Las Salas de Procedimientos y Pabellones de Cirugía Menor estarán sujetos a las visitas de control de la autoridad sanitaria. Para estos fines, ambos establecimientos deberán mantener un libro para inspecciones sanitarias; otro, de sugerencias y reclamos, uno para registros de procedimientos e intervenciones de cirugía menor, en su caso, foliados y autorizados por el Servicio de Salud correspondiente y los requeridos para dar cumplimiento a lo señalado en el inciso 2o del artículo 16, de este reglamento.

Artículo 19.- Corresponderá a la Secretaría Regional Ministerial de Salud competente efectuar la No 1 d) fiscalización y control del cumplimiento del presente reglamento.

Las autorizaciones de funcionamiento otorgadas en virtud del presente reglamento tendrán una vigencia de tres años, vencidos los cuales ellas se entenderán automática y sucesivamente renovadas, a menos que existan razones calificadas para disponer su caducidad, mediante resolución fundada del Secretario Regional Ministerial de Salud respectivo en conformidad con la normativa vigente.

La contravención de sus disposiciones será sancionada por la autoridad sanitaria en la forma y con arreglo a lo previsto en el Libro X del Código Sanitario.

Artículo 20.- El presente reglamento entrará en vigencia 60 días después de su publicación en el Diario Oficial.

TÍTULO IV
DISPOSICIONES TRANSITORIAS

Artículo único.- Las Salas de Procedimientos y los Pabellones de Cirugía Menor que se encuentren legalmente funcionando a la fecha de entrada en vigencia del presente Reglamento, no requerirán de una nueva autorización.

No obstante, los que en la actualidad no cumplan con todas las condiciones que se establecen, deberán satisfacer esas exigencias dentro del plazo de 180 días contados desde la fecha de publicación del presente reglamento.

Anótese, tómese razón, publíquese e insértese en la recopilación oficial de la Contraloría General de la República.- EDUARDO FREI RUIZ-TAGLE, Presidente de la República.- Alex Figueroa Muñoz, Ministro de Salud.

Lo que transcribo a Ud. para su conocimiento.- Saluda a Ud., Fernando Muñoz Porras, Subsecretario de Salud.

DECRETO Nº 977
APRUEBA REGLAMENTO SANITARIO DE LOS ALIMENTOS

Núm. 977.- Santiago, 6 de agosto de 1996.- Visto: estos antecedentes; la necesidad de actualizar la normativa sobre productos alimenticios; lo establecido en los artículos 2º y 9º letra c) y en el Libro IV del Código Sanitario, aprobado por decreto con fuerza de ley Nº 725, de 1967 y en el artículo 4º letra b) y 6º del decreto ley Nº 2.763 de 1979 y teniendo presente las facultades que me confiere el artículo 32 Nº 8 de la Constitución Política del Estado

Decreto:

Apruébase el siguiente Reglamento Sanitario de los Alimentos:

TÍTULO PRELIMINAR

Artículo 1.- Este reglamento establece las condiciones sanitarias a que deberá ceñirse la producción, importación, elaboración, envase, almacenamiento, distribución y venta de alimentos para uso humano, así como las condiciones en que deberá efectuarse la publicidad de los mismos, con el objeto de proteger la salud y nutrición de la población y garantizar el suministro de productos sanos e inocuos.

Este reglamento se aplica igualmente a todas las personas, naturales o jurídicas, que se relacionen o intervengan en los procesos aludidos anteriormente, así como a los establecimientos, medios de transporte y distribución destinados a dichos fines.

Para la aplicación del presente reglamento regirán las definiciones y requisitos que su texto establece.

Artículo 2.- Alimento o producto alimenticio es cualquier substancia o mezclas de substancias destinadas al consumo humano, incluyendo las bebidas y todos los ingredientes y aditivos de dichas substancias.

Materia prima alimentaria es toda sustancia que para ser utilizada como alimento, precisa de algún tratamiento otransformación de naturaleza química, física o biológica.

Artículo 3.- Todos los alimentos y materias primas, deberán responder en su composición química, condiciones microbiológicas y caracteres organolépticos, a sus nomenclaturas y denominaciones legales y reglamentarias establecidas.

Los eventos biotecnológicos, que modifiquen determinados alimentos y/o materias primas alimentarias para consumo humano, y los alimentos, ingredientes y materias primas alimentarias nuevos, deberán figurar en la nómina dictada por el Ministerio de Salud para tales efectos, mediante la correspondiente norma técnica basada en la evidencia científica internacionalmente aceptada.

La autorización será otorgada mediante resolución por el Servicio de Salud competente.

Artículo 4.- Corresponderá a los Servicios de Salud el control sanitario de los alimentos y velar por el cumplimiento de las disposiciones relativas a esta materia del Código Sanitario y del presente reglamento, todo ello de acuerdo con las normas e instrucciones generales que imparta el Ministerio de Salud.

TÍTULO I
PRINCIPIOS GENERALES DE HIGIENE DE LOS ALIMENTOS

PÁRRAFO I
DE LOS ESTABLECIMIENTOS DE ALIMENTOS

Artículo 5.- Establecimientos de alimentos son los recintos en los cuales se producen, elaboran, preservan, envasan, almacenan, distribuyen, expenden y consumen alimentos y aditivos alimentarios.

Artículo 6.- La instalación, modificación estructural y funcionamiento de cualquier establecimiento de alimentos deberá contar con autorización del Servicio de Salud correspondiente.

Artículo 7.- Al solicitar la autorización para la instalación de un establecimiento, el interesado deberá presentar, según corresponda:
a) autorización municipal de acuerdo a plano regulador;
b) plano o croquis de planta e instalaciones sanitarias a escala de la misma;
c) croquis de los sistemas de eliminación del calor, olor o vapor y sistema de frío;
d) descripción general de los procesos de elaboración;
e) materias primas que empleará;
f) rubros a los que se destinará;
g) sistemas de control de calidad sanitaria con que contará;
h) tipos de alimentos que elaborará;
i) sistema de eliminación de desechos.

Artículo 8.- La autorización será válida por un plazo de tres años contados desde su otorgamiento y se entenderá automáticamente prorrogada por períodos iguales y sucesivos a menos que el propietario o representante legal comunique su voluntad de no continuar sus actividades antes del vencimiento del término original o de sus prórrogas.

Artículo 9.- La autorización sólo podrá emitirse previa inspección del establecimiento y la solicitud de autorización deberá ser resuelta por el Servicio de Salud correspondiente dentro del plazo de treinta días hábiles contados desde que el requirente complete los antecedentes exigidos para ello. En dicho período deberán practicarse todas las visitas, inspecciones, análisis y otras actuaciones o diligencias necesarias para decidir sobre su aceptación o rechazo.

Artículo 10.- Para aquellos establecimientos que el Ministerio de Salud determine, la autorización podrá emitirse sin practicar una inspección previa.

Artículo 11.- Desde el inicio de su funcionamiento, el interesado deberá aplicar las prácticas generales de higiene en la manipulación incluyendo el cultivo, la recolección, la preparación, la elaboración, el envasado, el almacenamiento, el transporte, la distribución y la venta de alimentos, con objeto de garantizar un producto inocuo y sano.

Artículo 12.- Los establecimientos de alimentos no podrán utilizarse para un fin distinto de aquel para el que fueron autorizados.

Artículo 13.- La autoridad sanitaria deberá enrolar los establecimientos y para este efecto llevará un registro en el que se indicará el rubro o giro, su ubicación y el nombre del propietario.

PÁRRAFO II
DEFINICIONES

Artículo 14.- Para los fines de este reglamento se entenderá por:

a) adecuado: suficiente para alcanzar el fin que persigue este reglamento;

b) contaminación: la presencia de microorganismos, virus y/o parásitos, sustancias extrañas o deletéreas de origen mineral, orgánico o biológico, sustancias radioactivas y/o sustancias tóxicas en cantidades superiores a las permitidas por las normas vigentes, o que se presuman nocivas para la salud.

La presencia de cualquier tipo de suciedad, restos o excrementos.

Aditivos no autorizados por la reglamentación vigente o en cantidades superiores a las permitidas;

c) desinfección: la reducción del número de microorganismos a un nivel que no dé lugar a contaminación nociva del alimento, sin menoscabo de la calidad de él, mediante agentes químicos y/o métodos higiénicamente satisfactorios;

d) higiene de los alimentos: todas las medidas necesarias para garantizar la inocuidad y salubridad del alimento en todas las fases, desde su cultivo, producción, elaboración, envasado, transporte y almacenamiento hasta el consumo final;

e) limpieza: la eliminación de tierra, residuos de alimentos, polvo, grasa u otra materia objetable;

f) manipulación de alimentos: todas las operaciones del cultivo y recolección, producción, preparación, elaboración, envasado, almacenamiento, transporte, distribución y venta de los alimentos;

g) manipulador de alimentos: corresponde a toda persona que trabaje a cualquier título, aunque sea ocasionalmente, en lugares donde se produzca, manipule, elabore, almacene, distribuya o expenda alimentos;

h) material de envasado de alimentos: todos los recipientes, como latas, botellas, cajas de cartón u otros materiales, fundas y sacos, o material para envolver o cubrir, tal como papel laminado, película, papel, papel encerado, tela;

i) plagas: insectos, roedores, pájaros y otras especies menores capaces de contaminar directa o indirectamente los alimentos.

PÁRRAFO III
DE LOS REQUISITOS DE HIGIENE EN LA ZONA DE PRODUCCIÓN/RECOLECCIÓN

Artículo 15.- No se permitirá cultivar, producir o recolectar alimentos en zonas contaminadas con agentes potencialmente nocivos o regadas con aguas sanitariamente inadecuadas, que puedan dar lugar a concentraciones inaceptables de agentes contaminantes en los alimentos.

Artículo 16.- Los alimentos se deberán proteger contra la contaminación por desechos de origen humano, animal, doméstico, industrial y agrícola cuya presencia pueda alcanzar niveles susceptibles de constituir riesgo para la salud.

Artículo 17.- Se deberán tomar precauciones adecuadas para que los desechos no se utilicen ni evacuen de manera que puedan constituir, a través de los alimentos, un riesgo para la salud.

Artículo 18.- El equipo y los recipientes que se utilicen en la recolección y la producción de alimentos deberán construirse y conservarse de manera que no constituyan un riesgo para la salud. Los envases que se reutilicen deberán ser de material y construcción tales que permitan una limpieza fácil y completa. Deberán limpiarse y mantenerse limpios y, en caso necesario, desinfectarse. Los recipientes usados para materias tóxicas deberán ser identificados y no podrán utilizarse para alimentos.

Artículo 19.- Los alimentos que no son aptos para el consumo humano deberán separarse durante la recolección y producción y eliminarse de tal forma que no puedan dar lugar a la contaminación de la producción, del agua o de otras materias alimentarias.

Artículo 20.- Los productos alimenticios y/o materias primas recolectados, se deberán almacenar en condiciones que confieran protección contra la contaminación y reduzcan al mínimo los daños y deterioros.

Artículo 21.- Los medios de transporte de los productos alimenticios recolectados deberán ser de materiales y construcción tales que permitan una limpieza fácil y completa. Deberán limpiarse y mantenerse limpios y en caso necesario, ser desinfectados o desinsectados con productos que no dejen residuos tóxicos.

PÁRRAFO IV
DEL PROYECTO Y CONSTRUCCIÓN DE LOS ESTABLECIMIENTOS

Artículo 22.- Los establecimientos deberán estar situados en zonas alejadas de focos de insalubridad, olores objetables, humo, polvo y otros contaminantes y no expuestos a inundaciones.

Artículo 23.- Las vías de acceso y zonas de circulación que se encuentren dentro del recinto del establecimiento o en sus inmediaciones, deberán tener una superficie dura, pavimentada o tratada de manera tal que controlen la presencia de polvo ambiental.

Artículo 24.- Los edificios e instalaciones deberán proyectarse de tal manera que las operaciones puedan realizarse en las debidas condiciones higiénicas y se garantice la fluidez del proceso de elaboración desde la llegada de la materia prima a los locales hasta la obtención del producto terminado, asegurando además condiciones de temperatura apropiadas para el proceso de elaboración y para el producto.

Los establecimientos de alimentos en que se mantengan o almacenen materias primas alimentarias, alimentos en proceso, alimentos terminados y envases de alimentos deberán diseñarse de tal forma que éstos estén protegidos de la contaminación y/o alteración.

Los establecimientos destinados a la elaboración de alimentos, según las características del proceso, deberán contar con las siguientes áreas:

a) Recepción, selección, limpieza y preparación de las materias primas.

b) Producción.

c) Almacenamiento de materias primas, envases, etiquetas, alimentos en proceso y del producto terminado.

Artículo 25.- En las zonas de preparación de alimentos:

a) los pisos, se construirán de materiales impermeables, no absorbentes, lavables, antideslizantes y atóxicos; no tendrán grietas y serán fáciles de limpiar. Según el caso, se les dará una pendiente suficiente para que los líquidos escurran hacia las bocas de los desagües;

b) las paredes, se construirán de materiales impermeables, no absorbentes, lavables y atóxicos y serán de color claro. Hasta una altura apropiada para las operaciones, como mínimo 1.80 m, deberán ser lisas y sin grietas, fáciles de limpiar y desinfectar;

c) los cielos rasos deberán proyectarse, construirse y acabarse de manera que se impida la acumulación de suciedad y se reduzca al mínimo la condensación de vapor de agua y la formación de mohos y deberán ser fáciles de limpiar;

d) las ventanas y otras aberturas deberán construirse de manera que se evite la acumulación de suciedad, y las que se abran deberán estar provistas de protecciones contra vectores. Las protecciones deberán ser removibles para facilitar su limpieza y buena conservación. Los alféizares de las ventanas deberán estar construidos con pendiente para evitar que se usen como estantes;

e) las puertas deberán ser de superficie lisa y no absorbente y, cuando así proceda, deberán tener cierre automático;

f) las escaleras, montacargas y estructuras auxiliares, como plataformas, escaleras de mano y rampas, deberán estar situadas y construidas de manera que no sean causa de contaminación de los alimentos. Las rampas deberán construirse con rejillas de inspección y deberán ser fácilmente desmontables para su limpieza y buena conservación;

g) todas las estructuras y accesorios elevados deberán instalarse de manera que se evite la contaminación directa o indirecta de alimentos y de la materia prima por condensación de vapor de agua y goteo y no se entorpezcan las operaciones de limpieza;

h) Los materiales de revestimiento aplicados a las superficies de trabajo y a los equipos que puedan entrar en contacto directo con los alimentos, no deberán ceder sustancias tóxicas o contaminantes NOTA a los alimentos, modificando los caracteres organolépticos y de inocuidad.

Artículo 26.- La zona de preparación de alimentos deberá estar separada de los recintos destinados a alojamientos, servicios higiénicos, vestuarios y acopio de desechos.

Artículo 27.- Deberá disponerse de abundante abastecimiento de agua potable que se ajustará a lo dispuesto en la reglamentación vigente, a presión y temperatura conveniente, así como de instalaciones apropiadas para su almacenamiento, distribución y con protección contra la contaminación.

Artículo 28.- El hielo, utilizado en contacto directo con el alimento, deberá fabricarse con agua que se ajuste a lo dispuesto en el presente reglamento, y habrá de tratarse, manipularse, almacenarse y utilizarse de modo que esté protegido contra la contaminación.

Artículo 29.- El vapor de agua utilizado en contacto directo con alimentos no deberá contener ninguna sustancia que pueda contaminar el alimento.

Artículo 30.- El agua no potable que se utilice para la producción de vapor, refrigeración, lucha contra incendios y otros propósitos similares no relacionados con los alimentos, deberá trasportarse por tuberías completamente separadas, identificadas por colores, sin que haya ninguna conexión transversal ni sifonado de retroceso con las tuberías que conducen el agua potable.

Artículo 31.- Los establecimientos deberán disponer de un sistema eficaz de evacuación de aguas residuales, el que deberá mantenerse en buen estado de funcionamiento.

Todos los conductos de evacuación (incluidos los sistemas de alcantarillado) deberán ser diseñados para soportar cargas máximas y deberán construirse de manera que se evite la contaminación del abastecimiento de agua potable.

Artículo 32.- Todos los establecimientos de producción, elaboración y transformación de alimentos deberán disponer de vestuarios y servicios higiénicos convenientemente situados y en número conforme a lo dispuesto por el Reglamento Sobre Condiciones Sanitarias y Ambientales Básicas en los Lugares de Trabajo.

Los servicios higiénicos deberán estar bien iluminados y ventilados y no tendrán comunicación directa con la zona donde se manipulen los alimentos. Los lavamanos contarán con grifos para el agua fría y caliente, provistos de jabón para lavarse las manos y medios higiénicos para secárselas, tales como toallas de papel, aire caliente u otros. Deberá ponerse rótulos en los que se indique al personal la obligación de lavarse las manos después de usar los servicios.

Las ventanas y otras aberturas deberán estar provistas de mallas protectoras contra vectores.

Artículo 33.- En las zonas de elaboración deberá disponerse de lavamanos provistos de jabón y medios higiénicos para secarse las manos, tales como, toallas de un solo uso o aire caliente.

Artículo 34.- Todo el establecimiento deberá tener una iluminación natural o artificial adecuada, que no deberá alterar los colores, y que permita la apropiada manipulación y control de los alimentos. La iluminación no deberá ser menor a:

540 lux en todos los puntos de inspección, 220 lux en las salas de trabajo, 110 lux en otras zonas.

Las lámparas que estén suspendidas sobre el material alimentario en cualquiera de las fases de producción, deben ser de fácil limpieza y estar protegidas para evitar la contaminación de los alimentos en caso de rotura.

Artículo 35.- Deberá proveerse una ventilación adecuada para evitar el calor excesivo, la condensación de vapor de agua y acumulación de polvo y para eliminar el aire contaminado. La dirección de la corriente de aire no deberá desplazarse de una zona sucia a una zona limpia. Las aberturas de ventilación deberán estar provistas de rejillas u otras protecciones de material anticorrosivo y que puedan retirarse fácilmente para su limpieza.

Artículo 36.- Deberá disponerse de instalaciones separadas del lugar de elaboración para el almacenamiento de los desechos y materiales no comestibles, donde permanecerán hasta su eliminación.

INCISO SUPRIMIDO

Artículo 37.- Los establecimientos de alimentos en que se mantengan, almacenen o exhiban alimentos o materias primas, que precisen de frío para su conservación deberán contar con refrigeradores, vitrinas refrigeradas o cámaras frigoríficas según corresponda, además estos equipos deberán estar provistos de un termómetro o de un dispositivo para el registro de su temperatura.

PÁRRAFO V
DE LOS REQUISITOS DE HIGIENE DE LOS ESTABLECIMIENTOS

Artículo 38.- Los establecimientos, sus equipos, utensilios y demás instalaciones, incluidos los desagües, deberán mantenerse en buen estado, limpios y ordenados.

INCISO SUPRIMIDO

Artículo 39.-Los desechos deberán retirarse de las zonas de manipulación y otras zonas de trabajo, cuantas veces sea necesario y por lo menos una vez al día.

Artículo 40.- Se deberá impedir el acceso de las plagas a los desechos. Inmediatamente después de su evacuación, los receptáculos utilizados para el almacenamiento y todo el equipo que haya entrado en contacto con los desechos deberán limpiarse. La zona de almacenamiento de desechos deberá, asimismo, mantenerse limpia.

Artículo 41.- Todo establecimiento de producción, elaboración y transformación de alimentos deberá establecer un programa de limpieza y, de ser necesario, de desinfección, a fin de asegurar que todas las partes de la instalación presenten una adecuada limpieza, de la forma como señala la letra a) del artículo 14 de este reglamento. Dicho programa deberá especificar superficies, elementos del o los equipos y utensilios que han de limpiarse; responsabilidad de tareas particulares; métodos y frecuencia de la limpieza; medidas de vigilancia de la misma y, de ser necesario, de la desinfección, para asegurar su idoneidad y eficacia. La necesidad de desinfección de superficies, elementos del equipo y utensilios se deberá evaluar de acuerdo a las materias primas, condición de éstas, procesos, productos y peligros que estén asociados a los mismos o que, razonablemente, se presuma que puedan estarlo.

Todo el personal de aseo deberá estar capacitado en técnicas de limpieza y desinfección, según corresponda a los procedimientos aplicados en la instalación. Se deberán mantener registros de las capacitaciones realizadas

Artículo 42.- Para impedir la contaminación de los alimentos, todo el equipo y utensilios deberán mantenerse debidamente protegidos en estantes, vitrinas, u otros, después de limpiarse y desinfectarse.

Artículo 43.- Deberán tomarse precauciones adecuadas para impedir que el alimento se contamine cuando las salas, el equipo y los utensilios se limpien o desinfecten con agua y detergentes o con desinfectantes o soluciones de éstos.

Los desinfectantes deberán ser apropiados al fin perseguido, debiendo eliminarse cualquier residuo de modo que no haya posibilidad de contaminación de los alimentos.

Artículo 44.- Inmediatamente después de terminar el trabajo de la jornada o cuantas veces sea necesario, deberán limpiarse minuciosamente los pisos, incluidos los desagües, las estructuras auxiliares y las paredes de la zona de manipulación de alimentos.

Artículo 45.- Las salas de vestuario, servicios higiénicos, vías de acceso y los patios situados en las inmediaciones de los locales y que sean partes de éstos, deberán mantenerse limpios.

Artículo 46.- Se prohíbe la entrada a las salas y áreas de elaboración de los establecimientos de alimentos de toda especie animal, excepto en los mataderos, de aquellas destinadas al faenamiento.

Artículo 47.- Deberá aplicarse un programa preventivo eficaz y continuo de lucha contra las plagas. Los establecimientos y las zonas circundantes deberán inspeccionarse periódicamente para cerciorarse de que no exista infestación.

Artículo 48.- En caso que alguna plaga invada los establecimientos deberán adoptarse medidas de erradicación. El tratamiento con agentes químicos, físicos o biológicos sólo deberá aplicarse de acuerdo a la reglamentación vigente, por empresas autorizadas para tales efectos por la autoridad sanitaria correspondiente.

Artículo 49.- Sólo deberá emplearse plaguicidas si no pueden aplicarse con eficacia otras medidas de prevención. Antes de aplicar plaguicidas se deberá tener cuidado de proteger todos los alimentos, equipos y utensilios contra la contaminación. Después de aplicar los plaguicidas y a fin de eliminar los residuos, estos equipos y utensilios se deberán limpiar minuciosamente antes de volverlos a usar.

Artículo 50.- Se prohíbe la mantención de plaguicidas u otras sustancias tóxicas que puedan representar un riesgo para la salud, en las zonas de producción, elaboración, transformación, envase y almacenamiento de alimentos.

Artículo 51.- En las zonas de manipulación de alimentos se prohíbe almacenar sustancias que puedan contaminar los alimentos ni depositar o guardar en ellas ropa u otros objetos personales.

PÁRRAFO VI
DE LOS REQUISITOS DE HIGIENE DEL PERSONAL

Artículo 52.- La dirección del establecimiento será responsable de que todas las personas que manipulen alimentos reciban una instrucción adecuada y continua en materia de manipulación higiénica de los mismos e higiene personal. Se deberán mantener registros de tales instrucciones, su calendarización, programas, listas de asistencia y evaluaciones, si corresponde.

Artículo 53.- La empresa tomará las medidas necesarias para evitar que el personal que padece o es portador de una enfermedad susceptible de transmitirse por los alimentos, o tenga heridas infectadas, infecciones cutáneas, llagas o diarrea, trabaje en las zonas de manipulación de alimentos en las que haya probabilidad que pueda contaminar directa o indirectamente a éstos con microorganismos patógenos. Toda persona que se encuentre en esas condiciones debe comunicar inmediatamente al supervisor su estado de salud.

Artículo 54.- INCISO ELIMINADO

El personal que manipule alimentos no deberá atender pagos del público, sea recibiendo o entregando dinero, no deberá realizar tareas que puedan contaminar sus manos y ropas de trabajo.

Artículo 55.- El personal que manipula alimentos deberá lavarse siempre las manos cuando su nivel de limpieza pueda afectar la inocuidad de los alimentos, antes de iniciar el trabajo, inmediatamente después de haber hecho uso de los servicios higiénicos, después de manipular material contaminado y todas las veces que sea necesario.

Artículo 56.- Los manipuladores deberán mantener una esmerada limpieza personal mientras estén en funciones debiendo llevar ropa protectora, tal como: cofia o gorro que cubra la totalidad del cabello, y delantal. Estos artículos deben ser lavables, a menos que sean desechables y mantenerse limpios. Este personal no debe usar objetos de adorno en las manos cuando manipule alimentos y deberá mantener las uñas de las manos cortas, limpias y sin barniz.

Artículo 57.- En las zonas en que se manipulen alimentos deberá prohibirse todo acto que pueda contaminar los alimentos, como: comer, fumar, masticar chicle, o realizar otras prácticas antihigiénicas, tales como escupir.

Artículo 58.- Si para manipular los alimentos se emplean guantes, éstos se mantendrán en perfectas condiciones de limpieza e higiene. El uso de guantes no eximirá al operario de la obligación de lavarse las manos cuidadosamente.

Artículo 59.- Se deberá evitar la presencia de personas extrañas en las salas donde se manipulen alimentos. En la eventualidad que esto suceda se tomarán las precauciones para impedir que éstas contaminen los alimentos. Las precauciones deben incluir el uso de ropas protectoras.

Artículo 60.- La responsabilidad del cumplimiento por parte del personal de todos los requisitos señalados en este párrafo, deberá asignarse al personal supervisor competente, sin que ello implique exclusión de esta responsabilidad a los propietarios del establecimiento.

PÁRRAFO VII
DE LOS REQUISITOS DE HIGIENE EN LA ELABORACIÓN DE LOS ALIMENTOS

Artículo 61.- En la elaboración sólo deberán utilizarse materias primas e ingredientes en buen estado de conservación, debidamente identificados, exentos de microorganismos o sustancias tóxicas en cantidades superiores a las aceptadas en este reglamento u otras materias extrañas.

Artículo 62.- Las materias primas, ingredientes, alimentos en proceso y envases almacenados en los locales del establecimiento deberán mantenerse en condiciones que eviten su deterioro y contaminación, considerando aspectos tales como: naturaleza del producto, infraestructura, características de los envases, tratamientos térmicos o de preservación a que serán sometidos.

Artículo 63.- El flujo del personal, vehículos y de materias primas en las distintas etapas del proceso, debe ser ordenado y conocido por todos los que participen en la elaboración, para evitar contaminación cruzada.

Artículo 64.- Todo el equipo que haya entrado en contacto con materias primas o con material contaminado deberá limpiarse, desinfectarse y verificarse el grado de limpieza antes de entrar en contacto con productos terminados.

Artículo 65.- En la manipulación de los alimentos sólo deberá utilizarse agua de calidad potable.

Artículo 66.- Deberán existir registros de producción, distribución y control de los alimentos y materias primas y conservarse, como mínimo, durante 90 días posteriores a la fecha de vencimiento o plazo de duración del producto. Los alimentos de duración indefinida deberán mantener el registro, al menos, durante tres años.

En el registro deberá identificarse la procedencia del alimento y/o materia prima, como etapa anterior, y el destino del producto, como etapa posterior.

Artículo 67.- Los productos terminados deberán almacenarse y transportarse en condiciones adecuadas de temperatura y humedad que garantice su aptitud para el consumo humano.

Artículo 68.- El transporte de alimentos perecibles que requieren frío para su conservación en estado fresco, enfriado y/o congelado, sólo podrá realizarse en vehículos o medios de transporte con carrocera cerrada, con equipos capaces de mantener la temperatura requerida según el tipo de producto y lo establecido en este reglamento, provistos de termómetros que permitan su lectura desde el exterior y deberán mantenerse en todo momento en perfectas condiciones de higiene y limpieza.

Además, deberán contar con autorización sanitaria otorgada por la autoridad sanitaria en cuyo territorio de competencia registre el domicilio el propietario o su representante legal. Esta autorización será válida por un plazo de tres años contados desde la fecha de su otorgamiento.

Artículo 69.- Los establecimientos de producción, elaboración, preservación y envase de alimentos deberán cumplir con las Buenas Prácticas de Fabricación (BPF) mencionadas en este reglamento, en forma sistematizada y auditable.

Además, aquellos que la autoridad sanitaria determine dentro de su correspondiente área de competencia, según los criterios establecidos por resolución del Ministerio de Salud, deberán implementar las metodologías de Análisis de Peligros y Puntos Críticos de Control (HACCP), en toda su línea de producción, conforme lo establecido en la Norma Técnica que, para tales efectos, dicte ese mismo Ministerio.

Artículo 70.- Los procedimientos de laboratorio utilizados en el control de calidad, deberán ajustarse a métodos normalizados y reconocidos por organismos oficiales nacionales e internacionales, con el fin de que los resultados puedan ser comparables y reproducibles.

PÁRRAFO VIII
DE LOS REQUISITOS DE HIGIENE EN EL EXPENDIO

Artículo 71.- En los establecimientos donde se expendan alimentos que necesitan conservarse a baja temperatura, se deberá contar con sistemas de frío que aseguren las características propias del producto, los que deberán mantenerse de acuerdo a las recomendaciones técnicas de los fabricantes.

Asimismo, los establecimientos donde se expendan alimentos a granel de alto riesgo de contaminación, tales como productos lácteos, productos cárnicos, productos congelados y encurtidos, entre otros, deberán contar con vitrinas que permitan conservar este tipo de alimentos, de acuerdo a sus características y a las recomendaciones del fabricante y su diseño será tal que impida el autoservicio por parte del público.

El fraccionamiento y expendio de los alimentos señalados en el inciso anterior, deberá ser realizado por un manipulador de alimentos, específicamente destacado para tales efectos.

Los productos alimenticios de venta a granel expuestos en vitrina deberán exhibir la identificación del fabricante o productor.

En los establecimientos deberán mantenerse los antecedentes de origen y fechas de elaboración y vencimiento de los productos sujetos a este tipo de comercialización, de manera tal que, estén disponibles para la autoridad sanitaria cuando ésta lo requiera.

El almacenamiento de alimentos en establecimientos destinados al expendio deberá realizarse de modo de mantener los productos protegidos de la contaminación y/o alteración conforme a las características de los alimentos que se expenden.

Artículo 72.- Tanto el local como los equipos, superficies de trabajo y utensilios deberán mantenerse en perfectas condiciones de limpieza. La vajilla, cubiertos y cristalería, después de lavados con agua corriente y jabón u otro detergente, deben ser tratados con agua caliente y/o vapor de agua por dos minutos y sumergidos por veinte segundos, por lo menos, en una solución que contenga sesenta partes por millón de cloro libre, con posterior enjuague con agua corriente. Donde no se desinfecten los vasos, copas y tazas, será obligatorio el empleo de utensilios de único uso y de material autorizado. No se permite el uso de vajilla, platos, vasos, copas y tazas que presenten trizaduras o bordes rotos.

Artículo 73.- Los locales donde se expenden alimentos para su consumo en el mismo establecimiento deberán contar además de lo dispuesto en el artículo 32 de este reglamento, con servicios higiénicos gratuitos para uso del público, separados para cada sexo, los que deberán mantenerse en todo momento en perfectas condiciones de higiene, limpieza y ventilación. Deberán estar dotados de papel higiénico en cantidad necesaria para el uso de los excusados, dispositivos de jabón líquido para el lavado de manos y de medios higiénicos para secárselas, tales como toallas de papel o aire caliente.

Se exceptúa de esta obligación a los locales "al paso", los cuales sólo expenderán comida lista para llevar y/o atenderán público en la barra.

Artículo 74.- Los puestos emplazados en ferias libres, como también los quioscos, casetas y carros que carezcan de conexiones a las redes de agua potable, alcantarillado y los vendedores ambulantes, sólo podrán expender:

a) alimentos y bebidas envasados que provengan de fábricas autorizadas, que no requieran de protección del frío o del calor. Las bebidas serán vendidas en su envase original o de máquinas expendedoras que utilicen bases de premezclas;

b) frutas enteras, verduras, semillas y otros alimentos similares. Estos alimentos deberán almacenarse en buenas condiciones sanitarias;

c) algodón de azúcar, infusiones de té o café, en vasos desechables desde depósitos térmicos sellados, que provengan de establecimientos autorizados, y helados envasados que provengan, asimismo, de establecimientos autorizados;

d) pescados, mariscos y productos del mar, y carnes de especies de abasto, de aves y los subproductos comestibles de todas estas especies, siempre y cuando dichos establecimientos reúnan los siguientes requisitos:

– disponer de un sistema de agua corriente con un estanque que deberá abastecerse con al menos 150 litros de agua potable, al inicio de cada jornada y cada vez que sea necesario;

– disponer de un estanque hermético de recepción de las aguas utilizadas, cuya capacidad sea igual o mayor a la del estanque de agua limpia;

– disponer de un sistema de frío, que permita NOTA mantener a temperatura de refrigeración (0° C -5° C), los productos alimenticios antes señalados, durante toda la jornada de trabajo de la feria.

e) Hielo granizado saborizado con jarabes naturales o artificiales, en la medida que se cumplan los siguientes requisitos:

– Ser elaborado en máquinas granizadoras especialmente diseñadas para tales efectos y que, por sus características de funcionamiento, el alimento no sea objeto de manipulación directa.

– Utilizar hielo y jarabes que provengan de establecimientos autorizados.

– Utilizar cucharas o bombillas y vasos desechables.

– Disponer de un sistema o material de almacenamiento, transporte y expendio que permita mantener una temperatura, para la conservación del hielo, de 0 °C o menos durante la jornada de trabajo.

– Preservar los insumos en condiciones que impidan su contaminación

f) Quesos y cecinas provenientes de fábricas autorizadas, fraccionados y envasados en las mismas fábricas, siempre y cuando dichos puestos de venta dispongan de un sistema de frío que permita mantener a temperatura de refrigeración (máximo 5° C) los productos alimenticios antes señalados. En el caso de cecinas crudas maduradas, éstas podrán mantenerse sin refrigeración, pero en lugar seco y fresco (máximo 12° C). Queda prohibido el fraccionamiento de los alimentos anteriormente mencionados en tales puestos.

g) Frutas y verduras frescas lavadas, trozadas o peladas y envasadas provenientes de establecimientos autorizados para dichos fines, siempre que dichos puestos de venta dispongan de un sistema de frío que permita mantener a temperatura de refrigeración (máximo 5° C) los productos alimenticios antes señalados. Los envases deberán cubrir totalmente los alimentos y constituir una barrera eficaz contra la contaminación.

Las implementaciones exigidas precedentemente para la comercialización de los productos alimenticios señalados en la letra d) deberán mantenerse en perfectas Art. 1° Nº 1 condiciones, en forma permanente.

Artículo 74 a.- Los quioscos, casetas y carros podrán elaborar y expender fruta fresca confitada, frutos secos confitados, palomitas de maíz y algodón de azúcar, bajo las siguientes condiciones: NOTA

a) Instalación de material sólido, lavable, de tamaño suficiente y con toldo o techo para protegerse de las condiciones climáticas.

b) Disponer de un depósito o contenedor, lavable y con tapa, que asegure la protección de las materias primas.

c) Los cilindros de gas deberán estar instalados y ser utilizados cumpliendo con las medidas de seguridad que garanticen la salud del trabajador y la comunidad, conforme a las disposiciones de la autoridad competente.

Artículo 74 b.- Los quioscos, casetas y carros podrán freír, hornear y expender: masas sin relleno, empanadas de queso y productos vegetales. Asimismo, podrán expender frutas y verduras frescas lavadas, trozadas o peladas y demás vegetales procesados y envasados provenientes de establecimientos autorizados para dichos fines. Además, de elaborar y expender infusiones de té, café y demás estimulantes y fruitivos, emparedados fríos y calientes a base de cecinas cocidas, cumpliendo los siguientes requisitos:

a) Carro o soporte físico de la instalación de material sólido, lavable, de tamaño suficiente y deberá contar con una estructura protegida que delimite el espacio de manipulación de alimentos.

b) Disponer de un sistema de agua potable corriente mediante un estanque con capacidad de provisión mínima de 100 litros, que permita su reabastecimiento cada vez que sea necesario, y que asegure el correcto lavado de manos y utensilios que se utilicen. Para el lavado de manos deberá contarse con lavamanos, jabón y toallas de papel desechables como único sistema de secado.

c) Disponer de un estanque hermético de recepción de las aguas utilizadas, cuya capacidad sea mayor a las del estanque de agua limpia.

d) Disponer de un sistema de frío que permita mantener la temperatura de refrigeración, de las masas, vegetales procesados y cecinas, entre 0° y 5° C y de un dispositivo para el control permanente de la temperatura.

e) Disponer de un depósito o contenedor para las materias primas que no requieran refrigeración que asegure mantenerlas protegidas y aisladas del medio ambiente

f) Los aceites o mantecas utilizados en frituras deberán cumplir lo establecido en el Título X, párrafo V del presente Reglamento.

g) Disponer de un depósito lavable con tapa para la acumulación de desperdicios, los que deberán ser retirados y eliminados cuantas veces sea necesario y por lo menos una vez al día.

h) Los cilindros de gas deberán estar instalados y ser utilizados cumpliendo con las medidas de seguridad que garanticen la salud del trabajador y la comunidad, conforme a las disposiciones de la autoridad competente.

i) Contar con acceso a servicios higiénicos a 75 metros de distancia como máximo.

j) Los carros, quioscos y casetas que no cuenten con estructura protegida deberán poseer un toldo y sólo podrán expender emparedados a base de cecinas cocidas, las cuales se deberán mantener debidamente refrigeradas y para su expendio sólo se podrán calentar a través de un sistema aislado del medio ambiente.

Todas las materias primas utilizadas deberán provenir de establecimientos autorizados. Los aderezos y salsas, además, deberán expenderse en envases unitarios sellados y rotulados para asegurar su inocuidad y evitar la contaminación cruzada. Sólo se permitirá la elaboración y expendio de aderezos a base de vegetales (tomate, palta) en aquellos quioscos o carros que cuenten estructura cerrada, estos aderezos deberán mantenerse en refrigeración y en recipientes cerrados y no podrán ser de acceso directo de los consumidores.

Los manipuladores de alimentos deberán dar cumplimiento a las medidas estipuladas en el Título I Párrafo VI. "De los requisitos de higiene del personal", del presente reglamento.

Para otorgar la autorización la autoridad sanitaria deberá disponer de los antecedentes que acrediten que el lugar en que se ubicará el quiosco, carro o caseta está determinado para tales efectos por la autoridad comunal correspondiente.

Artículo 75.- Se permite la venta de la bebida tradicional "Mote con Huesillos" provenientes de establecimientos autorizados en carros móviles especialmente diseñados para tales efectos, los cuales tendrán una vitrina para el mote y dispondrán de un doble estanque para el jugo y además de cucharas y vasos desechables. Deberán contar con depósitos con tapa para la acumulación y posterior eliminación de desperdicios.

Se permite la venta de jugos de frutas cítricas en carros móviles especialmente diseñados para tales efectos, los cuales tendrán, formando parte de su estructura, un estanque para el agua potable con capacidad mínima de 30 litros, un lavamanos, un receptáculo para el agua utilizada con una capacidad igual o superior a la del estanque de agua potable, una vitrina para la fruta, un depósito con tapa para la acumulación y posterior eliminación de los desperdicios, un sistema de extracción del jugo de frutas por prensado, un dispensador de vasos y bombillas desechables. Para el lavado de las superficies, se deberá disponer de un sistema de aplicación de agua y detergente por aspersión y de secado con toallas desechables. La materia prima deberá estar lavada y almacenada en buenas condiciones sanitarias. La elaboración del jugo deberá hacerse a pedido y en presencia del comprador. No se permite la adición de agua, hielo u otro ingrediente al producto final. Además, deberán cumplir con lo dispuesto en la letra i) del artículo 74b.

PÁRRAFO IX
DE LOS REQUISITOS DE HIGIENE DE LOS MATADEROS

Artículo 76.- Los mataderos de aves y otras especies distintas del ganado, deberán estar ubicados en un sector permitido por el respectivo plano regulador y estar emplazados en un terreno normalmente no inundable y alejado de cualquier foco de insalubridad ambiental.

Artículo 77.- Los mataderos de ganado se rigen por lo establecido en el Reglamento sobre estructura y funcionamiento de mataderos, establecimientos frigoríficos, cámaras frigoríficas y plantas de desposte y fija equipamiento mínimo de tales establecimientos, aprobado por decreto supremo Nº 94, de 2008, de los Ministerios de Agricultura y de Salud.

Artículo 78.- Mataderos son aquellos establecimientos donde se sacrifican y faenan reses, aves y otras especies animales destinadas a la alimentación humana. Deberán estar habilitados de tal forma que aseguren el faenamiento y preservación higiénica de las carnes.

Artículo 79.- Los mataderos de aves y otras especies distintas del ganado, deberán contar al menos con las siguientes dependencias: área destinada al lavado y desinfección del transporte de especies vivas, área de descarga, área de sacrificio, área de escaldado y desplumado cuando corresponda, área de eviscerado, área de enfriado y empaque, área de producto trozado, cámaras frigoríficas, área de lavado y desinfección de transporte de especies faenadas y área de despacho.

Artículo 80.- Los mataderos, a que se refiere el artículo 76 cuando corresponda, deberán disponer de secciones para el procesamiento de subproductos, aisladas de la línea de faena.

Además deberán disponer de un área para el sistema de tratamiento o destrucción de decomisos la que deberá estar separada del área de faenamiento.

Artículo 81.- Se prohíbe el sacrificio y el faenamiento de animales destinados a la alimentación humana en locales o recintos no autorizados por la autoridad sanitaria.

No se permitirá la presencia dentro de la sala de faenamiento de personas ajenas a las tareas propias del matadero, la mantención de otros animales que no estén destinados al sacrificio, ni la salida o retiro de animales vivos del recinto, salvo circunstancias excepcionales, debidamente calificadas por la autoridad sanitaria.

PÁRRAFO X
DE LOS REQUISITOS DE LA INSPECCIÓN DE LOS ANIMALES Y SUS CARNES

Artículo 82.- La encierra de las reses deberá efectuarse por un período de tiempo de antelación al sacrificio, con el fin de permitir el reposo y el examen ante-mortem.

Artículo 83.- Todas las especies de reses, aves y otras especies animales destinadas al sacrificio serán sometidas a inspección médico-veterinaria por la autoridad de salud o por terceros en quienes ésta delegue sus funciones.

La inspección médico-veterinaria comprenderá, la inspección de las especies vivas (examen ante-mortem), la inspección de la canal, cabeza y vísceras (inspección post-mortem) y la supervisión de la disposición final de los animales o partes declarados no aptos para el consumo humano.

La supervisión de la higiene de la carne, con inclusión de la inspección de la carne, estará bajo la responsabilidad de un médico veterinario inspector oficial.

Las técnicas de inspección y el dictamen final respecto de la aptitud para el consumo de las carnes y subproductos, se efectuarán de acuerdo a las normas que para tales efectos dicte el Ministerio de Salud.

Los mataderos deberán contar además, con los instrumentos necesarios para la detección de triquina y otros parásitos.

Artículo 84.- La sangría, faenamiento y movilización interna de aves y de otras especies distintas de ganado, se hará en suspensión y los ganchos que soportan directamente la canal deben ser de acero inoxidable. Estas carnes en suspensión no deberán contactar con el piso o las paredes de las dependencias.

Artículo 85.- Todos los animales enfermos que se detecten en el examen ante-mortem, serán enviados a un corral especialmente habilitado para ello, el que se encontrará aislado de los otros corrales. El destino final de estos animales se realizará de acuerdo a la normativa vigente.

Artículo 86.- Los órganos, partes o especies enteras no aptas para el consumo humano, de las especies de abasto deberán ser destruidos o sometidos a tratamientos aprobados por la autoridad sanitaria, con el fin exclusivo de destinarlos al uso industrial no alimentario humano. Estas operaciones deberán realizarse en el recinto especialmente habilitado para ello, bajo la vigilancia y responsabilidad directa del médico veterinario, inspector de carnes.

Excepcionalmente la autoridad sanitaria podrá autorizar el retiro de estos productos de los establecimientos donde se faenen animales, con el fin exclusivo de su utilización en prácticas docentes o de investigación científica, a cuyo efecto requerirá los antecedentes que den cuenta de su identidad, condiciones de bioseguridad, de transporte, conservación, manejo y destino final y eventual destrucción posterior.

Artículo 87.- Los establecimientos señalados en el artículo 76 y los mataderos de reses deberán mantener un registro diario de la procedencia de los animales y de las canales, partes y órganos declarados no aptos para el consumo humano, indicando las causas de inaptitud.

PÁRRAFO XI
DE LOS REQUISITOS DE HIGIENE DE LAS SALAS DE DESOSADO DE AVES Y OTRAS ESPECIES DISTINTAS DEL GANADO

Artículo 88.- Establecimiento o sala de desosado es aquel recinto donde se desosan y/o trozan aves y otras especies distintas del ganado, destinadas a la alimentación humana.

Deberán contar con una sala para realizar el desosado, la preparación de cortes y preempaque y una sala para operaciones de empaque.

Artículo 89.- Las salas destinadas a las labores de desosado, trozado, empaque y pesaje deberán disponer de un dispositivo de enfriamiento que permita mantener una temperatura no superior a 12°C y un sistema de registro permanente de temperatura.

Artículo 90.- El traslado del producto obtenido en las salas de desosado debe realizarse exclusivamente en cajas o contenedores que garanticen la calidad higiénica del producto y que impidan su contaminación por agentes externos o del propio envase.

Artículo 91.- Empacadora de carne de ave u otras especies es el establecimiento destinado al envasado de carnes. Incluirá recepción, cámara frigorífica, cámara de trozado, sección de almacenamiento de cajas y sección para despuntes y huesos.

INCISO DEROGADO

PÁRRAFO XII
DE LOS REQUISITOS DE HIGIENE DEL TRANSPORTE Y EXPENDIO DE LECHES CRUDAS

Artículo 92.- El transporte de leches crudas deberá realizarse en envases destinados exclusivamente a este fin. Deberán ser de material inerte que permita su fácil lavado y desinfección antes y después de su uso. Sus tapas estarán ajustadas, sin accesorios destinados a corregir deficiencias del ajuste.

Artículo 93.- Se prohíbe el transporte de leches o sus envases vacíos junto a animales, detergentes, desinfectantes, pesticidas, combustibles u otras sustancias químicas que signifiquen riesgo sanitario.

Artículo 94.- Cuando los productores expendan leche directamente al público, deben cumplir los siguientes requisitos:

a) contar con un local de ventas autorizado;

b) mantener las leches enfriadas a temperaturas inferiores a 4°C; c) expender las leches dentro de las ocho horas siguientes a la ordeña.

TÍTULO II
DE LOS ALIMENTOS

PÁRRAFO I
DISPOSICIONES GENERALES

Artículo 95.- Para los efectos de la aplicación del presente Reglamento, la responsabilidad derivada de las actividades de producción, importación, envase y comercialización de alimentos corresponderá individual o conjuntamente, según determine el Servicio de Salud competente, al productor, importador, envasador, distribuidor, vendedor o tenedor del producto.

Artículo 96.- Se prohíbe la fabricación, tenencia, distribución, comercialización o transferencia de alimentos elaborados o envasados en el país que, aun siendo destinados a la exportación, provengan de establecimientos que no hayan sido autorizados por la autoridad de salud competente.

Artículo 97.- Los alimentos de exportación que no cumplan con las normas establecidas en el presente Reglamento deberán llevar impreso en su envase y en forma destacada e indeleble, la clave "Z". Estos alimentos no podrán ser comercializados en el país.

Artículo 98.- Alimento alterado es aquel que por causas naturales de índole física, química o biológica, o por causas derivadas de tratamientos tecnológicos, aisladas o combinadas, ha sufrido modificación o deterioro en sus características organolépticas, en composición y/o su valor nutritivo.

Artículo 99.- Alimento adulterado es aquel que ha experimentado por intervención del hombre, cambios que le modifican sus características o cualidades propias sin que se declaren expresamente en el rótulo, tales como:

a) la extracción parcial o total de cualquiera de los componentes del producto original;

b) la sustitución parcial o total de cualquiera de los componentes del producto original por otros inertes o extraños, incluida la adición de agua u otro material de relleno;

c) la mezcla, coloración, pulverización o encubrimiento, en tal forma que se oculte su inferioridad o disminuya su pureza.

Artículo 100.- Alimento falsificado es aquel que:

a) se designe, rotule o expenda con nombre o calificativo que no corresponda a su origen, identidad, valor nutritivo oestimulante; y

b) cuyo envase, rótulo o anuncio, contenga cualquier diseño o declaración ambigua, falsa o que pueda inducir a error, respecto a los ingredientes que componen el alimento.

Artículo 101.- Alimento contaminado es aquel que contenga:

a) microorganismos, virus y/o parásitos, sustancias extrañas o deletéreas de origen mineral, orgánico o biológico, sustancias radioactivas y/o sustancias tóxicas en cantidades superiores a las permitidas por las normas vigentes, o que se presuman nocivas para la salud;

b) cualquier tipo de suciedad, restos o excrementos;

c) aditivos no autorizados por las normas vigentes o en cantidades superiores a las permitidas.

Artículo 102.- Se prohíbe la fabricación, importación, tenencia, distribución, comercialización o transferencia a cualquier título, de alimentos alterados, contaminados, adulterados o falsificados.

Artículo 103.- No podrá llevarse a efecto enajenación alguna de alimentos, materias primas procedentes de rezagos de aduanas, de empresas de transporte o de salvataje de incendios, catástrofes, y desastres sin la aprobación de la autoridad sanitaria.

Artículo 104.- El interesado o el martillero encargado de la subasta en su caso, deberá solicitar con a lo menos veinte días de anticipación a la enajenación, una visita de inspección para comprobar el estado sanitario de los productos, acompañando para el efecto el inventario de los mismos.

Artículo 105.- Los alimentos que impliquen un riesgo para la salud deberán ser decomisados por la autoridad sanitaria, pudiendo quedar retenidos bajo custodia de su dueño o tenedor con prohibición de efectuar su traslado, consumo, expendio o distribución a cualquier título. Para estos efectos los establecimientos de alimentos deberán definir un espacio físico suficiente y adecuado para el almacenamiento de productos alimenticios no aptos para el consumo humano, productos que deberán constar con una marca clara, inequívoca e indeleble, como por ejemplo, una X de color rojo u otro signo similar en términos de prohibición.

Estos productos podrán ser destinados a uso industrial no alimentario o alimentación animal, siempre que su desnaturalización sea autorizada por la autoridad sanitaria competente y, en caso que ello no sea posible, o no sea de interés de su propietario, deberán ser destruidos, incluyendo su disposición final en recinto adecuado para ello.

La autorización sanitaria para la desnaturalización deberá concederse expresamente previo pago del arancel correspondiente, siendo el costo de la operación de cargo del interesado, o de su propietario o tenedor, según el caso.

PÁRRAFO II
DE LA ROTULACIÓN Y PUBLICIDAD

Artículo 106.- "Para los efectos de este reglamento se entiende por:

1) Alimento sucedáneo: Aquel alimento destinado a parecerse a un alimento usual, por su textura, aroma, sabor u olor, y que se utiliza como un NOTA sustituto completo o parcial del alimento al que se parece;

2) Alimentos desecados: Corresponden a frutas, verduras, hortalizas o leguminosas deshidratadas, aun cuando adopten presentaciones farmacéuticas por vía oral;

3) Adición: Agregado de uno o más nutrientes o factores alimentarios, por ejemplo fibra dietética a un alimento, para fines nutricionales, en una concentración menor a un 10% de la Dosis Diaria de Referencia (DDR), por porción de consumo habitual para un nutriente particular;

4) Alimento, ingrediente y materia alimentaria nuevos: Aquel alimento, ingrediente y materia alimentaria obtenido a través de procesos de síntesis físico químicos o a través de procesos que ocurren en la naturaleza que no corresponden a moléculas o compuestos propios de la alimentación humana conocida;

5) Suplementación: Es la adición de nutrientes a la alimentación, con el fin de producir un efecto nutricional saludable o fisiológico característico;

6) Complementación: La adición de nutrientes a un alimento que carece de ellos o que los contiene sólo en cantidades mínimas con el propósito de producir un efecto nutricional; la complementación comprende los conceptos de adición, enriquecimiento o fortificación y suplementación, según el porcentaje del nutriente agregado, basado en las Dosis Diarias de Referencia y por porción de consumo habitual;

7) Declaración de nutrientes: Relación o enumeración normalizada del contenido de nutrientes de un alimento;

8) Declaración de propiedades nutricionales: Cualquier representación que afirme, sugiera o implique que un producto alimenticio posee propiedades nutricionales particulares, especialmente, pero no sólo en cuanto a su valor energético, contenido de proteínas, grasas y carbohidratos disponibles, sino también por su contenido de vitaminas, minerales y otros factores alimentarios, como por ejemplo colesterol y fibra dietética;

9) Declaración de propiedades saludables: Cualquier representación que afirme, sugiera o implique que existe una relación entre un alimento, un nutriente u otra sustancia contenida en un alimento y una condición relacionada con la salud;

10) Descriptor: El término o palabra con que se define o describe determinada característica que se le atribuye a un alimento;

11) Factor alimentario: Sustancias nutrientes y sustancias no nutrientes que cumplen un rol en nuestro organismo, tales como colesterol, fibra dietética y otros;

12) Enriquecimiento o fortificación: La adición de uno o más nutrientes o fibra dietética a un alimento, en una concentración de un 10% o más de la Dosis Diaria de Referencia (DDR) por porción de consumo habitual para un nutriente en particular;

13) envase: cualquier recipiente que contenga alimentos, que los cubra total o parcialmente.

14) Evento biotecnológico: Asociación o combinación de genes, provenientes de distintas especies, producto de la ingeniería genética, distinta o en distinto orden, respecto a la que se da en la naturaleza en forma espontánea;

15) Fecha o plazo de duración mínimo: Aquella fecha o aquel plazo en que expira el período en que el fabricante garantiza que el producto, conservado bajo determinadas condiciones de almacenamiento, si las hubiera, mantiene todas las cualidades significativas que se le atri-

buyen, tácita o explícitamente, sin que esto signifique que el producto no puede ser comercializado más allá de esta fecha o plazo. El uso de fecha o plazo de duración mínimo es optativo;

Esta fecha o plazo de duración mínimo podrá indicarse en forma de recomendación pudiendo utilizarse la expresión "consumir preferentemente antes de" u otras equivalentes;

16) Fecha de elaboración: Aquélla en que el alimento se convierte en el producto descrito en el envase;

17) Fecha de envasado: Aquélla en la que el alimento se coloca en el envase en que se venderá finalmente;

18) Fecha de vencimiento o plazo de duración: Aquella fecha o aquel plazo en que el fabricante establece que, bajo determinadas condiciones de almacenamiento termina el período durante el cual el producto conserva los atributos de calidad esperados. Después de esa fecha o cumplido este plazo el producto no puede ser comercializado.

Para los efectos de utilizar el plazo de duración, se entenderá que éste empieza a regir a partir de la fecha de elaboración.

La fecha de vencimiento o el plazo de duración deberán ser claramente definidos, no aceptándose en estos casos expresiones tales como "consumir preferentemente antes de", u otras equivalentes, que resten precisión o relativicen la fecha de vencimiento o el plazo de duración;

19) Ingrediente: Cualquier sustancia, incluidos los aditivos, que se emplee en la fabricación o preparación de un alimento y esté presente en el producto final, aunque sea en forma modificada;

20) Ingrediente caracterizante: Aquel ingrediente que le da al alimento atributos peculiares de modo de distinguirlo claramente de los demás alimentos de su mismo tipo;

21) Lote: Cantidad determinada de un alimento producido en condiciones esencialmente iguales;

22) Normalización o estandarización: La adición o extracción de nutrientes a un alimento con el fin de compensar las variaciones naturales en el contenido de nutrientes;

23) Nutriente: Cualquier sustancia normalmente consumida como un constituyente de un alimento, y que es necesaria para el crecimiento, desarrollo y mantenimiento normal del organismo o cuya deficiencia hace que se produzcan cambios bioquímicos o fisiológicos característicos;

24) Nutriente esencial: Toda sustancia consumida como constituyente de un alimento necesario para el crecimiento, desarrollo y mantenimiento de las funciones vitales y que no puede ser sintetizado en cantidades suficientes por el organismo humano;

25) porción de consumo habitual: cantidad de alimento Art. 1º Nº 1 generalmente consumida por una persona en una oportunidad, definida en función de la parte comestible del producto y referida al producto tal como éste se comercializa.

Para productos alimenticios deshidratados, que se consuman reconstituidos, la porción de consumo habitual se informar de acuerdo a las instrucciones de reconstitución.

26) Restitución: La adición a un alimento, de uno o más nutrientes, que se han perdido en el curso del proceso de fabricación, de almacenamiento y manipulación, en cantidades tales que dan lugar a la recuperación de tales pérdidas;

27) Rotulación: Conjunto de inscripciones, leyendas o ilustraciones contenidas en el rótulo que informan acerca de las características de un producto alimenticio;

28) Rotulación o etiquetado nutricional: Toda descripción destinada a informar al consumidor sobre las propiedades nutricionales de un producto alimenticio. Comprende la declaración de nutrientes y la información nutricional complementaria;

29) Rótulo: Marbete, etiqueta, marca, imagen u otra materia descriptiva o gráfica, que se haya escrito, impreso, estarcido, marcado en relieve o hueco grabado o adherido al envase de un alimento;

30) Carbohidratos disponibles: El total de carbohidratos con exclusión de la fibra dietética.

31) Alimentos listos para consumo (LPC): alimentos destinados por el productor o el fabricante o envasador al consumo humano directo sin necesidad de cocinado u otro tipo de transformación eficaz para eliminar o reducir a un nivel aceptable los microorganismos peligrosos.

32) Hipersensibilidad alimentaria: reacciones adversas a los alimentos de origen no tóxico. Se dividen en Alergia alimentaria e Hipersensibilidad no alérgica a los alimentos.

33) Alimento de referencia: aquel alimento homólogo que sirve como patrón de comparación para realizar y destacar una modificación nutricional, restringido al descriptor reducido y sus sinónimos. Este alimento de referencia deberá estar presente en el mercado y ser de propia fabricación y, sólo en su defecto, se podrán considerar otros alimentos homólogos, también presentes en el mercado.

34) Publicidad: Toda forma de promoción, comunicación, recomendación, propaganda, información o acción destinada a promover el consumo de un determinado producto.

36) Vegetales pre-elaborados: frutas u hortalizas, combinadas o no, procesadas para su consumo de manera de mantenerlos organolépticamente frescos a través de operaciones como: remoción de partes no comestibles, picado, laminación, trituración, cubeteado, centrifugación, sanitización y envasado, a los que se les puede prolongar su vida útil a través de la disminución y control de la carga microbiológica y de las condiciones de envasado u otros procesos tecnológicos.

Artículo 107.- Todos los productos alimenticios que se almacenen, transporten o expendan envasados deberán llevar un rótulo o etiqueta que contenga la información siguiente:

a) nombre del alimento. El nombre deberá indicar la verdadera naturaleza del alimento en forma específica. Sin perjuicio del nombre podrá indicarse su marca comercial. En los productos sucedáneos deberá indicarse claramente esta condición. Junto al nombre o muy cerca del mismo, deberán aparecer las palabras o frases adicionales necesarias para evitar que se induzca a error o engaño respecto a la naturaleza y condición física auténtica del alimento, que incluyen pero que no se limitan al tipo o medio de cobertura, a la forma de presentación o al tipo de tratamiento al que haya sido sometido.

b) contenido neto expresado en unidades del sistema métrico decimal o del sistema internacional, mediante el símbolo de la unidad o con palabra completa. No deberá acompañar a los valores del contenido neto ningún término de significado ambiguo.

Además de la declaración del contenido neto, en los alimentos envasados en un medio líquido deberá indicarse en unidades del sistema métrico decimal o del sistema internacional, el peso drenado del alimento;

c) En el caso de los alimentos nacionales, el nombre orazón social y domicilio del fabricante, elaborador, procesador, envasador o distribuidor, según sea el caso;

d) país de origen, debe indicarse en forma clara, tanto en los productos nacionales como en los importados, conforme a las normas de rotulación establecidas, respecto a esta información, en el decreto N° 297, de 1992, del Ministerio de Economía, Fomento y Reconstrucción, o en el que lo reemplace;

e) número y fecha de la resolución y el nombre del Servicio de Salud que autoriza el establecimiento que elabora o envasa el producto o que autoriza su internación;

f) fecha de elaboración o fecha de envasado del producto. Esta deberá ser legible, se ubicará en un lugar del envase de fácil localización y se indicará en la forma y orden siguiente:

– el día, mediante dos dígitos
– el mes, mediante dos dígitos o las tres primeras letras del mes, y
– el año, mediante los dos últimos dígitos.

En aquellos productos cuya duración mínima sea menor o igual a 90 días, podrá omitirse el año. En aquellos productos cuya duración mínima sea igual o mayor a tres meses, podrá omitirse el día.

ELIMINADO

La industria podrá identificar la fecha de elaboración con la clave correspondiente al lote de producción. En este caso los registros de esta última deberán estar disponible en todo momento a la autoridad sanitaria;

g) fecha de vencimiento o plazo de duración del producto. Esta información se ubicará en el envase en un lugar fácil de localizar y con una leyenda destacada. La fecha de vencimiento se indicará en NOTA la forma y orden establecido para la fecha de elaboración. El plazo de duración se indicará en términos de días o de meses o de años, según corresponda, utilizando siempre unidades enteras, a menos que se trate de "duración indefinida", caso en el cual deberá consignarse dicha expresión.

Los productos que identifiquen la fecha de elaboración con la clave del lote de producción, deberán rotular la duración en términos de fecha de vencimiento, mientras que los que indiquen expresamente la fecha de elaboración podrán utilizar la fecha de vencimiento o plazo de duración. Los productos que rotulen "duración indefinida" deberán necesariamente indicar la fecha de elaboración.

h) ingredientes, en el rótulo deberá figurar la lista de todos los ingredientes y aditivos que componen el producto, con sus nombres específicos, en orden decreciente de proporciones, con la excepción correspondiente a los saborizantes/aromatizantes, de acuerdo a lo establecido en el artículo 136 del presente reglamento.

Cuando el alimento, ingrediente o derivado sea o contenga alguno de los causantes de hipersensibilidad (alergenos alimentarios) reconocidos oficialmente por resolución del Ministerio de Salud, publicada en el Diario Oficial, el o los alergenos deberán señalarse en la misma lista de ingredientes, con letra de tamaño igual o mayor a las letras de los ingredientes generales, o bajo el título "Contiene..." u otro similar. Si el ingrediente es un derivado de cualquiera de los alergenos reconocidos por la citada resolución, deberá rotularse el ingrediente y además el alergeno, como el ejemplo siguiente: caseína (leche) o caseína de leche.

Si el producto alimenticio tiene riesgo de contaminarse, desde la producción o elaboración hasta la comercialización, con los citados alergenos, se deberá incluir a continuación de la lista de ingredientes, cualquiera de las siguientes frases: "Puede contener...", "Contiene pequeñas cantidades de...", "Contiene trazas de ..." o "Elaborado en líneas que también procesan. "; indicando el alergeno de que se trate;

i) aditivos, se debe indicar en el rótulo la incorporación de aditivos, en orden decreciente de concentraciones, con sus nombres específicos, con las excepciones indicadas en el título correspondiente. Se debe incluir en la lista de ingredientes todo aditivo alimentario que haya sido empleado en las materias primas y otros ingredientes de un alimento, y que se transfiera a éste en cantidad suficiente para desempeñar en él una función tecnológica

j) información nutricional de acuerdo a lo establecido en el artículo 115 del presente reglamento;

k) instrucciones para el almacenamiento, además de la fecha de duración mínima se debe indicar en la etiqueta las condiciones especiales que se requieran para la conservación del alimento, si de su cumplimiento depende la validez de la fecha de duración mínima. En caso de que, una vez abierto el envase, el producto necesite de refrigeración u otro ambiente especial, deberá también señalarse en la rotulación;

l) instrucciones para su uso, el rótulo debe contener las instrucciones que sean necesarias sobre el modo de empleo, incluida la reconstitución, si es el caso, para asegurar la correcta utilización del alimento;

m) En el caso de los productos importados, el nombre y domicilio del importador.

El importador estará obligado a mantener un registro de todas las partidas internadas al país, por un plazo mínimo de 90 días posteriores a la fecha de vencimiento o del plazo de duración del producto, según corresponda. Los alimentos de duración indefinida deberán mantener el registro, al menos, durante tres años.

Este registro deberá incluir los antecedentes de la destinación aduanera, los antecedentes sanitarios del producto, la autorización de uso y consumo, las claves de los lotes de producción o fechas de elaboración, la fecha de vencimiento, el país de origen, tipo de producto, la marca comercial, el nombre del proveedor extranjero y estará, en todo momento, a disposición de la Autoridad Sanitaria.

La clave del lote de producción o la fecha de elaboración deberá, además, estar estampada en el envase, permitiendo distinguir, inequívocamente, las distintas partidas o lotes de producción.

Los alimentos importados deberán cumplir con todas las demás normas de etiquetado vigentes en aquello no expresamente regulado en este literal. La autorización de internación y consumo se efectuará partida por partida, quedando, por lo tanto, sujetos a todos los controles que la Autoridad Sanitaria deba realizar conforme a lo dispuesto en el presente reglamento;

n) el alimento y/o materia prima para consumo humano, modificados por medio de eventos biotecnológicos, que presenten características nutricionales distintas a las del alimento y/o materia prima convencional, deberá hacer mención de ellas en el rótulo, de acuerdo a lo establecido en los artículos 113 y 115 al 120 de este reglamento.

Artículo 108.- Además los productos importados deberán cumplir con todas las disposiciones de rotulación estipuladas en el presente Reglamento. Cualquier información especificada en este Reglamento y que no haya sido considerada en la rotulación original, que no esté en castellano o no esté indicada de acuerdo a lo establecido en este Reglamento, se deberá colocar en una etiqueta adherida permanentemente al envase, de un tamaño y ubicación adecuados.

Artículo 109.- La información en el rótulo deberá estar en idioma castellano, pudiendo repetirse eventualmente en otro idioma. Los datos deberán señalarse con caracteres visibles, indelebles y fáciles de leer en circunstancias normales de compra y uso. En el caso de envases transparentes, se prohíbe la colocación de información obligatoria en el reverso de la etiqueta adherida al envase.

No se permitirá sobreimpresión o cualquier modificación de la información contenida en el rótulo original, salvo autorización por escrito de la autoridad sanitaria, con las siguientes excepciones:

1) Los productos importados cuya rotulación esté en otro idioma o no cumpla con las exigencias del presente reglamento en lo que a rotulación se refiere.

2) Los productos que utilicen la sobreimpresión o modificación de la información en el rótulo en conformidad a las disposiciones del artículo 120 bis del presente reglamento, incluyendo el ajuste de la información nutricional que debe declararse o eliminando información incompatible con dicho descriptor, cuando corresponda

Artículo 110.- La rotulación y publicidad de cualquier tipo no deberá contener palabras, ilustraciones y/u otras representaciones gráficas que puedan inducir a equívocos, engaños o falsedades, o que de alguna forma sean susceptibles de crear una impresión errónea respecto a la naturaleza, composición o calidad del producto. Asimismo, no deberán sugerirse ni indicarse efectos terapéuticos, curativos ni posologías.

En aquellos alimentos o productos alimenticios que contengan saborizantes/aromatizantes (saborizante/aromatizante natural, saborizante/aromatizante idéntico a natural y/o saborizante/ aromatizante artificial), se admitirá la representación gráfica del alimento o sustancia cuyo sabor caracteriza al producto, aunque éste no lo contenga, debiendo acompañar el nombre del alimento con las expresiones: "Sabor a..." o "Sabor..." llenando el espacio en blanco con el nombre del sabor o sabores caracterizantes, con letras en idéntico color, realce y visibilidad.

Para destacar la ausencia de nutrientes, factores alimentarios o ingredientes, natural o normalmente ausentes en un alimento, deberá hacerse en términos genéricos y no como una característica exclusiva del alimento que lo declara.

Artículo 110 bis.- Tratándose de cualquier alimento o producto alimenticio que, en su composición nutricional, contenga energía, sodio, azúcares o grasa saturada en cantidades superiores a las establecidas en la Tabla N° 1 del artículo 120 bis de este reglamento, no se podrá realizar publicidad dirigida a menores de 14 años, cualquiera sea el lugar donde ésta se realice.

Para estos efectos, se podrá considerar que la publicidad está dirigida a este grupo etario si emplea, entre otros elementos, personajes y figuras infantiles, animaciones, dibujos animados, juguetes, música infantil, si contempla la presencia de personas o animales que atraigan el interés de menores de 14 años, o si contiene declaraciones o argumentos fantásticos acerca del producto o sus efectos, voces infantiles, lenguaje o expresiones propias de niños, o situaciones que representen su vida cotidiana, como son la escuela, el recreo o los juegos infantiles. Esta calificación deberá ser fundada.

De igual manera, en la publicidad de estos alimentos no se podrán utilizar aplicaciones interactivas, juegos, concursos u otros elementos similares, dirigidos a menores de 14 años.

Del mismo modo, también se entiende que la publicidad de tales alimentos o productos alimenticios está dirigida a menores de 14 años, cuando se realiza en programas o sitios web dirigidos a ese público objetivo; o cuando estos programas o sitios web capten una audiencia de menores de 14 años, mayor al 20%. Tampoco podrán publicitarse dichos alimentos o productos alimenticios en espacios publicitarios durante, entre o inmediatamente antes o después de la difusión de dichos programas o sitios web.

Los alimentos o productos alimenticios que, en su composición nutricional, contengan energía, sodio, azúcares o grasa saturada en cantidades superiores a las establecidas en la Tabla N°1 del artículo 120 bis de este reglamento, no podrán ofrecerse o entregarse gratuitamente a los menores de 14 años, ni utilizar ganchos comerciales dirigidos a éstos, no relacionados con la promoción propia del producto, tales como: juguetes, accesorios, adhesivos, incentivos u otros similares.

Estos alimentos o productos alimenticios no se podrán expender, comercializar, promocionar ni publicitar dentro de los establecimientos de educación parvularia, básica o media.

La publicidad de estos alimentos que se efectúe por medios de comunicación masivos, deberá llevar un mensaje que promueva hábitos de vida saludable, cuyas características serán determinadas por decreto supremo del Ministerio de Salud dictado "por orden del Presidente de la República".

Se exceptuarán de las disposiciones de este artículo, los alimentos o las mezclas de éstos, a los que no se les haya añadido azúcares, miel, jarabes, sodio o grasas saturadas.

Artículo 110 ter.- Cuando a un alimento o producto alimenticio se le haya adicionado sodio, azúcares o grasas saturadas, y su contenido supere el valor establecido para estos nutrientes en la Tabla N° 1 del artículo 120 bis de este reglamento, o bien, cuando se le haya adicionado azúcares, miel, jarabes o grasas saturadas, y su contenido de energía supere el valor de energía establecido en esa misma tabla, no se podrá realizar ningún tipo de publicidad destinada a promover el consumo de ellos en todas las transmisiones de cine y televisión entre las 06:00 y las 22:00 horas.

Se exceptúa de la medida señalada en el inciso anterior, la publicidad en todos los servicios de televisión y cine realizada durante la transmisión de eventos o espectáculos deportivos, culturales, artísticos o de beneficencia social, cuando cumplan los siguientes requisitos copulativos:

a) Que la publicidad se encuentre acotada a la exhibición del nombre del producto o su marca.

b) Que la publicidad no esté destinada o dirigida, directa o indirectamente a menores de 14 años.

c) Que, el evento o espectáculo no sea organizado o financiado, exclusivamente, por la empresa interesada en la publicidad del producto o por sus coligadas o relacionadas.

d) Que la publicidad no muestre situaciones de consumo que induzcan a este ni al producto promocionado, tales como: personas o personajes ingiriendo el producto o situaciones que enuncien o hagan inferir su ingesta.

No se aplicarán las disposiciones de este artículo a los alimentos o mezclas de éstos a los que no se les haya añadido azúcares, miel, jarabes, sodio o grasas saturadas.

Artículo 111.- La información debe colocarse en el envase de manera que no se separe del mismo. Cuando el envase esté cubierto por una envoltura no transparente, en ésta deberá figurar toda la información necesaria.

Artículo 112.- Cuando en el etiquetado de un alimento se destaque la presencia o el contenido de uno o más ingredientes caracterizantes, o cuando la descripción del alimento produzca el mismo efecto, deberá declararse el porcentaje de él o los ingredientes masa/masa, en el producto final. Se excluyen de la aplicación de este artículo, aquellos ingredientes que son objeto de condiciones o criterios específicos de rotulación, en otros artículos del presente Reglamento o en sus resoluciones complementarias.

Artículo 113.- En el etiquetado nutricional se podrá facultativamente, incorporar información nutricional complementaria y cuando corresponda, deberán rotular junto al nombre principal del alimento o formando parte del mismo o junto a la información nutricional, en caracteres destacados, el descriptor nutricional correspondiente de acuerdo a lo establecido en el artículo 120 de este reglamento.

Artículo 114.- Todos los alimentos que en su rotulación o publicidad declaren propiedades saludables o, cuando su descripción produzca el mismo efecto, quedarán afectos a la declaración de nutrientes tal como lo establece el presente reglamento. Las declaraciones de propiedades saludables deberán ser científicamente reconocidas o consensuadas internacionalmente y deberán estar enmarcadas dentro de las normas técnicas sobre directrices nutricionales aprobadas por resolución del Ministerio de Salud, la que se publicará en el Diario Oficial.

Tanto la declaración de propiedades saludables como la declaración de propiedades nutricionales de un alimento o cuando su descripción produzca ese mismo efecto, en su rotulación y/o publicidad, no podrán hacer asociaciones falsas, inducir el consumo innecesario de un alimento ni otorgar sensación de protección respecto de una enfermedad o condición de deterioro de la salud.

Será responsabilidad del fabricante, importador y/o envasador final, que toda la información en el rótulo sea fidedigna y dé cumplimiento a lo establecido en el presente reglamento.

Artículo 115.- Todos los alimentos envasados listos para su entrega al consumidor final deberán obligatoriamente incorporar en su rotulación la siguiente información nutricional:

a) Valor energético o energía expresado en calorías (unidad de expresión kcal), las cantidades de proteínas, grasas totales, hidratos de carbono disponibles o carbohidratos disponibles y azúcares totales, en gramos (unidad de expresión g) y el sodio en miligramos (unidad de expresión mg).

En aquellos productos cuyo contenido total de grasa sea igual o mayor a 3 gramos por porción de consumo habitual, deberán declararse además de la grasa total, las cantidades de ácidos grasos saturados, monoinsaturados, poliinsaturados y ácidos grasos trans, en gramos y el colesterol en miligramos.

En el caso de aquellos alimentos que contengan una cantidad igual o menor a 0,5 gramos de ácidos grasos trans por porción de consumo habitual, se aceptará como alternativa la declaración que el alimento no contiene más de 0,5 gramos de ácidos grasos trans por porción.

En el caso de aquellos alimentos que contengan una cantidad igual o menor a 35 miligramos de sodio por porción de consumo habitual, se aceptará como alternativa la declaración que el alimento no contiene más de 35 miligramos de sodio por porción.

En el caso de aquellos alimentos que contengan una cantidad igual o menor a 0,5 gramos de azúcares por porción de consumo habitual, se aceptará como alternativa la declaración que el alimento no contiene más de 0,5 gramos de azúcares por porción.

b) La cantidad de cualquier otro nutriente o factor alimentario, como fibra dietética y colesterol, acerca del que se haga una declaración de propiedades nutricionales y/o saludables.

Todos estos valores deben expresarse por 100 g o 100 ml y por porción de consumo habitual del alimento. Deberá señalarse el número de porciones que contiene el envase y el tamaño de la porción en gramos o mililitros y en medidas caseras.

Los valores que figuren en la declaración de nutrientes deberán ser valores medios ponderados derivados de datos específicamente obtenidos de análisis de alimentos realizados en laboratorios o de tablas de composición de alimentos debidamente reconocidas por organismos nacionales o internacionales, que sean representativos del alimento sujeto a la declaración.

Los límites de tolerancia para los valores de los nutrientes declarados en el rótulo, serán los siguientes:

Para aquellos alimentos que en su rotulación declaren mensajes nutricionales o saludables y para aquellos que utilicen descriptores nutricionales, con excepción de aquellos que rotulen el descriptor del artículo 120 bis del presente reglamento, los límites de tolerancia para el valor declarado del nutriente en cuestión, serán los siguientes:

i) cuando los nutrientes y factores alimentarios sean expresados como proteínas, vitaminas, minerales, fibra dietaria y/o grasas monoinsaturadas y poliinsaturadas, deberán estar presentes en una cantidad mayor o igual al valor declarado en el rótulo;

ii) cuando los nutrientes y factores alimentarios sean expresados como energía, hidratos de carbono, azúcares, grasa total, colesterol, grasa saturada, grasa trans y/o sodio, deberán estar presentes en una cantidad menor o igual al valor declarado en el rótulo. La tolerancia anteriormente descrita, aplicará también para los descriptores nutricionales referidos en el artículo 120 bis del presente reglamento.

Para aquellos alimentos que en su rotulación no destaquen mensajes nutricionales o saludables, ni utilicen descriptores nutricionales, los límites de tolerancia para el etiquetado nutricional serán los siguientes:

i) cuando los nutrientes y factores alimentarios sean expresados como proteínas, vitaminas, minerales, fibra dietaria y/o grasas monoinsaturadas y poliinsaturadas, deberán estar presentes en una cantidad mayor o igual al 80% del valor declarado en el rótulo;

ii) cuando los nutrientes y factores alimentarios sean expresados como energía, hidratos de carbono, azúcares, grasa total, colesterol, grasa saturada, grasa trans y/o sodio, podrán exceder sólo hasta un 20% del valor declarado en el rótulo.

En cualquier caso, los límites de vitaminas, minerales y fibra dietaria no deberán sobrepasar los valores establecidos en la resolución Nº 393/02 y sus modificaciones, que fija Directrices Nutricionales sobre Uso de Vitaminas, Minerales y Fibras Dietéticas en Alimentos y la resolución 394/02 y sus modificaciones, que fija Directrices Nutricionales sobre Suplementos Alimentarios y sus contenidos en Vitaminas y Minerales, todas del Ministerio de Salud.

Para aquellos nutrientes cuyo porcentaje de variabilidad, en función de la especie y del tipo de manejo, sea superior a la tolerancia permitida, la empresa deberá mantener a disposición de la autoridad sanitaria los antecedentes técnicos que lo justifiquen.

Se exceptuarán del cumplimiento de lo anteriormente dispuesto en este artículo:

i) Los alimentos predefinidos, fraccionados y envasados con antelación al momento de la venta en el lugar de expendio, incluidos los platos preparados, los que deberán cumplir con lo establecido en el artículo 468 de este reglamento;

ii) Los estimulantes o fruitivos sin agregado de otros ingredientes, los aditivos, los coadyuvantes de elaboración, las especias solas o en mezclas sin otros ingredientes y las frutas y hortalizas en su estado natural;

iii) Los alimentos que se comercialicen a granel, los porcionados o fraccionados y los preparados a solicitud del público, aunque éstos se envasen al momento de la venta.

Facultativamente, se podrá hacer declaración de nutrientes en la etiqueta de los alimentos que no tengan obligatoriedad de hacerlo, la que en todo caso, deberá estar de acuerdo con lo establecido en el presente reglamento.

La expresión numérica de los nutrientes y factores alimentarios; la aproximación para expresar los valores de nutrientes y factores alimentarios y la expresión de los valores de las porciones de consumo habitual y de las medidas caseras, se realizarán de acuerdo a los siguientes criterios:

Expresión numérica de nutrientes y factores alimentarios:

Valores iguales o mayores a 100	Se declararán en números enteros
Valores menores a 100 y mayores o iguales a 10	Se declararán en números enteros o con un decimal
Valores menores a 10 y mayores o iguales a 1	Se declararán en números enteros o hasta con dos decimales
Valores menores a 1	Se declararán hasta con dos decimales

Criterios de aproximación para valores de nutrientes y factores alimentarios en cifras con decimales.

i) Si el dígito que se va a descartar es igual o mayor que 5, se aumenta en una unidad el dígito anterior.

ii) Si el dígito que se va a descartar es menor que 5 se deja el dígito anterior.

La expresión numérica del número de porciones de consumo habitual deberá ser en números enteros y la expresión del tamaño de la porción en medidas caseras puede ser en unidades, rebanadas, trozos, tazas, cucharadas u otras similares o sus partes, como por ejemplo media cucharada o 1/4 taza. Cuando el resultado de dividir el contenido del envase por el tamaño de la porción definida, no sea número entero, o cuando no sea fácilmente definible, las porciones se aproximarán con los criterios de aproximación matemática de los valores de nutrientes y factores alimentarios, anteriormente descritos. Cuando la aproximación matemática corresponda que sea al entero superior, será obligatorio el uso de la expresión "alrededor de" o la expresión "aprox.", acompañando al número entero obtenido. Cuando la aproximación matemática corresponda que sea al entero inferior, será facultativo el uso de la expresión "alrededor de" o la expresión "aprox.", acompañando al número entero obtenido.

c) La declaración de nutrientes deberá cumplir con las siguientes características:

1) Las familias tipográficas que se utilizarán serán las Arial, Dax, Futura, Helvética, Myriad, Swiss y Univers, u otras familias equivalentes que posean igual peso y consistencia visual, de cortes y perfiles rectos, sin serif, y que incluyan versiones bold (negrita) y condensadas estandarizadas.

2) La altura mínima de las letras y números será de 1,2 milímetros medidos en la altura de una letra H mayúscula en las familias tipográficas previamente definidas o sus equivalentes, lo que equivale aproximadamente a 5 puntos tipográficos definidos en los softwares (programas) de diseño gráfico.

3) Los colores utilizados en la combinación del fondo con las letras y números con los que se entrega la información nutricional, deberán tener entre sí el máximo contraste posible, usándose para este fin colores planos o llenos, sin gradaciones de color o tramas.

4) La información deberá ordenarse de preferencia en forma vertical, usando dos columnas, una para la información por 100 g ó 100 ml (según corresponda) y otra para la información por porción de consumo habitual. Se aceptará un ordenamiento horizontal o división de la información en dos cuerpos o a renglón seguido.

Artículo 116.- Cuando se haga una declaración de propiedades nutricionales o saludables con respecto a la cantidad o el tipo de carbohidratos disponibles o hidratos de carbono disponibles deberá incluirse, además de lo prescrito en el artículo 115, la cantidad total de cualquier carbohidrato disponible o hidratos de carbono disponibles involucrada en la declaración o mensaje.

Cuando se haga declaración de propiedades nutricionales o saludables respecto a la fibra dietética, además de lo establecido en el artículo 115, deberá indicarse la cantidad de fibra dietética total, de fibra soluble, de fibra insoluble y de la(s) fibra(s) dietética(s) involucrada(s) en la declaración o mensaje.

Asimismo, cuando se declaren propiedades nutricionales o saludables respecto a la cantidad o tipo de ácidos grasos deberá indicarse inmediatamente a continuación de la declaración del contenido total de grasa, las cantidades de ácidos grasos saturados, ácidos grasos monoinsaturados, poliinsaturados, ácidos grasos trans y colesterol. Se exceptúan de esta obligatoriedad aunque hagan una declaración de propiedad, usen un descriptor nutricional o un mensaje saludable, a los alimentos que cumplen con los parámetros establecidos en el artículo 120 para el descriptor nutricional "libre de grasas total".

Artículo 117.- La declaración de propiedades nutricionales, la declaración de propiedades saludables, la declaración de nutrientes y la información nutricional complementaria, deberán ceñirse a las normas técnicas que imparta al respecto el Ministerio de Salud por resolución que se publicará en el Diario Oficial.

Artículo 118.- Cuando se haga declaración de nutrientes podrán enumerarse, además, las vitaminas y minerales que se hallen presentes en cantidades significativas, 5% o más de la ingesta recomendada para la población pertinente. Para la población mayor de cuatro años se usará la Dosis Diaria de Referencia (DDR), en energía, proteínas, vitaminas y minerales propuesta por el Codex Alimentarius, en el caso de la vitamina E, biotina, ácido pantoténico, cobre y selenio, que no están especificadas en el Codex Alimentarius, se utilizarán los valores propuestos por la Food and Drug Administration (FDA), References Daily Intakes (RDI).

Para lactantes y niños menores de cuatro años, embarazadas y nodrizas se utilizarán como Dosis Diaria de Referencia las respectivas RDI. En el caso del hierro y vitamina A se aceptará, como Dosis Diaria de Referencia durante el embarazo el valor de 30 mg/día para hierro y 800 mcg/día para vitamina A, establecidas en las Directrices Nutricionales del Ministerio de Salud.

La información numérica sobre vitaminas y minerales se expresará en unidades métricas, sistema internacional para 100 g o 100 ml, para una porción de consumo habitual expresada como porcentaje de la Dosis Diaria Recomendada de referencia y por envase si éste contiene sólo una porción. Además, esta información deberá especificarse por porción de consumo habitual en la etiqueta si se indica el número de porciones que contiene el envase.

Artículo 119.- La información nutricional complementaria, que facultativamente se podrá añadir a la declaración de nutrientes, tendrá por objeto facilitar la comprensión del consumidor del valor nutritivo del alimento y ayudarle a interpretar la declaración sobre él o los nutrientes.

INCISO DEROGADO

Artículo 120.- Para destacar las cualidades de cualquier tipo de alimento o producto alimenticio en cuanto a contenido energético (energía o calorías), grasa total, grasa saturada, grasa trans, colesterol, azúcar, azúcares, sodio, vitaminas, minerales, proteínas, ácido docosahexaenoico (DHA), ácido eicosapentaenoico (EPA), otros nutrientes y fibra dietética, sólo se permitirá el uso de los descriptores que se indican en el presente Reglamento.

El uso de un descriptor deberá ser seguido del nombre del respectivo nutriente, factor alimentario o de la palabra calorías o energía, según corresponda.

Se permite el uso de palabras en otro idioma o palabras de fantasía, que se asocien inequívocamente con características nutricionales, tales como light, diet, high, lite, low, delgadíssimo, flakin y soft, entre otras, siempre que cumplan con los parámetros de alguno de los descriptores autorizados en el presente Reglamento.

Cuando se usen palabras en otro idioma o palabras de fantasía asociadas con alguna característica nutricional, la superficie ocupada por el descriptor en la rotulación, deberá corresponder como mínimo al 33% de la superficie ocupada por la palabra en otro idioma o de fantasía de mayor tamaño y deberá ubicarse, al menos una vez, en la cara principal del envase, junto a la palabra en otro idioma o palabra de fantasía. Si la relación de superficie es mayor o igual a 50%, entonces el descriptor podrá ubicarse en cualquier cara.

A los efectos de aplicación de este artículo, para el cálculo de los respectivos porcentajes, deberá considerarse como superficie de referencia, la palabra en otro idioma y/o palabra de fantasía, de mayor tamaño, y deberá mantenerse siempre la condición de legibilidad de todos los descriptores presentes en el etiquetado del producto.

El descriptor reducido y sus sinónimos, no podrán usarse si el alimento cumple el requisito para ser descrito como bajo aporte. El descriptor bajo aporte no podrá utilizarse para destacar el contenido de azúcar o azúcares de un alimento.

En la declaración de propiedades nutricionales de los alimentos no se podrán usar dos descriptores simultáneamente para describir una misma propiedad.

Los descriptores: libre, bajo aporte, reducido y liviano en colesterol sólo podrán aplicarse a alimentos que sean libres de grasa trans (máximo 0,2 g de ácidos grasos trans por porción de consumo habitual) y que contengan por porción de consumo habitual máximo 2 g de grasa saturada.

Los alimentos que usen los descriptores que a continuación se indican, deberán ceñirse a lo establecido en el artículo 113 de este reglamento:

	DESCRIPTOR	CONDICIÓN REQUERIDA
CONTENIDO ENERGÉTICO/ ENERGÍA/ CALORÍAS	"LIBRE" "NO CONTIENE" "EXENTO" "SIN" "CERO" "0" "0%" "NO TIENE"	La porción de consumo habitual contiene menos de 5 kcal.
	"BAJO APORTE" "BAJO EN" "BAJO CONTENIDO" "BAJO" "POCO"	La porción de consumo habitual contiene un máximo de 40 kcal. El valor absoluto de las calorías por porción o el concepto "menor o igual a 40 kcal por porción" podrá acompañar al descriptor. Para utilizar este descriptor en alimentos cuya porción de consumo habitual sea menor a 30 gramos, la condición del descriptor deberá ser cumplida en 50 gramos.
	"REDUCIDO" "LIVIANO" "MENOS" "MENOR"	Las calorías del producto se han disminuido en una proporción igual o mayor al 25% respecto del alimento de referencia. El valor absoluto de las calorías y el número que informa el porcentaje de reducción efectuado, por porción, podrán acompañar al descriptor. Si en el alimento normal de referencia, el 50 % o más de las calorías provienen de la grasa total (lípidos totales), este descriptor sólo se aplica cuando ésta se reduce en una proporción igual o mayor a 50%.

GRASA TOTAL (lípidos totales)	DESCRIPTOR	CONDICIÓN REQUERIDA
	"LIBRE" "NO CONTIENE" "EXENTO" "SIN" "CERO" "0" "0%" "NO TIENE"	La porción de consumo habitual contiene menos de 0,5 g de grasa total
	"BAJO APORTE" "BAJO EN" "BAJO CONTENIDO" "BAJO"	La porción de consumo habitual contiene un máximo de 3 g de grasa total. El valor absoluto de la grasa total por porción o el concepto "menor o igual a 3 g de grasa total por porción" podrá acompañar al descriptor. Para utilizar este descriptor en alimentos cuya porción de consumo habitual sea menor a 30 gramos, la condición del descriptor deberá ser cumplida en 50 gramos.
	"REDUCIDO" "LIVIANO" "MENOS" "MENOR"	La grasa del producto se ha disminuido en una proporción igual o mayor al 25% respecto del alimento de referencia. El valor absoluto de la grasa total y el número que informa el porcentaje de reducción efectuado, por porción, podrán acompañar al descriptor.
	EXTRAMAGRO	Este descriptor es específico para cualquier tipo de carnes y pescados y sus derivados. Para utilizarlo, el alimento debe cumplir con contener por porción de consumo habitual y por cada 100 g, un máximo 5 g de grasa total, igual o menos de 2 g de grasa saturada e igual o menos de 95 mg de colesterol.
GRASA SATURADA	DESCRIPTOR	CONDICIÓN REQUERIDA
	"LIBRE" "NO CONTIENE" "EXENTO" "SIN" "CERO" "0" "0%" "NO TIENE"	La porción de consumo habitual contiene menos de 0,5 g de grasa saturada y deberá ser libre de grasas trans (máximo 0,2 g de ácidos grasos trans por porción de consumo habitual).
	"BAJO APORTE" "BAJO EN" "BAJO CONTENIDO" "BAJO"	La porción de consumo habitual contiene un máximo de 1 g de grasa saturada y no contiene más de un 15% de las calorías provenientes de grasa saturada en relación a las calorías totales. El valor absoluto de la grasa saturada por porción o el concepto "menor o igual a 1 g de grasa saturada por porción", podrá acompañar al descriptor. Para utilizar este descriptor, el alimento no deberá contener por porción más de 20 mg de colesterol ni más de 3 gramos de grasa total.

	"REDUCIDO" "LIVIANO" "MENOS" "MENOR"	La grasa saturada del producto se ha disminuido en una proporción igual o mayor al 25% respecto del alimento de referencia. El valor absoluto de la grasa saturada y el número que informa el porcentaje de reducción efectuado, por porción, podrán acompañar al descriptor.
	DESCRIPTOR	**CONDICIÓN REQUERIDA**
GRASA TRANS ACIDOS GRASOS TRANS	"LIBRE" "NO CONTIENE" "EXENTO" "SIN" "CERO" "0" "0%" "NO TIENE"	La porción de consumo habitual contiene menos de 0,5 g de grasa saturada y deberá contener como máximo 0,2 g de grasas trans.
COLESTEROL	**DESCRIPTOR**	**CONDICIÓN REQUERIDA**
	"LIBRE" "NO CONTIENE" "EXENTO" "SIN" "CERO" "0" "0%" "NO TIENE"	La porción de consumo habitual contiene menos de 2 mg de colesterol, menos de 2 g de grasa saturada y es libre de grasas trans (máximo 0,2 g de ácidos grasos trans por porción de consumo habitual).
	"BAJO APORTE" "BAJO EN" "BAJO CONTENIDO" "BAJO"	La porción de consumo habitual contiene un máximo de 20 mg de colesterol, máximo de 2 g de grasa saturada y es libre de ácidos grasos trans (máximo 0,2 g de ácidos grasos trans por porción de consumo habitual). El valor absoluto del colesterol por porción o el concepto "menor o igual a 20 mg de colesterol por porción", podrá acompañar al descriptor. Para utilizar este descriptor en alimentos cuya porción de consumo habitual sea menor a 30 gramos, la condición del descriptor deberá ser cumplida en 50 g.
	"REDUCIDO" "LIVIANO" "MENOS" "MENOR"	El colesterol del producto se ha disminuido en una proporción igual o mayor al 25% respecto del alimento de referencia, el contenido de grasa saturada es menor a 2 g por porción de consumo habitual y es libre de ácidos grasos trans (máximo 0,2 g de ácidos grasos trans por porción de consumo habitual). El valor absoluto del colesterol y el número que informa el porcentaje de reducción efectuado, por porción, podrán acompañar al descriptor.
SODIO	**DESCRIPTOR**	**CONDICIÓN REQUERIDA**
	"LIBRE" "NO CONTIENE" "EXENTO" "SIN" "CERO" "0" "0%" "NO TIENE"	La porción de consumo habitual contiene menos de 5 mg de sodio
	"MUY BAJO" "MUY BAJO APORTE"	La porción de consumo habitual contiene máximo 35 mg de sodio. El valor absoluto del sodio por porción o el concepto "menor o igual a 35 mg de sodio por porción", podrá acompañar al descriptor. Para utilizar este descriptor en alimentos cuya porción de consumo habitual sea menor a 30 gramos, la condición del descriptor deberá ser cumplida en 50 gramos.

	"BAJO APORTE" "BAJO EN" "BAJO CONTENIDO" "BAJO"	La porción de consumo habitual contiene un máximo de 140 mg de sodio. El valor absoluto del sodio por porción podrá acompañar al descriptor. Para utilizar este descriptor en alimentos cuya porción de consumo habitual sea menor a 30 gramos, la condición del descriptor deberá ser cumplida en 50 gramos.
	"REDUCIDO" "LIVIANO" "MENOS" "MENOR"	El sodio del producto se ha disminuido en una proporción igual o mayor al 25% respecto del alimento de referencia. El valor absoluto de sodio y el número que informa el porcentaje de reducción efectuado, por porción, podrán acompañar al descriptor.
AZÚCAR / AZÚCARES (MONO Y DISACÁRIDOS)	**DESCRIPTOR**	**CONDICIÓN REQUERIDA**
	"LIBRE" "NO CONTIENE" "EXENTO" "SIN" "CERO" "0" "0%" "NO TIENE"	La porción de consumo habitual contiene menos de 0,5 g de azúcar o azúcares según sea el caso.
	"BAJO APORTE"	Sin parámetros definidos por lo que NO se deberá utilizar.
	"REDUCIDO" "LIVIANO" "MENOS" "MENOR"	El azúcar o azúcares del producto, según sea el caso, se ha disminuido en una proporción mayor o igual al 25% respecto del alimento de referencia. El valor absoluto del azúcar / azúcares y el número que informa el porcentaje de reducción efectuado, por porción, podrán acompañar al descriptor.
	"SIN AZÚCAR / AZÚCARES AÑADIDOS"	Este descriptor está permitido sólo si no fue incorporada azúcar / azúcares como tal(es) o a través de un ingrediente con azúcar / azúcares añadidos. Este descriptor deberá ir acompañado de una frase tal como "este alimento no es libre en calorías", con las mismas características gráficas del descriptor, cuando se utilice en alimentos a los que no les aplique el descriptor "libre", "bajo" o "reducido" en calorías. Este descriptor no se aplica para azúcares de alcohol, es decir los alimentos que usen este descriptor podrán contener azúcares de alcohol.
VITAMINAS, MINERALES, FIBRA DIETÉTICA, PROTEÍNAS	**DESCRIPTOR**	**CONDICIÓN REQUERIDA**
	"BUENA FUENTE" "CONTIENE"	La porción de consumo habitual contiene desde un 10% y hasta un 19,9% de la DDR.
	"ALTO"	La porción de consumo habitual contiene un 20% o más de la DDR.

	"ENRIQUECIDO" "FORTIFICADO"	Este descriptor sólo podrá usarse si el alimento ha sido modificado agregando un 10% ó más de la DDR, por porción de consumo habitual. El origen del nutriente agregado puede ser natural o sintético. Para la aplicación de este descriptor deberá dar cumplimiento a lo establecido en la Resolución Exenta N° 393/02 del Ministerio de Salud, que "Fija Directrices Nutricionales sobre uso de Vitaminas y Minerales en Alimentos", o la que en el futuro la reemplace. En el caso de los productos alimentarios que tengan límites específicos de adición de nutrientes (ej. alimentos para regímenes especiales), estos alimentos deberán dar cumplimiento a sus límites específicos establecidos en cada caso. Para la aplicación de los límites mínimos y máximos establecidos, sólo se deberá considerar la cantidad agregada o adicionada de ese nutriente, en forma independiente de lo que el alimento tenga naturalmente y sin considerar el aporte de ese nutriente que, eventualmente, tenga el alimento que incorpora el consumidor al momento del consumo, según las instrucciones de uso. Para efectos de la declaración del contenido de nutrientes en la etiqueta nutricional, se deberá declarar el contenido total es decir el contenido natural más la cantidad agregada, tal como establece el Reglamento.
DHA / EPA /OMEGA 3 DE CADENA LARGA	**DESCRIPTOR**	**CONDICIÓN REQUERIDA**
	"BUENA FUENTE" "CONTIENE"	La porción de consumo habitual debe contener como mínimo 100 mg de EPA ó 100 mg de DHA ó 100 mg de EPA + DHA. En el caso de alimentos que cumplan este requisito y que se le adicionen cantidades inferiores a los 90 mg de EPA y/o DHA, no podrán contener más de 2 g de EPA ó 2 g de DHA ó 2 g de EPA + DHA, por porción de consumo habitual.
	"ALTO"	La porción de consumo habitual debe contener como mínimo 200 mg de EPA ó 200 mg de DHA ó 200 mg de EPA + DHA. En el caso de alimentos que cumplan este requisito y que se le adicionen cantidades inferiores a los 90 mg de EPA y/o DHA, no podrán contener más de 2 g de EPA ó 2 g de DHA ó 2 g de EPA + DHA, por porción de consumo habitual.
	"ENRIQUECIDO" "FORTIFICADO"	Este descriptor sólo podrá usarse si el alimento ha sido modificado, agregando un mínimo de 100 mg de EPA ó 100 mg de DHA ó 100 mg de EPA + DHA, por porción de consumo habitual. No se deberá sobrepasar la cantidad de 2 g de EPA ó 2 g de DHA ó 2 g de EPA + DHA, por porción de consumo habitual. En el caso de los productos alimentarios que tengan limites específicos de adición de estos nutrientes, estos alimentos deberán dar cumplimiento a sus limites específicos establecidos en cada caso.

Artículo 120 bis.- Cuando a un alimento o producto alimenticio se le haya adicionado sodio, azúcares o grasas saturadas, y su contenido supere el valor establecido en la Tabla N° 1 del presente artículo, deberá rotular la o las características nutricionales relativas al nutriente adicionado. En el caso de la energía, se deberá rotular su contenido cuando se le haya adicionado azúcares, miel, jarabes, o grasas saturadas, y se supere el valor establecido en la referida tabla.

Tabla N° 1: Límites de contenido de energía, sodio, azúcares totales y grasas saturadas en alimentos.

	Energía kcal/100 g	Sodio mg/100 g	Azúcares totales g/100 g	Grasas saturadas g/ 100 g
Límites en Alimentos sólidos. Valores mayores a:	275	400	10	4
	Energía kcal/100 ml	Sodio mg/100 ml	Azúcares totales g/100 ml	Grasas saturadas g/ 100 ml
Límites en alimentos líquidos. Valores mayores a:	70	100	5	3

Se exceptuarán de la obligación de rotulación, indicada en el inciso primero del presente artículo, los siguientes alimentos o productos alimenticios:

A. Los alimentos o las mezclas de éstos, a los que no se les haya añadido azúcares, miel, jarabes, sodio o grasas saturadas.

B. Los alimentos que se comercialicen a granel, los porcionados, los fraccionados y los preparados a solicitud del público, aunque éstos se envasen al momento de la venta.

C. Los siguientes alimentos del Título XXVIII, "De los Alimentos para Regímenes Especiales":

3.1 Párrafo II de las fórmulas para lactantes.

3.2 Párrafo III de las preparaciones comerciales de alimentos infantiles (colados y picados), salvo aquellas que tengan adición de azúcares.

3.3 Párrafo IV de los alimentos para uso infantil procesados a base de cereales, salvo aquellos que tengan adición de azúcares.

3.4 Párrafo V de los alimentos para uso médico o medicinal.

3.5 Párrafo VII de los alimentos para regímenes de control de peso.

D. Los siguientes alimentos del Título XXIX, "De los Suplementos Alimentarios y de los Alimentos para Deportistas":

4.1 Párrafo I, de los suplementos alimentarios.

4.2 En el Párrafo II, de los alimentos para deportistas, aquellos que cumplan con los requisitos descritos en las letras a), b), c) y d) del artículo 540.

E. Los edulcorantes de mesa libres de azúcar y calorías, regulados en el artículo 146 del presente reglamento.

Para los efectos de este artículo, se entenderá que un alimento es sólido o líquido según la unidad de medida utilizada en la declaración del contenido neto del alimento, es decir, será sólido si su contenido neto está expresado en gramos u otra medida equivalente, o líquido si su contenido neto está expresado en mililitros u otra medida equivalente. En el caso de los productos alimenticios que se consuman reconstituidos, se entenderá como sólido o líquido, según como sea el producto listo para consumir, de acuerdo a las instrucciones de reconstitución.

La forma de destacar las características nutricionales indicadas en el inciso primero de este artículo será rotulando un símbolo octagonal de fondo color negro y borde blanco, y en su interior el texto "ALTO EN", seguido de: "GRASAS SATURADAS", "SODIO", "AZÚCARES" o "CALORÍAS", en uno o más símbolos independientes, según corresponda. Las letras del texto deberán ser mayúsculas y de color blanco. Además, en el mismo símbolo, deberá inscribirse en letras blancas, la frase "Ministerio de Salud", según el diagrama N° 1 del presente artículo.

El o los símbolos referidos se ubicarán en la cara principal de la etiqueta de los productos.

Las dimensiones del o los símbolos referidos estarán determinadas de acuerdo al área de la cara principal de la etiqueta, según el cuadro siguiente:

Cuadro N° 1: Dimensiones de símbolo.

Área de la cara principal de la etiqueta	Dimensiones de símbolo (alto y ancho)
Menor a 30 cm^2	Rotula en el envase mayor que los contenga
Entre 30 y menor a 60 cm^2	1,5 x 1,5 cm
Entre 60 y menor a 100 cm^2	2,0 x 2,0 cm
Entre 100 y menor a 200 cm^2	2,5 x 2,5 cm
Entre 200 y menor a 300 cm^2	3,0 x 3,0 cm
Mayor o igual a 300 cm^2	3,5 x 3,5 cm

En el caso de los envases cuya área de la cara principal de la etiqueta sea entre 30 cm^2 y menor a 60 cm^2, podrán rotularse el o los símbolos en otra cara visible del envase.

Cuando corresponda rotular más de un símbolo con el descriptor "ALTO EN", éstos deberán estar dispuestos uno junto al otro. El o los símbolos deberán rotularse de modo visible, indeleble y fácil de leer en circunstancias normales de compra y uso. En ningún caso, podrán ser cubiertos total o parcialmente.

Se exceptuarán de rotular el o los símbolos con el descriptor "ALTO EN" los alimentos envasados cuya área de la cara principal de la etiqueta sea menor a 30 cm^2, en cuyo caso este o estos símbolos deberán rotularse en el envase mayor que los contenga.

Cuando un alimento rotule el descriptor "ALTO EN", no podrá declarar, en su rótulo o en su publicidad, las propiedades nutricionales descritas en el artículo 120 del presente reglamento, cuando se trate del mismo nutriente o energía.

Cuando la información especificada en este artículo no haya sido considerada en el diseño de la gráfica original de la rotulación, se permitirá adherirla en la etiqueta o envase, de modo indeleble, y de acuerdo al tamaño, ubicación y demás características establecidas en este reglamento.

Diagrama Nº 1

Las características gráficas de los descriptores nutricionales señalados en el Diagrama Nº1 serán las siguientes:

a) Elementos del descriptor:

1. Base octogonal que contiene el mensaje.
2. Mensaje principal descriptor.
3. Firma del Ministerio de Salud.
4. Margen blanco de recorte sobre fondo.

Ejemplo de los elementos en el descriptor "ALTO EN AZÚCARES"

b) **Proporciones del descriptor "ALTO EN AZÚCARES".**

c) **Proporciones del descriptor "ALTO EN GRASAS SATURADAS".**

d) **Proporciones del descriptor "ALTO EN SODIO".**

e) **Proporciones del descriptor "ALTO EN CALORÍAS".**

f) **Color.**

Toda la iconografía del símbolo está compuesta del color:

Ejemplo de color:

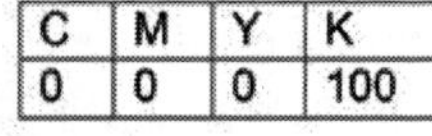

C	M	Y	K
0	0	0	100

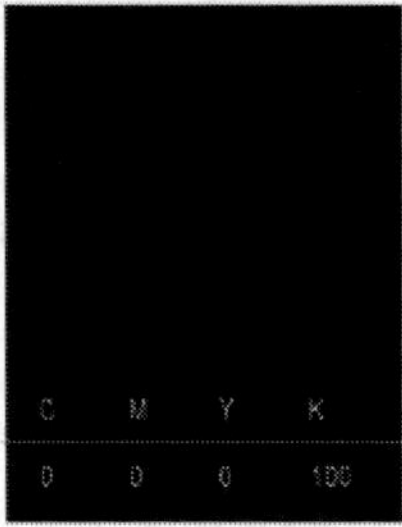

g) **Tipografía.**

La tipografía utilizada en la iconografía es de la familia "Arial", específicamente en su presentación "bold".

Ejemplo de tipografía:

ABCDEGHIJKL
MNÑOPQRSTU
VWXYZ

h) Rotulación de más de un descriptor:

Los alimentos que deban rotular más de un descriptor, deben hacerlo según se indica en los siguientes ejemplos:

h.1) Rotulación con 2 descriptores:

h.2) Rotulación con 3 descriptores:

Presentación 1

Presentación 2:
Esta presentación se debe utilizar cuando el alto del cuadrante de la cara principal de la etiqueta con el tamaño correspondiente del descriptor, no permita la presentación 1.

h.3) Rotulación con 4 descriptores:

Presentación 1:

Presentación 2:
Esta presentación se debe utilizar cuando el alto del cuadrante de la cara principal de la etiqueta con el tamaño correspondiente del descriptor, no permita la presentación 1.

i) **Distancia entre descriptores.**

Los descriptores deben tener separación entre ellos que mantenga la misma proporcionalidad descrita en la construcción para cada uno de ellos, según se indica a continuación:

j) **Tamaño mínimo.**

Cuando corresponda rotular con el descriptor del tamaño mínimo, es decir, de 1,5 cm de alto por 1,5 cm de ancho, se podrá reemplazar la frase "Ministerio de Salud" por "MINSAL".

Ejemplo:

k) **Sugerencia de ubicación a ocupar en la cara principal de la etiqueta.** Se sugiere que la ubicación del o los descriptores a rotular, según corresponda, sea en la esquina superior derecha de la cara principal de la etiqueta.

l) **Ejemplos de ubicación de los descriptores en distintos tipos de envases.**

Artículo 121.- En envases cuya superficie mayor sea inferior a 10 cm2, podrá omitirse el número de lote, lista de ingredientes e instrucciones para el uso, datos que deberán colocarse en el envase mayor que los contenga.

Se exceptuarán de dar cumplimiento a lo establecido en el artículo 115 del presente reglamento, los alimentos envasados cuya superficie mayor (cara principal) sea inferior a 40 cm2, en cuyo caso la información deberá colocarse en el envase mayor que los contenga.

PÁRRAFO III
DE LOS ENVASES Y UTENSILIOS

Artículo 122.- Para los efectos de este reglamento se entiende por:

a) aparatos: los elementos mecánicos o equipos utilizables en la elaboración, envasado, conservación y distribución de los alimentos;

b) embalajes: los materiales y estructuras que protegen a los alimentos, envasados o no, contra golpes o cualquier otro daño físico durante su almacenamiento y transporte;

c) envase: cualquier recipiente que contenga alimentos, que los cubra total o parcialmente;

d) envolturas: los materiales que protegen a los alimentos en su empaquetado permanente o en el momento de venta al público;

e) equipo: al conjunto de maquinarias e instalaciones que se precisen en la producción, elaboración, fraccionamiento, envasado y expendio de alimentos;

f) recipientes: a los receptáculos destinados a contener por lapsos variables, materias primas, productos intermedios o alimentos en la industria y establecimientos de alimentos;

g) revestimiento: las cubiertas que íntimamente unidas a los utensilios, recipientes, envases, embalajes, envolturas y aparatos referidos en este artículo,

los protegen y conservan durante su vida útil.

h) utensilios: a los elementos de uso manual y corriente en la industria alimentaria y establecimientos de alimentos así como los enseres de cocina y la vajilla, cubiertos y cristalería de uso doméstico;

Artículo 123.- Los utensilios, recipientes, envases, embalajes, envoltorios y aparatos destinados a la elaboración, conservación, fraccionamiento y distribución de los alimentos, deberán estar construidos o revestidos con materiales resistentes al producto y no cederán sustancias tóxicas, contaminantes o modificadoras de los caracteres organolépticos o nutricionales de dichos productos.

Artículo 124.- El equipo y los utensilios empleados para materias no comestibles o desechos deberán identificarse, respecto a su utilización y no deberán emplearse para productos comestibles.

Artículo 125.- Los metales en contacto con los alimentos y sus materias primas no deberán contener más de uno por ciento de impurezas constituidas por plomo, antimonio, zinc, cobre, cromo, hierro, estaño considerados en conjunto, ni más de 0,01 por ciento de arsénico, ni otros contaminantes constituidos por metales o metaloides que puedan considerarse nocivos. Asimismo, los utensilios, recipientes, envases y aparatos fabricados con metales, no deberán ceder las sustancias antes señaladas en cantidades superiores a las indicadas.

Artículo 126.- Todos los utensilios, recipientes, envases, embalajes, envolturas, laminados, películas, barnices, partes de aparatos, cañerías y accesorios de material plástico que se hallen en contacto con alimentos y sus materias primas, no deben contener como monómeros residuales más de 0,25 % de estireno, 1 ppm de cloruro de vinilo y 11 ppm de acrilonitrilo. Asimismo todos los objetos de materias plásticas no deben ceder a los alimentos más de 0,05 ppm de cloruro de vinilo o de acrilonitrilo, y ninguna otra sustancia utilizada en la fabricación de materias plásticas que puedan ser nocivas para la salud.

Artículo 127.- El aire de los envases se podrá reemplazar por un gas inerte tal como nitrógeno, bióxido de carbono u otros permitidos por la autoridad sanitaria.

Artículo 128.- Se permite el empleo de envases de retorno siempre que sea posible efectuar una correcta higienización de los mismos antes de usarlos nuevamente. La limpieza de dichos envases debe ser completa, debiendo éstos desecharse cuando, debido a su uso o por cualquier otra causa, se hallen alterados.

En el caso de los alimentos que se comercializan en envases retornables, la información sanitaria y nutricional que vaya escrita, impresa, estarcida, marcada en relieve o hueco grabada, cuando el rótulo o etiqueta forme parte del envase, se hará exigible a partir de la fecha de fabricación del envase sólo cuando esta fecha sea posterior a la fecha de entrada en vigencia del decreto modificatorio correspondiente.

En los envases retornables se deberá registrar de manera indeleble la fecha de fabricación del envase.

El mes de fabricación se indicará, según corresponda mediantes letras de la A a la L y el año mediante los dos últimos dígitos.

Artículo 129.- Se prohíbe utilizar para contener sustancias alimenticias y sus correspondientes materias primas, recipientes que en su origen o en alguna oportunidad hayan estado en contacto con productos no alimenticios o incompatibles con los mismos. Asimismo, se prohíbe envasar productos industriales en recipientes de productos alimenticios.

TÍTULO III
DE LOS ADITIVOS ALIMENTARIOS

PÁRRAFO I
DISPOSICIONES GENERALES

Artículo 130.- Se considera aditivo alimentario cualquier sustancia que no se consume normalmente como alimento por sí misma ni se usa como ingrediente típico del alimento, tenga o no valor nutritivo, cuya adición intencional al alimento para un fin tecnológico (inclusive organoléptico) en la fabricación, elaboración, tratamiento, envasado, empaquetado, transporte o almacenamiento provoque o pueda esperarse razonablemente que provoque (directa o indirectamente), el que ella misma o sus subproductos lleguen a ser un complemento del alimento o afecten a sus características.

Artículo 131.- Se considera coadyuvante toda sustancia o materia, excluidos aparatos y utensilios, que no se consume como ingrediente alimenticio por sí misma y que se emplea intencionalmente en la elaboración de materias primas, alimentos o sus ingredientes, para lograr alguna finalidad tecnológica durante el tratamiento o la elaboración pudiendo dar lugar a la presencia no intencionada, pero inevitable, de residuos o derivados inocuos en el producto final.

Artículo 132.- Para los efectos del presente reglamento se consideran aditivos alimentarios permitidos, aquellos cuyo carácter inocuo ha sido evaluado toxicológicamente, considerando especialmente los efectos carcinogénicos, mutagénicos y teratogénicos, en diferentes especies de animales como asimismo en estudios bioquímicos y metabólicos.

Se prohíbe la adición a alimentos de sustancias con principios terapéuticamente activos o sustancias calificadas como productos farmacéuticos.

Artículo 133.- Sólo se permite la incorporación de un aditivo a un alimento si:

a) cumple con un fin tecnológico, tanto en la producción, elaboración, preparación, acondicionamiento, envasado, transporte o almacenamiento de un alimento;

b) contribuye a mantener la calidad nutritiva del alimento, previniendo la destrucción de componentes valiosos del mismo;

c) permite mejorar sus características organolépticas.

Artículo 134.- Se prohíbe el uso de un aditivo, en caso que:

a) disminuya sensiblemente el valor nutritivo del alimento al substituir un ingrediente importante o al posibilitar pérdidas de componentes nutritivos valiosos, salvo cuando se trate de alimentos para regímenes especiales;

b) permita disimular una calidad defectuosa o la aplicación de técnicas de elaboración o manipulación no permitidas;

c) induzca a engaño al consumidor sobre la cantidad o naturaleza del alimento, o al contralor, por contribuir afalsear los resultados del análisis.

Artículo 135.- Todos los aditivos deberán cumplir las normas de identidad, de pureza y de evaluación de su toxicidad de acuerdo a las indicaciones del Codex Alimentarius de FAO/OMS. Debe ser factible su evaluación cualitativa y cuantitativa y su metodología analítica debe ser suministrada por el fabricante, importador o distribuidor.

Artículo 136.- Los aditivos deberán declararse obligatoriamente en la rotulación, en orden decreciente de proporciones, y en cualquiera de estas formas: a) con su nombre específico según el Codex Alimentarius; b) con el sinónimo correspondiente consignado en el presente reglamento, o c) con el nombre genérico de la familia a la cual pertenecen expresado en este Párrafo de los aditivos alimentarios, en singular o plural, según sea el caso. Se exceptúa de esta obligación a los saborizantes/aromatizantes, los que pueden declararse en forma genérica sin detallar sus componentes, según la clasificación que les corresponda de acuerdo con el Artículo 155 de este reglamento.

Aquellos aditivos que requieran ser colocados bajo rotulación destacada, deben hacerlo con su nombre específico, letras en negrilla y de un tamaño mayor al resto de la lista de ingredientes y aditivos.

Artículo 137.- Los aditivos sólo pueden ser agregados dentro de los límites establecidos en el Párrafo II de este Título y de los límites específicos que para cada alimento se establecen expresamente en este reglamento o de acuerdo a las Buenas Prácticas de Fabricación, (B.P.F.), que en dicho párrafo se señalan.

Artículo 138.- En los casos en que se incorporen en un alimento dos o más aditivos con una misma función, a los cuales se les haya asignado concentraciones máximas, la suma de las concentraciones empleadas, no podrá ser superior a la concentración máxima autorizada para aquel aditivo al cual se le ha fijado la concentración más alta, respetando las máximas individuales de cada uno de los aditivos empleados.

Artículo 139.- Si un aditivo alimentario cumple más de una función tecnológica y aparece clasificado sólo en una de ellas, se entiende como autorizado para las otras funciones dentro de los límites indicados en el artículo correspondiente.

PÁRRAFO II
DEL USO DE LOS ADITIVOS

Artículo 140.- Se permite usar como reguladores de acidez, sólo aquellos que se indican en este artículo, de acuerdo con las Buenas Prácticas de Fabricación:

Nº SIN	NOMBRE CODEX	SINÓNIMOS	LIMITE MAXIMO
260	Acido acético, glacial		BPF
261	Acetatos de potasio		
261i	Acetato de potasio		BPF
261ii	Diacetato de potasio		BPF
262	Acetatos de sodio		
262i	Acetato de sodio		BPF
262ii	Diacetato de sodio	Acetato ácido de sodio	BPF
263	Acetato de calcio		BPF
264	Acetato de amonio		BPF
270	Acido láctico		BPF
296	Acido málico		BPF
297	Acido fumárico		BPF
300	Acido ascórbico		BPF
301	Ascorbato de sodio		BPF
302	Ascorbato de calcio		BPF
303	Ascorbato de potasio		BPF
325	Lactato de sodio		BPF
326	Lactato de potasio		BPF
327	Lactato de calcio		BPF
330	Acido cítrico		BPF
331	Citratos de sodio		
331 i	Citrato diácido sódico	Citrato monosódico	BPF
331 ii	Citrato monoácido disódico	Citrato disódico Citrato monohidrógeno disódico	BPF
331 iii	Citrato trisódico	Citrato de sodio	BPF
332	Citratos de potasio		
332 i	Citrato diácido potásico	Citrato monopotásico	BPF
332 ii	Citrato tripotásico		BPF
334	Ácido tartárico		BPF
335	Tartratos de sodio		
335 i	Tartrato monosódico		BPF
335 ii	Tartrato disódico		BPF
336	Tartratos de potasio		
336 i	Tartrato monopotásico		BPF

336 ii	Tartrato dipotásico		BPF
337	Tartrato de potasio y sodio	Tartrato doble de sodio y potasio	BPF
338	Acido ortofosfórico	Ácido fosfórico	BPF
339	Fosfatos de sodio	Ortofosfatos de sodio	
339 i	Ortofosfato monosódico	Sodio hidrógeno fosfato Fosfato monobásico de sodio	BPF
339 ii	Ortofosfato disódico	Disodio hidrógeno fosfato Disodio hidrógeno ortofosfato Fosfato dibásico de sodio	BPF
339 iii	Ortofosfato trisódico	Fosfato trisódico	BPF
340	Fosfatos de potasio	Ortofosfatos de potasio	
340 i	Ortofosfato monopotásico	Fosfato monopotásico Potasio dihidrógeno fosfato Fosfato monobásico de potasio	BPF
340 ii	Ortofosfato dipotásico	Fosfato dibásico de potasio Dipotasio hidrógeno fosfato Fosfato dipotásico	BPF
340 iii	Ortofosfato tripotásico	Fosfato tripotásico	BPF
341	Fosfatos de calcio	Ortofosfatos de calcio	
341 i	Ortofosfato monocálcico	Calcio dihidrógeno fosfato Fosfato monocálcico	BPF
341 ii	Ortofosfato dicálcico	Calcio hidrógeno fosfato Fosfato de calcio Fosfato dicálcico	BPF
341 iii	Ortofosfato tricálcico	Fosfato tricálcico	BPF
342	Fosfatos de amonio	Ortofosfatos de amonio	
342 i	Ortofosfato monoamónico	Amonio dihidrógeno fosfato Amonio dihidrógeno ortofosfato Fosfato monobásico de amonio Fosfato monoamónico	BPF

342 ii	Ortofosfato diamónico	Diamonio hidrógeno fosfato Diamonio hidrógeno ortofosfato Fosfato diamónico	BPF
343	Fosfatos de magnesio	Ortofosfatos de magnesio	
343 i	Ortofosfato monomagnésico	Fosfato de monomagnesio	BPF
343 ii	Ortofosfato dimagnésico	Fosfato de dimagnesio	BPF
343 iii	Ortofosfato trimagnésico	Fosfato de trimagnesio	BPF
350	Malatos de sodio		
350 i	Hidrógenmalato de sodio	Malato ácido de sodio Malato monosódico	BPF
350 ii	Malato de sodio	Malato disódico	BPF
351	Malatos de potasio		
351 i	Hidrógenmalato de potasio	Malato ácido de potasio Malato monopotásico	BPF
351 ii	Malato de potasio	Malato dipotásico	BPF

Nº SIN	NOMBRE CODEX	SINÓNIMOS	LIMITE MAXIMO
355	Acido adípico		BPF
356	Adipato de sodio	Adipato sódico	BPF
357	Adipato de potasio	Adipato potásico	BPF
359	Adipato de amonio		BPF
363	Acido succínico		BPF
364	Succinatos de sodio		
364 i	Succinato monosódico		BPF
364 ii	Succinato disódico		BPF
365	Fumarato de sodio		BPF
366	Fumarato de potasio		BPF
367	Fumarato de calcio		BPF
368	Fumarato de amonio		BPF
380	Citrato de amonio	Citrato triamónico	BPF
500	Carbonatos de sodio		
500i	Carbonato de sodio		BPF
500 ii	Carbonato Hidrógeno de sodio	Carbonato ácido de sodio Bicarbonato de sodio	BPF
500 iii	Sesquicarbonato de sodio		BPF
501	Carbonatos de potasio		
501 i	Carbonato de potasio		BPF

501 ii	Carbonato Hidrógeno de potasio	Carbonato ácido de potasio Bicarbonato de potasio	BPF
503	Carbonatos de amonio		
503 i	Carbonato de amonio		BPF
503 ii	Carbonato Hidrógeno de amonio	Carbonato ácido de amonio Bicarbonato de amonio	BPF
507	Acido clorhídrico		BPF
509	Cloruro de calcio		BPF
511	Cloruro de magnesio		BPF
514	Sulfato de sodio		BPF
515	Sulfato de potasio		BPF
516	Sulfato de calcio		BPF
517	Sulfato de amonio		BPF
518	Sulfato de magnesio		BPF
521	Sulfato de aluminio y sodio		BPF
522	Sulfato de aluminio y potasio		BPF
523	Sulfato de aluminio y amonio		BPF
524	Hidróxido de sodio		BPF
525	Hidróxido de potasio		BPF
526	Hidróxido de calcio		BPF
527	Hidróxido de amonio		BPF
528	Hidróxido de magnesio		BPF
529	Oxido de calcio		BPF
541	Fosfatos de aluminio y sodio		
541 i	Fosfato de aluminio y sodio ácido		BPF
541 ii	Fosfato de aluminio y sodio básico		BPF
574	Acido glucónico		BPF
575	Glucono-delta-lactona	GDL	BPF
578	Gluconato de calcio		BPF
580	Gluconato de magnesio		BPF

SIN: Sistema Internacional de Numeración

Artículo 141.- Se permite usar como sustancias antiaglomerantes y antihumectantes sólo aquellas que se indican en este artículo y en concentraciones no mayores, en producto terminado listo para el consumo, que las que se señalan en forma específica para cada aditivo:

Nº SIN	NOMBRE CODEX	SINÓNIMOS	LIMITE MAXIMO
170	Carbonatos de calcio		
170i	Carbonato de calcio	Carbonato cálcico	BPF
170 ii	Bicarbonato de calcio	Carbonato ácido de calcio	BPF
341iii	Ortofosfato tricálcico	Fosfato tricálcico	BPF
343i	Ortofosfato monomagnésico	Fosfato de monomagnesio	BPF
343ii	Ortofosfato dimagnésico	Fosfato de dimagnesio	BPF

343iii	Ortofosfato trimagnésico	Fosfato de trimagnesio	BPF
381	Citrato de amonio y hierro		BPF
504	Carbonatos de magnesio		
504 i	Carbonato de magnesio		BPF
504 ii	Hidrogencarbonato de magnesio	Carbonato ácido de magnesio Bicarbonato de magnesio	BPF
530	Oxido de magnesio		BPF
535	Ferrocianuro de sodio	Prusiato amarillo de soda	BPF
536	Ferrocianuro de potasio	Prusiato amarillo de potasio	BPF
538	Ferrocianuro de calcio	Prusiato amarillo de lima	BPF
550	Silicatos de sodio		
550 i	Silicato de sodio		BPF
550 ii	Metasilicato de sodio		BPF
551	Dióxido de silicio amorfo		BPF
552	Silicato de calcio		BPF
553	Silicatos de magnesio		
553 i	Silicato de magnesio		BPF
553 ii	Trisilicato de magnesio		BPF
553 iii	Talco	Metasilicato acido de magnesio	BPF
554	Silicato de aluminio y sodio	Silico aluminato de sodio	BPF
555	Silicato de aluminio y potasio		BPF
556	Silicato de aluminio y calcio		BPF
557	Silicato de Zinc		BPF
558	Bentonita		BPF
559	Silicato de aluminio	Caolín	BPF
560	Silicato de potasio		BPF

Artículo 142.- Se permite usar como sustancias antiespumantes y espumantes sólo aquellas que se indican en este artículo y en concentraciones no mayores, en producto terminado listo para el consumo, que las que se señalan en forma específica para cada aditivo:

a) antiespumantes

Nº SIN	NOMBRE CODEX	SINONIMOS	LIMITE MAXIMO
900	Polidimetilsiloxano	Dimetilpolisiloxano	10 mg/kg
1521	Polietilenglicol	Macrogol, PEG	BPF

b) espumantes

Nº SIN	NOMBRE CODEX	SINONIMOS	LIMITE MAXIMO
999	Extractos de quilaya	Bois de Panama, extracto de corteza de Panama	
999 i	Extracto de quilaya, tipo 1		200 mg/kg
999 ii	Extracto de quilaya, tipo 2		200 mg/kg

Artículo 143.- Se permite usar como sustancias antioxidantes sólo aquellas que se indican en este artículo y en concentraciones no mayores a las que se señalan en forma específica para cada aditivo. Los límites de los antioxidantes señalados en la letra a) del presente artículo están expresados en base a materia grasa pura y en la letra b) se listan los antioxidantes para otros productos.

a) Antioxidantes para materias grasas

Nº SIN	NOMBRE CODEX	SINONIMOS	LIMITE MAXIMO
306	Concentrado de Tocoferoles mixtos		BPF
307	Tocoferoles, alfa	Tocoferol	BPF
308	Tocoferol sintético , gamma		BPF
309	Tocoferol sintético, delta		BPF
310	Propil galato	Galato de propilo	100mg/kg
311	Octil galato	Galato de octilo	100mg/kg
312	Galato de dodecilo	Lauril Galato	100mg/kg
313	Galato de etilo		100mg/kg
314	Resina de guayaco	Goma guayaco	1000mg/kg
319	Terbutil hidroquinona	TBHQ	200mg/kg

320	Butil hidroxianisol	BHA	200mg/kg
321	Butil hidroxitolueno	BHT	100mg/kg
387	Oxiestearina		1250 mg/kg

b) Antioxidantes para otros productos

Nº SIN	NOMBRE CODEX	SINONIMOS	LIMITE MAXIMO
300	Acido ascórbico		BPF
301	Ascorbato de sodio		BPF
302	Ascorbato de calcio		BPF
303	Ascorbato de potasio		BPF
304	Palmitato de ascorbilo		500mg/kg
305	Estearato de ascorbilo		500mg/kg
315	Acido isoascórbico	Acido eritórbico	BPF
316	Isoascorbato de sodio	Eritorbato de sodio	BPF
317	Isoascorbato de potasio	Eritorbato de potasio	BPF
318	Isoascorbato de calcio	Eritorbato de calcio	BPF

Artículo 144.- Se permite usar como sustancias secuestrantes y sinergistas de antioxidantes sólo aquellas que se indican en este artículo y en concentraciones no mayores, a las que se señalan en forma especifica para cada aditivo:

a) Sinergistas de antioxidantes

Nº SIN	NOMBRE CODEX	SINONIMOS	LIMITE MAXIMO
330	Acido cítrico		BPF
331	Citratos de sodio		
331i	Citrato diácido sódico	Dihidrógeno citrato de sodio Citrato monosódico	BPF
331ii	Citrato monoácido disódico	Citrato disódico	BPF
331iii	Citrato trisódico	Citrato de sodio	BPF

332	Citratos de potasio		
332 i	Citrato diácido potasico	Citrato monopotásico	BPF
332ii	Citrato tripotasico		BPF
333	Citrato de calcio		
333i	Citrato monocálcico		BPF
333ii	Citrato dicálcico		BPF
333iii	Citrato tricálcico		BPF
384	Citratos de isopropilo	Mezcla isopropil citrato	100mg/kg
385	Etilendiaminatetraacetato disodico cálcico	EDTA disódico cálcico	250mg/kg
512	Cloruro estanoso	Dicloruro de estaño	25 mg/kg

b) Secuestrantes

Nº SIN	NOMBRE CODEX	SINONIMOS	LIMITE MAXIMO
576	Gluconato de sodio		BPF
577	Gluconato de potasio		BPF

Artículo 145.- Se permite usar como sustancias colorantes sólo las que se señalan en el presente artículo.

Para los efectos de rotulación se deberá emplear el nombre, según el Codex Alimentarius, señalado en la siguiente lista:

Nº SIN	NOMBRE CODEX	SINONIMOS	LIMITE MAXIMO
100	Curcuminas		
100 i	Curcumina		BPF
100 ii	Curcuma		BPF
101	Riboflavinas	Lactoflavina	
101 i	Riboflavina		BPF
101 ii	Riboflavina 5' fosfato de sodio		BPF
102	Tartrazina (3)		BPF
104	Amarillo de quinoleina		BPF

110	Amarillo ocaso (3)	Amarillo crepúsculo	BPF
120	Carmines	Carmín de cochinilla Acido carmínico	BPF
122	Azorrubina	Carmoisina	BPF
124	Ponceau 4R	Rojo de cochinilla	BPF
127	Eritrosina (1)		BPF
129	Rojo allura AC	Rojo 40	BPF
131	Azul patente V		BPF
132	Indigotina	Indigo carmin Carmín de indigo	BPF
133	Azul brillante FCF		BPF
140	Clorofilas		BPF
141	Clorofilas de cobre		
141 i)	Complejo cúprico de clorofilina		BPF
141 ii)	Complejo cúprico de clorofilina, sales de sodio y potasio		BPF
142	Verde S		BPF
143	Verde sólido FCF	Verde FCF	BPF
150	Color caramelo		
150 a	Caramelo I - puro	Color caramelo natural, clase I	BPF
150 b	Caramelo II - proceso sulfito caústico	Color caramelo, clase II, proceso al sulfito caustico	BPF
150 c	Caramelo III - proceso al amoniaco	Color caramelo clase III, proceso al amoníaco	BPF
150 d	Caramelo IV - proceso al sulfito amónico	Color caramelo, clase IV, proceso al sulfito amónico	BPF
151	Negro brillante BN	Negro BN	BPF

155	Marrón HT	Café HT	BPF
160 a	Carotenos		
160 a i)	Betacaroteno (sintético)	Caroteno (sintético), Beta	BPF
160 a ii)	Extractos naturales	Carotenos, extractos naturales (vegetales)	BPF
160 b	Extractos de bija	Annato, bixina, norbixina	BPF
160 c	Oleorresinas de pimentón		BPF
160 d	Licopeno		BPF
160 e	Beta-apo-carotenal	Carotenal, beta-apo-8	BPF
161 a	Flavoxantina		BPF
161 b	Luteina		BPF
161 g	Cantaxantina		BPF
162	Rojo de remolacha	Betanina	BPF
163	Antocianinas		BPF
171	Dioxido de titanio		BPF
172	Oxidos de hierro		
172 i	Oxido de hierro, negro		50 mg/kg
172 ii	Oxido de hierro, rojo		50 mg/kg
172 iii	Oxido de hierro, amarillo		50 mg/kg
173	Aluminio (2)		BPF

(1) Sólo en conservas de cerezas, macedonia de frutas ymarrasquino
(2) Sólo para decoraciones
(3) Rotular en forma destacada de acuerdo al Art. 136

Artículo 146.- Sólo se permite usar los edulcorantes no nutritivos en uno o más de los siguientes alimentos:

a) Alimentos para regímenes de control de peso.
b) Alimentos libres, bajos o reducidos en azúcar oazúcares (mono y disacáridos).
c) Alimentos libres, bajos o reducidos en calorías.

d) Alimentos libres, bajos o reducidos en grasas.

Los descriptores anteriormente señalados en las letras b), c) y d) se rigen por lo dispuesto en el artículo 120 del presente reglamento.

Los edulcorantes no nutritivos que se pueden utilizar en uno o más de los alimentos antes descritos, son los que se indican a continuación:

N° SIN	NOMBRE	SINONIMO	IDA mg/kg peso corporal
950	Acesulfamo potásico	Acesulfamo K Acesulfamo de potasio	0 - 15
951	Aspartamo		0 - 40
952	Acido ciclámico (y sales de sodio, potasio y calcio)	Ciclamatos de sodio, de potasio y de calcio Acido ciclohexilsulfámico	0 - 7
954	Sacarina (sales de sodio, potasio y calcio)		0 - 5
955	Sucralosa	Triclorogalactosaca-rosa	0 - 15
956	Alitamo		0 - 1
961	Neotamo		0 - 2
960	Glicosidos de esteviol	Estevia, Extractos de Estevia, Estevia Rebaudiana, Esteviosido, Rebaudiosido A Stevioside	0 – 4 (expresado como esteviol)

En la rotulación de los alimentos que contienen estos productos deberá indicarse en forma destacada su agregado como aditivo y la cantidad de edulcorante por porción de consumo habitual servida y por cada 100 g o 100 ml del producto listo para el consumo, señalando, además, para cada edulcorante utilizado los valores de ingesta diaria admisible (I.D.A.), en mg/kg de peso corporal, según recomendaciones de FAO/OMS.

Los edulcorantes de mesa, cualquiera sea su forma de presentación, deberán cumplir con la rotulación general y nutricional que establece este reglamento, indicando, además, la concentración por porción de consumo habitual y por cada 100 g o 100 ml y la I.D.A. correspondiente.

Adicionalmente, en caso de empleo de Aspartamo, se deberá indicar en forma destacada en la rotulación: "Fenilcetonúricos; contiene fenilalanina".

Ninguna forma de bebidas o refrescos, tanto líquidos como en polvo para preparación, podrán contener más de 250 mg/litro de ácido ciclámico o de sus sales.

Artículo 147.- Se permite usar como sustancias emulsionantes sólo aquellas que se indican en este artículo y en concentraciones no mayores, en producto terminado listo para el consumo, que las que se señalan en forma específica para cada aditivo:

Nº SIN	NOMBRE CODEX	SINONIMOS	LIMITE MAXIMO
322	Lecitinas	Fosfátidos Fosfolípidos	B.P.F.
430	Estearato de polioxietileno (8)	Estearato (8) de polioxilo	B.P.F.
431	Estearato de polioxietileno (40)	Estearato (40) de polioxilo Monoestearato (40) polioxietileno	B.P.F.
432	Monolaurato de polioxietilén (20) sorbitán	Polisorbato 20	5g/kg
433	Monooleato de polioxietilén (20) sorbitán	Polisorbato 80	5g/kg
434	Monopalmitato de polioxietilén (20) sorbitán	Polisorbato 40	5g/kg
435	Monoestearato de polioxietilén (20) sorbitán	Polisorbato 60	5g/kg
436	Triestarato de polioxietilén (20) sorbitán	Polisorbato 65	5g/kg
444	Acetato Isobutirato de Sacarosa (SAIB)	Sucrosa de diacetato de hexaisobutirato	500 mg/kg
445	Ester de glicerina de Colofonia	Goma éster Ésteres de glicerol de madera o Goma Rosin Abietato de glicerilo	150 mg/kg
470	Sales de ácidos grasos (con base de Al, Ca, Na, Mg, K y NH_4)		B.P.F.
470 i	Sales de ácidos mirístico, palmitico y estearico con Ca, Na, K y NH_4	Sal mirística, palmítica y ácidos esteáricos con amonio, calcio, potasio y sodio	B.P.F.
470 ii	Sales de ácido oléico con Ca, Na y K		B.P.F.
471	Mono y diglicéridos de ácidos grasos	Monoestearato de glicerilo Monopalmitato de glicerilo Monooleato de glicerilo Monoestearina Monopalmitina Monooleína	B.P.F.
472a	Ésteres acéticos y de ácidos grasos del glicerol	Ésteres de glicerol de ácidos grasos y ác.acético	B.P.F.
472b	Ésteres lácticos y de ácidos grasos del glicerol	Ésteres de glicerol de ácidos grasos y ác.láctico	B.P.F.
472c	Ésteres cítricos y de ácidos grasos del glicerol	Ésteres de glicerol de ácidos grasos y ác.citrico	B.P.F.

472c	Ésteres cítricos y de ácidos grasos del glicerol	Ésteres de glicerol de ácidos grasos y ác.citrico	B.P.F.
472d	Esteres del ácido tartárico de mono y diglicéridos de ácidos grasos	Ésteres de mono y diglicérido de ácidos grasos y ác. Tartárico	B.P.F.
472e	Ésteres diacetiltartaricos y de los ácidos grasos del glicerol	Ésteres de glicerol de ácidos grasos y ác.diacetiltartárico DATEM	B.P.F.
472f	Mezcla de Ésteres tartaricos, aceticos y de acidos grasos del glicerol	Ésteres ácidos de mono y diglicéridos de ácido grasos mezclados con ácidos tartárico y acético	B.P.F.
473	Ésteres de ácidos grasos y sacarosa	Ésteres de sacarosa con ácidos grasos comestibles, mono y diglicéridos. Sucroésteres de ácidos grasos	B.P.F.
474	Sucroglicéridos		B.P.F.
475	Esteres poligliceridos de ácidos grasos	Ésteres de poliglicerol de ácidos grasos Ésteres de glicerina de ácidos grasos	B.P.F.
476	Ésteres de poliglicerol interesterificados con ácido ricinoleico	Poliricinoleato de poliglicerol Ésteres de poliglicerol de ácidos grasos policondensados con aceite de castor	B.P.F.
477	Ésteres de propilenglicol de ácidos grasos		B.P.F.
478	Ésteres de ácidos grasos lactilados del glicerol y del propilenglicol		B.P.F.
480	Dioctil-sulfosuccinato de sodio (DSS)	Docusato de sodio	B.P.F.
481	Lactilatos de sodio		
481i	Estearoil lactilato de sodio	Estearoil lactato de sodio	5g/kg
482	Lactilatos de calcio		
482i	Estearoil lactilato de calcio	Estearoil-2- lactilato de calcio	5g/kg

483	Tartrato de estearoilo	Tartrato de estearoilo palmitilo Tartrato de di-estearoilo/palmitilo	3 g/kg
484	Citrato de estearoilo		B.P.F.
491	Monoestearato de sorbitán		5g/kg
492	Triestearato de sorbitán		5g/kg
493	Monolaurato de sorbitán	Laurato de sorbitán	5g/kg
494	Monooleato de sorbitán		5g/kg
495	Monopalmitato de sorbitán		5g/kg

Los emulsionantes en base a las sales de fósforo señaladas precedentemente se podrán rotular como fosfato, polifosfatos o mezcla de ambos, según sea el caso.

Artículo 148.- Sólo podrán usarse como sales emulsionantes aquellas que se indican en este artículo y sus concentraciones no podrán ser mayores, en producto terminado listo para el consumo, que las que se señalan en forma específica para cada aditivo en la siguiente tabla: Los emulsionantes fabricados en base a las sales de fósforo señaladas precedentemente se podrán rotular como fosfatos, polifosfatos o mezcla de ambos, según sea el caso.

Nº SIN	NOMBRE CODEX	SINONIMOS	LIMITE MAXIMO
450	**Difosfatos**		
450 i	Difosfato disódico	Pirofosfato disódico Pirofosfato ácido de sodio, Profos	5 g/kg expresado como P_2O_5
450 ii	Difosfato trisódico	Difosfato trisódico monohidrógeno	5 g/kg expresado como P_2O_5
450 iii	Difosfato tetrasódico	Pirofosfato tetrasódico	5 g/kg expresado como P_2O_5
450 iv	Difosfato dipotásico	Pirofosfato dipotásico	5 g/kg expresado como P_2O_5
450 v	Difosfato tetrapotásico	Pirofosfato tetrapotásico	5 g/kg expresado como P_2O_5
450 vi	Difosfato dicálcico	Pirofosfato dicálcico	5 g/kg expresado como P_2O_5
450 vii	Difosfato dihidrógeno cálcico	Difosfato dihidrógeno monocálcico	5 g/kg expresado como P_2O_5
451	Trifosfatos		
451 i	Trifosfato pentasódico	Tripolifosfato de sodio	5 g/kg expresado como P_2O_5

451 ii	Trifosfato pentapotásico	Tripolifosfato de potasio	5 g/kg expresado como P_2O_5
452	Polifosfatos		
452 i	Polifosfato de sodio	Hexametafosfato de sodio	5 g/kg expresado como P_2O_5
452 ii	Polifosfato de potasio	Metafosfato de potasio	5 g/kg expresado como P_2O_5
452 iii	Polifosfato de sodio y calcio		5 g/kg expresado como P_2O_5
452 iv	Polifosfato de calcio		5 g/kg expresado como P_2O_5
452 v	Polifosfato de amonio		5 g/kg expresado como P_2O_5

El límite máximo de fósforo expresado como P2O5, corresponde sólo al agregado como aditivo, sin considerar el propio de las materias primas utilizadas en la elaboración del alimento.

Para su cálculo se debe restar del fósforo total, el aportado por el alimento.

Artículo 149.- Sólo podrán usarse como aditivos enturbiantes los que se indican en la presente tabla, en concentraciones no mayores a las señaladas:

Nº SIN	NOMBRE CODEX	SINONIMOS	LIMITE MAXIMO
444	Acetato Isobutirato de Sacarosa (SAIB)	Sucrosa de diacetato de hexaisobutirato	500 mg/kg
445	Ester de glicerina de Colofonia	Goma éster Ésteres de glicerol de madera de Rosin Abietato de glirerilo	150 mg/kg

Artículo 150.- Sólo se podrán usar como sustancias espesantes o estabilizadores, aquellas que se indican en este artículo, de acuerdo con Buenas Prácticas de Fabricación:

Nº SIN	NOMBRE CODEX	SINONIMOS	LIMITE MAXIMO
400	Acido algínico		BPF
401	Alginato de sodio	Sal de sodio del ácido algínico	BPF
402	Alginato de potasio	Sal de potasio del ácido algínico	BPF
403	Alginato de amonio	Sal de amonio del ácido algínico	BPF
404	Alginato de calcio	Sal de calcio del ácido algínico	BPF
405	Alginato de propilenglicol	Hidroxipropil alginato	BPF

406	Agar	Agar-Agar	BPF
407	Carragenina	Furcelano Agar danés	BPF
410	Goma de semilla de algarrobo	Goma garrofin Locust bean gum (LBG)	BPF
412	Goma guar		BPF
413	Goma tragacanto		BPF
414	Goma arabiga	Goma de acacia	BPF
415	Goma xantán	Goma xántica Goma Xanthan	BPF
416	Goma karaya	Goma esterculia	BPF
417	Goma tara		BPF
418	Goma gelán		BPF
419	Goma Ghatti	Goma india	BPF
440	Pectinas		BPF
457	Alfa-ciclodextrina	Ciclohexaamilosa	BPF
458	Gamma-ciclodextrina		BPF
459	Beta-ciclodextrina		BPF
460	Celulosa		
460 i	Celulosa microcristalina	Gel de celulosa	BPF
460 (ii)	Celulosa en polvo		BPF
461	Metilcelulosa		BPF
462	Etilcelulosa		BPF
463	Hidroxipropilcelulosa		BPF
464	Hidroxipropilmetilcelulo-sa		BPF
465	Metiletilcelulosa	Etilmetilcelulosa	BPF
466	Carboximetil celulosa sódica (CMC)	Goma de celulosa	BPF

467	Etil hidroxietil celulosa		BPF
468	Carboximetil celulosa sódica reticulada	Goma de celulosa retículada CMC reticulada Croscaramelosa	BPF
1400	Dextrinas	Almidón tostado blanco y amarillo	BPF
1401	Almidones tratados con ácido	Almidón acidificado	BPF
1402	Almidones tratados con alcali	Almidón alcalinizado	BPF
1403	Almidón blanqueado		BPF
1404	Almidón oxidado		BPF
1405	Almidón tratados con enzimas		BPF
1410	Fosfato de monoalmidón		BPF
1411	Glicerolato de dialmidón		BPF
1412	Fosfato de dialmidón		BPF
1413	Fosfato de almidón fosfatado		BPF
1414	Fosfato de dialmidón acetilado		BPF
1420	Acetato de almidón	Almidón acetilado	BPF
1422	Adipato de dialmidón acetilado		BPF
1423	Glicerolato de dialmidón acetilado		BPF
1440	Almidón hidroxipropilado		BPF
1442	Fosfato de dialmidón hidroxipropilado		BPF
1443	Glicerolato de dialmidón hidroxipropilado		BPF
1450	Almidón octenil succinato sódico	Octilensulfosuccinato sódico de almidón	BPF
1451	Almidón acetilado oxidado		BPF
1452	Almidón octenil succinato de aluminio		BPF

Los almidones indicados en este artículo se podrán rotular en forma genérica como almidones modificados.

Artículo 151.- Sólo podrán usarse como sustancias estabilizadoras de humedad, agentes de relleno y/o edulcorantes aquellas que se indican en este artículo, de acuerdo con las Buenas Prácticas de Fabricación:

Nº SIN	NOMBRE CODEX	SINONIMOS	LIMITE MAXIMO
420	Sorbitol y jarabe de sorbitol	D-glucitol, jarabe de D-glucitol, sorbol, D-Sorbitol	BPF
421	Manitol	D-Manitol	BPF
422	Glicerol	Glicerina	BPF
953	Isomaltol	Isomaltitol, Isomaltulosa hidrogenada	BPF
965	Maltitol y jarabe de maltitol	D_Maltitol, maltosa hidrogenada, jarabe de glucosa hidrogenada	BPF
966	Lactitol	Lactositol, lactobiosit	BPF
967	Xilitol		BPF
1200	Polidextrosa A y N	Polidextrosas, Polidextrosas modificadas	BPF
1520	Propilenglicol		BPF
968	Eritritol		BPF

Artículo 152.- Sólo podrán usarse como aditivos impermeabilizantes o sustancias de recubrimiento aquellas que se indican en este artículo y en concentración no mayor que la señalada en forma específica:

Nº SIN	NOMBRE CODEX	SINONIMOS	LIMITE MAXIMO
901	Cera de abeja (blanca y amarilla)		B.P.F.
902	Cera candelilla		B.P.F.
903	Cera carnauba		B.P.F.
904	Goma laca	Laca decolorante Shellac	B.P.F.
905 (a, d, e, f, g)	Aceite mineral (alta, media y baja viscosidad)	Parafina líquida Aceite mineral grado alimenticio Aceite mineral blanco Petrolato líquido	3g/kg
905b	Vaselina	Gelatina de petroleo	3g/kg

905c	Cera de parafina	Cera de vaselina Cera de petróleo Cera microcristalina Parafina sólida	3g/kg
906	Goma de benzoina	Resina de Benjuí Resina benzoica Goma de Benjuí	B.P.F.

Artículo 153.- Se permite usar como sustancias leudantes, blanqueadoras y mejoradoras de la panificación, sólo aquellas que se indican en este artículo y en concentraciones no mayores que las que se señalan en forma específica para cada aditivo:

a) leudantes

Nº SIN	NOMBRE CODEX	SINONIMOS	LIMITE MAXIMO
336	Tartrato ácido de potasio	Bitartrato de potasio Cremor tártaro Tártaro	B.P.F.
450 i	Difosfato disódico	Pirofosfato disódico Pirofosfato ácido de sodio, Profos	B.P.F.
500ii	Carbonato hidrógeno de sodio	Bicarbonato de sodio Carbonato ácido de sodio	B.P.F.
501ii	Carbonato hidrógeno de potasio	Bicarbonato de potasio Carbonato ácido de potasio	B.P.F.
503ii	Carbonato hidrógeno de amonio	Bicarbonato de amonio Carbonato ácido de amonio	B.P.F.
541 i	Fosfato de aluminio y sodio ácido		BPF

b) Blanqueadores o mejoradores de panificación

Nº SIN	NOMBRE CODEX	SINONIMOS	LIMITE MAXIMO
300	Ácido ascórbico		B.P.F.
927a	Azodicarbonamida (ADA)	Azobisformamida Diamida del ácido azodicarboxílico	45mg/kg
928	Peróxido de benzoilo	Superóxido de benzoilo Peróxido de dibenzoilo	60mg/kg

Artículo 154.- Se permite utilizar como preservantes químicos sólo los que se indican en este artículo y en concentraciones no mayores, en productos terminando, que las que se señalan en forma específica para cada aditivo:

Nº SIN	NOMBRE CODEX	SINONIMOS	LIMITE MAXIMO
200	Acido sórbico		2 g/kg
201	Sorbato de sodio		2 g/kg expresado como ácido sórbico
202	Sorbato de potasio		2 g/kg expresado como ácido sórbico
203	Sorbato de calcio		2 g/kg expresado como ácido sórbico
210	Acido benzoico		1 g/kg
211	Benzoato de sodio		1 g/kg expresado como ácido benzoico
212	Benzoato de potasio		1 g/kg expresado como ácido benzoico
213	Benzoato de calcio	Benzoato monocálcico	1 g/kg expresado como ácido benzoico
214	Etil p-hidroxibenzoato	Etilparabeno	1 g/kg
216	Propil p-hidroxibenzoato	Propilparabeno	1 g/kg
218	Metil p-hidroxibenzoato	Metilparabeno	1 g/kg
220	Dioxido de azufre	Anhídrido sulfuroso	1,5 g/kg alimentos deshidratados 100 mg/kg para otros alimentos
221	Sulfito de sodio	Sulfito disódico	100mg/kg expresado como dióxido de azufre
222	Sulfito ácido de sodio	Bisulfito de Na	100mg/kg expresado como dióxido de azufre
223	Metabisulfito de sodio		100mg/kg expresado como dióxido de azufre
224	Metabisulfito de potasio		100mg/kg expresado como dióxido de azufre
225	Sulfito de potasio		100mg/kg expresado como dióxido de azufre
226	Sulfito de calcio		100mg/kg expresado como dióxido de azufre

227	Sulfito ácido de calcio	Bisulfito de calcio	100mg/kg expresado como dióxido de azufre
228	Sulfito ácido de potasio	Bisulfito de potasio	100mg/kg expresado como dióxido de azufre
234	Nisina		12,5mg/kg en quesos
235	Pimaricina	Natamicina	BPF. Aplicación externa en quesos duros
242	Dimetil dicarbonato	DMDC Dimetilpirocarbonato	250 mg/kg
249	Nitrito de potasio		125mg/kg en pescados y carnes
250	Nitrito de sodio		125mg/kg en pescados y carnes
251	Nitrato de sodio		500mg/kg
252	Nitrato de Potasio		500mg/kg
280	Acido propionico		1g/kg
281	Propionato de sodio		1g/kg expresado como ácido propiónico
282	Propionato de calcio		1g/kg expresado como ácido propiónico
283	Propionato de potasio		1g/kg expresado como ácido propiónico

Artículo 155.- Se permite usar como saborizantes/aroma- tizantes aquellas sustancias aromáticas o mezclas de ellas obtenidas por procesos físicos o químicos de aislamiento o síntesis de tipo natural, idéntico a natural y artificial aceptados por FAO/OMS, Unión Europea, Food and Drug Administration y F.E.M.A.(Flavor and Extractive Manufacturing Assoc.).

Se entenderá por:

saborizante/aromatizante natural: al producto puro de estructura química definida o al preparado saborizante de estructura química no definida, concentrado o no, que tiene características saporíferas y son obtenidos por un proceso físico, microbiológico o enzimático a partir de productos de origen vegetal o animal.

saborizante/aromatizante idéntico a natural: es aquel producto obtenido por procesos físicos, microbiológicos, enzimáticos, de síntesis química o de aislamiento por procesos químicos, cuya formulación incluye componentes idénticos a los existentes en la naturaleza.

saborizante/aromatizante artificial: es aquel producto que en su formulación incluye, en una proporción cualquiera, componentes que no se encuentran naturalmente en productos animales o vegetales y son obtenidos por síntesis química.

Artículo 156.- Podrán usarse disolventes portadores o diluyentes de sustancias saborizantes/aromatizantes y de antioxidantes, siempre que cumplan con las normas establecidas por el Codex Alimentarius FAO/OMS y su concentración esté de acuerdo con las buenas prácticas de fabricación.

Artículo 157.- Se permite usar como acentuantes del sabor sólo los que se indican en este artículo y en concentraciones no mayores, en producto terminado listo para el consumo, que las que se señalan en forma específica para cada aditivo:

Nº SIN	NOMBRE CODEX	SINONIMOS	LIMITE MAXIMO
508	Cloruro de potasio		BPF
620	Acido L glutámico		BPF
621	Glutamato monosódico	L-Glutamato monosódico Glutamato de sodio MSG	BPF
622	Glutamato monopotásico	L-Glutamato monopotásico Glutamato de potasio MPG	BPF
623	Glutamato cálcico	Di- L- glutamato cálcico Glutamato de Calcio	BPF
624	Glutamato monoamónico	L-Glutamato monoamónico Glutamato de amonio	BPF
625	Glutamato magnésico	Di- L-Glutamato magnésico Glutamato de Magnesio	BPF
626	Acido guanilico	Acido 5 guanilico GMP Guanosin-5-monofosfórico	BPF
627	Guanilato disódico	Guanilato 5 disódico Guanilato de sodio	BPF
628	Guanilato dipotásico	Guanilato 5 dipotásico Guanilato de potasio	BPF
629	Guanilato cálcico	Guanilato 5 cálcico Guanilato de calcio	BPF
630	Acido Inosínico	Acido 5 Inosínico IMP Inosinato 5 monofosfórico	BPF
631	Inosinato disódico	Inosinato 5 disódico Inosinato de sodio	BPF
632	Inosinato dipotásico	Inosinato 5 dipotásico Inosinato de potasio	BPF
633	Inosinato cálcico	Inosinato 5 cálcico Inosinato de calcio	BPF
634	Ribonucleótido cálcico (Mezcla de Inosinato y Guanilato de calcio)	5 Ribonucleótido cálcico	BPF
635	Ribonucleótido de sodio (Mezcla de Inosinato y Guanilato de sodio)	5 Ribonucleótido de sodio	BPF

636	Maltol		200 mg/Kg
637	Etilmaltol		200 mg/Kg
957	Taumatina		BPF

Artículo 158.- Se permite el uso de preparaciones enzimáticas y coadyuvantes de elaboración siempre que cumplan con las normas establecidas por el Codex Alimentarius FAO/OMS y su concentración estará de acuerdo con las buenas prácticas de fabricación.

Artículo 159.- En el caso que antecedentes sanitarios y técnicos hagan conveniente introducir modificaciones a las listas establecidas en los artículos precedentes de este Título, el Ministerio de Salud propondrá el correspondiente decreto supremo modificatorio al Presidente de la República.

TÍTULO IV
DE LOS CONTAMINANTES Y RESIDUOS

PÁRRAFO I
DE LOS METALES PESADOS

Artículo 160.- Los elementos que se indican a continuación no podrán sobrepasar, en los alimentos señalados, los límites máximos siguientes:

	Límite máximo mg/kg de producto final
ARSÉNICO	
Aceites y grasas comestibles	0,1
Nota:	
No incluye la mantequilla	
Grasas y mezclas de grasas para untar	0,1
Nota:	
No incluye la mantequilla	
Sal comestible	0,5
Nota:	
Ver Párrafo II del Título XXIII	
Aguas minerales y aguas envasadas para bebida	0,01
Nota:	
expresado en mg/l	
Arroz pulido	0,2
Notas:	
Límite para arsénico Inorgánico	
Solo será necesario determinar Arsénico inorgánico, si la medición de Arsénico Total superara este límite.	
CADMIO	
Sal comestible	0,5
Agua mineral de mesa	0,01

COBRE	
Caseína ácida comestible y caseinatos comestibles	5,0
Aceites y grasas comestibles	0,1 no virgen 0,4 virgen
Margarina	0,1
Mayonesa	2,0
Azúcar blanca	1,0
Azúcar en polvo, dextrosa (anhidra, monohidrato, en polvo), lactosa, fructosa	2,0
Jarabe de glucosa	5,0
Jugos de frutas y hortalizas	5,0 (1)
Jugos concentrados de fruta	5,0 (1) en el producto reconstituido
Néctares de fruta	5,0 (1)
Mantecas de cacao	0,4
Chocolates, dulce de manteca de cacao	15,0
Chocolate no edulcorado 30,0	
Chocolate compuesto y relleno	20,0
Cacao en polvo y mezclas secas de cacao y azúcar; torta de prensado de cacao	50,0
Cacao sin cáscara ni germen; cacao en pasta	30,0
Emulsiones lácteas para untar, pobres en grasa	0,1
Suero dulce en polvo y suero ácido en polvo, de calidad alimentaria	5,0
Caseína de cuajo comestible	2,0
Grasa de mantequilla	0,05
Sal comestible	2,0
Agua mineral de mesa	1,0
Otros productos	10,0
ESTAÑO	
Frutas y hortalizas en conserva	250
Aceitunas de mesa	250
Conservas de pescados y mariscos	250
Jugos de frutas y hortalizas, excepto manzana, uva y grosella negra	200
Jugos de manzana, uva y grosella negra	150
Jugos concentrados de frutas, excepto manzana, uva y grosellanegra	250 en el producto reconstituido.
Jugos concentrados de manzana, uva y grosella negra	150 en el producto reconstituido
Néctares de fruta:	
damasco, durazno, pera, guayaba y cítricos	250
grosella negra y frutas pequeñas	150
Carne enlatada, jamón curado cocido, espaldilla de cerdo curada cocida, carne picada curada cocida, en recipientes estañados	200
en otros recipientes	50
HIERRO	
Caseína ácida comestible	0,0

Caseinatos comestibles	20,0 en productos deshidratados por pulverización 50,0 en productos deshidratados por cilindros secadores
Aceites y grasas comestibles	5,0 virgen 1,5 no virgen
Jugos de frutas y hortalizas	15,0 (1)
Jugos concentrados de fruta	15,0 (1) en el producto reconstituido
Néctares de fruta	15,0 (1)
Mantecas de cacao	2,0
Grasa de mantequilla	0,2
Emulsiones lácteas para untar, pobres en grasa	1,5
Suero dulce en polvo y suero ácido en polvo, de calidad alimentaria	20,0 en productos deshidratados por pulverización 50,0 en productos deshidratados por cilindros secadores
Caseína de cuajo comestible	5,0

MERCURIO	**mg/kg de producto final**
Pescados no depredadores Incluye pescado fresco y procesado, tales como: congelados, ahumados, conservas, apanados. *Notas:* *Límite para Metilmercurio* *No incluye aceites de origen marino* *Solo será necesario determinar Metilmercurio, si la medición de Mercurio Total superara este límite*	0,5
Pescados depredadores Incluye pescado fresco y procesado, tales como: congelados, ahumados, conservas, apanados. Contempla entre otros: Tiburón *(Hexanchus griseus, Deania calcea, Isurus oxyrinchus, Lamna nasus, entre otras);* Pez espada/albacora/Ivi heheu *(Xiphias gladius);* Atún *(Thunnus albacares, Thunnus alalunga, Gatrochisma melampus, Katsuwonus pelamis, Thunnus obesus, entre otras);* Bacalao de profundidad *(Dissostichus eleginoides)* *Notas:* *Límite para Metilmercurio* *No incluye aceites de origen marino* *Solo será necesario determinar Metilmercurio, si la medición de Mercurio Total superara este límite*	1

Mariscos Incluye mariscos frescos y procesados, tales como: congelados, ahumados, conservas y apanados. *Notas:* *Límite para Metilmercurio* *No incluye aceites de origen marino* *Solo será necesario determinar Metilmercurio, si la medición de Mercurio Total superara este límite*	0,5
Sal comestible *Nota:* *Ver Párrafo II del título XXIII*	0,1
Aguas minerales y aguas envasadas para bebida	0,001 *Nota:* *Expresado en mg/l*
Los siguientes alimentos y productos alimenticios que contengan DHA y EPA de origen marino: Suplementos alimentarios Alimentos suplementados Alimentos para deportistas Alimentos para regímenes especiales Alimentos que declaren alguna propiedad nutricional o saludable	0,10

PLOMO	2,0
Caseína ácida comestible y caseinatos comestibles	1,0
Conservas de frutas y hortalizas, excepto concentrado de tomate	
Concentrado de tomate	1,5
Aceitunas de mesa	1,0
Mantecas de cacao	0,5
Chocolate, chocolate compuesto y relleno	1,0
Chocolate no edulcorado	2,0
Aceites y grasas comestibles	0,1
Mayonesa	0,3
Azúcar blanca	1,0
Azúcar en polvo dextrosa (anhidra, monohidrato, deshidratada), jarabe de glucosa, lactosa	2,0
Fructosa	0,5
Caldos y sopas	1,0 en producto 0,5 seco en producto enlatado
Cacao en polvo y mezclas secas de cacao y azúcar; cacao sin cáscara ni germen; cacao en pasta; torta de prensado de cacao, polvillo de cacao (finos de cacao)	2,0
Dulce de manteca de cacao Jugos de frutas y hortalizas, excepto limón	1,0 0,3
Jugo de limón	1,0

Jugos concentrados de fruta	0,3 en el producto reconstituido
Néctares de fruta, excepto damasco, durazno, pera y guayaba	0,2
Néctares de damasco, durazno, pera y guayaba	0,3
Emulsiones lácteas para untar, pobres en grasa	0,1
Suero dulce en polvo y suero ácido en polvo, de calidad alimentaria	2,0
Caseína de cuajo comestible	2,0
Carne enlatada, jamón curado cocido, espaldilla de cerdo curada	0,5
cocida, carne picada curada cocida	0,5
Cereales, legumbres y leguminosas	
Conservas de pescados y mariscos, pescados y mariscos frescos,	2,0
enfriados y congelados	2,0
Sal comestible	
Agua mineral de mesa	0,05
Otros productos	2,0

SELENIO

En productos líquidos	0,05
En productos sólidos	0,30
Agua mineral	de mesa
0,01	

ZINC

Jugos de frutas y hortalizas	5,0 (1)
Jugos concentrados de fruta	5,0 (1) en el producto reconstituido
Néctares de fruta	5,0 (1)
Agua mineral de mesa	5,0
Otros productos	100,0

(1) Total Zn, Fe y Cu: máximo 20 mg/kg
* Arsénico inorgánico

Artículo 161.- En el caso de que antecedentes sanitarios y técnicos hagan conveniente introducir modificaciones a las listas establecidas en el artículo precedente, el Ministerio de Salud propondrá el correspondiente decreto supremo modificatorio al Presidente de la República.

PÁRRAFO II
DE LOS RESIDUOS DE PLAGUICIDAS

Artículo 162.- El Ministerio de Salud mediante la dictación de la correspondiente norma técnica determinará las tolerancias de residuos de plaguicidas permitidos en los alimentos.

PÁRRAFO III
DE LOS RADIONUCLEIDOS

Artículo 163.- Para los fines de este Reglamento se entenderá por:

Becquerel (Bq): unidad de actividad, equivale a una desintegración por segundo de cualquier radionucleido.

Sievert (Sv): unidad de dosis equivalente. Es la dosis absorbida ponderada que equivale a la energía entregada por la radiación por gramo de sustancia irradiada.

Nivel de referencia de dosis (NRD): dosis equivalente anual.

Corresponde a 1mSv/año.

Factor de conversión de dosis (FCD): factor que relaciona la dosis equivalente por unidad de actividad ingerida. Se expresa en Sv/Bq.

Tasa de consumo de alimento (TCA): masa promedio de alimento que se consume anualmente per cápita en el país. Se expresa en kg/año.

Nivel de intervención derivado (NID): concentración de un radionucleido en un alimento dado. Se calcula dividiendo el nivel de referencia de dosis por el factor de conversión de dosis y por la tasa de consumo de alimentos. Se expresa en Bq/kg.

Artículo 164.- El control de los niveles de intervención derivados (NID) deberá efectuarse en aquellos alimentos contaminados por radionucleidos liberados en un accidente nuclear o radiológico y no, a los que se encuentran naturalmente presentes formando parte del fondo radiológico ambiental.

Artículo 165.- Los radionucleidos de interés se clasifican en tres grupos de acuerdo a su radioactividad, cuyos valores de conversión de dosis (FCD) son los siguientes:

	FCD leches y fórmulas	FCD otros alimentos lácteos
I.- (a) Americio (241Am)	10-5	10-6
Plutonio (239Pu)		
Otros actínidos		
II.- (ß) Estroncio (90Sr)	10-7	10-7
Estroncio (89Sr)		
Otros emisores beta		
III.-(Y) Yodo (131I)	10-8	10-8
Cesio (134Cs)		
Cesio (137Cs)		

Artículo 166.- La contaminación por radionucleidos no sobrepasará los niveles de intervención derivados (NID) por grupos de alimentos que se indican:

Grupos de alimentos	Grupo I( ) (Bq/kg)	Grupo II(ß) (Bq/kg)	Grupo III( ) (Bq/kg)
Cereales	6	60	600
Raíces y tubérculos	20	200	2000
Vegetales	15	150	1500
Frutas	15	150	1500
Carne	30	300	3000
Pescado	35	350	3500

Productos lácteos	10	100	1000
Leches	10 Bq/L	100 Bq/L	1000 Bq/L
Fórmulas para lactantes	1 Bq/L	10 Bq/L	100 Bq/L

Artículo 167.- Para efectos de cálculo de la contaminación de las leches y fórmulas para lactantes el 131I se considera como perteneciente al grupo II. Los valores de NID tanto para las leches fluidas, leches en polvo como para las fórmulas para lactantes se expresan en Bq/L del producto listo para el consumo.

Artículo 168.- Los niveles de intervención derivados señalados en el artículo 166 se han calculado sobre la base de un alimento contaminado con sólo un radionucleido. Si más de una categoría de alimento está contaminada y/o si hay varios radionucleidos presentes, la autoridad competente establecerá nuevos NID, de acuerdo a la metodología recomendada internacionalmente.

PÁRRAFO IV
DE LAS MICOTOXINAS

Artículo 169.- Las micotoxinas que se indican a continuación no podrán sobrepasar los siguientes límites:

Micotoxinas	Alimento asociado	Límite
Aflatoxinas totales (B1 B2 G1 G2)	Cereales y sus derivados; los siguientes tipos de especias: Capsicum, Pimienta, Nuez Moscada, Jengibre y Cúrcuma; y los siguientes frutos secos: maní, almendras, nueces, avellanas, pistachos, higos secos y nueces de Brasil	10 ppb
Aflatoxina M1	Leche cruda, leche natural tratada térmicamente y leche para la fabricación de productos lácteos	0,5 ppb
Zearalenona	Cereales y sus derivados	200 ppb
Patulina	Jugos o zumos, concentrados, néctares, compota y puré de manzanas, peras, peras asiáticas, nísperos y membrillos	50 ppb
Ocratoxina	Cereales y sus derivados; cacao; pasas, jugos o zumos, néctares y concentrado de uva; y café en grano	5 ppb
	Café soluble (café instantáneo)	10 ppb
Deoxinivalenol	Cereales y sus derivados	750 ppb
Fumonisinas	Maíz no elaborado Maíz y sus derivados para consumo directo	4000 ppb 1000 ppb

PÁRRAFO V
DE OTROS CONTAMINANTES Y RESIDUOS

Artículo 170.- Los contenidos máximos de Dioxinas y Bifenilos Policlorados Coplanares (PCBs) en los alimentos que a continuación se indican son los siguientes:

Alimento	Contenido Máximo de Dioxinas y PCBs coplanares	Unidad
Carne de cerdo y productos derivados	2,0	(pg EQT/OMS/g de grasa)
Carne de ave y productos derivados	3,5	(pg EQT/OMS/g de grasa)
Carne de bovino y ovino y productos derivados	6,0	(pg EQT/OMS/g de grasa)
Pescados y productos derivados	2,0	(pg EQT/OMS/g de peso fresco)
Huevos y productos derivados	3,0	(pg EQT/OMS/g de grasa)
Leche y productos derivados	6,0	(pg EQT/OMS/g de grasa)

Para los efectos de este reglamento se entiende por:

– Dioxinas: Familia de compuestos clorados relacionados entre sí desde el punto de vista estructural y químico, constituida por Dibenzo-para-dioxinas policloradas (PCDD) y Dibenzofuranos policlorados (PCDF).

– Bifenilos Policlorados Coplanares: Algunos PCBs que poseen propiedades tóxicas similares a las dioxinas.

– Equivalencia Tóxica (EQT): valor relativo calculado multiplicando la concentración de un compuesto análogo a las dioxinas por el factor de equivalencia tóxica (FET).

– EQT/OMS: Equivalencia Tóxica de la Organización Mundial de Salud para Dioxinas y PCBs coplanares, basada en factores de equivalencia tóxica (FET).

– Factor de Equivalencia Tóxica (FET): estimaciones de la toxicidad de compuestos análogos a las dioxinas en relación con la toxicidad de 2,3,7,8-Tetraclorodibenzo-p-dioxina (TCDD), a la que se asigna un FET de 1.

Tabla de Factores de Equivalencia Tóxica

Compuesto (congénere)	Abreviatura	FET
Dibenzodioxinas Policloradas		
2,3,7,8-Tetraclorodibenzodioxina	TCDD	1
1,2,3,7,8-Pentaclorodibenzodioxina	1,2,3,7,8-PeCDD	1
1,2,3,4,7,8-Hexaclorodibenzodioxina	1,2,3,4,7,8-HxCDD	0.1
1,2,3,6,7,8-Hexaclorodibenzodioxina	1,2,3,6,7,8-HxCD D	0.1
1,2,3,6,7,9-Hexaclorodibenzodioxina	1,2,3,6,7,9-HxCDD	0.1
1,2,3,4,6,7,8 Heptaclorodibenzodioxina	1,2,3,4,6,7,8-HxCDD	0.01
Octaclorodibenzodioxin	OCDD	0.0001
Dibenzofuranos Policlorados		
2,3,7,8-Tetraclorodibenzofurano	2,3,7,8-TCDF	0.1

1,2,3,7,8-Pentaclorodibenzofurano	1,2,3,7,8-PeCDF	0.05
2,3,4,7,8-Pentaclorodibenzofurano	2,3,4,7,8-PeCDF	0.5
1,2,3,4,7,8-Hexaclorodibenzofurano	1,2,3,4,7,8-HxCDF	0.1
1,2,3,6,7,8-Hexaclorodibenzofurano	1,2,3,6,7,8-HxCDF	0.1
1,2,3,7,8,9-Hexaclorodibenzofurano	1,2,3,7,8,9-HxCDF	0.1
2,3,4,6,7,8-Hexaclorodibenzofurano	2,3,4,6,7,8-HxCDF	0.1
1,2,3,4,6,7,8-Heptaclorodibenzofurano	1,2,3,4,6,7,8-HpCDF	0.01
1,2,3,4,7,8,9-Heptaclorodibenzofurano	1,2,3,4,7,8,9-HpCDF	0.01
Octaclorodibenzofurano	OCDF	0.0001
Bifenilos policlorados "no-orto"		
3,3',4',4'-Tetraclorobifenilo	3,3',4,4'-TCB	0.0001
3,4,4',5,-Tetraclorobifenilo	3,4,4',5-TCB	0.0001
3,3',4,4',5-Pentaclorobifenilo	3,3',4,4',5-PeCB	0.1
3,3',4,4',5,5'-Hexaclorobifenilo	3,3',4,4',5,5'-HxCB	0.01
Bifenilos policlorados "mono-orto"		
2,3,3',4,4'-Pentaclorobifenilo	2,3,3',4,4'-PeCB	0.0001
2,3,4,4',5-Pentaclorobifenilo	2,3,4,4',5-PeCB	0.0005
2,3',4,4',5-Pentaclorobifenilo	2,3',4,4',5-PeCB	0.0001
2,3',4,4',5'-Pentaclorobifenilo	2,3',4,4',5'-PeCB	0.0001
2,3,3',4,4',5-Hexaclorobifenilo	2,3,3',4,4',5-HxCB	0.0005
2,3,3',4,4',5'-Hexaclorobifenilo	2,3,3',4,4',5'-HxCB	0.0005
2,3',4,4',5,5'-Hexaclorobifenilo	2,3',4,4',5,5'-HxCB	0.00001
2,3,3',4,4',5,5'-Heptaclorobifenilo	2,3,3',4,4',5,5'-HpCB	0.00001

TÍTULO V
DE LOS CRITERIOS MICROBIOLÓGICOS

PÁRRAFO I
DEFINICIONES

Artículo 171.- Para los fines del presente reglamento se entenderá por:

a) criterio microbiológico: el valor o la gama de valores microbiológicos, establecidos mediante el empleo de procedimientos definidos, para determinar la aceptación o rechazo del alimento muestreado;

b) parámetro microbiológico: los análisis microbiológicos específicos practicados a cada alimento, tales como, microorganismos indicadores, microorganismos patógenos, toxinas, etc.;

c) indicador microbiológico: a los microorganismos no patógenos pero frecuentemente asociados a éstos, utilizados para reflejar el riesgo de la presencia de agentes productores de enfermedades;

d) severidad del muestreo: el rigor que se aplicará al muestreo.

Depende del grado de riesgo para la salud y condiciones de uso posterior del alimento. Determina los planes de muestreo con respecto al número de unidades de muestras a ser examinadas (n), a la cantidad máxima de unidades defectuosas que puede contener la muestra (c) y al tipo de plan, 2 o 3 clases;

e) plan de muestreo: el procedimiento en que se estipula el tamaño de la muestra (n), y el criterio de aceptación o rechazo (c), de forma que pueda tomarse una decisión respecto a si se debe aceptar o rechazar el alimento inspeccionado, basándose en los resultados del análisis;

f) plan de 2 clases: un plan de muestreo, por atributos, donde la calidad de un producto de acuerdo con los criterios microbiológicos puede dividirse en dos grados de calidad, "aceptable" y "rechazable", basado en comprobar la presencia o ausencia de microorganismos, o si la tasa microbiológica es superior o inferior a un nivel crítico establecido (c). Un plan de 2 clases queda descrito por n y c;

g) plan de 3 clases: un plan de muestreo, por atributos, donde la calidad de un producto, de acuerdo con los criterios microbiológicos puede dividirse en tres grados de calidad, "aceptable", "medianamente aceptable" y "rechazable". La clase aceptable tiene como límites 0 y m; la clase medianamente aceptable tiene como límites m y M, y la rechazable aquellos valores superiores a M. Un plan de tres clases queda descrito por n, m, M y c;

h) n = número de unidades de muestras a ser examinadas;

i) m = valor del parámetro microbiológico para el cual opor debajo del cual el alimento no representa un riesgo para la salud;

j) c = número máximo de unidades de muestra que puede contener un número de microorganismos comprendidos entre "m" y "M" para que el alimento sea aceptable;

k) M = valor del parámetro microbiológico por encima del cual el alimento representa un riesgo para la salud.

l) categoría de riesgo: la relación entre el grado de peligrosidad que representa el alimento para la salud en relación con las condiciones posteriores de manipulación.

PÁRRAFO II
DISPOSICIONES GENERALES

Artículo 172.- Para los fines del presente reglamento, se definen los criterios microbiológicos tomando como base la clasificación, los parámetros de control y planes de muestreo de la ICMSF (International Commission on Microbiological Specification for Foods), adaptados a la realidad nacional. De este modo:

a) se establecen los parámetros microbiológicos que se controlarán en los distintos grupos de alimentos: microorganismos indicadores, microorganismos patógenos, toxinas, etc.;

b) se clasifican los alimentos, según:

– los factores de riesgo que éstos presentan y que dependen de: sus características, tales como, composición, pH, acidez, actividad de agua, etc.;

– grupo consumidor a quien va dirigido: adultos, niños, lactantes, personas sensibles y otros grupos de alto riesgo;

– la forma de preparación y consumo: consumo directo, reconstituido, rehidratado, cocinado, etc.;

– la forma de mantención y conservación;

c) se configuran 15 categorías para los alimentos, de acuerdo a la clase de peligro determinado por variables propias y por aquellas relacionadas a las condiciones de manipulación y consumo. Estas categorías se presentan en la siguiente tabla:

Categorías de riesgo

Clase de peligro	Condiciones normales en las que se supone será manipulado y consumido el alimento tras el muestreo		
	Grado de peligrosidad reducido	Sin cambio de peligrosidad	Aumenta la peligrosidad
Sin peligro directo para la salud. (contaminación general, vida útil y alteración)	Categoría 1 3 clases n=5 c=3	Categoría 2 3 clases n=5 c=2	Categoría 3 3 clases n=5 c=1
Peligro para la salud bajo, indirecto	Categoría 4 3 clases n=5 c=3	Categoría 5 3 clases n=5 c=2	Categoría 6 3 clases n=5 c=1
Moderado, directo, difusión limitada	Categoría 7 3 clases n=5 c=2	Categoría 8 3 clases n=5 c=1	Categoría 9 3 clases n=5 c=1
Moderado, directo, difusión potencialmente extensa	Categoría 10 2 clases n=5 c=0	Categoría 11 2 clases n=10 c=0	Categoría 12 2 clases n=20 c=0
Grave, directo	Categoría 13 2 clases n=15 c=0	Categoría 14 2 clases n=30 c=0	Categoría 15 2 clases n=60 c=0

– en las categoría 1, 2 y 3 se usan parámetros que tienen por objetivo definir la vida útil y alteración del producto como recuento de microorganismos aeróbios mesófilos (RAM), mohos y levaduras, lactobacillus, etc.;

– en las categorías 4, 5 y 6 se usan como parámetros, microorganismos indicadores tales como coliformes totales, enterobacteriaceas, etc.;

– en las categorías 7, 8 y 9 se usan como parámetros microorganismos que siendo considerados patógenos, en bajos niveles pueden aceptarse, tales como, S. aureus, B. cereus.

– a partir de la categoría 10 se considera peligrosa para la salud la presencia y/o concentración de ciertos microorganismos como Salmonella, C. botulinum, entre otros patógenos;

d) se establecen planes de muestreo, que puedan ser de 2 tipos: plan de 2 clases y plan de 3 clases;

e) se establecen límites microbiológicos de acuerdo a las recomendaciones internacionales (ICMSF);

f) se definen 18 grupos de alimentos según su origen y/o tecnología aplicada en su elaboración. Estos son:

– grupo N° 1 Leches y productos lácteos
– grupo N° 2 Helados y mezclas para helados
– grupo N° 3 Productos grasos
– grupo N° 4 Caldos, sopas, cremas y mezclas deshidratadas
– grupo N° 5 Productos elaborados a partir de cereales
– grupo N° 6 Azúcares y miel
– grupo N° 7 Productos de confitería
– grupo N° 8 Productos de panadería y pastelería

– grupo N° 9 Alimentos de uso infantil
– grupo N° 10 Carnes y productos cárneos
– grupo N° 11 Pescados y productos de la pesca
– grupo N° 12 Huevos y ovoproductos
– grupo N° 13 Salsas, aderezos, especias y condimentos
– grupo N° 14 Frutas y verduras
– grupo N° 15 Comidas y platos preparados
– grupo N° 16 Bebidas
– grupo N° 17 Estimulantes y fruitivos
– grupo N° 18 Conservas.

PÁRRAFO III
ESPECIFICACIONES MICROBIOLÓGICAS POR GRUPO DE ALIMENTOS

Artículo 173.- Si en un alimento se detecta la presencia de microorganismos patógenos no contemplados en la lista indicada a continuación, la autoridad sanitaria podrá considerarlo alimento contaminado, conforme a la evaluación de los riesgos que de su presencia se deriven.

Para los microorganismos incluidos en esta lista los alimentos deberán cumplir con los requisitos microbiológicos que en ella se indican:

a) según grupo de alimentos:

1. LECHE Y PRODUCTOS LACTEOS.

1.1.- LECHE CRUDA

Parámetro	Categoría	Plan de muestreo Clases	n	c	Límite por gr/ml m	M
Rcto Aerobios Mesóf.	3	3	5	1	$5x10^5$	10^6

1.2.- LECHE Y CREMA PASTEURIZADA (con o sin saborizantes)

Parámetro	Categoría	Plan de muestreo Clases	n	c	Límite por gr/ml m	M
Rcto Aerobios Mesóf.	5	3	5	2	10^4	$5x10^4$
Coliformes	5	3	5	2	1	10

1.3.- LECHES Y CREMAS EN POLVO

Parámetro	Categoría	Plan de muestreo Clases	n	c	Límite por gr/ml m	M
Rcto Aerobios Mesóf.	5	3	5	2	10^4	$5x10^4$
Coliformes	5	3	5	2	<3	20
B. cereus	8	3	5	1	50	$5x10^2$
Salmonella en 25 g	11	2	10	0	0	—
S. aureus	8	3	5	1	< 3	10

1.4.- LECHE EVAPORADA Y CREMA UHT

Parámetro	Categoría	Plan de muestreo Clases	n	c	Límite por gr/ml m	M
Rcto. Aerobios Mesófilos (Previa incubación a 35ºC por 10 días)	10	2	5	0	<1	—

1.5.- LECHE EVAPORADA Y CREMA ESTERILIZADAS

Parámetro	Categoría	Plan de muestreo Clases	n	c	Límite por gr/ml m	M
Microorg. Mesófilos Aerobios y Anaerobios (*)	10	2	5	0	0	—
Microorg. Termófilos Aerobios y Anaerobios (**)	10	2	5	0	0	—

(*) 5 Unidades se incuban a 35º C por 10 días.
(**) 5 Unidades se incuban a 55º C por 5 días.

1.6.- LECHE CONDENSADA AZUCARADA Y MANJAR (DULCE DE LECHE)

Parámetro	Categoría	Plan de muestreo Clases	n	c	Límite por gramo m	M
Mohos y Levaduras	5	3	5	2	10	10^2

1.7.- YOGURT Y PRODUCTOS LACTEOS FERMENTADOS O ACIDIFICADOS

Parámetro	Categoría	Plan de muestreo Clases	n	c	Límite por gr/ml m	M
Enterobacteriáceas	4	3	5	3	10	10^2
Mohos y Levaduras	5	3	5	2	10	10^2

1.8.- POSTRES LACTEOS NO ACIDIFICADOS

Parámetro	Categoría	Plan de muestreo Clases	n	c	Límite por gramo m	M
Rcto. Aerobios Mesóf.	5	3	5	2	10^3	10^4
Enterobacteriáceas	5	3	5	2	10	10^2
Mohos y Levaduras	5	3	5	2	10	10^2
S. aureus	8	3	5	1	10	10^2

1.9.- QUESILLO, QUESO FRESCO, QUESO CHACRA, QUESOS DE SUERO

Parámetro	Categoría	Plan de muestreo Clases	n	c	Límite por gramo m	M
Enterobacteriáceas	6	3	5	1	10	10^2
E. coli	6	3	5	1	<3	10
S. aureus	8	3	5	1	10	10^2
Salmonella en 25 g	10	2	5	0	0	—

1.10.- QUESOS MADURADOS (Incluido queso rallado)

Parámetro	Categoría	Plan de muestreo Clases	n	c	Límite por gramo m	M
Enterobacteriáceas	5	3	5	2	10	10^2
S. aureus	8	3	5	1	10	10^2
Salmonella en 25 g (*)	10	2	5	0	0	—

(*) Sólo para queso de cabra.

1.11.- QUESOS NO MADURADOS (Queso suave y queso crema)

Parámetro	Categoría	Plan de muestreo Clases	n	c	Límite por gramo m	M
Enterobacteriáceas	5	3	5	2	10	10^2
S. aureus	8	3	5	1	10	10^2

1.12.- QUESOS PROCESADOS (Fundidos y en polvo)

Parámetro	Categoría	Plan de muestreo Clases	n	c	Límite por gramo m	M
Rcto. Aerobios Mesóf.	5	3	5	2	10^3	10^4
Enterobacteriáceas	5	3	5	2	10	10^2
S. aureus	8	3	5	1	10	10^2

2. HELADOS Y MEZCLAS PARA HELADOS

2.1.- HELADOS BASE LECHE SIMPLES Y MEZCLAS LIQUIDAS PARA HELADOS. (Sin otros ingredientes)

Parámetro	Categoría	Plan de muestreo Clases	n	c	Límite por gramo m	M
Rcto. Aerobios Mesóf.(*)	5	3	5	2	10^4	$5x10^4$
Coliformes	5	3	5	2	10	10^2
S. aureus	8	3	5	1	10	10^2
Salmonella en 25 g	10	2	5	0	0	—

(*) Excepto con ingredientes fermentados con cultivos bacterianos.

2.2.- HELADOS BASE LECHE COMPLEJOS (Con otros ingredientes)

Parámetro	Categoría	Plan de muestreo Clases	n	c	Límite por gramo m	M
Rcto. Aerobios Mesóf.(*)	5	3	5	2	10^4	10^5
Coliformes	5	3	5	2	10	10^2
S. aureus	8	3	5	1	10	10^2
Salmonella en 25 g	10	2	5	0	0	—

(*) Excepto con ingredientes fermentados con cultivos bacterianos.

2.3.- HELADOS BASE AGUA

Parámetro	Categoría	Plan de muestreo Clases	n	c	Límite por gramo m	M
Enterobacteriáceas	5	3	5	2	10	10^2

2.4.- MEZCLAS EN POLVO PARA HELADOS

Parámetro	Categoría	Plan de muestreo Clases	n	c	Límite por gramo m	M
Rcto. Aerobios Mesóf.	3	3	5	1	10^4	$5x10^4$
B. cereus (*)	6	3	5	1	50	$5x10^2$
Salmonella en 25 g (**)	10	2	5	0	0	—

(*) Sólo para productos que contengan leche.
(**) Sólo para productos que contengan cacao y/o huevo.

3. PRODUCTOS GRASOS

3.1.- MANTEQUILLAS Y MARGARINAS

Parámetro	Categoría	Plan de muestreo Clases	n	c	Límite por gramo m	M
Rcto. Aerobios Mesóf.(*)	4	3	5	3	10^4	$5x10^4$
Enterobacteriáceas	4	3	5	3	10	10^2
S. aureus	7	3	5	2	10	10^2

(*) Excepto para mantequillas fermentadas con cultivos bacterianos.

4. CALDOS, SOPAS, CREMAS Y MEZCLAS DESHIDRATADAS

4.1.- CALDOS, SOPAS, CREMAS, SALSAS Y PURE DE PAPAS DESHIDRATADAS INSTANTANEAS

Parámetro	Categoría	Plan de muestreo Clases	n	c	Límite por gramo m	M
E. coli	5	3	5	2	10	10^2
S. aureus	8	3	5	1	10	10^2
Salmonella en 25 g	10	2	5	0	0	—

4.2.- CALDOS, SOPAS, CREMAS, SALSAS Y PURE DE LEGUMBRES DESHIDRATADAS QUE REQUIEREN COCCION

Parámetro	Categoría	Plan de muestreo Clases	n	c	Límite por gramo m	M
E. coli	4	3	5	3	10	10^2
S. aureus	7	3	5	2	10	10^2
Salmonella en 25 g	10	2	5	0	0	—

4.3.- MEZCLAS EN SECO DE USO INSTANTANEO (Refrescos, Jaleas, Budines, Cremas, etc.)

Parámetro	Categoría	Plan de muestreo Clases	n	c	Límite por gramo m	M
Rcto. Aerobios Mesóf.	3	3	5	1	10^4	$5x10^4$
B. cereus (*)	6	3	5	1	50	$5x10^2$
Salmonella en 25 g (**)	10	2	5	0	0	—

(*) Sólo para productos que contengan leche.
(**) Sólo para productos que contengan cacao y/o huevo.

4.4.- MEZCLAS EN SECO QUE REQUIEREN COCCION (Budines, Flanes, etc.)

Parámetro	Categoría	Plan de muestreo Clases	n	c	Límite por gramo m	M
Rcto. Aerobios Mesóf.	4	3	5	3	10^4	10^5
B. cereus (*)	6	3	5	1	50	$5x10^2$
Salmonella en 25 g (**)	10	2	5	0	0	—

(*) Sólo para productos que contengan leche.
(**) Sólo para productos que contengan cacao y/o huevo.

5. PRODUCTOS ELABORADOS A PARTIR DE CEREALES

5.1.- HARINAS Y ALMIDONES

Parámetro	Categoría	Plan de muestreo Clases	n	c	Límite por gramo m	M
Mohos	2	3	5	2	10^3	10^4
Levaduras	2	3	5	2	$5x10^2$	$5x10^3$
Enterobacteriáceas	5	3	5	2	10^2	$5x10^2$
Salmonella en 50 g	10	2	5	0	0	—

5.2.- PASTAS FRESCAS

Parámetro	Categoría	Plan de muestreo Clases	n	c	Límite por gramo m	M
Rcto. Aerobios Mesóf.	3	3	5	1	10^4	10^5
Coliformes	5	3	5	2	10	10^2
S. aureus	8	3	5	1	10	10^2
Cl. perfringens (*)	6	3	5	1	10^2	10^3
Salmonella en 25 g	10	2	5	0	0	—

(*) Sólo para pastas frescas rellenas.

5.3.- FIDEOS Y PASTAS RELLENAS DESECADAS

Parámetro	Categoría	Plan de muestreo Clases	n	c	Límite por gramo m	M
Coliformes	5	3	5	2	10	10^2
S. aureus	8	3	5	1	10	10^2
Mohos	3	3	5	1	10^2	10^3
Salmonella en 50 g	10	2	5	0	0	—

5.4.- CEREALES PARA DESAYUNO

Parámetro	Categoría	Plan de muestreo Clases	n	c	Límite por gramo m	M
Rcto. Aerobios Mesóf.	5	3	5	2	10^3	10^4
Coliformes	5	3	5	2	<3	20
E. coli	10	2	5	0	<3	—

6. AZUCARES Y MIEL

6.1.- AZUCAR

Parámetro	Categoría	Plan de muestreo Clases	n	c	Límite por gramo m	M
Rcto. Aerobios Mesóf.	1	3	5	3	10^2	10^3

6.2.- MIEL

Parámetro	Categoría	Plan de muestreo Clases	n	c	Límite por gramo m	M
Esporas de Anaerobios Sulfitos Reductores	5	3	5	2	10^2	$5x10^2$

7. PRODUCTOS DE CONFITERIA

7.1.- PRODUCTOS DE CACAO Y DE CHOCOLATE

Parámetro	Categoría	Plan de muestreo Clases	n	c	Límite por gramo m	M
Salmonella en 50 g	10	2	5	0	0	—

7.2.- CONFITERIA DE AZUCAR Y FRUTOS SECOS

Parámetro	Categoría	Plan de muestreo Clases	n	c	Límite por gramo m	M
Rcto. Levaduras	3	3	5	1	10	10^2

8. PRODUCTOS DE PANADERIA Y PASTELERIA

8.1.- PAN Y MASAS HORNEADAS SIN RELLENO

Parámetro	Categoría	Plan de muestreo Clases	n	c	Límite por gramo m	M
Rcto. Mohos	3	3	5	1	10^2	10^3

8.2.- MASAS CON RELLENOS Y/O COBERTURAS

Parámetro	Categoría	Plan de muestreo Clases	n	c	Límite por gramo m	M
Rcto. Aerobios Mesóf. (*)	3	3	5	1	$5x10^4$	$3x10^5$
E. coli	6	3	5	1	< 3	10
S. aureus	6	3	5	1	10	10^2
Salmonella en 25 g (**)	10	2	5	0	0	—

(*) Excepto con productos fermentados o madurados.
(**) Sólo productos con cacao.

8.3.- PRODUCTOS FARINACEOS PARA COCTEL (Snacks)

Parámetro	Categoría	Plan de muestreo Clases	n	c	Límite por gramo m	M
Rcto. Mohos	2	3	5	2	10	10^2

9. ALIMENTOS DE USO INFANTIL

9.1.- LECHES EN POLVO, FORMULAS PARA LACTANTES, PRODUCTOS EN BASE A CEREALES Y PREPARACIONES COMERCIALES DE ALIMENTOS INFANTILES DESHIDRATADAS

Parámetro	Categoría	Plan de muestreo Clases	n	c	Límite por gramo m	M
Rcto. Aerobios Mesóf. (*)	6	3	5	2	10^3	10^4
Coliformes	6	3	5	1	< 3	20
E. coli	10	2	5	0	< 3	—
B. cereus (**)	10	2	5	0	< 10	—
Cl. perfringens (***) 10	2	5	0	<	10	—
S. aureus	10	2	5	0	< 3	—
Salmonella en 25 g	11	2	10	0	0	—

(*) Excepto para fórmulas fermentadas con cultivos bacterianos.
(**) Sólo productos con leche y/o arroz.
(***) Sólo Productos con carne.

9.2.- PREPARACIONES COMERCIALES DE ALIMENTOS INFANTILES ESTERILIZADAS (Alimentos Colados y Alimentos Picados)

Parámetro	Categoría	Plan de muestreo Clases	n	c	Límite por gramo m	M
Microorg. Mesófilos Aerobios y Anaerobios (*)	10	2	5	0	0	—
Microorg. Termófilos Aerobios y Anaerobios (**)	10	2	5	0	0	—

(*) 5 Unidades se incuban a 35°C por 10 días.
(**) 5 Unidades se incuban a 55°C por 5 días.

10. CARNES Y PRODUCTOS CARNEOS (Incluidas carnes de aves y de caza)

10.1.- CARNE CRUDA, JUGOS Y EXTRACTOS DE CARNE

		Plan de muestreo			Límite por gramo	
Parámetro	**Categoría**	**Clases**	**n**	**c**	**m**	**M**
Rcto. Aerobios Mesóf.	1	3	5	3	10^6	10^7
Salmonella en 25 g	10	2	5	1	1	—

10.2.- CARNE DE AVE CRUDA

		Plan de muestreo			Límite por gramo	
Parámetro	**Categoría**	**Clases**	**n**	**c**	**m**	**M**
Rcto. Aerobios Mesóf.	1	3	5	3	10^6	10^7
Salmonella en 25 g	10	2	5	1	1	—

10.3.- CECINAS COCIDAS

		Plan de muestreo			Límite por gramo	
Parámetro	**Categoría**	**Clases**	**n**	**c**	**m**	**M**
Rcto. Aerobios Mesóf.	3	3	5	1	$5x10^4$	$3x10^5$
E. coli	6	3	5	1	10	10^2
S. aureus	6	3	5	1	10	10^2
CL. perfringens	6	3	5	1	10	10^2
Salmonella en 25 g	10	2	5	0	0	—

10.4.- CECINAS CRUDAS (que se consumen como tales)

		Plan de muestreo			Límite por gramo	
Parámetro	**Categoría**	**Clases**	**n**	**c**	**m**	**M**
Rcto. Aerobios Mesóf.	1	3	5	3	10^6	10^7
Cl. Perfringens	6	3	5	1	10^2	10^3
S. aureus	6	3	5	1	10^2	10^3
Salmonella en 25 g	10	2	5	0	0	—

10.5.- CECINAS CRUDAS MADURADAS

		Plan de muestreo			Límite por gramo	
Parámetro	**Categoría**	**Clases**	**n**	**c**	**m**	**M**
S. aureus	5	3	5	2	10	10^2
Salmonella en 25 g	10	2	5	0	0	—

10.6.- CECINAS CRUDAS ACIDIFICADAS

		Plan de muestreo			Límite por gramo	
Parámetro	**Categoría**	**Clases**	**n**	**c**	**m**	**M**
Rcto. Aerobios Mesóf.	2	3	5	2	$5x10^5$	10^6
E. coli	5	3	5	2	50	$5x10^2$
S. aureus	5	3	5	2	10	10^2
Salmonella en 25 g	10	2	5	0	0	—

11. PESCADOS Y PRODUCTOS DE LA PESCA (Incluido crustáceos, moluscos y cefalópodos)

11.1.- MOLUSCOS BIVALVOS FRESCOS

		Plan de muestreo			Límite por gramo	
Parámetro	**Categoría**	**Clases**	**n**	**c**	**m**	**M**
Rcto. Aerobios Mesóf.	1	3	5	3	$5x10^5$	10^6
Coliformes fec. en 100g	4	3	5	3	$2,3x10^2$	$4x10^2$
Salmonella en 25 g	10	2	5	0	0	—

11.2.- PESCADOS Y MARISCOS CRUDOS CONGELADOS

		Plan de muestreo			Límite por gramo	
Parámetro	**Categoría**	**Clases**	**n**	**c**	**m**	**M**
Rcto. Aerobios Mesóf.	1	3	5	3	$5x10^5$	10^6
E. coli	4	3	5	3	10^2	$5x10^2$
S. aureus	7	3	5	2	10^2	$5x10^2$

11.3.- PESCADOS Y MARISCOS PRECOCIDOS O COCIDOS CONGELADOS

		Plan de muestreo			Límite por gramo	
Parámetro	**Categoría**	**Clases**	**n**	**c**	**m**	**M**
Rcto. Aerobios Mesóf.	1	3	5	3	10^5	$5x10^6$
E. coli	4	3	5	3	10	10^2
S. aureus	8	3	5	1	10	10^2

11.4.- PESCADOS Y MARISCOS AHUMADOS

		Plan de muestreo			Límite por gramo	
Parámetro	**Categoría**	**Clases**	**n**	**c**	**m**	**M**
Rcto. Aerobios Mesóf.	3	3	5	1	10^5	$5x10^6$
E. coli	6	3	5	1	10	10^2
S. aureus	8	3	5	1	10	10^2

12. HUEVOS Y OVOPRODUCTOS

12.1.- HUEVO PASTEURIZADO, LIQUIDO, CONGELADO, DESHIDRATADO

		Plan de muestreo			Límite por gramo	
Parámetro	**Categoría**	**Clases**	**n**	**c**	**m**	**M**
Rcto. Aerobios Mesóf.	2		5	1	10^4	$5x10^4$
Salmonella en 50 g	10	2	5	0	0	—

12.2. HUEVOS FRESCOS

		Plan de muestreo			Límite por gramo	
Parámetro	**Categoría**	**Clases**	**n**	**c**	**m**	**M**
Rcto. Aerobios Mesóf.	2	3	5	1	10^4	$5x10^4$
Salmonella en 50 g	10	2	5	0	0	—

13. SALSAS, ADEREZOS, ESPECIAS Y CONDIMENTOS

13.1.- MAYONESA Y OTRAS SALSAS EN BASE A HUEVO

		Plan de muestreo			Límite por gramo	
Parámetro	**Categoría**	**Clases**	**n**	**c**	**m**	**M**
Rcto. Aerobios Mesóf.	3	3	5	1	$5x10^4$	10^5
S. aureus	6	3	5	1	10	10^2
Salmonella en 25 g	10	2	5	0	0	—

13.2.- KETCHUP, SALSA Y CONDIMENTO DE MOSTAZA, SALSA DE TOMATE PASTEURIZADA Y/O PRESERVADA, SALSA DE AJI Y ADEREZOS

		Plan de muestreo			Límite por gramo	
Parámetro	**Categoría**	**Clases**	**n**	**c**	**m**	**M**
Mohos y Levaduras	5	3	5	2	10^2	10^3

13.3.- ESPECIAS Y CONDIMENTOS

		Plan de muestreo			Límite por gramo	
Parámetro	**Categoría**	**Clases**	**n**	**c**	**m**	**M**
Rcto. Aerobios Mesóf.	2	3	5	2	10^5	10^6
Mohos y Levaduras	5	3	5	2	10^3	10^4
Cl. perfringens	5	3	5	2	10^2	10^3
Salmonella en 50 g	10	2	5	0	0	—

14. FRUTAS Y VERDURAS (Incluyendo papas, leguminosas, champiñones, frutos de cáscara y almendras)

14.1.- FRUTAS Y VERDURAS FRESCAS

		Plan de muestreo			Límite por gramo	
Parámetro	**Categoría**	**Clases**	**n**	**c**	**m**	**M**
Salmonella en 25 g	10	2	5	0	0	—

14.2.- FRUTAS Y VERDURAS CONGELADAS

Parámetro	Categoría	Plan de muestreo Clases	n	c	Límite por gramo m	M
Rcto. Aerobios Mesóf.	1	3	5	3	10^4	10^5
Enterobacteriáceas	4	3	5	3	10^2	10^3
Salmonella en 25 g	10	2	5	0	0	—

14.3.- FRUTAS Y VERDURAS DESECADAS O DESHIDRATADAS

Parámetro	Categoría	Plan de muestreo Clases	n	c	Límite por gramo m	M
Mohos y Levaduras	3	3	5	1	10^2	10^3
E. coli	5	3	5	2	10	$5x10^2$
Salmonella en 50 g	10	2	5	0		—

14.4.- FRUTAS Y VERDURAS EN VINAGRE, ACEITE, SALMUERA O ALCOHOL, PRODUCTOS FERMENTADOS

Parámetro	Categoría	Plan de muestreo Clases	n	c	Límite por gramo m	M
Levaduras	3	3	5	1	10^2	10^3

14.5.- MERMELADAS, JALEAS, CREMA DE CASTAÑAS, FRUTA CONFITADA, PREPARADOS DE FRUTAS Y VERDURAS (INCLUIDA LA PULPA)

Parámetro	Categoría	Plan de muestreo Clases	n	c	Límite por gramo m	M
Mohos y Levaduras	3	3	5	1	10^2	10^3

15. COMIDAS Y PLATOS PREPARADOS

15.1.- COMIDAS Y PLATOS PREPARADOS LISTOS PARA CONSUMO O QUE REQUIEREN CALENTAMIENTO (se incluyen platos servidos directamente al público)

Parámetro	Categoría	Plan de muestreo Clases	n	c	Límite por gramo m	M
Rcto. Aerobios Mesóf. (*)	3	3	5	1	$5x10^4$	$5x10^5$
Enterobacteriáceas	6	3	5	1	10^2	10^3
S. aureus	6	3	5	1	10	10^2
B. cereus (**)	6	3	5	1	50	$5x10^2$
Cl. perfringens (***)	6	3	5	1	50	$5x10^2$
Salmonella en 25 g	10	2	5	0	0	—

(*) Excepto con ingredientes fermentados o madurados con cultivos bacterianos.
(**) Sólo con arroz.
(***) Sólo con carnes.

15.2.- COMIDAS Y PLATOS PREPARADOS QUE NECESARIAMENTE REQUIEREN COCCION

Parámetro	Categoría	Plan de muestreo Clases	n	c	Límite por gramo m	M
S. Aureus	7	3	5	2	10^2	10^3
Cl. perfringens (*)	7	3	5	2	10^2	10^3
Salmonella en 25 g	10	2	5	0	0	—

(*) Sólo con carnes.

16. BEBIDAS

16.1.- BEBIDAS ANALCOHOLICAS CARBONATADAS

Parámetro	Categoría	Plan de muestreo Clases	n	c	Límite por gramo m	M
Levaduras	3	3	5	1	1	10

16.2.- BEBIDAS ANALCOHOLICAS NO CARBONATADAS (Zumos y néctares pasteurizados y productos concentrados en su envase original)

Parámetro	Categoría	Plan de muestreo Clases	n	c	Límite por gramo m	M
Rcto. Aerobios Mesóf.	2	3	5	2	10^2	10^3

16.3.- AGUA POTABLE, AGUAS MINERALES Y HIELO

Deberá cumplir con lo exigido en NCH 409/1 1984 o la que la reemplace en el futuro

16.4.- ZUMOS, NECTARES, BEBIDAS A BASE DE FRUTAS Y VERDURAS NO PASTEURIZADOS

Parámetro	Categoría	Plan de muestreo Clases	n	c	Límite por gramo m	M
Rcto. Aerobios Mesóf.	5	3	5	2	10^4	10^5
Coliformes	5	3	5	2	10	10^2

17. ESTIMULANTES Y FRUITIVOS

17.1.- CAFE Y SUCEDANEOS DE CAFE

Parámetro	Categoría	Plan de muestreo Clases	n	c	Límite por gramo m	M
Lactobacillus	5	3	5	2	10^2	$5x10^2$

17.2.- TE Y HIERBAS PARA INFUSIONES

Parámetro	Categoría	Plan de muestreo Clases	n	c	Límite por gramo m	M
Enterobacteriáceas	5	3	5	2	10^2	$5x10^2$

18. CONSERVAS

Parámetro	Categoría	Plan de muestreo Clases	n	c	Límite por gramo m	M
Microorg. Mesófilos Aerobios y Anaerobios (*)	10	2	5	0	0	—
Microorg. Termófilos Aerobios y Anaerobios (**)	10	2	5	0	0	—

(*) 5 Unidades se incuban a 35ºC por 10 días.
(**) 5 Unidades se incuban a 55ºC por 5 días.

b) en caso de enfermedades transmitidas por alimentos, especialmente en la investigación de la etiología de toxi-infecciones se deben obtener todos los restos de alimentos sospechosos. Los análisis microbiológicos a realizar estarán de acuerdo a los antecedentes clínicos y epidemiológicos del brote;

c) en los casos en que no se pueda obtener el número establecido de unidades de muestras que se define en este artículo 173 se aplicará el siguiente criterio de calificación:

si n es igual o menor que 4 unidades de muestra, el valor de los indicadores, recuento de aerobios mesófilos (RAM), enterobacteriaceas, coliformes, etc., no deberá sobrepasar el valor de M en ninguna de las unidades de muestra y deberá cumplir con los valores de c establecidos en este artículo. Para los microorganismos que representen riesgo para la salud el valor no deberá exceder m.

PÁRRAFO IV
DE OTROS CRITERIOS MICROBIOLÓGICOS

Artículo 174.- En los alimentos Listos Para el Consumo (LPC) se considera que no favorecen el desarrollo de Listeria monocytogenes cuando cumplen alguno de los siguientes parámetros:

1. pH menor o igual a 4,4;
2. actividad de agua (aw) menor o igual a 0,92;
3. combinación de pH y aw, con pH menor o igual de 5,0 y con aw, menor o igual a 0,94;
4. congelación, siempre que esta condición se mantenga durante todo el período, hasta antes de ser consumido;
5. vida útil en refrigeración por un lapso de menos de 5 días.

Los alimentos LPC que no cumplan los parámetros anteriores se considera que favorecen el desarrollo de Listeria monocytogenes.

Criterios microbiológicos para Listeria monocytogenes

Excepcionalmente, para alimentos que favorecen el desarrollo de Listeria monocytogenes, se aplicará el criterio de aquellos alimentos que no favorecen su desarrollo, cuando el fabricante o el productor, sea capaz de garantizar y demostrar, a través de la aplicación de tecnologías, que el producto no superará el límite de 100ufc/g durante su vida útil. Esta situación deberá ser demostrada, en su caso, ante la autoridad sanitaria.

TÍTULO VI
DE LA IRRADIACIÓN DE ALIMENTOS

PÁRRAFO I
DISPOSICIONES GENERALES

Artículo 175.- Las presentes disposiciones se aplican a todas las instalaciones de irradiación de alimentos y a todos los alimentos irradiados. No se aplican a los alimentos expuestos a las dosis emitidas por los instrumentos de medición utilizados con fines de inspección.

Sólo se podrá tratar con energía ionizante los tipos de alimentos que determine el Ministerio de Salud, cuando obedezca a necesidades de carácter técnico o de higiene alimentaria. Se aplicará básicamente para la inhibición de bulbos y tubérculos, desinfección, desparasitación, retardo de la maduración y reducción y/o eliminación de carga microbiana, saprófita o patógena.

Mediante resolución del Ministerio de Salud, se establecerá la finalidad del proceso y la dosis media que podrá recibir el respectivo alimento de acuerdo a la finalidad autorizada.

Esta tecnología no podrá ser usada como sustituto de buenas prácticas de producción y/o fabricación de los alimentos. La preservación de alimentos por medio de radiación ionizante deberá atenerse a las disposiciones de este reglamento relativas a la seguridad microbiológica.

Los materiales de empaque deben ser apropiados para la irradiación y adecuados para impedir la reinfestación, la recontaminación o el deterioro del producto durante su almacenamiento y transporte.

Artículo 176.- Los controles de calidad habituales, en todas las etapas desde la producción al consumo, son de responsabilidad del que solicita la preservación de estos productos por energía ionizante. La ejecución y control

del proceso de irradiación será de responsabilidad de la planta que aplique esta tecnología.

Párrafo II Definiciones

Artículo 177.- Para los fines de este reglamento, se entenderá por:

Energía ionizante: aquellas formas de radiación ionizante que se señalan a continuación;

- Rayos gamma de los radionucleidos Co-60 o Cs-137
- Rayos X generados por máquinas que trabajen a energías de 5 Mev o inferiores
- Electrones generados por máquinas que trabajen a energías de 10 Mev o inferiores.

Gray (Gy): Unidad de dosis absorbida equivalente a 1 Joule por kilogramo

Rad: Unidad de dosis absorbida equivalente a 100 erg por gramo

1 Gray = 100 rad

Dosis absorbida: la cantidad de energía expresada en Joules, absorbida por un kilo de producto sometido a tratamiento con radiación.

Dosis absorbida media global de 10 kGy: la dosis promedio de radiación absorbida por el alimento, con la condición de que por lo menos el 97.5% de la fracción de masa del producto alimenticio reciba una dosis absorbida menor de 15 kGy.

Lote o tanda de alimento irradiado: una cantidad de alimento irradiado en las mismas condiciones y durante la misma operación.

Alimento irradiado: cualquier alimento que haya sido sometido a tratamiento con radiación ionizante.

Instalación de irradiación de alimentos: son los establecimientos autorizados por los organismos competentes, para irradiar alimentos.

Dosimetría: la medición de la energía radiante absorbida.

Trazabilidad: la propiedad del resultado de una medición o de un patrón tal que pueda relacionarse con referencias establecidas, generalmente con patrones nacionales o internacionales, por medio de una cadena ininterrumpida de comparaciones, teniendo todas las incertidumbres determinadas.

PÁRRAFO III
DE LAS INSTALACIONES Y CONTROL DEL PROCESO

Artículo 178.- El tratamiento de los alimentos por energía ionizante se llevará a cabo sólo en las instalaciones que hayan obtenido la autorización correspondiente de los organismos competentes.

Las instalaciones deben disponer de un sistema de control de calidad documentado que facilite la realización de auditorías.

Los productos que ingresen al proceso de irradiación deben mantenerse físicamente separados de los productos tratados. Cuando proceda podrá fijarse un indicador visual de irradiación por cambio de color a fin de facilitar el control.

La irradiación de alimentos, incluido un procedimiento dosimétrico adecuado, debe efectuarse en conformidad con los Códigos de Buenas Prácticas de Irradiación del Grupo Consultivo Internacional de Irradiación de Alimentos (GCIIA), establecido bajo el auspicio de la Organización de las Naciones Unidas para la Alimentación y la Agricultura (FAO), el Organismo Internacional de Energía Atómica (OIEA) y la Organización Mundial de la Salud (OMS). La dosimetría debe ser trazable a patrones nacionales e internacionales.

Artículo 179.- El control de las instalaciones se ejercerá de conformidad a la legislación vigente.

Los estudios dosimétricos se deberán efectuar antes de la irradiación de cualquier producto alimenticio para comprobar que el proceso se ajusta a las especificaciones de dosis absorbida, establecidas para ese tipo de alimento por el Ministerio de Salud. Además deberán hacerse mediciones dosimétricas:

a) al entrar en servicio una planta;

b) cada vez que se utilice un nuevo proceso de irradiación;

c) siempre que se modifique la intensidad o el tipo de la fuente o la geometría fuente-producto.

Artículo 180.- En la irradiación de alimentos se deberá llevar a cabo la dosimetría en la siguiente Art. Unico, N° 51 forma:

a) medición exacta y precisa de la dosis absorbida por el alimento;

b) determinación de la distribución de la dosis e interpretación de la información;

c) mantenimiento de dosímetros para calibrar la respuesta de los instrumentos de medición y/o vigilancia radiológica usados habitualmente en la instalación;

d) observancia de los criterios de selección de dosímetros prescritos en el programa de control de calidad, con el fin de asegurar una dosimetría y/o vigilancia radiológica precisa, apropiada y eficiente;

e) mantenimiento de documentación completa de la dosimetría y empleo de listas de comprobación de todas las fases de los procedimientos de dosimetría.

Artículo 181.- En toda instalación o planta en que se aplique energía ionizante a los alimentos se deberá llevar un registro de cada lote o tanda, el que deberá contener, a lo menos, la siguiente información:

a) identificación del propietario del alimento a irradiar o de su representante legal;

b) el tipo y la cantidad de alimentos en el lote o tanda irradiados, incluyendo información acerca de si es natural o ha sido previamente sometido a otros procedimientos de preservación, sean físicos o químicos;

c) el número de serie del lote o tanda de alimentos irradiados;

d) la fecha de irradiación;

e) tipo de empaque utilizado durante el tratamiento de irradiación, cuando proceda;

f) controles y mediciones efectuadas durante el tratamiento. Dosis mínima y máxima absorbidas, certificados de dosimetría;

g) fuente utilizada para el tratamiento;

h) descripción del almacenamiento en la planta;

i) fecha de vencimiento del producto, posterior a su tratamiento con fines de preservación;

j) resultados y observaciones de las inspecciones establecidas en el artículo siguiente, cuando corresponda.

En las plantas de irradiación se deberá mantener dicho registro, por un período mínimo de dos años a disposición de la autoridad sanitaria.

Artículo 182.- Las instalaciones destinadas a la preservación de alimentos por energía ionizante, serán inspeccionadas periódicamente y a lo menos una vez al año, por personal especializado de la institución encargada del control, conforme a su reglamento. El resultado u observaciones técnicas, fecha y nombre del inspector, serán estipuladas en el registro de la instalación que establece el artículo anterior y una copia será enviada a la autoridad que concedió la licencia.

Los propietarios responsables de las instalaciones destinadas a preservar alimentos por energía ionizante, no podrán negar el acceso inmediato a los inspectores debidamente autorizados por la institución encargada del control, para que realicen sus funciones, ni el acceso al registro que establece el artículo 181 bajo ningún pretexto.

PÁRRAFO IV
DE LOS ALIMENTOS PRESERVADOS POR ENERGÍA IONIZANTE

Artículo 183.- Además de lo dispuesto para el etiquetado general, todo alimento que haya sido tratado con radiación o energía ionizante debe llevar en el rótulo o etiqueta, muy cerca del nombre del alimento, una indicación de dicho tratamiento empleando algunas de las siguientes frases: "Tratado con energía ionizante", "Procesado con energía ionizante", o "Preservado con energía ionizante". Además puede llevar el logo o símbolo, reconocido internacionalmente para estos efectos.

Los alimentos no empacados, destinados al consumo directo, deberán presentar la misma información señalada en el inciso anterior en lugar visible y sobre los alimentos de que se trate.

Artículo 184.- Cuando más del 5% de un producto corresponda a materias irradiadas, la etiqueta deberá contener una declaración que indique el tratamiento.

Se prohíbe repetir la irradiación de los alimentos.

No se considerará repetición de la irradiación de un alimento, cualquiera de los siguientes casos:

a) cuando se aplique para combatir la reinfestación por insectos en alimentos de bajo contenido de humedad;

b) cuando los ingredientes fueron irradiados con otro fin tecnológico;

c) cuando el alimento contiene menos de 5% de ingredientes irradiados;

d) cuando el proceso de irradiación se haga en etapas sucesivas, con un fin tecnológico concreto, y la suma de las dosis parciales no supere la dosis completa de radiación ionizante requerida para lograr el efecto deseado.

En todos los casos, la dosis absorbida media global acumulada no debe ser superior a 10 kGy.

Artículo 185.- Todo alimento importado preservado por energía ionizante deberá acreditar que la instalación donde fue realizado el tratamiento está inscrita en el

Registro Internacional de Plantas para Irradiar Alimentos y cualquier otro antecedente que compruebe que la tecnología empleada en el país de origen es compatible con las normas del presente reglamento.

TÍTULO VII
DE LA CONGELACIÓN DE LOS ALIMENTOS

Artículo 186.- Alimentos congelados son aquellos, naturales o elaborados, que han sido sometidos, mediante un equipo apropiado, a un proceso térmico hasta que el producto alcance una temperatura de -18°C en el centro térmico. En la rotulación de los productos alimenticios congelados envasados que se expendan al público en tal condición, se deberá indicar en forma clara y legible la expresión "PRODUCTO CONGELADO", salvo los helados comestibles definidos en el artículo 243.

Artículo 187.- Para reducir al mínimo la actividad microbiológica, los alimentos precocidos destinados a la congelación rápida, deberán enfriarse lo más rápidamente posible en aparatos adecuados y someterse de inmediato al proceso de congelación. Cuando ello no sea posible el alimento deberá conservarse a una temperatura superior a los 60ºC medido en el punto más frío del producto hasta que pueda efectuarse el enfriamiento y la subsiguiente congelación rápida.

Artículo 188.- Deberán adoptarse las medidas necesarias para evitar el aumento de la temperatura después del proceso de congelación rápida en la manipulación y durante el transporte a las cámaras frigoríficas. En el caso de reenvasar un producto congelado este procedimiento deberá realizarse en una sala especialmente destinada a este fin, la que deberá disponer de un dispositivo que permita mantener una temperatura no superior a 8°C y de un sistema de registro permanente de ésta.

Artículo 189.- El almacenamiento de estos productos deberá realizarse en cámaras frigoríficas cuya temperatura se mantenga en -18ºC o inferior y con un mínimo de fluctuación. Estas cámaras deberán disponer de dispositivos que registren continuamente la temperatura.

Artículo 190.- El transporte interurbano de alimentos congelados deberá efectuarse con equipos capaces de mantener la temperatura del producto a -18ºC o más baja. Los vehículos deberán estar provistos de termómetros que permitan su lectura desde el exterior y de dispositivos que registren las temperaturas durante el transporte. Podrá tolerarse un aumento de la temperatura del producto durante el transporte hasta -15ºC pero esta situación deberá reducirse rápidamente sea durante el transporte o inmediatamente después de la entrega.

Artículo 191.- El transporte local de los alimentos congelados destinados a la distribución a los minoristas deberá efectuarse de tal manera que todo aumento de temperatura del producto superior a -18ºC se mantenga por el mínimo de tiempo y en ningún caso supere los -12ºC.

Artículo 192.- Cuando los alimentos congelados se ofrezcan a la venta en esta condición deberán mantenerse en vitrinas congeladoras o conservadoras destinadas a ese fin, las que deberán ser capaces de mantener la temperatura del producto a -18°C y estar provistas de termómetros. Se podrá tolerar, por periodos breves, un aumento de la temperatura del producto sin que sobrepase los -12°C.

Se podrán descongelar para su venta al consumidor final siempre que el proceso de descongelación se realice en establecimientos autorizados para elaborar alimentos, a temperaturas adecuadas al producto y en condiciones de higiene que garanticen la inocuidad del mismo, las que deberán mantenerse hasta la venta. Respecto de estos productos descongelados, se deberá observar estricto cumplimiento de la totalidad de las obligaciones establecidas en el presente reglamento para los alimentos frescos o refrigerados, según corresponda a sus nuevas condiciones de almacenamiento.

Se deberá indicar en la rotulación del envase del producto descongelado o mediante un cartel junto a los alimentos descongelados que se expendan a granel, la fecha de elaboración original o lote de producción, la fecha de descongelación y la fecha de vencimiento, de acuerdo a la condición actual de producto descongelado. Además, en el mismo rótulo o cartel, según corresponda, se deberá indicar en forma clara y legible la expresión "PRODUCTO DESCONGELADO. NO VOLVER A CONGELAR". Asimismo, deberán ser informadas en el envase las nuevas condiciones de almacenamiento del producto descongelado. Las informaciones anteriores deberán ser aplicadas al rótulo por el establecimiento descongelador, para lo cual, en el caso de ser necesaria la sobreimpresión del etiquetado, no se requerirá la autorización de la Autoridad Sanitaria, contemplada en el artículo 109 del presente reglamento. Se eximen de la obligación de informar la condición de descongelado y la prohibición de volver a congelar exclusivamente los productos de panadería, masas horneadas o fritas, que no tengan relleno o estén rellenas con algunos de los productos señalados en los Títulos XVIII y XIX que se expendan a granel para su consumo inmediato.

Artículo 193.- Las vitrinas congeladoras o conservadoras se instalarán de manera que la parte en que se expone el producto no esté sometida a un calor irradiante anormal (luz solar directa o proximidad de elementos de calefacción). Estas vitrinas deberán mantenerse cerradas y conectadas al suministro de electricidad durante la noche y durante los días en que no haya atención de público. Deberán programarse ciclos de descongelación de tal forma que éstos se produzcan fuera de las horas normales de venta, para poder acomodar los productos en otras vitrinas congeladoras, sin que queden expuestos a temperaturas superiores a las recomendadas por el fabricante.

Artículo 194.- Las vitrinas congeladoras o conservadoras no deberán cargarse por sobre la línea de carga. Los productos no deberán retirarse de ellas y volverse a colocar, salvo en caso de absoluta necesidad.

Artículo 195.- Los productos congelados sin envasar deberán almacenarse y exponerse en compartimientos separados de los que se utilicen para los alimentos congelados envasados con el objeto de evitar riesgos de contaminación y deshidratación.

Artículo 196.- Los establecimientos de expendio de productos precocidos congelados a granel, deberán contar con un manipulador encargado de fraccionar y envasar el producto.

TÍTULO VIII
DE LAS LECHES Y PRODUCTOS LÁCTEOS

PÁRRAFO I
DISPOSICIONES GENERALES

Artículo 197.- Se regirán por las disposiciones del presente reglamento la higienización, el transporte, la industrialización, la distribución y el expendio de las leches y de los productos lácteos.

Artículo 198.- Leche es la secreción mamaria normal exenta de calostro, de animales lecheros, obtenida mediante uno o más ordeños, sin ningún tipo de adición o extracción, destinada al consumo en forma de leche líquida o a su elaboración ulterior.

Para efectos de etiquetado, leche sin otra denominación, es el producto de la vaca. Las leches provenientes de otros animales se denominarán según la especie de la que proceden, como también los productos que de ella se deriven

Artículo 199.- Pasteurización es el procedimiento por el que se somete uniformemente la totalidad de las leches u otros productos lácteos a una temperatura conveniente durante el tiempo necesario, para destruir la mayor parte de la flora banal y la totalidad de los gérmenes patógenos, seguido de un enfriamiento rápido de las leches o los productos lácteos así tratados.

Artículo 200.- La pasteurización de la leche o la aplicación de otros tratamientos microbicidas para su higienización será obligatoria en todo el país, como asimismo la de los productos derivados de ella y mencionados en este Título destinados al consumo humano, con la excepción señalada en el artículo 207.

Artículo 201.- Tratamiento a ultra alta temperatura (UHT) es el procedimiento al que se somete uniformemente la totalidad de las leches u otros productos lácteos a una temperatura entre 130 y 145°C durante 2 a 4 segundos u otra combinación tiempo-temperatura de tratamiento equivalente.

Artículo 202.- Esterilización es el procedimiento por el que se somete uniformemente la totalidad de las leches u otros productos lácteos a un proceso térmico en autoclave o equipo similar, por el tiempo necesario para asegurar la ausencia de gérmenes viables y esporas que germinen en condiciones normales de almacenamiento.

Artículo 203.- Las características de las leches, serán las siguientes:

a) caracteres organolépticos normales;

b) exenta de materias extrañas;

c) exenta de sangre y pus;

d) exenta de antisépticos, antibióticos y neutralizantes;

Los residuos de plaguicidas y otras sustancias nocivas para la salud no deberán exceder los límites establecidos por el Ministerio de Salud;

e) sus requisitos microbiológicos y su contenido de materia grasa, serán los que determina este reglamento en cada caso;

Además, en el caso específico de la leche de vaca, las siguientes características:

f) peso específico: 1.028 a 1.034 a 20°C;

g) Índice crioscópico: -0,53 a -0,57 "Horvet" o -0,512 a -0,550 °C".

h) pH: 6,6 a 6,8;

i) acidez: 12 a 21 ml de hidróxido de sodio 0,1 N/100 ml de leche;

j) sólidos no grasos: 82,5 gramos por litro, como mínimo.

PÁRRAFO II
DE LOS REQUISITOS DE LA LECHE

Artículo 204.- La leche se clasificará en:

a) leche natural es aquella que solamente ha sido sometida a enfriamiento y estandarización de su contenido de materia grasa antes del proceso de pasteurización o tratamiento a ultra alta temperatura (UHT) o esterilización;

b) leche reconstituida es el producto obtenido por adición de agua potable a la leche concentrada y a la leche en polvo, en proporción tal, que cumpla los requisitos establecidos en el artículo 203 y su contenido de materia grasa corresponda a alguno de los tipos de leche señalados en el artículo 205.

Deberá ser pasteurizada, sometida a tratamiento UHT o esterilizada;

c) leche recombinada es el producto obtenido de la mezcla de leche descremada, grasa de leche y agua potable en proporción tal que cumpla los requisitos del artículo 203 y su contenido de materia grasa corresponda a alguno de los tipos de leche señalados en el artículo 205. Deberá ser pasteurizada, sometida a tratamiento UHT o esterilizada.

PÁRRAFO II
DE LOS REQUISITOS DE LA LECHE

Artículo 205.- De acuerdo a su contenido de materia grasa láctea la leche se clasificará en:
Eliminada

Leche entera es aquella con un contenido superior a 30 g de materia grasa por litro.

Leche parcialmente descremada es aquella con un contenido máximo de 30 g de materia grasa y un mínimo superior a 5 g por litro.

Leche descremada es aquella con un contenido máximo de hasta 5 gramos por litro de materia grasa.

PÁRRAFO III
DE LA PASTEURIZACIÓN DE LA LECHE

Artículo 206.- La leche cruda enviada a la planta por el productor será sometida a lo menos a las siguientes pruebas de control:

Pruebas de aceptación o rechazo:

a) deberán corresponder a las características estipuladas en el artículo 203;

b) alcohol entre 68% v/v y 75% v/v".

En el caso de que la leche sea aceptada por la planta y deba ser sometida a clasificación, podrán efectuarse las siguientes pruebas:

a) reductasa (azul de metileno) o recuento de microorganismos totales en leches no refrigeradas;

b) recuento de microorganismos aerobios mesófilos y psicrófilos en leches refrigeradas;

c) detección de inhibidores;

d) células somáticas.

PÁRRAFO III
DE LA PASTEURIZACIÓN DE LA LECHE

Artículo 207.- Las leches crudas deberán ser sometidas a tratamientos microbicidas, tales como: pasteurización, temperatura ultra alta, centrifugación, esterilización u otros, inmediatamente después de su recepción en la planta o conservarse por tiempos y temperaturas que impidan la multiplicación bacteriana de modo de dar cumplimiento a lo dispuesto en los artículos 61 y 62 del presente reglamento. Para lo anterior, las plantas que reciban leche deberán mantener registros sobre las validaciones realizadas que demuestren que tales relaciones de tiempo-temperatura impiden la multiplicación bacteriana y de las verificaciones del cumplimiento de esos tiempos y temperaturas conforme a lo dispuesto en el artículo 69 de este reglamento.

Se entiende por tratamientos microbicidas las medidas de control que reducen sustancialmente o eliminan el número de microorganismos presentes en los alimentos.

Los tratamientos microbicidas señalados anteriormente no serán exigibles cuando los productores expendan leche directamente al público en las condiciones señaladas en el artículo 94 del presente reglamento".

Artículo 208.- Para el almacenamiento de las leches, las plantas dispondrán de estanques cerrados fijos que aseguren la conservación de la temperatura, premunidos de termómetros o sensores de temperatura para el control correspondiente. Todo estanque, utensilio u otro elemento, deberá ser de material inoxidable y no contaminante y de fácil aseo y desinfección.

Artículo 209.- Los equipos de pasteurización tendrán dispositivos que verifiquen el correcto tratamiento de las leches, entre otros, un termómetro que indique directamente la temperatura de pasteurización y un termógrafo para registrar la temperatura y el tiempo de tratamiento. Los gráficos de cada tratamiento deberán guardarse durante seis meses, para su control por la autoridad sanitaria.

Artículo 210.- Se prohíbe la repasteurización de la leche o leches devueltas o sobrantes alteradas. Estas leches no podrán ser destinadas a la elaboración Art. primero II de alimentos de consumo humano.

PÁRRAFO IV
DEL ENVASE, CONSERVACIÓN Y EXPENDIO DE LA LECHE PASTEURIZADA

Artículo 211.- Inmediatamente después de pasteurizada las leches, deberán ser enfriadas a una temperatura no superior a 4°C, envasadas y conservadas a esta misma temperatura hasta el momento de su distribución, excepto las tratadas por el proceso UHT.

Las leches pasteurizadas deberá dar la prueba de fosfatasa negativa.

Artículo 212.- Las plantas deberán vender las leches pasteurizadas en envases herméticamente cerrados y sellados para evitar su contaminación. Estos envases deberán cumplir con los requisitos establecidos en el presente reglamento.

PÁRRAFO V
DE LOS PRODUCTOS LÁCTEOS

Artículo 213.- Leche saborizada es el producto obtenido a partir de la leche entera, parcialmente descremada o descremada pasteurizada, sometida a tratamiento UHT o esterilizada, a la que se ha adicionado saborizantes, aromatizantes, edulcorantes y estabilizantes autorizados en el presente reglamento con el objeto de obtener un producto con caracteres organolépticos diferentes.

Artículo 214.- Leches concentradas son aquellas que han sido privadas parcialmente de su contenido de agua, se clasifican en:

a) leche evaporada es el producto líquido obtenido por eliminación parcial del agua de la leche;

b) leche condensada azucarada es el producto proveniente de la leche obtenido por evaporación parcial del agua y adición de azúcar y/o dextrosa;

La acidez de las leches concentradas no excederán de 50 ml de hidróxido de sodio 0,1 N/100 g y la prueba de fosfatasa deberá ser negativa.

Artículo 216.- La leche en polvo es el producto obtenido por la eliminación parcial del agua que contiene la leche, contendrá un máximo de 3,5% de humedad. El producto reconstituido al 13% para lecha entera, 11,5% para la leche parcialmente descremada y 10% para la leche descremada, tendrá una acidez máxima de 18 ml de hidróxido de sodio 0,1 N/100 ml, una solubilidad en agua no inferior a 99% como mínimo y un máximo de 15 mg de partículas quemadas. (Disco B, filtro para partículas quemadas, con un tamaño de poro determinado).

Podrá adicionársele fluoruro bajo los marcos de la Norma Técnica, que para estos efectos dicte el Ministerio de Salud.

Artículo 222.- Se podrá utilizar en la elaboración de crema de leche, los siguientes aditivos:

a) secuestrantes y emulsionantes autorizados en una dosis máxima en el producto final de 2g/kg solos Art. primero N° 14 o 3 g/kg mezclados expresados como sustancias anhidras;

b) espesantes autorizados en una dosis máxima en el producto final de 5 g/kg solos o mezclados;

Artículo 223.- La acidez de la crema de leche no excederá de 20 ml de NaOH 0,1 N/100 g. El expendio de las cremas de leche se hará, exclusivamente, en los envases originales.

En la crema de leche pasteurizada deberá indicarse claramente el código de lote y la fecha de vencimiento y, además, que se debe mantener a una temperatura inferior a 4°C.

Se prohíbe el expendio de crema cruda.

Artículo 224.- Se denominará "bebida láctea" a los productos elaborados con base en leche, con un mínimo de 30% de leche en el producto final, tal como se consume de acuerdo a la definición de leche líquida y en polvo establecida en los artículos 198 y 216, a sus características señaladas en el artículo 203 y a sus clasificaciones listadas en los artículos 204 y 205, todos del presente reglamento. Podrá tener agregados de otros ingredientes alimentarios, como nutrientes, factores alimentarios y aditivos permitidos. La bebida láctea se podrá presentar líquida lista para el consumo o en polvo para reconstituir con un líquido apropiado antes del consumo. En el rótulo se deberá etiquetar su denominación "bebida láctea", de acuerdo a la letra a) del artículo 107 del Reglamento Sanitario de los Alimentos, y el porcentaje de leche que contiene. Los límites de acidez adecuados para los productos no fermentados ni acidificados son entre 11 y 18 ml de NaOH 0,1 N/100 g. Los parámetros microbiológicos se regirán por el artículo 173 puntos 1.2, 1.3, 1.4 y 9.2 de este reglamento, según la presentación del producto tal como se comercializa.

Se denominará "leche con..." a los productos elaborados a partir de leche que cumple con la definición de "leche" señalada en los artículos 198 y 216 del Reglamento Sanitario de los Alimentos, estando presente en una proporción igual o mayor al 75% de leche por porción en el producto final, tal como se consume, al que se le podrán adicionar otros ingredientes alimentarios, tales como: concentrados de frutas, proteínas de soya, sólidos lácteos, aceites vegetales, nutrientes, factores alimentarios y aditivos permitidos. La "leche con..." se podrá presentar líquida lista para el consumo o en polvo para reconstituir con un líquido apropiado antes del consumo. En el rótulo se deberá etiquetar su denominación "leche con..." de acuerdo a la letra a) del artículo 107 del presente reglamento. Los parámetros microbiológicos se regirán por el artículo 173 puntos 1.2, 1.3, 1.4 y 9.2 del Reglamento Sanitario de los Alimentos, según la presentación del producto tal como se comercializa.

PÁRRAFO V
DE LOS PRODUCTOS LÁCTEOS

Artículo 215.- Sólo se podrá utilizar en la elaboración de leches concentradas los siguientes aditivos: fosfato disódico, fosfato tricálcico, citrato de sodio, cloruro de calcio y carbonato de sodio, en dosis máxima del producto final de 2 g/kg, solos o en combinación, y expresados como sustancias anhidras; saborizantes y colorantes autorizados. En la leche evaporada se podrá utilizar, además, carragenina en una dosis máxima de 150 mg/kg.

Artículo 217.- Las leches descremadas en polvo se clasificarán en los siguientes niveles térmicos:

Nivel térmico	Nitrógeno proteíco del suero
Alto calor	no superior a 1,5 mg/g
Medio calor	entre 1,51 a 5,99 mg/g
Bajo calor	no inferior a 6,0 mg/g

Artículo 218.- Todas las leches en polvo descremadas, semidescremadas o enteras que presenten sabor u olor indicativo de descomposición o neutralización o que no cumplan con los requerimientos generales de las leches en polvo, deberán ser NOTA catalogadas como no aptas para consumo humano.

Se consideran, asimismo, sabores y olores objetables aquellos presentes en el producto en polvo o reconstituido, tales como, rancidez, sebo, pescado, jabón, tiza, oxidado, amargo, quemado, parafina y otros.

Artículo 219.- Manjar o dulce de leche es el producto obtenido a partir de leches adicionadas de azúcar que por efecto del calor adquiere su color característico. El contenido de sólidos totales de leche será 25,5% como mínimo y no contendrá más de 35% de agua. Se le podrá adicionar sustancias amiláceas, sólo al producto destinado a repostería.

Artículo 220.- Yogur es el producto lácteo coagulado obtenido por fermentación láctica mediante la acción de Lactobacillus bulgaricus y Streptococcus thermophilus, a partir de leches pasteurizadas enteras, parcialmente descremadas o descremadas, leches en polvo enteras, parcialmente descremadas o descremadas o una mezcla de estos productos.

En su elaboración se podrá adicionar:

a) ingredientes aromatizantes naturales: frutas (fresca, en conserva, congelada, en polvo, puré, pulpa, jugo), cereales, miel, chocolate, cacao, nueces, café, especias y otros aromatizantes autorizados;

b) azúcar y/o edulcorantes autorizados de acuerdo a lo señalado en el artículo 146 del presente reglamento;

c) aditivos alimentarios autorizados: aromatizantes, colorantes, estabilizantes y como preservante ácido sórbico y sus sales de sodio y potasio, cuya dosis máxima será de 500 mg/kg expresada como ácido sórbico.

d) cultivos de bacterias adecuadas productoras de ácido láctico.

Los microorganismos lácticos presentes en el producto final deberán ser viables y en cantidad superior a 10 6 UFC/g.

Artículo 221.- Crema de leche es el producto lácteo relativamente rico en grasa separada de las leches que adoptan la forma de emulsión tipo leches descremadas con grasa. Su contenido de materia grasa deberá rotularse en forma destacada.

PÁRRAFO VI
DE LAS MANTEQUILLAS

Artículo 225.- Mantequilla, sin otra denominación, es el producto lácteo derivado exclusivamente de la crema pasteurizada de leches.

Los productos que usen la expresión de fantasía "mantequilla de.", sin tratarse de un producto lácteo, deberán rotular, además, el nombre del alimento de que se trate, en los términos exigidos por la letra a) del artículo 107 del presente reglamento, informando la verdadera naturaleza del producto en forma específica.

Artículo 226.- Mantequilla de suero es el producto lácteo derivado exclusivamente de la crema del suero de la leche.

Artículo 227.- La mantequilla deberá responder a las siguientes características:

a) caracteres organolépticos normales;

b) materia grasa de leche: mínimo 80%;

c) sólidos no grasos de leche: máximo 2%;

d) humedad: máximo 16%;

e) acidez de la materia grasa: máximo 18 ml de hidróxido de sodio 0.1 N/100 g;

f) índice de peróxidos de la materia grasa en la planta: máximo 0,3 meq 0 2/kg de grasa;

g) punto de fusión: 28 - 37°C;

h) índice de refracción a 40°C: 1,4546 - 1,4569;

i) grado de refracción a 40°C: 40 - 45;

j) índice de yodo: 32 - 45;

k) índice de saponificación: 211 - 237;

l) su composición en ácidos grasos y triglicéridos serán los de la grasa láctea.

Artículo 228.- Mantequilla fermentada es aquella elaborada a partir de cremas fermentadas. Deberá cumplir con las características del artículo 227, exceptuando los parámetros de acidez.

Artículo 229.- Toda mantequilla deberá expenderse envasada, rotulada y mantenerse refrigerada.

Artículo 230.- Grasa de mantequilla (butter oil), grasa de mantequilla deshidratada y grasa de leche anhidra, son productos obtenidos exclusivamente a partir de mantequilla o crema debidamente pasteurizada y que resultan de eliminar prácticamente la totalidad del contenido de agua y del extracto seco magro.

Artículo 231.- La grasa de mantequilla deberá contener:
a) materia grasa: mínimo 99,3%;
b) humedad: máximo 0,5%;
c) índice de peróxidos: máximo 0,8 meq oxígeno/kg de grasa;
d) ácidos grasos libres: máximo 11,6 ml de hidróxido de sodio 0.1 N/100 g.

Artículo 232.- La grasa de mantequilla deshidratada y la grasa de leche anhidra deberá contener:
a) materia grasa: mínimo 99,8%;
b) humedad: máximo 0,1%;
c) índice de peróxidos: máximo 0,3 meq oxígeno/kg de grasa;
d) ácidos grasos libres: máximo 11,6 ml de hidróxido de sodio 0.1 N/100 g.

Artículo 233.- La grasa de mantequilla, grasa de mantequilla deshidratada y grasa de leche anhidra no destinadas al consumo directo ni para empleo en leche recombinada o productos lácteos recombinados, solo podrán contener como antioxidantes, los siguientes aditivos y en las cantidades señalas en el Título III de este reglamento:
Galatos de propilo, octilo y dodecilo
Butil-hidroxianisol (B.H.A.) Butil-hidroxitolueno (B.H.T.)

PÁRRAFO VII
DE LOS QUESOS

Artículo 234.- Queso es el producto madurado o sin madurar, sólido o semisólido, obtenido coagulando leches, leches descremadas, leches parcialmente descremadas, crema, crema de suero, suero de queso o suero de mantequilla debidamente pasteurizado o una Nº25 combinación de estas materias, por la acción de cuajo u otros coagulantes apropiados (enzimas específicas o ácidos orgánicos permitidos), y separando parcialmente el suero que se produce como consecuencia de tal coagulación.

Queso Artesanal es el queso elaborado, en Plantas Queseras Familiares, con leches producidas exclusivamente en el mismo predio donde se fabrica este alimento y cuya producción diaria no exceda los 500 litros. La producción, elaboración, envase, almacenamiento, distribución y venta de estos productos deberá ceñirse a lo establecido en el presente reglamento y a las normas técnicas sobre directrices para la elaboración de quesos artesanales aprobadas por resolución del Ministerio de Salud, la que se publicará en el Diario Oficial.

Artículo 235.- En aquellas localidades donde no rija la exigencia de la Ley Nº 4869 de pasteurización de la leche, todos los quesos deberán tener un período de maduración previo no menor a 30 días para su comercialización.

Artículo 236.- Para su elaboración a los quesos se le podrá adicionar:
a) cultivos de bacterias productoras de ácido láctico;
b) cultivos de hongos o bacterias específicas para quesos de características especiales;
c) cuajo u otras enzimas apropiadas para la coagulación;
d) cloruro de sodio;
e) agua;
f) cloruro de calcio;

g) nitrato de sodio o potasio: máximo 50 mg/kg de queso;
h) caroteno, carotenoides, rocú o anato y riboflavina, solos o mezclados;
i) sustancias aromatizantes o saborizantes naturales autorizadas;
j) ácido cítrico y/o láctico;
k) frutos, semillas y especias.

Artículo 237.- Queso fresco y quesillo son aquellos quesos de elaboración reciente que no han sufrido ninguna transformación ni fermentación, salvo la láctica y son preparados con leches pasteurizadas enteras, parcialmente descremadas o descremadas.

Los quesos frescos y quesillos deberán ser enfriados a una temperatura no superior a 5° C inmediatamente después de su elaboración y mantenerse a esta temperatura hasta su expendio. El producto final no podrá contener nitratos ni nitritos.

Si en el proceso tecnológico propio de la elaboración de este tipo de quesos se requiere de la adición de gelatinas, se aceptará como máximo un 0,3% del producto final.

Se prohíbe el fraccionamiento de queso fresco y quesillo en los locales de expendio.

Artículo 238.- Queso maduro es el producto que requiere de un período de maduración a temperatura y en condiciones tales que se produzcan los cambios bioquímicos y físicos necesarios para obtener las características organolépticas que tipifican los quesos.

Artículo 239.- Queso fundido procesado untable o cortable es el producto obtenido por molienda, mezclado, fundición y emulsificación con la ayuda de calor y agentes emulsificantes de una o más variedades de queso aptos para el consumo, con o sin la adición de sólidos lácteos y otros productos alimenticios, tales como crema, mantequilla, grasa de mantequilla, cloruro de sodio y especias.

A los quesos fundidos procesados untables o cortables se les podrá adicionar aditivos alimentarios autorizados en el presente reglamento.

La dosis máxima de los emulsionantes en el producto final será de 40 g/kg, solos o mezclados, pero sin que los compuestos de fósforo agregados excedan de 9 g/kg calculados como fósforo.

Artículo 240.- Los quesos podrán indicar además de los requisitos generales establecidos en este reglamento para la rotulación, el contenido mínimo de materia grasa en el extracto seco.

Artículo 241.- Cuando para la fabricación del producto se emplee leche que no sea la de vaca deberá indicarse la especie de donde procede la leche, así mismo cuando se empleen mezclas de leches.

Sólo se podrá rotular como queso los productos que cumplan con el artículo 234 de este reglamento.

Artículo 242.- Todo local de venta, que lamine quesos con antelación al expendio, deberá contar con una área adecuada para dicho propósito, la cual deberá cumplir con lo establecido en el Título I del presente reglamento.

El producto laminado, deberá manipularse respetando todas las normas de higiene, procurando que su manipulación y exposición a condiciones ambientales desfavorables, sea mínima.

TÍTULO IX
DE LOS HELADOS Y MEZCLAS DE HELADOS

Artículo 243.- Helados comestibles son los productos obtenidos de una emulsión de grasa y proteínas, con la adición de otros ingredientes o, de una mezcla de agua, azúcares y otros ingredientes, que han sido tratados por congelación y mantenidos en este estado.

Artículo 244.- Los ingredientes de leches que se empleen en los helados y sus mezclas deberán haber sido pasteurizados o sometidos a un tratamiento térmico equivalente comprobado por la ausencia de fosfatasa.

Artículo 245.- Mezclas para helados son productos en forma líquida o en polvo que se destinan a la preparación de helados.

Artículo 246.- No se exigirá una nueva pasteurización para los helados comestibles fabricados con ingredientes concentrados o en polvo mediante la adición exclusiva de agua potable, leches pasteurizadas y aromatizantes, que hayan sido congelados en el plazo de una hora después de la adición de tales sustancias.

TÍTULO X
DE LAS GRASAS Y ACEITES COMESTIBLES

PÁRRAFO I
DISPOSICIONES GENERALES

Artículo 247.- Aceites y grasas son los triglicéridos de ácidos grasos comercialmente puros, obtenidos de materias primas sanas y limpias, libres de productos nocivos derivados de su cultivo o manejo, o de los procesos de elaboración.

Artículo 248.- El contenido de humedad y materias volátiles, no deberá ser mayor a 0,2% en los aceites comestibles y no más de 0,5% en las mantecas o grasas. No deberán contener más de 0,25% de acidez libre, expresada como ácido oléico y no más de 50 ppm de jabón. A la fecha de elaboración, el límite máximo de peróxidos será de 2,5 meq de oxígeno peróxido/kg de grasa y 10 meq de oxígeno peróxido/kg de grasa en su período de vida útil y almacenados de acuerdo a lo indicado en la rotulación. No deberán presentar sus características organolépticas alteradas.

Se exceptúan de esta disposición, respecto a la acidez libre, el aceite de oliva y la manteca de cacao, cuya acidez máxima será de 2,0% expresada en ácido oleico; el aceite de palta, cuya acidez máxima será de 1,0% expresada en ácido oleico, y la manteca de cerdo y grasa bovina, cuya acidez máxima será de 0,8% expresado en ácido oleico.

Asimismo, se exceptúa de esta disposición, respecto del índice de peróxido, el aceite de oliva extra virgen, cuyo límite máximo será de 20 meq. de oxígeno/k de aceite.

El contenido de ácidos grasos trans de origen industrial en los alimentos deberá ser igual o inferior al 2% del contenido total de las grasas del producto.

Artículo 249.- No se consideran aptos para el consumo los alimentos grasos que estén rancios, alterados química y/o microbiológicamente, que contengan materias extrañas, restos de tejidos vegetales o animales, aceites de origen mineral y aditivos no autorizados por el presente reglamento.

Asimismo no se consideran aptos para el consumo humano los alimentos grasos que contengan solventes halogenados en concentración máxima individual superior a 0,1 mg/kg o concentración máxima total superior a 0,2 mg/kg.

En los aceite y grasas no se aceptará más de 2 ppb de benzopirenos ni más de 5 ppb de la suma de los 8 hidrocarburos aromáticos policíclicos volátiles. Los hidrocarburos aromáticos volátiles policíclicos relacionados son los siguientes:

Benzo (a) pireno
Benzo (e) pireno
Benzo (a) antraceno
Benzo (b) fluoranteno
Benzo (k) fluoranteno
Dibenzo (a,h) antraceno
Benzo (g, h, i) perileno
Indeno (1,2,3 - o,d) pireno.

Artículo 250.- La distribución y comercialización de los aceites, mantecas y grasas comestibles deberá realizarse en sus envases originales, prohibiéndose su fraccionamiento en el punto de venta.

Para efectos de rotulación de los aceites, mantecas y grasas comestibles como alimentos o ingredientes alimenticios, será obligatoria la individualización del fruto, semilla o especie animal de que provienen tales productos y/o ingredientes. Se deberá declarar si los aceites, mantecas y grasas comestibles se sometieron a proceso de hidrogenación parcial y/o interesterificación y/o fraccionamiento, según sea el caso. En las mezclas de aceites, mantecas y grasas comestibles que se comercialicen como productos terminados, se deberá declarar esta condición en el listado de ingredientes como "mezcla de aceites vegetales" o "mezcla de aceites, mantecas o grasa animal" o "combinado de aceites, mantecas o grasas animales", según corresponda, listando primero el aceite, manteca o grasa que esté en mayor proporción. Se deberá incluir en el rótulo la tabla nutricional correspondiente, de acuerdo a lo establecido en el artículo 115 y último inciso del artículo 116, del presente reglamento.

PÁRRAFO II
DE LOS ACEITES Y MANTECAS O GRASAS DE ORIGEN VEGETAL

Artículo 251.- Aceites comestibles de origen vegetal son los obtenidos de los siguientes frutos o sus partes o de semillas oleaginosas: algodón, cártamo, girasol o maravilla, gérmen de maíz, maní o cacahuate, oliva, pepa de uva, raps o colza, sésamo o ajonjolí, soja o soya, avellana chilena, arroz, pepa de tomate, germen de trigo, linaza, mosqueta, palta y otros autorizados por el Ministerio de Salud, los que deberán ser de consistencia fluida a la temperatura de 15°C.

Artículo 252.- Los aceites no deberán contener un porcentaje de ácido erúcico mayor de 5%.

Artículo 253.- Mantecas o grasas comestibles de origen vegetal, son los alimentos grasos vegetales de consistencia sólida o semisólida a la temperatura de 15°C, obtenidas de los siguientes frutos, sus partes o semillas: cacao, coco, coco del Paraguay, babassú, palma, palmiste y otros autorizados por el Ministerio de Salud.

Artículo 254.- Las constantes físicas y químicas de los aceites y mantecas de origen vegetal deberán corresponder a las indicadas en la tabla I. La composición de ácidos grasos determinados por cromatografía gas-líquido, señaladas en la tabla III, se considerarán como de referencia.

PÁRRAFO III
DE LOS ACEITES Y MANTECAS O GRASAS COMESTIBLES DE ORIGEN ANIMAL

Artículo 255.- Aceites comestibles de origen marino son los obtenidos de animales marinos y algas, con exclusión de anfibios y reptiles, de consistencia fluida a 15°C, que no han sido sometidos a proceso de hidrogenación. Los aceites de algas deberán ser autorizados por el Ministerio de Salud.

Artículo 256.- Mantecas o grasas comestibles de origen animal, son las extraídas de los tejidos adiposos de porcinos, ovinos, bovinos y aves, de consistencia sólida o semisólida. Los puntos de fusión máximos serán:

- Manteca o grasa de cerdo 40°C
- Grasa de bovino 45°C
- Grasa de ovino 48°C
- Grasa de ave 30°C

Artículo 257.- Las constantes físicas y químicas de los aceites, mantecas o grasas comestibles de origen animal deberán corresponder a las indicadas en la tabla II. La composición de ácidos grasos determinados por cromatografía de gas-líquido, señaladas en las tablas III y IV se considerarán como de referencia.

PÁRRAFO IV
DE OTROS ALIMENTOS GRASOS COMESTIBLES

Artículo 258.- Aceites marinos modificados comestibles son los productos grasos de consistencia fluida a la temperatura de 15°C, obtenidos de especies pelágicas y sometidos a procesos de hidrogenación y/o fraccionamiento.

Artículo 259.- Mantecas modificadas son los productos obtenidos de aceites vegetales o marinos que han sido sometidos a procesos de hidrogenación y eventualmente a transesterificación, interesterificación y fraccionamiento. Su punto de fusión máximo será de 45°C. En materias primas se permitirán puntos de fusión mayores.

Artículo 260.- Manteca emulsionada, es la emulsión obtenida a partir de mantecas o grasas de origen animal marino y/o vegetal con agua. Deberá declararse el contenido de agua.

Artículo 261.- Aceite combinado es el producto obtenido de la mezcla de aceites de origen marino con aceites vegetales. El porcentaje máximo permitido de aceite de origen marino a agregar en la mezcla será de un 50%.

Artículo 262.- Margarina es el producto en forma de emulsión usualmente del tipo agua/aceite, obtenido de grasas y aceites comestibles. Las margarinas deberán cumplir on las siguientes características:

a) margarina de mesa es aquella cuya materia grasa presenta un punto de fusión máximo de 37°C. Su contenido de agua será de 16% como máximo y su contenido de materia grasa será de 80% como mínimo;

Igualmente se consideran margarinas de mesa aquellas que presenten un contenido de materia grasa menor de 80% y mayor de 16% de agua. Estas margarinas deberán indicar el contenido de agua.

b) margarina de repostería es aquella cuya materia grasa presenta un punto de fusión máximo de 45ºC.

Su contenido de agua y su uso se indicarán en la rotulación.

Artículo 263.- Las margarinas deberán cumplir con las siguientes características:

a) La acidez de la materia grasa, expresada en ácido oléico, no será superior al 0,25%;

b) Las margarinas de mesa deben contener por kg de producto terminado 30.000 U.I. de vitamina A y 70g de ácido linoleico.

Artículo 264.- Las margarinas deberán almacenarse refrigeradas o, en su defecto, mantenerlas en lugares exentos de humedad y protegidas de los rayos solares.

PÁRRAFO V
DE LOS ACEITES Y MANTECAS USADOS EN FRITURA

Artículo 265.- Los aceites y mantecas utilizados en la producción industrial e institucional de alimentos fritos, deberán tener un contenido máximo de ácido linolénico de un 2%. Podrán estar adicionados de antioxidantes y sinergistas autorizados en el presente reglamento.

Artículo 266.- No deberán utilizarse los aceites o mantecas cuando sobrepasen los siguientes límites:

a) acidez libre expresada como ácido oléico superior al 2,5%;

b) punto de humo inferior a 170°C;

c) 25% de compuestos polares como máximo.

Cuando los resultados de los análisis de la acidez libre de los aceites, expresadas como ácido oleico sobrepasen el 2,5%, el representante del establecimiento muestreado, deberá demostrar a las autoridades sanitarias que los compuestos polares del aceite en estudio no superan el 25%.

Artículo 267.- Se prohíbe el uso de los aceites y mantecas provenientes de los procesos de frituras, descartados o reprocesados, en otros alimentos de uso humano.

TÍTULO XI
DE LOS ALIMENTOS CÁRNEOS

PÁRRAFO I
DE LA CARNE DE ABASTO

Artículo 268.- Con la denominación de carne se entiende la parte comestible de los músculos de los animales de abasto como bovinos, ovinos, porcinos, equinos, caprinos, camélidos, y de otras especies aptas para el consumo humano.

Las carnes de animales de caza en sus procedimientos de manejo, elaboración, envase, almacenamiento, distribución y venta deberán ceñirse a lo establecido en el presente reglamento y a la norma técnica dictada para éstas, aprobada por decreto del Ministerio de Salud, la que se publicará en el Diario Oficial.

Artículo 269.- La carne comprende todos los tejidos blandos que rodean el esqueleto, incluyendo su cobertura grasa, tendones, vasos, nervios, aponeurosis, huesos propios de cada corte cuando estén adheridos a la masa muscular correspondiente y todos los tejidos no separados durante la faena, excepto los músculos de sostén del aparato hioídeo y el esófago.

Se entiende por subproducto comestible a las partes y órganos tales como: corazón, hígado, riñones, timo, ubre, sangre, lengua, sesos o grasa, de las especies de abasto. Se exceptúan de esta categoría los pulmones y los establecidos en el artículo 274.

Artículo 270.- La carne recién faenada debe tener apariencia marmórea, con superficie brillante, ligeramente húmeda y elástica al tacto. El olor y el color deben ser característicos de la especie. La grasa debe ser firme al tacto y no debe contener zonas o puntos hemorrágicos.

Artículo 271.- Carne fresca es aquella que, aparte de haber sido refrigerada o enfriada en un rango de temperatura que va entre 0° a +7°C, según medición dispuesta en el artículo 22 del decreto Nº 94, de 2008, de los Ministerios de Agricultura y Salud, no ha recibido, a los efectos de su conservación, otro tratamiento que el envasado protector y que conserva sus características naturales.

Artículo 272.- Derogado.

Artículo 273.- Carne congelada es aquella cuya temperatura interna medida en el centro de la masa muscular es de -18°C como máximo. Sin embargo, para fines de transporte de las mismas, se considerarán igualmente como carnes congeladas, aquellas definidas en los artículos 190 y 191 del presente reglamento.

Artículo 274.- Se prohíbe destinar los labios, ollares y las orejas de animales de abasto para el consumo directo así como formando parte de productos elaborados, incluida la carne molida, con la excepción del cerdo destinado a la elaboración de cecinas.

Artículo 275.- Carne molida es la carne triturada apta para el consumo humano. Se permitirá solamente su expendio:

a) A pedido y molida en presencia del comprador.

b) Envasada proveniente de establecimientos autorizados.

Las carnes molidas deberán declarar la especie animal de la que proceden y estar exentas de aditivos alimentarios, proteína vegetal y sustancias amiláceas.

Solo a la carne molida envasada en establecimientos industriales podrá adicionársele antioxidantes y preservantes autorizados.

El contenido de grasa total de la carne molida de vacuno podrá ser hasta 10%, pudiendo rotularse dicho contenido de grasa total junto con el nombre del producto. Para efectos de fiscalización de lo anterior, se aplicarán los límites de tolerancia señalados en el artículo 115 del presente reglamento.

Artículo 276.- Carne marinada de res es aquella carne proveniente de las reses de abasto, que mediante inyección u otro método adecuado, ha sido adicionada de salmuera, adobos y aditivos alimentarios permitidos. El proceso de marinado deberá ser realizado una vez finalizada la faena y en el momento en que la carne haya alcanzado una temperatura menor o igual a 7° C.

Adicionalmente, el proceso de marinado deberá ser realizado de acuerdo a las buenas prácticas de manufactura (BPM), e informado en el rótulo con caracteres visibles, en la cara principal del envase, de tal modo que permita una clara identificación del proceso de marinado por parte del consumidor y que lo diferencie totalmente de su similar no sometido a dicho proceso.

Sin perjuicio de cumplir con los requisitos generales de rotulación, las carnes marinadas deberán informar además la proporción del peso que representa el marinado con respecto al peso total del producto, mediante la utilización de alguna de las siguientes frases: "Marinado al X %" o Contiene hasta un X% de marinado. "

En el caso de las carnes marinadas de reses que se vendan a granel, directamente al público, la información sobre el porcentaje de marinado se colocará en un cartel, junto al nombre del producto, de tal modo que permita una clara identificación del proceso de marinado por parte del consumidor y que lo diferencie totalmente de su similar no sometido a dicho proceso.

Artículo 277.- Sólo en establecimientos autorizados se permitirá la tenencia, almacenamiento, distribución y venta de carnes de bovinos, ovinos, caprinos, porcinos, equinos y otras especies aptas para el consumo humano.

Su venta directa al público, mediante sistema de autoservicio, se realizará en envases individuales, los que deberán cumplir con las disposiciones sobre envase y rotulación de este reglamento.

Los establecimientos que expendan carnes de especies diferentes al bovino, deberán indicar claramente al consumidor la especie de que se trata.

Artículo 278.- Se prohíbe la tenencia y comercialización de carnes y subproductos comestibles cuando:

a) estén en estado de alteración organoléptica debido acausas físicas, químicas o biológicas;
b) provengan de animales mortecinos o de fetos;
c) se consideren no aptas para el consumo por la autoridad sanitaria.
d) no provenga de establecimientos autorizados para el faenamiento.

Artículo 279.- Se prohíbe la comercialización, a cualquier título de carnes, visceras y subproductos con residuos de hormonas no endógenas promotoras de crecimiento o sustancias de efecto hormonal que excedan los límites fijados por el Ministerio de Salud mediante la correspondiente norma técnica.

Si durante la inspección post-mortem hubiera indicios de que la carne o las visceras pudieran exceder los límites de residuos fijados por el Ministerio de Salud, éstas se retendrán, se identificarán, se mantendrán en condiciones adecuadas y se someterán a todos los exámenes de laboratorio necesarios para comprobar su inocuidad. De resultar, como producto de estos exámenes, niveles de residuos por sobre los límites establecidos, el dictamen final será "no apto para consumo humano". Cuando no sea posible mantener la carne y las visceras en condiciones adecuadas, en espera de los resultados de laboratorio, la declaración de inaptitud se hará de inmediato.

En toda importación de carne y subproductos comestibles, la autoridad sanitaria podrá requerir que se acredite mediante certificado oficial de origen que los residuos de hormonas, promotores de crecimiento y sustancias de efecto hormonal de uso veterinario están bajo los límites establecidos.

Artículo 280.- Sin perjuicio de lo establecido en el artículo precedente, se prohíbe la comercialización, a cualquier título, de carnes y sus subproductos con residuos de plaguicidas, residuos de medicamentos de uso veterinario y de aditivos, usados en la alimentación animal, que estén por sobre los límites de tolerancia fijados. El Ministerio de Salud fijará mediante la

dictación de la correspondiente norma técnica los límites máximos para residuos de medicamentos de uso veterinario en la carne y otros alimentos.

En toda importación de carne y sus subproductos comestibles, la autoridad sanitaria podrá requerir que se acredite mediante certificado oficial de origen que los residuos de plaguicidas, medicamentos de uso veterinario y de aditivos usados en la alimentación animal están bajo los límites establecidos.

PÁRRAFO II
DE LA CARNE DE AVE

Artículo 281.- Ave faenada es el producto de cualquiera de las especies de aves criadas en cautividad que hayan sido sacrificadas en mataderos de aves, a las que se les ha extraído la sangre, las plumas, las patas, la cabeza, el buche, la tráquea, el esófago, las vísceras, los pulmones y los órganos genitales.

Artículo 282.- Carne de ave es la parte muscular de las especies de aves a que se refiere el presente reglamento, constituida por todos los tejidos blandos que rodean la estructura del esqueleto. Incluye la piel, cobertura grasa, tendones, vasos, nervios, aponeurosis y todos aquellos tejidos que no se separan durante el faenamiento.

Artículo 283.- Ave trozada o partes de ave es cualquiera parte o partes comestibles de las aves faenadas, excluidas las menudencias y despojos.

Artículo 284.- Menudencia (menudillo o menudo) es el conjunto de órganos constituidos por hígado sin vesícula biliar, estómago muscular (molleja) desprovisto de la mucosa y su contenido, corazón con o sin pericardio y el pescuezo desprovisto de tráquea y esófago.

Artículo 285.- Despojos corresponden a la cabeza y las patas de las aves faenadas. No se permitirá su inclusión en la cavidad abdominal de las aves faenadas.

Artículo 286.- Las aves faenadas, aves trozadas, así como las menudencias y despojos deben ser enfriados a 2°C como máximo y para su expendio en el punto de venta, mantenidos a una temperatura de hasta 6ºC, medida en el interior de la masa muscular.

Artículo 287.- Las aves faenadas, aves trozadas, así como las menudencias y despojos que han sido sometidas a refrigeración se deben mantener a una temperatura comprendida entre 4°C y -18°C.

Artículo 288.- Las aves faenadas, aves trozadas, así como las menudencias y despojos que han sido sometidos a congelación se deben mantener a una temperatura interna de -18ºC como máxima, medida en el centro de la masa muscular.

Artículo 289.- Las aves faenadas, sean éstas enfriadas, refrigeradas o congeladas, sólo se podrán comercializar y expender evisceradas.

Artículo 290.- Toda ave faenada, en el momento del empaque, deberá ser identificada con una etiqueta que indique:

a) individualización del matadero donde fue sacrificada y de la resolución que lo autorizó;
b) fecha de vencimiento del producto.

Artículo 291.- Las aves enfriadas, refrigeradas o congeladas, enteras o trozadas de venta directa al público, mediante sistema de autoservicio, se comercializarán en envases individuales, los que deberán cumplir con las disposiciones sobre envases y rotulación de este reglamento.

Las aves faenadas refrigeradas o congeladas se podrán comercializar con sus menudencias, siempre que éstas estén incorporadas en la cavidad torácica, envasadas en bolsas de material plástico cerradas.

Artículo 292.- Carne marinada de ave, es aquella carne proveniente de las aves de corral, que mediante inyección u otro método adecuado, ha sido adicionada de salmuera, adobos y aditivos alimentarios permitidos. El proceso de marinado deberá ser realizado una vez finalizada la faena y en el momento en que la carcasa haya alcanzado una temperatura igual o menor a 6° C.

Adicionalmente, el proceso de marinado deberá ser realizado de acuerdo a las buenas prácticas de manufactura (BPM), e informado en el rótulo con caracteres visibles, en la cara principal del envase, de tal modo que permita una clara identificación del proceso de marinado por parte del consumidor y que lo diferencie totalmente de su similar no sometido a dicho proceso.

Sin perjuicio de cumplir con los requisitos generales de rotulación, las carnes marinadas deberán informar además, la proporción del peso que representa el marinado con respecto al peso total del producto, mediante la utilización de alguna de las siguientes frases: "Marinado al X %" o Contiene hasta un X % de marinado".

En el caso de las carnes marinadas de aves que se vendan a granel, directamente al público, dicha información se colocará en un cartel, junto al nombre del producto, de tal modo que permita una clara identificación del proceso de marinado por parte del consumidor y que lo diferencie totalmente de su similar no sometido a dicho proceso.

Artículo 293.- En las aves faenadas refrigeradas o congeladas no se permitirá porcentajes de agua residual mayores a los establecidos en este artículo. Se entiende por agua residual, el contenido de agua admitida en las carcasas, cuya absorción en el proceso de enfriado es técnicamente inevitable:

Aves refrigeradas

Enfriado por Aire	3%
Enfriado Mixto (Agua y Aire)	6%
Enfriado por Agua	8%

Aves congeladas

Enfriado por Aire	1.5%
Enfriado Mixto (Agua y Aire)	3.3%
Enfriado por Agua	5.1%

La medición del contenido de agua residual, será realizada por metodologías analíticas validadas por el Instituto de Salud Pública de Chile.

Artículo 294.- El sacrificio, tenencia, almacenamiento, distribución y venta de carne de aves, sólo se permitirá en establecimientos autorizados.

Se prohíbe la tenencia y comercialización de carnes de aves y subproductos comestibles cuando:

a) estén en estado de alteración organolépticas, sea por causas físicas, químicas o biológicas;

b) provengan de animales mortecinos;

c) contengan residuos de hormonas sintéticas o productos con actividad hormonal, residuos de productos veterinarios, antisépticos y aditivos, por sobre los niveles de tolerancias fijadas por el Ministerio de Salud mediante resolución fundada.

PÁRRAFO III
DE LAS CECINAS

Artículo 295.- Cecinas, sin otra denominación, son aquellos productos elaborados a base de carne y grasa de vacuno o cerdo, adicionados o no de aditivos, condimentos, especias, agua o hielo.

Los productos elaborados que contengan carnes provenientes de otras especies, en cualquiera proporción, deberán declararlo en la rotulación.

Todo local de venta que fraccione cecinas con antelación al expendio, deberá contar con un lugar adecuado para dicho propósito el cual deberá cumplir con lo establecido en el Titulo I del presente reglamento.

El producto fraccionado deberá manipularse respetando las normas de higiene, procurando que su manipulación y exposición a condiciones ambientales desfavorables sea mínima. Queda prohibido su reenvasado y cualquier adulteración del envase original y su rotulación en el lugar de expendio.

Artículo 296.- Cecinas crudas frescas son aquellas que, como resultado de su elaboración, no sufren alteración significativa en los valores de aw y pH respecto a los de la carne fresca. Pueden o no ser sometidas a proceso de aireación, curación, secado y/o ahumado.

Artículo 297.- Cecinas crudas maduradas son aquellos productos ahumados o no, sometidos a procesos de curación y maduración, de duración prolongada y que, como consecuencia de su elaboración, sufren una disminución de su pH y aw respecto a las de la carne fresca.

Artículo 298.- Cecinas crudas acidificadas son aquellos productos ahumados o no, que como consecuencia de su elaboración sufren una disminución del valor de su pH respecto al de la carne fresca.

Artículo 299.- Cecinas cocidas son aquellos productos que, cualquiera sea su forma de elaboración, son sometidos a un tratamiento térmico, en que la temperatura medida en el centro del producto, no sea inferior a 68°C.

Artículo 300.- Hamburguesa, sin otra denominación, es el producto elaborado con carne picada o molida, adicionada o no de grasa animal, sal, aditivos permitidos y especias. Previo a la cocción, su NOTA contenido de grasa no podrá exceder de 24%.

Artículo 301.- En la elaboración de cecinas y hamburguesas se permitirá usar como extensor de la carne proteínas no cárnicas autorizadas. En el caso de usar proteínas texturizadas su proporción máxima será de 10% en base seca.

INCISO SUPRIMIDO

Artículo 302.- Las cecinas crudas frescas, acidificadas y cecinas cocidas se deben mantener en refrigeración (0-6°C) inmediatamente después de su elaboración, y en los locales de expendio al público. Las cecinas maduradas se deben mantener en lugar fresco y seco (máximo 12ºC).

Artículo 303.- El transporte y distribución de todo tipo de cecinas deberá efectuarse en vehículos autorizados bajo condiciones de refrigeración (entre 0 y 6ºC). Esta última exigencia se hará efectiva después de transcurridos 24 meses de la entrada en vigencia del presente reglamento.

Artículo 304.- Jamón es una cecina cocida y curada, preparada con carne de pierna de cerdo, entera o trozada, separada del resto en un punto posterior al extremo del hueso de la cadera y sin pernil, adicionada con agua, sal y aditivos permitidos, y con o sin otros ingredientes permitidos. Su humedad no será superior a 77%.

Artículo 305.- Fiambre de jamón es una cecina cocida y curada, preparada con carne de cerdo trozada, picada o molida, y adicionada de agua, sal, aditivos y otros ingredientes permitidos. Este producto deberá contener como mínimo 12% de proteína y un máximo de 5% de grasa libre.

Artículo 306.- Salchicha o vienesa es una cecina cocida y curada, de masa homogénea, elaborada en base a carne de cerdo, vacuno u otras especies y adicionada con grasa o aceite, agua, sal, aditivos, con o sin cuero, y otros ingredientes permitidos. Este producto deberá contener como mínimo 12% de proteínas (N x 6,25) y un máximo 25% de grasa libre.

Artículo 307.- Cuando se usen membranas artificiales no comestibles en el embutido de cecinas, su rotulación deberá advertir que ellas deben ser retiradas antes de consumir el producto.

Artículo 308.- Se prohíbe agregar colorantes artificiales a las carnes y pastas, empleadas en la elaboración de cecinas. Se permite el uso de estos colorantes en tripas naturales y en membranas artificiales no comestibles y siempre que el colorante no difunda al contenido.

Artículo 309.- Se prohíbe agregar sustancias amiláceas a las cecinas, salvo las que se expendan enlatadas, en cuyo caso se permitirá hasta un 5%.

Artículo 310.- En la elaboración de cecinas se permitirá el uso de nitrito de sodio, nitrato de sodio y nitrato de potasio, solos o en mezcla bajo las siguientes condiciones:

a) como "sal nitrificada". Sal nitrificada es una mezcla de cloruro de sodio, adicionado de nitrito de sodio en una concentración de 0,7 a 0,8%;

b) "sales de cura" mezcla de cloruro de sodio, nitrito de sodio, nitrato de sodio o potasio, y otros aditivos permitidos. El porcentaje total de nitrito de sodio y nitrato de sodio o potasio, expresado como nitrito de sodio no debe ser superior al 10%;

c) la sal nitrificada y sales de cura deben ser elaboradas exclusivamente en establecimientos autorizados para estos fines por la autoridad sanitaria, quedando prohibida su elaboración en las fábricas de cecinas.

Queda asimismo prohibido mantener nitrito de sodio, nitrato de sodio y/o potasio como tales, en fábricas de cecinas;

d) en la sal nitrificada y las sales de cura se deberán declarar en forma destacada en su rótulo los porcentajes de nitrito de sodio y nitrato de sodio y/o potasio que contiene, como asimismo sus recomendaciones de uso.

e) las sales de cura deberán ser coloreadas para diferenciarlas de la sal común. Para ello se utilizará el colorante azorrubina en una cantidad que no supere los 250 mg/kg de sal de cura.

Artículo 311.- En cecinas se permitirá:

a) un contenido máximo de 125 mg/kg de nitrito de sodio residual;

b) un contenido máximo de 30 mg/kg de nitrosaminas expresadas como nitrosodimetilamina.

PÁRRAFO IV
DE LOS JUGOS Y EXTRACTOS DE CARNE

Artículo 312.- Los productos elaborados de carne y productos cárneos, comprenden entre otros:

a) jugo de carne es la parte líquida de las fibras musculares obtenida por presión y concentración al vacío,

a baja temperatura. No debe contener más de 15% de cenizas totales, no más de 2,5% de cloruro de sodio y no menos de 12% de nitrógeno, calculados sobre materia seca;

b) extracto de carne es el producto resultante de la filtración y concentración, hasta consistencia pastosa, del caldo preparado con tejido muscular de reses bovinas, prácticamente libres de grasas, tendones, cartílagos y huesos. El extracto de carne de otras especies deberá expenderse con indicación precisa de la especie de origen.

El extracto de carne debe contener como mínimo 6% de creatinina total y como máximo 22% de humedad, 2% de materia grasa, 10% de cloruro de sodio y 1% de residuo insoluble;

c) gelatina es el producto obtenido del tejido colágeno o ligamentos de origen animal, en medio ácido o alcalino y que se presenta en forma de polvo, láminas o tabletas transparentes. Contendrá como mínimo 15% de nitrógeno total y un máximo de 3,5% de cenizas totales.

La solución al 1% en agua dará al enfriarse una jalea inodora.

TÍTULO XII
DE LOS PESCADOS

Artículo 313.- Pescado fresco es aquel recientemente capturado y que no ha sido sometido a ningún proceso después de su extracción, a excepción del eviscerado cuando corresponda. Desde el momento de la extracción se deberán adoptar las medidas necesarias para reducir la temperatura de los productos, a través de mecanismos adecuados, que no contaminen el recurso extraído.

Durante la distribución estos productos deberán ser conservados a temperaturas no superiores a 5° C.

Artículo 314.- Pescado fresco enfriado es aquel que después de su extracción, ha sido eviscerado y enfriado a una temperatura entre 0 y 3°C con el objeto de conservarlo durante su distribución.

Artículo 315.- Pescado congelado es aquel que recientemente capturado, es procesado y sometido a una temperatura de -18°C como máxima, medida en su centro térmico.

Artículo 316.- Pescado ahumado es aquel, que previamente salado o no, es sometido a la acción del humo de maderas duras u otro procedimiento.

Artículo 317.- Todos los pescados frescos y enfriados que se expenden o elaboren deben ser eviscerados tan pronto sean capturados, excepto algunas especies de talla reducida (sardinas, pejerreyes, anchovetas y otros).

Artículo 318.- El pescado fresco que no sea eviscerado inmediatamente después de su captura, sólo podrá comercializarse si ha sido sometido de inmediato a la congelación a temperatura de -18ªC como máxima, medida en su centro térmico.

Artículo 319.- El pescado fresco destinado a la exportación, podrá transportarse y comercializarse sin eviscerar previa autorización en tal sentido del Director del Servicio de Salud correspondiente.

Artículo 320.- El pescado fresco y el pescado fresco enfriado, deberán cumplir con las características físico-organolépticas siguientes:

a) aspecto general: buen aspecto, pigmentación bien definida, mucosidad cutánea escasa, transparente, incolora o bien ligeramente opaca;

b) olor: fresco a mar o algas frescas;

c) consistencia muscular: superficie rígida, que no se hunde a la presión del dedo o bien, si lo hace, retorna de inmediato a su condición normal. Existencia de rigor mortis o en tránsito a desaparecer;

d) ojos: el globo ocular convexo llena la cavidad orbitaria o bien se presenta ligeramente hundido. Pupilas negras y brillantes, de forma y contorno definido. Córnea transparente e iris pigmentado;

e) branquias: color rojo brillante, olor propio o neutro.

Laminillas perfectamente separadas unas de otras, de longitud similar yuxtapuestas regularmente;

f) cavidad abdominal:

– ejemplares enteros: vísceras tersas y brillantes, perladas y sin daño aparente.

– ejemplares eviscerados: peritoneo adherente, restos de sangre roja;

g) escamas: adheridas con brillo metálico.

Artículo 321.- El pescado fraccionado deberá cumplir con las siguientes características físico-organolépticas:

a) aspecto externo

– tronco: mantener la pigmentación externa;

– medallones y filetes: color rosado traslúcido; blanquecino en carnes provenientes de pescados de carne blanca;

b) olor: fresco y propio;

c) consistencia muscular: firme, no se hunde a la presión del dedo, o bien retorna a su condición normal;

d) textura: miómeros definidos;

e) pH: máximo 6,8.

Artículo 322.- Todo local de venta que fraccione pescado con antelación al expendio, deberá contar con un lugar adecuado para dicho propósito el cual deberá cumplir con lo establecido en el Título I del presente reglamento. El producto fraccionado, deberá manipularse respetando todas las normas de higiene, procurando que su manipulación y exposición a condiciones ambientales desfavorables sea mínima.

Artículo 323.- Los pescados que se comercialicen para el consumo humano deberán estar refrigerados y exentos de parásitos y sus quistes.

Artículo 324.- Los pescados frescos, frescos enfriados y congelados no deberán contener más de:

a) 30 mg/100g de nitrógeno básico volátil total (NBVT) para peces no seláceos;

b) 70 mg/100g de nitrógeno básico volátil total (NBVT) para peces seláceos;

c) 20 mg/100g de histamina.

TÍTULO XIII
DE LOS MARISCOS

Artículo 325.- Marisco es todo aquel animal invertebrado comestible que tiene en el agua su medio normal de vida. Comprende moluscos, crustáceos, equinodermos, tunicados y otros.

Artículo 326.- Los mariscos que pueden permanecer vivos fuera de su medio natural (bivalvos, crustáceos, equinodermos y tunicados), cuando se expendan en estado fresco, deberán ser conservados vivos hasta el momento de su venta.

Artículo 327.- Marisco fresco es aquel recientemente capturado y que no ha sido sometido a ningún proceso después de su extracción. Desde el momento de la extracción se deberán adoptar las medidas necesarias para reducir la temperatura de los productos, a través de mecanismos adecuados, que no contaminen el recurso extraído.

Durante la distribución estos productos deberán ser conservados a temperaturas no superiores a 5° C.

Artículo 328.- Marisco fresco enfriado es aquel que después de su extracción ha sido enfriado a una temperatura entre 0 y 3ªC, con el objeto de conservarlo durante su distribución.

Artículo 329.- Marisco congelado es aquel que inmediatamente después de su extracción ha sido procesado y sometido a una temperatura de -18°C como máxima, medidos en su centro térmico.

Artículo 330.- Para evaluar el estado de frescura de los mariscos, deberán observarse las siguientes características:

Moluscos bivalvos y gastrópodos:

a) aspecto general: vivos, buen aspecto;

b) olor: fresco y propio;

c) estimulación física:cierre de valvas en bivalvos, retracción dentro o bajo la caparazón en gastrópodos. Moluscos cefalópodos:

a) aspecto externo: pigmentación muy definida con cromatóforos intactos; piel lisa, sana e intacta;

b) olor: neutro;

c) color: propio, carne blanca, firme y nacarado;

d) tentáculos: bien adheridos al manto;

Crustáceos:

a) aspecto general: vivos, buen aspecto, ausencia de melanósis;

b) ojos: negros, brillantes y turgentes;

d) membrana tóraco-abdominal: resistente, brillante y clara;

e) olor: neutro;

Equinodermos:

a) aspecto general: vivos, buen aspecto;

b) olor: propio;

c) espículas: móviles y erectas.

Artículo 331.- Los mariscos que se comercialicen para el consumo humano deberán estar exentos de quistes de parásitos.

Artículo 332.- El Nitrógeno Básico Volátil Total (N.B.V.T.), en mariscos frescos, enfriados y congelados con excepción de crustáceos, será de 30mg/100 gramos como máximo. En crustáceos no se debe sobrepasar los 60mg/100 gramos como máximo.

Artículo 333.- Los mariscos destinados al consumo humano no podrán contener más de 80 mcg/100 g de producto de veneno paralítico de moluscos (VPM) ni más de 20 mcg/g de producto de veneno amnésico de los mariscos (VAM) ni dar positiva la prueba del bioensayo para toxina diarreica de los mariscos (VDM).

En las áreas declaradas como afectadas por marea roja por la autoridad sanitaria, ésta establecerá, mediante resolución, las especies de mariscos cuya recolección o captura queda prohibida. En tales áreas, el Servicio de Salud podrá autorizar mediante resolución fundada, la recolección, captura y procesamiento industrial de mariscos contaminados con toxinas de marea roja en aquellos casos en que se demuestre que su procesamiento disminuye los niveles de toxina por debajo de los límites establecidos en el presente reglamento.

Artículo 334.- El marisco expuesto a posibles contaminaciones, sean naturales o provocadas por el hombre, deberá ser sometido a un proceso de purificación, debiendo la autoridad sanitaria controlar la inocuidad del producto purificado.

Artículo 335.- La instalación y funcionamiento de establecimientos destinados a la crianza, cultivo, engorda y purificación de mariscos destinados al consumo, así como los viveros dedicados a la comercialización de dichas especies, deberán ubicarse en lugares con agua limpia, cuyas condiciones microbiológicas permitan a los productos cumplir los requisitos establecidos en el Título V de este reglamento y contar con la autorización otorgada por el Servicio de Salud correspondiente.

TÍTULO XIV
DE LOS HUEVOS

Artículo 336.- Huevo es el óvulo completamente evolucionado de la gallina. Los huevos de otras aves deben designarse con la calificación complementaria de la especie de ave que proceda.

Artículo 337.- Huevo fresco es el huevo entero en su cáscara que no ha sufrido ningún proceso de conservación y que tiene un período de almacenaje no superior a 8 días.

La cámara de aire del huevo fresco no deberá ser superior a 8 mm.

Artículo 338.- Huevo conservado es el huevo entero en su cáscara que se ha mantenido refrigerado o en un lugar fresco y que tiene un período de almacenaje no superior a 30 días. La cámara de aire no deberá ser superior a 10 mm. El envase de este tipo de huevos deberá ser rotulado con las palabras "Huevo conservado en lugar fresco".

Artículo 339.- Huevo refrigerado es el huevo entero en su cáscara que ha sido sometido desde su producción a la acción del frío y mantenido en esas condiciones durante más de 30 días, a una temperatura máxima de 2°C y a una humedad relativa entre 80 y 90%. El pH de la clara y la yema no será mayor de 8,8 y 6,9 respectivamente; y la cámara de aire no deberá exceder de 10 mm. El envase de este tipo de huevos deberá ser rotulado con las palabras "Huevo Refrigerado".

Artículo 340.- Todo huevo entero en su cáscara, destinado a consumo directo, deberá ser transportado a los sitios de expendio en envases o bandejas nuevas. Todos los embalajes que se usen en el transporte de los huevos (cajas o bandejas), deben ser de primer uso. Se permite el empleo de embalajes de retorno siempre que sea posible lavarlos y desinfectarlos para lograr una correcta higienización de los mismos, la eficacia de dicho proceso deberá ser verificada por la autoridad sanitaria.

Los huevos deben ser transportados en vehículos cerrados cuyas estructuras sean de materiales y construcción tal, que permitan mantener una temperatura adecuada, su limpieza y desinfección.

Artículo 341.- Queda prohibida la venta de huevos que presenten las siguientes alteraciones:
- Manchados
- Cáscara fisurada
- Cáscara trizada o rota
- Signos de putrefacción
- Manchas de sangre
- Embriones en franco desarrollo
- Mohos y parásitos
- Alta deshidratación
- Cuerpos extraños

Artículo 342.- Huevo entero deshidratado o desecado es aquel desprovisto de su cáscara y al que se le ha extraído el agua por evaporación. No deberá contener más de un 5% de agua si se usa antiaglutinante; de no hacerlo se aceptará hasta un 8% de agua. El contenido de proteínas no será menor de 45% y el de grasa 42%. No deberá contener colorantes artificiales.

Artículo 343.- Huevo entero líquido es aquel privado de la cáscara, que conserva las proporciones naturales de la clara y de la yema, las que mezcladas dan lugar a un producto homogéneo. No se permitirá el uso de aditivos alimentarios artificiales para su conservación.

Los huevos o sus partes en estado líquido que han sido congelados deben mantenerse en envases de cierre hermético. Deberán preservarse a una temperatura inferior a -12°C, la que se mantendrá hasta la descongelación necesaria para su uso inmediato.

Artículo 344.- Se permite el agregado como antiaglomerante o antihumectante al huevo en polvo de no más de 1% en peso de dióxido de silicio, y no más de 1,5% en peso de silicato de aluminio y sodio.

Artículo 345.- Los establecimientos que elaboren huevo líquido y huevo congelado deberán someter los huevos a utilizar como materia prima a un proceso de lavado previo con agua potable de flujo continuo o adicionando a la misma, antisépticos autorizados atóxicos, en aquellos casos en que el proceso de elaboración no contemple alguna etapa tendiente a reducir la flora bacteriana tal como pasteurización u otros.

TÍTULO XV
DE LOS ALIMENTOS FARINÁCEOS

PÁRRAFO I
DISPOSICIONES GENERALES

Artículo 346.- La denominación genérica de alimentos farináceos está reservada para designar a los productos naturales, simples o transformados, que se caracterizan por contener sustancias amiláceas como componente dominante, acompañado o no de otros nutrientes, tales como proteínas, grasas, azúcares y otros.

PÁRRAFO II
DE LAS HARINAS

Artículo 347.- Harina, sin otro calificativo, es el producto pulverulento obtenido por la molienda gradual y sistemática de granos de trigo de la especie Triticum aestivum sp. vulgare, previa separación de las impurezas, hasta un grado de extracción determinado.

Artículo 348.- El producto pulverulento proveniente de la molienda de otros granos, será designado con la palabra harina, seguida de un calificativo que indique la o las especies de grano de la que provenga.

Artículo 349.- La harina deberá responder a los siguientes requisitos:

a) contener hasta un máximo de 15,0% de humedad;

b) contener hasta un máximo de 0,25% de acidez expresada en ácido sulfúrico, sobre la base de 14,0% de humedad;

c) contener hasta un máximo de 0,65% de cenizas, sobre la base de 14,0% de humedad;

d) contener hasta un máximo de 0,4% de fibra cruda sobre la base de 14,0% de humedad;

e) no contener menos de 7,0% de materias nitrogenadas (N x5,7), sobre la base de 14,0% de humedad, y

f) ser blanca, marfil o ligeramente amarillenta.

Artículo 350.- La harina deberá contener como mínimo las siguientes cantidades de vitaminas y sales minerales:

Tiamina	6,3 mg/kg
Riboflavina	1,3 mg/kg
Niacina	13,0 mg/kg
Hierro	30,0 mg/kg

El hierro debe agregarse en forma de sulfato ferroso, en el evento de no ser esto posible podrá usarse fumarato ferroso siempre que se mantenga la equivalencia con el sulfato ferroso.

Asimismo, la harina debe contener 1,8 mg/kg de ácido fólico, sin embargo éste se aceptará que esté presente en un rango de 1,0 a 2,6 mg/kg.

Artículo 351.- Las mezclas vitamínicas que se comercialicen para enriquecer la harina sean nacionales o importadas deberán indicar en su rotulación las cantidades de nutrientes que aportan por gramo de mezcla.

El Ministerio de Salud mediante decreto, dictado bajo la fórmula "Por orden del Presidente de la República", aprobará la directriz sobre los parámetros técnicos adecuados para que la composición de la premezcla vitamínica para harinas sea uniforme.

Artículo 352.- Harina integral es el producto resultante de la trituración del cereal previa limpieza y acondicionamiento, hasta llegar a un 100% de extracción.

Artículo 353.- La harina integral deberá cumplir con las características siguientes:

a) humedad, no más de 15,0%;

b) fibra cruda, no más de 1,5% sobre la base de 14,0% de humedad;

c) cenizas, no más de 1,5%, sobre la base de 14,0% de humedad, y d) acidez, no más de 0,3% expresada en ácido sulfúrico sobre la base de un 14% de humedad.

Artículo 354.- Las harinas de legumbres no deben contener más de 10 unidades de inhibidor de tripsina por miligramo de harina seca, 300 unidades de hemoaglutinantes por gramo de harina seca ni más de 0,1 mg de ácido cianhídrico por gramo de harina seca. Las harinas de lupino además no deberán contener más de 0,05% de alcaloides.

Artículo 355.- Las harinas no deberán contener insectos, partes de éstos o sus estados evolutivos, ácaros ni otros elementos extraños.

PÁRRAFO III
DEL PAN Y LOS PRODUCTOS DE PASTELERÍA Y REPOSTERÍA

Artículo 356.- Con el nombre de pan sin otra denominación, se entiende el producto de la cocción de la masa resultante de una mezcla de harina de trigo, levadura de panificación, agua potable y sal comestible, con o sin adición de mejoradores de panificación y/o enriquecedores, tales como: leche, azúcar, materias grasas u otros autorizados por este reglamento.

Si el pan se fabrica con otra harina, se denominará con el nombre de la harina que se emplee.

Artículo 357.- El pan deberá presentar las características siguientes:

a) olor y sabor característico;

b) cocción y panificación normales;

c) limpio y sin cuerpos extraños;

d) agua, no más de 36% en muestra tomada 1 hora después de salida del horno, y

e) acidez, no más de 0,25% expresada en ácido sulfúrico y calculada sobre la base de 30,0% de agua.

Artículo 358.- Con el nombre de masas o pastas horneadas se designan diversos productos elaborados en base a harinas, y adicionados o no de especies y otros ingredientes o aditivos permitidos, las que deberán cumplir con las siguientes especificaciones:

a) el aspecto de la masa será homogéneo, adecuado para dar la característica típica del producto;

b) acidez no superior al 0,25% expresada en ácido sulfúrico.

Artículo 359.- El pan, los pasteles, las masas, pastas y otros productos de pastelería y repostería, no deberán contener sustancias extrañas, insectos, parte de éstos o sus estados evolutivos, ni ácaros.

Artículo 360.- Las mezclas de aditivos mejoradores de panificación usados en la industria panadera no deberán contener bromato de potasio.

PÁRRAFO IV
DE LOS FIDEOS Y PRODUCTOS AFINES

Artículo 361.- Fideos son los productos constituidos por mezclas de sémolas de trigo y/o harina con agua potable, no fermentadas, sin cocción y que han sido sometidos a un proceso de desecación. Podrán adicionarse huevos, hortalizas y otros ingredientes y aditivos autorizados.

Artículo 362.- Los fideos deberán cumplir con los siguientes requisitos:

a) agua, máximo 13,5% y

b) acidez total no superior a 0,25%, expresada en ácido sulfúrico, sobre la base de 14,0% de humedad.

Las demás exigencias y características corresponderán a las de la materia prima de origen, sin considerar nutrientes u otras sustancias agregadas permitidas.

Artículo 363.- Fideos enriquecidos con vitaminas y sales minerales son aquellos que contienen como mínimo los siguientes nutrientes por cada kilogramo de producto final:

Tiamina	9,0 mg
Riboflavina	3,0 mg
Niacina	57,0 mg
Hierro	30,0 mg

El hierro debe agregarse en forma de sulfato ferroso o pirofosfato ferroso.

Artículo 364.- Fideos o pastas con o al huevo son aquellos a los cuales se les ha agregado huevos frescos enteros o su equivalente deshidratado, de modo que contengan como mínimo 330 mg de colesterol, por cada kilogramo de producto terminado.

Artículo 365.- Pastas alimenticias frescas son los productos fabricados con sémolas de trigo y/o harina con agua potable, adicionados o no con huevos, hortalizas u otros ingredientes y aditivos autorizados, y que no han sufrido un proceso de desecación.

Artículo 366.- Las pastas alimenticias frescas deben cumplir con los siguientes requisitos:

a) humedad, máximo 35%, y

b) acidez, máximo 0,20% expresada en ácido sulfúrico, sobre la base de un 14,0% de humedad.

Artículo 367.- Los fideos y productos afines no deberán contener insectos o sus estados evolutivos, ácaros ni hongos.

PÁRRAFO V
DE OTROS PRODUCTOS FARINÁCEOS

Artículo 368.- Los productos farináceos para coctel que se comercializan envasados, tales como: papas fritas, ramitas, productos extruidos, cereales dilatados, tortillas de maíz y similares, deberán presentar un máximo 40% de materia grasa y 5% de humedad.

Artículo 369.- Los cereales para el desayuno son los productos elaborados a base de harinas o granos de cereales adicionados o no de aditivos autorizados, sal con aceites vegetales y/o jarabes azucarados comestible u otros ingredientes alimenticios. Pueden ser recubiertos y enriquecidos con vitaminas y minerales.

Artículo 370.- Los productos descritos en este párrafo deberán presentar los caracteres que les son propios como sabor, olor, aspecto, textura y estar exentos de sustancias extrañas, insectos o parte de ellos.

PÁRRAFO VI
DE LOS DERIVADOS DE CEREALES Y TUBÉRCULOS

Artículo 371.- Se incluyen en este grupo diversos productos derivados de cereales y tubérculos tales como:

chuchoca es el producto total de la molienda gruesa del grano de maíz tierno (choclo), previamente cocido y seco;

maicena es la fécula de maíz blanco, variedad dulce; mote es el grano de trigo blando y tierno, obtenido por cocción y descortezado con lejía de ceniza u otro procedimiento equivalente autorizado y lavado con agua potable hasta eliminación total del álcali (pH 6,9);

mote de maíz es el maíz cocido y descortezado mediante lejía caliente de ceniza u otro procedimiento autorizado, y lavado con agua potable hasta eliminación del álcali (pH 6,9);

polenta es el producto de la molienda gruesa del grano de maíz seco y descortezado;

sémola es el producto de estructura granulosa, obtenido por la molienda gruesa y cernida del trigo duro (Triticum durum);

tapioca es el producto obtenido de la fécula de mandioca, humedecida y granulada;

avena laminada es el producto obtenido, por compresión mecánica del grano de avena industrialmente limpio y desprovisto de sus tegumentos;

chuño es el producto obtenido a partir de fécula de papa y puede contener hasta un máximo de 18% de humedad;

afrecho o salvado de trigo es el producto obtenido en el proceso de molienda del cereal y corresponde a las materias fibrosas no digeribles obtenidas a partir de las envolturas externas (pericarpio y testa) de la semilla o cariopse;

gérmen de trigo es el producto obtenido en el proceso de molienda a partir de la extracción del embrión de la semilla o cariopse.

TÍTULO XVI
DE LAS LEVADURAS DE PANIFICACIÓN Y DE LOS AGENTES LEUDANTES

Artículo 372.- Levadura para panificación es el producto obtenido de la propagación industrial de levaduras del género Saccharomyces en medios de cultivos adecuados.

Artículo 373.- Levadura prensada o filtrada para panificación corresponde a la levadura que ha sido centrifugada, prensada o filtrada, de manera que su humedad no sea mayor de 75% en peso.

Artículo 374.- Levadura seca y levadura seca instantánea para panificación corresponde a la levadura que ha sido deshidratada, de manera que su humedad no sea superior al 10% en peso.

Artículo 375.- Polvos de hornear son aquellos productos formados de ácido carbónico y sus sales sódica, potásica, cálcica y amónica y otros leudantes químicos autorizados, pudiendo adicionarles excipientes como material inerte.

Artículo 376.- Se podrán usar como agentes leudantes otros productos, siempre que estén expresamente autorizados para este fin en este reglamento.

TÍTULO XVII
DE LOS AZÚCARES Y DE LA MIEL

PÁRRAFO I
DE LOS AZÚCARES

Artículo 377.- Con el nombre de azúcar sólo podrá denominarse a la sacarosa natural cristalizada proveniente de la raíz de la remolacha azucarera (Beta vulgaris var.saccharina o saccharifera) o de los tallos de la caña de azúcar (Saccharum officinarum).

Artículo 378.- Azúcar crudo es el producto sólido cristalizado, obtenido de la caña de azúcar o de la remolacha azucarera, constituido esencialmente por cristales sueltos de sacarosa cubiertos de una película de su licor madre. Su polarización mínima a 20ºC debe ser de 96.

Artículo 379.- Azúcar blanco granulado o refinado es el producto que contiene por lo menos un 99,5% de sacarosa y no más de 0,1% de sustancias insolubles en agua. No deberá contener más de 0,10% de cenizas, 0,10% de sustancias reductoras ni más de 0,10% de humedad y su color será como máximo 150 unidades ICUMSA.

Al azúcar blanco podrá adicionarse hasta en un 2%, en total, de silicatos o fosfatos de calcio como agentes antihumectantes u otros productos permitidos.

Artículo 380.- Azúcar rubio granulado es el producto cristalizado obtenido de la caña de azúcar o de la remolacha azucarera que contiene como mínimo 98.5% de sacarosa y como máximo 0,2% de sustancias insolubles en agua, 0,4% de cenizas y 0,10% de humedad.

Artículo 381.- Azúcar flor o azúcar en polvo (azúcar glacé) es el producto que se obtiene al moler finamente el azúcar blanco granulado o el azúcar refinado granulado. Sus características deben corresponder a las del azúcar utilizado en su fabricación, permitiéndose agregar silicato o fosfato de calcio u otros agentes antihumectantes, en las concentraciones indicadas en este reglamento.

Como ingrediente facultativo, se podrá utilizar almidón en una concentración máxima de 5% a condición de que no se emplee otro antiaglutinante o antihumectante.

Artículo 382.- Chancaca es el producto obtenido al concentrar y cristalizar el jugo purificado de caña o de remolacha. Debe contener como mínimo 80% de sacarosa y como máximo 1% de sustancias insolubles en agua, 1,2% de cenizas y 6% de humedad.

Artículo 383.- Con el nombre de azúcares se entenderá a los carbohidratos endulzantes, monosacáridos y disacáridos refinados, concentrados y/o cristalizados, para efectos de rotulación, los que deberán rotularse con su nombre específico.

PÁRRAFO II
DE LOS JARABES

Artículo 384.- Se reserva la denominación de jarabes a los derivados, sucedáneos y subproductos de los azúcares naturales que comprenden a las sustancias cuya nomenclatura y requisitos se detallan en los artículos siguientes.

Artículo 385.- DEROGADO

Artículo 386.- DEROGADO

Artículo 387.- Jarabe de glucosa es una solución concentrada y purificada de sacáridos nutritivos obtenidos del almidón.

Artículo 388.- El jarabe de glucosa destinado a la fabricación de productos de confitería podrá contener como máximo 400 mg/kg de anhídrido sulfuroso, aceptándose para el jarabe de glucosa destinado a otros usos un máximo de 40 mg/kg de anhídrido sulfuroso.

Artículo 389.- Jarabe de glucosa "deshidratada" es el jarabe de glucosa del que se ha separado parcialmente el agua. Debe contener como mínimo 20% m/m de azúcares reductores (equivalente en dextrosa), expresados en D-glucosa en seco y 90% m/m de sólidos totales y como máximo 1% m/m en seco de cenizas sulfatadas y 1 mg/kg de arsénico.

El jarabe de glucosa deshidratado destinado a la fabricación de productos de confitería deberá contener como máximo 150 mg/kg de anhídrido sulfuroso, aceptándose para el jarabe de glucosa deshidratado destinado a otros usos un máximo de 40 mg/kg de anhídrido sulforoso.

Artículo 390.- Jarabe de maíz de alta fructosa, es un jarabe de maíz, obtenido por isomerización enzimática de una solución de alta dextrosa, conteniendo al menos un 70,5% de sólidos, no menos de un 92% de monosacáridos, conteniendo como mínimo un 42% de fructosa y no más de un 8% de otros sacáridos.

Artículo 391.- Jarabes naturales son los jugos naturales azucarados de productos vegetales (caña, maíz, remolacha, palma, frutas y otros), concentrados hasta la consistencia de jarabe, debiendo tener como mínimo 62° Brix y no contener sustancias aromáticas artificiales ni sustancias colorantes.

Artículo 392.- Jarabes artificiales son las soluciones concentradas de azúcares en agua potable, con adición de sustancias aromáticas, colorantes y ácidos permitidos.

PÁRRAFO III
DE LA MIEL

Artículo 393.- Se entiende por "miel" la sustancia dulce natural producida por abejas Apis mellifera a partir del néctar de las plantas o de secreciones de partes vivas de éstas o de excreciones de insectos succionadores de plantas que quedan sobre partes vivas de las mismas y que las abejas recogen, transforman y combinan con sustancias específicas propias, y depositan, deshidratan, almacenan y dejan en el panal para que madure y añeje.

"Miel de flores" o "miel de néctar" es la miel que procede del néctar de las plantas.

"Miel de mielada" es la miel que procede principalmente de excreciones que los insectos succionadores (Hemiptera) dejan sobre las partes vivas de las plantas o de secreciones de partes vivas de las mismas.

La miel se compone esencialmente de diferentes azúcares, predominantemente fructosa y glucosa, además de otras sustancias como ácidos orgánicos, enzimas y partículas sólidas derivadas de la recolección. El color de la miel varía de casi incoloro a pardo oscuro. Su consistencia puede ser fluida, viscosa, o total o parcialmente cristalizada. El sabor y el aroma varían, pero derivan de la planta de origen.

La miel deberá cumplir con las siguientes restricciones y características:

a) No contener ningún ingrediente adicional, incluidos los aditivos alimentarios u otra sustancia que no sea definida como miel.

b) No contener ninguna materia, sabor, aroma o mancha objetables que hayan sido absorbidas desde materias extrañas durante su procesamiento y almacenamiento.

c) No haber comenzado a fermentar o producir efervescencia.

d) No haber sido sometida a extracción de polen ni ningún constituyente particular de la miel, excepto cuando sea imposible evitarlo para garantizar la ausencia de materias extrañas, inorgánicas u orgánicas.

e) No deberá calentarse ni elaborarse la miel de forma tal que se modifique su composición esencial y/o se menoscabe su calidad.

f) No se deberán utilizar tratamientos químicos o bioquímicos para influir en la cristalización de la miel.

g) Debe contener como máximo 20% de agua, con excepción de las mieles descritas en la norma del Codex Alimentarius para la miel "Norma para la Miel CODEX STAN 12-1981", de acuerdo a su última versión, para las cuales regirá el valor según corresponda.

h) Debe contener no menos de 60 gramos de fructosa más glucosa por 100 gramos de miel o 45 gramos de fructosa más glucosa por 100 gramos de miel de mielada o mezclas de miel de mielada con miel de flores.

i) Debe contener no más de 5 gramos de sacarosa por 100 gramos de miel con excepción de las mieles descritas en la norma del Codex Alimentarius para la miel "Norma para la Miel CODEX STAN 12-1981", de acuerdo a su última versión, para las cuales regirá el valor que corresponda.

j) No debe contener más de 0,1 gramo de sólidos insolubles en agua por 100 gramos de miel obtenida mediante la centrifugación de los panales desoperculados, sin larvas, u obtenida mediante el drenaje de los panales desoperculados, sin larvas, o no contener más de 0,5 gramo de sólidos insolubles en agua por 100 gramos de miel obtenida mediante el prensado de los panales, sin larvas.

Los envases de miel destinados al consumidor final deberán rotular en su cara principal la siguiente frase:

"Este producto no debe ser consumido por menores de 12 meses". Las características de las letras deberán corresponder a lo establecido en el artículo 115, letra c), números 1 y 2, de este reglamento.

Artículo 393 bis.- Se entenderá por "polen corbicular" el conglomerado de polen extraído desde las flores por la abeja de la especie Apis mellifera, la cual mezcla y aglutina con secreciones salivales y néctar, para ser depositadas en forma de gránulos redondeados en las corbículas de su tercer par patas traseras y transportadas a la colmena. Para efectos de rotulación, se aceptará el uso de la denominación "polen", "polen de abeja", "polen granulado" u otro que informe a los consumidores sobre la naturaleza de este producto, resguardando el cumplimiento del artículo 110 del presente reglamento.

Se entenderá por "jalea real" la sustancia cremosa semifluida de color blanco amarillento, de sabor ácido, ligeramente picante, la cual es producida por la acción combinada de la glándula hipofaringeas y por la glándula mandibulares de las abejas nodrizas de la especie Apis mellifera

Artículo 394.- Podrá denominarse como "miel de palma" al producto dulce, viscoso y de color caramelo oscuro, obtenido por concentración de savia de palma chilena (Jubea chilen-

sis). El producto no deberá contener saborizantes/aromatizantes, preservantes, espesantes y/o colores artificiales.

TÍTULO XVIII
DE LOS PRODUCTOS DE CONFITERÍA Y SIMILARES

PÁRRAFO I
DE LA CONFITERÍA DE AZÚCAR

Artículo 395.- Productos de confitería son las preparaciones de diferentes formas de presentación y consistencia, que contienen azúcares como materia básica característica, o en su reemplazo total o parcial edulcorantes no nutritivos, con o sin adición de miel, leche, materias grasas, frutas al estado natural o elaboradas, semillas u otros ingredientes y aditivos permitidos.

PÁRRAFO II
DE LOS PRODUCTOS DEL CACAO Y DEL CHOCOLATE

Artículo 396.- Semilla de cacao o cacao en grano es la semilla sana y limpia del Theobroma cacao L., que ha sido sometida a fermentación y posterior desecación. Deberá contener como máximo 8% de humedad, 12% de cáscara y no contener insectos o sus estados evolutivos.

Artículo 397.- Cacao o cacao en polvo es el producto obtenido de la pulverización de la torta de cacao. Deberá contener como máximo 8% de humedad y 5% de cascarillas o sustancias extrañas, expresadas sobre materia seca desgrasada. Si su contenido de materia grasa es igual o superior al 10% se denominará "Cacao natural en polvo" y si es menor de 10% se denominará como "Cacao desgrasado en polvo".

Artículo 398.- Chocolate es el producto homogéneo obtenido de un proceso de fabricación adecuado de materias de cacao que puede ser combinado con productos lácteos, azúcares y/o edulcorantes, emulsificadores y/o saborizantes. Debe contener como mínimo 20% de sólidos de cacao del cual, por lo menos 18% será manteca de cacao. Pueden agregarse hasta un límite de un 40% del peso total del producto terminado otros ingredientes alimenticios.

Artículo 399.- Chocolate sucedáneo es el producto en el que la manteca de cacao ha sido reemplazada parcial o totalmente por materias grasas de origen vegetal, debiendo poseer los demás ingredientes del chocolate. Deberá contener como mínimo un 4% de sólidos no grasos de cacao y su humedad no deberá ser superior al 3%.

El chocolate sucedáneo de leche deberá contener un mínimo de 12% de sólidos de leche desgrasados y el chocolate blanco sucedáneo deberá contener como mínimo un 4% de manteca de cacao. En la rotulación de estos productos deberá destacarse claramente Sabor a chocolate.

Artículo 400.- Cacao azucarado en polvo es el producto obtenido a partir de cacao en polvo, con la adición de azúcar y destinado a ser disuelto en agua o leche. Deberá contener como máximo 65% de azúcar y como mínimo 20% de sólidos de cacao. Podrá llevar adicionado leche en polvo u otros ingredientes y aditivos permitidos, no podrá contener colorantes.

PÁRRAFO III
DE LOS PRODUCTOS EN POLVO PARA PREPARAR POSTRES Y REFRESCOS

Artículo 401.- Con el nombre genérico de producto en polvo para preparar postres y refrescos, se denominan los productos en polvo o granulados que, por dispersión en agua y/o leche, permiten la obtención de las preparaciones correspondientes (gelatinas, flanes, budines, refrescos u otros).

Artículo 402.- Polvos para preparar postres de gelatina son los productos constituidos por mezclas de gelatina y azúcares o edulcorantes autorizados, adicionados o no de acidulantes, saborizantes, colorantes y otros ingredientes autorizados por este reglamento. Su contenido máximo de humedad será de 5%.

Cuando se utilicen otros espesantes o hidrocoloides autorizados que no sea gelatina de origen animal, deberá indicarse en el rótulo "gelatina de origen vegetal", sin perjuicio de la correspondiente declaración de los nombres específicos de los espesantes o hidrocoloides constituyentes.

Artículo 403.- La gelatina utilizada en la elaboración de postres debe provenir de la hidrólisis selectiva del colágeno principal proteína estructural de la piel, tejido conectivo y huesos de animales sanos. Deberán cumplir con las normas de identidad y pureza de FAO/OMS.

Artículo 404.- Polvos para preparar refrescos o bebidas instantáneas en polvo son los productos constituidos por azúcares o mezclas de azúcares y edulcorantes autorizados o mezclas de edulcorantes autorizados, acidulantes, saborizantes, colorantes, con o sin adición de enturbiantes y otros ingredientes.

Estos productos deberán contener lo siguiente:

a) porcentaje máximo de humedad de 5% al momento de envasar estos productos;

b) porcentaje máximo de cenizas totales 2% con excepción de los enriquecidos o fortificados, para los cuales no regirá este límite;

c) porcentaje mínimo de 85% de azúcares totales en peso del producto final, salvo para los refrescos o bebidas instantáneas en polvo, en los que se ha sustituido total o parcialmente los azúcares por edulcorantes no nutritivos.

Artículo 405.- La rotulación de edulcorantes en estos productos deberá ajustarse a lo estipulado en el Título III. De los Aditivos Alimentarios de este reglamento.

TÍTULO XIX
DE LAS CONFITURAS Y SIMILARES

Artículo 406.- Con la denominación genérica de "confituras", se entienden los productos obtenidos por cocción de frutas, hortalizas o tubérculos (enteros o fraccionados), sus jugos y/o pulpas, con azúcares (azúcar, dextrosa, azúcar invertido, jarabe de glucosa o sus mezclas) con o sin adición de otros edulcorantes, aditivos e ingredientes. Comprenden mermeladas, dulces, jaleas, frutas confitadas, glaseadas, cristalizada o escarchadas, escurridas y almibaradas.

Artículo 407.- Las frutas y hortalizas confitadas, glaseadas cristalizadas o escarchadas, escurridas y almibaradas, deberán cumplir con lo siguiente:

a) deben estar libres de hojas, fragmentos de insectos y materias ajenas al producto;

b) los frutos deben poseer un mínimo de transparencia, brillo y turgencia y su textura debe ser firme y no desintegrarse al ser presionada entre los dedos;

c) podrán contener colorantes y aromatizantes u otros aditivos autorizados.

TÍTULO XX
DE LAS CONSERVAS

PÁRRAFO I
DISPOSICIONES GENERALES

Artículo 408.- Conserva es el producto alimenticio contenido en envase herméticamente sellado y que ha sido sometido posteriormente a un tratamiento térmico que garantice su esterilidad comercial.

Artículo 409.- Envase herméticamente sellado es aquel que ha sido diseñado para impedir la entrada de microorganismos durante y después del tratamiento térmico, con el objeto de mantener la esterilidad comercial.

Artículo 410.- Tratamiento térmico son las condiciones de tiempo y temperatura necesarias para conseguir la esterilidad comercial.

Artículo 411.- Tratamiento programado es el tratamiento térmico utilizado por el fabricante para un producto determinado y un tamaño de envase definido, para conseguir la esterilidad comercial.

Artículo 412.- Esterilidad comercial es el estado que se consigue aplicando calor suficiente, solo o en combinación con otros procesos de conservación de alimentos, que aseguren la destrucción de formas viables de microorganismos patógenos y de otros microorganismos capaces de alterar el producto y que pudieran multiplicarse a temperatura ambiente, durante su almacenamiento y distribución.

Artículo 413.- Alimento ácido es todo alimento cuyo pH natural sea de 4.5 o menor.

Artículo 414.- Alimento de baja acidez es cualquier alimento con un valor de pH mayor de 4.5 y una actividad de agua mayor de 0.85. Incluye frutas, vegetales o productos vegetales de acidez naturalmente baja, a los cuales se les ha reducido el pH por acidificación, previo a su tratamiento térmico.

Artículo 415.- Alimento en conserva acidificado es todo alimento que haya sido tratado para obtener un pH de equilibrio de 4.5 o menor después del tratamiento térmico.

Artículo 416.- El agua utilizada para el enfriamiento de las conservas deberá ser clorada, debiendo controlarse, para asegurar en todo momento un nivel no inferior a 0,2 mg/l de cloro libre residual.

Si esta agua se recircula debe separarse toda materia orgánica insoluble.

Artículo 417.- Se debe asegurar la hermeticidad de las conservas mediante procedimientos idóneos. Se deberá llevar un registro de los controles de hermeticidad.

Artículo 418.- Los autoclaves utilizados en el tratamiento térmico deben estar provistos de un termómetro de precisión de 1ºC y además de un dispositivo de registro de la temperatura y tiempo de esterilización.

Artículo 419.- Se prohíbe la tenencia, distribución y expendio de conservas cuyos envases se presenten hinchados, abollados, con evidencia de haber perdido su hermeticidad por daño en sus cierres, visiblemente oxidados o que haya excedido el plazo recomendado para su consumo establecido por el fabricante. Estos productos no podrán ser reprocesados para consumo humano.

Artículo 420.- En productos en conserva, la fecha o código de elaboración se estampará en una de las tapas del envase bajo relieve o con equipos automáticos de impresión mediante tinta indeleble, en la forma y orden establecidos en este reglamento.

PÁRRAFO II
DE LOS REQUISITOS PARA ALIMENTOS DE BAJA ACIDEZ

Artículo 421.- El tratamiento térmico deberá ser establecido por el fabricante para cada producto, formulación y formato mediante instrumentos y estudios de curvas de penetración de calor realizados en los autoclaves de la industria. Este tratamiento deberá supervisarse por personal técnicamente competente.

PÁRRAFO III
DE LOS REQUISITOS PARA ALIMENTOS EN CONSERVA ACIDIFICADOS

Artículo 422.- Deberá llevarse en registro para cada carga que contenga la siguiente información:

a) condiciones del tratamiento térmico;

b) productos empleados para el ajuste del pH.

El producto final deberá tener un pH de equilibrio igual o menor a 4,5.

PÁRRAFO IV
DE LOS REQUISITOS PARA CONSERVAS DE CARNE

Artículo 423.- Las conservas de carne no deberán contener más de 100 mg/Kg de nitrito residual, expresado como nitrito de sodio.

TÍTULO XXI
DE LOS ENCURTIDOS

Artículo 424.- Encurtidos o pickles son los frutos u hortalizas sometidas a fermentación láctica con adición de sal, conservados o no en vinagre. Los encurtidos deben cumplir los siguientes requisitos:

a) las frutas y hortalizas utilizadas como materias primas deberán ser sanas, de madurez adecuada y estar libres de alteraciones producidas por agentes físicos, químicos o biológicos;

b) el líquido de cobertura de los encurtidos conservados en vinagre deberá tener una acidez mínima de 1,5% expresada como ácido acético, y un pH no mayor de 3,8 (a 20ºC).

Debe contener un máximo de 100 mg/kg de anhídrido sulfuroso total, cuando las materias primas hayan sido tratadas con sulfito, bisulfitos o anhídrido sulfuroso.

Artículo 425.- Las aceitunas conservadas por esterilización térmica (como las aceitunas aderezadas ennegrecidas por oxidación) deberán haber recibido un tratamiento suficiente, tanto en tiempo como en temperatura para destruir las esporas de Clostridium botulinum.

TÍTULO XXII
DE LOS CALDOS Y SOPAS DESHIDRATADAS

Artículo 426.- Caldo deshidratado es el producto constituido por verduras o mezclas de carne y sus extractos, grasa, sal comestible, condimentos, especias y acentuantes del sabor. Pueden contener verduras deshidratadas, proteínas hidrolizadas, extractos de levaduras y aditivos autorizados en este reglamento.

Los caldos deshidratados no deben contener más de un 5% de humedad y reconstituidos de acuerdo a su rotulación, deben contener como máximo 12,5 g de cloruro de sodio y como mínimo 100 mg de nitrógeno total por litro de caldo. Los caldos de carne de vacuno deben contener como mínimo 20 mg de creatinina total y los de otras carnes 10 mg de creatinina total por litro de caldo preparado.

Artículo 427.- Sopas y sopas cremas deshidratadas son aquellos productos elaborados a base de mezclas de cereales y sus derivados, leguminosas sometidas a tratamiento térmico, verduras deshidratadas, callampas, carnes en general incluyendo las de aves, pescados y mariscos, leche y sus derivados, alimentos grasos, extractos de carnes y levaduras, proteínas hidrolizadas, sal, especias y sus extractos y otros productos alimenticios acentuantes del sabor y aditivos permitidos. Para su consumo requieren la adición de agua y cocción de acuerdo a lo indicado en su rotulación.

Las sopas cremas deshidratadas deberán contener como mínimo 0,8% de nitrógeno total y como máximo un 8% de humedad.

Deberán contener por litro de sopa como máximo 12,5 g de cloruro de sodio. Las sopas cremas en cuyas denominaciones se haga alusión a la presencia de carne, deben contener como mínimo 60 mg de creatinina total por litro de sopa preparada cuando corresponda a variedades con carne de vacuno y 10 mg de creatinina total en variedades con otras carnes.

Artículo 428.- Sopas y sopas cremas deshidratadas instantáneas no necesitarán cocción y para ser consumidas sólo requieren la adición de agua de acuerdo a las instrucciones de preparación indicadas en su rótulo. Deben cumplir los mismos requisitos que las sopas y sopas cremas deshidratadas no instantáneas.

Artículo 429.- La creatinina de los caldos, sopas y sopas cremas debe corresponder exclusivamente a los componentes del producto natural.

TÍTULO XXIII
DE LAS ESPECIAS, CONDIMENTOS Y SALSAS

PÁRRAFO I
DE LAS ESPECIAS

Artículo 430.- La denominación de "especias" comprende a plantas o partes de ellas (raíces, rizomas, bulbos, hojas, cortezas, flores, frutos y semillas) que contienen sustancias aromáticas, sápidas o excitantes, o sus principios activos suspendidos en un soporte alimenticio adecuado, empleadas para condimentar alimentos y bebidas. Se incluyen en esta denominación, entre otras, las siguientes especias:

Anís común o verde:	Frutos desecados del Pimpinela anisum L.
Anís estrellado:	Frutos del Illicium verum H.
Azafrán:	Filamentos de color rojo-anaranjado provenientes de los estigmas desecados de la flor del Croccus sativus L.
Canela de Ceylán:	Corteza desecada y privada en su mayor parte de la capa epidérmica, proveniente el Cinnamomum zeylanicum N. Toda canela no corresponda a los caracteres macro microscópicos de la de Ceylán, como la del Cinnamomum cassia, debe denominarse "canela común"
Cardamomo:	Semillas del Elettaria cardamomum L.
Clavo de olor:	Botones florales secos del Caryophyllus aromaticus L. o Eugenia Caryphyllata T.
Comino:	Frutos del Cuminum cyminum L.
Comino alemán o alcaravea:	Frutos del Carum carvi L.
Cúrcuma:	Rizoma del Curcuma longa L.
Curry:	Mezcla de especies de sabor picante, constituida por diversas especias como pimientas, jengibre, cúrcuma y otros condimentos
Jengibre:	Rizoma lavado y desecado de Zingiber officinale R.
Macis:	Envoltura o arilo que recubre la semilla de la nuez moscada Myristica fragans H.
Mejorana:	Hojas y partes aéreas floridas del Origa num mejorana L.
Menta piperita:	Hojas y partes aéreas floridas de la Mentha piperita L.
Mostaza blanca:	Semillas de la Sinapis alba
Mostaza negra:	Semillas de la Brassica nigra L.
Nuez moscada:	Semilla desecada de Myristica fragans H., desprovista totalmente de su envoltura (macis)
Pimienta blanca:	Fruto maduro y seco, privado de la parte exterior de su pericarpio, proveniente del Piper nigrum L.
Pimienta negra:	Fruto incompletamente maduro y seco, proveniente del Piper nigrum L.
Pimienta de Jamaica:	Fruto de Pimienta officinalis B. oAllspice
Pimienta de Cayena:	Frutos especialmente picantes del Capsicum frutescens
Vainilla:	Fruto inmaduro, fermentado y desecado de vainilla olanifolia A.

Artículo 431.- Las especias deben ser sanas, limpias, genuinas y presentar las características que les son propias. Deben contener la totalidad de sus principios activos y estar privadas de otras partes del vegetal exentas de valor como condimento.

Artículo 432.- Las especias no deben estar agotadas, alteradas, contaminadas con insectos o parásitos, ni en mal estado de conservación o higiene. Queda prohíbido adicionarles sustancias inertes, amiláceas o cualquier otra materia extraña.

Artículo 433.- Las especias que a continuación se indican deben cumplir con los siguientes límites de humedad, cenizas totales,cenizas insolubles en ácido clorhídrico, fibra cruda y esencias:

Especia	Humedad materias volátiles máx. %	Cenizas totales máx. %	Cenizas insolubles HCL 10 máx. %	Fibra cruda máx. %	Esencia mín.%
Anís común	13	9,0	1,5	-	2
Anís estrellado	-	3,0	1	-	4,5
Azafrán	15	8	1	5	4,5
Canela de Ceylán	10	6	2	20	2
Cardamomo	12	8	3	-	0,5
Clavo de olor	15	8	2	15	2
Comino	9	9,5	1	7	0,3
Comino alemán	9,5	9	1	18	10
Cúrcuma	10	8	1	6	2,5
Jengibre	14	7,5	2	8	2,5
Macis	17	3	0,5	10	4
Mejorana	15	15	5	19	0,7
Menta piperita	12	12	1	-	0,8
Mostaza blanca	-	5	1	22	-
Mostaza negra	-	5	1,5	-	0,6
Nuez moscada	14	5	0,8	20	5
Pimienta blanca	15	2	0,3	5	1,5
Pimienta negra	12	7	1	12,5	2
Pimienta de Cayena	10	8	1	-	-
Pimienta de Jamaica	10	6	0,4	25	-
Vainilla	30	7	-	-	1,5

Artículo 434.- Si se sustituye la vainilla natural por vainillina o etil-vainillina, los rótulos y publicidad deberán indicar: "aromatizado con vainillina o etil-vainillina".

PÁRRAFO II
DE LA SAL COMESTIBLE

Artículo 435.- Sal comestible es el cloruro de sodio proveniente de depósitos geológicos, de lagos salados o de agua de mar. Se incluye en esta definición aquella destinada al consumo directo, así como aquella destinada a la elaboración y preparación de alimentos por la industria.

Artículo 436.- La sal comestible, sin otra denominación, sea cristalizada o molida, deberá contener un mínimo de 97% de cloruro de sodio en base seca, con exclusión de los aditivos.

Artículo 437.- La sal comestible con menor contenido de sodio deberá ceñirse a las especificaciones que para cada descriptor nutricional establece el artículo 120 del presente reglamento.

Artículo 438.- Toda sal comestible, deberá contener yodo adicionado en forma de yodatos o de yoduros de sodio o de potasio, en una concentración entre 0,02 y 0,06 gramos de yodo por kilogramo del producto.

Cuando se utilicen sucedáneos de la sal comestible o sal baja en sodio, ella deberá ser yodada según lo dispuesto en el inciso anterior

Artículo 439.- Toda sal comestible deberá estar exenta de cualquier sustancia tóxica. No deberá contener:

a) más de 0,5% de nitratos, expresados como nitrato de potasio;

b) no más de 1,5% de sulfatos expresados como sulfato de sodio;

c) no más de 1% de sólidos insolubles en agua; y

d) no más de 1 mg/kg de nitritos como NO 2.

PÁRRAFO III
DEL VINAGRE

Artículo 440.- La designación de "vinagre" o "vinagre de vino" corresponde al producto de la fermentación acética del vino. Los vinagres obtenidos por fermentación de otras bebidas o líquidos alcohólicos deberán llevar, en la rotulación de sus envases, la declaración de "vinagre...", seguido del nombre de la materia prima de origen.

Artículo 441.- El vinagre o vinagre de vino debe presentar las siguientes características:

a) líquido de color, olor y sabor propios de su naturaleza, límpido, sin presentar hongos y levaduras, ni otras alteraciones;

b) su contenido de alcohol no debe sobrepasar el 1% en volumen y su acidez total, expresada en ácido acético, debe ser como mínimo 5%;

c) deberá contener como mínimo 10 g/l de extracto seco, una acidez fija, expresada en tartrato ácido de potasio, de 5g/l y cenizas totales 1 g/l.

Artículo 442.- Los vinagres que no procedan de vino (alcohol, azúcares, hidromiel, zumos de frutas, cerveza, malta, sidra, suero lácteo u otros) corresponderán a la composición normal de sus materias de origen y su acidez total, expresada en ácido acético, no será inferior a 4%.

Artículo 443.- Los vinagres, en general, no deben contener sustancias extrañas a su materia prima de origen, ni se aceptará que sean adicionados de ácidos minerales ni orgánicos, incluso ácido acético, materias acres, irritantes o tóxicas, colorantes extraños como tampoco, de otras sustancias destinadas a realzar artificialmente las propiedades características de los vinagres genuinos.

Artículo 444.- No se permitirá la elaboración, distribución o expendio bajo el nombre de vinagre, de productos a base de ácido acético o láctico, que no provengan de la fermentación acética natural de los productos de origen.

PÁRRAFO IV
DE LAS SALSAS

Artículo 445.- Se denomina salsa a los productos preparados, de consistencia líquida o semilíquida a base de pulpa de frutos, condimentos naturales o elaborados, ácidos orgánicos, productos aromáticos o picantes, azúcares, sal u otros productos permitidos.

Artículo 446.- Salsa de mostaza es la mezcla de harina de mostaza con vinagre, sal, otros condimentos y acidulantes permitidos. Debe responder a los siguientes requisitos:

a) contener hasta un máximo de 75% de humedad;

b) no contener menos de un 0,1% de esencia de mostaza natural, expresada en base seca;

c) contener hasta un máximo de 12% de cenizas totales, expresadas en base seca;

e) acidez no menor de 1% expresada como ácido acético.

Artículo 447.- Toda mezcla con otras sustancias espesantes, colorantes permitidos u otros ingredientes no señalados en la definición de salsa de mostaza, sólo puede expenderse como "condimento de mostaza".

Artículo 448.- Salsa de tomates es el producto resultante de la molienda y tamizaje parcial de tomates de las variedades rojas (Lycopersicum esculentum Mill), sanos, maduros, cuya pulpa y jugo parcialmente libre de piel y semillas ha sido concentrado por evaporación y adicionado de condimento, sal y aditivos permitidos. Debe responder a los siguientes requisitos:

a) sólidos solubles mínimo 8° Brix;

b) acidez total expresada como ácido cítrico anhidro, máximo 2,5%.

Artículo 449.- Ketchup es el producto obtenido de la molienda y tamizaje de tomates de las variedades rojas (Lycopersicum esculentum Mill.), sanos y maduros cuya pulpa y jugo, libre de piel y semillas ha sido evaporado y adicionado de vinagre, azúcar, condimentos, sal y aditivos permitidos. Debe responder a los siguientes requisitos:

a) sólidos solubles mínimo 26° Brix;

b) pH:4,4 como máximo.

Artículo 450.- Mayonesa es la emulsión de aceite comestible en huevo y agua, adicionada de vinagre, jugo de limón, otros ácidos orgánicos, sal comestible, condimentos y aditivos. Se permite la adición de caroteno y otros aditivos autorizados.

En los locales de atención a público que ofrezcan o incluyan mayonesa en alimentos, la mayonesa sólo se podrá elaborar a base de huevos pasteurizados, líquidos, congelados o deshidratados que cumplan con las especificaciones microbiológicas del artículo 173 del presente reglamento o estar lista para el consumo procedente de fábricas autorizadas.

Artículo 451.- Aderezos para ensaladas (salad dressings) son las emulsiones en las cuales el aceite comestible se encuentra finamente disperso en un medio acuoso que puede contener uno o más de los siguientes ingredientes: sal, azúcares, vinagre, especias, huevo y/o derivados lácteos y aditivos autorizados. En caso de incluir huevo, deberá cumplirse con lo establecido en el artículo precedente.

TÍTULO XXIV
DE LOS ESTIMULANTES O FRUITIVOS

PÁRRAFO I
DEL TÉ

Artículo 452.- Té, sin otra denominación es el producto obtenido de hojas tiernas, yemas, pecíolos o pedúnculos, sanos y limpios de las especies del género Thea, preparado por deshidratación, con o sin fermentación/oxidación enzimática.

Artículo 453.- Las materias primas para la elaboración de los distintos tipos de té deben cumplir con los siguientes requisitos:

a) Contener un máximo de:

20% de tallos, pecíolos o pedúnculos en conjunto.

12% de humedad.

8% de cenizas totales y 1% de cenizas insolubles en ácido clorhídrico al 10%, ambos expresados en base seca.

b) Contener un mínimo, expresado en base seca, de 1% de cafeína.

Los té elaborados podrán comercializarse en distintas formas, hojas, molido, bolsitas preparadas o líquida como infusión o reconstituida con agua, ya sea solo o en mezcla, los que, al igual que todos los alimentos, deben rotularse y comercializarse de acuerdo a lo establecido en el Título II, párrafo II, del Reglamento Sanitario de los Alimentos, de acuerdo a sus características y composición.

Té en polvo soluble o té instantáneo es el producto resultante de la deshidratación del extracto obtenido, exclusivamente, a partir del té hasta consistencia de polvo. No debe tener menos de 2,0% de cafeína en base seca y su humedad no debe ser mayor a 5%.

PÁRRAFO II
DE LA YERBA MATE

Artículo 454.- Yerba Mate es el producto constituido por hojas, ramas jóvenes, brotes, pecíolos o pedúnculos desecados, ligeramente tostados o desmenuzados, de especies del género Ilex (I.brasiliensis, I. paraguariensis). La yerba mate elaborada debe cumplir con los siguientes requisitos:

a) contener un mínimo de 0,7% de cafeína y de 25% de extracto acuoso, expresados en base seca;

b) no contener más de 11% de humedad 9% de cenizas totales, 1,5% de cenizas insolubles en ácido clorhídrico al 10% y 30% de palos que no pasen por un tamiz con perforaciones de 70 mm de largo y 2,5 mm de ancho.

c) no contener sustancias vegetales extrañas: máximo 1,0%, semillas de yerba mate: máximo 1,0% y no deberá estar quemada, alterada o agotada.

La yerba mate podrá comercializarse en distintas formas, hojas, polvo, preparada o líquida como infusión o reconstituida con agua, ya sea sola o en mezcla, los que al igual que todos los alimentos deben rotularse y comercializarse según lo establecido en el Título II, párrafo II, del Reglamento Sanitario de los Alimentos, de acuerdo a sus características y composición."

PÁRRAFO III
DEL CAFÉ

Artículo 455.- Café tostado es el producto constituido por las semillas sanas y limpias de las diferentes especies del género Coffea, que por medio del calor han tomado una coloración oscura y aroma característico. No contendrá más de:

5% de granos carbonizados

1% de materias extrañas

5% de humedad

Contendrá como mínimo 0,9% de cafeína y 20% de extracto acuoso, ambos expresados en base seca. El café tostado descafeinado no deberá tener más de 0,1% de cafeína, expresado en base seca.

Artículo 456.- Café soluble o café instantáneo es el producto resultante de la deshidratación del extracto obtenido exclusivamente a partir del café en grano recientemente tostado y secado hasta consistencia de polvo, sin adición de otros ingredientes. No debe tener menos de 2,5% de cafeína en base seca y su humedad no debe ser mayor a 5%.

El café soluble o instantáneo descafeinado no deberá tener más de 0,3% de cafeína, expresado en base seca.

El café tostado y café soluble o instantáneo, descafeinado o no, se podrá comercializar en distintas formas, grano, polvo, preparados o líquidos como infusión o reconstituidos con agua, ya sea solo o en mezcla, los que, al igual que todos los alimentos, deben rotularse y comercializarse según lo establecido en el Título II, párrafo II, del Reglamento Sanitario de los Alimentos, de acuerdo a sus características y composición.

Artículo 457.- Sucedáneos del café son aquellos productos de origen vegetal (soya, higo, achicoria u otros), que desecados y/o tostados o tostados con azúcar o en mezcla, permiten la preparación de infusiones semejantes a la del café. La naturaleza de sucedáneo de café debe estar claramente indicada en el rótulo.

Artículo 458.- Sucedáneo del café instantáneo o soluble es el producto resultante de la deshidratación del extracto acuoso de los sucedáneos del café mencionados en el artículo anterior. Su humedad no será mayor a 5%. La naturaleza de sucedáneo de café instantáneo o soluble deberá estar claramente indicada en el rótulo.

Los sucedáneos del café y los sucedáneos del café soluble o instantáneo se podrán comercializar en distintas formas, polvo, preparados o líquidos como infusión o reconstituidos con agua, ya sea solo o en mezcla, los que, al igual que todos los alimentos, deben rotularse y comercializarse según lo establecido en el Título II, del párrafo II, del Reglamento Sanitario de los Alimentos, de acuerdo a sus características y composición.

PÁRRAFO IV
DE LAS HIERBAS AROMÁTICAS

Artículo 459.- La denominación de hierbas aromáticas comprende ciertas plantas o partes de ellas (raíces, rizomas, bulbos, hojas, cortezas, flores, frutos y semillas) que contienen sustancias aromáticas, y que por sus sabores característicos, se destinan a la preparación de infusiones de agrado.

Artículo 460.- Las hierbas aromáticas deben ser genuinas, sanas, presentar las características macroscópicas y microscópicas que les son propias. No deben contener materias o cuerpos extraños a su naturaleza ni más de 20% de otras partes del vegetal exentas de valor como aromatizantes.

Artículo 461.- Las hierbas aromáticas deben contener la totalidad de sus principios activos y otros metabolitos secundarios de importancia para su caracterización química.

Artículo 462.- Las hierbas aromáticas pueden expenderse enteras o molidas, ya sea solas o en mezclas.

Artículo 463.- Las hierbas aromáticas no deberán tener materias o sustancias contaminantes en niveles nocivos para la salud, ni principios activos en concentraciones terapéuticas, asimismo las hierbas aromáticas/infusiones no deberán estar afectas a la ley N° 19.366, que sanciona el tráfico ilícito de estupefacientes y sustancias sicotrópicas.

Artículo 464.- Las hierbas aromáticas deben envasarse en materiales apropiados que permitan conservar en condiciones óptimas su sabor y aroma. Las hierbas aromáticas se podrán comercializar en distintas formas, hojas, polvo o bolsitas, preparada o líquida como infusión o reconstituidas con agua, ya sea solas o en mezcla, las que, al igual que todos los alimentos, deben rotularse y comercializarse según lo establecido en el Título II, párrafo II, del Reglamento Sanitario de los Alimentos, de acuerdo a sus características y composición.

TÍTULO XXV
DE LAS COMIDAS Y PLATOS PREPARADOS

Artículo 465.- Comidas o platos preparados son aquellas elaboraciones culinarias que se expenden, listos para su consumo, sean fríos o calientes o que requieran sólo de un proceso de calentamiento.

Las materias primas, ingredientes y el producto final deberán cumplir con los requisitos establecidos en este reglamento.

Artículo 466.- Las comidas o platos preparados que se expendan calientes deberán mantenerse y transportarse en receptáculos térmicos que aseguren la conservación de éstas a una temperatura uniforme y permanente de 65°C. Las comidas o platos preparados que se expendan fríos deberán conservarse y transportarse a una temperatura máxima de 5°C.

Esta disposición rige igualmente sobre la distribución de alimentos en todo tipo de transporte de pasajeros.

Artículo 467.- Las vitrinas en que se exhiban comidas o platos preparados deberán cumplir con los requisitos establecidos en este reglamento.

Artículo 468.- Las comidas o platos preparados que se presenten envasados para la venta, que se expendan para llevar en porciones y/o variedades predefinidas por el elaborador deberán rotularse con el nombre del alimento, domicilio del establecimiento elaborador del alimento, nombre del representante legal de este último, número y fecha de la resolución sanitaria que autorizó el funcionamiento de dicho establecimiento de alimentos y nombre de la autoridad sanitaria que la emitió, fecha de elaboración, fecha de vencimiento o plazo de duración del producto, instrucciones para el almacenamiento, contenido neto y toda la información descrita en el artículo 115 del presente reglamento, salvo el número de porciones por envase.

Esta información deberá estar impresa en el envase o contenida en una etiqueta adherida al mismo, de modo visible, indeleble y fácil de leer en circunstancias normales de compra y uso.

TÍTULO XXVI
DEL AGUA POTABLE, DE LAS AGUAS MINERALES Y DEL HIELO

Artículo 469.- Agua potable es aquella agua apta para usos alimentarios, y deberá cumplir con la normativa sanitaria vigente.

Artículo 470.- Agua mineral de mesa es aquella de composición química especial proveniente de fuentes naturales oficialmente registradas, que es apropiada para servir como bebida de uso común y cuya mineralización es inferior a 1,5 g/l.

Artículo 471.- El agua mineral de mesa deberá obtenerse en condiciones que garantice la pureza bacteriológica original y envasarse en su fuente de origen, salvo que su aducción sea hecha desde la captación al punto de envase por medio de tuberías.

Artículo 472.- El agua mineral natural embotellada deberá cumplir con la normativa sanitaria vigente. (Decreto Nº 106 de 1997, del Ministerio de Salud, Reglamento de Aguas Minerales).

Artículo 473.- El agua mineral no deberá contener los contaminantes ni sobrepasar los límites de las sustancias que específicamente determina el Reglamento de Aguas Minerales.

Artículo 474.- La rotulación del envase de agua mineral, deberá cumplir con los siguientes requisitos adicionales a los establecidos en el Título II:

a) cuando el producto contenga más de 600 mg/l de sulfato que no sea sulfato de calcio, se incluirá en forma destacada la siguiente leyenda " puede ser laxante";

b) cuando el producto contenga más de 1000 mg/l de sólidos totales disueltos o 600 mg/l de HCO3-, se incluirá en forma destacada la siguiente leyenda "puede ser diurético";

c) no se incluirá declaración alguna de propiedades oefectos medicinales.

Artículo 475.- El anhídrido carbónico empleado en la preparación de aguas de bebidas carbonatadas debe contener un mínimo de 98% de este gas y no más de 0,2% de monóxido de carbono y estará exento de sustancias extrañas que le confieran olor y/o sabor desagradable o de cualquiera otra naturaleza.

Artículo 476.- Hielo para consumo humano es el producto obtenido por congelación de agua potable. Sus características químicas y microbiológicas serán las exigidas para el agua potable.

Artículo 477.- Se prohíbe el fraccionamiento del hielo en barras para ser incorporado a los alimentos.

TÍTULO XXVII
DE LAS BEBIDAS ANALCOHÓLICAS, JUGOS DE FRUTAS Y HORTALIZAS Y AGUAS ENVASADAS

PÁRRAFO I
DE LAS BEBIDAS ANALCOHÓLICAS

Artículo 478.- Son bebidas analcohólicas aquellas elaboradas a base de agua potable, carbonatada o no, y adicionadas de una o más de las siguientes sustancias: azúcares, jugos de fruta, extractos vegetales, ácidos, esencias, proteínas, sales minerales, colorantes y otros aditivos permitidos; que no contengan más de 0,5% en volumen de alcohol etílico, con excepción de los jarabes, los que podrán contener hasta 2,5 % en volumen de alcohol etílico.

Artículo 479.- Bebida refrescante de fruta, es aquella bebida analcohólica a la cual se le ha adicionado jugos de frutas o sus extractos y cuyo contenido de sólidos solubles procedentes de frutas es igual o mayor al 10% m/m de los sólidos solubles de la fruta madura que se declara.

Artículo 480.- Bebida de fantasía, es aquella bebida analcohólica que no contiene jugos de frutas o sus extractos, o que ha sido adicionada de éstos pero en cantidad tal que su contenido de sólidos solubles de fruta es menor al 10% m/m.

Artículo 481.- Las bebidas analcohólicas que contengan cafeína o quinina no deberán exceder la cantidad de 180 mg/l de cafeína, ni 130 mg/l de quinina o sus sales expresadas en quinina anhidra.

PÁRRAFO II
DE LOS JUGOS, NÉCTARES Y CONCENTRADOS DE FRUTAS Y HORTALIZAS

Artículo 482.- Jugo o zumo puro de fruta u hortaliza es el producto sin fermentar, pero fermentable, pulposo, turbio o claro, destinado al consumo directo, obtenido por procedimientos mecánicos a partir de frutas u hortalizas maduras en buen estado o de sus carnes y conservados exclusivamente por medios físicos. El jugo podrá haber sido concentrado y luego reconstituido con agua para conservar la composición esencial y los factores de calidad del mismo.

Los productos que usen la expresión de fantasía "agua de.", siendo líquidos provenientes de una especie vegetal determinada, deberán rotular, además, el nombre del alimento de que se trate, en los términos exigidos por la letra a) del artículo 107 del presente reglamento, informando la verdadera naturaleza del producto en forma específica.

Artículo 483.- El jugo o zumo puro de frutas u hortalizas deberá cumplir los siguientes requisitos:

a) el contenido de sólidos solubles, con exclusión de los azúcares añadidos, será igual al contenido de sólidos solubles de la fruta u hortaliza madura de la que provenga;

b) el producto deberá tener el color, aroma y sabor característicos de la fruta u hortaliza de origen. Se permitirá la restitución de los componentes volátiles naturales del jugo cuando hayan sido extraídos, con componentes volátiles exclusivamente naturales;

c) cuando el producto lo requiera podrá añadirse uno o más de los azúcares sólidos definidos en este reglamento, en una cantidad total que no exceda los 50 g/kg, excepto para frutas muy ácidas, en cuyo caso no deberá exceder de 200 g/kg de producto terminado.

Artículo 484.- Jugo o zumo concentrado es el producto sin fermentar pero fermentable una vez reconstituido, conservado exclusivamente por medios físicos y obtenido mediante un proceso de concentración de jugo puro de fruta u hortaliza.

El producto obtenido por la reconstitución del jugo concentrado, mediante la adición de agua en la cantidad indicada por el fabricante, deberá tener las características físico-químicas y organolépticas del jugo de la fruta u hortaliza de origen.

Se permitirá el uso de coadyuvantes de elaboración, antioxidantes, antiespumantes y acidulantes establecidos en el presente reglamento.

Artículo 485.- Néctar de fruta es el producto pulposo o no pulposo, sin fermentar pero fermentable, obtenido mezclando el jugo o zumo de fruta y/o toda la parte comestible de frutas maduras y sanas concentrado o sin concentrar, con adición de agua y azúcares o miel, y aditivos autorizados.

Artículo 486.- El néctar de frutas deberá cumplir los siguientes requisitos:

a) el contenido de sólidos solubles de los néctares, con exclusión de azúcares añadidos, será mayor o igual al 20% m/m de los sólidos solubles de la fruta madura de la que provenga;

b) podrán adicionarse uno o más azúcares sólidos definidos en este reglamento. La cantidad total de azúcar o miel adicionada no podrá exceder de 200 g/kg calculados como extracto seco, en el producto;

c) el producto deberá tener el color, aroma y sabor característico de la fruta con que ha sido elaborado.

d) ELIMINADA

Artículo 487.- Los valores mínimos de sólidos solubles en las frutas que se enuncian a continuación son referenciales:

Frutas	Sólidos solubles, % m/m mínimo
Boysenberry	10,0
Chirimoya	7,5
Ciruela	10,0
Coco	5,0
Damasco	10,0
Durazno	10,0
Frambuesa	10,0
Frutilla	6,0
Kiwi	8,0
Limón	6,0
Mango	10,0
Maracujá	6,0
Manzana	10,0
Melón	8,7
Membrillo	10,0
Naranja	9,0
Papaya	5,0)
Pera	10,0
Piña	10,0
Pomelo	9,0
Tomate	6,0
Uva	13,0

En mezclas de frutas se deberá considerar como base la fruta que se encuentre en mayor proporción de acuerdo a lo declarado en la rotulación.

PÁRRAFO III
DE LAS AGUAS ENVASADAS

Artículo 487 A.- Aguas envasadas, son aguas potables tratadas que pueden ser o no purificadas (destilación, nanofiltración, osmosis inversa o cualquier otro método similar) y podrán ser coloreadas, saborizadas, carbonatadas, mineralizadas, y debiendo estar exentas de edulcorantes naturales y/o artificiales.

Artículo 487 B.- Las aguas envasadas sin gas deberán ser sometidas a procesos necesarios para asegurar su calidad sanitaria, estos procesos pueden ser: ozonificación, UV o cualquier otro que asegure la inocuidad del producto envasado.

Artículo 487 C.- Las aguas envasadas solo podrán expenderse cuando contengan electrolitos y deberán contener como mínimo 10 mg/l de sólidos totales.

Artículo 487 D.- A las aguas envasadas se les podrán incorporar nutrientes, en concentraciones según la normativa respectiva. Los nutrientes incorporados a estas aguas no deberán estar comprendidos en los programas de Salud Pública, en este tipo de productos.

Artículo 487 E.- La rotulación de las aguas envasadas deberá incluir, la composición y concentración de las sales minerales o electrolitos, según corresponda a su definición, la que será adicional a los requisitos NOTA de rotulación establecidos en el Título II Párrafo II del presente Reglamento.

Artículo 487 F.- El anhídrido carbónico empleado en la elaboración de aguas envasadas, debe contener un mínimo de 98% de este gas y no más de 0,2% de monóxido de carbono y estará exento de sustancias extrañas que le confieran olor y/o sabor desagradable o de cualquier otra naturaleza.

TÍTULO XXVIII
DE LOS ALIMENTOS PARA REGÍMENES ESPECIALES

PÁRRAFO I
DISPOSICIONES GENERALES

Artículo 488.- Los alimentos para regímenes especiales son aquellos elaborados o preparados, especialmente, para satisfacer necesidades fisiológicas o fisiopatológicas, particulares de nutrición.

Los productos regulados por este artículo deberán formularse de acuerdo a principios médicos y nutricionales aceptados, científicamente reconocidos o consensuados internacionalmente y deberán satisfacer las necesidades particulares de nutrición que indica el productor. Se excluyen de esta categoría los alimentos de uso por vía parenteral, los que serán regulados por el decreto supremo Nº 1.876/05 del Ministerio de Salud.

Artículo 489.- Los alimentos para regímenes especiales, sin perjuicio del cumplimiento de las normas generales de etiquetado del presente reglamento, deberán indicar en la cara principal del envase la(s) característica(s) esencial(es) o modificación(es) realizada(s).

La información y rotulación nutricional de los alimentos comprendidos en el párrafo II del presente

Título, deberán expresarse por cada 100 g o 100 ml, según corresponda y por cada 100 kilocalorías (kcal) utilizables del producto, opcional por cada porción del producto listo para el consumo.

La información y rotulación nutricional de los alimentos comprendidos en el párrafo III del presente Título deberán expresarse por cada 100 g o 100 ml, según corresponda, y por cada porción del producto listo para el consumo, opcional por cada 100 kilocalorías (kcal) utilizables del producto.

La información y rotulación nutricional de los alimentos comprendidos en el párrafo V del presente Título deberán expresarse por cada 100 g o 100 ml, según corresponda, y por cada 100 kilocalorías (kcal) utilizables del producto, opcional por cada porción del producto listo para el consumo.

La información y rotulación nutricional de los alimentos para uso médico o medicinal para mayores de 36 meses deberá dar cumplimiento a lo establecido en el Título II del presente Reglamento.

Artículo 490.- ELIMINADO.

Artículo 491.- ELIMINADO.

Artículo 492.- ELIMINADO.

PÁRRAFO II
DE LAS FÓRMULAS PARA LACTANTES

Artículo 493.- Las fórmulas para lactantes son aquellos productos que satisfacen los requerimientos nutricionales de los lactantes, cuando la alimentación con leche materna no es posible o es insuficiente. Se entiende por lactantes a los niños que tengan hasta 12 meses de edad.

La información y rotulación nutricional de estas fórmulas deberán expresarse por cada 100g o 100ml, según corresponda, y por cada 100 kilocalorías (kcal) utilizables del producto, así como por 100 ml del producto listo para el consumo, de acuerdo a las instrucciones indicadas por el fabricante. Además, deberá declararse la cantidad total de cada vitamina, mineral y cuando corresponda los "ingredientes opcionales" referidos en el artículo 495.

Artículo 494.- Las fórmulas para lactantes se clasifican en:

a) fórmula de inicio: es el producto líquido o en polvo para reconstituir, especialmente fabricados para satisfacer por sí solo las necesidades nutricionales de los lactantes durante al menos los primeros seis meses de vida en reemplazo de la leche materna, cuando no sea posible o sea insuficiente la alimentación con ésta. Debe estar fabricada a base de leche de vaca o de otros animales, o de mezclas de la leche de éstos, o de otros ingredientes autorizados por este reglamento.

b) fórmula de continuación: es aquella que forma parte de un esquema de alimentación mixta destinada al consumo de los lactantes de más de seis meses hasta los 12 meses de edad.

c) fórmulas para lactantes con necesidades nutricionales especiales, tales como, intolerancia a la lactosa, intolerancia al gluten, fenilcetonuria u otros problemas metabólicos. Éstas deberán indicar en el rótulo en forma clara y destacada la necesidad especial para la que debe emplearse, las propiedades específicas en que se basa y recomendaciones concretas y advertencias en relación a su consumo, si fuese necesario.

Artículo 495.- El producto debe haber sido elaborado exclusivamente por medios físicos y envasado de manera que se evite su alteración y contaminación en cualquier condición normal de manipulación, almacenamiento, distribución y venta.

Asimismo, deberá estar fabricada a base de leche de vaca o de otros animales o de mezclas de leches de distintos animales o de otros ingredientes sobre los cuales se haya demostrado que son idóneos para la alimentación de los lactantes. Deberá estar científicamente demostrada la inocuidad, así como la idoneidad nutricional, para favorecer el crecimiento y el desarrollo de los lactantes. Estas fórmulas deberán ser libres de gluten.

La fórmula de inicio reconstituida deberá presentar la siguiente composición:

a) Energía	mínimo	máximo
	60 kcal/100 ml	70 Kcal/100

b) Proteínas mínimo máximo
1,8 g/100 kcal 3,0 g/100

Cuando las fórmulas a base de proteínas de la leche no hidrolizadas, contengan menos de 2 g de proteínas/100 kcal y, cuando las fórmulas para lactantes a base de proteínas hidrolizadas contengan menos de 2,25 g de proteínas/100 kcal, deberán mantener los antecedentes de las evaluaciones clínicas realizadas, disponibles para cuando la autoridad sanitaria los requiera.

El valor mínimo de proteínas de 1,8 g/100kcal se aplica a las proteínas de la leche de vaca o de otros animales o mezcla de la leche de éstos. En las fórmulas a base de aislados de proteínas de soya, en cambio, se aplica un valor mínimo de 2,25 g/100 kcal.

El cálculo del contenido de proteínas de la fórmula final preparada y lista para el consumo deberá basarse en N x 6,25, salvo que se proporcione una justificación científica para el uso de un factor de conversión diferente aplicable a un determinado producto.

La fórmula debe contener una cantidad disponible de cada aminoácido esencial y semiesencial igual, al menos, a la que contiene la proteína de referencia, según se define en la Tabla Nº 1 del presente artículo. No obstante, a efectos de cálculo, las concentraciones de tirosina y fenilalanina pueden sumarse. Las concentraciones de metionina y cisteína pueden sumarse si la proporción es inferior a 2:1; si la proporción se sitúa entre 2:1 y 3:1, la idoneidad de la fórmula debe demostrarse por medio de ensayos clínicos.

Podrán añadirse al preparado para lactantes aminoácidos aislados únicamente a fin de mejorar su valor nutritivo para los lactantes. Para mejorar la calidad de las proteínas, podrán añadirse aminoácidos esenciales y semiesenciales, pero sólo en las cantidades necesarias a tal efecto. Sólo podrán utilizarse las formas L de los aminoácidos.

Tabla Nº 1: Contenido de aminoácidos de la proteína de referencia de la leche humana*

Contenido medio de aminoácidos			
mg de aminoácido por:	**g nitrógeno**	**g proteína**	**100 kcal**
Cisteína	131	21	38
Histidina	141	23	41
Isoleucina	319	51	92
Leucina	586	94	169
Lisina	395	63	114
Metionina	85	14	24
Fenilalanina	282	45	81
Treonina	268	43	77
Triptófano	114	18	33
Tirosina	259	42	75
Valina	315	50	90

* Adaptado del Codex Stan 72, revisado en 2016. c)

Grasas totales	mínimo	máximo
	4,4 g/100 kcal	6,0 g/100 kcal
ácido linoleico	300 mg/100 kcal	1400 mg/100 kcal
ácido α linolénico:	50 mg/100 kcal	**NE (No Especificado)**
Proporción de ácido linoleico/ α linolénico	5:1	15:1

Se prohíbe la utilización de aceite de sésamo y aceite de algodón.

Los ácidos láurico y mirístico en conjunto no deberán superar el 20% del contenido total de ácidos grasos.

Los ácidos grasos trans solamente serán de origen lácteo. El contenido de ácidos grasos trans no deberá ser superior al 3% del contenido total de ácidos grasos.

El contenido de ácido erúcico no deberá superar el 1% del contenido total de ácidos grasos.

El contenido total de fosfolípidos no deberá superar los 300mg/100kcal.

No se podrán utilizar aceites o grasas hidrogenadas comercialmente.

d) Carbohidratos disponibles	mínimo	máximo
	9 g/100 kcal	14 g/100kcal

La lactosa y los polímeros de glucosa deberán ser los carbohidratos preferentes para las fórmulas a base de proteínas de la leche de vaca y de proteínas hidrolizadas. Solo podrán añadirse almidones exentos de gluten precocidos o gelatinizados hasta un máximo de 30% del contenido total de carbohidratos y hasta un máximo de 2 g/100 ml de la fórmula reconstituida.

Deberá evitarse el uso de sacarosa y fructosa: La sacarosa sólo se puede añadir a fórmulas para lactantes con base en proteínas hidrolizadas. Si se añade, el contenido de sacarosa no deberá exceder el 20% del contenido total de hidratos de carbono. Este agregado deberá señalarse en forma destacada en la cara principal del envase.

e)

Vitaminas por cada 100 kcal utilizables	Unidades	mínimo	máximo
Vitamina A El contenido de retinol lo proporcionará el retinol preformado. No deberá incluirse ningún contenido de carotenoides en el cálculo y la declaración de la actividad de vitamina A. Se considerará equivalente 1mcg ER=3.33 UI de Vit A.	mcg ER	60	180
Vitamina D3, Colecalciferol	mcg	1,0	2,5

Vitamina E El contenido de vitamina E deberá ser como mínimo de 0,5 mg α- ET por g de ácidos grasos poliinsaturados (PUFA), aplicando los siguientes factores de equivalencia para adaptar el contenido mínimo de vitamina E al número de dobles enlaces de ácidos grasos en la fórmula: 0,5 mg α- ET /g de ácido linoleico (18:2n-6); 0,75 mg α- ET /g de ácido α- linolénico (18:3n-3); 1,0 mg α- ET /g de ácido araquidónico (20:4n-6); 1,25 mg α- ET /g de ácido eicosapentaenoico (20:5n-3); 1,5 mg α- ET /g de ácido docosahexaenoico (22:6n-3)	mg α-ET	0,5	5
Vitamina K	mcg	4	27
Vitamina B_1 (Tiamina)	mcg	60	300
Vitamina B_2 (Riboflavina)	mcg	80	500
Vitamina B_3 (Niacina) Niacina = niacina preformada.	mcg	300	1500
Vitamina B_6 (Piridoxina)	mcg	35	175
Vitamina B_{12} (Cianocobalamina)	mcg	0,1	1,5
Vitamina B_5 (Ácido pantoténico)	mcg	400	2000
Vitamina B_9 (Ácido fólico)	mcg	10	50
Vitamina C (Ácido ascórbico)	mg	10	70
Biotina	mcg	1,5	10

f)

Minerales y oligoelementos por cada 100 kcal utilizables	**Unidades**	**mínimo**	**máximo**
Hierro* *Límites aplicables a fórmulas con adición de hierro.	mg	0,45	3,0
Calcio	mg	50	140
Fósforo	mg	25	100
Proporción de calcio/fósforo	N/A	1:1	2:1
Magnesio	mg	5	15

Sodio	mg	20	60
Cloro	mg	50	160
Potasio	mg	60	180
Manganeso	mcg	1	100
Yodo	mcg	10	60
Selenio	mcg	1	9
Cobre	mcg	35	120
Zinc	mg	0,5	1,5
Flúor, No deberá añadirse en estas fórmulas			

g) Otras sustancias:

Deberán añadirse las sustancias que se indican a continuación, en cuyo caso su contenido por 100 kcal en la fórmula lista para el consumo deberá estar entre los límites siguientes:

Sustancias /100 kcal	Unidades	mínimo	máximo
Colina	mg	7	50
Inositol (mio-Inositol)	mg	4	40
L-carnitina	mg	1,2	NE

h) Ingredientes opcionales

Se podrán adicionar los siguientes ingredientes opcionales de acuerdo a los límites de la siguiente tabla:

Ingredientes /100 kcal	Unidades	mínimo	máximo
Taurina	mg	NE	12
Nucleótidos	mg	NE	16
Ac. Docosahexaenoico (DHA) Cuando se use ácido Docosahexaenoico (DHA) (22:6-3) en las fórmulas para lactantes, el contenido de ácido araquidónico (20:4n-6) deberá alcanzar, por lo menos, la misma concentración que el DHA. El contenido de ácido eicosapentaenoico (20:5n-3), que puede encontrarse en fuentes de LC-PUFA, no debería superar el contenido de ácido docosahexaenoico.	% de ácidos grasos	NE	0,5

Podrán añadirse otras sustancias que normalmente están presentes en la leche humana, para mejorar la calidad nutricional de las fórmulas. La idoneidad e inocuidad de estas sustancias deberán estar demostradas científicamente. La fórmula deberá contener las cantidades sobre la base de su presencia en la leche humana.

Podrán emplearse únicamente cultivos que produzcan ácido láctico L (+).

i) Aditivos

Sólo se podrán usar los siguientes aditivos en las cantidades señaladas:

<table>
<tr><th colspan="4">Espesantes</th></tr>
<tr><th>N° SIN</th><th>Aditivo</th><th>Cantidad máxima en 100 ml del producto listo para el Consumo</th><th>Justificación tecnológica</th></tr>
<tr><td>412</td><td>Goma guar</td><td>0,1 g en las fórmulas líquidas que contengan proteínas</td><td>Mantiene la homogeneidad</td></tr>
<tr><td>410</td><td>Goma de semillas de algarrobo (goma garrofin)</td><td>0,1 g en todas las fórmulas para lactantes</td><td>Mantiene la homogeneidad</td></tr>
<tr><td>1412</td><td>Fosfato de dialmidón</td><td rowspan="2">0,5 g solos o en combinación, únicamente en las fórmulas para lactantes a base de soya</td><td>Mantiene la homogeneidad</td></tr>
<tr><td>1414</td><td>Fosfato de dialmidón acetilado</td><td>Mantiene la homogeneidad</td></tr>
<tr><td>1413</td><td>Fosfato de dialmidón fosfatado</td><td rowspan="2">2,5 g solos o en combinación, únicamente en las fórmulas para lactantes a base de proteínas hidrolizadas y/o aminoácidos</td><td>Mantiene la homogeneidad</td></tr>
<tr><td>1440</td><td>Almidón hidroxipopilado</td><td>Mantiene la homogeneidad</td></tr>
<tr><td>407</td><td>Carragenina</td><td>0,03 g en las fórmulas líquidas normales para lactantes a base de leche o de soya solamente

0,1 g en las fórmulas líquidas para lactantes a base de proteínas hidrolizadas y/o aminoácidos únicamente</td><td>Mantiene la homogeneidad</td></tr>
<tr><td>1450</td><td>Octenilsuccinato sódico de almidón</td><td>2 g en las fórmulas líquidas para lactantes a base de proteínas hidrolizadas y/o aminoácidos únicamente</td><td>Mantiene la homogeneidad</td></tr>
</table>

Emulsionantes			
Nº SIN	**Aditivo**	**Cantidad máxima en 100 ml del producto listo para el Consumo**	**Justificación tecnológica**
322*	Lecitinas	0,5 g en todos los tipos de fórmulas para lactantes	Mantiene la homogeneidad
471*	Mono y diglicéridos	0,4 g en todos los tipos de fórmulas para lactantes	Mantiene la homogeneidad
472c	Ésteres cítricos y de ácidos grasos del glicerol*	0,9 g en todos los tipos de fórmulas líquidas para lactantes 0,75 g en todos los tipos de fórmulas en polvo para lactantes	Mantiene la homogeneidad
*Si se añade más de una de las sustancias incluidas en los números SIN 322 y 471, el nivel máximo de cada una de esas sustancias se reducirá proporcionalmente en función de las demás sustancias presentes.			

Reguladores de acidez			
Nº SIN	**Aditivo**	**Cantidad máxima en 100 ml del producto listo para el Consumo**	**Justificación tecnológica**
524	Hidróxido de sodio	0,2 g sólo o en combinación y dentro de los límites para el sodio, el potasio y el calcio indicados en la letra f) del artículo 495	Regulación de pH
500 ii	Hidrogeno-carbonato de sodio	0,2 g solos o en combinación y dentro de los límites para sodio, el potasio y el calcio indicados en la letra f) del artículo 495	Regulación de pH
500 i	Carbonato de sodio		
525	Hidróxido de potasio		
501ii	Hidrogeno-carbonato de potasio		
501 i	Carbonato de potasio		
526	Hidróxido de calcio		
270	Ácido L(+) láctico	Limitado por BPF en todos los tipos de fórmulas para lactantes	Regulación de pH
330	Ácido cítrico	Limitado por BPF en todos los tipos de fórmulas para lactantes	Regulación de pH

331i	Citrato diácido de sodio	Limitado por BPF en todos los tipos de fórmulas para lactantes	Regulación de pH
331iii	Citrato trisódico	Limitada por las BPF en todos los tipos de fórmulas para lactantes	Regulación de pH
332	Citratos de potasio	Limitado por BPF en todos los tipos de fórmulas para lactantes	Regulación de pH
339 i, ii y iii	Fosfato diácido de sodio, hidrogenofosfato disódico y fosfato trisódico	45 mg como fósforo, solo o en combinación y dentro de los límites para el sodio, el potasio y el fósforo que figuran en la letra f) del artículo 495 en todos los tipos de fórmulas para lactantes	Regulación de pH
340 i, ii y iii	Fosfato diácido de potasio, hidrogenofosfato dipotásico y fosfato tripotásico		

Antioxidantes

Nº SIN	Aditivo	Cantidad máxima en 100 ml del producto listo para el Consumo	Justificación tecnológica
307 b	Concentrado de tocoferoles mixtos	1 mg en todos los tipos de fórmulas para lactantes solo o en combinación	Protege de la oxidación
304 i	Palmitato de L-ascorbilo	1 mg en todos los tipos de fórmulas para lactantes solo o en combinación	Protege de la oxidación

Gases de envasado			
Nº SIN	**Aditivo**	**Cantidad máxima en 100 ml del producto listo para el Consumo**	**Justificación tecnológica**
290	Dióxido de carbono	BPF	Utilizado en el envasado de atmósfera inerte. Protegen la calidad de los nutrientes y garantizan la conservación del producto durante su almacenamiento.
941	Nitrógeno	BPF	Utilizado en el envasado de atmósfera inerte. Protegen la calidad de los nutrientes y garantizan la conservación del producto durante su almacenamiento.

Artículo 496.- La fórmula de continuación reconstituida deberá presentar la siguiente composición básica:

a) energía: mínimo 60 kcal/100 ml
máximo 85 kcal/100 ml

b) proteínas: mínimo 3 g/100 kcal
máximo 5,5 g/100 kcal

c) lípidos: mínimo 3,0 g/100 kcal
máximo 6,0 g/100 kcal

-ácido linoleico:
mínimo: 300 mg/100 kcal
máximo: 1400 mg/100Kcal.

– ácido α-linolénico
mínimo: 50 mg/100 kcal
máximo: N.E. (No Especificado)

Proporción de ácido linoleico/ α-linolénico
mínimo 5:1
máximo 15:1

Se prohíbe la utilización de aceite de sésamo y aceite de algodón

Los ácidos láurico y mirístico en conjunto no deberán superar el 20% del contenido total de ácidos grasos.

El contenido de ácidos grasos trans no deberá ser superior al 3% del contenido total de ácidos grasos.

El contenido de ácido erúcico no deberá superar el 1% del contenido total de ácidos grasos.

El contenido total de fosfolípidos no deberá superar los 300 mg/100 kcal.

En los preparados para lactantes no se utilizarán aceites y grasas hidrogenadas comercialmente

d) carbohidratos: mínimo 7 g/100 kcal.
máximo 14 g/100 kcal.

- Lactosa: mínimo 1,8 g/100 kcal.
- Sacarosa, glucosa, fructosa, miel: máximo 20% del contenido total de carbohidratos por separado o en conjunto.

e) sales minerales por cada 100 kcal utilizables:

	Mín.	Máx.
Hierro (mg)	0,45	3
Sodio (mg)	20	60
Potasio (mg)	60	180
Cloro (mg)	50	160
Calcio (mg)	50	140
Fósforo (mg)	25	100
Magnesio (mg)	5	15
Zinc (mg)	0,5	1,5
Cobre (mcg)	35	120
Yodo (mcg)	10	60
Manganeso (mcg)	1	100
Selenio (mcg)	1	9

	Mín.	Máx.
Relación calcio/fósforo	1:1	2:1

f) vitaminas por cada 100 kcal utilizables.

	Mín.	Máx.
Vitamina A (mcg retinol)	75	225
Vitamina D (mcg colecalciferol)	1	3
Tiamina (mcg)	40	300
Riboflavina (mcg)	60	500
Nicotinamida (mcg niacina)	250	1500
Ácido pantoténico (mcg)	300	2000
Vitamina B6 (mcg)	45	175 los preparados deberán contener un mínimo de 15 mcg de vitamina B6/g de proteína
Biotina (mcg)	1,5	10
Ácido fólico (mcg)	4	50
Vitamina B12 (mcg)	0,2	1,5
Vitamina C (mg)	8	70
Vitamina K (mcg)	4	27

Vitamina E (mg-tocoferol)	0,5	5 mg/g de ácidos grasos poliinsaturados expresados como ácido linoleico.

En ningún caso será inferior a 0,5 mg/100 kcal disponibles.
g) Otras sustancias: por cada 100 kcal. Decreto 24, SALUD Art. 1 Nº 8

	Mín.	Máx.
Mioinositol (mg)	4	40
L- carnitina (mg)	1,2	NE

h) Ingredientes facultativos

	Min.	Máx.
h.1) Taurina (mg) por cada 100 kcal	-	12
h.2) Ac. Docosahexaenoico (% total de lípidos)	-	0,5

Cuando se use ácido Docosahexaenoico (DHA) (22:6-3) en los preparados para lactantes, el contenido de ácido araquidónico (20:4n-6) deberá alcanzar, por lo menos, la misma concentración que el DHA.

	Mín.	Máx.
h.3) Nucleótidos: mg/100 Kcal	-	16

i) aditivos.

Nº SIN	Aditivo	Cantidad máxima en 100 de producto listo para el consumo	justificación tecnológica
Espesantes			
412	Goma guar	0,1 g en los preparados líquidos que contengan proteínas	Mantiene la homogeneidad
410	Goma de semillas de algarrobo (goma garrofin)	0,1 g en todos los preparados para lactantes	Mantiene la homogeneidad
1412	Fosfato dialmidón	0,5 g solos o en combinación únicamente en los preparados para lactantes a base de soja	Mantiene la homogeneidad
1414	Fosfato dialmidón acetilado	0,5 g solos o en combinación únicamente en los preparados para lactantes a base de soja	Mantiene la homogeneidad
1413	Fosfato dialmidón fosfatado	2,5 g solos o en combinación únicamente en los preparados para lactantes a base de proteínas y/o aminoácidos hidrolizados	Mantiene la homogeneidad
1440	Almidón hidroxipopilado	2,5 g solos o en combinación únicamente en los preparados para lactantes a base de proteínas y/o aminoácidos hidrolizados	Mantiene la homogeneidad
Emulsionantes			
322	Lecitinas	0,5 en todos los tipos de preparados para lactantes	Mantiene la homogeneidad

471	Mono y diglicéridos	0,4 en todos los tipos de preparados para lactantes	Mantiene la homogeneidad
Reguladores de acidez			
524	Hidróxido de sodio	0,2 g sólo o en combinación y dentro de los límites para el sodio, el potasio y el calcio indicados en el artículo 495	Regulación de pH
500ii	Hidrogeno-carbonato de sodio	0,2 g solos o en combinación y dentro de los límites para sodio, el potasio y el calcio indicados en el artículo 495	Regulación de pH
500i	Carbonato de sodio	0,2 g sólo o en combinación y dentro de los límites para el sodio, el potasio y el calcio indicados en el artículo 495	Regulación de pH
525	Hidróxido de potasio	0,2 g sólo o en combinación y dentro de los límites para el sodio, el potasio y el calcio indicados en el artículo 495	Regulación de pH
501ii	Hidrogeno-carbonato de potasio	0,2 g sólo o en combinación y dentro de los límites para el sodio, el potasio y el calcio indicados en el artículo 495	Regulación de pH
501ii	Carbonato de potasio	0,2 g sólo o en combinación y dentro de los límites para el sodio, el potasio y el calcio indicados en el artículo 495	Regulación de pH
526	Hidróxido de calcio	0,2 g sólo o en combinación y dentro de los límites para el sodio, el potasio y el calcio indicados en el artículo 495	Regulación de pH
270	Ácido L(+) láctico	Limitado por BPF en todos los tipos de preparados para lactantes	Regulación de pH
330	Ácido cítrico	Limitado por BPF en todos los tipos de preparados para lactantes	Regulación de pH
331	Citratos de sodio	Limitado por BPF en todos los tipos de preparados para lactantes	Regulación de pH
332	Citratos de potasio	Limitado por BPF en todos los tipos de preparados para lactantes	Regulación de pH
Antioxidantes			
307 b	Concentrado de tocoferoles mixtos	1 mg en todos los tipos de preparados para lactantes solo o en combinación	Protege de la oxidación
304i	Palmitato de L-ascorbilo	1 mg en todos los tipos de preparados para lactantes solo o en combinación	Protege de la oxidación
Gases de envasado			
290	Dióxido de carbono	BPF	Utilizados en el envasado de atmósfera inerte. Protegen la calidad de los nutrientes y garantizan la conservación del producto durante su almacenamiento.

Artículo 497.- Además de lo dispuesto en el presente reglamento para etiquetado general y para regímenes especiales, en la rotulación y/o publicidad de cualquier tipo de las fórmulas para lactantes sólo podrá proveerse la siguiente información, la que, además, tiene el carácter de obligatoria:

a) origen de las proteínas que contiene el producto. Si el 90% de las proteínas como mínimo, procede de leche deberá denominarse "Fórmula para lactantes a base de leche"; si el producto no contiene leche ni ninguno de sus derivados deberá indicarse "no contiene leche ni productos lácteos".

b) rotulación del valor energético disponible (expresado en kcal), contenido de proteínas, lípidos y carbohidratos disponibles (expresados en gramos), los que deberán expresarse según Artículo 491 del presente Reglamento.

c) rotulación de otros nutrientes opcionales, los que deberán rotularse de acuerdo al Artículo 491 del presente reglamento

d) los productos que contengan un mínimo de 1 mg de hierro por 100 kcal utilizables deberán tener la denominación "Fórmula con hierro para lactantes".

e) deberá indicarse en caracteres destacados que la fórmula "NO SUSTITUYE A LA LECHE MATERNA".

f) En la rotulación y publicidad de las fórmulas para lactantes queda totalmente prohibido el uso de los términos "humanizada", "maternalizada" u otros similares y de imágenes que puedan inducir a la indebida comparación con la lactancia materna o a desalentar su práctica, como por ejemplo, lactantes, mujeres, biberones, entre otros.

g) Asimismo la etiqueta de cada envase deberá contener un mensaje claro, visible y fácilmente legible que incluya las palabras "AVISO IMPORTANTE: LA LECHE MATERNA ES EL MEJOR ALIMENTO PARA SU NIÑO/A" o una declaración equivalente que exprese inequívocamente la superioridad de la leche materna por sobre las fórmulas para lactantes.

h) Deberá advertirse la necesidad de combinar el alimento para lactantes con alimentación complementaria adecuada al desarrollo del menor, a partir de los 6 meses de edad.

i) el producto destinado a lactantes con necesidades especiales de nutrición, deberá indicar la necesidad especial para la que va a emplearse la fórmula y la propiedad o las propiedades dietéticas en que se basa.

j) Deberá informarse que el producto debe ser usado únicamente bajo indicación de un profesional de la salud.

k) Deberá rotularse, además, la fecha de elaboración y la fecha de vencimiento e instrucciones sobre su correcta preparación y uso, así como su almacenamiento y conservación antes y después de abrir el envase.

Artículo 497 bis.- Se prohíbe toda acción de publicidad de fórmulas de inicio y fórmulas de continuación hasta los 12 meses de edad, de las que trata el presente párrafo, tales como:

– El ofrecimiento o entrega a título gratuito de productos o muestras de éstos.

– La distribución de regalos o elementos publicitarios con el producto o asociado a la venta del mismo.

– La realización de exhibiciones promocionales o degustaciones.

– La realización de publicidad en medios de comunicación u otros soportes.

– La utilización en el envase de imágenes o palabras que correspondan a publicidad.

– La publicación de avisos, carteles o señaléticas que destaquen ofertas como promociones o reducciones en el precio, cupones de descuento, descuento en el precio según la cantidad de productos adquiridos u otras estrategias publicitarias similares.

El profesional que requiera indicar estas fórmulas deberá garantizar que el usuario cuente con la información necesaria para seleccionar adecuadamente la fórmula respectiva, señalando en la prescripción solamente la expresión "Fórmula de inicio" o "Fórmula de continuación", sin indicar marcas comerciales específicas, y la edad del niño o niña que la recibirá.

PÁRRAFO III
DE LAS PREPARACIONES COMERCIALES DE ALIMENTOS INFANTILES

Artículo 498.- Preparaciones comerciales de alimentos infantiles son aquellas utilizadas durante el período de destete y adaptación de los niños a la alimentación sólida. Se preparan para ser administrados directamente, o bien, deshidratados para ser reconstituidos.

Artículo 499.- Las preparaciones comerciales de alimentos infantiles para administrarse directamente según el tamaño de partículas se clasifican en:

a) colados: aquellas preparaciones de textura fina y homogénea, que contiene partículas pequeñas, de tamaño uniforme y que no requieren ni incitan a la masticación antes de la deglución;

b) picados: aquellas preparaciones de partículas más grandes y textura más gruesa, incluyendo trocitos de alimentos que incitan a la masticación.

Artículo 500.- Los alimentos infantiles deshidratados, una vez reconstituidos serán parecidos en cuanto a consistencia y tamaño de sus partículas a los descritos en a) y b) del artículo anterior.

Artículo 501.- Estos alimentos infantiles deben contener sustancias inocuas y adecuadas para la alimentación de los lactantes y niños pequeños hasta los 36 meses de edad.

El producto y sus componentes no deberán haber sido tratados con radiaciones ionizantes.

Artículo 502.- Estos alimentos deberán presentar la siguiente composición:

a) Proteínas

El contenido de proteínas de los colados o picados deberá ser el correspondiente a la declaración de ingredientes en su rotulación, según las siguientes condiciones:

a.1) Al menos 7g/100 kcal, cuando la carne, el pollo, el pescado u otra fuente de proteínas de origen animal, individualmente o en combinación, sean los únicos ingredientes mencionados en la denominación del producto. En estos productos, la carne, el pollo, el pescado u otra fuente de proteínas de origen animal deberán constituir en total, como mínimo tanto el 40% del peso total del producto, como el 25% del peso total de las fuentes de proteínas mencionadas.

a.2) Al menos 4g/100 kcal, cuando la carne, el pollo, el pescado u otra fuente de proteínas de origen animal, individualmente o en combinación, sean nombrados en primer lugar en la denominación del producto. En estos productos, la carne, el pollo, el pescado o la otra fuente de proteínas deberán constituir en total, como mínimo tanto el 10% del peso total del producto, como el 25% del peso total de las fuentes de proteínas mencionadas.

a.3) Al menos 3g/100 kcal, cuando la carne, el pollo, el pescado u otra fuente de proteínas de origen animal, individualmente o en combinación, aparecen declarados, aunque no en primer lugar, en la denominación del producto. En estos productos, la carne, el pollo, el pescado o la otra fuente de proteínas de origen animal deberán constituir en total, como mínimo tanto el 8% del peso total del producto, como el 25% del peso total de las fuentes de proteínas mencionadas.

a.4) Al menos 3g/100 kcal, cuando no menciona la carne, el pollo, el pescado u otra fuente de proteínas de origen animal en la denominación del producto.

En los casos en que los productos contengan menos proteínas que 3g/100 kcal, se considerarán bajos en proteínas, y deberá rotular de manera destacada, en la cara frontal del producto, una frase como se indica en la letra c) del artículo 505 de este reglamento.

b) Materia grasa:

No deben utilizarse grasas y aceites parcialmente hidrogenados.

c) Sodio: máximo 200 mg/100 g.

No se permitirá la adición de sal (NaCl) a los productos de postre a base de frutas.

d) Vitaminas y minerales: podrán agregarse vitaminas y minerales hasta los límites máximos establecidos en el artículo 495 del presente reglamento.

e) Fibra dietética total: deberá ser la propia de los alimentos naturales utilizados como ingredientes del producto, y no deberá adicionarse fibra dietética con ingredientes artificiales.

f) Carbohidratos disponibles: No deberán añadirse mono o disacáridos.

Artículo 503.- Sólo se permitirá el uso de los siguientes aditivos, en la cantidad que se indica por 100 g o 100 ml del producto listo para el consumo:

Emulsionantes		
N° SIN	**Aditivo**	**Dosis máxima en 100g del producto listo para el Consumo**
322	Lecitina	0,5 g
471	Mono y diglicéridos	0,15 g

Reguladores de pH		
N° SIN	**Aditivo**	**Cantidad máxima en 100 g del producto listo para el Consumo**
500(ii)	Hidrogen-carbonato de sodio	Limitada por las buenas prácticas de fabricación (BPF) dentro del límite para el sodio establecido en el artículo anterior
500(i)	Carbonato de sodio	
501(ii)	Hidrogen-carbonato de potasio	
501(i)	Carbonato de potasio	
260	Ácido acético	0,5 g
330	Ácido cítrico	
331	Citratos de sodio	
270	Ácido L (+) láctico	0.2 g

Antioxidantes		
N° SIN	**Aditivo**	**Cantidad máxima en 100 g del producto listo para el Consumo**
307a	Alfa-tocoferol	300mg/kg grasa, solos o mezclados.
307b	Concentrado tocoferoles mixtos	
304	Palmitato de L-ascorbilo	200 mg/kg de grasa
300	Ácido L-ascórbico	500 mg/Kg, solos o mezclados, expresados como ácido ascórbico
301	Ascorbato de sodio	
303	Ascorbato de potasio	

Aromatizantes	
Aditivo	**Cantidad máxima en 100 g del producto listo para el Consumo**
Extracto de vainilla	BPF
Etilvainillina	7 mg
Vainillina	7 mg

Agentes espesantes		
Nº SIN	**Aditivo**	**Cantidad máxima en 100 g del producto listo para el Consumo**
410	Goma de semilla de algarrobo	0,2g
412	Goma guar	0,2g
440	Pectinas (no aminadas)	1 g sólo pectina no aminada en alimentos en base a frutas
1411	Glicerolado de dialmidón (dialmidón glicerol y dialmidón glicerol acetilado)	6g, solos o mezclados
1440	Almidón hidroxipropílico	6g, solos o mezclados
1412	Fosfato de dialmidón	6g, solos o mezclados
1413	Fosfato de dialmidón fosfatado	
1414	Fosfato de dialmidón acetilado	6g, solos o mezclados
1422	Adipato de dialmidón acetilado	

Artículo 504.- El producto deberá prepararse con especial cuidado, mediante buenas prácticas de fabricación, a fin de eliminar totalmente los residuos de los plaguicidas que pueden necesitarse para la producción, el almacenamiento o la elaboración de las materias primas o del ingrediente alimentario acabado o, si ello es técnicamente inevitable, reducirlos en la mayor medida posible.

El producto no deberá contener residuos de hormonas ni de antibióticos determinados mediante métodos convenidos de análisis, y estará prácticamente exento de otros contaminantes y otras sustancias dañinas para la salud, especialmente, de sustancias farmacológicamente activas.

Artículo 505.- Además de lo dispuesto para etiquetado general y para regímenes especiales, las preparaciones comerciales de alimentos infantiles deberán indicar en su etiqueta lo siguiente:

a) Su denominación de colado o picado, según las definiciones de este reglamento.

b) Se debe indicar la edad a partir de la cual podrá consumirse el producto, teniendo en cuenta su composición, textura y otras propiedades particulares. La edad indicada será, como mínimo, de seis meses para cualquier producto.

c) En los casos en que los productos contengan menos proteínas que 3g/100 kcal deberá indicar claramente y destacado en la cara frontal del envase la siguiente frase: "NO REEMPLAZA UNA COMIDA COMPLETA PARA UN NIÑO".

d) En este tipo de productos, no deberán incorporarse en los rótulos ni publicidad de los mismos, declaraciones de propiedades saludables.

Artículo 505 bis.- La información y rotulación nutricional de los alimentos comprendidos en este párrafo deberán expresarse por cada 100 g o 100 ml, según corresponda, y por cada porción del producto listo para el consumo. Además, opcionalmente, podrá expresarse por cada 100 kilocalorías (kcal) utilizables del producto

PÁRRAFO IV
DE LOS ALIMENTOS PARA USO INFANTIL PROCESADOS A BASE DE CEREALES

Artículo 506.- Los alimentos para uso infantil procesados a base de cereales son aquellos destinados a completar el régimen alimentario normal de niños desde los 6 meses hasta los 36 meses de edad.

Artículo 507.- Los alimentos elaborados a base de cereales están preparados principalmente con uno o más cereales molidos que se procesan para lograr un escaso contenido de humedad y se fragmentan para ser consumidos diluidos con agua, leche u otro líquido conveniente o sin dilución como galletas, bizcochos o pastas y se consumen de acuerdo a las instrucciones que el fabricante debe indicar en el rótulo del producto.

El contenido de cereales en el producto deberá alcanzar por lo menos el 25 por ciento de la mezcla final en relación con el peso en seco. De acuerdo a su preparación se distinguen las siguientes categorías:

a) Productos que consisten en cereales que se preparan para el consumo añadiendo leche u otros líquidos nutritivos idóneos.

b) Cereales con adición de alimentos de alto valor proteínico, que se preparan para el consumo con agua uotros líquidos apropiados exentos de proteínas.

Artículo 508.- Las categorías descritas en artículo 507 se preparan principalmente con uno o más productos molidos de cereales, como trigo, arroz, cebada, avena, centeno, maíz o sorgo. También podrán contener leguminosas previamente tratadas para eliminar factores antinutricionales (según las buenas prácticas de fabricación), raíces amiláceas como arroz o mandioca, tallos amiláceos y semillas oleaginosas en menor proporción.

Artículo 509.- Los requisitos relativos al contenido energético y de nutrientes se refieren al producto listo para el consumo tal como se vende, o preparado de conformidad con las instrucciones del fabricante, a menos que se especifique otra cosa y deberán ajustarse a lo siguiente:

Contenido energético

El contenido energético de los alimentos elaborados a base de cereales no deberá ser inferior a 0,8 kcal/g.

Proteínas

En aquellos que se consumen de acuerdo a lo descrito en el punto b) del art. 507, el índice químico de la proteína añadida deberá ser equivalente por lo menos al 80 por ciento de la calidad de la caseína. El contenido de proteína no deberá ser inferior a 2 g/100 kcal ni superior a 5,5 g/100 kcal.

Se permite la adición de aminoácidos sólo con el fin de mejorar el valor nutricional de la mezcla proteínica y en las proporciones necesarias para tal fin. Podrán emplearse únicamente formas naturales de L-aminoácidos.

Lípidos

Para los productos mencionados en punto b) del artículo 507, el contenido de lípidos no deberá ser superior a 4,5 g/100 kcal. Sin embargo, si el contenido de lípidos es superior a 3,3 g/100 kcal:

– la cantidad de ácido linoleico (en forma de triglicéridos = linoleatos) no deberá ser inferior a 300 mg/100 kcal. ni superior a 1200 mg/100 kcal.

– la cantidad de ácido láurico no deberá exceder del 15% del contenido lipídico total;

– la cantidad de ácido mirístico no deberá exceder del 15% del contenido lipídico total.

Las categorías de productos a que se refiere la letra a) del artículo 507 no deberán exceder de un contenido máximo de lípidos de 3,3 g/100 kcal.

Hidratos de Carbono

Si a los productos mencionados en el punto a) artículo 507 se añade sacarosa, fructosa, glucosa, jarabe de glucosa o miel:

– la cantidad de carbohidratos añadidos procedentes de estas fuentes no deberá ser superior a 7,5 g/100 kcal

– la cantidad de fructosa añadida no deberá ser superior a 3,75 g/100 kcal.

Si a los productos mencionados en el punto b) del artículo 507 se añade sacarosa, fructosa, glucosa, jarabe de glucosa o miel:

– la cantidad de carbohidratos añadidos procedentes de estas fuentes no deberá ser superior a 5 g/100 kcal.

– la cantidad de fructosa añadida no deberá ser superior a 2,5 g/100 kcal.

Minerales

– El contenido de calcio de los productos mencionados en el punto b) del artículo 507 no deberá ser inferior a 80 mg/100 kcal.

– El contenido de sodio de los productos descritos en el artículo 507 podrá ser como máximo de 100 mg/100 Kcal del producto listo para el consumo.

Vitaminas

La cantidad de vitamina B1 (tiamina) no deberá ser inferior a 50 mcg/100 kcal.

En lo que respecta a los productos mencionados en punto

b) del artículo 507 la cantidad de vitamina A y de vitamina D deberá mantenerse dentro de los límites siguientes:

Vitamina	mcg/100 kcl
Vitamina A (en mcg de retinol equivalente)	60 - 180
Vitamina	D 1 - 3

Los productos señalados en el punto a) del artículo 507 a los que se adicione vitamina A o vitamina D deberán cumplir con los límites de esas vitaminas descritos para los productos mencionados en la letra f) del artículo 496.

Las vitaminas y minerales no mencionados en el presente artículo podrán ser agregadas de acuerdo a los límites establecidos en el artículo 496 del presente reglamento.

Humedad

El contenido de humedad de los productos deberá ser conforme a las buenas prácticas de fabricación para cada una de las categorías de productos, y su cuantía deberá ser tal que se reduzca al mínimo la pérdida de valor nutritivo y no pueda haber multiplicación de microorganismos.

Artículo 510.- Tanto el producto como sus componentes no deberán haberse tratado con radiaciones ionizantes.

Queda prohibido el uso de grasas hidrogenadas y parcialmente hidrogenadas en estos productos.

El contenido máximo de fibra dietaria total será de 2g/100g de producto listo para el consumo conforme a las instrucciones sugeridas por el fabricante.

Artículo 511.- Todos los ingredientes, incluso los facultativos, deberán estar limpios y ser inocuos, apropiados y de buena calidad.

Todos los procedimientos de elaboración y desecación deberán llevarse a cabo de forma que sean mínimas las pérdidas del valor nutritivo, especialmente en la calidad de sus proteínas.

Los productos que contengan miel o jarabe de arce deberán tratarse de manera que se destruyan las esporas de Clostridium botulinum, si las hubiere.

Sólo podrán utilizarse cultivos productores de ácido láctico.

Artículo 512.- Sólo se permitirá el uso de los siguientes aditivos y en las cantidades indicadas por cada 100 g de producto listo para el consumo, preparado conforme a las instrucciones del fabricante, salvo indicación contraria de su médico.

Emulsionantes	Lecitina	1500 mg/100 g
	Mono y diglicéridos	1500 mg/100 g
	Ésteres de ác. acéticos y grasos de glicerol	500 mg solos o combinados
	Ésteres de ác. lácticos y grasos de glicerol	
	Ésteres de ác. cítricos y grasos de glicerol	
Reguladores de pH	Bicarbonato de Sodio	B.P.F.
	Bicarbonato de Potasio	
	Carbonato de Calcio	
	Ácido L (+) láctico	
	Ácido cítrico	
	Ácido acético	
	Acetatos de potasio	B.P.F
	Acetato de sodio	
	Acetato de calcio	
	Ácido málico, únicamente la forma (DL) - L(+)	
	Lactato de sodio (solución) únicamente L(+)	
	Lactato de potasio (solución) únicamente L(+)	
	Lactato de calcio - únicamente la forma L(+)	
	Citrato monosódico	
	Citrato trisódico	
	Citrato monopotásico	
	Citrato tripotásico	B.P.F.
	Citrato de calcio	
	Ácido clorhídrico	
	Hidróxido de sodio	
	Hidróxido de potasio	
	Hidróxido de calcio	
	Glucono delta-lactona	

	Ácido L(+)tartárico, únicamente la forma L(+) Tartrato monosódico	500 mg. sólo o en combinación. Tartratos como residuos de bizcochos y crutones
	Tartrato disódico	
	Tartrato monopotásico, únicamente L(+)	
	Tartrato dipotásico - únicamente L(+)	
	Tartrato de sodio y potasio, únicamente L(+)	
	Ácido ortofosfórico	Únicamente para regular la acidez. 440 mg sólo o en combinación como fósforo
	Ortofosfato monosódico	
	Ortofosfato disódico	
	Ortofosfato trisódico	
	Ortofosfato monopotásico	
	Ortofosfato dipotásico	
	Ortofosfato tripotásico	
	Ortofosfato monocálcico	
	Ortofosfato dicálcico	
Antioxidantes	Tocoferoles y •-tocoferol	300 mg/kg en la grasa o aceite, solos o combinados
	Palmitato de L-ascorbilo	200 mg/kg de grasa
	Ácido L-ascórbico y sus sales de Na y K	50 mg expresado en ácido ascórbicodentro de los límites para el sodio
	Ascorbato de calcio	20 mg, expresado como ácido ascórbico
Aromatizantes	Extractos de frutas	B.P.F.
	Extracto de vainilla	B.P.F.
	Etilvainillina	7 mg/100 g RTU (listos para el uso).
	Vainillina Extractos naturales de fruta	B.P.F. B.P.F.(modif en texto de Cons P.)
Espesantes	Goma de semillas de algarrobo	1000 mg solos o combinados. 2000 mg en alimentos a base de cereales exentos de gluten
	Goma guar	
	Goma arábiga (goma de acacia)	
	Goma xantan	
	Pectinas (amidadas y no amidadas)	
	Almidón oxidado	
	Fosfato de monoalmidón	5000 mg solos o combinados
	Fosfato de dialmidón	
	Fosfato de dialmidón fosfatado	
	Fosfato de dialmidón acetilado	
	Adipato de dialmidón acetilado	
	Acetato de almidón esterificado con anh. Acético	

	Almidón octenil succinato sódico	
	Almidón oxidado acetilado	
Antiaglutinantes	Dióxido de silicio (amorfo)	200 mg sólo para cereales secos
Gases de envasado (propulsores)	Dióxido de carbono Nitrógeno	B.P.F.
Gasificantes	Hidrogen-carbonato de amonio	B.P.F.
	Carbonatos de sodio	
	Hidrogen-carbonato de sodio	

Artículo 513.- Además de lo dispuesto para etiquetado general y para regímenes especiales en el artículo 491 en la etiqueta de estos alimentos se indicará lo siguiente:

– la frase "para niños mayores de seis meses";

– Instrucciones sobre su preparación y uso, así como de su almacenamiento y conservación;

– Cuando el producto no haya sido fabricado para ser preparado acorde a lo descrito en el punto b) del artículo 507, deberá indicar el uso de leche para diluirlo o mezclarlo.

– Si el producto contiene cacao se indicará "Para niños mayores de 12 meses de edad".

Los productos contenidos en este párrafo no son sustitutos de la leche materna y no deberán presentarse como tales ni podrán declarar propiedades saludables.

PÁRRAFO V
DE LOS ALIMENTOS PARA USO MÉDICO O MEDICINAL

Artículo 514.- Un alimento de uso médico o medicinal es una categoría de alimentos para regímenes especiales, formulados, elaborados y presentados especialmente para el tratamiento dietético exclusivo o parcial de pacientes, y que deberán utilizarse bajo la supervisión de un profesional de la salud.

Estos alimentos deberán rotular:

– que el producto debe utilizarse bajo supervisión médica o de un profesional de la salud,

– si el producto es o no adecuado para ser consumido como única fuente de alimento,

– si el producto va destinado a un grupo de edad específico, y

– si el producto puede perjudicar la salud de las personas que lo consuman sin estar afectados por alguna de las enfermedades, trastornos o afecciones, para los que vaya destinado.

Artículo 515.- Estos alimentos se clasificarán de acuerdo a las instrucciones del fabricante en:

a) Alimentos completos con una formulación de nutrientes específica adaptada para determinadas enfermedades, trastornos o situaciones fisiológicas. Pueden constituir la única fuente de alimentos para las personas a las que van destinados. Estos alimentos también pueden utilizarse como sustitutos de una parte del régimen alimentario.

b) Alimentos incompletos con una formulación de nutrientes específica adaptada para determinadas enfermedades, trastornos o afecciones. No son adecuados como única fuente de alimentos, por lo que sólo pueden utilizarse como sustitutos de una parte del régimen alimentario.

Esta información deberá quedar, claramente, indicada en el rótulo para contribuir al uso adecuado del producto.

PÁRRAFO VI
DE LOS ALIMENTOS PARA REGÍMENES EXENTOS DE GLUTEN

Artículo 516.- Un alimento libre de gluten es aquel que está preparado únicamente con ingredientes que por su origen natural y por la aplicación de buenas prácticas de fabricación —que impidan la contaminación cruzada— no contiene prolaminas procedentes de trigo, de todas las especies de triticum como la escaña común (Triticum spelta L.), el kamut (Triticum polonicum L.), trigo duro, centeno, cebada, ni sus variedades cruzadas, así como también de la avena.

Para efectos de la inclusión en el rótulo de la leyenda "Libre de Gluten", los elaboradores de alimentos libres de gluten deberán cumplir con las exigencias establecidas en el presente Reglamento, así como contar con un programa de buenas prácticas de fabricación, con el fin de asegurar la no contaminación con los derivados de trigo, centeno, cebada y avena en los procesos, desde la recepción de las materias primas hasta la comercialización del producto final.

Artículo 517.- Las harinas libres de gluten destinadas a la panificación, así como el pan libre de gluten, deberán contener las vitaminas y minerales establecidas en el artículo 350 de este Reglamento. Todos los alimentos libres de gluten deberán etiquetarse nutricionalmente de acuerdo a lo establecido en el etiquetado general y en el artículo correspondiente de este Reglamento.

Artículo 518.- El término "Libre de gluten" y el logo o símbolo de la espiga tachada, sólo podrán utilizarse cuando el resultado del análisis de laboratorio del producto alimenticio no sobrepase los 5 miligramos de gluten, de los cereales establecidos en el artículo 516, por kilogramo del producto listo para su entrega al consumidor final, de acuerdo a las técnicas analíticas que, para estos efectos, determine el Instituto de Salud Pública de Chile. La expresión "Libre de gluten" se rotulará en las proximidades del nombre del producto, con caracteres de buen realce, tamaño y visibilidad.

PÁRRAFO VII
DE LOS ALIMENTOS PARA REGÍMENES DE CONTROL DE PESO

Artículo 519.- Se entiende por alimentos para regímenes de control de peso, aquellos que según las instrucciones correspondientes sustituyen la totalidad de la dieta o una parte de la misma.

En el rótulo junto al nombre principal del alimento, formando parte del mismo o junto a la información nutricional deberá señalarse, con caracteres fáciles de leer en circunstancias normales de compra y NOTA uso la frase "alimento para control de peso".

Artículo 520.- Un producto que se presente como sustituto de todas las comidas de la dieta diaria deberá aportar como mínimo 800 kcal. y como máximo 1.200 kcal.

Cuando el producto total se presente dividido en porciones, 3 o 4 diarias, según los hábitos alimenticios de la persona, estas porciones deberán suministrar aproximadamente una tercera o una cuarta parte del aporte energético total del producto, respectivamente.

Artículo 521.- Si el producto se presenta como sustituto de una o más comidas de la dieta diaria deberá aportar como mínimo 200 kcal y como máximo 400 kcal. por comida, esto referido al producto tal como se comercializa.

Artículo 522.- Los sustitutos de comidas para regímenes de control de peso se prepararán con elementos constituyentes de proteínas de origen animal y vegetal que se hayan demostrado aptos para el consumo humano, y con otros ingredientes apropiados para obtener la composición esencial del producto.

Artículo 523.- El contenido de proteínas de estos productos será de un 25% como mínimo y un 50% como máximo de la energía disponible del alimento listo para su consumo.

La ingesta total diaria de proteínas no será superior a 125 g. La calidad biológica de las proteínas no será menor a un 80% de las proteínas del huevo o de la leche.

Para mejorar la calidad de las proteínas podrán añadirse aminoácidos esenciales pero sólo en las cantidades necesarias para tal efecto. Los aminoácidos utilizados deberán presentarse en su forma levógira, pero se podrá utilizar DL-metionina.

Artículo 524.- Estos alimentos deberán cumplir con el descriptor bajo en grasa y no deberán aportar, en forma de grasa total, más del 30% de la energía disponible en el alimento. No menos del 3% de la energía disponible deberá ser aportada como ácido linoleico.

Artículo 525.- Cuando un alimento se presente como sustitutivo de todas las comidas de un día, deberá contener, al menos, el 100% de las cantidades de vitaminas y minerales especificadas a continuación, en el producto tal como se comercializa:

Vitamina A	600	mcg EAR
Vitamina D	2,5	mcg D 3
Vitamina E	10	mg ET
Vitamina C	60	mg
Tiamina	0,8	mg
Riboflavina	1,2	mg
Niacina	11	mg
Vitamina B 6	2	mg
Vitamina B 12	1	mcg
Folato	200	mcg EFA
Calcio	500	mg
Fósforo	500	mg
Hierro	14	mg
Yodo	140	mcg
Magnesio	300	mg
Cobre	1,5	mg
Zinc	6	mg
Potasio	1,6	g
Sodio	0,6	g

Estos alimentos que se presenten como sustitutivo de todas las comidas de un día deberán contener un mínimo de 13 g de fibra dietética total. Las cantidades por cada tiempo de comida, deberán ajustarse a una cantidad que corresponda al 33% o 25% del total señalado, según si el número de porciones recomendadas por día es de 3 o 4, respectivamente, lo que corresponde a 4,3 g o 3,3 g de fibra dietética/porción, según si son 3 o 4 porciones por día.

Se podrán incluir otros nutrientes esenciales no especificados en esta lista para los que exista Dosis Diaria Remendada o Valores de Referencia Diaria, la sumatoria o concentración final de ellos en el producto, no deberá ser superior al 100% de la Dosis Diaria de Referencia establecida para el nutriente en particular.

Artículo 526.- Cuando un producto se presente como sustituto de una sola comida de la dieta diaria, es decir como reemplazo de una de las principales comidas del día, desayuno, almuerzo, once o cena, las cantidades de vitaminas y minerales deberán ajustarse a una cifra que corresponda al 33% ó 25% del total señalado en el artículo anterior, según si el número de porciones recomendadas por día es de 3 o 4, respectivamente.

Artículo 527.- Estos productos se etiquetarán conforme las disposiciones relativas a etiquetado general y según lo dispuesto en el artículo 491. Si en las instrucciones para el uso se indica que el producto debe combinarse con otros ingredientes, en la etiqueta deberá agregarse la declaración del valor nutritivo por porción de consumo habitual del resultado final de la combinación.

En lo particular, en la etiqueta o etiquetado no se deberá hacer referencia al ritmo ni a la magnitud de la pérdida de peso resultante del consumo del alimento, como tampoco a la disminución de la sensación de hambre ni al aumento de la sensación de saciedad.

Artículo 528.- En la etiqueta o en el etiquetado deberá hacerse referencia a la necesidad de mantener una ingesta adecuada de líquido cuando se utilizan preparados para el control de peso.

Si el consumo de alimentos proporciona una ingesta diaria de alcoholes de azúcar superior a los 20 g diarios, la etiqueta deberá llevar una declaración de que el alimento podría tener un efecto laxante.

La etiqueta deberá llevar una declaración de que el alimento puede ser útil para el control de peso únicamente como parte de una dieta con un contenido energético controlado.

La etiqueta de los productos que se presentan como sustitutos de la dieta total para utilizar durante más de seis semanas, deberá contener una recomendación de que transcurrido ese período deberá solicitarse asesoría médica.

PÁRRAFO VIII
DE LOS ALIMENTOS CON BAJO CONTENIDO DE GRASAS Y/O CALORÍAS

DEROGADO

Artículo 529.- DEROGADO

Artículo 530.- DEROGADO

Artículo 531.- DEROGADO

Artículo 532.- DEROGADO

Artículo 533.- DEROGADO

TÍTULO XXIX
DE LOS SUPLEMENTOS ALIMENTARIOS Y DE LOS ALIMENTOS PARA DEPORTISTAS

PÁRRAFO I
DE LOS SUPLEMENTOS ALIMENTARIOS

Artículo 534.- Suplementos alimentarios son aquellos productos elaborados o preparados especialmente para suplementar la dieta con fines saludables y contribuir a mantener o proteger estados fisiológicos característicos tales como adolescencia, adultez o vejez.

Su composición podrá corresponder a un nutriente, mezcla de nutrientes y otros componentes presentes naturalmente en los alimentos, incluyendo compuestos tales como vitaminas, minerales, aminoácidos, lípidos, fibra dietética o sus fracciones.

Se podrán expender en diferentes formas de liberación convencional, tales como polvos, líquidos, granulados, grageas, comprimidos, tabletas, cápsulas u otras propias de los medicamentos.

Artículo 535.- Los ingredientes dietarios para suplementos alimentarios, que son las substancias utilizadas intencionalmente para suplementar la dieta humana, incrementando la ingesta diaria total de vitaminas, minerales, aminoácidos, lípidos, fibra dietética u otros elementos naturalmente presentes en los alimentos, deberán cumplir con la identidad y pureza indicada en las especificaciones de calidad e inocuidad.

Artículo 536.- La declaración de propiedades saludables y nutricionales, y la información nutricional complementaria que se describa en los envases de estos productos, deberá ceñirse a las normas establecidas para estos fines en este reglamento, siendo prohibido promocionar su consumo para fines de diagnóstico, prevención o tratamiento de las enfermedades.

Artículo 537.- La publicidad, a través de cualquier medio, así como la rotulación de los suplementos alimentarios, deberá adecuarse a las normas que sobre el particular se contemplan en este reglamento; adicionalmente, estos productos deberán señalar en su etiquetado, en forma destacada en la cara principal del envase y a continuación del nombre del producto, su clasificación de "suplemento alimentario".

Todos los suplementos alimentarios deberán incluir, inmediatamente por debajo de la rotulación como "Suplemento Alimentario", una leyenda que señale: "Su uso no es recomendable para consumo por menores de 8 años, embarazadas y nodrizas, salvo indicación profesional competente y no reemplaza a una alimentación balanceada".

Artículo 538.- Los niveles, máximo y mínimo, de vitaminas, minerales y demás componentes a que alude el artículo 534, serán establecidos por resolución del Ministerio de Salud, dictada en uso de sus atribuciones legales técnico normativas.

PÁRRAFO II
DE LOS ALIMENTOS PARA DEPORTISTAS

Artículo 539.- Alimentos para deportistas son aquellos productos alimentarios formulados para satisfacer requerimientos de individuos sanos, en especial de aquellos que realicen ejercicios físicos pesados y prolongados.

Estos alimentos estarán compuestos por un ingrediente alimentario o mezcla de éstos. Se les podrá adicionar uno o más nutrientes, como hidratos de carbono, proteínas, vitaminas, minerales y otros componentes presentes naturalmente en los alimentos, tales como cafeína o aquellos expresamente autorizados en el presente Reglamento. En su elaboración se deberán cumplir las normas de las buenas prácticas de manufactura.

En ellos no se podrá incorporar, solos ni en asociación, hormonas o compuestos con efecto anabolizante. Tampoco se les podrá incorporar sustancias con acción estimulante sobre el sistema nervioso, salvo aquellas que estén expresamente autorizadas y dentro de los límites permitidos para este tipo de alimentos en este Reglamento.

Artículo 540.- Sólo podrán considerarse alimentos para deportistas aquellos que cumplan con los requisitos de alguna de las propiedades nutricionales que se indican a continuación. Ellos deberán colocar en la etiqueta, en el panel principal del envase, con letras fácilmente legibles en color contrastante con el fondo de la etiqueta: "ALIMENTO PARA DEPORTISTAS ...." con el descriptor que se indica entre comillas, según corresponda:

a) "Alto en energía". Aquellos alimentos que tienen por porción de consumo habitual un 30%, o más, de la dosis diaria de referencia (DDR) de energía (DDR = 2000 Kcal/día).

b) "Buena fuente de energía". Alimentos que tienen por porción de consumo habitual entre un 20% y un 29% de la dosis diaria de referencia de energía.

c) "Alto en hidratos de carbono disponibles".

Alimentos que tienen por porción de consumo habitual un 30%, o más, de la dosis diaria de referencia de carbohidratos disponibles (DDR = 350 g de carbohidratos disponibles/día).

d) "Buena fuente de hidratos de carbono disponibles".

Alimentos que tienen por porción de consumo habitual entre un 20% y un 29% de la dosis diaria de referencia de carbohidratos disponibles.

e) "Alto en proteínas". Alimentos que tienen por porción de consumo habitual de referencia un 40%, o más, de la dosis diaria de referencia de proteínas equivalente a una óptima calidad y digestibilidad (DDR = 50 g de proteínas).

f) "Buena fuente de proteínas". Alimentos que tienen por porción de consumo habitual entre un 20% y un 39% de la DDR de proteínas equivalente a una óptima calidad y digestibilidad.

g) "Con adición de aminoácidos". A estos alimentos se les podrá adicionar los aminoácidos que a continuación se indican, hasta las cantidades máximas por día que se señalan. En la recomendación de consumo de la etiqueta no se podrá sobrepasar las cantidades máximas por día que se indican en cada caso.

Aminoácido	Cantidad máxima por día mg
Alanina	4800
Arginina	4400
Acido aspártico	2400
Cisteína	1800
Glutamina	5600
Acido glutámico	6400
Glicina	6000
Histidina	1700
Isoleucina	1400
Leucina	1900
Lisina	1700
Metionina	720
Ornitina	1400
Fenilalanina	1900

Prolina	4400
Serina	5600
Taurina	1500
Treonina	1000
Tirosina	1600
Triptofano	100
Valina	1400

Los alimentos que tengan fenilalanina deberán incluir en la etiqueta el siguiente mensaje: "Fenilcetonúricos: contiene fenilalanina". Los alimentos cuyo contenido de taurina sea igual o superior a 500 mg por porción de consumo deberán incluir en la etiqueta el siguiente mensaje: "No recomendable para diabéticos".

h) "Con adición de electrolitos". Los alimentos que se presentan como bebidas no alcohólicas o preparaciones a reconstituir podrán contener electrolitos como sodio y/o potasio. El contenido NOTA 1 de sodio deberá ser igual o mayor a 10 mmol/l (230 mg Na+/l), el contenido de potasio deberá ser igual o mayor a 2 mmol/l (78 mg K+/l). Estas bebidas podrán ser isotónicas o hipotónicas y deberán ser formuladas para tener una osmolalidad mínima de 200 mosm/kg de agua y máxima de 340 mosm/kg de agua. Las bebidas que presenten una osmolalidad entre 200 y 250 mosm/kg de agua podrán denominarse: "hipotónicas" y aquellas que presenten una osmolalidad entre 250 y 340 mosm/kg de agua, podrán denominarse: "isotónicas".

La recomendación de consumo de los "Alimentos para Deportistas" que se rotule, adjunte o relacione con el producto no podrá sobrepasar, por día, las cantidades de sodio y potasio, que se indican a continuación:

Electrolito	Cantidad máxima por día	
	mmol	mg
Sodio	70	1610
Potasio	95	3715

i) "Con adición de vitaminas y/o minerales". Si se adicionan vitaminas y/o minerales, estos productos alimenticios deberán clasificarse según corresponda como "Alimento Fortificado" o "Suplemento Alimentario", respetando los límites establecidos para cada nutriente en cada categoría.

Cuando un "Alimento para Deportistas" califique además como "Suplemento Alimentario" deberá dar cumplimiento a los artículos correspondientes de este Reglamento, especialmente, pero no sólo, a lo establecido en el Párrafo I del Título XXIX.

j) Con cafeína. La cafeína podrá ser incorporada en forma pura o por adición de uno o más ingredientes alimentarios que la contengan. De los cuales sólo se podrán utilizar los siguientes ingredientes: café (Coffea spp.), té verde o té negro (Camellia sinensis o Thea sinensis), cacao (Theobroma cacao), yerba mate (Ilex brasillensis e Ilex paraguariensis), nuez de cola (Kola spp.) y guaraná (Paullinia cupana), como tales o en forma de extractos. La recomendación de consumo en la etiqueta y/o publicidad no podrá sobrepasar los 500 mg. de cafeína por día.

k) Con adición de otros compuestos. A los alimentos para deportistas se les podrá incorporar los ingredientes alimentarios que a continuación se indican pudiendo contener las cantidades máximas por porción de consumo habitual que se establecen.

La recomendación de consumo que se rotule, adjunte o relacione con el producto no podrá sobrepasar, por día, las cantidades máximas que se indican en cada caso. En estos alimentos se deberá usar el descritpor: "Con................", indicando el nombre del ingrediente, según corresponda, así por ejemplo si tiene adición de L-carnitina y colina, se deberá utilizar el descriptor: "Con L-carnitina y colina"

Ingrediente alimentario	Cantidad máxima por día
L - carnitina	2 g
Inosina	10 mg
Ubiquinona	15 mg
Creatina	5 g
Delta-gluconolactona o Glucono-delta-lactona	600 mg

l) Con hierbas: Se podrá incorporar como ingredientes alimentarios las hierbas, y/o extractos de las hierbas que a continuación se indican, en las cantidades máximas por porción de consumo habitual que se establecen. La recomendación de consumo de los "Alimentos para Deportistas" que se rotule, adjunte o relacione con el producto no podrá sobrepasar las cantidades máximas por día que se indican en cada caso.

Ingrediente alimentario	Cantidad máxima por día
Raíz de Panax Ginseng C.A. Meyer (Ginseng Coreano, Ginseng Asiático o Ginseng Oriental)	1,0 g de raíz
Fruto de Schizandra Chinesis (Turcz.) Baill. (Chisandra)	1,5 g de fruto
Raíz y risoma de Eleuterococcus Senticosus Rupr. et Maxim. (Ginseng Siberiano)	2,0 g de raíz yrizoma

Si estos ingredientes se incorporan en forma de extractos, éstos deberán ser apropiados para uso en alimentos y su concentración máxima deberá ser calculada considerando la equivalencia del contenido especificado en cada una de las formas incluidas en esta tabla.

En los alimentos que contengan una o más de estas hierbas, el contenido máximo de cafeína en el producto listo para el consumo será de 54 mg. por porción de consumo habitual y no más de 180 mg. de cafeína/litro en los alimentos que se consumen líquidos y de 90 mg/100 g. en los que se consumen sólidos.

Artículo 541.- Los alimentos para deportistas se etiquetarán conforme a las disposiciones relativas a etiquetado general y según lo dispuesto en los artículos 110 y 540 de este Reglamento.

Los que tengan adición de: aminoácidos, L-carnitina, colina, inosina, ubiquinona, creatina, hierbas o extractos de Panax ginseng C.A. Meyer, Schizandra chinesis (Turcz.) Baill., Eleuterococcus senticosus Rupr. et Maxim, o que su contenido de cafeína sea mayor a 180 mg/l. en los alimentos líquidos y en los sólidos mayor a 90 mg/100 g., deberán incluir una leyenda que diga: "NO RECOMENDABLE PARA MENORES DE 15 AÑOS, EN EMBARAZO NI LACTANCIA" en letras mayúsculas y negrita (destacado).

INCISO DEROGADO

TÍTULO XXX
DE LAS SANCIONES

Artículo 542.- Las infracciones a las disposiciones del presente reglamento serán sancionadas por los Servicios de Salud en cuyo territorio se hayan cometido, previa instrucción del respectivo sumario, en conformidad con lo establecido en el Libro X del Código Sanitario.

TÍTULO FINAL

Artículo 543.- El presente reglamento entrará en vigencia ciento ochenta días después de su publicación en el Diario Oficial, fecha en que se entenderán derogados el decreto supremo N° 60, del 5 de abril de 1982, del Ministerio de Salud y sus modificaciones, así como cualquier otra norma, resolución o disposición que fuera contraria o incompatible con las contenidas en este decreto supremo.

Artículo Transitorio.- Sin perjuicio de lo dispuesto en el artículo anterior, la autoridad sanitaria podrá, por resolución fundada, autorizar la comercialización de productos alimenticios que no cumplan con las disposiciones de este reglamento, por un plazo máximo de un año, contado desde la fecha de su publicación.

Anótese, tómese razón, publíquese en el Diario Oficial e insértese en la Recopilación de Reglamentos de la Contraloría General de República.- EDUARDO FREI RUIZ-TAGLE, Presidente de la República.- Carlos Massad A., Ministro de Salud.

Lo que transcribo a Ud., para su conocimiento.- Saluda atentamente a Ud., Fernando Muñoz Porras, Subsecretario de Salud.

DECRETO Nº 1.967
APRUEBA REGLAMENTO DE LABORATORISTAS DENTALES Y DE LABORATORIOS DENTALES

Núm. 1.967.- Santiago, 10 de agosto de 1995.- Visto: lo dispuesto en los artículos 2º y 129, del Código Sanitario y las facultades que me confieren los artículos 24 y 32 Nº 8, de la Constitución Política de la República de Chile,

Decreto:

Apruébase el siguiente Reglamento de Laboratoristas Dentales y Laboratorios Dentales.

TÍTULO I
DE LOS LABORATORISTAS DENTALES

Artículo 1.- Denomínase Laboratorista Dental al profesional con formación científica y técnica que lo capacita para realizar las etapas de Laboratorio de prótesis dentales, ortodóncicas y demás aparatos utilizados en Odontología.

Artículo 2.- Para ser Laboratorista Dental, se requiere poseer título otorgado por un establecimiento de enseñanza de educación superior, con sus planes de estudios reconocidos por el Ministerio de Educación.

Asimismo, podrán desempeñar esta profesión quienes cuenten con la autorización del Director del Servicio de Salud respectivo, previa rendición de un examen de competencia teórico-práctico ante una comisión integrada por odontólogos y profesionales afines del correspondiente Servicio, de conformidad a lo dispuesto en el artículo 112 del Código Sanitario.

Artículo 3.- Al Laboratorista Dental le corresponde confeccionar a indicación del cirujano dentista, las etapas de laboratorio de toda clase de prótesis dentales fijas y removibles tales como:

- Obturaciones por métodos directos o indirectos (metálicas, porcelanas y resinas).
- Prótesis de odontología cosmética.
- Prótesis acrílicas y esqueléticas.
- Dispositivos para implantes.
- Aparatos de Ortopedia Dento-Maxilar.
- Prótesis Máxilo-Faciales.

Artículo 4.- Prohíbese al Laboratorista Dental la atención directa de pacientes y efectuar tratamientos o trabajos en la cavidad bucal. Sólo podrá ejercer las actividades de su profesión, mediante órdenes escritas de un cirujano dentista, las cuales deberá mantener cuidadosamente registradas y archivadas.

Artículo 5.- El Laboratorista Dental sólo podrá ejercer sus actividades en laboratorios dentales.

TÍTULO II
DE LOS LABORATORIOS DENTALES

Artículo 6.- Se entenderá por Laboratorio Dental la planta física destinada al ejercicio de la profesión de Laboratorista Dental y que reúna los requisitos que en este Reglamento se exige.

Artículo 7.- Los Laboratorios Dentales pueden ser instalados por personas naturales y jurídicas o por Instituciones de carácter público o privado.

Artículo 8.- La Dirección Técnica de estos establecimientos estará a cargo de un Laboratorista Dental, quien será el responsable del cumplimiento de las normas técnicas y sanitarias, tanto respecto de sus instalaciones como de su funcionamiento. Deberá cumplir un horario de trabajo a lo menos de 4 horas diarias. Sin embargo, durante todo el horario de atención del laboratorio deberá estar en funciones un laboratorista dental.

El cambio de director técnico del laboratorio deberá ser comunicado de inmediato a la autoridad sanitaria correspondiente.

Artículo 9.- Los Laboratorios Dentales deberán contar con autorización sanitaria que apruebe su instalación y funcionamiento, otorgada por el Servicio de Salud correspondiente a la jurisdicción de su domicilio.

Requerirán también autorización del Servicio de Salud, las modificaciones de planta física y traslado de local.

Artículo 10.- Para solicitar la autorización de funcionamiento de un Laboratorio Dental se deberá presentar al Director del Servicio de Salud correspondiente los siguientes antecedentes:

a) Solicitud de autorización de instalación y funcionamiento de un Laboratorio Dental, indicando sus objetivos y campo de acción, nombre del establecimiento, dirección y teléfono.

b) Documentos que acrediten el derecho a uso del inmueble donde se instalará: inscripción del dominio, contrato de arrendamiento u otro.

c) Documentos de constitución de la persona jurídica propietaria, si correspondiere, y los que acrediten la personería de quien la representa.

d) Individualización del Director Técnico, incluyendo título o fotocopia de éste legalizado ante Notario y horario de trabajo en el laboratorio, así como también de quien lo reemplace o subrogue durante su ausencia.

e) Plano de planta con distribución funcional de las dependencias.

f) Plano de instalación eléctrica, agua potable y alcantarillado de acuerdo a las necesidades del equipamiento, visados por la autoridad competente.

g) Listado de dotación de personal, con sus respectivos Rut y con certificación de su calidad profesional y horario de trabajo que desempeñará.

h) Nómina de equipamiento con marcas o modelos.

Artículo 11.- Para obtener la autorización de instalación y funcionamiento de un Laboratorio Dental se requerirá:

a) Una planta física ubicada en forma independiente de toda habitación privada y clínica odontológica.

b) Que la planta física sea de construcción sólida, con suficiente ventilación, iluminación y vías de evacuación expedita.

c) Instalación eléctrica de acuerdo a las necesidades del equipamiento existente.

d) Que la planta física cuente con área de recepción, sala de trabajo, sala de vestuario con casilleros y baño para el personal, bodega para guardar materiales e insumos, lugar para guardar útiles de aseo y lugar para depósito de basuras.

e) Piso, paredes y cielos de material lavable.

f) Que las áreas donde se eliminan gases y desechos potencialmente tóxicos (investimientos en base a fosfato, ceras, etc.) cuenten con extractores capaces de evacuar los gases o con filtros catalizadores.

g) Que los desagües por donde se eliminan desechos cuenten con decantadores, desgrasadores o con máquinas automáticas para lavar o descerar muflas.

h) Elementos aislantes para los equipos que produzcan ruidos, a fin de evitar la contaminación acústica.

i) Extintores de incendio de polvo químico, tipo ABC, con sus cargas vigentes, ubicados en lugares de mayor riesgo y de fácil acceso, en cantidad de 2 por 100 m2, más 1 por cada 100 m2 adicionales.

j) Mesones de superficie lavable, sillines y equipo de trabajo suficiente.

Artículo 12.- El personal que presta funciones en un laboratorio dental deberá usar elementos de protección tales como anteojos, mascarillas rígidas para evitar la inhalación de partículas de acrílico, metales y materiales de pulido, protectores de oídos y guantes de caucho aislantes del calor y en general dar cumplimiento a las normas sobre higiene y seguridad para prevenir accidentes del trabajo y enfermedades profesionales.

Artículo 13.- Los Laboratorios Dentales deberán mantener un archivo foliado y al día de las órdenes de trabajo encargados por cirujanos dentistas y un libro de registro de éstos autorizado por el Servicio de Salud, con anotaciones del trabajo solicitado, nombre del profesional que lo ordenó, fecha de recepción y entrega del mismo.

Artículo 14.- Se prohíbe mantener en los Laboratorios Dentales equipo, instrumental clínico o cualquier otro elemento de uso de la profesión de cirujano-dentista.

Artículo 15.- Los Laboratorios Dentales estarán sujetos a las visitas de control de la autoridad sanitaria. Para estos fines, deberá mantenerse un libro de inspección y reclamos, foliado y autorizado por el Servicio de Salud.

TÍTULO III
DISPOSICIONES GENERALES

Artículo 16.- Toda contravención al presente reglamento será sancionada de acuerdo al Libro X del Código Sanitario.

Artículo 17.- Todas las personas que en la actualidad cuenten con autorización para ejercer como laboratoristas dentales, en conformidad con las normas anteriormente vigentes a las del presente decreto, podrán continuar ejerciendo como tales.

Artículo 18.- El presente reglamento entrará en vigencia 60 días después de su publicación en el Diario Oficial, fecha a contar de la cual quedará derogado el decreto supremo N° 723 de 1955, del Ministerio de Salud Pública y Previsión Social con sus modificaciones y toda otra norma reglamentaria contraria a las disposiciones del presente reglamento.

TÍTULO IV
DISPOSICIONES TRANSITORIAS

Artículo único.- Los laboratorios dentales actualmente en funcionamiento tendrán un plazo de 180 días a contar de la fecha de publicación de este decreto en el Diario Oficial, para dar cumplimiento a las exigencias que en él se contienen, circunstancia que será verificada por la autoridad sanitaria competente.

Anótese, tómese razón, publíquese e insértese en la recopilación oficial de la Contraloría General de la República.- EDUARDO FREI RUIZ-TAGLE, Presidente de la República.- Carlos Massad Abud, Ministro de Salud.

Lo que transcribo a Ud. para su conocimiento.- Saluda a Ud., Fernando Muñoz Porras, Subsecretario de Salud.

CONTRALORÍA GENERAL DE LA REPÚBLICA

División Jurídica

Cursa con alcances el Decreto Nº 1.967, de 1995, del Ministerio de Salud

Núm. 26.758.- Santiago, 21 de agosto de 1996.- Esta Contraloría General ha tomado razón del documento del rubro, que aprueba el Reglamento de Laboratoristas Dentales y de Laboratorios Dentales, por cuanto se ajusta a derecho, pero cumple con hacer presente que entiende que el decreto en estudio ha sido dictado —en cuanto dice relación con los mencionados laboratoristas— en virtud de lo dispuesto en el artículo 112, inciso segundo, del Código Sanitario, que encarga a un reglamento la determinación de las profesiones auxiliares de las referidas en el inciso primero de dicho precepto legal.

Asimismo, se debe precisar que las disposiciones del texto que se examina no resultan aplicables a las personas que obtengan el título de laboratorista dental en Liceos Técnicos Profesionales, como también en Centros de Formación Técnica u otros establecimientos de educación superior reconocidos oficialmente, toda vez que como lo ha manifestado la reiterada jurisprudencia administrativa de esta Contraloría General —contenida, entre otros, en los dictámenes Nºs. 31.549 y 31.553, de 1988, y 16.317 y 33.852, de 1989, y 35.688, de 1994—, conforme al ordenamiento jurídico quienes están en posesión de un título otorgado por tales entidades se encuentran habilitados para ejercer su especialidad sin necesidad de satisfacer otros supuestos de conocimiento o competencia.

Con los alcances que preceden, se ha tomado razón del acto administrativo individualizado en el epígrafe.

Dios guarde a US., Osvaldo Iturriaga Ruiz, Contralor General de la República.

DECRETO Nº 594
APRUEBA REGLAMENTO SOBRE CONDICIONES SANITARIAS Y AMBIENTALES BÁSICAS EN LOS LUGARES DE TRABAJO

Núm. 594.- Santiago, 15 de septiembre de 1999.- Visto: lo dispuesto en los artículos 2º, 9 letra c) y en el Libro Tercero, Título III, en especial en el artículo 82, del Código Sanitario, aprobado por Decreto con Fuerza de Ley Nº 725 de 1967, del Ministerio de Salud; en los artículos 65 y 68 de la ley Nº 16.744; en los artículos 4º letra b) y 6º del decreto ley Nº 2.763 de 1979; en los decretos supremos Nº 18 y Nº 173 de 1982; Nº 48 y Nº 133 de 1984 y Nº 3 de 1985, todos del Ministerio de Salud, y teniendo presente las facultades que me otorgan los artículos 24 y 32 Nº 8 de la Constitución Política de la República, y

Considerando: La necesidad de actualizar las disposiciones vigentes destinadas a velar porque en los lugares de trabajo existan condiciones sanitarias y ambientales que resguarden la salud y el bienestar de las personas que allí se desempeñan, incorporando los adelantos técnicos y científicos ocurridos,

Decreto:

Apruébase el siguiente Reglamento sobre Condiciones Sanitarias y Ambientales Básicas en los Lugares de Trabajo:

TÍTULO I
DISPOSICIONES GENERALES

Artículo 1.- El presente reglamento establece las condiciones sanitarias y ambientales básicas que deberá cumplir todo lugar de trabajo, sin perjuicio de la reglamentación específica que se haya dictado o se dicte para aquellas faenas que requieren condiciones especiales.

Establece, además, los límites permisibles de exposición ambiental a agentes químicos y agentes físicos, y aquellos límites de tolerancia biológica para trabajadores expuestos a riesgo ocupacional.

Artículo 2.- Corresponderá a los Servicios de Salud, y en la Región Metropolitana al Servicio de Salud del Ambiente, fiscalizar y controlar el cumplimiento de las disposiciones del presente reglamento y las del Código Sanitario en la misma materia, todo ello de acuerdo con las normas e instrucciones generales que imparta el Ministerio de Salud.

Artículo 3.- La empresa está obligada a mantener en los lugares de trabajo las condiciones sanitarias y ambientales necesarias para proteger la vida y la salud de los trabajadores que en ellos se desempeñan, sean éstos dependientes directos suyos o lo sean de terceros contratistas que realizan actividades para ella.

TÍTULO II
DEL SANEAMIENTO BÁSICO DE LOS LUGARES DE TRABAJO

PÁRRAFO I
DE LAS CONDICIONES GENERALES DE CONSTRUCCIÓN Y SANITARIAS

Artículo 4.- La construcción, reconstrucción, alteración, modificación y reparación de los establecimientos y locales de trabajo en general, se regirán por la Ordenanza General de Urbanismo y Construcciones vigente.

Artículo 5.- Los pavimentos y revestimientos de los pisos serán, en general, sólidos y no resbaladizos. En aquellos lugares de trabajo donde se almacenen, fabriquen o manipulen productos tóxicos o corrosivos, de cualquier naturaleza, los pisos deberán ser de material resistente a éstos, impermeables y no porosos, de tal manera que faciliten una limpieza oportuna y completa. Cuando las operaciones o el proceso expongan a la humedad del piso, existirán sistemas de drenaje u otros dispositivos que protejan a las personas contra la humedad.

Para efectos del presente reglamento se entenderá por sustancias tóxicas, corrosivas, peligrosas, infecciosas, radiactivas, venenosas, explosivas o inflamables aquellas definidas en la Norma Oficial NCh 382:2013.

Artículo 6.- Las paredes interiores de los lugares de trabajo, los cielos rasos, puertas y ventanas y demás elementos estructurales, serán mantenidos en buen estado de limpieza y conservación, y serán pintados, cuando el caso lo requiera, de acuerdo a la naturaleza de las labores que se ejecutan.

Artículo 7.- Los pisos de los lugares de trabajo, así como los pasillos de tránsito, se mantendrán libres de todo obstáculo que impida un fácil y seguro desplazamiento de los trabajadores, tanto en las tareas normales como en situaciones de emergencia.

Artículo 8.- Los pasillos de circulación serán lo suficientemente amplios de modo que permitan el movimiento seguro del personal, tanto en sus desplazamientos habituales como para el movimiento de material, sin exponerlos a accidentes. Así también, los espacios entre máquinas por donde circulen personas no deberán ser inferiores a 150 cm.

Artículo 9.- En aquellas faenas en que por su naturaleza los trabajadores, estén obligados a pernoctar en campamentos de la empresa, el empleador deberá proveer dormitorios separados para hombres y mujeres, dotados de una fuente de energía eléctrica, con pisos, paredes y techos que aíslen de condiciones climáticas externas.

En las horas en que los trabajadores ocupen los dormitorios, la temperatura interior, en cualquier instante, no deberá ser menor de 10 ºC ni mayor de 30 ºC. Además, dichos dormitorios deberán tener la amplitud necesaria que evite el hacinamiento, para cuyos efectos se diseñarán considerando, por cada trabajador, un volumen de 10 m^3, sin perjuicio de cumplir los criterios de ventilación establecidos en el artículo 32 del presente reglamento.

Los dormitorios deberán estar dotados de una cama o camarote para cada trabajador confeccionado de material resistente, complementado con colchón y almohada en buenas condiciones. El empleador deberá adoptar las medidas necesarias para que los dormitorios se mantengan limpios.

Los campamentos deberán contar con cuartos de baño, los que deberán disponer de excusado, lavatorio y ducha con agua fría y caliente. Con todo, los dormitorios y baños deberán cumplir con las condiciones de habitabilidad dispuestas en la Ordenanza General de Urbanismo y Construcciones.

No podrán emplazarse campamentos en lugares próximos a cauces de agua o sus afluentes, o en áreas con factibilidad de derrumbes o aluviones

Artículo 10.- En los trabajos que necesariamente deban ser realizados en locales descubiertos o en sitios a cielo abierto, deberán tomarse precauciones adecuadas que protejan a los trabajadores contra las inclemencias del tiempo.

Artículo 11.- Los lugares de trabajo deberán mantenerse en buenas condiciones de orden y limpieza. Además, deberán tomarse medidas efectivas para evitar la entrada o eliminar la presencia de insectos, roedores y otras plagas de interés sanitario.

PÁRRAFO II
DE LA PROVISIÓN DE AGUA POTABLE

Artículo 12.- Todo lugar de trabajo deberá contar con agua potable destinada al consumo humano y necesidades básicas de higiene y aseo personal, de uso individual o colectivo. Las instalaciones, artefactos, canalizaciones y dispositivos complementarios de los servicios de agua potable deberán cumplir con las disposiciones legales vigentes sobre la materia.

Las redes de distribución de aguas provenientes de abastecimientos distintos de la red pública de agua potable, deberán ser totalmente independientes de esta última, sin interconexiones de ninguna especie entre ambas.

Artículo 13.- Cualquiera sean los sistemas de abastecimiento, el agua potable deberá cumplir con los requisitos físicos, químicos, radiactivos y bacteriológicos establecidos en la reglamentación vigente sobre la materia.

Artículo 14.- Todo lugar de trabajo que tenga un sistema propio de abastecimiento, cuyo proyecto deberá contar con la aprobación previa de la autoridad sanitaria, deberá mantener una dotación mínima de 100 litros de agua por persona y por día, la que deberá cumplir con los requisitos establecidos en el artículo 13º del presente reglamento.

Artículo 15.- En aquellas faenas o campamentos de carácter transitorio donde no existe servicio de agua potable, la empresa deberá mantener un suministro de agua potable igual, tanto en cantidad como en calidad, a lo establecido en los artículos 13º y 14º de este reglamento, por trabajador y por cada miembro de su familia.

La autoridad sanitaria, de acuerdo a las circunstancias, podrá autorizar una cantidad menor de agua potable, la cual en ningún caso podrá ser inferior a 30 litros diarios por trabajador y por cada miembro de su familia.

En caso de que el agua se almacene en estanques, éstos deberán estar en condiciones sanitarias adecuadas. Se deberá asegurar que el agua potable tenga un recambio total cuando las circunstancias lo exijan, controlando diariamente que el cloro libre residual del agua esté de acuerdo con las normas de calidad de agua correspondientes. Deberá evitarse todo tipo de contaminación y el ingreso de cualquier agente que deteriore su calidad por debajo de los requisitos mínimos exigidos en las normas vigentes. La distribución de agua a los consumidores deberá hacerse por red de cañerías, con salida por llave de paso en buen estado.

PÁRRAFO III
DE LA DISPOSICIÓN DE RESIDUOS INDUSTRIALES LÍQUIDOS Y SÓLIDOS

Artículo 16.- No podrán vaciarse a la red pública de desagües de aguas servidas sustancias radiactivas, corrosivas, venenosas, infecciosas, explosivas o inflamables o que tengan carácter peligroso en conformidad a la legislación y reglamentación vigente. La descarga de contaminantes al sistema de alcantarillado se ceñirá a lo dispuesto en la Ley de Bases Generales del Medio Ambiente y las normas de emisión y demás normativa complementaria de ésta.

Artículo 17.- En ningún caso podrán incorporarse a las napas de agua subterránea de los subsuelos o arrojarse en los canales de regadío, acueductos, ríos, esteros, quebradas, lagos, lagunas, embalses o en masas o en cursos de agua en general, los relaves industriales o mineros o las aguas contaminadas con productos tóxicos de cualquier naturaleza, sin ser previamente sometidos a los tratamientos de neutralización o depuración que prescriba en cada caso la autoridad sanitaria.

Artículo 18.- La acumulación, tratamiento y disposición final de residuos industriales dentro del predio industrial, local o lugar de trabajo, deberá contar con la autorización sanitaria.

Para los efectos del presente reglamento se entenderá por residuo industrial todo aquel residuo sólido o líquido, o combinaciones de éstos, provenientes de los procesos industriales y que por sus características físicas, químicas o microbiológicas no puedan asimilarse a los residuos domésticos.

Artículo 19.- Las empresas que realicen el tratamiento o disposición final de sus residuos industriales fuera del predio, sea directamente o a través de la contratación de terceros, deberán contar con autorización sanitaria, previo al inicio de tales actividades. Para obtener dicha autorización, la empresa que produce los residuos industriales deberá presentar los antecedentes que acrediten que tanto el transporte, el tratamiento, como la disposición final es realizada por personas o empresas debidamente autorizadas por el Servicio de Salud correspondiente.

Artículo 20.- En todos los casos, sea que el tratamiento y/o disposición final de los residuos industriales se realice fuera o dentro del predio industrial, la empresa, previo al inicio de tales actividades, deberá presentar a la autoridad sanitaria una declaración en que conste la cantidad y calidad de los residuos industriales que genere, diferenciando claramente los residuos industriales peligrosos.

Para los efectos del presente reglamento se entenderá por residuos peligrosos los señalados a continuación, sin perjuicio de otros que pueda calificar como tal la autoridad sanitaria:

Antimonio, compuestos de antimonio
Arsénico, compuestos de arsénico
Asbesto (polvo y fibras)
Berilio, compuestos de berilio
Bifenilos polibromados
Bifenilos policlorados
Cadmio, compuestos de cadmio
Cianuros inorgánicos
Cianuros orgánicos
Compuestos de cobre
Compuestos de cromo hexavalente
Compuestos de zinc

Compuestos inorgánicos de flúor, con exclusión del fluoruro cálcico
Compuestos orgánicos de fósforo
Dibenzoparadioxinas policloradas
Dibenzofuranos policlorados
Desechos clínicos
Eteres Fenoles, compuestos fenólicos, con inclusión de clorofenoles
Medicamentos y productos farmacéuticos
Mercurio, compuestos de mercurio
Metales carbonilos
Nitratos y nitritos
Plomo, compuestos de plomo
Productos químicos para el tratamiento de la madera
Selenio, compuestos de selenio
Soluciones ácidas o ácidos en forma sólida
Soluciones básicas o bases en forma sólida
Solventes orgánicos
Sustancias corrosivas
Sustancias explosivas
Sustancias infecciosas
Sustancias inflamables
Talio, compuestos de talio
Telurio, compuestos de telurio

PÁRRAFO IV
DE LOS SERVICIOS HIGIÉNICOS Y EVACUACIÓN DE AGUAS SERVIDAS

Artículo 21.- Todo lugar de trabajo estará provisto de servicios higiénicos, de uso individual o colectivo, que dispondrán como mínimo de excusado y lavatorio. Cada excusado se colocará en un compartimento con puerta, separado de los compartimentos anexos por medio de divisiones permanentes.

Cuando la naturaleza del trabajo implique contacto con sustancias tóxicas o cause suciedad corporal, deberán disponerse de duchas con agua fría y caliente para los trabajadores afectados. Si se emplea un calentador de agua a gas para las duchas, éste deberá estar siempre provisto de la chimenea de descarga de los gases de combustión al exterior y será instalado fuera del recinto de los servicios higiénicos en un lugar adecuadamente ventilado.

Artículo 22.- En los lugares de trabajo donde laboren hombres y mujeres deberán existir servicios higiénicos independientes y separados.

Será responsabilidad del empleador mantener el o los servicios higiénicos protegidos del ingreso de vectores de interés sanitario. Asimismo, deberá asegurar su buen estado de funcionamiento y limpieza de sus artefactos, así como disponer, en su interior, de jabón líquido para la limpieza de manos, de sistemas higiénicos desechables para el secado de manos y papel higiénico en cantidad suficiente. Los servicios higiénicos deberán contar con un sistema de ventilación natural o artificial.

Sin perjuicio de lo dispuesto en el inciso primero, cuando el número total de trabajadores y trabajadoras sea de diez o menos, el empleador podrá habilitar un servicio higiénico de uso universal para hombres y mujeres, el que deberá contar con cierre interior y cumplir con las exigencias dispuestas en el inciso precedente.

Artículo 23.- El número mínimo de artefactos se calculará en base a la siguiente tabla:

Nº de personas que laboran turno por	Excusados con taza de WC	Lavatorios	Duchas
1 - 10	1	1	1
11 - 20	2	2	2
21 - 30	2	2	3
31 - 40	3	3	4
41 - 50	3	3	5
51 - 60	4	3	6
61 - 70	4	3	7
71 - 80	5	5	8
81 - 90	5	5	9
91 -100	6	6	10

Cuando existan más de cien trabajadores por turno se agregará un excusado y un lavatorio por cada quince y una ducha por cada diez trabajadores, esto último siempre que la naturaleza del trabajo corresponda a la indicada en el inciso segundo del artículo 21°. En caso de reemplazar los lavatorios individuales por colectivos se considerará el equivalente a una llave de agua por artefacto individual.

En los servicios higiénicos para hombres, se podrá reemplazar el 50% de los excusados por urinarios individuales o colectivos y, en este último caso, la equivalencia será de 60 centímetros de longitud por urinario.

Artículo 24.- En aquellas faenas temporales en que por su naturaleza no sea materialmente posible instalar servicios higiénicos conectados a una red de alcantarillado, el empleador deberá proveer como mínimo una letrina sanitaria o baño químico, cuyo número total se calculará dividiendo por dos la cantidad de excusados indicados en el inciso primero del artículo 23. El transporte, habilitación y limpieza de éstos será responsabilidad del empleador.

Una vez finalizada la faena temporal, el empleador será responsable de reacondicionar sanitariamente el lugar que ocupaba la letrina o baño químico, evitando la proliferación de vectores, los malos olores, la contaminación ambiental y la ocurrencia de accidentes causados por la instalación.

Artículo 25.- Los servicios higiénicos y/o las letrinas sanitarias o baños químicos no podrán estar instalados a más de 75 metros de distancia del área de trabajo, salvo casos calificados por la autoridad sanitaria.

Artículo 26.- Las aguas servidas de carácter doméstico deberán ser conducidas al alcantarillado público, o en su defecto, su disposición final se efectuará por medio de sistemas o plantas particulares en conformidad a los reglamentos específicos vigentes.

PÁRRAFO V
DE LOS GUARDARROPÍAS Y COMEDORES

Artículo 27.- Todo lugar de trabajo donde el tipo de actividad requiera el cambio de ropa, deberá estar dotado de un recinto fijo o móvil destinado a vestidor, cuyo espacio interior deberá estar limpio y protegido de condiciones climáticas externas. Cuando trabajen hombres y mujeres los vestidores deberán ser independientes y separados.

En este recinto deberán disponerse los casilleros guardarropas, los que estarán en buenas condiciones, serán ventilados y en número igual al total de trabajadores ocupados en el trabajo o faena.

En aquellos lugares en que los trabajadores están expuestos a sustancias tóxicas o infecciosas, éstos deberán tener 2 casilleros individuales, separados e independientes, uno destinado a la ropa de trabajo y el otro a la vestimenta habitual. En tal caso, será responsabilidad del empleador hacerse cargo del lavado de la ropa de trabajo y adoptar las medidas que impidan que el trabajador la sáque del lugar de trabajo.

Artículo 28.- Cuando por la naturaleza o modalidad del trabajo que se realiza, los trabajadores se vean precisados a consumir alimentos en el sitio de trabajo, se dispondrá de un comedor para este propósito, el que estará completamente aislado de las áreas de trabajo y de cualquier fuente de contaminación ambiental y será reservado para comer, pudiendo utilizarse además para celebrar reuniones y actividades recreativas. El empleador deberá adoptar las medidas necesarias para mantenerlo en condiciones higiénicas adecuadas.

El comedor estará provisto con mesas y sillas con cubierta de material lavable y piso de material sólido y de fácil limpieza, deberá contar con sistemas de protección que impidan el ingreso de vectores y estará dotado con agua potable para el aseo de manos y cara. Además, en el caso que los trabajadores deban llevar su comida al inicio del turno de trabajo, dicho comedor deberá contar con un medio de refrigeración, cocinilla, lavaplatos y sistema de energía eléctrica.

Artículo 29.- En el caso en que por la naturaleza de la faena y por el sistema de turnos, el trabajador se vea precisado a consumir sus alimentos en comedores insertos en el área de trabajo en donde exista riesgo de contaminación, el comedor deberá cumplir las condiciones del artículo 28, asegurando, además, el aislamiento con un sistema de presión positiva en su interior para impedir el ingreso de contaminantes.

Artículo 30.- En aquellos casos en que por la naturaleza del trabajo y la distribución geográfica de los trabajadores en una misma faena, sea imposible contar con un comedor fijo para reunir a los trabajadores a consumir sus alimentos, la empresa deberá contar con uno o más comedores móviles destinados a ese fin, dotados con mesas y sillas con cubierta lavable y agua limpia para el aseo de sus manos y cara antes del consumo, sin perjuicio de lo establecido en el artículo 29 del presente reglamento. Sin perjuicio de lo anterior, en los casos en que se haga imposible la implementación de comedores móviles, el Servicio de Salud competente podrá autorizar por resolución fundada otro sistema distinto para el consumo de alimentos por los trabajadores, todo ello de acuerdo con las normas e instrucciones que imparta el Ministerio de Salud. En ningún caso el trabajador deberá consumir sus alimentos al mismo tiempo que ejecuta labores propias del trabajo.

Artículo 31.- Los casinos destinados a preparar alimentos para el personal deberán contar con la autorización sanitaria correspondiente.

TÍTULO III
DE LAS CONDICIONES AMBIENTALES

PÁRRAFO I
DE LA VENTILACIÓN

Artículo 32.- Todo lugar de trabajo deberá mantener, por medios naturales o artificiales, una ventilación que contribuya a proporcionar condiciones ambientales confortables y que no causen molestias o perjudiquen la salud del trabajador.

Artículo 33.- Cuando existan agentes definidos de contaminación ambiental que pudieran ser perjudiciales para la salud del trabajador, tales como aerosoles, humos, gases, vapores u otras emanaciones nocivas, se deberá captar los contaminantes desprendidos en su origen e impedir su dispersión por el local de trabajo.

Con todo, cualquiera sea el procedimiento de ventilación empleado se deberá evitar que la concentración ambiental de tales contaminantes dentro del recinto de trabajo exceda los límites permisibles vigentes.

Artículo 34.- Los locales de trabajo se diseñarán de forma que por cada trabajador se provea un volumen de 10 metros cúbicos, como mínimo, salvo que se justifique una renovación adecuada del aire por medios mecánicos. En este caso deberán recibir aire fresco y limpio a razón de 20 metros cúbicos por hora y por persona o una cantidad tal que provean 6 cambios por hora, como mínimo, pudiéndose alcanzar hasta los 60 cambios por hora, según sean las condiciones ambientales existentes, o en razón de la magnitud de la concentración de los contaminantes.

Artículo 35.- Los sistemas de ventilación empleados deberán proveer aberturas convenientemente distribuidas que permitan la entrada de aire fresco en reemplazo del extraído. La circulación del aire estará condicionada de tal modo que en las áreas ocupadas por los trabajadores la velocidad no exceda de un metro por segundo.

PÁRRAFO II
DE LAS CONDICIONES GENERALES DE SEGURIDAD

Artículo 36.- Los elementos estructurales de la construcción de los locales de trabajo y todas las maquinarias, instalaciones, así como las herramientas y equipos, se mantendrán en condiciones seguras y en buen funcionamiento para evitar daño a las personas.

Artículo 37.- Deberá suprimirse en los lugares de trabajo cualquier factor de peligro que pueda afectar la salud o integridad física de los trabajadores.

Todos los locales o lugares de trabajo deberán contar con vías de evacuación horizontales y/o verticales que, además de cumplir con las exigencias de la Ordenanza General de Urbanismo y Construcción, dispongan de salidas en número, capacidad y ubicación y con la identificación apropiada para permitir la segura, rápida y expedita salida de todos sus ocupantes hacia zonas de seguridad. Las puertas de salida no deberán abrirse en contra del sentido de evacuación y sus accesos deberán conservarse señalizados y libres de obstrucciones. Estas salidas podrán mantenerse entornadas, pero no cerradas con llave, candado u otro medio que impida su fácil apertura.

Las dependencias de los establecimientos públicos o privados deberán contar con señalización visible y permanente en las zonas de peligro, indicando el agente y/o condición de riesgo, así como las vías de escape y zonas de seguridad ante emergencias.

Además, deberá indicarse claramente por medio de señalización visible y permanente la necesidad de uso de elementos de protección personal específicos cuando sea necesario.

Los símbolos y palabras que se utilicen en la señalización, deberán estar de acuerdo con la normativa nacional vigente, y a falta de ella con la que determinen las normas chilenas oficiales y aparecer en el idioma oficial del país y, en caso necesario cuando haya trabajadores de otro idioma, además en el de ellos.

Artículo 38.- Deberán estar debidamente protegidas todas las partes móviles, transmisiones y puntos de operación de maquinarias y equipos.

Artículo 39.- Las instalaciones eléctricas y de gas de los lugares de trabajo deberán ser construidas, instaladas, protegidas y mantenidas de acuerdo a las normas establecidas por la autoridad competente.

Artículo 40.- Se prohíbe a los trabajadores cuya labor se ejecuta cerca de maquinarias en movimiento y órganos de transmisión, el uso de ropa suelta, cabello largo y suelto, y adornos susceptibles de ser atrapados por las partes móviles.

Artículo 41.- Toda empresa o lugar de trabajo que cuente con equipos generadores de vapor deberá cumplir con el reglamento vigente sobre esta materia. Asimismo, toda empresa o lugar de trabajo que cuente con equipos generadores de radiaciones ionizantes deberá cumplir con el reglamento vigente sobre esta materia.

Artículo 42.- El almacenamiento de materiales deberá realizarse por procedimientos y en lugares apropiados y seguros para los trabajadores.

Todo lo referente al almacenamiento de sustancias peligrosas se regirá por lo dispuesto en el decreto supremo N° 43 de 2015 del Ministerio de Salud, que aprueba el Reglamento de Almacenamiento de Sustancias Peligrosas. No obstante lo anterior, para aquellas exclusiones establecidas en el artículo 3 de dicha norma, los recintos que almacenen sustancias peligrosas clasificadas según NCh 382:2013, sin perjuicio de la normativa específica que les aplique, deberán dar cumplimiento a lo siguiente:

a) Construirse según lo establecido en la Ordenanza General de Urbanismo y Construcción, de acuerdo al estudio de carga combustible, y ser destinados específicamente para tal efecto. Para el caso de sustancias inflamables envasadas, sobre 10 toneladas, deberán almacenarse en una bodega exclusiva para ellas.

b) Contar con las hojas de datos de seguridad, según lo establecido en NCh 2245 of. 2003.

c) Disponer de un plan de emergencias que incorpore todas las posibles emergencias que puedan producirse, con sus respectivos procedimientos, cadena de mando, plano que incluya todas las instalaciones, zonas de seguridad, vías de acceso y de salida, lista actualizada de sustancias peligrosas, equipos y elementos para combatir la emergencia.

d) El personal que manipule las sustancias peligrosas deberá estar debidamente capacitado sobre los peligros y riesgos asociados a su manipulación.

e) Las sustancias peligrosas deberán estar etiquetadas de acuerdo a lo establecido en el Título XII, del decreto supremo N° 43, de 2015, del Ministerio de Salud, con excepción de los plaguicidas que deberán ajustarse a la normativa específica para ellos.

Los estanques de almacenamiento de combustibles líquidos deberán cumplir las exigencias dispuestas en el decreto supremo N° 160, de 2008, del Ministerio de Economía, Fomento y Reconstrucción, que aprueba el Reglamento de Seguridad para las Instalaciones y Operaciones de Producción y Refinación, Transporte, Almacenamiento, Distribución y Abastecimiento de Combustibles Líquidos.

Artículo 43: Para conducir maquinarias automotrices en los lugares de trabajo, como tractores, sembradoras, cosechadoras, bulldozers, palas mecánicas, palas cargadoras, aplanadoras, grúas, motoniveladoras, retroexcavadoras, traíllas y otras similares, los trabajadores deberán poseer la licencia de conductor que exige la Ley de Tránsito.

Las grúas, camiones y otros vehículos de carga y maquinaria móvil, deberán contar con alarma de retroceso de tipo sonoro.

PÁRRAFO III
DE LA PREVENCIÓN Y PROTECCIÓN CONTRA INCENDIOS

Artículo 44.- En todo lugar de trabajo deberán implementarse las medidas necesarias para la prevención de incendios con el fin de disminuir la posibilidad de inicio de un fuego, controlando las cargas combustibles y las fuentes de calor e inspeccionando las instalaciones a través de un programa preestablecido.

El control de los productos combustibles deberá incluir medidas tales como programas de orden y limpieza y racionalización de la cantidad de materiales combustibles, tanto almacenados como en proceso.

El control de las fuentes de calor deberá adoptarse en todos aquellos lugares o procesos donde se cuente con equipos e instalaciones eléctricas, maquinarias que puedan originar fricción, chispas mecánicas o de combustión y/o superficies calientes, cuidando que su diseño, ubicación, estado y condiciones de operación, esté de acuerdo a la reglamentación vigente sobre la materia.

En áreas donde exista una gran cantidad de productos combustibles o donde se almacenen, trasvasijen o procesen sustancias inflamables o de fácil combustión, deberá establecerse una estricta prohibición de fumar y encender fuegos, debiendo existir procedimientos específicos de seguridad para la realización de labores de soldadura, corte de metales o similares.

Artículo 45.- Todo lugar de trabajo en que exista algún riesgo de incendio, ya sea por la estructura del edificio o por la naturaleza del trabajo que se realiza, deberá contar con extintores de incendio, del tipo adecuado a los materiales combustibles o inflamables que en él existan o se manipulen.

El número total de extintores dependerá de la superficie a proteger de acuerdo a lo señalado en el artículo 46°.

Los extintores deberán cumplir con los requisitos y características que establece el decreto supremo N° 369, de 1996, del Ministerio de Economía, Fomento y Reconstrucción, o el que lo reemplace, y en lo no previsto por éste por las normas chilenas oficiales. Además, deberán estar certificados por un laboratorio acreditado de acuerdo a lo estipulado en dicho reglamento.

Artículo 46.- El potencial de extinción mínimo por superficie de cubrimiento y distancia de traslado será el indicado en la siguiente tabla.

Superficie de cubrimiento máxima por extintor (m2)	Potencial de extinción mínimo	Distancia máxima de traslado del extintor (m)
150	4A	9
225	6A	11
375	10A	13
420	20A	15

El número mínimo de extintores deberá determinarse dividiendo la superficie a proteger por la superficie de cubrimiento máxima del extintor indicada en la tabla precedente y aproximando el valor resultante al entero superior. Este número de extintores deberá distribuirse en la superficie a proteger de modo tal que desde cualquier punto, el recorrido hasta el equipo más cercano no supere la distancia máxima de traslado correspondiente.

Podrán utilizarse extintores de menor capacidad que los señalados en la tabla precedente, pero en cantidad tal que su contenido alcance el potencial mínimo exigido, de acuerdo a la correspondiente superficie de cubrimiento máxima por extintor.

En caso de existir riesgo de fuego clase B, el potencial mínimo exigido para cada extintor será 10 B, con excepción de aquellas zonas de almacenamiento de combustible en las que el potencial mínimo exigido será 40 B.

Artículo 47.- Los extintores se ubicarán en sitios de fácil acceso y clara identificación, libres de cualquier obstáculo, y estarán en condiciones de funcionamiento máximo. Se colocarán a una altura máxima de 1,30 metros, medidos desde el suelo hasta la base del extintor y estarán debidamente señalizados.

Artículo 48.- Todo el personal que se desempeña en un lugar de trabajo deberá ser instruido y entrenado sobre la manera de usar los extintores en caso de emergencia.

Artículo 49.- Los extintores que precisen estar situados a la intemperie deberán colocarse en un nicho o gabinete que permita su retiro expedito, y podrá tener una puerta de vidrio simple, fácil de romper en caso de emergencia.

Artículo 50.- De acuerdo al tipo de fuego podrán considerarse los siguientes agentes de extinción:

Artículo 51.- Los extintores deberán ser sometidos a revisión, control y mantención preventiva según normas chilenas oficiales, realizada por el fabricante o servicio técnico, de acuerdo con lo indicado en el decreto N° 369 de 1996, del Ministerio de Economía, Fomento y Reconstrucción, por lo menos una vez al año, haciendo constar esta circunstancia en la etiqueta correspondiente, a fin de verificar sus condiciones de funcionamiento. Será responsabilidad del empleador tomar las medidas necesarias para evitar que los lugares de trabajo queden desprovistos de extintores cuando se deba proceder a dicha mantención.

Artículo 52.- En los lugares en que se almacenen o manipulen sustancias peligrosas, la autoridad sanitaria podrá exigir un sistema automático de detección de incendios.

Además, en caso de existir alto riesgo potencial, dado el volumen o naturaleza de las sustancias, podrá exigir la instalación de un sistema automático de extinción de incendios, cuyo agente de extinción sea compatible con el riesgo a proteger.

PÁRRAFO IV
DE LOS EQUIPOS DE PROTECCIÓN PERSONAL

Artículo 53.- El empleador deberá proporcionar a sus trabajadores, libres de todo costo y cualquiera sea la función que éstos desempeñen en la empresa, los elementos de protección personal que cumplan con los requisitos, características y tipos que exige el riesgo a cubrir y la capacitación teórica y práctica necesaria para su correcto empleo debiendo, además, mantenerlos en perfecto estado de funcionamiento. Por su parte el trabajador deberá usarlos en forma permanente mientras se encuentre expuesto al riesgo.

Artículo 54.- Los elementos de protección personal usados en los lugares de trabajo, sean éstos de procedencia nacional o extranjera, deberán cumplir con las normas y exigencias de calidad que rijan a tales artículos según su naturaleza, de conformidad a lo establecido en el decreto Nº 18, de 1982, del Ministerio de Salud, sobre Certificación de Calidad de Elementos de Protección Personal contra Riesgos Ocupacionales. Sin embargo, si no fuese posible aplicar dicho procedimiento, por la inexistencia de entidades certificadoras, el Instituto de Salud Pública de Chile podrá, transitoriamente, validar la certificación de origen.

TÍTULO IV
DE LA CONTAMINACIÓN AMBIENTAL

PÁRRAFO I
DISPOSICIONES GENERALES

Artículo 55.- Los límites permisibles de aquellos agentes químicos y físicos capaces de provocar efectos adversos en el trabajador serán, en todo lugar de trabajo, los que resulten de la aplicación de los artículos siguientes.

Los límites de tolerancia biológica así como los límites permisibles para agentes químicos y físicos deberán ser revisados cada 5 años.

Artículo 56.- Los límites permisibles para sustancias químicas y agentes físicos son índices de referencia del riesgo ocupacional.

Artículo 57.- En el caso en que una medición representativa de las concentraciones de sustancias contaminantes existentes en el ambiente de trabajo o de la exposición a agentes físicos, demuestre que han sido sobrepasados los valores que se establecen como límites permisibles, el empleador deberá iniciar de inmediato las acciones necesarias para controlar el riesgo en su origen.

Si no es factible implementar la o las medidas preventivas en su totalidad, el empleador deberá proteger al trabajador del riesgo residual entregándole la protección personal de acuerdo a lo establecido en el artículo 53 del presente reglamento.

En cualquier caso, el empleador será responsable de evitar que los trabajadores realicen su trabajo en condiciones de riesgo para su salud.

Artículo 58.- Se prohíbe la realización de trabajos, sin la protección personal correspondiente, en ambientes en que la atmósfera contenga menos de 18% de oxígeno. Sin embargo, deberá considerarse que la disponibilidad real de oxígeno depende de la presión parcial de esta sustancia.

Artículo 58 bis.- Toda actividad que implique corte, desbaste, torneado, pulido, perforación, tallado y, en general, fracturamiento de materiales, productos o elementos que contengan sílice, deberá realizarse aplicando humedad a la operación u otro método de control si no es factible la humectación.

PÁRRAFO II
DE LOS CONTAMINANTES QUÍMICOS

Artículo 59.- Para los efectos de este reglamento se entenderá por:

a) Límite Permisible Ponderado: Valor máximo permitido para el promedio ponderado de las concentraciones ambientales de contaminantes químicos existente en los lugares de trabajo durante la jornada normal de 8 horas diarias, con un total de 45 horas semanales.

b) Límite Permisible Temporal: Valor máximo permitido para el promedio ponderado de las concentraciones ambientales de contaminantes químicos en los lugares de trabajo, medidas en un período de 15 minutos continuos dentro de la jornada de trabajo. Este límite no podrá ser excedido en ningún momento de la jornada.

c) Límite Permisible Absoluto: Valor máximo permitido para las concentraciones ambientales de contaminantes químicos medida en cualquier momento de la jornada de trabajo.

Artículo 60.- El promedio ponderado de las concentraciones ambientales de contaminantes químicos no deberá superar los límites permisibles ponderados (LPP) establecidos en el artículo 66 del presente Reglamento. Se podrán exceder momentáneamente estos límites, pero en ningún caso superar cinco veces su valor. Con todo, respecto de aquellas sustancias para las cuales se establece además un límite permisible temporal (LPT), tales excesos no podrán superar estos límites.

Tanto los excesos de los límites permisibles ponderados, como la exposición a límites permisibles temporales, no podrán repetirse más de cuatro veces en la jornada diaria, ni más de una vez en una hora.

Artículo 61.- Las concentraciones ambientales de las sustancias capaces de causar rápidamente efectos narcóticos, cáusticos o tóxicos, de carácter grave o fatal, no podrán exceder en ningún momento los límites permisibles absolutos siguientes:

CAS	Sustancia	Límite Permisible Absoluto		Observaciones
		p.p.m.	mg/m3	
10035-10-6	Ácido Bromhídrico	3	9,9	-
151-50-8	Ácido Cianhídrico (expresado como CN)	4,7	5	Piel
7647-01-0	Ácido Clorhídrico	5	6	A.4
7664-39-3	Ácido Fluorhídrico (expresado como F)	3	2,3	-
71-36-3	Alcohol n-Butílico	50	152	Piel
151-50-8	Cianuros (expresado como CN)	4,7	5	Piel

107-21-1	Etilenglicol, Aerosol de	40	100	A.4
50-00-0	Formaldehido	0,3	0,37	A.1
111-30-8	Glutaraldehido	0,05	0,2	A.4
1310-58-3	Hidróxido de Potasio	-	2	-
1310-73-2	Hidróxido de Sodio	-	2	-
78-59-1	Isoforona	5	28	A.3
1338-23-4	Peróxido de Metil Etil Cetona	0,2	1,5	-
75-69-4	Triclorofluorometano (FREON 11)	1000	5620	A.4
7553-56-2	Yodo	0,1	1	A.4

Artículo 62.- Cuando la jornada de trabajo sobrepase las 8 horas diarias, el efecto de mayor dosis de tóxico que recibe el trabajador unida a la reducción del período de recuperación durante el descanso, se compensará multiplicando los límites permisibles ponderados del artículo 66 por el factor de reducción "Fj" que resulte de la aplicación de la fórmula siguiente, en que "h" será el número de horas trabajadas diarias:

$$F_j = \frac{8}{h} \times \frac{24 - h}{16}$$

Para una jornada de 8 horas diarias, con un total superior a 45 horas semanales y hasta 48 horas semanales, se utilizará Fj = 0,90

El factor "Fj" deberá expresarse con dos decimales, elevando el segundo de éstos al valor superior si el tercer decimal es igual o superior a cinco y despreciando el tercer decimal si fuere inferior a cinco. No deberán efectuarse aproximaciones parciales.

Artículo 63.- Cuando los lugares de trabajo se encuentran a una altura superior a 1.000 metros sobre el nivel del mar, los límites permisibles absolutos, ponderados y temporales expresados en mg/m3 y en fibras/cc, establecidos en los artículos 61 y 66 del presente reglamento, se deberán multiplicar por el factor "Fa" que resulta de la aplicación de la fórmula siguiente, en que "P" será la presión atmosférica local medida en milímetros de mercurio:

$$Fa = \frac{P}{760}$$

El factor "Fa" deberá expresarse con dos decimales, elevando el segundo de éstos al valor superior si el tercer decimal es igual o superior a cinco y despreciando el tercer decimal si fuere inferior a cinco.

Artículo 64.- En lugares de trabajo en altura y con jornada diaria mayor a 8 horas se corregirá el límite permisible ponderado multiplicándolo sucesivamente por cada uno de los factores definidos en los artículos 62 y 63, respectivamente. Se utilizará un Fj = 0,90 para la condición establecida en el inciso segundo del artículo 62 precedente. Los límites permisibles temporales y absolutos se ajustarán aplicando solamente el factor "Fa" del artículo 63.

Artículo 65.- Prohíbese el uso en los lugares de trabajo de las sustancias que se indican a continuación, con excepción de los casos calificados por la autoridad sanitaria.

– Asbesto Azul-Crocidolita
– Aldrín
– Bencina o Gasolina para vehículos motorizados en cualquier uso distinto de la combustión en los motores respectivos.
– Benzidina
– Beta - Naftilamina
– Beta - Propiolactona
– Clorometil Metiléter
– Dibromocloropropano
– Dibromo Etileno
– Dicloro Difenil Tricloroetano (DDT)
– Dieldrín
– Dimetilnitrosamina (N - Nitrosodimetilamina)
– Endrín
– 2 - 4 -5 T
– 4 - Nitro Difenilo
– 4 - Amino Difenilo (para - Xenilamina)

Artículo 65 bis.- Prohíbase el uso de chorro de arena en seco como método de limpieza abrasiva.

Para efectos de esta prohibición, se entenderá por:

a) Arena: Conjunto de partículas generadas por la disgregación natural de las rocas, que contienen sílice o cuarzo, provenientes de ríos, cantos rodados, minas o depósitos en el interior de tierra formando capas y playas, y que presentan forma angular y de color azul, gris o rosa.

b) Sílice Libre Cristalizada o Sílice Cristalina: Dióxido de silicios cristalizados (Si02), siendo las formas más comunes de encontrarse el cuarzo, además de la cristobalita y la tridimita, como compuestos derivados de procesos de altas temperaturas.

c) Limpieza Abrasiva con Chorro de Arena: Proyección de arena a alta presión contra una determinada superficie, que puede ser metal, concreto, telas, vidrio u otra, con el objeto de pulir, limpiar, retirar óxidos o pinturas, desgaste de materiales, tallado, etc.

Artículo 65 ter.- Sin perjuicio de lo establecido en el artículo anterior, y siempre que no se trate de faenas que se ejecutan a más de 3.000 metros sobre el nivel del mar, la autoridad sanitaria podrá autorizar el uso del proceso de limpieza abrasiva con chorro de arena en seco cuando el interesado acredite, mediante los antecedentes que se indican a continuación, que no existe factibilidad técnica para reemplazarlo inmediatamente por otro sistema o material:

a) Justificación técnica, con evidencia objetiva y demostrable, de la imposibilidad de sustituir la arena como material abrasivo.

b) Memoria técnica del proceso productivo, con la siguiente información:

– Descripción del proceso.

– Nómina de trabajadores expuestos a sílice cristalina, indicando su nombre completo, cédula de identidad, fecha de nacimiento, labores que desempeña, jornada de trabajo, fecha de ingreso a la empresa y nivel de riesgo de exposición, según lo establecido en el Manual sobre Normas Mínimas para el Desarrollo de Programas de Vigilancia de la Silicosis del Ministerio de Salud.

– Altura geográfica sobre el nivel del mar donde se realice la actividad de arenado, expresado en metros sobre el nivel del mar (msnm).

– Características técnicas del equipo de limpieza abrasiva con chorro de arena, incluyendo el manual del usuario.

– Plano específico de la empresa y sus empresas colindantes, identificando el o los puntos donde se ejecuta el proceso de arenado.

– Sistema o equipo fabricado y certificado para dicho proceso.

c) El plan de gestión del riesgo de exposición a sílice implementado, con un cronograma de actividades, que deberá contener:

– Objetivos.

– Campo de aplicación.

– Responsables.

– Vigilancia de los ambientes de trabajo y de la salud de los trabajadores expuestos, según lo establecido en el Manual sobre Normas Mínimas para el Desarrollo de Programas de Vigilancia de la Silicosis, del Ministerio de Salud, coordinado con el organismo administrador de la ley Nº 16.744, sobre Accidentes del Trabajo y Enfermedades Profesionales.

– Descripción de los métodos de control ingenieril implementados en el proceso de limpieza abrasiva con chorro de arena, elaborado por un especialista acreditado en ventilación industrial.

– El programa de protección respiratoria, según lo indicado en la Guía Técnica de Selección y Control de la Protección Respiratoria del Instituto de Salud Pública de Chile.

– Descripción de los métodos de control administrativo implementados, los procedimientos de trabajo seguro (escrito), el programa de mantención preventiva del proceso de limpieza abrasiva con chorro de arena y el programa de capacitación y difusión a los trabajadores sobre los riesgos, efectos en la salud y medidas preventivas.

El Ministerio de Salud, mediante acto administrativo que se publicará en el Diario Oficial, determinará el contenido y características del programa de capacitación referido.

El interesado deberá dejar constancia documentada de las actividades que se efectúen para la difusión del plan de gestión del riesgo de exposición a sílice.

d) Cuando corresponda, copia del contrato celebrado entre la empresa mandante y la entidad contratista que ejecuta labores de limpieza abrasiva con chorro arena en seco.

e) Certificado de adhesión o afiliación al organismo administrador del seguro de la ley Nº 16.744, sobre Accidentes del Trabajo y Enfermedades Profesionales.

La autorización de que trata el presente artículo tendrá una vigencia máxima de un año, prorrogable por una sola vez y por igual período de tiempo. Un ejemplar de la resolución que la otorga deberá mantenerse en el lugar donde se ejecutan las labores de limpieza con chorro de arena a disposición de las autoridades fiscalizadoras competentes.

La autoridad sanitaria deberá remitir a la Inspección del Trabajo respectiva una copia de la resolución aludida en el inciso anterior.

Vencido el plazo de autorización, el interesado deberá implementar un proceso de trabajo o método de limpieza alternativo, que excluya el uso del chorro de arena en seco.

Artículo 66.- Los límites permisibles ponderados y temporales para las concentraciones ambientales de las sustancias que se indican, serán los siguientes:

CAS	Sustancia	Límite Permisible Ponderado p.p.m.	Límite Permisible Ponderado mg/m³	Límite Permisible Temporal p.p.m.	Límite Permisible Temporal mg/m³	Observaciones
628-63-7	Acetato de n-Amilo	88	459			
626-38-0	Acetato de sec-Amilo	109	569			
123-86-4	Acetato de n-Butilo	131	624	200	950	
		0	0			
105-46-4	Acetato de sec-Butilo	175	831			
540-88-5	Acetato de ter-Butilo	175	831 -			
111-15-9	Acetato de Cellosolve	4,4	23,6			Piel
141-78-6	Acetato de Etilo	350	1260			
123-92-2	Acetato de Isoamilo	88	459			
110-19-0	Acetato de Isobutilo	131	624			
108-21-4	Acetato de Isopropilo	87	365	200	836	
110-49-6	Acetato de Metilcellosolve	4,4	21,9			Piel
79-20-9	Acetato de Metilo	175	530	250	757	
109-60-4	Acetato de n-Propilo	175	731	250	1040	
67-64-1	Acetona	438	1040	750	1782	A.4
64-19-7	Ácido Acético	8,8	21,9	15	37	
7738-94-5	Ácido Crómico y Cromatos (expresado como Cr)		0,04			A.1
64-18-6	Ácido Fórmico	4,4	8,2	10	19	
7697-37-2	Ácido Nítrico	1,8	4,6	4	10	
88-89-1	Ácido Pícrico		0,09			Piel
7783-06-4	Ácido Sulfhídrico (Hidrógeno Sulfurado)	8,8	12,3	15	21	
7664-93-9	Ácido Sulfúrico		0,88		3	A.2
8032-32-4	Aguarrás Mineral (Varsol)	263	1199			A.3
8006-64-2	Aguarrás Vegetal (Trementina)	88	490			
64-17-5	Alcohol Etílico (Etanol)	875	1645			A.4
78-83-1	Alcohol Isobutílico	44	133			
67-63-0	Alcohol Isopropílico	350	858	500	1230	A.4
67-56-1	Alcohol Metílico (Metanol)	175	229	250	328	Piel
	Algodón Crudo		0,18			(1)
65996-93-2	Alquitrán de Hulla, Humos De (expresados como solubles en benceno)		0,18			A.1
7429-90-5	Aluminio, Polvo Metálico		8,75			A.4
7429-90-5	Aluminio, Polvo Metálico (FracciónRespirable)		4,5			A.4 (4)
	Aluminio, Humos de Soldadura (expresado como Al)		4,4			
	Aluminio, Polvo Pirotécnico (expresado como aluminio)		4,4			
	Aluminio, Sales Solubles y Compuestos Alquílicos (expresado como Al)	0	1,75			
7664-41-7	Amoníaco	22	15	35	24	
124-38-9	Anhídrido Carbónico	4375	7875	30000	54000	
85-44-9	Anhídrido Ftálico	0,9	5,4			A.4
05-09-7446	Anhídrido Sulfuroso	1,7	4,4	5	13	A.4
62-53-3	Anilina y Homólogos	1,7	6,7			Piel - A.3
7440-36-0	Antimonio		0,44			
7440-38-2	Arsénico y Comp. Sol. (expresado como As)		0,01			A.1
	Arsina (Hidrógeno					

CAS	Sustancia	Límite Permisible Ponderado p.p.m.	Límite Permisible Ponderado mg/m³	Límite Permisible Temporal p.p.m.	Límite Permisible Temporal mg/m³	Observaciones
7784-42-1	Arseniado)	0,04	0,18			
1332-21-4	Asbesto - Todas las Formas			0,1 fibras/cc		A.1 (2)
8052-42-4	Asfalto (Derivado Petróleo), Humos		4			A.4
1912-24-9	Atrazina		4,4			
7440-39-3	Bario - Comp. Solubles (expresado como Ba)		0,44			A.4
7727-43-7	Baritina - Sulfato de Bario		8,8			(3)
71-43-2	Benceno	1,0	2,7	5	15	Piel - A.1
	Bencina Blanca	263	779	500	1480	A.3
17804-35-2	Benomyl		0,9			A.3
542-88-1	Bis - Cloro - Metil Éter	0,000 9	0,004			A.1
7726-95-6	Bromo	0,09	0,58	0,2	1,3	
74-83-9	Bromuro de Metilo	1,0	3,5			Piel - A.4
78-93-3	2-Butanona (Metil Etil Cetona)	175	516	300	885	
111-76-2	Butil Cellosolve (2-Butoxietanol)	18	85			Piel - A.3
111-76-2	2-Butoxietanol (Butil Cellosolve)	18	85			Piel - A.3
7440-43-9	Cadmio (expresado como cadmio)		0,01			A.2 (3)
1305-78-8	Cal Viva (Óxido de Calcio)		1,75			
1332-58-7	Caolín		13			
1332-58-7	Caolín (Fracción Respirable)		4,5			(4)
133-06-2	Captan		4,4			A.3
63-25-2	Carbaryl		4,4			A.4
1563-66-2	Carbofurano		0,09			A.4
	Carbón de Retorta Gráfitico		1,7			(4)
	Carbón Bituminoso < 5% Cuarzo		1,7			(4)
	Carbonato de Calcio (Caliza)		7			(3)
471-34-1	Carbonato de Calcio (Caliza) (Fracción Respirable)		5			(4)
110-80-5	Cellosolve (2-Etoxietanol)	4,4	15,8			Piel
9004-34-6	Celulosa - Fibra Papel		8,8			
65997-15-1	Cemento Portland		8,8			
	Cereales - Polvo de Granos de Trigo, Cebada, Maíz o Avena (Polvo Total)		3,5			
156-62-7	Cianamida Cálcica		0,4			A.4
110-83-8	Ciclohexano	263	884			
108-93-0	Ciclohexanol	44	180			Piel
108-94-1	Ciclohexanona	22	87,5			Piel - A.3
7782-50-5	Cloro	0,4	1,3	1	2,9	
67-66-3	Cloroformo	9	43			A.2
2921-88-2	Clorpirifos		0,09			Piel - A.4
75-09-2	Cloruro de Metileno	44	152,3			A.2
75-01-4	Cloruro de Vinilo	0,9	2,3			A.1
7440-48-4	Cobalto		0,018			A.3
7440-50-8	Cobre - Humos		0,18			
7440-50-8	Cobre - Polvo y Nieblas (expresado como Cu)		0,88			
14464-46-1	Cristobalita		0,04			A.1 (4)
7440-47-3	Cromo, Metal y Comp. Di y Trivalentes		0,44			A.4
7440-47-3	Cromo, Compuestos Hexavalentes Solubles		0,044			A.1
7440-47-3	Cromo, Compuestos Hexavalentes Insolubles		0,009			A.1
14808-60-7	Cuarzo (Sílice Cristalizada)		0,08			A.1 (4)
98-82-8	Cumeno (Isopropilbenceno)	44	215			Piel
333-41-5	Diazinon		0,009			Piel - A.4

CAS	Sustancia	Límite Permisible Ponderado p.p.m.	Límite Permisible Ponderado mg/m³	Límite Permisible Temporal p.p.m.	Límite Permisible Temporal mg/m³	Observaciones
94-75-7	2 - 4 - D		8,7			A.4
75-71-8	Diclorodifloruro Metano (Freón 12)	875	4331			A.4
62-73-7	Diclorvos	0,09	0,88			Piel - A.4
60-29-7	Dietiléter (Éter Etílico)	350	1059	500	1520	
101-68-8	Diisocianato de Difenilmetano (MDI)	0,004	0,045			
25154-54-5	Dinitrobenceno	0,13	0,88			Piel
534-52-1	Dinitro-o-Cresol		0,18			Piel
25321-14-6	Dinitro Tolueno		1,31			Piel - A.3
10049-04-4	Dióxido de Cloro	0,09	0,25	0,3	0,83	
10102-44-0	Dióxido de Nitrógeno	2,6	4,9	5	9,4	A.4
330-54-1	Diurón		8,8			A.4
13838-16-9	Enflurano			2	15,05	A-4 (7)
7440-31-5	Estaño - Metal y Comp. Inorgánicos		1,75			
7440-31-5	Estaño - Comp. Orgánicos		0,09		0,2	Piel - A.4
100-42-5	Estireno (Monómero) - (Vinilbenceno)	44	188	100	425	Piel - A.4
60-29-7	Éter Etílico (Dietiléter)	350	1059	500	1520	
100-41-4	Etilbenceno	87	380	125	543	A.3
75-08-1	Etil Mercaptano	0,4	1,14			
110-80-5	2-Etoxiedetanol (Cellosolve)	4,4	15,8			Piel
108-95-2	Fenol	4,4	16,63			Piel - A.4
14484-64-1	Ferbam		8,75			A.4
	Fibra de Vidrio	0,9 fibras/cc				A.4 (2)
7782-41-4	Flúor	0,9	1,4	2	3,1	
	Fluoruros (expresados como F)		2,19			A.4
7803-51-2	Fosfina (Hidrógeno Fosforado)	0,26	0,37	1	1,4	
84-74-2	Ftalato de Dibutilo		4,4			
84-66-2	Ftalato de Dietilo		4,4			A.4
131-11-3	Ftalato de Dimetilo		4,4			
68476-85-7	Gas Licuado de Petróleo	875	1575			
	Gasolina con Menos de 0,5% de Benceno	262				A.3
86290-81-5			778	500	1480	
7782-42-5	Grafito de Cualquier Tipo (Excepto Fibras)		1,75			(4)
151-67-7	Halotano			2	16,2	
110-54-3	Hexano (n)	44	154			
	Hexano Comercial con menos de 5% de n-Hexano	437	1540	1000	3500	
591-78-6	2-Hexanona (Metil n - Butil Cetona)	4,4	17,5	10	40	Piel
7803-51-2	Hidrógeno Fosforado (Fosfina)	0,26	0,37	1	1,4	
04-06-7783	Hidrógeno Sulfurado (Ácido Sulfhídrico)	8,8	12,25	15	21	
123-31-9	Hidroquinona		1,75			A.3
	Humos de Soldadura al Arco Eléctrico		4,4			(5)
26675-46-7	Isoflurano			2	15,05	A-4 (7)
	Lana Mineral, Fibras	0,9 fibras/c				A.3 (2)
58-89-9	Lindano		0,44			Piel - A.3
	Maderas Coníferas, Polvo de (Pino, etc.)		4		10	
	Maderas de Otros Tipos, Polvo de (Encina, Haya, Eucalipto)		0,88			
121-75-5	Malation		8,8			Piel
7439-96-5	Manganeso - Humos		0,88		3	
	Manganeso - Polvo y					

CAS	Sustancia	Límite Permisible Ponderado		Límite Permisible Temporal		Observaciones
		p.p.m.	mg/m^3	p.p.m.	mg/m^3	
7439-96-5	Compuestos		0,9			
7439-97-6	Mercurio Vapor y Compuestos Inorgánicos (expresado como Hg)		0,03			Piel - A.4
7439-97-6	Mercurio - Comp. Alquílicos		0,009		0,03	Piel
7439-97-6	Mercurio - Comp. Arílicos		0,09			Piel
80-62-6	Metacrilato de Metilo	87	359			A.4
7681-57-4	Metabisulfito de Sodio		4,4			A.4
67-56-1	Metanol (Alcohol Metílico)	175	229	250	328	Piel
74-89-5	Metilamina	4,4	5,6	15	19	
109-86-4	Metil Cellosolve (2-Metoxietanol)	0,1	0,3			Piel
71-55-6	Metilcloroformo (1,1,1 Tricloroetano)	306	1671	450	2460	A.4
78-93-3	Metil Etil Cetona (2-Butanona)	175	516	300	885	
108-10-1	Metil Isobutil Cetona	44	179	75	307	
74-93-1	Metil Mercaptano	0,4	0,86			
591-78-6	Metil n - Butil Cetona (2-Hexanona)	4,4	17,5	10	40	Piel
101-68-8	Metilen Bifenil Isocianato (MDI)	0,004	0,05			
109-86-4	2-Metoxietanol (Metil Cellosolve)	0,1	0,3			Piel
12001-26-2	Mica		2,63			(4)
7439-98-7	Molibdeno - Comp. Insol. (expresado como Mo)		8,75			
7439-98-7	Molibdeno - Comp. Solubles (expresado como Mo)		4,38			A.3
6923-22-4	Monocrotofos		0,22			Piel - A.4
630-08-0	Monóxido de Carbono	44	48			
142-82-5	Nafta de Petróleo (Heptano Comercial)	350	1435	500	2050	
	Nafta Liviana con n - hexano < 5%	400	1400	1000	3500	
1333-86-4	Negro de Humo		3,1			A.4
54-11-5	Nicotina		0,44			
	Níquel, Metal y Comp. Insol. (expresado como Ni)		0,88			A.1
	Níquel, Compuestos Solubles (expresado como Ni)		0,09			A.4
100-01-6	p - Nitroanilina		2,63			Piel - A.4
98-95-3	Nitrobenceno	0,9	4,4			Piel - A.3
55-63-0	Nitroglicerina	0,04	0,4			Piel
108-03-2	1-Nitropropano	22	79			A.4
79-46-9	2-Nitropropano	8,8	31,5			A.2
1305-78-8	Óxido de Calcio (Cal viva)		1,75			
75-21-8	Óxido de Etileno	0,9	1,58			A.2
10102-43-9	Óxido Nítrico	22	27			
10024-97-2	Óxido Nitroso	44	78,8			
10028-15-6	Ozono	0,08	0,16			
8002-74-2	Parafina Sólida (Humos)		1,75			
4685-14-7	Paraquat (Polvo Total)		0,44			
4685-14-7	Paraquat (Fracción Respirable)		0,09			Piel - (4)
87-86-5	Pentaclorofenol		0,44			Piel - A.3
127-18-4	Percloroetileno (Tetracloroetileno)	22	149	100	685	A.3
7722-84-1	Peróxido de Hidrógeno	0,9	1,23			A.3
8003-34-7	Piretro		4,4			A.4
7439-92-1	Plomo - Polvo y Humos Inorgánicos (exp. como Pb)		0,05			A.3
7758-97-6	Plomo, Cromato de (expresado como Cr)		0,01			A.2
78-00-2	Plomo Tetraetílico (expresado como Pb)		0,09			Piel - A.4
	Plomo Tetrametílico					Piel

CAS	Sustancia	Límite Permisible Ponderado p.p.m.	Límite Permisible Ponderado mg/m³	Límite Permisible Temporal p.p.m.	Límite Permisible Temporal mg/m³	Observaciones
75-74-1	(expresado como Pb)		0,13			
	Polvo de Granos (Cereales)		3,5			
	Polvos no Especificados (Total)		8			(3)
	Polvos no Especificados (Fracción Respirable)		2,4			(4)
7782-49-2	Selenio y Comp.		0,18			
28523-86-6	Sevofluranο			2	16,36	
112926-00-8	Sílice Amorfa Precipitada - Sílica Gel		5,3			
61790-53-2	Sílice Amorfa Diatomea sin Calcinar		5,3			(3)
112926-00-8	Sílice Amorfa - Humos Metalúrgicos		0,16			(4)
60676-86-0	Sílice Amorfa - Cuarzo Fundido		0,05			(4)
14464-46-1	Sílice Cristalizada Cristobalita		0,04			A.1 (4)
14808-60-7	Sílice Cristalizada Cuarzo		0,08			A.1 (4)
15468-32-3	Sílice Cristalizada Tridimita		0,04			A.1 (4)
1317-95-9	Sílice Cristalizada Tierra de Trípoli		0,08			A.1 (4)
77-78-1	Sulfato de Dimetilo	0,09	0,46			Piel - A.2
75-15-0	Sulfuro de Carbono	8	25			Piel
	Talco (con Fibras de Asbesto)	0,1 fibras/cc				A.1 (6)
14807-96-6	Talco (sin Fibras de Asbesto)		1,75			A.4 (4)
7440-28-0	Talio, Comp. Solubles		0,09			Piel
13494-80-9	Telurio y Comp.		0,09			
79-34-5	1,1,2,2 Tetracloroetano	0,9	6			Piel - A.3
127-18-4	Tetracloroetileno (Percloroetileno)	22	149	100	685	A.3
56-23-5	Tetracloruro de Carbono	4,4	27	10	63	Piel - A.2
109-99-9	Tetrahidrofurano	175	516	250	735	Piel - A.3
61790-53-2	Tierra de Diatomeas no Calcinada		8			(3)
	Tierra de Diatomeas Calcinada		0,08			(4)
108-88-3	Tolueno	87	328	150	560	Piel - A.4
584-84-9 y 26471-62-5	Tolueno - Di - Isocianato (TDI)	0,004	0,03	0,02	0,14	A.4
8006-64-2	Trementina (Aguarrás Vegetal)	88	490			
71-55-6	1,1,1 Tricloroetano (Metilcloroformo)	306	1671	450	2460	A.4
79-00-5	1,1,2 Tricloroetano	8,8	48,13			Piel - A.3
79-01-6	Tricloroetileno	8,8	47,3	25	135	A.2
15468-32-3	Tridimita		0,04			A.1 (4)
118-96-7	2,4,6 Trinitrotolueno		0,44			Piel
1314-62-1	Vanadio (Polvo Resp. y Humos) (expresados V_2O_5)		0,04			
8032-32-4	Varsol (Aguarrás Mineral)	263	1199			A.3
100-42-5	Vinilbenceno (Monómero - Estireno)	44	188	100	425	Piel - A.4
81-81-2	Warfarina		0,09			
1330-20-7	Xileno	87	380	150	651	A.4
7778-18-9	Yeso (Sulfato de Calcio)		8,8			(3)
7646-85-7	Zinc, Cloruro de - Humos		0,88		2	
13530-65-9; 11103-86-9; 37300-23-5	Zinc, Cromato de (expresado como Cr)		0,009			A.1
1314-13-2	Zinc, Óxido de - Humos		4,4		10	

(1) Muestras exentas de fibras tomadas con elutriador vertical.
(2) Recuento mediante Microscopio de Contraste en Fase con 400 450 diámetros de aumento, en muestras tomadas en filtro de membrana, contando fibras de longitud mayor a 5 µm y de una relación largo a diámetro igual o mayor de 3:1.
(3) Polvo total exento de asbesto y con menos de 1% de sílice cristalizada libre.
(4) Fracción respirable.
(5) Solamente en ausencia de elementos tóxicos en el metal base y los electrodos y en condiciones en que no haya acumulación o producción de gases tóxicos.
(6) Recuento según (2), pero no deberá existir más de 1,6 mg/m³ de polvo respirable.
(7) Si este anestésico se utiliza mezclado con óxido nitroso su límite será de 3,76 mg/m³ (0,5 ppm).
(8) Si este anestésico se utiliza mezclado con óxido nitroso su límite será de 4,09 mg/m³ (0,5 ppm).

Artículo 67.- Las sustancias de los artículos 61 y 66 que llevan calificativo "Piel" son aquellas que pueden ser absorbidas a través de la piel humana. Con ellas deberán adoptarse todas las medidas necesarias para impedir el contacto con la piel de los trabajadores y se extremarán las medidas de protección y de higiene personal.

Artículo 68.- Las sustancias calificadas como "A.1" son comprobadamente cancerígenas para el ser humano y aquellas calificadas como "A.2" son sospechosas de ser cancerígenas para éstos, por lo cual en ambos casos se deberán extremar las medidas de protección y de higiene personal frente a ellas.

Respecto de aquellas calificadas como "A.3", no se ha demostrado que sean cancerígenas para seres humanos pero sí lo son para animales de laboratorio y las designadas como "A.4" se encuentran en estudio pero no se dispone aún de información válida que permita clasificarlas como cancerígenas para el ser humano o para animales de laboratorio, por lo que la exposición de los trabajadores a ambos tipos de ellas deberá ser mantenida en el nivel lo más bajo posible.

Artículo 69: Cuando en el ambiente de trabajo existan dos o más sustancias de las enumeradas en el artículo 66, y actúen sobre el organismo humano de igual manera, su efecto combinado se evaluará sumando las fracciones de cada concentración ambiental dividida por su respectivo límite permisible ponderado, no permitiéndose que esta suma sea mayor que 1 (uno). Si la acción de cada una de estas sustancias fuera independiente de las otras o cuando actúen sobre órganos diferentes deberán evaluarse independientemente respecto a su límite permisible ponderado.

PÁRRAFO III
DE LOS AGENTES FÍSICOS

1. DEL RUIDO

Artículo 70.- En la exposición laboral a ruido se distinguirán el ruido estable, el ruido fluctuante y el ruido impulsivo.

Artículo 71.- Ruido estable es aquel ruido que presenta fluctuaciones del nivel de presión sonora instantáneo inferiores o iguales a 5 dB(A) lento, durante un período de observación de 1 minuto.

Ruido fluctuante es aquel ruido que presenta fluctuaciones del nivel de presión sonora instantáneo superiores a 5 dB(A) lento, durante un período de observación de 1 minuto.

Ruido impulsivo es aquel ruido que presenta impulsos de energía acústica de duración inferior a 1 segundo a intervalos superiores a 1 segundo.

Artículo 72.- Las mediciones de ruido estable, ruido fluctuante y ruido impulsivo se efectuarán con un sonómetro integrador o con un dosímetro que cumpla las exigencias señaladas para los tipos 0, 1 ó 2, establecidas en las normas: IEC 651-1979, IEC 804-1985 y ANSI S. 1.4-1983.

1.1 DEL RUIDO ESTABLE O FLUCTUANTE

Artículo 73.- En la exposición a ruido estable o fluctuante se deberá medir el nivel de presión sonora continuo equivalente (NPSeq o Leq), el que se expresará en decibeles ponderados "A", con respuesta lenta, es decir, en dB(A) lento.

Artículo 74.- La exposición ocupacional a ruido estable o fluctuante deberá ser controlada de modo que para una jornada de 8 horas diarias ningún trabajador podrá estar expuesto a un nivel de presión sonora continuo equivalente superior a 85 dB(A) lento, medidos en la posición del oído del trabajador.

Artículo 75.- Niveles de presión sonora continua equivalentes, diferentes a 85 dB(A) lento, se permitirán siempre que el tiempo de exposición a ruido del trabajador no exceda los valores indicados en la siguiente tabla:

NPSeq [dB (A)lento]	Tiempo de exposición por Día		
	Horas	Minutos	Segundos
80	24,00		
81	20,16		
82	16,00		
83	12,70		
84	10,08		
85	8,00		
86	6,35		
87	5,04		
88	4,00		
89	3,17		
90	2,52		
91	2,00		
92	1,59		
93	1,26		
94	1,00		
95		47,40	
96		37,80	
97		30,00	
98		23,80	
99		18,90	
100		15,00	
101		11,90	
102		9,40	
103		7,50	
104		5,90	
105		4,70	
106		3,75	
107		2,97	
108		2,36	
109		1,88	
110		1,49	
111		1,18	
112			56,40
113			44,64
114			35,43
115			29,12

Estos valores se entenderán para trabajadores expuestos sin protección auditiva personal.

Artículo 76.- Cuando la exposición diaria a ruido está compuesta de dos o más períodos de exposición a diferentes niveles de presión sonora continuos equivalentes, deberá considerarse el efecto combinado de aquellos períodos cuyos NPSeq sean iguales o superiores a 80 dB(A) lento. En este caso deberá calcularse la dosis de ruido diaria (D), mediante la siguiente fórmula:

$$D = \frac{Te_1}{Tp_1} + \frac{Te_2}{Tp_2} + \ldots \frac{Te_n}{Tp_n}$$

Te = Tiempo total de exposición a un determinado NPSeq
Tp = Tiempo total permitido de exposición a ese NPSeq
La dosis de ruido diaria máxima permisible será 1 (100%)

Artículo 77: En ningún caso se permitirá que trabajadores carentes de protección auditiva personal estén expuestos a niveles de presión sonora continuos equivalentes superiores a 115 dB(A) lento, cualquiera sea el tipo de trabajo.

1.2 RUIDO IMPULSIVO

Artículo 78.- En la exposición a ruido impulsivo se deberá medir el nivel de presión sonora peak (NPS peak), expresado en decibeles ponderados "C", es decir, dB(C)Peak.

Artículo 79.- La exposición ocupacional a ruido impulsivo deberá ser controlada de modo que para una jornada de 8 horas diarias ningún trabajador podrá estar expuesto a un nivel de presión sonora peak superior a 95 dB(C)Peak, medidos en la posición del oído del trabajador.

Artículo 80.- Niveles de presión sonora peak diferentes a 95 dB(C)Peak, se permitirán siempre que el tiempo de exposición a ruido del trabajador no exceda los valores indicados en la siguiente tabla:

NPSeq [dB (A)lento]	Tiempo de exposición por Día		
	Horas	Minutos	Segundos
80	24,00	47,00	56,40
90	24,00		
91	20,16		
92	16,00		
93	12,70		
94	10,08		
95	8,00		
96	6,35		
97	5,04		
98	4,00		
99	3,17		
100	2,52		
101	2,00		
102	1,59		
103	1,26		
104	1,00		
105		47,62	
106		37,80	
107		30,00	
108		23,80	
109		18,90	
110		15,00	
111		11,90	
112		9,40	

113	7,50	
114	5,90	
115	4,70	
116	3,75	
117	2,97	
118	2,36	
119	1,88	
120	1,49	
121	1,18	
122		56,25
123		44,65
124		35,44
125		28,13
126		22,32
127		17,72
128		14,06
129		11,16
130		8,86
131		7,03
132		5,58
133		4,43
134		3,52
135		2,79
136		2,21
137		1,76
138		1,40
139		1,11
140		1,00

Estos valores se entenderán para trabajadores expuestos sin protección auditiva personal.

Artículo 81.- En ningún caso se permitirá que trabajadores carentes de protección auditiva personal estén expuestos a niveles de presión sonora peak superiores a 140 dB(C) peak, cualquiera sea el tipo de trabajo.

Artículo 82.- Cuando un trabajador utilice protección auditiva personal, se entenderá que se cumple con lo dispuesto en los artículos 75 y 80 del presente reglamento si el nivel de presión sonora efectivo no sobrepasa los límites máximos permisibles establecidos en las tablas indicadas en tales artículos.

Para los efectos de este reglamento se entenderá por nivel de presión sonora efectiva la diferencia entre el nivel de presión sonora continua equivalente o el nivel de presión sonora peak, según se trate de ruido estable, fluctuante, o impulsivo respectivamente, y la reducción de ruido que otorgará el protector auditivo. En ambos casos la reducción de ruido será calculada de acuerdo a las normas oficiales vigentes en materia de protección auditiva.

2. DE LAS VIBRACIONES

Artículo 83.- Para los efectos del presente reglamento se entenderá por vibración el movimiento oscilatorio de las partículas de los cuerpos sólidos.

Artículo 84.- En la exposición a vibraciones se distinguirá la exposición segmentaria del componente mano-brazo o exposición del segmento mano-brazo y la exposición de cuerpo entero o exposición global.

2.1 EXPOSICIÓN DE CUERPO ENTERO

Artículo 85.- En la exposición a vibraciones globales o de cuerpo entero, la aceleración vibratoria recibida por el individuo deberá ser medida en la dirección apropiada de un sistema de coordenadas ortogonales tomando como punto de referencia el corazón, considerando:

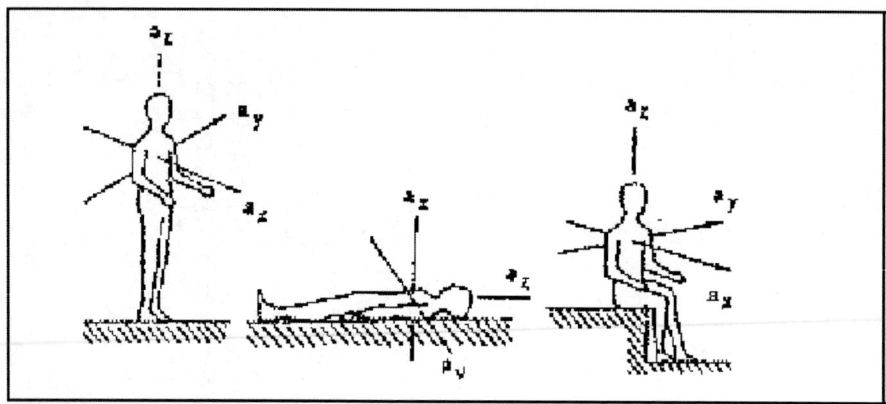

Fig. 1

Eje Z (a_z)	De los pies a la cabeza
Eje X (a_x)	De la espalda al pecho
Eje Y (a_y)	De derecha a izquierda

Artículo 86.- Las mediciones de la exposición a vibración se deberán efectuar con un sistema de transducción triaxial, con el fin de registrar con exactitud la aceleración vibratoria generada por la fuente, en la gama de frecuencias de 1 Hz a 80 Hz.

La medición se deberá efectuar en forma simultánea para cada eje coordenada (az, ax y ay), considerándose como magnitud el valor de la aceleración equivalente ponderada en frecuencia (Aeq) expresada en metros por segundo al cuadrado (m/s2).

Artículo 87.- La aceleración equivalente ponderada en frecuencia (Aeq) máxima permitida para una jornada de 8 horas por cada eje de medición, será la que se indica en la siguiente tabla:

Eje de Medición	Aeq Máxima Permitida [m/s2]
z	0,63
x	0,45
y	0,45

Artículo 88.- Aceleraciones equivalentes ponderadas en frecuencia diferentes a las establecidas en el artículo 87 se permitirán siempre y cuando el tiempo de exposición no exceda los valores indicados en la siguiente tabla:

Tiempo de Exposición [horas]	Aeq Máxima Permitida [m/seg²]		
	Z	X	Y
12	0,50	0,35	0,35
11	0,53	0,38	0,38
10	0,56	0,39	0,39
9	0,59	0,42	0,42
8	0,63	0,45	0,45
7	0,70	0,50	0,50
6	0,78	0,54	0,54
5	0,90	0,61	0,61
4	1,06	0,71	0,71
3	1,27	0,88	0,88
2	1,61	1,25	1,25
1	2,36	1,70	1,70
0,5	3,30	2,31	2,31

Artículo 89.- Cuando en una medición de la exposición a vibraciones de cuerpo entero los valores de Aeq para cada eje no superan los límites establecidos en el artículo 88, se deberá evaluar el riesgo global de la exposición a través de la aceleración equivalente total ponderada en frecuencia (AeqTP). Para tales efectos sólo se considerarán los valores de Aeq similares, entendiéndose como tales los que alcancen el 60% del mayor valor medido.

El cálculo de la AeqTP se realizará mediante la siguiente fórmula:

$$AeqTP = \sqrt{(1{,}4 \times A_{eqx})^2 + (1{,}4 \times A_{eqy})^2 + (A_{eqz})^2}$$

AeqTP = Aceleración equivalente total ponderada.
Aeqx = Aceleración equivalente ponderada en frecuencia para el eje X.
Aeqy = Aceleración equivalente ponderada en frecuencia para el eje Y.
Aeqz = Aceleración equivalente ponderada en frecuencia para el eje Z.

El valor obtenido no deberá superar los límites máximos permitidos para el eje Z establecidos en el artículo 88.

2.2 DE LA EXPOSICIÓN SEGMENTARIA DEL COMPONENTE MANO - BRAZO

Artículo 90.- En la exposición segmentaria del componente mano-brazo, la aceleración originada por una herramienta de trabajo vibrátil deberá medirse en tres direcciones ortogonales, en el punto donde la vibración penetra en la mano.

Las direcciones serán las que formen el sistema biodinámico de coordenadas o el sistema basicéntrico relacionado, que tenga su origen en la interface entre la mano y la superficie que vibra, considerando:

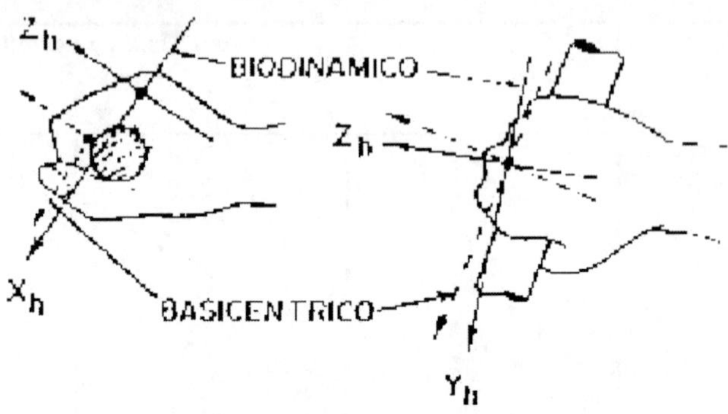

Fig. 2

Eje Z (Z_h) = Corresponde a la línea longitudinal ósea.
Eje X (X_h) = Perpendicular a la palma de la mano.
Eje Y (Y_h) = En la dirección de los nudillos de la mano.

Artículo 91.- Las mediciones de la exposición a vibraciones se efectuarán con un transductor pequeño y de poco peso, con el fin de registrar con exactitud la aceleración vibratoria generada por la fuente, en la gama de frecuencias de 5 Hz a 1500 Hz.

La medición se deberá efectuar en forma simultánea en los tres ejes coordenadas (Zh, Xh e Yh), por ser la vibración una cantidad vectorial.

La magnitud de la vibración se expresará para cada eje coordenado por el valor de la aceleración equivalente ponderada en frecuencia, expresada en metros por segundo al cuadrado (m/s2) o en unidades de gravitación (g).

Artículo 92.- La aceleración equivalente máxima, medida en cualquier eje, constituirá la base para efectuar la evaluación de la exposición a vibraciones del segmento mano-brazo y no deberá sobrepasar los valores establecidos en la siguiente tabla:

Tiempo de exposición (T) [horas]	Aceleración Vibratoria Máxima [m/s²]	[g]*
$4 < T \leq 8$	4	0.40
$2 < T \leq 4$	6	0.61
$1 < T \leq 2$	8	0.81
$T \leq 1$	12	1.22

[g]* = 9,81 m/s² (aceleración de gravedad)

Artículo 93.- Si la exposición diaria a vibración en una determinada dirección comprende varias exposiciones a distintas aceleraciones equivalentes ponderadas en frecuencia, se obtendrá la aceleración total equivalente ponderada en frecuencia, a partir de la siguiente ecuación:

$$A_{eq(T)} = \left[1/T \sum_{i=1}^{n} (a_{eq})_i^2 \times T_i \right]^{1/2}$$

T = Tiempo total de exposición.
$(a_{eq})_i$ = Aceleración equivalente ponderada en un determinado período de exposición.
T_i = Duración del período de exposición a una determinada $(a_{eq})_i$

Artículo 94.- El tiempo total de exposición (T) a una aceleración total equivalente ponderada en frecuencia (Aeq(T)), no deberá exceder los valores señalados en el artículo 92.

3. DE LA DIGITACIÓN

Artículo 95.- Un trabajador no podrá dedicar a la operación de digitar, para uno o más empleadores, un tiempo superior a 8 horas diarias ni a 40 horas semanales, debiendo concedérsele un descanso de cinco minutos después de cada período de 20 minutos de digitación continua, durante la jornada de trabajo.

4. DE LA EXPOSICIÓN OCUPACIONAL A CALOR

Artículo 96.- Para los efectos del presente reglamento, se entenderá por carga calórica ambiental el efecto de cualquier combinación de temperatura, humedad y velocidad del aire y calor radiante, que determine el Indice de Temperatura de Globo y Bulbo Húmedo (TGBH).

La carga calórica ambiental a que los trabajadores podrán exponerse en forma repetida, sin causar efectos adversos a su salud, será la que se indica en la tabla de Valores de Límites Permisibles del Indice TGBH, los que se aplicarán a trabajadores aclimatados, completamente vestidos y con provisión adecuada de agua y sal, con el

objeto de que su temperatura corporal profunda no exceda los 38°C.

El Indice de Temperatura de Globo y Bulbo Húmedo se determinará considerando las siguientes situaciones:

a.- Al aire libre con carga solar:

TGBH = 0,7 TBH + 0,2 TG + 0,1 TBS

b.- Al aire libre sin carga solar, o bajo techo:

TGBH = 0,7 TBH + 0,3 TG

Correspondiendo:

TBH = Temperatura de bulbo húmedo natural, en °C TG=

Temperatura de globo, en °C TBS = Temperatura de bulbo seco, en °C

Las temperaturas obtenidas se considerarán una vez alcanzada una lectura estable en termómetro de globo (entre 20 a 30 minutos).

VALORES LIMITES PERMISIBLES DEL INDICE TGBH EN °C			
	Carga de Trabajo según Costo Energético (M)		
Tipo de Trabajo	Liviana Inferior a 375 Kcal/h	Moderada 375 a 450 Kcal/h	Pesada Superior a 450 Kcal/h
Trabajo continuo	30,0	26,7	25,0
75% trabajo 25% descanso, cada hora	30,6	28,0	25,9
50% trabajo 50% descanso, cada hora	31,4	29,4	27,9
25% trabajo 75% descanso, cada hora	32,2	31,1	30,0

Artículo 97.- La exposición ocupacional a calor debe calcularse como exposición ponderada en el tiempo según la siguiente ecuación:

$$\text{TGBH promedio} = \frac{\text{TGBH)1 x t1+ (TGBH) 2 x t2 +....... + (TGBH)n x tn}}{\text{t1 + t2 +.......... + tn}}$$

en la que (TGBH)1,(TGBH)2..........y (TGBH)n son los diferentes TGBH encontrados en las distintas áreas de trabajo y descanso en las que el trabajador permaneció durante la jornada laboral y, t1, t2....y tn son los tiempos en horas de permanencia en las respectivas áreas.

Artículo 98.- Para determinar la carga de trabajo se deberá calcular el costo energético ponderado en el tiempo, considerando la tabla de Costo Energético según tipo de Trabajo, de acuerdo a la siguiente ecuación:

$$\text{M promedio} = \frac{\text{M1 x t1 + M2 x t2 +........... + Mn x tn}}{\text{t1 + t2 +........+ tn}}$$

siendo M1, M2....y Mn el costo energético para las diversas actividades y períodos de descanso del trabajador durante los períodos de tiempo t1, t2....y tn (en horas).

COSTO ENERGETICO SEGUN TIPO DE TRABAJO	
Sentado	90 Kcal/h
De pie	120 Kcal/h
Caminando (5 Km/h sin carga)	270 Kcal/h
Escribir a mano o a máquina	120 Kcal/h
Limpiar ventanas	220 kcal/h
Planchar	252 Kcal/h
Jardinería	336 kcal/h
Andar en bicicleta (16 km/h)	312 Kcal/h
Clavar con martillo(4,5 Kg. 15 golpes/minuto)	438 Kcal/h
Palear (10 veces/minuto)	468 Kcal/h
Aserrar madera (sierra de mano)	540 Kcal/h
Trabajo con hacha (35 golpes/minuto)	600 Kcal/h

5. DE LA EXPOSICIÓN OCUPACIONAL AL FRÍO

Artículo 99.- Para los efectos del presente reglamento, se entenderá como exposición al frío las combinaciones de temperatura y velocidad del aire que logren bajar la temperatura profunda del cuerpo del trabajador a 36°C o menos, siendo 35°C admitida para una sola exposición ocasional. Se considera como temperatura ambiental crítica, al aire libre, aquella igual o menor de 10°C, que se agrava por la lluvia y/o corrientes de aire.

La combinación de temperatura y velocidad de aire da origen a determinada sensación térmica representada por un valor que indica el peligro a que está expuesto el trabajador.

SENSACION TERMICA:
Valores equivalentes de enfriamiento por efectos del viento

Velocidad del viento en km/h	Temperatura real leída en el termómetro en °C									
	10	4	-1	-7	-12	-18	-23	-29	-34	-40
CALMO	10	4	-1	-7	-12	-18	-23	-29	-34	-40
8	9	3	-3	-9	-14	-21	-26	-32	-38	-44
16	4	-2	-9	-16	-23	-31	-36	-43	-50	-57
24	2	-6	-13	-21	-28	-36	-43	-50	-58	-65
32	0	-8	-16	-23	-32	-39	-47	-55	-63	-71
40	-1	-9	-18	-26	-34	-42	-51	-59	-67	-76
48	-2	-11	-19	-28	-36	-44	-53	-62	-70	-78
56	-3	-12	-20	-29	-37	-46	-55	-63	-72	-81
64	-3	-12	-21	-29	-38	-47	-56	-65	-73	-82
Superior a 64 Km/h, poco efecto adicional	**PELIGRO ESCASO** En una persona adecuadamente vestida para menos de 1 hora de exposición				**AUMENTO DE PELIGRO** Peligro de que el cuerpo expuesto se congele en 1 minuto.			**GRAN PELIGRO** El cuerpo se puede congelar en 30 segundos.		

Artículo 100.- A los trabajadores expuestos al frío deberá propocionárseles ropa adecuada, la cual será no muy ajustada y fácilmente desabrochable y sacable. La ropa exterior en contacto con el medio ambiente deber ser de material aislante.

Artículo 101.- En los casos de peligro por exposición al frío, deberán alternarse períodos de descanso en zonas temperadas o con trabajos adecuados.

LIMITES MAXIMOS DIARIOS DE TIEMPO PARA EXPOSICION AL FRIO EN RECINTOS CERRADOS

RANGO DE TEMPERATURA (°C)	EXPOSICION MAXIMA DIARIA
De 0° a - 18°	Sin límites, siempre que la persona esté vestida con ropa de protección adecuada.
De –19° a - 34°	Tiempo total de trabajo: 4 horas, alternando una hora dentro y una hora fuera del área a baja temperatura. Es necesaria la ropa de protección adecuada.
De –35° a - 57°	Tiempo total de trabajo 1 hora: Dos períodos de 30 minutos cada uno, con intervalos de por lo menos 4 horas. Es necesaria la ropa de protección adecuada.
De -58° a - 73°	Tiempo total de trabajo: 5 minutos durante una jornada de 8 horas. Es necesaria protección personal para cuerpo y cabeza.

Artículo 102.- Las cámaras frigoríficas deberán contar con sistemas de seguridad y de vigilancia adecuados que faciliten la salida rápida del trabajador en caso de emergencia.

6. DE LA ILUMINACIÓN

Artículo 103.- Todo lugar de trabajo, con excepción de faenas mineras subterráneas o similares, deberá estar iluminado con luz natural o artificial que dependerá de la faena o actividad que en él se realice.

El valor mínimo de la iluminación promedio será la que se indica a continuación:

LUGAR O FAENA	ILUMINACION EXPRESADA EN Lux (Lx)
Pasillos, bodegas, salas de descanso, comedores, servicios higiénicos, salas de trabajo con iluminación suplementaria sobre cada máquina o faena, salas donde se efectúen trabajos que no exigen discriminación de detalles finos o donde hay suficiente contraste.	150
Trabajo prolongado con requerimiento moderado sobre la visión, trabajo mecánico con cierta discriminación de detalles, moldes en fundiciones y trabajos similares.	300
Trabajo con pocos contrastes, lectura continuada en tipo pequeño, trabajo mecánico que exige discriminación de detalles finos, maquinarias, herramientas, cajistas de imprenta, monotipias y trabajos similares.	500
Laboratorios, salas de consulta y de procedimientos de diagnóstico y salas de esterilización.	500 a 700
Costura y trabajo de aguja, revisión prolija de artículos, corte y trazado.	1000
Trabajo prolongado con discriminación de detalles finos, montaje y revisión de artículos con detalles pequeños y poco contraste, relojería, operaciones textiles sobre género oscuro y trabajos similares.	1.500 a 2.000
Sillas dentales y mesas de autopsias	5.000
Mesa quirúrgica	20.000

Los valores indicados en la tabla se entenderán medidos sobre el plano de trabajo o a una altura de 80 centímetros sobre el suelo del local en el caso de iluminación general.

Cuando se requiera una iluminación superior a 1.000 Lux, la iluminación general deberá complementarse con luz localizada. Quedan excluidos de estas disposiciones aquellos locales que en razón del proceso industrial que allí se efectúe deben permanecer oscurecidos.

Artículo 104.- La relación entre iluminación general y localizada deberá mantenerse dentro de los siguientes valores:

Iluminación General (Lux)	Iluminación Localizada (Lux)
150	250
250	500
300	1.000
500	2.000
600	5.000
700	10.000

Artículo 105.- La luminancia (brillo) que deberá tener un trabajo o tarea, según su complejidad, deberá ser la siguiente:

Iluminación General (Lux)	Iluminación Localizada (Lux)
150	250
250	500
300	1.000
500	2.000
600	5.000
700	10.000

Artículo 106.- Las relaciones de máxima luminancia (brillantez) entre zonas del campo visual y la tarea visual debe ser la siguiente:

5 a 1 Entre tareas y los alrededores adyacentes
20 a 1 Entre tareas y las superficies más remotas
40 a 1 Entre las unidades de iluminación (o del cielo) y las superficies adyacentes a ellas.
80 a 1 En todas partes dentro del medio ambiente del trabajador.

7. DE LAS RADIACIONES NO IONIZANTES

7.1. Láser

Artículo 107.- Los límites permisibles para densidades de energía o densidades de potencia de radiación láser, directa o reflejada, serán los valores indicados en la Tabla N°1 para exposiciones oculares directas y en la Tabla N°2 para exposición de la piel.

TABLA N°1

Límites Permisibles para Exposiciones Oculares Directas por Haz Láser (Observación del Interior del Haz)

Región del Espectro	Longitud de Onda (nm)	Tiempo de Exposición (t) (Segundos)	Límite Permisible
UVC	180 a 280	10^{-9} a $3x10^{4}$	3 mJ/cm^2
UVB *	280 a 302	10^{-9} a $3x10^{4}$	3 mJ/cm^2
	303	10^{-9} a $3x10^{4}$	4 mJ/cm^2
	304	10^{-9} a $3x10^{4}$	6 mJ/cm^2
	305	10^{-9} a $3x10^{4}$	10 mJ/cm^2
	306	10^{-9} a $3x10^{4}$	16 mJ/cm^2
	307	10^{-9} a $3x10^{4}$	25 mJ/cm^2
	308	10^{-9} a $3x10^{4}$	40 mJ/cm^2
	309	10^{-9} a $3x10^{4}$	63 mJ/cm^2
	310	10^{-9} a $3x10^{4}$	100 mJ/cm^2
	311	10^{-9} a $3x10^{4}$	160 mJ/cm^2
	312	10^{-9} a $3x10^{4}$	250 mJ/cm^2
	313	10^{-9} a $3x10^{4}$	400 mJ/cm^2
	314	10^{-9} a $3x10^{4}$	630 mJ/cm^2
UVA	315 a 400	10^{-9} a 10	0,56 $t^{1/4}$ J/cm^2
	315 a 400	10 a 10^{3}	1,0 J/cm^2
	315 a 400	10^{3} a $3x10^{4}$	1,0 mW/cm^2
Luz	400 a 700	10^{-9} a 1,8 x 10^{-5}	$5x10^{-7}$ J/cm^2
Visible	400 a 700	$1,8x10^{-5}$ a 10	1,8 $(t/t^{1/4})$ mJ/cm^2
	400 a 549	10 a 10^{4}	10 mJ/cm^2
	550 a 700	10 a T_1	1,8 $(t/t^{1/4})$ mJ/cm^2
	550 a 700	T1 a 10^{4}	10 C_B mJ/cm^2
	400 a 700	10^{4} a $3x10^{4}$	C_B $\mu W/cm^2$
IR- A	700 a 1049	10^{-9} a $1,8x10^{-5}$	$5C_Ax10^{-7}$ J/cm^2
	700 a 1049	1,8 $x10^{-5}$ a 10^{3}	1,8 C_A $(t/t^{1/4})$ mJ/cm^2
	1050 a 1400	10^{-9} a 10^{-4}	$5x10^{-6}$ J/cm^2
	1050 a 1400	10^{-4} a 10^{3}	$9(t/t^{1/4})$ mJ/cm^2
	700 a 1400	10^{3} a $3x10^{4}$	320 C_A $\mu W/cm^2$
IR- B	1,4 µm a 10^{3} µm	10^{-9} a 10^{-7}	10^{-2} J/cm^2
y C	1,4 µm a 10^{3} µm	10^{-7} a 10	0,56 $t^{1/4}$ J/cm^2
	1,4 µm a 10^{3} µm	10 a $3x10^{4}$	0,1 W/cm^2

UVB * El Límite Permisible no deberá exceder de 0,56 $t^{1/4}$ J/cm^2 para $t \leq 10$

$C_A = 10^{(0,002(\lambda - 700))}$, para λ = 700 - 1049 nm

$C_A = 5$, para λ = 1050 - 1400 nm

$C_B = 1$, para λ = 400 - 549 nm

$C_B = 10^{(0,015(\lambda - 550))}$, para λ = 550 - 700 nm

$T_1 = 10$ seg., para λ = 400 - 549 nm

$T_1 = 10 \times 10^{(0,02(\lambda - 550))}$, para λ = 550 - 700 nm

C_A y C_B = Factores de Corrección

TABLA N°2

Límites Permisibles para la Exposición de la piel a un Haz Láser

Región del Espectro	Longitud de Onda (nm)	Tiempo de Exposición (Segundos)	Límite Permisible
UV	180 a 400	10^{-9} a $3x10^{4}$	Igual que en Tabla 1
Luz Visible y	400 a 1400	10^{-9} a 10^{-7}	$2C_A x 10^{-2}$ J/cm^2
IR - A	400 a 1400	10^{-7} a 10	1,1 $C_A t^{¼}$ J/cm^2
	400 a 1400	10 a $3x10^{4}$	0,2 C_A W/ cm^2
IR - B y C	1,4 µm a 10^{3} µm	10^{-9} a $3x10^{4}$	Igual que en Tabla1

$C_A = 1$, para λ = 400 - 700 nm

$C_A = 10^{(0,002(\lambda - 700))}$, para λ = 700 - 1049 nm

$C_A = 5$, para λ = 1050 - 1400 nm

7.2. Microondas

Artículo 108.- El tiempo de exposición permitido a las microondas dependerá de la densidad de potencia recibida y expresada en miliwatt por cm2 (mW/cm2).

Para una jornada de 8 horas y una exposición continua el límite permisible máximo será de 10 mW/cm2.

Para exposiciones a densidades de potencia superiores a

10 mW/cm2 el tiempo máximo permitido de exposición por cada hora de trabajo será el que se indica en la tabla siguiente:

Densidad de Potencia (mW/cm^2)	Tiempo Máximo de Exposición por Hora de Trabajo (Minutos)
11	50
12	42
13	36
14	31
15	27
17	21
19	17
21	14
23	12
25	10

Los tiempos máximos de exposición indicados en la tabla no son acumulables en la jornada de trabajo. En ningún caso se permitirán exposiciones a densidades de potencia superiores a 25 mW/cm2.

7.3. Ultravioleta de fuentes artificiales

Artículo 109.- El límite permisible máximo para exposición ocupacional a radiaciones ultravioleta, dependerá de la región del espectro de acuerdo a las siguientes tablas:

TABLA N°1

Límites Permisibles para Piel y Ojos
(Longitud de Onda de 320 nm a 400 nm)

Tiempo de Exposición	Densidad de Energía o de Potencia
Menor de 16 minutos	1J/cm^2
Mayor de 16 minutos	1mW/cm^2

TABLA N°2

Tiempo Máximo de Exposición Permitido para Piel y Ojos
(Longitud de Onda de 200 nm a 315 nm)

Tiempo de Exposición		Densidad de potencia (μW/cm^2)
8	Horas	0,1
4	Horas	0,2
2	Horas	0,4
1	Hora	0,8
30	Minutos	1,7
15	Minutos	3,3
10	Minutos	5,0
5	Minutos	10
1	Minuto	50
30	Segundos	100
10	Segundos	300
1	Segundo	3.000
0,5	Segundo	6.000
0,1	Segundo	30.000

7.4. ULTRAVIOLETA DE ORIGEN SOLAR

Artículo 109 a.- Se consideran expuestos a radiación UV aquellos trabajadores que ejecutan labores sometidos a radiación solar directa en días comprendidos entre el 1° de septiembre y el 31 de marzo, entre las 10.00 y las 17.00 horas, y aquellos que desempeñan funciones habituales bajo radiación UV solar directa con un índice UV igual o superior a 6, en cualquier época del año.

El índice UV proyectado máximo diario debe ser corregido según las variables latitud, nubosidad, altitud y elementos reflectantes o absorbentes, según información proporcionada por la Dirección Metereológica de Chile.

Artículo 109 b.- Los empleadores de trabajadores expuestos deben realizar la gestión del riesgo de radiación UV adoptando medidas de control adecuadas.

Deberán tomar, a lo menos, las siguientes medidas:

a) Informar a los trabajadores sobre los riesgos específicos de exposición laboral a radiación UV de origen solar y sus medidas de control en los siguientes términos: "La exposición excesiva y/o acumulada de radiación ultravioleta de fuentes naturales o artificiales produce efectos dañinos a corto y largo plazo, principalmente en ojos y piel que van desde quemaduras solares, queratitis actínica y alteraciones de la respuesta inmune hasta fotoenvejecimiento, tumores malignos de piel y cataratas a nivel ocular."

b) Publicar diariamente en un lugar visible el índice UV estimado señalado por la Dirección Meteorologica de Chile y las medidas de control que se deben aplicar, incluidos los elementos de protección personal.

c) Identificar los trabajadores expuestos; detectar los puestos de trabajo e individuos que requieran medidas de protección adicionales y verificar la efectividad de las medidas implementadas a su respecto.

d) Las medidas específicas de control a implementar, según exposición, son las siguientes, las que deberán emplearse siguiendo las indicaciones señaladas en la Guía Técnica de Radiación UV de Origen Solar dictada por el Ministerio de Salud mediante decreto emitido bajo la fórmula "Por Orden del Presidente de la República":

* Ingeniería: realizar un adecuado sombraje de los lugares de trabajo para disminuir la exposición directa a la radiación UV tales como techar, arborizar, mallas oscuras y de trama tupida, parabrisas adecuados;

* Administrativas: si la labor lo permite, calendarizar faenas, horarios de colación entre 13:00 y las 15:00hrs en lugares con sombraje adecuado, rotación de puestos de trabajo con la disminución de tiempo de exposición;

* Elementos de protección personal, según el grado de exposición, tales como gorros, lentes, factor de protección solar;

e) Mantener un programa de instrucción teórico práctico para los trabajadores, de duración mínima de una hora cronológica semestral, sobre el riesgo y consecuencias para la salud por la exposición a radiación UV solar y medidas preventivas a considerar, entre otros. Este programa debe constar por escrito.

Artículo 109 c.- Los establecimientos asistenciales públicos y privados, deberán notificar a la Autoridad Sanitaria Regional los datos sobre los casos de eritema y de quemaduras solares obtenidos a causa o con ocasión del trabajo, que detecten los médicos que en ellos se desempeñan, los cuales deben clasificarse como "Quemadura Solar" y detallar el porcentaje de superficie corporal quemada (SCQ). La entrega de esta información será de responsabilidad del director de dichos centros asistenciales y se efectuará por la persona a quien éste haya designado para ello, la que servirá de vínculo oficial de comunicación sobre la materia con la mencionada autoridad sanitaria.

Dichos datos, deben ser enviados a la Autoridad Sanitaria Regional competente el último día hábil del mes de abril de cada año, por medios electrónicos, en el formato que establezca el Ministerio de Salud. Ella debe contener:

– N° Casos (eventos)
– Días perdidos
– Diagnóstico de Alta
– Actividad Económica
– Región del país

8. DE LAS RADIACIONES IONIZANTES

Artículo 110.- Los límites de dosis individual para las personas ocupacionalmente expuestas a radiaciones ionizantes son aquellos que determina el Reglamento de Protección Radiológica de Instalaciones Radioactivas o el que lo reemplace en el futuro.

9. DE LOS FACTORES DE RIESGO DE LESIÓN MUSCULOESQUELÉTICA DE EXTREMIDADES SUPERIORES

Artículo 110 a.- Para efectos de los factores de riesgo de lesión musculoesquelética de extremidades superiores, las siguientes expresiones tendrán el significado que se indica:

a) Extremidades Superiores: Segmento corporal que comprende las estructuras anatómicas de hombro, brazo, antebrazo, codo, muñeca y mano.

b) Factores biomecánicos: Factores de las ciencias de la mecánica que influyen y ayudan a estudiar y entender el funcionamiento del sistema musculoesquelético entre los cuales se encuentran la fuerza, postura y repetitividad.

c) Trastornos musculoesqueléticos de las extremidades superiores: Alteraciones de las unidades músculo-tendinosas, de los nervios periféricos o del sistema vascular.

d) Ciclos de trabajo: Tiempo que comprende todas las acciones técnicas realizadas en un período de tiempo que caracteriza la tarea como cíclica. Es posible determinar claramente el comienzo y el reinicio del ciclo con las mismas acciones técnicas.

e) Tarea: Conjunto de acciones técnicas utilizadas para cumplir un objetivo dentro del proceso productivo o la obtención de un producto determinado dentro del mismo.

f) Fuerza: Esfuerzo físico realizado por el trabajador y observado por el evaluador según metodología propuesta en la Guía Técnica del Ministerio de Salud.

Artículo 110 a.1.- El empleador deberá evaluar los factores de riesgo asociados a trastornos musculoesqueléticos de las extremidades superiores presentes en las tareas de los puestos de trabajo de su empresa, lo que llevará a cabo conforme a las indicaciones establecidas en la Norma Técnica que dictará al efecto el Ministerio de Salud mediante decreto emitido bajo la fórmula "Por orden del Presidente de la República".

Los factores de riesgo a evaluar son:

– Repetitividad de las acciones técnicas involucradas en la tarea realizada en el puesto de trabajo.

– Fuerza ejercida por el trabajador durante la ejecución de las acciones técnicas necesarias para el cumplimiento de la tarea.

– Posturas forzadas adoptadas por el trabajador durante la ejecución de las acciones técnicas necesarias para el cumplimiento de la tarea.

La presencia de estos factores de riesgo deberá ser evaluada mediante observación directa de la actividad realizada por el trabajador la que deberá contrastarse con las condiciones establecidas a continuación.

Verificada alguna de las condiciones señaladas, deberá evaluarse para asignarle el nivel de riesgo correspondiente a la actividad, de acuerdo con lo establecido en la Norma Técnica referida.

Artículo 110 a.2.- Corresponde al empleador eliminar o mitigar los riesgos detectados, para lo cual aplicará un programa de control, el que elaborará utilizando para ello la metodología señalada en la Norma Técnica referida.

Artículo 110 a.3.- El empleador deberá informar a sus trabajadores sobre los factores a los que están expuestos, las medidas preventivas y los métodos correctos de trabajo pertinentes a la actividad que desarrollan. Esta información deberá realizarse a las personas involucradas, cada vez que se asigne a un trabajador a un puesto de trabajo que implique dichos riesgos y cada vez que se modifiquen los procesos productivos o los lugares de trabajo.

La información a los trabajadores deberá constar por escrito y contemplar los contenidos mínimos establecidos en la referida Norma Técnica del Ministerio de Salud, dejando constancia de su realización.

10. DE LA HIPOBARIA INTERMITENTE CRÓNICA POR GRAN ALTITUD

Artículo 110 b.- Las disposiciones de este punto 10 regulan el trabajo a gran altitud, en que los trabajadores son expuestos a hipobaria intermitente crónica y no se aplican al trabajo en extrema altitud. Sólo podrán efectuarse trabajos sobre los 5.500 metros sobre el nivel del mar, en adelante msnm, previa evaluación y autorización expresa y fundada de la Autoridad Sanitaria, otorgada en conformidad con la Guía Técnica sobre Exposición Ocupacional a Hipobaria Intermitente Crónica por Gran Altitud, aprobada mediante decreto del Ministerio de Salud, emitido bajo la fórmula "Por orden del Presidente de la República".

Artículo 110 b.1.- Para los efectos de hipobaria intermitente crónica por gran altitud, las siguientes expresiones tendrán el significado que se indica:

Aclimatación en altitud: procesos fisiológicos que se inician cuando una persona se expone a una disminución de la presión atmosférica, cuya principal acción es la disminución de la disponibilidad de oxígeno inspirado, lo que puede durar semanas o meses, ellos tienen la finalidad de mitigar el efecto de la caída del aporte del oxígeno a nivel celular y mejorar la capacidad del organismo a tolerar la gran altitud, y comprenden:

* Acomodación, como la primera fase de respuesta del organismo en forma inmediata frente a la hipoxia, que podrá ser leve o marcada dependiendo del grado y causa de la hipoxia. Los mecanismos son: la hiperventilación y un aumento de la frecuencia cardíaca.

* Aclimatación adquirida, la que ocurre en personas que habitan a baja altitud y trabajan sobre los 3.000 metros sobre el nivel del mar y pasan semanas o meses en la altura. Es la forma más común de aclimatación.

* Aclimatación natural o adaptación, es la alcanzada por personas que nacen y/o se desarrollan en la infancia y adolescencia en altitud, como resultado de una exposición prolongada, permitiéndole la sobrevida y la mantención de la actividad fisiológica en el medio en que habita.

Altitud: altura geográfica expresada en metros sobre el nivel del mar (msnm); distinguiéndose:

• Gran altitud: Altura geográfica igual o superior a los 3.000 msnm e inferior a 5.500 msnm, en donde la mayoría de los individuos tiene cambios fisiológicos, anatómicos y bioquímicos reversibles; y

• Extrema altitud: Altura geográfica igual o superior a 5.500 msnm, en donde el ser humano no es capaz de aclimatarse, pero puede permanecer períodos cortos de tiempo con riesgo elevado para su salud.

Exposición a hipobaria intermitente crónica: Exposición discontinua de los trabajadores a gran altitud por motivos laborales por más de 6 meses, con una permanencia mínima del 30% de ese tiempo en sistemas de turnos rotativos en gran altitud y descanso a baja altitud.

Hipobaria: Disminución de la presión barométrica con respecto al nivel del mar.

Artículo 110 b.2.- Las empresas o faenas que tengan trabajadores expuestos a hipobaria intermitente crónica por gran altitud, deberán realizar prevención del riesgo, adoptando las siguientes medidas:

a) Informar a los trabajadores sobre los riesgos específicos de exposición laboral a altitud e hipobaria y sus medidas de control en los siguientes términos: "La exposición a hipobaria intermitente crónica por gran altitud puede producir algún tipo de enfermedades reversibles a corto y/o a largo plazo, principalmente neurológicas y cardiopulmonares que van desde el mal agudo de montaña en sus diferentes variedades, policitemia, hipertensión pulmonar y/o trastornos del sueño —el que se podría agravar en sujetos con apnea obstructiva del sueño previa—, entre otras patologías".

b) Incorporar este riesgo en su sistema de gestión de seguridad y salud en el trabajo.

c) Contar con un programa preventivo de trabajadores expuestos ocupacionalmente a hipobaria intermitente crónica, por escrito, actualizado en forma anual, elaborado en conformidad con lo establecido en la Guía Técnica señalada en esta normativa.

d) Impartir anualmente a los trabajadores instrucción teórico-práctica sobre el riesgo y consecuencias para la salud de la exposición ocupacional a hipobaria intermitente crónica por gran altitud y las medidas preventivas a considerar, el cual tendrá una duración mínima de 3 horas cronológicas y será impartido por un profesional de la salud, con título otorgado por una entidad de educación superior reconocida por el Estado, con un mínimo de 8 semestres de estudio y formación en los temas a tratar. Este programa deberá constar por escrito.

Artículo 110 b.3.- La aptitud de los trabajadores para laborar en forma intermitente a gran altitud, antes de su ingreso, se determinará mediante exámenes, encuestas de salud, evaluaciones y contraindicaciones, efectuadas en conformidad con lo señalado en la Guía Técnica referida en este reglamento. Dichos procedimientos serán de cargo de la empresa contratante.

Artículo 110 b.4.- Para la prevención, vigilancia y diagnóstico precoz de los efectos en la salud provocados por la exposición a hipobaria intermitente crónica, los trabajadores expuestos deberán ser incorporados al Programa de Vigilancia Ocupacional, realizándose las evaluaciones de salud ocupacional de vigilancia periódica y de preegreso, según lo indicado en la Guía Técnica sobre la materia.

Estas evaluaciones de salud deben ser realizadas por los respectivos organismos administradores del seguro de la ley N° 16.744 y de su cargo, con la finalidad de determinar si el estado de salud del trabajador le permite trabajar bajo estas condiciones.

Adicionalmente a lo anterior, los trabajadores que se desempeñen en gran altitud deben realizarse anualmente el chequeo preventivo de salud común y el seguimiento de sus patologías crónicas, de conformidad con su sistema previsional de salud, y presentarlos al momento de efectuarse el examen de salud ocupacional, debiendo mantener el trabajador en su poder los resultados de dichos exámenes.

El médico examinador del programa de vigilancia extenderá un certificado de aptitud o no aptitud del trabajador, considerando el resultado de la evaluación ocupacional y del examen de medicina preventiva.

Aquellos trabajadores considerados no aptos, deberán ser reubicados en otra tarea que no entrañe riesgo para su salud.

Dichas evaluaciones de salud deben ser realizadas por médicos que posean capacitación en salud ocupacional y medicina de montaña.

Artículo 110 b.5.- Los trabajadores que no cumplan con la definición de expuestos del presente reglamento, pero que realizan labores a más de 3.000 msnm, en forma esporádica o puntual, deben realizarse una evaluación de salud anual, la que se efectuará en conformidad con lo señalado en la Guía Técnica referida en los artículos anteriores. Estas evaluaciones anuales serán de cargo del empleador.

Artículo 110 b.6.- Todos los campamentos que estén ubicados a más de 3.000 msnm deberán disponer de medidas para la mitigación de la hipobaria, de oxigenación, humidificación, o las disponibles por los avances científicos y tecnológicos, que simulen las condiciones ambientales bajo los 3.000 msnm, las que deberán ser aplicadas a todos los trabajadores que presenten alguna alteración fisiológica aguda o crónica. La administración de oxígeno para un trabajador deberá ser aplicada por personal de salud, de acuerdo al procedimiento establecido en la Guía Técnica señalada en esta normativa.

Artículo 110 b.7.- Toda faena o lugar de trabajo situado a más de 3.000 msnm que emplee más de 50 trabajadores en total, cualquiera sea su empleador o calidad de contratación, debe contar con un policlínico con disponibilidad de atención diurna y nocturna, dotado del personal de salud, según resulte de la aplicación de las siguientes tablas:

Trabajadores		Altitud		Lejanía Centro Asistencial		Acceso	
Número	Puntaje	(msnm)	Puntaje	Horas	Puntaje	Dificultad	Puntaje
50-99	1	3.000-3.499	0,5	<1hr	0,5	Fácil	0,5
100-499	1,5	3.500-3.999	1	1-1,5hrs	1	Intermedio	1,5
500-999	2	4.000-4.499	4	1,5 - 2 hrs	2	Difícil	3
1.000-1.499	3	4.500-4.999	4,5	≥2 hrs	3		
1.500-1.999	5	5.000-5.500	5				
≥2.000	7						

Puntaje Total	Personal de Salud		
	Paramédico/a	Enfermero/a	Médico/a
2,5 - 5,5	1	-	-
6 - 7,5	2	-	-
8 - 10	3	1	
≥10,5	4	1	1

El número y calidad profesional del personal del policlínico debe reajustarse cada vez que exista una modificación de más de un 10% de alguna de las variables de la tabla tenidas en consideración para la fijación del mismo.

Los paramédicos del policlínico deberán poseer conocimientos de salud ocupacional, medicina de montaña y emergencias médicas.

Las enfermeras/os deberán tener formación en salud ocupacional y urgencia médica, además de conocimientos en medicina de montaña.

Los médicos deben poseer capacitación en salud ocupacional y medicina de urgencia y conocimientos de medicina de montaña.

La capacitación específica indicada para el personal de enfermería y paramédico puede ser impartida por el médico.

Adicionalmente, aquellos lugares de trabajo que se encuentren a más de cincuenta kilómetros de un hospital o policlínico y tengan un puntaje total igual o mayor de 8, de acuerdo con la tabla de este artículo, deben tener acceso al uso de, a lo menos, una ambulancia básica M1 disponible las 24 horas del día, todos los días en que se desarrollen labores o haya personas en el lugar.

Artículo 110 b.8.- Los policlínicos en los lugares de trabajo en altitud deben poseer la correspondiente autorización sanitaria otorgada por la Secretaría Regional Ministerial de Salud correspondiente al lugar en que se encuentra ubicado y contar con los siguientes elementos, diseñados de acuerdo con la Guía Técnica referida anteriormente:

• Un protocolo de procedimientos de policlínico que se refiera a la vigilancia y monitorización y seguimiento de la aclimatación a la gran altitud de los trabajadores; seguimiento y compensación de patologías crónicas; evaluación inicial al llegar a la faena o lugar de trabajo por primera vez y luego de 6 meses sin haber subido a gran altitud, y seguimiento a las 24 y 48 horas posteriores a la llegada y reevaluación anual.

• Arsenal terapéutico.

Artículo 110 b.9.- Los lugares de trabajo o faenas deben contar con una brigada de emergencia, cuyo número será determinado por la Administración de acuerdo con la extensión de las faenas y el número de trabajadores, a la cual le corresponderá actuar sólo en caso de emergencia para atender al accidentado hasta que obtenga atención profesional. Sus integrantes deben recibir instrucción en forma anual, de dos horas cronológicas de duración, en las siguientes materias:

• Atención de accidentados, primeros auxilios, manejos básicos de politraumatizados y extricación.

• Precauciones estándares en la atención de salud, como protección de patógenos en la sangre.

• Conceptos básicos de alteraciones fisiológicas y patologías producidas y relacionadas a la altura.

• Conceptos básicos de espacio confinado, fugas químicas, incendio y derrames.

Estos trabajadores/as deberán actuar sólo en caso de emergencia para atender al accidentado hasta que éste reciba atención profesional.

Artículo 110 b.10.- Los administradores del seguro de la ley N° 16.744 deberán notificar a la Autoridad Sanitaria Regional y al Departamento de Salud Ocupacional de la División de Políticas Públicas Saludables y Promoción del Ministerio de Salud, sobre los casos de enfermedad y accidentes relacionados al trabajo en gran altitud.

La información recogida debe ser enviada el último día hábil del mes de abril de cada año, por medios electrónicos o manuales, en el formato que establezca el Ministerio de Salud. Dicha información debe contener:

– Accidentes del trabajo leves, medianos, graves y fatales detallando:

• Sexo

• Edad

• Tipo y agente accidente

• Hora

• Día de la semana (N° de día del turno)

• Esquema de turno

• Parte del cuerpo afectada

• Región del país y
• Actividad económica.
– Enfermedades profesionales detallando:
• Diagnósticos
• Agentes
• Edad
• Sexo
• Región del país y
• Actividad económica

TÍTULO V
DE LOS LÍMITES DE TOLERANCIA BIOLÓGICA

Artículo 111.- Cuando una sustancia del artículo 66 registre un indicador biológico, deberá considerarse, además de los indicadores ambientales, la valoración biológica de exposición interna para evaluar la exposición real al riesgo.

Artículo 112.- Para los efectos del presente título los términos siguientes tienen el significado que se expresa:

a. Valoración biológica de exposición interna: colecta sistemática de muestras biológicas humanas con el propósito de determinar concentración de contaminantes o sus metabolitos.

b. Indicador Biológico: Término genérico que identifica al agente y/o sus metabolitos, o los efectos provocados por los agentes en e organismo.

c. Límite de Tolerancia Biológica: cantidad máxima permisible en el trabajador de un compuesto químico o de sus metabolitos, así como la desviación máxima permisible de la norma de un parámetro biológico inducido por estas substancias en los seres humanos.

Artículo 113.- Los límites de tolerancia biológica son los que se indican en el siguiente listado:

Agente Químico	Indicador Biológico	Muestra	Límite de tolerancia Biológica	Momento de Muestreo
Acetona	Acetona	Orina	30 mg/100 ml	Fin de turno. Fin de semana laboral.
Arsénico	Arsénico Inorgánico (As-I) y sus Metabolitos (DMA+MMA)	Orina	50 µg/g creat.	Al finalizar el tercer día de exposición o al finalizar la semana de trabajo.
Benceno	Ac. t,t-Mucónico	Orina	0,5 mg/g creat.	Fin de turno
Bromuro de Metilo (*)	Ión Sangre	Sangre	10 mg/l	Antes de aplicar y durante períodos de aplicaciones

Cadmio	Cadmio	Orina	10 µg/g creat.	No crítico.
Cianuro	Tiocianatos	Orina	6 µg/g creat. (no fumadores)	Fin de turno.
Ciclohexano	Ciclohexanol	Orina	3,2 mg/g creat.	Fin de turno. Fin de semana laboral.
Cromo	Cromo	Orina	30 µg/g creat.	Fin de turno. Fin de semana laboral.
Disúlfuro de Carbono	Ac. 2 Tiazolidin Carboxilico (TTCA)	Orina	5 mg/g creat.	No crítico.
Estireno	Ac. Mandélico Ac. Fenilglioxílico	Orina	800 mg/g creat. 240 mg/g creat.	Fin de turno. Fin de turno.
Etil benceno	Ac. Mandélico	Orina	1500 mg/g creat.	Fin de turno.
Fenol	Fenol	Orina	250 mg/g creat.	Fin de turno.
Hexano (n)	2,5 Hexanodiona	Orina	4 mg/g creat.	Fin de semana de trabajo.
Lindano	Lindano	Sangre	2 µg/100 ml	No crítico.
Manganeso	Manganeso	Orina	40 µg/l	No crítico.
Mercurio Inorgánico	Mercurio	Orina Sangre	50 µg/g creat. 2 µg/100 ml	No crítico. No crítico.
Mercurio Orgánico	Mercurio	Sangre	10 µg/100 ml	No crítico.
Metanol	Metanol	Orina	7 mg/g creat.	No crítico.
Metilclorofor mo	Ac. Tricloroacético	Orina	10 mg/l	Fin de turno. Fin de semana de trabajo.
Metiletilceto na	MEC	Orina	2,6 mg/g creat.	Fin de turno. Fin de semana laboral.
Metilisobutil cetona	MIBC	Orina	0,5 mg/g creat.	Fin de turno. Fin de semana laboral.

Metil-n-butilcetona	2,5 Hexanodiona	Orina	4 mg/g creat.	Fin de turno. Fin de semana laboral.
Monóxido de Carbono	Carboxihemoglobina	Sangre	Hasta 3,5% (no fumador)	Fin de turno.
Pentaclorofenol (PCF)	PCF libre plasma PCF total	Sangre Orina	5 mg/l 2 mg/g creat.	Fin de turno. Fin de semana laboral.

Agente Químico	Indicador Biológico	Muestra	Límite de tolerancia Biológica	Momento de Muestreo
Pesticidas Organofosforados y Carbamatos	Actividad de Acetilcolinesterasa	Sangre	Disminución a un 70% o menos de la actividad registrada antes de la aplicación	Antes del periodo de aplicación y durante dicho periodo.
	Actividad de Acetilcolinesterasa Eritrocitaria	Sangre	Reducción de la actividad al 70% del valor basal individual	Antes del periodo de aplicación y durante dicho periodo.
Plomo	Plomo	Sangre	40 μg/100 ml	No crítico.
Selenio	Selenio	Orina	100 μg/g creat.	No crítico.
Tetracloroetileno	Ac. Tricloroacético (TCA)	Orina	7 mg/l	Fin de turno. Fin de semana de trabajo.
Tolueno	Tolueno	Sangre	0,05 mg/l	Antes de finalizar el último turno de la semana laboral.
	Tolueno	Orina	30 ug./l	Al finalizar la jornada de trabajo.
Tricloroetileno	Ac. Tricloroacético Ac. Tricloroacético más Tricloroetanol	Orina Orina	100 mg/l 320 mg/g creat. (o) 300 mg/l	Fin de turno. Fin de semana de trabajo. Fin de turno. Fin de semana de trabajo.
Xileno	Ac. Metilhipúrico	Orina	1500 mg/g creat.	Fin de semana laboral.

*Previo a la toma de muestra debe hacerse una encuesta sobre ingesta del trabajador de alimentos o fármacos que puedan incidir en el resultado de la misma.

Artículo 114.- Las concentraciones de los agentes químicos y sus metabolitos serán determinados en muestras biológicas: sangre y orina, en la oportunidad y expresadas de acuerdo a las unidades indicadas en el artículo 113.

Artículo 115.- En caso que la valoración biológica demuestre que han sido sobrepasados los límites de tolerancia biológica indicados en el artículo 113, el empleador deberá iniciar de inmediato las acciones necesarias que eviten el daño a la salud del trabajador derivados de las condiciones laborales.

Artículo 116.- En caso que uno o más trabajadores presenten indicadores biológicos alterados de aquellos agentes que están prohibidos de ser usados en los lugares de trabajo, la autoridad sanitaria obligará de inmediato al empleador a tomar las medidas necesarias para evitar el daño a la salud del trabajador, sin perjuicio de las sanciones que correspondan por infracción al artículo 65 del presente reglamento.

TÍTULO VI
DEL LABORATORIO NACIONAL DE REFERENCIA

Artículo 117.- El Instituto de Salud Pública de Chile tendrá el carácter de laboratorio nacional y de referencia en las materias a que se refiere los Títulos IV y V de este reglamento. Le corresponderá asimismo fijar los métodos de análisis, procedimientos de muestreo y técnicas de medición que deberán emplearse en esas materias.

TÍTULO VII
NORMAS ESPECIALES PARA ACTIVIDADES PRIMARIAS AGRÍCOLAS, PECUARIAS Y FORESTALES A CAMPO ABIERTO

Artículo 118.- Las actividades primarias agrícolas, pecuarias y forestales, que se ejecuten a campo abierto, se regirán por las disposiciones del presente título en las materias reguladas por éste, las que primarán sobre las normas que para esas mismas materias contiene el presente reglamento.

Artículo 119.- Para efectos del presente reglamento se entenderá por:

a) Actividades Primarias: las que se realizan en el NOTA predio para la obtención de los productos provenientes de éste, con exclusión de los procesos destinados a agregar valor a productos no originarios del predio o que pertenezcan a terceros.

b) Faenas a campo abierto: Aquellas que se realizan al aire libre, bajo cubierta simple en invernaderos o en establos.

c) Actividades Primarias Agrícolas: Aquellas que se comprenden desde la siembra o plantación hasta la cosecha y entrega de los productos a terceros, sin que medie transformación de los mismos, tales como, limpieza, enfriamiento, selección, fraccionamiento, embalaje, secado, descascarado, deshuesado, acopio, almacenamiento, pelado, picado, molido, triturado, estrujado, colado, salmuerado.

d) Actividades Primarias Pecuarias: Todas aquellas relacionadas con la crianza y producción de ganado, que comprenden la crianza, engorda, ordeña, esquila, acopio, enfriado, envasado, enfardado y demás similares que no produzcan la transformación de los productos. Se incluyen, además, los centros de acopio lechero que pertenezcan a pequeños productores agrícolas, definidos por el artículo 13 de la ley Nº 18.910.

e) Actividades Primarias Forestales: Aquellas referidas a la producción y cultivo de madera, que se realizan en viveros, campamentos, bancos y aserraderos móviles; en la preparación de suelos; la plantación, raleo, corta y extracción de madera en forma de troncos desbastados o madera escuadrada. Incluye el acarreo y transporte de la madera hasta los puntos de entrega a una empresa de transporte o industria.

1. De las Condiciones Generales

Artículo 120.- En las faenas a que se refiere este Título en que, por su naturaleza, los trabajadores deban pernoctar en campamentos, el empleador deberá proveerlos de dormitorios separados para hombres y mujeres que cumplan con los siguientes requisitos:

a) estar dotados de iluminación segura, sin llama abierta.

b) Tener pisos, paredes y techos con aislación suficiente y contar con una ventilación natural adecuada que permita mantener una temperatura interior entre 10°C y 30°C durante las horas de reposo de los trabajadores.

c) Tener una cama o camarote para cada trabajador, confeccionados de material resistente y dotados de colchón y almohada en buenas condiciones.

d) Disponer de la amplitud necesaria que evite el hacinamiento procurando, por cada trabajador, un volumen mínimo de 10 m³.

Los campamentos, respecto de los baños y de su emplazamiento, deberán cumplir con lo dispuesto en los incisos cuarto y quinto del artículo 9 del presente reglamento.

Será responsabilidad del empleador adoptar las medidas necesarias para que los dormitorios se mantengan limpios.

Artículo 121.- En las faenas a campo abierto, el empleador deberá proveer a los trabajadores de Nº 1 F) equipamiento de uso personal necesarios para protegerlos de las inclemencias del tiempo.

Artículo 122.- En los lugares de trabajo, y de acuerdo con la naturaleza del lugar y de la faena, en los baños, cocinas, comedores y en los dormitorios a que se refiere el artículo 120, deberán adoptarse medidas efectivas que tiendan a evitar la entrada, o a eliminar, la presencia de insectos, roedores y otras plagas de interés sanitario.

2. De la Provisión de Agua Potable

Artículo 123.- En las faenas que se realicen a más metros de las fuentes de agua potable autorizadas deberá proveerse un volumen mínimo de 10 litros por jornada y por trabajador de agua fresca para la bebida, sea que ésta provenga de una red permanente de agua potable, de pozo, noria o vertientes autorizadas. Los recipientes en que se mantenga esta agua deberán ser mantenidos en condiciones higiénicas adecuadas, de acuerdo a lo dispuesto en el inciso tercero del artículo 15, y sobre alguna estructura que evite su contacto directo con el suelo. El agua deberá ser extraída de ellos solamente mediante llaves.

En los casos de los trabajadores que durante el desarrollo de sus labores se desplacen por el lugar, sin mantenerse en un lugar fijo, podrá proveérselos con un recipiente portátil para mantener agua para la bebida.

Artículo 124.- En los casos de campamentos, a que se refiere el artículo 120, deberá proveerse a cada Nº 1 F) trabajador por jornada con, a lo menos, veinte litros de agua para el lavado e higiene personal, sin perjuicio del agua para la bebida.

3. De los Servicios Higiénicos

Artículo 125.- En las faenas a que se refiere este título, en que no sea posible cumplir con lo dispuesto en el inciso primero del artículo 21, el empleador deberá proveer de letrinas o baños químicos independientes y separados para hombres y mujeres. Su número se ajustará a lo dispuesto en el artículo 24.

Será responsabilidad del empleador habilitarlos y transportarlos y mantenerlos en buen estado de funcionamiento y limpieza e higiene de sus artefactos.

Artículo 126.- Las letrinas o baños químicos deberán estar instalados en sitios de fácil acceso para los trabajadores, a una distancia que no exceda de 125 metros de los lugares de mayor concentración de ellos dentro del predio. Se entenderá por lugares de mayor concentración: los cuarteles, potreros, invernaderos, cortes o paños, acequiamientos, las faenas forestales y otros. Los trabajadores cuyos puestos de trabajo se encuentren fuera de los lugares señalados, y no se desplacen permanentemente, deberán poder disponer de un baño ubicado a no más de 250 metros de distancia de donde se encuentren.

La autoridad sanitaria podrá autorizar una distancia superior a la indicada en casos excepcionales, tales como explotaciones ganaderas extensivas, actividades forestales u otras derivadas de las condiciones del terreno o cuando por la naturaleza de la faena el trabajador deba desplazarse permanentemente en la ejecución de su trabajo, entre otras.

Artículo 127.- Cuando la naturaleza del trabajo implique contacto con sustancias tóxicas, deberá disponerse de duchas con agua fría y caliente para los trabajadores que operen con ellas. Si se emplea un calentador de agua a gas para las duchas, éste deberá estar siempre provisto de la chimenea de descarga de los gases de combustión al exterior y será instalado fuera del recinto de los servicios higiénicos en un lugar adecuadamente ventilado.

4. De los Comedores

Artículo 128.- En las actividades a que se refiere este Título, y cuando los trabajadores se vean precisados a comer en el lugar de trabajo, deberá disponerse de, a lo menos, un recinto habilitado de manera provisoria y con materiales ligeros, debidamente delimitado, que proteja al trabajador de condiciones climáticas adversas y suficientemente alejado de los lugares en que hubiere sustancias tóxicas o peligrosas, de modo de evitar la contaminación.

Este deberá estar dotado de mesas o tableros adecuadamente cubiertos y sillas o bancas y agua limpia para el aseo de sus manos y cara antes del consumo, sin perjuicio de lo establecido en el artículo 29. Contará, además, con un sistema natural o mediante frío para conservar los alimentos que lleven los trabajadores.

En ningún caso el trabajador deberá consumir sus alimentos al mismo tiempo que ejecuta labores propias del trabajo.

5. De las Sustancias Peligrosas y Plaguicidas

Artículo 129.- En aquellas zonas de trabajo, abiertas o cerradas, donde se apliquen pesticidas o cualquier producto tóxico capaz de causar daño a la salud humana, se prohíbe la presencia de personas sin protección personal adecuada tanto durante el período de aplicación como en el tiempo que sigue a éste hasta que se haya cumplido el plazo de seguridad señalado en la etiqueta del envase del producto aplicado y, a falta de ello, del plazo fijado por la autoridad sanitaria de acuerdo con criterios técnicos y recomendaciones internacionales.

Artículo 130.- En los lugares de trabajo donde se fumigue con bromuro de metilo, anhídrido sulfuroso o fosfina, la empresa deberá informar al Servicio de Salud competente, previo al inicio de la actividad en cada temporada, para la verificación por éste de las condiciones de higiene y seguridad en que se hace.

Para el empleo de plaguicidas serán aplicables los artículos 34 y siguientes del decreto ley Nº 3.557 de 1981.

TÍTULO VIII
DE LA FISCALIZACIÓN Y SANCIONES

Artículo 131.- Las infracciones a las disposiciones del presente reglamento serán sancionadas por los Servicios de Salud en cuyo territorio jurisdiccional se hayan cometido, previa instrucción del respectivo sumario, en conformidad con lo establecido en el Libro Décimo del Código Sanitario.

TÍTULO FINAL

Artículo 132.- El presente reglamento entrará en vigencia 365 días después de su publicación en el Diario Oficial, fecha en la que quedará derogado el decreto supremo N°745 de 1992, del Ministerio de Salud y sus modificaciones, así como cualquier otra norma, resolución o disposición que fuere contraria o incompatible con las contenidas en este decreto supremo.

Artículos Transitorios

Artículo 1º.- La exigencia de 150 cm. de espacio entre máquinas por donde circulen personas, a que se refiere el artículo 8º de este reglamento, no se aplicará a los lugares de trabajo que se encuentren funcionando a la fecha de publicación del decreto que aprueba esta modificación, sino que será exigible a aquellos que se inicien a partir de esa fecha.

Anótese, tómese razón y publíquese.- EDUARDO FREI RUIZ-TAGLE, Presidente de la República.- Alex Figueroa Muñoz, Ministro de Salud.

Lo que transcribo a Ud. para su conocimiento.- Saluda a Ud., Ernesto Behnke Gutiérrez, Subsecretario de Salud.

DECRETO Nº 825
APRUEBA REGLAMENTO DE CONTROL DE PRODUCTOS Y ELEMENTOS DE USO MÉDICO

Núm. 825.- Santiago, 30 de noviembre de 1998.- Visto: lo dispuesto en el artículo 101 del Código Sanitario, aprobado por decreto con fuerza de ley Nº 725, de 1967, del Ministerio de Salud y en los artículos 4º, 6º, 16, 17, 35 y 357 letra b) del decreto ley Nº 2.763, de 1979.

Considerando:

– Que es función del Estado, a través del Ministerio de Salud y sus organismos dependientes velar por la salud de la población y cuidar su acceso a las acciones de salud que sean necesarias y adecuadas para el fomento, protección y recuperación de ésta y la rehabilitación de las enfermedades, y

– La necesidad de regular el uso y comercialización en el país de los instrumentos, aparatos, dispositivos y demás elementos y productos que se emplean en el diagnóstico, prevención y tratamiento de enfermedades, de modo de resguardar la salud de los usuarios de los mismos, y

Teniendo presente, las facultades que me confiere el artículo 32 Nº 8 de la Constitución Política de la República,

Decreto:

Apruébase el siguiente Reglamento de Control de Productos y Elementos de Uso Médico:

TÍTULO I
DISPOSICIONES GENERALES

Artículo 1.- Los instrumentos, aparatos, dispositivos y otros artículos o elementos destinados al diagnóstico, prevención y tratamiento de enfermedades de seres humanos o al reemplazo o modificación de sus anatomías y que no corresponden a los productos farmacéuticos, alimentos de uso médico y preparados cosméticos a que se refieren los artículos 97, 98 y 99 del Código Sanitario, sólo podrán ser fabricados, importados, comercializados o distribuidos en el país si poseen la certificación respectiva por cumplir con las normas y exigencias de calidad que les sean aplicables según su naturaleza, de acuerdo con el artículo 101 de ese Código y el presente reglamento.

Artículo 2.- Para los efectos de este reglamento y su normativa complementaria, los siguientes términos tendrán el significado que se indica:

1. Dispositivos médicos o artículos de uso médico: Cualquier instrumento, aparato, aplicación, material o artículo, incluyendo software, usados solos o en combinación y definidos por el fabricante para ser usados directamente en seres humanos, siempre que su acción principal prevista en el cuerpo humano no se alcance por medios farmacológicos, inmunológicos o metabólicos, aunque puedan concurrir tales medios a su función; con el propósito de diagnóstico, prevención, seguimiento, tratamiento o alivio de una enfermedad, daño o discapacidad; de investigación o de reemplazo o modificación de la anatomía o de un proceso fisiológico, o de regulación de la concepción.

2. Dispositivos médicos in vitro: Cualquier artículo de uso médico que consista en un reactivo, producto reactivo, calibrador, material de control, equipo, instrumento, aparato, equipamiento o sistema, utilizado solo o en combinación con otros, destinado por el fabricante a

ser utilizado in vitro para el estudio de muestras procedentes del cuerpo humano, incluidas las de donaciones de sangre o de tejidos solo o principalmente con el fin de proporcionar información relativa a un estado fisiológico, estado de salud o enfermedad o anomalía congénita de ellas o para determinar la seguridad y compatibilidad con receptores potenciales.

3. Dispositivos médicos de uso pasajero: Destinados normalmente a utilizarse de forma continua durante menos de sesenta minutos.

4. Dispositivos médicos de uso de corto plazo: Destinados normalmente a utilizarse de forma continua durante un período de hasta treinta días.

5. Dispositivos médicos de uso prolongado: Destinados normalmente a utilizarse de forma continua durante un período de más de treinta días.

6. Dispositivos médicos invasivos: Dispositivo que penetra parcial o completamente en el interior del cuerpo por un orificio corporal o bien a través de la superficie corporal.

7. Dispositivos médicos invasivos de tipo quirúrgico: Dispositivo que penetra en el interior del cuerpo por medio de una intervención quirúrgica o en el contexto de una intervención quirúrgica.

8. Dispositivos médicos implantables: Cualquier dispositivo diseñado para ser implantado totalmente en el cuerpo humano o para sustituir una superficie epitelial o la superficie ocular mediante intervención quirúrgica y destinado a permanecer allí después de la intervención. Se considerará asimismo dispositivo implantable cualquier producto destinado a ser introducido parcialmente en el cuerpo humano mediante intervención quirúrgica y a permanecer allí después de dicha intervención durante un período de al menos treinta días.

9. Dispositivo médico quirúrgico reutilizable: Instrumento destinado a fines quirúrgicos para cortar, perforar, serrar, escarificar, raspar, pinzar, retraer, recortar u otros procedimientos similares, sin estar conectado a ningún dispositivo médico activo, y que puede volver a utilizarse una vez efectuados todos los procedimientos pertinentes.

10. Dispositivo médico activo: Cualquier dispositivo cuyo funcionamiento depende de energía eléctrica o de cualquier fuente de energía distinta a la generada directamente por el cuerpo humano o por la gravedad y que actúe mediante conversión de dicha energía. No se consideran dispositivos médicos activos los productos destinados a transmitir sin ninguna modificación significativa energía, sustancias u otros elementos de un dispositivo médico activo al paciente.

11. Dispositivo médico activo terapéutico: Cualquier dispositivo médico utilizado solo o en combinación con otros dispositivos médicos destinado a sostener, modificar, sustituir o restaurar funciones o estructuras biológicas en el contexto del tratamiento o alivio de una enfermedad, lesión o deficiencia.

12. Dispositivo médico activo para diagnóstico: Cualquier dispositivo médico activo utilizado solo o en combinación con otros dispositivos médicos destinado a proporcionar información para la detección, diagnóstico, control o tratamiento de estados fisiológicos, estados de salud, enfermedades o malformaciones congénitas.

13. Fabricante: Persona natural o jurídica responsable del diseño, fabricación, acondicionamiento y etiquetado de un dispositivo médico con vistas a la comercialización de éste en su propio nombre, sea que estas operaciones se efectúen por esa misma persona o por terceros por cuenta de aquélla.

14. Finalidad o uso previsto: La utilización a la que se destina el dispositivo médico según las indicaciones proporcionadas por el fabricante en el etiquetado, en las instrucciones de utilización y/o en el material publicitario.

15. Comercialización: Poner a disposición, a título oneroso o gratuito, con vistas a su distribución y/o utilización en el mercado, un dispositivo médico nuevo o totalmente renovado no destinado a investigaciones clínicas.

16. Puesta en servicio: La fase en que un dispositivo médico está listo para ser utilizado en el mercado por primera vez con arreglo a su finalidad prevista.

17. Aseguramiento de la calidad: Todas las actividades planificadas y sistemáticas implementadas dentro de un sistema de calidad y demostrado según se requiera, para entregar confianza adecuada que una entidad cumple con los requisitos para la calidad.

18. Lote: Conjunto de individuos de los que se debe extraer una muestra a inspeccionar para determinar su conformidad con los criterios de aceptación. Cada lote debe estar constituido, en lo posible, por individuos de un solo tipo, grado de calidad, clase, tamaño y composición, fabricados esencialmente bajo las mismas condiciones y en el mismo período de tiempo.

19. NCh-ISO 9001: Norma Chilena-International Organization for Standardization: "Sistemas de calidad.

– Modelo de aseguramiento de calidad en el diseño, desarrollo, producción, instalación y servicio".

20. NCh-ISO 9002: Norma Chilena-International Organization for Standardization: "Sistemas de calidad.

– Modelo de aseguramiento de calidad en la producción, instalación y servicio".

21. NCh-ISO 9003: Norma Chilena-International Organization for Standardization: "Sistemas de calidad.

– Modelo de aseguramiento de calidad en la inspección y ensayos finales".

22. GLP: Norma de los Estados Unidos de Norteamérica sobre buenas prácticas de Laboratorio.

23. GMP: Norma de los Estados Unidos de Norteamérica sobre buenas prácticas de fabricación.

24. INN 100-607: Documento del Instituto Nacional de Normalización que contiene los requisitos para la acreditación de organismos certificadores de productos.

25. INN R 401: Reglamento del Instituto Nacional de Normalización para la acreditación de organismos de certificación y laboratorios.

26. Instituto: El Instituto de Salud Pública de Chile.

27. Verificación de la Conformidad: Control de calidad que se le efectúa a un elemento regulado por este reglamento, destinado a establecer que cumple con los requisitos para su comercialización que le sean propios en conformidad con éste.

Artículo 3.- Las personas naturales o jurídicas que, a cualquier título, pretendan fabricar, importar, comercializar o distribuir los elementos indicados en el artículo 1°, deberán obtener previamente la respectiva certificación de la verificación de la conformidad en los servicios, instituciones, laboratorios o establecimientos que cuenten con una autorización sanitaria expresa para ello, otorgada por el Instituto de Salud Pública de Chile.

Artículo 4.- El Director del Instituto podrá autorizar la venta o uso provisional de dispositivos y elementos médicos regidos por este reglamento sin previa verificación de conformidad en situaciones de emergencia nacional o en que la población requiere del producto en forma urgente.

Artículo 5.- Asimismo, el Director del Instituto podrá autorizar la importación de dispositivos médicos destinados a su exposición en ferias comerciales, exhibiciones o demostraciones sin someterse a verificación de la conformidad, siempre que una señal visible en ellos indique claramente que dichos productos no pueden comercializarse o ponerse en servicio hasta que hayan cumplido con los requisitos pertinentes.

Artículo 6.- Las personas naturales o jurídicas cuyos instrumentos, aparatos, dispositivos, artículos o elementos sometidos a verificación de conformidad de calidad ante una entidad autorizada sean rechazados por ésta, podrán reclamar por escrito al Instituto en el plazo de quince días hábiles contados desde la comunicación de la no conformidad.

Artículo 7.- Recibido un reclamo, el Instituto lo pondrá en conocimiento de la entidad que objetó la conformidad del elemento, la que deberá informar sobre las razones de ello y remitirle todos los antecedentes que tenga en su poder, dentro del plazo de diez días hábiles contados desde la recepción de la comunicación, vencido el cual, aun sin el informe y antecedentes solicitados, el Instituto podrá resolver el reclamo.

TÍTULO II
DEL PROCEDIMIENTO DE AUTORIZACIÓN

Artículo 8.- Corresponderá al Instituto autorizar a los servicios, instituciones, laboratorios o establecimientos para que efectúen la verificación de la conformidad de los elementos de que trata este reglamento, como asimismo fiscalizar su funcionamiento y el cumplimiento de las normas aplicables a esas actividades.

Artículo 9.- Para la obtención de dicha autorización, el propietario o representante legal, en caso de personas jurídicas, deberá presentar al Instituto de Salud Pública una solicitud en triplicado proporcionando los siguientes datos:

a) nombre o razón social del servicio, institución, laboratorio o establecimiento; domicilio, Rol Único Tributario, teléfono o fax;

b) individualización del dueño o representante legal de la entidad;

c) individualización del director técnico;

d) indicación del o de los elementos cuya verificación de conformidad se propone llevar a cabo;

e) acreditar conformidad con las normas INN R 401, reglamento para organismos de certificación de productos y laboratorios de ensayos o INN 100-607, para organismos de certificación de productos, según corresponda, y

f) indicación del personal con que contará para llevar a cabo dicha verificación, con sus respectivas profesiones, oficios o actividades.

La solicitud deberá acompañarse de los antecedentes relacionados con la constitución de la institución y su especialización y experiencia en materias referentes al o los elementos cuya verificación de la conformidad se interesa en realizar y del comprobante de pago de los derechos arancelarios respectivos.

Artículo 10.- El Instituto verificará el cumplimiento de los requisitos reglamentarios mediante una visita programada, pudiendo requerir mayores antecedentes, luego de lo cual se emitirá la autorización en el plazo de treinta días hábiles desde que reciba la solicitud o los antecedentes adicionales requeridos.

Artículo 11: La autorización para realizar la verificación de la conformidad y la respectiva certificación de los dispositivos médicos se otorgará mediante resolución del Instituto, en que se identificará claramente la entidad a la que se otorga y los artículos o elementos que comprende, además de toda condición, modalidad o forma de ejercerla que se le imponga para ello.

El rechazo de la solicitud deberá efectuarse mediante resolución fundada.

Las resoluciones que concedan o rechacen la autorización se notificarán al dueño o representante legal de la entidad mediante correo certificado y se comunicarán a todos los Servicios de Salud del país.

Artículo 12.- Las solicitudes posteriores que presenten las entidades autorizadas para la verificación de la conformidad de otros elementos distintos no comprendidos en la autorización inicial, se tramitarán como solicitudes nuevas y deberán someterse a todo el procedimiento establecido en este reglamento.

Artículo 13.- La autorización otorgada por el Instituto tendrá una duración de tres años y se entenderá sucesiva y automáticamente renovada por iguales períodos, sin perjuicio de su cancelación de acuerdo con el Código Sanitario y el presente reglamento.

Artículo 14.- Las entidades cuyas solicitudes sean denegadas o no contestadas dentro del plazo de treinta días hábiles, contados desde que el solicitante haya completado los antecedentes adicionales, podrán reclamar por escrito al Ministerio de Salud dentro del término de quince días hábiles contados desde la recepción de la respectiva carta certificada o del vencimiento de dicho plazo.

El Ministerio solicitará al Instituto su informe y los antecedentes sobre la materia y se pronunciará sobre la reclamación mediante resolución fundada, que notificará a la entidad interesada y a dicho Instituto.

Artículo 15.- El Instituto formará y mantendrá un listado informativo actualizado de los servicios, instituciones, laboratorios y establecimientos autorizados para efectuar la verificación de la conformidad y otorgar los certificados correspondientes, con indicación de los elementos a que se refieren tales autorizaciones, el que tendrá un carácter público y podrá ser consultado por quien tenga interés en ello.

TÍTULO III
DE LAS CONDICIONES DE FUNCIONAMIENTO

Artículo 16.- Los servicios, instituciones, laboratorios y establecimientos autorizados para realizar las verificaciones de conformidad deberán contar con un director técnico, quien será responsable de las verificaciones de la conformidad que efectúen y de los certificados que emitan.

Artículo 17.- Corresponderá al Instituto fiscalizar y controlar las acciones de verificación de la conformidad que desarrollen las entidades autorizadas, las que estarán obligadas a proporcionar la información necesaria que éste les pida y otorgar todas las facilidades para ejecutar dichas fiscalizaciones.

Artículo 18.- Sin perjuicio de las facultades fiscalizadoras del Instituto, las relaciones y controversias entre las entidades autorizadas y sus clientes se regularán conforme a la legislación ordinaria.

Artículo 19.- La autorización concedida a un servicio, institución, laboratorio o establecimiento para la verificación de la conformidad y certificación de los elementos de que trata este reglamento, podrá cancelarse administrativamente por el Instituto a solicitud formulada por el dueño o representante legal del mismo.

TÍTULO IV
DE LA APLICACIÓN DE LA VERIFICACIÓN DE LA CONFORMIDAD

Artículo 20.- Para el efecto de la verificación de conformidad y certificación correspondiente, los dispositivos y artículos de uso médico regidos por este reglamento, se agrupan en las siguientes 4 clases, de acuerdo al nivel de riesgo asociado a su uso.

Clase I: incluye los dispositivos que presentan un grado muy bajo de riesgo.

Clase II: incluye los dispositivos que presentan un grado de riesgo moderado.

Clase III: incluye los dispositivos que presentan un elevado potencial de riesgo.

Clase IV: incluye los dispositivos considerados los más críticos en materia de riesgos.

Artículo 21.- Según su clase, los dispositivos médicos deberán cumplir los siguientes requisitos o controles regulatorios y acompañar la documentación que se indica, en su caso, para su verificación de conformidad:

a) Clase I:

1. Identificación del producto, del fabricante y del distribuidor, especificación de sus características incluyendo rotulado del envase, instructivo interno y lote con número y código, y descripción de su funcionamiento.

2. Declaración de materiales: lista de las partes y materias primas usadas en la fabricación, sus ensayos químicos y evaluación biológica, si corresponde.

3. Antecedentes de esterilización y almacenaje, si corresponde métodos de esterilización y controles respectivos; fecha de vencimiento y condiciones de almacenaje.

4. Antecedentes nacionales o extranjeros que avalen la calidad del producto y/o de su producción.

5. Evaluación del funcionamiento, si corresponde, según normas oficiales de la República de Chile y a falta de ellas por las que apruebe el Ministerio de Salud, a proposición del Instituto, sobre la base de normas de organismos internacionales o estatales extranjeros especializados.

6. Certificado para propósitos de exportación otorgado en el país de origen, autorizado por la autoridad estatal correspondiente y debidamente legalizado, en el caso dispositivos médicos que se importen a Chile.

b) Clase II:

1. Todas las de la clase I, y

2. Certificados de fabricación según sistema de calidad: modelo de aseguramiento de calidad en la producción, instalación y servicio, NCh-ISO- 9002 o GMP.

c) Clase III:

1. Todas las de la clase I.

2. Literatura científica que respalde al producto.

3. Estudios efectuados por el fabricante que demuestren la efectividad y seguridad del producto.

4. Certificado de fabricación según sistema de calidad: modelo de aseguramiento de la calidad en el diseño, desarrollo, producción, instalación y servicio, NCh-ISO 9001 o GMP.

d) Clase IV:

1. Todas las de la clase III.

2. Estudios realizados en grupos de pacientes representativos.

3. Estudio de todos los riesgos inherentes al uso del dispositivo.

4. Estudios biológicos realizados por el fabricante con relación al dispositivo.

Artículo 22.- Mediante decretos supremos fundados, dictados a través del Ministerio de Salud previo informe del Instituto, se hará efectiva progresivamente la aplicación de este reglamento a los distintos dispositivos y elementos médicos regulados por él, en los que deberá especificarse la clase a la que pertenecen y, por ende, los controles regulatorios y requisitos aplicables a su respectiva verificación de conformidad, según el caso. El informe del Instituto se elaborará con la asesoría de una comisión de expertos, que propondrá la naturaleza y régimen aplicable al respectivo producto.

A contar de la vigencia de dicho decreto será obligatoria la certificación de la verificación de la conformidad, otorgada por una entidad autorizada o por el Instituto a falta de ellas, de modo que estos elementos no podrán fabricarse, importarse, comercializarse o distribuirse sin contar con el correspondiente certificado.

Artículo 23.- Los establecimientos autorizados llevarán a cabo la verificación de la conformidad de los productos que se le presenten para ello, de acuerdo a las normas que les sean aplicables según su especie y de la clase a que éstos pertenezcan, establecidas en el respectivo decreto que los incorpore al régimen de verificación de la conformidad. Si de la misma resulta que el producto cumple con ellas, se le otorgará la certificación correspondiente, la que constará en un certificado firmado por el responsable técnico y el dueño o representante legal de la entidad, según corresponda, y con el sello de la entidad, aprobado previamente por el Instituto.

Artículo 24.- Una vez emitido el certificado, el establecimiento que lo otorgó deberá remitir copia del mismo al Instituto de Salud Pública para su inclusión en el listado que éste llevará al efecto.

Artículo 25.- En el caso de nuevas importaciones de elementos con certificación vigente, la verificación de conformidad se limitará a determinar que se trata de los mismos productos ya certificados, con excepción de aquellos que en el decreto que los incorpore al sistema de verificación de conformidad se establezca que requieren de esta verificación lote a lote.

Artículo 26.- Los artículos de uso médico sometidos a la verificación de la conformidad deberán consignar en ellos mismos o en su envase, en forma claramente legible, la circunstancia de haber sido verificado y el número que le ha asignado el Instituto de Salud Pública. En caso de que, debido a la naturaleza, composición o reducido tamaño del producto, no sea posible incorporar en él dicha leyenda, el Instituto podrá, según el caso, eximirlo de esta obligación o sustituirla por una forma distinta de indicarla, mediante resolución.

Artículo 27.- Las destinaciones aduaneras de los referidos elementos se efectuarán con los certificados del respectivo Servicio de Salud, de acuerdo con la ley Nº 18.164, y su uso y disposición deberá ser autorizado por el Instituto de Salud Pública de Chile.

Artículo 28.- Las instituciones públicas o privadas de la salud que empleen en sus acciones los elementos, dispositivos y demás productos regidos por el presente reglamento, deberán comunicar al Instituto todo comportamiento defectuoso, falla o deterioro de las características o del funcionamiento que ellos presenten, así como la falta de información en el etiquetado o en las instrucciones de empleo que, directa o indirectamente, pudieran o hubieran podido dar lugar a la muerte de un paciente o usuario o a un deterioro de su estado de salud.

Asimismo, los importadores o fabricantes de estos elementos notificarán al Instituto de cualquier motivo técnico o médico en relación con las características o funcionamiento del producto que, por las razones mencionadas en el inciso anterior, dé lugar a una retirada sistemática de éste o de productos del mismo tipo por el fabricante.

El Instituto implementará las medidas necesarias para que toda información de la que se tenga conocimiento, relativa a los incidentes señalados, en que estén implicados dispositivos médicos que tengan la certificación de la conformidad vigente, se tome nota de ella y se evalúe, así como también se notifique al fabricante o al representante legal del producto en cuestión.

TÍTULO V
DE LA FISCALIZACIÓN Y VIGENCIA DE ESTE REGLAMENTO

Artículo 30.- Los dispositivos médicos que se comercialicen o distribuyan a cualquier título sin contar con el correspondiente certificado de verificación de la conformidad serán decomisados, sin perjuicio de las demás medidas que pueda adoptar la autoridad sanitaria.

Será de competencia de los Servicios de Salud la fiscalización de esta materia, la instrucción de los correspondientes sumarios sanitarios y la aplicación de las sanciones a que ellos den lugar, todo ello de acuerdo con las disposiciones del Libro X del Código Sanitario.

Artículo 31.- Corresponderá al Instituto de Salud Pública la fiscalización de las entidades que realicen el control y certificación de los elementos y artículos de uso médico.

Artículo 32.- El presente reglamento entrará en vigencia a contar del día 1º del mes siguiente a su publicación en el Diario Oficial.

Tómese razón, anótese, publíquese e insértese en la recopilación oficial de la Contraloría General de la República.- EDUARDO FREI RUIZ-TAGLE, Presidente de la República.- Alex Figueroa Muñoz, Ministro de Salud.

Lo que transcribo a Ud. para su conocimiento.- Saluda a Ud., Alvaro Erazo Latorre, Subsecretario de Salud.

DECRETO Nº 148
APRUEBA REGLAMENTO SANITARIO SOBRE MANEJO DE RESIDUOS PELIGROSOS

Núm. 148.- Santiago, 12 de junio de 2003.- Vistos: las facultades que me confieren los artículos 24 y 32 Nº 8 de la Constitución Política de la República y lo dispuesto en los artículos 2, 67, 68, 78, 79, 80,81 y 90 del Código Sanitario, aprobado por Decreto con Fuerza de Ley Nº725 de 1967, del Ministerio de Salud, en los artículos 4º letra b) y 6º del Decreto Ley Nº 2763 de 1979 y en la Resolución Nº 520 de 1996, de la Contraloría General de la República.

Considerando:

1.- Que al Estado le corresponde velar que se haga efectivo el derecho de las personas a vivir en un medio ambiente libre de contaminación así como garantizar su derecho a la protección de la salud.

2.- Que el crecimiento de la actividad económica ha multiplicado la generación de residuos peligrosos, con el consiguiente aumento de los riesgos que amenazan la salud humana y el medio ambiente.

3.- Que para cumplir cabalmente los compromisos del Estado y enfrentar el peligro creciente que representan los residuos peligrosos, es indispensable regular el proceso completo de su manejo, desde que se generan y hasta que se eliminan, en términos que permitan su adecuado control y seguimiento, en un marco de certeza jurídica necesario para el desenvolvimiento de la actividad económica, que sirva también de garantía para la comunidad en su conjunto.

4.- Que un adecuado marco normativo puede inducir a la incorporación de una gestión de los residuos más eficientes, que ayude a minimizar la generación de residuos peligrosos.

5.- Que como resultado de la implementación de este reglamento se dispondrá de información relativa a los residuos peligrosos que se generan en el país, cuyo procesamiento y análisis será de utilidad para la autoridad sanitaria, la comunidad y las actividades productivas, en los que respecta al conocimiento de los residuos peligrosos y las mejores alternativas para su manejo, entre otros posibles usos de la información,

Decreto:

Apruébase, el siguiente Reglamento Sanitario sobre Manejo de Residuos Peligrosos:

TÍTULO I
DISPOSICIONES GENERALES

Artículo 1.- Este Reglamento establece las condiciones sanitarias y de seguridad mínimas a que deberá someterse la generación, tenencia, almacenamiento, transporte, tratamiento, reuso, reciclaje, disposición final y otras formas de eliminación de los residuos peligrosos.

Artículo 2.- Corresponderá a la Autoridad Sanitaria fiscalizar y controlar el cumplimiento de las disposiciones del presente reglamento y del Código Sanitario en estas materias, todo ello de acuerdo con las normas e instrucciones generales que imparta el Ministerio de Salud.

Los órganos del Estado que ejerzan funciones relacionadas con los residuos peligrosos deberán cumplir tales cometidos coordinadamente propendiendo a la unidad de acción y a la colaboración recíproca.

Artículo 3.- Para los efectos del presente reglamento, las expresiones que aquí se indican tendrán el significado que se señala:

Almacenamiento o acumulación: se refiere a la conservación de residuos en un sitio y por un lapso determinados.

Cancerígeno o carcinogénico: sustancia capaz de inducir cáncer.

Concentración Letal 50 (CL50): concentración de vapor, niebla o polvo que, administrado por inhalación continua durante una hora a un grupo de ratas albinas adultas jóvenes, machos y hembras, causa con la máxima probabilidad, en el plazo de 14 días, la muerte de la mitad de los animales del grupo.

Contenedor: recipiente portátil en el cual un residuo es almacenado, transportado o eliminado.

Corrosividad: proceso de carácter químico causado por determinadas sustancias que desgastan a los sólidos o que puede producir lesiones más o menos graves a los tejidos vivos.

Destinatario: propietario, administrador o persona responsable de una instalación expresamente autorizada para eliminar residuos peligrosos generados fuera de ella.

Disposición final: procedimiento de eliminación mediante el depósito definitivo en el suelo de los residuos peligrosos, con o sin tratamiento previo.

Dosis Letal 50 (DL50) por ingestión: concentración de la sustancia que, administrada por la vía oral a un grupo de ratas albinas adultas jóvenes, machos y hembras, causa con la máxima probabilidad, en el plazo de 14 días, la muerte de la mitad de los animales del grupo.

Dosis Letal 50 (DL50) por absorción cutánea: concentración de la sustancia que, administrada por contacto continuo a un grupo de conejos albinos causa con la máxima probabilidad, en el plazo de 14 días, la muerte de a lo menos la mitad de los animales del grupo.

Eliminación: cualquiera de las operaciones señaladas en el artículo 86.

Estabilización: proceso mediante el cual un residuo es convertido a una forma química más estable, el que puede incluir la solidificación cuando ésta produce cambios químicos para reducir la movilidad de los contaminantes.

Generador: titular de toda instalación o actividad que dé origen a residuos peligrosos.

Hoja de Seguridad para el Transporte de Residuos Peligrosos: documento para transferir información sobre las características esenciales y grados de riesgo que presentan los residuos peligrosos para las personas y el medio ambiente, incluyendo aspectos de transporte, manipulación, almacenamiento y acción ante emergencias desde que una carga de residuos peligrosos es entregada por el generador a un medio de transporte hasta que es recibido por el destinatario.

Incineración: destrucción mediante combustión o quema técnicamente controlada de las sustancias orgánicas contenidas en un residuo.

Inflamabilidad: la capacidad para iniciar la combustión provocada por la elevación local de la temperatura. Este fenómeno se transforma en combustión propiamente tal cuando se alcanza la temperatura de inflamación.

Instalación de Eliminación: planta o estructura destinada a la eliminación de residuos peligrosos.

Lixiviado: líquido que ha percolado o drenado a través de un residuo y que contiene componentes solubles de este.

Lodo: cualquier residuo semisólido que ha sido generado en plantas de tratamiento de efluentes que se descarguen a la atmósfera, de aguas servidas, de residuos industriales líquidos o de agua potable. Se incluyen en esta definición los residuos en forma de fangos, barros o sedimentos provenientes de procesos, equipos o unidades de industrias o de cualquier actividad.

Manejo: todas las operaciones a las que se somete un residuo peligroso luego de su generación, incluyendo, entre otras, su almacenamiento, transporte y eliminación.

Minimización: acciones para evitar, reducir o disminuir en su origen, la cantidad y/o peligrosidad de los residuos peligrosos generados. Considera medidas tales como la reducción de la generación, la concentración y el reciclaje.

Mutágeno: sustancia que induce cualquier alteración hereditaria en el material genético.

Reactividad: potencial de los residuos para reaccionar químicamente liberando en forma violenta energía y/o compuestos nocivos ya sea por descomposición o por combinación con otras sustancias.

Reciclaje: recuperación de residuos peligrosos o de materiales presentes en ellos, por medio de las operaciones señaladas en el artículo 86 letra B, para ser utilizados en su forma original o previa transformación, en la fabricación de otros productos en procesos productivos distintos al que los generó.

Relleno de Seguridad: Instalación de Eliminación destinada a la disposición final de residuos peligrosos en el suelo, diseñada, construida y operada cumpliendo los requerimientos específicos señalados en el presente Reglamento.

Residuo o desecho: sustancia, elemento u objeto que el generador elimina, se propone eliminar o está obligado a eliminar.

Residuos incompatibles: residuos que al entrar en contacto pueden generar alguno de los efectos señalados en el artículo 87.

Residuo peligroso: residuo o mezcla de residuos que presenta riesgo para la salud pública y/o efectos adversos al medio ambiente, ya sea directamente o debido a su manejo actual o previsto, como consecuencia de presentar algunas de las características señaladas en el artículo 11.

Reuso: recuperación de residuos peligrosos o de materiales presentes en ellos por medio de las operaciones señaladas en el artículo 86 letra B para ser utilizados en su forma original o previa transformación como materia prima sustitutiva en el proceso productivo que les dio origen.

Riesgo: probabilidad de ocurrencia de un daño.

Solidificación: proceso en el que ciertos materiales son adicionados a los residuos para convertirlos en un sólido, para reducir la movilidad de contaminantes o mejorar su manipulación y sus propiedades físicas. El proceso puede o no involucrar una unión química entre el residuo, sus contaminantes y el material aglomerante.

Toxicidad: capacidad de una sustancia de ser letal en baja concentración o de producir efectos tóxicos acumulativos, carcinogénicos, mutagénicos o teratogénicos.

Transportista: persona que asume la obligación de realizar el transporte de residuos peligrosos determinados.

Teratógeno: agente que, cuando se administra al animal materno antes del nacimiento de la cría, induce anormalidades estructurales permanentes en esta última.

Tratamiento: todo proceso destinado a cambiar las características físicas y/ o químicas de los residuos peligrosos, con el objetivo de neutralizarlos, recuperar energía o materiales o eliminar o disminuir su peligrosidad.

Artículo 4.- Los residuos peligrosos deberán identificarse y etiquetarse de acuerdo a la clasificación y tipo de riesgo que establece la Norma Chilena Oficial NCh 2.190 of.93.- Esta obligación será exigible desde que tales residuos se almacenen y hasta su eliminación.

Artículo 5.- El Ministerio de Salud establecerá los procedimientos y metodologías de determinación de las características de peligrosidad, así como, un reglamento para la acreditación de laboratorios que presten servicios de caracterización de residuos peligrosos.

Artículo 6.- Durante el manejo de los residuos peligrosos se deberán tomar todas las precauciones necesarias para prevenir su inflamación o reacción, entre ellas su separación y protección frente a cualquier fuente de riesgo capaz de provocar tales efectos.

Además, durante las diferentes etapas del manejo de tales residuos, se deberán tomar todas las medidas necesarias para evitar derrames, descargas o emanaciones de sustancias peligrosas al medio ambiente.

Artículo 7.- En cualquier etapa del manejo de residuos peligrosos, queda expresamente prohibida la mezcla de éstos con residuos que no tengan ese carácter o con otras sustancias o materiales, cuando dicha mezcla tenga como fin diluir o disminuir su concentración. Si por cualquier circunstancia ello llegare a ocurrir, la mezcla completa deberá manejarse como residuo peligroso, de acuerdo a lo que establece el presente reglamento.

Artículo 8.- Los contenedores de residuos peligrosos deberán cumplir con los siguientes requisitos:

a) tener un espesor adecuado y estar construidos con materiales que sean resistentes al residuo almacenado y a prueba de filtraciones, b) estar diseñados para ser capaces de resistir los esfuerzos producidos durante su manipulación, así como durante la carga y descarga y el traslado de los residuos, garantizando en todo momento que no serán derramados, c) estar en todo momento en buenas condiciones, debiéndose reemplazar todos aquellos contenedores que muestren deterioro de su capacidad de contención,

d) estar rotulados indicando, en forma claramente visible, las características de peligrosidad del residuo contenido de acuerdo a la Norma Chilena NCh 2.190 Of 93, el proceso en que se originó el residuo, el código de identificación y la fecha de su ubicación en el sitio de almacenamiento.

Los contenedores sólo podrán ser movidos manualmente si su peso total incluido el contenido, no excede de 30 kilogramos. Si dicho peso fuere superior, se deberán mover con equipamiento mecánico.

Sólo se podrán reutilizar contenedores cuando no se trate de residuos incompatibles, a menos que hayan sido previamente descontaminados.

Artículo 9.- Sólo se podrán mezclar o poner en contacto entre sí residuos peligrosos cuando sean de naturaleza similar o compatible. Para estos efectos la "Tabla de Incompatibilidades" del artículo 87 tendrá carácter referencial.

Con todo, en los procesos de eliminación podrán mezclarse residuos de los grupos A y B de dicha Tabla, cuando se demuestre que los efectos de la reacción que ellos generan se encuentran bajo control.

TÍTULO II
DE LA IDENTIFICACIÓN Y CLASIFICACIÓN

Artículo 10.- Un residuo o una mezcla de residuos es peligrosa si presenta riesgo para la salud pública y/o efectos adversos al medio ambiente ya sea directamente o debido a su manejo actual o previsto, como consecuencia de presentar alguna de las características que se definen en el artículo siguiente.

Artículo 11.- Para los efectos del presente reglamento las características de peligrosidad son las siguientes:

a) toxicidad aguda,

b) toxicidad crónica,

c) toxicidad extrínseca,

d) inflamabilidad, e) reactividad y f) corrosividad.

Bastará la presencia de una de estas características en un residuo para que sea calificado como residuo peligroso.

Artículo 12.- Un residuo tendrá la característica de toxicidad aguda, cuando es letal en bajas dosis en seres humanos. Se considerará que un residuo presenta tal característica en los siguientes casos:

a) Cuando su toxicidad por ingestión oral en ratas, expresada como Dosis Letal 50, DL50 oral, arroja en un ensayo de laboratorio un valor igual o menor que 50 mg de residuo/kg de peso corporal, b) Cuando el valor de su toxicidad por inhalación en ratas, expresado como Concentración Letal 50, CL50 inhalación, arroja en un ensayo de laboratorio un valor igual o menor que 2 mg de residuo/lt, c) Cuando su toxicidad por absorción cutánea en conejos, expresada como Dosis Letal 50, DL50dermal, arroja en un ensayo de laboratorio un valor igual o menor que 200 mg de residuo/kg de peso corporal.

La toxicidad aguda de un residuo podrá estimarse en base a la información técnica disponible respecto de la toxicidad aguda de sus sustancias componentes. Se considerará que un residuo tiene la característica de toxicidad aguda, cuando el contenido porcentual en el residuo de una sustancia tóxica listada en el artículo 88 o de otra sustancia tóxica aguda reconocida como tal mediante decreto supremo del Ministerio de Salud, sea superior a la menor de las concentraciones tóxicas agudas límites, CTAL, definidas para ese constituyente, calculadas de la siguiente forma:

CTAL oral = [DL50 oral / 50 mg/kg] x 100 CTAL inhalación = [CL50 inhalación / 2 mg/lt] x 100 CTAL dermal = [DL50 dermal / 200 mg/kg] x 100

En caso que el residuo contenga más de una sustancia tóxica aguda, se considerará peligroso si la suma de las concentraciones porcentuales de tales sustancias, divididas por sus respectivas Concentraciones Tóxicas Agudas Límites, es mayor o igual a 1 para cualquiera de las vías de exposición antes mencionadas. C(1)/CTAL (1) + C(2)/CTAL (2) +....+ C(n) /CTAL (n) >1

Artículo 13.- Un residuo tendrá la característica de toxicidad crónica en los siguientes casos:

a) si contiene alguna sustancia no incluida en el Artículo 89 del presente Reglamento, que sea declarada toxica crónica mediante decreto supremo del Ministerio de Salud por presentar efectos tóxicos acumulativos, carcinogénicos, mutagénicos o teratogénicos en seres humanos. La Autoridad Sanitaria deberá fundar su decisión en estudios científicos nacionales o extranjeros. b) cuando contiene alguna sustancia incluida en el Artículo 89 del presente Reglamento que sea cancerígena y cuya concentración en el residuo, expresada como porcentaje, es superior a CTAL/1000, en donde CTAL es la concentración tóxica aguda límite de dicha sustancia. c) si contiene alguna de las sustancias que presentan efectos acumulativos, teratogénicos o mutagénicos incluidas en el Artículo 89, cuya concentración en el residuo, expresada como porcentaje, es superior a CTAL/100, en donde CTAL es la concentración tóxica aguda límite de la sustancia tóxica crónica.

Para efectos de las letras b) y c) precedentes el Ministerio de Salud determinará mediante decreto supremo aquellas sustancias del artículo 89 que tienen efectos cancerígenos.

Cuando un residuo contenga más de una sustancia tóxica, se considerará que presenta la característica de toxicidad crónica si:

d) la suma de las concentraciones porcentuales de las sustancias cancerígenas en el residuo divididas por sus respectivas concentraciones tóxicas agudas límites (CTAL) es superior o igual a 0,001.

C(1)/CTAL (1) + C(2)/CTAL (2) +...+ C(n)/CTAL (n) > 0,001 e) la suma de las concentraciones porcentuales de las sustancias con efectos acumulativos, teratógenicos o mutagénicos divididas por sus respectivas concentraciones tóxicas agudas límites (CTAL) es superior o igual a 0,01.

C(1)/CTAL (1) + C(2)/CTAL (2) +...+ C(n)/CTAL (n) > 0,01

Artículo 14.- Un residuo tendrá la característica de toxicidad extrínseca cuando su eliminación pueda dar origen a una o más sustancias tóxicas agudas o tóxicas crónicas en concentraciones que pongan en riesgo la salud de la población.

Cuando la eliminación se haga a través de su disposición final en el suelo se considerará que el respectivo residuo tiene esta característica cuando el Test de Toxicidad por Lixiviación arroje, para cualquiera de las sustancias mencionadas, concentraciones superiores a las señaladas en la siguiente tabla:

Concentraciones Máximas Permisibles (CMP)

Código RP	No CAS	Sustancia	CMP (mg/l)
D004	7440-38-2	Arsénico	5
D007	7440-47-3	Cromo	5
D009	7439-97-6	Mercurio	0,2
D008	7439-92-1	Plomo	5
D010	7782-49-2	Selenio	1
D005	7440-39-2	Bario	100
D018	71-43-2	Benceno	0,5
D006	7440-43-9	Cadmio	1
D019	56-23-5	Ttracloruro de carbono	0,5
D020	57-74-9	Clordano	0,03
D021	108-90-7	Clorobenceno	100
D022	67-66-3	Cloroformo	6
D023	95-48-7	o-Cresol (*)	200
D024	108-39-4	m-Cresol (*)	200
D025	106-44-5	p-Cresol (*)	200
D026	--------	Cresol (*)	200
D016	94-75-7	2,4-D	10
D027	106-46-7	1,4 Diclorobenceno	7,5
D028	107-06-2	1,2 Dicloroetano	0,5
D029	75-35-4	1,1 Dicloroetileno	0,7
D030	121-14-2	2,4 Dinitrotolueno	0,13
D012	72-20-8	Endrin	0,02
D031	76-44-8	Heptacloro (y su epóxido)	0
D032	118-74-1	Hexaclorobenceno	0,13
D033	87-68-3	Hexacloro-1,3-butadieno	0,5
D034	67-72-1	Hexacloroetano	3
D013	58-89-9	Lindano	0,4

D014	72-43-5	Metoxicloro	10
D035	78-93-3	Metiletilcetona	200
D036	98-95-3	Nitrobenceno	2
D037	87-86-5	Pentaclorofenol	100
D038	110-86-1	Piridina	5
D011	7440-22-4	Plata	5
D039	127-18-4	Tetraclroetileno	0,7
D015	8001-35-2	Toxafeno	0,5
D040	49-01-6	Tricloroetileno	0,5
D041	95-95-4	2,4,5-Triclorofenol	400
D042	88-06-2	2,4,6-Triclorofenol	2
D017	93-72-1	2,4,6,-TP (silvex)	1
D043	75-01-4	Cloruro de vinilo	0,2

(*) La suma de las concentraciones de los isómeros (o- Cresol, m-Cresol y p-Cresol) debe ser inferior a la CMP establecida para el Cresol.

Artículo 15.- Un residuo tendrá la característica de inflamabilidad si presenta cualquiera de las siguientes propiedades:

a) Es líquido y presenta un punto de inflamación inferior a 61oC en ensayos de copa cerrada o no superior a 65,6 oC en ensayos de copa abierta.

No incluyéndose en esta definición las soluciones acuosas con una concentración en volumen de alcohol inferior o igual al 24%. b) No es líquido y es capaz de provocar, bajo condiciones estándares de presión y temperatura (1 atm y 25 oC), fuego por fricción, por absorción de humedad o cambios químicos espontáneos y, cuando se inflama, lo hace en forma tan vigorosa y persistente que ocasiona una situación de peligro. c) Es un gas comprimido inflamable. Se dice que un gas o una mezcla de gases es inflamable cuando al combinarse con aire constituye una mezcla que tiene un punto de inflamación inferior a 61 oC. d) Es una sustancia oxidante, tal como los cloratos, permanganatos, peróxidos inorgánicos o nitratos, que genera oxígeno lo suficientemente rápido como para estimular la combustión de materia orgánica.

Artículo 16.- Un residuo tendrá la característica de reactividad si presenta cualquiera de las siguientes propiedades:

a) Es normalmente inestable y sufre, con facilidad, cambios violentos sin detonar.

b) Reacciona violentamente con el agua.

c) Forma mezclas explosivas con el agua.

d) Cuando mezclado o en contacto con agua, genera gases, vapores o humos tóxicos, en cantidades suficientes como para representar un peligro para la salud humana.

e) Contiene cianuros o sulfuros y al ser expuesto a condiciones de pH entre 2 y 12,5, puede generar gases, vapores o humos tóxicos en cantidades suficientes como para representar un peligro para la salud humana. f) Cuando es capaz de detonar o explosionar por la acción de una fuente de energía de activación o cuando es calentado en forma confinada.

g) Cuando es capaz de detonar, descomponerse explosivamente o reaccionar con facilidad, bajo condiciones estándares de temperatura y presión (1 atm y 25 oC). h) Cuando tenga la calidad de explosivo de acuerdo a la legislación y reglamentación vigente.

Artículo 17.- Un residuo tendrá la característica de corrosividad si presenta alguna de las siguientes propiedades:

a) Es acuoso y tiene un pH inferior o igual a 2 o mayor o igual a 12,5;

b) Corroe el acero (SAE 1020) a una tasa mayor de 6,35 mm por año, a una temperatura de 55 oC según el Método de la Tasa de Corrosión.

Artículo 18.- Los residuos incluidos en los siguientes listados de categorías se considerarán peligrosos a menos que su generador pueda demostrar ante la Autoridad Sanitaria que no presentan ninguna característica de peligrosidad. El generador podrá proponer a la Autoridad Sanitaria los análisis de caracterización de peligrosidad a realizar sobre la base del conocimiento de sus residuos y de los procesos que los generan, sin perjuicio de lo cual, la Autoridad Sanitaria podrá exigir análisis adicionales a los propuestos conforme a lo señalado en los artículos 12 al 17.

Lista I

Código de RP	Categorías de residuos consistentes o resultantes de los siguientes procesos
I.1	Residuos hospitalarios.
I.2	Residuos resultantes de la producción y preparación de productos farmacéuticos.
I.3	Medicamentos, drogas y productos farmacéuticos desechados.
I.4	Residuos resultantes de la producción preparación y la utilización de productos biocidas, productos fitofarmacéuticos y plaguicidas.
I.5	Residuos resultantes de la fabricación, preparación y utilización de productos químicos para la preservación de la madera.
I.6	Residuos resultantes de la producción, la preparación y la utilización de solventes orgánicos.
I.7	Residuos que contengan cianuros, resultantes del tratamiento térmico y de las operaciones de temple.
I.8	Aceites minerales residuales no aptos para el uso al que estaban destinados.
I.9	Mezclas y emulsiones residuales de aceite y agua o de hidrocarburos y agua.
I.10	Sustancias y artículos de desecho que contengan, o estén contaminados por, bifenilos policlorados (PCB), terfenilos policlorados (PCT) o bifenilos polibromados (PBB).
I.11	Residuos alquitranados resultantes de la refinación, destilación o cualquier tratamiento pirolítico.
I.12	Residuos resultantes de la producción, preparación y utilización de tintas, colorantes, pigmentos, pinturas, lacas o barnices.
I.13	Residuos resultantes de la producción, preparación y utilización de resinas, látex, plastificantes o colas y adhesivos.
I.14	Sustancias químicas residuales, no identificadas o nuevas, resultantes de la investigación y el desarrollo o de las actividades de enseñanza y cuyos efectos en el ser humano o el medio ambiente no se conozcan.
I.15	Residuos de carácter explosivo.
I.16	Residuos resultantes de la producción, preparación y utilización de productos químicos y materiales para fines fotográficos.
I.17	Residuos resultantes del tratamiento de superficie de metales y plásticos.
I.18	Residuos resultantes de las operaciones de eliminación de residuos.

Lista II

Código de RP	Categorías de residuos que tengan como constituyentes
II.1	Metales carbonilos
II.2	Berilio, compuestos de berilio
II.3	Compuestos de cromo hexavalente
II.4	Compuestos de cobre
II.5	Compuestos de Zinc
II.6	Arsénico, compuestos de arsénico
II.7	Selenio, compuestos de selenio
II.8	Cadmio, compuestos de cadmio
II.9	Antimonio, compuestos de antimonio
II.10	Telurio, compuestos de telurio
II.11	Mercurio, compuestos de mercurio
II.12	Talio, compuestos de talio
II.13	Plomo, compuestos de plomo
II.14	Compuestos inorgánicos de flúor, con exclusión del fluoruro cálcico
II.15	Cianuros inorgánicos
II.16	Soluciones ácidas o ácidos en forma sólida
II.17	Soluciones básicas o bases en forma sólida
II.18	Polvo y/o fibras de asbesto, con exclusión de los residuos de materiales de construcción fabricados con cemento asbesto
II.19	Compuestos orgánicos de fósforo
II.20	Cianuros orgánicos
II.21	Fenoles, compuestos fenólicos, con inclusión de clorofenoles
II.22	Éteres
II.23	Solventes orgánicos halogenados
II.24	Solventes orgánicos, con exclusión de solventes halogenados
II.25	Cualquier sustancia del grupo de los dibenzofuranos policlorados
II.26	Cualquier sustancia del grupo de las dibenzoparadioxinas policloradas
II.27	Compuestos organohalogenados, que no sean las sustancias mencionadas en el presente artículo

Lista III

Código de RP	Categorías de otros residuos
III.1	Catalizadores usados
III.2	Envases y recipientes contamidas que hayan contenido uno o más constituyentes enumerados en la Categoría II
III.3	Residuos que procedan de la recolección selectiva o de la segregación de residuos sólidos domiciliarios que presenten al menos una característica de peligrosidad
III.4	Suelos o materiales resultantes de faenas de movimientos de tierras contaminadas por alguno de los constituyentes listados en la Categoría II.

Artículo 19.- Los residuos incluidos en la Lista A del artículo 90 se considerarán igualmente peligrosos. No obstante el generador podrá demostrar ante la Autoridad Sanitaria, conforme a lo establecido en los artículos 12 al 17 del presente reglamento, que tales residuos no son peligrosos.

A la inversa, se considerará que los residuos incluidos en la Lista B del artículo 90 no son peligrosos.

La Autoridad Sanitaria tendrá siempre la facultad de comprobar que un residuo cualquiera es peligroso por presentar alguna característica de peligrosidad conforme a lo establecido en los artículos 12 al 17.

Artículo 20.- Alternativamente a la aplicación del test de toxicidad por lixiviación, todo generador de residuos podrá demostrar mediante el análisis de la composición de sus residuos, hecho por un laboratorio acreditado por la Autoridad Sanitaria, que éstos no son tóxicos extrínsecos con respecto de su disposición final en el suelo. Se entenderá que ello ocurre, cuando la concentración de las sustancias a que se refiere el artículo 14, expresada en miligramos de sustancia por kilogramo de residuo, es inferior a la correspondiente Concentración Máxima Permisible, CMP, multiplicada por 20.

Artículo 21.- Toda instalación, equipo o contenedor, o cualquiera de sus partes, que haya estado en contacto directo con residuos peligrosos, deberá ser manejado como tal y no podrá ser destinado a otro uso sin que haya sido previamente descontaminado.

Artículo 22.- Las sustancias químicas incluidas en los Artículos 88 y 89 del presente Reglamento, serán consideradas residuos peligrosos cuando sean descartadas, se encuentren vencidas o fuera de especificación o se encuentren como remanentes en envases y recipientes. Lo mismo procederá respecto de los derrames de cualquiera de dichas sustancias químicas y los materiales contaminados con ellas que deban desecharse.

Artículo 23.- Para efectos de la aplicación del presente reglamento y siempre que la disposición final no se realice en conjunto con residuos sólidos domésticos u otros similares, los siguientes residuos mineros masivos que provengan de las operaciones de extracción, beneficio o procesamiento de minerales no serán considerados peligrosos:

a) los estériles,

b) los minerales de baja ley,

c) los residuos de minerales tratados por lixiviación, d) los relaves y

e) las escorias.

No obstante, la Autoridad Sanitaria podrá, en casos calificados, requerir de un generador la caracterización de sus residuos mineros masivos. La Autoridad Sanitaria podrá en todo caso muestrear, analizar y caracterizar la peligrosidad de dichos residuos toda vez que lo estime oportuno.

Para la caracterización de la toxicidad extrínseca de los residuos masivos mineros, el "Test de Toxicidad por Lixiviación" a que se refiere el artículo 14 se reemplazará por el método de "Lixiviación por Precipitación Sintética" de acuerdo a las concentraciones que en dicha norma se contemplan.

Artículo 24.- Los envases de plaguicidas se considerarán residuos peligrosos a menos que sean sometidos al procedimiento de triple lavado y manejados conforme a un programa de eliminación.

Se entenderá que un envase de plaguicida ha sido sometido al procedimiento de triple lavado, cuando dicho envase haya sido lavado con agua al menos tres veces en forma sucesiva utilizando no menos de un 10% del volumen del contenedor por cada lavado, o bien haya sido lavado mediante un método de efectividad equivalente, como por ejemplo el lavado a presión durante un minuto, y luego de todo lo cual, dicho envase haya sido inutilizado mediante punzonamiento, aplastamiento o cualquier otro método que lo destruya o inutilice. Además, el agua resultante del lavado deberá ser incorporada al estanque de aplicación del plaguicida como parte del agua de preparación o, en caso contrario, deberá ser manejada como un residuo peligroso.

El Programa de Eliminación deberá ser aprobado por la Autoridad Sanitaria y sus contenidos mínimos serán los siguientes:

a) Capacitación de los generadores de envases de plaguicidas y definición de los procedimientos de triple lavado, b) Diseño de los lugares de recepción y almacenamiento de envases una vez sometidos a triple lavado y definición del sistema de aceptación y registro,

c) Sistema de recolección y transporte de los envases hasta los lugares de recepción y almacenamiento y desde éstos hasta el sitio de eliminación, d) Identificación de la instalación de eliminación y procedimiento a utilizar para disponer, tratar o reciclar los envases sometidos al triple lavado,

e) Identificación del uso que se dará al material recuperado, en caso que el procedimiento contemple el reciclaje.

TÍTULO III
DE LA GENERACIÓN

Artículo 25.- Las instalaciones, establecimientos o actividades que anualmente den origen a más de 12 kilogramos de residuos tóxicos agudos o a más de 12 toneladas de residuos peligrosos que presenten cualquier otra característica de peligrosidad deberán contar con un Plan de Manejo de Residuos Peligrosos presentado ante la Autoridad Sanitaria.

El Generador deberá presentar dicho Plan ante la respectiva Autoridad Sanitaria. Las instalaciones, establecimientos o actividades que se encuentren en esta situación serán identificadas por dicha Autoridad mediante un número identificatorio.

El Plan deberá ser diseñado por un profesional e incluirá todos los procedimientos técnicos y administrativos necesarios para lograr que el manejo interno y la eliminación de los residuos se haga con el menor riesgo posible.

Toda modificación del Plan deberá ser previamente presentada ante la Autoridad Sanitaria.

Artículo 26.- El Plan de Manejo de Residuos Peligrosos deberá privilegiar opciones de sustitución en la fuente, minimización y reciclaje cuyo objetivo sea reducir la peligrosidad, cantidad y/o volumen de residuos que van a disposición final y deberá contemplar al menos los siguientes aspectos:

a) Descripción de las actividades que se desarrollan en el proceso productivo, sus flujos de materiales e identificación de los puntos en que se generan residuos peligrosos. b) Identificación de las características de peligrosidad de los residuos generados y estimación de la cantidad anual de cada uno de ellos.

c) Análisis de alternativas de minimización de la generación de residuos peligrosos y justificación de la medida seleccionada. d) Detalle de los procedimientos internos para recoger, transportar, embalar, etiquetar y almacenar los residuos. e) Definición del perfil del profesional o técnico responsable de la ejecución del Plan, así como, del personal encargado de operarlo. f)

Definición de los equipos, rutas y señalizaciones que deberán emplearse para el manejo interno de los residuos peligrosos. g) Hojas de Seguridad para el Transporte de Residuos Peligrosos para los diferentes tipos de residuos peligrosos generados en la instalación. h) Capacitación que deberán recibir las personas que laboran en las instalaciones, establecimientos o actividades donde se manejan residuos peligrosos.

i) Plan de Contingencias.

j) Identificación de los procesos de eliminación a los que serán sometidos los residuos peligrosos, explicitando los flujos y procesos de reciclaje y/o reuso. k) Sistema de registro de los residuos peligrosos generados por la instalación o actividad y en donde al menos se consigne:

- cantidad en peso y/o volumen e identificación de las características de peligrosidad de los residuos peligrosos generados diariamente,
- cantidad en peso y/o volumen e identificación de la características de peligrosidad de los residuos peligrosos que ingresen o egresen del sitio de almacenamiento,
- cantidad en peso y/o volumen e identificación de la características de peligrosidad de los residuos peligrosos reusados y/o reciclados y los procesos correspondientes.
- cantidad en peso y/o volumen e identificación de la características de peligrosidad de los residuos peligrosos enviados a terceros para su eliminación

Artículo 27.- Sin perjuicio de sus obligaciones propias, el Generador afecto a un Plan de Manejo de Residuos Peligrosos, que encomiende a terceros el transporte y/o la eliminación de sus residuos peligrosos será responsable de:

a) retirar y transportar los residuos peligrosos a través de transportistas que cuenten con autorización sanitaria,

b) realizar la eliminación de sus residuos peligrosos en Instalaciones de Eliminación que cuenten con la debida Autorización Sanitaria que comprenda tales residuos,

c) proporcionar oportunamente la información correspondiente al Sistema de Declaración y Seguimiento de Residuos Peligrosos y entregar al transportista las respectivas Hojas de Seguridad para el Transporte de Residuos Peligrosos.

Los Generadores que no estén obligados a sujetarse a un Plan de Manejo de Residuos Peligrosos deberán en todo caso cumplir con la obligación señalada en la letra b) precedente.

Artículo 28.- El Generador deberá establecer un manejo diferenciado entre los residuos peligrosos y los que no lo son.

TÍTULO IV
DEL ALMACENAMIENTO

Artículo 29.- Todo sitio destinado al almacenamiento de residuos peligrosos deberá contar con la correspondiente autorización sanitaria de instalación, a menos que éste se encuentre incluido en la autorización sanitaria de la actividad principal.

El diseño, la construcción, ampliación y/o modificación de todo sitio que implique almacenamiento de dos o más residuos peligrosos incompatibles o que contemple el almacenamiento de 12 o más kilogramos de residuos tóxicos agudos o 12 o más toneladas de residuos peligrosos que presenten cualquier otra característica de peligrosidad, deberá contar con un proyecto previamente aprobado por la Autoridad Sanitaria. Este proyecto de ingeniería deberá ser elaborado por un profesional idóneo.

Artículo 30.- Todo Generador que se encuentre obligado a sujetarse a un Plan de Manejo de Residuos Peligrosos deberá tener uno o más sitios de almacenamiento de tales residuos.

Estos sitios se ajustarán a las normas del presente Título y dispondrán de suficiente capacidad para acopiar la totalidad de residuos generados durante el período previo al envío de éstos a una Instalación de Eliminación.

Artículo 31.- El período de almacenamiento de los residuos peligrosos no podrá exceder de 6 meses. Sin embargo, en casos justificados, se podrá solicitar a la Autoridad Sanitaria, una extensión de dicho período hasta por un lapso igual, para lo cual se deberá presentar un informe técnico.

Artículo 32.- En caso de inexistencia de una Instalación de Eliminación, imposibilidad de acceso a ella u otros casos calificados, la Autoridad Sanitaria podrá autorizar el almacenamiento de residuos peligrosos por períodos prolongados determinados superiores a los establecidos en el artículo precedente. En este caso, el almacenamiento será considerado una Instalación de Eliminación de Residuos Peligrosos y se ajustará en todo a las normas establecidas en el Párrafo I del Título VI del presente Reglamento, sin perjuicio de la aplicación de las disposiciones especiales de este párrafo. Estas Instalaciones sólo podrán almacenar los residuos expresamente autorizados por la Autoridad Sanitaria, la que igualmente deberá autorizar el retiro total o parcial de éstos.

Artículo 33.- Los sitios donde se almacenen residuos peligrosos deberán cumplir las siguientes condiciones:

a) Tener una base continua, impermeable y resistente estructural y químicamente a los residuos.

b) Contar con un cierre perimetral de a lo menos 1,80 metros de altura que impida el libre acceso de personas y animales.

c) Estar techados y protegidos de condiciones ambientales tales como humedad, temperatura y radiación solar.

d) Garantizar que se minimizará la volatilización, el arrastre o la lixiviación y en general cualquier otro mecanismo de contaminación del medio ambiente que pueda afectar a la población.

e) Tener una capacidad de retención de escurrimientos o derrames no inferior al volumen del contenedor de mayor capacidad ni al 20% del volumen total de los contenedores almacenados.

f) Contar con señalización de acuerdo a la Norma Chilena NCh 2.190 Of 93

Excepcionalmente se podrán autorizar sitios de almacenamiento que no cumplan con alguna de estas condiciones, tales como piscinas, lagunas artificiales u otros, si se justifica técnicamente que su diseño protege de la misma forma la salud de la población.

Artículo 34.- El sitio de almacenamiento deberá tener acceso restringido, en términos que sólo podrá ingresar personal debidamente autorizado por el responsable de la instalación.

Artículo 35.- El sitio de almacenamiento de residuos reactivos o inflamables, deberá estar a 15 metros, a lo menos, de los deslindes de la propiedad.

TÍTULO V
DEL TRANSPORTE

Artículo 36.- Sin perjuicio de lo dispuesto en el Reglamento de Transporte de Sustancias Peligrosas por Calles y Caminos, fijado en el Decreto Supremo No 298, del 25 de Noviembre de 1994, del Ministerio de Transportes y Telecomunicaciones, sólo podrán transportar residuos peligrosos por calles y caminos públicos las personas naturales o jurídicas que hayan sido autorizadas por la Autoridad Sanitaria. Dicha autorización que incluirá de manera expresa las respectivas instalaciones para la operación del sistema, será otorgada por la Autoridad Sanitaria correspondiente al domicilio principal del transportista y tendrá validez en todo el territorio nacional. Al momento de otorgar la autorización, dicha Autoridad asignará un número de identificación, válido para la aplicación del Título VII de este Reglamento.

Sin perjuicio de lo anterior, toda instalación necesaria para la operación del sistema de transporte requerirá de autorización sanitaria específica, que otorgará la Autoridad Sanitaria en cuyo territorio se encuentre ubicada.

Artículo 37.- Para efectos de lo dispuesto en el artículo anterior, la solicitud respectiva deberá contener las características e identificación de los vehículos a utilizar y la ubicación y las características de las instalaciones del sistema de transporte y de los equipos de limpieza y descontaminación. Además, deberá incluir un Plan de Contingencias para abordar posibles accidentes que ocurran durante el proceso de transporte.

El Plan de Contingencias deberá contemplar lo siguiente:

a) Medidas de control y/o mitigación

b) Capacitación del personal

c) Identificación de las responsabilidades del personal

d) Sistema de comunicaciones portátil para alertar a las autoridades competentes e) Identificación, ubicación y disponibilidad de personal y equipo para atender las emergencias

f) Listado actualizado de los organismos públicos y personas a las que se deberá dar aviso inmediato en el caso de ocurrir una emergencia, debiendo considerar al menos la comunicación con la Autoridad Sanitaria competente, Bomberos, Carabineros y la Oficina Regional de Emergencia.

Artículo 38.- El transportista será responsable de que la totalidad de la carga de residuos peligrosos sea entregada en el sitio de destino fijado en el correspondiente formulario del Sistema de Declaración y Seguimiento de Residuos Peligrosos establecido en el Título VII del presente reglamento. Cuando el transporte suponga una demora de más de 48 horas se deberá, además, consignar esta circunstancia en el mismo documento.

Artículo 39.- No se podrá transportar residuos peligrosos sin que se porte el respectivo Documento de Declaración establecido en el Título VII del presente reglamento y sin las respectivas Hojas de Seguridad de Transporte de Residuos Peligrosos.

Artículo 40.- El personal que realice el transporte de residuos peligrosos deberá estar debidamente capacitado para la operación adecuada del vehículo y de sus equipos y para enfrentar posibles emergencias.

Artículo 41.- Los vehículos que se utilicen en el transporte de residuos peligrosos deberán estar diseñados, construidos y operados de modo que cumplan su función con plena seguridad, conforme a las normas del presente reglamento, sin perjuicio de lo establecido en el Reglamento de Transporte de Sustancias Peligrosas por Calles y Caminos, fijado en el Decreto Supremo No 298, de 25 de Noviembre de 1994, del Ministerio de Transportes y Telecomunicaciones.

En todo, caso tales vehículos deberán ser adecuados para el tipo, características de peligrosidad y estado físico de los residuos a transportar, conforme a la información que sobre éstos debe proporcionar el Generador.

Artículo 42.- Lo dispuesto en el presente Título no será aplicable al transporte de residuos peligrosos en cantidades que no excedan de 6 kilogramos de residuos tóxicos agudos o de 2 toneladas de cualquier otra clase de residuos peligrosos, cuando éste sea efectuado por el propio generador que, además, se encuentre exceptuado de presentar planes de manejo.

TÍTULO VI
DE LA ELIMINACIÓN

PÁRRAFO I
DE LAS INSTALACIONES DE ELIMINACIÓN

Artículo 43.- Toda Instalación de Eliminación de Residuos Peligrosos deberá contar con la respectiva autorización otorgada por la Autoridad Sanitaria, en la que se especificará el tipo de residuos que podrá eliminar y la forma en que dicha eliminación será llevada a cabo ya sea mediante tratamiento, reciclaje y/o disposición final. Al momento de otorgar dicha autorización se asignará un número de identificación, válido para la aplicación del Título VII de este Reglamento.

Artículo 44.- Toda Instalación de Eliminación de Residuos Peligrosos deberá contar con un proyecto previamente aprobado por la Autoridad Sanitaria. Este proyecto de ingeniería deberá ser elaborado por un profesional idóneo.

El proyecto deberá incluir el diseño de las unidades y equipos necesarios para el manejo de los residuos peligrosos, indicar expresamente el tipo, características y cantidades de éstos que la Instalación estará habilitada para recibir y manejar y determinar los perfiles profesionales y técnicos y las funciones y responsabilidades específicas del personal directamente involucrado en el manejo de los residuos peligrosos. Deberá así mismo describir todas las operaciones necesarias para el adecuado manejo de tales residuos.

El proyecto deberá contar, además, con un Plan de Operación y Mantención, un Plan de Verificación, un Plan de Contingencias, un Manual de Procedimientos y un Plan de Cierre.

Artículo 45.- El proyecto a que se refiere el artículo anterior, deberá contemplar todas aquellas medidas necesarias para evitar que la descarga accidental de residuos peligrosos o sus subproductos provoquen una contaminación de las aguas superficiales o subterráneas, del aire o del suelo, capaz de poner en riesgo la salud de la población o del personal que trabaja en la instalación, debiendo cumplir con los requerimientos generales establecidos en el presente Párrafo I, además de aquellos requerimientos específicos que para el caso señale este Reglamento.

Artículo 46.- El Plan de Verificación tiene por objeto controlar que todos los elementos, equipos y estructuras que conforman la instalación de eliminación funcionan adecuadamente y detectar cualquier derrame, escurrimiento, fuga o descarga que pueda poner en riesgo la salud de la población o del personal que trabaja en la instalación. El Plan deberá contemplar:

a) La priorización de las verificaciones necesarias.

b) El registro de las verificaciones realizadas.

c) Los procedimientos de limpieza y descontaminación del suelo, instalaciones y equipos cuando se constate cualquier derrame, escurrimiento, fuga o descarga de residuos peligrosos.

El titular de la Instalación deberá realizar inmediatamente las reparaciones que surjan de la aplicación del Plan de Verificación.

Artículo 47.- El Plan de Contingencias deberá contemplar al menos las siguientes medidas:

a) Mitigación de todos los posibles eventos que puedan poner en peligro, directa o indirectamente, la seguridad y/o la salud de las personas que trabajan en la instalación o de la población residente en el área de influencia de ésta.

b) Identificación, ubicación y disponibilidad del personal y de los equipos necesarios para atender dichas emergencias.

c) Listado actualizado de los organismos públicos y personas a los que se debe dar aviso en caso de emergencia. Dicho aviso deberá darse en forma inmediata, a lo menos, la Autoridad Sanitaria respectiva, Bomberos, Carabineros y la Oficina Regional de Emergencia.

d) Información actualizada diariamente referente a la cantidad, características y ubicación de los residuos y sustancias peligrosas existentes en la Instalación.

Artículo 48.- El emplazamiento de una Instalación de Eliminación de Residuos Peligrosos deberá cumplir los siguientes requisitos de ubicación:

a) No deberá ubicarse en zonas en que existan fallas geológicas activas, o que estén expuestas a deslizamientos o derrumbes de terrenos o estén afectadas por actividad volcánica.

b) No deberá ser construida en zonas sometidas a inundaciones que ocurran con períodos de retorno inferiores a 100 años.

c) No deberá estar ubicado en sitios dentro del radio urbano, a menos que la zonificación del Plano Regulador u otro instrumento de ordenamiento territorial lo permita.

d) No deberán estar ubicadas en suelos inestables o de baja resistencia, tales como suelos orgánicos, arcillas suaves o mezclas de arena y arcilla, suelos que pierden resistencia con la compactación o con la humedad, suelos que sufran aumentos de volumen por consolidación y arenas sujetas a asentamientos e influencia hidráulica, a menos que el proyecto contemple procedimientos aceptables a juicio de la Autoridad Sanitaria para asegurar su estabilidad y resistencia.

e) No deberán estar ubicados en sitios expuestos a subsidencias o asentamientos debido a la existencia de minas subterráneas, extracción de agua, petróleo o gas, subsuelos expuestos a disolución, etc.

f) No deberán ubicarse en suelos saturados, tales como riberas húmedas o el borde costero, a menos que el proyecto contemple un adecuado sistema de impermeabilización y una modificación permanente del flujo subterráneo que asegure que su nivel se mantendrá bajo 3 metros del sistema de impermeabilización.

g) No deberán estar ubicados en sitios que puedan afectar aguas superficiales y/o subterráneas destinadas al abastecimiento de agua potable, al riego o a la recreación con contacto directo, cuando el desplazamiento del contaminante debido a derrames, sea demasiado rápido e impida la mitigación de los impactos conforme al Plan de Contingencias.

h) Deberá estar alejado de actividades tales como almacenes de productos inflamables o explosivos u otros que puedan potenciar las consecuencias frente a la ocurrencia de accidentes o emergencias.

i) Deberá estar fuera del perímetro de restricción fijado para puertos, aeropuertos, instalaciones de manejo de explosivos, centrales nucleares y de instalaciones militares.

Artículo 49.- La Instalación deberá tener acceso restringido. Sólo podrán ingresar a ésta personas debidamente autorizadas por el responsable de la Instalación. Deberá, además, contar con una barrera sólida de al menos 1,80 metros que impida el libre acceso de personas ajenas a ella y de animales.

Artículo 50.- La operación de toda Instalación de Eliminación de Residuos Peligrosos deberá cumplir con las siguientes exigencias:

a) La recepción de los residuos solo podrá hacerse cuando se asegure que los residuos pueden ser manejados en la Instalación. Para estos efectos, la Instalación deberá realizar análisis físico-químicos de los residuos conforme a un Manual de Procedimientos que especifique por lo menos los parámetros que se deberán analizar para cada residuo peligroso y métodos y frecuencia de análisis.

b) Mantener un registro de los residuos ingresados, en el que se deberá consignar al menos la cantidad, la fecha de ingreso, las características de peligrosidad del residuo, la ubicación del sitio de almacenamiento y la fecha e identificación de la operación de eliminación aplicada.

c) En el caso de que la Instalación rechace un cargamento de residuos peligrosos, ya sea porque el transportista no porte el Documento de Declaración o porque la información contenida en dicho documento no se corresponde con los residuos transportados o por cualquier otra causa, se deberá dar aviso inmediato a la Autoridad Sanitaria respectiva.

Artículo 51.- El cierre de una Instalación de Eliminación deberá hacerse previo aviso a la Autoridad Sanitaria competente conforme al Plan de Cierre. Este Plan deberá contemplar a lo menos la descontaminación del sitio, estructuras y equipos y la eliminación de los residuos peligrosos que permanezcan en la Instalación.

PÁRRAFO II
DE LAS ACTIVIDADES INDUSTRIALES QUE REALIZAN OPERACIONES DE REUSO Y/O RECICLAJE

Artículo 52.- El reuso de residuos peligrosos como insumo en cualquier actividad deberá ser informado previamente a la Autoridad Sanitaria, sin perjuicio de las facultades fiscalizadoras que esta Autoridad Sanitaria tiene respecto de las actividades que pueden implicar riesgo para la salud pública o el medio ambiente.

El reciclaje de residuos peligrosos será autorizado por la Autoridad Sanitaria cuando ello no implique riesgo para la salud pública o al medio ambiente.

Sin perjuicio de lo dispuesto en el presente reglamento el Ministerio de Salud emitirá guías técnicas de orientación e información para el manejo de aquellos residuos cuyo reuso y/o reciclaje sea una práctica común o que se revelen como prioritarios desde el punto de vista sanitario.

Artículo 53.- Los establecimientos que reusen sus residuos peligrosos y los que reciclen tales residuos en cantidades no superiores a 12 kilogramos anuales cuando se trate de residuos tóxicos agudos o a 12 toneladas cuando se trate de otros residuos peligrosos, deberán mantener la documentación necesaria que permita verificar a la Autoridad Sanitaria el tipo y cantidad de los residuos eliminados durante los últimos cinco años.

Artículo 54.- Los establecimientos que realicen actividades de reciclaje, sin que ello sea su actividad principal y aquellos que para reusar sus propios residuos deban transportarlos por calles o caminos públicos, serán considerados como Instalaciones de Eliminación y deberán por consiguiente cumplir, en lo que fueren aplicables, las exigencias propias de éstas con excepción de las establecidas en los artículos 48 letras a,b,d,e,f,g,h,i y 49.

Cuando tales actividades se circunscriban a procesos específicos que no comprometen el resto de las actividades del establecimiento, dichas exigencias, se reducirán a la parte o sección del establecimiento en que se desarrollan tales procesos.

No se aplicarán las exigencias a que se refiere la presente disposición a las instalaciones que reciclen residuos peligrosos dentro de los márgenes señalados en el artículo 53.

PÁRRAFO III
DE LOS RELLENOS DE SEGURIDAD

Artículo 55.- Todo sitio destinado a la construcción de un relleno de seguridad deberá cumplir los requisitos generales establecidos en el artículo 48 y además, los siguientes:

a) Debe estar ubicado a una distancia no menor a 1 km de toda fuente de agua potable.

b) Igualmente no podrá ubicarse a menos de seiscientos metros de distancia de toda zona residencial o mixta, o de establecimientos tales como hospitales, escuelas, cárceles o estadios, ni a menos de trescientos metros de viviendas aisladas.

c) La pendiente del terreno no debe exceder de un 5%, pudiendo la Autoridad Sanitaria, en casos debidamente justificados, autorizar una pendiente mayor.

d) La dirección de los vientos predominantes debe ser contraria a las zonas pobladas.

Las distancias a que se hace referencia en las letras a y b deberán ser medidas a partir del perímetro del área que comprenda el sitio en donde se dispondrán finalmente los residuos y toda instalación anexa.

Artículo 56.- El diseño y construcción de un relleno de seguridad deberá cumplir con las siguientes condiciones:

a) El fondo del relleno deberá estar ubicado por sobre 3 metros del nivel fréatico más alto.

b) Se deberá contar con un sistema de impermeabilización y drenaje que impida el escape de líquidos lixiviados fuera de los límites del relleno, en la forma dispuesta en el artículo 58.

c) Cuando exista la posibilidad de generación de gases o vapores al interior del relleno de seguridad se deberá contar con un sistema de evacuación y control de estos.

d) Se deberá contar con un sistema perimetral de intercepción y evacuación de escorrentías superficiales, de manera de evitar el ingreso de ellas al interior del relleno y su contaminación con líquidos lixiviados.

e) Se deberá contar con un sistema de recolección y evacuación de las aguas que precipiten sobre el relleno, de manera de minimizar su infiltración hacia el interior de este y su contaminación con líquidos lixiviados.

f) Se deberá contar con un sistema de monitoreo de la calidad del agua subterránea en el área de influencia del relleno, conforme a lo dispuesto en el artículo 61.

g) Deberá asegurarse la existencia de accesos y caminos internos aptos para el tránsito seguro de vehículos en toda época del año.

h) El relleno deberá ser diseñado considerando las condiciones sísmicas de la zona donde será emplazado.

Artículo 57.- El relleno deberá contar además con las siguientes instalaciones y sistemas:

a) Sistema de caracterización y de control de los residuos.

b) Sistemas de control de acceso vehicular y peatonal.

c) Sistemas de seguridad y vigilancia.

d) Sistemas de comunicaciones.

e) Respaldo para el abastecimiento de energía.

f) Acceso y caminos internos con señalizaciones adecuadas para el tránsito en el interior de la instalación (dirección, velocidad, áreas restringidas, etc.).

h) Cerco perimetral, de al menos 1,80 m de altura, que impida el paso de personas o animales al sitio de disposición final y a toda instalación anexa.

i) Sistema de descontaminación de las ruedas de los vehículos que hayan ingresado a los lugares de descarga de residuos peligrosos.

Artículo 58.- El relleno de seguridad deberá estar dotado de un sistema de impermeabilización y drenaje de a lo menos dos capas impermeables con sus respectivos drenajes, colocadas sobre una barrera de arcilla. Estos componentes deberán cumplir los siguientes requisitos y exigencias:

a) Todos los componentes del sistema de impermeabilización y drenaje deberán ser compatibles con los residuos depositados en el relleno y con los líquidos lixiviados que se generen. En particular, las capas de impermeabilización deberán resistir las agresiones químicas y microbiológicas y tener una resistencia frente a las solicitaciones que se puedan generar durante la construcción y operación del relleno de seguridad o durante un movimiento sísmico, similar o superior a una lámina sintética de polietileno de baja densidad de al menos 0,76 mm de espesor.

b) Cuando las capas de impermeabilización se construyan con membranas sintéticas, el espesor de éstas no deberá ser inferior a 0,76 mm, salvo en el caso de utilizarse Polietileno de Alta Densidad, en que dicho espesor no deberá ser inferior a 1,52 mm.

c) La barrera de arcilla deberá tener un espesor mínimo de 90 cm y una conductividad hidráulica no superior a 10-7 cm/seg, pudiendo la Autoridad Sanitaria aprobar la utilización de un material arcilloso con espesores y conductividad hidráulica distintos, los que en todo caso deberán garantizar un nivel de impermeabilización igual o superior. En el caso de utilizarse membranas de arcilla geosintética la conductividad hidráulica máxima deberá ser de 5 x 10-9cm/s.

d) Cada capa de material de drenaje estará constituida por material pétreo de un espesor de 30 cm como mínimo y una conductividad hidráulica no inferior a 10-2 cm/s, pudiendo la Autoridad Sanitaria aprobar la utilización de un material con espesores y conductividad hidráulica distintos, los que en todo caso deberán garantizar una capacidad de conducción de lixiviados igual o superior.

e) Las capas impermeables y la barrera de arcilla deberán poseer en la sección de fondo una pendiente no inferior al 2% hacia el punto de recolección de los lixiviados.

f) Deberán ser diseñados para operar con cargas hidráulicas no superiores a 30 centímetros.

g) Las capas impermeables deberán ser instaladas en una fundación o base soportante que no dañe el material impermeabilizante y que resista los gradientes de presión que pudieran producirse sobre o bajo ella, debiendo preverse posibles asentamientos, compresión o levantamiento eventual del terreno donde esté ubicado el relleno.

h) Cuando se utilicen membranas sintéticas toda unión y/o soldadura de ésta impermeabilización deberá ser sometida a ensayos de control de calidad de acuerdo a los procedimientos recomendados por el fabricante. La colocación de la arcilla y de las membranas de impermeabilización, deberán ser certificadas por un laboratorio de ensayo de materiales.

i) Todos los elementos y materiales que conforman el sistema de impermeabilización y drenaje deberán estar diseñados para operar incluso bajo condiciones de cargas estáticas y dinámicas generadas en el relleno de seguridad durante su construcción, operación y cierre.

j) El drenaje del relleno deberá impedir toda obstrucción por arrastre de material o por la aparición de microorganismos que dificulten el escurrimiento de los lixiviados, debiéndose contemplar la posibilidad de limpiar las tuberías obstruidas en cualquier momento de la operación de la instalación o del período de control posterior al cierre.

El sistema de impermeabilización señalado en este artículo se encuentra esquematizado en el Artículo 91 de este Reglamento, para servir como modelo referencial.

Artículo 59.- El relleno de seguridad deberá tener un Plan de Operación que contemple al menos los siguientes aspectos:

a) Recepción, muestreo, análisis y criterios de aceptación de los residuos peligrosos.
b) Rutas de acceso a las celdas en operación.
c) Tránsito de vehículos.
d) Descarga de los residuos.
e) Construcción de las celdas.
f) Cubrimiento de los residuos.
g) Tratamiento previo a la disposición de residuos especiales.
h) Cotas finales del relleno.

Artículo 60.- No se podrán eliminar en rellenos de seguridad los siguientes residuos peligrosos:

a) Residuos que se encuentren en estado líquido o de líquidos envasados en contenedores o de residuos que evidencien la presencia de líquidos libres de acuerdo al ensayo Paint Liquid Filter Test de EPA, a menos que hayan sido sometidos a procesos de fijación y/o solidificación del líquido.
b) Residuos inflamables, reactivos y/o corrosivos.
c) Aceites residuales.
d) Gases comprimidos residuales.
e) Cenizas volátiles y polvos finos respirables, a menos que hayan sido sometidos a un proceso de solidificación y/o encapsulamiento.
f) Residuos tóxicos que liberen vapores tóxicos a temperatura ambiente.
g) Envases o recipientes vacíos a menos que hayan sido acondicionados para evitar futuros asentamientos.
h) Residuos que contengan dioxinas y furanos.
i) Bifenilos policlorados.
j) Residuos que puedan afectar la integridad de las barreras de impermeabilización de la instalación o que puedan reaccionar químicamente con ellas.
k) Residuos incompatibles en una misma celda.

Artículo 61.- El proyecto a que se refiere el artículo 44, en el caso de rellenos de seguridad deberá considerar un sistema de monitoreo de la calidad de las aguas subterráneas, que consulte un número suficiente de pozos instalados en sitios y profundidades adecuadas, para extraer muestras representativas del acuífero superior. Para efectos de analizar los resultados del monitoreo, previo a la puesta en marcha del relleno, se deberá hacer una completa caracterización de dichas aguas que servirá de patrón de referencia.

El número, distancia y profundidad de tales pozos deberán ser determinados en base a estudios técnicos específicos sobre el sitio, que provean una acabada caracterización del acuífero, caudal y variaciones estacionales del flujo. En todo caso, deberá existir al menos un pozo aguas arriba del relleno y uno aguas abajo de éste.

El monitoreo de las aguas subterráneas deberá entregar información sobre la concentración de todos los Parámetros señalados en el Artículo 92 del presente reglamento. En todo caso, se podrá proponer a la Autoridad Sanitaria la eliminación de alguno de tales parámetros en función de su inexistencia en los residuos depositados o de la imposibilidad de que ellos se formen a partir de éstos residuos. La frecuencia mínima del monitoreo deberá ser de una muestra por pozo cada 6 meses.

Artículo 62.- Todo relleno de seguridad en que se generen líquidos lixiviados deberá cumplir con las normas vigentes sobre residuos industriales líquidos, en caso contrario deberá contemplar una planta de tratamiento de lixiviados, conectada al sistema de recolección de éstos líquidos. En caso de que la planta de tratamiento genere efluentes, éstos deberán cumplir con dichas normas. El material generado y/o removido por estas plantas, deberá ser manejado como un residuo peligroso.

Artículo 63.- Se deberá mantener un registro de los residuos peligrosos depositados en el relleno de seguridad, disponible para su verificación por la Autoridad Sanitaria. Este registro será entregado a dicha Autoridad al momento del cierre de la instalación. El registro deberá contener al menos la siguiente información:

a) Fecha de recepción, industria o lugar de procedencia y fecha de disposición.
b) Características de peligrosidad del residuo.
c) Cantidad, peso y volumen.
d) Características físico-químicas.
e) Tratamiento al que fue sometido antes de la disposición, cuando corresponda.
f) Ubicación en la celda en que fue dispuesto.

Artículo 64.- Los residuos deberán ser cubiertos al final de la jornada diaria de trabajo con una capa de tierra no menor de 15 centímetros de espesor. Si una celda no va a ser utilizada en el plazo de una semana, ésta deberá ser cubierta con una capa de 30 centímetros de espesor mínimo.

La Autoridad Sanitaria podrá autorizar el uso de materiales alternativos siempre que su utilización signifique igual o superior protección para la salud de los trabajadores de la instalación y de la población en general. Además, en base a antecedentes técnicamente justificados, se podrá solicitar a dicha Autoridad Sanitaria una frecuencia inferior de cobertura.

Artículo 65.- Cuando se dispongan en un mismo relleno residuos incompatibles, se deberán disponer en celdas separadas físicamente por un sistema de impermeabilización en los términos establecidos en el artículo 58. Además, se deberá contar con una adecuada distribución de las celdas, de tal forma que se eviten riesgos por contacto de lixiviados provenientes de residuos incompatibles.

Artículo 66.- Al completarse la vida útil de las celdas, se deberá proceder a impermeabilizar su superficie superior con una barrera de arcilla de 30 cm de espesor y una conductividad hidráulica no superior a 10-7 cm/seg, sobre la cual se colocará una membrana sintética de al menos 0,75 mm de espesor. Además, se deberá contemplar una capa de material drenante, la que se colocará sobre la membrana sintética, debiendo tener un espesor de al menos 30 cm y una conductividad hidráulica no inferior a 10-2 cm/seg y finalmente, se deberá colocar una capa de suelo natural de un espesor mínimo de 60 cm. La superficie final deberá tener una pendiente con dirección apropiada no menor a un 2% ni mayor a un 5%.

La Autoridad Sanitaria podrá aprobar la utilización de materiales con espesor y conductividad hidráulica distintos, los que en todo caso deberán garantizar un nivel de impermeabilización o drenaje, según corresponda, igual o superior.

Artículo 67.- El Plan de Cierre de un relleno de seguridad deberá contemplar los siguientes cuidados y controles especiales por un período de al menos 20 años:

a) Mantener la integridad de la cobertura y de los sistemas de drenaje superficiales.

b) Mantener y operar los sistemas de monitoreo de aguas subterráneas.

c) Mantener y operar los sistemas de recolección y tratamiento de líquidos lixiviados mientras estos se produzcan.

d) Mantener y operar el sistema de control y monitoreo de gases.

e) Mantener el cierre y el control de acceso de personas ajenas al relleno de seguridad.

f) Colocar y mantener señalización indicando que el sitio fue utilizado para la disposición de residuos peligrosos.

g) Mantener la superficie del relleno libre de especies vegetales arbóreas o de raíces profundas que puedan afectar las barreras de impermeabilización.

PÁRRAFO IV
DE LA INCINERACIÓN

Artículo 68.- Toda Instalación destinada a la incineración de residuos peligrosos deberá contar con un proyecto previamente aprobado por la Autoridad Sanitaria.

La operación de todo incinerador deberá ajustarse a lo establecido en el presente reglamento y a las condiciones especiales que fijará la Autoridad Sanitaria al momento de otorgar la respectiva autorización de instalación.

En dicha autorización, la Autoridad Sanitaria determinará los tipos y las cantidades de residuos peligrosos que podrán tratarse en la Instalación, así como su capacidad total.

La autorización se otorgará únicamente si en el respectivo proyecto se demuestra:

a) que los quemadores estarán colocados de forma de producir la mayor destrucción posible de los residuos,

b) que los residuos se incorporarán de manera de obtener el mayor grado de destrucción posible,

c) se cumplirán las normas de emisión vigentes.

La Autoridad Sanitaria determinará para los residuos que podrán ser incinerados, sus flujos de masa y sus valores caloríficos máximos y mínimos y su contenido máximo de sustancias peligrosas, tales como bifenilos policlorados, pentaclorofenol, cloro, flúor, azufre y metales pesados. Determinará así mismo las condiciones límites de operación bajo las cuales éstos no podrán ser incinerados.

Artículo 69.- La operación de la Instalación de Incineración deberá cumplir en todo momento con las normas de emisión vigentes.

Artículo 70.- Las instalaciones de incineración deberán ser operadas de modo que se obtenga un grado de incineración tal que el contenido de carbono orgánico total (COT) de las escorias y de las cenizas del hogar sea inferior al 3%,en peso, o que su pérdida al fuego sea inferior al 5% del peso seco de la muestra. Si para ello fuese necesario, se deberán emplear técnicas adecuadas de tratamiento de los residuos previo a su incineración.

Artículo 71.- Estas Instalaciones serán diseñadas y equipadas de modo de garantizar que la temperatura de los gases derivados de la incineración se eleve, tras la última inyección de aire de combustión, de manera controlada y homogénea e incluso en las condiciones más desfavorables, hasta por lo menos 850 oC, alcanzados en o cerca de la pared interna de la cámara de combustión, como mínimo durante 2 segundos, con un mínimo de 11% de oxígeno en el caso de residuos sólidos y de 3% en el caso de residuos líquidos y gaseosos. En el caso de la incineración de residuos peligrosos que contengan más del 1 % de cloro, expresado como porcentaje en masa, la temperatura deberá elevarse hasta por lo menos 1.100 oC.

Artículo 72.- Las Instalaciones de Incineración estarán equipadas con quemadores que se pongan en marcha automáticamente cuando la temperatura de los gases de combustión, tras la última inyección de aire, descienda por debajo de las temperaturas mínimas señaladas en el artículo 71. Asimismo, se utilizarán dichos quemadores durante la operación de puesta en marcha y de detención de la instalación a fin de asegurarse que esas temperaturas se mantienen mientras haya residuos no incinerados en la cámara de combustión. Durante la puesta en marcha o la parada, o cuando la temperatura de los gases de combustión descienda por debajo de las temperaturas mínimas señaladas, los quemadores no podrán alimentarse con residuos combustibles que puedan causar emisiones mayores que las producidas por la quema del combustible auxiliar utilizado en la instalación.

Artículo 73.- Será obligatorio disponer de un sistema para impedir la incorporación de residuos peligrosos durante la puesta en marcha del incinerador, cuando no se haya alcanzado las temperaturas mínimas de incineración señaladas en el artículo 71, cuando en el proceso de incineración no se mantengan tales temperaturas o cuando se sobrepasen los límites de emisión permitidos.

Artículo 74.- El diseño de una Instalación de Incineración deberá contemplar una chimenea y los demás equipos que sean necesarios para asegurar que las emisiones a nivel del suelo no provoquen una contaminación que ponga en riesgo la salud.

Artículo 75.- En caso de que las mediciones efectuadas indiquen que se ha sobrepasado lo establecido en una norma primaria de emisión, se informará de inmediato a la Autoridad Sanitaria las causas del incumplimiento y las medidas correctivas para superarlas.

PÁRRAFO V
DE LA ELIMINACIÓN EN MINAS SUBTERRÁNEAS

Artículo 76.- Cuando la eliminación de residuos peligrosos se haga en minas subterráneas, el proyecto a que se refiere el artículo 44 deberá considerar, además, las siguientes exigencias especiales:

a) No se podrán utilizar minas subterráneas que se encuentren en uso o abandonadas en las que exista la posibilidad de aparición de gases que puedan formar mezclas explosivas o reaccionar con los residuos y/o que estén sujetas a filtraciones de agua, tanto durante la operación de la Instalación de Eliminación de residuos peligrosos como después de su abandono.

b) Deberán acompañarse estudios técnicos que garanticen que la mina tiene estabilidad estructural y que el material existente en ella bajo ninguna circunstancia reaccionará con los residuos.

c) Se deberá disponer de una ventilación forzada que garantice un ambiente de aire fresco en los lugares de trabajo de su interior. d) Los gases de ventilación que salen de la instalación deben cumplir con las normas de emisión vigentes.

Artículo 77.- No se podrán manejar al interior de minas subterráneas dos o más residuos peligrosos incompatibles ni los siguientes residuos peligrosos:

a) Residuos que se encuentren en estado líquido o de líquidos envasados en contenedores o de residuos que evidencien la presencia de líquidos libres de acuerdo al ensayo Paint Liquid Filter Test de EPA, a menos que hayan sido sometidos a procesos de fijación y/o solidificación del líquido.

b) Residuos inflamables, reactivos y/o corrosivos,

c) Aceites residuales,

d) Gases comprimidos residuales,

e) Residuos que contengan Dioxinas y/o furanos,

f) Cenizas volátiles y polvos finos respirables, a menos que hayan sido sometidos a un proceso de solidificación y/o encapsulamiento.

g) Residuos tóxicos que liberen vapores tóxicos a temperatura ambiente.

h) Bifenilos policlorados,

i) Residuos tóxicos, a menos que hayan sido sometidos a un proceso de encapsulamiento y/o solidificación.

PÁRRAFO VI
DE LA ELIMINACIÓN DE RESIDUOS ESPECIALES

Artículo 78.- La eliminación de los residuos de la categoría III.4 del artículo 18, "Suelos o materiales resultantes de faenas de movimientos de tierras contaminadas por alguno de los constituyentes listados en la Categoría II", podrá realizarse en el mismo lugar en que se encuentren ubicados a través de sistemas de disposición de carácter especial que serán autorizados por la Autoridad Sanitaria en base a la evaluación de riesgo que ésta haga para cada caso.

Para estos efectos el interesado deberá presentar un proyecto específico que asegure el control de todos los riesgos que puedan afectar la salud de la población. La Autoridad Sanitaria podrá fijar las restricciones de uso a que quedarán sometidos estos suelos así como los procedimientos de monitoreo y mantención a que dichos sitios deberán ser sometidos.

Los sistemas propuestos deberán garantizar la retención, inmovilización, aislamiento o solidificación de los residuos o, en su defecto, su tratamiento, de tal manera de minimizar la migración de los contaminantes al medio ambiente.

Además, el proyecto deberá contar con un detallado plan de las operaciones incluyendo todos los controles necesarios para evitar la dispersión o migración de contaminantes a través del suelo, el aire o el agua, que puedan significar un riesgo para la salud y/o seguridad de la población y de los trabajadores que participen en el manejo de estos residuos.

Artículo 79.- La eliminación de residuos mineros masivos caracterizados como peligrosos por presentar toxicidad extrínseca conforme a lo señalado en el artículo 23, podrá realizarse igualmente a través de sistemas de disposición final de carácter especial autorizados por la Autoridad Sanitaria bajo las mismas condiciones señaladas en el artículo anterior.

TÍTULO VII
DEL SISTEMA DE DECLARACIÓN Y SEGUIMIENTO DE RESIDUOS PELIGROSOS

Artículo 80.- Los tenedores de residuos peligrosos quedan sujetos a un Sistema de Declaración y Seguimiento de tales residuos, válido para todo el país, que tiene por objeto permitir a la autoridad sanitaria disponer de información completa, actual y oportuna sobre la tenencia de tales residuos desde el momento que salen del establecimiento de generación hasta su recepción en una instalación de eliminación.

Corresponderá a la Autoridad Sanitaria, en su respectivo territorio, implementar el sistema referido ajustándose a las normas del presente título y a las instrucciones que imparta el Ministerio de Salud.

Artículo 81.- Desde que un residuo peligroso sale del establecimiento de generación deberá estar permanentemente acompañado del Documento de Declaración que corresponde emitir al generador.

Será responsable del cumplimiento del presente artículo el actual tenedor de los residuos sin perjuicio de otras responsabilidades.

Artículo 82.- Corresponderá al Ministerio de Salud establecer, mediante resolución, el diseño, contenido y características del documento de declaración.

Artículo 83.- Para el debido funcionamiento del Sistema de Declaración y Seguimiento los generadores, transportistas y destinatarios tendrán las siguientes obligaciones:

1.- El Generador:

a) Deberá llenar el documento con letra legible consignando todos los datos e informaciones que se le requieren en su calidad de generador.

b) Deberá retener para si la copia 5 por un período mínimo de 2 años.

c) Deberá remitir a la Autoridad Sanitaria respectiva la copia 4.

d) Deberá entregar al Transportista, al momento de la carga, el original y las 3 copias restantes.

2.- El Transportista:

a) Deberá verificar que la información del Documento de Declaración guarde conformidad con la entrega.

b) Deberá completar con letra legible, la información correspondiente al Transportista.

c) Firmar el original y las 5 copias del Documento.

d) Deberá retener para si la copia 3 y conservarla por un período mínimo de 2 años.

e) Deberá entregar al Destinatario el original y las copias 1 y 2.

3.- El Destinatario:

a) Deberá completar con letra legible, la información correspondiente al Destinatario.

b) Deberá firmar el Documento original y las copias 1, 2 y 3.

c) Deberá mantener para si la copia 2 del Documento y conservarla por un período mínimo de 2 años.

d) Deberá enviar al Generador la copia 1 dentro de las 24 horas siguientes a la recepción de los residuos. e) Remitir el original a la Autoridad Sanitaria respectiva, dentro del mismo plazo.

Artículo 84.- Las disposiciones del presente Título no serán aplicables al transporte de residuos peligrosos no superiores a 6 kilogramos de residuos tóxicos agudos y a 2 toneladas de residuos peligrosos que presente cualquier otra característica de peligrosidad.

TÍTULO VIII
DE LAS SANCIONES Y PROCEDIMIENTOS

Artículo 85.- Las infracciones a las disposiciones del presente reglamento serán sancionadas por la Autoridad Sanitaria, previa instrucción del respectivo sumario sanitario, en conformidad con lo establecido en el Libro X del Código Sanitario.

TÍTULO IX
DISPOSICIONES COMPLEMENTARIAS Y REFERENCIALES

Artículo 86.- Las operaciones de eliminación a las que pueden someterse los residuos peligrosos serán solamente las que señalan a continuación:

A) Operaciones que no pueden conducir a la recuperación de recursos, el reciclaje, la regeneración, el reuso u otros usos

A.1 Depósito permanente dentro o sobre la tierra (por ejemplo: en minas subterráneas)

A.2 Tratamiento en el suelo (por ejemplo: biodegradación de desperdicios líquidos o lodos en el suelo, etc)

A.3 Rellenos de seguridad

A.4 Tratamiento biológico no especificado en otra operación de este artículo que de lugar a compuestos o mezclas finales que se eliminen mediante cualquiera de las operaciones indicadas en esta tabla.

A.5 Tratamiento físico químico no especificado en otra operación de este artículo que de lugar a compuestos o mezclas finales que se eliminen mediante cualquiera de las operaciones indicadas en esta tabla (por ejemplo evaporación, secado, calcinación, neutralización, precipitación, etc.)

A.6 Incineración en tierra

A.7 Almacenamiento de residuos por períodos prolongados

B) Operaciones que pueden conducir a la recuperación de recursos, el reciclaje, la regeneración, el reuso u otros usos.

B.1 Utilización como combustible, que no sea la incineración directa, u otros medios de generar energía.

B.2 Recuperación o regeneración de solventes.

B.3 Reciclaje o recuperación de sustancias orgánicas que no se utilizan como solventes.

B.4 Recuperación o regeneración de metales y compuestos metálicos.

B.5 Reciclaje o recuperación de otras materias inorgánicas.

B.6 Regeneración de ácidos o bases.

B.7 Recuperación de componentes utilizados para reducir la contaminación.

B.8 Recuperación de componentes provenientes de catalizadores.

B.9 Recuperación o reutilización de aceites usados.

B.10 Tratamiento de suelos en beneficio de la agricultura o el mejoramiento ecológico.

B.11 Utilización de residuos peligrosos resultantes de cualquiera de las operaciones numeradas de B.1 a B.10.

B.12 Intercambio de residuos para someterlos a cualquiera las operaciones numeradas de B.1 a B.11.

Artículo 87.- Para los efectos del presente reglamento, regirá la siguiente Tabla de Incompatibilidades:

TABLA DE INCOMPATIBILIDADES

GRUPO A-1

- Lodo de acetileno
- Líquidos fuertemente alcalinos
- Líquidos de limpieza alcalinos
- Líquidos alcalinos corrosivos
- Líquido alcalino de batería
- Aguas residuales alcalinas
- Lodo de cal y otros álcalis corrosivos
- Soluciones de cal
- Soluciones cáusticas gastadas

GRUPO B-1

- Lodos ácidos
- Soluciones ácidas
- Ácidos de batería
- Líquidos diversos de limpieza
- Electrólitos ácidos
- Líquidos utilizados para grabar metales
- Componentes de líquidos de limpieza
- Baños de decapado y otros ácidos corrosivos
- Ácidos gastados
- Mezcla de ácidos residuales
- Ácido sulfúrico residual

Efectos de la mezcla de residuos del GRUPO A-1 con los del GRUPO B-1: generación de calor, reacción violenta.

GRUPO A-2

- Residuos de asbesto
- Residuos de berilio
- Embalajes vacíos contaminados con plaguicidas
- Residuos de plaguicidas
- Otras sustancias tóxicas

GRUPO B-2

- Solventes de limpieza de componentes electrónicos
- Explosivos obsoletos
- Residuos de petróleo
- Residuos de refinerías
- Solventes en general
- Residuos de aceite y otros residuos inflamables y explosivos

Efectos de la mezcla de residuos del GRUPO A-2 con los del GRUPO B-2: emisión de sustancias tóxicas en caso de fuego o explosión.

GRUPO A-3

- Aluminio
- Berilio
- Calcio
- Litio
- Potasio
- Sodio
- Zinc en polvo, otros metales reactivos e hidruros metálicos

GRUPO B-3

- Residuos del GRUPO A-1 o B-1

Efectos de la mezcla de residuos del GRUPO A-3 con los del GRUPO B-3: fuego o explosión, generación de hidrógeno gaseoso inflamable.

GRUPO A-4

- Alcoholes
- Soluciones acuosas en general

GRUPO B-4

- Residuos concentrados de los GRUPOS A-1 o B-1
- Calcio
- Litio
- Hidruros metálicos
- Potasio
- SO2Cl2, SOCl2, PCl3, CHSiCl3 y otros residuos reactivos con agua

Efectos de la mezcla de residuos del GRUPO A-4 con los del GRUPO B-4: Fuego, explosión o generación de calor, generación de gases inflamables o tóxicos.

GRUPO A-5	GRUPO B-5
– Alcoholes	– Residuos del GRUPO A-1 o B-1
– Aldehídos	– Residuos del GRUPO A-3
– Hidrocarburos halogenados	
– Hidrocarburos nitrados y otros compuestos reactivos, y solventes	
– Hidrocarburos insaturados	

Efectos de la mezcla de residuos del GRUPO A-5 con los del GRUPO B-5: fuego, explosión o reacción violenta.

GRUPO A-6	GRUPO B-6
– Soluciones gastadas de cianuros o sulfuros	– Residuos del GRUPO B-1

Efectos de la mezcla de residuos del GRUPO A-6 con los del GRUPO B-6: fuego, explosión o reacción violenta.

GRUPO A-7	GRUPO B-7
– Cloratos y otros oxidantes fuertes	– Ácido acético y otros ácidos orgánicos
– Cloro	– Ácidos minerales concentrados
– Cloritos	– Residuos del GRUPO B-2
– Ácido crómico	– Residuos del GRUPO A-3
– Hipocloritos	– Residuos del GRUPO A-5 y otros residuos combustibles inflamables
– Nitratos	
– Ácido nítrico humeante	
– Percloratos	
– Permanganatos	
– Peróxidos	

Efectos de la mezcla de residuos del GRUPO A-7 con los del GRUPO B-7: fuego, explosión o reacción violenta.

Artículo 88.- Las siguientes sustancias químicas son sustancias tóxicas agudas:

No RP	No CAS	Sustancia Química
P001	{1} 81-81-2	Cumafeno y sus sales, cuando está presente en concentraciones mayores al 0,3%
P001	{1} 81-81-2	4-Hidroxi-3-(3-oxo-1-fenilbutil)-2H-1-benzopiren-2-ona, y sus sales, cuando está presente en concentraciones mayores al 0,3%
P001	{1} 81-81-2	Warfarin y sus sales, cuando está presente en concentraciones mayores al 0,3%
P002	591-08-2	1-Acetil-2- Tiourea
P002	591-08-2	N-(Aminotioxometil)-Acetamida
P003	107-02-8	Acroleína
P003	107-02-8	2-Propenal
P004	309-00-2	1,4,4a,5,8,8a-hexahidro-1,2,3,4,10,10-hexacloro-1,4,4a5,8,8a,-hexahidro-1alfa, 4alfa, 4abeta, 5alfa, 8alfa, 8abeta- 1,4,5,8-Dimetanonaftaleno

P004	309-00-2	Aldrin
P005	107-18-6	Alil alcohol
P005	107-18-6	2-Propen-1-ol
P006	20859-73-8	Fosfuro de aluminio (R, T)
P007	2763-96-4	5-(Aminometil)-3-isoxazolol
P007	2763-96-4	5-(Aminometil)-3(2H)-isoxazolona
P008	504-24-5	4-Piridinamina
P008	504-24-5	4-Aminopiridina
P009	131-74-8	2,4,6-Trinitrofenol, sal de amonio (R)
P009	131-74-8	Picrato de amonio (R)
P010	7778-394-4	Ácido arsénico H3AsO4
P011	1303-28-2	Pentóxido de arsénico
P011	1303-28-2	Oxido de arsénico As2O5
P012	1327-53-3	Oxido de arsénico As2O3
P012	1327-53-3	Trióxido de arsénico
P013	542-62-1	Cianuro de bario
P014	108-98-5	Bencenotiol
P014	108-98-5	Tiofenol
P015	7440-41-7	Berilio
P016	542-88-1	Diclorometil éter
P016	542-88-1	Oxi bis clorometano
P017	598-31-2	Bromoacetona
P017	598-31-2	1-Bromo-2-propanona
P018	357-57-3	Brucina
P018	357-57-3	2,3-Dimetoxi estricnidin-10-ona
P020	88-85-7	Dinoseb
P020	88-85-7	2-(1-metilpropil)-4,6-dinitrofenol
P021	592-01-8	Cianuro de calcio
P021	592-01-8	Cianuro de calcio Ca(CN)2
P022	75-15-0	Disulfuro de carbono
P023	107-20-0	Cloroacetaldehido
P024	106-47-8	4-Clorobencenamina
P024	106-47-8	p-Cloroanilina
P026	5344-82-1	2-Clorofenil-tiurea
P026	5344-82-1	1-(-o-Chlorophenyl)thiourea
P027	542-76-7	3-Cloropropionitrilo
P027	542-76-7	3-Cloro-propanonitrilo
P028	100-44-7	Clorometilbenceno
P028	100-44-7	Cloruro de bencilo
P029	544-92-3	Cianuro de cobre CuCN
P029	544-92-3	Cianuro de cobre
P030	---	Cianuros (sales solubles de cianuro), no especificado de otra forma
P031	460-19-5	Cianógeno
P031	460-19-5	Etanodinitrilo
P033	506-77-4	Cloruro de cianógeno
P033	506-77-4	Cloruro de cianógeno (CN)Cl
P034	131-89-5	2-Ciclohexil-4,6-dinitrofenol
P036	696-28-6	Diclorofenilarsina

P037	60-57-1	1a, 2, 2a, 3, 6, 6a, 7, 7a-octahidro (1a alfa, 2 beta, 2a alfa, 3 beta,6beta, 6aalfa,7beta,7aalfa)- 3,4,5,6,9,9-hexacloro- 2,7:3,6- dimetanonaft [2,3-b] oxireno
P037	60-57-1	Dieldrin
P038	692-42-2	Dietil arsina
P039	298-04-4	Disulfotón
P039	298-04-4	Ácido fosforoditioco, 0,0- dietil S-[2-(etiltio) etil] éster
P040	297-97-2	0,0- Dietil 0-piracinil fosforotioato
P040	297-97-2	Ácido fosforotioico, 0,0-dietil 0-piracinil éster
P041	311-45-5	Dietil-p-nitrofenil fosfato
P041	311-45-5	Ácido fosfórico, dietil 4- nitrofenil éster
P042	51-43-4	4-[1-Hidroxi-2-(metilamino) etil]-1, 2-bencenodiol (R)
P042	51-43-4	Epinefrina
P043	55-91-4	Diisopropilfluorofosfato (DFP)
P043	55-91-4	Ácido fosforofluorhídrico, bis (1-metiletil) éster
P044	60-51-5	Ácido fosforoditioico, 0,0- dimetil S-[2-(metilamino)-2-oxoetil] éster
P044	60-51-5	Dimetoato
P045	39196-18-4	Tiofanox
P045	39196-18-4	3,3-dimetil-1-(metiltio)-0-[(metilamino)carbonil]oxima-2 butanona
P046	122-09-8	Alfa, alfa, dinetilfenetilamina
P046	122-09-8	Alfa, alfa-dimetil-bencenoetanoamina
P047	{1} 534-52-1	2-Metil-4,6-dinitrofenol y sus sales
P047	{1} 534-52-1	4,6-Dinitro-o-cresol y sus sales
P048	51-28-5	2,4- Dinitrofenol
P049	541-53-7	Diamida tioimidodicarbónico [(H2N) C(S)]2NH
P049	541-53-7	Ditiobiuret
P050	115-29-7	Endosulfan
P050	115-29-7	3-oxido-1,5,5a,6,9,9a-hexahidro- 6,7,8,9,10,10-hexacloro-6,9- metano- 2,4,3,-benzodioxatiapin
P051	72-20-8	Endrin
P051	72-20-8	Endrin y metabolitos
P051	{1} 72-20-8	1a, 2, 2a, 3, 6, 6a, 7, 7a, -octahidro- (1aalfa,2beta,2abeta, 3alfa, 6alfa,6abeta,7beta,7aalfa)- 3,4,5,6,9,9-exacloro-2,7:3,6- Dimetanonaft [2,3-b]oxireno, y metabolitos
P054	151-56-4	Etilenimina
P054	151-56-4	Aziridina
P056	7782-41-4	Flúor
P057	640-19-7	Fluoroacetamida
P057	640-19-7	2-Fluoroacetamida
P058	62-74-8	Ácido fluoroacético, sal de sodio
P059	76-44-8	3a,4,7,7a-tetrahidro- 1,4,5,6,7,8,8heptacloro-4,7-Metano- 1H-indeno
P059	76-44-8	Heptaclor
P060	465-73-6	1,4,4a,5,8,8a-hexahidro, (1alfa,4alfa,4abeta,5beta,8beta, 8abeta)-1,2,3,4,10,10-hexacloro- 1,4,5,8-Dimetanonaftaleno
P060	465-73-6	Isodrín
P062	757-58-4	Ácido tetrafosfórico, hexaetil éster
P062	757-58-4	Hexaetil tetrafosfato
P063	74-90-8	Cianuro de hidrógeno

P063	74-90-8	Ácido hidrociánico
P064	624-83-9	Isocianato de metano
P064	624-83-9	Isocianato de metilo
P065	628-86-4	Fulminato de mercurio (R,T)
P065	628-86-4	Ácido fulmínico, sal de mercurio (2+) (R,T)
P066	16752-77-8	Metomyl
P066	16752-77-8	Ácido N-[[(metilamino)carbonil] oxi]-metil éster etanimidotioico
P067	75-55-8	1,2-Propilenimina
P067	75-55-8	2-Metil aziridina
P068	60-34-4	Metilhidrazina
P069	75-86-5	2-Hidroxi-2- metil- propanonitrilo
P069	75-86-5	2-Metil lactonitrilo
P070	116-06-3	2-metil-2-(metiltio)-0-[(metilamino) carbonil] oxima propanal
P070	116-06-3	Aldicarb
P071	298-00-0	Metil paratión
P071	298-00-0	Ácido fosforotióico, 0,0- dimetil 0-(4-nitrofenil) éster
P072	86-88-4	1-Naftalenil-tiurea
P072	86-88-4	Alfa-naftiltiourea
P073	13463-39-3	Carbonil de niquel Ni(CO)4 (T,R)
P074	557-19-7	Cianuro de niquel Ni(CN)2
P075	{1} 54-11-5	3-(1-metil-2-pirrolidinil)-piridina (S) y sales
P075	{1} 54-11-5	Nicotina y sus sales
P076	10102-43-9	Oxido nítrico
P077	100-01-6	4-Nitrobencenamina
P077	100-01-6	p-Nitroanilina
P078	10102-44-0	Dióxido de nitrógeno
P081	55-63-0	Nitroglicerina (R)
P082	62-75-9	N-Nitrosodimetilamina
P082	62-75-9	N-metil-N-nitroso-metanamina
P084	4549-40-0	N-Nitroso N-metilvinil amina
P084	4549-40-0	N-Metil-N-nitroso-vinilamina
P085	152-16-9	Octametil pirofosforamida
P085	152-16-9	Octametildifosforamida
P087	20816-12-0	Oxido de osmio OsO4, (T-4)
P087	20816-12-0	Tetraóxido de osmio
P088	145-73-3	Ácido 7-oxabiciclo [2,2,1] Heptano-2,3-dicarboxílico
P088	145-73-3	Endotal
P089	56-38-2	Paratión
P089	56-38-2	Ácido fosforotióico, 0,0-dietil 0-(4-nitrofenil) éster
P092	62-38-4	Mercurio, (acetato-0) fenil
P092	62-38-4	Acetato de fenil mercurio
P093	103-85-5	Feniltiourea
P094	298-02-2	Ácido fosforoditióico,0,0-dietil S-[2-(etiltio)etil] éster
P094	298-02-2	Forato
P095	75-44-5	Fosgeno
P095	75-44-5	Dicloruro carbónico
P096	7803-51-2	Fosfina
P096	7803-51-2	Fosfuro de hidrógeno

P097	52-85-7	Ácido fosforotióico, 0-[4- [(dimetilamino) sulfonil] fenil] 0,0-dimetil éster
P097	52-85-7	Famfur
P098	151-50-8	Cianuro de potasio K(CN)
P099	506-61-6	Argentato (1-), Bis (ciano -C), potasio
P099	506-61-6	Cianuro de plata y potasio
P101	107-12-0	Cianuro de etilo
P101	107-12-0	Propanonitrilo
P102	107-19-7	2-Propin-1-ol
P102	107-19-7	Propargil alcohol
P103	630-10-4	Selenoúrea
P104	506-64-9	Cianuro de plata Ag(CN)
P105	26628-22-8	Azida de sodio
P106	143-33-9	Cianuro de sodio Na(CN)
P108	{1} 57-24-9	Estricnina y sales
P108	{1} 57-24-9	Estricnidin -10- ona y sales
P109	3689-24-5	Ácido tiodifosfórico, tetraetil éster
P109	3689-24-5	Tetraetilditiopirofosfato
P110	78-00-2	Tetraetilo de plomo
P110	78-00-2	Tetraetil plumbano
P111	107-49-3	Ácido tetraetil ester difosfórico
P111	107-49-3	Tetraetilo pirofosfato
P112	509-14-8	Tetranitrometano (R)
P113	1314-32-5	Oxido de talio Tl2O3
P114	12039-52-0	Selenito de Talio (I)
P114	12039-52-0	Ácido selenioso, ditalio (1+) sal
P115	7446-18-6	Ácido sulfúrico, ditalio (1+) sal
P115	7446-18-6	Sulfato de Talio (I)
P116	79-19-6	Tiosemicarbazida
P116	79-19-6	Hidrazinacarbotioamida
P118	75-70-7	Triclorometanotiol
P119	7803-55-6	Vanadato de amonio
P119	7803-55-6	Ácido Vanádico, sal de amonio
P120	1314-62-1	Oxido de Vanadio V2O5
P121	557-21-1	Cianuro de cinc Zn(CN)2
P122	1314-84-7	Fosfuro de cinc Zn3P2, cuando está presente en concentraciones mayores al 10% (R,T)
P123	8001-35-2	Toxafeno

{1} Número CAS sólo para un compuesto congenere

Artículo 89.- Las siguientes sustancias químicas son sustancias tóxicas crónicas:

No RP	No CAS	Sustancia Química
F027	93-76-5	Ácido-(2,4,5-triclorofenoxi)-acético
F027	93-72-1	Silvex (2,4,5-TP)
F027	58-90-2	2,3,4,6-Tetraclorofenol
F027	95-95-4	2,4,5-Triclorofenol
F027	93-76-5	2,4,5-T

F027	88-06-2	2,4,6-Triclorofenol
F027	93-72-1	Ácido 2-(2,4,5-triclorofenoxi) propanoico
F027	95-95-4	2,4,5-Triclorofenol
F027	88-06-2	2,4,6-Triclorofenol
F027	87-86-5	Pentaclorofenol
U001	75-07-0	Acetaldehído (I)
U001	75-07-0	Etanal (I)
U002	67-64-1	2-Propanona (I)
U002	67-64-1	Acetona (I)
U003	75-05-8	Acetonitrilo (I,T)
U004	98-86-2	1-feniletanona
U004	98-86-2	Acetofenona
U005	53-96-3	2-Acetilaminofluoreno
U005	53-96-3	N-9H-fluoren-2 -il-acetamida
U006	75-36-5	Cloruro de acetilo (C,R,T)
U007	79-06-1	2-Propenamida
U007	79-06-1	Acrilamida
U008	79-10-7	Ácido acrílico (I)
U008	79-10-7	Ácido 2-propenoíco (I)
U009	107-13-1	2-Propenonitrilo
U009	107-13-1	Acrilonitrilo
U010	50-07-7	Mitomicin C
U010	50-07-7	1,1a,2,8,8a,8b-hexahidro-8a-metoxi-5- metil-[1a S-(1a alfa, 8 beta,8aalfa, 8balfa)]-6-amino-8-[[(aminocarbonil) oxi]metil]-azirino [2′,3′:3,4]pirrol [1,2-a]indol-4,7-diona
U011	61-82-5	Amitrole
U011	61-82-5	1H-1,2,4-Triazol-3-amina
U012	62-53-3	Anilina (I,T)
U012	62-53-3	Bencenamina (I,T)
U014	492-80-8	4,4′-carbonimidoil bis-[N,N-dimetil- bencenamina]
U014	492-80-8	Auramina
U015	115-02-6	Azaserina
U015	115-02-6	L-Serina, diazoacetato (ester)
U016	225-51-4	Benzo (c) acridina
U017	98-87-3	Cloruro de benzol
U017	98-87-3	Diclorometil-benceno
U018	56-55-3	Benzo (a) antraceno
U019	71-43-2	Benceno (I,T)
U020	98-0-9	Cloruro de bencensulfonilo (C,R)
U020	98-0-9	Ácido clorhídrico benzensulfónico (C,R)
U021	92-87-5	[1,1′-Bifenil]-4,4′-diamina
U021	92-87-5	Bencidina
U022	50-32-8	Benzo[a]pireno
U023	98-07-7	Benzotricloruro (C,R,T)
U023	98-07-7	Triclorometilbenceno
U024	111-91-1	1,1′-[metilen bis (oxi)] bis 2-cloro- etano
U024	111-91-1	Diclorometoxi etano
U025	111-44-4	1,1′-oxibis 2-cloro-etano

U025	111-44-4	Dicloroetil éter
U026	494-03-1	Clornafazin
U026	494-03-1	N,N'-bis (2-cloroetil)-Naftalenamina
U027	108-60-1	Dicloroisopropil éter
U027	108-60-1	2,2'-Oxibis (-2-cloro)-propano
U028	117-81-7	Ácido 1,2-bencenodicarboxílico, bis (2-etil-hexil) éster
U028	117-81-7	Ácido 1,2-becenodicarboxílico, dibutil éster
U028	117-81-7	Dietilhexil ftalato
U029	74-83-9	Bromometano
U029	74-83-9	Bromuro de Metilo
U030	101-55-3	4-Bromofenil fenil éter
U030	101-55-3	1-bromo-4-fenoxi-benceno
U031	71-36-3	1-Butanol (I)
U031	71-36-3	n-Butilalcohol (I)
U032	13765-19-0	Ácido crómico H2Cr04, sal de calcio
U032	13765-19-0	Cromato de calcio
U033	353-50-4	Difluoruro carbónico
U033	353-50-4	Oxifluoruro de carbono (R,T)
U034	75-87-6	Cloral
U034	75-87-6	Tricloro-acetaldehído
U035	305-03-3	Clorambucil
U035	305-03-3	Ácido-4-[bis(2-cloroetil)amino]- bencenbutanoíco
U036	57-74-9	hexahidro- 4,7-metano-1H- indeno, 1,2,4,5,6,7,8,8- octacloro-2,3,3a,4,7,7a-alfa, Clordano e isómeros gama
U036	57-74-9	Clordano, isómeros alfa y gama
U037	108-90-7	Clorobenceno
U038	510-15-6	Clorobencilato
U038	510-15-6	Ácido bencenacético, 4 cloro-alfa-(4- clorofe-nil)- alfa-hidroxi-etil éster
U039	59-50-7	4-Cloro-3-metil-fenol
U039	59-50-7	p-Cloro-m-cresol
U041	106-89-8	Epiclorhidrina
U041	106-89-8	Clorometil-oxirano
U042	110-75-8	2-Cloroetil vinil éter
U042	110-75-8	2-Cloroetoxietano
U043	75-01-4	Cloroeteno
U043	75-01-4	Cloruro de vinilo
U044	67-66-3	Cloroformo
U044	67-66-3	Triclorometano
U045	74-87-3	Clorometano (I,T)
U045	74-87-3	Cloruro de metilo (I,T)
U046	107-30-2	Clorometoximetano
U046	107-30-2	Clorometil metil éter
U047	91-58-7	beta-Cloronaftaleno
U047	91-58-7	2-Cloro-naftaleno
U048	95-57-8	2-Clorofenol
U048	95-57-8	o-Clorofenol
U049	3165-93-3	4-Cloro-2-metil-hidrocloruro de bencenamina
U049	3165-93-3	4-Cloro-o-toluidina, hidrocloruro

U050	218-01-9	Criseno
U051	---	Creosota
U052	1319-77-3	Metilfenol
U052	1319-77-3	Cresol (ácido cresílico)
U053	4170-30-3	Crotonaldehído
U053	4170-30-3	2-Butenal
U055	98-82-8	Cumeno (I)
U055	98-82-8	1-Metiletil-benceno (I)
U056	110-82-7	Hexahidrobenceno (I)
U056	110-82-7	Ciclohexano (I)
U057	108-94-1	Ciclohexanona (I)
U058	50-18-0	Ciclofosfamida
U058	50-18-0	2H,1,3,2-Oxazafosforin 2-amina,N,N- bis (2-cloroetil) tetrahidro, óxido
U059	20830-81-3	8acetil-10-[(3-amino-2,3,6-trideoxi)- alfa-1-ixo hexopiranosil) oxi]-7,8,9,10-tetrahidro-6,8,11- trihidroxi1metoxi-(8S-cis)-5,12-Naftacendiona
U059	20830-81-3	Daunomicin
U060	72-54-8	1,1'-(2,2-dicloroetilideno) bis(4- clorobenceno)
U060	72-54-8	DDD
U061	50-29-3	DDT
U061	50-29-3	1,1'-(2,2,2-Tricloroetilindeno) bis 4-cloro-benceno
U062	2303-16-4	Dialato
U062	2303-16-4	Ácido carbamotióco, bis (1- metiletil)-,S-(2,3-dicloro-2- propenil) éster
U063	53-70-3	Dibenzo [a,h] antraceno
U064	189-55-9	Dibenzo [a,i] pireno
U064	189-55-9	Benzo [rst] pentafeno
U066	96-12-8	1,2-Dibromo-3-cloropropano
U066	96-12-8	1,2-Dietil-hidracina
U067	106-93-4	1,2-Dibromo-etano
U067	106-93-4	Dibromuro de etileno
U068	74-95-3	Dibromometano
U068	74-95-3	Bromuro de metileno
U069	84-74-2	Dibutil ftalato
U070	95-50-1	1,2 Diclorobenceno
U070	95-50-1	o-Diclorobenceno
U071	541-73-1	m-Diclorobenceno
U071	541-73-1	1,3-Diclorobenceno
U072	106-46-7	1,4-Diclorobenceno
U072	106-46-7	p-Diclorobenceno
U073	91-94-1	3,3'-Diclorobencidina
U073	91-94-1	[1,1'-Bifenil]-4,4'-diamina, 3,3'- dicloro
U074	764-41-0	1,4-Dicloro-2-buteno (I,T)
U075	75-71-8	Diclorodifluorometano
U076	75-34-3	1,1-Dicloro-etano
U076	75-34-3	Dicloruro de etilideno
U077	107-06-2	Dicloruro de etileno
U077	107-06-2	1,2-Dicloroetano
U078	725-35-4	1,1-Dicloroeteno

U078	725-35-4	1,1-Dicloroetileno
U079	156-60-5	1,2-Dicloroeteno (E)
U079	156-60-5	1,2-Dicloroetileno
U080	75-09-2	Cloruro de metileno
U080	75-09-2	Diclorometano
U081	120-83-2	2,4-Diclorofenol
U082	87-65-0	2,6-Diclorofenol
U083	78-87-5	1,2-Dicloropropano
U083	78-87-5	Dicloruro de propileno
U084	542-75-6	1,3-Dicloropropeno
U084	542-75-6	1,3-Dicloro-1-propeno
U085	1464-53-5	2,2'-Bioxirano
U085	1464-53-5	1,2:3,4-Diepoxibutano (I,T)
U086	1615-80-1	N,N'-Dietilhidracina
U086	1615-80-1	1,2Dietilhidracina
U087	3288-58-2	Ácido foforoditióco,0,0-dietil S-metil éster
U087	3288-58-2	0,0-Dietil S-metil ditiofosfato
U088	84-66-2	Dietil ftalato
U088	84-66-2	Ácido 1,2-bencenodicarboxílico, dietil éster
U089	56-53-1	Dietilestilbesterol
U090	94-58-6	Dihidrosafrole
U091	119-90-4	3,3'- Dimetoxibencidina
U091	119-90-4	[1,1'-Bifenil] -4,4'-diamina, 3,3'- dimetoxi
U092	124-40-3	Dimetilamina (I)
U092	124-40-3	N-metil-metanamina (I)
U093	60-11-7	N,N-dimetil-4- (fenilazo)- bencenamina
U093	60-11-7	p-Dimetilaminoazobenceno
U094	57-97-6	7,12-Dimetilbenzo [a] Antraceno
U095	119-93-7	3,3'-Dimetilbencidina
U095	119-93-7	[1,1'-Bifenil] -4,4'-diamina,3,3'- dimetil
U096	80-15-9	1-Metil-1-feniletil-hidroperóxido (R)
U096	80-15-9	alfa, alfa-Dimetilbencil hidroperóxido (R)
U097	79-44-7	Dimetilcarbamoílo cloruro
U097	79-44-7	Dimetil cloruro carbámico
U098	57-14-7	1,1-Dimetilhidracina
U099	540-73-8	1,2-Dimetilhidracina
U101	105-67-9	2,4-Dimetilfenol
U102	131-11-3	Ácido 1,2-becenodicarboxílico, dimetil éster
U102	131-11-3	Dimetilftalato
U103	77-78-1	Ácido sulfúrico, dimetil éster
U103	77-78-1	Dimetil sulfato
U105	121-14-2	2,4-Dinitrotolueno
U105	121-14-2	1-Metil-2,4-dinitrobenceno
U106	606-20-2	2-Metil-1,3-dinitrobenceno
U106	606-20-2	2,6-Dinitrotolueno
U107	117-84-0	Di-n-octil ftalato
U107	117-84-0	Ácido 1,2-bencenodicarboxílico, dioctil éster
U108	123-91-1	1,4-Dietilenóxido

U108	123-91-1	1,4- Dioxano
U109	122-66-7	1,2 - Difenilhidracina
U110	142-84-7	Dipropilamina (I)
U110	142-84-7	N-Propil-1-propanamina (I)
U111	621-64-7	N-Nitroso-N-Propil-1-propanamina
U111	621-64-7	Di-n-propilnitrosamina
U112	141-78-6	Acetato de etilo (I)
U112	141-78-6	Ácido etil éster acético (I)
U113	140-88-5	Ácido 2-propenoíco, etil éster
U113	140-88-5	Acrilato de etilo (I)
U114	{1} 111-54-6	Ácido etilenbisditiocarbámico, sales y ésteres
U115	75-21-8	Oxido de etileno (I,T)
U115	75-21-8	Oxirano (I,T)
U116	96-45-7	2-Imidazolidinotiona
U116	96-45-7	Etilentiourea
U117	60-29-7	1,1'-oxibis-etano (I)
U117	60-29-7	Etil éter (I)
U118	97-63-2	Metacrilato de etilo
U118	97-63-2	Ácido 2-metil-2-propenoíco, etil éster
U119	62-50-0	Ácido metanosulfónico, etil éster
U119	62-50-0	Metanosulfanato de etilo
U120	206-44-0	Fluoranteno
U121	75-69-4	Tricloromonofluorometano
U121	75-69-4	Triclorofluorometano
U122	50-00-0	Formaldehído
U123	64-18-6	Ácido fórmico (C,T)
U124	110-00-9	Furfurano (I)
U124	110-00-9	Furano (I)
U125	98-01-1	2-Furancarboxaldehído (I)
U125	98-01-1	Furfural (I)
U126	765-34-4	Oxirancarboxilaldehído
U126	765-34-4	Glicidilaldehído
U127	118-74-1	Hexaclorobenceno
U128	87-68-3	Hexaclorobutadieno
U128	87-68-3	1,1,2,3,4,4-hexacloro-1,3- Butadieno
U129	58-89-9	1,2,3,4,5,6-hexacloro-(1alfa,2alfa,3beta,4alfa,5alfa,6beta)-ciclohexano
U129	58-89-9	Lindano
U130	77-47-4	Hexaclorociclopentadieno
U130	77-47-4	1,2,3,4,5,5-hexacloro-1,3- ciclopentadieno
U131	67-72-1	Hexacloroetano
U132	70-30-4	Hexaclorofeno
U132	70-30-4	2,2'-metilenbis [3,4,6-tricloro]- fenol
U133	302-01-2	Hidracina (R,T)
U134	7664-39-3	Ácido fluorhídrico (C,T)
U134	7664-39-3	Fluoruro de hidrógeno (C,T)
U135	7783-06-4	Sulfuro de hidrógeno H2S
U136	75-60-5	Oxido de hidroxidimetilarsina
U136	75-60-5	Ácido dimetil arsínico

U137	193-39-5	Indeno[1,2,3-cd] pireno
U138	74-88-4	Ioduro de metilo
U138	74-88-4	Iodometano
U140	78-83-1	2-Metil-1-propanol (I,T)
U140	78-83-1	Isobutil alcohol (I,T)
U141	120-58-1	Isosafrole
U142	143-50-0	Kepone
U142	143-50-0	1,1a,3,3a,4,5,5,5a,5b,6 Decaclorooctahidro-1,3,4-meteno- 2H- ciclobuta [cd] pentalen-2-ona
U143	303-34-4	Lasiocarpine
U144	301-04-2	Ácido acético, sal de plomo (2+)
U144	301-04-2	Acetato de plomo
U145	7446-27-7	Ácido fosfórico, plomo (2+) sal (2:3)
U145	7445-27-7	Fosfato de plomo
U146	1335-32-6	Subacetato de plomo
U146	1335-32-6	bis-(acetalo-0)-tetrahidroxitriplomo
U147	108-31-6	Anhídrido maleíco
U147	108-31-6	2,5-Furandiona
U148	123-33-1	Hidracida maleíca
U149	109-77-3	Malononitrilo
U149	109-77-3	Propanodinitrilo
U150	148-82-3	4-[bis(2-cloroetil) amino]-L- fenilalanina
U150	148-82-3	Melfalen
U151	7439-97-6	Mercurio
U152	126-98-8	2-Metil-2-propenonitrilo (I,T)
U152	126-98-8	Metacrilonitrilo (I,T)
U153	74-93-1	Tiometanol (I,T)
U153	74-93-1	Metanotiol (I,T)
U154	67-56-1	Metil alcohol
U154	67-56-1	Metanol (I)
U155	91-80-5	Metapirileno
U155	91-80-5	1,2-Etanodiamina, N,N-dimetil-N'-2- piridinil-N'-(2-tienilmetil)
U156	79-22-1	Ácido carbono clorhídrico, metil éster (I,T)
U156	79-22-1	Clorocarbonato de metilo (I,T)
U157	56-49-5	1,2-Dihidro-3-metil-benzo (J) aceantrileno
U157	56-49-5	3-Metilclorantreno
U158	101-14-4	4,4'-Metilenbis (2-cloroanilina)
U158	101-14-4	4,4'-metileno bis (2-cloro)- bencenamina
U159	78-93-3	2-Butanona (I,T)
U159	78-93-3	Metil etil cetona (I,T)
U160	1338-23-4	Metil etil cetona peróxido (R,T)
U160	1338-23-4	2-Butanona, peroxido (R,T)
U161	108-10-1	4-Metil-2-pentanona (1)
U161	108-10-1	4-metil-pentanol
U161	108-10-1	Metil isobutil cetona (I)
U162	80-62-6	Ácido-2-metil-2-propenoíco, metil éster (I,T)
U162	80-62-6	Metacrilato de metilo (I,T)
U163	70-25-7	MNNG

U163	70-25-7	N-Metil-N'-nitro-N-nitroso-guanidina
U164	56-04-2	Metiltiouracil
U165	91-20-3	Naftaleno
U166	130-15-4	1,4-Naftalendiona
U166	130-15-4	1,4-Naftoquinona
U167	134-32-7	1-Naftalenamina
U167	134-32-7	alfa-Naftilamina
U168	91-59-8	beta -Naftilamina
U168	91-59-8	2-Naftalenamina
U169	98-95-3	Nitrobenceno (I,T)
U170	100-02-7	p-Nitrofenol
U170	100-02-7	4-Nitrofenol
U171	79-46-9	2-Nitropropano (I,T)
U172	924-16-3	N-butil-N-nitroso-1-Butanamina
U172	924-16-3	N-Nitrosodi-n-butilamina
U173	1116-54-7	2,2'-(nitrosoimino) bis etanol
U173	1116-54-7	N-Nitrosodietanolamina
U174	55-18-5	N-Nitrosodietilamina
U174	55-18-5	N-etil-N-nitroso-etanamina
U176	759-73-9	N-etil-N-nitroso -urea
U176	759-73-9	N-Nitroso-N-etilurea
U177	684-93-5	N-Nitroso-N-metilurea
U177	684-93-5	N-metil-N-Nitroso-urea
U178	615-53-2	N-Nitroso-N-metiluretano
U178	615-53-2	Ácido carbámico, metil nitroso-, etil éster
U179	100-75-4	N-Nitrosopiperidina
U179	100-75-4	1-Nitrosopiperidina
U180	930-55-2	1-Nitroso-pirrolidina
U180	930-55-2	N-Nitrosopirrolidina
U181	99-55-8	2-metil-5-nitro-bencenamina
U181	99-55-8	5-Nitro-o-toluidina
U182	123-63-7	Paraldehído
U182	123-63-7	2,4,6-Trimetil-1,3,5-trioxano
U183	608-93-5	Pentaclorobenceno
U184	76-01-7	Pentacloroetano
U185	82-68-8	Pentacloronitrobenceno (PCNB)
U186	504-60-9	1-Metil butadieno (I)
U186	504-60-9	1,3-Pentadieno (I)
U187	62-44-2	N-(4-etoxifenil)-acetamida
U187	62-44-2	Fenacetín
U188	108-95-2	Fenol
U189	1314-80-3	Fosfuro de azufre (R)
U190	85-44-9	Anhídrido ftálico
U190	85-44-9	1,3-Isobenzofurandiona
U191	109-06-8	2-Picolina
U191	109-06-8	2-metil Pyridina
U192	23950-58-5	Pronamida
U192	23950-58-5	3,5-dicloro-N-(1,1- dimetil- 2- propinil)-benzamida

U193	1120-71-4	1,3-Propanosulfona
U193	1120-71-4	2,2-Dióxido-1,2-oxatiolano
U194	107-10-8	1-Propanamina (I,T)
U194	107-10-8	n-Propilamina (I,T)
U196	110-86-1	Piridina
U197	106-51-4	p-Benzoquinona
U197	106-51-4	2,5-Ciclohexadieno-1,4-diona
U200	50-55-5	Reserpina
U201	108-46-3	1,3-Bencenodiol
U201	108-46-3	Resorcinol
U202	{1} 81-07-2	Sacarin y sus sales
U202	{1} 81-07-2	1,2-Benzoisotiasol-3 (2H)-ona, 1,1-dióxido, y sales
U203	94-59-7	Safrole
U204	7783-00-8	Dióxido de selenio
U204	7783-00-8	Ácido selenioso
U205	7488-56-4	Sulfuro de selenio (R,T)
U206	18883-66-4	2-Deoxi-2-(3-metil- 3- nitrosoureído)-D-glucopiranosa
U206	18883-66-4	2-Deoxi-2-[[(metilnitrosoamino)- carbonil]amino]-D-glucosa
U206	18883-66-4	Streptozotocin
U207	95-94-3	1,2,4,5-Tetraclorobenceno
U208	630-20-6	1,1,1,2-Tetracloroetano
U209	79-34-5	1,1,2,2-Tetracloroetano
U210	127-18-4	Tetracloroeteno
U210	127-18-4	Tretracloroetileno
U211	56-23-5	Tetraclorometano
U211	56-23-5	Tetracloruro de carbono
U213	109-99-9	Tetrahidrofurano (I)
U214	563-68-8	Acetato de talio (I)
U214	563-68-8	Ácido acético, sal de talio (1+)
U215	6533-73-9	Ácido carbónico, ditalio (1+) sal
U215	6533-73-9	Carbonato de talio (I)
U216	7791-12-0	Cloruro de talio (I)
U217	7791-12-0	Ácido nítrico, sal de talio (1+)
U217	10102-45-1	Nitrato de talio (I)
U218	62-55-5	Tioacetamida
U218	62-55-5	Etanotioamida
U219	62-56-6	Tiurea
U220	108-88-3	Metilbenceno
U220	108-88-3	Tolueno
U221	25376-45-8	Toluendiamina
U221	25376-45-8	Ar-metil bencenodiamida
U222	636-21-5	o-Toluidina hidrocloruro
U222	636-21-5	2-metil-hidrocloruro de bencenamina
U223	26471-62-5	Diisocianato de Tolueno (R,T)
U223	26471-62-5	1,3-Diisocianato metil benceno (R,T)
U225	75-25-2	Tribromometano
U225	75-25-2	Bromoformo
U226	71-55-6	1,1,1-Tricloroetano

U226	71-55-6	Metil cloroformo
U227	79-00-5	1,1,2-Tricloroetano
U228	79-01-6	Tricloroeteno
U228	79-01-6	Tricloroetileno
U234	99-35-4	1,3,5-Trinitrobenceno (R,T)
U235	126-72-7	Fosfato de 2,3-dibromo-1-propanol (3:1)
U235	126-72-7	Tris (2,3-dibromopropil) fosfato
U236	72-57-1	Tripan azul
U236	72-57-1	Ácido 2,7-Naftalendisulfónico, 3,3'- dimetil [1,1'-bifenil]-4,4'-diyl)] bis (azo) bis [5-amino-4-hidroxi], sal tetrasodio
U237	66-75-1	5-[bis(2-cloroetil) amino]-2,4 - (1H, 3H)-pirimidindiona
U237	66-75-1	Uracilo Mustard
U238	51-79-6	Etil carbamato (uretano)
U238	51-79-6	Ácido carbámico, etil éster
U239	1330-20-7	Xileno (I)
U239	1330-20-7	Dimetilbenceno (I)
U240	{1} 94-75-7	Ácido-(2,4-diclorofenoxi)-acético, sales y ésteres
U240	{1} 94-75-7	2,4-D, sales y ésteres
U243	1888-71-7	1,1,2,3,3,3-Hexacloro-1-propeno
U243	1888-71-7	Hexacloropropeno
U244	137-26-8	Thiram
U246	506-68-3	Bromuro de cianógeno (CN) Br.
U247	72-43-5	Metoxiclor
U247	72-43-5	1,1'-(2,2,2-Tricloroetilideno) bis 4- metoxi-benceno
U248	{1} 81-81-2	Benzo [a] pireno
U248	{1} 81-81-2	2H-1-Benzopiran-2-ona, 4-hidroxi-3- (3-oxo-1-fenil-butil) y sales, cuando están presentes en concentraciones de 0,3% o menor.
U248	{1} 81-81-2	Warfarina y sus sales, cuando están presentes en concentraciones de 0,3% o menores
U249	1314-84-7	Fosfuro de cinc Zn3P2, cuando está presente en concentraciones de 10% o menor
U328	95-53-4	o-Toluidina
U328	95-53-4	2-Metil-bencenamina
U353	106-49-0	4-Metil-bencenamina
U353	106-49-0	p-Toluidina
U359	110-80-5	Etilenglicol monoetil éter
U359	110-80-5	2-Etoxietanol

Artículo 90.- Los listados de residuos para la aplicación del artículo 19 son los siguientes:

LISTA A RESIDUOS PELIGROSOS

A1 RESIDUOS METÁLICOS O QUE CONTENGAN METALES

A1010 Residuos metálicos y residuos que contengan aleaciones de cualquiera de las siguientes sustancias:

- Antimonio
- Arsénico
- Berilio
- Cadmio

– Plomo
– Mercurio
– Selenio
– Telurio
– Talio
excluidos los residuos que figuran específicamente en la Lista B del presente Artículo.

A1020 Residuos que tengan como constituyentes o contaminantes, excluidos los residuos metálicos en forma masiva, cualquiera de las siguientes sustancias:
– Antimonio; compuestos de antimonio
– Berilio; compuestos de berilio
– Cadmio; compuestos de cadmio
– Plomo; compuestos de plomo
– Selenio; compuestos de selenio
– Telurio; compuestos de telurio

A1030 Residuos que tengan como constituyentes o contaminantes cualquiera de las sustancias siguientes:
– Arsénico; compuestos de arsénico
– Mercurio; compuestos de mercurio
– Talio; compuestos de talio

A1040 Residuos que tengan como constituyentes cualquiera de las siguientes sustancias:
– Carbonilos metálicos
– Compuestos de cromo hexavalente

A1050 Lodos galvánicos

A1060 Baños residuales del decapaje de metales

A1070 Residuos de lixiviación del procesamiento del zinc, polvos y lodos como jarosita, hematites, etc.

A1080 Residuos de zinc no incluidos en la Lista B del presente Artículo, que contengan plomo y cadmio en concentraciones tales que hagan que el residuo presente alguna característica de peligrosidad.

A1090 Cenizas de la incineración o quema de cables de cobre recubiertos con aislantes.

A1100 Polvos y residuos de los sistemas de depuración de gases de las fundiciones de cobre

A1110 Soluciones electrolíticas usadas de las operaciones de electro refinación y electro obtención del cobre

A1120 Lodos residuales de los sistemas de depuración electrolítica en las operaciones de electro refinación y electro obtención del cobre, excluidos los barros anódicos

A1129 Barros anódicos cuyo contenido de plata sea inferior a 17% y su contenido de oro sea inferior a 0,18%

A1130 Soluciones de ácidos para grabar usadas que contengan cobre disuelto

A1140 Residuos de catalizadores de cloruro cúprico y de cianuro de cobre

A1150 Cenizas de metales preciosos procedentes de la incineración de circuitos impresos no incluidos en la Lista B del presente Artículo, que presentan alguna característica de peligrosidad

A1160 Baterías de plomo desechadas, enteras o trituradas.

A1170 Baterías desechadas sin seleccionar, excluidas mezclas de baterías sólo de la Lista B del presente Artículo. Baterías desechas no incluidas en la Lista B del presente Artículo que contengan constituyentes de la Lista II del artículo 18 en concentraciones tales que hagan que el residuo presente alguna característica de peligrosidad

A1180 Montajes eléctricos y electrónicos de desecho o chatarras de éstos que contengan componentes como baterías incluidas en la presente Lista A, interruptores de mercurio, vidrios de tubos de rayos catódicos y otros vidrios activados y capacitores de PCB, o contaminados con constituyentes de la Lista II del artículo 18 (por ejemplo, cadmio, mercurio, plomo, bifenilo policlorado) en concentraciones tales que hagan que el residuo presente alguna característica de peligrosidad (véase la entrada correspondiente B1110 en la Lista B del presente Artículo)

A2 RESIDUOS QUE CONTENGAN PRINCIPALMENTE CONSTITUYENTES INORGÁNICOS, QUE PUEDAN CONTENER METALES O MATERIA ORGÁNICA

A2010 Residuos de vidrio de tubos de rayos catódicos y otros vidrios activados.

A2020 Residuos de compuestos inorgánicos de flúor en forma de líquidos o lodos, pero excluidos los residuos de ese tipo especificados en la Lista B del presente Artículo.

A2030 Residuos de catalizadores, excluidos los residuos de este tipo especificados en la Lista B del presente Artículo.

A2040 Yeso residual procedente de procesos de la industria química, si contiene constituyentes de la Lista II de Residuos Peligrosos en concentraciones que hagan que el residuo presente alguna característica de peligrosidad (véase la entrada correspondiente B2080, en la Lista B del presente Artículo).

A2050 Residuos de asbesto (polvo y fibras).

A2060 Cenizas volátiles de centrales eléctricas de carbón que contengan constituyentes de la Lista II de Residuos Peligrosos en concentraciones que hagan que el residuo presente alguna característica de peligrosidad (véase la entrada correspondiente B2050 en la Lista B del presente Artículo)

A3 RESIDUOS QUE CONTENGAN PRINCIPALMENTE CONSTITUYENTES ORGÁNICOS, QUE PUEDAN CONTENER METALES Y MATERIALES INORGÁNICOS

A3010 Residuos resultantes de la producción o el procesamiento de coque de petróleo y asfalto

A3020 Aceites minerales desechados no aptos para el uso al que estaban destinados

A3030 Residuos que contengan, consistan o estén contaminados por lodos de compuestos antidetonantes plomados

A3040 Residuos de fluídos térmicos (transferencia de calor)

A3050 Residuos resultantes de la producción, formulación y utilización de resinas, látex, plastificantes o colas/adhesivos excluidos aquellos residuos especificados en la Lista B del presente Artículo (véase el apartado correspondiente B4020 en la Lista B del presente Artículo)

A3060 Nitrocelulosa residual

A3070 Residuos de fenoles, compuestos fenólicos, incluido el clorofenol en forma de líquidos o de lodos

A3080 Residuos de éteres excepto aquellos especificados en la Lista B del presente Artículo

A3090 Residuos de cuero en forma de polvo, cenizas, lodos y harinas que contengan compuestos de cromo hexavalente o biocidas (véase el apartado correspondiente B3100 en la Lista B del presente Artículo)

A3100 Recortes y otros residuos del cuero o de cuero regenerado que no sirvan para la fabricación de artículos de cuero, que contengan compuestos de cromo hexavalente o biocidas (véase el apartado correspondiente B3090 en la Lista B del presente Artículo)

A3110 Residuos del curtido de pieles que contengan compuestos de cromo hexavalente o biocidas (véase el apartado correspondiente B3110 en la Lista B del presente Artículo)

A3120 Pelusas - fragmentos ligeros resultantes del desmenuzamiento

A3130 Residuos de compuestos orgánicos de fósforo

A3140 Residuos de solventes orgánicos no halogenados pero con exclusión de los residuos especificados en la Lista B del presente Artículo

A3150 Residuos de solventes orgánicos halogenados

A3160 Residuos de destilación no acuosos halogenados o no halogenados derivados de operaciones de recuperación de solventes orgánicos

A3170 Residuos resultantes de la producción de hidrocarburos halogenados alifáticos (tales como clorometano, dicloroetano, cloruro de vinilo, cloruro de alilo y epicloridrina)

A3180 Residuos, sustancias y artículos que contienen, consisten o están contaminados con bifenilo policlorado (PCB), terfenilo policlorado (PCT), naftaleno policlorado (PCN) o bifenilo polibromado (PBB), o cualquier otro compuesto polibromado análogo, con una concentración de igual o superior a 50 mg/kg

A3190 Residuos alquitranados (con exclusión de los cementos asfálticos) resultantes de la refinación, destilación o cualquier otro tratamiento pirolítico de materiales orgánicos

A4 RESIDUOS QUE PUEDEN CONTENER CONSTITUYENTES INORGÁNICOS U ORGÁNICOS

A4010 Residuos resultantes de la producción, preparación y utilización de productos farmacéuticos, pero con exclusión de los residuos especificados en la Lista B del presente Artículo

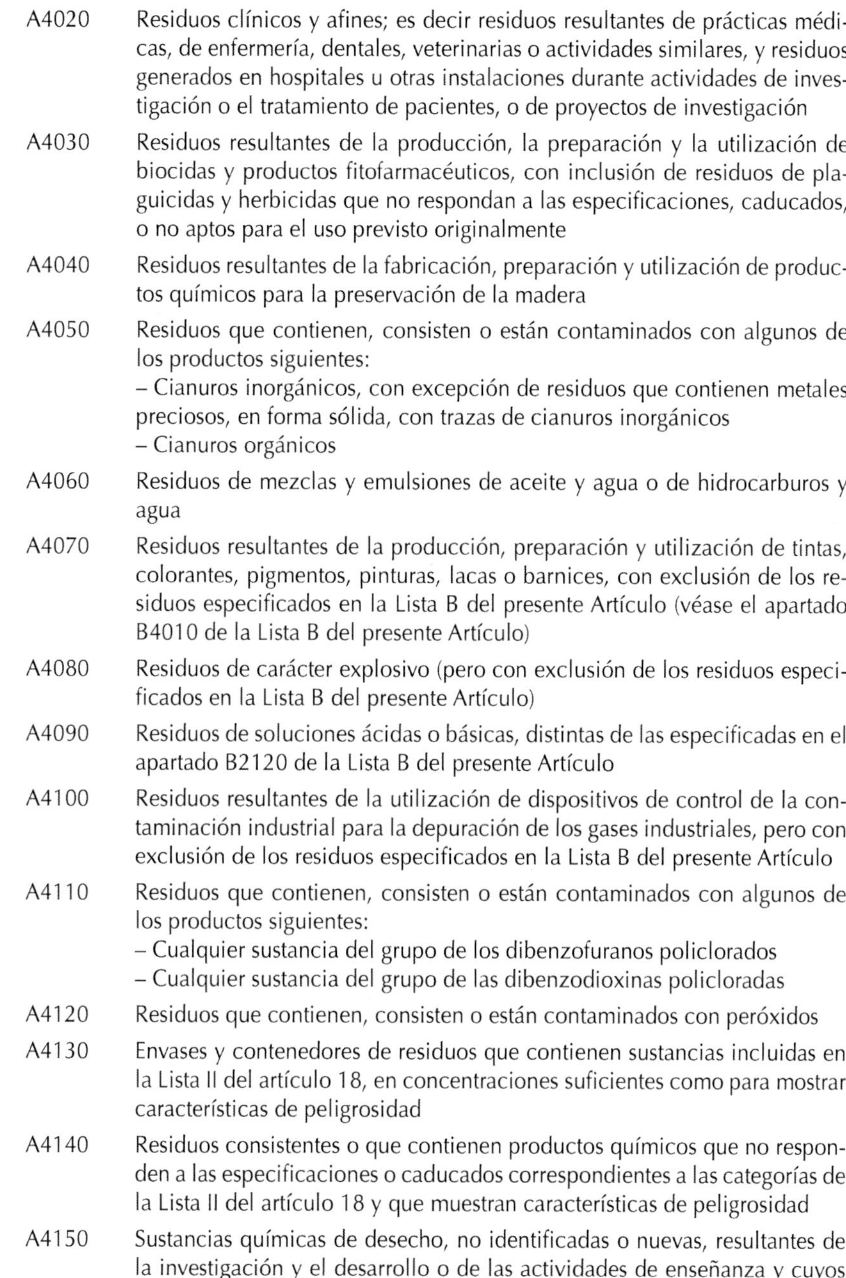

A4020 Residuos clínicos y afines; es decir residuos resultantes de prácticas médicas, de enfermería, dentales, veterinarias o actividades similares, y residuos generados en hospitales u otras instalaciones durante actividades de investigación o el tratamiento de pacientes, o de proyectos de investigación

A4030 Residuos resultantes de la producción, la preparación y la utilización de biocidas y productos fitofarmacéuticos, con inclusión de residuos de plaguicidas y herbicidas que no respondan a las especificaciones, caducados, o no aptos para el uso previsto originalmente

A4040 Residuos resultantes de la fabricación, preparación y utilización de productos químicos para la preservación de la madera

A4050 Residuos que contienen, consisten o están contaminados con algunos de los productos siguientes:
– Cianuros inorgánicos, con excepción de residuos que contienen metales preciosos, en forma sólida, con trazas de cianuros inorgánicos
– Cianuros orgánicos

A4060 Residuos de mezclas y emulsiones de aceite y agua o de hidrocarburos y agua

A4070 Residuos resultantes de la producción, preparación y utilización de tintas, colorantes, pigmentos, pinturas, lacas o barnices, con exclusión de los residuos especificados en la Lista B del presente Artículo (véase el apartado B4010 de la Lista B del presente Artículo)

A4080 Residuos de carácter explosivo (pero con exclusión de los residuos especificados en la Lista B del presente Artículo)

A4090 Residuos de soluciones ácidas o básicas, distintas de las especificadas en el apartado B2120 de la Lista B del presente Artículo

A4100 Residuos resultantes de la utilización de dispositivos de control de la contaminación industrial para la depuración de los gases industriales, pero con exclusión de los residuos especificados en la Lista B del presente Artículo

A4110 Residuos que contienen, consisten o están contaminados con algunos de los productos siguientes:
– Cualquier sustancia del grupo de los dibenzofuranos policlorados
– Cualquier sustancia del grupo de las dibenzodioxinas policloradas

A4120 Residuos que contienen, consisten o están contaminados con peróxidos

A4130 Envases y contenedores de residuos que contienen sustancias incluidas en la Lista II del artículo 18, en concentraciones suficientes como para mostrar características de peligrosidad

A4140 Residuos consistentes o que contienen productos químicos que no responden a las especificaciones o caducados correspondientes a las categorías de la Lista II del artículo 18 y que muestran características de peligrosidad

A4150 Sustancias químicas de desecho, no identificadas o nuevas, resultantes de la investigación y el desarrollo o de las actividades de enseñanza y cuyos efectos en el ser humano o el medio ambiente no se conozcan

A4160 Carbono activado consumido no incluido en la Lista B del presente Artículo (véase el correspondiente apartado B2060 de la Lista B del presente Artículo)

Lista B Residuos No Peligrosos

B1 RESIDUOS DE METALES Y RESIDUOS QUE CONTENGAN METALES

B1010 Residuos de metales y de aleaciones de metales, en forma metálica y no dispersable:
- Metales preciosos (oro, plata, el grupo del platino, pero no el mercurio)
- Chatarra de hierro y acero
- Chatarra de cobre
- Chatarra de níquel
- Chatarra de aluminio
- Chatarra de zinc
- Chatarra de estaño
- Chatarra de tungsteno
- Chatarra de molibdeno
- Chatarra de tántalo
- Chatarra de magnesio
- Chatarra de cobalto
- Chatarra de bismuto
- Chatarra de titanio
- Chatarra de zirconio
- Chatarra de manganeso
- Chatarra de germanio
- Chatarra de vanadio*
- Chatarra de hafnio, indio, niobio, renio y galio
- Chatarra de torio
- Chatarra de tierras raras

B1020 Chatarra de metal limpia, no contaminada, incluidas las aleaciones, en forma acabada en bruto (láminas, chapas, vigas, barras, etc), de:
- Residuos de antimonio
- Chatarra de berilio
- Chatarra de cadmio
- Chatarra de plomo (pero con exclusión de los baterías de plomo)
- Chatarra de selenio
- Chatarra de telurio

B1030 Metales refractarios que contengan residuos

B1040 Chatarra resultante de la generación de energía eléctrica, no contaminada con aceite lubricante, PCB o PCT en una cantidad que la haga peligrosa

B1050 Fracción pesada de la chatarra de mezcla de metales no ferrosos que no contenga sustancias de la Lista II del artículo 18 en una concentración suficiente como para mostrar características de peligrosidad

B1060 Residuos de selenio y telurio en forma metálica elemental, incluido el polvo de estos elementos

B1070 Residuos de cobre y de aleaciones de cobre en forma dispersable, a menos que contengan constituyentes de la Lista II del artículo 18 en una cantidad tal que les confiera alguna de las características de peligrosidad

B1080 Ceniza y residuos de zinc, incluidos los residuos de aleaciones de zinc en forma dispersable, a menos que contengan constituyentes de la Lista II del artículo 18 en una concentración tal que les confiera alguna de las características peligrosidad

B1090 Baterías de desecho que se ajusten a una especificación, con exclusión de los fabricados con plomo, cadmio o mercurio

B1100 Residuos que contienen metales resultantes de la fusión, fundición y refinación de metales:
– Peltre de zinc duro
– Escorias que contengan zinc:
– Escorias de la superficie de planchas de zinc para galvanización (>90% Zn)
– Escorias del fondo de planchas de zinc para galvanización (>92% Zn)
– Escorias de zinc de la fundición en coquilla (>85% Zn)
– Escorias de planchas de zinc de galvanización por inmersión en caliente (carga) (>92% Zn)
– Espumados de zinc
– Espumados de aluminio (o espumas) con exclusión de la escoria de sal
– Escorias de la elaboración del cobre destinado a una elaboración o refinación posteriores, que no contengan arsénico, plomo o cadmio en cantidad tal que les confiera características de peligrosidad
– Residuos de revestimientos refractarios, con inclusión de crisoles, derivados de la fundición del cobre
– Escorias de la elaboración de metales preciosos destinados a una refinación posterior
– Escorias de estaño que contengan tántalo, con menos del 0,5% de estaño

B1110 Montajes eléctricos y electrónicos:
– Montajes electrónicos que consistan sólo en metales o aleaciones
– Residuos o chatarra de montajes eléctricos o electrónicos(13) (incluidos los circuitos impresos) que no contengan componentes tales como baterías incluidas en la Lista A del presente Artículo, interruptores de mercurio, vidrio procedente de tubos de rayos catódicos u otros vidrios activados ni condensadores de PCB, o no estén contaminados con sustancias de la Lista II del artículo 18 (por ejemplo, cadmio, mercurio, plomo, bifenilo policlorado) o de los que esos componentes se hayan extraído hasta el punto de que no muestren ninguna característica de peligrosidad (véase el apartado A1180 de la Lista A del presente Artículo)
– Montajes eléctricos o electrónicos (incluidos los circuitos impresos, componentes electrónicos y cables) destinados a una reutilización directa, y no al reciclado o a la eliminación final

B1120 Catalizadores agotados, con exclusión de líquidos utilizados como catalizadores, que contengan alguno de los siguientes elementos:

– Metales de transición, con exclusión de catalizadores de desecho (catalizadores agotados, catalizadores líquidos usados u otros catalizadores) de la lista A:
– escandio
– vanadio
– manganeso
– cobalto
– cobre
– itrio
– niobio
– hafnio
– tungsteno
– titanio
– cromo
– hierro
– níquel
– zinc
– circonio
– molibdeno
– tántalo
– renio
– Lantánidos (metales del grupo de las tierras raras):
– lantanio
– praseodimio
– samario
– gadolinio
– disprosio
– terbio
– iterbio
– cerio
– neodimio
– europio
– terbio
– holmio
– tulio
– lutecio

B1130 Catalizadores agotados limpios que contengan metales preciosos

B1140 Residuos que contengan metales preciosos en forma sólida, con trazas de cianuros inorgánicos

B1150 Residuos de metales preciosos y sus aleaciones (oro, plata, el grupo de platino, pero no el mercurio) en forma dispersable, no líquida, con un embalaje y etiquetado adecuados

B1160 Cenizas de metales preciosos resultantes de la incineración de circuitos impresos (véase el correspondiente apartado de la lista A A1150)

B1170 Cenizas de metales preciosos resultantes de la incineración de películas fotográficas

B1180 Residuos de películas fotográficas que contengan haluros de plata y plata metálica

B1190 Residuos de papel para fotografía que contengan haluros de plata y plata metálica

B1200 Escoria granulada resultante de la fabricación de hierro y acero

B1210 Escoria resultante de la fabricación de hierro y acero, con inclusión de escorias que sean una fuente de TiO2 y vanadio

B1220 Escoria de la producción del zinc, químicamente estabilizada, con un elevado contenido de hierro (más de 20%) y elaborado de conformidad con especificaciones industriales (por ejemplo, DIN 4301) sobre todo con fines de construcción

B1230 Escamas de laminado resultantes de la fabricación de hierro y acero

B1240 Escamas de laminado del óxido de cobre

B2 RESIDUOS QUE CONTENGAN PRINCIPALMENTE CONSTITUYENTES INORGÁNICOS, QUE A SU VEZ PUEDAN CONTENER METALES Y MATERIALES ORGÁNICOS

B2010 Residuos resultantes de actividades mineras, en forma no dispersable:
- Residuos de grafito natural
- Residuos de pizarra, estén o no recortados en forma basta o simplemente cortados mediante aserrado o de otra manera
- Residuos de mica
- Residuos de leucita, nefelina y sienita nefelínica
- Residuos de feldespato
- Desecho de espato flúor
- Residuos de sílice en forma sólida, con exclusión de los utilizados en operaciones de fundición

B2020 Residuos de vidrios en forma no dispersable:
- Desperdicios de vidrios rotos y otros residuos y chatarra de vidrios, con excepción del vidrio de los tubos rayos catódicos y otros vidrios activados

B2030 Residuos de cerámica en forma no dispersable:
- Residuos y escorias de cerametal (compuestos metalocerámicos)
- Fibras de base cerámica no especificadas o incluidas en otro lugar

B2040 Otros desperdicios que contengan principalmente constituyentes inorgánicos:
- Sulfato de calcio parcialmente refinado resultante de la desulfurización del gas de combustión
- Residuos de tablas o planchas de yeso resultantes de la demolición de edificios
- Escorias de la producción de cobre, químicamente estabilizadas, con un elevado contenido de hierro (más de 20%) y elaboradas de conformidad con especificaciones industriales (por ejemplo DIN 4301 y DIN 8201) principalmente con fines de construcción y de abrasión
- Azufre en forma sólida
- Piedra caliza resultante de la producción de cianamida de calcio (con un Ph inferior a 9)
- Cloruros de sodio, potasio, calcio

– Carborundo (carburo de silicio)
– Hormigón en cascotes
– Chatarra de vidrio que contengan litio - tántalo y litio - niobio

B2050 Cenizas volantes de centrales eléctricas a carbón, no incluidas en la Lista A del presente Artículo (véase el apartado A2060 de la Lista A del presente Artículo)

B2060 Carbón activado consumido resultante del tratamiento del agua potable y de procesos de la industria alimentaria y de la producción de vitaminas (véase el apartado orrespondiente A4160 de la Lista A del presente artículo)

B2070 Lodo de fluoruro de calcio

B2080 Residuos de yeso resultante de procesos de la industria química no incluidos en la Lista A el presente Artículo (véase el apartado A2040 de la Lista A del presente Artículo)

B2090 Residuos de ánodos resultantes de la producción de acero o aluminio, hechos de coque de petróleo o alquitrán y limpiados con arreglo a las especificaciones normales de la industria (con exclusión de los residuos de ánodos resultantes de la electrólisis de álcalis de cloro y de la industria metalúrgica)

B2100 Residuos de hidratos de aluminio y residuos de alúmina, y residuos de la producción de alúmina, con exclusión de los materiales utilizados para la depuración de gases, o para los procesos de floculación o filtrado

B2110 Residuos de bauxita ("barro rojo") (pH moderado a menos de 11,5)

B2120 Residuos de soluciones ácidas o básicas con un pH superior a 2 o inferior a 11,5, que no muestren otras características corrosivas o peligrosas (véase el apartado A4090 de la Lista A del presente Artículo)

B3 RESIDUOS QUE CONTENGAN PRINCIPALMENTE CONSTITUYENTES ORGÁNICOS, QUE PUEDEN CONTENER METALES Y MATERIALES INORGÁNICOS

B3010 Residuos sólidos de material plástico:
Los siguientes materiales plásticos o sus mezclas, siempre que no estén mezclados con otros residuos y estén preparados con arreglo a una especificación:
– Residuos de material plástico de polímeros y copolímeros no halogenados, con inclusión de los siguientes, pero sin limitarse a ellos:
– etileno
– estireno
– polipropileno
– tereftalato de polietileno
– acrilonitrilo
– butadieno
– poliacetálos
– poliamidas
– tereftalato de polibutileno
– policarbonatos
– poliéteres
– sulfuros de polifenilenos

– polímeros acrílicos
– alcanos C10 - C13 (plastificantes)
– poliuretano (que no contenga CFC)
– polisiloxanos
– polimetil de metacrilato
– alcohol polivinílico
– butiral de polivinilo
– polivinil acetato
– Residuos de resinas curadas o productos de condensación, con inclusión de los siguientes:
– resinas de formaldehídos de urea
– resinas de formaldehídos de fenol
– resinas de formaldehído de melamina
– resinas expoxicas
– resinas alquílicas
– poliamidas
– Los siguientes residuos de polímeros fluorados
– Perfluoroetileno/propileno (FEP)
– Perfluoroalkoxi - alkano (PFA) - Perfluoroalkoxi - alkano (MFA) - Fluoruro de polivinilo (PVF)
– Fluoruro de polivinilideno (PVDF)

B3020 Residuos de papel, cartón y productos del papel
Los materiales siguientes, siempre que no estén mezclados con residuos peligrosos:
– Residuos y desperdicios de papel o cartón de:
– papel o cartón no blanqueado o papel o cartón corrugado
– otros papeles o cartones, hechos de pulpa blanqueada químicamente, no coloreada en la masa
– papel o cartón hecho principalmente de pulpa mecánica (por ejemplo, periódicos, revistas y materiales impresos similares)
– otros, con inclusión, pero sin limitarse a: 1) cartón laminado, 2) desperdicios no seleccionados

B3030 Residuos de textiles
Los siguientes materiales, siempre que no estén mezclados con otros residuos y estén preparados con arreglo a una especificación:
– Residuos de seda (con inclusión de cocuyos inadecuados para el devanado, residuos de hilados y de materiales en hilachas)
– que no estén cardados ni peinados
– otros
– Residuos de lana o de pelo animal, fino o basto, con inclusión de residuos de hilados pero con exclusión del material en hilachas
– borras de lana o de pelo animal fino
– otros residuos de lana o de pelo animal fino
– residuos de pelo animal
– Residuos de algodón, (con inclusión de los residuos de hilados y material en hilachas)
– residuos de hilados (con inclusión de residuos de hilos)

– material deshilachado
– otros
– Estopa y residuos de lino
– Estopa y residuos (con inclusión de residuos de hilados y de material deshilachado) de cáñamo verdadero (Cannabis sativa L.)
– Estopa y residuos (con inclusión de residuos de hilados y de material deshilachado) de yute y otras fibras textiles bastas (con exclusión del lino, el cáñamo verdadero y el ramio)
– Estopa y residuos (con inclusión de residuos de hilados y de material deshilachado) de sisal y de otras fibras textiles del género Agave
– Estopa, borras y residuos (con inclusión de residuos de hilados y de material deshilachado) de coco
– Estopa, borras y residuos (con inclusión de residuos de hilados y de material deshilachado) de abaca (cáñamo de Manila o Musa textilis Nee)
– Estopa, borras y residuos (con inclusión de residuos de hilados y material deshilachado) de ramio y otras fibras textiles vegetales, no especificadas o incluidas en otra parte
– Residuos (con inclusión de borras, residuos de hilados y de material deshilachado) de fibras no naturales
– de fibras sintéticas
– de fibras artificiales
– Ropa usada y otros artículos textiles usados
– Trapos usados, bramantes, cordelería y cables de desecho y artículos usados de bramante, cordelería o cables de materiales textiles
– seleccionados
– otros

B3040 Residuos de caucho
– Los siguientes materiales, siempre que no estén mezclados con otros residuos:
– Residuos de caucho duro (por ejemplo, ebonita)
– Otros residuos de caucho (con exclusión de los residuos especificados en otro lugar)

B3050 Residuos de corcho y de madera no elaborados:
– Residuos de madera, estén o no aglomerados en troncos, briquetas, bolas o formas similares
– Residuos de corcho: corcho triturado, granulado o molido

B3060 Residuos resultantes de las industrias agroalimentarias siempre que no sean infecciosos:
– Borra de vino
– Residuos y subproductos vegetales secos y esterilizados, estén o no en forma de pellets, del tipo utilizado como pienso, no especificados o incluidos en otro lugar
– Productos desgrasados: residuos resultantes del tratamiento de sustancias grasas o de ceras animales o vegetales
– Residuos de huesos y de médula de cuernos, no elaborados, desgrasados, o simplemente preparados (pero sin que se les haya dado forma), tratados con ácido o desgelatinizados

- Residuos de pescado
- Cáscaras, cortezas, pieles y otros residuos del cacao
- Otros residuos de la industria agroalimentaria, con exclusión de subproductos que satisfagan los requisitos y normas nacionales e internacionales para el consumo humano o animal

B3070 Los siguientes residuos:
- Residuos de pelo humano
- Paja de desecho
- Micelios de hongos desactivados resultantes de la producción de penicilina para su utilización como piensos

B3080 Residuos y recortes de caucho

B3090 Recortes y otros residuos de cuero o de cuero aglomerado, no aptos para la fabricación de artículos de cuero, con exclusión de los lodos de cuero que no contengan biocidas o compuestos de cromo hexavalente (véase el apartado correspondiente A3100 de la Lista A del presente Artículo)

B3100 Polvo, cenizas, lodos o harinas de cueros que no contengan compuestos de cromo hexavalente ni biocidas (véase el apartado A3090 en la Lista A del presente Artículo)

B3110 Residuos de curtido de pieles que no contengan compuestos de cromo hexavalente ni biocidas ni sustancias infecciosas (véase el apartado A3110 de la Lista A del presente Artículo)

B3120 Residuos consistentes en colorantes alimentarios

B3130 Éteres polímeros de desecho y éteres monómeros inocuos de desecho que no puedan formar peróxidos

B3140 Cubiertas neumáticas de desecho, excluidas las destinadas a las operaciones de la Letra A) del artículo 86.

B4 RESIDUOS QUE PUEDAN CONTENER COMPONENTES INORGÁNICOS U ORGÁNICOS

B4010 Residuos integrados principalmente por pinturas de látex o con base de agua, tintas y barnices endurecidos que no contengan disolventes orgánicos, metales pesados ni biocidas en tal grado que los convierta en peligrosos (véase el apartado A4070 en la Lista A del presente Artículo)

B4020 Residuos procedentes de la producción, formulación y uso de resinas, látex, plastificantes, colas/adhesivos, que no figuren en la Lista A del presente Artículo, sin disolventes ni otros contaminantes en tal grado que no presenten características del anexo III, por ejemplo, con base de agua, o colas con base de almidón de caseína, dextrina, éteres de celulosa, alcoholes de polivinilo (véase el apartado A3050 en la Lista A del presente Artículo)

B4030 Cámaras de un solo uso usadas, con baterías no incluidas en la Lista A del presente Artículo.

Artículo 91.- El esquema de relleno de seguridad que se detalla a continuación servirá como modelo ilustrativo de estas instalaciones de eliminación.

Esquema de un Relleno de Seguridad

Artículo 92.- Los parámetros para el monitoreo de aguas subterráneas serán los siguientes:

CONSTITUYENTES INORGÁNICOS:

1 Antimonio
2 Arsénico
3 Bario
4 Berilio
5 Cadmio
6 Cromo
7 Cobalto
8 Cobre
9 Plomo
10 Níquel 11 Selenio 12 Plata 13 Talio 14 Vanadio 15 Zinc

CONSTITUYENTES ORGÁNICOS:

16 Acetona
17 Acrilonitrilo
18 Benceno
19 Bromoclorometano
20 Bromodiclorometano
21 Bromoformo; Tribromometano
22 Disulfuro de carbono
23 Tetracloruro de carbono
24 Chlorobenzeno
25 Cloroetano; Cloruro de etilo
26 Cloroformo; Triclorometano
27 Dibromoclorometano; Clorodibromometano
28 1,2 - Dibromo - 3 - cloropropano; DBCP
29 1,2 - Dibromoetano; Dibromuro de etileno; EDB
30 o - Diclorobenzeno; 1,2 - Diclorobenzeno
31 p- Diclorobenzeno; 1,4 - Diclorobenzeno
32 trans - 1,4 - Dicloro - 2 - butano
33 1,1 - Dicloroetano; Cloruro de etilo
34 1,2 - Dicloroetano; Dicloruro de etileno
35 1,1 - Dicloroetileno; 1,1 - Dicloroetano; Cloruro de vinilo
36 cis - 1,2 - Dicloroetileno; cis - 1,2 - Dicloroetano
37 trans - 1,2 - Dicloroetileno; trans - 1,2 - Dicloroetano
38 1,2 - Dicloropropano; Dicloruro de propileno
39 cis - 1,3 - Dicloropropano
40 trans - 1,3 - Dicloropropano
41 Etilbenzeno
42 2 - Hexanone; Metil butil cetone
43 Metil bromuro; Bromometano
44 Metil cloruro; Clorometano
45 Bromuro de metileno; Dibromometano
46 Cloruro de metileno; Diclorometano
47 Metil etil cetona; MEK; 2 - Butanona
48 Yoduro de metilo; Iodometano
49 4 - Metil - 2 - pentanona; Metil isobutil cetona

50 Estireno
51 1,1,1,2 - Tetracloroetano
52 1,1,2,2 - Tetracloroetano
53 Tetracloroetileno; Tetracloroetano; Percloroetileno
54 T
55 olueno
56 1,1,1 - Tricloroetano; Metilcloroformo
57 1, 1,2 - Tricloroetano
58 Tricloroetileno; Tricloroetano
59 Triclorofluorometano
60 1,2,3 - Tricloropropano
61 Vinil acetato
62 Cloruro de vinilo
Xilenos

TÍTULO FINAL

Artículo 93.- El presente reglamento entrará en vigencia 365 días después de su publicación en el Diario Oficial, junto con dicha entrada en vigencia se entenderán derogadas todas las disposiciones reglamentarias y las normas o resoluciones de la Autoridad Sanitaria que sean contrarias o incompatibles con el presente reglamento.

Dentro de los 180 días siguientes a la fecha de entrada en vigencia las personas responsables de todo establecimiento, sitio, instalación o actividad existente a esa época que estén obligados a presentar un Plan de Manejo así como aquellos que den servicios de manejo de residuos peligrosos, deberán presentar a la Autoridad Sanitaria un programa de adecuación de su actividad a las normas del presente reglamento. Salvo casos especiales calificados por dicha Autoridad, mediante resolución fundada, las medidas y acciones de adecuación consultadas en el programa deberán hacerse y completarse en un plazo no superior a 365 días de la fecha de entrada en vigencia.

Anótese, tómese razón y publíquese.- RICARDO LAGOS ESCOBAR, Presidente de la República.- Pedro García Aspillaga, Ministro de Salud.- Jorge Rodríguez Grossi, Ministro de Economía, Fomento y Reconstrucción.- José Dulanto Rencoret, Ministro de Minería.- Francisco Huenchumilla Jaramillo, Ministro Secretario General de la Presidencia.

Lo que transcribo a Ud. para su conocimiento.- Saluda a usted, Antonio Infante Barros, Subsecretario de Salud.

DECRETO N° 304
APRUEBA REGLAMENTO DE TATUAJES Y PRACTICAS SIMILARES

Núm. 304.- Santiago, 31 de octubre de 2002.- Visto: lo dispuesto en los artículos 1o, 2o, 3o, 32 y 129 del Código Sanitario, aprobado por decreto con fuerza de ley No 725 de 1967, del Ministerio de Salud; en los artículos 4o, 6o, 16 y 17 del decreto ley No 2.763 de 1979, y teniendo presente las facultades que me confiere el artículo 32 No 8 de la Constitución Política de la República, y

Considerando: La necesidad y conveniencia de regular el ejercicio de prácticas que actúan sobre la piel de las personas, con el objeto de velar porque ellas se efectúen en condiciones sanitarias que eviten daños a la salud,

Decreto:

Apruébase el siguiente Reglamento de Tatuajes y Prácticas Similares:

DISPOSICIONES GENERALES

Artículo 1o.- El presente reglamento regula el ejercicio de toda práctica que, con fines cosméticos, consista en la penetración, perforación, corte, escarificación o introducción de pigmentos u objetos en la piel o mucosas de personas, tales como tatuajes o colocación de joyas en la nariz, orejas u otra parte del cuerpo.

Artículo 2o.- Solamente podrán realizarse las prácticas a que se refiere este reglamento por las personas y en los establecimientos que cumplan los procedimientos y requisitos que en él se señalan.

De los establecimientos

Artículo 3o.- Solamente podrán realizarse los procedimientos de tatuajes, colocación de joyas y otros objetos en el cuerpo, y demás a que se refiere este reglamento, en establecimientos que cuenten con un recinto especial para este fin, que esté dotado de:

a) superficies de trabajo lavables limpias.

b) lavamanos con agua corriente en el sector donde se realizarán los procedimientos. c) área e instalaciones para el lavado de material, separados del lavamanos.

d) buena iluminación general del recinto.

e) sillas para el operador y clientes.

f) camilla.

g) mueble cerrado para conservar los instrumentos y otros materiales.

h) recipientes para el desecho de material usado, separados para material cortopunzante y no cortopunzante.

i) superficies de trabajo ordenadas y limpias a la inspección ocular.

j) manuales de procedimientos consistentes con las normas técnicas sobre la materia dictadas por el Ministerio de Salud, que estarán disponibles para todos los que quieran consultarlos, de:

1) esterilización

2) técnica aséptica

3) precauciones universales con sangre y fluidos corporales

k) director técnico que cumpla con los requisitos que establece el presente reglamento.

Artículo 4o.- La dirección técnica de estos establecimientos estará a cargo de una persona mayor de edad que acredite ante la autoridad sanitaria competente que posee conocimientos sobre esterilización, ténica aséptica e higiene, la cual le emitirá la correspondiente autorización. El director técnico será el responsable ante la autoridad sanitaria del cumplimiento por el establecimiento de las normas sobre procedimientos contenidas en el presente reglamento.

De los procedimientos

Artículo 5o.- Bajo ninguna circunstancia se realizarán procedimientos de este tipo si la piel o mucosas que serán intervenidas tienen un proceso infeccioso u otro tipo de lesión, tal como pústulas, abscesos, acné o dermatitis.

Artículo 6o.- Antes de la realización de cada procedimiento, la persona que lo realiza deberá informar verbalmente y por escrito al que lo recibe lo siguiente:

a) Nombre completo de la persona que realiza el procedimiento.

b) Los riesgos del procedimiento.

c) Cuidados de la zona tratada.

d) Necesidad de consultar a un médico ante signos de infección, dolor excesivo o persistente o cualquiera otra complicación.

Artículo 7o.- Todos los procedimientos serán realizados con técnica aséptica, de acuerdo a las Normas de Prevención y Control de Infecciones Intrahospitalarias vigentes, del Ministerio de Salud, que incluye al menos:

a) Aplicación de antiséptico en la piel de acuerdo con las normas vigentes.

b) Uso de campo estéril.

c) Uso de guantes de látex de tipo quirúrgico estériles de un solo uso durante todo el procedimiento.

Artículo 8o.- El material que se utilice para atravesar la piel deberá ser estéril, en conformidad con las Normas de Esterilización vigentes del Ministerio de Salud. Esto incluye tanto el instrumental de uso durante el procedimiento como los objetos que se instalan en forma permanente (joyas, adornos u otros).

Artículo 9o.- Las tintas o pigmentos que se usaren deberán ser no tóxicos y ajustarse a la nómina de colorantes permitidos en productos farmacéuticos vigente, aprobada por el Ministerio de Salud. Si se dejan objetos instalados permanentemente, éstos deberán ser de material inerte, no tóxico e inoxidable.

Artículo 10.- El material desechable que entre o que pueda entrar en contacto con sangre durante el procedimiento, será de un solo uso.

Artículo 11.- El material cortopunzante desechable que entre en contacto con sangre, o que pueda entrar en contacto con ésta, durante el procedimiento, será desechado en envases impermeables resistentes a las punciones de acuerdo a las Normas de Precauciones Universales con Sangre y Fluidos Corporales vigentes del Ministerio de Salud. Su disposición final será de acuerdo a la normativa vigente local sobre la materia.

Artículo 12.- El material no cortopunzante reutilizable que entre en contacto con sangre o que pueda entrar en contacto con sangre durante el procedimiento, será lavado y esterilizado antes de ser utilizado en otra persona de acuerdo a las Normas de Esterilización vigentes del Ministerio de Salud.

Artículo 13.- El establecimiento deberá verificar con el correspondiente carné de identidad que las personas que se sometan a estos procedimientos sean mayores de edad y, en el caso de los menores de edad, que estén autorizados por escrito por su representante legal y sean acompañados por esta persona durante todo el procedimiento.

Artículo 14.- Las personas que efectúen estos procedimientos deberán ser mayores de edad y estar vacunados contra la hepatitis B. Acreditarán el cumplimiento de estos requisitos con su carné de identidad y la certificación correspondiente, respectivamente.

Artículo 16.- Con el objeto de que la autoridad sanitaria pueda ubicar a las personas afectadas en caso de detectarse riesgos sanitarios relacionados con estos procedimientos, el establecimiento llevará un registro foliado en que conste el nombre del cliente, con su RUT, dirección o teléfono y fecha de realización de cada procedimiento y sesión. Este registro estará sometido al secreto que establece la ley No 19.628 para los datos personales y su contenido solamente será develado en las situaciones de emergencia sanitaria a la autoridad sanitaria, para quien deberá estar disponible en todo momento. Se ingresará al mismo los datos de aquellas personas que expresamente consientan a ello, lo que se manifestará mediante su firma en dicho registro.

Artículo 17.- La inspección, fiscalización y sanción de las infracciones a las disposiciones del presente reglamento serán efectuadas por la autoridad sanitaria competente en conformidad a las disposiciones del Libro X del Código Sanitario.

Disposiciones Transitorias

Artículo 1o.- El presente reglamento entrará en vigencia en el plazo de 180 días contados desde su publicación en el Diario Oficial, fecha en la cual deberá haberse iniciado la vacunación antihepatitis B a que se refiere el artículo 14.

DECRETO Nº 7
APRUEBA EL REGLAMENTO SOBRE NOTIFICACIÓN DE ENFERMEDADES TRANSMISIBLES DE DECLARACIÓN OBLIGATORIA Y SU VIGILANCIA

Núm. 7.- Santiago, 12 de marzo de 2019.

Visto:

Estos antecedentes, lo establecido en los artículos 2 y 9, en el Título II del Libro I y en el Libro X del Código Sanitario, aprobado por decreto con fuerza de ley Nº 725, de 1967, en la ley Nº 19.628; en el decreto con fuerza de ley Nº 1, de 2005, que fija el texto refundido, coordinado y sistematizado del decreto ley Nº 2.763, de 1979, y de las leyes Nº 18.933 y 18.469; en el Reglamento Sanitario Internacional, aprobado por el decreto Nº 230, de 2008, del Ministerio de Relaciones Exteriores; lo solicitado mediante Memorando B51/ Nº 637, de 2018, de la División de Planificación Sanitaria; en el artículo 32 Nº 6 de la Constitución Política de la República; en la resolución Nº 1.600, de 2008, de la Contraloría General de la República, y

Considerando:

1.- Que, existe la necesidad de actualizar el decreto Nº 158, de 2004, de este Ministerio, que aprobó el reglamento sobre notificación de enfermedades transmisibles reforzando el cumplimiento de los compromisos derivados del Reglamento Sanitario Internacional, adoptado en la 58ª Asamblea de la Organización Mundial de la Salud y aprobado por el decreto Nº 230, de 2008, del Ministerio de Relaciones Exteriores de Chile.

2.- Que, en el escenario epidemiológico nacional e internacional actual se ha evidenciado el surgimiento de enfermedades emergentes y reemergentes que se ha producido por los cambios en el perfil demográfico, los procesos migratorios, el cambio climático, cambio en las conductas y hábitos de alimentación y de la industria alimentaria, entre otras causas.

3.- Que, la salud humana y animal son interdependientes y están vinculadas a los ecosistemas en los cuales coexisten, concepto conocido internacionalmente como "Una Salud", el cual representa un desafío permanente para los sistemas de vigilancia y que requiere del trabajo colaborativo multisectorial en pos de la detección oportuna de enfermedades o agentes de importancia en salud pública.

4.- Que existen importantes avances tecnológicos en materia de diagnóstico de laboratorio, que han mejorado la capacidad de detección de agentes infecciosos de importancia en salud pública.

5.- Que, la actualización del reglamento de notificación de enfermedades de declaración obligatoria que se aprueba en el presente acto, ha sido previamente estudiada, trabajada y consensuada por un comité multisectorial con participación de referentes ministeriales y de otras dependencias del Estado y de sociedades científicas y académicas.

6.- Que, el presente reglamento tiene efectos en el ámbito de las competencias del Instituto de Salud Pública, organismo que participó en su elaboración, dándose cumplimiento al artículo 37 bis de la ley Nº 19.880, que Establece Bases de los Procedimientos Administrativos que rigen los actos de los Órganos de la Administración del Estado.

Decreto:

Artículo primero.- Apruébase el siguiente Reglamento sobre Notificación de Enfermedades Transmisibles de Declaración Obligatoria y su Vigilancia.

Artículo 1.- Listado de enfermedades de declaración obligatoria y su periodicidad de notificación.

Se considerarán enfermedades de notificación obligatoria las que a continuación se indican con su correspondiente periodicidad:

a) De notificación inmediata: Las siguientes enfermedades o síndromes serán notificadas frente a su sospecha clínica de manera inmediata por la vía de comunicación más expedita a la Autoridad Sanitaria Regional correspondiente, desde el lugar en que fueron detectadas. La Autoridad Sanitaria Regional, a su vez, lo comunicará en forma inmediata al Ministerio de Salud por la vía de comunicación más expedita.

Sin perjuicio de lo anterior, dentro de un plazo de 24 horas se procederá a completar la notificación según lo establecido en el artículo 4° del presente reglamento. Estas son:

a. Botulismo
b. Carbunco bacteridiano (ántrax)
c. Chagas aguda, Enfermedad de
d. Chikungunya, Enfermedad por virus
e. Cólera
f. Dengue
g. Difteria
h. Fiebre amarilla
i. Hantavirus, Enfermedad por
j. Haemophilus influenzae, Enfermedad invasora por
k. Infecciones Respiratorias Agudas Graves Inusitadas
l. Leptospirosis
m. Malaria
n. Meningitis bacterianas
o. Neisseria meningitidis, Enfermedad invasora por
p. Fiebres hemorrágicas virales (Ébola, Marburg, Lassa, otros)
q. Peste (plaga)
r. Parálisis Flácidas Agudas (Poliomielitis)
s. Rabia
t. Rubéola
u. Sarampión
v. Síndrome Rubéola Congénito
w. Triquinosis
x. Virus del Nilo Occidental, Infección por
y. Zika, enfermedad por virus

b) De notificación dentro de las 24 horas: Las siguientes enfermedades serán notificadas a la Autoridad Sanitaria Regional dentro de las 24 horas contadas desde la confirmación o desde la clasificación final del diagnóstico, según corresponda a las definiciones establecidas en la Norma Técnica respectiva para cada enfermedad. La notificación se realizará según lo establecido en el artículo 4° del presente reglamento.

La Autoridad Sanitaria Regional, a su vez, deberá comunicarlo en forma diaria al Ministerio de Salud, conforme lo señalado en las Normas Técnicas aludidas en el artículo 4° del presente reglamento. Se incluyen en esta categoría las siguientes enfermedades:

a. Brucelosis
b. Chagas crónica, Enfermedad de
c. Cisticercosis
d. Creutzfeldt-Jakob, Enfermedad de

e. Coqueluche (tos ferina)
f. Fiebre Tifoidea y Paratifoidea
g. Fiebre Q
h. Hepatitis Virales (por virus A, B, C y E)
i. Hidatidosis (equinococosis)
j. Infección gonocócica
k. Leishmaniasis
l. Lepra (Enfermedad de Hansen)
m. Listeriosis
n. Parotiditis viral (paperas)
o. Psitacosis
p. Rickettsiosis
q. Sífilis
r. Síndrome Hemolítico Urémico
s. Streptococcus pneumoniae. Enfermedad invasora
t. Tétanos
u. Tuberculosis
v. Virus de la inmunodeficiencia humana, Enfermedad por

c) De notificación centinela: Las siguientes enfermedades o síndromes, corresponden a las que deben ser notificadas semanalmente sólo por los centros y establecimientos definidos como centinelas por la Autoridad Sanitaria Regional. La notificación se realizará según lo establecido en el artículo 4° del presente reglamento.

Estas son:
a. Enfermedades diarreicas agudas en menores de 5 años
b. Influenza y otras infecciones respiratorias agudas virales
c. Virus del Papiloma Humano, Infección por
d. Virus Varicela, Infección por

d) Otros eventos de notificación inmediata: Los siguientes eventos serán notificados de manera inmediata a la Autoridad Sanitaria Regional:

a. Brotes de enfermedades de cualquier etiología transmisible. Incluye los brotes de enfermedades transmitidos por alimentos (ETA) y brotes de Infecciones Asociadas a la Atención en Salud (IAAS).

b. Enfermedad o brote de causa desconocida de presunto origen infeccioso.

c. Fallecimientos por presunta causa infecciosa transmisible no identificada.

d. Casos de enfermedad en donde se sospeche de contaminación intrínseca de fármacos o de artículos para la atención en salud.

e. Sospecha de enfermedades erradicadas o en vías de erradicación, tales como la Viruela y la Poliomielitis, respectivamente.

Artículo 2.- Obligación de notificar.

Será obligación de todo médico cirujano que atienda personas que padezcan de una enfermedad transmisible notificar las que son de declaración obligatoria, en la forma dispuesta en la ley y en el presente reglamento.

En el caso de las atenciones médicas realizadas por un prestador institucional, el director del establecimiento de salud será responsable de velar porque la notificación se realice en la forma establecida en el presente reglamento. Para estos efectos, deberá nombrar un delegado de epidemiología para que cumpla con las obligaciones establecidas en el artículo 3° de este reglamento.

Los laboratorios clínicos que realicen exámenes de confirmación diagnóstica tendrán obligación de comunicar según el inciso 4 del artículo 5º del presente reglamento.

Artículo 3.- Delegado de epidemiología.

El delegado de epidemiología, corresponde a un profesional de la salud cuya función principal será coordinar la vigilancia epidemiológica, en el establecimiento de salud en donde se desempeñe. Para dichos efectos, consolidará la información de todo el establecimiento, incluyendo a los servicios de laboratorio, servicio de urgencias, hospitalización u otros. Asimismo, servirá como vínculo oficial de comunicación entre el establecimiento de salud y la Autoridad Sanitaria Regional respectiva. Las funciones del delegado de epidemiología se realizarán conforme a las normas e instrucciones que imparta el Ministerio de Salud para tal efecto.

Sin perjuicio de lo dispuesto precedentemente, las funciones del delegado de epidemiología serán:

a. Integrar y validar la información epidemiológica generada en su establecimiento.

b. Supervisar la calidad de la información proveniente de todas las dependencias del establecimiento.

c. Velar por la oportuna notificación de las enfermedades bajo vigilancia a la Autoridad Sanitaria Regional, por parte del establecimiento de salud.

d. Ejecutar acciones iniciales de investigación y bloqueo epidemiológico en enfermedades bajo vigilancia. Estas acciones pueden incluir visitas domiciliarias, entrevista a casos, a contactos y expuestos, toma de muestras, aplicación de quimioprofilaxis, búsqueda activa de casos, educación a grupos de riesgo, y cualquier otra que sea necesaria para los fines de los que trata este literal.

e. Colaborar con la Autoridad Sanitaria Regional en la investigación y control de brotes, correspondiente al área de su jurisdicción.

f. Colaborar en las acciones necesarias que permitan el funcionamiento del establecimiento como centros centinela u otros, incluyendo la notificación semanal de casos y supervisión de tomas de muestras biológicas cuando así lo determine la Autoridad Sanitaria Regional.

g. Detectar oportunamente eventos que supongan niveles de morbilidad o mortalidad superiores a los previstos para un tiempo y lugar determinados, comunicando de inmediato a la Autoridad Sanitaria Regional la información esencial disponible.

h. Difundir y retroalimentar al equipo de salud del establecimiento, boletines, normativas, alertas e informes generados en el ámbito de la vigilancia en salud pública en el nivel regional y nacional.

El director del establecimiento de salud comunicará formalmente a la Autoridad Sanitaria Regional, el nombre del Delegado de Epidemiología, las horas designadas para cumplir la coordinación de la vigilancia epidemiológica, su subrogante y los datos de contacto. Cualquier cambio que se produzca en la designación del delegado también deberá comunicarse formalmente.

Artículo 4.- Instrumento de notificación.

La notificación de enfermedades contempladas en el presente reglamento se hará mediante el envío de los formularios establecidos en la Norma Técnica respectiva y en las instrucciones complementarias que el Ministerio de Salud emita.

Las normas técnicas de las que trata este reglamento serán aprobadas por resolución del Ministro de Salud y estarán disponibles en la página web del Departamento de Epidemiología del Ministerio de Salud <http://epi.minsal.cl> o la que la reemplace.

Los formularios serán diseñados e implementados en formato electrónico, o en su defecto, en formato papel.

Artículo 5.- Vigilancia de laboratorio de los agentes etiológicos aislados de muestras clínicas.

Los agentes microbiológicos causantes de enfermedad, que están sujetos a vigilancia de laboratorio, serán los siguientes:

a. Agentes relacionados con Infecciones Asociadas a la Atención de Salud según Norma Técnica IAAS Minsal.
b. Brucella spp.
c. Candida spp. (enfermedad invasora)
d. Campylobacter spp.
e. Chlamydia trachomatis
f. Coxiella burnetii
g. Escherichia coli productor de toxina Shiga
h. Haemophilus influenzae
i. Legionella spp.
j. Listeria spp.
k. Mycobacterium tuberculosis
l. Neisseria gonorrhoeae
m. Neisseria meningitidis
n. Influenza y otros virus respiratorios*
o. Rickettsia spp.
p. Salmonella spp.
q. Shigella spp.
r. Staphylococcus aureus de la comunidad
s. Streptococcus agalactiae (enfermedad invasora)
t. Streptococcus pneumoniae (enfermedad invasora)
u. Streptococcus pyogenes (enfermedad invasora)
v. Vibrio cholerae
w. Vibrio parahaemolyticus
x. Virus de la fiebre amarilla**
y. Yersinia spp.
z. Virus Chikungunya**
aa. Virus Dengue**
bb. Virus Zika**
cc. Trypanosoma cruzi*
dd. Virus de Inmunodeficiencia Adquirida (VIH)
ee. Virus Hepatitis B
ff. Virus Hepatitis C
gg. Virus HTLV I/II

* Detectados en la red de laboratorios del Instituto de Salud Pública de Chile - Minsal.

** En zonas de riesgo endémico en Chile.

Los laboratorios clínicos que detecten o aíslen los agentes microbiológicos señalados en el listado precedente, enviarán semanalmente la muestra o cepa al Instituto de Salud Pública. El Instituto efectuará el estudio de susceptibilidad antimicrobiana, caracterización del agente u otros estudios complementarios, según corresponda. La muestra o cepa enviada deberá acompañarse de los formularios respectivos establecidos por dicha institución y que están disponibles en http://www.ispch.cl/prestaciones.

El Instituto de Salud Pública informará los resultados al Ministerio de Salud y a la Autoridad Sanitaria Regional correspondiente, a través del medio de comunicación más expedito disponible.

Los laboratorios clínicos que pertenezcan a establecimientos asistenciales de atención abierta o cerrada, que detecten agentes etiológicos causantes de las enfermedades de declaración obligatoria señaladas en el artículo 1°, comunicarán el resultado al Delegado de Epidemiología del establecimiento, quien gestionará junto al médico tratante la notificación a la Autoridad Sanitaria Regional, si correspondiese. Si en el establecimiento no ha sido designado el Delegado de Epidemiología, o este no estuviera presente, el resultado se enviará directamente a la Autoridad Sanitaria Regional.

Los laboratorios clínicos que presten servicios a otras instituciones de salud y que detecten agentes etiológicos causantes de las enfermedades de declaración obligatoria, informarán el resultado al establecimiento o profesional que solicitó el examen, enviando una copia de éste a la Autoridad Sanitaria Regional correspondiente, el mismo día de obtenido el resultado.

Artículo 6.- Vigilancia de laboratorio en matrices ambientales u otros productos sanitarios.

Frente a la ocurrencia de brotes, en que se sospeche de algún agente, presente en matrices ambientales, causante de enfermedades o eventos de declaración obligatoria contemplados en el artículo 1°, se deberán enviar las muestras ambientales a los laboratorios de salud pública regionales o al Instituto de Salud Pública, según la capacidad analítica disponible. Los resultados se enviarán inmediatamente a la Autoridad Sanitaria Regional correspondiente y al Ministerio de Salud.

Las matrices ambientales de las que trata este artículo pueden ser agua, alimentos, productos farmacéuticos, artículos para la atención en salud u otros.

Los laboratorios de la Red Nacional de Laboratorios de Salud Pública Ambientales y Laborales que detecten los siguientes agentes causantes de enfermedades transmitidas por los alimentos, enviarán las cepas o muestras al Instituto de Salud Pública para caracterización del agente y otros estudios complementarios:

a. Bacillus cereus
b. Campylobacter spp.
c. Clostridium perfringens
d. Cronobacter spp.
e. Cryptosporidium spp.
f. Escherichia coli diarreogénica
g. Listeria monocytogenes
h. Norovirus
i. Salmonela spp.
j. Shigella spp.
k. Staphylococcus aureus
l. Vibrio cholerae
m. Vibro parahaemolyticus.

Artículo 7.- Deber de comunicación de otros laboratorios.

Los laboratorios públicos y privados de sanidad animal, ambientales y centros de investigación, deberán comunicar a la Autoridad Sanitaria Regional la detección de cualquier agente infeccioso o vector biológico con impacto para la salud pública, incluyendo la matriz en la que fue detectado dentro de las 24 horas de confirmado el hallazgo. Dicha comunicación se realizará en la forma que señalen las normas técnicas aludidas en el artículo 4° del presente reglamento.

Artículo 8.- Confidencialidad de los datos.

El tratamiento de los datos obtenidos como resultado de las notificaciones y comunicaciones a que alude el presente reglamento, se regirán por las normas de la ley N° 19.628, sobre protección de la vida privada y la ley N° 20.584 que regula los derechos y deberes que tienen las personas en relación con acciones vinculadas a su atención en salud.

Artículo 9.- Incumplimiento del presente reglamento.

Cualquier infracción a las disposiciones del presente reglamento, será sancionada de acuerdo a lo dispuesto en el Libro X del Código Sanitario.

Artículo segundo.- El presente decreto entrará en vigencia 90 días después de su publicación en el Diario Oficial, fecha en la cual quedará derogado el decreto supremo N° 158, de 2004, de esta Cartera de Estado.

Anótese, tómese razón y publíquese.- SEBASTIÁN PIÑERA ECHENIQUE, Presidente de la República.- Emilio Santelices Cuevas, Ministro de Salud.

Transcribo para su conocimiento decreto afecto N° 7, de 12 de marzo de 2019.- Saluda atentamente a Ud., Elvira Tagle Schmidt, Jefa de Gabinete, Subsecretaría de Salud Pública.

DECRETO Nº 209
APRUEBA REGLAMENTO DE PISCINAS DE USO PUBLICO

Núm. 209.- Santiago, 5 de Julio de 2002.- Visto: lo dispuesto en los artículos 1º, 2º, 3º, 76 y 77 del

Código Sanitario, aprobado por decreto con fuerza de ley Nº 725 de 1967, del Ministerio de Salud; en los artículos 4º, 6º, 16 y 17 del decreto ley Nº 2.763 de 1979 y teniendo presente las facultades que me confiere el artículo 32 Nº 8 de la Constitución Política de la República, y

Considerando: - La necesidad y conveniencia de actualizar la normativa que regula el funcionamiento de piscinas de uso público,

Decreto:

Apruébase el siguiente Reglamento de Piscinas de Uso Público:

TÍTULO I
DISPOSICIONES GENERALES

Artículo 1.- El presente reglamento se aplicará a toda piscina de uso público, sea ella de uso público general o restringido.

Artículo 2.- Para los efectos de este reglamento los términos que se señalan a continuación tendrán el significado que para cada uno de ellos se indica:

a) Piscina: Centro deportivo, recreativo o terapéutico, que incluye una pileta y las instalaciones anexas necesarias para su buen funcionamiento, tales como camarines, áreas de esparcimiento, equipos de mantención, etc.

b) Pileta: Cualquier depósito de agua de construcción artificial utilizado para el baño de personas.

c) Piscina de uso público general: aquella destinada al uso colectivo, sea éste gratuito o pagado directamente o indirectamente a través de cuotas a instituciones.

d) Piscinas de uso público restringido: aquellas destinadas al uso exclusivo de un grupo reducido de personas quienes, para el ingreso a la piscina, cumplen con un requisito previamente señalado. Son éstas las piscinas de hoteles, moteles, gimnasios, establecimientos educacionales, instituciones, condominios, etc.

e) Piletas de vaciamiento periódico: aquellas que para mantener la calidad sanitaria del agua son vaciadas por completo periódicamente, para ser vueltas a llenar con agua limpia o fresca.

Su uso queda limitado a las piletas públicas destinadas al uso exclusivo de niños.

f) Piletas de renovación continua: aquellas a las que para mantener la calidad sanitaria del agua se agrega en forma continua un determinado caudal de agua fresca, extrayendo al mismo tiempo un caudal de agua usada que se desecha.

g) Piletas de recirculación: aquellas en que se mantiene la calidad sanitaria del agua haciéndola circular mediante bombas a través de un sistema de purificación, después de lo cual se devuelve ésta a la pileta.

h) Tasa de renovación o recirculación (T): número que resulta de dividir el volumen de agua limpia o fresca, según el caso, introducido a una pileta de recirculación o renovación continua durante un día, por el volumen de agua de la pileta. En las piletas de recirculación, corresponde a la cantidad de veces que la totalidad del agua de la pileta pasa por los sistemas de filtros en un período de 24 horas.

i) Carga diaria máxima de bañistas: número máximo de bañistas que puede ingresar diariamente en una piscina de uso público, ya sea su pileta de renovación continua o de recirculación. Su cálculo se efectúa en función de la tasa de recirculación y del volumen de agua fresca o limpia introducido a la pileta en 24 horas, de acuerdo a la fórmula siguiente:

$$N = V \div CT$$

En la que:

V representa el volumen de agua fresca o limpia introducida a la pileta en 24 horas, y CT es un coeficiente que depende de la tasa de recirculación o renovación T empleada durante el mismo período.

El valor CT se da en la tabla siguiente: para

T = 1	CT = 14,00
T = 2	CT = 3,50
T = 3	CT = 1,50
T = 4	CT = 0,87

j) Capacidad de bañistas: número máximo de personas en tenida de baño que pueden permanecer simultáneamente en la piscina de uso público. Este número se determina en función de la superficie de agua de la pileta, y se obtiene de sumar al número de metros cuadrados (m2) de superficie de agua con profundidad menor de 1,4 metros, la mitad del número de metros cuadrados de superficie de agua con profundidad mayor a 1,4 metros.

La cifra obtenida por el procedimiento anteriormente descrito podrá ser aumentada en un 35% cuando el área de esparcimiento de la piscina tenga entre una y dos veces la superficie de agua de la pileta; en un 70% cuando el área de esparcimiento sea mayor que dos y hasta tres veces la superficie de agua de la pileta, y en un 100% cuando la superficie de esparcimiento supere al triple de la superficie de agua de la pileta.

k) Área de esparcimiento de una piscina: superficie de recreación anexa a la pileta de una piscina de uso público, destinada al uso exclusivo de los bañistas. Esta área se encuentra dentro del recinto de la piscina e incluye terrazas, lugares de asoleo, juegos infantiles y prados.

l) Área de circulación de bañistas: franja alrededor de la pileta reservada para la circulación de los bañistas, que debe estar separada por medio de una reja de las demás dependencias del establecimiento. El ingreso a esta área sólo será permitido a personas en tenida de baño, previo paso por un lavapiés.

m) Agua fresca: agua proveniente directamente de su fuente de abastecimiento que ingresa a una pileta.

n) Agua limpia: agua de recirculación que ingresa a una pileta y que ha sido previamente filtrada y desinfectada.

TÍTULO II
DE LA AUTORIZACIÓN

Artículo 3.- Para la instalación de una piscina se requiere contar en forma previa a su construcción con la aprobación del proyecto por el Servicio de Salud competente. A tal efecto, el solicitante deberá proporcionar a este organismo todos los antecedentes e información que se le solicite para la aprobación del mismo, que justifiquen que él se ajusta a las disposiciones del presente reglamento.

Artículo 4.- La apertura y puesta en marcha de las piscinas a que se refiere este reglamento, requiere de autorización de funcionamiento emitida por el Servicio de Salud competente. Sólo podrán solicitar esta autorización aquellas piscinas cuyos proyectos de construcción hayan sido aprobados en conformidad con el artículo 3°.

En la autorización de funcionamiento se señalará su calificación como piscina de uso público general o restringido y la carga diaria máxima de bañistas que le corresponde. Para el control efectivo de dicha carga, las piscinas de uso público general deberán contar con un sistema confiable de control de ingreso que permita comprobar el número efectivo de personas que entran, cuyo total diario deberá inscribirse en el libro de registro. En el caso de piscinas de uso público restringido será responsabilidad del administrador controlar que no se supere la carga máxima de bañistas.

Dicha autorización tendrá una duración de tres años, plazo que se entenderá automática y sucesivamente prorrogado por períodos iguales mientras no sea expresamente dejado sin efecto. La autorización debe ser exhibida al representante del Servicio de Salud cada vez que se solicite.

Artículo 5.- Para obtener la aprobación del proyecto se deberán acompañar los siguientes antecedentes:

1) Solicitud de aprobación de proyecto con identificación del propietario, proyectista y ubicación de la piscina.

2) Memoria explicativa en la que se indicarán los siguientes datos:

– Tipo de pileta

– Dimensiones y tamaño de la pileta.

– Área de circulación de bañistas

– Área de esparcimiento.

– Origen del agua que se usará. Si ésta proviene de un abasto público, se indicará el diámetro de la conexión que la respectiva empresa de obras sanitarias haya otorgado. Si el agua no proviene de un abasto público, se deberá acompañar un análisis físico- químico y un seguimiento bacteriológico sobre cuya base el Servicio de Salud determinará el tratamiento a que deberá someterse para su uso como fuente de abasto para la pileta.

– Sistema de eliminación de las aguas usadas de la pileta y servicios higiénicos y la autorización correspondiente de la empresa de obras sanitarias local en el caso de que ellas sean eliminadas a través del sistema de alcantarillado público, o de la autoridad sanitaria si se eliminan por un sistema particular.

– Gasto y régimen de renovación del agua. Para piletas de recirculación se deberá incluir planos, diámetros y cotas de todas las cañerías de este sistema, que permitan un análisis hidráulico detallado. Se deberá especificar además el tipo y la capacidad de las bombas, altura manométrica a la que puede entregar esta capacidad; tamaño, tipo y número de filtros; características de los dosificadores de coagulante y sistema de ajuste del pH, cuando estén contemplados en el proyecto.

– Métodos de desinfección.

– Contenido normal de cloruros de la fuente de agua.

– Carga diaria máxima de bañistas y capacidad de bañistas determinadas en conformidad con el presente reglamento.

– Plano general de la piscina y sus dependencias.

– Aquellas piscinas que incluyan dentro de sus instalaciones anexas, toboganes que desemboque en la pileta, deberán presentar una memoria explicativa, la que deberá incluir:

a) Estructura del tobogán, material utilizado en la superficie de deslizamiento, altura máxima, largo del trayecto, velocidad vertical, ángulo impacto, distancia entre la salida del tobogán y el espejo de agua.

b) Profundidad y superficie del área de la pileta en que desemboca el tobogán.

c) Tipo de usuario para el cual está diseñado el tobogán y restricciones de uso.

d) Medidas de seguridad adoptadas en relación al uso del tobogán.

5) Proyecto de arquitectura con plantas generales y especificaciones técnicas

* Pileta y área de esparcimiento

* Instalaciones anexas

* Casas de máquinas

* Camarines y servicios higiénicos

6) Planos de circuito hidráulico de ingreso y recirculación.

7) Plano del sistema eléctrico e iluminación.

8) Planos de detalles de lavapiés.

9) Memoria de cálculo de los sistemas hidráulicos.

10) Catálogos de equipos y accesorios.

11) Proyecto de los equipos de calefacción de piscinas temperadas artificialmente, en su caso.

12) Declaración de fuente curativa respecto de piscinas cuyo abasto de agua proviene de fuentes termales.

13) Planos y características de los sistemas de ventilación o recirculación de aire para evitar la condensación respecto de piletas temperadas bajo techo, cualquiera sea su fuente de abasto.

Artículo 6.- Para la obtención de autorización de funcionamiento que permite la iniciación de actividades, se deberá acompañar los siguientes antecedentes:

1) Solicitud escrita del propietario o representante legal de la piscina.

2) Resolución de aprobación del proyecto de la piscina.

3) Certificado de aprobación del proyecto del sistema de agua potable.

4) Certificado de aprobación del proyecto de alcantarillado.

5) Certificado de aprobación del proyecto de equipos de calefacción, cuando corresponda.

6) Registro de equipo de generadores eléctricos para aquellos recintos que lo requieran.

7) Declaración de instalación eléctrica interior, de acuerdo a la normativa pertinente.

8) Identificación de administrador responsable y suplente.

9) Identificación de los salvavidas y encargados de primeros auxilios.

10) Temporada de funcionamiento.

11) Horario de funcionamiento.

12) Libro de Registro que será visado por el Servicio de Salud.

Artículo 7.- Para la efectiva fiscalización sanitaria, las piscinas de temporada deberán hacer llegar al Servicio de Salud competente previo al inicio de cada nuevo período, la siguiente información:

- Identificación de administrador responsable y suplente.
- Identificación de salvavidas.
- Identificación de personal de primeros auxilios y sus estudios correspondientes.
- Horario de funcionamiento.
- Inicio y término de temporada.
- Libro de Registro foliado correspondiente al período de funcionamiento inmediatamente anterior.

• Libro de Registro foliado para la nueva temporada, el que deberá ser timbrado por la autoridad sanitaria.

Artículo 8.- El Administrador de un establecimiento de piscinas de uso público general o restringido, será el responsable ante el Servicio de Salud del cumplimiento de las normas contenidas en el presente reglamento.

Artículo 9.- Cualquier modificación en una piscina de las condiciones establecidas en este reglamento, que el Servicio de Salud tuvo en consideración para otorgar la autorización de funcionamiento, deberá ser expresamente autorizada por dicha autoridad.

TÍTULO III
DE LA CALIDAD DEL AGUA

Artículo 10.- Para la alimentación de las piletas deberá usarse agua potable obtenida directamente de un abasto público, siempre que sea posible. Si es necesario recurrir a una fuente distinta, ésta deberá ser autorizada previamente por el Servicio de Salud, el que determinará el tratamiento a que se deberá someter el agua, en su caso, y sobre su desinfección.

Artículo 11.- El agua de la pileta deberá cumplir los siguientes parámetros de calidad:

Ph	7,2 -8,2
Cloro libre residual	0,5 -1,5 (ppm)
Cobre (alguicidas)	Máximo 1,5 (mg/l)
Bromo (desinfectante)	1-3 (mg/l)
Espumas, grasas y partículas en suspensión	Ausencia
Bacterias aeróbicas	< 200 colonias/ml
Coliformes fecales	Ausencia
Coliformes totales	< 20 colonias/ 100 ml
Algas, larvas u otro organismo vivo	ausencia

Artículo 12.- La transparencia del agua de toda pileta debe ser tal que permita ver claramente un disco negro de 15 cm. de diámetro colocado sobre un fondo claro bajo 1,4 m. de agua mirando desde un ángulo de aproximadamente 45° desde la altura de los ojos de una persona de estatura media, situada al borde de la pileta.

En toda piscina de uso público deberá efectuarse por lo menos 2 verificaciones diarias de la transparencia del agua, una al comienzo y la otra hacia la mitad de la jornada de apertura al público.

En el caso de piscinas cuyo abasto provenga de fuentes termales o marinas, cuyas características físico-químicas no permitan cumplir con este requisito, este parámetro será evaluado por el Servicio de Salud, el que definirá el valor a cumplir.

Artículo 13.- Ninguna pileta de vaciamiento periódico podrá autorizarse como piscina de uso público, salvo aquellas que se destinen al uso exclusivo de niños y que sean vaciadas y llenadas completamente al menos cada 6 horas.

Las piletas de renovación continua y recirculación deberán vaciarse totalmente al menos una vez al año, a menos que la presencia de algas en el agua o en las paredes o una disminución progresiva de la calidad del agua obliguen a hacerlo con mayor frecuencia. En todos los casos el vaciamiento deberá completarse con una limpieza del fondo y las paredes interiores y una aplicación directa a estas superficies de solución de sulfato de cobre al 5% u otro alguicida de efecto similar.

En las piletas de recirculación deberá efectuarse un aporte diario de agua fresca- no recirculada de al menos 1/30 del volumen de agua total de la pileta. La concentración de cloro de cloruros no deberá superar en más de 200 mg/l la concentración natural de cloruros de la fuente de agua. Para comprobar la concentración de cloruros, el administrador del recinto deberá disponer la realización de al menos 4 análisis del contenido de cloruros en el agua durante la temporada de funcionamiento, distribuidos uniformemente dentro de dicho lapso.

Cuando la pileta sea usada para fines que no sean el baño deportivo, recreativo o terapéutico, tales como celebraciones de ritos confesionales, etc., deberá vaciarse totalmente, limpiarse y desinfectarse antes de permitir nuevamente el acceso de bañistas.

Artículo 14.- Las tasas de recirculación mínimas exigidas para los diversos tipos de piscinas, así como las recomendables, son:

Tipos de piscinas	T mínima	T recomendable
Piscina pública de uso restringido	2	3
Piscina pública de uso general	3	4

En toda piscina deberán instalarse uno o más medidores de consumo que permitan verificar el volumen de agua limpia efectivamente ingresado a la pileta, colocados donde puedan ser fácilmente observados entre los filtros y las entradas de agua limpia a la pileta.

Artículo 15.- Será obligatoria la desinfección previa de las aguas que se introduzcan a una pileta, así como el mantenimiento permanente de una concentración mínima de desinfectante activo residual en el agua de la misma. Para estos efectos podrán emplearse cloro o sus derivados u otro desinfectante aprobado previamente por el Servicio de Salud.

Artículo 16.- En las piletas de vaciamiento periódico la concentración mínima de desinfectante deberá conservarse mediante la aplicación de un desinfectante activo residual aprobado y un dispositivo que asegure la concentración uniforme en la pileta y que no represente riesgo para los bañistas.

En las piletas de recirculación o renovación continua se mantendrá la concentración mínima de desinfectante a través de la aplicación de dosis adecuadas de éste al agua limpia o fresca antes de ser introducida a la pileta. Las entradas de agua deberán situarse de manera de producir una distribución uniforme del desinfectante en la masa de agua.

Artículo 17.- Podrán exceptuarse de la exigencia establecida en el artículo 15 aquellas piletas de renovación continua que se alimenten de alguna corriente de agua, vertiente, pozo, fuente termal o marina, que a juicio del Servicio de Salud esté relativamente libre de riesgo de contaminación, siempre que se suministre diariamente por cada bañista que utilice la pileta en ese mismo lapso, un volumen de agua fresca no inferior al expresado en la tabla siguiente:

T = 1	V = 16,0 m3
T = 2	V = 8,0 m3
T = 3	V = 5,0 m3
T = 4	V = 4,0 m3

T = tasa de renovación (cantidad de veces que se renueva con agua fresca la totalidad del agua de la pileta en 24 horas)

V = volumen de agua fresca exigida por cada bañista que utilice la pileta.

Artículo 18.- Para los efectos del artículo precedente, un abasto de agua relativamente libre de riesgo de contaminación se entenderá como aquel que cumpla con la norma NCh 1333/of.78 "Requisitos de calidad del agua para diferentes usos" para recreación con contacto directo.

Artículo 19.- Cuando se use el procedimiento de desinfección por medio del cloro o sus derivados, el agua de una pileta deberá contener durante todo el tiempo que se encuentre en uso y en cualquier punto de muestreo una cantidad de cloro libre residual no inferior a 0,5 partes por millón y no superior a 1,5 partes por millón. Cuando

se utilice un desinfectante diferente al cloro, su concentración deberá mantenerse dentro de las concentraciones determinadas por la autoridad sanitaria.

Artículo 20.- En toda piscina de uso público general o restringido se deberá contar con un equipo en buen estado de funcionamiento que permita la determinación rápida de la concentración del desinfectante en el agua.

Cuando se utilice un ensayo colorimétrico para la determinación de cloro libre residual, se deberá emplear un equipo en base a N,N-dietil-p-fenilendiamina. El Servicio de Salud establecerá, en caso necesario, las equivalencias entre los resultados de estos métodos y los de un método patrón.

En las piscinas reguladas por el presente reglamento se deberá efectuar diariamente a lo menos 3 mediciones de cloro libre residual en diferentes puntos de cada pileta, espaciadas regularmente durante las horas de apertura al público. Estas mediciones deberán quedar consignadas en el Libro de Registro.

Artículo 21.- El pH del agua de una pileta deberá en todo momento estar comprendido entre 7,2 y 8,2. En toda piscina de uso público se deberá contar con un equipo en buen estado de funcionamiento para verificarlo, debiendo efectuarse diariamente no menos de 3 determinaciones del pH del agua de cada pileta a intervalos regulares durante las horas de funcionamiento de la piscina. Estas mediciones deberán quedar consignadas en el Libro de Registro.

En el caso de piscinas cuyo abasto provenga de fuentes termales, cuyas características físico-químicas no permitan cumplir con este requisito, este parámetro será evaluado por el Servicio de Salud, el que definirá el valor a cumplir según esa evaluación.

Artículo 22.- El administrador deberá solucionar a la brevedad cualquier situación que altere las normas de higiene y seguridad de la piscina, definidas en este reglamento. De no ser posible la solución inmediata de los factores de riesgo detectados ella deberá cerrarse al uso del público.

Artículo 23.- La toma de muestras y exámenes bacteriológicos del agua de las piletas serán efectuados por los Servicios de Salud durante el periodo de funcionamiento de la piscina.

De todas las muestras analizadas ninguna deberá evidenciar la presencia de más de 200 colonias de gérmenes aerobios por mililitro, según el recuento normal en placas con agar nutritivo a 37ºC durante 24 horas, ni contener más de 20 bacterias coliformes por 100 mililitros de agua. La colimetría deberá demostrar ausencia permanente de colifecal.

Artículo 24.- El agua de la pileta debe ser transparente. Durante el funcionamiento de la piscina la superficie del agua de la pileta deberá estar libre de materias flotantes y espuma. Cualquier suciedad en el fondo de la pileta no deberá permanecer por más de 24 horas y si constituye un factor de riesgo para los usuarios debe ser retirada de inmediato.

Los sistemas de filtración para mantener la calidad del agua que se requiera instalar deberán cumplir con las especificaciones siguientes: el área total de los filtros deberá, por lo menos, asegurar la filtración del volumen total de agua de la pileta en 8 horas a una tasa máxima de filtración de 180 m3/m2/día, cuando se usen filtros de diseño convencional; o de 1.150 m3/m2/día cuando se usen filtros de alta velocidad; en este último caso se deberá garantizar la retención de materia suspendida de por lo menos 3 micrones.

Artículo 25.- El diseño de una piscina deberá ser tal que evite toda posibilidad de interconexión entre el agua de la pileta y la red de agua potable. Las entradas de agua limpia de la pileta deberán estar ubicadas entre 10 y 30 centímetros bajo el nivel máximo del agua y a una distancia no mayor de cinco metros entre ellos de forma que garanticen la renovación uniforme de toda la masa de agua de la pileta.

Artículo 26.- Sin perjuicio de lo establecido en el artículo 14, podrá interrumpirse el aporte de agua limpia a la pileta de una piscina de uso público cuando se den simultáneamente las siguientes condiciones:

1) La pileta esté cerrada al uso público.

2) Las aguas cumplan con las especificaciones de calidad expresadas en los Arts. 12, 15 y 21 de este reglamento.

3) Los filtros no se deterioren a causa de la interrupción de la recirculación.

Artículo 27.- Las piletas deberán tener un rebosadero en todo su contorno concebido de manera de eliminar toda posibilidad de que el agua ingresada a su interior pueda volver a la pileta. Consistirá preferentemente en una depresión de los muros, que puede servir de sostén para los bañistas, que tenga la profundidad suficiente para que los dedos no toquen el fondo y cuyo borde superior deberá estar perfectamente nivelado. La pendiente de la canaleta formada en el interior de la depresión será como mínimo del 2%, debiéndose disponer bocas de descarga a no más de tres metros de separación.

Artículo 28.- En las piletas de renovación continua o recirculación, el caudal de agua limpia o fresca entrante a la pileta y el caudal de agua usada evacuado de ésta deben ser regulados de manera que exista permanentemente un caudal de agua que fluya desde la pileta a través del rebosadero para permitir la eliminación de la capa superficial.

El agua evacuada a través de los rebosaderos podrá ser desechada o descargada en el sistema de recirculación, en este último caso deberá disponer antes de la descarga de un estanque de aquietamiento del agua que permita la eliminación de los aceites e impurezas orgánicas que aquella capa superficial contiene en alta concentración.

Artículo 29.- En caso que la pileta considere espumaderas automáticas en vez de rebosaderos, se deberá cumplir lo siguiente:

a) Las espumaderas automáticas y los sistemas conectados de tuberías de conducción de agua deben ser capaces de remover al menos el 80% del caudal exigido para el conjunto del sistema de filtros.

b) Debe haber al menos dos por pileta y en las piletas rectangulares colocarse en cada uno de los costados más largos.

c) El número de espumaderas debe ser igual o superior a la superficie del agua en m^2 dividido por 37 m^2, aproximándose la cifra obtenida al entero inmediatamente superior si ella no fuera un número entero.

Artículo 30.- Toda pileta tendrá uno o más desagües en la parte más profunda del fondo los que se cubrirán con rejas o parrillas que no puedan ser removidas por los bañistas. El área útil de la reja del fondo será como mínimo cuatro veces la sección del tubo de descarga y la velocidad máxima del agua que pase a través de ella será de 0,5 m/seg. La separación mínima de las aberturas de las rejas será de 1 cm. y la máxima de 3 cm. En todo caso los dispositivos de desagüe deberán permitir el vaciamiento total de la pileta en un tiempo máximo de 4 horas.

Artículo 31.- En los casos en que se vacíe el agua a una alcantarilla, se deberán consultar dispositivos que impidan que las aguas servidas puedan retroceder y penetrar en la pileta aun cuando la alcantarilla entre en presión.

TÍTULO IV
CONDICIONES SANITARIAS GENERALES

Artículo 32.- El fondo y las paredes de toda pileta deberán estar revestidos con un material de color claro, impermeable, liso y no poroso que asegure que durante su funcionamiento no presentará deterioro que alteren las características del agua señaladas en este reglamento. Las paredes deberán ser verticales y las esquinas redondas y no presentarán grietas ni junturas en las que pueda acumularse suciedad.

La pendiente del fondo no deberá sobrepasar de 7% cuando la profundidad sea menor de 1,6 metros, salvo el caso de piletas de diseño especial con entradas tipo playa, las que deberán estar provistas de superficies antideslizantes.

Artículo 33.- En toda pileta de uso público habrá escaleras a ambos lados de su parte más profunda, las que deberán tener barandas o pasamanos que sobresalgan por lo menos 1 m. del borde de la pileta. Cuando la parte más baja tenga más de 60 cm. de profundidad se colocará en este sector otra escalera de acceso con las características señaladas.

Las escaleras no podrán ser de material poroso o absorbente, debiendo preferirse materiales con forma tubular. Ellas deberán mantener una distancia de 20 cm desde el fondo de la pileta y el último escalón, manteniéndose paralelas a la pared de la pileta y a una distancia no inferior a 10 cm.

Artículo 34.- Toda piscina de uso público deberá tener en el contorno de su pileta una franja reservada para la circulación de los bañistas, de material impermeable, lavable, antideslizante, sin desniveles y en buen estado de conservación, de un ancho no inferior a 1,20 metros. Dicha franja deberá tener pendientes del 1 al 2% hacia desagües adecuados y estará dispuesta en tal forma que las aguas derramadas sobre ella no puedan escurrir a la pileta.

Cuando no exista otro dispositivo de protección, deberá dejarse entre los planos verticales del borde de la franja de circulación y de las paredes de la pileta, una distancia de 10 a 15 cm. para que al asear diariamente el piso de dicha franja no caigan las aguas de lavado al interior de la pileta, sino que escurran por la canaleta de rebose.

Artículo 35.- Las piscinas deberán contar con un área de esparcimiento de superficie mínima igual a la superficie total de agua.

Artículo 36.- La franja reservada para la circulación de bañistas deberá separarse de las demás dependencias del establecimiento por medio de una cerca o reja de una altura no inferior a 80 cm. Por tratarse de un área de circulación estará prohibido su utilización como zona de asoleo. En sus accesos se colocarán piletas lavapiés de por lo menos 3 metros de ancho, 2,5 metros de largo y de profundidad no inferior a 10 cm., con piso antideslizante y que contengan una solución de cloro al 0,5%, ubicadas en lugares estratégicos y seguros de manera que los bañistas deban pasar por ellas cada vez que ingresen a esta franja. Cuando exista la posibilidad de circulación de bañistas por prados o superficies de tierra deberá instalarse antes de los lavapiés de estos accesos duchas que formen una cortina de agua.

Podrán ser los lavapiés de diseño diferente, siempre que cumplan la misma función y el paso por ellos al ingresar a la franja reservada para la circulación de los bañistas sea obligatorio.

Artículo 37.- Toda piscina de uso público deberá contar con las siguientes dependencias dispuestas en la siguiente secuencia de circulación: camarines, guardarropa, servicios higiénicos, duchas, piletas. Dichas dependencias deberán contar con buena iluminación y ventilación y estar debidamente señalizadas.

Los pisos de los camarines deberán ser de material impermeable, lavable, no resbaladizo y no absorbente y con pendientes del orden del 2% hacia canales de drenaje. Las divisiones entre ellos deberán dejar un espacio libre de aproximadamente 10 cm. sobre el nivel del suelo, con el fin de permitir el lavado de todo el piso. Se deberá contemplar por lo menos un camarín donde puedan ingresar personas discapacitadas.

La iluminación natural o artificial será la suficiente para facilitar su utilización y limpieza; la ventilación será concebida de manera de evitar la producción de una atmósfera excesivamente húmeda, la acumulación de olores y la ocurrencia de corrientes de aire.

Artículo 38.- Los guardarropas deberán tener suficiente capacidad, amplitud y buena ventilación y ser de color blanco o claro en el interior de todos sus compartimentos o casilleros, de modo de permitir su fácil limpieza.

Artículo 39.- Los muebles que se dispongan en camarines, lugares de asoleo y en todo lugar a que tengan acceso los bañistas, deberán ser de material no absorbente.

Artículo 40.- Todo establecimiento de piscina de uso público deberá tener instalaciones sanitarias que incluyan duchas, excusados, urinarios y lavamanos en grupos separados para cada sexo; además deberán contemplar como mínimo una instalación sanitaria independiente común para personas discapacitadas señalizada con el símbolo internacional. Deberán instalarse, además, bebederos sanitarios en el área de esparcimiento. El número mínimo de artefactos sanitarios se determinará sobre la base de la capacidad de bañistas de la piscina establecido conforme al artículo 2°, considerando que la mitad de ellos serán de cada sexo, en la siguiente proporción:

ARTEFACTOS	N° Mínimo Exigido	
	Hombres	Mujeres
Excusado	1/75 Bañistas Hombres*	1/50 Bañistas Mujeres**
Urinarios	1/75 Bañistas Hombres*	---
Lavamanos	1/100 Bañistas Hombres*	1/75 Bañistas Mujeres*
Duchas	1/50 Bañistas Hombres*	1/50 Bañistas Mujeres*
Bebederos	2 en el área de esparcimiento	

* Mínimo 2 unidades

** Mínimo 3 unidades

Artículo 41.- Los excusados y lavamanos deberán cumplir, en lo pertinente, con lo establecido en el Reglamento General sobre Instalaciones Domiciliarias de Alcantarillados y Agua

Potable, así como también con la Ordenanza General de Urbanismo y Construcciones en relación con los requisitos mínimos de accesibilidad y desplazamiento de personas discapacitadas.

Artículo 42.- Deberá preverse en los recintos sanitarios, dispensadores de jabón, a razón de uno por cada ducha y uno por cada lavamanos; un espejo en cada lavamanos y un portarrollos para papel higiénico en cada excusado. La disponibilidad de jabón y papel higiénico en cada servicio deberá ser permanente.

Queda prohibido suministrar a los bañistas cepillos, peinetas o toallas de uso común y el arriendo de trajes de baño.

Artículo 43.- Para los efectos del artículo 40 se entenderá que en un urinario colectivo, 50 cm. de loza corresponden a un urinario y que 50 cm. de longitud de un espejo mural colectivo corresponde a uno individual.

Artículo 44.- Todos los pisos establecidos como lavables en el presente reglamento deberán lavarse diariamente con agua. Semanalmente se hará una limpieza de ellos con agua y jabón o algún detergente, seguida por una desinfección con una solución que contenga 0,3% de cloro activo u otro desinfectante aprobado por el Servicio de Salud para estos efectos.

Igualmente, los camarines y guardarropas deberán mantenerse perfectamente aseados en todo momento durante la temporada de funcionamiento de la piscina.

Artículo 45.- Queda prohibida la venta ambulante de cualquier producto comestible dentro del recinto de la piscina, como asimismo el consumo de alimentos o bebidas en la franja reservada para circulación de los bañistas o dentro de la pileta.

Artículo 46.- El número total de bañistas que ingrese durante el día a una piscina de uso público no podrá superar la carga máxima diaria de bañistas y el número de bañistas que permanezca simultáneamente en el recinto de la piscina no podrá superar en ningún momento la capacidad de bañistas. Las piletas ubicadas en recintos de camping o picnic deberán estar aisladas de esos recintos mediante un cierre perimetral y contar con un sistema de regulación de ingreso, de manera de controlar que en ningún momento se supere la capacidad de bañistas establecida.

Artículo 47.- El acceso y permanencia de animales en el recinto de una piscina de uso público estará prohibido, debiéndo aislarse convenientemente dicho recinto del exterior a fin de impedir su ingreso casual. Se exceptúa de esta prohibición a los perros guías acreditados.

Artículo 48.- Deberá disponerse en el recinto de toda piscina un depósito para basuras con tapa por cada 250 m2 con un mínimo de cuatro, los que deberán ser vaciados diariamente al término de cada día. Cuando exista dentro del área de esparcimiento de la piscina un local de venta y/o consumo de alimentos autorizado por el Servicio de Salud, se deberá colocar a no más de 3 m. de éste uno de los depósitos mencionados.

TÍTULO V
CONDICIONES DE SEGURIDAD

Artículo 49.- Sin perjuicio de lo estipulado en el artículo 37, los pisos de todas las dependencias por donde circulen los bañistas deberán ser de un material tal que permitan una buena adherencia del pie. Deberán tener además buen desagüe y una pendiente no superior al 5%. Para pendientes mayores deberá haber gradas.

Artículo 50.- Las piletas deberán tener marcas indicadoras en ambos lados claramente visibles para los bañistas desde fuera y dentro de la pileta. Estas marcas indicarán: la profundidad mínima, el punto en que se sobrepasa la profundidad de 1,20 metros, la profundidad máxima de la pileta y los puntos en que existan cambios bruscos de pendiente.

Artículo 51.- En la piscinas de uso público general o restringido, destinadas exclusivamente a la recreación, no podrá haber trampolines, los cuales solamente podrán existir en piletas destinadas a competencias deportivas.

Artículo 52.- En las piscinas destinadas a competición donde se instalen trampolines deberá existir, como mínimo, la siguiente relación entre la altura de éstos sobre el nivel del agua de la pileta y la profundidad del agua:

Para tablones de 1 metro de altura: 3,00 metros de profundidad.

Para tablones de 3 metros de altura: 3,50 metros de profundidad.

La profundidad mínima indicada deberá extenderse sobre un área, definida a partir de la proyección vertical del extremo del trampolín, de 4 metros hacia delante, 1 metro hacia atrás y 3 metros hacia cada lado.

Para alturas de lanzamiento superiores a 3 metros se requerirá de un informe técnico idóneo, el cual será solicitado por el Servicio de Salud al momento de otorgar la autorización sanitaria que establece el presente reglamento.

Artículo 53.- Los trampolines deberán tener doble anclaje en el apoyo y ser capaces de soportar sin deterioro una carga de 400 Kgs. concentrada en el extremo libre. El acceso a las plataformas de lanzamiento deberá hacerse por medio de escaleras y descansos protegidos con barandas laterales. Las escaleras, descansos y trampolines deberán tener una superficie que evite el resbalamiento.

Aquellas piscinas destinadas a competiciones deportivas que funcionen también como piscinas de recreación, deberán poseer las instalaciones necesarias, a juicio de la autoridad sanitaria, que impidan el acceso de los bañistas a las plataformas o trampolines cuando no exista competición.

Artículo 54.- Las piscinas que cuenten con toboganes deberán informar, a través de carteles u otro medio apropiado, las restricciones de uso de los mismos así como la indicación del tipo de usuario para el que fue diseñado.

Artículo 55.- Toda pileta deberá tener asideros en todo su contorno que no presenten peligro para los nadadores, pudiendo servir para tal propósito las canaletas de rebose, siempre que tengan un diseño adecuado y una profundidad suficiente para que los dedos de los bañistas no puedan alcanzar su fondo.

Artículo 56.- Sólo se permitirá el acceso de bañistas a una pileta cuando ésta se encuentre completamente llena de agua.

Artículo 57.- Aquellas piscinas que por su ubicación o diseño o por su horario de funcionamiento no cuenten con luz natural suficiente, deberán disponer de un sistema completo de iluminación artificial, cuyo diseño será adecuado para iluminar todas las partes del recinto de la piscina incluyendo el agua de la pileta y cuyas instalaciones no ocasionen riesgo a los bañistas. Deberá tener un mínimo de 80 lux a una altura de 90 cm. sobre el suelo en cualquier punto del recinto de la piscina destinado al uso de los bañistas.

Durante todo el período de su funcionamiento la iluminación deberá ser uniforme en toda la superficie del agua de la pileta y será dispuesta de modo de no producir encandilamiento a los bañistas o al personal de vigilancia. Deberá contarse además con elementos adecuados para una iluminación de emergencia.

Artículo 58.- Las piscinas cubiertas deberán contar con un sistema de ventilación apropiado tanto en el área de circulación y esparcimiento como en las instalaciones anexas (camarines, baños, etc.), que impidan la formación de un ambiente excesivamente húmedo o viciado, propicio para la formación de hongos.

En cualquier caso, las instalaciones de ventilación deben proyectarse de manera de evitar que se formen corrientes de aire que incidan directamente sobre los bañistas.

Artículo 59.- Las piscinas que soliciten autorización para funcionar fuera de la temporada de primavera y verano, deberán contar con un sistema de calefacción del ambiente y de acondicionamiento del agua que permita ajustar las temperaturas de modo que en baños, camarines y demás dependencias destinadas al uso de los bañistas la temperatura del aire oscile entre 21°C y 24°C y en el recinto de la pileta la temperatura ambiente no baje de 24°C ni sobrepase los 27°C.

El agua de la pileta deberá tener una temperatura entre 19°C y 25°C. La temperatura del aire en el recinto de la pileta no deberá sobrepasar la temperatura del agua en más de 5°C, manteniendo siempre los rangos de temperatura del aire antes señalada.

Dentro del recinto destinado a la pileta temperada, se deberá contar con un termómetro visible, para medir la temperatura ambiental.

Artículo 60.- Toda piscina con sistema de calefacción del agua, deberá contar con instalaciones de duchas de agua fría y caliente.

Artículo 61.- Todo establecimiento de piscina deberá tener personal entrenado para la vigilancia y salvamento de los bañistas en un número no inferior a 1 por cada pileta de adulto. En aquellas piletas de más de 250 m2 de superficie, se contará con vigilantes adicionales cuando puedan tener más de 120 bañistas, a razón de 1 por cada 100 bañistas adicionales o fracción. Este personal deberá permanecer en tenida adecuada para el desempeño de sus funciones, dentro de la franja reservada para la circulación de los bañistas y con algún distintivo que permita su fácil identificación. Los salvavidas deberán contar con cursos de entrenamiento o ser profesores de educación física o alumnos de esta carrera que tengan aprobadas las asignaturas afines.

Se deberá contar además en forma permanente, durante las horas de funcionamiento, con una persona con capacitación en la aplicación de primeros auxilios, función que podrá desempeñar el propio administrador o un vigilante, siempre que la pileta no quede sin vigilancia mientras aquél efectúe dicha labor.

Artículo 62.- Ninguna piscina podrá tener la pileta abierta al uso sin que se encuentre en el recinto y en funciones el personal de seguridad que establece este reglamento. En caso de su ausencia, aun siendo ésta temporal, el administrador debe proceder al cierre inmediato al uso del público de la pileta mientras ella dure.

Artículo 63.- Será obligatorio tener en el área de circulación de bañistas de toda piscina de uso público, los siguientes elementos de salvataje:

- Un cinturón salvavidas.

• Una cuerda de longitud mayor que el ancho de la pileta y de resistencia no inferior a 200 Kg.

• Una pértiga de longitud no inferior a la mitad del ancho de la pileta, terminada en un aro metálico de 30 cm. de diámetro y 10 mm. De grosor, aproximadamente.

• Una camilla portátil.

Artículo 64.- Toda piscina deberá poseer una sala destinada a la atención de primeros auxilios. Esta sala deberá tener fácil acceso desde la piscina, así como una salida expedita al exterior, con puertas suficientemente anchas para permitir el paso de una camilla. Es recomendable prever una sala de espera y servicios higiénicos anexos. Se deberá llevar un registro del número de personas atendidas y las causas de la atención.

La sala de primeros auxilios deberá contar con los siguientes elementos:

- Una camilla
- 2 frazadas
- Cuello ortopédico
- Tintura de Yodo
- Algodón hidrófilo
- Gasa, tórulas y apósitos esterilizados
- Vendas de diversos tamaños
- Elementos para inmovilizar
- Tela adhesiva
- Alcohol
- Respirador manual u otro similar autorizado.
- Guantes estériles
- Tijeras
- Pinzas
- Soluciones antisépticas
- Anestésico spray
- Sutura cutánea adhesiva

Artículo 65.- En toda piscina deberá existir teléfono en las cercanías de la administración y en un lugar visible una lista con los números telefónicos de urgencia a los cuales se estime sea conveniente recurrir en caso de accidentes graves.

Es recomendable mantener permanentemente, durante las horas de funcionamiento de la piscina, un vehículo disponible en forma exclusiva para la obtención de atención médica de emergencia.

Los casos de accidentes graves deberán ser notificados a las autoridades sanitarias locales antes de 24 horas. La autoridad sanitaria deberá realizar una investigación del accidente, a fin de tomar las medidas correctivas que corresponda, e iniciar un sumario sanitario, si la situación lo amerita.

Artículo 66.- Las piscinas de uso público restringido que no requieren contar para su uso exclusivo con camarines, servicios higiénicos, duchas, guardarropa y sala de primeros auxilios por encontrarse dentro de un recinto que cuenta con esas facilidades para los bañistas, como es el caso de hoteles, moteles, condominios y otros similares, podrán ser liberadas de cumplir con la obligación de tenerlos. Asimismo, estos recintos podrán también ser eximidos de contar con una franja de circulación de bañistas.

Artículo 67.- Las piscinas de uso público restringido, ubicadas en condominios, hoteles, moteles y establecimientos similares, quedarán eximidas de la obligación de contar con personal para la vigilancia y salvamento de bañistas, a que se refiere el artículo 61 de este reglamento, siempre que cuenten con un reglamento interno de higiene y seguridad en el que se incluyan medidas de prevención de accidentes por inmersión y se señalen las condiciones de seguridad que se aplican para su funcionamiento. Dicho reglamento especificará la persona responsable de asegurar el cabal cumplimiento de las medidas de higiene y seguridad contenidas en éste y se encontrará expuesto en el recinto de la piscina.

Cuando estas piscinas funcionen sin el aludido personal de vigilancia y salvamento, deberán comunicar esta situación a los usuarios mediante carteles claramente visibles ubicados en el ingreso al recinto de la piscina y en las áreas de circulación de bañistas aledañas a las piletas.

Artículo 68.- Todas las piscinas deberán contar con una bodega exclusiva para el almacenaje de los productos químicos que se utilicen en el proceso de limpieza, mantención y desinfección de la pileta. Dicha bodega deberá ser de material sólido lavable, con piso antideslizante, con ventilación suficiente para evitar la acumulación de vapores tóxicos y luz artificial que permita la visión clara en cualquier punto de ella y con acceso sólo para los operarios del sistema.

Artículo 69.- En relación a las condiciones laborales, de seguridad de los trabajadores y con respecto a su entorno, las piscinas deberán cumplir con el Reglamento sobre Condiciones Sanitarias y Ambientales Básicas en los Lugares de Trabajo vigente. Aquellas que cuenten con calderas deberán cumplir con el Reglamento de Calderas y Generadores de Vapor.

TÍTULO VI
DE LOS USUARIOS

Artículo 70.- No podrán ingresar a las piscinas las personas que porten parches o vendajes de cualquier tipo o afecciones de la piel, de las mucosas o de las vías respiratorias como asimismo quienes estén bajo el efecto de alcohol o drogas.

Artículo 71.- Los bañistas deberán tomar un baño jabonoso completo de ducha antes de salir de los camarines. Todo bañista que salga del área de esparcimiento y use el excusado, deberá lavarse con jabón en las duchas antes de regresar a la piscina.

Queda prohibido escupir, sonarse la nariz o contaminar de alguna otra forma el agua de la pileta, como asimismo consumir bebidas, alimentos o masticar chicle dentro de ésta.

Artículo 72.- Se prohíbe el ingreso y consumo de bebidas alcohólicas así como de las sustancias prohibidas por la ley de drogas dentro del recinto de la piscina.

Artículo 73.- La administración deberá difundir, a través de carteles u otro medio apropiado, aquellas disposiciones contenidas en este reglamento que atañen al comportamiento de los usuarios. Para ello deberá colocarse en lugares apropiados, leyendas o avisos con letra de tamaño adecuado.

TÍTULO VII
DE LOS PERIODOS EN QUE LAS PILETAS SE ENCUENTRAN FUERA DE FUNCIONAMIENTO

Artículo 74.- Cada vez que una pileta esté fuera de uso, ya sea en forma transitoria o permanente, se deberá impedir el paso del público tanto a la pileta misma como al área reservada para la circulación de bañistas.

Artículo 75.- Fuera de la temporada de funcionamiento, toda pileta deberá permanecer sin agua y con las vías de desagüe abiertas. Si ello no fuera posible a causa del deterioro de los materiales constitutivos de la pileta, sólo podrá mantenerse un remanente de agua si se le ha agregado algún producto larvicida autorizado que impida la proliferación de insectos. La aplicación de cualquier compuesto deberá ser efectuada por personal debidamente autorizado por el Servicio de Salud.

Artículo 76.- Para la habilitación para el uso de una pileta a cuya agua se ha agregado un larvicida autorizado, deberá vaciarse totalmente la solución de producto larvicida contenida en la pileta y escobillarse sus paredes y fondo con abundante detergente y agua, asegurando una adecuada eliminación de los posibles residuos del larvicida y detergente usado.

Artículo 77.- A toda pileta que deba permanecer fuera de uso por más de 20 días consecutivos y no cumpla permanentemente durante ese período con los requisitos relacionados con la calidad del agua contenidos en los artículos 12, 13, 14, 15, 16, 19 y 21 se aplicará lo dispuesto en los artículos 75 y 76 en su totalidad.

TÍTULO VIII
DE LA INSPECCIÓN

Artículo 78.- El Servicio de Salud en cuya jurisdicción territorial esté ubicada la piscina deberá inspeccionar y fiscalizar el cumplimiento de las disposiciones del presente reglamento, para cuyo efecto su personal tendrá acceso a todas sus dependencias.

Artículo 79.- La inspección de una piscina no podrá significar interrupción de su normal funcionamiento. La administración deberá otorgar las facilidades que sean necesarias para llevar a cabo la inspección y proporcionar al inspector de cubre calzado o botas para que pueda ingresar al área de circulación de bañistas a través del pediluvio reglamentario o contar con un acceso especial que no requiera el uso de éstas.

La inspección incluirá las dependencias y áreas de esparcimiento, además de la pileta donde deberá verificarse como mínimo la concentración de cloro libre residual en al menos 3 puntos diferentes.

Artículo 80.- En las visitas inspectivas deberá presentarse el libro de registro de su funcionamiento visado por el Servicio de Salud.

En dicho libro se anotará diariamente los siguientes datos:

1. Número de personas que ingresó durante el día al recinto de la piscina.
2. Volumen de agua limpia suministrada a la piscina, y/o de agua recirculada.
3. Horas de funcionamiento de la piscina.
4. Número de bombas que han funcionado durante el día y tiempo de funcionamiento de las mismas.

5. Tipo de desinfectante aplicado y cantidad.

6. Resultado de las determinaciones de pH, transparencia y desinfectante residual que exige este reglamento.

7. Asistencia del personal de seguridad.

Se anotará además en la fecha correspondiente:

8. Vaciamiento, limpieza y puesta en funcionamiento de la piscina y alguicidas empleados.

9. Lavado y desinfección de los pisos.

10. Hora de lavado de los filtros.

11. Cantidad de coagulante empleado.

12. Cada vez que se produzca un accidente que requiera la intervención de la persona encargada de proporcionar primeros auxilios y/o la de un médico, deberá anotarse el nombre de estas personas, tratamiento suministrado y descripción del accidente.

13. Toda visita inspectiva efectuada por funcionarios de salud, los cuales deberán dejar su nombre y firma, fecha y hora de visita, recomendaciones y exigencias hechas en terreno y la especificación de si tomó muestra para examen bacteriológico.

14. Se indicará además cualquier otro dato u observación que pueda ser de utilidad para apreciar el estado sanitario del establecimiento.

Artículo 81.- Sin perjuicio de los análisis que efectúe la propia administración, corresponderá al Servicio de Salud la toma de muestras y el análisis bacteriológico y químico del agua de las piletas de las piscinas de uso público, el que enviará a la piscina un protocolo de estos análisis que será incluido en el libro de registro.

Deberá tomarse muestras para análisis bacteriológico y químico en las piletas por lo menos una vez al mes durante el período de funcionamiento. Cuando una muestra sometida a análisis bacteriológico no cumpla con los requisitos establecidos en el artículo 23 de este reglamento, deberá reiterarse el muestreo hasta comprobar que la calidad bacteriológica del agua de la pileta sea satisfactoria. Simultáneamente deberá tomarse una muestra para el análisis químico con el objeto de determinar la concentración de cloro de cloruros.

Cada vez que se obtenga un resultado deficiente desde el punto de vista bacteriológico, o se compruebe que el contenido de cloro de cloruros no se encuentra dentro del límite establecido en el artículo 13, se deberán tomar las medidas tendientes a solucionar los problemas detectados y se instruirá el correspondiente sumario sanitario.

Artículo 82.- La autoridad sanitaria deberá controlar durante todo el año que la pileta que se encuentre fuera de uso, cumpla con lo estipulado en los artículos 74, 75 y 77.

Artículo 83.- La inspección, fiscalización y sanción de las infracciones a las disposiciones del presente reglamento serán efectuadas por el Servicio de Salud competente en conformidad a las disposiciones del Libro X del Código Sanitario.

Artículo 84.- Derógase el decreto supremo Nº 327 de 1977, del Ministerio de Salud.

TÍTULO IX
DISPOSICIONES TRANSITORIAS

Artículo 1.- Las piscinas en actual funcionamiento podrán mantener las instalaciones que posean de vestuarios, baños y excusados aun cuando no cumplan con los requisitos que se refiere el artículo 40 si a juicio del Servicio de Salud ellos son aceptables para su normal funcionamiento.

Artículo 2.- Sin perjuicio de lo expresado en el artículo precedente, concédese un plazo de dos años contados desde la publicación de este reglamento para que los establecimientos de piscinas en funcionamiento efectúen las modificaciones estructurales o de diseño que sean necesarias para cumplir con sus disposiciones. La instalación de equipos de mantención de la calidad del agua deberá hacerse en el plazo que el Servicio de Salud fije, que no será superior a dos años. En ese acto se establecerá el régimen de explotación con que deberá operarse la piscina durante ese período.

Anótese, tómese razón y publíquese en el Diario Oficial.- RICARDO LAGOS ESCOBAR, Presidente de la República.- Osvaldo Artaza Barrios, Ministro de Salud.

Lo que transcribo a Ud. para su conocimiento.- Saluda a Ud., Antonio Infante Barros, Subsecretario de Salud.

DECRETO Nº 206
REGLAMENTO SOBRE INFECCIONES DE TRANSMISIÓN SEXUAL

Núm. 206.- Santiago, 22 de septiembre de 2005.- Visto: Lo dispuesto en los artículos 1º, 2º, 3º, 47, 50, 51, 52, 53 y en los párrafos I y II del Título II del Libro I del Código Sanitario, aprobado por decreto con fuerza de ley Nº 725, de 1967 del Ministerio de Salud; en el artículo 4º, numerales 1, 2, 4, 5, y 10, así como en los artículos 6º y 16 todos del decreto ley Nº 2.763, de 1979; y las facultades que me confiere el artículo 32 Nº 8 de la Constitución Política de la República;

Considerando: - La necesidad de actualizar las disposiciones que regulan la protección de la salud en materia de infecciones de transmisión sexual,

Decreto:

Apruébase el siguiente Reglamento de Infecciones de Transmisión Sexual:

I.- DISPOSICIONES GENERALES

Artículo 1.- Las infecciones de transmisión sexual, o enfermedades venéreas, constituyen un grupo de enfermedades transmisibles que se caracterizan porque su principal modalidad de transmisión es la vía sexual.

Artículo 2.- Para los efectos del presente reglamento se consideran infecciones de transmisión sexual las siguientes: sífilis en todas sus formas, infecciones por Neisseria gonorrhoeae, infecciones genitales por clamidias, infecciones genitales por micoplasmas, condilomas acuminados, herpes genital, linfogranuloma venéreo, chancroide e infección por VIH.

II.- DE LAS ACCIONES DE SALUD

Artículo 3.- Corresponde al Ministerio de Salud formular y establecer los planes y programas, estudiar y proponer las disposiciones reglamentarias y emitir las normas e instrucciones para el cumplimiento de todas estas normativas, destinadas al manejo y control de las infecciones de transmisión sexual en la población y de velar porque se presten las atenciones de salud necesarias a quienes se ven afectados por alguna de éstas.

Los establecimientos de salud que integran la red asistencial son los encargados de realizar las acciones sanitarias de educación y promoción y de brindar atención clínica integral para la prevención y tratamiento de las infecciones y enfermedades de transmisión sexual.

Artículo 4.- Para el eficaz desarrollo de sus funciones en materia de infecciones de transmisión sexual, el Ministerio de Salud recopilará oportuna y periódicamente la información proveniente de los organismos y personas a los que la normativa vigente impone la obligación de notificar estas patologías, la que le será proporcionada por las respectivas autoridades sanitarias.

Artículo 5.- Todo médico cirujano está obligado a notificar a la autoridad sanitaria correspondiente, los casos de infecciones de transmisión sexual que, en el ejercicio profesional, diagnostique como tales, en la forma y plazo que se establecen en la reglamentación vigente sobre notificación de enfermedades transmisibles.

Artículo 6.- Todos los antecedentes y documentos relacionados con la notificación e investigación epidemiológica de las infecciones de transmisión sexual, serán estrictamente confidenciales, de conformidad con las normas de la ley Nº 19.628 sobre protección de la vida privada en lo concerniente a datos de carácter personal, y con el debido resguardo por parte de los funcionarios que tengan acceso a ellos del secreto profesional y del secreto estadístico establecido en la ley Nº 17.374, obligación que no cesa por haber terminado sus actividades en ese campo. Dichos antecedentes sólo serán entregados a requerimiento del interesado o de la autoridad judicial.

Artículo 7.- La atención que presten los Servicios de Salud en sus establecimientos respecto de las infecciones de transmisión sexual será totalmente gratuita, comprendiéndose en ella el diagnóstico, tratamiento y control, los exámenes de laboratorio clínico y demás necesarios.

Artículo 8.- Cada Servicio de Salud deberá disponer, al menos en uno de los establecimientos que conforman su red asistencial, de una dependencia especializada en infecciones de transmisión sexual. En aquellos establecimientos en que no haya un centro de salud especializado en dichas patologías deberán existir los mecanismos y procedimientos que permitan la atención y tratamiento oportuno de las mismas, incluyendo la derivación en caso necesario.

Artículo 9.- Los Servicios de Salud deberán disponer, en los establecimientos necesarios para permitir el fácil acceso a las personas de su área de competencia, de horas para la atención de salud sexual de personas con conductas de riesgo, entre las que se incluyen las que declaran voluntariamente el ejercicio del comercio sexual. Dicha atención deberá realizarse de acuerdo a las disposiciones del presente reglamento y de las normas técnicas vigentes para tal efecto.

La asistencia a control de salud sexual será voluntaria y estará sujeta a la confidencialidad establecida en el presente reglamento.

Artículo 10.- El establecimiento de salud que brinde atención de salud sexual a trabajadores(as) sexuales, deberá llevar una estadística sanitaria del número de personas en control de manera periódica. Los datos sobre el número de personas registradas y atendidas deberán ser entregados al Servicio de Salud respectivo, organismo que los remitirá al Ministerio de Salud en una fecha prestablecida, para la confección anual de un consolidado de los asistentes regulares a control, deserciones y traslados, que permita la planificación y adopción de medidas sanitarias acordes a esa realidad.

Artículo 11.- El establecimiento de salud podrá entregar a las personas que se atienden regularmente en el sistema de atención de salud sexual, un documento que acredite su número de registro y asistencia a controles. Este documento servirá para hacer más expedita su atención periódica y en ningún caso indicará o podrá ser considerado como una certificación del estado de salud de su poseedor.

Artículo 12.- En caso de traslado de la persona a otro lugar de residencia, el documento a que se refiere el artículo precedente podrá ser presentado en un nuevo establecimiento en donde se realizarán las coordinaciones correspondientes para el traslado de su atención de salud a ese lugar.

Artículo 13.- En uso de sus atribuciones, el Ministerio de Salud dictará la Norma Técnica para el manejo y tratamiento de estas infecciones, la que será readecuada y actualizada periódicamente de acuerdo a la información científica disponible.

III.- DE LA EDUCACIÓN EN SALUD SEXUAL

Artículo 14.- La educación en salud sexual para la prevención de las infecciones de transmisión sexual, es el proceso permanente que abarca las distintas etapas de la vida de las personas destinado a facilitar a los niños, jóvenes y adultos, de ambos sexos, el logro de su madurez y desarrollo y fomentar en ellos una actitud favorable a la adopción de conductas de auto cuidado y del cuidado de otros, incluyendo su familia, que prevengan las infecciones de transmisión sexual y que los induzcan a buscar el diagnóstico y tratamiento adecuado en caso de necesidad.

Artículo 15.- Sin perjuicio del derecho preferente y del deber que tienen los padres sobre la educación de sus hijos, los establecimientos educacionales deberán apoyar la educación sanitaria en estos aspectos, otorgando educación sexual de acuerdo a las normas vigentes.

La educación en salud sexual que se imparta en lugares tales como instituciones públicas, empresas, fábricas, talleres, cárceles, hospitales, naves y cuarteles deberá ser coordinada con la autoridad sanitaria correspondiente cuando se le solicite, la que velará porque el contenido de ésta se ajuste a las disposiciones del presente reglamento y a los programas sobre la materia.

Artículo 16.- En relación con el cumplimiento del objetivo sanitario de conducta sexual segura, la educación en salud sexual que se imparta en los lugares señalados en el inciso segundo del artículo 15 de este reglamento, debe considerar:

a) La edad y grado de madurez del participante.

b) Las cifras nacionales que indican las edades de inicio de vida sexual activa.

c) La situación epidemiológica de las infecciones de transmisión sexual y del VIH/SIDA.

Artículo 17.- En la misma perspectiva sanitaria, y de acuerdo a los diferentes grados de desarrollo del participante, la educación en salud sexual a que alude el artículo anterior, deberá considerar los siguientes contenidos básicos:

a) Aspectos biológicos, sicológicos y socioculturales de la sexualidad, incluyendo el género, la identidad y la orientación sexual.

b) La comunicación y las relaciones interpersonales como elementos esenciales en la expresión humana de la sexualidad.

c) El desarrollo de la autoestima, el derecho a la toma de decisiones, a la privacidad y el respeto a la diversidad, a la dignidad humana y a los valores y creencias de las personas como partes fundamentales del desarrollo sicosexual.

d) La biología y fisiología de los sistemas masculinos y femeninos involucrados en la respuesta sexual y en la reproducción.

e) Las diferentes formas de prevención de riesgos y daños físicos, sicológicos y sociales asociados a la conducta sexual, que tengan fundamentación científica.

Los énfasis temáticos deberán responder a la situación epidemiológica e información estadística de situaciones de riesgo relacionadas con la conducta sexual tales como, infecciones de transmisión sexual, infecciones por VIH, abuso y violencia sexual, partos prematuros y abortos.

Artículo 18.- La educación para la prevención de las infecciones de transmisión sexual, propenderá a una adecuada conducta frente a éstas y al conocimiento de los aspectos científicos de las mismas, para cuyo efecto se deberán impartir los conocimientos relativos a las características clínicas y evolutivas de dichas enfermedades, el impacto médico en el individuo que las padece y en su descendencia, las características epidemiológicas, los elementos del diagnóstico, la función del médico y el laboratorio, la acción que los Servicios de Salud realizan en la prevención y el control de estas infecciones y los aspectos legales de las mismas.

Artículo 19.- Derógase el decreto Nº 362 de 1983, del Ministerio de Salud.

Anótese, tómese razón y publíquese.- RICARDO LAGOS ESCOBAR, Presidente de la República.- Pedro García Aspillaga, Ministro de Salud.- Sergio Bitar Chacra, Ministro de Educación.

Lo que transcribo para su conocimiento.- Saluda atentamente a Ud., Lidia Amarales Osorio, Subsecretaria de Salud Pública.

DECRETO Nº 182
REGLAMENTO DEL EXAMEN PARA LA DETECCIÓN DEL VIRUS DE LA INMUNODEFICIENCIA HUMANA

Núm. 182.- Santiago, 10 de agosto de 2005.- Visto: Lo dispuesto en el artículo 5º, de la ley Nº 19.779; en los artículos 4º y 6º del decreto ley Nº 2.763 de 1979 y teniendo presente las facultades que me confiere el artículo 32 Nº 8 de la Constitución Política de la República,

Decreto:

Apruébase el siguiente Reglamento del Examen para la Detección del Virus de la Inmunodeficiencia Humana:

Artículo 1.- Los exámenes para la detección del virus de la inmunodeficiencia humana, VIH, que se efectúen en el país, tanto en el sector público como en el privado, deberán ajustarse a las disposiciones del presente reglamento.

Sin embargo, quedan excluidos de esta normativa los que se refieran a las personas que se encuentren privadas de libertad recluidos en establecimientos penales, y los del personal regido por el DFL Nº 1 de 1997, del Ministerio de Defensa Nacional, por el DFL Nº 2, de 1968, del Ministerio del Interior y por el DFL Nº 1 de 1980 del Ministerio de Defensa Nacional, todos los cuales se regirán por sus respectivos reglamentos.

Artículo 2.- El examen para detectar el virus de la inmunodeficiencia humana será siempre confidencial. Todo el personal de salud, tanto profesional como auxiliar que, a raíz del desarrollo de su trabajo, intervenga o tome conocimiento de la realización de un examen de este tipo deberá mantener la más estricta confidencialidad sobre la persona involucrada, los resultados del mismo y toda circunstancia relacionada con dicho procedimiento, conforme a las normas sobre secreto profesional, las de la ley Nº 19.628, el Estatuto Administrativo y demás normas legales sobre la materia.

Asimismo, estarán sujetas a este deber de confidencialidad las personas que laboren para el Ministerio de Salud y los Servicios de Salud que tengan conocimiento de información sobre exámenes de esta naturaleza en razón de la recolección de datos estadísticos sobre la materia y del estudio y elaboración de políticas, planes o programas para enfrentar la transmisión del virus.

Artículo 3.- Los resultados de los exámenes destinados a detectar la presencia del virus de inmunodeficiencia humana serán entregados en forma reservada, solamente al interesado por personas debidamente preparadas para ello del equipo de salud que lo atiende o del laboratorio que lo practicó, en caso de haberse solicitado éste directamente allí. Excepcionalmente, si el afectado estuviere incapacitado para recibirlo en forma no momentánea, será entregado a su representante legal, apoderado o familiar que lo acompañe, a falta de los anteriores.

Artículo 4.- La confidencialidad de los resultados de los exámenes que se establece en este reglamento, no obstará a la notificación mediante código confidencial de aquellos que resulten positivos a la respectiva Secretaría Regional Ministerial de Salud y al Ministerio de Salud para efectos del control estadístico y epidemiológico de la enfermedad, diseño de políticas, planes y programas y determinación de derechos de personas, de conformidad con la normativa sobre notificación obligatoria de determinadas enfermedades transmisibles.

Asimismo, en los casos en que un paciente al que se ha diagnosticado VIH no haga concurrir a atención de salud a las parejas sexuales que voluntariamente haya indicado poseer, el médico podrá contactar en forma reservada a estas personas para ofrecerles el examen de detección y las medidas de prevención y los tratamientos que sean procedentes, sin perjuicio de mantener la información de los interesados en su carácter de confidencial.

Artículo 5.- El examen para detectar el virus de la inmunodeficiencia humana será siempre voluntario. Nadie podrá ser obligado a practicarse uno contra su voluntad.

Sin embargo, el examen se efectuará siempre en los casos de donación de sangre o de órganos para trasplante y de tejidos para injerto, en la elaboración de plasma, en el control prenatal de mujeres embarazadas y en cualesquiera otras actividades médicas que pudieren ocasionar contagio y sean consideradas de riesgo, de acuerdo a las normativas sanitarias vigentes. En todos estos casos se respetará igualmente la confidencialidad de los resultados del examen en la forma establecida en este reglamento.

Artículo 6.- En forma previa a la toma de la muestra, debe dejarse constancia del consentimiento prestado para que se lleve a cabo el examen de detección de VIH, en un documento firmado por la persona a la que se le efectuará o de su representante legal. Dicho documento debe guardarse junto a la copia del resultado del examen con la ficha clínica del afectado.

Artículo 7.- El médico cirujano o profesional de la salud que indique a una persona un examen para detectar VIH y el equipo de salud del laboratorio clínico, en caso de que éste se solicite directamente allí, deben informarle, en forma previa a la toma de la muestra, sobre el VIH y su acción en el organismo, la implicancia de ser portador de este virus, sus formas de infección, medios de prevención y tratamiento.

Artículo 8.- Toda muestra de adultos y niños mayores de dos años, que en el tamizaje-screening tenga resultado positivo para anticuerpos contra el VIH, deberá ser sometida a un nuevo examen en el mismo laboratorio, en duplicado, utilizando el mismo test de tamizaje.

En caso de obtenerse resultados positivos en al menos dos de los tres exámenes señalados en este artículo, deberá el laboratorio requerir al Instituto de Salud Pública de Chile un examen suplementario para confirmación de especificidad de los anticuerpos detectados, enviando la misma muestra.

Si dicho Instituto confirma el resultado positivo de la muestra enviada, el laboratorio que solicitó el examen deberá tomar una segunda muestra de sangre al paciente para certificación de la identidad, realizando solamente un nuevo test con el sistema de tamizaje usado originalmente.

Artículo 9.- La entrega del examen, tanto si es positivo como negativo, se hará con consejería al interesado, en lo posible por la misma persona que efectuó la consejería previa al test. En ella, junto con darle a conocer el resultado del mismo, se le dará la información que le permita tomar decisiones informadas respecto de sus comportamientos futuros, tanto para permanecer sin infección como para integrarse y mantenerse en los sistemas de control y tratamiento si sus exámenes han resultado positivos para el VIH.

En caso de resultado positivo, dicha entrega sólo se verificará una vez que se hayan realizado todos los exámenes confirmatorios establecidos en el artículo anterior.

Artículo 9 bis.- Si el interesado en realizarse el examen fuere una persona de edad igual o superior a catorce años, pero menor a dieciocho, podrá manifestar por sí mismo su voluntad sobre la realización del examen para detectar el VIH, sin requerir la autorización de su representante legal. En todo caso, deberán respetarse todas las normas dispuestas en el presente reglamento, incluidas las referidas al carácter voluntario y confidencial del examen, con excepción de los casos específicos, dispuestos en el presente artículo, para este último aspecto.

En los casos en que el interesado sea una persona de edad igual o superior a catorce años, pero menor a dieciocho, además de la información que debe proveérsele de acuerdo a lo dispuesto en el artículo 7 de este reglamento, se le comunicará que, en caso que su examen arroje un resultado positivo confirmado por el Instituto de Salud Pública, se le informará de este hecho a su representante legal. Para ello, en forma previa a la realización del examen se le solicitará que indique el nombre completo y los datos de contacto de dicho representante. De todo lo anterior se dejará constancia en el documento de manifestación de voluntad.

El establecimiento que realice la toma de muestra venosa al interesado, previa obtención de un resultado reactivo, deberá enviar la muestra al Instituto de Salud Pública, a fin que confirme el resultado del examen, conforme lo dispuesto en el artículo 8 o 13 del presente reglamento, según la técnica que se haya utilizado para su realización, será aquel establecimiento el encargado de entregar el resultado al interesado una vez que el Instituto de Salud Pública confirme los resultados del examen, debiendo citarlo en forma inmediata para la recepción del resultado.

La entrega del resultado del examen de personas de edad igual o superior a catorce años, pero menor a dieciocho, se hará con consejería al interesado. Si el examen tiene resultado positivo para VIH, confirmado por el Instituto de Salud Pública, en dicha consejería se le explicarán al interesado las implicancias del resultado, se le informará sobre los tratamientos disponibles y la necesidad de incorporarse a un centro de atención de salud para VIH, sea en el sector público o privado. Asimismo, se reforzará la importancia de la asistencia a control médico, la adherencia al tratamiento indicado y la conveniencia de contar con apoyo en dicho proceso. También se le entregará información sobre medidas de prevención para permanecer sin otras infecciones de transmisión sexual. Si el resultado es negativo para VIH, la consejería se enfocará en contenidos de prevención y autocuidado para evitar la exposición a infecciones de transmisión sexual, incluido el VIH.

Si el resultado del examen del interesado de edad igual o superior a catorce años, pero menor de dieciocho, es confirmado positivo por el Instituto de Salud Pública y concurre a recibirlo éste junto a su representante legal, en dicha instancia se les informará a ambos del resultado. El interesado podrá indicar si la consejería le será realizada con o sin la presencia de su representante. En los casos en que el interesado concurra a recibir los resultados sin la compañía de su representante legal, igualmente se le informará el resultado del examen, debiendo el establecimiento, dentro de un plazo máximo de 15 días hábiles posteriores a la entrega del resultado al interesado o de su inasistencia a la citación destinada a dicho efecto, informar personalmente al representante legal del interesado el resultado positivo para VIH.

Adicionalmente, con la autorización del interesado, manifestada por escrito, podrá contactarse e informar del resultado del examen al adulto que éste señale, lo cual no obsta el cumplimiento de lo establecido en el inciso precedente.

Además, si el interesado tuviere una edad igual o superior a catorce años, pero menor a dieciocho, junto con la entrega del resultado positivo, confirmado por el Instituto de Salud Pública, se le ofrecerá apoyo y contención emocional, y se realizarán las derivaciones que procedan para favorecer el ingreso del interesado para el inicio del tratamiento que corresponda. Se entenderá por apoyo y contención emocional la intervención realizada por profesionales de la salud con experiencia en atención de adolescentes, la que incluirá, en caso de ser requerida, atención psicológica.

Si la persona de edad igual o superior a catorce años, pero menor de dieciocho, siendo citada, no concurre a retirar el resultado de su examen positivo y confirmado por el Instituto de Salud Pública, el establecimiento deberá contactar al interesado al día siguiente hábil de ocurrida la inasistencia para concertar una nueva cita. Lo mismo se aplicará en caso de inasistencia del representante legal a la cita concertada para la entrega de información del inciso segundo precedente. En todo caso, las diligencias para la información del interesado y del representante legal son independientes, por lo que el fracaso de una no impide la continuidad de la otra.

Para la ubicación y contacto de los interesados o sus representantes legales, en su caso, el establecimiento podrá utilizar la vía telefónica, visita domiciliaria o carta certificada, cautelando siempre la confidencialidad de la información. En ningún caso se podrán entregar los resultados por los medios ya señalados, debiendo siempre entregarse de manera personal.

Todas las acciones vinculadas a la toma y procesamiento del examen, así como las relacionadas con la información, orientación y apoyo, la consejería, la citación y búsqueda para la entrega de resultado deben quedar registradas en la ficha clínica o en el sistema de registro del que trata el artículo 13 del decreto supremo N° 20, de 2011, del Ministerio de Salud, según corresponda.

Artículo 10.- En los casos de violaciones y abusos sexuales, el profesional de la salud que atienda a la víctima le hará consejería sobre la posibilidad de haber adquirido la infección de VIH, la implicancia de ser portador de este virus, sus formas de transmisión y medios de prevención y se ofrecerá tratamiento post exposición.

Artículo 11.- En caso de exposición laboral a la transmisión de VIH de un trabajador de la salud, se realizará examen al paciente de quien proviene el riesgo, previo informe a éste de los hechos ocurridos, del alcance del examen y sobre el VIH.

En caso en que no sea posible dar esta información previa a la toma de la muestra, debido a que el paciente se encuentra impedido, por cualquier causa, para recibirla, ésta se entregará una vez que se encuentre en situación de recibirla, o, si esto no ocurre, se entregará a su representante legal o tutor.

El resultado de este examen se empleará para adoptar las decisiones necesarias para la profilaxis del trabajador expuesto.

Artículo 12.- Las personas afectadas por enfermedades mentales deberán decidir por sí, si desean o no someterse al examen de que trata este reglamento, salvo situaciones particulares, transitorias o permanentes, de su enfermedad que involucren pérdida o disminución de su capacidad de consentimiento.

La circunstancia de encontrarse la persona en la situación de incapacidad de consentimiento, señalada en el inciso anterior, será evaluada y calificada por un médico-cirujano. En estos casos, la autorización será otorgada por el representante legal o tutor.

Artículo 13.- Los exámenes para detección del VIH que se realicen por medio de dispositivos diagnósticos de resultados inmediatos, tales como test visual de sangre capilar o fluido oral, fuera del ámbito de laboratorios clínicos, deberán aplicarse en sitios que cumplan adecuadamente con condiciones sanitarias y de privacidad, y bastará el requerimiento del interesado, sin necesidad de orden médica.

Asimismo, deberán ser realizados por médicos, bioquímicos, químicos farmacéuticos, enfermeras, matronas, tecnólogos médicos o técnicos de enfermería o laboratorio clínico. El personal señalado deberá estar debidamente capacitado. En el caso de los técnicos, deberán ser supervisados por el respectivo profesional, el que siempre será responsable de la correcta aplicación del examen.

En los casos en que en el análisis de muestra con estos métodos se obtenga un resultado reactivo, se deberá informar a la persona examinada este resultado como preliminar, indicándole la necesidad de ser confirmado.

Para la confirmación se procederá a tomar la muestra sanguínea respectiva, la que será enviada al Instituto de Salud Pública de Chile, no aplicando para dichos efectos lo dispuesto en el artículo 8 del presente reglamento.

El referido Instituto informará los resultados obtenidos al establecimiento que remitió las muestras, el que se deberá encargar de entregar los resultados a la persona examinada de acuerdo a lo dispuesto en el presente reglamento.

Anótese, tómese razón y publíquese.- RICARDO LAGOS ESCOBAR, Presidente de la República.- Pedro García Aspillaga, Ministro de Salud.

Lo que transcribo a Ud., para su conocimiento.- Saluda a Ud., Lidia Amarales Osorio, Subsecretaria de Salud Pública.

DECRETO Nº 4
APRUEBA REGLAMENTO DE CENTROS DE TRATAMIENTO Y REHABILITACIÓN DE PERSONAS CON CONSUMO PERJUDICIAL O DEPENDENCIA A ALCOHOL Y/O DROGAS

Núm. 4.- Santiago, 3 de febrero de 2009.- Vistos: Lo dispuesto en los artículos 129 y 130 del Código Sanitario aprobado por el decreto con fuerza de ley No 725 de 1967, del Ministerio de Salud y,

Teniendo presente: las facultades que me confiere el artículo 32 No 6 de la Constitución Política del Estado, dicto el siguiente

Decreto:

Apruébase el siguiente Reglamento de Centros de Tratamiento y Rehabilitación de Personas con Consumo Perjudicial o Dependencia a Alcohol y/o Drogas.

PÁRRAFO I
ÁMBITO DE APLICACIÓN

Artículo 1o.- Se entenderá por Centro de Tratamiento y Rehabilitación para Personas con Consumo Perjudicial o Dependencia a Alcohol y/o Drogas, a un establecimiento público o privado especializado, que brinda atención ambulatoria o residencial, a personas que presentan consumo perjudicial o dependencia al alcohol o a substancias psicoactivas, tales como estupefacientes o psicotrópicos, asociado o no con alcohol.

Artículo 2o.- Estos Centros solo podrán admitir el ingreso de personas con consumo perjudicial o dependencia a alcohol y/o drogas que voluntariamente, en forma espontánea o referida, se incorporen a un programa de tratamiento y rehabilitación ambulatoria y/o residencial.

Considerando el carácter voluntario de la atención, en estos Centros no se podrán realizar los siguientes tipos de ingresos:

a) Ingreso de urgencia no voluntario en los términos aludidos por el artículo 13 del decreto supremo No 570 de 1998, del Ministerio de Salud, Reglamento para la Internación de las personas con enfermedades mentales y sobre los establecimientos que la proporcionan.

b) Ingreso administrativo aludido en el artículo 14 del Reglamento citado en la letra precedente.

c) Ingreso judicial referido en el artículo 15 del ya citado decreto supremo.

Sin perjuicio de lo dispuesto en la letra c) del inciso anterior, podrá admitirse el ingreso a tratamiento de personas con sanciones o medidas judiciales tales como la pena accesoria de tratamiento de drogas señalada en ley Nº 20.084, sobre Responsabilidad Penal Adolescente o la suspensión condicional de procedimiento con condición de tratamiento, siempre que ellas no revistan condiciones de peligrosidad para sí o para terceros.

Artículo 3o.- Para otorgar este tipo de tratamiento, sea en forma ambulatoria o residencial, el Centro deberá contar con los siguientes documentos:

1. Programa de Tratamiento y Rehabilitación del Centro que conste por escrito y esté disponible para el conocimiento de las personas que ingresan y sus familiares, así como para efectuar las acciones de supervisión y asesoría del Ministerio de Salud.

2. Plan individual de tratamiento y rehabilitación por cada uno de los usuarios del Centro, contenido en la ficha clínica correspondiente. Este plan debe incluir el consentimiento informado del usuario, mediante el cual declara conocer y aceptar las condiciones del programa y el contrato terapéutico o instrumento mediante el cual la persona y el Director Técnico del Centro suscriben los compromisos que ambos asumen para el logro de los objetivos perseguidos. 3. Ficha u hoja clínica o carpeta individualizada que registre la evolución actualizada del proceso terapéutico y el seguimiento de cada usuario.

4. Informe de evaluación final al momento del alta.

5. Documento de organización y funcionamiento interno.

6. Registro estadístico actualizado y continuo con los datos relativos a la atención, evolución y alta de usuarios.

7. Material de consulta que incluya la normativa regulatoria del Ministerio de Salud para trastornos mentales, incluido el consumo perjudicial y dependencia de alcohol y drogas, que esté disponible en la página web de dicha Secretaría de Estado.

8. Procedimiento explícito para facilitar condiciones de acceso a atención médica general ambulatoria y de urgencia.

9. Nómina de establecimientos de la especialidad de psiquiatría o salud mental a los cuales podrán ser referidas las personas en el caso que fuere procedente, con indicación de sus mecanismos de referencia y contrarreferencia.

10. Plan de emergencias y de prevención de riesgos que incluya los procedimientos de evacuación y uso y control de la vigencia de extintores para casos de accidentes y emergencias, el que debe ser conocido por el personal y usuarios.

PÁRRAFO II
DEL LOCAL Y SUS INSTALACIONES

Artículo 4o.- Los Centros de Tratamiento y Rehabilitación, tanto ambulatorios como residenciales, deberán contar con infraestructura libre de riesgos estructurales, tanto para los usuarios como para el personal que trabaja en ellos.

Estas condiciones se verificarán en:

- Muros, pisos y cielos en buen estado de conservación y mantención.
- Superficies limpias, libres de humedad y/o filtraciones.
- Instalaciones sanitarias, incluyendo artefactos y grifería en buen estado de conservación y de operación.
- Iluminación natural y artificial.
- Mecanismos de calefacción seguros para los usuarios y el personal del centro.
- Plan de mantención del equipamiento y de las instalaciones del Centro.

Artículo 5o.- Las instalaciones deberán contar con los siguientes elementos, independientemente del programa terapéutico residencial o ambulatorio que se aplique:

a) Servicios higiénicos en una relación de a lo menos 1 taza y 1 lavatorio por cada 10 usuarios simultáneos en el caso de programas ambulatorios. En el caso de tener programas para hombres y mujeres, deberá disponerse de servicios higiénicos separados para ellos.

b) Al menos una sala por cada 15 usuarios, que garantice mantener entrevistas en forma privada con los usuarios y/o sus familiares.

c) Sala de estar o de usos múltiples que en conjunto tenga capacidad para incluir a todos los usuarios en forma simultánea con iluminación natural y artificial, para ser usadas en terapias de grupo y/o actividades recreativas.

d) Zonas exteriores para recreación, patio, terraza o jardín.

e) Contenedor hermético de almacenamiento transitorio de basura, con períodos de aseo definidos.

f) Lugar destinado a guardar los útiles de aseo en uso en condiciones de limpieza.

g) Dependencia para la preparación de alimentos cuando sea necesario.

El establecimiento deberá cumplir con las disposiciones del Reglamento sobre Condiciones Sanitarias y Ambientales Básicas en los Lugares de Trabajo, decreto supremo N° 594 de 1999, del Ministerio de Salud, según corresponda.

El Centro deberá contar con un Botiquín, autorizado conforme a lo dispuesto en el Título V del decreto supremo No 466 de 1984, del Ministerio de Salud, que aprueba el reglamento respectivo, a cargo del Director Técnico del recinto, para la custodia de los medicamentos destinados al tratamiento terapéutico que externamente haya sido indicado al usuario y para el almacenamiento y administración de aquellos que sean prescritos como parte del tratamiento otorgado en el Centro, en el que se apliquen los resguardos adecuados a aquellos productos farmacéuticos sujetos a controles especiales.

En el caso de ejecutar programas de tratamiento y/o rehabilitación para mujeres con hijos menores de cuatro años, el establecimiento podrá incorporar o facilitar la incorporación de ellos a sistemas de cuidado, alimentación, higiene y alojamiento que sean adecuados para atender a sus necesidades y para facilitar el vínculo madre-hijo.

Artículo 6o.- En el caso de corresponder a un Centro residencial, a los requisitos señalados en los artículos precedentes, se deberán agregar las siguientes exigencias:

a) Comedor o comedores suficientes para el uso simultáneo de al menos el 50% de los residentes.

b) Dormitorios con un máximo de cuatro camas con iluminación y ventilación natural. Cada dormitorio debe contar con un espacio mínimo de 1,5 metros entre cada borde de cama, con espacio para veladores individuales, que facilite un tránsito expedito.

c) Guardarropa o clóset con espacio adecuado para cada uno de los usuarios.

d) Un baño con ducha, una taza y un lavamanos por cada cinco residentes.

e) La cocina deberá cumplir con las condiciones higiénicas y sanitarias que aseguren una adecuada recepción, almacenamiento, preparación y manipulación de los alimentos. Su equipamiento, incluida la vajilla, adecuada al número de raciones a preparar. El piso y las paredes serán lavables; estará bien ventilada, ya sea directamente al exterior o a través de campana o extractor, debiendo incluir estanterías, mesones, lavaplatos y contenedores con tapa para depósito transitorio de residuos sólidos.

f) Dependencia interna o a lo menos techada para lavadero con implementación para el lavado, secado y planchado de la ropa.

g) Medios de comunicación con el mundo exterior, tales como televisor o teléfono y elementos de recreación para los residentes, tales como música ambiental, juegos, revistas, libros, etc.

Artículo 7o.- Aquellos Centros que dentro del mismo establecimiento ofrezcan tratamiento en la modalidad ambulatoria y residencial, deberán disponer de más de un espacio de trabajo terapéutico individual, grupal y de estar, y uno de ellos de superficie suficiente para contener simultáneamente a todos los usuarios en tratamiento y rehabilitación.

PÁRRAFO III
DE LA AUTORIZACIÓN DE INSTALACIÓN Y FUNCIONAMIENTO

Artículo 8o.- La instalación de todo Centro de Tratamiento y Rehabilitación deberá hacerse en un local, dedicado en forma exclusiva a esta actividad y totalmente independiente de cualquier otro establecimiento sea éste asistencial o no.

Artículo 9o.- Para lograr la autorización sanitaria correspondiente, el representante legal del centro presentará a la Secretaría Regional Ministerial de Salud, correspondiente al territorio en el que se encuentre situado, una solicitud a la que deberán acompañarse los siguientes datos y antecedentes:

a) Ubicación y nombre del establecimiento;

b) Individualización del representante legal;

c) Instrumentos que acrediten los derechos para utilizar el inmueble;

d) Documentos aludidos en el artículo 3o;

e) Croquis del edificio, que indique la distribución funcional de las dependencias;

f) Copias de los planos o croquis de las instalaciones de electricidad, agua potable, de gas y vías de evacuación y ubicación de extintores y otros elementos de seguridad;

g) Establecer en forma explícita la capacidad máxima de atención ambulatoria y residencial simultánea de personas;

h) Antecedentes y currículum vitae de los profesionales y técnicos que conforman el equipo de trabajo;

i) Nombre del profesional que ejercerá la dirección técnica del establecimiento y número de horas y horarios específicos de su desempeño;

j) Declaración jurada del Director Técnico en la cual acepta cumplir con esta función.

Artículo 10.- La autorización sanitaria de estos centros deberá otorgarse dentro del plazo de 30 días hábiles contados desde la fecha en que el interesado completa los antecedentes señalados en el artículo anterior, previa visita de verificación al local.

En el caso de que los antecedentes se encuentren incompletos, se otorgará al interesado un plazo de cinco días hábiles para acompañarlos o subsanar la falta de ellos.

Si la evaluación de la solicitud es favorable, el Secretario Regional Ministerial dictará una resolución autorizando el funcionamiento del Centro de Tratamiento y Rehabilitación; en caso contrario la resolución rechazará fundadamente dicha solicitud.

En el caso de que transcurra el plazo señalado en el inciso primero sin que la Secretaría Regional emita un pronunciamiento, el Centro se entenderá tácitamente autorizado para funcionar, lo que la autoridad deberá certificar.

La autorización otorgada tendrá una duración de tres años y se prorrogará tácita y automáticamente por períodos iguales y sucesivos, a menos que la autoridad sanitaria, en uso de sus atribuciones de fiscalización, determine su paralización de funciones o clausura o término de autorización, según correspondiere.

El cambio de domicilio, transformación o el cierre temporal programado, de parte de las dependencias de los establecimientos, así como el cierre definitivo voluntario o derivado de fuerza mayor, deberá comunicarse al Secretario Regional Ministerial.

PÁRRAFO IV
DE LA ORGANIZACIÓN Y DIRECCIÓN TÉCNICA

Artículo 11.- La dirección técnica de cada establecimiento estará a cargo de un profesional con desempeño y experiencia en esta área de la salud o de un técnico en rehabilitación de personas con dependencia a drogas, todos ellos con un mínimo de dos años de experiencia laboral en el área del tratamiento y rehabilitación de personas con consumo perjudicial o dependencia a alcohol y/o drogas, a quien se le asignará esta función de modo permanente y que deberá ser reemplazado de inmediato por otro profesional o técnico de la misma o similar calificación en caso de ausencia o impedimento del titular. Todo cambio permanente de la Dirección Técnica deberá ser comunicado a la Secretaría Regional Ministerial de Salud correspondiente, dentro de los 30 días siguientes de producirse.

El Director Técnico estará a cargo de velar por el adecuado funcionamiento del equipo terapéutico y de los programas de trabajo, responsabilidad que incluye:

a) Las relaciones con la autoridad sanitaria, Secretaría Regional Ministerial de Salud;
b) Las relaciones con la Dirección del Servicio de Salud, cuando corresponda;
c) Velar por la correcta ejecución de los programas de tratamiento y rehabilitación;
d) Velar por el correcto registro de los datos y de la información estadística;
e) Cautelar el adecuado uso de medicamentos.

Artículo 12.- Sin perjuicio de la responsabilidad de su Director Técnico, el Centro podrá contar con un encargado de la administración, quien se ocupará de velar por las condiciones de las instalaciones necesarias para la correcta atención de las personas y el cumplimiento de la normativa sanitaria aplicable al establecimiento, responsabilidad que incluye:

a) Higiene del personal y del establecimiento;
b) Control de alimentos;
c) Disposición de excretas y basuras;
d) Medidas de seguridad.

Artículo 13.- Toda la información estadística o clínica que afecte a las personas atendidas en el Centro tendrá carácter reservado y estará sujeta a las disposiciones relativas al secreto profesional.

Corresponderá al Director Técnico del Centro proporcionar o autorizar la entrega de dicha información cuando sea requerida por los enfermos, sus representantes legales o las autoridades judiciales.

El usuario en el Centro tendrá derecho a acceder a los registros que existen sobre su tratamiento y a hacer uso de dicha información.

PÁRRAFO V
DEL PERSONAL

Artículo 14.- El establecimiento deberá contar con personal idóneo, con conocimiento y experiencia en el tema y en número suficiente para llevar adelante, adecuada y permanentemente, los programas terapéuticos y de rehabilitación, cuya nómina estará incluida en el documento a que se refiere el No 5 del artículo 3o.

Los profesionales y técnicos, con experiencia en el tratamiento y rehabilitación en esta área, que pueden formar parte del equipo terapéutico son:

a) Asistente Social;
b) Psicólogo;

c) Médico general;
d) Médico especializado en Psiquiatría;
e) Terapeuta Ocupacional;
f) Enfermera;
g) Técnicos en Rehabilitación;
h) Cuidadores;
i) Monitores.

Se requiere que cada equipo cuente a lo menos con Médico, Psicólogo y dos profesionales adicionales de diferentes profesiones, según lo expuesto en el artículo 18.

Artículo 15.- Se considera Técnico en Rehabilitación de Personas con Dependencia a Drogas, o Técnico en Rehabilitación, a quien participa directamente en la rehabilitación de las personas dependientes a sustancias psicoactivas, para reforzar el proceso terapéutico dirigido a ese fin y apoyarlos adecuada y permanentemente en la realización de las actividades que contempla el programa de tratamiento y rehabilitación correspondiente.

Artículo 16.- Serán funciones del Técnico en Rehabilitación, en su desempeño en instituciones asistenciales públicas o privadas, las siguientes:

a) Efectuar labores de recepción, entrevistas individuales y conducción de grupos, como parte del proceso de tratamiento y rehabilitación de personas con consumo perjudicial o dependencia a alcohol y drogas, bajo supervisión del Director Técnico del Centro correspondiente;

b) Apoyar a la persona con consumo perjudicial o dependencia a alcohol y drogas, en la realización de las actividades que se contemplan en su programa individual de tratamiento y rehabilitación, según sea indicado, indistintamente, por:

– un médico especializado en psiquiatría,

– un profesional de la salud que se desempeñe en un establecimiento de salud o en un equipo de trabajo multiprofesional, reconocidamente dedicado a la atención de personas con consumo perjudicial o dependencia a alcohol y drogas,

– el equipo de tratamiento y rehabilitación del Centro, incluido el Director Técnico.

c) Mantener informada a la persona con consumo perjudicial o dependencia a alcohol y drogas y a sus familiares acerca de la naturaleza y contenido del programa de tratamiento y rehabilitación, así como de los riesgos y beneficios esperados y de los motivos que fundamentan su eventual suspensión;

d) Realizar actividades educativas dirigidas a la prevención del consumo de drogas y promoción de salud mental, en personas sanas o en riesgo de consumo de ellas, particularmente entre los familiares de las personas en proceso de rehabilitación.

Artículo 17.- Para desempeñarse como técnico en rehabilitación, el interesado deberá contar con el título de tal, otorgado por un establecimiento de Educación Superior del Estado o reconocido por éste, de conformidad a las disposiciones legales vigentes.

Artículo 18.- La relación mínima permanente entre técnico-profesionales con usuarios, en la modalidad ambulatoria deberá ser de 1,2 por cada 10 usuarios conforme al horario de funcionamiento.

La relación mínima permanente entre técnico-profesionales con usuarios, en la modalidad residencial deberá ser de 2 por cada 15 usuarios (durante 24 horas al día y 7 días de la semana).

En el caso de ejecutar programas de tratamiento y rehabilitación para personas con trastornos mentales severos concomitantes, la relación mínima permanente entre técnico-profesionales con usuarios deberá ser de 2 por cada 10 usuarios en la modalidad ambulatoria y de 3 por cada 10 usuarios en la modalidad residencial. Además, el personal profesional, técnico y administrativo debe haber recibido una capacitación mínima de 24 horas sobre la atención de personas con trastornos mentales severos.

PÁRRAFO VI
DE LOS DERECHOS DE LOS USUARIOS

Artículo 19.- Las personas tienen derecho, a su ingreso, a pactar un programa individual de tratamiento y rehabilitación que considere objetivos, metas y plazos.

No se someterá a ningún usuario a restricciones físicas o a reclusión involuntaria.

El Programa de Tratamiento y Rehabilitación no podrá impedir la iniciación o continuación de tratamientos médicos que se estimen necesarios para otras enfermedades, asociadas o no con los problemas de consumo de alcohol y drogas, ya sea que éstos se verifiquen dentro o fuera del Centro.

En el caso de ejecutarse programas de tratamiento y rehabilitación para personas con trastornos mentales concomitantes, la persona no deberá representar un riesgo para sí misma o para terceros, debiendo ser atendidos regularmente por profesionales y técnicos competentes en el manejo de estos tratamientos. Para ello se deberá contar con un sistema de registro de los medicamentos de cada persona y de su administración respectiva, siendo su uso adecuado de responsabilidad de la Dirección Técnica del establecimiento.

Si la enfermedad mental concomitante requiriere, a juicio del médico tratante, de tratamiento en sistemas de internación psiquiátrica, ésta deberá efectuarse en un establecimiento autorizado para tal efecto.

Tanto las personas en tratamiento, como sus familiares autorizados por éstas, tienen derecho a ser informadas acerca de la naturaleza y contenido del programa de tratamiento y rehabilitación, así como de los riesgos y beneficios esperados y de los motivos que fundamentan su eventual suspensión.

En el caso que el programa de tratamiento y rehabilitación contemple la realización de actividades de tipo laboral en el establecimiento, éstas serán voluntarias para los usuarios y con una remuneración acorde con el nivel de ingresos que le reporte al establecimiento.

Artículo 20.- Conjuntamente con el inicio del programa individual de tratamiento y rehabilitación, luego de la fase de evaluación, la persona tendrá derecho a ser evaluada por otras condiciones de salud generales asociadas o no al consumo de alcohol y drogas.

En el caso de coexistencia de otras patologías físicas, deberá establecerse conjuntamente con el médico tratante la forma y oportunidad del tratamiento.

Artículo 21.- La persona en un programa de tratamiento y rehabilitación tiene derecho al respeto a su privacidad, razón por la cual no se realizará registro por audio, video o fotográfico del mismo, sin su consentimiento por escrito y, en el caso de obtenerlo, su utilización deberá ser aceptada también previamente.

La correspondencia y efectos particulares de la persona en tratamiento y rehabilitación tendrán carácter privado.

Artículo 22.- Todas las personas que se encuentren en tratamiento y rehabilitación en modalidad residencial, tendrán derecho a la recreación y a contar con espacios para ello.

Asimismo, deberán contar con un espacio que les permita privacidad si así lo requieren, de acuerdo a las condiciones y recursos del Centro.

Las personas podrán recibir visitas en el Centro de acuerdo a la etapa del Plan Terapéutico en la cual se encuentren.

Artículo 23.- Se deberá respetar la libre voluntad de renunciar al programa terapéutico, tanto en su modalidad ambulatoria como residencial.

En el caso que un usuario presente un episodio de riesgo vital inminente para sí mismo o terceros, el equipo terapéutico deberá mantener a esta persona en el establecimiento por un tiempo máximo de 72 horas o hasta que sea evaluado por un médico o que miembros de su red de apoyo se hagan responsables de su cuidado.

Artículo 24.- Las personas en tratamiento y rehabilitación tendrán derecho a manifestar su disconformidad con el programa individual o la forma como se lleva a la práctica, ante las autoridades del Centro y en lo que dice relación con las condiciones sanitarias del establecimiento ante la Secretaría Regional Ministerial de Salud.

Existirá un formulario con este objetivo, que estará a disposición de la persona en tratamiento y rehabilitación, así como de sus familiares, además de un libro de reclamos, felicitaciones y sugerencias.

Artículo 25.- Corresponderá a las Secretarías Regionales Ministeriales de Salud en sus respectivos territorios de competencia supervisar el funcionamiento de los establecimientos ubicados en éste y fiscalizar el cumplimiento del presente Reglamento.

La contravención de sus disposiciones será sancionada por la misma autoridad, de acuerdo a lo dispuesto en el Libro Décimo del Código Sanitario.

Artículo 26.- Derógase el decreto supremo No 2.298, de 10 de octubre de 1995, del Ministerio de Salud, publicado en el Diario Oficial de fecha 5 de febrero de 1996, que aprobó el Reglamento para los establecimientos de rehabilitación de personas dependientes de substancias psicoactivas a través de la modalidad comunidad terapéutica y para el ejercicio de la actividad de técnico en rehabilitación de personas con dependencia a drogas.

ARTÍCULOS TRANSITORIOS

Artículo primero.- Los establecimientos que a la fecha de vigencia del presente reglamento hayan sido autorizados de conformidad a lo dispuesto en el Reglamento que por este acto se deroga, serán incluidos dentro del término genérico de «Centros de Tratamiento y Rehabilitación para Personas con Consumo Perjudicial o Dependencia a Alcohol y/o Drogas» y dispondrán del plazo de dos años, contados desde la vigencia de este Reglamento, para adecuarse a sus disposiciones, al cabo del cual remitirán los antecedentes que así lo acrediten a la Secretaría Regional Ministerial de Salud, entidad a la cual corresponderá su verificación.

Artículo segundo.- Quienes obtuvieron autorización del Servicio de Salud correspondiente para desempeñarse como técnicos en rehabilitación de conformidad con lo dispuesto en el artículo 13 del Reglamento que por este acto se deroga, podrán continuar desempeñándose como tales.

Anótese, tómese razón y publíquese.- MICHELLE BACHELET JERIA, Presidenta de la República.- Álvaro Erazo Latorre, Ministro de Salud.

Lo que transcribo para su conocimiento.- Saluda atentamente a Ud., Jeanette Vega Morales, Subsecretaria de Salud Pública.

DECRETO Nº 10
APRUEBA REGLAMENTO DE CONDICIONES SANITARIAS, AMBIENTALES Y DE SEGURIDAD BÁSICAS EN LOCALES DE USO PÚBLICO

Núm. 10.- Santiago, 19 de febrero de 2010.- Visto: lo dispuesto en el artículo 2º, en el Libro Tercero, en especial en los artículos 68, 70, 77 letra d), 83 y 89, y en el Libro Décimo del Código Sanitario, aprobado por decreto con fuerza de ley Nº 725, de 1967, del Ministerio de Salud; en los artículos 4º, 6º y 7º del DFL Nº 1, de 2005, del Ministerio de Salud; y las facultades que me confiere el artículo 32 Nº 6 de la Constitución Política de la República; y

Considerando: La necesidad de velar porque en los locales de uso público existan condiciones sanitarias, ambientales y de seguridad que resguarden la salud y el bienestar de las personas que allí concurran, así como el cuidar los efectos sobre el entorno que éstos puedan producir,

Decreto:

Apruébase el siguiente Reglamento de Condiciones Sanitarias, Ambientales y de Seguridad Básicas en Locales de Uso Público:

TÍTULO I
NORMAS GENERALES

Artículo 1.- El presente reglamento establece las condiciones sanitarias, ambientales y de seguridad básicas que deberán cumplir los locales de uso público con capacidad para recibir en forma simultánea a 100 personas o más, sin perjuicio de su cumplimiento de las exigencias de la Ordenanza General de Urbanismo y Construcciones que les sean aplicables.

Esta regulación no obsta a la aplicación preferente o prioritaria de otras reglamentaciones sanitarias vigentes que digan relación con materias no tratadas en él, que por su naturaleza sean objeto de fiscalización por parte de la Autoridad Sanitaria y que concurran o se encuentren presentes en los locales de uso público, tales como condiciones sanitarias de los lugares de trabajo, piscinas o áreas de alimentación, así como tampoco a las autorizaciones sanitarias que pudieren requerirse conforme al giro del establecimiento.

Se entiende por locales de uso público para los fines de este reglamento aquellos recintos o establecimientos cerrados en su perímetro y de carácter permanente, sean de propiedad pública o privada, a los que concurra público en general con fines de obtener servicios destinados a su esparcimiento y recreación; donde se realicen espectáculos públicos culturales, deportivos u otros de similar naturaleza, tales como discotecas, cabarets, salas de eventos, cines, teatros, gimnasios, parques de entretenciones, entre otros.

Artículo 2.- Para la obtención del informe de evaluación sanitaria solicitado por la Municipalidad para el otorgamiento de una patente municipal, en conformidad a lo dispuesto en el artículo 83 del Código Sanitario, se deberán presentar los siguientes antecedentes a la Autoridad Sanitaria Regional correspondiente:

a) Solicitud escrita y firmada, en la cual se indicará la individualización completa de la persona natural propietaria, arrendataria, titular del derecho de uso del local o del representante legal en el caso de tratarse de una persona jurídica, señalando, en este caso, la razón social y nombre de fantasía.

b) Ubicación y giro comercial del local, agregando un detalle de las actividades que se pretende desarrollar en él, así como el horario de funcionamiento de tales actividades.

c) Copia de plano acotado de planta de arquitectura aprobado por el Departamento de Obras Municipales, que consigne, según corresponda, la carga ocupacional del recinto, área de fumadores y no fumadores, número y distribución de artefactos sanitarios, extintores, vías de escape, señalización de emergencia, cajas acústicas o parlantes, sistema de ventilación, grupo electrógeno y/o luces de emergencias, todo ello conforme a las especificaciones generales de la Ordenanza General de Urbanismo y Construcciones y la legislación vigente en materia de tabaco, alcohol u otras, según corresponda.

d) Certificado de instalación de servicios de agua potable y alcantarillado otorgado por la empresa de servicios sanitarios que corresponda o indicación del número y fecha de la resolución de la Secretaría Regional Ministerial de Salud correspondiente, que autorizó la obra de sistemas particulares de agua potable y alcantarillado, en su caso, acompañando copia de la misma.

e) Certificado de instalación eléctrica otorgado en conformidad con la normativa vigente.

f) Certificado de Informaciones Previas otorgado por la Dirección de Obras de Municipales respectiva.

g) Inventario de equipos de amplificación y reproducción sonora que utilizará el local, cuando corresponda. Este inventario deberá incluir, al menos, potencia máxima, tipo, marcas y modelos.

h) En caso de declararse entre sus usos la música o cualquier otra finalidad que requiera, deberá acompañar un informe que acredite la realización de un ensayo de prueba que permita verificar el cumplimiento a la normativa vigente sobre emisión de ruidos hacia la comunidad. En dicho informe se deberán especificar las condiciones del funcionamiento del local relativas a los equipos utilizados, según el inventario, el nivel sonoro al interior del local y las ubicaciones especificadas en el plano de planta.

TÍTULO II
DE LA CAPACIDAD MÁXIMA DE FUNCIONAMIENTO PERMITIDA

Artículo 3.- Para efectos del presente Reglamento, se entenderá por capacidad máxima de funcionamiento del local el número máximo de personas que se ha declarado estar en condiciones de recibir para que permanezcan en forma simultánea, cantidad que será definida para cada establecimiento en particular, mediante los siguientes procedimientos de cálculo:

a) La superficie a considerar, corresponderá a la superficie útil para el público, que es la resultante de descontar a la superficie del local, la ocupada por escaleras de acceso, pasillos, los servicios tales como cocina, barra, servicios higiénicos y las dependencias complementarias del local o establecimiento.

b) En la ocupación de la superficie útil, se contabilizará:

b.1 Zona de público en asientos fijos: 1 asiento x persona;

b.2 Zona de público en asientos móviles: 1 m2 x persona;

b.3 Zona de público sentado en gradas: 0.45 m2 x persona;

b.4 Recintos de espectáculos (área para espectadores de pie): 0.25 m2 x persona;

b.5 Zona de público en bares, cafeterías y pubs: 1 m2 x persona;

b.6 Salas de exposiciones: 3 m2 x persona;

b.7 Zonas de uso público en gimnasios, academias de danza: 4 m2 x persona.

En los casos no contemplados en las enunciaciones precedentes y cuando no sea posible efectuar una homologación por el género de la actividad que desarrolla el local, se aplicará un coeficiente de 1 persona por cada metro cuadrado de superficie útil del recinto, local o establecimiento.

La capacidad volumétrica de los locales no podrá ser inferior a 3 m3 por persona, debiendo, en todo caso, establecerse la ventilación de manera de asegurar las condiciones higiénicas del lugar. Esta capacidad podrá disminuirse en caso de emplearse medios mecánicos adecuados para la renovación de aire.

En caso de locales con dos o más destinos, se calculará la carga de ocupación de personas correspondiente a cada sector según su destino y si en un mismo sector se contemplan usos alternados, deberá considerarse la carga de ocupación más exigente.

Artículo 4.- En el caso de discotecas, pubs y locales de esparcimiento y recreación similares a éstos, se deberá instalar en su lugar de acceso habitual, a una altura de 1,80 m. y de manera que quede totalmente visible, un letrero que indique en términos perfectamente legibles, utilizando letras blancas sobre fondo negro, la capacidad máxima de dicho local, recinto o establecimiento, conforme al cálculo señalado en el artículo precedente.

El titular del local deberá implementar un sistema de control de acceso al recinto y adoptar las medidas necesarias para asegurar que en ningún momento se sobrepase la capacidad máxima del local.

TÍTULO III
DE LAS CONDICIONES ESPECIALES DE SEGURIDAD

Artículo 5.- Sin perjuicio de las exigencias previstas en la Ordenanza General de Urbanismo y Construcciones en vigencia, los locales de uso público deberán cumplir con los siguientes requisitos, destinados a brindar seguridad a sus ocupantes:

a) Los recintos que empleen medios de calefacción, mediante sistemas que evacuen los gases de combustión al interior, deberán disponer de sistemas naturales y/o artificiales que permitan su ventilación o la extracción de aire al exterior del local o establecimiento, para permitir su renovación en una proporción mínima de seis veces por hora el volumen total del local, de tal forma de proporcionar condiciones ambientales confortables a las personas.

b) Los locales cerrados deberán tener un sistema de medición y control adecuado de la temperatura, la cual no podrá ser inferior a 16ºC ni superior a 26ºC durante el uso normal del local.

c) Los locales cuya capacidad sea superior a 500 personas deberán contar con red húmeda y red seca, para la extinción de incendios, de acuerdo con los criterios técnicos establecidos para este tipo de redes en el decreto Nº 50 de 2002, del Ministerio de Obras Públicas, y proyectadas por un profesional de los señalados en los artículos 9 y 10 de dicho reglamento.

d) Todo local deberá contar con extintores de incendio, del tipo adecuado a los materiales combustibles o inflamables que en él existan o se manipulen. El número de extintores dependerá de la superficie a proteger según lo señalado en el Párrafo III del Título III del decreto Nº 594 de 1999, del Ministerio de Salud, Reglamento Sobre Condiciones Sanitarias y Ambientales Básicas en los Lugares de Trabajo. Estos elementos deberán mantenerse en condiciones adecuadas para su uso inmediato, accesibles, aptos para su funcionamiento máximo, libres de cualquier obstáculo y que presenten señalización clara respecto de su ubicación, vigencia, presión e instrucciones de operación. El personal del establecimiento deberá haber recibido capacitación previa sobre su manejo.

e) Las vías de evacuación deberán dar cumplimiento a lo establecido en la Ordenanza General de Urbanismo y Construcción, considerar apertura de las puertas de escape en el sentido de la evacuación, y ausencia de obstáculos, candados, cerrojos u otros elementos o mecanismos que requieran de algún esfuerzo o conocimiento especial que dificulten o demoren su utilización durante las horas de funcionamiento del local. Tanto las puertas como las vías de circulación, incluyendo escaleras y gradas, deberán ser expeditas, debiendo encontrarse en todo momento totalmente despejadas de objetos que obstruyan la circulación.

f) La señalización hacia las vías de escape deberá ser luminosa y considerar que desde cualquier punto del recinto al menos una sea visible, indicando el camino a recorrer en caso de emergencia y señalando los posibles obstáculos no removibles, tales como columnas, escaleras, tabiques o paredes.

g) Las escaleras de acceso e interiores deberán contar con iluminación suficiente para asegurar su uso seguro. Los peldaños de las escaleras deberán estar provistos con material antideslizante y deberán ser señalizados en forma luminosa en los recintos que funcionen con iluminación reducida.

h) Se deberá contar con sistema automático de alumbrado de emergencia, independiente del sistema de abastecimiento eléctrico del local, destinado a alumbrar, en caso de emergencia, tanto el espacio donde se realiza la actividad como los vestíbulos, servicios higiénicos, corredores, pasillos, escaleras y vías de escape. Dicho sistema se establecerá con artefactos protegidos y de manera que su servicio no se vea interrumpido por ninguna causa de origen interno,

i) Se deberá contar con Reglamento Interno de Orden, Higiene y Seguridad de conformidad con la ley.

j) Se deberá contar con un Plan de Emergencia y Plan de Evacuación que detalle la coordinación con otras instituciones como carabineros, bomberos, etc., y las acciones a ejecutar ante cualquier eventualidad como incendios, terremotos, asaltos, riñas, etc. que pongan en riesgo la salud de los trabajadores y del público en general, con indicación de los responsables de llevarlas a cabo,

k) Los establecimientos de que trata el presente reglamento deberán contar al menos con un botiquín que disponga de elementos de curación simple, destinados a prestar primeros auxilios, para ser utilizado en casos de accidentes o lesiones menores.

l) Los locales donde se realicen eventos masivos, es decir actos, reuniones o eventos de carácter artístico, musical, festivo, político, religioso o de otra índole, capaz de producir una concentración de 3.000 o más personas en forma simultánea, y que se ofrezca en estadios, clubes, espacios de dominio público o privado no habilitados específicamente para este fin deberán cumplir, además, con los siguientes requisitos:

1. La instalación de estructuras, máquinas y/o equipos así como cualquier trabajo antes, durante y después del evento, deberá ser realizado por trabajadores dotados de los correspondientes elementos de protección personal.

2. Las estructuras que se realicen en forma transitoria y las permanentes deberán presentar las condiciones de seguridad para su uso.

3. Toda instalación eléctrica, de señal de audio o video, de iluminación, etc., deberá contar con las correspondientes protecciones, que eviten contacto con la energía eléctrica así como los tropiezos en ellas, tanto del público asistente como de los trabajadores del evento.

4. Todas las estructuras que se utilicen en este tipo de evento, incluyendo rejas, plataformas, pasarelas, escenarios, torres de iluminación audio o video, etc., deberán ser capaces de soportar en todo momento y condición, las cargas que se les apliquen. Se deberá presentar certificado de un profesional, ya sea ingeniero civil o constructor civil sobre el cumplimiento de esta condición.

5. Se debe informar al público asistente las normas de la ley del tabaco, que prohíbe fumar en recintos cerrados, mediante letreros y/o por altoparlantes.

6. Disponer de un servicio de ambulancia para casos de emergencias.

7. Disponer de un servicio de seguridad que cuente con autorización de Carabineros de Chile (OS-10).

8. Disponer de servicios adecuados para la limpieza del predio y sus alrededores una vez finalizado el evento.

9. Disponer de un servicio de manejo y retiro de residuos sólidos de tipo domiciliario o asimilables a éstos.

Artículo 6.- En caso que el local considere el uso de rayos láser que pueda causar daño en la retina del ojo humano, éstos no deberán ser proyectados en forma directa a las personas.

Artículo 7.- No se deberá permitir el ingreso de bengalas o fuegos de artificio.

TÍTULO IV
DE LOS SERVICIOS HIGIÉNICOS Y CAMARINES

Artículo 8.- Todo local de uso público deberá disponer de servicios higiénicos para el público, separados por sexo y señalizados, independientemente de aquellos destinados al personal que labora en el local, conforme a lo establecido en la Ordenanza General de Urbanismo y Construcciones.

Artículo 9.- Los baños para los trabajadores, deberán estar de acuerdo con el decreto N° 594, de 1999, del Ministerio de Salud, Reglamento sobre Condiciones Sanitarias y Ambientales Básicas en los Lugares de Trabajo.

Artículo 10.- Los locales de uso público deberán considerar espacios e instalaciones sanitarias para discapacitados conforme a lo establecido en la legislación vigente.

Artículo 11.- Los establecimientos destinados al desarrollo de actividades deportivas, gimnásticas u otras de índole físico, estarán dotados de duchas y camarines separados por sexo. En el caso que se ofrezcan servicios destinados a personas con discapacidad, deberán contar con servicios higiénicos, duchas y camarines habilitados especialmente para ellos.

TÍTULO VI
DE LA MANTENCIÓN, FUNCIONAMIENTO E HIGIENE

Artículo 12.- Los locales de uso público deberán mantenerse permanentemente aseados y sus servicios higiénicos deberán ser desinfectados periódicamente.

Se deberá disponer de las condiciones de seguridad e instalaciones adecuadas, según la normativa vigente, para los trabajadores que realicen la limpieza de los servicios higiénicos, sean estos de la empresa o subcontratados.

Artículo 13.- Cuando se detecte la presencia de vectores de interés sanitario, se deberán tomar todas las medidas de saneamiento y control necesarias para eliminar los focos de proliferación y atracción, así como las vías de acceso de los vectores al establecimiento, debiendo procederse a la fumigación, desinfección, desinsectación y/o desratización, según proceda, lo que deberá llevarse a cabo, fuera de las horas de funcionamiento habitual del establecimiento, por empresas aplicadoras de plaguicidas de uso doméstico y sanitario que cuenten con la respectiva autorización otorgada por la autoridad sanitaria competente, de conformidad con el Reglamento de Pesticidas de Uso Sanitario y Doméstico vigente.

Artículo 14.- Las redes interiores de agua potable y alcantarillado deberán cumplir con las disposiciones que les sean aplicables del Reglamento de Instalaciones Domiciliarias de Agua Potable y Alcantarillado vigente, sin presentar filtraciones ni interconexiones de ningún tipo entre la red de agua potable y cualquier otro sistema.

Artículo 15.- Los establecimientos que dispongan de redes de agua no potable para riego de jardines, señalarán claramente en válvulas y llaves de esta red, que se trata de agua no apta para la bebida.

Artículo 16.- Las salas de espera y los lugares de tránsito, cuando ellos estén previstos en el recinto, deberán mantenerse constantemente aseados y contarán con receptáculos para la disposición de basuras, provenientes del público, en cantidad suficiente y convenientemente distribuidos, debiendo cuidarse que ellos tengan espacio disponible en forma permanente.

TÍTULO VII
DE LAS CONDICIONES ACÚSTICAS DE LOS LOCALES

Artículo 17.- Todo local de uso pública deberá ser diseñado, construido y funcionar en términos de asegurar el cabal cumplimiento de la Norma de Emisión de Ruidos Molestos Generados por Fuentes Fijas, decreto Nº 146 de 1997 del Ministerio Secretaría General de la Presidencia o el que lo reemplace, además de las exigencias sobre condiciones acústicas contenidas en la Ordenanza General de Urbanismo y Construcciones.

En caso que el local cuente con sistemas artificiales de ventilación y/o extracción de aire, grupos electrógenos o cualquier otro tipo de equipo susceptible de generar ruido hacia la comunidad, éstos deberán contar con los sistemas de aislamiento acústico necesarios para dar cumplimiento a la normativa previamente señalada.

Artículo 18.- En caso de que en virtud del ensayo practicado al establecimiento, conforme a lo dispuesto en el artículo 2°, letra h) de este reglamento, se determine la capacidad de dar cumplimiento a la normativa vigente en materia de emisión de ruidos sólo para la reproducción de música envasada, quedará prohibida la ejecución de música en vivo, debiendo la Secretaría Regional Ministerial de Salud respectiva consignar expresamente tales circunstancias en el Informe Sanitario que se extienda al efecto.

Artículo 19.- En este tipo de locales, cuando el nivel de presión sonora continuo equivalente, a nivel del oído de los usuarios, sea superior a 86 dB(A) lento, deberá colocarse, junto con el letrero a que se refiere el artículo 4° de este reglamento, un aviso de gráfica visible que contenga la siguiente leyenda: "La permanencia al interior de este recinto durante un prolongado período de tiempo puede producir daños permanentes en el oído".

TÍTULO VIII
DEL MANEJO DE RESIDUOS SÓLIDOS

Artículo 20.- Para la acumulación de la basura, los locales deberán contar con recipientes con tapa, de material lavable, resistentes, no absorbentes, en buen estado de uso y en número suficiente para recibir todos los desperdicios producidos en el recinto en los momentos de máxima utilización. Los depósitos deben ser fáciles de manejar y limpiar y disponer de mecanismos que eviten la emanación de olores molestos y el ingreso de vectores de interés sanitario.

Artículo 21.- Aquellos locales cuya generación de basura sobrepase los 700 litros de residuos sólidos del tipo domiciliario o asimilable, calculado como promedio diario sobre la base del día de la semana de mayor carga ocupacional, deberán contar con salas de almacenamiento de basuras con capacidad para almacenar las basuras durante el tiempo necesario, según la periodicidad de retiro del municipio correspondiente.

Los locales que realicen eventos masivos de más de 3000 personas, deberán disponer de un sistema seguro para almacenar la basura, por el tiempo necesario de acuerdo a la periodicidad de retiro de ésta.

Artículo 22.- Las salas de basura deberán contar con paredes, pisos y cielos de material liso, lavable, no absorbente y resistente a golpes, además de sistemas de ventilación, iluminación, provisión de agua para lavado del recinto, depósitos y desagües suficientes.

Su espacio será suficiente para la manipulación de los recipientes de basura y dispondrán de puertas de cierre automático que aseguren el fácil acceso al recinto y faciliten el aislamiento del resto de las dependencias del local. Deberá impedirse el acceso a ellas de personas no autorizadas.

Estas salas de almacenamiento deberán tener sus ductos de ventilación protegidos con rejillas u otro sistema que impida el ingreso de insectos, roedores y demás vectores de interés sanitario. Asimismo, deberán tener obturado cualquier orificio que no corresponda a los necesarios para la ventilación o para la evacuación de agua servidas, debiendo los primeros, en todo caso, estar provistos de rejillas de protección.

TÍTULO IX
DE LOS LIBROS Y REGISTROS

Artículo 23.- Los locales de uso público deberán contar con toda la documentación relativa a la autorización y otorgamiento de patente municipal e informe sanitario y sus modificaciones en documentos originales o copias autorizadas ante Notario, para ser exhibidas a requerimiento de la Autoridad Sanitaria, en uso de sus atribuciones fiscalizadoras.

Artículo 24.- Asimismo, estos locales deberán disponer de un Libro de Inspecciones Sanitarias, timbrado y foliado por la Autoridad Sanitaria competente, el cual deberá mantenerse en buen estado de conservación y a disposición de los fiscalizadores de dicha autoridad. En este libro el fiscalizador que practique una inspección consignará su identificación, fecha de la fiscalización, hechos constatados y observaciones.

TÍTULO X
DE LA ACTIVIDAD DE FISCALIZACIÓN SANITARIA

Artículo 25.- Corresponderá a las Secretarías Regionales Ministeriales de Salud, dentro de sus respectivos territorios de competencia, la fiscalización del cumplimiento de las disposiciones contenidas en el presente Reglamento, y la sanción de las infracciones conforme a los procedimientos dispuestos en el Libro Décimo del Código Sanitario, salvo aquellas que sean de competencia de los tribunales de justicia o de competencia exclusiva de otras autoridades administrativas.

Será responsabilidad del titular del local de uso público, el cumplimiento de las disposiciones contenidas en el presente reglamento por parte del local.

Artículo 26.- La modificación de las condiciones existentes al tiempo en que fue emitido el Informe Sanitario, sean éstas de carácter estructural, funcional, ampliación o cambio de giro, traslado de local o cambio de representante legal, propietario o arrendatario, cambio de razón social o nombre de fantasía del local, recinto o establecimiento deberán ser comunicadas a la Autoridad Sanitaria competente en los siguientes plazos:

a) Cuando se trate de cambios de la estructura del local, cambio del proyecto o cambio de actividad, se deberán presentar los antecedentes del cambio a la Autoridad Sanitaria Regional de Salud correspondiente, a lo menos diez días hábiles antes del inicio o ejecución de los cambios.

b) Cuando se trate de cambios de representante legal, propietario o arrendatario, cambio de razón social o nombre de fantasía del local, se deberán presentar los antecedentes del cambio a la Autoridad Sanitaria Regional de Salud correspondiente dentro de los diez días hábiles siguientes a dicho cambio.

TÍTULO XI
DISPOSICIONES FINALES

Artículo 29.- El presente Reglamento entrará en vigencia el primer día del tercer mes siguiente a su publicación en el Diario Oficial. Sin perjuicio de ello, los establecimientos regidos por sus disposiciones que se encuentren en funcionamiento a esa fecha deberán dar cumplimiento a las exigencias que este decreto supremo establece, dentro del plazo de un año contado desde la mencionada fecha de publicación.

Artículo 30.- Derógase a contar de la entrada en vigencia del presente reglamento el decreto supremo N° 1.580 de 1946, del Ministerio de Salubridad, Prevención y Asistencia Social, que aprobó el Reglamento Sanitario para el control de teatros y espectáculos públicos.

Anótese, tómese razón y publíquese.- MICHELLE BACHELET JERIA, Presidenta de la República.- Álvaro Erazo Latorre, Ministro de Salud.-

Transcribo para su conocimiento decreto afecto N° 10 de 19-02-2010. Saluda atentamente a Ud., Liliana Jadue Hund, Subsecretaria de Salud Pública.

DECRETO Nº 20
APRUEBA REGLAMENTO DE LABORATORIOS CLÍNICOS

Núm. 20.- Santiago, 5 de mayo de 2011.- Vistos: Lo establecido en los artículos 9º letra c) y 129 del Código Sanitario, aprobado por el decreto con fuerza de ley Nº 725, de 1967, del Ministerio de Salud, y en los artículos 24 y 32 Nº 6 de la Constitución Política del Estado.

Decreto:

Apruébase el siguiente Reglamento de Laboratorios Clínicos:

TÍTULO I
DE LOS LABORATORIOS CLÍNICOS

PÁRRAFO 1º
DE LA INSTALACIÓN, FUNCIONAMIENTO Y CIERRE

Artículo 1.- Laboratorio Clínico es aquel servicio, unidad o establecimiento público o privado que tiene por objeto la ejecución de exámenes o análisis de apoyo clínico y diagnóstico en salud humana, tales como exámenes hematológicos, bioquímicos, hormonales, genéticos, inmunológicos, microbiológicos, parasitológicos, virológicos, citológicos, histopatológicos y toxicológicos, con fines de prevención, diagnóstico o control de tratamiento de las enfermedades, estados fisiológicos o condiciones de filiación.

Se distinguen, según su ubicación, dos tipos de Laboratorios Clínicos:

a) Aquellos que constituyen unidades o servicios adosados a un establecimiento de carácter asistencial que proporciona atenciones en modalidad abierta o cerrada.

b) Aquellos instalados como establecimientos independientes. Los exámenes de laboratorio sólo podrán ser efectuados en los Laboratorios

Clínicos mencionados precedentemente o en un recinto asistencial autorizado al efecto por la Autoridad Sanitaria.

Artículo 2.- La Dirección Técnica de los Laboratorios Clínicos deberá ser ejercida por un Médico Cirujano, con especialización en Laboratorios Clínicos, o Anatomía Patológica, certificada, en su caso, o bien, Tecnólogo Médico con mención en laboratorios clínicos, morfocitopatología y citodiagnóstico, Químico Farmacéutico o Bioquímico, todos con experiencia de al menos un año en el área de Laboratorios Clínicos.

Artículo 3.- El Director Técnico será el responsable ante la Autoridad Sanitaria de la gestión y aseguramiento de la calidad de los procedimientos que se efectúen en el establecimiento, de su funcionamiento y operación acorde a las regulaciones que rigen la materia.

Artículo 4.- Corresponderá a la Secretaría Regional Ministerial de Salud, en cuyo territorio de competencia se encuentre ubicado el establecimiento, autorizar la instalación, funcionamiento, modificación o traslado de los Laboratorios Clínicos, como asimismo, realizar inspecciones periódicas y fiscalización de su funcionamiento.

Artículo 5.- La solicitud para la autorización a que se refiere el artículo anterior deberá ser presentada a la Secretaría Regional Ministerial de Salud, acompañada de los siguientes documentos:

a) Nombre del laboratorio, de fantasía si lo hubiese, domicilio y teléfono.

b) Plano o croquis de su planta física y su correspondiente flujograma de operación.

c) Documentos que acrediten el derecho a uso del inmueble en que se instalará: inscripción del dominio, contrato de arrendamiento o comodato, etc.

d) Identificación de la persona natural o documentos de constitución de la persona jurídica propietaria y los antecedentes que acrediten la personería de quien la representa.

e) Individualización del profesional que asumirá la Dirección Técnica, con su título profesional, cédula de identidad, horario de trabajo en el laboratorio y carta de aceptación del cargo de Director Técnico.

f) Listado de exámenes que realizará el Laboratorio Clínico según área especialidad y los que realizará a través de convenio.

g) Nómina del equipamiento con que cuenta el laboratorio y título que acredite su posesión.

h) Nómina del personal que se desempeñará en él, con sus respectivos títulos o autorizaciones sanitarias, según corresponda, y cédulas de identidad.

i) Horario actividad o funcionamiento del laboratorio.

j) Manual de Procedimientos Técnicos y de Organización y de Toma de Muestras, si procediere.

k) Manual de Bioseguridad.

l) Certificación de instalación y mantenimiento de los equipos con que cuente el laboratorio y que estén destinados a su funcionamiento, emitido por técnicos autorizados o reconocidos para ello.

m) Plan escrito de evacuación en caso de emergencia respaldado por un experto u organización reconocida en el tema.

Artículo 6.- La autorización de instalación y funcionamiento tendrá una vigencia de tres años, plazo que se entenderá automática y sucesivamente prorrogado por períodos iguales mientras no sean expresamente dejados sin efecto de conformidad a la ley.

Artículo 7.- La modificación de cualquiera de los elementos, circunstancias o antecedentes proporcionados a la Secretaría Regional Ministerial de Salud para la obtención de la autorización sanitaria, señalados en las letras c), d), e), g) h) e i) del artículo 5º de este reglamento, deberá ser comunicada a la Autoridad Sanitaria. Todas las demás modificaciones que se consideren para las letras a), b) y f) del mismo artículo 5º, deberán ser comunicadas en forma previa a su ocurrencia a dicha Autoridad Sanitaria para los efectos del artículo 4º de este reglamento.

Artículo 8.- El propietario o representante legal o el Director Técnico de un Laboratorio Clínico deberá comunicar al Secretario Regional Ministerial de Salud respectivo, el cierre definitivo o temporal del establecimiento, como asimismo, su reapertura en caso de ser temporal. La Autoridad Sanitaria deberá realizar una visita de inspección si dicho cierre temporal supera los 60 días. Transcurrido un año desde el aviso del cierre temporal, la Autoridad Sanitaria adoptará las medidas necesarias para revocar su autorización de instalación y funcionamiento, previa notificación, si el interesado no se manifestare en contrario.

PÁRRAFO 2º
DE LOS REQUISITOS QUE DEBEN REUNIR SUS INSTALACIONES

Artículo 9.- El local del laboratorio deberá contar, como mínimo, con las siguientes dependencias perfectamente diferenciadas, separadas físicamente y de acceso restringido a su personal:

• Sala de toma de muestras, cuando corresponda.
• Recinto o sector para recepción de muestras.
• Sala(s) de procesamiento de exámenes con almacenamiento separados de reactivos y muestras, con cumplimiento de los requisitos de seguridad necesarios. En caso de contar con áreas en las que pueda generarse contaminación cruzada, éstas deberán estar separadas físicamente de las otras áreas de procesamiento.
• Áreas delimitadas para descontaminación y lavado de material de laboratorio.
• Áreas de preparación de reactivos, medios de cultivo y otros materiales.

Los laboratorios que realicen exámenes citológicos e histopatológicos, deberán contar, además, con un área de almacenamiento para bloques de inclusión y placas.

Artículo 10.- El laboratorio deberá disponer, además, de los siguientes recintos generales:
– Sala de espera, cuando corresponda.
– Oficinas administrativas del laboratorio separadas e independientes de las áreas de procesamientos de exámenes.
– Sector delimitado de útiles de aseo.
– Área delimitada para vestuario del personal.
– Servicios higiénicos separados para el público y el personal, según corresponda.
– Baños accesibles para discapacitados, según corresponda.

Artículo 11.- Todo laboratorio deberá contar con:

a) Sistema eléctrico adecuado para el funcionamiento de los equipos, según criterios especificados por el fabricante y/o proveedor.

b) Un sistema apropiado de eliminación de gases y otras emanaciones, de acuerdo a la normativa vigente.

c) Un sistema de eliminación de residuos de acuerdo a la normativa vigente, en concordancia con el programa de control y prevención de las infecciones asociadas a la atención de salud.

d) Un sistema adecuado de protección contra incendios de acuerdo a las condiciones de riesgo del establecimiento.

e) Las diferentes dependencias deberán tener sistemas de iluminación, ventilación, temperatura ambiente y mobiliario adecuados para las necesidades de las personas y el funcionamiento de los equipos.

f) Cada sector de procesamiento deberá contar con lavamanos y mesones de trabajo con superficie lisa, lavable y resistente a la humedad.

g) Los pisos, muros, puertas de los recintos en que se desarrolle trabajo clínico serán lavables, igual requisito deberán cumplir los servicios higiénicos.

h) Un sistema que garantice la continuidad del servicio eléctrico, en lo que sea pertinente, en caso de cortes de suministro.

Artículo 12.- Los Laboratorios Clínicos donde se efectúen análisis que requieran instalaciones o insumos que impliquen riesgos físicos, químicos y biológicos, deberán cumplir, además, con la reglamentación vigente sobre la materia.

Artículo 13.- Los Laboratorios Clínicos deberán tener sistemas de información, manuales o computacionales, de solicitudes, registro y resultados de exámenes que aseguren mediante mecanismos de encriptación, firma avanzada u otros, la debida confidencialidad, trazabilidad y resguardo de los datos sensibles que comprendan:

a) Fecha y hora de recepción de la muestra o de su rechazo fundado, si fuere del caso;

b) Nombre del paciente, RUN, fecha de nacimiento, sexo y procedencia;

c) Nombre del profesional que solicitó el análisis y/o persona que lo requirió, si fuere necesario;

d) Tipo de muestra y examen solicitado;

e) Resultado del examen.

Los sistemas de registro antes citados deberán mantenerse a disposición de la Autoridad Sanitaria por un plazo no inferior a cinco años, a contar de la fecha de realización del examen.

Artículo 14.- Los Laboratorios Clínicos deberán poseer, además, los siguientes libros o talonario:

a) De observaciones y reclamos formulados por los usuarios, en relación a los servicios recibidos, y b) De control de visitas de supervisión e inspectivas, y las observaciones que ellas merecieren. Este libro estará a cargo del Director Técnico responsable del Laboratorio Clínico.

Ambos libros serán foliados y autorizados por la Autoridad Sanitaria correspondiente.

Artículo 15.- Los exámenes de laboratorio podrán hacerse por orden de:

a) Un médico cirujano;

b) Otros profesionales del equipo de salud habilitados para el diagnóstico o

tratamiento de las enfermedades o estados fisiológicos; c) A requerimiento del propio interesado.

La petición de exámenes de laboratorio en los casos a) y b) precedentes, deberá acompañarse de la respectiva solicitud del profesional que demanda el examen, en formularios en que conste:

a) Membrete o timbre del establecimiento solicitante o del profesional;

b) Nombre, número de RUN del profesional y domicilio del establecimiento;

c) Nombre y apellidos, RUN, edad y sexo del paciente;

d) Identificación de las prestaciones requeridas;

e) Firma del profesional que refrenda la petición. Los exámenes solicitados en carácter de urgencia deberán tener prioridad en su procesamiento y entrega de resultados.

Los exámenes para detección del virus de Inmunodeficiencia Humana (VIH) deberán realizarse de acuerdo a la normativa y reglamentación específica sobre esta materia.

Artículo 16.- Los informes de los exámenes realizados deberán entregarse en documentos en que conste:

a) Identificación del examen y el método de medición.

b) Identificación del laboratorio que emite el informe.

c) Identificación única del paciente.

d) Nombre u otro identificador único del solicitante.

e) Fecha y hora de la toma de muestra y la hora de recepción en el laboratorio.

f) Tipo demuestra.

g) Intervalos de referencia biológica.

h) Identificación del profesional que ejecuta el examen y emite el informe.

i) Firma del Director Técnico responsable del laboratorio.

Artículo 17.- Todo Laboratorio Clínico deberá proporcionar al usuario la siguiente información:

a) Nómina de los exámenes que el laboratorio está en condiciones de efectuar.

b) Nómina de exámenes que remite para su procesamiento a otros laboratorios, con identificación del centro de derivación si estuviere convenido. c) Requisitos para la obtención de las muestras.

d) Valor de cada examen.

e) Horario de recepción y toma de muestras, atención de público.

PÁRRAFO 3°
DEL PERSONAL, SUS OBLIGACIONES Y RESPONSABILIDADES

Artículo 18.- El establecimiento deberá contar con profesionales y técnicos habilitados en el área de Laboratorio Clínico:

a) Personal profesional, Médicos, Químico-Farmacéuticos, Bioquímicos y Tecnólogos Médicos con mención en las áreas referidas en el artículo 2°. b) Técnico de nivel superior o auxiliares paramédicos de Laboratorios Clínicos, banco de sangre y radiología.

Además, deberá contar con personal administrativo y otros necesarios para su funcionamiento.

Artículo 19.- El Director Técnico del Laboratorio Clínico será un profesional de aquellos señalados en el artículo 2° de este reglamento y deberá cumplir un horario de trabajo de al menos cuatro horas diarias para realizar las funciones inherentes al cargo.

Artículo 20.- En caso de ausencia del Director Técnico, éste deberá ser reemplazado en sus funciones por otro de los profesionales mencionados en el artículo 2° de este reglamento, situación que deberá comunicar previamente a la Secretaría Regional Ministerial de Salud respectiva. El Director Técnico subrogante asumirá todas las funciones y obligaciones del titular durante su desempeño.

Artículo 21.- Dentro de sus funciones el Director Técnico deberá:

a) Garantizar la calidad de los exámenes que se efectúen en el laboratorio y la confidencialidad de los informes que emite sobre los mismos.

b) Planificar, organizar, dirigir y supervisar los programas de trabajo y actividades del laboratorio.

c) Velar por el adecuado abastecimiento y dotación del laboratorio.

d) Velar por la capacitación y perfeccionamiento permanente del personal.

e) Mantener manuales actualizados de: organización, procedimientos técnicos, de control de calidad, de prevención y control de infecciones asociadas a la atención y de bioseguridad. f) Mantener archivos de normas e instrucciones emanadas de las autoridades sanitarias: Secretaría Regional Ministerial de Salud, Instituto de Salud Pública y Ministerio de Salud. g) Representar al laboratorio ante la Autoridad Sanitaria, respecto de las materias técnicas que se abordan en esta reglamentación. h) Contar con un programa preventivo y reparativo que asegure el adecuado funcionamiento de los equipos, instrumentos e instalaciones. i) Velar por la existencia de un sistema de registros que asegure el archivo y conservación de los resultados, protegiendo su confidencialidad.

Artículo 22.- Los demás profesionales que se desempeñan en los Laboratorios Clínicos, tendrán las obligaciones y responsabilidades que les sean asignadas por el Director Técnico, de acuerdo a la organización interna de éste. Durante todo el horario de atención del laboratorio deberá estar en funciones al menos un profesional de aquellos mencionados en el artículo 2° de este reglamento.

Artículo 23.- Los Laboratorios Clínicos deberán diseñar sistemas de control interno para verificar que la calidad alcanzada es la especificada y deberán participar en programas de control externo de calidad de la etapa analítica, de las áreas de laboratorio en las que otorguen prestaciones y que se encuentren disponibles.

PÁRRAFO 4º
DE LAS SALAS EXTERNAS DE TOMA DE MUESTRAS

Artículo 24.- Sala Externa de Toma de Muestras es aquel recinto que tiene por objeto exclusivo recolectar o recibir muestras de pacientes para ser procesadas en un Laboratorio Clínico. Podrán constituirse salas independientes destinadas a la toma de muestras, siempre que ellas cumplan los requisitos reglamentarios establecidos y que dependan o se sometan mediante convenio a la supervisión técnica de un Laboratorio Clínico autorizado.

Artículo 25.- Como identificación exterior deberá usarse aquella que señale que sólo es "Sala Externa de Toma de Muestras" dependiente técnicamente de un determinado Laboratorio Clínico. Como identificación interior, en la sala de espera deberá señalarse en forma visiblemente destacada lo siguiente:

a) Sala Externa de Toma de Muestras;

b) Nombre, dirección y teléfono del Laboratorio Clínico de que depende;

c) Nombre y dirección del Director Técnico del cual depende;

d) Nombre y profesión o actividad del encargado de la Sala Externa de Toma de Muestras;

e) Horario de funcionamiento.

El Laboratorio Clínico responsable técnicamente de una o más Salas Externas de Toma de Muestras deberá cumplir las normas de recolección, conservación, transporte seguro y oportuno de las muestras al Laboratorio Clínico para su procesamiento.

El Laboratorio Clínico deberá realizar supervisiones periódicas que garanticen el cumplimiento de dichas normas.

Artículo 26.- Sin perjuicio de su dependencia de la Dirección Técnica del Laboratorio Clínico, la Sala Externa de Toma de Muestras estará a cargo de un profesional de aquellos mencionados en el artículo 18 letra a) de este reglamento, de una enfermera o matrona.

Le corresponderá especialmente velar por la aplicación de los procedimientos de toma de muestras que hayan sido aprobados por la Dirección Técnica del laboratorio clínico del cual dependen.

Artículo 27.- A las Salas Externas de Toma de Muestras les serán aplicables las disposiciones señaladas en los artículos 4º, 6º, 7º, 8º, 13, 14, 15, 16, 17 y 18 en todo lo que fuere pertinente. En relación a los registros señalados en el artículo 13, deberá consignarse, además, la hora de recolección y la hora de la recepción de la muestra en el Laboratorio Clínico. Estos registros estarán a cargo del Encargado de la Sala Externa de Toma de Muestras.

Artículo 28.- La sala de toma de muestras deberá contar con las siguientes dependencias, según corresponda a las actividades que se realizan:

- Sala de espera o acceso.
- Baño de pacientes y personal separados.
- Lavamanos, área limpia con superficie lavable para preparación de material e insumos clínicos, mesa toma de muestras, área sucia con superficie lavable y depósito de lavado profundo si corresponde, separado del mesón del área limpia, camilla de examen o ginecoló-

gica, cuando corresponda, mobiliario para almacenar insumos clínicos limpios y estériles, contenedor para eliminación de elementos cortopunzantes, todo ello conforme a las normas que le sean aplicables del decreto supremo N° 6, de 2009, de este Ministerio, que aprobó el Reglamento sobre manejo de residuos en establecimientos de atención de salud.

- Contenedores para traslado de muestras y material contaminado según corresponda.
- Superficie de apoyo para registro y estadísticas separada de mesones de trabajo clínico.

PÁRRAFO 5°
DISPOSICIONES GENERALES

Artículo 29.- Las contravenciones a las disposiciones del presente reglamento serán sancionadas en conformidad a las normas del Libro X del Código Sanitario.

Artículo 30.- El presente reglamento entrará en vigencia a los 2 meses siguientes después de su publicación en el Diario Oficial, fecha a contar de la cual quedará derogado el decreto N° 433, de 1993, del Ministerio de Salud.

Artículo transitorio.- Los laboratorios clínicos y salas externas de toma de muestras, que a la fecha de vigencia del presente reglamento cuenten con autorización sanitaria y se encuentren en funcionamiento, dispondrán de dos años contados desde la publicación de este decreto supremo en el Diario Oficial, para dar cumplimiento a las exigencias que se señalan en este cuerpo reglamentario.

Anótese, tómese razón y publíquese.- SEBASTIÁN PIÑERA ECHENIQUE, Presidente de la República.- Jaime Mañalich Muxi, Ministro de Salud.

Transcribo para su conocimiento decreto afecto N° 20, de 05-05-2011.- Saluda atentamente a Ud., Nancy Sepúlveda Velásquez, Subsecretaria de Salud Pública (S).

DECRETO Nº 1
APRUEBA REGLAMENTO DE PREVENCIÓN Y CONTROL DE LA RABIA EN EL HOMBRE Y EN LOS ANIMALES

Núm. 1.- Santiago, 22 de enero de 2013.- Visto: Lo establecido en los artículos 1º, 2º, 3º, 8º, 20, 21, 22, 24, 26, 27, 29, 34 y 77 del Código Sanitario; decreto con fuerza de ley Nº 725 de 1967, del Ministerio de Salud y en los artículos 4º, 7º, y 12 del DFL Nº 1 de 2005, del Ministerio de Salud y teniendo presente las facultades que me confiere el artículo 32 Nº 6 de la Constitución Política de la República, y

Considerando:

– Que la rabia es una enfermedad viral que se transmite entre los animales y el hombre, de muy alta letalidad pues muere el 100% de los individuos que la contraen.

– Que en 2010, Chile se declaró libre de la rabia producida por virus rábico variedad canina, V1 y V2, el de mayor peligro, debido a los sistemas de vigilancia y control de esta enfermedad que se han implementado en el país desde larga data.

– Que resulta indispensable mantener el control de esta enfermedad adoptando todas las medidas necesarias de vigilancia y control de la misma respecto de los virus V1 y V2, ya erradicados, para evitar su retorno pues es endémico en países vecinos, como de aquellos otros virus de rabia, como los V5 y V6, presentes en otros animales que puedan presentarla, además de los perros,

Decreto:

Apruébase el siguiente reglamento de prevención y control de la rabia:

Artículo 1.- El presente reglamento regula todas las acciones relativas a la profilaxis y control de la rabia, tanto en el hombre como en animales susceptibles de transmitirla, de conformidad con las disposiciones del Código Sanitario.

Artículo 2.- Corresponde a las Secretarías Regionales Ministeriales de Salud promover y realizar todas las acciones necesarias para vigilar, prevenir y controlar la rabia en el hombre y en los animales; de acuerdo con las normas e instrucciones que imparta el Ministerio de Salud. Para ello, podrá coordinar con Municipalidades y otras instituciones la ejecución de acciones conjuntas de colaboración.

PÁRRAFO I
DE LA VACUNACIÓN

Artículo 3.- En la vacunación antirrábica, humana y animal, sólo se emplearán vacunas antirrábicas a virus inactivado, las que deberán estar debidamente autorizadas y registradas en el país, de acuerdo a la legislación vigente.

Artículo 4.- Todo perro y gato, deberán estar permanentemente vacunados contra la rabia. Será responsabilidad de sus propietarios y de las personas a cuyo cuidado estén, mantener a estos animales con vacunación antirrábica vigente, lo que se acreditará con un certificado extendido por un médico veterinario.

La primera vacunación deberá ser aplicada una vez cumplidos los dos meses de edad del animal, y se aplicará un primer refuerzo al año de edad. A continuación, se continuará vacunando con la periodicidad que indique el productor de la vacuna aplicada.

La autoridad sanitaria podrá exigir la exhibición del certificado que compruebe que la vacunación del animal está al día y, si éste no fuere presentado, el propietario o responsable será requerido para presentar ante dicha autoridad, en un plazo máximo de cinco días, un certificado de vacunación antirrábica vigente.

Artículo 5.- El certificado de vacunación deberá contener, a lo menos la siguiente información:

– Identificación del propietario del animal; nombre completo, domicilio, teléfono y RUN

– Identificación del animal; nombre, especie, raza, edad, tamaño, color y número de identificación cuando exista

– Vacuna; tipo, nombre comercial, laboratorio productor, número de serie, periodo de protección, fecha de vacunación, fecha de revacunación

– Identificación del Médico Veterinario; nombre completo, domicilio comercial o particular, teléfono, RUN y firma

Artículo 6.- Para el ingreso al país de perros y gatos se requerirá que éstos tengan su vacuna antirrábica vigente. Se considerarán vigentes aquellas vacunas administradas con un mínimo de 30 días y un máximo de 12 meses antes de la fecha de ingreso, lo cual deberá ser acreditado con el certificado de vacunación extendido o visado por la autoridad competente del país de origen.

También podrán ingresar al país aquellos animales que presenten un certificado, extendido o visado por la autoridad competente del país de origen, en el que se acredite que, dentro de los 12 meses anteriores al ingreso, se realizó una valoración de anticuerpos neutralizantes con un resultado mínimo de 0,5 U.I./ml. En estos casos no se requerirá el certificado de vacunación señalado en el inciso anterior.

Sin perjuicio de lo anterior, los animales a que se refiere este artículo podrán ingresar cumpliendo los procedimientos de cuarentena que aplica el Servicio Agrícola y Ganadero en uso de sus facultades legales.

PÁRRAFO II
DE LA PREVENCIÓN

Artículo 7.- Los perros deben ser mantenidos por sus dueños o tenedores dentro del domicilio o recinto que destinen a ese fin. Todo perro que se encuentre en la vía pública o en lugares de uso público deberá estar a cargo de una persona responsable y capacitada para mantenerlo contenido con un medio de sujeción que garantice su control.

Artículo 8.- Los propietarios y responsables de edificaciones públicas o privadas en que la Autoridad Sanitaria constate la presencia de colonias de murciélagos que representen un riesgo de contagio o difusión de rabia, deberán tomar las medidas que la misma autoridad determine para su eliminación o erradicación y para evitar la recolonización de la edificación.

Para la demolición de edificaciones que alberguen colonias de murciélagos, los responsables de esta actividad deben presentar a la autoridad sanitaria un certificado de eliminación o exclusión de la colonia emitido por una empresa aplicadora de pesticidas de uso doméstico y sanitario, debidamente autorizada en conformidad con lo dispuesto en el decreto Nº 157, de 2005, del Ministerio de Salud. La autoridad sanitaria fiscalizará la medida de control de que se trata, aprobándola, rechazándola o proponiéndole modificaciones. Ella deberá ser efectuada, a lo menos, 21 días antes de la demolición.

Artículo 9.- Cuando en la eliminación o erradicación de colonias de murciélagos se utilicen sustancias tóxicas o irritantes susceptibles de causar daño a la salud de las personas, su aplicación deberá ser realizada por empresas de control de vectores que cuenten con la respectiva Autorización Sanitaria, de acuerdo al Reglamento de Pesticidas de uso sanitario y doméstico decreto N° 157 del 2005 del Ministerio de Salud; en conformidad con el mismo, el personal responsable deberá usar los elementos de protección personal requeridos y contar con la vacunación antirrábica pre exposición vigente.

Artículo 10.- La empresa responsable de la actividad referida en el artículo anterior, deberá tomar todas las medidas de seguridad necesarias para evitar que la población se vea afectada por los plaguicidas u otras sustancias que se usen en la operación. Además, deberán informar a la población cercana al lugar, por el medio más expedito y eficaz, acerca de la posibilidad de hallazgos de murciélagos procedentes del lugar tratado en los alrededores o en el interior de las viviendas; las precauciones que se deben tomar para evitar contactos de riesgo y las condiciones en que se debe efectuar su eventual manipulación, en caso que ello sea necesario.

Artículo 11.- Los establecimientos o personas que comercialicen animales exóticos importados, que sean susceptibles de transmitir rabia, deberán contar, respecto de ellos, con la autorización respectiva emitida de acuerdo a la ley N° 19.473, sobre Caza. Copia de esta autorización deberá ser entregada a los compradores y tenedores definitivos de dichos animales. Cuando estos animales sean producto de cruzas realizadas en el país, deberán acreditar esta situación.

Artículo 12.- Toda persona natural o jurídica que, a cualquier título, posea animales silvestres, susceptibles de transmitir rabia, sean éstos exóticos o autóctonos, deberá acreditar su procedencia u obtención, de acuerdo a las normas de la ley N° 19.473 sobre Caza y su reglamento. La Autoridad Sanitaria podrá exigir la exhibición de los certificados que acrediten tal circunstancia y, en caso de no poseerlos, dará cuenta de esta situación al Servicio Agrícola y Ganadero. Sin perjuicio de lo anterior, si la Autoridad Sanitaria estima que estos animales representan un riesgo para la salud de las personas, procederá a su decomiso y a llevarlos a un lugar donde no representen riesgo para la salud pública.

PÁRRAFO III
DE LOS ANIMALES MORDEDORES

Artículo 13.- El propietario o responsable de un animal susceptible de transmitir la rabia, que haya sido denunciado por morder a una persona, deberá conceder todas las facilidades y colaboración para la implementación de aquellas medidas de investigación o control que determine la Autoridad Sanitaria en la evaluación del riesgo de transmisión de la enfermedad por el incidente.

Artículo 14.- Los animales denunciados por morder a una persona, que tengan dueño conocido, serán mantenidos en observación y aislamiento individual durante 10 días, en el local que señale la Autoridad Sanitaria y bajo su vigilancia. Si las condiciones de seguridad lo permitieran, dicha observación podrá efectuarse en el propio domicilio del dueño del animal identificado como mordedor. Sin perjuicio de lo anterior, el dueño del animal mordedor puede solicitar a la Autoridad Sanitaria la correspondiente toma de muestra, y remisión inmediata de la muestra al Instituto de Salud Pública de Chile para el diagnóstico de rabia.

Artículo 15.- Los animales señalados en el párrafo anterior que durante el período de observación acusaren síntomas asociables con la rabia, deberán ser sometidos a eutanasia por la Autoridad Sanitaria Regional, quien de inmediato enviará la muestra al Instituto de Salud Pública de Chile para confirmar el diagnóstico. Los animales que, completado el periodo de observación de 10 días, no presenten síntomas de rabia, serán considerados sanos para esta enfermedad y entregados a sus dueños. Además, la Autoridad Sanitaria instalará, en el animal, en caso que no lo posea, un sistema de identificación indeleble que certifique la propiedad del animal, lo que permitirá contar con un catastro de perros mordedores.

Artículo 16.- Cuando un animal denunciado por morder a una persona, al momento de la observación, presente síntomas asociables con la rabia, debe ser sometido a eutanasia de inmediato remitiendo la muestra al Instituto de Salud Pública para la confirmación o descarte de ese diagnóstico. Además, se debe definir con toda urgencia la conducta médica a seguir con las personas mordidas.

Artículo 17.- En el caso de un animal denunciado por morder a una persona, que sea claramente individualizado y que no tenga dueño conocido, la Autoridad Sanitaria deberá evaluar en el más breve plazo la presencia de rabia en ese animal. Considerando que existe riesgo de transmisión de rabia para la persona mordida, la confirmación diagnóstica oportuna es vital para la aplicación del esquema de vacunación antirrábico.

PÁRRAFO IV
DEL CONTROL

Artículo 18.- Cuando la Autoridad Sanitaria Regional detecte, en el territorio de su competencia, un caso de rabia en algún animal, o que están dadas las condiciones epidemiológicas para que se produzca un brote de la enfermedad, podrá retirar y, en su caso, eliminar los perros abandonados que se encuentren en la vía pública y lugares de uso común del área considerada de riesgo y del área focal y perifocal. En el cumplimiento de este cometido, la autoridad sanitaria podrá solicitar el auxilio de la fuerza pública si fuere necesario.

Para efectos de lo dispuesto en el presente artículo, se considerarán perros abandonados aquellos que no se encuentren en las condiciones señaladas en el artículo 7º de este reglamento.

La persona, natural o jurídica, que reclamare un animal retirado por la Autoridad Sanitaria, será considerada su dueño y, en consecuencia, será responsable de cumplir con las medidas sanitarias de vacunación y otras que se le impongan. Además, en caso que no lo posea, la autoridad sanitaria instalará en el animal, un sistema de identificación indeleble que certifique la propiedad del animal.

Artículo 19.- Cuando se confirme, en cualquier especie animal, un caso positivo provocado por virus rábico variedad canina (V1 o V2), la Autoridad Sanitaria deberá adoptar en forma inmediata todas las acciones de control de foco de acuerdo a los procedimientos establecidos en el "Manual de procedimiento y medidas ambientales, para el control y prevención de rabia animal", aprobado por el Ministerio de Salud. Dentro de estos procedimientos la autoridad deberá implementar prioritariamente la vacunación inmediata de todos los perros y gatos con dueño del área focal y perifocal, la implementación de vigilancia activa en el área definida;

actividades de comunicación de riesgo y retiro de todo animal abandonado en la vía pública del área considerada de riesgo. Las vacunaciones efectuadas a los animales susceptibles en el control de foco, serán de costo de la autoridad sanitaria.

Artículo 20.- La Autoridad Sanitaria deberá coordinar sus acciones con la Municipalidad respectiva para la recolección de perros muertos en la vía pública.

Artículo 21.- Aquellos animales susceptibles de contraer rabia que hayan estado expuestos a animales rabiosos o a animales que presentan sintomatología o conductas directamente asociadas con la rabia y que, al momento de la exposición, no contaban con su vacuna antirrábica vigente, deberán ser sometidos a eutanasia de forma inmediata por funcionarios de la Autoridad Sanitaria.

No obstante lo anterior, los animales cuyos dueños estén dispuestos a asumir los costos del procedimiento, deberán ser vacunados en forma inmediata y puestos en aislamiento estricto durante 6 meses, bajo las condiciones que la Autoridad Sanitaria determine. Además, la Autoridad Sanitaria instalará en el animal, en caso que no lo posea, un sistema de identificación indeleble al inicio del aislamiento y aplicará una dosis de vacuna antirrábica de refuerzo, un mes antes de terminar el periodo de aislamiento.

Aquellos animales susceptibles de contraer rabia, que al momento de ser expuestos a animales rabiosos o sospechosos de serlo, tengan su vacuna antirrábica vigente, lo que será comprobado mediante la exhibición del certificado emitido de acuerdo a lo establecido en los artículos 4 y 5 de este reglamento, serán revacunados inmediatamente por la Autoridad Sanitaria y se mantendrán confinados en observación por 45 días, bajo la vigilancia, control y responsabilidad de sus propietarios. La Autoridad Sanitaria instalará, en el animal en caso que no lo posea, un sistema de identificación indeleble al inicio del aislamiento.

PÁRRAFO V
DE LA ATENCIÓN DE LAS PERSONAS

Artículo 22.- Toda persona mordida, rasguñada, lamida, o que de cualquier manera hubiere podido ser infectada por un animal sospechoso de rabia, deberá concurrir de inmediato al establecimiento asistencial más próximo, con el objeto de recibir la atención médica necesaria y, si procede, someterse al esquema de vacunación post exposición vigente, de acuerdo a la norma de vacunación antirrábica del programa nacional de inmunización establecido por el Ministerio de Salud.

Artículo 23.- La atención médica y el tratamiento antirrábico requerido por los afectados por mordeduras de animales, serán proporcionados en forma gratuita por los establecimientos asistenciales del sector público.

Artículo 24.- Los establecimientos de salud públicos y privados que atiendan personas afectadas por mordeduras de animales susceptibles de contraer rabia, deberán remitir dentro de las veinticuatro horas desde dicha atención, los antecedentes del paciente y del animal mordedor a la Autoridad Sanitaria de su jurisdicción para que ésta proceda a realizar la observación reglamentaria del animal.

Sin perjuicio de lo anterior si, a juicio del médico tratante, las características del animal mordedor involucrado, las circunstancias, de la agresión y las condiciones epidemiológicas permiten determinar que el accidente representa un bajo riesgo de rabia, la observación puede ser realizada por el afectado o su acompañante. En estos casos se entregará al afectado o su acompañante el protocolo de observación establecido y las indicaciones para su uso.

Artículo 25.- Toda persona que por razones laborales esté expuesta a animales susceptibles de transmitir rabia, tales como trabajadores de clínicas veterinarias, de zoológicos, de estaciones cuarentenarias, de laboratorios de producción de vacunas antirrábicas, de laboratorios de diagnóstico de rabia, de programas de control de rabia y otros, deberán someterse al tratamiento antirrábico pre exposición de acuerdo al esquema de vacunación vigente, según la norma de vacunación antirrábica del programa nacional de inmunización establecido por el Ministerio de Salud.

Artículo 26.- Los establecimientos asistenciales que apliquen vacunación antirrábica, sean estos públicos o privados, deberán tomar las medidas tendientes a asegurar que las personas mordidas a las cuales el médico tratante prescribió el esquema de vacunación post exposición, completen el tratamiento antirrábico de acuerdo a la norma de vacunación antirrábica del programa nacional de inmunización establecido por el Ministerio de Salud. Si un paciente se negare a observarlo, los establecimientos públicos deberán solicitar el auxilio de la fuerza pública para obtener el cumplimiento de éste y los establecimientos privados deberán dar cuenta de esta situación a la Autoridad Sanitaria respectiva a fin de que esta realice las gestiones tendientes a cumplir con la vacunación.

PÁRRAFO VI
DE LA VIGILANCIA

Artículo 27.- La Autoridad Sanitaria deberá mantener actividades de vigilancia activa de rabia canina en el área de su jurisdicción. Para ello deberá remitir, anualmente, al Instituto de Salud Pública de Chile un número de muestras útiles equivalente al 0.1% de la población canina estimada en su jurisdicción. Se entenderá como muestras útiles, para este efecto, aquellas procedentes de perros que presenten signos y/o síntomas de encefalomielitis u otros síntomas neurológicos compatibles con rabia; aquellas procedentes de perros abandonados o asilvestrados en áreas endémicas de rabia animal o con alta densidad de murciélagos. La Autoridad Sanitaria podrá establecer convenios con clínicas veterinarias para facilitar la obtención de muestras de perros con síntomas neurológicos; retirar animales abandonados en las áreas perifocales de casos de rabia o áreas enzoóticas; así como retirar animales entregados por sus dueños siempre que cumplan con las mismas condiciones clínicas señaladas anteriormente.

Artículo 28.- Todo profesional del área de la salud humana o animal que en el ejercicio de su profesión tenga conocimiento de un caso sospechoso de rabia humana o animal, deberá denunciarlo de inmediato a la Autoridad Sanitaria competente.

Artículo 29.- Las clínicas veterinarias y, en general, todo médico veterinario que vacune animales sanos contra la rabia, deberán informar semestralmente el número de vacunas aplicadas y el número y especies de animales vacunados. Estos antecedentes deberán ser remitidos a la Autoridad Sanitaria de la jurisdicción correspondiente.

PÁRRAFO VII
DE LA FISCALIZACIÓN

Artículo 30.- La fiscalización del presente reglamento corresponderá a la Autoridad Sanitaria dentro del territorio de su competencia, y las infracciones a sus disposiciones serán sancionadas de acuerdo a lo prescrito en el Libro X del Código Sanitario.

Artículo 31.- Derógase el decreto supremo N° 89, de 2002, del Ministerio de Salud.

Anótese, tómese razón y publíquese.- SEBASTIÁN PIÑERA ECHENIQUE, Presidente de la República.- Jaime Mañalich Muxi, Ministro de Salud.

Transcribo para su conocimiento decreto afecto N° 01 - 22-01-2013.- Por orden del Subsecretario de Salud Pública, Sandra Riffo Oyarzún, Jefe de Gabinete, Subsecretaria de Salud Pública (S).

DECRETO Nº 408
APRUEBA LISTADO DE SUSTANCIAS PELIGROSAS PARA LA SALUD

Núm. 408 exenta.- Santiago, 2 de mayo de 2016. Visto:

Estos antecedentes; lo dispuesto en los artículos 4 y 7 del DFL Nº 1, de 2005, del Ministerio de Salud, que fija el texto refundido, coordinado y sistematizado del decreto ley Nº 2.763, de 1979, y de las leyes Nº 18.933 y Nº 18.469; en los artículos 90 y 93 del DFL Nº 725, de 1967, Código Sanitario; en la ley Nº 18.164 que establece Normas de Carácter Aduanero; en la resolución exenta Nº 714, de

2002, del Ministerio de Salud, que Establece Lista de Sustancias Peligrosas para la Salud; en la resolución Nº 1.600, de 2008, de la Contraloría General de la República; lo solicitado mediante memorando B32 Nº 200 y Nº 328, ambos de 2016, de la División de Políticas Públicas Saludables y Promoción; y

Considerando:

1.- Que, el artículo 2º de la ley Nº 18.164 que Establece Normas de Carácter Aduanero, dispone, en lo que interesa, que, para cursar cualquier destinación aduanera respecto de sustancias tóxicas o peligrosas para la salud, el Servicio de Aduanas exigirá un certificado emitido por la Autoridad Sanitaria respectiva en que se señale el lugar autorizado donde deberán depositarse las mismas, la ruta y las condiciones de transporte que deberá utilizarse para efectuar su traslado desde los recintos aduaneros hasta el lugar de depósito indicado.

2.- Que, en virtud de lo anterior y de lo dispuesto en el artículo 90 del Código Sanitario, el Ministerio de Salud dictó la resolución exenta Nº 714, de 2002, que Establece la Lista de Sustancias Peligrosas para la Salud.

3.- Que, mediante memorando B32 Nº 328, de 24 de marzo de 2016, el Jefe de la División de Políticas Públicas Saludables y Promoción, de este Ministerio, informó la necesidad, no solo de actualizar la lista aludida en el considerando anterior, sino también la de unificar criterios en cuanto a la clasificación de las mezclas de sustancias peligrosas, a fin de evitar los riesgos asociados a la importación y posterior manejo de ellas.

4.- Que, asimismo, se requiere identificar las sustancias utilizadas para formulaciones de plaguicidas de uso sanitario y doméstico, así como los productos utilizados con efectos antimicrobianos.

5.- Que, en mérito de lo anterior, se hace indispensable dejar sin efecto la resolución exenta Nº 714, de 2002, de esta Secretaría de Estado, y dictar en su reemplazo una nueva resolución que fije el listado actualizado de sustancias peligrosas para la salud humana; razones por las que dicto la siguiente:

Resolución:

1.- Apruébase el siguiente listado de sustancias y mezclas peligrosas para la salud y otras afectas al control de importación y a la ley Nº 18.164 que Establece Normas de Carácter Aduanero:

Artículo 1.- Se exceptúan de este listado:

a) Sustancias explosivas, reguladas por la ley Nº 17.798 sobre Control de Armas y Elementos Similares, del Ministerio de Defensa Nacional.

b) Líquidos y gases de uso energético regulados en el decreto supremo Nº 160, de 2008, del Ministerio de Economía, Fomento y Reconstrucción, que aprueba el Reglamento de Seguridad para las Instalaciones y Operaciones de Producción y Refinación, Transporte, Almacenamiento, Distribución y Abastecimiento de Combustibles Líquidos, y en el decreto supremo N° 108, de 2013, del Ministerio de Energía, que aprueba el Reglamento de Seguridad para las Instalaciones de Almacenamiento, Transporte y Distribución de Gas Licuado de Petróleo y Operaciones Asociadas.

c) Sustancias agotadoras de la capa de ozono que sólo presenten riesgo para el medio ambiente, reguladas en la ley N° 20.096 y decreto supremo N° 37, de 2007, del Ministerio Secretaría General de la Presidencia.

d) Sustancias radiactivas, reguladas en el artículo 86 del Código Sanitario.

e) Formulaciones de plaguicidas de uso exclusivo agrícolas reguladas en las resoluciones N° 3.670/99 y N° 1.038/2003, ambas del Ministerio de Agricultura.

Artículo 2.- Definiciones:

• Sustancia: Un elemento químico y sus compuestos naturales o los obtenidos por algún proceso industrial, incluidos los aditivos necesarios para conservar su estabilidad y las impurezas que inevitablemente produzca el procedimiento, con exclusión de todos los disolventes que puedan separarse sin afectar la estabilidad de la sustancia ni modificar su composición.

• Mezcla: es un preparado o disolución compuesta por dos o más sustancias que no reaccionan entre sí. Puede corresponder a materia prima o producto elaborado o terminado para uso directo.

• Mezcla monoconstituida: Mezcla conformada por una sustancia principal, clasificada como peligrosa que se encuentra en un 80% (p/p) o más y el restante por sustancias no peligrosas.

Artículo 3.- Las sustancias peligrosas para la salud y aquellas afectas al control de importación y a la ley N° 18.164 serán las siguientes:

a) Sustancias y mezclas, que presentan peligros físicos y peligros para la salud, de efectos agudos y crónicos, tales como: posibles carcinogénicos, mutagénicos, sustancias tóxicas para la reproducción y toxicidad sistémica para órganos diana por exposición única o repetida. Se listan en orden alfabético, por su nombre químico y N° CAS otorgado por la "Chemistral Abstracts Service".

NOMBRE QUÍMICO	Nº CAS
ACIDO NITROSILSULFURICO SOLIDO	7782-78-7
1,1,1,2-TETRAFLUOROETANO (GAS REFRIGERANTE R 134a)	811-97-2
1,1,1-TRICLOROETANO	71-55-6
1,1,1-TRIFLUOROETANO COMPRIMIDO	420-46-2
1,1,2,2-TETRACLORO-1,2-DIFLUOROETANO (CFC-112)	76-12-0
1,1-BIS(TERT-BUTILPEROXI)-3,3,5-TRIMETILCICLOHEXANO)	6731-36-8
1,1-DI-(TERC-BUTILPEROXI) CICLOHEXANO	3006-86-8
1,1-DICLORO-1-NITROETANO	594-72-9
1,1-DICLOROETANO	75-34-3
1,1-DIFLUOROETANO o FREON 152A	72-37-6
1,1-DIFLUOROETILENO	75-38-7
1,1-DIMETOXIETANO	534-15-6
1,2,3,6-TETRAHIDROBENZALDEHIDO	100-50-5
1,2,3,6-TETRAHIDROPIRIDINA	694-05-3
1,2,3-TRICLOROPROPANO	96-18-4
1,2-DI-(DIMETILAMINO) ETANO	110-18-9
1,2-DIBROMO-3-BUTANONA	25109-57-3
1,2-DIBROMO-3-CLOROPROPANO o DIBROMOCLOROPROPANO	96-12-8
1,2-DICLOROBENCENO o o-DICLOROBENCENO	95-50-1
1,2-DICLOROETANO	107-06-2
1,2-DICLOROETILENO	540-59-0
1,2-DICLOROETILENO (cis)	156-59-2
1,2-DICLOROETILENO (trans)	156-60-5
1,2-DIFLUOROETANO o FREON 152	624-72-6

NOMBRE QUÍMICO	Nº CAS
1,2-DIMETOXIETANO	110-71-4
1,2-EPOXI-3-ETOXIPROPANO	4016-11-9
1,2-PROPILENDIAMINA	78-90-0
1,3,5-TRIMETILBENCENO	108-67-8
1,3-DICLORO-2-PROPANOL	96-23-1
1,3-DICLOROACETONA	534-07-6
1,3-DICLOROPROPENO	542-75-6
1,3-DIMETILBUTILAMINA	108-09-8
1,4-BUTINODIOL	110-65-6
1,4-DIMETILCICLOHEXANO	589-90-2
1,5,9-CICLODODECATRIENO	49004-61-4
1-BROMO-3-METILBUTANO	107-82-4
1-BROMOBUTANO o BROMURO DE N-BUTILO	109-65-9

1-BROMOPROPANO o BROMOPROPANO	106-94-5
1-CLORO-1,1-DIFLUORETANO (GAS REFRIGERANTE R 142 b)	
1-CLORO-3 BROMOPROPANO	109-70-6
1-ETILPIPERIDINA	766-09-6
1-HEXENO	592-41-6
1-METILPIPERIDINA	626-67-5
1-METOXI-2-PROPANOL	107-98-2
1-NITROPIRENO	5522-43-0
1-PENTENO o n-AMILENO	109-67-1
1-PENTOL	12772-47-3
2 - ETILBUTIRALDEHIDO (DIETILACETALDEHIDO)	97-96-1
2-(2-AMINOETOXI)ETANOL	929-06-6
2,2-DIMETILPROPANO o TETRAMETILMETANO	463-82-1
2,2,2-TRICLORO-1,1-ETANODIOL HIDRATO DE CLORAL	302-17-0
2,3-DIHIDROPIRANO	110-87-2
2,3-DIMETILBUTANO	79-29-8
2,4-(DICLOROFENOXI) ACETATO DE DIMETILAMONIO, LIQUIDO	2008-39-1
2,4-(DICLOROFENOXI) ACETATO DE DIMETILAMONIO, SOLIDO	2008-39-1
2,4-DICLOROFENOL	120-83-2
2,4-DINITROANILINA	97-02-9
2,4-DINITROTOLUENO	121-14-2
2,4-HEXADIENAL	142-83-6
2,5-DICLOROFENOL	583-78-8
2,6-DICLOROFENOL	87-65-0
2,6-XILIDINA	87-62-7
2-AMINO-4,6-DINITROFENOL, HUMIDIFICADO con una proporción de agua, en masa no inferior al 20%	96-91-3
2-AMINO-4-CLOROFENOL	95-85-2
2-AMINO-5-DIETILAMINOPENTANO	140-80-7
2-BROMO-2-METILPROPANO	507-19-7
2-BROMO-2NITROPROPANO-1,3-DIOL o BRONOPOL	52-51-7
2-BROMO-2NITROPROPANO-1,3-DIOL o BRONOPOL en solución	52-51-7
2-BROMOBUTANO	78-76-2
2-BROMOETIL ETIL ETER	592-55-2
2-BROMOPENTANO	107-81-3
2-CLOROETANAL o CLOROACETALDEHIDO	107-20-0
2-CLOROPIRIDINA o o-CLOROPIRIDINA	109-09-1
2-CLOROPROPANO	75-29-6
2-CLOROPROPENO	557-98-2
2-CLOROPROPIONATO DE ETILO	535-13-7

2-CLOROPROPIONATO DE ISOPROPILO	40058-87-5
2-CLOROPROPIONATO DE METILO	17639-93-9
2-DIMETILAMINOACETONITRILO	926-64-7
2-ETILANILINA	578-54-1
2-ETILBUTANOL	97-95-0
2-ETILHEXILAMINA	104-75-6
2-NITROFLUORENO	607-57-8
2-METIL-1-BUTENO	563-46-2
2-METIL-1-PENTANOL	105-30-6

NOMBRE QUÍMICO	Nº CAS
2-METIL-2-BUTENO	513-35-9
2-METIL-2-HEPTANOTIOL o TERC-OCTILMERCAPTANO	141-59-3
2-METIL-2-PENTANOL	590-36-3
2-METIL-5-ETILPIRIDINA	104-90-5
2-METILBUTANAL	96-17-3
2-METILFURANO	534-22-5
2-OCTAFLUOROBUTENO (GAS REFRIGERANTE R 1318)	360-89-4
2-TIOURACILO	141-90-2
2-TRIFLUOROMETILANILINA	88-17-5
2-YODOBUTANO	513-48-4
3 NITRO-P-TOLUIDINA	119-32-4
3,3-DIETOXIPROPENO	3054-95-3
3,3'-IMINODIPROPILAMINA	56-18-8
3,4-DICLOROANILINA	95-76-1
3-BROMOPROPINO	106-96-7
3-CLORO-1-PROPANOL	627-30-5
3-METIL-1-BUTENO	563-45-1
3-METIL-2-BUTANONA	563-80-4
3-NITRO-4-CLOROBENZOTRIFLUORURO	121-17-5
3-TRIFLUOROMETILANILINA	98-16-8
4-(N-NITROSOMETILAMINO)-1-3(3-PIRIDIL)-1-BUTANONA (NNK)	64091-91-4
4,4 TETRAMETIL DIAMINOBENZOFENONA	90-94-8
4,4'-DIAMINODIFENILMETANO	107-77-9
4,4'-DIISOCIANATO DE DIFENILMETANO	101-68-8
4,4'-METILENBIS(2-CLOROANILINA)	101-14-4
4-AMINOBIFENILO	92-67-1
4-CLORO-o-TOLUIDINA o 4-COT	95-69-2
4-METILMORFOLINA O N-METILMORFOLINA	109-02-4

4-METOXI-4-METIL-2-PENTONONA	107-70-0
4-NITROFENILHIDRAZINA con un máximo del 30%, en masa, de agua	100-16-3
4-TIAPENTANAL	3268-49-3
4-VINILCICLOHEXENO	100-40-3
5-METIL-2-HEXANONA	110-12-3
5-METILCRISENO	3697-24-3
5-NITRO-O-TOLUDINA	119-32-4
5-TERC-BUTIL-2,4,6-TRINITRO-m-XILENO (XILENO DE ALMIZCLE)	81-15-2
6-NITROCRISENO	7496-02-08
7H- DIBENZOL(C,G)CARBAZOLE	194-59-2
9 - FOSFABICICLONONANOS o FOSFINAS DE CICLOOCTADIENO	
ABAMECTINA	71751-41-2
ABONOS A BASE DE NITRATO AMONICO	
ACEITE DE ALCANFOR	8008-51-3
ACEITE DE COLOFONIA	8002-16-2
ACEITE DE ESQUISTO	
ACEITE DE FUSEL	8013-75-0
ACEITE DE PINO	8002-09-03
ACEITES DE ACETONA	
ACETAL	105-57-7
ACETALDEHIDATO AMONICO	75-39-8
ACETALDEHIDO	75-07-0
ACETALDOXIMA	107-29-9
ACETATO DE ALILO	591-87-7
ACETATO DE AMILO	628-63-7
ACETATO DE CICLOHEXILO	622-45-7
ACETATO DE ETILBUTILO	10031-87-5
ACETATO DE ETILO	141-78-6
ACETATO DE ISOBUTILO	110-19-0
ACETATO DE ISOPROPENILO	108-22-5
ACETATO DE ISOPROPILO	108-21-4
ACETATO DE MERCURIO	1600-27-7

NOMBRE QUÍMICO	Nº CAS
ACETATO DE METILAMILO	108-84-9
ACETATO DE METILO	79-20-9
ACETATO DE n-BUTILO o ACETATO DE BUTILO	123-86-4
ACETATO DE n-PROPILO	109-60-4
ACETATO DE PLOMO	301-04-2

ACETATO DE VINILO ESTABILIZADO	108-05-4
ACETATO DEL ETER MONOETILICO DEL ETILENGLICOL	111-15-9
ACETATO DEL MONOMETIL ETER DEL ETILENGLICOL	110-49-6
ACETATOS DE AMILO	
ACETATOS DE BUTILO	
ACETILENO DISUELTO	74-86-2
ACETILENO EXENTO DE SOLVENTE	74-86-2
ACETILMETILCARBINOL	513-86-0
ACETONA	67-64-1
ACETONITRILO O CIANURO DE METILO	75-05-8
ACIDO PEROXIACETICO	79-21-0
ACIDO 2-CLOROPROPIONICO	598-78-7
ACIDO 2-ETILHEXANOICO	149-57-5
ACIDO 3-CLOROPEROXIBENZOICO	937-14-5
ACIDO ACETICO EN SOLUCION con más de 10% y menos del 50%, en masa, de ácido	64-19-7
ACIDO ACETICO EN SOLUCION con más de 50% y menos del 80%, en masa, de ácido	64-19-7
ACIDO ACETICO GLACIAL o ACIDO ACETICO EN SOLUCION con más del 80%, en masa, de ácido.	64-19-7
ACIDO ACRILICO ESTABILIZADO	79-10-7
ACIDO ARSENICO LIQUIDO	7778-39-4
ACIDO ARSENICO SOLIDO	7778-39-4
ACIDO BORICO	10043-35-3
ACIDO BROMHIDRICO	10035-10-6
ACIDO BROMOACETICO EN SOLUCIÓN	79-08-3
ACIDO BROMOACETICO SOLIDO	79-08-3
ACIDO BUTIRICO	107-92-6
ACIDO CAPROICO	142-62-1
ACIDO CIANHIDRICO EN SOLUCION ACUOSA (CIANURO DE HIDROGENO EN SOLUCION ACUOSA) con no más del 20%de cianuro de hidrógeno.	74-90-8
ACIDO CLORHIDRICO ANHIDRO o CLORURO DE HIDROGENO ANHIDRO	7647-01-0
ACIDO CLORHIDRICO EN SOLUCION	7647-01-0
ACIDO CLORICO EN SOLUCION ACUOSA con un máximo de 10% de ácido clórico.	7790-93-4
ACIDO CLOROACETICO EN SOLUCION	79-11-8
ACIDO CLOROACETICO FUNDIDO	79-11-8
ACIDO CLOROPLATINICO SOLIDO	16941-12-1
ACIDO CLOROSULFONICO (con o sin trióxido de azufre).	7790-94-5
ACIDO CRESILICO	1319-77-3
ACIDO CROMICO EN SOLUCION	7738-94-5
ACIDO CROMOSULFURICO	14489-25-9
ACIDO CROTONICO LIQUIDO	3724-65-0

ACIDO CROTONICO SOLIDO	3724-65-0
ACIDO DICLOROACETICO	79-43-6
ACIDO DICLOROISOCIANURICO SECO O SALES DE ACIDO CICLOROISOCIANURICO	2782-57-2 2893-78-9
ACIDO DIFLUOROFOSFORICO ANHIDRO	13779-41-4
ACIDO ETILSULFURICO	540-82-9
ACIDO FENOLSULFONICO LIQUIDO	1333-39-7
ACIDO FLUORHIDRICO con más del 60% de ácido fluorhídrico	7664-39-3
ACIDO FLUORHIDRICO con no más del 60% de ácido fluorhídrico	7664-39-3
ACIDO FLUOROACETICO	144-49-0
ACIDO FLUOROBORICO	16872-11-0
ACIDO FLUOROFOSFORICO ANHIDRO	13537-32-1
ACIDO FLUOROSILICICO	16961-83-4
ACIDO FLUOROSULFONICO	7789-21-1
ACIDO FORMICO con más de 85%, en masa, de ácido	64-18-6
ACIDO FORMICO con un mínimo de 10% y un máximo de 85%, en masa, de ácido	64-18-6
ACIDO FOSFORICO EN SOLUCIÓN	7664-38-2
ACIDO FOSFORICO SOLIDO	7664-38-2

NOMBRE QUÍMICO	Nº CAS
ACIDO FOSFOROSO	13598-36-2
ACIDO HEXAFLUOROFOSFORICO	16940-81-1
ACIDO ISOBUTIRICO	79-31-2
ACIDO LACTICO	50-21-5
ACIDO METACRILICO ESTABILIZADO	79-41-4
ACIDO NITRANTE (ACIDO MIXTO) AGOTADO, MEZCLA DE, con más del 50% de ácido nítrico	
ACIDO NITRANTE (ACIDO MIXTO) AGOTADO, MEZCLA DE, con no más del 50% de ácido nítrico	
ACIDO NITRANTE (ACIDO MIXTO), MEZCLA DE, con más del 50% de ácido nítrico	
ACIDO NITRANTE (ACIDO MIXTO), MEZCLA DE, con no más del 50% de ácido nítrico	
ACIDO NITRICO FUMANTE ROJO	7697-37-2
ACIDO NITRICO, excepto el ácido nítrico fumante rojo, con más del 70% de ácido nítrico	7697-37-2
ACIDO NITRICO, excepto el ácido nítrico fumante rojo, con menos del 65% de ácido nítrico	7697-37-2
ACIDO NITRICO, excepto el ácido nítrico fumante rojo, con un mínimo de 65% pero no más de un 70% de ácido nítrico	7697-37-2
ACIDO NITROBENCENOSULFONICO	31212-28-9
ACIDO NITROCLORHIDRICO	8007-56-5
ACIDO NITROSILSULFURICO LIQUDO	7782-78-7
ACIDO PERCLORICO con un máximo del 50%, en masa, de ácido	7601-90-3
ACIDO PERCLORICO, con más del 50%, pero no más del 72%, en masa, de ácido	7601-90-3

ACIDO PERFLUOROOCTANOSULFONICO	1763-23-1
ACIDO PROPIONICO	79-09-4
ACIDO SELENICO	7783-08-6
ACIDO SULFAMICO	5329-14-6
ACIDO SULFHIDRICO O SULFURO DE HIFROGENO	7783-06-04
ACIDO SULFURICO AGOTADO	7664-93-9
ACIDO SULFURICO con más del 51% de ácido	7664-93-9
ACIDO SULFURICO con un máximo del 51% de ácido o ELECTROLITO ACIDO PARA BATERIAS	7664-93-9
ACIDO SULFURICO FUMANTE	8014-95-7
ACIDO SULFUROSO	7782-99-2
ACIDO TIOACETICO	507-09-5
ACIDO TIOGLICOLICO	68-11-1
ACIDO TIOLACTICO	79-42-5
ACIDO TRICLOROACETICO EN SOLUCION	76-03-9
ACIDO TRICLOROISOCIANURICO SECO o TRICLORO-S-TRIAZINATRIONA, SECO	87-90-1
ACIDO TRIFLUORACETICO	76-05-1
ACIDO TRINITROBENZOICO HUMIDIFICADO con un mínimo del 30%, en masa de agua.	129-66-8
ACIDO TRINITROBENZOICO HUMIDIFICADO con un mínimo de 10%, en masa, de agua	129-66-8
ACIDO YODHIDRICO	10034-85-2
ACIDOS ALQUILSULFONICOS LIQUIDOS o ACIDOS ARILSULFONICOS LIQUIDOS, con más del 5% de ácido sulfúrico libre	
ACIDOS ALQUILSULFONICOS LIQUIDOS o ACIDOS ARILSULFONICOS LIQUIDOS, con un máximo del 5% de ácido sulfúrico libre	
ACIDOS ALQUILSULFONICOS SOLIDOS o ACIDOS ARILSULFONICOS SOLIDOS, con más del 5% de ácido sulfúrico libre	
ACIDOS ALQUILSULFONICOS SOLIDOS o ACIDOS ARILSULFONICOS SOLIDOS, con un máximo del 5% de ácido sulfúrico libre	
ACIDOS ALQUILSULFURICOS	
ACLONIFEN	74070-46-5
ACRIDINA	260-94-6
ACRILAMIDA EN SOLUCION	79-06-1
ACRILAMIDA SOLIDA	79-06-1
ACRILATO 2-DIMETILAMINOETILICO	2439-35-2
ACRILATO DE ETILO ESTABLILIZADO	140-88-5
ACRILATO DE ISOBUTILO ESTABILIZADO	106-63-8
ACRILATO DE METILO ESTABLILIZADO	96-33-3
ACRILATOS DE BUTILO ESTABILIZADO	
ACRILONITRILO ESTABILIZADO	107-13-1
ADHESIVOS QUE CONTIENEN LIQUIDOS INFLAMABLES	
ADIPONITRILO	111-69-3

NOMBRE QUÍMICO	Nº CAS
AEROSOLES	
AIRE COMPRIMIDO	132259-10-0
AIRE LIQUIDO REFRIGERADO	132259-10-0
ALCALOIDES LIQUIDOS, N.E.P. o SALES DE ALCALOIDES LIQUIDAS, N.E.P.	
ALCALOIDES SOLIDOS, N.E.P. o SALES DE ALCALOIDES SOLIDAS, N.E.P.	
ALCANFOR SINTETICO	76-22-2
ALCOHOL alfa- METILBENCILICO SOLIDO	98-85-1
ALCOHOL alfa-METILBENCILICO LIQUIDO	98-85-1
ALCOHOL FURFURILICO	98-00-0
ALCOHOL METALILICO	513-42-8
ALCOHOLATOS DE METALES ALCALINOS QUE EXPERIMENTAN CALENTAMIENTO ESPONTANEO, CORROSIVOS, N.E.P.	
ALCOHOLATOS DE METALES ALCALINOTERREOS	
ALCOHOLATOS EN SOLUCION,N.E.P., en alcohol	
ALCOHOLES TOXICOS INFLAMABLES, N.E.P	
ALCOHOLES, N.E.P.	
ALDEHIDO n-OCTILICO	124-13-0
ALDEHIDOS OCTILICOS	
ALDEHIDOS TOXICOS INFLAMABLES, N.E.P.	
ALDEHIDOS, N.E.P	
ALDOL	107-89-1
ALFA HEXACLOROCICLOHEXANO (a-HCH)	319-84-6
ALFA- NAFTILAMINA o 1-NAFTILAMINA	134-32-7
ALFA- PINENO o PINENO	80-56-8
ALFA-METIL VALERALDEHIDO	123-15-9
ALIL ETIL ETER o ETER ALILETILICO	557-31-3
ALIL GLICIDIL ETER o ETER ALILGLICIDILICO	106-92-3
ALILAMINA	107-11-9
ALILTRICLOROSILANO ESTABILIZADO	107-37-9
ALQUILFENOLES LIQUIDOS, N.E.P. (incluidos los homólogos C2 a C12)	
ALQUILFENOLES SOLIDOS n.e.p (incluidos los homólogos C2 a C12)	
ALQUITRANES LIQUIDOS, incluso los aglomerantes para carreteras y los asfaltos rebajados	
ALUMINATO SODICO EN SOLUCION	11138-49-1
ALUMINATO SODICO SOLIDO	11138-49-1
ALUMINIO EN POLVO NO RECUBIERTO	7429-90-5
ALUMINIO EN POLVO RECUBIERTO	7429-90-5
ALUMINIOFERROSILICIO EN POLVO	
ALUMINIOSILICIO EN POLVO, NO RECUBIERTO	

AMIDA SODICA o SODAMIDA	7782-92-5
AMIDAS DE METALES ALCALINOS	
AMILAMINA	110-58-7
AMILMERCAPTANO	110-66-7
AMILTRICLOROSILANO	107-72-2
AMINAS INFLAMABLES, CORROSIVAS, N.E.P. o POLIAMINAS INFLAMABLES, CORROSIVAS, N.E.P.	
AMINAS LIQUIDAS, CORROSIVAS, INFLAMABLES, N.E.P. o POLIAMINAS LIQUIDAS, CORROSIVAS, INFLAMABLES, N.E.P.	
AMINAS LIQUIDAS, CORROSIVAS, N.E.P., o POLIAMINAS LIQUIDAS, CORROSIVAS, N.E.P..	
AMINAS SOLIDAS, CORROSIVAS, N.E.P. o POLIAMINAS, SOLIDAS, CORROSIVAS, N.E.P.	
AMINOFENOL (m-)	591-27-5
AMINOFENOL (o-)	95-55-6
AMINOFENOL (p-)	123-30-8
AMINOPIRIDINA (m-)	462-08-8
AMINOPIRIDINA (o-)	504-29-0
AMINOPIRIDINA (p-)	504-24-5
AMONIACO ANHIDRO	7664-41-7
AMONIACO EN SOLUCION acuosa de densidad relativa comprendida entre 0,880 y 0,957 a 15ºC, con más del 10% pero no más del 35% de amoniaco. (HIDROXIDO DE AMONIO)	7664-41-7
AMONIACO EN SOLUCION acuosa de densidad relativa inferior a 0,880 a 15ºC, con más del 35% pero no más del 50% de amoniaco.	7664-41-7
ANHIDRIDO ACETICO	108-24-7
ANHIDRIDO BUTIRICO	106-31-0
ANHIDRIDO FTALICO con más del 0,05% de anhidrido maleico	
ANHIDRIDO ISOBUTIRICO	97-72-3
ANHIDRIDO MALEICO	108-31-6

NOMBRE QUÍMICO	Nº CAS
ANHIDRIDO MALEICO FUNDIDO	108-31-6
ANHIDRIDO PROPIONICO	123-62-6
ANHIDRIDOS TETRAHIDROFTALICOS con más del 0,05% de anhídrido maleico	
ANILINA	62-53-3
ANISIDINA (m-)	536-90-3
ANISIDINA (o-)	90-04-0
ANISIDINA (p-)	104-94-9
ANISOL o METOXIBENCENO o FENIL METIL ETER	100-66-3
ANTIMONIO EN POLVO	7440-36-0
ANTIMONIO, COMPUESTO INORGANICO LIQUIDO DE, N.E.P.	
ANTIMONIO, COMPUESTO INORGANICO SOLIDO DE, N.E.P.	
ARGON COMPRIMIDO	7440-37-1

ARGON LIQUIDO REFRIGERADO	7440-37-1
ARSENIATO AMONICO	7784-44-3
ARSENIATO DE CINC, ARSENITO DE CINC o MEZCLA DE ARSENIATO DE CINC Y ARSENITO DE CINC	1303-39-5
ARSENIATO FERRICO	10102-49-5
ARSENIATO FERROSO	10102-50-8
ARSENIATO MAGNESICO	10103-50-1
ARSENIATO MERCURICO	7784-37-4
ARSENIATO POTASICO	7784-41-0
ARSENIATO SODICO	7631-89-2
ARSENICO	7440-38-2
ARSENICO, COMPUESTO LIQUIDO DE, n.e.p., inorgánico, en particular arseniatos, n.e.p, arsenitos, n.e.p., sulfuros de arsénico, n.e.p., y compuesto orgánico de arsénico, n.e.p.	
ARSENICO, COMPUESTO SOLIDO DE, n.e.p., inorgánico, en particular arseniatos, n.e.p, arsenitos, n.e.p., sulfuros de arsénico, n.e.p., y compuesto orgánico de arsénico, n.e.p.	
ARSENILATO SODICO	127-85-5
ARSENITO DE COBRE	10290-12-7
ARSENITO DE ESTRONCIO	91724-16-2
ARSENITO DE PLATA	7784-08-9
ARSENITO DE PLOMO	10031-13-7
ARSENITO DE ZINC	10326-24-6
ARSENITO FERRICO	63989-69-5
ARSENITO POTASICO	10124-50-2
ARSENITO SODICO EN SOLUCION ACUOSA	7784-46-5
ARSINA	7784-42-1
AZIDA DE BARIO HUMIDIFICADA con un mínimo del 50%, en masa de agua.	18810-58-7
AZIDA SODICA	26628-22-8
AZODICARBONAMIDA	123-77-3
AZODIISOBUTIRONITRILO	78-67-1
AZUFRE FUNDIDO	7704-34-9
BARIO	7440-39-3
BARIO, ALEACIONES PIROFORICAS DE	
BARIO, COMPUESTOS DE, N.E.P	
BBP o BENCILBUTIL FTALATO	85-68-7
BENCENO	71-43-2
BENCIDINA	92-87-5
BENCILDIMETILAMINA	103-83-3
BENZALDEHIDO	100-52-7
BENZOATO DE MERCURIO	583-15-3
BENZOFENONA	119-61-9
BENZONITRILO	100-47-0

BENZO[e]ACEFENANTRILENO	205-99-2
BENZO[DEF]CRISENO BENZO[A]PIRENO	50-32-8
BENZO[j]FLUORANTENO	205-82-3
BENZO[k]FLUORANTENO	207-08-9
BENZOQUINONA	106-51-4
BENZOTRICLORURO	98-07-7
BENZOTRIFLUORURO	98-08-8
BERILIO EN POLVO	7440-41-7
BERILIO, COMPUESTO DE, N.E.P.	
BETA HEXACLOROCICLOHEXANO (b-HCH)	319-85-7
BETA-NAFTILAMINA EN SOLUCION	

NOMBRE QUÍMICO	Nº CAS
BETA-NAFTILAMINA SOLIDA o 2-naftilamina	91-59-8
BISFENOL A o BPA	80-05-7
BISTIOCIANATO DE METILENO o METILEN BIS TIOCIANATO	6317-18-6
BUSULFANO	55-98-1
BISULFATO SODICO o SULFATO ACIDO DE SODIO o HIDROGENOSULFATO DE SODIO	7681-38-1
BISULFATOS EN SOLUCION ACUOSA	
BISULFITOS EN SOLUCION ACUOSA, N.E.P.	
BORATO DE ETILO	51845-86-4
BORATO DE TRIALILO	1693-71-6
BORATO DE TRIISOPROPILO	5419-55-6
BORATO DE TRIMETILO	121-43-7
BORNEOL	507-70-0
BOROHIDRURO ALUMINICO	16962-07-5
BOROHIDRURO DE LITIO	16949-15-8
BOROHIDRURO POTASICO	13762-51-1
BOROHIDRURO SODICO	16940-66-2
BOROHIDRURO SODICO Y SOLUCION DE HIDROXIDO SODICO con no más del 12% de borohidruro sódico y no más de 40%, en masa, de hidróxido sódico	
BROMATO BARICO	13967-90-3
BROMATO DE CINC	14519-07-4
BROMATO MAGNESICO	14519-17-6
BROMATO POTASICO	2139594
BROMATO SODICO	7789-38-0
BROMATOS INORGANICOS EN SOLUCION ACUOSA, N.E.P.	
BROMATOS INORGANICOS, N.E.P.	
BROMO o BROMO EN SOLUCION	7726-95-6
BROMOACETATO DE ETILO	105-36-2

BROMOACETATO DE METILO	96-32-2
BROMOACETONA	598-31-2
BROMOBENCENO	108-86-1
BROMOCLOROMETANO	74-97-5
BROMODICLOROMETANO	75-27-4
BROMOFORMO	75-25-2
BROMOMETILPROPANOS	
BROMOPROPANOS	
BROMOTRIFLUOROETILENO	598-73-2
BROMOTRIFLUOROMETANO (HALON-1301 o gas refrigerante R13B1)	75-63-8
BROMURO ALUMINICO ANHIDRO	7727-15-3
BROMURO DE ACETILO	506-96-7
BROMURO DE ALILO	106-95-6
BROMURO DE ALUMINIO EN SOLUCION	7727-15-3
BROMURO DE ARSENICO	64973-06-4
BROMURO DE BENCILO	100-39-0
BROMURO DE BROMOACETILO	598-21-0
BROMURO DE CIANOGENO	506-68-3
BROMURO DE DIFENILMETILO	776-74-9
BROMURO DE ETIDIO	1239-45-8
BROMURO DE ETILO	74-96-4
BROMURO DE FENACILO	70-11-1
BROMURO DE HIDROGENO ANHIDRO	10035-10-6
BROMURO DE MERCURIO	7789-47-1
BROMURO DE METILMAGNESIO	75-16-1
BROMURO DE METILMAGNESIO EN ETER ETILICO	
BROMURO DE METILO con un máximo del 2% de cloropicrina	74-83-9
BROMURO DE VINILO ESTABILIZADO	593-60-2
BROMURO DE XILILO LIQUIDO	35884-77-6
BROMURO DE XILILO SOLIDO	35884-77-6
BRUCINA	357-57-3
BUTADIENO o 1,3-BUTADIENO	106-99-0
BUTADIENOS ESTABILIZADOS o MEZCLA ESTABILIZADA DE BUTADIENOS E HIDROCARBUROS, que contengan más del 40% de butadienos	
BUTAN-1-OL o 1-BUTANOL O PROPILMETANOL	71-36-3

NOMBRE QUÍMICO	Nº CAS
BUTAN-2-OL O 2-BUTANOL O 1-METILPROPANOL	78-92-2
BUTANO	106-97-8

BUTANODIONA	431-03-8
BUTANOLES	
BUTIL METIL ETER o ETER BUTILMETILICO	628-28-4
BUTIL VINIL ETER ESTABILIZADO	111-34-2
BUTILBENCENOS	
BUTILENO	25167-67-3
BUTILMERCAPTANO o 1-BUTILMERCAPTANO	109-79-5
BUTILTOLUENOS	
BUTILTRICLOROSILANO	7521-80-4
BUTIRALDEHIDO	123-72-8
BUTIRALDOXIMA	110-69-0
BUTIRATO DE AMILO o PENTILBUTIRATO	540-18-1
BUTIRATO DE ETILO	105-54-4
BUTIRATO DE ISOPROPILO	638-11-9
BUTIRATO DE METILO	623-42-7
BUTIRATO DE VINILO ESTABLILIZADO O VINILBUTIRATO	123-20-6
BUTIRATOS DE AMILO	
BUTIRONITRILO	109-74-0
CACODILATO SODICO	124-65-2
CADMIO	7440-43-9
CADMIO, COMPUESTO DE	
CAL SODADA CON MAS DEL 4% DE HIDROXIDO SODICO	8006-28-8
CALCIO	7440-70-2
CALCIO PIROFORICO o CALCIO, ALEACIONES PIROFORICAS DE	
CALCIOMANGANESOSILICIO o SILICIO DE MANGANESO CALCICO	
CARBAZOL O DIFENILENIMINA	86-74-8
CARBON ACTIVADO	7440-44-0
CARBON animal o vegetal	16291-96-6
CARBON NEGRO O NEGRO DE HUMO	1333-86-4
CARBONATO DE DIETILO	105-58-8
CARBONATO DE METILO	616-38-6
CARBONATO SODICO PEROXIHIDRATADO	15630-89-4
CARBONILOS METALICOS, N.E.P., líquidos	
CARBONILOS METALICOS, N.E.P., sólidos	
CARBURO ALUMINICO	1299-86-1
CARBURO CALCICO	75-20-7
CATALIZADOR DE METAL HUMEDECIDO con un exceso visible de líquido	
CATALIZADOR DE METAL SECO	
CELULOIDE en bloques, barras, rollos, hojas, tubos, etc., excepto los desechos	

NOMBRE QUÍMICO	N° CAS
CERIO, en placas, lingotes o barras	7440-45-1
CERIO, torneaduras o polvo granulado	7440-45-1
CESIO	7440-46-2
CETONAS LIQUIDAS, N.E.P.	
CIANAMIDA CALCICA con más del 0,1% de carburo de calcio	156-62-7
CIANAMIDA HIDROGENADA	420-04-2
CIANHIDRINA DE LA ACETONA, ESTABILIZADA	75-86-5
CIANOGENO	460-19-5
CIANURO BARICO	542-62-1
CIANURO DE CINC	557-21-1
CIANURO DE COBRE	544-92-3
CIANURO DE HIDROGENO ANHIDRO ESTABILIZADO (con menos del 3% en agua)	74-90-8
CIANURO DE HIDROGENO EN SOLUCION ALCOHOLICA, con un máximo de 45% de cianuro de hidrógeno	74-90-8
CIANURO DE HIDROGENO ESTABILIZADO, con menos del 3% de agua y absorbido en una materia porosa inerte	74-90-8
CIANURO DE MERCURIO	592-04-1
CIANURO DE MERCURIO Y POTASIO	591-89-9
CIANURO DE NIQUEL	557-19-7
CIANURO DE PLATA	506-64-9
CIANURO DE PLOMO	592-05-2
CIANURO EN SOLUCION N.E.P.	
CIANURO POTASICO EN SOLUCION	151-50-8
CIANURO POTASICO SOLIDO	151-50-8
CIANURO SODICO EN SOLUCION	143-33-9
CIANUROS DE BROMOBENCILO LIQUIDOS	
CIANUROS DE BROMOBENCILO SOLIDOS	
CIANUROS INORGANICOS,SOLIDOS, N.E.P.	
CICLOBUTANO	287-23-0
CICLOHEPTANO	291-64-5
CICLOHEPTATRIENO	544-25-2
CICLOHEPTENO	628-92-2
CICLOHEXANO	110-82-7
CICLOHEXANONA	108-94-1
CICLOHEXENILTRICLOROSILANO	10137-69-6
CICLOHEXENO	110-83-8
CICLOHEXILAMINA o CICLOHEXAMINA	108-91-8
CICLOHEXILMERCAPTANO o CICLOHEXANOTIOL	1569-69-3
CICLOHEXILTRICLOROSILANO	98-12-4

CICLOOCTADIENOS	
CICLOOCTATETRAENO	629-20-9
CICLOPENTA[CD]PIRENO	27208-37-3
CICLOPENTANO	287-92-3
CICLOPENTANOL	96-41-3
CICLOPENTANONA	120-92-3
CICLOPENTENO	142-29-0
CICLOPROPANO	75-19-4
CIMENOS	
CINC EN POLVO	
CINC, CENIZAS DE	
CIRCONIO EN POLVO, HUMIDIFICADO con un mínimo del 25% de agua (debe haber un exceso visible de agua: a) producido mecánicamente, en partículas de menos de 53 micrones; b) producido químicamente, en partículas de menos de 840 micrones.	7440-67-7
CIRCONIO EN POLVO, SECO	7440-67-7
CIRCONIO EN SUSPENSION EN UN LIQUIDO INFLAMABLE	7440-67-7
CIRCONIO SECO, en forma de alambre enrollado, de láminas metálicas acabadas o de tiras (de un grosor inferior a 254 micrones pero no superior a 18 micrones)	7440-67-7
CIRCONIO SECO, en láminas, tiras o alambres	7440-67-7
CIRCONIO, DESECHOS DE	
CLORAL ANHIDRO ESTABILIZADO o TRICLOROACETALDEHIDO	75-87-6
CLORATO BARICO SOLIDO	13477-00-4
CLORATO CALCICO	10137-74-3
CLORATO CALCICO EN SOLUCION ACUOSA	10137-74-3
CLORATO DE BARIO EN SOLUCION	13477-00-4
CLORATO DE CINC	10361-95-2
CLORATO DE COBRE	26506-47-8
CLORATO DE ESTRONCIO	7791-10-8
CLORATO DE TALIO	13453-30-0
CLORATO MAGNESICO	10326-21-3
CLORATO POTASICO	3811-04-9
CLORATO POTASICO EN SOLUCION ACUOSA	3811-04-9
CLORATO SODICO EN SOLUCION ACUOSA	7775-09-9
CLORATO Y BORATO, MEZCLA DE	
CLORATO Y CLORURO DE MAGNESIO EN SOLUCIÓN, MEZCLA DE	
CLORATO Y CLORURO DE MAGNESIO, MEZCLA SOLIDA DE	
CLORATOS INORGANICOS EN SOLUCION ACUOSA, N.E.P.	
CLORATOS INORGANICOS, N.E.P.	
CLORHIDRATO DE 4-CLORO-o- TOLUIDINA EN SOLUCION	3165-93-3

CLORHIDRATO DE 4-CLORO-o- TOLUIDINA EN SOLUCION	3165-93-3
CLORHIDRATO DE 4-CLORO-o-TOLUIDINA SOLIDO	3165-93-3
CLORHIDRATO DE ANILINA	142-04-1
CLORHIDRATO DE NICOTINA SOLIDO	2820-51-1
CLORHIDRATO DE NICOTINA, LIQUIDO o EN SOLUCION	2820-51-1
CLORHIDRINA PROPILENICA	78-89-7
CLORITO CALCICO	14674-72-7

NOMBRE QUÍMICO	Nº CAS
CLORITO SODICO	7758-19-2
CLORITOS EN SOLUCION	
CLORITOS INORGANICOS, N.E.P.	
CLORO	7782-50-5
CLOROACETATO DE ETILO	105-39-5
CLOROACETATO DE ISOPROPILO	105-48-6
CLOROACETATO DE METILO	96-34-4
CLOROACETATO DE VINILO	2549-51-1
CLOROACETATO SODICO	3926-62-3
CLOROACETOFENONA LIQUIDA	532-27-4
CLOROACETOFENONA SOLIDA o 2-CLOROACETOFENONA	532-27-4
CLOROACETONA ESTABILIZADA	78-95-5
CLOROACETONITRILO	107-14-2
CLOROANILINA (m-)	108-42-9
CLOROANILINA (o-)	95-51-2
CLOROANILINA (p-)	106-47-8
CLOROANISIDINAS	
CLOROBENCENO	108-90-7
CLOROBENZOTRIFLUORUROS o FLUORUROS DE CLOROBENCILIDINA	
CLOROBUTANOS	
CLOROCRESOLES EN SOLUCION	
CLOROCRESOLES SOLIDOS	
CLORODIFLUOROBROMOMETANO (HALON-1211) (GAS REFRIGERANTE R 12B1)	353-59-3
CLORODIFLUOROMETANO (GAS REFRIGERANTE R-22)	75-45-6
CLORODINITROBENCENOS LIQUIDOS	
CLORODINITROBENCENOS SOLIDOS	
CLOROFENILTRICLOROSILANO	26571-79-9
CLOROFENOLATOS LIQUIDOS o FENOLATOS LIQUIDOS	
CLOROFENOLATOS SOLIDOS O FENOLATOS SOLIDOS	
CLOROFENOLES LIQUIDOS	
CLOROFENOLES SOLIDOS	

CLOROFORMIATO DE 2-ETILHEXILO	24468-13-1
CLOROFORMIATO DE ALILO	2937-50-0
CLOROFORMIATO DE BENCILO	501-53-1
CLOROFORMIATO DE CICLOBUTILO	81228-87-7
CLOROFORMIATO DE CLOROMETILO	22128-62-7
CLOROFORMIATO DE ETILO	541-41-3
CLOROFORMIATO DE FENILO	1885-14-9
CLOROFORMIATO DE ISOPROPILO	108-23-6
CLOROFORMIATO DE METILO	79-22-1
CLOROFORMIATO DE N-BUTILO o n-BUTIL CLOROFORMIATO	592-34-7
CLOROFORMIATO DE n-PROPILO o n-PROPIL CLOROFORMIATO	109-61-5
CLOROFORMIATO DE terc-BUTILCICLOHEXILO	. 70042-58-9
CLOROFORMIATOS TOXICOS, CORROSIVOS, INFLAMABLES, N.E.P.	
CLOROFORMIATOS TOXICOS, CORROSIVOS, N.E.P.	
CLOROFORMO	67-66-3
CLOROMETIL ETIL ETER o ETER CLOROMETILETILICO	3188-13-4
CLORONITROANILINAS	
CLORONITROBENCENOS LIQUIDOS	
CLORONITROBENCENOS SOLIDOS	
CLORONITROTOLUENOS LIQUIDOS	
CLORONITROTOLUENOS SOLIDOS	
CLOROPENTAFLUOROETANO (GAS REFRIGERANTE 115)	76-15-3
CLOROPICRINA	76-06-2
CLOROPRENO ESTABILIZADO	126-99-8
CLOROSILANOS CORROSIVOS, INFLAMABLES, N.E.P.	
CLOROSILANOS CORROSIVOS, N.E.P.	
CLOROSILANOS INFLAMABLES, CORROSIVOS, N.E.P.	
CLOROSILANOS QUE REACCIONAN CON EL AGUA, INFLAMABLES, CORROSIVOS, N.E.P.	
CLOROSILANOS TOXICOS CORROSIVOS INFLAMABLES, N.E.P.	
CLOROSILANOS TOXICOS CORROSIVOS, N.E.P.	
CLOROTALONILO	1897-45-6

NOMBRE QUÍMICO	N° CAS
CLOROTETRAFLUORETANO o 1-CLORO-1,2,2,2-TETRAFLUOROETANO (GAS REFRIGERANTE R 124)	63938-10-3
CLOROTIOFORMIATO DE ETILO	2941-64-2
CLOROTOLUENOS	
CLOROTOLUIDINAS LIQUIDAS	
CLOROTOLUIDINAS SOLIDAS	
CLOROTRIFLUOROETANO o 1-CLORO-2,2,2-TRIFLUOROETANO (GAS REFRIGERANTE R 133)	75-88-7

CLOROTRIFLUOROMETANO (GAS REFRIGERANTE R-13)	75-72-9
CLOROTRIFLUOROMETANO Y TRIFLUORO- METANO, EN MEZCLA AZEOTROPICA con aproximadamente el 60% de clorotrifluorometano (GAS REFRIGERANTE R 503)	
CLORURO ALUMINICO ANHIDRO	7446-70-0
CLORURO ALUMINICO EN SOLUCION	7446-70-0
CLORURO CIANURICO	108-77-0
CLORURO DE ACETILO	75-36-5
CLORURO DE ALILO	107-05-1
CLORURO DE AMILO	543-59-9
CLORURO DE ANISOILO o CLORURO DE 4-METOXIBENZOILO	100-07-2
CLORURO DE BENCENOSULFONILO	98-09-9
CLORURO DE BENCILIDENO	98-87-3
CLORURO DE BENCILO o ALFA-CLOROTOLUENO	100-44-7
CLORURO DE BENZOILO	98-88-4
CLORURO DE BROMO	13863-41-7
CLORURO DE BUTIRILO	141-75-3
CLORURO DE CIANOGENO ESTABILIZADO	506-77-4
CLORURO DE CINC ANHIDRO	7646-85-7
CLORURO DE CINC EN SOLUCION	7646-85-7
CLORURO DE CLOROACETILO	79-04-9
CLORURO DE COBALTO	7646-79-9
CLORURO DE COBRE	7447-39-4
CLORURO DE DICLOROACETILO	79-36-7
CLORURO DE DIDECILDIMETILAMONIO	7173-51-5
CLORURO DE DIETILTIOFOSFORILO	2524-04-01
CLORURO DE DIMETILCARBAMOILO	79-44-7
CLORURO DE DIMETILDIOCTILAMONIO	5538-94-3
CLORURO DE DIMETILTIOFOSFORILO	2524-03-0
CLORURO DE ETILO	75-00-3
CLORURO DE FENILACETILO	103-80-0
CLORURO DE FENILCARBILAMINA	622-44-6
CLORURO DE FUMARILO	627-63-4
CLORURO DE HIDROGENO ANHIDRO	7647-01-0
CLORURO DE HIDROGENO LIQUIDO REFRIGERADO	7647-01-0
CLORURO DE ISOBUTIRILO	79-30-1
CLORURO DE MERCURIO Y AMONIO	10124-48-8
CLORURO DE METANOSULFONILO	
CLORURO DE METILALILO	563-47-3
CLORURO DE METILO (GAS REFRIGERANTE R 40)	74-87-3
CLORURO DE NITROSILO	2696-92-6

CLORURO DE PIROSULFURILO	7791-27-7
CLORURO DE PROPILO o 1-CLOROPROPANO	540-54-5
CLORURO DE PROPIONILO	79-03-8
CLORURO DE SULFURILO	7791-25-5
CLORURO DE TIOFOSFORILO	3982-91-0
CLORURO DE TIONILO	7719-09-7
CLORURO DE TRICLOROACETILO	76-02-8
CLORURO DE TRIFLUORACETILO	354-32-5
CLORURO DE TRIMETILACETILO	3282-30-2
CLORURO DE VALERILO	638-29-9
CLORURO DE VINILIDENO INHIBIDO o 1,1-DICLOROETILENO	75-35-4
CLORURO DE VINILO ESTABILIZADO	75-01-4
CLORURO ESTANNICO ANHIDRO o TETRACLORURO DE ESTAÑO ANHIDRO	7646-78-8
CLORURO ESTANNICO PENTAHIDRATADO o TETRACLORURO DE ESTAÑO PENTAHIDRATADO	10026-06-9
CLORURO FERRICO ANHIDRO	7705-08-0

NOMBRE QUÍMICO	Nº CAS
CLORURO FERRICO EN SOLUCION	7705-08-0
CLORUROS DE AZUFRE	-
CLORUROS DE CLOROBENCILO, LIQUIDOS	
CLORUROS DE CLOROBENCILO, SOLIDOS	
COBALTO	7440-48-4
COLORANTE LIQUIDO CORROSIVO, N.E.P. o MATERIA INTERMEDIA PARA COLORANTES, LIQUIDA, CORROSIVA, N.E.P.	
COLORANTE LIQUIDO, TOXICO, N.E.P., o MATERIA INTERMEDIA LIQUIDA PARA COLORANTES, LIQUIDA, TOXICA, N.E.P.	
COLORANTE SOLIDO CORROSIVO, N.E.P. o MATERIA INTERMEDIA PARA COLORANTES, SOLIDA, CORROSIVA, N.E.P.	
COLORANTE SOLIDO, TOXICO, N.E.P., o MATERIA INTERMEDIA PARA COLORANTES, SOLIDA, TOXICA, N.E.P.	
COMPUESTO DE ORGANOESTAÑO LIQUIDO, N.E.P.	
COMPUESTO DE ORGANOESTAÑO SOLIDO, N.E.P.	
COMPUESTO DE SELENIO LIQUIDO, N.E.P.	
COMPUESTO DE SELENIO, SOLIDO, N.E.P.	
COMPUESTO DE TELURIO, N.E.P	
COMPUESTO DE VANADIO, N.E.P.	
COMPUESTO DE VANADIO, N.E.P.	
COMPUESTO ORGANOARSENICAL LIQUIDO N.E.P.	
COMPUESTO ORGANOARSENICAL SOLIDO N.E.P.	
COMPUESTO ORGANOFOSFORADO LIQUIDO TOXICO, N.E.P	
COMPUESTO ORGANOFOSFORADO TOXICO, INFLAMABLE, N.E.P.	
COMPUESTO ORGANOFOSFOROSO SOLIDO TOXICO, N.E.P	

COMPUESTO ORGANOMETALICO LIQUIDO TOXICO, N.E.P.	
COMPUESTO ORGANOMETALICO SOLIDO TOXICO, N.E.P.	
COMPUESTOS DE CROMO (IV)	
COMPUESTOS DE PLOMO INORGANICO	
COMPUESTOS DE PLOMO SOLUBLE, N.E.P.	
COMPUESTOS ORGANOMETALICOS PIROFORICOS, QUE REACCIONAN CON EL AGUA, N.E.P., líquidos	
COPRA	8001-31-8
CREOSOTA DE ALQUITRAN DE HULLA	8001-58-9
CREOSOTA	8021-39-4
CRESOL (o-)	95-48-7
CRESOL(m-)	108-39-4
CRESOL(p-)	106-44-5
CRISENO	218-01-9
CRIPTON COMPRIMIDO	7439-90-9
CRIPTON LIQUIDO REFRIGERADO	7439-90-9
CROMO HEXAVALENTE	18540-29-9
CROTONALDEHIDO ESTABILIZADO	4170-30-3
CROTONATO DE ETILO	10544-63-5
CROTONILENO	503-17-3
CUPRIETILENDIAMINA EN SOLUCION	13426-91-0
CUPROCIANURO POTASICO	13682-73-0
CUPROCIANURO SODICO EN SOLUCION	14264-31-4
CUPROCIANURO SODICO SOLIDO	14264-31-4
DBP o DI-n-BUTIL FTALATO	84-74-2
DECABORANO	17702-41-9
DECAHIDRONAFTALENO	91-17-8
DEHP o DI-(2-ETILHEXIL)FTALATO o BIS-(2-ETILHEXIL)FTALATO	117-81-7
DESTILADOS DE ALQUITRAN DE HULLA, INFLAMABLES	
DESTILADOS DE PETROLEO n.e.p.	
DEUTERIO COMPRIMIDO	7782-39-0
DI -N-AMILAMINA o DIPENTILAMINA	2050-92-2
DIACETONALCOHOL	123-42-2
DIALILAMINA o DI-2-PROPENILAMINA	124-02-7
DIALILETER o ETERPROPENIL o ETER DIALILICO	557-40-4
DIAMIDA MAGNESICA	7803-54-5
DIBENCILDICLOROSILANO	18414-36-3
DIBENXA[A,H]ANTRACENO	53-70-3
DIBENZO[A,L]PIRENO	191-30-0
DIBORANO	19287-45-7

DIFENILAMINA	122-39-4
DIFENILAMINOCLOROARSINA	578-94-9
DIFENILCLOROARSINA LIQUIDA	712-48-1
DIFENILCLOROARSINA SOLIDA	
DIFENILDICLOROSILANO	80-10-4
DIFENILOS POLICLORADOS LIQUIDOS	
DIFENILOS POLICLORADOS SOLIDOS	
DIFENILOS POLIHALOGENADOS LIQUIDOS o TERFENILOS POLIHALOGENADOS LIQUIDOS	
DIFENILOS POLIHALOGENADOS SOLIDOS o TERFENILOS POLIHALOGENADOS SOLIDOS	
DIFLUOROMETANO (GASE REFRIGERANTE R 32)	75-10-5
DIFLUORURO DE OXIGENO COMPRIMIDO	7783-41-7
DIHIDROFLUORURO AMONICO EN SOLUCION	
DIISOBUTILAMINA	110-96-3
DIISOBUTILCETONA	108-83-8
DIISOBUTILENO, COMPUESTOS ISOMERICOS DEL	
DIISOCIANATO DE HEXAMETILENO	822-06-0
DIISOCIANATO DE ISOFORONA o ISOFORONDIISOCIANATO	4098-71-9
DIISOCIANATO DE TOLUENO o TDI	26471-62-5
DIISOCIANATO DE TRIMETILHEXAMETILENO	28679-16-5
DIISOPROPILAMINA	108-18-9
DIISOPROPILETANOLAMINA	96-80-0
DIMERO DE LA ACROLEINA ESTABILIZADO	100-73-2

NOMBRE QUÍMICO	Nº CAS
DIMETILAMINA ANHIDRA	124-40-3
DIMETILAMINA EN SOLUCION ACUOSA	124-40-3
DIMETILCICLOHEXANOS	
DIMETILCICLOHEXILAMINA o N,N-DIMETILCICLOHEXILAMINA	98-94-2
DIMETILDICLOROSILANO	75-78-5
DIMETILDIETOXISILANO	78-62-6
DIMETILDIOXANOS	
DIMETILETANOLAMINA o 2- DIMETILAMINOETANOL	108-01-0
DIMETILETERATO DE TRIFLUORURO DE BORO	353-42-4
DIMETILHIDRAZINA ASIMETRICA o1,1-DIMETILHIDRAZINA	57-14-7
DIMETILHIDRAZINA SIMETRICA o 1,2-DIMETILHIDRAZINA	540-73-8
DIMETIL-N-PROPILAMINA	926-63-6
DI-n-BUTILAMINA	111-92-2
DINITROANILINAS	
DINITROBENCENOS LIQUIDOS	

DINITROFENOL EN SOLUCION	25550-58-7
DINITROFENOL HUMIDIFICADO con un mínimo del 15%, en masa, de agua	25550-58-7
DINITROFENOLATOS HUMIDIFICADOS con un mínimo del 15%, en masa, de agua	
DINITRO-o-CRESOL	534-52-1
DINITRO-o-CRESOLATO AMONICO EN SOLUCION	
DINITRO-o-CRESOLATO AMONICO SOLIDO	29595-25-3
DINITRO-o-CRESOLATO SODICO HUMIDIFICADO con un mínimo de 10%, en masa, de agua	25641-53-6
DINITRO-o-CRESOLATO SODICO HUMIDIFICADO con un mínimo de 15%, en masa, de agua	25641-53-6
DINITRORRESORCINOL (DINITRORRESORCINA) HUMIDIFICADO con un mínimo del 15%, en masa, de agua	616-74-0
DINITROTOLUENOS FUNDIDOS	
DINITROTOLUENOS LIQUIDOS	
DINITROTOLUENOS SOLIDOS	
DIOXANO o 1,4-DIOXANO	123-91-1
DIOXIDO DE CARBONO	124-38-9
DIOXIDO DE AZUFRE	7446-09-5
DIOXIDO DE CARBONO LIQUIDO RERIGERADO	124-38-9
DIOXIDO DE CARBONO SOLIDO (HIELO SECO)	124-38-9
DIOXIDO DE PLOMO	1309-60-0
DIOXIDO DE TIOUREA	1758-73-2
DIOXOLANO o 1,3-DIOXOLANO	646-06-0
DIPENTENO	138-86-3
DIPROPILAMINA	142-84-7
DIPROPILCETONA	123-19-3
DISOLUCION DE CAUCHO	
DISULFURO DE CARBONO	75-15-0
DISULFURO DE DIMETILO	624-92-0
DISULFURO DE SELENIO	7488-56-4
DISULFURO DE TITANIO	12039-13-3
DITIONITO CALCICO o HIDROSULFITO CALCICO	15512-36-4
DITIONITO POTASICO (HIDROSULFITO POTASICO)	14293-73-3
DITIONITO SODICO o HIDROSULFITO SODICO	7775-14-6
DODECILTRICLOROSILANO	4484-72-4
ELECTROLITO ALCALINO PARA ACUMULADORES	
ENCENDEDORES o RECARGAS DE ENCENDEDORES que contienen gas inflamable	
EPIBROMOHIDRINA	3132-64-7
EPICLOROHIDRINA	106-89-8
ESTERES, N.E.P.	
ESTIBINA	7803-52-3

ESTIRENO MONOMERO	100-42-5
ESTIRENO-7,8-OXIDO	96-09-3
ESTRONCIO	7440-24-6
ETANO	74-84-0
ETANO LIQUIDO REFRIGERADO	74-84-0
ETANOL (ALCOHOL ETILICO) o ETANOL EN SOLUCION (ALCOHOL ETILICO EN SOLUCION)	64-17-5

NOMBRE QUÍMICO	Nº CAS
ETANOLAMINA o ETANOLAMINA EN SOLUCION o MONOETANOLAMINA	141-43-5
ETER DIISOPROPILICO	108-20-3
ETER 2,2-DICLORODIETILICO	111-44-4
ETER DE PETROLEO o NAFTA	8030-30-6
ETER DIBUTILICO	142-96-1
ETER DICLORODIMETILICO SIMETRICO o BIS(CLOROMETIL)ETER	542-88-1
ETER DICLOROISOPROPILICO	108-60-1
ETER DIETILICO DEL ETILENGLICOL	629-14-1
ETER DIETILICO o ETER ETILICO	60-29-7
ETER DI-n-PROPILICO	111-43-3
ETER DIVINILICO ESTABLILIZADO o ETER VINILICO ESTABILIZADO	109-93-3
ETER METILETILICO	540-67-0
ETER METILICO	115-10-6
ETER MONOBUTILICO DEL TRIETILENGLICOL	143-22-6
ETER MONOETILICO DEL ETILENGLICOL	110-80-5
ETERES DIBUTILICOS (ETERES BUTILICOS)	
ETERES, N.E.P.	
ETIL BUTIL ETER	628-81-9
ETIL CARBAMATO	51-79-6
ETIL PROPIL ETER	628-32-0
ETILACETILENO ESTABLILIZADO	107-00-6
ETILAMILCETONA	106-68-3
ETILAMINA	75-04-7
ETILAMINA EN SOLUCION ACUOSA con un mínimo del 50% pero no más del 70% de etilamina	75-04-7
ETILBENCENO o FENILETANO	100-41-4
ETILDICLOROARSINA	598-14-1
ETILDICLOROSILANO	1789-58-8
ETILENCLORHIDRINA	107-07-3
ETILENDIAMINA	107-15-3
ETILENIMINA ESTABLILIZADA o AZIRIDINNAESTABLILIZADA	151-56-4
ETILENO	74-85-1

NOMBRE QUÍMICO	Nº CAS
ETILENO LIQUIDO REFRIGERADO	74-85-1
ETILFENILDICLOROSILANO	1125-27-5
ETILMERCAPTANO	75-08-1
ETILMETILCETONA o METILETILCETONA	78-93-3
ETILTRICLOROSILANO	115-21-9
EUGENOL METIL ETER; 4-ALLYL-1,2-DIMETOXYBENZENO	93-15-2
EXTRACTOS AROMATICOS LIQUIDOS	
EXTRACTOS SOPARIFEROS LIQUIDOS	
FENETIDINAS	
FENILACETONITRILO LIQUIDO	140-29-4
FENILENDIAMINA (m-)	108-45-2
FENILENDIAMINA (o-)	95-54-5
FENILENDIAMINA (p-)	106-50-3
FENILHIDRAZINA	100-63-0
FENILMERCAPTANO	108-98-5
FENILMERCURICO, COMPUESTO, N.E.P.	
FENILTRICLOROSILANO	98-13-5
FENOLFTALEINA	77-09-8
FENOL EN SOLUCION	108-95-2
FENOL FUNDIDO	108-95-2
FENOL SOLIDO	108-95-2
FENOLATO SODICO SOLIDO	139-02-6
FERROCERIO	69523-06-4
FERROSILICIO con el 30% o más pero menos del 90% de silicio	8049-17-0
FIBRAS DE ORIGEN ANIMAL o FIBRAS DE ORIGEN quemadas, húmedas o mojadas	
FIBRAS DE ORIGEN VEGETAL, SECAS	
FIBRAS o TEJIDOS DE ORIGEN ANIMAL o VEGETAL o SINTETICOS, N.E.P., impregnados de aceite	
FIBRAS o TEJIDOS IMPREGNADOS DE NITROCELULOSA POCO NITRADA, N.E.P.	
FILTROS DE MEMBRANAS NITROCELULOSICAS, con un máximo del 12,6% de nitrógeno, por masa seca	
FLUAZINAM	79622-59-6
FLUOR COMPRIMIDO	7782-41-4
FLUORANILINAS	
FLUOROACETATO DE POTASIO	23745-86-0
FLUOROBENCENO	462-06-6
FLUOROSILICATO AMONICO	16893-85-9
FLUOROSILICATO DE CINC	16433-42-6

FLUOROSILICATO DE POTASIO	16871-90-2
FLUOROSILICATO DE SODIO	16893-85-9
FLUOROSILICATO MAGNESICO	18972-56-0
FLUOROSILICATOS, N.E.P.	
FLUOROTOLUENOS	
FLUORURO AMONICO	12125-01-8
FLUORURO CROMICO EN SOLUCION	7788-97-8
FLUORURO CROMICO SOLIDO	7788-97-8
FLUORURO DE CARBONILO	353-50-4
FLUORURO DE ETILO o GAS REFRIGERANTE R 161	353-36-6
FLUORURO DE HIDROGENO ANHIDRO	7664-39-3
FLUORURO DE METILO o GAS REFRIGERANTE R 41	593-53-3
FLUORURO DE PERCLORILO	7616-94-6
FLUORURO DE SULFURILO	2699-79-8
FLUORURO DE VINILO, ESTABILIZADO	75-02-5
FLUORURO POTASICO EN SOLUCION	7789-23-3
FLUORURO POTASICO SOLIDO	7789-23-3
FLUORURO SODICO EN SOLUCION	7681-49-4
FLUORURO SODICO SOLIDO	7681-49-4
FLUQUINCONAZOL	136426-54-5
FORCLORFENURON	68157-60-8
FORMALDEHIDO EN SOLUCION con un mínimo del 25% de formaldehído	50-00-0
FORMALDEHIDO EN SOLUCION INFLAMABLE	50-00-0
FORMIATO DE ALILO	1838-59-1
FORMIATO DE ETILO	109-94-4
FORMIATO DE ISOBUTILO	542-55-2
FORMIATO DE METILO	107-31-3
FORMIATO DE N-BUTILO	592-84-7
FORMIATO DE PROPILO	110-74-7
FORMIATOS DE AMILO	
FORMIATOS DE PROPILO	
FOSFAMINA o FOSFINA	7803-51-2
FOSFATO ACIDO DE AMILO	12789-46-7
FOSFATO ACIDO DE BUTILO	12788-93-1
FOSFATO ACIDO DE DIISOOCTILO	27215-10-7
FOSFATO ACIDO DE ISOPROPILO	1623-24-1
FOSFATO DE TRICRESILO con más del 3% de isómero orto	78-30-8
FOSFATO DE TRIS o DIBROMO-2,3 PROPILO	126-72-7
FOSFITO DIBASICO DE PLOMO	1344-40-7
FOSFITO TRIETILICO	122-52-1
FOSFITO TRIMETILICO	121-45-9
FOSFORO AMORFO	7723-14-0

NOMBRE QUÍMICO	N° CAS
FOSFORO BLANCO FUNDIDO	7723-14-0
FOSFORO BLANCO o AMARILLO, SECO o BAJO AGUA o EN SOLUCION	7723-14-0
FOSFORO-32, COMO FOSFATO	14596-37-3
FOSFOROS DE CERA "VESTA"	
FOSFOROS DE SEGURIDAD (en estuches, cartones o cajas)	
FOSFOROS DISTINTOS DE LOS DE SEGURIDAD	
FOSFOROS RESISTENTES AL VIENTO	
FOSFURO ALUMINICO	20859-73-8
FOSFURO CALCICO	1305-99-3
FOSFURO DE ESTRONCIO	12504-13-1
FOSFURO DE INDIO	22398-80-7
FOSFURO DE MAGNESIO Y ALUMINIO	
FOSFURO MAGNESICO	12057-74-8
FOSFURO POTASICO	20770-41-6
FOSFURO SODICO	12058-85-4
FOSFUROS ESTANICOS	-
FOSGENO	75-44-5
FURALDEHIDOS	
FURANO	110-00-9
FURFURAL o 2- FURALDEHIDO	98-01-1
FURFURILAMINA	617-89-0
GALIO	7440-55-3
GAS COMPRIMIDO INFLAMABLE, N.E.P.	
GAS COMPRIMIDO TOXICO, INFLAMABLE, N.E.P	
GAS COMPRIMIDO, COMBURENTE, N.E.P	
GAS COMPRIMIDO, N.E.P	
GAS COMPRIMIDO, TOXICO, CORROSIVO, N.E.P	
GAS COMPRIMIDO, TOXICO, INFLAMABLE, CORROSIVO, N.E.P.	
GAS COMPRIMIDO, TOXICO, N.E.P	
GAS COMPRIMIDO, TOXICO, OXIDANTE, CORROSIVO, N.E.P	
GAS COMPRIMIDO, TOXICO, OXIDANTE, N.E.P.	
GAS DE HULLA COMPRIMIDO	
GAS DE PETROLEO COMPRIMIDO	
GAS INSECTICIDA, INFLAMABLE, N.E.P	
GAS INSECTICIDA, TOXICO,INFLAMABLE, N.E.P	
GAS LICUADO INFLAMABLE, N.E.P, EXCEPTO DE USO COMBUSTIBLE	
GAS LICUADO, COMBURENTE, N.E.P., EXCEPTO DE USO COMBUSTIBLE	
GAS LICUADO, N.E.P, EXCEPTO DE USO COMBUSTIBLE	
GAS LICUADO, REFRIGERADO, N.E.P, EXCEPTO DE USO COMBUSTIBLE	
GAS LICUADO, TOXICO Y CORROSIVO, N.E.P, EXCEPTO DE USO COMBUSTIBLE	

GAS LICUADO, TOXICO, OXIDANTE, CORROSIVO, N.E.P., EXCEPTO DE USO COMBUSTIBLE	
GAS LICUADO, TOXICO, OXIDANTE, N.E.P., EXCEPTO DE USO COMBUSTIBLE	
GAS REFRIGERANTE R404A	
GAS REFRIGERANTE R407 A	
GAS REFRIGERANTE R407 B	
GAS REFRIGERANTE R407 C	
GAS REFRIGERANTE, N.E.P.	
GAS, LIQUIDO REFRIGERADO, INFLAMABLE, N.E.P.	
GAS, LIQUIDO REFRIGERADO, OXIDANTE, N.E.P.	
GASES DE PETROLEO, LICUADOS	
GASES LACRIMOGENOS, SUSTANCIA LIQUIDA PARA LA FABRICACION DE, N.E.P	
GASES LACRIMOGENOS, SUSTANCIA SOLIDA PARA LA FABRICACION DE, N.E.P	
GENERADOR QUIMICO DE OXIGENO	
GERMANIO	7782-65-2
GLICIDALDEHIDO	765-34-4
GLICIDOL	556-52-5
GLUCONATO DE MERCURIO	63937-14-4
GLUFOSINATO DE AMONIO	77182-82-2
GRANULOS DE MAGNESIO RECUBIERTOS en partículas de un mínimo de 149 micrones	
GRISEOFULVINA	126-07-8
HAFNIO EN POLVO, HUMIDIFICADO con un mínimo del 25% de agua (debe haber un exceso visible de agua): a) producido mecánicamente, en partículas de menos de 53 micrones; b) producido químicamente en partículas de menos de 840 mcrones.	7440-58-6
HAFNIO EN POLVO, SECO	7440-58-6
HELIO COMPRIMIDO	7440-59-7
HELIO LIQUIDO REFRIGERADO	7440-59-7
HEPTASULFURO DE FOSFORO, que no tenga fósforo blanco o amarillo.	12037-82-0
HEPTABROMODIFENIL ETER (HEPTABDE)	68928-80-3

NOMBRE QUÍMICO	Nº CAS
HEPTAFLUOROPROPANO (GAS REFRIGERANTE R 227)	2252-84-8
HEPTANOS	
HEXACLOROACETONA	116-16-5
HEXACLOROBUTADIENO o HEXACLORO-1,3-BUTADIENO	87-68-3
HEXACLOROCICLOPENTADIENO	77-47-4
HEXACLOROFENO	70-30-4
HEXADECILTRICLOROSILANO	5894-60-0
HEXADIENO	42296-74-2
HEXAFLUOROACETONA	684-16-2
HEXAFLUOROETANO o GAS REFRIGERANTE R 116	76-16-4

HEXAFLUOROPROPILENO o GAS REFRIGERANTE R 1216	116-15-4
HEXAFLUORURO DE AZUFRE	2551-62-4
HEXAFLUORURO DE SELENIO	7783-79-1
HEXAFLUORURO DE TELURIO	7783-80-4
HEXAFLUORURO DE TUNGSTENO	7783-82-6
HEXALDEHIDO o ALDEHIDO CAPROICO	66-25-1
HEXAMETILENDIAMINA EN SOLUCION	124-09-4
HEXAMETILENDIAMINA SOLIDA	124-09-4
HEXAMETILENIMINA	111-49-9
HEXAMINA o HEXAMETILENOTETRAMINA	100-97-0
HEXANOLES	
HEXANOS	
HEXILTRICLOROSILANO	928-65-4
HIDRATO DE HEXAFLUORACETONA, LIQUIDO	677-71-4
HIDRATO DE HEXAFLUORACETONA, SOLIDO	677-71-4
HIDRAZINA ANHIDRA	302-01-2
HIDRAZINA EN SOLUCION ACUOSA con más del 37% en masa, de hidrazina.	302-01-2
HIDRAZINA EN SOLUCION ACUOSA con un máximo del 37%, en masa, de hidrazina	302-01-2
HIDRAZINA EN SOLUCION ACUOSA, INFLAMABLE, con más del 37%, en masa, de hidrazina	302-01-2
HIDROCARBUROS LIQUIDOS, N.E.P., EXCEPTO DE USO COMBUSTIBLE	
HIDROCARBUROS TERPENICOS, N.E.P.	
HIDROCLORURO DE PROCARBAZINA	366-70-1
HIDROGENO COMPRIMIDO	1333-74-0
HIDROGENO LIQUIDO REFRIGERADO	1333-74-0
HIDROGENODIFLUORURO DE AMONIO SOLIDO	1341-49-7
HIDROGENODIFLUORURO DE POTASIO EN SOLUCION	7789-29-9
HIDROGENODIFLUORURO DE POTASIO, SOLIDO	7789-29-9
HIDROGENODIFLUORURO DE SODIO	1333-83-1
HIDROGENODIFLUORUROS EN SOLUCION, N.E.P.	
HIDROGENODIFLUORUROS, SOLIDOS n.e.p	
HIDROPEROXIDO DE *p*-MENTANO	80-47-7
HIDROPEROXIDO DE CUMENO	80-15-9
HIDROPEROXIDO DE DIISOPROPILBENCENO	26762-93-6
HIDROPEROXIDO DE TERC-BUTILO	75-91-2
HIDROPEROXIDO DE TETRALINA	771-29-9
HIDROQUINONA	123-31-9
HIDROSULFURO SODICO (SULFHIDRATO SODICO) con menos del 25% de agua de cristalización.	16721-80-5
HIDROSULFURO SODICO (SULFHIDRATO SODICO) con un mínimo del 25% de agua de cristalización.	16721-80-5
HIDROXIDO DE BARIO OCTAHIDRATADO	12230-71-6

HIDROXIDO DE CESIO	21351-79-1
HIDROXIDO DE CESIO EN SOLUCION	21351-79-1
HIDROXIDO DE LITIIO EN SOLUCION	1310-65-2
HIDROXIDO DE LITIO	1310-65-2
HIDROXIDO DE RUBIDIO	1310-82-3
HIDROXIDO DE RUBIDIO EN SOLUCION	1310-82-3
HIDROXIDO DE TETRAMETILAMONIO EN SOLUCION	75-59-2
HIDROXIDO FENILMERCURICO	100-57-2
HIDROXIDO POTASICO EN SOLUCION	1310-58-3
HIDROXIDO POTASICO SOLIDO	1310-58-3
HIDROXIDO SODICO EN SOLUCION o SODA CAUSTICA EN SOLUCION	1310-73-2

NOMBRE QUÍMICO	Nº CAS
HIDROXIDO SODICO SOLIDO o SODA CAUSTICA SOLIDA	1310-73-2
HIDRURO ALUMINICO	7784-21-6
HIDRURO CALCICO	7789-78-8
HIDRURO DE CIRCONIO	7704-99-6
HIDRURO DE LITIO	7580-67-8
HIDRURO DE LITIO Y ALUMINIO	16853-85-3
HIDRURO DE LITIO, FUNDIDO, SOLIDO	7580-67-8
HIDRURO DE TITANIO	7704-98-5
HIDRURO ETEREO DE LITIO Y ALUMINIO	16853-85-3
HIDRURO MAGNESICO	7693-27-8
HIDRURO SODICO	7646-69-7
HIDRURO SODICO ALUMINICO	13770-96-2
HIDRUROS METALICOS INFLAMABLES, N.E.P.	
HIDRUROS METALICOS QUE REACCIONAN CON EL AGUA, N.E.P.	
HIERRO PENTACARBONILO o PENTACARBONILO DE HIERRO	13463-40-6
INDENOL(1,2,3-CD)PYRENO	193-39-5
HIPOCLORITO BARICO con más del 22% de cloro activo	13477-10-6
HIPOCLORITO CALCICO EN MEZCLA SECA con más del 10% pero no más del 39% de cloro activo	7778-54-3
HIPOCLORITO CALCICO EN MEZCLA SECA, CORROSIVO, con más del 10% pero no más del 39% de cloro activo	7778-54-3
HIPOCLORITO CALCICO HIDRATADO o HIPOCLORITO CALCICO HIDRATADO EN MEZCLA, con un mínimo del 5,5%y un máximo del 16% de agua	7778-54-3
HIPOCLORITO CALCICO SECO o HIPOCLORITO CALCICO EN MEZCLA SECA con más del 39% de cloro activo (8,8% de oxigeno activo)	7778-54-3
HIPOCLORITO CALCICO SECO, CORROSIVO o HIPOCLORITO CALCICO EN MEZCLA SECA, CORROSIVO, con más del 39% de cloro activo (8,8% de oxígeno activo)	7778-54-3
HIPOCLORITO CALCICO, HIDRATADO, CORROSIVO o HIPOCLORITO CALCICO HIDRATADO EN MEZCLA, CORROSIVO, con no menos del 5,5% pero no más del 16% de agua	7778-54-3

HIPOCLORITO DE LITIO, SECO o MEZCLA DE HIPOCLORITO DE LITIO	13840-33-0
HIPOCLORITO DE terc-BUTILO	507-40-4
HIPOCLORITOS EN SOLUCION	
HIPOCLORITOS INORGANICOS, N.E.P.	
IQ (2-AMINO-3-METILIMIDAZO[4,5-f]QUINOLINA)	76180-96-6
ISOBUTANO	75-28-5
ISOBUTANOL o ALCOHOL ISOBUTILICO	78-83-1
ISOBUTILAMINA	78-81-9
ISOBUTILENO	115-11-7
ISOBUTIRALDEHIDO o ALDEHIDO ISOBUTIRICO	78-84-2
ISOBUTIRATO DE ETILO	97-62-1
ISOBUTIRATO DE ISOBUTILO	97-85-8
ISOBUTIRATO DE ISOPROPILO	617-50-5
ISOBUTIRONITRILO	78-82-0
ISOCIANATO DE 3-CLORO-4-METILFENILO, LIQUIDO	28479-22-3
ISOCIANATO DE 3-CLORO-4-METILFENILO, SOLIDO	28479-22-3
ISOCIANATO DE CICLOHEXILO	3173-53-3
ISOCIANATO DE ETILO	109-90-0
ISOCIANATO DE FENILO	103-71-9
ISOCIANATO DE ISOBUTILO	1873-29-6
ISOCIANATO DE ISOPROPILO	1795-48-8
ISOCIANATO DE METILO	624-83-9
ISOCIANATO DE METOXIMETILO	6427-21-0
ISOCIANATO DE n-BUTILO o n-BUTIL ISOCIANATO	111-36-4
ISOCIANATO DE n-PROPILO o n-PROPIL ISOCIANATO	110-78-1
ISOCIANATO DE terc-BUTILO	1609-86-5
ISOCIANATOBENZOTRIFLUORUROS o FLUORUROS DE ISOCIANATOBENCILIDINA	
ISOCIANATOS DE DICLOROFENILOS	
ISOCIANATOS INFLAMABLES TOXICOS, N.E.P. o ISOCIANATOS EN SOLUCION, INFLAMABLES, TOXICOS, N.E.P.	
ISOCIANATOS TOXICOS, INFLAMABLES, N.E.P. o ISOCIANATOS EN SOLUCION, TOXICOS, INFLAMABLES, N.E.P.	
ISOCIANATOS TOXICOS, N.E.P. o ISOCIANATOS EN SOLUCION, TOXICOS, N.E.P	
ISOFORONDIAMINA	2855-13-2

NOMBRE QUÍMICO	Nº CAS
ISOHEPTENOS	68975-47-3
ISOHEXENOS	27236-46-0
ISOOCTENOS	11071-47-9
ISOPENTENOS	563-45-1
ISOPROPANOL o ALCOHOL ISOPROPILICO o 2-PROPANOL	67-63-0
ISOPROPENILBENCENO	98-83-9

ISOPROPENO ESTABILIZADO	78-79-5
ISOPROPIL MERCAPTANO O PROPANO-2-TIOL	75-33-2
ISOPROPILAMINA	75-31-0
ISOPROPILBENCENO o CUMENO	98-82-8
ISOPROPILTOLUENO (p-) O P-CIMENO	99-87-6
ISOTIOCIANATO DE ALILO ESTABILIZADO	57-06-7
ISOTIOCIANATO DE METILO	556-61-6
ISOVALERIANATO DE METILO	556-24-1
LACTATO DE ANTIMONIO	58164-88-8
LACTATO DE ETILO	97-64-3
LEWISITA	541-25-3
LIQUIDO A TEMPERATURA ELEVADA, INFLAMABLE, N.E.P., de punto de inflamación superior a 60,51ºC, a una temperatura igual o superior al punto de inflamación	
LIQUIDO ALCALINO CAUSTICO, N.E.P.	
LIQUIDO COMBURENTE, CORROSIVO, N.E.P.	
LIQUIDO COMBURENTE, N.E.P.	
LIQUIDO COMBURENTE, TOXICO, N.E.P	
LIQUIDO CORROSIVO INFLAMABLE, N.E.P.	
LIQUIDO CORROSIVO QUE EXPERIMENTA CALENTAMIENTO ESPONTANEO, N.E.P.	
LIQUIDO CORROSIVO QUE REACCIONA CON EL AGUA, N.E.P.	
LIQUIDO CORROSIVO, ACIDO, INORGANICO, N.E.P.	
LIQUIDO CORROSIVO, ACIDO, ORGANICO, N.E.P.	
LIQUIDO CORROSIVO, BASICO, INORGANICO, N.E.P.	
LIQUIDO CORROSIVO, BASICO, ORGANICO, N.E.P.	
LIQUIDO CORROSIVO, COMBURENTE, N.E.P.	
LIQUIDO CORROSIVO, N.E.P.	
LIQUIDO CORROSIVO, TOXICO, N.E.P.	
LIQUIDO DE REACCION ESPONTANEA TIPO B	
LIQUIDO DE REACCION ESPONTANEA TIPO B CON TEMPERATURA REGULADA	
LIQUIDO DE REACCION ESPONTANEA TIPO C	
LIQUIDO DE REACCION ESPONTANEA TIPO C, CON TEMPERATURA REGULADA	
LIQUIDO DE REACCION ESPONTANEA TIPO D	
LIQUIDO DE REACCION ESPONTANEA TIPO D, CON TEMPERATURA REGULADA	
LIQUIDO DE REACCION ESPONTANEA TIPO E	
LIQUIDO DE REACCION ESPONTANEA TIPO E, CON TEMPERATURA REGULADA	
LIQUIDO DE REACCION ESPONTANEA TIPO F	
LIQUIDO DE REACCION ESPONTANEA TIPO F, CON TEMPERATURA REGULADA	
LIQUIDO INFLAMABLE, CORROSIVO, N.E.P.	
LIQUIDO INFLAMABLE, TOXICO, N.E.P.	
LIQUIDO INFLAMABLES, N.EP.	
LIQUIDO ORGANICO QUE EXPERIMENTA CALENTAMIENTO ESPONTANEO, N.E.P.	
LIQUIDO PIROFORICO INORGANICO, N.E.P	

LIQUIDO PIROFORICO ORGANICO, N.E.P.	
LIQUIDO QUE EXPERIMENTA CALENTAMIENTO ESPONTANEO CORROSIVO, INORGANICO, N.E.P.	
LIQUIDO QUE EXPERIMENTA CALENTAMIENTO ESPONTANEO CORROSIVO, ORGANICO, N.E.P.	
LIQUIDO QUE EXPERIMENTA CALENTAMIENTO ESPONTANEO, INORGANICO, N.E.P	
LIQUIDO QUE EXPERIMENTA CALENTAMIENTO ESPONTANEO, TOXICO, INORGANICO, N.E.P.	
LIQUIDO QUE EXPERIMENTA CALENTAMIENTO ESPONTANEO, TOXICO, ORGANICO, N.E.P.	
LIQUIDO QUE REACCIONA CON EL AGUA, CORROSIVO, N.E.P.	
LIQUIDO QUE REACCIONA CON EL AGUA, N.E.P.	
LIQUIDO QUE REACCIONA CON EL AGUA, TOXICO, N.E.P.	
LIQUIDO TOXICO QUE REACCIONA CON EL AGUA, N.E.P.	
LIQUIDO TOXICO, COMBURENTE, N.E.P.	
LIQUIDO TOXICO, CORROSIVO, ORGANICO, N.E.P.	

NOMBRE QUÍMICO	Nº CAS
LIQUIDO TOXICO, INORGANICO, N.E.P.	
LIQUIDO TOXICO, ORGANICO, N.E.P.	
LIQUIDO, CORROSIVO, BASICO, ORGANICO, N.E.P.	
LIQUIDO, INFLAMABLE, TOXICO, CORROSIVO, N.E.P.	
LIQUIDOS TOXICO, INFLAMABLE, ORGANICO, N.E.P.	
LITIO	7439-93-2
LITIO SILICIO	68848-64-6
LITIOFERROSILICIO	70399-13-2
MAGNESIO EN POLVO O ALEACIONES DE MAGNESIO EN POLVO	7439-95-4
MAGNESIO o ALEACIONES DE MAGNESIO con más del 50% de magnesio en recortes, gránulos o tiras	7439-95-4
MALONONITRILO	109-77-3
MANEB ESTABILIZADO o PREPARADOS DE MANEB ESTABILIZADOS contra el calentamiento espontáneo.	
MANEB o PREPARADOS DE MANEB, con un mínimo del 60% de maneb	
MANGANESO	7439-96-5
MELFANO	148-82-3
MEPTILDINOCAP	131-72-6
MERCAPTANOS LIQUIDOS, INFLAMABLES, TOXICOS, N.E.P., o MEZCLAS DE MERCAPTANOS LIQUIDOS, INFLAMABLES,TOXICOS, N.E.P.	
MERCAPTANOS LIQUIDOS, TOXICOS, INFLAMABLES, N.E.P., o MEZCLA DE MERCAPTANOS LIQUIDOS, TOXICOS, INFLAMABLES, N.E.P.	
MERCAPTANOS, LIQUIDOS, INFLAMABLES, N.E.P., o MEZCLA DE MERCAPTANOS, LIQUIDOS, INFLAMABLES, N.E.P.	
MERCURIO	7439-97-6
MERCURIO, COMPUESTO LIQUIDO DE, N.E.P.	
MERCURIO, COMPUESTO SOLIDO DE, N.E.P.	
METACRILALDEHIDO	78-85-3

METACRILATO DE DIMETILAMINOETILO	2867-47-2
METACRILATO DE ETILO ESTABLILIZADO	97-63-2
METACRILATO DE ISOBUTILO ESTABILIZADO	97-86-9
METACRILATO DE METILO MONOMERO ESTABILIZADO	80-62-6
METACRILATO DE N-BUTILO o n-BUTIL METACRILATO	97-88-1
METACRILONITRILO ESTABILIZADO	126-98-7
METAL PIROFORICO, N.E.P. o ALEACION PIROFORICA, N.E.P.	
METALES ALCALINOS, ALEACION LIQUIDA DE, N.E.P.	
METALES ALCALINOS, AMALGAMA LIQUIDA DE	
METALES ALCALINOS, AMALGAMA SOLIDA DE	
METALES ALCALINOS, DISPERSION DE, o METALES ALCALINOTERREOS, DISPERSION DE	
METALES ALCALINOTERREOS, ALEACION DE, N.E.P.	
METALES ALCALINOTERREOS, AMALGAMA LIQUIDA DE	
METALES ALCALINOTERREOS, AMALGAMA SOLIDA DE	
METANO COMPRIMIDO o GAS NATURAL COMPRIMIDO con alta proporción de metano	74-82-8
METANO LIQUIDO REFRIGERADO o GAS NATURAL LIQUIDO REFRIGERADO con alta proporción de metano	74-82-8
METANOL o ALCOHOL METILICO	67-56-1
METAVANADATO AMONICO	7803-55-6
METAVANADATO POTASICO	13769-43-2
METIL CLOROMETIL ETER	107-30-2
METIL ISOBUTIL CETONA	108-10-1
METIL ISOPROPENIL CETONA ESTABILIZADA	814-78-8
METIL PROPIL CETONA	107-87-9
METIL PROPIL ETER	557-17-5
METIL VINIL CETONA ESTABLIZADA	78-94-4
METILAL O DIMETOXIMETANO	109-87-5
METILAMINA ANHIDRA	74-89--5
METILAMINA EN SOLUCION ACUOSA	74-89--5
METILATO SODICO EN SOLUCION ALCOHOLICA	124-41-4
METILATO SODICO o METILATO DE SODIO	124-41-4
METILCICLOHEXANO	108-87-2
METILCICLOHEXANOLES inflamables	
METILCICLOHEXANONA	
METILCICLOPENTADIENIL MANGANESO TRICARBONILO	12108-13-3

NOMBRE QUÍMICO	Nº CAS
METILCICLOPENTANO	96-37-7
METILCLOROSILANO	993-00-0
METILDICLOROSILANO	75-54-7
METILENDIAMINA DE TETRAMETILO	51-80-9

METILFENILDICLOROSILANO	149-74-6
METILHIDRAZINA	60-34-4
METILMERCAPTANO	74-93-1
METILPENTADIENO	926-56-7
METILTETRAHIDROFURANO	25265-68-3
METILTRICLOROSILANO	75-79-6
MEXACARBATO	315-18-4
MEZCLA ANTIDETONANTE PARA COMBUSTIBLES DE MOTORES	
MEZCLA ANTIDETONANTE PARA COMBUSTIBLES DE MOTORES, INFLAMABLE	
MEZCLA DE ACIDO FLUORHIDRICO Y ACIDO SULFURICO	
MEZCLA DE BROMURO DE METILO Y DIBROMURO DE ETILENO, LIQUIDA	
MEZCLA DE CLOROPICRINA Y CLORURO DE METILO	
MEZCLA DE CLOROPICRINA, N.E.P.	
MEZCLA DE HIDROCARBUROS GASEOSOS COMPRIMIDOS, N.E.P.	
MEZCLA DE HIDROCARBUROS GASEOSOS LICUADOS, N.E.P.	
MEZCLA DE HIDROGENO Y METANO, COMPRIMIDA	
MEZCLA DE NITRATO POTASICO Y NITRITO SODICO	
MEZCLA DE NITRATO SODICO Y NITRATO POTASICO	
MEZCLA DE NITROGLICERINA, DESENSIBILIZADA, LIQUIDA, INFLAMABLE, N.E.P., con no más del 30%, en masa, de nitroglicerina	
MEZCLA DE NITROGLICERINA, DESENSIBILIZADA, LIQUIDA, INFLAMABLE, N.E.P., con un máximo de 30%, en masa, de nitroglicerina	
MEZCLA DE NITROGLICERINA, DESENSIBILIZADA, SOLIDA, N.E.P. con más del 2% pero no más del 10% en masa, de nitroglicerina	
MEZCLA DE OXIDO DE ETILENO Y CLOROTETRAFLUOROETANO con un máximo de 8,8% de óxido de etileno	
MEZCLA DE OXIDO DE ETILENO Y DICLORODIFLUOMETANO, con un máximo de 12,5% de óxido de etileno	
MEZCLA DE OXIDO DE ETILENO Y DIOXIDO DE CARBONO con un máximo del 87% de óxido de etileno	
MEZCLA DE OXIDO DE ETILENO Y DIOXIDO DE CARBONO con un máximo del 9% de óxido de etileno	
MEZCLA DE OXIDO DE ETILENO Y DIOXIDO DE CARBONO que contenga más del 9% pero no más del 87% de óxido de etileno	
MEZCLA DE OXIDO DE ETILENO Y PENTAFLUOROETANO con un máximo del 7,9% de óxido de etileno	
MEZCLA DE OXIDO DE ETILENO Y TETRAFLUOROETANO con un máximo del 5,6% de óxido de etileno	
MEZCLA DE OXIDO NITRICO Y TETROXIDO DE DINITROGENO (MEZCLA DE OXIDO NITRICO Y DIOXIDO DE NITROGENO)	
MEZCLA DE TETRAFOSFATO DE HEXAETILO Y GAS COMPRIMIDO	
MEZCLA DE TETRANITRATO DE PENTAERITRITA DESENSIBILIZADA, SOLIDA, N.E.P., con más del 10% pero no más del 20%, en masa, de tetranitrato de pentaeritrita	
MEZCLA ESTABILIZADA DE METILACETILENO Y PROPADIENO	
MEZCLA LIQUIDA REFRIGERADA, con un 71,5%, como mínimo, de etileno, un 22,5%, como máximo, de acetileno y un 6%, como máximo, de propileno	
MEZCLAS DE ARSENIATO CALCICO Y ARSENITO CALCICO, SOLIDAS	

MEZCLAS DE CLORODIFLUOROMETANO Y CLOROPENTAFLUOROETANO de punto de ebullición constante, con alrededor del 49% de clorodifluorometano (GAS REFRIGERANTE R 502)	
MEZCLAS DE CLORURO DE METILO Y CLORURO DE METILENO	
MEZCLAS DE DINITRATO DE ISOSORBIDA, con un mínimo del 60% de lactosa, manosa, almidón o fosfato ácido de calcio	
MEZCLAS DE GASES LICUADOS inflamables con nitrógeno, dióxido de carbono o aire.	
MEZCLAS DE TRICLORURO DE TITANIO	
MONOCLORURO DE YODO LIQUIDO	7790-99-0
MONOCLORURO DE YODO SOLIDO	7790-99-0
MONOMETIL ETER DEL ETILENGLICOL O ETER MONMETILICO DE ETILENGLICOL	109-86-4
MONONITRATO-5-ISOSORBIDA	16051-77-7
MONOPEROXIMALEATO DE TER-BUTILO	1931-62-0
MONOXIDO DE CARBONO COMPRIMIDO	630-08-0
MONOXIDO DE PLOMO	1317-36-8
MONOXIDO POTASICO	12136-45-7
MONOXIDO SODICO	12401-86-4

NOMBRE QUÍMICO	Nº CAS
MORFOLINA	110-91-8
MUESTRA DE GAS INFLAMABLE, A PRESION NORMAL, N.E.P., que no sea líquido refrigerado	
MUESTRA DE GAS TOXICO, A PRESION NORMAL, N.E.P., que no sea líquido refrigerado	
MUESTRA DE GAS TOXICO, INFLAMABLE, A PRESION, N.E.P., que sea líquido refrigerado	
MUESTRA QUIMICA TOXICA	
MUNICIONES TOXICAS NO EXPLOSIVAS, sin carga dispersora ni carga expulsora, sin cebo	
N - AMINOETILPIPERAZINA	140-31-8
N - BUTILANILINA	1126-78-9
N - ETIL - N - BENCILANILINA	92-59-1
N - METILANILINA	100-61-8
N - METILBUTILAMINA	110-68-9
N -ETILANILINA	103-69-5
N- HEPTENO	592-76-7
N- PENTANO	109-66-0
N,N - BUTIL IMIDAZOL	4316-42-1
N,N - DIETILANILINA	91-66-7
N,N - DIETILETILENDIAMINA	100-36-7
N,N - DIMETILANILINA	121-69-7
N,N - DIMETILFORMAMIDA	68-12-2
N,N' - DINITROSOPENTAMETILENTETRAMINA	101-25-7
N,N DIMETILANILINA, N,N DIETIL -4-NITROSOANILINA	120-22-9

N,N,N',N'-TETRAMETIL-4,4'-METILENEDIANILINA	101-61-1
NAFTALENO BRUTO o NAFTALENO REFINADO	91-20-3
NAFTALENO FUNDIDO	91-20-3
NAFTENATOS DE COBALTO, EN POLVO	
NAFTILUREA	6950-84-1
n-AMILMETILCETONA o METILAMILCETONA	110-43-0
n-AMINOPROPILMORFOLINA	123-00-2
n-BUTILAMINA	109-73-9
n-DECANO	124-18-5
NEON COMPRIMIDO	7440-01-9
NEON LIQUIDO REFRIGERADO	7440-01-9
N-ETILBENCILTOLUIDINAS LIQUIDAS	
N-ETILBENCILTOLUIDINAS SOLIDAS	
n-ETILTOLUIDINAS	
n-HEPTALDEHIDO	111-71-7
n-HEXANO	110-54-3
NICOTINA, COMPUESTO LIQUIDO DE, N.E.P o PREPARADO LIQUIDO A BASE DE NICOTINA, N.E.P.	
NICOTINA, COMPUESTO SOLIDO DE, N.E.P o PREPARADO SOLIDO A BASE DE NICOTINA, N.E.P.	
NIQUEL METALICO, COMPUESTOS DE NIQUEL	7440-02-0
NIQUEL CARBONILO	13463-39-3
NITRATO ALUMINICO	13473-90-0
NITRATO AMONICO con un máximo del 0,2% del material combustible total, incluyendo cualquier sustancia orgánica expresada en equivalente de carbono, con exicusión de cualquier otra sustancia añadida.	6484-52-2
NITRATO AMONICO LIQUIDO (en solución concentrada caliente)	6484-52-2
NITRATO BARICO	10022-31-8
NITRATO CALCICO	10124-37-5
NITRATO CROMICO	13548-38-4
NITRATO DE AMILO	1002-16-0
NITRATO DE BERILIO	13597-99-4
NITRATO DE CESIO	7789-18-6
NITRATO DE CIRCONIO	13746-89-9
NITRATO DE DIDIMIO	134191-62-1
NITRATO DE ESTRONCIO	10042-76-9
NITRATO DE GUANIDINA	506-93-4
NITRATO DE ISOPROPILO	1712-64-7
NITRATO DE LITIO	7790-69-4
NITRATO DE MANGANESO	10377-66-9

NOMBRE QUÍMICO	Nº CAS
NITRATO DE NIQUEL	13138-45-9
NITRATO DE N-PROPILO	627-13-4
NITRATO DE PLATA	7761-88-8
NITRATO DE PLOMO	10099-74-8
NITRATO DE TALIO	10102-45-1
NITRATO DE UREA HUMIDIFICADO con un mínimo del 10%, en masa, de agua	124-47-0
NITRATO DE UREA HUMIDIFICADO con un mínimo del 20%, en masa, de agua	124-47-0
NITRATO DE ZINC	7779-88-6
NITRATO FENILMERCURICO	55-68-5
NITRATO FERRICO	10421-48-4
NITRATO MAGNESICO	10377-60-3
NITRATO MERCURICO	10045-94-0
NITRATO MERCURIOSO	10415-75-5
NITRATO POTASICO	7757-79-1
NITRATO SODICO	7631-99-4
NITRATOS INORGANICOS EN SOLUCION ACUOSA, N.E.P.	
NITRATOS INORGANICOS, N.E.P.	
NITRILOS INFLAMABLES, TOXICOS, N.E.P.	
NITRILOS LIQUIDOS TOXICOS, N.E.P.	
NITRILOS SOLIDOS TOXICOS, N.E.P.	
NITRILOS TOXICOS, INFLAMABLES, N.E.P.	
NITRITO DE AMILO	463-04-7
NITRITO DE DICICLOHEXILAMONIO	3129-91-7
NITRITO DE ETILO EN SOLUCION	109-95-5
NITRITO DE METILO	624-91-9
NITRITO DE n-BUTILO	544-16-1
NITRITO DE NIQUEL	17861-62-0
NITRITO DE ZINC Y AMONIO	63885-01-8
NITRITO POTASICO	7758-09-0
NITRITO SODICO	7632-00-0
NITRITOS DE BUTILO	
NITRITOS INORGANICOS EN SOLUCION ACUOSA, N.E.P.	
NITRITOS INORGANICOS n.e.p.	
NITROALMIDON HUMIDIFICADO con un mínimo del 20%, en masa, de agua	9056-38-6
NITROANILINA (m-)	99-09-2
NITROANILINA (o-)	88-74-4
NITROANILINA (p-)	100-01-6
NITROANISOL LIQUIDO	
NITROANISOL SOLIDO	
NITROBENCENO	98-95-3
NITROBENZOTRIFLUORUROS LIQUIDOS	

NOMBRE QUÍMICO	Nº CAS
NITROBENZOTRIFLUORUROS SOLIDOS	
NITROBROMOBENCENOS LIQUIDOS	
NITROBROMOBENCENOS SOLIDOS	
NITROCELULOSA ,con un mínimo del 25%, en masa, de AGUA	9004-70-0
NITROCELULOSA EN SOLUCION INFLAMABLE, con un máximo del 12,6%, en masa, de nitrógeno y un máximo del 55% de nitrocelulosa	
NITROCELULOSA, con un mínimo del 12,6%, en masa seca, de nitrógeno, MEZCLA CON o SIN PLASTIFICANTE, CON o SIN PIGMENTO	
NITROCELULOSA, con un mínimo del 25%, en masa, de ALCOHOL y un máximo del 12,6%, ne masa seca, de nitrógeno	
NITROCRESOLES LIQUIDOS	
NITROCRESOLES SOLIDOS	12167-20-3
NITROETANO	79-24-3
NITROFENOL (m-)	554-84-7
NITROFENOL (o-)	88-75-5
NITROFENOL (p-)	100-02-7
NITROGENO COMPRIMIDO	7727-37-9
NITROGENO LIQUIDO REFRIGERADO	7727-37-9
NITROGLICERINA EN SOLUCION ALCOHOLICA con más del 1% pero no más del 5% de nitroglicerina	
NITROGLICERINA EN SOLUCION ALCOHOLICA con un máximo del 1% de nitroglicerina	
NITROGUANIDINA (PICRITA) HUMIDIFICADA con un mínimo del 20%, en masa, de agua	
NITROMETANO	75-52-5
NITRONAFTALENOS	
NITROPROPANOS	
NITROSODIMETILANILINA (p-)	138-89-6
NITROTOLUENO (m-)	99-08-1
NITROTOLUENO (o-)	88-72-2
NITROTOLUENO (p-)	99-99-0
NITROTOLUIDINAS o MONONITROTOLUIDINAS	
NITROXILENOS LIQUIDOS	
NITROXILENOS SOLIDOS	
NITRURO DE LITIO	26134-62-3
N-NITROSODIETILAMINA	55-18-5
N-NITROSODIMETILAMINA	62-75-9
N'-NITROSONORNICOTINA (NNN)	16543-55-8
NONANO o n-NONANO	111-84-2
NONANOS	
NONILFENOLES	
NONILFENOLESETOXILADOS	
NONILTRICLOROSILANO	5283-67-0
NUCLEATO DE MERCURIO	12002-19-6

OCTADECILTRICLOROSILANO	112-04-9
OCTADIENO	63597-41-1
OCTAFLUOROCICLOBUTANO (GAS REFRIGERANTE RC 318)	115-25-3
OCTAFLUOROPROPANO (GAS REFRIGERANTE R 218)	76-19-7
OCTANOS	
OCTILTRICLOROSILANO	5283-66-9
OLEATO DE MERCURIO	1191-80-6
ORTOFORMIATO DE ETILO	122-51-0
ORTOSILICATO DE METILO	681-84-5
ORTOTITANATO TETRAPROPILICO o TETRAPROPIL ORTOTITANIATO	3087-37-4
o-TOLUENDIAMINA o 3,4 DIAMINOTOLUENO	496-72-0
OXALATO DE ETILO	95-92-1
OXIBROMURO DE FOSFORO	7789-59-5
OXIBROMURO DE FOSFORO, FUNDIDO	7789-59-5
OXICIANURO DE MERCURIO, DESENSIBILIZADO	1335-31-5
OXICLORURO DE CROMO o CLORURO DE CROMILO	14977-61-8
OXICLORURO DE FOSFORO	10025-87-3
OXICLORURO DE SELENIO	7791-23-3
OXIDO BARICO	1304-28-5
OXIDO CALCICO	1305-78-8
OXIDO DE 1,2 - BUTILENO ESTABILIZADO	106-88-7
OXIDO DE COBALTO	1307-96-6
OXIDO DE ETILENO u OXIDO DE ETILENO CON NITROGENO hasta una presión total de 1 MPa (10 bar) a 50°C	75-21-8
OXIDO DE ETILENO Y OXIDO DE PROPILENO EN MEZCLA con un máximo del 30% de óxido de etileno	
OXIDO DE HEXAFLUOROPROPILENO	428-59-1
OXIDO DE HIERRO AGOTADO o HIERRO ESPONJOSO AGOTADO procedentes de la purificación del gas de hulla	1332-37-2
OXIDO DE MERCURIO	21908-53-2
OXIDO DE MESITILO	141-79-7
OXIDO DE PROPILENO	75-56-9
OXIDO DE SELENIO	7446-08-4
OXIDO DE TRI - (1 - AZARIDINIL) FOSFINA EN SOLUCION	545-55-1
OXIDO NITRICO COMPRIMIDO	10102-43-9
OXIDO NITROSO	10024-97-2
OXIDO NITROSO LIQUIDO REFRIGERADO	10024-97-2
OXIGENO COMPRIMIDO	7782-44-7
OXIGENO LIQUIDO REFRIGERADO	7782-44-7
OXITRICLORURO DE VANADIO	7727-18-6
PARAFORMALDEHIDO	30525-89-4

NOMBRE QUÍMICO	Nº CAS
PARALDEHIDO	123-63-7

PENTABORANO	19624-22-7
PENTABORANO	19624-22-7
PENTABROMURO DE FOSFORO	7789-69-7
PENTACLOROBENCENO (PeCB)	608-93-5
PENTACLOROETANO	76-01-7
PENTACLOROFENATO SODICO	131-52-2
PENTACLOROFENOL	87-86-5
PENTACLORURO DE ANTIMONIO EN SOLUCION	7647-18-9
PENTACLORURO DE ANTIMONIO LIQUIDO	7647-18-9
PENTACLORURO DE FOSFORO	10026-13-8
PENTACLORURO DE MOLIBDENO	10241-05-1
PENTAFLUOROETANO (GAS REFRIGERANTE R125) O 1,1,1,2,2-PENTAFLUOROETANO	354-33-6
PENTAFLUORURO DE ANTIMONIO	7783-70-2
PENTAFLUORURO DE BROMO	7789-30-2
PENTAFLUORURO DE CLORO	13637-63-3
PENTAFLUORURO DE FOSFORO	7647-19-0
PENTAFLUORURO DE YODO	7783-66-6
PENTAMETILHEPTANO	30586-18-6
PENTANO-2,4-DIENO	
PENTANOLES	
PENTANOS líquidos	
PENTASULFURO DE FOSFORO, que no contenga fósforo blanco o amarillo.	1314-80-3
PENTOXIDO DE FOSFORO o ANHIDRIDO FOSFORICO	1314-56-3
PENTOXIDO DE ARSENICO	1303-28-2
PENTOXIDO DE VANADIO NO FUNDIDO	1314-62-1
PERBORATO DE SODIO MONOHIDRATADO	1032-33-9
PERCLORATO AMONICO	7790-98-9
PERCLORATO CALCICO	13477-36-6
PERCLORATO DE BARIO EN SOLUCION	13465-95-7
PERCLORATO DE BARIO, SOLIDO	13465-95-7
PERCLORATO DE ESTRONCIO	13450-97-0
PERCLORATO DE PLOMO EN SOLUCION	13637-76-8
PERCLORATO DE PLOMO, SOLIDO	13637-76-8
PERCLORATO MAGNESICO	10034-81-8
PERCLORATO POTASICO	7778-74-7
PERCLORATO SODICO	7601-89-0
PERCLORATOS INORGANICO n.e.p.	
PERCLORATOS INORGANICOS EN SOLUCION ACUOSA, N.E.P.	
PERCLOROMETILMERCAPTANO	594-42-3
PERFLUORO(ETER ETIL VINILICO)	10493-43-3
PERFLUORO(ETER METIL VINILICO)	1187-93-5
PERFLUOROOCTANOSULFONATO DE FLUOR (PFOs)	1763-23-1
PERMANGANATO BARICO	7787-36-2

PERMANGANATO CALCICO	10118-76-0
PERMANGANATO DE ZINC	23414-72-4
PERMANGANATO INORGANICO n.e.p.	
PERMANGANATO POTASICO	7722-64-7
PERMANGANATO SODICO	10101-50-5
PERMANGANATOS INORGANICOS EN SOLUCION ACUOSA, N.E.P.	
PEROXI-2-ETILHEXANOATO DE TER-BUTILO	3006-82-4
PEROXIACETATO DE TER-BUTILO	107-71-1
PEROXIBENZOATO DE TER-BUTILO	614-45-9
PEROXICROTONATO DE TER-BUTILO	23474-91-1
PEROXIDICARBONATO DE BUTILO	16215-49-9
PEROXIDICARBONATO DE DI-(4-TER-BUTILCICLOHEXILO)	15520-11-3
PEROXIDICARBONATO DE DI-(SEC BUTILO)	19910-65-7
PEROXIDICARBONATO DE DI-2-(ETILHEXILO)	16111-62-9
PEROXIDICARBONATO DE DIBENCILO	2144-45-8
PEROXIDICARBONATO DE DICETILO	26322-14-5
PEROXIDICARBONATO DE DICICLOHEXILO	1561-49-5
PEROXIDICARBONATO DE DIESTEARILO	52326-66-6

NOMBRE QUÍMICO	Nº CAS
PEROXIDICARBONATO DE DIETILO	14666-78-5
PEROXIDICARBONATO DE DIMIRISTILO	53220-22-7
PEROXIDICARBONATO DE DI-n-PROPILO	16066-38-9
PEROXIDICARBONATO DE ISOPROPILO	105-64-6
PEROXIDIETILACETATO DE TER-BUTILO	2550-33-6
PEROXIDO BARICO	1304-29-6
PEROXIDO CALCICO	1305-79-9
PEROXIDO DE ACETILACETONA	37187-22-7
PEROXIDO DE CAPRILILO o PEROXIDO DE OCTANOILO	762-16-3
PEROXIDO DE DI-(1-HIDROXICICLOHEXILO)	2407-94-5
PEROXIDO DE DICUMILO	80-43-3
PEROXIDO DE DIDECANOILO	762-12-9
PEROXIDO DE DIISOBUTIRILO	3437-84-1
PEROXIDO DE DI-TER-BUTILO	110-05-4
PEROXIDO DE ESTRONCIO	1314-18-7
PEROXIDO DE HIDROGENO EN SOLUCION ACUOSA con un mínimo del 20% y un máximo del 60% de peróxido de hidrógeno (estabilizado según sea necesario)	7722-84-1
PEROXIDO DE HIDROGENO ESTABILIZADO o PEROXIDO DE HIDROGENO EN SOLUCION ACUOSA ESTABILIZADA, con más del 60% de peróxido de hidrógeno.	7722-84-1
PEROXIDO DE HIDROGENO Y ACIDO PEROXIACETICO EN MEZCLA, con ácido (s), agua y un máximo del 5% de ácido peroxiacético, ESTABILIZADA	
PEROXIDO DE HIDROGENO, EN SOLUCION ACUOSA con un mínimo del 8% pero menos del 20% de peróxido de hidrógeno (estabilizada según sea necesaria)	7722-84-1
PEROXIDO DE LAUROILO	105-74-8
PEROXIDO DE LITIO	12031-80-0
PEROXIDO DE METIL ETIL CETONA	1338-23-4

PEROXIDO DE METILISOBUTILCETONA	37206-20-5
PEROXIDO DE p-CLOROBENZOILO	94-17-7
PEROXIDO DE TER-BUTIL CUMENO	3457-61-2
PEROXIDO DE ZINC	1314-22-3
PEROXIDO MAGNESICO	1335-26-8
PEROXIDO ORGANICO LIQUIDO TIPO B	
PEROXIDO ORGANICO LIQUIDO TIPO B, CON TEMPERATURA REGULADA	
PEROXIDO ORGANICO LIQUIDO TIPO C	
PEROXIDO ORGANICO LIQUIDO TIPO C, CON TEMPERATURA REGULADA	
PEROXIDO ORGANICO LIQUIDO TIPO D	
PEROXIDO ORGANICO LIQUIDO TIPO D, CON TEMPERATURA REGULADA	
PEROXIDO ORGANICO LIQUIDO TIPO E	
PEROXIDO ORGANICO LIQUIDO TIPO E, CON TEMPERATURA REGULADA	
PEROXIDO ORGANICO LIQUIDO TIPO F	
PEROXIDO ORGANICO LIQUIDO TIPO F, CON TEMPERATURA REGULADA	
PEROXIDO ORGANICO SOLIDO TIPO B	
PEROXIDO ORGANICO SOLIDO TIPO B, CON TEMPERATURA REGULADA	
PEROXIDO ORGANICO SOLIDO TIPO C	
PEROXIDO ORGANICO SOLIDO TIPO C, CON TEMPERATURA REGULADA	
PEROXIDO ORGANICO SOLIDO TIPO D	
PEROXIDO ORGANICO SOLIDO TIPO D, CON TEMPERATURA REGULADA	
PEROXIDO ORGANICO SOLIDO TIPO E	
PEROXIDO ORGANICO SOLIDO TIPO E, CON TEMPERATURA REGULADA	
PEROXIDO ORGANICO SOLIDO TIPO F	
PEROXIDO ORGANICO SOLIDO TIPO F, CON TEMPERATURA REGULADA	
PEROXIDO POTASICO	17014-71-0
PEROXIDO SODICO	1313-60-6
PEROXIDOS INORGÁNICOS, N.E.P.	
PEROXOBORATO DE SODIO ANHIDRO	1330-43-4
PERSULFATO AMONICO	7727-54-0
PERSULFATO POTASICO	7727-21-1
PERSULFATO SODICO	7775-27-1
PERSULFATOS INORGANICOS EN SOLUCION ACUOSA, N.E.P.	
PERSULFATOS INORGANICOS, N.E.P.	
PICOLINAS	
PICRAMATO DE CIRCONIO HUMIDIFICADO con un mínimo del 20%, en masa, de agua.	63868-82-6
PICRAMATO DE CIRCONIO seco o humidificado con menos del 20% en masa de agua.	63868-82-6

NOMBRE QUÍMICO	Nº CAS
PICRAMATO SODICO HUMIDIFICADO con un mínimo del 20%, en masa, de agua	831-52-7
PICRATO AMONICO HUMIDIFICADO con un mínimo del 10% en masa, de agua.	131-74-8
PICRATO DE PLATA HUMIDIFICADO con un mínimo del 30%, en masa, de agua.	146-84-9

PIGMENTOS ORGANICOS QUE EXPERIMENTAN UN CALENTAMIENTO ESPONTANEO	
PINACOLIL METILFOSFONOFLUORIDATO	96-64-0
PINTURA (incluye pintura, laca, esmalte, colorante, goma laca, barniz, betún, encáustico, apresto líquido y base líquida para lacas) o PRODUCTOS PARA PINTURA (incluye compuestos disolventes o reductores de pintura)	
PINTURA (incluye pintura, laca, esmalte, colorante, goma laca, barniz, encáustico, apresto líquido y base líquida para lacas) o PRODUCTOS PARA PINTURA (incluye solventes y diluyentes para pinturas)	
PINTURAS CORROSIVAS, INFLAMABLES (incluidos pinturas, lacas, esmaltes, colores, goma laca, barnices, bruñidores, encáusticos, bases líquidas para lacas) o MATERIAL CORROSIVO, INFLAMABLE RELACIONADO CON PINTURAS (incluidos disolventes y diluyentes para pinturas)	
PINTURAS INFLAMABLES, CORROSIVAS (incluidos pinturas, lacas, esmaltes, colores, goma laca, barnices, bruñidores, encáusticos, bases líquidas para lacas) o MATERIAL INFLAMABLE, CORROSIVO RELACIONADO CON PINTURAS (incluidos disolventes y diluyentes para pinturas)	
PIPERAZINA	110-85-0
PIPERIDINA	110-89-4
PIRACLOSTROBIN	175013-18-0
PIRIDINA o 2,2-BIPIRIDINA	110-86-1
PIRROLIDINA	123-75-1
PLASTICOS A BASE DE NITROCELULOSA QUE EXPERIMENTAN CALENTAMIENTO ESPONTANEO, N.E.P.	
PLOMO	7439-92-1
PLOMO, COMPUESTOS INORGANICOS DE	
POLIMERO EN BOLITAS DILATABLES que desprenden vapores inflamables	
POLISULFURO DE AMONIO EN SOLUCION	9080-17-5
POLIVANADATO AMONICO	
POLVO ARSENICAL	8028-73-7
POLVO DE SILICA, CRISTALINO, EN FORMA DE CUARZO o CRISTOBALITA	14808-60-7
POLVO METALICO QUE EXPERIMENTA CALENTAMIENTO ESPONTANEO, N.E.P.	
POLVOS METALICOS INFLAMABLES, N.E.P.	
POTASIO	7440-09-7
POTASIO METALICO, ALEACIONES LIQUIDAS DE	
POTASIO METALICO, ALEACIONES SOLIDAS DE	
POTASIO Y SODIO, ALEACIONES LIQUIDAS DE	
POTASIO Y SODIO, ALEACIONES SOLIDAS DE	
PRIMIDONA	125-33-7
PRODUCTO QUIMICO A PRESION, CORROSIVO, N.E.P.	
PRODUCTO QUIMICO A PRESION, INFLAMABLE, CORROSIVO, N.E.P	
PRODUCTO QUIMICO A PRESION, INFLAMABLE, N.E.P.	

PRODUCTO QUIMICO A PRESION, INFLAMABLE, TOXICO, N.E.P.	
PRODUCTO QUIMICO A PRESION, N.E.P.	
PRODUCTO QUIMICO A PRESION, TOXICO, N.E.P.	
PRODUCTOS LIQUIDOS PARA LA CONSERVACION DE LA MADERA	
PROPADIENO ESTABILIZADO	463-49-0
PROPANO	74-98-6
PROPANOL o ALCOHOL PROPILICO	71-23-8
PROPANOTIOLES	
PROPIL MERCAPTANO o 1-PROPANOTIOL	107-03-9
PROPILAMINA o MONOPROPILAMINA	107-10-8
PROPILBENCENO o n-PROPILBENCENO	103-65-1
PROPILENIMINA ESTABILIZADA	75-55-8
PROPILENO	115-07-1
PROPILTRICLOROSILANO	141-57-1
PROPIONALDEHIDO	123-38-6
PROPIONATO DE BUTILO	590-01-2

NOMBRE QUÍMICO	Nº CAS
PROPIONATO DE ETILO	105-37-3
PROPIONATO DE ISOBUTILO	540-42-1
PROPIONATO DE ISOPROPILO	637-78-5
PROPIONATO DE METILO	554-12-1
PROPIONITRILO	107-12-0
p-TOLUENDIAMINA	95-70-5
PURPURA DE LONDRES	
QUINOLEINA	91-22-5
RESINA, SOLUCIONES DE, inflamables	
RESINATO ALUMINICO	61789-65-9
RESINATO CALCICO	9007-13-0
RESINATO CALCICO FUNDIDO	9007-13-0
RESINATO DE COBALTO, PRECIPITADO	68956-82-1
RESINATO DE MANGANESO	9008-34-8
RESINATO DE ZINC	9010-69-9
RESORCINOL o 3-HIDROXIFENOL	108-46-3
RODAMINA B	81-88-9
RUBIDIO	7440-17-7
SAL DE AMONIO DEL ACIDO PERFLUOROOCTANOSULFONICO O PERFLUOROACTANO-SULFONTATO DE AMONIO	29081-56-9
SAL DE DIETANOLAMINA DEL ACIDO PERFLUOROOCTANOSULFONICO O PERFLUOROACTANO-SULFONTATO DE DIETANOLAMINA	70225-14-8
SAL DE LITIO DEL ACIDO PERFLUOROOCTANOSULFONICO O PERFLUOROACTANO-SULFONTATO DE LITIO	29457-72-5
SAL DE POTASIO DEL ACIDO PERFLUOROOCTANOSULFONICO O PERFLUOROACTANO-SULFONTATO DE POTASIO	2795-39-3
SALES METALICAS DE COMPUESTOS ORGANICOS, INFLAMABLES,N.E.P.	

SALICILATO DE MERCURIO	5970-32-1
SALICILATO DE NICOTINA	29790-52-1
SELENIATOS o SELENITOS	
SELENIO, COMPUESTOS DE, SOLIDO n.e.p	
SELENIURO DE HIDROGENO ANHIDRO	7783-07-5
SESQUISULFURO DE FOSFORO, que no contenga fósforo blanco o amarillo.	1314-85-8
SILANO	7803-62-5
SILICATO DE TETRAETILO O SILICATO DE ETILO	78-10-4
SILICIO EN POLVO, AMORFO	7440-21-3
SILICIURO CALCICO O DISILICIURO DE CALCIO	12013-56-8
SILICIURO DE CALCIO O MONOSILICIURO DE CALCIO	12013-55-7
SILICIURO DE MAGNESIO	22831-39-6
SODIO METALICO	7440-23-5
SOLIDO COMBURENTE QUE EXPERIMENTA CALENTAMIENTO ESPONTANEO, N.E.P.	
SOLIDO COMBURENTE QUE REACCIONA CON EL AGUA, N.E.P.	
SOLIDO COMBURENTE, CORROSIVO, N.E.P.	
SOLIDO COMBURENTE, INFLAMABLE, N.E.P.	
SOLIDO COMBURENTE, N.E.P.	
SOLIDO COMBURENTE, TOXICO, N.E.P.	
SOLIDO CORROSIVO COMBURENTE, N.E.P.	
SOLIDO CORROSIVO INFLAMABLE, N.E.P.	
SOLIDO CORROSIVO QUE EXPERIMENTA CALENTAMIENTO, N.E.P.	
SOLIDO CORROSIVO QUE REACCIONA CON EL AGUA, N.E.P.	
SOLIDO CORROSIVO, ACIDO, INORGANICO, N.E.P.	
SOLIDO CORROSIVO, ACIDO, ORGANICO, N.E.P.	
SOLIDO CORROSIVO, BASICO, INORGANICO, N.E.P.	
SOLIDO CORROSIVO, BASICO, ORGANICO, N.E.P.	
SOLIDO CORROSIVO, N.E.P.	
SOLIDO CORROSIVO, TOXICO, N.E.P.	
SOLIDO DE REACCION ESPONTANEA TIPO B	
SOLIDO DE REACCION ESPONTANEA TIPO B, CON TEMPERATURA REGULADA	
SOLIDO DE REACCION ESPONTANEA TIPO C	
SOLIDO DE REACCION ESPONTANEA TIPO C, CON TEMPERATURA REGULADA	
SOLIDO DE REACCION ESPONTANEA TIPO D	
SOLIDO DE REACCION ESPONTANEA TIPO D, CON TEMPERATURA REGULADA	
SOLIDO DE REACCION ESPONTANEA TIPO E	
SOLIDO DE REACCION ESPONTANEA TIPO E, CON TEMPERATURA REGULADA	

NOMBRE QUÍMICO	Nº CAS
SOLIDO DE REACCION ESPONTANEA TIPO F	
SOLIDO DE REACCION ESPONTANEA TIPO F, CON TEMPERATURA REGULADA	
SOLIDO INFLAMABLE INORGANICO, N.E.P.	
SOLIDO INFLAMABLE ORGANICO, FUNDIDO, N.E.P.	

SOLIDO INFLAMABLE ORGANICO, N.E.P.	
SOLIDO INFLAMABLE, COMBURENTE, N.E.P.	
SOLIDO INFLAMABLE, CORROSIVO, N.E.P.	
SOLIDO INFLAMABLE, TOXICO, INORGANICO, N.E.P.	
SOLIDO ORGANICO QUE EXPERIMENTA CALENTAMIENTO ESPONTANEO, N.E.P.	
SOLIDO PIROFORICO INORGANICO, N.E.P.	
SOLIDO PIROFORICO ORGANICO, N.E.P.	
SOLIDO QUE CONTIENE LIQUIDO INFLAMABLE, N.E.P.	
SOLIDO QUE EXPERIMENTA CALENTAMIENTO ESPONTANEO, COMBURENTE, N.E.P.	
SOLIDO QUE EXPERIMENTA CALENTAMIENTO ESPONTANEO, CORROSIVO, INORGANICO, N.E.P.	
SOLIDO QUE EXPERIMENTA CALENTAMIENTO ESPONTANEO, CORROSIVO, ORGANICO, N.E.P.	
SOLIDO QUE EXPERIMENTA CALENTAMIENTO ESPONTANEO, INORGANICO, N.E.P.	
SOLIDO QUE EXPERIMENTA CALENTAMIENTO ESPONTANEO, TOXICO, INORGANICO, N.E.P.	
SOLIDO QUE EXPERIMENTA CALENTAMIENTO ESPONTANEO, TOXICO, ORGANICO, N.E.P.	
SOLIDO QUE REACCIONA CON EL AGUA N.E.P.	
SOLIDO QUE REACCIONA CON EL AGUA, COMBURENTE, N.E.P.	
SOLIDO QUE REACCIONA CON EL AGUA, CORROSIVO, N.E.P.	
SOLIDO QUE REACCIONA CON EL AGUA, INFLAMABLE, N.E.P.	
SOLIDO QUE REACCIONA CON EL AGUA, TOXICO, N.E.P.	
SOLIDO QUE REACCIONA CON EL AGUA, Y QUE EXPERIMENTA CALENTAMIENTO ESPONTANEO, N.E.P.	
SOLIDO TOXICO QUE EXPERIMENTA CALENTAMIENTO ESPONTANEO, N.E.P.	
SOLIDO TOXICO QUE REACCIONA CON EL AGUA, N.E.P.	
SOLIDO TOXICO, COMBURENTE, N.E.P.	
SOLIDO TOXICO, CORROSIVO, INORGANICO, N.E.P.	
SOLIDO TOXICO, CORROSIVO, ORGANICO, N.E.P.	
SOLIDO TOXICO, INFLAMABLE, ORGANICO, N.E.P.	
SOLIDO TOXICO, INORGANICO, N.E.P.	
SOLIDO TOXICO, ORGANICO, N.E.P.	
SOLIDO, INFLAMABLE, CORROSIVO, ORGANICO, N.E.P.	
SOLIDO, INFLAMABLE, TOXICO, ORGANICO, N.E.P	
SOLIDOS QUE CONTIENEN LIQUIDO CORROSIVO, N.E.P.	
SOLIDOS QUE CONTIENEN LIQUIDO TOXICO, N.E.P.	
SOLUCION ACUOSA DE AMONIACO, con una densidad relativa menor a 0,880 a 15ºC, con más de un 50% de amoniaco.	
SOLUCION AMONIACAL FERTILIZANTE que contiene amoníaco libre	
SOLUCIONES PARA REVESTIMIENTOS (comprende los tratamientos de superficie o los revestimientos utilizados con fines industriales o de gran índole como revestimiento de bajos de vehículos, de bidones o de toneles)	
SUCEDANEO DE TREMENTINA	64475-85-0
SULFAMATO COBALTOSO	14017-41-5
SULFATO ACIDO DE AMONIO o SULFATO DE HIDROGENO Y AMONIO	7803-63-6

SULFATO ACIDO DE POTASIO o SULFATO DE HIDROGENO Y POTASIO	7646-93-7
SULFATO AMONICO DE NIQUEL	15699-18-0
SULFATO DE ALUMINIO SOLIDO	10043-01-3
SULFATO DE ALUMINIO, SOLUCION DE	10043-01-3
SULFATO DE DIETILO	64-67-5
SULFATO DE DIMETILO	77-78-1
SULFATO DE HIDROXILAMINA	10039-54-0
SULFATO DE MERCURIO	7783-35-9
SULFATO DE NICOTINA EN SOLUCION	65-30-5
SULFATO DE NICOTINA SOLIDO	65-30-5
SULFATO DE NIQUEL	7786-81-4
SULFATO DE PLOMO, con más del 3% de ácido libre.	69029-52-3
SULFATO DE VANADILO	27774-13-6
SULFATO DE ZINC	7733-02-0
SULFATO DE ZIRCONIO	14644-61-2

NOMBRE QUÍMICO	N° CAS
SULFATO FERRICO	10028-22-5
SULFATO MERCURIOSO	7783-36-0
SULFOHIDRAZINA DEL BENCENO	80-17-1
SULFURO AMONICO EN SOLUCION	12135-76-1
SULFURO DE CARBONILO	463-58-1
SULFURO DE DIETILO	352-93-2
SULFURO DE DIPICRILO HUMIDIFICADO con un mínimo del 10%, en masa, de agua	2217-06-03
SULFURO DE METILO	75-18-3
SULFURO DE MOSTAZA	505-60-2
SULFURO POTASICO ANHIDRO o SULFURO POTASICO con menos del 30% de agua de cristalización.	1312-73-8
SULFURO POTASICO HIDRATADO con un mínimo del 30% de agua de cristalización	1312-73-8
SULFURO SODICO ANHIDRO o SULFURO SODICO, con menos del 30% de agua de cristalización	1313-82-2
SULFURO SODICO HIDRATADO, con un mínimo del 30% de agua	1313-82-2
SUPEROXIDO POTASICO o SUPEROXIDO POTASICO	12030-88-5
SUPEROXIDO SODICO o SUPEROXIDO DE SODIO	12034-12-7
SUSTANCIA METALICA QUE REACCIONA CON EL AGUA , N.E.P.	
SUSTANCIA METALICA QUE REACCIONA CON EL AGUA Y QUE EXPERIMENTA CALENTAMIENTO ESPONTANEO, N.E.P.	
SUSTANCIA ORGANOMETALICA, LIQUIDA, HIDRORREACTIVA	
SUSTANCIA ORGANOMETALICA, LIQUIDA, HIDRORREACTIVA, INFLAMABLE	
SUSTANCIA ORGANOMETALICA, LIQUIDA, PIROFORICA	
SUSTANCIA ORGANOMETALICA, LIQUIDA, PIROFORICA, HIDRORREACTIVA	
SUSTANCIA ORGANOMETALICA, SOLIDA, QUE EXPERIMENTA CALENTAMIENTO ESPONTANEO	

SUSTANCIA ORGANOMETALICA, SOLIDA, QUE EXPERIMENTA CALENTAMIENTO ESPONTANEO	
SUSTANCIA ORGANOMETALICA, SOLIDA, HIDRORREACTIVA	
SUSTANCIA ORGANOMETALICA, SOLIDA, HIDRORREACTIVA, QUE EXPERIMENTA CALENTAMIENTO ESPONTANEO	
SUSTANCIA ORGANOMETALICA, SOLIDA, PIROFORICA	
SUSTANCIA ORGANOMETALICA, SOLIDA, PIROFORICA, HIDRORREACTIVA	
TALIO , COMPUESTO DE, n.e.p.	
TARTRATO DE ANTIMONIO Y POTASIO o TARTRATO DE AMONIO POTASICO	28300-74-5
TARTRATO DE NICOTINA o TARTRATO NICOTINICO	65-31-6
TELURIO	13494-80-9
TERPINOLENO	586-62-9
TERT- BUTANOL o 2-METILPROPANOL	75-65-0
TETRABROMOETANO o TETRABROMURO DE ACETILENO	79-27-6
TETRABROMURO DE CARBONO	558-13-4
TETRACLOROETANO o PERCLOROETILENO o 1,1,2,2-TETRACLOROETANO	79-34-5
TETRACLOROETILENO	127-18-4
TETRACLORURO DE CARBONO	56-23-5
TETRACLORURO DE CIRCONIO	10026-11-6
TETRACLORURO DE SILICIO	10026-04-7
TETRACLORURO DE TITANIO	7550-45-0
TETRACLORURO DE VANADIO	7632-51-1
TETRAETILENPENTAMINA	112-57-2
TETRAETILO DE PLOMO, LIQUIDO	78-00-2
TETRAFLUOROETILENO ESTABILIZADO	116-14-3
TETRAFLUOROMETANO (GAS REFRIGERANTE R 14)	75-73-0
TETRAFLUORURO DE AZUFRE	7783-60-0
TETRAFLUORURO DE SILICIO	7783-61-1
TETRAFOSFATO DE HEXAETILO	757-58-4
TETRAHIDROFURANO	109-99-9
TETRAHIDROFURFURILAMINA	4795-29-3
TETRAHIDROTIOFENO	110-01-0
TETRAMERO DEL PROPILENO	25378-22-7
TETRAMETILO DE PLOMO	75-74-1
TETRAMETILSILANO	75-76-3
TETRANITRATO DE PENTAERITRITA (TETRANITRATO DE PENTAERITRITOL; PENTRITA; TNPE), EN MEZCLA, DESENSIBILIZADO, SOLIDO, N.E.P., con más del 10% pero no más del 20%, en masa, de TNPE	78-11-5

NOMBRE QUÍMICO	Nº CAS
TETRANITROMETANO	509-14-8
TETRÓXIDO DE DINITROGENO (DIOXIDO DE NITROGENO)	10544-72-6
TETROXIDO DE OSMIO	20816-12-0

TINTA DE IMPRENTA, inflamable o MATERIALES RELACIONADOS CON LA TINTA DE IMPRENTA (incluido diluyente de tinta de imprenta o producto reductor), inflamables	
TIOCIANATO DE MERCURIO	592-85-8
TIODICLOROFENILFOSFINA o TIODICLORURO DE FENILFOSFORO	3497-00-5
TIOFENO	110-02-1
TIOFOSGENO	463-71-8
TIOGLICOL	60-24-2
TIOTEPA O TIOFOSFAMID	52-24-4
TIOUREA	62-56-6
TITANIO EN POLVO, HUMIFICADO con un mínmo del 25% de agua (debe haber un exceso visible de agua): a) producido mecánicamente, en partículas de menos 53 micrones; b) producido químicamente, en partículas de menos de 840 micrones	7440-32-6
TITANIO EN POLVO, SECO	7440-32-6
TITANIO, ESPONJA DE, EN GRANULOS O EN POLVO	7440-32-6
TOLUENO	108-88-3
TOLUIDINA (m-)	108-44-1
TOLUIDINA (o-)	95-53-4
TOLUIDINA (p-)	106-49-0
TOLUIDINAS LIQUIDAS	
TOLUIDINAS SOLIDAS	
TOLUILEN - 2, 4 - DIAMINA SOLIDA	25376-45-8
TOLUILEN-2,4 -DIAMINA EN SOLUCION	
TREMENTINA	8006-64-2
TRIADIMENOL O CLORURO DE 2 -METOXIETILMERCURIO	123-88-6
TRIALILAMINA	102-70-5
TRIBROMURO DE BORO	10294-33-4
TRIBROMURO DE FOSFORO	7789-60-8
TRIBUTIL FOSFATO	126-73-8
TRIBUTILAMINA	102-82-9
TRIBUTILFOSFANO	998-40-3
TRICLOROACETATO DE METILO	598-99-2
TRICLOROBENCENOS LIQUIDOS	
TRICLOROBUTENO	51023-22-4
TRICLORODIFLUOROETANO (HCFC-122)	354-21-2
TRICLOROETILENO	79-01-6
TRICLOROSILANO	10025-78-2
TRICLORURO DE ANTIMONIO	10025-91-9
TRICLORURO DE ARSENICO	7784-34-1
TRICLORURO DE BORO	10294-34-5
TRICLORURO DE FOSFORO	7719-12-2
TRICLORURO DE TITANIO PIROFORICO o TRICLORURO DE TITANIO PIROFORICO EN MEZCLA	7705-07-9
TRICLORURO DE VANADIO	7718-98-1
TRIETILAMINA	121-44-8

TRIETILAMINA	121-44-8
TRIETILENTETRAMINA	112-24-3
TRIFLORURO DE ANTIMONIO	7783-56-4
TRIFLUOROCLOROETILENO ESTABILIZADO	79-38-9
TRIFLUOROMETANO (GAS REFRIGERANTE R 23)	75-46-7
TRIFLUOROMETANO LIQUIDO REFRIGERADO	75-46-7
TRIFLUORURO DE BORO DIHIDRATADO	13319-75-0
TRIFLUORURO DE BORO o FLUORURO DE BORO	7637-07-2
TRIFLUORURO DE BORO Y ACIDO ACETICO, COMPLEJO LIQUIDO DE	7578-36-1
TRIFLUORURO DE BORO Y ACIDO ACETICO, COMPLEJO SÓLIDO DE	7578-36-1
TRIFLUORURO DE BORO Y ACIDO PROPIONICO, COMPLEJO LIQUIDO DE	814-61-9
TRIFLUORURO DE BORO Y ACIDO PROPIONICO, COMPLEJO SÓLIDO DE	814-61-9
TRIFLUORURO DE BROMO	7787-71-5
TRIFLUORURO DE CLORO	7790-91-2
TRIFLUORURO DE NITROGENO	7783-54-2
TRIISOBUTILENO	7756-94-7
TRIMETILAMINA ANHIDRA	75-50-3

NOMBRE QUÍMICO	Nº CAS
TRIMETILAMINA EN SOLUCION ACUOSA, con un máximo del 50%, en masa de trimetilamina	75-50-3
TRIMETILCICLOHEXILAMINA	34216-34-7
TRIMETILCLOROSILANO	75-77-4
TRIMETILHEXAMETILEN-DIAMINAS	
TRIMETOXISILANO	2487-90-3
TRINITROBENCENO HUMIDIFICADO con un mínimo del 10%, en masa, de agua.	99-35-4
TRINITROBENCENO HUMIDIFICADO con un mínimo del 30%, en masa, de agua.	99-35-4
TRINITROCLOROBENCENO (CLORURO DE PICRILO) HUMIDIFICADO con un mínimo del 10%, en masa, de agua	28260-61-9
TRINITROFENOL (ACIDO PICRICO) humidificado con un mínimo del 10%, en masa, de agua	88-89-1
TRINITROFENOL HUMIDIFICADO con un mínimo del 30%, en masa, de agua	88-89-1
TRINITROTOLUENO (TNT) HUMIDIFICADO con un mínimo del 10% en masa se agua	118-96-7
TRINITROTOLUENO (TNT) HUMIDIFICADO con un mínimo del 30% en masa se agua	118-96-7
TRIOXIDO DE ANTIMONIO	1309-64-4
TRIOXIDO DE ARSENICO	1327-53-3
TRIOXIDO DE AZUFRE ESTABILIZADO	7446-11-9
TRIOXIDO DE CROMO ANHIDRO	1333-82-0
TRIOXIDO DE FOSFORO	1314-24-5
TRIOXIDO DE NITROGENO	10544-73-7
TRIOXOSILICATO DE DISODIO O METASILICATO DE SODIO	6834-92-0
TRIPROPILAMINA	102-69-2
TRIPROPILENO	13987-01-4
TRISULFURO DE FOSFORO, que no contenga fósforo blanco o amarillo.	12165-69-4

UNDECANO	1120-21-4
URANIO	7440-61-1
UREA-AGUA OXIGENADA	124-43-6
VALERATO DE n-BUTIL-4,4-DI(TER-BUTILPEROXIDO)	995-33-5
VALERILALDEHIDO	110-62-3
VANADATO DE SODIO Y AMONIO	
VINIL ETIL ETER ESTABLILIZADO	109-92-2
VINIL ISOBUTIL ETER ESTABLILIZADO	109-53-5
VINIL METIL ETER ESTABLILIZADO	107-25-5
VINILPIRIDINAS ESTABILIZADAS	
VINILTOLUENOS ESTABILIZADOS	25013-15-4
VINILTRICLOROSILANO	75-94-5
XANTATOS	
XENON	7440-63-3
XENON LIQUIDO REFRIGERADO	7440-63-3
XILENOLES LIQUIDOS	
XILENOLES SOLIDOS	
XILENOS	
XILIDINAS LIQUIDAS	
XILIDINAS SOLIDAS	
YODO	7553-56-2
YODOMETILPROPANOS	
YODOPROPANOS	
YODURO DE ACETILO	507-02-8
YODURO DE ALILO	556-56-9
YODURO DE ARSENICO	7784-45-4
YODURO DE BENCILO	620-05-3
YODURO DE HIDROGENO ANHIDRO	10034-85-2
YODURO DE MERCURIO	7774-29-0
YODURO DE MERCURIO Y POTASIO	7783-33-7
YODURO DE METILO	74-88-4

b) Sustancias que son utilizadas, principalmente, como ingrediente activo para formulaciones de plaguicidas y mezclas o formulaciones de plaguicidas de uso sanitario y doméstico, sin perjuicio que también puedan ser utilizadas con otros fines, industriales o para análisis de laboratorio. Se listan en orden alfabético, por su nombre químico, y Nº CAS otorgado por la "Chemistral Abstracts Service".

NOMBRE QUÍMICO	Nº CAS
2-BUTILAMINA O SEC-BUTILAMINA	13952-84-6
2,3,5,6-TETRACLORO-2,5-CICLOHEXADIENO-1,4-DIONA	118-75-2
2,3,6-TBA	50-31-7
2,4-D (ACIDO DICLOROFENOXIACETICO)	94-75-7
2,4-DB	94-82-6
2,6-DICLORO-4-NITROANILINA o DICLORAN	99-30-9
2-FENILFENOL	90-43-7
8-QUINOLINOLATO DE COBRE	10380-28-6
ACEFATO	30560-19-1
ACETATO DE FENTIN	900-95-8
ACETATO FENILMERCURICO	62-38-4
ACETOARSENITO DE COBRE o PARIS GREEN	12002-03-8
ACETOCLORO	34256-82-1
ACIDO CACODILICO o ACIDO DIMETILARSINICO	75-60-5
ACIDO CLOROACETICO SOLIDO	79-11-8
ACIDO METILARSONICO	124-58-3
ACIDO 1-NAFTILACETICO	86-87-3
ACIDO TRICLOROACETICO o TCA	76-03-9
ACIDO 2-NAFTILOXIACETICO	120-23-0
ACIFLUORFEN	50594-66-6
ACROLEINA ESTABILIZADA	107-02-8
A-CPA	122-88-3
ALACLORO	15972-60-8
ALANICARB	83130-01-2
ALCOHOL ALILICO	107-18-6
ALDICARB	116-06-3
ALDRINA	309-00-2
ALFA-CIPERMETRINA	67375-30-8
ALFA-MONOCLORHIDRINA DEL GLICEROL	96-24-2
ALOXIDIM	55634-91-8
AMETRINA	834-12-8
AMITRAZ	33089-61-1
ANCIMIDOL	12771-68-5
ANILOFOS	64249-01-0
ARSENIATO CALCICO	7778-44-1
ARSENIATO DE PLOMO	7784-40-9
ARSENITO SODICO SOLIDO	7784-46-5
ASULAM	3337-71-1
ATRAZINA	1912-24-9
AZACONAZOL	60207-31-0

AZAMETIFOS	35575-96-3
AZOCICLOTIN	41083-11-8
AZUFRE	7704-34-9
BENAZOLIN	3813-05-06
BENDIOCARB	22781-23-3
BENFURACARB	82560-54-1
BENFURESATO	68505-69-1
BENSULIDA	741-58-2
BENSULTAP	17606-31-4
BENTAZONA	25057-89-0
BETA-CIFLUTRINA	68359-37-5
BIFENIL	92-52-4
BIFENTRIN	82657-04-3
BILANAFOS	71048-99-2
BIOALLETRIN	584-79-2
BINAPACRIL	485-31-4
BISPIRIBAC	125401-75-4
BLASTICIDIN-S	2079-00-7
BRODIFACOUM	56073-10-0
BROMADIOLONA	28772-56-7
BROMOCONAZOL	116255-48-2
BROMOTALINA	63333-35-7

NOMBRE QUÍMICO	Nº CAS
BROMOXINIL	1689-84-5
BUPIRIMATO	41483-43-6
BUPROFEZIN	69327-76-0
BUTACLORO	23184-66-9
BUTAMIFOS	36335-67-8
BUTILATO	2008-41-5
BUTOCARBOXIMA	34681-10-2
BUTOXICARBOXIMA	34681-23-7
BUTRALINA	33629-47-9
BUTROXIDIM	138164-12-2
CADUSAFOS	95465-99-9
CAPTAFOL	2425-06-01
CARBARIL	63-25-2
CARBOFURAN	1563-66-2
CARBENDAZIMA	10605-21-7
CARBOSULFAN	55285-14-8
CARBOXIN	5234-68-4

CARTAP	15263-53-3
CHINOMETIONATO	2439-01-2
CIANAZINA	21725-46-2
CIANOFOS	2636-26-2
CIANURO CALCICO	592-01-8
CIANURO SODICO SÒLIDO	143-33-9
CICLOATO	1134-23-2
CICLOXIDIM	101205-02-1
CIFENOTRINA [(1R)-ISOMEROS]	39515-40-7
CIFLUTRINA o BETA- CIFLUTRINA	68359-37-5
CIHALOTRINA	68085-85-8
CIHEXATINA	13121-70-5
CIMOXANILO	57966-95-7
CINMETILINA	87818-31-3
CIPERMETRINA o ZETA-CIPERMETRINA	52315-07-8
CIPROCONAZOL	94361-06-5
CIROMAZINA	66215-27-8
CLOFENTEZINA	74115-24-5
CLOMAZONA	81777-89-1
CLOPIRALID	57754-85-5
CLORALOSA	15879-93-3
CLORATO SODICO	7775-09-9
CLOROTOXIFOS	54593-83-8
CLORDANO	57-74-9
CLORDECONA	143-50-0
CLORDIMEFORMO	6164-98-3
CLORFENAPIR	122453-73-0
CLORFENVINFOS	470-90-6
CLORIDAZON	1698-60-8
CLORIMURON	99283-00-8
CLORMEFOS	24934-91-6
CLOROBENCILATO	510-15-6
CLOROFACINONA	3691-35-8
CLOROPIRIFOS	2921-88-2
CLORPIRIFOS-METILO	5598-13-0
CLORPROFAM	101-21-3
CLORTAL-DIMETIL	1861-32-1
CLORURO MERCURICO	7487-94-7
CLORURO MERCURIOSO	10112-91-1
CLOZOLINATO	84332-86-5
CUMAFOS	56-72-4

CUMATETRALIL	5836-29-3
DAZOMET	533-74-4
DDT o 1,1,1-TRICLORO-2,2-BIS(4-CLORO-FENIL)-ETANO	50-29-3
DELTAMETRINA	52918-63-5

NOMBRE QUÍMICO	Nº CAS
DEMETON-S-METIL	919-86-8
DESMEDIFAM	13684-56-5
DIAFENTIURON	80060-09-9
DIAZINON	333-41-5
DIBROMURO DE DIQUAT MONOHIDRATADO	6385-62-2
DIBROMURO DE ETILENO	106-93-4
DICAMBA	1918-00-9
DICLOBENIL	1194-65-6
DICLOFOP	40483-25-2
DICLORMID	37764-25-3
DICLOROBENCENO (p-)	106-46-7
DICLOROFEN	97-23-4
DICLORPROP	7547-66-2
DICLORURO DE PROPILENO o 1, 2 DICLORPROPANO	78-87-5
DICLORVOS	62-73-7
DICOFOL	115-32-2
DICROTOFOS	141-66-2
DIELDRINA	60-57-1
DIETILTOLUAMIDA	134-62-3
DIFACINONA	82-66-6
DIFENACUM	56073-07-5
DIFENAMID	957-51-7
DIFENOCONAZOL	119446-68-3
DIFENZOQUAT	43222-48-6
DIFETIALONA	104653-34-1
DIFLUBENZURON	35367-38-5
DIFLUFENICAN	83164-33-4
DIMEFURON	34205-21-5
DIMEPIPERATO	61432-55-1
DIMETACLORO	50563-36-5
DIMETAMETRINA	22936-75-0
DIMETENAMIDA	87674-68-8
DIMETIPIN	55290-64-7
DIMETIRIMOL	5221-53-4
DIMETOATO	60-51-5

DIMETOMORF	110488-70-5
DINICONAZOL	83657-24-3
DINITRAMINA	29091-05-2
DINOBUTON	973-21-7
DINOCAP	39300-45-3
DINOSEB Y SALES DE DINOSEB	88-85-7
DINOTERB	1420-07-1
DIQUAT	2764-72-9
DISULFOTON	298-04-4
DITIANON	3347-22-6
DITIOPIROFOSFATO DE TETRAETILO o SULFOTEP	3689-24-5
DIURON	330-54-1
DODEMORF	1593-77-7
DODINA	2439-10-03
EDIFENFOS	17109-49-8
EMPENTRINA [(1 R) isomeros]	54406-48-3
ENDOSULFAN	115-29-7
ENDOTAL-SODIO	125-67-9
ENDRIN	72-20-8
EPN o ETIL p-NITROFENIL FENILFOSFOROTIOATO	2104-64-5
EPTC o S-ETIL DIPROPILTIOCARBAMATO	759-94-4
ESFENVALERATO	66230-04-4
ESPINOSAD	168316-95-8
ESPIROTETRAMAT	203313-25-1
ESPIROXAMINA o SPIROXAMINA	118134-30-8
ESPROCARB	85785-20-2
ESTRICNINA Y SALES DE ESTRICINA	57-24-9

NOMBRE QUÍMICO	Nº CAS
ETEFON	16672-87-0
ETIL AZINFOS o AZINFOS-ETIL	2642-71-9
ETIL PIRIMIFOS	23505-41-1
ETIOFENCARB	29973-13-5
ETION	563-12-2
ETOFUMESATO	26225-79-6
ETOPROFOS	13194-48-4
ETRIDIAZOL	2593-15-9
ETRIMFOS	38260-54-7
FAMFUR	52-85-7
FENAMIFOS	22224-92-6

FENAMINOSULF	140-56-7
FENARIMOL	60168-88-9
FENAZAQUINA	120928-09-8
FENBUCONAZOL	114369-43-6
FENITROTION	122-14-5
FENMEDIFAM	13684-63-4
FENOBUCARB	3766-81-2
FENOTIOCARB	62850-32-2
FENPIROXIMATO	134098-61-6
FENPROPATRIN	64257-84-7
FENPROPIDINA	67306-00-7
FENPROPIMORF	67564-91-4
FENTION	55-38-9
FENTOATO	2597-03-7
FENVALERATO	51630-58-1
FERIMZONA	89269-64-7
FIPRONIL	120068-37-3
FLANPROP-M	90134-59-1
FLOCUMAFEN	90035-08-8
FLUAZIFOP-P-BUTIL	83066-88-0
FLUCITRINATO	70124-77-5
FLUCLORALIN	33245-39-5
FLUFENACET	142459-58-3
FLUFENOXURON	101463-69-8
FLUMETRALINA	62924-70-3
FLUOROACETAMIDA	640-19-7
FLUOROACETATO DE SODIO	62-74-8
FLUOROGLICOFEN	77501-60-1
FLUROCLORIDONA	61213-25-0
FLURPRIMIDOL	56425-91-3
FLUSILOZOL	85509-19-9
FLUTRIAFOL	76674-21-0
FLUXOFENIM	88485-37-4
FOMESAFEN	72178-02-0
FONOFOS	944-22-9
FORATO	298-02-2
FORMETANATO	22259-30-9
FORMOTION	2540-82-1
FOSALONA	2310-17-0

FOSAMINA	25954-13-6
FOSFAMIDON	13171-21-6
FOSFON o CLORURO DE CLORFONIO	115-78-6
FOSFURO DE CINC	1314-84-7
FOSMET	732-11-6
FOXIM	14816-18-3
FUBERIDAZOL	3878-19-1
FURALAXIL	57646-30-7
FURATIOCARB	65907-30-4
GLIFOSATO	1071-83-6

NOMBRE QUÍMICO	Nº CAS
GLUFOSINATO	53369-07-6
GUAZATINA	108173-90-6
HALOFENOZIDA	112226-61-6
HALOXYFOP	69806-34-4
HEPTACLORO	76-44-8
HEPTENOFOS	23560-59-0
HEXACLOROBENCENO	118-74-1
HEXACLOROCICLOHEXANO o HCH	608-73-1
HEXAZINONA	51235-04-2
HEZACONAZOL	79983-71-4
HIDRAMETILNON	67485-29-4
HIDRAZIDA MALEICA	123-33-1
HIDROXIDO DE COBRE	20427-59-2
HIDROXIDO DE FENTIN	76-87-9
HIMEXAZOL	10004-44-1
IMAZALIL	35554-44-0
IMIDACLOPRID	138261-41-3
IMINOCTADIN	13516-27-3
INDOXACARB	173584-44-6
INSECTICIDA GASEOSO TOXICO, N.E.P.	
INSECTICIDA GASEOSO, N.E.P.	
IOXINIL	1689-83-4
IPROBENFOS	26087-47-8
IPRODIONA	36734-19-7
ISAZOFOS	42509-80-8
ISOFENFOS	25311-71-1
ISOPROTIOLANO	50512-35-1
ISOPROTURON	34123-59-6
ISORPOCARB	2631-40-5

ISOURON	55861-78-4
ISOXATION	18854-04-8
LINDANO o GAMMA-HCH	58-89-9
LINURON	330-55-2
MALATION	121-75-5
MCPA	94-74-6
MCPA-TIOETILO	25319-90-8
MCPB	94-81-5
MECARBAM	2595-54-2
MECOPROP	7085-19-0
MECOPROP-P	16484-77-8
MEFLUIDIDA	53780-34-0
MEPIQUAT	15302-91-7
METABENZTIAZURON	18691-97-9
METACRIFOS	62610-77-9
METALAXILO	57837-19-1
METALDEHIDO	108-62-3
METAMIDOFOS	10265-92-6
METAMITRON	41394-05-2
METAM-SODIO	137-42-8
METASULFOCARB	66952-49-6
METAZACLORO	67129-08-2
METCONAZOL	125116-23-6
METIDATION	950-37-8
METIL - TERC - BUTILETER	1634-04-4
METIL AZINFOS o AZINFOS-METIL	86-50-0
METIL OXDIMETON o OXIDIMETON METILO	301-12-2
METIL PARATION o PARATION-METIL	298-00-0
METILDIMRON	42609-73-4
METIL-S-DIMETON	919-86-8
METIOCARB	2032-65-7
METOBROMURON	3060-89-7
METOLACLORO	51218-45-2

NOMBRE QUÍMICO	Nº CAS
METOLCARB	1129-41-5
METOMIL	16752-77-5
METOXURON	19937-59-8
METRIBUZINA	21087-64-9
METSULFURON METILO	74223-64-6
MEVINFOS	26718-65-0

MICLOBUTANIL	88671-89-0
MIREX	2385-85-5
MOLINATO	2212-67-1
MONOCROTOFOS	6923-22-4
MONOLINURON	1746-81-2
NABAM	142-59-6
NAFTILTIOUREA	86-88-4
NALED	300-76-5
NAPROPAMIDA	15299-99-7
NICOTINA	54-11-5
NITRAPIRINA	1929-82-4
N-OCTILBICICLOHEPTENODICARBOXIMIDA	113-48-4
NUARIMOL	63284-71-9
OCTANOATO DE IOXINILO	3861-47-0
OCTILINONA	26530-20-1
OFURACE	58810-48-3
OMETOATO	1113-02-6
OXADIXIL	77732-09-3
OXAMIL	23135-22-0
OXICARBOXINA	5259-88-1
OXICLORURO DE COBRE	1332-40-7
OXIDO CUPROSO	1317-39-1
OXIDO DE FENBUTATIN	13356-08-6
PACLOBUTRAZOL	76738-62-0
PARAQUAT	1910-42-5
PARATION	56-38-2
PEBULATO	1114-71-2
PENCONAZOL	66246-88-6
PENDIMETALINA	40487-42-1
PERMETRINA	52645-53-1
PICLORAM	1918-02-1
PINDONA	83-26-1
PIMARICIN	7681-93-8
PIPEROFOS	24151-93-7
PIRACLOFOS	77458-01-6
PIRAZOFOS	13457-18-6
PIRAZOXIFEN	71561-11-0
PIRETRINAS	8003-34-7
PIRIDABEN	96489-71-3
PIRIDAFENTION	119-12-0
PIRIDATO	55512-33-9

PIRIFENOX	88283-41-4
PIRIMETANILO	53112-28-0
PIRIMICARB	23103-98-2
PIRIMIFOS METILO	29232-93-7
PIRITIOBAC SODIO	123343-16-8
PIROFOSFATO DE TETRAETILO, LIQUIDO	107-49-3
PIROQUILON	57369-32-1
PLAGUICIDA A BASE DE DIPIRIDILO, SOLIDO, TOXICO	
PLAGUICIDA A BASE DE DIPIRIDILO, LIQUIDO, TOXICO	
PLAGUICIDA A BASE DE DIPIRIDILO, LIQUIDO, TOXICO, INFLAMABLE, de punto de inflamación no inferior a 23ºC	
PLAGUICIDA A BASE DE CARBAMATO, LIQUIDO, INFLAMABLE, TOXICO, de punto de inflamación menor a 23ºC	
PLAGUICIDA A BASE DE CARBAMATOS, LIQUIDO, TOXICO	
PLAGUICIDA A BASE DE CARBAMATOS, LIQUIDO, TOXICO, INFLAMABLE, de punto de inflamación no inferior a 23ºC	
PLAGUICIDA A BASE DE CARBAMATOS, SOLIDO, TOXICO	

NOMBRE QUÍMICO	Nº CAS
PLAGUICIDA A BASE DE COBRE, LIQUIDO, INFLAMABLE, TOXICO, de punto de inflamación menor a 23ºC	
PLAGUICIDA A BASE DE COBRE, LIQUIDO, TOXICO	
PLAGUICIDA A BASE DE COBRE, LIQUIDO, TOXICO, INFLAMABLE, de punto de inflamación no inferior a 23ºC	
PLAGUICIDA A BASE DE COBRE, SOLIDO, TOXICO	
PLAGUICIDA A BASE DE DERIVADOS DE LA CUMARINA (4-HIDROXICUMARINA), LIQUIDO, INFLAMABLE, TOXICO, de punto de inflamación a 23ºC	
PLAGUICIDA A BASE DE DERIVADOS DE LA CUMARINA (4-HIDROXICUMARINA), LIQUIDO, TOXICO, INFLAMABLE, de punto de inflamación no menor que 23°C	
PLAGUICIDA A BASE DE DERIVADOS DE LA CUMARINA (4-HIDROXICUMARINA), SOLIDO, TOXICO	
PLAGUICIDA A BASE DE DERIVADOS DE LACUMARINA (4-HIDROXICUMARINA), LIQUIDO, TOXICO	
PLAGUICIDA A BASE DE DIPIRIDILO, LIQUIDO, INFLAMABLE, TOXICO, de punto de inflamación menor a 23ºC	
PLAGUICIDA A BASE DE FOSFURO DE ALUMINIO	
PLAGUICIDA A BASE DE MERCURIO, LIQUIDO, INFLAMABLE, TOXICO, de punto de inflamación menor a 23ºC	
PLAGUICIDA A BASE DE MERCURIO, LIQUIDO, TOXICO	
PLAGUICIDA A BASE DE MERCURIO, LIQUIDO, TOXICO, INFLAMABLE, de punto de inflamación no inferior a 23ºC	
PLAGUICIDA A BASE DE MERCURIO, SOLIDO, TOXICO	
PLAGUICIDA A BASE DE NITROFENOLES SUSTITUIDOS, LIQUIDO, INFLAMABLE, TOXICO, de punto de inflamación menor a 23ºC	

PLAGUICIDA A BASE DE NITROFENOLES SUSTITUIDOS, LIQUIDO, TOXICO	
PLAGUICIDA A BASE DE NITROFENOLES SUSTITUIDOS, LIQUIDO, TOXICO, INFLAMABLE, de punto de inflamación no inferior a 23ºC	
PLAGUICIDA A BASE DE NITROFENOLES SUSTITUIDOS, SOLIDO, TOXICO	
PLAGUICIDA A BASE DE ORGANOESTAÑO, LIQUIDO, INFLAMABLE, TOXICO, de punto de inflamación menor a 23ºC	
PLAGUICIDA A BASE DE ORGANOESTAÑO, LIQUIDO, TOXICO	
PLAGUICIDA A BASE DE ORGANOESTAÑO, LIQUIDO, TOXICO, INFLAMABLE, de punto de inflamación no inferior a 23ºC	
PLAGUICIDA A BASE DE ORGANOESTAÑO, SOLIDO, TOXICO	
PLAGUICIDA A BASE DE ORGANOFOSFORO, LIQUIDO, INFLAMABLE, TOXICOS, de punto de inflamación menor a 23ºC	
PLAGUICIDA A BASE DE ORGANOFOSFORO, LIQUIDO, TOXICO	
PLAGUICIDA A BASE DE ORGANOFOSFORO, LIQUIDO, TOXICO, INFLAMABLE, de punto de infamación no inferior a 23ºC	
PLAGUICIDA A BASE DE ORGANOFOSFORO, SOLIDO, TOXICO	
PLAGUICIDA A BASE DE TIOCARBAMATO, LIQUIDO, INFLAMABLE, de punto de inflamación no inferior a 23ºC	
PLAGUICIDA A BASE DE TIOCARBAMATO, LIQUIDO, INFLAMABLE, TOXICO, de punto de inflamación menor a 23ºC	
PLAGUICIDA A BASE DE TIOCARBAMATO, LIQUIDO, TOXICO	
PLAGUICIDA A BASE DE TIOCARBAMATO, SOLIDO, TOXICO	
PLAGUICIDA A BASE DE TRIAZINA, LIQUIDO, INFLAMABLE, TOXICO, de punto de inflamación menor a 23ºC	
PLAGUICIDA A BASE DE TRIAZINA, LIQUIDO, TOXICO	
PLAGUICIDA A BASE DE TRIAZINA, LIQUIDO, TOXICO, INFLAMABLE, de punto de inflamación no inferior a 23ºC	
PLAGUICIDA A BASE DE TRIAZINA, SOLIDO, TOXICO	
PLAGUICIDA ARSENICAL LIQUIDO, INFLAMABLE, TOXICO, de punto de inflamación menor a 23ºC	
PLAGUICIDA ARSENICAL, LIQUIDO, TOXICO	
PLAGUICIDA ARSENICAL, LIQUIDO, TOXICO, INFLAMABLE, de punto de inflamación no inferior a 23ºC	
PLAGUICIDA ARSENICAL, SOLIDO, TOXICO	
PLAGUICIDA DERIVADO DEL ACIDO FENOXIACETICO, LIQUIDO, INFLAMABLE, TOXICO, de punto de inflamación menor a 23ºC	
PLAGUICIDA DERIVADO DEL ACIDO FENOXIACETICO, LIQUIDO, TOXICO	
PLAGUICIDA DERIVADO DEL ACIDO FENOXIACETICO, LIQUIDO, TOXICO, INFLAMABLE, de punto de inflamación mayor o igual a 23ºC	

NOMBRE QUÍMICO	Nº CAS
PLAGUICIDA DERIVADO DEL ACIDO FENOXIACETICO, SOLIDO, TOXICO	
PLAGUICIDA LIQUIDO, INFLAMABLE, TOXICO, N.E.P., de punto de inflamación menor a 23ºC	
PLAGUICIDA LIQUIDO, TOXICO, INFLAMABLE, N.E.P., de punto de inflamación no inferior a 23ºC	
PLAGUICIDA LIQUIDO, TOXICO, N.E.P.	
PLAGUICIDA ORGANOCLORADO, LIQUIDO, INFLAMABLE, TOXICO de punto de inflamación menor a 23ºC	
PLAGUICIDA ORGANOCLORADO, LIQUIDO, TOXICO	
PLAGUICIDA ORGANOCLORADO, LIQUIDO, TOXICO, INFLAMABLE, de punto de inflamación no inferior a 23ºC	
PLAGUICIDA ORGANOCLORADO, SOLIDO, TOXICO	
PLAGUICIDA PIRETROIDEO (PIRETROIDES), LIQUIDO, TOXICO	
PLAGUICIDA PIRETROIDEO (PIRETROIDES),, SOLIDO, TOXICO	
PLAGUICIDA PIRETROIDEO, LIQUIDO, (PIRETROIDES) INFLAMABLE, TOXICO, de punto de inflamación menor a 23ºC	
PLAGUICIDA PIRETROIDEO, LIQUIDO, (PIRETROIDES) TOXICO, INFLAMABLE, de punto de inflamación no inferior a 23ºC	
PLAGUICIDA, SOLIDO, TOXICO, N.E.P.	
PRALETRIN	23031-36-9
PROBENAZOL	27605-76-1
PROCLORAZ	67747-09-5
PROFENOFOS	41198-08-7
PROMETON	1610-18-0
PROMETRINA	7287-19-6
PROPACLORO	1918-16-7
PROPAFOS	7292-16-2
PROPANIL	709-98-8
PROPAQUIZAFOP	111479-05-1
PROPARGITO	2312-35-8
PROPETAMFOS	31218-83-4
PROPICONAZOL	60207-90-1
PROPOXUR	114-26-1
PROSULFOCARB	52888-80-9
PROTIOFOS	34643-46-4
QUINALFOS	13593-03-8
QUINCLORAC	84087-01-4
QUINOCLAMINA	2797-51-5
QUIZALOFOP	76578-12-6
QUIZALOFOP-P-TEFURIL	119738-06-6
RESMETRINA	10453-86-8
ROTENONA	83-79-4

SETOXIDIMA	74051-80-2
SIMETRINA	1014-70-6
SULFAMATO DE AMONIO o SULFAMATO AMONICO	7773-06-0
SULFATO DE COBRE o SULFATO CUPRICO	7758-98-7
SULFLURAMIDA	4151-50-2
SULPROFOS	35400-43-2
TAU-FLUVALINATO	102851-06-9
TCA (SAL DE SODIO)	650-51-1
TEBUCONAZOL	107534-96-3
TDE (1,1-Dicloro-2,2-bis-(p-clorofenil)etano)	72-54-8
TEBUFENPIRAD	119168-77-3
TEBUPIRIMFOS	96182-53-5
TEBUTIURON	34014-18-1
TEFLUTRINA	79538-32-2
TEMEFOS	3383-96-8
TERBUFOS	13071-79-9
TERBUMETON	33693-04-8
TERBUTILAZINA	5915-41-3
TERBUTRINA	886-50-0
TETRABORATO DE SODIO DECAHIDRATADO o BORAX	1303-96-4
TETRACLORVINFOS	22248-79-9
TETRACONAZOL	112281-77-3

NOMBRE QUÍMICO	Nº CAS
TIABENDAZOL	148-79-8
TIACLOPRID	111988-49-9
TIDIAZURON	51707-55-2
TIOBENCARB	28249-77-6
TIOCICLAM	31895-22-4
TIODICARB	59669-26-0
TIOFANOX	39196-18-4
TIOMETON	640-15-3
TIRAM	137-26-8
TOXAFENO	8001-35-2
TRALKOXIDIM	87820-88-0
TRALOMETRINA	66841-25-6
TRIADIMEFON	43121-43-3
TRIADIMENOL	55219-65-3
TRI-ALATO	2303-17-5

TRIAZAMATO	112143-82-5
TRIAZOFOS	24017-47-8
TRICICLAZOL	41814-78-2
TRICLOPIR	55335-06-3
TRICLORFON	52-68-6
TRIDEMORF	81412-43-3
TRIETAZINA	1912-26-1
TRIFLOXISTROBIN	141517-21-7
TRIFLUMIZOL	99387-89-0
TRITICONAZOL	131983-72-7
UNDECAN-2-ONA	112-12-9
UNICONAZOL	83657-22-1
VAMIDOTION	2275-23-2
VERNOLATO	1929-77-7
WARFARINA	81-81-2
XILILCARB	2425-10-07
XMC	2655-14-3
ZETA-CIPERMETRINA	52315-07-8
ZINEB	12122-67-7
ZIRAM	137-30-4

c) Sustancias o mezclas comercializadas como productos con acción antimicrobiana.

Artículo 4.- En el caso de una mezcla monoconstituida, cuya sustancia principal se encuentra listada en el artículo 3, letra a) o sustancias que sean para un uso distinto al de plaguicida del listado letra b), se considerará que la mezcla conserva la peligrosidad de dicha sustancia y estará afecta al control de importación.

Sin perjuicio de lo anterior, podrá demostrarse, ante el Ministerio de Salud, que la mezcla no es peligrosa para peligros físicos y de toxicidad aguda, si se acredita mediante los análisis respectivos, según las metodologías establecidas en la NCh 382:2013 y quedar exenta del control de importación.

Artículo 5.- En el caso de mezclas que no estén listadas, pero que tengan uno o más componentes listados en el artículo 3 letra a) o sustancias que sean para un uso distinto al de plaguicida del listado letra b), estarán afectos al control de importación si se determina su peligrosidad, de acuerdo al siguiente criterio.

Para el caso que posea uno o más componentes con peligros físicos o tóxicos agudos, se determinará la clasificación de dicha mezcla, considerando los criterios establecidos en la NCh 382:2013, ya sea a través de aplicación de fórmulas o análisis respectivos.

Para el caso que posea uno o más componentes listados con peligrosidad para la salud crónica, es decir, mutagenicidad en células germinales, carcinogenicidad, toxicidad para la reproducción y toxicidad específica en determinados órganos, por exposición única o repetida, se considerará el siguiente criterio, dependiendo de la concentración presente de la sustancia en la mezcla:

b.i. Mutagenicidad en células germinales:

Componente clasificado como:	Límite de concentración que hacen necesaria la clasificación de una mezcla como:		
	Mutágeno de categoría 1A	Mutágeno de categoría 1B	Mutágeno de categoría 2
Mutágeno de categoría 1A	≥ 0,1 %	---	---
Mutágeno de categoría 1B	---	≥ 0,1 %	---
Mutágeno de categoría 2	---	---	≥ 0,1 %

b.ii. Carcinogenicidad

Componente clasificado como:	Límite de concentración genérica que hacen necesaria la clasificación de una mezcla como:		
	Carcinógena de categoría 1A	Carcinógena de categoría 1B	Carcinógena de categoría 2
Carcinógena de categoría 1A	≥ 0,1 %	---	---
Carcinógena de categoría 1B	---	≥ 0,1 %	---
Carcinógena de categoría 2	---		≥ 0,1 %

Nota: Los límites de concentración de esta tabla se aplican tanto a sólidos y líquidos (p/p) como a gases (v/v).

b.iii. Toxicidad para la reproducción

Componente se clasifica como:	Límite de concentración genérica que hacen necesaria la clasificación de una mezcla como:		
	Toxicidad para la reproducción de Categoría 1A	Toxicidad para la reproducción de Categoría 1B	Toxicidad para la reproducción de Categoría 2
Tóxico para la reproducción de Categoría 1A	≥ 0,3 %		
Tóxico para la reproducción de Categoría 1B		≥ 0,3 %	
Tóxico para la reproducción de Categoría 2			≥ 0,3 %

Nota: Los límites de concentración de esta tabla se aplican tanto a sólidos y líquidos (p/p) como a gases (v/v).

b.iv. Toxicidad específica en determinados órganos por exposición única o repetida.

Componente clasificado como:	Límite de concentración genérica que hacen necesaria la clasificación de la mezcla en la:	
	Categoría 1	Categoría 2
Categoría 1 Tóxico específico en determinados órganos	Concentración ≥ 10%	1,0 % ≤ concentración < 10%
Categoría 2 Tóxico específico en determinados órganos		Concentración ≥ 10%

2.- La presente resolución entrará en vigencia 30 días después de su publicación en el Diario Oficial, oportunidad en la que quedarán derogadas la resolución exenta N° 714, de 2002, que establece la Lista de Sustancias Peligrosas para la Salud y la Circular 15AF/23, de 2002, ambas del Ministerio de Salud, y demás actos administrativos complementarios.

Anótese, comuníquese y publíquese.- Carmen Castillo Taucher, Ministra de Salud

Transcribo para su conocimiento resolución Ex. N° 408, de 02-05-2016.- Saluda atentamente a Ud., Jaime Burrows Oyarzún, Subsecretario de Salud Pública.

DECRETO Nº 45
APRUEBA REGLAMENTO SOBRE LAS PRESTACIONES DE DIÁLISIS Y LOS ESTABLECIMIENTOS QUE LAS OTORGAN, DEL MINISTERIO DE SALUD

Núm. 45.- Santiago, 11 de noviembre de 2016. Visto:

Estos antecedentes; lo dispuesto en los artículos 2, 9, 121, 122 y 123 del Código Sanitario, aprobado por decreto con fuerza de ley N° 725, de 1967, del Ministerio de Salud; en el artículo 4 N° 1, 2 y 3 del Libro I del decreto con fuerza de ley N° 1, de 2005, del Ministerio de Salud, que fija el texto refundido, coordinado y sistematizado del decreto ley N° 2.763, de 1979, y de las leyes N° 18.933 y 18.469; en el decreto N° 2.357, de 1994, del Ministerio de Salud, Reglamento de Centros de Diálisis; en la resolución N° 1.600, de 2008, de la Contraloría General de la República; en los artículos 24 y 32 N° 6 de la Constitución Política de la República, y

Considerando:

1.- Que, a este Ministerio le corresponde la rectoría del sector salud, la que comprende elaborar los reglamentos necesarios para la aplicación de las normas contenidas en el Código Sanitario y la dictación de normas generales sobre materias técnicas, administrativas y financieras a las que deben ceñirse los organismos y entidades del Sistema, para ejecutar las actividades de prevención, promoción, fomento, protección y recuperación de la salud y rehabilitación de la persona enferma.

2.- Que, la Organización Mundial de la Salud ha reconocido que la Enfermedad Renal Crónica (ERC) ha aumentado sostenidamente su prevalencia e incidencia a nivel mundial y que en su etapa terminal (ERCT) requiere tratamiento de sustitución por diálisis o trasplante, siendo catalogada como un problema global de salud pública. 3.- Que, la hemodiálisis es accesible a los pacientes con ERCT que no son candidatos a trasplante renal siendo ésta la única y definitiva forma de tratamiento, siendo efectiva para prolongar su vida. Además, existe evidencia suficiente que demuestra el uso de nuevas modalidades de diálisis, las que ofrecen importantes beneficios que mejoran significativamente la calidad de esta sobrevida.

4.- Que, en consideración al avance y desarrollo que la tecnología de diálisis ha experimentado desde la década de los 90 y a la gran cantidad de pacientes que acceden a esta prestación de salud, el Ministerio de Salud ha estimado oportuno actualizar la regulación contenida en el decreto supremo 2.357, del año 1994, del Ministerio de Salud, que aprueba el "Reglamento sobre Centros de Diálisis".

Decreto:

Apruébase el siguiente Reglamento sobre las Prestaciones de Diálisis y los Establecimientos que las otorgan:

TÍTULO I
DISPOSICIONES GENERALES

Artículo 1.- El presente reglamento rige el funcionamiento de los establecimientos que otorgan prestaciones de diálisis a pacientes con Enfermedad Renal Crónica Terminal o Insuficiencia Renal Aguda, aplicable tanto a aquellos que lo hacen en forma independiente, a los que lo hacen dentro de un establecimiento asistencial, como a los que entregan este servicio a un hospital o clínica a través de las diálisis móviles.

Artículo 2.- Para efectos de la aplicación del presente reglamento, los siguientes conceptos tendrán el significado que se indica a continuación:

a. Centro de Diálisis: Establecimiento o unidad asistencial, constituido por un conjunto de recursos humanos, físicos y tecnológicos, destinado a realizar procedimientos de sustitución renal a pacientes con enfermedad renal aguda o crónica terminal, a través de hemodiálisis o peritoneodiálisis. Puede ser un establecimiento independiente o formar parte de un centro asistencial mayor, como hospitales o clínicas.

b. Circuito Extracorpóreo (CEC): Constituido por el dializador o filtro y las líneas arterial y venosa. Se utiliza para realizar la hemodiálisis o hemofiltración, de tal forma que la sangre extraída del acceso vascular es conducida mediante un circuito de líneas flexibles (línea arterial) hasta el dializador, donde una vez realizada la diálisis ésta se retorna al paciente (línea venosa).

c. Diálisis: Proceso por medio del cual se produce un filtrado artificial de la sangre con el objeto de eliminar toxinas y exceso de agua en pacientes adultos o pediátricos, portadores de enfermedad renal aguda o crónica terminal. Sus principales modalidades son la hemodiálisis y la peritoneodiálisis.

d. Diálisis Móvil: Servicio móvil que cuenta con el equipamiento necesario para realizar prestaciones de diálisis (terapia de reemplazo renal continua, diálisis sostenida de baja eficiencia, peritoneodiálisis, hemodiálisis o hemodialfiltración) en un hospital o clínica de la red asistencial, pública o privada.

e. Enfermedad Renal Crónica Terminal (ERCT): Situación clínica derivada de la pérdida progresiva y permanente de la función renal a la que se puede llegar por múltiples etiologías, tanto de carácter congénito, hereditario o adquirido y que en su etapa 5 o con clearence de creatinina menor de 15 ml/min, requiere de tratamiento de sustitución de la función renal por diálisis o trasplante. f. Hemodiálisis (HD): Procedimiento de sustitución de la función renal, que permite intercambio de solutos y líquidos en ambos sentidos mediante una máquina y filtro de diálisis, eliminando a su vez los productos tóxicos generados por el organismo, que se acumulan en la sangre como consecuencia de una enfermedad renal.

g. Hemofiltración: Técnica de depuración sanguínea extracorpórea, habitualmente continua, basada en el transporte convectivo a través de una membrana de alta permeabilidad, con o sin el empleo de solución de diálisis. Se utiliza generalmente en cuidados intensivos en pacientes hemodinámicamente inestables, con IRA complicada, postcirugía, edema agudo de pulmón, etc.

h. Hemodialfiltración: Procedimiento de sustitución renal que combina la hemodiálisis y la hemofiltración. Esta técnica utiliza dos mecanismos de depuración sanguínea: difusión y convección, para lo cual es necesario agua ultra pura.

i. IAAS: Infecciones Asociadas a la Atención de Salud.

j. Insuficiencia Renal Aguda (IRA): Deterioro brusco y sostenido de la filtración glomerular que se manifiesta inicialmente por incapacidad de excretar productos nitrogenados y tendencia a la oliguria. Generalmente es reversible.

k. Máquina o Monitor de Hemodiálisis: Equipo especialmente diseñado para realizar el procedimiento de hemodiálisis.

l. Periodo de mantenimiento: Mantenimiento de un sistema de tratamiento de agua en su funcionamiento rutinario.

m. Periodo de validación: Tiempo que transcurre para validar un sistema nuevo de tratamiento de agua después de su instalación, después de una reparación importante o después de haberse detectado niveles elevados de contaminación que han obligado a una acción correctiva.

n. Peritoneodiálisis (PD): Procedimiento de sustitución renal, que utiliza el peritoneo como membrana dialítica, permitiendo depurar toxinas, electrolitos y eliminar líquido, mediante mecanismos de transporte de difusión y osmosis, en pacientes adultos y pediátricos. La PD es una terapia principalmente autoadministrada y puede realizarse en modalidad manual o automatizada en el domicilio de la persona.

o. Puesto o Módulo de Hemodiálisis: Unidad básica de atención individual al paciente con ERCT, compuesta por sillón o cama y máquina de HD para la realización del procedimiento de sustitución renal.

p. Sala de Reprocesamiento: Sala destinada al lavado, desinfección y almacenamiento de los dializadores o filtros de HD, cuyas instalaciones permiten realizar estos procedimientos de manera completamente separada e individual, disminuyendo las posibilidades de contaminaciones y aumentando la bioseguridad de pacientes y operarios.

q. Seremi: Secretaría Regional Ministerial de Salud.

r. Sesión de Hemodiálisis: Periodo que corresponde al tiempo real que se utiliza en dializar al paciente.

s. Turno de Hemodiálisis: Periodo que incluye el tiempo empleado en la preparación previa de cada tratamiento, el tiempo real utilizado en la sesión de HD y el proceso posterior a la misma.

t. μS/cm: Microsiemens/centímetro. Unidad de medida que expresa la conductividad del agua.

u. Velocidad de Filtración Glomerular (VFG): Volumen de plasma depurado de una sustancia ideal por unidad de tiempo (expresada en ml/minuto). La sustancia ideal es la que filtra libremente a través del glomérulo y no se secreta ni reabsorbe en el túbulo renal. La VFG puede ser estimada a través de ecuaciones basadas en la creatinina plasmática como la fórmula Cockcroft-Gault y la fórmula MDRD.

TÍTULO II
DE LA AUTORIZACIÓN SANITARIA

Artículo 3.- Corresponderá a la Secretaría Regional Ministerial de Salud en cuyo territorio se encuentre ubicado el centro de diálisis, autorizar su instalación y funcionamiento.

Asimismo, requerirá autorización sanitaria la ampliación, modificación y traslado de los establecimientos o Centros de Diálisis.

Artículo 4.- Para obtener la Autorización Sanitaria, el interesado o representante, en caso de personas jurídicas, debe presentar una solicitud a la Secretaría Regional Ministerial de Salud correspondiente, adjuntando los siguientes antecedentes:

a. Nombre del establecimiento, nombre de fantasía si lo hubiese, domicilio, teléfono, correo electrónico de contacto.

b. Documentos que acrediten dominio del inmueble o derecho a su uso, inscripción de dominio, contrato de arriendo, comodato u otros, según corresponda.

c. Certificado de Destino Comercial de la propiedad otorgado por la Dirección de Obras Municipales o Certificado de Recepción en el caso de edificaciones nuevas.

d. Escritura pública de constitución de sociedad, individualización de él o los representantes legales, si se trata de una persona jurídica o individualización del propietario si es persona natural.

e. Individualización del profesional que asumirá la dirección técnica del establecimiento.

f. Planos de la planta física, con la distribución funcional de las dependencias del establecimiento, especificando al menos lo siguiente: flujos de circulación, recintos generales, sala de HD, estación de enfermería, áreas de trabajo limpia y sucia, sala de reprocesamiento y sala de tratamiento de agua.

g. Copias de los planos o certificados correspondientes de las instalaciones de electricidad, agua potable y gas, visados por personal autorizado de las instituciones competentes en cada uno de esos ámbitos.

h. Listado de los equipos que se utilizarán en los procedimientos generales y específicos, incluyendo la autorización para el uso de equipos que lo requieran.

i. Programa de mantención preventiva de maquinarias, equipos y vehículos de transporte de las unidades de diálisis móviles.

j. Certificados de calibración y puesta en marcha de equipos.

k. Documentación que acredite el dominio de los móviles, para el caso de las diálisis móviles.

l. Listado de los elementos de protección personal a usar en el centro, según el riesgo laboral.

m. Horario de funcionamiento del Centro y distribución de turnos del personal.

n. Manual de normas y procedimientos técnicos.

o. Reglamento interno de orden, higiene y seguridad.

La autorización del Botiquín y del manejo de Residuos de Establecimientos de Atención de Salud (REAS), puede realizarse de manera concomitante con la autorización del establecimiento.

Artículo 5.- Previo al otorgamiento de la autorización de funcionamiento, el solicitante deberá ingresar a la Secretaría Regional Ministerial de Salud, los siguientes antecedentes: certificado de la especialización del Director Técnico, registro como prestador individual en la Superintendencia de Salud, carta de aceptación al cargo y su horario de permanencia en el establecimiento, junto con la nómina detallada del personal, con su respectivo registro como prestadores individuales en la Superintendencia de Salud, certificado de entrenamiento en diálisis extendido por el Director Técnico de un Centro debidamente autorizado o estudios de diplomado o postgrado de formación en diálisis en Universidades reconocidas por el Estado, según corresponda.

Artículo 6.- La autorización sanitaria tendrá una vigencia de tres años, plazo que se entenderá automática y sucesivamente prorrogado por períodos iguales mientras no sea expresamente dejada sin efecto.

TÍTULO III
DE LA DIRECCIÓN TÉCNICA

Artículo 7.- Los establecimientos de Diálisis deberán estar a cargo de un Director Técnico médico cirujano, con especialidad en Nefrología. En el caso de atención de niños, la Dirección Técnica debe estar a cargo de un nefrólogo infantil debidamente certificado.

Dicho profesional será responsable de que el funcionamiento y actividades técnicas y administrativas del establecimiento, se desarrollen dentro del marco de la legislación sanitaria vigente.

Aquellos establecimientos en que el cargo de Director Técnico no pueda ser desempeñado por un especialista en Nefrología, éste podrá ser ejercido por un médico Internista, en el caso de pacientes adultos, o por un médico Pediatra, en el caso de atención de niños, en ambos casos con entrenamiento práctico en diálisis de a lo menos 6 meses, debidamente certificado.

Artículo 8.- El Director Técnico estará a cargo de la ejecución de las siguientes actividades:

a. Representar al Centro ante las autoridades de salud.

b. Aprobar los manuales de normas y procedimientos técnicos y administrativos, velando por el cumplimiento de lo establecido en éstos.

c. Aprobar las funciones específicas de cada funcionario, su jornada de trabajo, los procedimientos a seguir y el sistema de turnos del personal.

d. Asegurar que todo el personal esté protegido con las vacunas correspondientes, de acuerdo a los programas de vacunación obligatoria del Minsal.

e. Realizar las derivaciones de los pacientes al nefrólogo o médico tratante del establecimiento de salud correspondiente para su control periódico o en caso de sucesos espontáneos.

f. Velar por el resguardo de la información clínica de carácter reservado que afecte a los pacientes, conforme

a las disposiciones legales relativas al mantenimiento de su confidencialidad y al secreto profesional.

g. Velar por que se realice la vigilancia y control de las Infecciones Asociadas a la Atención de Salud (IAAS).

h. Participar en la implementación y mantención de un sistema de gestión de calidad (normas, protocolos, procedimientos técnicos y administrativos y auditorías de reacciones adversas y mortalidad).

i. Participar en la implementación de un programa de capacitación continua, que incluya a todo el personal del Centro (profesional, técnico y auxiliar).

j. Velar por la calidad del agua usada para la diálisis.

k. Velar por que haya coordinación con las instituciones que derivan pacientes y con los médicos tratantes.

l. Asegurar el cumplimiento de la normativa GES vigente.

m. Velar por la realización del control médico mensual de especialista a todos los pacientes, lo que deberá registrarse en la ficha clínica, según normativa vigente. Esta función podrá también ser efectuada por el director técnico.

A las Diálisis Móviles, no les serán exigibles los puntos e, l y m.

Artículo 9.- El Director Técnico deberá informar semestralmente la identidad de los pacientes que cumplan con criterios de inclusión para trasplante renal y que no estén ingresados en la lista de espera. Si el paciente es del sector público, deberá informar a la Comisión Derivadora y al Servicio de Salud correspondiente con copia a la Coordinación Nacional de Trasplantes, dependiente del Ministerio de Salud. Si el paciente es del sector privado, dicha información deberá, además, ser remitida al respectivo asegurador.

Artículo 10.- Todos los Centros, incluyendo los de diálisis móviles, deben comunicar en forma inmediata a la Autoridad Sanitaria correspondiente los cambios de Director Técnico que realicen.

TÍTULO IV
DEL PERSONAL

Artículo 11.- El establecimiento de diálisis deberá disponer de la siguiente dotación de personal para asegurar la atención médica y de enfermería durante todo el horario de su funcionamiento:

a. Médico cirujano de turno, puede ser nefrólogo, internista o médico general para la atención de adultos o nefrólogo infantil o pediatra en caso de HD o PD infantil. El médico de turno deberá contar con capacitación en diálisis debidamente certificada de, a lo menos, 3 meses. Esta función también podrá ser efectuada por el Director Técnico.

b. Enfermera jefe o coordinadora, con estudios de diplomado o de post grado realizados en universidades reconocidas por el Estado o experiencia en Centros de Diálisis de, a lo menos, 3 años. En ambos casos deberá contar con la certificación correspondiente. Asimismo, deberá acreditar capacitación en Infecciones Asociadas a la Atención de Salud (IAAS) y Gestión de Calidad en Salud.

Los Centros de Diálisis que tengan un número menor o igual a 72 pacientes, deben disponer de media jornada semanal dedicada a jefatura o coordinación de enfermera. En caso que el número de pacientes sea superior, deben disponer de jornada completa para esta actividad.

La Enfermera Jefe o Coordinadora estará a cargo de la ejecución de las siguientes actividades:

1. Coordinar, planificar, programar, organizar y ejecutar la gestión del cuidado de los pacientes del Centro de Diálisis.

2. Elaborar los manuales de normas y procedimientos técnicos y administrativos del Centro.

3. Planificar y coordinar los recursos humanos y operacionales necesarios para la ejecución de los procedimientos y supervisión de los mismos.

4. Difundir y hacer cumplir entre el personal de su dependencia las normas e instrucciones técnicas que emanen de la Autoridad Sanitaria sobre Centros de Diálisis.

5. Elaborar e implementar un programa de vigilancia y control de las Infecciones Asociadas a la Atención de Salud del Centro.

6. Coordinar el programa de capacitación continua del personal del Centro.

7. Participar en la implementación y mantención de un sistema de gestión de calidad (normas, protocolos, auditorias de reacciones adversas y mortalidad y procedimientos técnicos y administrativos).

c. Enfermeras de Atención Directa, con capacitación teórica y práctica de 3 meses de duración certificada por el Director Técnico de un Centro de Diálisis o estudios de diplomado o postgrado realizados en universidades reconocidas por el Estado, con la certificación correspondiente.

d. Enfermeras de peritoneodiálisis, con capacitación de a lo menos 1 mes en una unidad de diálisis peritoneal.

e. Auxiliares de Enfermería o Técnicos de Nivel Medio o Técnicos de Nivel Superior de Enfermería, con capacitación teórica y práctica de 2 meses de duración, certificada por el Director Técnico de un Centro de Diálisis.

f. Nutricionista, para peritoneodiálisis, que realice el control nutricional al ingreso del paciente al Programa, al tercer mes y luego cada 6 meses o según requerimiento médico. Los pacientes desnutridos o con riesgo de malnutrición deberán ser controlados una vez al mes.

g. Auxiliar de Servicio, con una inducción al ingreso al Centro de Diálisis de, a lo menos, 21 horas, en donde adquiera los conocimientos y destrezas para el cargo, lo que será debidamente certificado por el Director Técnico del Centro.

h. Conductores de unidades móviles y/o traslado de pacientes, con una inducción al Centro de Diálisis de, a lo menos, 21 horas, en donde adquieran los conocimientos y destrezas para el cargo.

i. Personal administrativo.

j. Nutricionista, en caso que algún paciente lo requiera. Esta profesional puede no ser parte de la dotación permanente del establecimiento.

Artículo 12.- En HD, cada enfermera será responsable de atender simultáneamente a un máximo de 6 pacientes adultos o 3 pacientes pediátricos o 1 paciente en diálisis móvil. En caso de PD, la enfermera puede estar a cargo de un máximo de 30 pacientes adultos o 15 pediátricos.

Artículo 13.- Para la desinfección de alto nivel de los circuitos de HD y de los elementos que se reprocesan, se debe contar con un auxiliar de enfermería o un técnico de nivel medio o un técnico de nivel superior de enfermería, exclusivo para estos fines durante la jornada laboral.

Artículo 14.- En las diálisis móviles debe existir una coordinación permanente entre los médicos tratantes de los hospitales y/o clínicas que solicitan el servicio y el médico de la unidad móvil, en todo lo relacionado con el tratamiento de diálisis que se realizará al paciente, lo cual deberá quedar registrado.

El médico responsable de la indicación médica del tratamiento de diálisis será el médico del establecimiento solicitante de dicha prestación.

TÍTULO V
DE LAS INSTALACIONES

Artículo 15.- El establecimiento debe contar con pisos y superficies lisas, lavables, no absorbentes ni adsorbentes, iluminación y ventilación de acuerdo con la normativa vigente y un sistema de climatización que permita regular la temperatura ambiental.

El establecimiento deberá disponer de distintas áreas, según las funciones que se realicen en ellas, de acuerdo con lo que a continuación se indica:

1. Recintos generales

a. Al menos una puerta de ingreso principal al establecimiento debe ser accesible en forma autónoma e independiente desde el nivel de la vereda, para circulación de sillas de ruedas y circulación asistida de camillas.

b. Los Centros que dispongan sus salas de HD en pisos superiores, deberán cumplir con lo establecido en el decreto supremo N° 50, de 2015, Ordenanza General de Urbanismo y Construcciones del Minvu o el que lo reemplace.

c. Área de recepción y sala de espera, vías de circulación expeditas que permitan el acceso de personas con discapacidad, sillas de ruedas y camillas.

d. Espacio con casilleros y percheros para el almacenamiento y disposición de artículos personales de los usuarios.

e. Servicios higiénicos para los usuarios, cercanos a la sala de diálisis, diferenciados por sexo, dispensadores de jabón y toalla, para lavado y secado de manos. Barras de apoyo y acceso a silla de ruedas. Por lo menos uno de ellos debe contar con ducha teléfono.

f. Servicios higiénicos, área de vestuarios y sala de alimentación para el personal, de acuerdo al decreto supremo N° 594, de 1999, del Minsal o el que lo reemplace.

g. Bodegas destinadas a almacenar equipamiento, insumos clínicos y productos farmacéuticos o medicamentos, los que deberán conservarse hasta el momento de su utilización y mientras dure su período de validez, en condiciones que garanticen la mantención de sus características e integridad. Asimismo, los insumos clínicos, productos farmacéuticos o medicamentos de condición termolábil, deberán conservarse en refrigeradores con temperatura controlada, dentro del rango requerido y registrada debidamente.

h. Área cerrada para disposición transitoria de residuos, según normativa vigente.

i. Espacio cerrado destinado a limpiar y guardar materiales y equipos utilizados en las labores de aseo del recinto, con depósito profundo de lavado.

j. Área administrativa donde se guarden archivos, fichas clínicas y otros que permita el almacenamiento de los antecedentes de los pacientes en forma segura.

k. Sala destinada a la atención del paciente para control médico, con elementos básicos como balanza, monitor de presión, camilla, escabel y lavamanos.

l. En caso de entregar colación a los pacientes, el almacenamiento y manipulación de ésta deberá cumplir con lo establecido en el Reglamento Sanitario de los Alimentos del Ministerio de Salud o el que lo reemplace.

Las empresas que presten como único servicio el arriendo de unidades móviles sólo deberán cumplir los puntos f, g, i.

Además, la cabina del vehículo de transporte de los equipos para diálisis móvil e insumos correspondientes, deberá cumplir con los siguientes requisitos:

a. Condiciones sanitarias para la prevención de Infecciones Asociadas a la Atención de Salud.

b. Temperatura inferior a 25 °C.

c. Revestimientos internos antideslizantes, impermeables, lavables y resistentes a los desinfectantes actuales.

d. Condiciones de seguridad que eviten el deterioro de equipos e insumos.

2. Áreas específicas para Peritoneodiálisis

m. Sala de procedimientos con el equipamiento y material acorde a la atención y al número de pacientes.

n. Sala de educación y capacitación del paciente y su familia, con mobiliario de superficies lavables, que puede corresponder a la consulta médica del Centro, siempre y cuando ésta cuente con el espacio requerido para tal actividad.

o. Lavamanos con dispensadores de elementos para el lavado y secado de manos y contenedor de desechos con tapa y pedal.

p. Área limpia con superficie de material liso, lavable no absorbente ni adsorbente, totalmente separada del área sucia.

q. Área sucia con superficie de material liso, lavable no absorbente ni adsorbente, y depósito profundo de lavado.

3. Áreas específicas para Hemodiálisis

3.1 Sala de Hemodiálisis

a. Sala de hemodiálisis que permita circulación expedita del personal y del equipamiento, con espacio de al menos 50 cm. entre cada módulo, con acceso a cada paciente por tres costados.

b. Puerta de acceso a la sala de HD, con apertura hacia afuera o de vaivén, lo suficientemente amplia para dejar pasar una silla de ruedas o camilla.

c. Estación de enfermería con visión sobre todos los pacientes.

d. Cada 6 puestos o módulos de HD, debe haber instalado un lavamanos.

e. Área limpia, con lavamanos, destinada a almacenar y preparar el material para los procedimientos. El material estéril debe almacenarse según normativa vigente.

f. Área sucia, con depósito profundo de lavado.

3.2 Área para pacientes portadores de Hepatitis B Módulo de diálisis exclusivo para pacientes portadores de Hepatitis B, el que debe estar separado físicamente por paneles u otros medios de material lavable que permita la visualización del paciente.

4. Área de Reprocesamiento

a. Sala de reprocesamiento con piso, paredes y cielo de material liso, lavable no absorbente.

b. Para el lavado de capilares, el agua deberá ser de la misma calidad que para el procedimiento de diálisis.

c. Piletas individuales y profundas para el lavado en circuito cerrado del CEC, de material resistente a la humedad y a los agentes químicos empleados en el reprocesamiento, no adsorbente y no absorbente.

d. La distancia de separación entre cada pileta de lavado o batería de llaves no deberá ser menor a 30 cm, medida entre el centro de cada soporte de dializador y el siguiente.

e. Pileta de lavado independiente para los CEC e insumos utilizados en pacientes portadores de Hepatitis C y VIH, con separadores laterales del mismo material de las piletas.

f. Área limpia con lavamanos, dispensadores para el lavado y secado de manos y contenedor de desechos con tapa y pedal.

g. Área sucia con pileta profunda de lavado, de material no tóxico, no corrosivo, no adsorbente y no absorbente.

h. Ducha teléfono para derrames, con los insumos correspondientes.

i. Empaque individual de los CEC, en contenedores o bolsas cerradas, de material lavable, atóxico, resistente a la humedad, no corrosivo, no adsorbente y no absorbente.

j. Área exclusiva de almacenamiento de los CEC y elementos de uso diario, habilitada con mobiliario de material resistente a la humedad, no corrosivo, no adsorbente y no absorbente. Este espacio deberá cumplir con requisitos de iluminación y temperatura, según las recomendaciones para el desinfectante utilizado en el reprocesamiento.

k. Ventilación forzada (con un mínimo de 10 renovaciones de aire por hora).

l. Espacio cercano que contenga mueble de material liso, lavable no absorbente y no adsorbente, destinado a guardar los elementos de protección personal de los funcionarios que operan en la sala de reprocesamiento. Los elementos de protección personal no deberán almacenarse dentro de la sala de reprocesamiento.

Artículo 16.- La sala para el tratamiento de agua deberá ser cerrada, de material liso, lavable no absorbente y mantener una temperatura inferior a los 25 °C. Dicha sala debe contar con los siguientes sistemas:

1. Sistema de tratamiento de agua

1.1 Etapa de pretratamiento:

a. Filtros de retención de partículas en suspensión o sedimentos.

b. Equipos descalcificadores o ablandadores.

c. Filtros de carbón instalados inmediatamente antes de la osmosis inversa.

1.2 Etapa de tratamiento:

a. Osmosis inversa, la que deberá incluir:

– Manómetros antes y después del filtro de partículas de 1 a 5 μm, en entrada a las membranas y en línea de rechazo de agua.

– Medidor de flujo en líneas de permeato y rechazo.

– Un conductivímetro instalado en línea permeato.

– Una válvula de muestreo después del conductivímetro.

b. En caso de no lograr la calidad de agua requerida, se debe considerar una segunda osmosis en serie o en línea o en su defecto un equipo electrodeionizador.

c. Bombas de distribución. Éstas deben ser de material no degradable, inerte, no corrosivo, atóxico, no adsorbente y no absorbente. Si se utiliza acero inoxidable, éste debe ser de grado farmacéutico.

1.3 Etapa post tratamiento:

a. Equipo de luz ultravioleta ubicado después del estanque acumulador de reserva de agua tratada.

b. Filtro de 1 μm, previo al filtro bacteriano.

c. Filtro bacteriano de 0,2 μm absoluto, después del equipo ultravioleta, con manómetros antes y después de cada filtro, de material no degradable, inerte, no corrosivo, atóxico, no adsorbente y no absorbente. Si se utiliza acero inoxidable, éste debe ser de grado farmacéutico.

d. Quedan exceptuados de cumplir con la etapa de post tratamiento los sistemas de osmosis en línea.

2. Sistema de Almacenamiento

a. Los estanques deben ser de material liso, resistente, no degradable, inerte, no corrosivo, atóxico, no adsorbente, no absorbente, opacos, de base cónica, de aristas redondeadas, con tapa superior hermética y filtro de venteo antibacteriano de 0,2 μm.

b. La entrada del agua debe ser por la parte superior, en forma de ducha y salida por la parte inferior.

c. El estanque de almacenamiento de agua tratada debe mantener una circulación constante del agua.

3. Sistema de distribución

a. Los materiales de las cañerías de distribución no deben contribuir a la contaminación química del agua y deben ser compatibles con los diferentes desinfectantes a utilizar en su mantención. Las cañerías deben ser continuas, evitando empalmes y acodaduras. Nunca el agua tratada deberá entrar en contacto con metales, a excepción del acero inoxidable de grado farmacéutico.

b. La cañería principal deberá mantener un flujo turbulento que impida el estancamiento y su conexión hasta los monitores de diálisis deberá ser de la menor longitud posible, asegurando una velocidad mayor a 1m/seg, para evitar la contaminación y el riesgo de formación de biofilm.

c. El agua no consumida debe retornar al estanque de agua tratada con el objeto de mantener una circulación permanente de ésta durante las 24 horas del día.

d. Deben contemplarse dispositivos antirretorno en lugares claves de la red.

e. Deberá existir un conductivímetro en el anillo, cercano a la estación de enfermería, para el monitoreo continuo.

f. Las bombas de agua deben ser de material no degradable, inerte, no corrosivo, atóxico, no adsorbente y no absorbente. Si se utiliza acero inoxidable, éste debe ser de grado farmacéutico.

Artículo 17.- La planta de agua y el sistema de distribución deberán ser desinfectados cada tres meses y toda vez que sea necesario, según el resultado de los análisis bacteriológicos.

Artículo 18.- Las instalaciones eléctricas de los Centros de Diálisis deben cumplir con los siguientes requisitos:

a. Considerar los consumos máximos indicados por el fabricante, para todo el equipamiento, incluyendo los sistemas de iluminación general.

b. Contar con enchufes individuales para cada equipo, con capacidad suficiente para el consumo indicado por el fabricante y con conexión a tierra.

c. Contar con equipos de iluminación de emergencia en áreas claves tales como: sala de diálisis, sala de tratamiento de agua, sala de reprocesamiento, pasillos, vías de escape y bodegas de insumos.

TÍTULO VI
DE LA CALIDAD DEL AGUA Y DEL FUNCIONAMIENTO

Artículo 19.- Previo al inicio de cada turno de diálisis, se deberá controlar y registrar lo siguiente: presión del sistema, dureza del agua, cloro total, conductividad de entrada y salida, flujo de permeato, flujo de rechazo, nivel de sal del depósito. Dichas mediciones podrán hacerse con instrumentos que son parte del equipo de tratamiento o con medidores externos.

Artículo 20.- La calidad del agua para hemodiálisis debe ajustarse a los siguientes niveles máximos de elementos químicos, sin perjuicio de lo señalado en el artículo 19, estas mediciones deberán hacerse semestralmente.

Aluminio	0.01	mg/l
Antimonio	0.006	mg/l
Arsénico	0.005	mg/l
Bario	0.1	mg/l
Berilio	0.0004	mg/l
Cadmio	0.001	mg/l
Calcio	2	mg/l
Cloraminas	0.1	mg/l
Cloro total	0.1	mg/l
Cobre	0.1	mg/l
Cromo	0.014	mg/l
Flúor	0.2	mg/l
Magnesio	4	mg/l
Mercurio	0.0002	mg/l
Nitratos	2	mg/l
Plata	0.005	mg/l
Plomo	0.005	mg/l
Potasio	8	mg/l
Selenio	0.09	mg/l
Sodio	70	mg/l
Sulfatos	100	mg/l
Talio	0.002	mg/l
Zinc	0.1	mg/l

Artículo 21.- El agua purificada deberá tener una conductividad máxima de 5 μS/cm-1 a 25 °C. En lugares del territorio nacional en donde el agua de aporte sea muy dura, se podrán aceptar conductividades de hasta 20 μS/cm-1 a 25°C.

Clasificación de aguas según grados de dureza:

$CaCo_3$ (mg/L)	Tipo de agua
0 - 60	Blanda
61 - 120	Moderadamente dura
121 - 180	Dura
> 180	Muy dura

Fuente: OMS

Artículo 22.- Los controles microbiológicos del agua purificada y ultrapura deberán hacerse semanalmente durante el primer mes de la puesta en marcha del Centro, tiempo que se entiende como periodo de validación. Si alguno de los cultivos o endotoxinas fueran positivos, se realizarán las medidas correctoras necesarias y se alargará el periodo de validación por otro mes más. Posteriormente, en el periodo de mantenimiento, estos controles se realizarán, a lo menos, una vez cada tres meses.

1.- Agua Tratada

a. Bacteriológico, se deberá tomar en los puntos críticos del sistema: post osmosis reversa, post estanque de agua tratada, final del loop de recirculación. El recuento no debe ser mayor a 100 ufc/ml en diálisis de bajo flujo o convencional.

b. Endotoxinas, se deberá tomar en el anillo y no debe ser mayor a 0.25 UI/ml.

c. El recuento de hongos debe ser menor al 10% del recuento bacteriano total.

d. El recuento bacteriológico del agua tratada debe realizarse previo a la desinfección de la planta de agua.

2.- Líquido de Diálisis

a. Bacteriológico, se deberá tomar pre filtro, debe incluir a todos los monitores en un año y no debe ser mayor a 100 ufc/ml.

b. Endotoxinas, se deberá tomar pre filtro, en un monitor al azar y no deberá ser mayor a 0,5 UI/ml.

3.- Para terapia de hemodialfiltración

a. Bacteriológico, se deberá tomar pre filtro y no deberá ser mayor a 10/100 ufc/ml.

b. Endotoxina, se deberá tomar pre filtro y no deberá ser mayor a 0.03 UI/ml.

Artículo 23.- Los análisis biológicos se harán a través de cultivos de agua para HD empobrecido del tipo R2A o TGEA a 22 °C y con lecturas a los 7 días de incubación.

Artículo 24.- Los CEC, tapas y conectores, deben ser de uso individual exclusivo, manteniendo esta condición durante todo el proceso de desinfección de alto nivel.

Los aisladores deben ser de uso individual exclusivo, éstos no podrán lavarse para ser reutilizados. Además, dichos transductores deben ser eliminados en caso de humedad, suciedad evidente o contaminación con materia orgánica.

Artículo 25.- La capacidad residual de los dializadores o filtros reutilizados no debe ser menor a un 80% de su volumen inicial y pueden alcanzar 26 reúsos como máximo.

Artículo 26.- En el área para pacientes portadores de hepatitis B, todos los materiales e insumos trasladados y usados en este sector deben ser desechados en el mismo puesto, incluyendo filtros y líneas, dosis de medicamentos sin uso, viales con diluyentes, jeringas, tórulas, gasas y matraces de suero.

Asimismo, todos los insumos, materiales o aparatos de uso clínico empleados, que no pueden ser descartados, deben ser de uso exclusivo de esta área, en donde deberán ser limpiados, desinfectados y almacenados.

El Centro deberá guardar estricta adherencia a las prácticas de seguridad de Prevención y Control de IAAS emanadas del Ministerio de Salud.

Artículo 27.- En el procedimiento de HD para pacientes portadores de hepatitis C y VIH se debe realizar desinfección interna, química o calórica, del monitor de diálisis, inmediatamente post tratamiento, además de la desinfección externa de todos los otros equipos utilizados.

Todos los materiales e insumos trasladados y usados en el módulo de diálisis del paciente portador, deben ser desechados en el mismo puesto, incluyendo dosis de medicamentos sin uso, viales con diluyentes, jeringas, tórulas, gasas y matraces de suero. Todos los insumos, materiales o aparatos de uso clínico que no pueden ser desechados, deben ser limpiados y desinfectados en el área destinada para estos fines.

Artículo 28.- Los Concentrados para HD, por tratarse de dispositivos médicos deberán ajustarse a las disposiciones que el Instituto de Salud Pública establezca para ellos.

Sin perjuicio de las competencias del Instituto de Salud Públicas en esta materia, la Seremi de Salud exigirá que los Centros de Diálisis cumplan con lo siguiente:

a. Los concentrados básicos sobrantes en una diálisis deben desecharse y en ningún caso podrán ser compartidos entre pacientes.

b. Los productos que se requieran adicionar a los concentrados, tal como cloruro de potasio, deberán cumplir con las exigencias bacteriológicas del líquido de diálisis.

Artículo 29.- El establecimiento debe disponer, para el uso de todo su personal, de la normativa vigente que regula la actividad, de los manuales de normas y procedimientos y sus respectivos protocolos, en versión escrita impresa o digital:

a. Manual de procedimientos de todas las actividades de atención clínica y procedimientos técnicos a realizar en el establecimiento, que incluya el manejo de pacientes con patógenos transmisibles por sangre.

b. Manual de procedimientos de reutilización y control de capacidad de los dializadores y líneas arterial y venosa.

c. Protocolos para realizar los análisis químicos y bacteriológicos del agua tratada.

d. Programa de mantención preventiva y calibración periódica de todo el equipamiento utilizado ya sea internamente o enviado a expertos externos.

e. Manual de normas locales de prevención de infecciones en hemodiálisis, basado en la Norma Técnica de Infecciones Asociadas a la Atención de Salud (IAAS).

f. Programa que contenga procedimientos de vigilancia epidemiológica de infecciones, reacciones adversas y mortalidad, con su respectivo seguimiento, las que deben ser notificadas a la Unidad de Epidemiología de la Seremi de Salud, quien coordinará con los Servicios de Salud, el Instituto de Salud Pública u otra institución, según corresponda.

g. Programa de control, mantención y desinfección de la planta de tratamiento del agua, realizado por personal debidamente calificado.

h. Manual de normas de bioseguridad, que contemple un programa de control de riesgo para el personal.

A las Diálisis Móviles no les será exigible el punto b.

Artículo 30.- El Centro de Diálisis debe contar con un plan escrito de medidas de prevención de riesgos y actuación frente a urgencias clínicas, emergencias, desastres y catástrofes, que incluya:

a. Plan de prevención de riesgos que contemple al personal del Centro y a los pacientes.

b. Plan de acciones de emergencia y evacuación, que contemple al personal del Centro y a los pacientes, coordinación en red con un representante del Centro y un representante del establecimiento derivador, socialización del plan y educación a pacientes y su familia.

c. Protocolo de reanimación cardio-pulmonar, carro de paro habilitado, con normas y procedimientos de su uso y manejo y designación del profesional encargado del mismo. Capacitación del personal en procedimientos de reanimación cardio-pulmonar.

Asimismo, el Centro de Diálisis deberá contar con un plan de contingencia en caso que se presenten o detecten defectos en la calidad de sus insumos o procesos, debiendo considerar la suspensión de los procedimientos de diálisis o el uso de insumos defectuosos, hasta que se solucionen las fallas y se cumplan los respectivos estándares de calidad.

Artículo 31.- El Centro de Diálisis deberá cumplir con lo establecido en el decreto supremo 158, de 2004, del Ministerio de Salud, que aprueba el Reglamento sobre notificación de enfermedades transmisibles de declaración obligatoria o la norma que la reemplace.

TÍTULO VII
DEL EQUIPAMIENTO

Artículo 32.- El establecimiento debe contar con el listado actualizado de los equipos que utiliza y hoja de vida de cada uno de ellos, que contenga:

a. Nombre de los equipos y finalidad de uso.
b. Nombre de la empresa fabricante o importador.
c. Año de fabricación, código, serie y N° de lote.
d. Fecha última calibración.
e. Fecha última mantención.
f. Registro de fallas y reparaciones.

Artículo 33.- Deberá existir un monitor de HD de respaldo por cada 12 máquinas en uso. Los monitores de HD no deberán exceder los 10 años o las 42.000 horas de funcionamiento.

Artículo 34.- Las máquinas o monitores de hemodiálisis crónica deben ser de paso único, sin recirculación de líquido de diálisis y con los siguientes elementos de seguridad en el circuito extracorpóreo:

a. Control automático de temperatura - nivel alto-bajo.
b. Conductivímetro.
c. Detector de hemoglobina.
d. Detector de aire con clampeo automático.
e. Medidores de presión arterial y venosa.
f. Bomba de sangre con detención automática, ante activación de alarmas.
g. Sistema de by-pass de líquido de diálisis u otro sistema que permita este procedimiento.

Artículo 35.- El establecimiento dispondrá de un carro de paro debidamente equipado y con desfibrilador, el que se encontrará ubicado en la sala de hemodiálisis.

Artículo 36.- El establecimiento de diálisis debe contar con un grupo electrógeno que permita mantener en pleno funcionamiento todos los monitores, equipos de diálisis que utiliza y la planta de tratamiento de agua, cada vez que disminuya o se suprima el suministro de energía eléctrica de la red general.

Artículo 37.- Los lavamanos ubicados en la sala de HD, sala de PD, área para pacientes portadores de Hepatitis B y sala de reprocesamiento deberán contar con agua fría y caliente, estar equipados con grifería de chorro de agua único, elevado, con posibilidad de regulación de temperatura y que permita abrir y cerrar el suministro de agua sin necesidad de tocar los grifos; con dispensadores de jabón y de secado de manos y un contenedor de desechos, con tapa y pedal.

TÍTULO VIII
DE LOS REGISTROS

Artículo 38.- El establecimiento deberá contar con registros formales definidos, que incluya al menos lo siguiente:

a. Registro de la indicación de diálisis del paciente con ERCT, con su respectiva confirmación diagnóstica.

b. Registro de ingresos y egresos, ficha clínica y hoja diaria de atención clínica individual por paciente.

c. Archivo de exámenes.

d. Vigilancia epidemiológica de infecciones, eventos adversos, mortalidad, accidentes e incidentes.

e. Registro de pacientes inscritos en programa de trasplantes.

f. Carnet o certificado de vacunación contra la Hepatitis B de los pacientes al día.

g. Reutilización de dializadores.

h. Instalación y funcionamiento de la planta de tratamiento de agua.

i. Formularios ENO y registro de notificaciones a la Autoridad Sanitaria de casos de pacientes con Hepatitis B y C y VIH.

j. Control y monitoreo de la calidad del agua, análisis químicos y bacteriológicos.

k. Control de la cadena de frío del almacenamiento de medicamentos u otros insumos que lo requieran.

l. Libro de asistencia de Director Técnico.

m. Sistema de registro y procedimiento interno de gestión de reclamos.

n. Registro de la entrega a los usuarios de un ejemplar del presente Reglamento.

Artículo 39.- Deberá existir registro de la entrega de información al paciente, que contemple al menos:

a. Documento para requerir consentimiento informado, el que es firmado por el usuario o sus familiares sobre los tratamientos que recibirá.

b. Documento acerca del funcionamiento del Centro frente a emergencias y desastres.

c. Documento con las indicaciones de los cuidados que los pacientes con ERCT deben mantener en su domicilio.

Artículo 40.- El sistema de registros de datos personales, incluidas fichas clínicas y demás antecedentes debe resguardar la privacidad de los usuarios, de acuerdo a la normativa vigente.

TÍTULO IX
FISCALIZACIÓN Y SANCIONES

Artículo 41.- Corresponde a la Secretaría Regional Ministerial de Salud competente en el lugar en que estén ubicados los establecimientos regidos por el presente reglamento, la fiscalización y control de sus actividades.

La contravención a sus disposiciones será sancionada en conformidad a lo dispuesto en el Libro X del Código Sanitario.

Artículo 42.- Derógase el decreto N° 2.357, de 1994, del Ministerio de Salud.

DISPOSICIONES TRANSITORIAS

Artículo transitorio.- Los establecimientos o centros que otorgan prestaciones de hemodiálisis y peritoneodiálisis que se encuentren autorizados a la fecha de publicación del presente decreto en el Diario Oficial, deberán dar cumplimiento a las exigencias que en él se contienen a contar del 31 de diciembre del año 2022.

Anótese, tómese razón y publíquese.- MICHELLE BACHELET JERIA, Presidenta de la República.- Carmen Castillo Taucher, Ministra de Salud.

Transcribo para su conocimiento decreto afecto N° 45, de 11-11-2016.- Saluda atentamente a Ud., Jaime Burrows Oyarzún, Subsecretario de Salud Pública.

CONTRALORÍA GENERAL DE LA REPÚBLICA

División Jurídica

Cursa con alcances el decreto N° 45, de 2016, del Ministerio de Salud

N° 31.385.- Santiago, 29 de agosto de 2017.

Esta Contraloría General ha dado curso al documento del rubro, mediante el cual se aprueba el Reglamento sobre las Prestaciones de Diálisis y los Establecimientos que las Otorgan, por encontrarse ajustado a derecho.

Sin perjuicio de lo anterior, cumple con señalar que el decreto supremo N° 50, de 2015, del Ministerio de Vivienda y Urbanismo, que se cita en el artículo 15, número 1., letra b., del acto administrativo que se analiza, no corresponde a la Ordenanza General de Urbanismo y Construcciones, sino que a una modificación a la misma; y que los vistos y considerandos del instrumento de que se trata adolecen de ciertos errores formales o de referencia que, en todo caso, no afectan su acertada inteligencia.

Además, se ha estimado pertinente indicar que ese ministerio, en lo sucesivo, deberá inutilizar, con la firma y timbre del ministro de fe respectivo, las páginas en blanco de los instrumentos que se remitan para toma de razón, tal como se ha manifestado, entre otros, en los dictámenes N°s. 60.769 y 44.759, ambos de 2016, de este Órgano Fiscalizador, o bien imprimir por ambos lados.

Con los alcances que anteceden, se ha tomado razón del documento del epígrafe.

Saluda atentamente a Ud., Dorothy Pérez Gutiérrez, Contralora General de la República (S).

A la señora Ministra de Salud Presente.

DECRETO Nº 90
APRUEBA REGLAMENTO PARA EL EJERCICIO DE LAS PROFESIONES AUXILIARES DE LA MEDICINA, ODONTOLOGÍA, QUÍMICA Y FARMACIA Y OTRAS, Y DEROGA DECRETOS Nº 261, DE 1978, Y Nº 1.704, DE 1993, AMBOS DEL MINISTERIO DE SALUD

Núm. 90.- Santiago, 15 de diciembre de 2015.

Visto:

Lo establecido en los incisos primero y segundo de los artículos 112 y 113, del decreto con fuerza de ley Nº 725, de 1967, del Ministerio de Salud; en los artículos 1º, 4º y 7º del DFL Nº 1, de 2005, del Ministerio de Salud; las facultades que me confiere el artículo 32 Nº 6, de la Constitución Política de la República; el decreto ley Nº 2.147, de 1978; la Resol. 1.600, de 2008, de la Contraloría General de la República, y

Considerando:

La necesidad de actualizar la regulación sobre profesiones auxiliares de la medicina, odontología y química y farmacia, y otras relacionadas con la conservación y restablecimiento de la salud, e incorporar además otras áreas de desempeño de estas profesiones auxiliares, tales como auxiliares paramédicos de anatomía patológica, y auxiliares paramédicos de esterilización.

Decreto:

Apruébase el reglamento para el ejercicio de las profesiones auxiliares de la medicina, odontología, química y farmacia, u otras relacionadas con la conservación y restablecimiento de la salud, en la forma que a continuación se indica:

TÍTULO I
DISPOSICIONES GENERALES

Artículo 1.- El presente reglamento regula el ejercicio de las profesiones auxiliares de la medicina, odontología, química y farmacia u otras relacionadas con la conservación y restablecimiento de la salud, a las que se refiere el inciso segundo del artículo 112 del Código Sanitario, que son ejercidas por los auxiliares paramédicos en los establecimientos de salud, tanto públicos como privados.

Las disposiciones de este reglamento no resultan aplicables a las personas que poseen títulos técnicos de nivel medio o de nivel superior, en las áreas reguladas en este reglamento, otorgados por entidades educacionales reconocidas oficialmente, conforme a lo previsto en el Título III y el artículo 45 y siguientes del decreto con fuerza de ley Nº 2, de 2009, del Ministerio de Educación, que fija el texto refundido, coordinado y sistematizado de la ley Nº 20.370, con las normas no derogadas del decreto con fuerza de ley Nº 1, de 2005, del mismo origen.

Las personas a que se refiere el inciso anterior, se encuentran habilitadas para ejercer su actividad, sin necesidad de satisfacer otros supuestos de conocimiento o competencia.

Artículo 2.- Se considera Auxiliar Paramédico a la persona que ejerce una profesión auxiliar de las referidas en el artículo 1º, habilitada para ejecutar técnicas y procedimientos, labores de apoyo diagnóstico y terapéutico, y otras actividades que se les asigne en el ámbito de su competencia, bajo la supervisión, control y dependencia del profesional de la salud correspondiente.

Los Auxiliares Paramédicos se desempeñan en las siguientes áreas:
1. Auxiliar Paramédico de Odontología
2. Auxiliar Paramédico de Farmacia
3. Auxiliar Paramédico de Alimentación
4. Auxiliar Paramédico de Enfermería
5. Auxiliar Paramédico de Radiología e Imagenología
6. Auxiliar Paramédico de Laboratorio Clínico y Servicios de Sangre
7. Auxiliar Paramédico de Esterilización
8. Auxiliar Paramédico de Anatomía Patológica.

Artículo 3.- Los Auxiliares Paramédicos estarán habilitados para realizar las siguientes funciones:

a. Ejecutar técnicas y procedimientos que le sean asignados por el profesional que lo supervisa, de acuerdo a las normas, procedimientos operativos estandarizados y/o manuales de calidad vigentes en el establecimiento en que se desempeña.

b. Realizar limpieza y desinfección, de acuerdo a un procedimiento operativo estandarizado (POE), aplicando rigurosamente técnicas de asepsia en el manejo de materiales y en la mantención del lugar de trabajo.

c. Aplicar y cumplir normas de prevención y control de las Infecciones Asociadas a la Atención de Salud, tanto en la ejecución de procedimientos, manejo de materiales o desechos orgánicos e inorgánicos, como en la mantención del lugar de trabajo.

d. Aplicar y cumplir normas de bioseguridad y manejo de residuos de establecimientos de atención de salud de acuerdo a normativa vigente.

e. Cumplir los procedimientos para prevenir riesgos de accidentes y enfermedades inherentes a su desempeño laboral.

f. Preparar y mantener el aseo y el orden de equipos, insumos, instrumentos y sitio de trabajo, y reportar cualquier anormalidad.

g. Efectuar registros en sistemas de información y estadísticas.

TÍTULO II
DE LOS AUXILIARES PARAMÉDICOS, SEGÚN ÁREA DE COMPETENCIA

Artículo 4.- El Auxiliar Paramédico de Odontología está habilitado para ejecutar técnicas y procedimientos básicos en el área de la salud bucal, con la supervisión y/o indicación del profesional correspondiente. En su desempeño laboral sus actividades serán las siguientes:

a. Preparar y mantener la sala de procedimientos y/o pabellón quirúrgico, realizar labores de arsenalería y preparar los materiales a utilizar durante la atención.

b. Mantener equipos, instalaciones e instrumental en óptimas condiciones para la atención odontológica.

c. Lavar y esterilizar el instrumental utilizado, realizar desinfección de equipos y desechar residuos de materia orgánica y de materiales tóxicos y no tóxicos, de acuerdo con las normas y procedimientos establecidos.

d. Realizar labores administrativas básicas en la sala de procedimientos odontológica: registros, inventarios, manejo de insumos clínicos odontológicos diarios, citaciones, comunicación con laboratorios, entre otras.

e. Apoyar en la atención odontológica y al profesional odontólogo en técnicas de primeros auxilios de acuerdo a situaciones de emergencia.

f. Participar con el profesional odontólogo en acciones de fomento y promoción de la salud bucal, contribuir en las labores de educación individual y colectiva.

g. Recibir, orientar y preparar anímicamente al paciente para la atención odontológica.

h. Realizar actividades de detección de placa bacteriana, enseñanza de técnicas de higiene bucal, aplicación de flúor tópico, aplicación de sellantes, pulido coronario y destartraje supragingival.

i. Tomar radiografías periapicales y/o bitewing, y realizar revelado y montaje de radiografías, según corresponda, si cuenta con capacitación y licencia de operación de equipos conforme a la normativa vigente.

j. Efectuar toma de impresiones primarias para modelos de estudio de prótesis y ortodoncia.

Artículo 5.- El Auxiliar Paramédico de Farmacia está habilitado para ejecutar técnicas y procedimientos básicos de los servicios farmacéuticos, de acuerdo a las normas vigentes, con la supervisión del profesional químico-farmacéutico, en acciones de protección, fomento, recuperación y rehabilitación de la salud en farmacias. En su desempeño laboral sus actividades serán las siguientes:

a. En el despacho de productos farmacéuticos, ya sea en atención cerrada o ambulatoria, realizando acciones tales como:

1. Recibir las recetas y revisar que hayan sido extendidas de acuerdo a las normas vigentes.

2. Despachar los productos farmacéuticos, de acuerdo a la prescripción del profesional competente y a las normas establecidas.

3. Transcribir indicaciones médicas en relación a la prescripción.

4. Registrar diariamente el movimiento de fármacos.

5. Efectuar estadísticas de recetas y prescripciones.

b. En la elaboración de preparados farmacéuticos, conforme a la reglamentación vigente, y realizar acciones tales como:

1. Aplicar técnicas de asepsia en el manejo de materiales y en la mantención del lugar de trabajo.

2. Efectuar mezclas de preparados, envasar y rotular conforme a indicaciones técnicas impartidas, bajo la supervigilancia del profesional respectivo.

3. Mantener los registros de producción.

4. Desechar residuos de productos tóxicos y no tóxicos según normativa vigente y procedimientos establecidos.

5. Cumplir con las normas de Procedimientos Operativos contenidas en el Registro respectivo para los procesos del recetario.

6. Cumplir con las Normas de Elaboración de Preparados Farmacéuticos en Recetarios de Farmacia, contenidas en el decreto supremo N° 79, de 2010, del Ministerio de Salud, "Reglamento sobre la elaboración de preparados farmacéuticos en recetarios de farmacia", en lo que le sea pertinente.

c. En actividades de abastecimiento de productos farmacéuticos e insumos terapéuticos, y realizar acciones tales como:

1. Efectuar la recepción, almacenamiento y distribución de éstos de acuerdo a normas vigentes.

2. Cumplir las normas relativas a la conservación y al control de existencia de los mismos artículos.

3. Mantener los registros propios de abastecimientos y preparar los informes de consumos, manejo de productos farmacéuticos e insumos terapéuticos, fechas de expiración, entre otros.

d. En actividades educativas sobre el uso adecuado de los medicamentos y realizar acciones tales como:

1. Informar al paciente ambulatorio sobre la indicación médica para el cumplimiento del tratamiento.

2. Elaborar la etiqueta con las indicaciones del médico.

e. Participar en programas de educación sobre el uso racional de medicamentos dirigidos a la comunidad.

Les quedará estrictamente prohibido realizar las funciones propias del Director Técnico o Supervisor del Recetario.

Artículo 6.- El Auxiliar Paramédico de Alimentación está habilitado para desempeñar actividades de colaboración en la cadena productiva, desde la recepción del alimento hasta su distribución como producto final, ejecutando técnicas y procedimientos de acuerdo a normas vigentes, bajo la supervisión del profesional del área. En el desempeño laboral, sus funciones serán las siguientes:

a. Recibir y almacenar los alimentos de acuerdo a procedimientos establecidos, que respondan a Buenas Prácticas de Elaboración (BPE), realizar controles y registros correspondientes, cumpliendo con las normas legales, técnicas y administrativas establecidas y programas alimentarios vigentes.

b. Elaborar preparaciones culinarias, fórmulas lácteas y enterales, conforme a normativa vigente y procedimientos establecidos y a las indicaciones técnicas entregadas por el profesional del área.

c. Transportar y distribuir los alimentos y/o preparaciones culinarias, de acuerdo a las indicaciones entregadas por el profesional del área y normas técnicas y Programas Alimentarios vigentes.

d. Distribuir los alimentos de los Programas Alimentarios, de acuerdo a las normas y procedimientos establecidos, y verificar el cumplimiento de los requisitos de la población beneficiaria.

e. Realizar todo proceso de limpieza y desinfección de acuerdo a un procedimiento operativo estandarizado (POE), que asegure la inocuidad alimentaria.

f. Informar oportunamente al profesional del área sobre requerimientos o necesidades alimentario-nutricionales de los usuarios.

Artículo 7.- El Auxiliar Paramédico de Enfermería está habilitado para ejecutar técnicas y procedimientos básicos de enfermería, en acciones de promoción, prevención, recuperación y rehabilitación de la salud, bajo la supervisión directa del profesional de la salud del área correspondiente. En su desempeño laboral, sus actividades serán las siguientes:

a. Cumplir con las indicaciones médicas, de enfermería y de otros profesionales.

b. Velar por que la atención de enfermería sea integral, de calidad y segura para el paciente.

c. Otorgar atención de salud, en establecimientos de atención abierta y/o cerrada, de acuerdo a las actividades que se le asignen, y:

1. Participar en las actividades propias de los programas del Ministerio de Salud, que se les asignen, tales como: Ciclo Vital, Programa Nacional de Inmunizaciones y otros definidos por el mismo Ministerio.

2. Participar en actividades educativas, individuales y comunitarias, para la promoción y prevención en salud.

3. Apoyar el control de pacientes crónicos y postrados y técnicas de enfermería básica que se requieran.

4. Apoyar en el manejo técnico y administrativo de la posta de salud rural.

d. Realizar la atención de los pacientes, tanto ambulatorios como hospitalizados, aplicando las normas que regulen la prevención y control de las infecciones asociadas a la atención de salud; y:

1. Realizar el ingreso y egreso del paciente según normas.

2. Controlar signos vitales e informar al paciente, familiar o acompañante según corresponda.

3. Ejecutar técnicas de higiene y confort del paciente, según priorización de necesidades alteradas, indicaciones del profesional y estado del paciente.

4. Administrar medicamentos por diferentes vías: oral, intramuscular, piel y mucosas, según indicación médica y supervisión del profesional respectivo.

5. Colaborar en la toma de muestras para exámenes de laboratorio: de sangre, orina, deposiciones, según indicación médica y supervisión del profesional respectivo.

6. Apoyar al profesional en la realización de técnicas invasivas especiales que impliquen mayor riesgo para el paciente.

7. Ayudar al profesional en la atención inmediata del recién nacido.

e. Registrar y mantener actualizado el sistema de información de salud vigente.

f. Realizar labores de arsenalería y actividades de pabellones.

g. Mantener el orden, aseo de las instalaciones y equipamiento necesario para la atención en salud.

h. Preparar y mantener el stock de insumos, materiales y equipos requeridos, para la realización de técnicas y procedimientos médicos y de enfermería.

Artículo 8.- El Auxiliar Paramédico de Radiología e Imagenología está habilitado para ejecutar técnicas y procedimientos básicos en las áreas de Radiología e Imagenología, bajo la supervisión del profesional correspondiente. En su desempeño laboral, sus funciones serán las siguientes:

a. Apoyar al profesional en la ejecución de técnicas radiológicas e imagenológicas, con fines diagnósticos, preventivos y de control de tratamiento, de pacientes hospitalizados y ambulatorios, y:

1. Recibir órdenes de exámenes y verificar cumplimiento de normas vigentes.

2. Preparar, movilizar y colocar al paciente en posición requerida según examen o tratamiento.

3. Ayudar en la realización de encuesta al paciente, y en la obtención de consentimiento informado, según protocolo de procedimientos imagenológicos fijados por el establecimiento.

4. Apoyar al profesional en el procedimiento de administración de medio de contraste.

5. Realizar observación y seguimiento de posibles reacciones adversas y notificar al profesional encargado, según protocolo de procedimientos imagenológicos fijados por el establecimiento.

6. Recibir y trasladar pacientes citados o agendados para exámenes de rayos X, ecográficos, de tomografía axial computarizada, entre otros.

7. A indicación del profesional correspondiente, realizar exámenes de radiología simple.

8. Manejar técnica de revelado de películas, carga y descarga de chasis y otras alternativas digitales o físicas disponibles.

9. Cumplir con la normativa vigente de protección radiológica.

b. Realizar labores administrativas que se le indiquen, tales como:

1. Citación de pacientes y mantención de agenda.

2. Efectuar estadísticas de recepción de órdenes de exámenes, movimiento de exámenes tomados y entrega oportuna de resultados.

3. Realizar estadísticas administrativas y técnicas y registros en los sistemas de información, según protocolo del establecimiento.

4. Realizar el inventario de equipos y materiales del área.

5. Controlar stock y consumo de materiales.

c. Apoyar al profesional en la preparación de material y equipos para el procesamiento de exámenes, y:

1. Preparar la sala de examen, equipos e insumos para la toma de exámenes.

2. Mantener en orden equipos y sitio de trabajo, de acuerdo a protocolos establecidos, y reportar cualquier anormalidad.

3. Realizar mantenimiento de los instrumentos de trabajo.

d. Apoyar al profesional en actividades educativas y sobre la importancia de la toma oportuna de exámenes para el cumplimiento de indicaciones médicas, e informar a usuarios y familiares sobre:

1. La preparación previa, colaboración de ellos y cuidados posteriores al examen.

2. Las indicaciones para la realización de los distintos exámenes.

3. Las características de los procedimientos a los que serán sometidos.

Artículo 9.- El Auxiliar Paramédico de Laboratorio Clínico y Servicios de Sangre está habilitado para ejecutar técnicas y procedimientos básicos en las áreas de un laboratorio clínico y servicios de sangre, con la supervisión del profesional del área correspondiente. En su desempeño laboral, sus actividades serán las siguientes:

a. Apoyar al profesional en la preparación de muestras para su procesamiento, análisis de técnicas y/o exámenes de laboratorio clínico, hematología, bioquímica, microbiología, parasitología y otros, con fines diagnósticos, preventivos y de control de tratamiento de pacientes hospitalizados y ambulatorios, y:

1. Recibir órdenes de exámenes y verificar el cumplimiento de normas vigentes.

2. Recibir muestras de acuerdo a normas y procedimientos.

3. Manipular, conservar y transportar muestras de exámenes, de acuerdo a normas y procedimientos de bioseguridad y control de calidad.

4. Efectuar técnica de preparación de muestras para su procesamiento, de acuerdo a normas establecidas.

5. Manejar técnica de centrifugación, tinción, siembra, preparación de muestras para observación directa en fresco, preparación de muestras serológicas y otros líquidos biológicos, pipeteo manual y automático, esterilización, pesaje y medición de volumen en general.

b. Apoyar al profesional en la toma de muestras de exámenes, y:

1. Preparar, movilizar y disponer al paciente en posición requerida según examen o tratamiento.

2. Preparar material para efectuar toma de muestra, de acuerdo a examen requerido.

3. Tomar muestras bajo supervisión e indicaciones del profesional.

c. Apoyar al profesional en la preparación de material para el procesamiento de exámenes, y:

1. Preparar, rotular, esterilizar, ordenar y almacenar medios de cultivo.

2. Preparar los reactivos y otros materiales.

d. Participar con los profesionales en actividades educativas sobre la importancia de la toma oportuna de exámenes para el cumplimiento de indicaciones médicas.

e. Informar al usuario o familiares sobre la preparación previa, colaboración de ellos y cuidados posteriores al examen.

f. Realizar, según indicaciones, labores administrativas tales como:

1. Ingresos y registros en el sistema de información del laboratorio.

2. Efectuar registros y estadísticas diarias de recepción de órdenes de exámenes, movimiento de exámenes tomados y entrega oportuna de resultados.

g. Apoyar al profesional en la atención a donantes de sangre, y:

1. Asistirlo en técnicas de flebotomía, de acuerdo a las normas y procedimientos de bioseguridad establecidas.

2. Participar en la realización de colectas fijas y móviles de sangre.

3. Realizar promoción de la donación de sangre y captación de donantes de sangre.

4. Favorecer la fidelización de los donantes voluntarios altruistas.

5. Observar reacciones adversas a la donación de sangre.

6. Informar al donante o familiares sobre la preparación previa a la donación, y los posibles eventos adversos al proceso.

7. Preparar insumos para colectas de sangre.

8. Realizar mantenimiento y aseo de equipos y materiales para colectas de sangre.

9. Asistir en la toma de muestras de exámenes, cuando le sea solicitado.

h. Colaborar con el profesional en la conservación y almacenamiento de productos sanguíneos, y:

1. Asistir en los procesos de producción y almacenamiento de componentes sanguíneos, en la mantención de la cadena de frío y condiciones adecuadas, de acuerdo a normas y procedimientos establecidos.

2. Realizar clasificación ABO-RH, en lámina de componentes sanguíneos, cuando le sea solicitado.

i. Colaborar con el profesional en la ejecución de la terapia transfusional y hemovigilancia, y:

1. Recibir y registrar muestras para estudios pretransfusionales.

2. Realizar clasificación ABO-RH en lámina de los candidatos a transfusiones (receptores), y reclasificación de componentes sanguíneos, cuando corresponda.

3. Usar y preparar centrífugas clínicas, baño termorregulado, descongeladores de plasmas, freezer, agitadores de plaquetas y refrigeradores de almacenamiento.

4. Preparar y manejar material para transfusiones en conjunto con el profesional.

5. Observar reacciones adversas inmediatas y tardías a la transfusión de componentes sanguíneos y hemoderivados.

Artículo 10.- El Auxiliar Paramédico de Esterilización está habilitado para ejecutar técnicas y procedimientos de los servicios de esterilización, de acuerdo a las normas vigentes, en los distintos niveles de atención y proveedores de estos servicios, con la supervisión del profesional del área correspondiente. En su desempeño laboral, sus actividades serán las siguientes, según el proceso que se lleve a cabo:

a. Recibir el material sucio proveniente de los servicios clínicos, de apoyo y de usuarios en general, según protocolos vigentes en el establecimiento.

b. Clasificar los distintos materiales para su posterior lavado, manual o automático, según corresponda.

c. Inspeccionar las condiciones de limpieza, funcionalidad e indemnidad de materiales y equipos para su posterior preparación y esterilización.

d. Clasificar los distintos materiales y equipos de acuerdo a los métodos de esterilización que corresponda.

e. Esterilizar los materiales, instrumental y equipos por los distintos agentes físicos y químicos, según corresponda.

f. Verificar que el proceso de esterilización se haya desarrollado correctamente, a través de los controles físicos, químicos y biológicos, que corresponda.

g. Almacenar los distintos materiales y equipamientos esterilizados, de acuerdo a protocolo, para su posterior distribución.

h. Registrar la ejecución de cada etapa del proceso para la trazabilidad, de acuerdo a protocolo.

i. Aplicar normas de bioseguridad, eliminación de residuos peligrosos y uso de elementos de protección personal.

j. Operar equipos de esterilización, tales como autoclaves, óxido de etileno, plasma de peróxido de hidrógeno, entre otros.

Artículo 11.- El Auxiliar Paramédico de Anatomía Patológica está habilitado para ejecutar técnicas y procedimientos propios de los laboratorios de anatomopatología, de acuerdo a las normas vigentes, con la supervisión del profesional del área respectiva. En su desempeño laboral, sus actividades serán las siguientes, según el proceso que se lleve a cabo:

a. Aplicar y cumplir normas de bioseguridad y manejo de residuos hospitalarios.

b. Aplicar y cumplir normas de recepción y transporte de muestras.

c. Colaborar en el manejo y procesamiento de muestras, según protocolos.

d. Aplicar y cumplir protocolos de manejo de archivos.

e. Ejecutar y mantener el aseo de instrumental, equipos, insumos e instalaciones.

f. Ayudar en la recepción, almacenaje y eliminación de reactivos e insumos de laboratorio, según normativa vigente.

g. Realizar el almacenaje y eliminación de muestras de reserva, según indicación, de acuerdo a normas vigentes.

h. Manejar y mantener los registros manuales y computacionales cuando corresponda.

i. Aplicar y cumplir procedimientos de manejo y entrega del cadáver.

j. Asistir al profesional en la realización de autopsias.

Artículo 12.- Quienes desempeñen funciones de Auxiliar Paramédico en el área de Radiología e Imagenología y de Odontología, y manejen equipos emisores de radiaciones ionizantes, deberán tener aprobado el curso de protección radiológica según la normativa vigente.

TÍTULO III
DE LA AUTORIZACIÓN SANITARIA Y REQUISITOS PARA EL EJERCICIO

Artículo 13.- Corresponderá a la Secretaría Regional Ministerial de Salud respectiva, autorizar el ejercicio como Auxiliar Paramédico en conformidad a las disposiciones del presente reglamento, así como fiscalizar las actividades que realicen los auxiliares paramédicos en sus pertinentes áreas de competencia. La autorización que se otorgue indicará el área de desempeño específico del auxiliar paramédico.

Artículo 14.- Los requisitos para la autorización del ejercicio como auxiliar paramédico son:

a. Poseer Licencia de Enseñanza Media,

b. Haber realizado y aprobado el curso respectivo, de 1.600 horas mínimas de capacitación, según programa definido por el Ministerio de Salud, y

c. Haber rendido y aprobado el Examen de Competencias en el área específica, ante la Secretaría Regional Ministerial de Salud.

Artículo 15.- El examen de competencias de auxiliar paramédico tendrá un componente de carácter teórico y uno práctico, y deberá rendirse ante una comisión designada por el Secretario Regional Ministerial de Salud respectivo, la que estará integrada por tres profesionales de la salud, dos de los cuales correspondan al área de desempeño del postulante, y el tercero será un profesional de la Secretaría Regional Ministerial de Salud.

Una vez aprobado el componente teórico, podrá rendirse el práctico. Quienes reprueben el examen de competencias podrán repetirlo hasta en dos oportunidades, mediando un lapso mínimo de un año entre ellas.

Artículo 16.- El postulante que cumpla con los requisitos exigidos, será autorizado por el Secretario Regional Ministerial de Salud para el ejercicio como Auxiliar Paramédico en el área respectiva, y será registrado en el rol de la Oficina de Registro y Control de Profesiones Médicas y Paramédicas de la Secretaría Regional Ministerial de Salud. Esta autorización se enviará a la Superintendencia de Salud para el registro correspondiente.

La Secretaría Regional Ministerial de Salud otorgará al interesado un certificado que acredita la autorización para ejercer como auxiliar paramédico.

Artículo 17.- Las personas que hayan cursado y aprobado hasta el sexto semestre de una carrera profesional de la salud, en establecimientos de educación superior públicos y en establecimientos de educación superior reconocidos por el Estado, y que no hayan obtenido su título, podrán ser autorizadas para ejercer como auxiliar paramédico en el área correspondiente a sus estudios, previa aprobación del examen de competencias a que se refiere el artículo 15 de este reglamento.

Artículo 18.- Quienes hayan obtenido en el extranjero la certificación o autorización para el ejercicio de alguna de las profesiones auxiliares a que se refiere este reglamento, y no cuenten con el reconocimiento del Ministerio de Relaciones Exteriores conforme a los convenios internacionales vigentes, podrán ejercerla en Chile, previa aprobación del examen de competencias previsto en el artículo 15.

Artículo 19.- Las instituciones interesadas en impartir los cursos para auxiliares paramédicos deberán contar con la aprobación previa del Ministerio de Salud. Para obtener dicha aprobación, tales entidades deberán cumplir los siguientes requisitos:

a. El programa de estudios y conocimientos que se impartirán en ellos será el definido por el Ministerio de Salud.

b. La dirección de los cursos deberá estar a cargo de un profesional de la salud del área respectiva, con experiencia docente en formación de auxiliares paramédicos. Colaborarán en la capacitación otros profesionales de la salud en materias afines, y según el desarrollo del programa de estudios.

c. La admisión y selección de postulantes debe considerar que cumplan a lo menos los siguientes requisitos:

c.1.- Escolaridad: 4° año de enseñanza media aprobado.

c.2.- Salud compatible, acreditada con certificado de un médico-cirujano.

c.3.- Aplicación de entrevistas de selección y pruebas de ingreso establecidas en el programa.

d.- Contar con informe sanitario favorable, otorgado por la Secretaría Regional Ministerial de Salud respectiva, conforme al decreto supremo Nº 289, de 1989, del Ministerio de Salud, que aprueba el Reglamento sobre Condiciones Sanitarias Mínimas de los Establecimientos Educacionales.

Lo anterior, sin perjuicio de las facultades que otorga el ordenamiento jurídico a los establecimientos de educación media y superior que dictan carreras conducentes a títulos técnicos en el área correspondiente.

TÍTULO IV
DE LA FISCALIZACIÓN

Artículo 20.- Corresponderá a la Secretaría Regional Ministerial de Salud respectiva, la fiscalización de las actividades que desarrollan los auxiliares paramédicos a que se refiere esta normativa.

Artículo 21.- Toda contravención al presente reglamento será sancionada de conformidad a lo dispuesto en el Libro X del Código Sanitario.

DISPOSICIONES TRANSITORIAS

Artículo 1.- Quienes a la entrada en vigencia de este decreto posean el certificado de competencia como auxiliar de enfermería o auxiliar paramédico de enfermería otorgado por la Autoridad Sanitaria, y se encuentren realizando actividades en las áreas de Farmacia, Alimentación, Radiología e Imagenología, Laboratorio Clínico, Servicios de Sangre, Esterilización, Anatomía Patológica y Odontología, y acrediten capacitación específica en las mismas, se entenderán autorizados para ejercer en su respectiva área de desempeño, bajo supervisión directa del profesional correspondiente.

Artículo 2.- Durante el plazo de tres años contados desde la entrada en vigencia de este decreto, quienes se encuentran desempeñando labores de apoyo en las áreas de Odontología, Farmacia, Alimentación, Enfermería, Radiología e Imagenología, Laboratorio Clínico y Servicios de Sangre, Esterilización y Anatomía Patológica, en los términos de los artículos 4º, 5º, 6º, 7º, 8º, 9º, 10 y 11; y lo hayan hecho durante 3 años continuos o discontinuos, sin cumplir con el requisito exigido en el artículo 14 letra b), podrán rendir el examen de competencias ante la Seremi de Salud respectiva, según pauta de evaluación definida por el Ministerio de Salud, el que una vez aprobado, autoriza para ejercer como Auxiliar Paramédico en su respectiva área de desempeño.

Quienes se encuentren en la situación señalada en el inciso anterior, y mientras no cuenten con la certificación de competencias otorgada por la Seremi de Salud respectiva, serán reconocidos como auxiliares paramédicos en su área de desempeño pertinente. Para estos efectos, el director técnico del establecimiento de salud en que se desempeña, o el jefe de servicio respectivo, deberán emitir un certificado en el que conste el área específica y tiempo de desempeño en ella. Con el mérito de esta certificación, podrán solicitar su incorporación en el registro de la Superintendencia de Salud, en el que se dejará constancia del origen y vigencia transitoria del reconocimiento.

En todo caso, al término del plazo indicado, deberán contar con la autorización otorgada por la Secretaría Regional Ministerial de Salud respectiva, para ejercer como auxiliares paramédicos en conformidad a este reglamento.

Artículo 3.- Para rendir el examen a que se refiere el artículo precedente, los interesados deben cumplir los siguientes requisitos:

a. Contar con licencia de enseñanza media académica aprobada (4° año medio) o laboral.

b. Contar con certificado de idoneidad y de evaluación de desempeño favorable, otorgado por el Director Técnico del establecimiento en que trabaja, o el jefe del servicio respectivo a quien le conste el ejercicio de dichas funciones, que acredite un desempeño por un periodo de al menos tres años continuos o discontinuos en dicha área, pertinente al perfil definido por el Ministerio de Salud para el área específica. En el caso de periodos discontinuos, para completar los tres años exigidos, los certificados que se emitan deberán abarcar un lapso de al menos seis meses de desempeño efectivo en el área.

c. Contrato de trabajo, contrato a honorarios o resolución de nombramiento que demuestre que el postulante está trabajando a la fecha de postulación al examen.

Quienes reprueben el examen de competencias podrán repetirlo hasta en dos oportunidades, mediando un lapso mínimo de un año entre ellas, siempre que se rinda en el plazo de tres años a que se refiere el artículo anterior.

Artículo 4.- Para los efectos anteriores, la Secretaría Regional Ministerial de Salud deberá constituir la respectiva comisión para evaluar a los postulantes en las áreas indicadas. La comisión estará integrada por un representante de profesiones médicas y dos profesionales del área a evaluar de los Servicios de Salud de la región. Además, podrá integrarse por otros profesionales que se designen.

Corresponderá a la Secretaría Regional Ministerial de Salud realizar el proceso de evaluación que considere al menos el llamado a postular, rendición de examen teórico, de examen práctico, método de recolección de antecedentes, y en general la planificación y coordinación del proceso.

Artículo 5.- Derógase a contar de la fecha de publicación del presente reglamento, el decreto supremo N° 1.704, de 1993, del Ministerio de Salud, que aprueba el "Reglamento para el ejercicio de las profesiones auxiliares de la medicina, odontología y química y farmacia que indica"; y el decreto supremo N° 261, de 1978, del Ministerio de Salud, que aprueba el "Reglamento para el ejercicio de la profesión de Auxiliares de Enfermería".

Anótese, tómese razón y publíquese.- MICHELLE BACHELET JERIA, Presidenta de la República.- Carmen Castillo Taucher, Ministra de Salud.

Transcribo para su conocimiento decreto afecto N° 90, de 15-12-2015.- Saluda atentamente a Ud., Jaime Burrows Oyarzún, Subsecretario de Salud Pública.

LEY Nº 21.331
DEL RECONOCIMIENTO Y PROTECCIÓN DE LOS DERECHOS DE LAS PERSONAS EN LA ATENCIÓN DE SALUD MENTAL

Teniendo presente que el H. Congreso Nacional ha dado su aprobación al siguiente proyecto de ley, iniciado en las siguientes mociones refundidas: la primera, correspondiente al boletín Nº 10.563-11, de las diputadas Marcela Hernando Pérez, Cristina Girardi Lavín y Karol Cariola Oliva, de los diputados Iván Flores García, Fernando Meza Moncada y Víctor Torres Jeldes, de la exdiputada Loreto Carvajal Ambiado y de los exdiputados Marcos Espinosa Monardes, Enrique Jaramillo Becker y Alberto Robles Pantoja; y, la segunda, correspondiente al boletín Nº 10.755-11, del exdiputado Sergio Espejo Yaksic, de la diputada Marcela Hernando Pérez, de los diputados Juan Luis Castro González, Javier Macaya Danús y Víctor Torres Jeldes, de la exdiputada Karla Rubilar Barahona y de los exdiputados Miguel Ángel Alvarado Ramírez, Jaime Pilowsky Greene y Nicolás Monckeberg Díaz,

Proyecto de ley:

"DEL RECONOCIMIENTO Y PROTECCIÓN DE LOS DERECHOS DE LAS PERSONAS EN LA ATENCIÓN DE SALUD MENTAL

TÍTULO I
DISPOSICIONES GENERALES

Artículo 1.- Esta ley tiene por finalidad reconocer y proteger los derechos fundamentales de las personas con enfermedad mental o discapacidad psíquica o intelectual, en especial, su derecho a la libertad personal, a la integridad física y psíquica, al cuidado sanitario y a la inclusión social y laboral.

El pleno goce de los derechos humanos de estas personas se garantiza en el marco de la Constitución Política de la República y de los tratados e instrumentos internacionales de derechos humanos ratificados por Chile y que se encuentren vigentes. Estos instrumentos constituyen derechos fundamentales y es, por tanto, deber del Estado respetarlos, promoverlos y garantizarlos.

Artículo 2.- Para los efectos de esta ley se entenderá por salud mental un estado de bienestar en el que la persona es consciente de sus propias capacidades, puede realizarlas, puede afrontar las tensiones normales de la vida, trabajar y contribuir a su comunidad. En el caso de niños, niñas y adolescentes, la salud mental consiste en la capacidad de alcanzar y mantener un grado óptimo de funcionamiento y bienestar psicológico.

La salud mental está determinada por factores culturales, históricos, socioeconómicos, biológicos y psicológicos, cuya preservación y mejoramiento implica una construcción social esencialmente evolutiva y vinculada a la protección y ejercicio de sus derechos.

Para los efectos de esta ley se entenderá por enfermedad o trastorno mental una condición mórbida que presente una determinada persona, afectando en intensidades variables el funcionamiento de la mente, el organismo, la personalidad y la interacción social, en forma transitoria o permanente.

Persona con discapacidad psíquica o intelectual es aquella que, teniendo una o más deficiencias, sea por causas psíquicas o intelectuales, de carácter temporal o permanente, al interactuar con diversas barreras presentes en el entorno, ve impedida o restringida su participación plena y efectiva en la sociedad, en igualdad de condiciones con las demás.

Artículo 3.- La aplicación de la presente ley se regirá por los siguientes principios:

a) El reconocimiento a la persona de manera integral, considerando sus aspectos biológicos, psicológicos, sociales y culturales, como constituyentes y determinantes de su unidad singular.

b) El respeto a la dignidad inherente de la persona humana, la autonomía individual, la libertad para tomar sus propias decisiones y la independencia de las personas.

c) La igualdad ante la ley, la no discriminación arbitraria, con respeto y aceptación de la diversidad de las personas, como parte de la condición humana y la igualdad de género.

d) La promoción de la salud mental, con énfasis en los factores determinantes del entorno y los estilos de vida de la población.

e) La participación e inclusión plena y efectiva de las personas en la vida social.

f) El respeto al desarrollo de las facultades de niños, niñas y adolescentes, y su derecho a la autonomía progresiva y a preservar y desarrollar su identidad.

g) La equidad en el acceso, continuidad y oportunidad de las prestaciones de salud mental, otorgándoles el mismo trato que a las prestaciones de salud física.

h) El derecho a vivir de forma independiente y a ser incluido en la comunidad; a la protección de la integridad personal; a no ser sometido a tratos crueles, inhumanos o degradantes, y el derecho a gozar del más alto nivel posible de salud, sin discriminación por motivos de discapacidad, así como los demás derechos garantizados a las personas en la Constitución Política de la República y en los tratados internacionales ratificados por Chile y que se encuentren vigentes.

i) La accesibilidad universal, tal como la define la ley Nº 20.422.

Artículo 4.- Las personas tienen derecho a ejercer el consentimiento libre e informado respecto a tratamientos o alternativas terapéuticas que les sean propuestos. Para tal efecto, se articularán apoyos para la toma de decisiones, con el objetivo de resguardar su voluntad y preferencias.

Desde el primer ingreso de la persona a un servicio de atención en salud mental, ambulatorio u hospitalario, será obligación del establecimiento integrarla a un plan de consentimiento libre e informado, como parte de un proceso permanente de acceso a información para la toma de decisiones en salud mental.

Los equipos interdisciplinarios promoverán el ejercicio del consentimiento libre e informado, debiendo entregar información suficiente, continua y en lenguaje comprensible para la persona, teniendo en cuenta su singularidad biopsicosocial y cultural, sobre los beneficios, riesgos y posibles efectos adversos asociados, a corto, mediano y largo plazo, en las alternativas terapéuticas propuestas, así como el derecho a no aceptarlas o a cambiar su decisión durante el tratamiento.

Los equipos de salud promoverán el resguardo de la voluntad y preferencias de la persona. Para tal efecto, dispondrán la utilización de declaraciones de voluntad anticipadas, de planes de intervención en casos de crisis psicoemocional, y de otras herramientas de resguardo, con el objetivo de hacer primar la voluntad y preferencias de la persona en el evento de afecciones futuras y graves a su capacidad mental, que impidan manifestar consentimiento.

Complementariamente, la persona podrá designar a uno o más acompañantes para la toma de decisiones, quienes le asistirán, cuando sea necesario, a ponderar las alternativas terapéuticas disponibles para la recuperación de su salud mental.

Cuando, conforme con el artículo 15 de la ley Nº 20.584, no se pueda otorgar el consentimiento para una determinada acción de salud, se deberá dejar siempre constancia escrita de tal circunstancia en la ficha clínica, la que también deberá ser suscrita por el jefe del servicio clínico o quien lo reemplace.

Artículo 5.- El Estado promoverá la atención interdisciplinaria en salud mental, con personal debidamente capacitado y acreditado por la autoridad sanitaria competente. Se incluyen las áreas de psiquiatría, psicología, trabajo social, enfermería y demás disciplinas pertinentes.

Se promoverá, además, la incorporación de personas usuarias de los servicios y personas con discapacidad en los equipos de acompañamiento terapéutico y recuperación.

El proceso de atención en salud mental debe realizarse preferentemente de forma ambulatoria o de atención domiciliaria, en los niveles primario y secundario de salud, con personal interdisciplinario, y estar encaminado al reforzamiento y desarrollo de los lazos sociales, la inclusión y la participación de la persona en la vida social.

La hospitalización psiquiátrica se entiende como un recurso excepcional y esencialmente transitorio.

Artículo 6.- Los comités de ética de los establecimientos de salud, la Comisión Nacional y las Comisiones Regionales de Protección de Derechos de Personas con Enfermedades Mentales deberán ajustar su labor a las disposiciones de la presente ley, promoviendo y vigilando la armonización de las prácticas institucionales con un enfoque de derechos humanos en discapacidad y salud mental.

Artículo 7.- El diagnóstico del estado de salud mental debe establecerse conforme dicte la técnica clínica, considerando variables biopsicosociales. No puede basarse en criterios relacionados con el grupo político, socioeconómico, cultural, racial o religioso de la persona, ni con su identidad u orientación sexual, entre otros. Tampoco será determinante el antecedente de la hospitalización psiquiátrica previa de la persona que se encuentre o se haya encontrado en tratamiento psicológico o psiquiátrico.

Artículo 8.- Las consecuencias en la salud mental que son producto de la violencia y discriminación que pueda afectar a grupos vulnerables en el ejercicio de sus derechos deben abordarse desde las perspectivas de derechos, de género y de pertinencia cultural, según corresponda. Ante la existencia de indicios de posible vulneración por motivo de violencia física, psíquica, sexual, de género, económica u otra, se dará prioridad a la atención y detección de aquellas circunstancias, resguardando a la persona de las injerencias del entorno que pudieran estar contribuyendo a afectar su salud mental.

Junto con proporcionar la atención en salud, se realizará la denuncia ante la autoridad competente, de ser procedente, y se vinculará a la persona con redes de apoyo social y legal.

TÍTULO II
DE LOS DERECHOS DE LAS PERSONAS CON DISCAPACIDAD PSÍQUICA O INTELECTUAL Y DE LAS PERSONAS USUARIAS DE LOS SERVICIOS DE SALUD MENTAL

Artículo 9.- La persona con enfermedad mental o discapacidad psíquica o intelectual es titular de los derechos que garantiza la Constitución Política de la República. En especial, esta ley le asegura los siguientes derechos:

1. A ser reconocida siempre como sujeto de derechos.
2. A participar socialmente y a ser apoyada para ello, en caso necesario.
3. A que se vele especialmente por el respeto a su derecho a la vida privada, a la libertad de comunicación y a la libertad personal.

4. A participar activamente en su plan de tratamiento, habiendo expresado su consentimiento libre e informado. Las personas que tengan limitaciones para expresar su voluntad y preferencias deberán ser asistidas para ello. En caso alguno se podrá realizar algún tratamiento sin considerar su voluntad y preferencias.

5. A que para toda intervención médica o científica de carácter invasivo o irreversible, incluidas las de carácter psiquiátrico, manifieste su consentimiento libre e informado, salvo que se encuentre en el caso de la letra b) del artículo 15 de la ley N° 20.584.

6. A que se reconozcan y garanticen sus derechos sexuales y reproductivos, a ejercerlos dentro del ámbito de su autonomía, a que le sean garantizadas condiciones de accesibilidad y a recibir apoyo y orientación para su ejercicio, sin discriminación en atención a su condición.

7. A no ser esterilizada sin su consentimiento libre e informado. Queda prohibida la esterilización de niños, niñas y adolescentes o como medida de control de fertilidad.

Cuando la persona no pueda manifestar su voluntad o no sea posible desprender su preferencia o se trate de un niño, niña o adolescente, sólo se utilizarán métodos anticonceptivos reversibles.

8. A recibir atención sanitaria integral y humanizada y al acceso igualitario y equitativo a las prestaciones necesarias para asegurar la recuperación y preservación de la salud.

9. A recibir una atención con enfoque de derechos. Los establecimientos que otorguen prestaciones psiquiátricas en la modalidad de atención cerrada deberán contar con un comité de ética, conforme lo dispone el artículo 20 de la ley N° 20.584.

10. A recibir tratamiento con la alternativa terapéutica más efectiva y segura y que menos restrinja sus derechos y libertades, promoviendo la integración familiar, laboral y comunitaria.

11. A que su condición de salud mental no sea considerada inmodificable.

12. A recibir contraprestación pecuniaria por su participación en actividades realizadas en el marco de las terapias, que impliquen producción de objetos, obras o servicios que sean comercializados.

13. A recibir educación a nivel individual y familiar sobre su condición de salud y sobre las formas de autocuidado, y a ser acompañada durante el proceso de recuperación por sus familiares o por quien la persona libremente designe.

14. A que su información y datos personales sean protegidos de conformidad con la ley N° 19.628.

15. A no ser discriminado por padecer o haber padecido una enfermedad mental o discapacidad psíquica o intelectual.

16. A no sufrir discriminación por su condición en cuanto a prestaciones o coberturas de salud, así como en su inclusión educacional o laboral.

El listado de derechos contemplado en este artículo debe ser publicado por todos los prestadores que otorguen prestaciones de salud mental, conforme a las especificaciones que el Ministerio de Salud disponga a través de una norma técnica.

Artículo 10.- La prescripción y administración de medicación psiquiátrica se realizará exclusivamente con fines terapéuticos. La prescripción de medicamentos sólo puede realizarse a partir de evaluaciones profesionales pertinentes, debiendo la persona ser atendida periódicamente por el profesional competente.

TÍTULO III
DE LA NATURALEZA Y REQUISITOS DE LA HOSPITALIZACIÓN PSIQUIÁTRICA

Artículo 11.- La hospitalización psiquiátrica es una medida terapéutica excepcional y esencialmente transitoria, que sólo se justifica si garantiza un mayor aporte y beneficios terapéuticos en comparación con el resto de las intervenciones posibles, dentro del entorno familiar, comunitario o social de la persona, con una visión interdisciplinaria y restringida al tiempo estrictamente necesario. Se promoverá el mantenimiento de vínculos y comunicación de las personas hospitalizadas con sus familiares y su entorno social.

Artículo 12.- Sin perjuicio de la relevancia de los factores sociales en la aparición, evolución y tratamiento de los problemas de salud mental, la hospitalización psiquiátrica no podrá indicarse para dar solución a problemas sociales, de vivienda o de cualquier otra índole que no sea principalmente sanitaria.

Ninguna persona podrá permanecer hospitalizada indefinidamente en razón de su discapacidad y condiciones sociales. Es obligación del prestador agotar todas las instancias que correspondan, con la finalidad de resguardar el derecho del paciente a vivir en forma independiente y a ser incluido en la comunidad.

Artículo 13.- La hospitalización psiquiátrica involuntaria afecta el derecho a la libertad de las personas, por lo que sólo procederá cuando no sea posible un tratamiento ambulatorio para la atención de un problema de salud mental y exista una situación real de riesgo cierto e inminente para la vida o la integridad de la persona o de terceros. De ningún modo la hospitalización psiquiátrica involuntaria puede deberse a la condición de discapacidad de la persona. Para que proceda, se requiere que se cumplan copulativamente las siguientes condiciones, que deberán constar en la ficha clínica:

1. Una prescripción que recomiende la hospitalización, suscrita por dos profesionales de distintas disciplinas, que cuenten con las competencias específicas requeridas, uno de los cuales siempre deberá ser un médico cirujano, de preferencia psiquiatra. Los profesionales no podrán tener con la persona una relación de parentesco ni interés de algún tipo.
2. La inexistencia de una alternativa menos restrictiva y más eficaz para el tratamiento del paciente o la protección de terceros.
3. Un informe acerca de las acciones de salud implementadas previamente, si las hubiere.
4. Que tenga una finalidad exclusivamente terapéutica.
5. Que se señale expresamente el plazo de la hospitalización involuntaria y el tratamiento a seguir. La hospitalización involuntaria deberá ser por el menor tiempo posible y de ningún modo indefinida, y deberá realizarse en unidades de hospitalización destinadas al tratamiento intensivo de personas con enfermedad mental. En el caso que no existan dichas unidades en el territorio correspondiente al domicilio del paciente, éste podrá ser derivado a otro establecimiento hospitalario de la red pública de salud, más cercano a su domicilio, que cuente con la disponibilidad para realizar el tratamiento intensivo, en conformidad con lo establecido en un reglamento emitido por el Ministerio de Salud.
6. Informar a la autoridad sanitaria competente y a algún pariente o representante de la persona, respecto de la hospitalización involuntaria, en la forma que el reglamento lo determine.

Artículo 14.- Transcurridas setenta y dos horas desde la hospitalización involuntaria, si se mantienen todas las condiciones que la hicieron procedente y se estima necesario prolongarla, la autoridad sanitaria solicitará su revisión al Tribunal de Familia competente del lugar donde se encuentre el establecimiento de salud respectivo, entregando al tribunal todos los antecedentes que le permitan analizar el caso, debiendo incluir un informe del equipo médico tratante que justifique la prolongación de la hospitalización involuntaria.

El Tribunal de Familia respectivo, en el plazo de tres días hábiles contado desde la presentación de la solicitud, deberá resolver si se cumple con los requisitos de legalidad establecidos en el artículo 13 de la presente ley.

En caso de ser necesario, el Tribunal de Familia podrá, dentro del plazo de tres días hábiles, oficiar, solicitando informes complementarios a los profesionales tratantes y a la Comisión Regional de Protección de los Derechos de las Personas con Enfermedades Mentales. Dichos informes deberán ser entregados al tribunal en el plazo de cinco días hábiles. Corresponderá al Servicio de Salud respectivo tramitar dichos oficios.

Transcurridos los plazos señalados anteriormente, según corresponda, y en caso de no cumplirse con los requisitos de legalidad establecidos en el artículo 13, el Juez de Familia correspondiente deberá resolver, ordenando la cesación de la hospitalización psiquiátrica involuntaria.

Cada treinta días corridos contados desde la última revisión por parte del Juez de Familia respectivo, y siempre que el equipo médico estimare que es necesario prolongarla, éste deberá enviar al tribunal, dentro de las veinticuatro horas siguientes al cumplimiento de dicho plazo, una actualización de los antecedentes señalados en el inciso primero, que den cuenta de la evolución de la persona hospitalizada.

Recibido el informe, el tribunal deberá revisar los nuevos antecedentes en conformidad con lo establecido en este artículo.

En cualquier momento el Juez de Familia podrá disponer el alta hospitalaria inmediata, si es que no se cumplen los requisitos legales contemplados en el artículo 13 de la presente ley.

Artículo 15.- La persona hospitalizada involuntariamente o su representante legal tienen derecho a designar uno o más abogados de su confianza. Si no lo tuviere, el Tribunal de Familia competente procederá a hacerlo.

En todo caso, la designación del abogado deberá tener lugar antes de la realización de la primera audiencia a que fuere citada la persona hospitalizada involuntariamente. Si ésta se encontrare privada de libertad, cualquier persona podrá proponer para aquélla un abogado determinado, o bien solicitar al Tribunal de Familia competente su designación.

Para estos efectos, será competente el Tribunal de Familia del lugar en donde el hospitalizado involuntariamente se encontrare.

Artículo 16.- En el caso de hospitalización involuntaria, el alta o permiso de salida es una facultad del equipo de salud. El equipo de salud deberá ofrecer a la persona continuar su hospitalización en forma voluntaria o bien su alta hospitalaria, tan pronto cese la situación de riesgo cierto e inminente para ella o para terceros. Esta situación deberá informarse a la autoridad sanitaria y a algún pariente o representante de la persona, respecto del alta o permiso de salida, en la forma que determine el reglamento.

Artículo 17.- En ningún caso se podrá someter a una persona hospitalizada en forma involuntaria a procedimientos o tratamientos irreversibles, tales como esterilización o psicocirugía.

Artículo 18.- La persona hospitalizada bajo su consentimiento podrá en cualquier momento decidir por sí misma el término de su hospitalización. Cuando la hospitalización voluntaria se prolongue por más de treinta días corridos, la Comisión Regional de Protección de los Derechos de las Personas con Enfermedades Mentales y el equipo de salud a cargo deberán comunicarlo de inmediato al Tribunal de Familia competente, para que éste la revise de conformidad al procedimiento establecido en el artículo 14 de la presente ley.

Artículo 19.- Con el fin de garantizar los derechos humanos de las personas con enfermedad mental o discapacidad psíquica o intelectual, los integrantes profesionales y no profesionales del equipo de salud serán responsables de informar a la Secretaría Regional Ministerial de Salud y a la Comisión Regional de Protección de los Derechos de las Personas con Enfermedades Mentales sobre cualquier sospecha de irregularidad que implique un trato indigno o inhumano a personas bajo tratamiento o una limitación indebida de su autonomía. El funcionario podrá actuar bajo reserva de identidad y no se considerará que ha incurrido en violación del secreto profesional. La sola comunicación a un superior jerárquico dentro de la institución no releva al equipo de salud de tal responsabilidad si la situación irregular persiste.

Artículo 20.- El tratamiento de las personas con enfermedades o trastornos mentales o con discapacidad psíquica o intelectual se realizará con apego a los estándares de atención que a continuación se indican:

1. Que la atención de salud se realice en establecimientos de salud de conformidad con el decreto con fuerza de ley N° 1, de 2005, del Ministerio de Salud.
2. La certificación de las competencias de los profesionales a cargo de la atención de salud mental y la revalidación de dichas competencias, en conformidad con la normativa sobre certificación y registro de profesionales en salud de la Superintendencia de Salud.
3. Que se proporcione a estas personas un tratamiento en base a la mejor evidencia científica disponible y a criterios de costo-efectividad, en relación al mejoramiento de la salud y bienestar integral de la persona.
4. Que las instalaciones para la atención ambulatoria y hospitalaria cumplan con la autorización sanitaria.
5. La incorporación de familiares y otras personas significativas que puedan dar asistencia especial o participen del proceso de recuperación, si ello es consentido por la persona, especialmente en el caso de niños, niñas y adolescentes, con el objetivo de fortalecer su inclusión social.
6. La atención de salud no podrá dar lugar a discriminación respecto de otras enfermedades, en relación a cobertura de prestaciones y tasa de aceptación de licencias médicas.
7. No podrá existir discriminación en cuanto a la existencia de servicios en la red de atención de salud, siendo estos necesarios para la acreditación sanitaria.

Artículo 21.- El manejo de conductas perturbadoras o agresivas que pongan a la persona en condiciones de riesgo real e inminente y que amenacen la integridad o la vida de sí misma o terceros debe hacerse con estricto respeto a los derechos humanos, incorporando estrategias y protocolos para prevenir su ocurrencia, y considerando la voluntad y preferencias expresadas por la persona para el manejo de las mismas, pudiendo sólo aplicarse en los casos en que concurra indicación terapéutica acreditada por un médico, siempre que no exista otra alternativa menos restrictiva y que la necesidad de su aplicación fuere proporcional en relación a la conducta perturbadora.

Los equipos tratantes deben acompañar a las personas durante estas situaciones, sobre la base de una contención emocional y ambiental. En caso de utilizar la contención física, mecánica, farmacológica y de observación continua en sala individual, éstas sólo podrán aplicarse en los casos en que concurra indicación terapéutica acreditada por un médico, y durante el tiempo estrictamente necesario, empleando todos los medios para minimizar sus efectos nocivos en la integridad física y psíquica del paciente. En ningún caso las acciones de contención pueden significar torturas, apremios ilegítimos u otros tratos crueles, inhumanos o degradantes. Durante el empleo de las mismas, la persona tendrá garantizada la supervisión médica permanente.

De todo lo actuado en el uso de estas medidas se dejará registro en la ficha clínica, se informará a la autoridad sanitaria, a la Comisión Regional de Protección de los Derechos de las Personas con Enfermedades Mentales y a un pariente o representante de la persona, de la forma establecida en el reglamento. De la aplicación de estas medidas y de aquellas que restrinjan temporalmente la comunicación o contacto con las visitas se podrá solicitar su revisión a la Comisión Regional de Protección de los Derechos de las Personas con Enfermedades Mentales que corresponda. En el caso de las personas hospitalizadas de forma involuntaria, estas medidas también se pondrán en conocimiento del Tribunal de Familia competente respectivo para efectos de lo establecido en el artículo 14 de la presente ley.

Mediante un reglamento expedido por el Ministerio de Salud se establecerán las normas adecuadas para el manejo de las conductas perturbadoras o agresivas que las personas con discapacidad psíquica o intelectual pudieran tener en establecimientos de salud y el respeto por sus derechos en la atención de salud.

TÍTULO IV
DERECHOS DE LOS FAMILIARES Y DE QUIENES APOYEN A PERSONAS CON ENFERMEDAD MENTAL O DISCAPACIDAD PSÍQUICA O INTELECTUAL

Artículo 22.- Los familiares y quienes apoyen a personas con enfermedad mental o discapacidad psíquica o intelectual tienen derecho a recibir información general sobre las mejores maneras de ejercer la labor de apoyo y cuidado, tales como contenidos psicoeducativos sobre las enfermedades mentales, la discapacidad y sus tratamientos.

Artículo 23.- Los familiares y quienes apoyen a personas con enfermedad mental o discapacidad psíquica o intelectual tienen derecho a organizarse para abogar por sus necesidades y las de las personas a quienes apoyan y cuidan, a crear instancias comunitarias que promuevan la inclusión social y a denunciar situaciones que resulten violatorias de los derechos humanos.

TÍTULO V
DE LA INCLUSIÓN SOCIAL

Artículo 24.- La articulación intersectorial del Estado deberá incluir acciones permanentes para la cabal inclusión social de las personas con enfermedad mental, discapacidad psíquica o intelectual.

TÍTULO VI
MODIFICACIONES LEGALES

Artículo 25.- Modifícase la ley Nº 20.584, que regula los derechos y deberes que tienen las personas en relación con acciones vinculadas a su atención en salud, de la siguiente manera:

1. Incorpórase en el inciso primero del artículo 10, luego del punto y aparte que pasa a ser punto y seguido, la siguiente oración: "Asimismo, todo niño, niña y adolescente tiene derecho a recibir información sobre su enfermedad y la forma en que se realizará su tratamiento, adaptada a su edad, desarrollo mental y estado afectivo y psicológico.".

2. Agréganse en el artículo 14 los siguientes incisos quinto y sexto:

"Sin perjuicio de las facultades de los padres o del representante legal para otorgar el consentimiento en materia de salud en representación de los menores de edad competentes, todo niño, niña y adolescente tiene derecho a ser oído respecto de los tratamientos que se le aplican y a optar entre las alternativas que éstos otorguen, según la situación lo permita, tomando en consideración su edad, madurez, desarrollo mental y su estado afectivo y psicológico. Deberá dejarse constancia de que el niño, niña o adolescente ha sido informado y se le ha oído.

En el caso de una investigación científica biomédica en el ser humano y sus aplicaciones clínicas, la negativa de un niño, niña o adolescente a participar o continuar en ella debe ser respetada. Si ya ha sido iniciada, se le debe informar de los riesgos de retirarse anticipadamente de ella.".

3. Suprímense los artículos 25, 26 y 27.

4. Sustitúyese el artículo 28 por el siguiente:

"Artículo 28.- No se podrá desarrollar investigación biomédica en adultos que no son capaces física o mentalmente de expresar su consentimiento o de los que no es posible conocer su preferencia, a menos que la condición física o mental que impide otorgar el consentimiento informado o expresar su preferencia sea una característica necesaria del grupo investigado. En estos casos, no se podrá involucrar en investigación sin consentimiento a una persona cuya condición de salud sea tratable de modo que pueda recobrar su capacidad de consentir.

En estas circunstancias, además de dar cabal cumplimiento a las normas contenidas en la ley N° 20.120, sobre la investigación científica en el ser humano, su genoma, y prohíbe la clonación humana, y en el Código Sanitario, según corresponda, el protocolo de la investigación deberá contener las razones específicas para incluir a individuos con una enfermedad que no les permite expresar su consentimiento o manifestar su preferencia. Se deberá acreditar que la investigación involucra un potencial beneficio directo para la persona e implica riesgos mínimos para ella. Asimismo, se deberá contar previamente con el informe favorable de un comité ético científico acreditado y con la autorización de la Secretaría Regional Ministerial de Salud.

En esos casos, los miembros del comité que evalúe el proyecto no podrán encontrarse vinculados directa ni indirectamente con el centro o institución en el cual se desarrollará la investigación, ni con el investigador principal o el patrocinador del proyecto.

Se deberá obtener a la brevedad el consentimiento o manifestación de preferencia de la persona que haya recuperado su capacidad física o mental para otorgar dicho consentimiento o manifestar su preferencia.

Las personas con enfermedad neurodegenerativa o psiquiátrica podrán otorgar anticipadamente su consentimiento informado para ser sujetos de ensayo en investigaciones futuras, cuando no estén en condiciones de consentir o expresar preferencia.

La investigación biomédica en personas menores de edad se regirá por lo dispuesto en la ley N° 20.120. Con todo, deberá respetarse su negativa a participar o continuar en la investigación.".

TÍTULO VII
DISPOSICIONES VARIAS

Artículo 26.- Prohíbese la creación de nuevos establecimientos psiquiátricos asilares o de atención segregada en salud mental.

Sólo se permitirá la internación ambulatoria de personas en los establecimientos psiquiátricos asilares existentes a la fecha de publicación de la presente ley, que cumplan con los requisitos establecidos en un reglamento dictado por el Ministerio de Salud.

Artículo 27.- Un reglamento del Ministerio de Salud y las normas técnicas pertinentes establecerán las condiciones, requisitos y mecanismos que sean necesarios para el cumplimiento de todos aquellos asuntos establecidos en la presente ley.

Artículo 28.- Las infracciones de esta ley podrán ser reclamadas de conformidad a los procedimientos establecidos en el Título IV de la ley N° 20.584, que regula los derechos y deberes que tienen las personas en relación con acciones vinculadas a su atención de salud.

Artículo transitorio.- Los reglamentos a que se refieren las disposiciones de la presente ley deberán dictarse dentro del plazo máximo de sesenta días corridos, contado desde su publicación.".

Habiéndose cumplido con lo establecido en el N° 1 del artículo 93 de la Constitución Política de la República y por cuanto he tenido a bien aprobarlo y sancionarlo; por tanto, promúlguese y llévese a efecto como Ley de la República.

Santiago, 5 de mayo de 2021.- SEBASTIÁN PIÑERA ECHENIQUE, Presidente de la República.- Enrique Paris Mancilla, Ministro de Salud.- Karla Rubilar Barahona, Ministra de Desarrollo Social y Familia.- Hernán Larraín Fernández, Ministro de Justicia y Derechos Humanos.

Transcribo para su conocimiento ley N° 21.331.- Por orden de la Subsecretaria de Salud Pública.- Saluda atentamente a Ud., Jorge Hübner Garretón, Jefe División Jurídica, Ministerio de Salud.

TRIBUNAL CONSTITUCIONAL

Proyecto de ley sobre protección de la salud mental, correspondiente a los Boletines N°s. 10563-11 y 10755-11

La Secretaria del Tribunal Constitucional, quien suscribe, certifica que la H. Cámara de Diputadas y Diputados envió el proyecto de ley enunciado en el rubro, aprobado por el Congreso Nacional, a fin de que este Tribunal ejerciera el control de constitucionalidad respecto de sus artículos 14, 15, 18 y 21 del proyecto de ley y por sentencia de 23 de abril de 2021, en los autos Rol 10513-21-CPR.

Se declara:

I. Que las siguientes disposiciones del proyecto de ley sobre protección de la salud mental, correspondiente a los boletines N°s. 10.563-11 y 10.755-11, refundidos, son conformes con la Constitución Política:

1. Artículo 14.
2. Artículo 15.
3. Artículo 18, en la expresión "Cuando la hospitalización voluntaria se prolongue por más de treinta días corridos, la Comisión Regional de Protección de los Derechos de las Personas con Enfermedades Mentales y el equipo de salud a cargo deberán comunicarlo de inmediato al Tribunal de Familia competente, para que éste la revise de conformidad al procedimiento establecido en el artículo 14 de la presente ley.".
4. Artículo 21, inciso tercero, en la expresión "En el caso de las personas hospitalizadas de forma involuntaria, estas medidas también se pondrán en conocimiento del Tribunal de Familia competente respectivo para efectos de lo establecido en el artículo 14 de la presente ley.".
5. Artículo 25, N° 3, en cuanto suprime el artículo 25, inciso cuarto, de la ley N° 20.584.

II. Que no se emite pronunciamiento, en examen preventivo de constitucionalidad, de las restantes disposiciones del proyecto de ley, por no regular materias reservadas a la ley orgánica constitucional.

Santiago, 23 de abril de 2021.- María Angélica Barriga Meza, Secretaria.

LEY Nº 21.422
PROHÍBE LA DISCRIMINACIÓN LABORAL FRENTE A MUTACIONES O ALTERACIONES DE MATERIAL GENÉTICO O EXÁMENES GENÉTICOS

Teniendo presente que el H. Congreso Nacional ha dado su aprobación al siguiente proyecto de ley iniciado en una moción del Honorable senador señor Alejandro Navarro Brain,

Proyecto de ley:

"**Artículo 1°.-** Ningún empleador podrá condicionar la contratación de trabajadores, su permanencia o la renovación de su contrato, o la promoción o movilidad en su empleo, a la ausencia de mutaciones o alteraciones en su genoma que causen una predisposición o un alto riesgo a una patología que pueda llegar a manifestarse durante el transcurso de la relación laboral, ni exigir para dichos fines certificado o examen alguno que permita verificar que el trabajador no posee en su genoma humano mutaciones o alteraciones de material genético que puedan derivar en el desarrollo o manifestarse en una enfermedad o anomalía física o psíquica en el futuro.

Artículo 2°.- El trabajador podrá manifestar su consentimiento libre e informado para realizarse un examen genético, de conformidad con lo dispuesto en el artículo 14 de la ley N° 20.584, siempre y cuando esté dirigido a asegurar que reúne las condiciones físicas o psíquicas necesarias e idóneas para desarrollar trabajos o faenas calificados como peligrosos, con la única finalidad de proteger su vida o integridad física o psíquica, como asimismo la vida o la salud física o mental de otros trabajadores. En caso de ser requeridos estos exámenes por el empleador, éste deberá asumir su costo. Asimismo, en caso de existir relación laboral vigente, el tiempo utilizado en la realización de dichos exámenes se entenderá como trabajado para todos los efectos legales.

Artículo 3°.- Los establecimientos de salud y los laboratorios que realicen este tipo de exámenes, como asimismo los empleadores que accedan a esta información, deberán adoptar todas las medidas de seguridad prescritas en la ley N° 20.584 y en el artículo 12 de ley N° 20.120, con el fin de proteger la intimidad del trabajador y garantizar un manejo reservado de los datos.

El trabajador siempre tendrá derecho a acceder a la información que arroje un examen genético.

Y por cuanto he tenido a bien aprobarlo y sancionarlo; por tanto, promúlguese y llévese a efecto como Ley de la República."

Santiago, 3 de febrero de 2022.- SEBASTIÁN PIÑERA ECHENIQUE, Presidente de la República.- Pedro Pizarro Cañas, Ministro del Trabajo y Previsión Social (S).- Enrique Paris Mancilla, Ministro de Salud.

Lo que transcribo a usted para su conocimiento.- Gustavo Rosende Salazar, Subsecretario del Trabajo (S).

LEY Nº 21.403
RECONOCE LA SORDOCEGUERA COMO DISCAPACIDAD ÚNICA Y PROMUEVE LA PLENA INCLUSIÓN SOCIAL DE LAS PERSONAS SORDOCIEGAS

Teniendo presente que el H. Congreso Nacional ha dado su aprobación al siguiente proyecto de ley iniciado en una moción de los diputados Francisco Undurraga Gazitúa, Pepe Auth Stewart, Juan Antonio Coloma Álamos, Luciano Cruz-Coke Carvallo, Iván Flores García, Giorgio Jackson Drago y Jorge Sabag Villalobos; de la diputada Maya Fernández Allende; y del exdiputado Jaime Bellolio Avaria,

Proyecto de ley:

"**Artículo único.-** Incorpóranse en la ley N° 20.422, que establece normas sobre igualdad de oportunidades e inclusión social de personas con discapacidad, las siguientes modificaciones:

1. Agréganse en el artículo 6 las siguientes letras j) y k):

"j) Persona sordociega: aquella que, debido a sus funcionalidades auditivas y visuales reducidas o inexistentes, simultáneamente presentes, constituye una discapacidad única, que, al interactuar con diversas barreras presentes en el entorno, ve impedida o restringida su comunicación, movilización, participación plena y efectiva en la sociedad, acceso a la información y al entorno en igualdad de condiciones con las demás.

k) Guía intérprete: persona que desempeña la función de intérprete y guía de las personas sordociegas, con amplios conocimientos de los sistemas de comunicación oficial ajustados a sus necesidades.".

2. Intercálanse, a continuación del artículo 8, los siguientes artículos 8 bis y 8 ter:

"Artículo 8 bis.- Las instituciones públicas y privadas establecerán las condiciones para que las personas con discapacidad puedan acceder, concurrir y comparecer ante ellas con intérpretes de lengua de señas o guías intérpretes, según sea el caso y corresponda, previa acreditación de esta condición.

Artículo 8 ter.- El Estado promoverá, dentro del ámbito de sus competencias, de acuerdo con sus atribuciones, medios y presupuestos, la formación y capacitación continua de guías intérpretes, conforme a los estándares que determine el reglamento dictado para tal efecto por el Ministerio de Desarrollo Social y Familia.".

3. Incorpórase el siguiente artículo 26 ter:

"Artículo 26 ter.- El Estado reconoce como sistemas de comunicación oficial la dactilología, el sistema braille, técnicas de orientación y movilidad y otros sistemas de comunicación alternativos reconocidos, según lo establecido en el reglamento dictado para estos efectos por el Ministerio de Educación y el Ministerio de Desarrollo Social y Familia. Las personas sordociegas serán libres de elegir el o los sistemas que deseen utilizar para comunicarse en su vida cotidiana.".

4. Incorpórase en la letra i) del artículo 62 el siguiente párrafo segundo: "Dichos estudios deberán considerar los diversos tipos de discapacidad existentes, de conformidad con lo dispuesto en el artículo 5. Asimismo, deberán considerar la sordoceguera como una discapacidad única, de manera de obtener los antecedentes suficientes que permitan el adecuado diseño, ejecución y evaluación de políticas, planes y programas.".

5. Agrégase la siguiente disposición transitoria:

"Artículo sexto.- Los reglamentos a que hacen referencia los artículos 8 ter y 26 ter deberán dictarse dentro de los seis meses siguientes a la publicación de esta ley.".".

Y por cuanto he tenido a bien aprobarlo y sancionarlo; por tanto, promúlguese y llévese a efecto como Ley de la República.

Santiago, 27 de diciembre de 2021.- SEBASTIÁN PIÑERA ECHENIQUE, Presidente de la República.- Karla Rubilar Barahona, Ministra de Desarrollo Social y Familia.- Raúl Figueroa Salas, Ministro de Educación.

Lo que transcribo a Ud. para su conocimiento.- Saluda atentamente a Ud., Fernando Medina Gatica, Subsecretario de Servicios Sociales (S).

LEY N° 21.401
MODIFICA LA LEY N° 20.998, QUE REGULA LOS SERVICIOS SANITARIOS RURALES, PARA PERFECCIONAR SU APLICACIÓN E IMPLEMENTACIÓN EN RAZÓN DE LOS EFECTOS DE LA PANDEMIA POR COVID-19

Teniendo presente que el H. Congreso Nacional ha dado su aprobación al siguiente proyecto de ley iniciado en una moción de los Honorables senadores señor Juan Pablo Letelier Morel, señoras Adriana Muñoz D'Albora, Yasna Provoste Campillay y Ena Von Baer Jahn, y señor Jorge Pizarro Soto,

Proyecto de ley:

"**Artículo único.-** Introdúcense las siguientes enmiendas en la ley N° 20.998, que regula los servicios sanitarios rurales:

1) Agrégase, en el artículo 60, un inciso tercero, nuevo, del tenor que sigue:

"Cuando no existan cambios relevantes en los supuestos adoptados para el cálculo tarifario, las tarifas podrán prorrogarse en virtud de un acuerdo entre el operador y la Superintendencia, previo informe de la Subdirección, por otro período igual de cinco años, siempre y cuando este acuerdo se suscriba con una anticipación no inferior a doce meses anteriores al término del período de vigencia de las tarifas. Esta prórroga deberá aprobarse mediante un decreto tarifario, conforme a lo establecido en el inciso final del artículo 59.".

2) Incorpórase, en el inciso segundo del artículo 83, a continuación de la expresión "prestación de los servicios sanitarios rurales", la frase "o para regularizaciones de bienes en el caso de servicios sanitarios rurales existentes".

3) Modifícase el artículo segundo, transitorio, de la forma que sigue:

a) Intercálase, en el inciso segundo, luego de la expresión "precedente,", la frase "por motivos justificados a juicio de la Subdirección, se otorgará un plazo adicional de doce meses para su inscripción. Pasado dicho plazo adicional".

b) Incorpórase, en el inciso tercero, a continuación de la locución "esta ley", la expresión "o dentro del plazo adicional de doce meses a que alude el inciso precedente, según corresponda".

4) Modifícase el artículo cuarto, transitorio, en el siguiente sentido:

a) Reemplazáse, en el inciso primero, la frase "contado desde el término del plazo establecido en el inciso primero del artículo segundo transitorio" por "contado desde el 20 de noviembre del 2023", y sustitúyese la locución "en el plazo indicado en el artículo primero transitorio" por "dentro del segundo año de la entrada en vigencia de la ley".

b) Reemplázase, en el inciso tercero, la expresión "con sus respectivas indexaciones" por "con los reajustes o modificaciones que se establezcan mediante resolución fundada de la Subdirección, a proposición de los servicios sanitarios rurales".

5) Sustitúyese, en el artículo decimonoveno, transitorio, la expresión "un año" por "dos años".

6) Agrégase el siguiente artículo vigésimo, transitorio, nuevo:

"Artículo vigésimo.- La Superintendencia ejercerá las facultades fiscalizadoras establecidas en el artículo 85, que dicen relación con velar por el cumplimiento por parte de los entes fiscalizados, de las disposiciones legales y reglamentarias y normas técnicas, instrucciones, órdenes y resoluciones que se dicten relativas a la prestación de servicios sanitarios en el ámbito rural y la aplicación de las sanciones en caso de incumplimiento, a partir del 20 de noviembre del 2022, debiendo, en el mismo plazo, dictar los manuales de fiscalización que establezcan los procedimientos y criterios a aplicar por los fiscalizadores.

Exceptúase de lo dispuesto en el inciso anterior el ejercicio, por parte de la Superintendencia, de las facultades de fiscalización de situaciones de emergencia y la atención de reclamos de los usuarios derivados de dichas situaciones, como también la de requerir información a los entes fiscalizados que fuere necesaria para el ejercicio de sus funciones.".

7) Incorpórase el siguiente artículo vigésimo primero, transitorio, nuevo: "Artículo vigésimo primero.- La obligación de otorgamiento de la factibilidad por parte de los servicios sanitarios rurales, establecida en el artículo 40, se aplicará a partir del segundo año de vigencia de la ley para los operadores de servicios clasificados por la Subdirección de Servicios Sanitarios Rurales como mayores y medianos, y a partir del tercer año para los operadores de servicios clasificados como menores."

Y por cuanto he tenido a bien aprobarlo y sancionarlo; por tanto, promúlguese y llévese a efecto como Ley de la República.

Santiago, 20 de diciembre de 2021.- SEBASTIÁN PIÑERA ECHENIQUE, Presidente de la República.- Alfredo Moreno Charme, Ministro de Obras Públicas.

Lo que transcribo a Ud. para su conocimiento.- Saluda Atte. a Ud., Cristóbal Leturia Infante, Subsecretario de Obras Públicas.

LEY Nº 21.375
CONSAGRA LOS CUIDADOS PALIATIVOS Y LOS DERECHOS DE LAS PERSONAS QUE PADECEN ENFERMEDADES TERMINALES O GRAVES

Teniendo presente que el H. Congreso Nacional ha dado su aprobación al siguiente Proyecto de ley:

"TÍTULO I
DISPOSICIONES GENERALES

Artículo 1.- Esta ley tiene por finalidad reconocer, proteger y regular, sin discriminación alguna, el derecho de las personas que padecen una enfermedad terminal o grave a una adecuada atención de salud, en la forma que dispone la presente ley y un reglamento dictado por el Ministerio de Salud.

Dicha atención consistirá en el cuidado integral de la persona, orientado a aliviar dentro de lo posible, padecimientos asociados a una enfermedad terminal o grave, de acuerdo a los reglamentos y normas técnicas del Ministerio de Salud.

Artículo 2.- Sólo para los efectos de esta ley, se entenderá por enfermedad terminal una enfermedad o condición patológica grave que haya sido diagnosticada, de carácter progresivo e irreversible, sin tratamiento específico curativo o que permita modificar su sobrevida, o bien cuando los recursos terapéuticos utilizados han dejado de ser eficaces, y con una expectativa de vida inferior a doce meses.

El carácter de terminal de la enfermedad deberá ser siempre diagnosticado por un médico-cirujano.

Asimismo, para efectos de esta ley, se entenderá por enfermedad grave aquellas condiciones de salud que generan sufrimientos físicos persistentes, intolerables e incurables en la persona. En conformidad a dichos criterios, un decreto dictado por medio del Ministerio de Salud determinará las condiciones de salud que tendrán la calidad de enfermedad grave.

Los cuidados paliativos tienen como objetivo mejorar la calidad de vida de las personas que enfrentan padecimientos relacionados con una enfermedad terminal o grave, mediante la prevención y alivio de tales padecimientos a través de la identificación temprana, adecuada evaluación y tratamiento de problemas de salud de orden físico o psicológico. Se entenderán incorporados dentro de ellos los cuidados destinados a niños, niñas y adolescentes que tengan una enfermedad terminal o grave.

Los cuidados paliativos podrán otorgarse mediante un modelo de atención domiciliaria, y podrán además considerar, la educación, el apoyo psicológico a los familiares hasta el primer grado de consanguinidad y a los cuidadores no remunerados que determine el respectivo reglamento dictado por el Ministerio de Salud, independientemente de si éstos son o no familiares, tanto durante el otorgamiento de cuidados paliativos de la persona con enfermedad terminal o grave, como con posterioridad a su muerte, si ella acaeciera.

TÍTULO II
DE LOS DERECHOS DE LAS PERSONAS QUE PADECEN UNA ENFERMEDAD TERMINAL O GRAVE

Artículo 3.- Se reconoce que toda persona que padece una enfermedad terminal o grave tiene derecho a:

1. Cuidados paliativos, cuando corresponda y en la forma establecida en los decretos, reglamentos, normas técnicas y guías clínicas elaboradas por el Ministerio de Salud.
2. Ser informada en forma oportuna y comprensible de su estado de salud, pronóstico, del manejo de síntomas, formas de autocuidado y de los posibles tratamientos a realizarse.
3. Ser acompañada por sus familiares o por la persona que designe, en la forma que determine el respectivo reglamento.

Igualmente, se le reconocen los derechos establecidos en la ley N° 20.584, que regula los derechos y deberes que tienen las personas en relación con acciones vinculadas a su atención en salud; en particular, en lo relativo al reforzamiento de su autonomía.

La nómina de derechos contemplada en este artículo debe ser publicada por todos los prestadores de salud, conforme a las especificaciones de un reglamento dictado a través del Ministerio de Salud.

TÍTULO III
DE LA TUTELA DE LA DIGNIDAD DE LAS PERSONAS QUE PADECEN UNA ENFERMEDAD TERMINAL O GRAVE

Artículo 4.- La protección de la dignidad y autonomía de las personas que padecen una enfermedad terminal o grave supone siempre respetar su vida y considerar a la muerte como parte del ciclo vital.

TÍTULO IV
DE LA CALIDAD DE VIDA Y LOS CUIDADOS PALIATIVOS

Artículo 5.- Las personas que padecen una enfermedad terminal o grave que reciban cuidados paliativos en sus domicilios deberán contar con un registro clínico de atención domiciliaria, en el que se dejará constancia de las características de los síntomas detectados y de su evolución, así como de los tratamientos utilizados, las dosis administradas y los resultados conseguidos. Un reglamento dictado por el Ministerio de Salud establecerá las condiciones y requisitos que deberá cumplir dicho registro clínico de atención domiciliaria, y las personas obligadas a llevarlo.

Artículo 6.- El Ministerio de Salud dictará los reglamentos que sean necesarios para regular los requisitos, condiciones y forma en que se proporcionarán los cuidados paliativos, independientemente del lugar donde se otorguen, y las capacitaciones que deberán recibir los equipos de salud para garantizar este derecho.

Artículo 7.- Las universidades, centros de formación técnica e institutos profesionales que impartan carreras en el área de la salud deberán incorporar contenidos sobre cuidados paliativos.

DISPOSICIONES TRANSITORIAS

Artículo primero.- Esta ley entrará en vigencia en el plazo de cinco meses contado desde su publicación en el Diario Oficial, dentro del cual deberán dictarse los reglamentos establecidos en ella.

Artículo segundo.- El mayor gasto fiscal que represente la aplicación de esta ley durante su primer año presupuestario de vigencia se financiará con cargo al presupuesto del Ministerio de Salud. No obstante lo anterior, el Ministerio de Hacienda, con cargo a la partida presupuestaria del Tesoro Público, podrá suplementar dicho presupuesto en la parte del gasto que no se pudiere financiar con esos recursos. Para los años siguientes se financiará de acuerdo con lo que determinen las respectivas leyes de Presupuestos del Sector Público.".

Y por cuanto he tenido a bien aprobarlo y sancionarlo; por tanto, promúlguese y llévese a efecto como Ley de la República.

Santiago, 14 de octubre de 2021.- SEBASTIÁN PIÑERA ECHENIQUE, Presidente de la República.- Enrique Paris Mancilla, Ministro de Salud.- Rodrigo Cerda Norambuena, Ministro de Hacienda.- Raúl Figueroa Salas, Ministro de Educación.

Transcribo para su conocimiento ley N° 21.375 - 14 de octubre 2021.- Por orden de la Subsecretaria de Salud Pública.- Saluda atentamente a Ud., Jorge Hübner Garretón, Jefe de la División Jurídica, Ministerio de Salud.

LEY Nº 21.372
MODIFICA LA LEY Nº 20.584, ESTABLECIENDO MEDIDAS ESPECIALES EN RELACIÓN AL ACOMPAÑAMIENTO DE LOS PACIENTES QUE SE INDICAN

Teniendo presente que el H. Congreso Nacional ha dado su aprobación al siguiente proyecto de ley iniciado en una moción de las Honorables senadoras señoras Marcela Sabat Fernández, Carolina Goic Boroevic y Ena Von Baer Jahn, y de los Honorables senadores señores Francisco Chahuán Chahuán y Guido Girardi Lavín,

Proyecto de ley:

"**Artículo único.-** Incorpóranse en el artículo 6º de la ley Nº 20.584, que regula los derechos y deberes que tienen las personas en relación con acciones vinculadas a su atención en salud, los siguientes incisos segundo, tercero y cuarto, nuevos, pasando el actual inciso segundo a ser inciso quinto:

"Tratándose del acompañamiento de niños, niñas y adolescentes hospitalizados o sometidos a prestaciones ambulatorias, los reglamentos internos de los establecimientos permitirán en todo momento la compañía de su padre, madre, de quien lo tenga a su cuidado, o persona significativa, con la única excepción que de ello derive un peligro para el propio niño, niña o adolescente, u otros pacientes.

Asimismo, tratándose del acompañamiento de mujeres en trabajo de parto, los establecimientos permitirán en todo momento la compañía de la persona que ella determine, con la única excepción de que se derive de ello un peligro para el niño o niña, o para la mujer.

Las personas que brinden acompañamiento a los pacientes durante su hospitalización o con ocasión de prestaciones ambulatorias deberán recibir un trato digno y respetuoso en todo momento, entendiéndose por tal no sólo un buen trato verbal e información, sino también el otorgamiento de condiciones para que ese acompañamiento sea adecuado para velar por la integridad física y psíquica del niño, niña o adolescente, atendido el principio de interés superior del niño, niña y adolescente.".

Artículo transitorio.- El Ministerio de Salud dictará una norma técnica para la implementación de lo dispuesto en el inciso cuarto que se incorpora en el artículo 6º de la ley Nº 20.584, dentro del plazo de seis meses contado desde la publicación de esta ley.".

Y por cuanto he tenido a bien aprobarlo y sancionarlo; por tanto, promúlguese y llévese a efecto como Ley de la República.

Santiago, 29 de septiembre de 2021.- SEBASTIÁN PIÑERA ECHENIQUE, Presidente de la República.- Enrique Paris Mancilla, Ministro de Salud.- Karla Rubilar Barahona, Ministra de Desarrollo Social y Familia.

Lo que transcribo a Ud. para su conocimiento.- Saluda atentamente a Ud., Paula Daza Narbona, Subsecretaria de Salud Pública.

LEY Nº 21.371
ESTABLECE MEDIDAS ESPECIALES EN CASO DE MUERTE GESTACIONAL O PERINATAL

Teniendo presente que el H. Congreso Nacional ha dado su aprobación al siguiente proyecto de ley, iniciado en moción de las Honorables senadoras señoras Marcela Sabat Fernández, Carolina Goic Boroevic, Yasna Provoste Campillay y Ena Von Baer Jahn, y del Honorable senador señor Rabindranath Quinteros Lara,

Proyecto de ley:

"**Artículo 1.-** Modifícase la ley Nº 20.584, que regula los derechos y deberes que tienen las personas en relación con acciones vinculadas a su atención en salud, en los siguientes términos:

1. Agrégase, en la letra b) del inciso segundo del artículo 5°, a continuación del punto y final, que pasa a ser punto y aparte, el siguiente párrafo:

"Realizar acciones concretas de contención, empatía y respeto por el duelo de cada madre, u otra persona gestante, que hayan sufrido la muerte gestacional o perinatal, así como también para el padre o aquella persona significativa que la acompañe. El Ministerio de Salud dictará una norma técnica que establecerá los mecanismos o acciones concretas que deberán realizar los establecimientos de salud para resguardar este derecho.".

2. Sustitúyese el epígrafe "Disposición transitoria", por el siguiente: "Disposiciones Transitorias".

3. Agrégase el siguiente artículo segundo, transitorio, nuevo, pasando el actual artículo transitorio a ser artículo primero, transitorio:

"Artículo segundo.- El Ministerio de Salud deberá elaborar la normativa técnica a que hace referencia la letra b) del inciso segundo del artículo 5°, en un plazo de seis meses desde la publicación de la ley que lo establece.".

Artículo 2.- Reemplázanse los incisos primero y segundo del artículo 66 del Código del Trabajo, por los siguientes:

"Artículo 66.- En caso de muerte de un hijo, todo trabajador tendrá derecho a diez días corridos de permiso pagado. En caso de la muerte del cónyuge o conviviente civil, todo trabajador tendrá derecho a un permiso similar, por siete días corridos. En ambos casos, este permiso será adicional al feriado anual, independientemente del tiempo de servicio.

Igual permiso se aplicará, por siete días hábiles, en el caso de muerte de un hijo en período de gestación, y por tres días hábiles, en caso de la muerte del padre o de la madre del trabajador.".

Y por cuanto he tenido a bien aprobarlo y sancionarlo; por tanto, promúlguese y llévese a efecto como Ley de la República.

Santiago, 21 de septiembre de 2021.- SEBASTIÁN PIÑERA ECHENIQUE, Presidente de la República.- Enrique Paris Mancilla, Ministro de Salud.- Patricio Melero Abaroa, Ministro del Trabajo y Previsión Social.

Transcribo para su conocimiento ley Nº 21.371.- Por orden de la Subsecretaria de Salud Pública.- Saluda atentamente a Ud., Jorge Hübner Garretón, Jefe de la División Jurídica, Ministerio de Salud.

LEY N° 21.362
MODIFICA DIVERSOS CUERPOS LEGALES CON EL OBJETO DE REGULAR EL ETIQUETADO, PUBLICIDAD Y VENTA DE ALIMENTOS LIBRES DE GLUTEN, Y OTRAS MATERIAS QUE INDICA

Teniendo presente que el H. Congreso Nacional ha dado su aprobación al siguiente proyecto de ley, iniciado en moción de los diputados Ricardo Celis Araya, Miguel Crispi Serrano, Jorge Durán Espinoza, Javier Macaya Danús, Daniel Verdessi Belemmi, y de las diputadas Carolina Marzán Pinto y Claudia Mix Jiménez,

Proyecto de ley:

"**Artículo 1.-** Introdúcense las siguientes modificaciones en la ley N° 20.606, sobre composición nutricional de los alimentos y su publicidad:

1. En el artículo 2:

a) Agrégase en el inciso primero, a continuación del punto y aparte, que pasa a ser seguido, la siguiente oración: "Asimismo, deberán informar en sus envases o etiquetas la calidad de "libre de gluten" de los alimentos que cumplan con lo dispuesto en el inciso cuarto de este artículo.".

b) Introdúcese un nuevo inciso cuarto, del siguiente tenor:

"Los alimentos que se etiqueten como "libre de gluten" deberán cumplir con las condiciones que fije el Reglamento Sanitario de los Alimentos para que sean calificados como tales, y contar con un programa de buenas prácticas de fabricación, que será establecido por la autoridad sanitaria competente.".

2. Incorpórase, en el inciso primero del artículo 4, luego del punto y aparte, que pasa a ser seguido, la siguiente oración: "Asimismo, deberán informar y advertir a los estudiantes, padres, madres y apoderados, sobre la existencia de las diversas patologías relacionadas con intolerancias alimentarias, enfermedad celíaca y alergias alimentarias, con la finalidad de precaver sintomatología asociada y prevenir alteraciones de la salud.".

3. Agrégase un artículo 5 bis, nuevo, del siguiente tenor:

"Artículo 5 bis.- Los alimentos procesados que no contengan gluten se etiquetarán mediante la expresión "libre de gluten", acompañada de un logo o símbolo de una espiga tachada. Las demás características se determinarán en el Reglamento Sanitario de los Alimentos. En todo caso, dicha información deberá ir en la parte frontal del envase de los respectivos alimentos, de manera que se garantice su visibilidad.".

4. Intercálase el siguiente artículo 9 bis, nuevo:

"Artículo 9 bis.- Los establecimientos de comercio que vendan alimentos envasados secos, que serán definidos por el Reglamento Sanitario de los Alimentos, y etiquetados como "libre de gluten", deberán disponerlos para su comercialización en góndolas, estantes o vitrinas exclusivas para dichos productos.

Se exceptúa de la obligación establecida en el inciso anterior a las micro y pequeñas empresas definidas por la ley N° 20.416, que fija normas especiales para las empresas de menor tamaño.".

Artículo 2.- Incorpórase en el artículo 6 de la ley N° 19.886, de bases sobre contratos administrativos de suministro y prestación de servicios, a continuación del inciso cuarto, el siguiente inciso quinto, nuevo, pasando los actuales incisos quinto, sexto y séptimo a ser sexto, séptimo y octavo, respectivamente:

"En las licitaciones que tengan por objeto proveer de servicios de alimentación a establecimientos de educación parvularia, básica y media administrados por la Junta Nacional de Auxilio Escolar y Becas y en aquellos establecimientos de educación superior y de formación técnico-profesional o similares que contengan puntos de canje asociados a la tarjeta de la ley de la beca BAES, establecimientos de salud pública, establecimientos penitenciarios y casinos y cafeterías que estén dentro o sean parte de alguna institución u organismo de la administración del Estado, las bases de licitación deberán contemplar condiciones para la provisión de servicios de alimentación de personas que padezcan enfermedades por intolerancias alimentarias, enfermedad celíaca o alergia alimentaria.".

Artículo 3.- Incorpóranse, en el artículo 2 de la ley N° 15.720, que crea una Corporación autónoma con personalidad jurídica y derecho público y domicilio en Santiago, denominada Junta Nacional de Auxilio Escolar y Becas, los siguientes incisos tercero y cuarto, nuevos, pasando el actual inciso tercero a ser quinto:

"El beneficio a que se refiere la letra a) deberá cumplir con lo establecido en el inciso primero del artículo 6 de la ley N° 20.606, sobre composición nutricional de los alimentos y su publicidad.

El reglamento regulará el tipo de alimento que deberá ser entregado por el proveedor. De igual forma, deberá establecer servicios de regímenes especiales para aquellos estudiantes que padezcan celiaquía.".

Artículo transitorio.- Los reglamentos a que se refiere esta ley deberán dictarse dentro del plazo de noventa días, contado desde su publicación, y fijarán las condiciones que deben reunir los establecimientos de comercio para dar cumplimiento a lo dispuesto por el artículo 9 bis que esta ley incorpora en la ley N° 20.606.".

Y por cuanto he tenido a bien aprobarlo y sancionarlo; por tanto, promúlguese y llévese a efecto como Ley de la República.

Santiago, 6 de agosto de 2021.- SEBASTIÁN PIÑERA ECHENIQUE, Presidente de la República.- Enrique Paris Mancilla, Ministro de Salud.- Rodrigo Cerda Norambuena, Ministro de Hacienda.- Lucas Palacios Covarrubias, Ministro de Economía, Fomento y Turismo.- Raúl Figueroa Salas, Ministro de Educación.- Hernán Larraín Fernández, Ministro de Justicia y Derechos Humanos.

Transcribo para su conocimiento, ley N° 21.362 - 6 de agosto 2021.- Por orden de la Subsecretaria de Salud Pública.- Saluda atentamente a Ud., Jorge Hübner Garretón, Jefe de la División Jurídica, Ministerio de Salud.

LEY N° 21.331
DEL RECONOCIMIENTO Y PROTECCIÓN DE LOS DERECHOS DE LAS PERSONAS EN LA ATENCIÓN DE SALUD MENTAL

Teniendo presente que el H. Congreso Nacional ha dado su aprobación al siguiente proyecto de ley, iniciado en las siguientes mociones refundidas: la primera, correspondiente al boletín N° 10.563-11, de las diputadas Marcela Hernando Pérez, Cristina Girardi Lavín y Karol Cariola Oliva, de los diputados Iván Flores García, Fernando Meza Moncada y Víctor Torres Jeldes, de la exdiputada Loreto Carvajal Ambiado y de los exdiputados Marcos Espinosa Monardes, Enrique Jaramillo Becker y Alberto Robles Pantoja; y, la segunda, correspondiente al boletín N° 10.755-11, del exdiputado Sergio Espejo Yaksic, de la diputada Marcela Hernando Pérez, de los diputados Juan Luis Castro González, Javier Macaya Danús y Víctor Torres Jeldes, de la exdiputada Karla Rubilar Barahona y de los exdiputados Miguel Ángel Alvarado Ramírez, Jaime Pilowsky Greene y Nicolás Monckeberg Díaz,

Proyecto de ley:

"DEL RECONOCIMIENTO Y PROTECCIÓN DE LOS DERECHOS DE LAS PERSONAS EN LA ATENCIÓN DE SALUD MENTAL

TÍTULO I
DISPOSICIONES GENERALES

Artículo 1.- Esta ley tiene por finalidad reconocer y proteger los derechos fundamentales de las personas con enfermedad mental o discapacidad psíquica o intelectual, en especial, su derecho a la libertad personal, a la integridad física y psíquica, al cuidado sanitario y a la inclusión social y laboral.

El pleno goce de los derechos humanos de estas personas se garantiza en el marco de la Constitución Política de la República y de los tratados e instrumentos internacionales de derechos humanos ratificados por Chile y que se encuentren vigentes. Estos instrumentos constituyen derechos fundamentales y es, por tanto, deber del Estado respetarlos, promoverlos y garantizarlos.

Artículo 2.- Para los efectos de esta ley se entenderá por salud mental un estado de bienestar en el que la persona es consciente de sus propias capacidades, puede realizarlas, puede afrontar las tensiones normales de la vida, trabajar y contribuir a su comunidad. En el caso de niños, niñas y adolescentes, la salud mental consiste en la capacidad de alcanzar y mantener un grado óptimo de funcionamiento y bienestar psicológico.

La salud mental está determinada por factores culturales, históricos, socioeconómicos, biológicos y psicológicos, cuya preservación y mejoramiento implica una construcción social esencialmente evolutiva y vinculada a la protección y ejercicio de sus derechos.

Para los efectos de esta ley se entenderá por enfermedad o trastorno mental una condición mórbida que presente una determinada persona, afectando en intensidades variables el funcionamiento de la mente, el organismo, la personalidad y la interacción social, en forma transitoria o permanente.

Persona con discapacidad psíquica o intelectual es aquella que, teniendo una o más deficiencias, sea por causas psíquicas o intelectuales, de carácter temporal o permanente, al interactuar con diversas barreras presentes en el entorno, ve impedida o restringida su participación plena y efectiva en la sociedad, en igualdad de condiciones con las demás.

Artículo 3.- La aplicación de la presente ley se regirá por los siguientes principios:

a) El reconocimiento a la persona de manera integral, considerando sus aspectos biológicos, psicológicos, sociales y culturales, como constituyentes y determinantes de su unidad singular.

b) El respeto a la dignidad inherente de la persona humana, la autonomía individual, la libertad para tomar sus propias decisiones y la independencia de las personas.

c) La igualdad ante la ley, la no discriminación arbitraria, con respeto y aceptación de la diversidad de las personas, como parte de la condición humana y la igualdad de género.

d) La promoción de la salud mental, con énfasis en los factores determinantes del entorno y los estilos de vida de la población.

e) La participación e inclusión plena y efectiva de las personas en la vida social.

f) El respeto al desarrollo de las facultades de niños, niñas y adolescentes, y su derecho a la autonomía progresiva y a preservar y desarrollar su identidad.

g) La equidad en el acceso, continuidad y oportunidad de las prestaciones de salud mental, otorgándoles el mismo trato que a las prestaciones de salud física.

h) El derecho a vivir de forma independiente y a ser incluido en la comunidad; a la protección de la integridad personal; a no ser sometido a tratos crueles, inhumanos o degradantes, y el derecho a gozar del más alto nivel posible de salud, sin discriminación por motivos de discapacidad, así como los demás derechos garantizados a las personas en la Constitución Política de la República y en los tratados internacionales ratificados por Chile y que se encuentren vigentes.

i) La accesibilidad universal, tal como la define la ley N° 20.422.

Artículo 4.- Las personas tienen derecho a ejercer el consentimiento libre e informado respecto a tratamientos o alternativas terapéuticas que les sean propuestos. Para tal efecto, se articularán apoyos para la toma de decisiones, con el objetivo de resguardar su voluntad y preferencias.

Desde el primer ingreso de la persona a un servicio de atención en salud mental, ambulatorio u hospitalario, será obligación del establecimiento integrarla a un plan de consentimiento libre e informado, como parte de un proceso permanente de acceso a información para la toma de decisiones en salud mental.

Los equipos interdisciplinarios promoverán el ejercicio del consentimiento libre e informado, debiendo entregar información suficiente, continua y en lenguaje comprensible para la persona, teniendo en cuenta su singularidad biopsicosocial y cultural, sobre los beneficios, riesgos y posibles efectos adversos asociados, a corto, mediano y largo plazo, en las alternativas terapéuticas propuestas, así como el derecho a no aceptarlas o a cambiar su decisión durante el tratamiento.

Los equipos de salud promoverán el resguardo de la voluntad y preferencias de la persona. Para tal efecto, dispondrán la utilización de declaraciones de voluntad anticipadas, de planes de intervención en casos de crisis psicoemocional, y de otras herramientas de resguardo, con el objetivo de hacer primar la voluntad y preferencias de la persona en el evento de afecciones futuras y graves a su capacidad mental, que impidan manifestar consentimiento.

Complementariamente, la persona podrá designar a uno o más acompañantes para la toma de decisiones, quienes le asistirán, cuando sea necesario, a ponderar las alternativas terapéuticas disponibles para la recuperación de su salud mental.

Cuando, conforme con el artículo 15 de la ley N° 20.584, no se pueda otorgar el consentimiento para una determinada acción de salud, se deberá dejar siempre constancia escrita de tal circunstancia en la ficha clínica, la que también deberá ser suscrita por el jefe del servicio clínico o quien lo reemplace.

Artículo 5.- El Estado promoverá la atención interdisciplinaria en salud mental, con personal debidamente capacitado y acreditado por la autoridad sanitaria competente. Se incluyen las áreas de psiquiatría, psicología, trabajo social, enfermería y demás disciplinas pertinentes.

Se promoverá, además, la incorporación de personas usuarias de los servicios y personas con discapacidad en los equipos de acompañamiento terapéutico y recuperación.

El proceso de atención en salud mental debe realizarse preferentemente de forma ambulatoria o de atención domiciliaria, en los niveles primario y secundario de salud, con personal interdisciplinario, y estar encaminado al reforzamiento y desarrollo de los lazos sociales, la inclusión y la participación de la persona en la vida social.

La hospitalización psiquiátrica se entiende como un recurso excepcional y esencialmente transitorio.

Artículo 6.- Los comités de ética de los establecimientos de salud, la Comisión Nacional y las Comisiones Regionales de Protección de Derechos de Personas con Enfermedades Mentales deberán ajustar su labor a las disposiciones de la presente ley, promoviendo y vigilando la armonización de las prácticas institucionales con un enfoque de derechos humanos en discapacidad y salud mental.

Artículo 7.- El diagnóstico del estado de salud mental debe establecerse conforme dicte la técnica clínica, considerando variables biopsicosociales. No puede basarse en criterios relacionados con el grupo político, socioeconómico, cultural, racial o religioso de la persona, ni con su identidad u orientación sexual, entre otros. Tampoco será determinante el antecedente de la hospitalización psiquiátrica previa de la persona que se encuentre o se haya encontrado en tratamiento psicológico o psiquiátrico.

Artículo 8.- Las consecuencias en la salud mental que son producto de la violencia y discriminación que pueda afectar a grupos vulnerables en el ejercicio de sus derechos deben abordarse desde las perspectivas de derechos, de género y de pertinencia cultural, según corresponda. Ante la existencia de indicios de posible vulneración por motivo de violencia física, psíquica, sexual, de género, económica u otra, se dará prioridad a la atención y detección de aquellas circunstancias, resguardando a la persona de las injerencias del entorno que pudieran estar contribuyendo a afectar su salud mental.

Junto con proporcionar la atención en salud, se realizará la denuncia ante la autoridad competente, de ser procedente, y se vinculará a la persona con redes de apoyo social y legal.

TÍTULO II
DE LOS DERECHOS DE LAS PERSONAS CON DISCAPACIDAD PSÍQUICA O INTELECTUAL Y DE LAS PERSONAS USUARIAS DE LOS SERVICIOS DE SALUD MENTAL

Artículo 9.- La persona con enfermedad mental o discapacidad psíquica o intelectual es titular de los derechos que garantiza la Constitución Política de la República. En especial, esta ley le asegura los siguientes derechos:

1. A ser reconocida siempre como sujeto de derechos.
2. A participar socialmente y a ser apoyada para ello, en caso necesario.
3. A que se vele especialmente por el respeto a su derecho a la vida privada, a la libertad de comunicación y a la libertad personal.
4. A participar activamente en su plan de tratamiento, habiendo expresado su consentimiento libre e informado. Las personas que tengan limitaciones para expresar su voluntad y

preferencias deberán ser asistidas para ello. En caso alguno se podrá realizar algún tratamiento sin considerar su voluntad y preferencias.

5. A que para toda intervención médica o científica de carácter invasivo o irreversible, incluidas las de carácter psiquiátrico, manifieste su consentimiento libre e informado, salvo que se encuentre en el caso de la letra b) del artículo 15 de la ley N° 20.584.

6. A que se reconozcan y garanticen sus derechos sexuales y reproductivos, a ejercerlos dentro del ámbito de su autonomía, a que le sean garantizadas condiciones de accesibilidad y a recibir apoyo y orientación para su ejercicio, sin discriminación en atención a su condición.

7. A no ser esterilizada sin su consentimiento libre e informado. Queda prohibida la esterilización de niños, niñas y adolescentes o como medida de control de fertilidad.

Cuando la persona no pueda manifestar su voluntad o no sea posible desprender su preferencia o se trate de un niño, niña o adolescente, sólo se utilizarán métodos anticonceptivos reversibles.

8. A recibir atención sanitaria integral y humanizada y al acceso igualitario y equitativo a las prestaciones necesarias para asegurar la recuperación y preservación de la salud.

9. A recibir una atención con enfoque de derechos. Los establecimientos que otorguen prestaciones psiquiátricas en la modalidad de atención cerrada deberán contar con un comité de ética, conforme lo dispone el artículo 20 de la ley N° 20.584.

10. A recibir tratamiento con la alternativa terapéutica más efectiva y segura y que menos restrinja sus derechos y libertades, promoviendo la integración familiar, laboral y comunitaria.

11. A que su condición de salud mental no sea considerada inmodificable.

12. A recibir contraprestación pecuniaria por su participación en actividades realizadas en el marco de las terapias, que impliquen producción de objetos, obras o servicios que sean comercializados.

13. A recibir educación a nivel individual y familiar sobre su condición de salud y sobre las formas de autocuidado, y a ser acompañada durante el proceso de recuperación por sus familiares o por quien la persona libremente designe.

14. A que su información y datos personales sean protegidos de conformidad con la ley N° 19.628.

15. A no ser discriminado por padecer o haber padecido una enfermedad mental o discapacidad psíquica o intelectual.

16. A no sufrir discriminación por su condición en cuanto a prestaciones o coberturas de salud, así como en su inclusión educacional o laboral.

El listado de derechos contemplado en este artículo debe ser publicado por todos los prestadores que otorguen prestaciones de salud mental, conforme a las especificaciones que el Ministerio de Salud disponga a través de una norma técnica.

Artículo 10.- La prescripción y administración de medicación psiquiátrica se realizará exclusivamente con fines terapéuticos. La prescripción de medicamentos sólo puede realizarse a partir de evaluaciones profesionales pertinentes, debiendo la persona ser atendida periódicamente por el profesional competente.

TÍTULO III
DE LA NATURALEZA Y REQUISITOS DE LA HOSPITALIZACIÓN PSIQUIÁTRICA

Artículo 11.- La hospitalización psiquiátrica es una medida terapéutica excepcional y esencialmente transitoria, que sólo se justifica si garantiza un mayor aporte y beneficios terapéuticos en comparación con el resto de las intervenciones posibles, dentro del entorno familiar, comunitario o social de la persona, con una visión interdisciplinaria y restringida al tiempo estrictamente necesario. Se promoverá el mantenimiento de vínculos y comunicación de las personas hospitalizadas con sus familiares y su entorno social.

Artículo 12.- Sin perjuicio de la relevancia de los factores sociales en la aparición, evolución y tratamiento de los problemas de salud mental, la hospitalización psiquiátrica no podrá indicarse para dar solución a problemas sociales, de vivienda o de cualquier otra índole que no sea principalmente sanitaria.

Ninguna persona podrá permanecer hospitalizada indefinidamente en razón de su discapacidad y condiciones sociales. Es obligación del prestador agotar todas las instancias que correspondan, con la finalidad de resguardar el derecho del paciente a vivir en forma independiente y a ser incluido en la comunidad.

Artículo 13.- La hospitalización psiquiátrica involuntaria afecta el derecho a la libertad de las personas, por lo que sólo procederá cuando no sea posible un tratamiento ambulatorio para la atención de un problema de salud mental y exista una situación real de riesgo cierto e inminente para la vida o la integridad de la persona o de terceros. De ningún modo la hospitalización psiquiátrica involuntaria puede deberse a la condición de discapacidad de la persona. Para que proceda, se requiere que se cumplan copulativamente las siguientes condiciones, que deberán constar en la ficha clínica:

1. Una prescripción que recomiende la hospitalización, suscrita por dos profesionales de distintas disciplinas, que cuenten con las competencias específicas requeridas, uno de los cuales siempre deberá ser un médico cirujano, de preferencia psiquiatra. Los profesionales no podrán tener con la persona una relación de parentesco ni interés de algún tipo.
2. La inexistencia de una alternativa menos restrictiva y más eficaz para el tratamiento del paciente o la protección de terceros.
3. Un informe acerca de las acciones de salud implementadas previamente, si las hubiere.
4. Que tenga una finalidad exclusivamente terapéutica.
5. Que se señale expresamente el plazo de la hospitalización involuntaria y el tratamiento a seguir. La hospitalización involuntaria deberá ser por el menor tiempo posible y de ningún modo indefinida, y deberá realizarse en unidades de hospitalización destinadas al tratamiento intensivo de personas con enfermedad mental. En el caso que no existan dichas unidades en el territorio correspondiente al domicilio del paciente, éste podrá ser derivado a otro establecimiento hospitalario de la red pública de salud, más cercano a su domicilio, que cuente con la disponibilidad para realizar el tratamiento intensivo, en conformidad con lo establecido en un reglamento emitido por el Ministerio de Salud.
6. Informar a la autoridad sanitaria competente y a algún pariente o representante de la persona, respecto de la hospitalización involuntaria, en la forma que el reglamento lo determine.

Artículo 14.- Transcurridas setenta y dos horas desde la hospitalización involuntaria, si se mantienen todas las condiciones que la hicieron procedente y se estima necesario prolongarla, la autoridad sanitaria solicitará su revisión al Tribunal de Familia competente del lugar donde se encuentre el establecimiento de salud respectivo, entregando al tribunal todos los antecedentes que le permitan analizar el caso, debiendo incluir un informe del equipo médico tratante que justifique la prolongación de la hospitalización involuntaria.

El Tribunal de Familia respectivo, en el plazo de tres días hábiles contado desde la presentación de la solicitud, deberá resolver si se cumple con los requisitos de legalidad establecidos en el artículo 13 de la presente ley.

En caso de ser necesario, el Tribunal de Familia podrá, dentro del plazo de tres días hábiles, oficiar, solicitando informes complementarios a los profesionales tratantes y a la Comisión Regional de Protección de los Derechos de las Personas con Enfermedades Mentales. Dichos informes deberán ser entregados al tribunal en el plazo de cinco días hábiles. Corresponderá al Servicio de Salud respectivo tramitar dichos oficios.

Transcurridos los plazos señalados anteriormente, según corresponda, y en caso de no cumplirse con los requisitos de legalidad establecidos en el artículo 13, el Juez de Familia correspondiente deberá resolver, ordenando la cesación de la hospitalización psiquiátrica involuntaria.

Cada treinta días corridos contados desde la última revisión por parte del Juez de Familia respectivo, y siempre que el equipo médico estimare que es necesario prolongarla, éste deberá enviar al tribunal, dentro de las veinticuatro horas siguientes al cumplimiento de dicho plazo, una actualización de los antecedentes señalados en el inciso primero, que den cuenta de la evolución de la persona hospitalizada.

Recibido el informe, el tribunal deberá revisar los nuevos antecedentes en conformidad con lo establecido en este artículo.

En cualquier momento el Juez de Familia podrá disponer el alta hospitalaria inmediata, si es que no se cumplen los requisitos legales contemplados en el artículo 13 de la presente ley.

Artículo 15.- La persona hospitalizada involuntariamente o su representante legal tienen derecho a designar uno o más abogados de su confianza. Si no lo tuviere, el Tribunal de Familia competente procederá a hacerlo.

En todo caso, la designación del abogado deberá tener lugar antes de la realización de la primera audiencia a que fuere citada la persona hospitalizada involuntariamente. Si ésta se encontrare privada de libertad, cualquier persona podrá proponer para aquélla un abogado determinado, o bien solicitar al Tribunal de Familia competente su designación.

Para estos efectos, será competente el Tribunal de Familia del lugar en donde el hospitalizado involuntariamente se encontrare.

Artículo 16.- En el caso de hospitalización involuntaria, el alta o permiso de salida es una facultad del equipo de salud. El equipo de salud deberá ofrecer a la persona continuar su hospitalización en forma voluntaria o bien su alta hospitalaria, tan pronto cese la situación de riesgo cierto e inminente para ella o para terceros. Esta situación deberá informarse a la autoridad sanitaria y a algún pariente o representante de la persona, respecto del alta o permiso de salida, en la forma que determine el reglamento.

Artículo 17.- En ningún caso se podrá someter a una persona hospitalizada en forma involuntaria a procedimientos o tratamientos irreversibles, tales como esterilización o psicocirugía.

Artículo 18.- La persona hospitalizada bajo su consentimiento podrá en cualquier momento decidir por sí misma el término de su hospitalización. Cuando la hospitalización voluntaria se prolongue por más de treinta días corridos, la Comisión Regional de Protección de los Derechos de las Personas con Enfermedades Mentales y el equipo de salud a cargo deberán comunicarlo de inmediato al Tribunal de Familia competente, para que éste la revise de conformidad al procedimiento establecido en el artículo 14 de la presente ley.

Artículo 19.- Con el fin de garantizar los derechos humanos de las personas con enfermedad mental o discapacidad psíquica o intelectual, los integrantes profesionales y no profesionales del equipo de salud serán responsables de informar a la Secretaría Regional

Ministerial de Salud y a la Comisión Regional de Protección de los Derechos de las Personas con Enfermedades Mentales sobre cualquier sospecha de irregularidad que implique un trato indigno o inhumano a personas bajo tratamiento o una limitación indebida de su autonomía. El funcionario podrá actuar bajo reserva de identidad y no se considerará que ha incurrido en violación del secreto profesional. La sola comunicación a un superior jerárquico dentro de la institución no releva al equipo de salud de tal responsabilidad si la situación irregular persiste.

Artículo 20.- El tratamiento de las personas con enfermedades o trastornos mentales o con discapacidad psíquica o intelectual se realizará con apego a los estándares de atención que a continuación se indican:

1. Que la atención de salud se realice en establecimientos de salud de conformidad con el decreto con fuerza de ley N° 1, de 2005, del Ministerio de Salud.
2. La certificación de las competencias de los profesionales a cargo de la atención de salud mental y la revalidación de dichas competencias, en conformidad con la normativa sobre certificación y registro de profesionales en salud de la Superintendencia de Salud.
3. Que se proporcione a estas personas un tratamiento en base a la mejor evidencia científica disponible y a criterios de costo-efectividad, en relación al mejoramiento de la salud y bienestar integral de la persona.
4. Que las instalaciones para la atención ambulatoria y hospitalaria cumplan con la autorización sanitaria.
5. La incorporación de familiares y otras personas significativas que puedan dar asistencia especial o participen del proceso de recuperación, si ello es consentido por la persona, especialmente en el caso de niños, niñas y adolescentes, con el objetivo de fortalecer su inclusión social.
6. La atención de salud no podrá dar lugar a discriminación respecto de otras enfermedades, en relación a cobertura de prestaciones y tasa de aceptación de licencias médicas.
7. No podrá existir discriminación en cuanto a la existencia de servicios en la red de atención de salud, siendo estos necesarios para la acreditación sanitaria.

Artículo 21.- El manejo de conductas perturbadoras o agresivas que pongan a la persona en condiciones de riesgo real e inminente y que amenacen la integridad o la vida de sí misma o terceros debe hacerse con estricto respeto a los derechos humanos, incorporando estrategias y protocolos para prevenir su ocurrencia, y considerando la voluntad y preferencias expresadas por la persona para el manejo de las mismas, pudiendo sólo aplicarse en los casos en que concurra indicación terapéutica acreditada por un médico, siempre que no exista otra alternativa menos restrictiva y que la necesidad de su aplicación fuere proporcional en relación a la conducta perturbadora.

Los equipos tratantes deben acompañar a las personas durante estas situaciones, sobre la base de una contención emocional y ambiental. En caso de utilizar la contención física, mecánica, farmacológica y de observación continua en sala individual, éstas sólo podrán aplicarse en los casos en que concurra indicación terapéutica acreditada por un médico, y durante el tiempo estrictamente necesario, empleando todos los medios para minimizar sus efectos nocivos en la integridad física y psíquica del paciente. En ningún caso las acciones de contención pueden significar torturas, apremios ilegítimos u otros tratos crueles, inhumanos o degradantes. Durante el empleo de las mismas, la persona tendrá garantizada la supervisión médica permanente.

De todo lo actuado en el uso de estas medidas se dejará registro en la ficha clínica, se informará a la autoridad sanitaria, a la Comisión Regional de Protección de los Derechos de las

Personas con Enfermedades Mentales y a un pariente o representante de la persona, de la forma establecida en el reglamento. De la aplicación de estas medidas y de aquellas que restrinjan temporalmente la comunicación o contacto con las visitas se podrá solicitar su revisión a la

Comisión Regional de Protección de los Derechos de las Personas con Enfermedades Mentales que corresponda. En el caso de las personas hospitalizadas de forma involuntaria, estas medidas también se pondrán en conocimiento del Tribunal de Familia competente respectivo para efectos de lo establecido en el artículo 14 de la presente ley.

Mediante un reglamento expedido por el Ministerio de Salud se establecerán las normas adecuadas para el manejo de las conductas perturbadoras o agresivas que las personas con discapacidad psíquica o intelectual pudieran tener en establecimientos de salud y el respeto por sus derechos en la atención de salud.

TÍTULO IV
DERECHOS DE LOS FAMILIARES Y DE QUIENES APOYEN A PERSONAS CON ENFERMEDAD MENTAL O DISCAPACIDAD PSÍQUICA O INTELECTUAL

Artículo 22.- Los familiares y quienes apoyen a personas con enfermedad mental o discapacidad psíquica o intelectual tienen derecho a recibir información general sobre las mejores maneras de ejercer la labor de apoyo y cuidado, tales como contenidos psicoeducativos sobre las enfermedades mentales, la discapacidad y sus tratamientos.

Artículo 23.- Los familiares y quienes apoyen a personas con enfermedad mental o discapacidad psíquica o intelectual tienen derecho a organizarse para abogar por sus necesidades y las de las personas a quienes apoyan y cuidan, a crear instancias comunitarias que promuevan la inclusión social y a denunciar situaciones que resulten violatorias de los derechos humanos.

TÍTULO V
DE LA INCLUSIÓN SOCIAL

Artículo 24.- La articulación intersectorial del Estado deberá incluir acciones permanentes para la cabal inclusión social de las personas con enfermedad mental, discapacidad psíquica o intelectual.

TÍTULO VI
MODIFICACIONES LEGALES

Artículo 25.- Modifícase la ley N° 20.584, que regula los derechos y deberes que tienen las personas en relación con acciones vinculadas a su atención en salud, de la siguiente manera:

1. Incorpórase en el inciso primero del artículo 10, luego del punto y aparte que pasa a ser punto y seguido, la siguiente oración: "Asimismo, todo niño, niña y adolescente tiene derecho a recibir información sobre su enfermedad y la forma en que se realizará su tratamiento, adaptada a su edad, desarrollo mental y estado afectivo y psicológico.".

2. Agréganse en el artículo 14 los siguientes incisos quinto y sexto:

"Sin perjuicio de las facultades de los padres o del representante legal para otorgar el consentimiento en materia de salud en representación de los menores de edad competentes, todo niño, niña y adolescente tiene derecho a ser oído respecto de los tratamientos que se le aplican y a optar entre las alternativas que éstos otorguen, según la situación lo permita, tomando en consideración su edad, madurez, desarrollo mental y su estado afectivo y psicológico. Deberá dejarse constancia de que el niño, niña o adolescente ha sido informado y se le ha oído.

En el caso de una investigación científica biomédica en el ser humano y sus aplicaciones clínicas, la negativa de un niño, niña o adolescente a participar o continuar en ella debe ser respetada. Si ya ha sido iniciada, se le debe informar de los riesgos de retirarse anticipadamente de ella.".

3. Suprímense los artículos 25, 26 y 27.

4. Sustitúyese el artículo 28 por el siguiente:

"Artículo 28.- No se podrá desarrollar investigación biomédica en adultos que no son capaces física o mentalmente de expresar su consentimiento o de los que no es posible conocer su preferencia, a menos que la condición física o mental que impide otorgar el consentimiento informado o expresar su preferencia sea una característica necesaria del grupo investigado. En estos casos, no se podrá involucrar en investigación sin consentimiento a una persona cuya condición de salud sea tratable de modo que pueda recobrar su capacidad de consentir.

En estas circunstancias, además de dar cabal cumplimiento a las normas contenidas en la ley N° 20.120, sobre la investigación científica en el ser humano, su genoma, y prohíbe la clonación humana, y en el Código Sanitario, según corresponda, el protocolo de la investigación deberá contener las razones específicas para incluir a individuos con una enfermedad que no les permite expresar su consentimiento o manifestar su preferencia. Se deberá acreditar que la investigación involucra un potencial beneficio directo para la persona e implica riesgos mínimos para ella. Asimismo, se deberá contar previamente con el informe favorable de un comité ético científico acreditado y con la autorización de la Secretaría Regional Ministerial de Salud.

En esos casos, los miembros del comité que evalúe el proyecto no podrán encontrarse vinculados directa ni indirectamente con el centro o institución en el cual se desarrollará la investigación, ni con el investigador principal o el patrocinador del proyecto.

Se deberá obtener a la brevedad el consentimiento o manifestación de preferencia de la persona que haya recuperado su capacidad física o mental para otorgar dicho consentimiento o manifestar su preferencia.

Las personas con enfermedad neurodegenerativa o psiquiátrica podrán otorgar anticipadamente su consentimiento informado para ser sujetos de ensayo en investigaciones futuras, cuando no estén en condiciones de consentir o expresar preferencia.

La investigación biomédica en personas menores de edad se regirá por lo dispuesto en la ley N° 20.120. Con todo, deberá respetarse su negativa a participar o continuar en la investigación.".

TÍTULO VII
DISPOSICIONES VARIAS

Artículo 26.- Prohíbese la creación de nuevos establecimientos psiquiátricos asilares o de atención segregada en salud mental.

Sólo se permitirá la internación ambulatoria de personas en los establecimientos psiquiátricos asilares existentes a la fecha de publicación de la presente ley, que cumplan con los requisitos establecidos en un reglamento dictado por el Ministerio de Salud.

Artículo 27.- Un reglamento del Ministerio de Salud y las normas técnicas pertinentes establecerán las condiciones, requisitos y mecanismos que sean necesarios para el cumplimiento de todos aquellos asuntos establecidos en la presente ley.

Artículo 28.- Las infracciones de esta ley podrán ser reclamadas de conformidad a los procedimientos establecidos en el Título IV de la ley N° 20.584, que regula los derechos y deberes que tienen las personas en relación con acciones vinculadas a su atención de salud.

Artículo transitorio.- Los reglamentos a que se refieren las disposiciones de la presente ley deberán dictarse dentro del plazo máximo de sesenta días corridos, contado desde su publicación.".

Habiéndose cumplido con lo establecido en el N° 1 del artículo 93 de la Constitución Política de la República y por cuanto he tenido a bien aprobarlo y sancionarlo; por tanto, promúlguese y llévese a efecto como Ley de la República.

Santiago, 5 de mayo de 2021.- SEBASTIÁN PIÑERA ECHENIQUE, Presidente de la República.- Enrique Paris Mancilla, Ministro de Salud.- Karla Rubilar Barahona, Ministra de Desarrollo Social y Familia.- Hernán Larraín Fernández, Ministro de Justicia y Derechos Humanos.

Transcribo para su conocimiento ley N° 21.331.- Por orden de la Subsecretaria de Salud Pública.- Saluda atentamente a Ud., Jorge Hübner Garretón, Jefe División Jurídica, Ministerio de Salud.

TRIBUNAL CONSTITUCIONAL

Proyecto de ley sobre protección de la salud mental, correspondiente a los Boletines N°s. 10563-11 y 10755-11

La Secretaria del Tribunal Constitucional, quien suscribe, certifica que la H. Cámara de Diputadas y Diputados envió el proyecto de ley enunciado en el rubro, aprobado por el Congreso Nacional, a fin de que este Tribunal ejerciera el control de constitucionalidad respecto de sus artículos 14, 15, 18 y 21 del proyecto de ley y por sentencia de 23 de abril de 2021, en los autos Rol 10513-21-CPR.

Se declara:

I. Que las siguientes disposiciones del proyecto de ley sobre protección de la salud mental, correspondiente a los boletines N°s. 10.563-11 y 10.755-11, refundidos, son conformes con la Constitución Política:

1. Artículo 14.
2. Artículo 15.
3. Artículo 18, en la expresión "Cuando la hospitalización voluntaria se prolongue por más de treinta días corridos, la Comisión Regional de Protección de los Derechos de las Personas con Enfermedades Mentales y el equipo de salud a cargo deberán comunicarlo de inmediato al Tribunal de Familia competente, para que éste la revise de conformidad al procedimiento establecido en el artículo 14 de la presente ley.".
4. Artículo 21, inciso tercero, en la expresión "En el caso de las personas hospitalizadas de forma involuntaria, estas medidas también se pondrán en conocimiento del Tribunal de Familia competente respectivo para efectos de lo establecido en el artículo 14 de la presente ley.".
5. Artículo 25, N° 3, en cuanto suprime el artículo 25, inciso cuarto, de la ley N° 20.584.

II. Que no se emite pronunciamiento, en examen preventivo de constitucionalidad, de las restantes disposiciones del proyecto de ley, por no regular materias reservadas a la ley orgánica constitucional.

Santiago, 23 de abril de 2021.- María Angélica Barriga Meza, Secretaria.

LEY Nº 21.380
RECONOCE A LOS CUIDADORES O CUIDADORAS EL DERECHO A LA ATENCIÓN PREFERENTE EN EL ÁMBITO DE LA SALUD

Teniendo presente que el H. Congreso Nacional ha dado su aprobación al siguiente proyecto de ley, iniciado en moción de los Honorables senadores señor Juan Pablo Letelier Morel, señora Carolina Goic Boroevic, y señores Guido Girardi Lavín, Ricardo Lagos Weber y Rabindranath Quinteros Lara,

Proyecto de ley:

"**Artículo único.-** Modifícase la ley Nº 20.584, que regula los derechos y deberes que tienen las personas en relación con acciones vinculadas a su atención de salud, del siguiente modo:

1. Reemplázase, en el inciso primero del artículo 5° bis, la frase "Toda persona mayor de 60 años, como también toda persona en situación de discapacidad, tendrá derecho a ser atendida", por la siguiente: "Las personas mayores de 60 años y las personas con discapacidad, así como los cuidadores o cuidadoras, tendrán derecho a ser atendidos".

2. Agrégase un artículo 5° quáter, nuevo, del siguiente tenor:

"Artículo 5° quáter.- Para efectos de lo dispuesto en esta ley, se entenderá por cuidador o cuidadora a toda persona que, de forma gratuita o remunerada, proporcione asistencia o cuidado, temporal o permanente, para la realización de actividades de la vida diaria, a personas con discapacidad o dependencia, estén o no unidas por vínculos de parentesco.".

Artículo transitorio.- Dentro del plazo de dos meses, contado desde la publicación de esta ley, el reglamento dictado en virtud del artículo transitorio de la ley Nº 21.168 deberá ser modificado para hacerlo extensivo a las disposiciones de la ley Nº 20.584 que el presente cuerpo legal modifica, especialmente en lo que concierne al modo de acreditar la calidad de cuidador o cuidadora y a sus derechos y deberes en el ejercicio de la actividad.".

Y por cuanto he tenido a bien aprobarlo y sancionarlo; por tanto, promúlguese y llévese a efecto como Ley de la República.

Santiago, 12 de octubre de 2021.- SEBASTIÁN PIÑERA ECHENIQUE, Presidente de la República.- Enrique Paris Mancilla, Ministro de Salud.- Karla Rubilar Barahona, Ministra de Desarrollo Social y Familia.

Transcribo para su conocimiento ley Nº 21.380 - 12 de octubre 2021.- Por orden de la Subsecretaria de Salud Pública.- Saluda atentamente a Ud., Jorge Hübner Garretón, Jefe de la División Jurídica, Ministerio de Salud.

LEY NÚM. 21.512
REGULA LA DISPOSICIÓN FINAL DE ELEMENTOS DE PROTECCIÓN PERSONAL DE CARÁCTER SANITARIO Y PROHÍBE Y SANCIONA SU ELIMINACIÓN EN LUGARES PÚBLICOS

Teniendo presente que el H. Congreso Nacional ha dado su aprobación al siguiente proyecto de ley iniciado en moción de los diputados Jorge Rathgeb Schifferli, Bernardo Berger Fett, Andrés Celis Montt y Jorge Durán Espinoza; de la diputada Ximena Ossandón Irarrázabal, y de los exdiputados Juan Luis Castro González, Ricardo Celis Araya, Javier Macaya Danús, Leopoldo Pérez Lahsen y Daniel Verdessi Belemmi,

Proyecto de ley:

"**Artículo 1.-** Prohíbese arrojar en cualquier lugar no habilitado para ello, mascarillas, escudos faciales, batas o delantales impermeables, antiparras o guantes. La infracción de lo dispuesto precedentemente será sancionada con multa a beneficio municipal de entre una a veinte unidades tributarias mensuales.

La sanción dispuesta en el inciso anterior será aplicada por el juzgado de policía local de la comuna donde se verifique la infracción, de conformidad a lo dispuesto en la ley Nº 18.287, que establece procedimiento ante los juzgados de policía local.

Para la determinación de la multa se considerará la conducta anterior del infractor, su capacidad económica, y la cantidad de elementos arrojados.

Artículo 2.- La disposición final de mascarillas, escudos faciales, batas o delantales impermeables, antiparras o guantes de personas que padecieren alguna enfermedad infectocontagiosa cuya amenaza a la salud pública diere lugar a la declaración de alerta sanitaria, o que hubieren tenido contacto con éstas, ya sea por razones de atención médica u otra, se realizará en la forma que establezca la autoridad sanitaria conforme a un reglamento dictado al efecto por el Ministerio de Salud.

La infracción a lo dispuesto en el inciso anterior se conocerá y sancionará conforme a las disposiciones del Libro X del Código Sanitario.

Artículo 3.- El conocimiento y sanción de las conductas señaladas en los artículos precedentes no obstará a la responsabilidad penal que le pudiere caber a un individuo de conformidad a lo dispuesto en el artículo 318 del Código Penal.

DISPOSICIONES TRANSITORIAS

Artículo primero.- Lo dispuesto en el artículo 1 regirá desde su publicación en el Diario Oficial hasta los ciento veinte días siguientes al término de la alerta sanitaria declarada por el Ministerio de Salud.

Sin embargo, los procesos sancionatorios que se iniciaren dentro del plazo señalado en el inciso anterior seguirán su tramitación hasta que se encuentren concluidos.

Artículo segundo.- El reglamento al que hace referencia el inciso primero del artículo 2 deberá ser dictado dentro de los treinta días siguientes a la publicación de esta ley en el Diario Oficial.".

Habiéndose cumplido con lo establecido en el Nº 1 del artículo 93 de la Constitución Política de la República y por cuanto he tenido a bien aprobarlo y sancionarlo; por tanto, promúlguese y llévese a efecto como Ley de la República.

Santiago, 1 de diciembre de 2022.- GABRIEL BORIC FONT, Presidente de la República.- Ximena Aguilera Sanhueza, Ministra de Salud.

Transcribo para su conocimiento la Ley Nº 21.512, del 1 de diciembre de 2022.- Por orden de la Subsecretaría de Salud Pública.- Saluda atentamente a Ud., Yasmina Viera Bernal, Jefe de la División Jurídica, Ministerio de Salud.

TRIBUNAL CONSTITUCIONAL

Proyecto de ley que regula la disposición final de elementos de protección personal de carácter sanitario, prohíbe y sanciona su eliminación en lugares públicos, correspondiente al boletín Nº 13.598-11

La Secretaria del Tribunal Constitucional, quien suscribe, certifica que la Cámara de Diputadas y Diputados envió el proyecto de ley enunciado en el rubro, aprobado por el Congreso Nacional, a fin de que este Tribunal ejerciera el control de constitucionalidad respecto del inciso segundo del artículo 1 del proyecto de ley; y por sentencia de 16 de noviembre de 2022, en los autos Rol 13681-22-CPR.

Se resuelve:

1) Que la disposición contenida en el inciso segundo del artículo 1 del proyecto, en su primera parte que dispone que "La sanción dispuesta en el inciso anterior será aplicada por el Juzgado de Policía Local de la comuna donde se verifique la infracción,", es propia de Ley Orgánica Constitucional y se encuentra ajustada a la Constitución Política de la República.

2) Que este Tribunal no emite pronunciamiento, en examen preventivo de constitucionalidad, respecto de la disposición contenida en la segunda parte del inciso segundo del artículo 1 del proyecto que dispone: "De conformidad a lo dispuesto en la ley Nº 18.287, que establece procedimiento ante los Juzgados de Policía Local.", por no versar sobre materias propias de Ley Orgánica Constitucional.

Santiago, 18 de noviembre de 2022.- María Angélica Barriga Meza, Secretaria.

LEY NÚM. 21.504
ESTABLECE PROHIBICIÓN DE INFORMAR DEUDAS CONTRAÍDAS PARA FINANCIAR SERVICIOS Y ACCIONES DE SALUD EN LA LEY Nº 19.628

Teniendo presente que el H. Congreso Nacional ha dado su aprobación al siguiente proyecto de ley iniciado en moción del Honorable senador señor Jaime Quintana Leal, y de los exsenadores señor Guido Girardi Lavín, señora Carolina Goic Boroevic y señor Rabindranath Quinteros Lara,

Proyecto de ley:

"**Artículo único.-** Intercálase, en el inciso segundo del artículo 17 de la ley Nº 19.628, sobre protección de la vida privada, con el objeto de prohibir que se informe sobre las deudas contraídas para financiar servicios y acciones de salud, a continuación de la expresión "en cualquiera de sus niveles;", lo siguiente: "ni las deudas contraídas con prestadores de salud públicos o privados y empresas relacionadas, sean instituciones financieras, casas comerciales u otras similares, en el marco de una atención o acción de salud ambulatoria, hospitalaria o de emergencia sean éstas consultas, procedimientos, exámenes, programas, cirugías u operaciones;".

Artículo transitorio.- La presente ley entrará en vigencia a partir de los ciento ochenta días posteriores a la publicación de la misma. Los responsables de los registros o bancos de datos personales que almacenan y comunican información sobre las obligaciones a que se refiere esta ley deberán eliminar todos los datos relacionados con éstas, en el plazo señalado anteriormente.".

Y por cuanto he tenido a bien aprobarlo y sancionarlo; por tanto, promúlguese y llévese a efecto como Ley de la República.

Santiago, 4 de noviembre de 2022.- GABRIEL BORIC FONT, Presidente de la República.- Ximena Aguilera Sanhueza, Ministra de Salud.

Transcribo para su conocimiento la ley Nº 21.504 del 4 noviembre de 2022.- Por orden de la Subsecretaria de Salud Pública.- Saluda atentamente a Ud., Yasmina Viera Bernal, Jefa de la División Jurídica, Ministerio de Salud.

LEY NÚM. 21.499
REGULA LOS BIOCOMBUSTIBLES SÓLIDOS

Teniendo presente que el H. Congreso Nacional ha dado su aprobación al siguiente proyecto de ley iniciado en moción de los diputados Harry Jürgensen Rundshagen, Miguel Ángel Calisto Águila, Marcos Ilabaca Cerda, Frank Sauerbaum Muñoz y Cristóbal Urruticoechea Ríos; y de los exdiputados Andrés Molina Magofke y Diego Paulsen Kehr,

Proyecto de ley:

"TÍTULO I
DISPOSICIONES GENERALES

Artículo 1.- Todo biocombustible sólido que se comercialice en el país debe cumplir con especificaciones técnicas mínimas de calidad, según lo dispuesto en la presente ley.

Artículo 2.- Para los efectos de esta ley, se entenderá por:

a) Biomasa: la materia orgánica sólida, biodegradable, de origen vegetal o animal, que puede ser usada como materia prima para la elaboración de biocombustibles sólidos.

b) Biocombustibles sólidos: los combustibles elaborados a partir de biomasa de origen leñoso o no leñoso, tales como leña, pellets, carbón vegetal, briquetas y astillas, entre otros.

c) Centro de Procesamiento de Biomasa: el establecimiento en el que se somete a la biomasa a una serie de acciones o procesos destinados a convertirla en biocombustible sólido.

d) Comercializador: la persona natural o jurídica que ofrece biocombustibles sólidos a otros comercializadores o al consumidor final para la venta o permuta.

e) Ministerio: el Ministerio de Energía.

f) Organismo de Certificación: la persona jurídica autorizada por la Superintendencia de Electricidad y Combustibles de conformidad a lo dispuesto en el número 14 del artículo 3° de la ley N° 18.410, encargada de certificar que los Centros de Procesamiento de Biomasa reúnan las condiciones para producir biocombustibles sólidos conforme a las especificaciones técnicas mínimas de calidad y a la métrica definidas por el Ministerio, o que los biocombustibles sólidos cumplan dichas especificaciones, según sea el caso.

g) Pequeño Centro de Procesamiento de Biomasa: el Centro de Procesamiento de Biomasa que tiene capacidad para producir y comercializar anualmente una cantidad igual o inferior a 500 m3st de leña al año, o su equivalente en peso u otra unidad de medida de otros tipos de biocombustibles sólidos provenientes de la biomasa, según lo determine el reglamento.

Cualquier persona podrá ser, simultáneamente, centro de procesamiento, comercializador o transportista.

h) Superintendencia: la Superintendencia de Electricidad y Combustibles.

Artículo 3.- El Ministerio establecerá, mediante resolución exenta, las especificaciones técnicas mínimas de calidad y la métrica que deberán cumplir los biocombustibles sólidos como requisito para su comercialización, en atención al uso que se les dé. Las especificaciones técnicas mínimas de calidad tendrán por finalidad que los biocombustibles sólidos provean energía térmica de forma eficiente y limpia. Para estos efectos, el Ministerio podrá considerar normas chilenas u otras normas internacionales ampliamente reconocidas que sean aplicables y deberá requerir la opinión de las instituciones y organismos que tengan competencia normativa o de ejecución en materias de biomasa, entre éstos, del Ministerio de Agricultura.

Un reglamento expedido por el Ministerio, y que será suscrito además por los ministros de Agricultura y de Transportes y Telecomunicaciones, establecerá el procedimiento de dictación de las especificaciones técnicas y las demás normas necesarias para la implementación y ejecución de los preceptos establecidos en esta ley.

En lo relativo al procedimiento, el reglamento deberá contemplar, a lo menos, lo siguiente:

a) Los aspectos básicos a considerar durante la etapa de diseño de las especificaciones técnicas.

b) La forma en que se comprobará la adecuación de las especificaciones técnicas a los estándares internacionales en la materia.

c) El mecanismo de participación del público interesado en su determinación, de acuerdo con lo señalado en los artículos 69 y siguientes de la ley Nº 18.575, orgánica constitucional de Bases Generales de la Administración del Estado, cuyo texto refundido, coordinado y sistematizado fue fijado por el decreto con fuerza de ley Nº 1-19.653, de 2000, del Ministerio Secretaría General de la Presidencia.

No obstante lo anterior, las disposiciones y sanciones de esta ley regirán sin perjuicio de la aplicación, cuando corresponda, de las disposiciones y sanciones contenidas en la ley Nº 20.283, sobre Recuperación del Bosque Nativo y Fomento Forestal; en el decreto ley Nº 2.565, de 1979, que sustituye el decreto ley 701, de 1974, que somete los terrenos forestales a las disposiciones que señala; y en el decreto Nº 4.363, de 1931, del Ministerio de Tierras y Colonización, que aprueba el texto definitivo de la Ley de Bosques.

TÍTULO II
DE LAS OBLIGACIONES DE LOS ACTORES DEL MERCADO DE BIOCOMBUSTIBLES SÓLIDOS

Artículo 4.- Obligación de registro. Los Centros de Procesamiento de Biomasa y los comercializadores deberán inscribirse en el registro que llevará la Superintendencia de conformidad con los literales a) y b) del inciso primero del artículo 14 y deberán mantener permanentemente vigente dicha inscripción como requisito habilitante para actuar como tales.

Artículo 5.- Obligación de certificación. Los Centros de Procesamiento de Biomasa deberán sujetarse a una certificación realizada por un Organismo de Certificación, la que culminará con la entrega de un sello de calidad que los identifique como establecimientos certificados.

La certificación de los Centros de Procesamiento de Biomasa tendrá por objeto verificar que las acciones y procesos que éstos realizan son aptos para producir biocombustibles sólidos que cumplen con las especificaciones mínimas de calidad y con la métrica definidas por el Ministerio. El reglamento establecerá, al menos, las condiciones de almacenamiento, mediciones, controles y registro de las operaciones que deberá considerar dicha certificación. Entre los registros, deberán considerarse aquellos que den cuenta de que el origen de la biomasa procesada cumpla con la legislación y reglamentación aplicable.

Los Centros de Procesamiento de Biomasa deberán exhibir en un lugar visible al público el sello de calidad que acredita su respectiva certificación.

No estarán obligados a certificarse aquellos Centros de Procesamiento de Biomasa que produzcan exclusivamente biocombustibles sólidos para usos respecto de los cuales el Ministerio no haya dictado especificaciones técnicas, de conformidad a lo dispuesto en el inciso primero del artículo 3.

Artículo 6.- Los conductores de los vehículos motorizados categorizados como mayores en el reglamento deberán exhibir la respectiva guía de despacho o la factura establecida en el decreto ley Nº 825, de 1974, Ley sobre Impuesto a las Ventas y Servicios.

El reglamento podrá establecer obligaciones al transporte de biomasa o biocombustibles sólidos que se realice en vehículos menores.

Sin perjuicio de lo anterior, el transporte de productos primarios de bosque nativo quedará además sometido a las normas y sanciones contenidas en la ley Nº 20.283, sobre Recuperación del Bosque Nativo y Fomento Forestal.

Artículo 7.- Queda prohibida la comercialización de leña que presente contaminación por sustancias químicas de cualquier tipo que sean nocivas para el medioambiente. El comercializador será responsable de la falta establecida en el numeral 17 del artículo 494 del Código Penal.

Artículo 8.- Queda prohibida la comercialización de biocombustibles sólidos que no provengan de un Centro de Procesamiento de Biomasa certificado o de un comercializador inscrito.

Sin perjuicio de lo anterior, el Ministerio, por decreto supremo expedido bajo la fórmula "por orden del Presidente de la República" podrá disponer excepciones temporales para algunas de las propiedades de los biocombustibles sólidos que se expendan o distribuyan en el país, tales como la humedad y la métrica, cuando la seguridad del abastecimiento energético así lo requiera, considerando un aumento no programado de la demanda nacional o el déficit o contracción de la oferta de los biocombustibles sólidos en los mercados nacionales o internacionales, conforme a lo dispuesto en el reglamento.

En ningún caso se podrá autorizar la utilización de biomasa que provenga de cortas de bosque nativo sin el respectivo plan de manejo aprobado previamente por la Corporación Nacional Forestal.

Artículo 9.- Las disposiciones contenidas en esta ley no se aplicarán al autoconsumo de biocombustibles sólidos.

Se entenderá por autoconsumo el consumo de biomasa producida en un inmueble del que se es dueño, poseedor o mero tenedor, conforme a lo dispuesto en el reglamento.

Se presumirá que el transporte de biocombustibles sólidos en vehículos menores está destinado a autoconsumo, salvo que exista habitualidad o se acredite comercialización, conforme lo defina el reglamento.

Lo dispuesto en el inciso primero no se aplicará al transporte que se realice en vehículos mayores.

TÍTULO III
DE LA FISCALIZACIÓN Y SANCIÓN DE LOS PRECEPTOS CONTENIDOS EN ESTA LEY

Artículo 10.- Corresponderá a la Superintendencia fiscalizar el cumplimiento de esta ley y sancionar las infracciones que ésta contempla, conforme a las potestades y atribuciones que establece la ley Nº 18.410.

Artículo 11.- La Superintendencia podrá requerir a los ministerios y servicios públicos la información necesaria para el ejercicio de su función fiscalizadora.

Para solicitarla deberá emitir un acto fundado que dé cuenta de la necesidad de ella. La información podrá denegarse si se invoca una norma legal vigente sobre secreto o reserva.

Sin perjuicio de lo dispuesto en el inciso anterior, siempre deberá entregarse la información de contacto que permita notificar el inicio de un procedimiento administrativo respecto de fiscalizados cuyos datos no obren en poder de la Superintendencia.

Para los efectos de lo dispuesto en este artículo no regirá lo establecido en el inciso segundo del artículo 35° del Código Tributario.

Los datos personales recabados en conformidad a lo dispuesto en los incisos segundo y terceros deberán ser tratados conforme a la normativa sobre protección de datos personales vigente.

Artículo 12.- Será responsabilidad del Estado, a través del Ministerio de Energía, dar apoyo financiero y técnico a pequeños y medianos productores de leña para la instalación de centros de secado, de acuerdo con el Plan Nacional para la Modernización del Mercado de los Biocombustibles Sólidos referido en el artículo 20.

Artículo 13.- La Superintendencia coordinará las acciones de fiscalización que desarrolle en materia de biocombustibles sólidos, y dentro del ámbito de sus competencias, con las municipalidades y la Corporación Nacional Forestal, entre otros organismos.

Artículo 14.- La Superintendencia deberá implementar y administrar los siguientes registros públicos:

a) Registro de Centros de Procesamiento de Biomasa.

b) Registro de Comercializadores.

c) Registro de instaladores y mantenedores autorizados de artefactos de combustión de biocombustibles sólidos.

El reglamento establecerá los requisitos que se deberán cumplir para la inscripción en cada registro, los procedimientos de inscripción y reincorporación y la periodicidad de la obligación de actualizar la información requerida. En el caso de los comercializadores, el reglamento regulará, al menos, las condiciones de almacenamiento y de registro de sus operaciones.

La inscripción de los instaladores y mantenedores de artefactos de combustión de biocombustibles sólidos en el Registro será voluntaria.

Artículo 15.- Sin perjuicio de lo establecido en la ley N° 18.410, los siguientes hechos, actos u omisiones serán considerados infracciones bajo la presente ley:

a) El otorgamiento de la certificación por parte de los Organismos de

Certificación sobre la base de información incompleta, errónea o que no haya sido verificada. Ésta será considerada una infracción grave para los efectos de la ley N° 18.410.

b) La falsificación de un sello de calidad o de una certificación por parte de un Centro de Procesamiento de Biomasa. Ésta será considerada una infracción gravísima para los efectos de la ley N° 18.410 y podrá ser sancionada con la suspensión por un año del registro respectivo establecido en el artículo 14.

Son infracciones leves los hechos, actos u omisiones que contravengan cualquier precepto obligatorio y que no constituyan infracción gravísima o grave, de acuerdo con lo previsto en el inciso anterior.

Artículo 16.- El monto de las multas impuestas en conformidad a la ley N° 18.410 será de beneficio fiscal y su cobro será realizado por el Servicio de Tesorerías, conforme a lo establecido en el artículo 35 del decreto ley N° 1.263, de 1975, del Ministerio de Hacienda.

Artículo 17.- La Superintendencia podrá sancionar al dueño del vehículo que haya sido utilizado en contravención a lo establecido en esta ley. Esta infracción se considerará leve para efectos de lo dispuesto en la ley N° 18.410.

Las sanciones que se apliquen a los propietarios de los vehículos que transporten biomasa o biocombustibles sólidos en contravención a esta ley deberán ser proporcionales a la capacidad de carga del vehículo utilizado.

Sin perjuicio de lo dispuesto en el artículo 2465 del Código Civil, para el cobro de las multas señaladas en el inciso primero, efectuado el requerimiento de pago y ante la negativa de pago, se trabará el embargo sobre el vehículo que se haya empleado con infracción a las disposiciones de esta ley, con el solo mérito de la inscripción del vehículo en el Registro de Vehículos Motorizados del Servicio de Registro Civil e Identificación. El acta de embargo deberá indicar los datos de inscripción del vehículo en el mencionado registro. Practicado el embargo sobre el vehículo respectivo, se anotará dicha actuación en el Registro de Vehículos Motorizados, de conformidad a lo establecido en el inciso segundo del artículo 41 de la ley N° 18.290, de Tránsito, cuyo texto refundido, coordinado y sistematizado fue fijado por el decreto con fuerza de ley N° 1, de 2007, de los Ministerios de Transportes y Telecomunicaciones y de Justicia.

Artículo 18.- El transporte destinado a prácticas culturales propias de los pueblos indígenas no será sancionado. Éste se regulará en el reglamento, conforme al proceso participativo establecido en los incisos segundo y tercero del artículo 3.

TÍTULO IV
DEL PLAN DE MODERNIZACIÓN DEL MERCADO DE LOS BIOCOMBUSTIBLES SÓLIDOS

Artículo 19.- Respecto de la producción de leña a cargo de personas pertenecientes a pueblos originarios reconocidos por el Estado de Chile, se fomentarán sus técnicas y prácticas tradicionales y culturales en el uso de ella y se prestará apoyo técnico institucional con respeto a sus prácticas culturales.

Artículo 20.- Cada cinco años el Ministerio elaborará un Plan Nacional para la Modernización del Mercado de los Biocombustibles Sólidos, en colaboración con el Ministerio de Agricultura y las instituciones y organismos que tengan competencia normativa de fiscalización o ejecución en materias que inciden en el mercado de biocombustibles sólidos.

El plan nacional deberá comprender, al menos, las siguientes materias: planes de acompañamiento a los pequeños productores y asociatividad entre éstos; fomento de la certificación de los Centros de Procesamiento de Biomasa y de la inscripción de los Centros de Procesamiento de Biomasa y comercializadores; coordinación entre los programas de reacondicionamiento térmico de viviendas; recambio de artefactos residenciales e institucionales; las medidas atingentes a calefacción contempladas en los planes de prevención y/o descontaminación atmosférica y otras políticas públicas relacionadas con la comercialización, la información y estadísticas relativas a ésta, y el uso de biocombustibles sólidos; metas y objetivos a nivel nacional, regional o local, considerando plazos y gradualidad en su cumplimiento.

El Ministerio deberá abrir un proceso de participación ciudadana, en el que se podrá inscribir toda persona natural o jurídica con interés en participar de la elaboración del plan nacional. El reglamento determinará la forma y plazos en que deberá desarrollarse el proceso de participación ciudadana; y su metodología se regirá por las normas que al efecto haya dictado el Ministerio, de conformidad a lo señalado en los artículos 69 y siguientes de la ley N° 18.575, orgánica constitucional de Bases Generales de la Administración del Estado.

Un decreto supremo del Ministerio de Energía, expedido bajo la fórmula "por orden del Presidente de la República", establecerá el Plan Nacional de Modernización del Mercado de Biocombustibles Sólidos.

TÍTULO V
MODIFICACIONES DE OTROS CUERPOS LEGALES

Artículo 21.- Introdúcense las siguientes modificaciones en el artículo 3° del decreto ley N° 2.224, de 1978, que crea el Ministerio de Energía y la Comisión Nacional de Energía:

1. Intercálase, entre las expresiones "electricidad," y "carbón,", la siguiente: "biocombustibles sólidos,".
2. Agrégase, a continuación de la expresión "demás fuentes energéticas", la frase ", en sus diferentes aplicaciones o usos dentro del sector energético,".

Artículo 22.- Introdúcense las siguientes modificaciones en la ley N° 18.410, que crea la Superintendencia de Electricidad y Combustibles:

1. Intercálase en el artículo 2°, entre la expresión "combustibles líquidos," y el vocablo "gas", la expresión "biocombustibles sólidos,".
2. En el párrafo primero del numeral 14 del artículo 3°:

a) Suprímese la conjunción "y" que precede a la frase "los que utilicen leña y otros productos dendroenergéticos".

b) Intercálase entre la frase "como medio de combustión" y el punto y seguido, la frase: ", y a los centros de procesamiento de biomasa o los biocombustibles sólidos, en su caso".

3. En el artículo 3° D:

a) Agrégase en el inciso primero, luego del vocablo "gas", la siguiente expresión: ", de biocombustibles sólidos".

b) Intercálase en el inciso tercero, entre la palabra "gas" y la conjunción "y", la siguiente expresión: ", de biocombustibles sólidos".

4. Intercálase en el artículo 11, entre el vocablo "gas" y la conjunción "y", la expresión ", biocombustibles sólidos".
5. Intercálase, en el inciso primero del artículo 15, entre el vocablo "gas" y la conjunción "y", la expresión ", biocombustibles sólidos".

DISPOSICIONES TRANSITORIAS

Artículo primero.- Dentro del plazo de diez meses, contado desde la publicación de la presente ley en el Diario Oficial, se deberá dictar el reglamento que establezca las disposiciones necesarias para su ejecución.

Artículo segundo.- La Superintendencia de Electricidad y Combustibles dentro del plazo de seis meses contado desde la publicación de esta ley establecerá los requisitos que deberán cumplir los organismos de certificación, conforme al párrafo tercero del numeral 14 del artículo 3° de la ley N° 18.410, que crea la Superintendencia de Electricidad y Combustibles.

Artículo tercero.- Esta ley entrará en vigencia de conformidad a lo dispuesto en los siguientes literales:

a) En aquellas comunas en que existan zonas declaradas saturadas o latentes por material particulado fino respirable MP2,5, y que pertenezcan a las regiones de Ñuble, Biobío, la Araucanía, Los Ríos, Los Lagos y Aysén del General Carlos

Ibáñez del Campo, transcurrido un año desde la entrada en vigencia del reglamento señalado en el artículo primero transitorio.

b) En aquellas comunas en que existan zonas declaradas saturadas o latentes por material particulado fino respirable MP2,5, y que pertenezcan a las regiones del Libertador General Bernardo O'Higgins y Maule, transcurridos tres años desde la entrada en vigencia del reglamento señalado en el artículo primero transitorio.

c) En aquellas zonas no comprendidas en los literales a) y b) anteriores, transcurridos cinco años desde la entrada en vigencia del reglamento señalado en el artículo primero transitorio.

Artículo cuarto.- Sin perjuicio de las obligaciones establecidas en esta ley para los actores del mercado de biocombustibles sólidos, para los Pequeños Centros de Procesamiento de Biomasa la obligación de certificación será exigible veinticuatro meses después que a los demás Centros de Procesamiento de su comuna.

Artículo quinto.- El mayor gasto que represente la aplicación de esta ley durante el primer año presupuestario de vigencia se financiará con cargo al presupuesto del Ministerio de Energía. En los años siguientes se estará a lo que considere la Ley de Presupuestos del Sector Público respectiva.".

Y por cuanto he tenido a bien aprobarlo y sancionarlo; por tanto, promúlguese y llévese a efecto como Ley de la República.

Santiago, 21 de octubre de 2022.- GABRIEL BORIC FONT, Presidente de la República.- Diego Pardow Lorenzo, Ministro de Energía.

Lo que transcribo para su conocimiento.- Saluda atentamente a Ud., Julio Maturana Franca, Subsecretario de Energía.

LEY NÚM. 21.489
DE PROMOCIÓN, PROTECCIÓN Y FOMENTO DE LA ACTIVIDAD APÍCOLA

Teniendo presente que el H. Congreso Nacional ha dado su aprobación al siguiente proyecto de ley iniciado en una moción del exsenador señor Juan Pablo Letelier Morel; en moción del Honorable senador señor José García Ruminot, y de los exsenadores señores Felipe Harboe Bascuñán, Manuel Antonio Matta Aragay y Eugenio Tuma Zedán; en moción de los Honorables senadores señora Carmen Gloria Aravena Acuña, y señores Juan Castro Prieto, Álvaro Elizalde Soto y Manuel José Ossandón Irarrázabal, y de la exsenadora señora Adriana Muñoz D'Albora, y en moción de los Honorables senadores señora Carmen Gloria Aravena Acuña, y señores Juan Castro Prieto, Alfonso De Urresti Longton y Álvaro Elizalde Soto, y del exsenador señor Rabindranath Quinteros Lara,

Proyecto de ley:

"TÍTULO I
NORMAS GENERALES, PRINCIPIOS Y DEFINICIONES

Artículo 1º.- El Estado reconoce la importancia que tiene la apicultura como generadora de productos apícolas, factor polinizador y su rol como factor productivo estratégico para el desarrollo de la actividad silvoagropecuaria.

Reconoce además su importancia para la conservación de la biodiversidad y mantenimiento del equilibrio ecosistémico.

Artículo 2º.- La presente ley tiene por objeto la promoción, protección y fomento del desarrollo sustentable de la apicultura como actividad silvoagropecuaria, mediante la regulación de la producción y extracción de productos apícolas; la comercialización de material biológico apícola; y los servicios de polinización provenientes de toda colmena de abejas en el territorio nacional, sin perjuicio de las demás disposiciones legales y reglamentarias que sean aplicables a dichas actividades.

Quedan sujetas a la presente ley las personas naturales o jurídicas que se dediquen directa o indirectamente, de manera habitual o transitoria, a la cría, fomento, comercio, mejoramiento, transporte o explotación de las abejas, así como a la industrialización de sus productos.

Artículo 3º.- Los principios que inspiran la presente ley son los siguientes:

a) Sustentabilidad: el desarrollo de la actividad apícola contribuye a un sector silvoagropecuario más sustentable, ya que la función polinizadora de las abejas es la más eficaz para incrementar la productividad sectorial. Asimismo, la generación de productos apícolas a partir de especies de bosque nativo, permite el desarrollo de productos de calidad y la valorización del bosque como recurso productivo. El desarrollo de la actividad apícola debe implementar medidas de conservación y protección del medio ambiente de manera de no comprometer las expectativas de las futuras generaciones.

b) Participativo: la educación, opinión y el involucramiento de la comunidad son necesarios para promover la actividad apícola en forma sustentable.

c) Sanidad apícola: reconociendo la importancia del desarrollo sustentable de la actividad apícola, debe procurarse que las abejas estén libres de enfermedades y de desviaciones genéticas o fisiológicas, permitiendo con ello la expresión de su capacidad reproductiva y productiva. Adicionalmente, la normativa relacionada con la autorización y uso de agroquímicos debe considerar en todo momento a la salud de las abejas.

d) Bienestar Apícola: reconociendo el rol de la colmena como productor de alimento para consumo humano, y como polinizador, este principio consiste en que la actividad apícola procura en todo momento el bienestar de las abejas, su manejo, salud, protección y alimentación.

e) Gradualidad: las obligaciones que promuevan y protejan el desarrollo sustentable de la actividad apícola serán establecidas o exigidas de manera progresiva, atendiendo a las tecnologías disponibles, el impacto económico y social, el carácter de Agricultura Familiar Campesina y la situación geográfica, entre otros factores.

f) Fomento a la actividad apícola: dada la importancia de la actividad apícola en su rol estratégico para el sector silvoagropecuario, los instrumentos de fomento vigentes, servicios de asistencia técnica, la investigación científica y transferencia tecnológica serán coordinados para su uso eficiente y eficaz.

g) Factor Productivo Estratégico: el desarrollo de la apicultura nacional contribuye de manera significativa a la sustentación del sector silvoagropecuario y del equilibrio ecosistémico, toda vez que las abejas son eficientes polinizadores manejables en los volúmenes requeridos para apoyar el desarrollo agroalimentario de Chile, en vistas a los procesos de cambio climático y las necesidades futuras.

h) Inocuidad alimentaria: la garantía de que los alimentos no causarán daño al consumidor cuando se preparen y/o consuman de acuerdo con el uso a que se destinan.

Artículo 4º.- Para los efectos de esta ley se entenderá por:

a) Abeja: insecto himenóptero del reino animal, correspondiente a la especie Apis mellifera y sus variedades, perteneciente a la familia apidae. Los ejemplares machos se denominan zánganos. Las hembras fértiles se conocen como reinas y las infértiles se denominan obreras.

b) Actividad apícola o apicultura: corresponde al conjunto de manejos, tecnologías y acciones sistemáticas que permitan un aprovechamiento racional de las colmenas de abejas.

c) Apiario o colmenar: territorio donde se encuentra un conjunto de colmenas que comparten una misma área de pecoreo, pertenecientes a un apicultor o varios de ellos que cuenten con un representante común y que responde a manejos en función de su categoría de actividad apícola.

d) Apicultor: persona natural o jurídica que desarrolla una actividad apícola y que se encuentra registrada en alguna de las categorías del Registro Nacional de Apicultores.

e) Carga apícola: es la relación entre la cantidad de colmenas y el área o zona melífera pecoreable delimitada en un tiempo determinado, asegurando la sustentabilidad de la actividad apícola.

f) Colmena: unidad conformada por las abejas, la estructura que la contiene y los elementos propios necesarios para el funcionamiento de la colonia de abejas.

g) Extracción: proceso físico o térmico que permite la obtención o separación de los productos apícolas de los dispositivos que los contienen, sin afectar los componentes y constituyentes de estos productos.

h) Material biológico apícola: individuos, grupos o partes de éstos que componen una colonia o familia de abejas, tales como abejas reina, paquetes de abejas, núcleos, huevos, larvas, enjambres, óvulos y semen de Apis mellifera.

i) Miel: la sustancia dulce natural producida por abejas Apis mellifera a partir del néctar de las plantas o de secreciones de partes vivas de éstas o de excreciones de insectos succionadores de plantas que quedan sobre partes vivas de las mismas y que las abejas recogen, transforman y combinan con sustancias específicas propias, y depositan, deshidratan, almacenan y dejan en el panal para que madure y añeje.

j) Miel alterada: es aquella que, por causas naturales de índole física, química o biológica, o por causas derivadas de tratamientos tecnológicos, aisladas o combinadas, ha sufrido modificación o deterioro en sus características organolépticas, en composición y/o su valor nutritivo.

k) Miel adulterada: es aquella que ha experimentado por intervención humana cambios que le modifican sus características o cualidades propias.

l) Miel falsificada: es aquella que se designe, rotule o expenda con nombre o calificativo que no corresponda a su origen, identidad, valor nutritivo o estimulante o que, en su envase, rótulo o anuncio, contenga cualquier diseño o declaración ambigua, falsa o que pueda inducir a error, respecto a los ingredientes que la componen.

m) Miel contaminada: es aquella que contiene microorganismos, virus y/o parásitos, sustancias extrañas o deletéreas de origen mineral, orgánico o biológico, o bien sustancias radioactivas y/o sustancias tóxicas en cantidades superiores a las permitidas por las normas vigentes, o que se presuman nocivas para la salud; aquella que contenga cualquier tipo de suciedad, restos, excrementos, y aditivos no autorizados por las normas vigentes o en cantidades superiores a las permitidas.

n) Polinización: transferencia del polen hacia las estructuras reproductivas de las flores, fecundándolas y permitiendo la producción de frutos y semillas.

ñ) Producto apícola: toda sustancia o derivado de la colmena, conformado por elementos esenciales considerados cada uno de ellos como componentes o constituyentes de los mismos. Son productos apícolas, entre otros, la miel, polen corbicular, cera, cera de opérculo, apitoxina, propóleo y jalea real.

o) Selección y cría de abejas: actividad apícola destinada a la obtención de material biológico apícola para fines de comercialización.

p) Servicio de estampado de cera: actividad a través de la cual se imprimen láminas de cera de abeja, prensadas y dimensionadas, con un diseño regular, a objeto de comercializarlas o de entregarlas a un tercero que solicita dicha elaboración para el desarrollo de actividades apícolas.

q) Servicio de polinización: actividad apícola que comprende el movimiento e instalación de colmenas para que éstas realicen la función de polinización.

r) Trashumancia: traslado de colmenas de producción entre un apiario y otro.

s) Apicultura urbana: actividad apícola que se realiza en la ciudad u otra entidad de población.

t) Área o zona apícola: es aquella zona, camino o lugar susceptible de explotación apícola.

TÍTULO II
DE LOS REGISTROS

Artículo 5º.- Créase el Registro Nacional de Apicultores que será administrado por el Servicio Agrícola y Ganadero.

El Registro regirá para todo el territorio nacional y tendrá el carácter de público y permanente.

Artículo 6º.- Todo apicultor que desarrolle actividades apícolas en el territorio nacional deberá inscribir el o los apiarios en el Registro Nacional de Apicultores, en una o más de las siguientes categorías:

a) Actividad apícola de producción;

b) Actividad apícola de polinización;
c) Actividad apícola de selección y cría, y
d) Otras actividades apícolas.

Artículo 7º.- Créase el Registro de Estampadores de Cera, el cual será administrado por el Servicio Agrícola y Ganadero.

El Registro regirá para todo el territorio nacional y tendrá el carácter de público y permanente.

Toda persona que realice servicios de estampado de cera deberá inscribirse en este registro.

Artículo 8º.- El Reglamento, aprobado por decreto supremo del Ministerio de Agricultura, establecerá la forma y oportunidad de inscripción, así como los requisitos y demás condiciones de incorporación, suspensión y eliminación para el Registro Nacional de Apicultores y el Registro de Estampadores de Cera.

Todo apicultor o persona que preste el servicio de estampado de cera será responsable de la veracidad y exactitud de la información que incorpore en los respectivos Registros.

El acceso a la información que corresponda a datos estratégicos, tales como el número de colmenas que poseen y técnicas utilizadas para extracción, entre otros, sólo serán entregados a la autoridad correspondiente, la que deberá mantener su confidencialidad.

TÍTULO III
DE LA SANIDAD

Artículo 9º.- Se entenderá por condiciones mínimas de orden estructural el equipamiento básico necesario para la mantención y manejo de las colmenas e instalaciones para la extracción de los productos apícolas.

Por su parte, las condiciones mínimas operacionales comprenderán los requerimientos relacionados con la gestión de las colmenas y con el proceso de extracción de los productos apícolas.

Las condiciones mínimas de orden estructural y operacional tienen por objeto el desarrollo sustentable de las actividades apícolas, resguardando la sanidad y el bienestar de las abejas.

El Reglamento de la presente ley establecerá las condiciones mínimas de orden estructural y operacional que deberán cumplir los apicultores.

Artículo 10.- El Servicio Agrícola y Ganadero podrá declarar o establecer zonas de control sanitario, zonas libres, cuarentenas, barreras sanitarias y aislamiento de colmenas, en cuyo caso deberá obtenerse su autorización para el traslado de colmenas; realizar inspecciones; ordenar pruebas diagnósticas al dueño o tenedor de colmenas; disponer la realización de análisis y reacciones reveladoras, y decretar la retención o destrucción de colmenas, material biológico apícola, productos, subproductos y derivados, ya sean enfermos, contaminados o sospechosos de estarlo.

Artículo 11.- Toda persona que sospeche o posea antecedentes de la existencia de una enfermedad de declaración obligatoria en una colmena u otras afectaciones a la salud de las abejas, podrá dar aviso al Servicio Agrícola y Ganadero, por cualquier medio idóneo, en cuyo caso dicha autoridad deberá investigar de inmediato los hechos denunciados.

En el caso de los apicultores, médicos veterinarios, técnicos agrícolas y, en general, todo profesional o técnico del área silvoagropecuaria que tomen conocimiento de los hechos descritos anteriormente, estarán obligados a realizar la denuncia respectiva ante el Servicio Agrícola y Ganadero.

La omisión del deber establecido en el inciso anterior será sancionada conforme a las normas del Título IX de la presente ley.

Artículo 12.- El Servicio Agrícola y Ganadero podrá regular, restringir o prohibir la fabricación, importación, exportación, distribución, venta, tenencia y aplicación de plaguicidas, para lo cual podrá considerar aspectos técnicos, sanitarios o evidencias científicas que puedan tener efecto en la actividad apícola, de acuerdo a lo dispuesto en el decreto ley N° 3.557, que Establece Disposiciones sobre Protección Agrícola, o a la normativa que lo reemplace.

En el caso de aplicación de plaguicidas de uso agrícola, se deberá dar estricto cumplimiento a las indicaciones contenidas en la etiqueta del plaguicida autorizado, propendiendo al interpretar su lectura al bienestar de las abejas, además se deberá dar aviso a los apicultores de acuerdo a las disposiciones sobre aplicación aérea y terrestre de plaguicidas establecidas en la normativa aplicable.

Es obligatorio dar aviso de la aplicación aérea o terrestre de plaguicidas de uso agrícola, cuando en el etiquetado se indique que representan toxicidad para las abejas, en la forma y oportunidad que el Servicio Agrícola y Ganadero establezca.

Se deberá dar aviso a los apicultores que se encuentren dentro del área de influencia de la aplicación, de acuerdo a las disposiciones sobre aplicación aérea y terrestre de plaguicidas, que establecerá el Servicio Agrícola y Ganadero en una norma técnica, la que señalará el distanciamiento mínimo entre aquéllas y los apicultores, sin perjuicio de otras normativas vigentes. Dichas disposiciones sobre aplicación de plaguicidas deberán considerar la forma y oportunidad en que se dará aviso a los apicultores, la que deberá considerar al menos cuarenta y ocho horas.

El Servicio Agrícola y Ganadero podrá establecer restricciones al uso de plaguicidas agrícolas que sean tóxicos para las abejas, de aviso obligatorio, durante el período en que los cultivos o áreas presenten floraciones melíferas, en que se deberá dar estricto cumplimiento a las indicaciones contenidas en la etiqueta del plaguicida de uso agrícola autorizado, la que señalará las instrucciones de avisaje y la toxicidad que representan para las abejas.

Las personas que contravengan lo dispuesto en el presente artículo deberán indemnizar a los apicultores de las colmenas afectadas, de acuerdo a las normas del derecho común, sin perjuicio de las sanciones que procedan.

Artículo 13.- Todas aquellas materias relacionadas con la sanidad de las abejas que no estén reguladas por esta ley, se regirán por la ley N° 18.755, que establece normas sobre el Servicio Agrícola y Ganadero, y por el decreto con fuerza de ley R.R.A. N° 16, de 1963, del Ministerio de Hacienda, sobre Sanidad y Protección Animal, o la normativa que lo reemplace.

Asimismo, los productos farmacéuticos de uso veterinario en la apicultura y alimentos para las abejas, se regirán por la normativa señalada en el inciso primero, y por los reglamentos aplicables en la materia.

TÍTULO IV
MOVIMIENTO Y TRASHUMANCIA DE COLMENAS

Artículo 14.- Con el objeto de proteger y promover el desarrollo sustentable de la actividad apícola, así como de resguardar la sanidad y el bienestar de las abejas, toda persona que movilice colmenas o efectúe trashumancia en el territorio nacional, deberá contar con un sistema actualizado y permanente de control interno, en el cual deberá dejar constancia de todo movimiento o trashumancia que realice. Dicho sistema deberá estar disponible cuando la autoridad competente lo requiera. Por resolución del Servicio Agrícola y Ganadero se establecerán los requisitos que deberá contener el sistema de control interno.

Asimismo, considerando los objetivos señalados en el inciso precedente, el Ministerio de Agricultura establecerá, a través de un reglamento, las condiciones necesarias para regular la trashumancia. Dichas condiciones se determinarán en función de las siguientes materias: distanciamiento entre apiarios, en función de la categoría de la actividad apícola que se desarrolle; medidas sanitarias dispuestas por la autoridad en conformidad con el artículo 10 de la presente ley; protección de la producción apícola orgánica; resguardo de zonas de desarrollo y selección genética apícola, y la carga apícola en aquellas localidades o zonas determinadas para las que hubieren estudios técnicos sustentados con evidencia científica.

TÍTULO V
IMPORTACIÓN Y EXPORTACIÓN DE PRODUCTOS APÍCOLAS Y DE MATERIAL BIOLÓGICO APÍCOLA

Artículo 15.- Para la importación y exportación de productos apícolas y de material biológico apícola se deberán cumplir las exigencias que determine, en materia de su competencia, el Servicio Agrícola y Ganadero.

Artículo 16.- Los exportadores de productos apícolas y de material biológico apícola deberán cumplir, además de lo dispuesto en el artículo 9° de la presente ley, las exigencias establecidas por los respectivos mercados de destino.

Todas aquellas materias relacionadas con la importación y exportación de productos apícolas y material biológico apícola, que no estén reguladas por la presente ley, se regirán por la ley N° 18.755, que establece normas sobre el Servicio Agrícola y Ganadero, y por el decreto con fuerza de ley R.R.A. N° 16, de 1963, del Ministerio de Hacienda, sobre Sanidad y Protección Animal, o la normativa que lo reemplace.

TÍTULO VI
COMERCIALIZACIÓN DE PRODUCTOS APÍCOLAS Y DE MATERIAL BIOLÓGICO APÍCOLA

Artículo 17.- La comercialización, publicidad y rotulación de productos apícolas se regirán por la normativa vigente aplicable a los alimentos, productos cosméticos o farmacéuticos, según corresponda.

Todo lo relacionado con indicaciones geográficas y denominaciones de origen, se remitirá a lo dispuesto en el decreto con fuerza de ley N° 4, de 2022, del Ministerio de Economía, Fomento y Turismo, que fija el texto refundido, coordinado y sistematizado de la ley N° 19.039, de Propiedad Industrial, su reglamento y demás normativa aplicable.

El reglamento de la presente ley establecerá las definiciones de los productos apícolas no contenidas en el artículo 4° o en las normas indicadas en el inciso primero de este artículo.

Artículo 18.- Se prohíbe la fabricación, importación, distribución, comercialización o transferencia a cualquier título, de miel, polen corbicular, y jalea real alterados, adulterados, contaminados o falsificados. La falsificación, alteración, adulteración o contaminación de este tipo de productos apícolas se regirá por la normativa aplicable a los alimentos, productos cosméticos o farmacéuticos, según corresponda. En cuanto a su sanción, se aplicará lo señalado en esta ley, sin perjuicio de la aplicación de normas especiales.

Asimismo, solo podrá catalogarse y etiquetarse como miel a los productos que cumplan con las características definidas en el artículo 4º, letra i).

Artículo 19.- Sin perjuicio de lo establecido en la legislación sectorial vigente y en el Reglamento Sanitario de los Alimentos, los envases de miel que se vendan al público tendrán una etiqueta o rótulo en su parte frontal y cerca de la marca, que deberá señalar en forma clara el tipo de miel que contiene y su país de origen. Así también, de tratarse de producción nacional, deberá señalar el número del Registro Nacional de Apicultores o del Registro de Estampadores de Cera, según corresponda.

No podrá etiquetarse como "miel" aquella a la cual se adicionen otros ingredientes, incluidos aditivos alimentarios u otra sustancia que no sea definida como miel.

La etiqueta podrá además contener un sello de certificación de origen y trazabilidad de la miel, otorgado por un organismo certificador reconocido como tal, conforme a la regulación vigente.

El reglamento de la presente ley establecerá las definiciones de los productos apícolas no contenidas en esta ley.

Artículo 20.- Toda persona natural o jurídica que comercialice material biológico apícola deberá inscribirse en la categoría de actividad apícola de selección y cría del Registro Nacional de Apicultores.

Artículo 21.- Si, con ocasión de la comercialización en el mercado interno, se entregare material biológico apícola distinto a lo convenido o en mal estado sanitario, el comprador podrá exigir a su arbitrio al vendedor, a través de la acción respectiva, que efectúe a su costo los tratamientos necesarios o el reemplazo de dicho material, sin perjuicio de su derecho a demandar la resolución del contrato e indemnización de perjuicios que procediera.

En el caso de que el reclamo se fundare en el mal estado sanitario del material biológico apícola, el comprador estará obligado en todo caso a denunciar el hecho al Servicio Agrícola y Ganadero, el que adoptará las medidas que sean procedentes en conformidad a la presente ley.

TÍTULO VII
PRODUCTOS APÍCOLAS ORGÁNICOS

Artículo 22.- De acuerdo con el objeto previsto para el Sistema Nacional de Certificación de Productos Orgánicos Agrícolas por la ley Nº 20.089, el Servicio Agrícola y Ganadero, a través de resolución fundada, podrá establecer requisitos para la instalación o el desarrollo de actividades que requieran de su autorización de acuerdo a la legislación vigente.

TÍTULO VIII
DEL FOMENTO PARA LA ACTIVIDAD APÍCOLA

Artículo 23.- Para asegurar la coordinación y coherencia de los instrumentos de fomento establecidos en la legislación vigente, tales como incentivos financieros, innovación, investigación, desarrollo sustentable, construcción de capacidades, transferencia tecnológica, promoción, difusión e inversión, con el Plan Estratégico de Desarrollo Apícola, el Ministerio de Agricultura, a través de la Oficina de Estudios y Políticas Agrarias, cada 3 años, evaluará y planificará el seguimiento y monitoreo de las acciones desarrolladas, proponiendo al Ministro de Agricultura medidas para mejorar los resultados de la acción de fomento en el sector apícola, solicitando, para dicho efecto, la opinión de la Comisión Nacional de Apicultura, creada por el decreto supremo Nº 54, de 2013, del Ministerio de Agricultura, entre otras medidas.

El seguimiento y monitoreo de las acciones desarrolladas corresponderán a aquellas que estén definidas en el Plan Estratégico de Desarrollo Apícola. Dicho plan deberá contener un diagnóstico de la situación y comportamiento de la apicultura en el país, así como los objetivos y acciones para su desarrollo. La coordinación de las medidas a las que se refiere el inciso anterior estará a cargo de la Oficina de Estudios y Políticas Agrarias, la cual considerará las propuestas de la Comisión Nacional de Apicultura.

TÍTULO IX
DE LA EVALUACIÓN, FISCALIZACIÓN Y SANCIONES

Artículo 24.- Corresponderá al Ministerio de Agricultura, a través de la Oficina de Estudios y Políticas Agrarias, cada cinco años, hacer seguimiento y monitoreo de la ejecución de la presente ley a través de un informe.

Artículo 25.- Corresponderá la fiscalización de la presente ley al Servicio Agrícola y Ganadero y al Ministerio de Salud, de acuerdo a sus respectivas competencias.

Artículo 26.- Las infracciones a la presente ley, sin perjuicio de aquellas contempladas en el Código Sanitario, se sancionarán por el Servicio Agrícola y Ganadero de acuerdo con el procedimiento establecido en el Párrafo IV del Título I de la ley Nº 18.755, que establece normas sobre el Servicio Agrícola y Ganadero.

Artículo 27.- Para los efectos de este Título, las infracciones se clasificarán en gravísimas, graves y leves.

1.- Son infracciones gravísimas los actos u omisiones que contravengan las disposiciones de la presente ley y que puedan alternativamente:

a) Afectar gravemente la salud de las colmenas, causando daños no susceptibles de reparación;

b) Fabricar o comercializar miel u otros productos apícolas adulterados o falsificados;

c) Desarrollar la actividad apícola sin encontrarse incorporado en registro alguno;

d) Impedir deliberadamente la fiscalización, encubrir una infracción o evitar el ejercicio de las atribuciones del Servicio, y

e) Reincidir en infracciones calificadas como graves de acuerdo con este artículo.

Las infracciones gravísimas serán sancionadas con multa de 100 a 200 unidades tributarias mensuales, y procederá, además, el decomiso de los productos adulterados o falsificados.

2.- Son infracciones graves los actos u omisiones que contravengan las disposiciones pertinentes y que puedan alternativamente:

a) Causar mortalidad o morbilidad de las colmenas, debido al abandono manifiesto de éstas;

b) Desarrollar la actividad apícola fuera del ámbito del registro conforme a su categoría;

c) Incumplir las medidas sanitarias dispuestas por el Servicio;

d) Impedir o no entregar información solicitada por el Servicio para ejercer su fiscalización;

e) Incumplir las normas sobre etiquetado contempladas en la ley, y f) Reincidir en una misma infracción calificada como leve de acuerdo con este artículo.

Las infracciones graves tendrán una multa que irá de 50 a 100 unidades tributarias mensuales.

3.- Son infracciones leves los hechos, actos u omisiones que contravengan cualquier precepto o medida obligatoria y que no constituyan infracción gravísima o grave, de acuerdo con lo previsto en los números anteriores. Estas infracciones serán sancionadas con multa de 1 a 50 unidades tributarias mensuales o amonestación escrita.

Artículo 28.- Para la determinación de las sanciones específicas que en cada caso corresponda aplicar, se considerarán las siguientes circunstancias atenuantes o agravantes, según el caso:

a) La entidad del daño causado.

b) El número de colmenas afectadas por la infracción.

c) El beneficio económico obtenido con motivo de la infracción.

d) La intencionalidad en la comisión de la infracción en cuanto a si se actuó con culpa o dolo y el grado de participación en el hecho, acción u omisión constitutiva de la misma.

e) La conducta anterior del infractor.

f) La capacidad económica del infractor.

g) La calidad profesional del infractor.

h) La colaboración que el infractor preste al Servicio antes o durante la investigación.

i) Todo otro criterio que, a juicio fundado del Servicio, sea relevante para la determinación de la sanción.

Las sanciones contenidas en esta ley se aplicarán, en lo pertinente, supletoriamente respecto de las contenidas en el Código Sanitario y en el Reglamento Sanitario de los Alimentos.

TÍTULO X
DE LA APICULTURA URBANA

Artículo 29.- Las disposiciones de la presente ley se aplicarán también a la apicultura urbana.

Para estos efectos, se podrán emplazar colmenares en:

a) Sitios no sujetos a la Ley de Copropiedad Inmobiliaria que tengan una extensión mayor a quinientos metros cuadrados, cuyos sitios colindantes sean de igual o mayor tamaño. Deberá contarse con la autorización escrita del propietario del o los inmuebles colindantes.

b) Jardines, azoteas y patios de los edificios, condominios o de alguna de sus unidades, con el consentimiento del comité de administración respectivo, conforme a las normas generales de la Ley de Copropiedad Inmobiliaria y a los respectivos reglamentos de copropiedad, los que deberán autorizar expresamente la posibilidad de instalar colmenas en dicho inmueble, respetando siempre las ordenanzas municipales.

Un reglamento dictado por el Ministerio de Agricultura contendrá las demás disposiciones que regulen materias que sean propias de la apicultura urbana.

TÍTULO XI
MODIFICACIONES A DISPOSICIONES LEGALES VIGENTES

Artículo 30.- Deróganse los artículos 14, 15, 16, 17, 18, 19, 20, 21, 22, 23, 24, 25, 26, 27 y 28 del decreto con fuerza de ley Nº 15, de 1968, del Ministerio de Agricultura, que Modifica Leyes de Control Aplicables por el Ministerio de Agricultura, Establece Normas sobre Actividades Apícolas y Sanciona la Explotación Ilegal de Maderas.

Artículo 31.- Sustitúyese, en el inciso primero del artículo 448 bis del Código Penal, la expresión "especies de ganado mayor o menor" por "especies de ganado mayor, menor o colmenas".

DISPOSICIONES TRANSITORIAS

Artículo primero.- La presente ley entrará en vigencia desde su publicación en el Diario Oficial, con excepción de los Títulos II y IV y los artículos 9, 12, 16, 17, 19, 20 y 27, normas que entrarán en vigencia una vez dictados los reglamentos a los que se refiere el artículo segundo transitorio.

Artículo segundo.- Los reglamentos a que se refiere la presente ley deberán dictarse en el plazo de un año contado desde la publicación de esta ley en el Diario Oficial.".

Y por cuanto he tenido a bien aprobarlo y sancionarlo; por tanto, promúlguese y llévese a efecto como Ley de la República.

Santiago, 4 de octubre de 2022.- GABRIEL BORIC FONT, Presidente de la República.- Esteban Valenzuela van Treek, Ministro de Agricultura.

Lo que transcribo a Ud. para su conocimiento.- Saluda atentamente a Ud., José Guajardo Reyes, Subsecretario de Agricultura.

DECRETO 6
REGLAMENTO SOBRE ACCIONES VINCULADAS A LA ATENCIÓN DE SALUD REALIZADA A DISTANCIA

Núm. 6.- Santiago, 16 de abril de 2021.

Vistos:

En los artículos 19, Nº 9 y 32, Nº 6 de la Constitución Política de la República; en el decreto con fuerza de ley Nº 725, de 1967, del Ministerio de Salud Pública, Código Sanitario; en el decreto con fuerza de ley Nº 1, de 2005, del Ministerio de Salud, que fija el texto refundido, coordinado y sistematizado del decreto ley Nº 2.763, de 1979 y de las leyes Nº 18.933 y Nº 18.469; en la ley Nº 20.120, sobre la investigación científica en el ser humano, su genoma, y prohíbe la clonación humana; en la ley Nº 20.584, que regula los derechos y deberes que tienen las personas en relación con acciones vinculadas a su atención en salud; en el decreto supremo Nº 41 del Ministerio de Salud, de 2012, que aprueba el reglamento sobre fichas clínicas; en el decreto supremo Nº 40, de 2012, del Ministerio de Salud, que aprueba reglamento sobre requisitos básicos que deberán contener los reglamentos internos de los prestadores institucionales públicos y privados para la atención en salud de las personas de la ley Nº 20.584; en el decreto supremo Nº 38, de 2012, del Ministerio de Salud, que aprueba reglamento sobre derechos y deberes de las personas en relación a las actividades vinculadas con su atención de salud; en el decreto supremo Nº 7, de 2019, del Ministerio de Salud, que aprueba el reglamento sobre notificación de enfermedades transmisibles de declaración obligatoria y su vigilancia; en la resolución exenta Nº 342, de 9 de marzo del año 2018, del Ministerio de Salud, por la que se aprueba el Programa Nacional de Telesalud; en la ley Nº 19.628, sobre protección de la vida privada; en la ley Nº 19.880, que establece bases de los procedimientos administrativos que rigen los actos de los órganos de la Administración del Estado; en la ley Nº 19.799, sobre documentos electrónicos, firma electrónica y servicios de certificación de dicha firma; en el decreto supremo Nº 83, de 2004, del Ministerio Secretaría General de la Presidencia, que aprueba norma técnica para los Órganos de la Administración del Estado sobre seguridad y confidencialidad de los documentos electrónicos, y en la resolución Nº 7, de 2019, de Contraloría General de la República, que fija normas sobre exención del trámite de toma de razón, y

Considerando:

1.- Que, al Ministerio de Salud le compete ejercer la función que le corresponde al Estado de garantizar el libre e igualitario acceso a las acciones de promoción, protección y recuperación de la salud, y de rehabilitación de la persona enferma; así como coordinar, controlar y, cuando corresponda, ejecutar tales acciones.

2.- Que, integran el sector salud todas las personas, naturales o jurídicas, de derecho público o privado, que realicen o contribuyan a la ejecución de las acciones mencionadas en el artículo 1º del DFL Nº 1, de 2005, del Ministerio de Salud, correspondiéndole a este Ministerio ejercer la rectoría del sector salud, en los términos que prevé el artículo 4 de ese cuerpo normativo.

3.- Que, conforme al artículo 4 Nº 2 del DFL Nº 1, de 2005 del Ministerio de Salud, le corresponde al Ministerio de Salud, "2.- Dictar normas generales sobre materias técnicas, administrativas y financieras a las que deberán ceñirse los organismos y entidades del Sistema, para ejecutar actividades de prevención, promoción, fomento, protección y recuperación de la salud y de rehabilitación de las personas enfermas".

4.- Que, durante las últimas décadas se ha observado la incorporación de las Tecnologías de la Información y las Comunicaciones (TIC) en las acciones y prestaciones que se otorgan para la atención de salud de las personas.

5.- Que, la incorporación de las TIC en las prestaciones de salud a distancia se ha identificado con los nombres de "teleasistencia", "telemedicina", "teleconsulta", entre otras, en cada una de las cuales se debe dar una aplicación irrestricta a la normativa sanitaria en lo que corresponda a cada una de estas modalidades específicas de atención.

6.- Que, lo anterior presenta grandes beneficios, entre ellos, mejora el acceso a la salud en sitios remotos, permite aumentar la entrega de servicios de salud considerando la limitación y concentración de éstos, reduce los costos y riesgos asociados con la movilización, entre muchos otros.

7.- Que, las estrategias de atención a distancia con la utilización de TIC han sido reconocidas por el Ministerio de Salud. Así, mediante resolución exenta N° 342, de 9 de marzo del año 2018, se aprobó el Programa Nacional de Telesalud, el cual estableció la Teleasistencia como una estrategia que permite vincular a las personas con la Red de Salud, utilizando las herramientas tecnológicas y de telecomunicación disponibles, manteniendo siempre el debido resguardo de los derechos y deberes de los pacientes, según la ley N° 20.584 que regula los derechos y deberes que tienen las personas en relación con acciones vinculadas a su atención en salud.

8.- Que, asimismo, el decreto supremo N° 22, del año 2019, del Ministerio de Salud, que aprueba Garantías Explícitas en Salud del Régimen General de Garantías en Salud, en el inciso primero de su artículo 8°, faculta otorgar las prestaciones garantizadas por medio del "[...] uso de las tecnologías de información y comunicación aplicadas en el ámbito de la salud, incluyendo salud digital, tales como las atenciones de telemedicina, teleconsultas, entre otras [...]".

9.- Que, por su parte, la ley N° 20.584, en su artículo 5°, se refiere en términos amplios a las acciones vinculadas a la atención de salud de las personas, así como a los prestadores de salud, por lo que su contenido es aplicable a todas las prestaciones de salud, con independencia de que sean otorgadas por prestadores públicos o privados, sin que establezca una distinción respecto de aquellas que, se otorguen a distancia por medio o con apoyo de TIC.

10.- Que, conforme al artículo 4° de la ley N° 20.584, toda persona tiene derecho a que, en el marco de la atención de salud que se le brinda, los miembros del equipo de salud y los prestadores institucionales cumplan las normas vigentes en el país, y con los protocolos establecidos, en materia de seguridad del paciente y calidad de la atención de salud, mandatando al Ministerio de Salud para la dictación de las resoluciones que contengan dichas normas y protocolos.

11.- Que, conforme al artículo 5 letra c) de la ley N° 20.584, "en su atención de salud, las personas tienen derecho a recibir un trato digno y respetuoso en todo momento y en cualquier circunstancia.

En consecuencia, los prestadores deberán:

c) Respetar y proteger la vida privada y la honra de la persona durante su atención de salud. En especial, se deberá asegurar estos derechos en relación con la toma de fotografías, grabaciones o filmaciones, cualquiera que sea su fin o uso. En todo caso, para la toma de fotografías, grabaciones o filmaciones para usos o fines periodísticos o publicitarios se requerirá autorización escrita del paciente o de su representante legal.

La atención otorgada por alumnos en establecimientos de carácter docente asistencial, como también en las entidades que han suscrito acuerdos de colaboración con universidades o institutos reconocidos, deberá contar con la supervisión de un médico u otro profesional de la salud que trabaje en dicho establecimiento y que corresponda según el tipo de prestación.

Un reglamento expedido por el Ministerio de Salud establecerá las normas para dar cumplimiento a lo dispuesto en el literal c) y en el inciso precedente".

12.- Que, para facilitar y uniformar la incorporación de TIC en las acciones y prestaciones de salud a distancia, y desarrollar las normas que lo requieran, conforme al mandato del legislador, es necesario establecer una regulación más detallada en cuanto a la manera en que deben entenderse los derechos y deberes que tienen las personas cuando las acciones y prestaciones vinculadas a su atención de salud se ejecutan por medio o con apoyo de TIC.

Decreto:

Apruébese el siguiente Reglamento sobre acciones vinculadas a la atención de salud realizada a distancia, cuyo contenido es el siguiente:

I. DISPOSICIONES GENERALES

Artículo 1.- Objeto. El presente reglamento tiene por objeto regular les acciones y prestaciones vinculadas a la atención de salud, realizadas a distancia, por medio o con apoyo de Tecnologías de la Información y Comunicaciones (TIC).

Asimismo, este reglamento regula los derechos y deberes que tienen las personas en el desarrollo de las acciones y prestaciones descritas en el inciso anterior.

Artículo 2.- Ámbito de aplicación. Las disposiciones del presente reglamento se aplican a todos los prestadores de salud, referidos en el artículo 3 de la ley N° 20.584, que regula los derechos y deberes que tienen las personas en relación con acciones vinculadas a su atención en salud, y en el artículo 3° del decreto supremo N° 38, de 2012, del Ministerio de Salud que aprueba el reglamento sobre derechos y deberes de las personas en relación a las actividades vinculadas con su atención de salud, cuando el prestador institucional, por medio o a través del cual se prestan servicios de salud, tenga domicilio dentro del territorio de la República de Chile.

Las prestaciones provistas por un prestador institucional domiciliado en Chile se entenderán otorgadas dentro del territorio nacional, aun cuando los prestadores individuales que participen en la ejecución de las acciones y prestaciones no se encuentren físicamente dentro del territorio nacional. En todo caso, los prestadores individuales a que se refiere este inciso deberán estar habilitados para ejercer la profesión en Chile.

Todos los prestadores, institucionales o individuales, deberán cumplir con la normativa vigente en el territorio nacional.

Quedarán excluidos del presente reglamento, aun cuando utilicen tecnologías de la información y las comunicaciones, los portales que contengan exclusivamente información de salud, los servicios de soporte a la custodia y gestión de historias clínicas, los sistemas de apoyo a la emisión de licencias médicas y recetas electrónicas, y sistemas digitales auxiliares para prestaciones de salud, salvo en lo expresamente establecido en el presente reglamento.

Artículo 3.- Acciones o prestaciones de salud remota o a distancia apoyadas en TIC. Los prestadores institucionales e individuales de salud podrán realizar a través de TIC, todo tipo de acciones necesarias para la promoción, protección, prevención, diagnóstico, tratamiento, recuperación, seguimiento y monitoreo de la condición de la persona, rehabilitación, cuidados al final de la vida y, en general, todo tipo de acción de salud que, por su naturaleza, sea posible de ser realizada a distancia.

Artículo 4.- Acciones o prestaciones de salud con apoyo de sistemas automatizados. Los prestadores de salud podrán realizar acciones o prestaciones de salud a través de herramientas tecnológicas tales como aplicaciones, robótica, inteligencia artificial, Internet de las Cosas (IoT), entre otras, en la medida que la naturaleza de las acciones o prestaciones lo admitan y que se garantice la calidad de la atención, la autonomía de la voluntad del paciente, la seguridad y la confidencialidad de los datos de las personas.

En aquellos casos en que los dispositivos médicos por medio de los cuales deban realizarse las acciones o prestaciones de salud requieran homologación o certificación, en los términos del artículo N° 111 del Código Sanitario, deberá cumplirse con este requisito.

Artículo 5.- Profesionales y técnicos de la salud en el ámbito de la atención remota. Todos los profesionales y técnicos de la salud podrán realizar acciones y prestaciones de salud, dentro de sus competencias, haciendo uso de TIC, cumpliendo con las normas y estándares de calidad previstos en la ley N° 20.584, en el decreto supremo N° 38, de 2012, del Ministerio de Salud, especialmente en materia de derechos y deberes de los pacientes, y en cualquier otra norma que pueda ser aplicable en la materia.

II. DE LAS TECNOLOGÍAS DE INFORMACIÓN Y COMUNICACIONES EN LAS ATENCIONES A DISTANCIA

Artículo 6.- De las herramientas tecnológicas. Se entenderá por herramientas tecnológicas al servicio de las acciones y prestaciones de salud a distancia, los programas computacionales, los dispositivos a que se refiere el artículo 4 de este reglamento, las aplicaciones, los soportes, sistemas o plataformas, por los cuales se puedan realizar acciones y prestaciones vinculadas con la salud a distancia, o sirvan de apoyo a éstas.

Artículo 7.- Estándares tecnológicos. Los prestadores que implementen atención remota deben garantizar:

a.- La identificación inequívoca tanto de los pacientes como de los profesionales y técnicos de la salud intervinientes.

b.- La neutralidad tecnológica, en el sentido que esté diseñada e implementada para interoperar desde el punto de vista semántico y sintáctico, tanto a nivel de datos, sistemas y redes de comunicaciones.

c.- La transmisión segura de datos e información clínica necesaria para el otorgamiento de la prestación, utilizando mecanismos fiables y formatos reutilizables que integren reglas de protección de los datos personales, la reserva de la ficha clínica, la ética biomédica, y los derechos y deberes de los pacientes.

d.- La trazabilidad y registro de las acciones realizadas con apoyo de TIC.

Los programas computacionales, plataformas y sistemas informáticos que se implementen para la atención a distancia deberán garantizar la privacidad del paciente y dar estricto cumplimiento a los estándares técnicos que el Ministro de Salud establezca a través de resolución, la que deberá referirse tanto a los aspectos tecnológicos como de metodología que permitan cumplir con los estándares de seguridad de la información y calidad de atención de los pacientes, en conformidad con lo establecido en las leyes N° 19.628 y N° 20.584.

Artículo 8.- Condiciones para asegurar la confidencialidad, disponibilidad y privacidad de los datos. El prestador deberá asegurar las condiciones que le permitan garantizar la privacidad de la información de los pacientes, cumpliendo, al menos, con lo siguiente:

a.- Disponer de procedimientos específicos de aseguramiento de la confidencialidad, según la acción o prestación otorgada. A estos efectos los prestadores podrán elaborar sus propios procedimientos o adoptar aquellos que proponga el Ministerio de Salud mediante norma técnica.

b.- Contar con planes de gestión de riesgos de privacidad, que le permitan minimizar los riesgos asociados a quiebres de seguridad, especialmente si se teme que, de ello se haya derivado algún acceso o divulgación indebida, una alteración o modificación de los datos personales relativos a los pacientes.

c.- Mantener un registro de incidentes de seguridad de la información, en los términos previstos en el artículo 9 de este reglamento.

d.- Mantener respaldos seguros y funcionales de la información y contar con las medidas técnicas y organizativas que permitan el restablecimiento de los sistemas de información clínica a fin de garantizar la continuidad de la atención de los pacientes.

e.- Utilizar sistemas que cuenten con mecanismos de gestión de los perfiles profesionales en términos tales que se garantice que cada uno de ellos, dentro del ámbito de sus competencias, tenga acceso eficaz y oportuno a la información que requieren para cumplir su función dentro del proceso de atención al paciente.

Artículo 9.- Registro de incidentes de seguridad de la información. Los prestadores quedarán sujetos a la obligación de mantener planes de gestión de riesgos, sobre seguridad y confidencialidad de los documentos electrónicos, en los términos previstos en la ley 19.799 y su normativa reglamentaria, de manera que se permita asegurar la continuidad de los servicios y la integridad, confidencialidad, y disponibilidad de la información.

En caso de que se tome conocimiento de un incidente de seguridad, los prestadores deberán adoptar, de forma inmediata, las medidas necesarias para minimizar los efectos nocivos que se hubieren generado con ocasión del incidente, documentar y adoptar las medidas preventivas que permitan mitigar los riesgos de que se produzcan eventos futuros de similar naturaleza.

Los prestadores deberán notificar al Comité de Seguridad de la Información (CSI) del Ministerio de Salud, del nivel central, respecto de todos los incidentes de seguridad de la información que puedan afectar a los sistemas o a la información que es objeto de tratamiento, dentro de las 72 horas siguientes al momento en que éste haya sido detectado.

Artículo 10.- Técnicas de procesamiento de datos y análisis de información. En el desarrollo de las acciones vinculadas a la atención de salud realizada a distancia, podrán incorporarse técnicas y métodos de procesamiento de datos y análisis de información, siempre que tengan un objetivo sanitario definido y cumplan con la presente normativa, la regulación vigente en Chile en materia de tratamiento de datos de carácter personal y datos sensibles, y los lineamientos que dicte el Ministerio de Salud sobre la materia en cumplimiento de lo dispuesto en el artículo 5 inciso final de la ley N° 20.584.

III. DE LOS DERECHOS Y DEBERES DE LAS PERSONAS EN LAS ATENCIONES A DISTANCIA

Artículo 11.- Normativa aplicable. En el desarrollo de las acciones o prestaciones a distancia, se aplicará en todo lo que corresponda la ley N° 20.584, su normativa complementaria y otras normativas que resulten atingentes.

Tratándose de aquellas acciones y prestaciones de salud que se enmarquen en proyectos de investigación científica en personas humanas deberá atenderse además a lo dispuesto en la ley N° 20.120.

Artículo 12.- Accesibilidad. Tratándose de pacientes que no dominen suficientemente las TIC, o que tengan otra condición que le impidan hacer uso adecuado de ellas, la acción o prestación podrá otorgarse de manera remota asistido por una persona de su confianza o, en su defecto, un profesional, técnico o administrativo que tenga las competencias necesarias para apoyar al paciente en los aspectos relativos a la operación de las tecnologías necesarios para la conexión.

Deberá quedar registro del acompañamiento en la ficha clínica y del consentimiento del paciente en el caso que se encuentre en condiciones de proporcionarlo. Además, quien lo asista, quedará sujeto al deber de secreto, el que tendrá el carácter de indefinido, en los términos del artículo 7 de la ley Nº 19.628.

Artículo 13.- Deber de información. Además de lo dispuesto en el párrafo 5º del Título II de la ley Nº 20.584, en la entrega de atenciones o prestaciones a distancia los prestadores deberán informar al paciente y, en su caso, a la persona que le dé asistencia, en lenguaje comprensible, acorde al estado de salud del paciente y sus características socio culturales, lo siguiente:

a.- Los términos y condiciones en que se indiquen de manera detallada las reglas y procedimientos de la prestación de los servicios por medio de los cuales se realiza o se apoya su atención, en caso de que cuenten con páginas web, o servicios vía aplicaciones.

b.- Documentos de políticas de privacidad de los datos, en que se detalle qué tipo de datos personales serán objeto de tratamiento, la finalidad para la cual serán utilizados, los terceros a los que podrían comunicarse los datos, el tiempo de retención, y una cuenta a través de la cual se puedan ejercer los derechos de acceso, rectificación, y portabilidad de los datos.

c.- Documentos de seguridad de la información en que se detalle, al menos, las reglas de gestión de perfiles, claves de acceso y un contacto al cual comunicar eventuales incidentes de seguridad a que pudieren verse expuestos los sistemas y servicios tecnológicos empleados en la provisión de las acciones y prestaciones de salud a distancia por TIC.

d.- Denominación y descripción del tipo de acción o prestación de que se trate, explicando los beneficios y riesgos sanitarios asociados a la realización de la prestación en modalidad a distancia, con apoyo de TIC.

e.- Condiciones técnicas con que debe contar el paciente el día de la atención para que ésta pueda llevarse a cabo correctamente.

f.- Si el servicio considera la grabación de la atención y, en caso de contar con ello, el tiempo por el cual se conservarán los registros y posibles comunicaciones a terceros.

El paciente, su acompañante, su representante o quien lo tenga bajo su cuidado, deberá otorgar o denegar su aceptación respecto de los aspectos señalados en inciso primero del artículo 14 de la ley Nº 20.584.

Tanto la información como la aceptación de la modalidad de atención a distancia o su denegación podrá ser verbal o por escrito, sin perjuicio de lo cual se deberá registrar estas circunstancias a través de un medio fidedigno en la ficha clínica del paciente.

La aceptación de la modalidad de atención a distancia será requisito para la entrega o realización de la acción o prestación.

Una norma técnica, dictada por el Ministerio de Salud, establecerá la forma y condiciones en que deberán cumplirse las obligaciones a que se refiere este artículo.

Artículo 14.- Identificación y autentificación del prestador. Para los efectos del artículo 9º y 11 de la ley Nº 20.584, los prestadores institucionales e individuales deberán resguardar que los sistemas y aplicaciones utilizados, muestren, desde su inicio y durante toda la atención, el nombre completo y apellidos del prestador individual y su función; el prestador institucional al que pertenece, si corresponde; y el correo electrónico o teléfono al que le podrán dirigir comunicaciones.

La información anterior debe desplegarse en letra legible, en idioma castellano y de fácil comprensión. Sin perjuicio de lo anterior, la información podrá entregarse, además, en otro idioma si este fuera inteligible por el paciente o por la persona bajo cuyo cuidado se encuentre, en caso de que corresponda.

Artículo 15.- Acceso a la ficha clínica y su portabilidad. Para los efectos del artículo 13 de la ley Nº 20.584, se entenderá que el personal que participa directamente en la atención de salud del paciente incluye aquellos profesionales y técnicos que, dentro de la atención a distancia a que se refiere este reglamento, realicen acciones de promoción, protección, recuperación de la salud, rehabilitación de la persona y cuidado de fin de vida del paciente. Cada uno de ellos podrá acceder a los datos personales contenidos en la ficha clínica, que sean necesarios para la ejecución de las acciones para las cuales se encuentran habilitados por la normativa que les rija.

A los efectos de dar cumplimiento a lo dispuesto en el artículo 12 de la ley Nº 20.584, en su inciso primero, que exige que se debe asegurar el oportuno acceso, conservación y confidencialidad de los datos contenidos en la ficha clínica, los prestadores deberán comunicar oportunamente los datos de la ficha clínica para garantizar la continuidad de la atención de salud del paciente, cuando ésta sea requerida por otro prestador de salud, en la medida que el profesional de la salud que la requiere participe de manera directa y actual en la prestación de salud del paciente, en los términos del artículo 13 de la ley Nº 20.584. Dicha comunicación deberá hacerse de forma segura y de la manera más expedita posible.

Las personas individualizadas en las letras a) y b) del artículo 13 de la ley Nº 20.584 podrán requerir la entrega de todo o parte de la información contenida en la ficha clínica, íntegramente, en un formato estructurado, de uso común y lectura mecánica, sea para portarlos o transmitirlos a otro prestador que se indique en la solicitud.

Las instituciones y personas receptoras de la información a que se refiere este artículo adoptarán las providencias necesarias para asegurar la reserva de la identidad del titular de las fichas clínicas a las que accedan, de los datos médicos, genéticos u otros de carácter sensible contenidos en ellas y para que toda esta información sea utilizada exclusivamente para los fines para los cuales fue requerida. El deber de confidencialidad o reserva se mantendrá vigente de manera indefinida.

Artículo 16.- Constancia y confidencialidad de la ficha clínica. Las acciones vinculadas a la atención de salud realizada por medio o apoyada de TIC formarán parte de la ficha clínica del paciente y se regirán por el párrafo 5° del Título II de la ley Nº 20.584 y el decreto supremo Nº 41, de 2012, del Ministerio de Salud, que aprueba reglamento sobre fichas clínicas.

El prestador que sea responsable de la realización de las acciones y prestaciones a que se refiere el inciso anterior, deberá dejar constancia en la ficha clínica de las acciones realizadas en los términos previstos en el artículo 12 de la ley Nº 20.584 y el decreto supremo Nº 41, de 2012, del Ministerio de Salud.

Adicionalmente, al término de la atención, el prestador, por medio de una casilla o plataforma digital u otro medio acordado con el paciente o la persona bajo cuyo cuidado se encuentre, debe hacer entrega de un documento que contenga una copia del informe y registro de la atención, que incluya la identificación del paciente, diagnóstico o hipótesis diagnóstica, las indicaciones dadas al paciente, y la identificación del prestador individual que realizó la atención.

Para estos efectos, el paciente o la persona bajo cuyo cuidado se encuentre, señalará una dirección de correo electrónica válida y vigente o, en su defecto, acordará con el prestador algún otro medio para recibir las notificaciones a que se dé lugar en el marco de las acciones vinculadas a la atención de salud realizada a distancia por medio o apoyada en TIC, de lo cual deberá dejarse constancia en la ficha clínica.

Será responsabilidad del paciente o la persona bajo cuyo cuidado se encuentre, entregar de manera oportuna la información de contacto y correo electrónico al cual se le podrá remitir la información, en caso de que esta información cambie.

El prestador será responsable de la custodia y conservación de las fichas clínicas, con independencia de que empleen medios propios o de terceros para su gestión.

En el caso que el prestador contrate un proveedor tecnológico, para la gestión de fichas clínicas, deberá incluir en los contratos respectivos las cláusulas y salvaguardas que permitan resguardar los derechos de los titulares de datos. En caso en que dicho proveedor daba entrar en conocimiento de los datos personales, deberá darse estricto cumplimento a lo previsto en los artículos 7 y 8 de la ley 19.628.

El contrato correspondiente deberá además contener todas las instrucciones relativas a la gestión de los archivos y datos personales que permitan resguardar la integridad, disponibilidad y confidencialidad de la información del paciente en los términos previstos en el artículo 5 de ley Nº 20.584 y 10 de la Nº 19.628.

Artículo 17.- Extensión de la protección. La gestión de la información clínica a nivel nacional, regional o local, obtenida en el marco de las atenciones o prestaciones a distancia a que se refiere este reglamento, se realizará bajo los estándares de confidencialidad, reserva o secreto previstos en la normativa legal y reglamentaria que la desarrolle y en los artículos 7, 10 y 11 de la ley Nº 19.628.

Las aplicaciones, sistemas y servicios de comunicaciones que soporten las acciones y prestaciones de salud a distancia, realizadas a través de TIC, deberán garantizar la confidencialidad, respeto a la privacidad, y protección de los datos personales de los pacientes, según la normativa vigente.

Artículo 18.- Confidencialidad de los exámenes de laboratorio y receta médica. Los exámenes de laboratorio, imágenes, o de otra naturaleza y sus respectivos informes, además de las prescripciones farmacológicas, son confidenciales en los términos establecidos en el artículo 101 del Código Sanitario y en las leyes Nº 20.584 y Nº 19.628. Sólo podrán ser comunicados a los sujetos habilitados por ley para acceder a ellos a través de sistemas de comunicaciones seguros.

La identidad de los pacientes deberá ser resguardada a través de mecanismos que permitan minimizar los riesgos de acceso indebido a los datos personales. Una norma técnica, dictada por el Ministerio de Salud, establecerá los estándares de confidencialidad que deberán adoptar los prestadores para estos efectos.

En cumplimiento de lo previsto en el artículo 101 inc. 9 del Código Sanitario, el prestador deberá resguardar la conservación y aseguramiento de la integridad, disponibilidad y confidencialidad de los exámenes de laboratorio, las muestras, imágenes y los respectivos informes, desde que se ponen en su conocimiento o se le hace entrega, con independencia de que se hayan realizado los análisis e informes a través de medios propios o de terceros.

Sin perjuicio de lo dispuesto precedentemente, y conforme a lo previsto en la ley Nº 20.120, en aquellos casos que las acciones y prestaciones a distancia se enmarquen dentro de proyectos de investigación científica biomédica, sólo se podrá disponer del uso, de la información de los pacientes, de las imágenes y sus diagnósticos médicos, disociado o anonimizado en los términos de la ley Nº 19.628, de protección de la vida privada, salvo que medie el consentimiento expreso y por escrito del paciente.

Artículo 19.- Notificación de Enfermedades Transmisibles de Declaración Obligatoria y su Vigilancia.

En aquellos casos que proceda realizar una notificación obligatoria, en los términos de lo previsto en los artículos 20 y siguientes del Código Sanitario y del decreto supremo Nº 7, de 2019, del Ministerio de Salud, que aprueba el reglamento sobre notificación de enfermedades transmisibles de declaración obligatoria y su vigilancia, la notificación se realizará a la autoridad sanitaria más próxima al domicilio del paciente sobre quien se informa.

Artículo 20.- Fiscalización y cumplimiento. El cumplimiento del presente reglamento se fiscalizará y sancionará según lo dispuesto en el Libro X del Código Sanitario y en la ley Nº 20.584, según corresponda.

Anótese, tómese razón y publíquese en el Diario Oficial.- SEBASTIÁN PIÑERA ECHENIQUE, Presidente de la República.- Enrique Paris Mancilla, Ministro de Salud.

Transcribo para su conocimiento decreto afecto Nº 6 - 16 de abril de 2021.- Por orden de la Subsecretaría de Salud Pública.- Saluda atentamente a Ud., Yasmina

Viera Bernal, Jefa de la División Jurídica, Ministerio de Salud.

CONTRALORÍA GENERAL DE LA REPÚBLICA

División Jurídica

Cursa con alcances el decreto Nº 6, de 2021, del Ministerio de Salud

Nº E193063/2022.- Santiago, 11 de marzo de 2022.

Esta Entidad de Control ha dado curso al documento del rubro, que aprueba el Reglamento sobre acciones vinculadas a la atención de salud realizada a distancia, por encontrarse ajustado a derecho.

Sin perjuicio de lo anterior, acerca de lo dispuesto en los artículos 8 y 9 del acto en examen, relativos a las condiciones para asegurar la confiabilidad, disponibilidad y privacidad de los datos, como asimismo al registro de incidentes de seguridad de la información, corresponde precisar que dichas normas deben aplicarse, según proceda, en armonía con las regulaciones generales para el sector público establecidas al efecto por los Ministerios del Interior y Seguridad Pública, de Hacienda, y Secretaría General de la Presidencia, en uso de sus facultades legales.

Asimismo, en relación con la alusión que hace la última parte del artículo

10 del decreto a "los lineamientos que dicte el Ministerio de Salud sobre la materia en cumplimiento de lo dispuesto en el artículo 5 inciso final de la ley Nº 20.584", cabe precisar que esta norma legal se refiere al reglamento respectivo, cuya dictación corresponde al Presidente de la República mediante un decreto expedido a través de esa secretaría de Estado.

Finalmente, respecto del artículo 13, inciso segundo, del instrumento de que se trata, cabe consignar que con arreglo a lo dispuesto en los artículos 14 y siguientes de la ley Nº 20.584, quien debe otorgar o denegar su consentimiento para someterse a un determinado procedimiento o tratamiento de salud es el propio paciente, y su voluntad solo podrá ser suplida en los términos y situaciones que prevé ese texto legal.

Con los alcances que anteceden se ha tomado razón del decreto del rubro.

Saluda atentamente a Ud., Osvaldo Gunther Vargas Zincke, Contralor General (S). Al señor Ministro de Salud Presente.

DECRETO 34
APRUEBA REGLAMENTO SOBRE CONDICIONES CLÍNICAS GENERALES Y CIRCUNSTANCIAS PARA CERTIFICAR ESTADO DE EMERGENCIA O URGENCIA EN PACIENTE ADULTO, RECIÉN NACIDO Y PEDIÁTRICO

Núm. 34.- Santiago, 12 de noviembre de 2021.

Visto:

Lo dispuesto en los artículos 24 y 32, N° 6 de la Constitución Política de la República, en el decreto con fuerza de ley N° 1, de 2005, del Ministerio de Salud, que fija el texto refundido, coordinado y sistematizado del decreto ley N° 2.763, de 1979 y de las leyes N° 18.933 y N° 18.469; en la ley N° 19.650, que

Perfecciona Normas del área de la salud; en el decreto supremo N° 369 de 1985, del Ministerio de Salud, que aprueba el Reglamento del Régimen de Prestaciones de Salud, en el decreto N° 140, de 2005, del Ministerio de Salud, que aprueba el Reglamento Orgánico de los Servicios de Salud y en la resolución N° 7, de 2019, de la Contraloría General de la República, que Fija Normas de Excepción del Trámite de Toma de Razón.

Considerando:

1. Que, la protección de la vida y la conservación de la salud, constituyen derechos inalienables de las personas, y es deber del Estado asegurarlos a través de las políticas de salud.

2. Que, es deber del Ministerio de Salud velar por el acceso igualitario a las prestaciones sanitarias que requiera una persona, en especial, cuando de esta atención dependa su vida.

3. Que, los artículos 2° y 3°, letra a), de la ley N° 19.650 y el artículo 11° de la ley N° 18.469, todos refundidos en el artículo 141 del decreto con fuerza de ley N° 1, de 2005, del Ministerio de Salud, establecen en lo pertinente, que las prestaciones comprendidas en el Régimen General de Garantías de Salud se otorgarán por el Fondo Nacional de Salud, a través de los establecimientos correspondientes a la red asistencial de cada servicio de salud y aquellos de carácter experimental a través de sus establecimientos, con los recursos físicos y humanos de que dispongan, sin perjuicio de los convenios que puedan celebrar al efecto los Servicios de Salud o Fonasa con otros organismos públicos o privados.

4. Que, el inciso segundo, del artículo 141, del decreto con fuerza de ley N° 1, de 2005, del Ministerio de Salud, dispone que, en casos de emergencia o urgencia, debidamente certificados por un médico cirujano, el Fondo Nacional de Salud pagará directamente al prestador público o privado el valor por las prestaciones que hayan otorgado a sus beneficiarios, de acuerdo con los mecanismos dispuestos en esa ley.

5. La citada normativa dispone, además, que en casos de emergencia o urgencia se prohíbe a los prestadores exigir a los beneficiarios de esa ley, dinero, cheques u otros instrumentos financieros para garantizar el pago o condicionar de cualquier otra forma dicha atención, añadiendo, en su inciso segundo, que el Ministerio de Salud determinará por reglamento las condiciones generales y las circunstancias bajo las cuales una atención o conjunto de atenciones será considerada de emergencia o urgencia.

6. Que, para efectos de dar cumplimiento a este último precepto legal, el Ministro de Salud constituyó un grupo de trabajo con representantes de la Subsecretaria de Redes Asistenciales, el Fondo Nacional de Salud y la Superintendencia de Salud, además de representantes de sociedades médicas y expertos en el área de salud con la finalidad de tener una visión práctica y actualizada de este tipo de prestaciones de emergencia y sus problemáticas asociadas.

7. Que, el resultado de este trabajo coordinado permitió consensuar un conjunto de condiciones clínicas generales que deben considerarse para la certificación de estado de emergencia para paciente adulto, recién nacido y pediátrico y la regulación de trámites administrativos que resultan necesarios para mejorar la gestión por parte de los prestadores públicos y privados, Servicios de Salud e Instituciones de Salud Previsional (Isapres) y su correspondiente fiscalización a cargo de los organismos competentes del sector salud.

8. Que, en base a las consideraciones expuestas, Decreto:

Apruébese el siguiente reglamento sobre condiciones clínicas generales y circunstancias para certificar estado de emergencia o urgencia en paciente adulto, recién nacido y pediátrico.

TÍTULO I
DISPOSICIONES GENERALES

Artículo 1. Atención de emergencia o urgencia. Toda persona que se encuentre en una condición de emergencia o urgencia tendrá derecho a ser atendida en una unidad de emergencia, sin que proceda exigir dinero o algún tipo de instrumento financiero para garantizar el pago o condicionar de otra forma su atención.

Respecto del financiamiento de dichas atenciones, deberá estarse a lo dispuesto en el artículo 2 del presente reglamento.

Para efectos de este reglamento la expresión emergencia se entenderá como emergencia o urgencia, en los términos que previene el Art. 11° de la ley N° 18.469.

Artículo 2. Beneficio de pago directo y préstamo. Los beneficiarios de Fonasa y los afiliados a Isapre cuya atención sea certificada como de emergencia por un médico cirujano de una unidad de emergencia, tendrán derecho a impetrar el beneficio que establecen los artículos 141 y 173 del decreto con fuerza de ley N° 1, de 2005, del Ministerio de Salud.

Este beneficio consiste en el pago directo por parte de Fonasa o Isapre, según sea el caso, al prestador público o privado, el valor de las prestaciones otorgadas en caso de emergencia debidamente certificada, que se traduce en un préstamo al beneficiario o afiliado de los montos no cubiertos, según el arancel Fonasa o el plan de salud convenido.

Artículo 3. Revisión de la certificación de estado de emergencia.

Corresponderá a Fonasa, respecto de sus beneficiarios y en casos calificados, revisar las condiciones de emergencia certificadas por un médico cirujano, esto es, en el sentido de verificar y determinar que las atenciones y prestaciones otorgadas correspondan a una atención médica de emergencia como también que una atención que no ha sido considerada como tal deba calificarse así, para fines de su financiamiento.

Todo ello, sin perjuicio de las facultades que le corresponden a la Superintendencia de Salud, de acuerdo a lo dispuesto en el artículo 117 y siguientes, del decreto con fuerza de ley N° 1, de 2005, del Ministerio de Salud.

Artículo 4. Definiciones. Para efectos del presente reglamento, se entenderá

1. Condiciones generales de emergencia: Estados clínicos descritos para cada uno de los tipos de emergencia en un paciente adulto, recién nacido o pediátrico. Estas condiciones se encuentran indicadas en los títulos V y VI del presente reglamento.

2. Unidad de Emergencia: Servicio de atención médico cirujano quirúrgico, pediátrico o materno-infantil, ubicado en las instalaciones de un establecimiento de salud con autorización sanitaria, cuya dotación de médicos cirujanos, enfermeras, matronas, u otros profesionales de la salud aseguran la atención permanente las 24 horas del día, durante todo el año para con-

sulta de urgencia de pacientes cuya gravedad y estado crítico pueden implicar riesgo de muerte o eventuales secuelas graves. Pueden ser de carácter público o privado.

3. Emergencia: Condición de salud o cuadro clínico que involucre estado de riesgo de muerte o riesgo de secuela grave de una persona y que requiera atención médica inmediata e impostergable.

Esta condición se certificará por un médico cirujano durante la evaluación de la atención médica de emergencia. No procederá dicha certificación durante el procedimiento de admisión ni en la etapa de categorización o Triage del paciente.

4. Atención médica de emergencia: Prestación o conjunto de prestaciones otorgadas a una persona de forma inmediata, en una unidad de emergencia, con la finalidad de superar el riesgo de muerte o riesgo de secuela grave que presenta, hasta su estabilización.

5. Riesgo de muerte: Alta probabilidad de pérdida de la vida en forma inminente, debido a la aparición imprevista de un problema de salud, determinada por un médico cirujano en un proceso de atención médica de emergencia.

6. Riesgo de secuela grave: Alta probabilidad de falla grave de la función de un órgano o extremidad o riesgo de pérdida total o parcial y definitiva del órgano o extremidad afectada, que requiere atención inmediata.

7. Certificación de estado de emergencia: Declaración escrita y firmada por un médico cirujano de una unidad de emergencia, que da cuenta que una persona se encuentra en una condición de salud o cuadro clínico de riesgo de muerte o riesgo de secuela grave. El certificado de estado de emergencia deberá estar fundado en los antecedentes clínicos y paraclínicos del paciente, los cuales quedarán registrados en el Dato de Atención de Urgencia (DAU) que lleve el establecimiento de salud.

El certificado de estado de emergencia deberá contener la siguiente información:

1. Nombre completo y rol único nacional del paciente.

2. Fecha y hora de la certificación de estado de emergencia.

3. Hipótesis diagnóstica concordante con el diagnóstico consignado en el Dato de Atención de Urgencia (DAU).

4. Nombre, rol único nacional y firma del médico cirujano que certifica el estado de emergencia.

5. Nombre del establecimiento de salud.

6. Afiliación del paciente, con indicación si es beneficiario Fonasa o Isapre. En este último caso, nombre de la Isapre a la cual estuviere afiliado o fuere beneficiario.

En caso de los pacientes sin identificación, el prestador deberá adoptar todas las medidas necesarias para obtener esa información, debiendo en el intertanto identificar al paciente con la sigla N/N.

En el caso de recién nacidos no inscritos en el Servicio de Registro Civil e Identificación, se utilizará el rol único nacional de la madre, padre, abuela o abuelo.

En el caso de personas extranjeras se deberá indicar su condición migratoria y número de pasaporte.

8. Capacidad clínica resolutiva: Suficiencia de una unidad de emergencia, en personal y recursos físicos para brindar una atención médica de emergencia a una persona, de acuerdo a la patología que presenta.

9. Segunda certificación de emergencia: Procede cuando el paciente en condición de emergencia ha sido atendido en una unidad de emergencia que no cuenta con capacidad resolutiva para superar el cuadro que presenta, debiendo ser trasladado a otro establecimiento que cuente con dicha capacidad. En tal caso, ambos establecimientos deberán certificar el estado de emergencia del paciente.

10. Paciente terminal: Todo paciente que cumple copulativamente las siguientes condiciones:

1. Padecer una enfermedad o condición patológica diagnosticada por un equipo médico progresiva e irreversible con pronóstico fatal a corto o mediano plazo, que no sea susceptible de un tratamiento de eficacia demostrada que pueda modificar el pronóstico de muerte próxima, o bien las terapias en uso han dejado de ser eficaces.

2. Que, la condición clínica que define el ingreso a la unidad de emergencia no sea susceptible de tratamiento de eficacia demostrada que pueda modificar el pronóstico de muerte próxima, o bien las terapias en uso han dejado de ser eficaces.

11. Adecuación del esfuerzo terapéutico: Ajustar un tratamiento de un paciente que, a juicio del equipo médico tratante, ha llegado a una condición de irrecuperabilidad ya sea por tratarse de un paciente terminal, o bien, sin serlo, cuando la gravedad de su enfermedad lo acerca a una muerte próxima, a pesar de la terapia aplicada.

12. Tratamiento paliativo: Consiste en proporcionar una atención integral a pacientes cuya enfermedad no responde a un tratamiento curativo, con el objeto de preservar una mejora en su calidad de vida, con un enfoque interdisciplinario, considerando la muerte como un proceso natural, sin acelerarla ni retrasarla, aplicando una adecuación del esfuerzo terapéutico.

13. Paciente estabilizado: Persona que habiendo estado en una condición de riesgo de muerte o riesgo de secuela grave, certificada por un médico cirujano de una unidad de emergencia, y que aun teniendo una patología no resuelta o parcialmente solucionada, puede ser trasladada a otro centro asistencial, sin poner en riesgo su vida o la evolución de su enfermedad.

14. Certificado de estabilización: Documento emitido por un médico cirujano que da cuenta del término del estado de emergencia y de la condición de paciente estabilizado, y autoriza su traslado a otro centro asistencial, siempre que ello no importe un riesgo a su vida o a la evolución de su enfermedad.

El certificado de estabilización deberá contener la siguiente información:

1. Nombre completo y rol único nacional del paciente.
2. Fecha y hora de la certificación de estabilización.
3. Diagnóstico.
4. Condiciones clínicas que debe cumplir el traslado.
5. Nombre, rol único tributario y firma de médico cirujano que certifica la estabilización del paciente.
6. Nombre del establecimiento asistencial donde el paciente es estabilizado.
7. Afiliación del paciente o condición de beneficiario Fonasa o Isapre. En este último caso, nombre de la Isapre a la cual estuviere afiliado o de la cual fuere beneficiario.

15. Opción por modalidad de atención: Respecto de los beneficiarios Fonasa, es la decisión del paciente estabilizado, o de quien lo represente, de atenderse mediante la Modalidad de Atención Institucional o la Modalidad Libre Elección, según lo dispuesto en el libro II, del decreto con fuerza de ley Nº 1, de 2005, del Ministerio de Salud.

Respecto de los beneficiarios de Isapre, es la decisión del paciente estabilizado de atenderse en un establecimiento de la red preferente de prestadores establecida en el plan de salud contratado o en la Modalidad de Libre Elección.

En ambos casos, los beneficiarios y afiliados asumirán los costos que derivan de la atención, de acuerdo a la Modalidad de atención o plan de salud convenido.

Esta opción deberá constar en un documento firmado por el paciente o quien lo represente, una vez emitido el certificado de estabilización.

16. Documento de opción de Modalidad de Atención Institucional (DOMA): Documento que declara la opción del paciente estabilizado respecto de la Modalidad de Atención

Institucional. Este documento debe ser firmado por el paciente o quien lo represente, una vez emitido el certificado de estabilización.

El documento deberá dejar constancia de la decisión del paciente —beneficiario Fonasa o afiliado a Isapre—, de optar por continuar su atención en la Modalidad Institucional o la Modalidad Libre Elección, entendiéndose que si el paciente opta por esta última, continuará su atención en el prestador donde se certificó su estado de emergencia bajo la Modalidad de Libre Elección.

El DOMA deberá contener la siguiente información:

1. Nombre completo, rol único nacional y la firma del paciente.

2. Nombre completo, rol único nacional y/o rol único tributario de la persona natural que representa al paciente, si procediere.

3. Fecha y hora de emisión del documento.

4. Afiliación del paciente o condición de beneficiario Fonasa o Isapre. En este último caso, nombre de la Isapre a la cual estuviere afiliado o de la cual fuere beneficiario.

En el caso de los recién nacidos no inscritos en el Servicio de Registro Civil e Identificación, debe registrarse el rol único nacional de la madre, padre, abuela o abuelo. En el caso de personas extranjeras se deberá indicar su condición migratoria y número de pasaporte.

En caso de que el paciente o quien lo representante se niegue a firmar se deberá dejar constancia de esta circunstancia por un profesional del establecimiento de salud, entendiéndose para estos efectos, que el paciente o la persona que lo represente ha optado por la Modalidad de Atención Libre elección.

17. Rescate: Es la gestión que debe realizar el Servicio de Salud respectivo, en el caso de los beneficiarios Fonasa, una vez que el paciente estabilizado optó por ser atendido en la red asistencial pública; y las Isapres para el caso de los afiliados a ésta, para trasladar al paciente a la red de prestadores convenidos en el plan de salud.

En el caso de los beneficiarios Fonasa, el Servicio de Salud que debe atender al beneficiario, o su delegado, podrá siempre acceder al paciente para constatar su condición de estabilización y realizar su traslado al centro asistencial de la red de salud que determine, si aún ello no se ha dispuesto, asumiendo la gestión de dicho traslado.

18. Gestión de Traslado: Procedimiento que consiste en la movilización de un paciente del establecimiento de salud que certificó la estabilización del paciente a otro establecimiento de salud, bajo las condiciones e indicaciones consignadas en la certificación de estabilización.

19. UGCC: Unidad de Gestión Centralizada de Casos, de la Subsecretaría de Redes Asistenciales, del Ministerio de Salud.

20. Fonasa: Fondo Nacional de Salud.

21. Isapre. Institución de Salud Previsional.

22. DAU: Dato de atención de urgencia.

23. DEIS Departamento de Estadísticas e Información de Salud del Ministerio de Salud.

24. Código de Establecimiento DEIS: Estructura numérica que se le asigna a un establecimiento para su identificación, la cual se origina a solicitud de establecimiento y se asigna de acuerdo a los criterios del DEIS.

TÍTULO II
DE LA CERTIFICACIÓN DE ESTADO DE EMERGENCIA

Artículo 5. Pacientes sin identificación. Todo establecimiento de salud público o privado deberá contar con un procedimiento de registro de los pacientes sin identificación. Dicho registro deberá contener la siguiente información: código de establecimiento DEIS, año de atención, número consecutivo de paciente.

La falta de rol único nacional o de rol único tributario de una persona no impedirá que se otorgue la atención médica de emergencia, correspondiendo al prestador público o privado adoptar las medidas necesarias que permitan determinar su identidad, cuando el paciente o quien lo represente, no pueda proporcionarla.

Artículo 6. Excepciones al beneficio. Las siguientes atenciones médicas de emergencia no darán derecho al beneficio previsto en el artículo 2 del presente reglamento.

a. El paciente, o quien lo represente, que una vez ingresado a una unidad de emergencia con capacidad clínica resolutiva, rechaza la atención médica disponible para superar la emergencia.

b. El paciente que estando hospitalizado y recibiendo las atenciones médicas de emergencia en una unidad de emergencia con capacidad clínica resolutiva para superar dicha condición, decide su traslado, por sí o quien lo represente, a otro establecimiento de salud.

c. El paciente terminal en los términos que establece el numeral 10 del artículo 4, del presente reglamento.

d. El paciente que durante el curso de su atención ambulatoria y/o hospitalización, requiere atención médica de emergencia para superar un riesgo de muerte o riesgo de secuela grave sobreviviente.

e. Persona que ingresa fallecida a una unidad de emergencia. El médico cirujano de la unidad de emergencia deberá constatar el fallecimiento y que la persona no es susceptible de maniobras de reanimación cardiopulmonar.

f. El recién nacido con diagnóstico de una patología prenatal con posibilidad de resolución en la red de prestadores Fonasa o Isapre, que es atendido electivamente por ese diagnóstico en un establecimiento asistencial que no forma parte de su red de salud.

En los casos señalados precedentemente, el financiamiento de las atenciones médicas será de cargo del paciente de acuerdo con el plan de salud convenido, en el caso de los afiliados a una Isapre o a la modalidad de atención de que se trate, en el caso de beneficiarios Fonasa.

Artículo 7. Certificado de estado de emergencia. El médico cirujano de la unidad de emergencia deberá emitir el certificado del estado de emergencia para paciente adulto o pediátrico en el plazo máximo de 6 horas desde la primera atención médica del paciente en dicha unidad.

En el caso del recién nacido, su condición de estado de emergencia se podrá certificar por un médico cirujano, desde el nacimiento y durante el periodo de puerperio inmediato, esto es hasta las 48 horas siguientes desde el parto vaginal y/o hasta las 72 horas siguientes desde el parto por cesárea. Esta certificación se respaldará con el comprobante de parto respectivo.

Con todo, tratándose de establecimientos de la red del Sistema Nacional de Servicios de Salud, la certificación de estado de emergencia deberá constar en el DAU o en la ficha clínica, en el caso del recién nacido.

Artículo 8. Adecuación del esfuerzo terapéutico. El beneficio previsto en el artículo 2 del presente reglamento cesará desde el momento en que el médico cirujano registra en la ficha médica del paciente la decisión de adecuación del esfuerzo terapéutico. Dicha decisión debe contar con el consentimiento informado del paciente o de su representante.

Una vez registrada la adecuación del esfuerzo terapéutico, el paciente, o quien lo represente, podrá elegir la continuidad de su atención en el establecimiento donde se le otorgaron las atenciones de emergencia, en la Modalidad de Libre Elección para beneficiarios de Fonasa y afiliados a Isapre. Esta decisión quedará registrada en la ficha clínica del paciente. En este caso, el establecimiento de salud podrá solicitar un instrumento financiero para garantizar el pago de las atenciones que en adelante se brinden.

Artículo 9. Segunda certificación de emergencia. La primera certificación de emergencia se extenderá hasta el traslado del paciente, debiendo dejarse constancia en su ficha clínica de su condición de salud y las razones que respaldan esa decisión. Además, el paciente o su representante deberá firmar el consentimiento informado. Dicho traslado será financiado y autorizado por Fonasa o por la Isapre, según corresponda.

La negativa injustificada del paciente o de su representante a ser trasladado tendrá como efecto la pérdida del beneficio establecido en el artículo 2 del presente reglamento.

Corresponderá a Fonasa y a la Isapre, según el caso, orientar la búsqueda de una segunda unidad de emergencia con capacidad resolutiva de acuerdo con la condición clínica del paciente, ajustándose a los protocolos internos de cada establecimiento de salud.

En el caso de beneficiarios de Fonasa, esta autorización la realizará la UGCC, que determinará el prestador que realizará la segunda certificación de emergencia.

Respecto de los afiliados a Isapre, esta entidad será la que determinará el prestador que realizará la segunda certificación de emergencia.

Artículo 10. Actualización de información del paciente y falta de afiliación. El paciente o quien lo represente, deberá proporcionar oportuna y fielmente la información que le sea requerida por el establecimiento de salud, para su adecuada identificación, atención y certificación, especialmente su rol único nacional o rol único tributario y su domicilio.

Con todo, el establecimiento de salud deberá informar al paciente o a su representante de su obligación de actualizar su domicilio, previo a la certificación de estabilización.

La falta de afiliación del paciente a alguna entidad previsional de salud al momento de su ingreso a una unidad de emergencia no será impedimento para brindar las atenciones de salud que requiera, de manera inmediata e impostergable. En este caso, el valor de las atenciones que reciba el paciente se determinará según el arancel publicado por el establecimiento de salud.

Artículo 11. Servicio de traslado prehospitalario. Ante situaciones de riesgo de muerte o riesgo de secuela grave, los servicios de traslado prehospitalario deberán priorizar el traslado del paciente a la unidad de emergencia más cercana que cuente con capacidad resolutiva suficiente para la atención adecuada de su condición de emergencia.

Sólo en caso de que la condición clínica del paciente lo permita, su traslado se podrá realizar, a la unidad de emergencia correspondiente a su red de atención, de acuerdo con su plan de salud o modalidad de atención, siempre que el establecimiento cuente con capacidad clínica resolutiva. Sin embargo, si el paciente o su representante manifiesta su voluntad de ser ingresado a un establecimiento que no pertenece a su red de atención, deberá dejarse constancia de dicha decisión.

Artículo 12. Normativa aplicable. En aquellos casos en que la situación de riesgo de muerte o riesgo de secuela grave tenga su origen en un evento regulado por las siguientes leyes especiales, el médico cirujano deberá dejar registro de dicha circunstancia en la ficha clínica del paciente, debiendo el prestador de salud realizar las gestiones necesarias para darles cumplimiento.

Para el otorgamiento del beneficio establecido en el artículo 2 del presente reglamento, se dará cumplimiento preferente a las siguientes leyes:

1. Ley N° 16.744, que establece normas sobre accidentes del trabajo y enfermedades profesionales.

2. Ley N° 18.490, que establece seguro obligatorio de accidentes personales causados por circulación de vehículos motorizados.

3. Ley N° 19.966, que establece un Régimen de Garantías en Salud. En este caso, será obligatorio efectuar la notificación de las patologías ley de urgencia-GES en la página web de la Superintendencia de Salud.

4. Ley N° 20.850, que crea un sistema de protección financiera para diagnóstico y tratamientos de alto costo y rinde homenaje póstumo a don Luis Ricarte Soto. El beneficiario tendrá derecho a las prestaciones incluidas en el Sistema de Protección Financiera de que trata esta ley, hasta ser trasladado a alguno de los prestadores aprobados por el Ministerio de Salud. En esta circunstancia, los costos de los tratamientos cubiertos por esta ley y que sean proporcionados por el prestador de urgencia, le serán rembolsados por Fonasa, con cargo al Fondo de Tratamientos de Alto Costo, de conformidad con lo previsto en el artículo 3° de la citada ley.

Artículo 13. Financiamiento de las atenciones de emergencia. Para efectos del préstamo a que se refiere el artículo 2 del presente reglamento, Fonasa o a la Isapre, según corresponda, pagará directamente al prestador público o privado, el valor de las atenciones de emergencia debidamente certificadas, en la parte de que sea de cargo de éstos, de acuerdo a lo dispuesto en el artículo 31° de la ley N° 18.469, salvo que el beneficiario o afiliado decida no hacer uso del préstamo, una vez emitido el Certificado de Préstamo por Fonasa o la Isapre.

En tal caso, el beneficiario o afiliado pagará directamente a Fonasa o a la Isapre, las prestaciones que sean de su cargo, según el valor del arancel de la Modalidad Libre Elección en el primer caso y su plan de salud, en el segundo.

TÍTULO III
DE LA CERTIFICACIÓN DE LA ESTABILIZACIÓN Y RESCATE

Artículo 14. Certificación de estabilización y envío de informe actualizado. En caso de verificarse las condiciones descritas en el numeral 13, del artículo 4 del presente reglamento, el médico cirujano deberá emitir el certificado de estabilización dejando constancia en la ficha clínica del paciente de las condiciones que deberá cumplir el traslado del paciente.

Además de lo anterior, el médico cirujano deberá emitir un informe actualizado de todas las atenciones recibidas por el paciente, incluidas las condiciones y requisitos de su traslado y acciones para recuperación.

Para efectos de coordinar y gestionar el rescate por el Servicio de salud en caso de ser beneficiario Fonasa o por la Isapre, respecto de sus afiliados, el informe actualizado deberá ser remitido a la UGCC en el primer caso y en el segundo, a quien determine la respectiva institución de salud.

Artículo 15. Documento de Opción de Modalidad de Atención Institucional (DOMA). La decisión de opción de Modalidad de Atención Institucional deberá declararse informadamente por el paciente y constar en un documento denominado DOMA.

Si el paciente se encuentra imposibilitado para firmar el DOMA y no cuenta con una persona que lo represente, se entenderá que ha optado por su atención en la red de prestadores que le corresponda bajo modalidad de Atención Institucional o red preferente de prestadores, debiendo el médico cirujano dejar constancia de ambas circunstancias en la ficha clínica del paciente.

En caso de negativa injustificada del paciente o de su representante de firmar el DOMA, se deberá dejar constancia en el mismo documento de ello y en su ficha clínica, entendiéndose para estos efectos, que el paciente ha optado por mantenerse en el establecimiento en el cual se encuentra, asumiendo los costos derivados posteriores a su estabilización de acuerdo con su previsión de salud. En este último caso, el establecimiento de salud podrá solicitar las garantías para el pago de las atenciones otorgadas, de acuerdo a la normativa vigente.

Si el paciente o su representante opta por la Modalidad de Atención Institucional, continuará su atención de salud en los organismos que integran el Sistema Nacional de Servicios de Salud, o entidades públicas o privadas con las cuales dichos organismos o Fonasa hayan celebrado convenios para estos efectos.

Si el paciente o su representante opta por la Modalidad de Libre Elección, continuará su atención de salud en un prestador privado de acuerdo con dicha modalidad. En tal caso, y desde la suscripción del DOMA, el prestador de salud podrá solicitar al paciente un instrumento financiero para garantizar el pago de las atenciones que reciba en la anotada modalidad, de acuerdo a la normativa vigente.

En el caso de los afiliados de Isapre, la red preferente de prestadores será la definida en el respectivo plan de salud.

Artículo 16. Información del paciente para su traslado. Para efectos del traslado del paciente, una vez emitida la certificación de estabilización, respecto de los beneficiarios Fonasa, el Servicio de Salud y la UGCC y respecto de los afiliados a Isapres, estas últimas, podrán solicitar información al prestador de salud donde se encuentra el paciente y el envío de una descripción clínica completa de las atenciones recibidas.

Junto con la emisión del certificado de estabilización, el prestador deberá proporcionar y remitir dicha información a la brevedad, y por la vía más expedita.

Artículo 17. Rescate de pacientes estabilizados. El Servicio de Salud para el caso de beneficiarios de Fonasa y las Isapres, respecto de sus afiliados, según corresponda, serán los encargados de gestionar el rescate de los pacientes estabilizados y realizar su traslado, procurando que se cumplan las indicaciones del médico cirujano del establecimiento que certificó la estabilización del paciente.

Respecto de beneficiarios Fonasa hospitalizados en establecimientos de salud privada y que han optado por la Modalidad de Atención Institucional, el Servicio de Salud correspondiente, en coordinación con la UGCC, determinará el centro asistencial de su red o el prestador público o privado en convenio con Fonasa al que serán derivados y gestionar su rescate, procurando que transcurra el menor tiempo posible entre la decisión del paciente y la fecha de su rescate.

Si el Servicio de Salud no cuenta con capacidad resolutiva para atender la situación clínica del paciente estabilizado, deberá coordinar con otros Servicios de Salud o la red GES o la red de alta complejidad u otras el traslado del paciente en el menor tiempo posible, informando a la UGCC de dichas gestiones.

En el caso de afiliados a Isapre, si el prestador en convenio no cuenta con capacidad resolutiva para atender la situación clínica del paciente estabilizado, deberá gestionar su traslado con su red de prestadores correspondiente.

La negativa injustificada de un paciente o de su representante que ha optado por la Modalidad de Atención Institucional a ser trasladado a un centro asistencial de su red de salud, que cuente con la capacidad resolutiva para continuar con su atención clínica, producirá como efecto el cambio a la Modalidad de Libre Elección, lo que deberá registrarse en la ficha clínica del paciente.

En tal caso, el prestador de salud podrá solicitar las garantías para el pago de las atenciones que reciba el paciente luego de su estabilización.

Si habiéndose gestionado el rescate del paciente este se niega injustificadamente a ser trasladado, deberá asumir el costo en que haya incurrido el respectivo Servicio de Salud hasta el momento de su negativa.

Artículo 18. Servicio de Salud competente para el rescate. En el caso de beneficiarios de Fonasa, la gestión de rescate estará a cargo del Servicio de Salud correspondiente del domicilio registrado en el certificado previsional de Fonasa, al momento de la certificación de la estabilización del paciente.

En caso de no existir registro en el certificado previsional, será responsabilidad del beneficiario, o de su representante, informar a Fonasa un domicilio, así como comunicar cualquier cambio de éste previo a la certificación de su estabilización.

En caso de no registrar un domicilio al momento de la estabilización, el rescate se deberá realizar por el Servicio de Salud de la unidad de emergencia cuyo médico cirujano certificó el estado de emergencia del paciente.

Artículo 19. Servicio de traslado de pacientes. Para efectos del rescate, y tratándose de beneficiarios Fonasa, el Servicio de Salud deberá disponer de un móvil o ambulancia perteneciente al establecimiento que certificó la estabilización del paciente o, en caso de no contar con ello, podrá contratar un servicio de traslado privado, con sujeción a la normativa pertinente.

El traslado del paciente deberá cumplir las indicaciones establecidas por el médico cirujano que certificó la estabilización.

No procederá el traslado para pacientes en situación de alta hospitalaria.

TÍTULO IV
DE LAS FUNCIONES

Artículo 20. Funciones del médico cirujano de la unidad de emergencia. Sin perjuicio de la certificación de que trata el artículo 7 del presente reglamento, corresponderá al médico cirujano de la unidad de emergencia de un establecimiento de salud público o privado las siguientes funciones:

a) Atender a todo paciente que llegue a la unidad de emergencia con una condición clínica que implique riesgo de muerte o riesgo de secuela grave.

b) Emitir el certificado de estabilización y un informe actualizado del paciente estabilizado, de acuerdo con el artículo 14 del presente reglamento.

c) Informar oportunamente al asegurador o a quien éste designe y por la vía más expedita cualquier modificación de la condición clínica del paciente estabilizado, que pueda influir en la gestión de su rescate o en las condiciones de su traslado.

d) Informar permanentemente al paciente o a quien lo represente de su condición clínica y de la gestión de rescate y traslado.

e) Cumplir con lo previsto en el artículo 18° del decreto supremo N° 35, de 2013, del Ministerio de Salud, que aprueba el reglamento de la Ley N° 19.451 que establece normas sobre trasplante y donación de órganos.

f) Realizar la epicrisis al egreso del paciente del establecimiento de salud.

Artículo 21. Funciones del establecimiento de salud. Corresponderá al establecimiento de salud público o privado que cuente con una unidad de emergencia las siguientes funciones:

a) Otorgar atenciones de emergencia a toda persona que ingrese con riesgo de muerte o riesgo de secuela grave, sin que pueda rechazar la atención fundado en que el paciente pertenece a la red de otro Servicio de Salud o red de prestadores preferente.

b) Contar con infraestructura y equipamiento suficiente que permitan otorgar atenciones de emergencia. Para asegurar la continuidad de esas atenciones deben disponer de una red de derivación expedita a médicos cirujanos especialistas, servicios de apoyo diagnóstico y terapéutico las 24 horas del día, que considere exámenes de laboratorio, imagenología, unidades de hemodinamia y angiografía, pabellones quirúrgicos y unidades de medicina transfusional y unidades de cuidado intensivo e intermedio.

c) Disponer de los medios físicos que permitan la certificación de estado de emergencia y de estabilización.

d) Informar oportunamente de la condición clínica del paciente a Fonasa o a la Isapre, según corresponda, al momento de su ingreso al establecimiento, durante su estabilización y hasta su egreso.

e) Informar adecuadamente a los pacientes de los beneficios, deberes y derechos que les asisten producto de la atención de emergencia, de acuerdo con lo establecido en el presente reglamento.

f) Informar en forma inmediata a la Isapre respectiva los casos de pacientes estabilizados que han hecho uso de la opción que regula el artículo 15 de este reglamento. En el caso de los beneficiarios Fonasa, deberá informar a la UGCC.

g) Notificar a la Superintendencia de Salud y a la UGCC, a través de las plataformas que dispongan al efecto, los pacientes en condición de emergencia vital o secuela funcional grave GES. Asimismo, deberá informar los casos de pacientes beneficiarios de la ley N° 20.850 y su respectivo reglamento.

h) Informar a la Mutualidad correspondiente o al Instituto de Seguridad Laboral si la condición clínica de riesgo de muerte o de riesgo de secuela grave que presenta el paciente puede ser consecuencia de un accidente de trabajo, para efectos de acceder a los beneficios de la ley N° 16.744.

i) Informar al paciente o a su representante, su obligación de regularizar su situación previsional en el plazo máximo de tres días hábiles desde su ingreso a la unidad de emergencia y de mantener actualizado su domicilio desde su ingreso y hasta su estabilización.

Artículo 22. Funciones de la Isapre. Corresponderá a la Isapre a la cual se encuentre afiliado el paciente las siguientes funciones:

a) Contar con un sistema de información de sus afiliados y beneficiarios, que contemple al menos su identificación completa y el plan de salud con su red de prestadores GES y no GES, según las instrucciones impartidas por la Superintendencia de Salud.

b) Contar con un sistema de gestión del paciente en condición de emergencia, las 24 horas del día, los 7 días de la semana, a fin de facilitar la emisión del certificado de estado de emergencia.

TÍTULO V
DE LAS CONDICIONES CLÍNICAS GENERALES PARA LA CERTIFICACIÓN DE ESTADO EMERGENCIA EN UN PACIENTE ADULTO

Artículo 23. Plazo para emitir el certificado de estado de emergencia. El médico cirujano de una unidad de emergencia deberá emitir el certificado de estado de emergencia hasta las 6 horas posteriores del inicio de la atención médica de emergencia.

La certificación de estado de emergencia se emitirá si el paciente presenta alguna de las condiciones clínicas generales que se describen a continuación:

1. Condiciones clínicas generales que impliquen emergencia respiratoria, que requieren reanimación y/o manejo inmediato e impostergable:

1.1. Hipoxemia definida por una saturación de O2 en sangre arterial menor o igual a 90 por ciento, pese a que la administración de la fracción inspirada de oxígeno suplementaria sea mayor o igual a un 50 por ciento.

1.2. Requerimientos de ventilación mecánica no invasiva o invasiva.

1.3. Requerimiento de cánula de alto flujo de O2 asociado a pronación en vigilia.

1.4. Que requiera intubación traqueal inminente.

1.5. Cuerpo extraño en la laringe, tráquea o los bronquios.

1.6. Síndrome postinmersión con compromiso cardiopulmonar y/o neurológico.

1.7. Tromboembolismo pulmonar de riesgo alto o riesgo intermedio-alto o con parámetros que sugieren disfunción ventricular derecha.

1.8. Hemoptisis asociada a insuficiencia respiratoria.

1.9. Homotórax.

1.10. Neumotórax traumático o neumotórax a tensión definido o neumotórax moderado o severo o neumotórax con requerimiento de drenaje pleural.

1.11. Enfermedad Pulmonar Obstructiva Crónica (EPOC) con alguna de las siguientes situaciones clínicas:

i. Agudización grave asociada a hipoxemia aguda que requiere soporte ventilatorio.

ii. Compromiso de conciencia debido a hipercapnia y fatiga muscular. Se requiere que sean copulativas.

iii. Inestabilidad hemodinámica según criterios clínicos vigentes o necesidad de fármacos vasopresores.

iv. Neumotórax.

1.12. Crisis asmática en una o más de las siguientes situaciones:

i. Inestabilidad hemodinámica de acuerdo a criterios clínicos vigentes.

ii. Alteración del estado de conciencia de acuerdo a criterios clínicos vigentes y/o convulsiones.

iii. Necesidad de oxigenoterapia con fracción inspirada de oxígeno de 50% o más o bien que necesite ventilación asistida.

iv. Refractaria a tratamiento con terapia estándar, con uso de musculatura accesoria, PCO2 mayor de 40 y taquipnea.

v. PEF menor a 40% o menor a 250 ml/min.

2. Condiciones clínicas generales que impliquen emergencia circulatoria, que requieren reanimación y/o manejo inmediato e impostergable:

2.1. Shock cardiogénico.

2.2. Shock hipovolémico.

2.3. Shock distributivo.

2 4. Shock mixto.

2.5. Arritmias cardiacas asociada a una o más de las siguientes situaciones, con electrocardiograma alterado en la atención de emergencia:

i. Inestabilidad hemodinámica de acuerdo a criterios clínicos vigentes.

ii. Que consulta por síncope acontecido en las últimas 6 horas.

iii. Con alteración aguda del estado de conciencia de acuerdo a criterios clínicos vigentes.

iv. Con signos de insuficiencia cardiaca descompensada.

v. Asociada a edema pulmonar agudo.

vi. Asociadas a síndrome coronario agudo.

vii. Secundarias a intoxicación por drogas o tóxicos.

viii. Secundarias a trastornos hidroelectrolíticos severos.

ix. Todas las taquicardias ventriculares.

x. Necesidad de marcapasos transitorio.

xi. Infarto agudo del miocardio del ventrículo derecho complicado con bradiarritmia.

xii. Asociada a alteraciones electrocardiográficas de riesgo: síndrome QT largo, hipertrofia septal en menores de 40 años, síndrome de preexitación, DAVD (dispiasia arritmogénica ventrículo derecho), síndrome de Brugada.

2.6. Insuficiencia cardiaca aguda que requiere reanimación y/o manejo inmediato e impostergable, en las siguientes situaciones:

i. Inestabilidad hemodinámica de acuerdo a criterios clínicos vigentes y/o signos de mala perfusión.

ii. Edema pulmonar agudo asociado a inestabilidad hemodinámica o insuficiencia respiratoria.

iii. Insuficiencia respiratoria refractaria.

iv. Con requerimiento de ventilación mecánica invasiva o no invasiva.

v. Necesidad de drogas vasoactivas.

vi. Asociada a síndrome coronario agudo (SCA).

vii. Asociada a intoxicación por fármacos u otros cardiotóxicos.

viii. Asociada a arritmia grave.

ix. Asociada a disfunción aguda de uno o más órganos.

2.7. Síndrome coronario agudo, asociado a:

i. Infarto agudo al miocardio.

ii. Paro cardiorrespiratorio recuperado.

iii. Dolor torácico agudo con signos de alarma: síntomas neurovegetativos, compromiso hemodinámico, dificultad respiratoria, insuficiencia cardiaca, arritmias, compromiso de conciencia, síncope. Asociado al menos a una de las siguientes condiciones:

– ECG: alteraciones sugerentes de isquemia miocárdica.

– Alteración de las enzimas cardiacas.

2.8. Emergencia hipertensiva: hipertensión arterial asociada a una o más de las siguientes situaciones:

i. Insuficiencia renal aguda.

ii. Accidente cerebrovascular (ACV) isquémico y/o hemorrágico.

iii. Hemorragia intracraneal (HIC): intraparenquimatosa o subaracnoidea.

iv. Edema agudo de pulmón (EPA).

v. Síndrome coronario agudo (SCA).

vi. Disección aórtica.

vii. Encefalopatía hipertensiva.

viii. Eclampsia.

2.9. Miocarditis agudas.

2.10. Pericarditis aguda con alguna de las siguientes situaciones:
i. Signos de taponamiento cardiaco clínico o por otros medios.
ii. Derrame pericárdico por imagenología, mayor a 20 milímetros.
iii. Antecedentes de trauma local reciente.
2.11. Neumopericardio.
2.12. Taponamiento cardíaco.
2.13. Síncope con alguna de las siguientes situaciones:
i. Antecedentes de: enfermedad coronaria, insuficiencia cardíaca, arritmias, cardiopatía valvular, historia de arritmia ventricular, miocardiopatía, historia familiar de muerte súbita, marcapasos.
ii. Con los siguientes síntomas y/o signos: dolor torácico, valvulopatía, insuficiencia cardiaca, ictus, compromiso de conciencia.
iii. Con alteraciones en el electrocardiograma (ECG) realizado en la unidad de emergencia: signos de isquemia, bradicardia o taquicardia significativa, "QT" largo, bloqueos, dispositivo cardiaco disfuncional.
iv. Según la regla de San Francisco, síncope asociado a una de las siguientes situaciones:
– Historia de Insuficiencia cardiaca congestiva.
– Hematocrito menor del 30%.
– ECG anormal.
– Historia o queja de dificultad para respirar (disnea).
– Presión arterial sistólica menor de 90 mmHg en Triage (evidenciado en la primera evaluación de Triage, al ingreso al servicio de emergencia).
– O regla de San Francisco que se encuentre vigente.
3. Condiciones clínicas generales que impliquen emergencia neurológica aguda, que requieren reanimación y/o manejo inmediato e impostergable:
3.1. Accidente cerebrovascular isquémico agudo, menor de 72 horas de evolución.
3.2. Accidente cerebrovascular hemorrágico agudo.
3.3. Isquemia transitoria aguda (TIA) en las últimas 24 horas.
3.4. Hemorragia intracraneal aguda.
3.5. Hemorragia subaracnoidea agudas.
3.6. Traumatismo Encéfalo Craneal (TEC) moderado y severo: según criterios de la guía clínica GES vigente.
3.7. Infección aguda del sistema nervioso central.
3.8. Coma.
3.9. Golpe de calor.
3.10. Pérdida súbita de la visión.
3.11. Síncope con alguna de las siguientes situaciones:
i. Antecedentes de: enfermedad coronaria, insuficiencia cardíaca, arritmias, cardiopatía valvular, historia de arritmia ventricular, miocardiopatía, historia familiar de muerte súbita, marcapasos.
ii. Con los siguientes síntomas y/o signos: dolor torácico, valvulopatía, insuficiencia cardíaca, ictus, compromiso de conciencia.
iii. Con alteraciones en el electrocardiograma (ECG) realizado en la unidad de emergencia: signos de isquemia, bradicardia o taquicardia significativa, "QT" largo, bloqueos, dispositivo cardiaco disfuncional.
iv. Según regla de San Francisco, síncope asociado a una de las siguientes situaciones:
– Historia de insuficiencia cardiaca congestiva.
– Hematocrito menor del 30%.

– ECG anormal
– Historia o queja de dificultad para respirar (disnea).
– Presión arterial sistólica menor de 90 mmHg en Triage (evidenciado en la primera evaluación de Triage, al ingreso al servicio de urgencia o emergencia).
– O regla de San Francisco vigente.

3.12. Trastornos neuromusculares de inicio agudo con: i Incapacidad para la extensión del cuello.

ii. Signos sugerentes de necesidad de apoyo ventilatorio inminente.

iii. Necesidad de protección de la vía aérea.

3.13. Parálisis flácida de inicio agudo.

3.14. Shock medular.

3.15. Síndromes convulsivos, en las siguientes situaciones:

i. Convulsión mayor a 5 minutos.

ii. Convulsión menor de 5 minutos sin recuperación del estado de conciencia que no corresponda a un estado postictal.

iii. Convulsión asociada a TEC.

iv. Convulsión asociada a lesión cerebral de reciente diagnóstico.

v. Persistencia de la alteración del compromiso de conciencia y/o focalidad neurológica una vez yugulada la crisis convulsiva, que no corresponde a un estado postictal y no corresponde a una parálisis de Todd.

3.16. Trombosis de seno venoso agudo.

3.17. Proceso expansivo agudo intracraneano o intrarraquídeo, sintomático.

3.18. Hidrocefalia aguda.

3.19. Síndrome de hipertensión intracraneal agudo.

4. Condiciones clínicas generales que impliquen emergencia vascular aguda, entendiéndose aquellas que requieren reanimación y/o manejo inmediato e impostergable:

4.1. Síndrome compartimental con signos de mal perfusión cutánea o alteración neurovascular.

4.2. Síndrome aórtico agudo, en las siguientes situaciones clínicas:

i. Disección aórtica.

ii. Hematoma intramural.

iii. Úlcera penetrante.

iv. Insuficiencia aortica aguda según criterios clínicos vigentes.

4.3. Enfermedad arterial oclusiva aguda, se excluye la claudicación.

4.4. Trombosis Venosa profunda aguda de grandes vasos.

4.5. Disecciones de otros grandes vasos: carotideos, vertebrales, renales, mesentéricos, femorales.

5. Condiciones clínicas generales que impliquen emergencia asociadas a trauma, que requieren reanimación y/o manejo inmediato e impostergable:

5.1. Poli traumatizado, según criterios de guía clínica GES vigente.

5.2. Traumatizados de alta energía, según cinemática del trauma.

5.3. Traumatismo raquimedular agudo.

5.4. Fracturas o Luxo-fracturas con alguna de las siguientes características:

i. Complejas de columna.

ii. Fractura de la estructura pelviana.

iii. Con compromiso agudo neurológico o vascular.

iv. Con aplastamiento importante.

v. Con amputaciones traumáticas causantes de una secuela grave, según lo definido en este reglamento.

vi. Expuestas y graves según criterios clínicos vigentes.

vii. Con rotura de víscera sólida o hueca.

viii. Asociadas a politraumatismo.

5.5. Desforramientos de extremidades.

5.6. Amputaciones de extremidades traumáticas causantes de una secuela grave definida en este reglamento.

5.7. Trauma torácico, y/o abdomino-pélvico y/o genito-urinario con compromiso de víscera hueca y/o sólida.

5.8. Herida penetrante confirmada de cuello, tórax, abdominal, pélvica y/o genito-urinario.

5.9. Herida penetrante de extremidad con compromiso vascular o nervioso.

5.10. Trauma con evidencia de neumoperitoneo en imágenes.

5.11. Evidencia de rotura del diafragma.

5.12. Síndrome de aplastamiento con rabdomiolisis CK (creatin cinasa) mayor o igual a 5.000 unidades por litro.

5.13. Evisceraciones.

5.14. Hemoperitoneo.

5.15. Lesiones asociadas a explosión de productos químicos y radiación.

5.16. Mordeduras graves en la cabeza, cuello, manos y/o genitales.

5.17. Herida de bala por arma de fuego.

6. Condiciones clínicas generales que impliquen emergencia quirúrgica, que requieren reanimación y/o manejo quirúrgico inmediato e impostergable en tiempo menor a 6 horas:

6.1. Apendicitis complicadas: con peritonitis localizada o difusa.

6.2. Trombosis mesentérica.

6.3. Perforación víscera hueca.

6.4. Obstrucción intestinal con sufrimiento de asas.

6.5. Hernias estranguladas.

6.6. Peritonitis no espontánea.

6.7. De origen ginecológico complicada.

6.8. U otras con indicación quirúrgica inmediata e impostergable, en menos de 6 horas.

7. Condición clínica de gran quemado, de acuerdo a criterios establecidos en la Guía Clínica GES, emitida por el Ministerio de Salud.

8. Condiciones clínicas generales que impliquen emergencia por intoxicación y/o sobredosis, entendiéndose aquella intoxicación grave de cualquier naturaleza (sustancias químicas, fármacos, gases, otros) incluyendo exposición a cáusticos que requieren reanimación y/o manejo inmediato e impostergable:

8.1. Intoxicación con compromiso de conciencia.

8.2. Intoxicación con convulsiones.

8.3. Intoxicación con alteración del electrocardiograma atribuibles a la droga causante de la intoxicación o sobredosis.

8.4. Intoxicación con alteraciones hemodinámicas.

8.5. Intoxicación con compromiso de la vía aérea actual o inminente.

8.6. Intoxicación por sustancias que impliquen un alto riesgo de muerte inminente.

8.7. Asociado a disfunción aguda de órganos.

8.8. Síndrome neuroléptico maligno.

9. Condiciones clínicas generales que impliquen otra emergencia relacionada con accidentes, que requieren reanimación y/o manejo inmediato e impostergable:

9.1. Loxoscelismo cutáneo visceral.

9.2. Mordedura por latrodectus mactans (araña viuda negra americana, también llamada araña del trigo).

10. Condiciones clínicas generales que impliquen emergencia asociada a compromiso de piel y partes blandas, que requieren reanimación y/o manejo inmediato e impostergable:

10.1. Heridas penetrantes o perforantes que tengan compromiso de paquete vasculo-nervioso.

10.2. Herida de bala por arma de fuego.

10.3. Infecciones graves de partes blandas con riesgo de infección necrotizante.

11. Condiciones clínicas generales que impliquen emergencia genito-urológicas en genitales de carácter masculino, requieren reanimación y/o manejo inmediato e impostergable:

11.1. Priapismo.

11.2. Torsión testicular aguda o testículo agudo que requiera manejo quirúrgico inmediato o impostergable.

11.3. Parafimosis de resolución quirúrgica.

11.4. Trauma peneano grave.

12. Condiciones clínicas generales que impliquen emergencia oftalmológica, que requieren reanimación y/o manejo inmediato e impostergable:

12.1. Causticación ocular.

12.2. Trombosis vena central de la retina.

12.3. Herida palpebral que compromete borde libre.

12.4. Desprendimiento traumático de la retina.

12.5. Trauma ocular que presente: hifema, dolor intenso persistente, alteración de la agudeza visual, hemorragia subconjuntival bulosa, pupila irregular aguda, deformidad del globo ocular, ojo rojo central por trauma.

12.6. Glaucoma agudo.

12.7. Pérdida súbita de la visión.

13. Condiciones clínicas generales que impliquen emergencia otorrinolaringológica, que requieren reanimación y/o manejo inmediato e impostergable:

13.1. Epistaxis con inestabilidad hemodinámica.

13.2. Epistaxis posterior.

13.3. Hematoma del tabique.

13.4. Sordera súbita neurovascular.

14. Condiciones clínicas generales que impliquen emergencia gastroenterológica, que requieren reanimación y/o manejo inmediato e impostergable:

14.1. Hemorragias digestivas altas con:

i. Sangrado activo evidente.

ii. Sin sangrado activo, con inestabilidad hemodinámica.

iii. Según criterios clínicos vigentes de severidad.

14.2. Pancreatitis aguda moderadamente severa o severa según criterios clínicos vigentes.

14.3 Insuficiencia hepática aguda con: compromiso de conciencia y/o INR mayor de 2 y/o hipoglicemia.

14.4. Perforación esofágica.

14.5. Insuficiencia hepática crónica reagudizada asociada a disfunción de órgano según criterios clínicos vigentes.

15. Condiciones clínicas generales que impliquen emergencia gineco-obstétrica y/o urológica en genitales de carácter femenino, que requieren reanimación y/o manejo inmediato e impostergable:

15.1. Metrorragia con compromiso hemodinámico.

15.2. Abdomen agudo de origen ginecológico que requiere cirugía en menos de 6 horas: Incluye torsión ovárica, embarazo ectópico complicado, absceso tubo-ovárico roto u otros.

15.3. Hígado graso agudo del embarazo.

15.4. Eclampsia

15.5. Preeclampsia severa.

15.6. Síndrome de HELLP.

15.7. Deterioro severo de la unidad fetoplacentaria evidenciado por monitorización fetal electrónica y o doppler realizado al ingreso a la unidad de emergencia.

15.8. Metrorragia significativa del segundo y tercer trimestre del embarazo, que comprometa la hemodinamia materna y/o el bienestar fetal.

15.9. Trauma abdominal de alto riesgo en embarazo de alta energía o mayor de 16 semanas.

15.10. Embarazada en trabajo de parto en periodo expulsivo, definido como una vez alcanzada la dilatación completa.

15.11. Embarazada en trabajo de parto con diagnostico in situ de VIH positivo determinado en test rápido realizado en la atención de emergencia.

15.12. Rotura uterina.

15.13. Hematoma subcapsular hepático.

15.14 Evisceración.

15.15. Indicación de interrupción del embarazo por riesgo de muerte o secuela grave inminente de la madre.

16. Condiciones clínicas generales que impliquen emergencia infectológica, que requieren reanimación y/o manejo inmediato e impostergable:

16.1. Sospecha fundada de infección por Hanta virus: fundada en criterios y/o circulares epidemiológicas del Ministerio de Salud.

16.2. Meningococcemia.

16.3. Mucormicosis.

16.4. Infecciones graves de partes blandas con riesgo de infección necrotizante de acuerdo a las siguientes condiciones clínicas: Dolor desproporcionado, signos de inflamación sistémica, crepitación y mala perfusión.

16.5. Sepsis grave o shock séptico.

16.6. Síndrome inflamatorio sistémico con criterios de severidad vigentes.

16.7. Síndrome de activación macrofágica,

16.8. En los casos que la Subsecretaría de Salud Pública del Ministerio de Salud, a través de circular epidemiológica, establezca que una enfermedad infecciosa es una condición de emergencia, por el riego de muerto o riesgo de secuela grave.

17. Condiciones clínicas generales que impliquen emergencia nefrológica, entendiéndose aquellas que requieren reanimación y/o manejo inmediato e impostergable:

17.1. Falla renal aguda en urgencia dialítica.

17.2. Falla renal crónica en urgencia dialítica.

18. Condiciones clínicas generales que impliquen emergencia metabólica, que requieren reanimación y/o manejo inmediato e impostergable:

18.1. Hipoglicemia sintomática, con alteración de la conciencia.

18.2. Hiperglicemia hiperosmolar no cetócica con alguna de estas situaciones:

i. Compromiso de conciencia.

ii. Inestabilidad hemodinámica de acuerdo a criterios clínicos vigentes.

iii. Insuficiencia respiratoria.

iv. Alteraciones hidroelectrolíticas graves.

v. Shock.

18.3. Cetoacidosis diabética.

18.4. Debut de diabetes mellitus con cetoacidosis diabética en las siguientes situaciones:

i. Inestabilidad hemodinámica.

ii. Insuficiencia respiratoria.

iii. Alteraciones hidroelectrolíticas graves.

iv. Acidosis moderada o severa.

v. Shock.

18.5. Trastornos hidroelectrolíticos graves y agudos:

i. Hiperkalemia aguda y severa, de acuerdo a niveles en sangre según criterios clínicos vigentes.

ii. Hipokalemia severa, de acuerdo a niveles en sangre según criterios clínicos vigentes.

iii. Hiponatremia aguda y sintomática, de acuerdo a niveles en sangre según criterios clínicos vigentes.

iv. Hipernatremia severa, de acuerdo a niveles en sangre según criterios clínicos vigentes.

v. Hipocalcemia sintomática o de acuerdo a niveles en sangre según criterios clínicos vigentes.

vi. Hipercalcemia, de acuerdo a niveles en sangre según criterios clínicos vigentes.

vii. Acidosis Severa, según criterios clínicos vigentes.

viii. Alcalosis Severa, según criterios clínicos vigentes.

19. Condiciones clínicas generales que impliquen emergencia endocrinológica, que requieren reanimación y/o manejo inmediato e impostergable:

19.1. Insuficiencia suprarrenal aguda.

19.2. Tormenta tiroidea.

19.3. Coma mixedematoso.

20. Condiciones clínicas generales que impliquen emergencia asociadas a patologías inmunoalérgicas, que requieren reanimación y/o manejo inmediato e impostergable:

20.1. Shock anafiláctico con compromiso hemodinámico.

20.2. Edema angioneurótico.

20.3. Angioedema hereditario.

21. Condiciones clínicas generales que impliquen emergencia hemato-oncológica, que requieren reanimación y/o manejo inmediato e impostergable:

21.1. Neutropenia febril con recuento absoluto de neutrófilos menor de 500 por milímetro cúbico.

21.2. Coagulopatía con sangrado activo e inestabilidad hemodinámica.

21.3. Plaquetopenia con sangrado activo e inestabilidad hemodinámica.

21.4. Síndrome de lisis tumoral.

21.5. Leucemia aguda con coagulopatía asociada o trombocitopenia de acuerdo a criterios clínicos vigentes.

21.6. Síndrome de hiperviscosidad.

21.7. Crisis hemolítica con compromiso renal agudo y/o inestabilidad Hemodinámica.

21.8. Paciente hemofílico con hemartrosis o con hemorragia que genere inestabilidad hemodinámica.

21.9. Anemia Severa con hemoglobina < 7 mg/dl y/o con inestabilidad Hemodinámica.

22. Condiciones clínicas generales que impliquen emergencias asociadas a patología psiquiátrica, que requieren reanimación y/o manejo inmediato e impostergable:

22.1. Intento suicida asociado a complicación orgánica con riesgo de muerte o riesgo de secuela grave.

22.2. Paciente agitado o violento asociado a:

i. Indicación de contención física o contención farmacológica.

ii. Ingesta de fármacos o drogas.

iii. Síndrome de abstinencia.

iv. Complicación orgánica con riesgo de muerte o riesgo de secuela grave.

22.3. Psicosis aguda.

i. Agitación psicomotora con indicación de contención física o farmacológica.

ii. Riesgo de suicidio u homicidio.

iii. Complicación orgánica con riesgo de muerto o riesgo de secuela grave.

23. Condiciones clínicas específicas que implican otra emergencia con compromiso sistémico, que requieren reanimación y/o manejo inmediato e impostergable:

23.1. Paro cardiorrespiratorio recuperado.

23.2. Paro cardiorrespiratorio que luego de maniobras de RCP no se recupera. Se excluye el que ingresa fallecido.

23.3. Hipotermia.

23.4. Golpe de calor.

23.5. Rabdomiolisis.

23.6. Síndrome de Stevens Johnson.

23.7. Necrólisis epidérmica tóxica.

Artículo 24. Determinación de parámetros y criterios clínicos. El Ministerio de Salud determinará por resolución, los parámetros y criterios clínicos asociados a cada una de las condiciones clínicas generales establecidas para pacientes adultos, que se establecen en el presente título.

TÍTULO VI
DE LAS CONDICIONES CLÍNICAS GENERALES PARA LA CERTIFICACIÓN DE ESTADO EMERGENCIA EN UN PACIENTE RECIÉN NACIDO Y PEDIÁTRICO

Artículo 25. Definición de recién nacido, recién nacido inmediato y paciente pediátrico. Para efectos del presente reglamento se entenderá por recién nacido a todo niño o niña con edad menor o igual a 28 días de vida. El recién nacido inmediato corresponde al recién nacido que se encuentra en el periodo comprendido desde el parto y durante el puerperio inmediato de su madre, es decir, hasta las 48 horas en el caso de un parto vaginal y hasta las 72 horas posteriores a un parto por cesárea.

Se entenderá por paciente pediátrico, todo menor de 14 años 11 meses y 29 días.

Artículo 26. Plazo para la certificación del estado de emergencia de un paciente pediátrico o recién nacido. La certificación del estado de emergencia de un paciente pediátrico o recién nacido procederá respecto de todo paciente que reciba una atención de emergencia, en una unidad de emergencia de un establecimiento público o privado.

El médico cirujano deberá siempre consignar por escrito en la ficha clínica el o los síntomas que configuran o podrían configurar una condición de emergencia.

La certificación de estado de emergencia de un recién nacido inmediato, deberá efectuarse desde el momento de su nacimiento y durante el periodo de puerperio inmediato.

Con todo, la certificación de estado de emergencia deberá emitirse en el lapso máximo de 6 horas desde que se verifiquen alguna o algunas de las condiciones clínicas generales que se establecen en el presente título.

Artículo 27. Certificación de estado de emergencia del paciente recién nacido y/o pediátrico. Procederá la certificación de estado de emergencia si el paciente recién nacido y/o pediátrico presenta alguna o algunas de las condiciones clínicas generales que se describen a continuación:

1. Condiciones clínicas generales que impliquen emergencia respiratoria, que requieren reanimación y/o manejo inmediato e impostergable:

1.1. Hipoxemia definida por una saturación menor a 92% pese a la administración de una fracción inspirada de oxigeno (FiO2) suplementaria mayor o igual a 50 por ciento, en ausencia de cardiopatía congénita cianótica.

1.2. Requerimientos de ventilación mecánica no invasiva o invasiva.

1.3. Requerimiento de cánula de alto flujo de O2 asociado a pronación en vigilia.

1.4. BRUE, Brief Resolved Unexplained Events, de alto riesgo.

1.5 Cuerpo extraño en vía aérea en la laringe, tráquea o los bronquios.

1.6. Obstrucción de la vía aérea alta, incluyendo las laringitis agudas y graves.

1.7. Síndrome post inmersión con compromiso cardiopulmonar y/o neurológico.

1.8 Tromboembolismo pulmonar de riesgo alto o riesgo intermedio-alto o con parámetros que sugieren disfunción ventricular derecha.

1.9. Hemoptisis asociada a insuficiencia respiratoria.

1.10. Hemotórax.

1.11. Neumotórax traumático o neumotórax a tensión definido o neumotórax moderado o severo o neumotórax con requerimiento de drenaje pleural.

2. Condiciones clínicas generales que impliquen emergencia circulatoria, que requieren reanimación y/o manejo inmediato e impostergable:

2.1. Shock cardiogénico.

2.2. Shock hipovolémico.

2.3. Shock distributivo.

2.4. Shock Obstructivo.

2.5. Arritmias cardiacas asociada a:

i. Inestabilidad hemodinámica.

ii. Muerte súbita.

iii. Asociadas a sincope.

iv. Alteración del estado de conciencia.

v. Signos de insuficiencia cardiaca descompensada.

vi. Asociada a edema pulmonar agudo (EPA).

vii. Secundarias a intoxicación por drogas, tóxicos u otras.

viii. Secundarias a trastornos hidroelectrolíticos severos.

ix. Todas las taquicardias ventriculares.

x. Bradiarritmias sintomáticas o con trastorno severo de la conducción fundamentado por electrocardiograma o monitor.

xi. Necesidad de marcapasos transitorio.

xii. Asociada a cardiopatía estructural.

xiii. Asociada a alteración electrocardiográficas de riesgo: Síndrome QT largo, hipertrofia septal, Síndrome de Brugada, síndrome pre-excitación, DAVD (displasia arritmogénica ventrículo derecho).

2.6. Miocarditis con compromiso hemodinámico.

2.7. Pericarditis aguda con signos de taponamiento cardiaco o derrame pericárdico asociado a compromiso hemodinámíco.

2.8. Neumopericardio.

2.9. Taponamiento cardiaco.

2.10. Edema pulmonar agudo.

2.11. Emergencias hipertensivas.

2.12. Cardiopatías Congénitas con defectos congénitos con riesgo vital, definidas por la guía clínica GES vigente, sin diagnóstico prenatal.

2.13. Hemorragias con repercusión hemodinámica.

2.14. Pérdidas digestivas asociadas a deshidratación severa con repercusión hemodinámica.

2.15. Presencia de tercer espacio y/o de pérdidas insensibles asociadas a deshidratación severa con repercusión hemodinámica.

2.16. Shock tóxico.

2.17. Shock medular.

2.18. Sepsis severa o shock séptico.

3. Condiciones clínicas generales que impliquen emergencia neurológica aguda, que requieren reanimación y/o manejo inmediato e impostergable:

3.1. Compromiso agudo de conciencia cualitativo o cuantitativo definido como Glasgow menor o igual a 12.

3.2. Caída de Glasgow en dos o más puntos en una hora con respecto a su basal.

3.3. Estatus convulsivo definida como crisis generalizadas >5 minutos de duración, o dos o más crisis entre las cuales el paciente no recupere la conciencia plenamente.

3.4. Convulsión asociada a TEC.

3.5. TEC moderado y severo según la guía clínica GES vigente.

3.6. Trombosis del seno venoso.

3.7. Infecciones agudas del sistema nervioso central.

3.8. Trastornos neuromusculares con compromiso ventilatorio.

3.9. Parálisis flácidas agudas.

3.10. Accidente cerebrovascular isquémico definido como déficit neurológico agudo de inicio brusco, no necesariamente focal, que puede estar asociado a convulsiones y/o con imágenes de cerebro que muestren un territorio arterial o venoso con signos de isquemia.

3.11. Hemorragia intracraneana que se expresa como un déficit neurológico agudo de inicio brusco, no necesariamente focal, que puede estar asociado a convulsiones y/o con neuroimagen sugerente.

3.12. Proceso expansivo agudo intrarraquídeo o intracraneano.

3.13. Hipertensión endocraneana definido como compromiso de conciencia asociado a:

i. Hipertensión arterial.

ii. Bradicardia.

iii. Signos de focalización.

4. Condiciones clínicas generales que impliquen emergencia asociadas a trauma, que requieren reanimación y/o manejo inmediato e impostergable.

4.1. Poli traumatizado según criterios de guía clínica GES vigente.

4.2. Traumatismo de alta energía, según cinemática del trauma.

4.3. Traumatismo raquimedular.

4.4. Fracturas y Luxo-fracturas con alguna de las siguientes características:

i. Complejas de columna.

ii. Fractura de la estructura pelviana.
iii. Con compromiso agudo neurovascular.
iv. Con compromiso extenso de partes blandas.
v. Con aplastamiento importante.
vi. Con amputaciones traumáticas de extremidades.
vii. Con rotura de víscera hueca y/o sólida.
viii. Asociadas a politraumatismo.
ix. Expuestas y graves según criterios clínicos vigentes.

4.5. Desforramientos de extremidades.

4.6. Amputaciones traumáticas de extremidades causantes de secuela grave.

4.7. Trauma torácico, y/o abdomino-pélvico y/o genito-urinario con compromiso de víscera hueca y/o sólida.

4.8. Herida penetrante torácico, y/o abdomino-pélvico y/o genito-urinario.

4.9. Trauma con evidencia de neumoperitoneo en imágenes.

4.10. Evidencia de rotura del diafragma.

4.11. Síndrome de aplastamiento.

4.12. Evisceraciones.

4.13. Hemoperitoneo. Lesiones asociadas a explosión de productos químicos o radiación.

5. Condiciones clínicas generales que impliquen emergencia quirúrgica, que requieren reanimación y/o manejo quirúrgico inmediato e impostergable en tiempo menor a 6 horas:

5.1. Apendicitis complicadas asociadas a peritonitis localizada o difusa que requieren manejo quirúrgico inmediato e impostergable.

5.2. Obstrucción intestinal, invaginación, vólvulo, patologías con sufrimiento de asas, perforación de vísceras huecas u otras causas agudas.

5.3. Abdomen agudo de origen ginecológico.

5.4. Peritonitis no espontáneas.

5.5. Hernias atascadas no reductibles.

5.6. Torsión testicular.

5.7. Parafimosis de resolución quirúrgica.

5.8. Isquemia mesentérica.

5.9. Otras isquemias arteriales en otros territorios.

5.10. Mordeduras graves: compromiso extenso de partes blandas o ubicadas en cabeza, cuello, manos o genitales.

5.11. Cuerpo extraño en vía digestiva de tipo cortopunzante o batería/pila o cualquier especie de más de 2 centímetros de diámetro y 3 centímetros de largo.

6. Condición clínica de gran quemado, de acuerdo a criterios establecidos en la guía clínica GES del Ministerio de Salud.

7. Condiciones clínicas generales que impliquen emergencia por intoxicación y/o sobredosis, entendiéndose aquella intoxicación grave de cualquier naturaleza (sustancias químicas, fármacos, gases, otros) incluyendo exposición a cáusticos que requieren reanimación y/o manejo inmediato e impostergable.

7.1. Intoxicación con compromiso de conciencia.

7.2. Intoxicación con convulsiones.

7.3. Intoxicación con alteración del electrocardiograma atribuibles a la droga causante de la intoxicación o sobredosis.

7.4. Intoxicación con alteración con alteraciones hemodinámicas.

7.5. Intoxicación con compromiso de la vía aérea actual o inminente.

7 6. Intoxicación por sustancias que impliquen un alto riesgo de muerte inminente.

8. Condiciones clínicas generales que impliquen otra emergencia relacionada con accidentes, que requieren reanimación y/o manejo inmediato e impostergable:

8.1. Loxoscelismo cutáneo visceral.

8.2. Mordedura por Latrodectus mactans (araña viuda negra americana o también llamada araña del trigo).

9. Condiciones clínicas generales que impliquen emergencia endocrinológica, que requieren reanimación y/o manejo inmediato e impostergable:

9.1. Insuficiencia suprarrenal aguda.

9.2. Cetoacidosis diabética según Guía clínica GES vigente.

9.3. Tormenta tiroidea.

9.4. Síndrome hiperosmolar.

9.5. Debut de diabetes mellitus.

10. Condiciones clínicas generales que impliquen emergencia asociadas a patologías inmunoalérgicas, que requieren reanimación y/o manejo inmediato e impostergable:

10.1. Shock anafiláctico.

10.2. Edema angioneurótico.

10.3. Angioedema hereditario.

11. Condiciones clínicas generales que impliquen emergencia oftalmológica, que requieren reanimación y/o manejo inmediato e impostergable:

11.1. Herida palpebral que compromete borde libre.

11.2. Desprendimiento traumático de la retina.

11.3. Trauma ocular que presente: hifema, dolor intenso persistente, alteración de la agudeza visual, hemorragia subconjuntival bulosa, pupila irregular, deformidad del globo ocular, ojo rojo central.

11.4. Pérdida súbita de la visión.

11.5. Explosión productos químicos.

12. Condiciones clínicas generales que impliquen emergencia otorrinolaringológica, que requieren reanimación y/o manejo inmediato e impostergable.

12.1. Epistaxis con compromiso hemodinámico.

12.2. Epistaxis posterior.

12.3. Hematoma del tabique.

13. Condiciones clínicas generales que impliquen emergencia metabólica, que requieren reanimación y/o manejo inmediato e impostergable:

13.1. Hipoglicemia sintomática.

13.2. Trastornos hidroelectrolíticos severos.

13.3. Recién nacido con hiperbilirrubinemia en rangos de Exanguineotransfusión.

13.4. Trastornos hidroelectrolíticos graves y agudos.

i. Hiponatremia aguda y severa, de acuerdo a niveles en sangre según criterios clínicos vigentes.

ii. Hipernatremia severa, de acuerdo a niveles en sangre según criterios clínicos vigentes.

iii. Hipocalemia severa, de acuerdo a niveles en sangre según criterios clínicos vigentes.

iv. Hipercalemia aguda y severa, de acuerdo a niveles en sangre según criterios clínicos vigentes.

v. Acidosis severa según criterios clínicos vigentes.

vi. Alcalosis severa según criterios clínicos vigentes.

vii. Hipocalcemia sintomática, de acuerdo a niveles en sangre según criterios clínicos vigentes.

viii. Hipercalcemia sintomática, de acuerdo a niveles en sangre según criterios clínicos vigentes.

ix. Hiperamonemia severa, de acuerdo a niveles en sangre según criterios clínicos vigentes.

14. Condiciones clínicas generales que impliquen emergencia hemato-oncológica, que requieren reanimación y/o manejo inmediato e impostergable:

14.1. Síndrome de lisis tumoral.

14.2. Hiperleucocitosis de acuerdo a criterios clínicos vigentes.

14.3. Plaquetopenia con sangrado activo y compromiso hemodinámico o de acuerdo a criterios clínicos vigentes.

14.4. Neutropenia febril con signos de shock.

14.5. Crisis hemolítica con compromiso renal agudo y/o inestabilidad hemodinámica.

14.6. Paciente hemofílico con hemartrosis o con hemorragia que genere inestabilidad hemodinámica.

14.7. Leucemia aguda con coagulopatía asociada.

14.8. Anemia severa con hemoglobina menor a 7 mg/dl e inestabilidad hemodinámica.

15. Condiciones clínicas generales que impliquen emergencia nefrológica, que requieren reanimación y/o manejo inmediato e impostergable:

15.1. Insuficiencia renal aguda o crónica reagudizada con indicación de reemplazo renal urgente e impostergable.

16. Condiciones clínicas generales que impliquen emergencia infectológica, que requieren reanimación y/o manejo inmediato e impostergable:

16.1. Infecciones de partes blandas con sospecha de infecciones necrotizantes.

16.2. Sospecha de Celulitis orbitaria postseptal.

16.3. Procesos infecciosos de cara y cuello con compromiso de vía aérea.

16.4. Coqueluche grave con hiperleucocitosis y/o repercusión hemodinámica.

16.5. Meningococcemia.

16.6. Mucormicosis.

16.7. Síndrome inflamatorio sistémico con criterios de severidad vigentes.

16.8. Síndrome de activación macrofágica.

16.9. Sospecha fundada en circular de vigilancia y control de la infección por Hanta virus, vigente, emitida por la Subsecretaría de Salud Pública del Ministerio de Salud.

16.10. En los casos que la Subsecretaría de Salud Pública del Ministerio de Salud, a través de circular epidemiológica, establezca que una enfermedad infecciosa es una condición de emergencia, por el riesgo de muerte o riesgo de secuela grave.

17. Condiciones clínicas generales que impliquen emergencia gineco-obstétrica, que requieren reanimación y/o manejo inmediato e impostergable:

17.1. Metrorragia con compromiso hemodinámico.

17.2. Abdomen agudo de origen ginecológico que requiere cirugía en menos de 6 horas: Incluye torsión ovárica, embarazo ectópico complicado, absceso tubo-ovárico roto u otros.

17.3. Hígado graso agudo del embarazo.

17.4. Eclampsia.

17.5. Preeclampsia severa.

17.6. Síndrome de HELLP.

17.7. Deterioro severo de la unidad fetoplacentaria evidenciado por monitorización fetal electrónica y o doppler realizado al ingreso a la unidad de emergencia.

17.8. Metrorragia significativa del segundo y tercer trimestre del embarazo, que comprometa la hemodinamia materna y/o el bienestar fetal.

17.9. Trauma abdominal de alto riesgo en embarazo de alta energía o mayor de 16 semanas.

17.10. Embarazada en trabajo de parto en periodo expulsivo, definido como una vez alcanzada la dilatación completa.

17.11. Embarazada en trabajo de parto con diagnóstico in situ de VIH positivo determinado en test rápido realizado en la atención de emergencia.

17.12. Rotura uterina.

17.13. Hematoma subcapsular hepático.

17.14. Evisceración.

17.15. Indicación de interrupción del embarazo por riesgo de muerte o secuela grave inminente de la madre.

18. Condiciones clínicas generales que impliquen emergencia gastroenterológica, que requieren reanimación y/o manejo inmediato e impostergable:

18.1. Hemorragias digestivas altas sin compromiso hemodinámico. Considerar en las siguientes situaciones:

i. Várices esofágicas.

ii. Asociada a un cuerpo extraño.

iii. Ingesta a cáusticos.

18.2. Hemorragias digestivas con compromiso hemodinámico.

18.3. Falla Hepática Aguda.

18.4. Pancreatitis aguda moderadamente severa y severas según criterios clínicos vigentes.

19. Condición clínica de maltrato infantil, entendiéndose toda sospecha de maltrato Infantil, incluida la agresión sexual. En tal caso, el personal de salud deberá efectuar la denuncia en conformidad a la normativa vigente.

20. Condiciones clínicas generales que impliquen emergencias neonatológicas, entendiéndose aquellas presentadas en un recién nacido sin diagnóstico antenatal y que requiere reanimación y/o manejo inmediato e impostergable:

20.1. Recién Nacido Pre-término (edad gestacional menor a 34 semanas o menor a 2000 gramos, de peso nacimiento o de muy bajo peso de nacimiento).

20.2. Recién nacido con encefalopatía hipóxica isquémica de acuerdo a criterios clínicos vigentes.

20.3. Depresión neonatal grave de acuerdo a definición ministerial.

20.4. Recién nacido con saturación menor o igual al 92% después de la administración de O2 FIO 2 40%.

20.5. Recién nacidos con síndrome de distrés respiratorio o falla respiratoria con requerimientos de ventilación mecánica no invasiva o invasiva.

20.6. Hidrops neonatal sin diagnóstico antenatal.

20.7. Sospecha fundada de Cardiopatías Congénitas con defectos congénitos con riesgo vital, definidas por la Guía clínica GES vigente, sin diagnóstico antenatal.

20.8. Malformaciones congénitas sin diagnóstico antenatal con riesgo de muerte o secuela grave de no mediar medidas terapéuticas urgentes e impostergables.

i. Hernia diafragmática.

ii. Disrafias espinales abierta según guía clínica GES vigente, sin diagnóstico antenatal.

iii. Atresia esofágica.

iv. Gastrosquisis, onfalocele.

v. Disrafias espinales abierta según guía clínica GES vigente.

vi. u otras que requieren manejo inmediato e impostergable.

20.9. Recién nacido con requerimiento de tratamiento inicio de terapia antirretroviral de urgencia, que es hijo de una madre que ingresa en trabajo de parto y realizan diagnóstico in situ de VIH positivo determinado por un test rápido el cual es realizado en la atención de emergencia.

20.10. Recién nacido con hiperbilirrubinemia en rangos de Exanguineotransfusión.

20.11. Recién nacidos con cuadro clínico y/o laboratorio de sepsis connatal.

20.12. Recién nacidos con trauma obstétrico que cumplan con alguna de las siguientes condiciones:

i. Inestabilidad hemodinámica.

ii. Compromiso de conciencia y/o encefalopatía hipóxica isquémica.

iii. Fractura de cráneo o sospecha fundada en clínica con Hundimiento y/o Gran Cefalohematoma progresivo.

iv. Asociado a lesión medular.

v. Politraumatizado.

vi. Requerimientos de soporte ventilatorio invasivo.

vii. Estatus convulsivo.

viii. Hemorragia intracraneana.

ix. Lesión de víscera sólida y/o hueca.

x. Fractura de huesos largos.

20.13. Recién nacido con TEC por caída.

20.14. Recién nacido con hipoglicemia menor de 30 mg/dl.

20.15. Recién nacido con hipoglicemia menor de 50 mg/dl que no responde a manejo oral.

20.16. Recién nacido en vía pública.

21. Condiciones clínicas generales que impliquen emergencias asociadas a patología psiquiátrica, que requieren reanimación y/o manejo inmediato e impostergable:

21.1. Intento suicida asociado a complicación orgánica con riesgo de muerte o riesgo de secuela grave.

21.2. Paciente agitado o violento asociado a:

i. Indicación de contención física o contención farmacológica.

ii. Ingesta de fármacos o drogas.

iii. Síndrome de abstinencia.

iv. Complicación orgánica con riesgo de muerte o riesgo de secuela grave.

21.3. Psicosis aguda.

i. Agitación psicomotora con indicación de contención física o farmacológica.

ii. Riesgo de suicidio u homicidio.

iii. Complicación orgánica con riesgo de muerte o riesgo de secuela grave.

22. Condiciones clínicas específicas que implican otra emergencia con compromiso sistémico, que requieren reanimación y/o manejo inmediato e impostergable:

22.1. Paro cardiorrespiratorio recuperado.

22.2. Paro cardiorrespiratorio que luego de maniobras de RCP, no se recupera. Se excluye el que ingresa fallecido.

22.3. Hipotermia.

22.4. Hipertermia maligna.

22.5. Golpe de calor.

22.6. Rabdomiolisis con indicación de hiperhidratación o CK mayor a 1000 UI/L.

22.7. Síndrome de Stevens Johnson.

22.8. Necrólisis epidérmica tóxica.

23. Condiciones clínicas generales que impliquen emergencia vascular aguda, que requieren reanimación y/o manejo inmediato e impostergable:

23.1. Síndrome compartimental con signos de mal perfusión cutánea o alteración neurovascular.

23.2. Enfermedad arterial oclusiva aguda.

23.3. Trombosis Venosa profunda aguda de grandes vasos.

23.4. Disecciones de otros grandes vasos: carotideos, vertebrales, renales, mesentéricos, femorales.

Artículo 28. Determinación de parámetros y criterios clínicos. El Ministerio de Salud determinará por resolución, los parámetros y criterios clínicos asociados a cada una de las condiciones clínicas para paciente recién nacido y pediátrico, que se establecen en el presente título.

Artículo 29. Vigencia. El presente decreto entrará en vigencia al día siguiente de su publicación en el Diario Oficial.

Artículo 30. Derogación. Deróguese el decreto supremo N° 369, de 1985 del Ministerio de Salud, en lo que resulte incompatible con las disposiciones del presente reglamento.

Anótese, tómese razón y publíquese en el Diario Oficial.- SEBASTIÁN PIÑERA ECHENIQUE, Presidente de la República.- Enrique Paris Mancilla, Ministro de Salud.

Transcribo para su conocimiento decreto afecto N° 34 - 12 de noviembre 2021.- Por orden de la Subsecretaria de Salud Pública.- Saluda atentamente a Ud., Yasmina Viera Bernal, Jefa de la División Jurídica, Ministerio de Salud.

LEY NÚM. 21.504
ESTABLECE PROHIBICIÓN DE INFORMAR DEUDAS CONTRAÍDAS PARA FINANCIAR SERVICIOS Y ACCIONES DE SALUD EN LA LEY Nº 19.628

Teniendo presente que el H. Congreso Nacional ha dado su aprobación al siguiente proyecto de ley iniciado en moción del Honorable senador señor Jaime Quintana Leal, y de los exsenadores señor Guido Girardi Lavín, señora Carolina Goic Boroevic y señor Rabindranath Quinteros Lara,

Proyecto de ley:

"Artículo único.- Intercálase, en el inciso segundo del artículo 17 de la ley Nº 19.628, sobre protección de la vida privada, con el objeto de prohibir que se informe sobre las deudas contraídas para financiar servicios y acciones de salud, a continuación de la expresión "en cualquiera de sus niveles;", lo siguiente: "ni las deudas contraídas con prestadores de salud públicos o privados y empresas relacionadas, sean instituciones financieras, casas comerciales u otras similares, en el marco de una atención o acción de salud ambulatoria, hospitalaria o de emergencia sean éstas consultas, procedimientos, exámenes, programas, cirugías u operaciones;".

Artículo transitorio.- La presente ley entrará en vigencia a partir de los ciento ochenta días posteriores a la publicación de la misma. Los responsables de los registros o bancos de datos personales que almacenan y comunican información sobre las obligaciones a que se refiere esta ley deberán eliminar todos los datos relacionados con éstas, en el plazo señalado anteriormente.".

Y por cuanto he tenido a bien aprobarlo y sancionarlo; por tanto, promúlguese y llévese a efecto como Ley de la República.

Santiago, 4 de noviembre de 2022.- GABRIEL BORIC FONT, Presidente de la República.- Ximena Aguilera Sanhueza, Ministra de Salud.

Transcribo para su conocimiento la ley Nº 21.504 del 4 noviembre de 2022.- Por orden de la Subsecretaria de Salud Pública.- Saluda atentamente a Ud., Yasmina Viera Bernal, Jefa de la División Jurídica, Ministerio de Salud.

LEY NÚM. 21.545
ESTABLECE LA PROMOCIÓN DE LA INCLUSIÓN, LA ATENCIÓN INTEGRAL, Y LA PROTECCIÓN DE LOS DERECHOS DE LAS PERSONAS CON TRASTORNO DEL ESPECTRO AUTISTA EN EL ÁMBITO SOCIAL, DE SALUD Y EDUCACIÓN

Teniendo presente que el H. Congreso Nacional ha dado su aprobación al siguiente proyecto de ley iniciado dos mociones refundidas; la primera, correspondiente al boletín N°14.310-35, de las diputadas Carolina Marzán Pinto, Catalina Del Real Mihovilovic, Claudia Mix Jiménez y Francesca Muñoz González, de los diputados Sergio Bobadilla Muñoz y Eduardo Durán Salinas, de las exdiputadas Sandra Amar Mancilla y Nora Cuevas Contreras y del exdiputado Luis Rocafull López; la segunda, correspondiente al boletín N°14.549-35, del exdiputado Sergio Gahona Salazar, de las diputadas Karol Cariola Oliva y Ximena Ossandón Irarrázaval; del diputado Renzo Trisotti Martínez; de la exdiputada Maya Fernández Allende y del exdiputado Jorge Sabag Villalobos,

Proyecto de ley:

"TÍTULO I
DISPOSICIONES GENERALES

Artículo 1.- Objeto. La presente ley tiene por objeto asegurar el derecho a la igualdad de oportunidades y resguardar la inclusión social de los niños, niñas, adolescentes y adultos con trastorno del espectro autista; eliminar cualquier forma de discriminación; promover un abordaje integral de dichas personas en el ámbito social, de la salud y de la educación, y concientizar a la sociedad sobre esta temática. Lo anterior, sin perjuicio de los demás derechos, beneficios o garantías contempladas en otros cuerpos legales o normativos y en los tratados internacionales ratificados por Chile que se encuentren vigentes.

El trastorno de espectro autista es un neurotipo genérico, por tanto, los derechos contemplados en esta ley y en otros textos legales abarcarán todo el ciclo vital de las personas que lo presenten.

Artículo 2.- Conceptos. Para los efectos de esta ley se entenderá por:

a) Personas con trastorno del espectro autista. Se entenderá por personas con trastorno del espectro autista a aquellas que presentan una diferencia o diversidad en el neurodesarrollo típico, que se manifiesta en dificultades significativas en la iniciación, reciprocidad y mantención de la interacción y comunicación social al interactuar con los diferentes entornos, así como también en conductas o intereses restrictivos o repetitivos. El espectro de dificultad significativa en estas áreas es amplio y varía en cada persona.

El trastorno del espectro autista corresponde a una condición del neurodesarrollo, por lo que deberá contar con un diagnóstico.

Estas características constituyen algún grado de discapacidad cuando generan un impacto funcional significativo en la persona a nivel familiar, social, educativo, ocupacional o de otras áreas y que, al interactuar con diversas barreras presentes en el entorno, impida o restrinja su participación plena y efectiva en la sociedad, en igualdad de condiciones con las demás, lo que deberá ser calificado y certificado conforme a lo dispuesto en la ley N° 20.422, que establece normas sobre igualdad de oportunidades e inclusión social de personas con discapacidad.

b) Persona cuidadora de una persona con trastorno del espectro autista. Se entenderá por cuidador o cuidadora a quien proporcione asistencia o cuidado en los términos previstos por el artículo 5 quáter de la ley N° 20.584, que regula los derechos y deberes que tienen las personas en relación con acciones vinculadas a su atención en salud.

Artículo 3.- Principios. La aplicación de esta ley, en lo que se refiere a las personas con trastorno del espectro autista, deberá sujetarse al cumplimiento de los siguientes principios:

a) Trato digno. Deben recibir un trato digno y respetuoso en todo momento y en cualquier circunstancia. Deberá adoptarse un lenguaje claro y sencillo en las atenciones que se les brinden, y medidas necesarias para respetar y proteger su vida privada y su honra.

Quienes brinden atención al público deberán permitir que estas personas estén acompañadas por un familiar o cuidador, a quienes se les deberá otorgar un trato digno y respetuoso.

b) Autonomía progresiva. Todo niño, niña y adolescente ejercerá sus derechos conforme a la evolución de sus facultades, en atención a su edad, madurez y grado de desarrollo que manifieste, de conformidad con lo establecido en el artículo 11 de la ley N° 21.430, sobre garantías y protección integral de los derechos de la niñez y adolescencia. Para ello se considerará el grado de discapacidad que pueda tener y, en caso de ser necesario, que los padres o tutores legales sean responsables de estas decisiones de acuerdo con la situación individual de apoyos de ellos y que, en ningún caso, implique un desmedro en su autonomía e independencia.

c) Perspectiva de género. En la elaboración, ejecución y evaluación de las medidas que se adopten en relación con estas personas deberá considerarse la variable de género.

d) Intersectorialidad. Las acciones, prestaciones y servicios que podrán realizarse para la protección de los derechos de estas personas se desarrollarán de manera conjunta y coordinada por los diversos órganos del Estado, dentro de sus respectivos ámbitos de competencia.

e) Participación y diálogo social. Estas personas y sus organizaciones tendrán un rol activo en la elaboración, ejecución, seguimiento y evaluación de las políticas públicas que les conciernen.

f) Neurodiversidad. Las personas tienen una variabilidad natural en el funcionamiento cerebral y presentan diversas formas de sociabilidad, aprendizaje, atención, desarrollo emocional y conductual, y otras funciones neurocognitivas.

g) Detección temprana. Los actores que forman parte de la red de protección y tratamiento de estas personas deberán adoptar todas las medidas necesarias para diagnosticar, durante los primeros años de vida, si una persona tiene o no trastorno del espectro autista.

h) Seguimiento continuo. Una vez diagnosticada una persona con trastorno del espectro autista, existirá la obligación de parte de los actores que formen parte de la red de protección y tratamiento, en especial del Estado, de acompañarla durante las diferentes etapas de su vida, y proveer de soluciones adecuadas cuando sea necesario, tomando en consideración su grado de discapacidad.

Artículo 4.- Aplicación de la ley N° 20.422. Sin perjuicio de lo dispuesto en esta ley, a las personas con trastorno del espectro autista que cuenten con calificación y certificación de discapacidad de conformidad con la ley N° 20.422, que establece normas sobre igualdad de oportunidades e inclusión social de personas con discapacidad, también les serán aplicables las disposiciones contenidas en dicho cuerpo legal.

Artículo 5.- Legitimación activa. Sin perjuicio de las normas administrativas y penales, toda persona con trastorno del espectro autista directamente afectada por una acción u omisión que importe discriminación arbitraria, podrá interponer la acción prevista en el artículo 3° de la ley

N° 20.609, que establece medidas contra la discriminación, a través de su representante legal o quien tenga de hecho su cuidado personal o educación, en la forma y condiciones contempladas en dicha ley. También podrá interponer esta acción cualquier persona, como un familiar, cuidador o cuidadora, cuando aquella se encuentre imposibilitada de ejercerla y carezca de representantes legales o personas que la tengan bajo su cuidado o educación, o cuando, aun teniéndolos, éstos se encuentren también impedidos de deducirla.

Toda persona con trastorno del espectro autista que cuente con la calificación y certificación de discapacidad a que se refiere la ley N° 20.422, que establece normas sobre igualdad de oportunidades e inclusión social de personas con discapacidad, y que sufra amenaza, perturbación o privación en el ejercicio de los derechos consagrados en la referida ley, podrá ejercer, por sí o por cualquiera a su nombre, tales como un familiar, cuidador o cuidadora, la acción prevista en su artículo 57, en la forma y condiciones dispuestas en ella.

TÍTULO II
DE LOS DEBERES DEL ESTADO

Artículo 6.- Deberes generales del Estado. Es deber del Estado asegurar el desarrollo personal, la vida independiente, la autonomía y la igualdad de oportunidades de las personas con trastorno del espectro autista, a través de las acciones que señala el artículo 7 y de las demás medidas establecidas en la ley.

El Estado deberá asegurar a dichas personas el pleno goce y ejercicio de sus derechos en condiciones de igualdad con las demás. En especial, asegurará su inclusión social y educativa, con el objeto de disminuir y eliminar las barreras para el aprendizaje, la participación y la socialización. En tal sentido, impulsará las medidas que sean necesarias para asegurar el cumplimiento de lo señalado precedentemente.

Asimismo, el Estado adoptará las medidas necesarias para prevenir y sancionar la violencia, el abuso y la discriminación en contra de dichas personas.

Lo dispuesto en el presente Título se realizará de acuerdo con las atribuciones, los medios y los recursos disponibles por los servicios involucrados.

Artículo 7.- Abordaje integral del trastorno del espectro autista. El Estado realizará un abordaje integral del trastorno del espectro autista, y considerará el desarrollo de las siguientes acciones:

a) Impulsar la investigación científica sobre el trastorno y velar por la efectiva divulgación de sus resultados.

b) Realizar campañas de concientización sobre el trastorno, en el ejercicio de las funciones de información y difusión que por ley correspondan a cada repartición pública con competencia en la materia.

c) Fomentar la detección temprana.

d) Velar por la provisión de servicios de apoyo que puedan ser requeridos por las personas con trastorno del espectro autista, según el grado de dependencia y a lo largo de todo su ciclo vital, para realizar las actividades de la vida diaria o participar en el entorno social, económico, laboral, educacional, cultural o político, todo ello, en condiciones de mayor autonomía funcional.

e) Incorporar el trastorno del espectro autista en encuestas o estudios poblacionales pertinentes con el objeto de conocer su prevalencia en los diferentes territorios del país y las principales características de esta población. Su incorporación procederá en los casos que sea compatible con la metodología a utilizar para la recolección y procesamiento de información.

f) Impulsar medidas orientadas por el principio de accesibilidad universal en el ejercicio del derecho de acceso a la información. Para ello, se adoptarán progresivamente mecanismos y formatos para hacer la información accesible a las personas con trastorno del espectro autista de la forma más autónoma y natural posible, en el marco de las atribuciones y recursos que contemple la legislación vigente.

g) Promover el ejercicio, sin discriminación, de los derechos sexuales y reproductivos de dichas personas.

h) Fomentar la capacitación, perfeccionamiento y desarrollo de protocolos de actuación de las funcionarias y funcionarios públicos, en especial de quienes se desempeñan en las áreas de salud, educación, justicia, trabajo, fuerzas de orden y seguridad pública y que brindan atención al público, en materias relativas al trastorno del espectro autista, con perspectiva de género y de derechos humanos.

i) Velar por que los cuidados otorgados a personas con trastorno del espectro autista que así lo requieran, por encontrarse en situación de dependencia, de acuerdo con la letra e) del artículo 6 de la ley N° 20.422, respeten su desarrollo personal y resguarden su autonomía y el derecho a vivir una vida independiente.

Artículo 8.- Herramientas de comunicación aumentativa alternativa para niñas y niños. El Ministerio de Desarrollo Social y Familia, a través del subsistema Chile Crece Contigo, pondrá a disposición herramientas de comunicación aumentativa alternativa destinadas a facilitar la comunicación y aprendizaje de niñas y niños de 0 a 9 años con trastorno del espectro autista.

Para el cumplimiento de lo establecido en el inciso anterior, podrá suscribir convenios con municipalidades y con otros órganos de la Administración del Estado o con entidades privadas.

TÍTULO III
DE LA ATENCIÓN EN SALUD A LAS PERSONAS CON TRASTORNO DEL ESPECTRO AUTISTA

Artículo 9.- Derechos de las personas con trastorno del espectro autista en la atención en salud. Las personas con trastorno del espectro autista gozarán de los derechos consagrados en la ley N° 20.584, que regula los derechos y deberes que tienen las personas en relación con acciones vinculadas a su atención de salud, y en la ley N° 21.331, del reconocimiento y protección de los derechos de las personas en la atención de salud mental, que le fueran aplicables.

La Superintendencia de Salud, a través de su Intendencia de Prestadores de Salud fiscalizará, de oficio o a petición de parte, el cumplimiento de las normas de este Título, de conformidad con lo establecido en las leyes señaladas en el inciso anterior.

Artículo 10.- Atención de salud pertinente a las necesidades. Las personas con trastorno del espectro autista tienen derecho a una atención de salud pertinente a sus necesidades, desde una perspectiva de derechos humanos, conforme a la normativa vigente, lo que incluye la Convención sobre los Derechos de las Personas con Discapacidad y los tratados internacionales suscritos por Chile en la materia y que se encuentren vigentes.

Artículo 11.- Tamizaje del trastorno del espectro autista en salud. El Ministerio de Salud desarrollará y promoverá el acceso a tamizaje o detección de señales de alerta de trastorno del espectro autista dentro de las prestaciones de salud de niños, niñas y adolescentes incluidas en el Plan de Salud Familiar, financiadas año a año mediante el decreto al que se refiere el artículo 49 de la ley N° 19.378, que establece el estatuto de atención primaria de salud municipal.

Artículo 12.- Derivación de casos con sospecha de trastorno del espectro autista por establecimientos educacionales. El Ministerio de Salud, previa consulta al Ministerio de Educación, elaborará un protocolo en virtud del cual los establecimientos educacionales derivarán a niños, niñas y adolescentes con sospecha de trastorno del espectro autista al establecimiento de salud correspondiente para el proceso de diagnóstico. Este protocolo deberá incluir los criterios para que proceda la derivación.

Artículo 13.- Proceso de diagnóstico de las personas con trastorno del espectro autista. El Estado deberá desarrollar y promover el acceso a un proceso de diagnóstico del trastorno del espectro autista que sea temprano, oportuno, interdisciplinario, sin discriminación por edad y desde una perspectiva interseccional.

Artículo 14.- Atenciones específicas de salud de las personas con trastorno del espectro autista. El Estado deberá promover el acceso a atenciones de salud específicas de acuerdo con las necesidades, de manera oportuna, interdisciplinaria y durante todo el curso de vida, de acuerdo con sus atribuciones, medios y los recursos que contemple anualmente la Ley de Presupuestos del Sector Público. A estas atenciones podrán acceder tanto las personas en proceso de confirmación diagnóstica de trastorno del espectro autista como aquellas debidamente diagnosticadas.

El personal de salud deberá informar a la persona con trastorno del espectro autista y, según corresponda, a su cuidador o cuidadora, de su derecho a solicitar voluntariamente la calificación y certificación de discapacidad, en los términos dispuestos en la ley N° 20.422, que establece normas sobre igualdad de oportunidades e inclusión social de personas con discapacidad, y sus respectivos reglamentos.

El personal de salud tratante deberá mantener actualizados los instrumentos para la calificación de discapacidad y entregar la información en ellos contenida en los casos, formas y condiciones que indica la ley N° 20.584, que regula los derechos y deberes que tienen las personas en relación con acciones vinculadas a su atención de salud.

Artículo 15.- Derecho al acompañamiento de las personas con trastorno del espectro autista. Las personas con trastorno del espectro autista, cualquiera sea su edad, que sean hospitalizadas o sometidas a prestaciones ambulatorias, tendrán el derecho a ser acompañadas por familiares, cuidadores o cuidadoras, o personas significativas cuyo número sea suficiente para la adecuada atención de salud, en los términos señalados por el artículo 6 de la ley N° 20.584, que regula los derechos y deberes que tienen las personas en relación con acciones vinculadas a su atención en salud.

Artículo 16.- Capacitación de los profesionales de la salud. Los equipos de salud que participan en la detección, el diagnóstico y las atenciones de las personas con trastorno del espectro autista deberán estar debidamente capacitados y someterse a procesos de perfeccionamiento continuo, de conformidad con los lineamientos y orientaciones dictados por el Ministerio de Salud.

Artículo 17.- Protocolos, normas técnicas y reglamentos. El Ministerio de Salud dictará los protocolos, las normas técnicas y los reglamentos para el debido cumplimiento de los derechos que otorga y reconoce el presente Título conforme lo dispone el artículo 4 del decreto con fuerza de ley N° 1, de 2006, del Ministerio de Salud, que fija el texto refundido, coordinado y sistematizado del decreto ley N° 2.763, de 1979 y de las leyes N° 18.933 y N° 18.469.

TÍTULO IV
DE LOS DERECHOS DE LOS NIÑOS, NIÑAS, ADOLESCENTES Y PERSONAS ADULTAS CON TRASTORNO DEL ESPECTRO AUTISTA EN EL ÁMBITO EDUCACIONAL

Artículo 18.- Sistema educativo. Es deber del Estado asegurar a todos los niños, niñas, adolescentes y personas adultas una educación inclusiva de calidad y promover que se generen las condiciones necesarias para el acceso, participación, permanencia y progreso de los y las estudiantes, según sea su interés superior.

Esto implica que el Estado resguardará que los niños, niñas, adolescentes y personas adultas con trastorno del espectro autista accedan sin discriminación arbitraria a los establecimientos públicos y privados del sistema educativo.

Los establecimientos educacionales velarán por el desarrollo de comunidades educativas inclusivas. Asimismo, efectuarán los ajustes necesarios en sus reglamentos y procedimientos internos, que consideren la diversidad de sus estudiantes y permitan el abordaje de desregulaciones emocionales y conductuales.

Lo anterior se realizará conforme a lo establecido en los artículos 3 y 4 del decreto con fuerza de ley N° 2, de 2010, del Ministerio de Educación, que fija el texto refundido, coordinado y sistematizado de la ley N° 20.370 con las normas no derogadas del decreto con fuerza de ley N° 1, de 2005.

Las instituciones de educación no formal promoverán medidas para la participación e inclusión de personas con trastorno del espectro autista, y establecerán políticas y procedimientos con enfoque de derechos e inclusión en todos sus niveles.

Artículo 19.- Formación y acompañamiento. El Ministerio de Educación desarrollará acciones formativas destinadas a profesionales y asistentes de la educación, que les permitan adquirir herramientas para apoyar a las personas con trastorno del espectro autista, que faciliten su inclusión y el acompañamiento en la trayectoria educativa. Estas acciones se desarrollarán de conformidad a lo señalado en el artículo 12 ter del decreto con fuerza de ley N° 1, de 1997, del Ministerio de Educación, que fija el texto refundido, coordinado y sistematizado de la ley N° 19.070, que aprobó el Estatuto de los Profesionales de la Educación, y de las leyes que la complementan y modifican. Asimismo, podrá desarrollar las referidas acciones a través de convenios que suscriban con instituciones públicas o privadas sin fines de lucro.

En la ejecución de estas acciones, dicho Ministerio deberá incluir todos los niveles y modalidades educativas, y considerará especialmente las condiciones particulares de los establecimientos rurales y la modalidad de educación de personas jóvenes y adultas.

Asimismo, el Ministerio desarrollará acciones permanentes de acompañamiento a la gestión educativa de los establecimientos para la atención a la diversidad y la atención de personas con trastorno del espectro autista, en el marco de la implementación y actualización de proyectos educativos inclusivos.

Artículo 20.- Deberes de los establecimientos educacionales. Los establecimientos educacionales tienen el deber de proveer espacios educativos inclusivos, sin violencia y sin discriminación para las personas con trastorno del espectro autista, y garantizarán la ejecución de las medidas para la adecuada formación de sus funcionarios, profesionales, técnicos y auxiliares, para la debida protección de la integridad física y psíquica de aquellas personas.

Artículo 21.- Educación superior. Sin perjuicio de lo establecido en el literal e) del artículo 2 de la ley N° 21.091, sobre Educación Superior, las instituciones de educación superior velarán por la existencia de ambientes inclusivos, lo que incluye realizar los ajustes necesarios para que las personas con trastorno del espectro autista cuenten con mecanismos que faciliten el desarrollo de todo el proceso formativo, es decir, su ingreso, formación, participación, permanencia y egreso.

TÍTULO V
DISPOSICIONES FINALES

Artículo 22.- Deber de información. En el mes de marzo de cada año se dará cuenta del estado de avance de la implementación de la presente ley a las Comisiones técnicas de la Cámara de Diputados y del Senado, en sesión conjunta. Las Secretarías Generales de ambas Cámaras determinarán cuáles serán dichas Comisiones.

Artículo 23.- Derechos de las personas con trastorno del espectro autista en los procedimientos judiciales. En los procedimientos judiciales se velará por que las personas con trastorno del espectro autista sean debidamente tratadas. Ellas tendrán que ser escuchadas, se les entregará la información mediante un lenguaje claro y de fácil entendimiento, y podrán utilizar señaléticas, apoyos visuales o pictogramas, en caso de ser necesario.

Artículo 24.- Difusión de derechos de las personas con trastorno del espectro autista. En los establecimientos de salud, educacionales, bancarios y en todos aquellos que sean de amplia concurrencia se deberá contar con carteles u otros formatos de comunicación en los cuales se señale que las personas con trastorno del espectro autista deben recibir un trato digno y respetuoso en todo momento y en cualquier circunstancia, y que respecto de ellas debe adoptarse un lenguaje claro y sencillo en las atenciones que se les brinden.

Artículo 25.- Agrégase en el Código del Trabajo el siguiente artículo 66 quinquies:

"Artículo 66 quinquies.- Los trabajadores dependientes regidos por el Código del Trabajo, aquellos regidos por la ley N° 18.834, sobre Estatuto Administrativo, cuyo texto refundido, coordinado y sistematizado fue fijado por el decreto con fuerza de ley N° 29, de 2004, del Ministerio de Hacienda y por la ley N° 18.883, que aprueba Estatuto Administrativo para Funcionarios Municipales, que sean padres, madres o tutores legales de menores de edad debidamente diagnosticados con trastorno del espectro autista, estarán facultados para acudir a emergencias respecto a su integridad en los establecimientos educacionales en los cuales cursen su enseñanza parvularia, básica o media.

El tiempo que estos trabajadores destinen a la atención de estas emergencias será considerado como trabajado para todos los efectos legales. El empleador no podrá, en caso alguno, calificar esta salida como intempestiva e injustificada para configurar la causal de abandono de trabajo establecida en la letra a) del número 4 del artículo 160, o como fundamento de una investigación sumaria o de un sumario administrativo, en su caso.

El trabajador deberá dar aviso a la Inspección del Trabajo del territorio respectivo respecto a la circunstancia de tener un hijo, hija o menor bajo su tutela legal, diagnosticado con trastorno del espectro autista.".

DISPOSICIONES TRANSITORIAS

Artículo primero.- Entrada en vigencia diferida de las disposiciones que señala. El inciso primero del artículo 6, el artículo 7, excepto su literal b), y los artículos 9, 13 y 14 entrarán en vigencia a contar del décimo segundo mes desde la publicación de la presente ley en el Diario Oficial.

Artículo segundo.- Financiamiento. El mayor gasto fiscal que irrogue la aplicación de esta ley, durante el primer año presupuestario de su entrada en vigencia, se financiará con cargo a la partida presupuestaria del Ministerio de Desarrollo Social y Familia y del Ministerio de Salud, según corresponda, y en lo que falte se financiará con cargo a los recursos de la partida presupuestaria Tesoro Público de la Ley de Presupuestos del Sector Público. En los años siguientes, se financiará con cargo a los recursos que anualmente contemple la Ley de Presupuestos correspondiente.

Artículo tercero.- Evaluación de incorporación a las Garantías Explícitas en Salud. El Ministerio de Salud evaluará la incorporación de las prestaciones de salud asociadas a la atención de las personas con trastorno del espectro autista al siguiente procedimiento de elaboración de las Garantías Explícitas en Salud que iniciará de conformidad a lo contemplado en el artículo 6 del decreto supremo N° 121, de 2005, del Ministerio de Salud, que aprueba el reglamento que establece normas para la elaboración y determinación de las Garantías Explícitas en Salud a que se refiere la ley N° 19.966.

En el mes de marzo de cada año el Ministerio de Salud dará cuenta del estado de avance de lo regulado en el inciso anterior a las Comisiones de Salud de la Cámara de Diputados y del Senado, en sesión conjunta.

Artículo cuarto.- Implementación de medidas relativas a los deberes del Estado que indica. En relación con el deber del Estado al que se refiere el literal e) del artículo 7, durante el año 2023, el Ministerio de Salud incorporará en el diseño del primer Estudio Nacional de Salud Infantil (ENSI) un ítem que permitirá estimar la prevalencia de trastorno del espectro autista en la población de 0 a 14 años, 11 meses y 29 días.

Respecto al deber del Estado establecido en el artículo 11, transcurridos tres meses desde la publicación de esta ley, el Ministerio de Salud, a través de los establecimientos de atención primaria de salud, realizará dentro de las acciones relativas a la Supervisión de Salud Integral de niños y niñas un proceso de detección del trastorno del espectro autista de quienes se encuentren entre los 16 y 30 meses de edad, de conformidad al marco legal y disposiciones sanitarias vigentes.

Transcurridos seis meses desde la publicación de esta ley, el Ministerio de Salud, a través de los establecimientos de atención primaria de salud, realizará dentro de las acciones relativas a la Supervisión de Salud Integral de niños y niñas, un proceso de detección del trastorno del espectro autista de quienes se encuentren entre los 30 y los 59 meses de edad, de conformidad al marco legal y disposiciones sanitarias vigentes.

En cuanto al deber del Estado al que alude el artículo 14, al vigésimo cuarto mes desde la publicación de la ley se dispondrá de, a lo menos, una sala por Servicio de Salud, donde se realizarán el proceso de diagnóstico y la atención integral para niños, niñas y adolescentes con trastorno del espectro autista.

Respecto de la potestad del Ministerio de Salud aludida en el artículo 17, dentro del plazo de 12 meses desde la publicación de la ley, dicha Cartera de Estado elaborará los protocolos que se refieran a la detección, diagnóstico y abordaje integral del trastorno del espectro autista con enfoque de curso de vida, proceso que deberá ajustarse a lo dispuesto en la ley N° 20.500, sobre asociaciones y participación ciudadana en la gestión pública.".

Y por cuanto he tenido a bien aprobarlo y sancionarlo; por tanto, promúlguese y llévese a efecto como Ley de la República.

Santiago, 2 de marzo de 2023.- GABRIEL BORIC FONT, Presidente de la República.- Ximena Aguilera Sanhueza, Ministra de Salud.- Kenneth Giorgio Jackson Drago, Ministro de Desarrollo Social y Familia.- Marco Antonio Ávila Lavanal, Ministro de Educación.

Transcribo para su conocimiento Ley N° 21.545 - 2 de marzo 2023.- Por orden de la Subsecretaría de Salud Pública.- Saluda atentamente a Ud., Yasmina Viera Bernal, Jefa de la División Jurídica, Ministerio de Salud.

LEY NÚM. 21.656
MODIFICA LA LEY N° 21.258, PARA CONSAGRAR EL DERECHO AL OLVIDO ONCOLÓGICO

Teniendo presente que el H. Congreso Nacional ha dado su aprobación al siguiente proyecto de ley que tuvo su origen en moción de los Honorables Senadores señor Matías Walker Prieto, señora Ximena Órdenes Neira y señores Juan Luis Castro González, Francisco Chahuán Chahuán y Sergio Gahona Salazar,

Proyecto de ley:

"**Artículo único.-** Incorpórase en el Título I, a continuación del artículo 8° de la ley N° 21.258, que crea la Ley Nacional del Cáncer, que rinde homenaje póstumo al doctor Claudio Mora, el siguiente artículo 8° bis:

"**Artículo 8° bis.- Derecho al olvido oncológico.** Serán nulas aquellas cláusulas, estipulaciones, condiciones más onerosas, exclusiones, restricciones o discriminaciones de cualquier otro tipo destinadas a quien haya sufrido una patología oncológica antes de la fecha de suscripción del contrato o negocio jurídico, cuando hayan transcurrido cinco años desde la finalización del tratamiento radical sin recaída posterior.

Asimismo, se prohíbe la solicitud de información oncológica o la obligación de declarar haber padecido una patología oncológica a la fecha de suscripción del contrato o negocio jurídico, cuando hayan transcurrido cinco años desde la finalización del tratamiento radical sin recaída posterior. Por su parte, una vez transcurrido el plazo de cinco años señalado en el inciso anterior, ningún asegurador podrá considerar la existencia de antecedentes oncológicos para efectos de la contratación del seguro.

Serán nulas las cláusulas de renuncia a lo establecido en el presente artículo y su incumplimiento dará lugar a las denuncias o acciones correspondientes, destinadas a sancionar a quien incurra en esta infracción, a anular las cláusulas abusivas incorporadas en los contratos de adhesión, a obtener la prestación de la obligación incumplida, a hacer cesar el acto que afecte el ejercicio de los derechos de la persona afectada, o a obtener la debida indemnización de perjuicios o la reparación que corresponda, sujetándose para estos efectos al procedimiento establecido en la ley N° 19.496, sobre protección de los derechos de los consumidores.".".

Y por cuanto he tenido a bien aprobarlo y sancionarlo; por tanto, promúlguese y llévese a efecto como Ley de la República.

Santiago, 1 de febrero de 2024.- GABRIEL BORIC FONT, Presidente de la República.- Ximena Aguilera Sanhueza, Ministra de Salud.- Javiera Petersen Muga, Ministra de Economía, Fomento y Turismo (S).

Transcribo para su conocimiento ley N° 21.656 del 1 de febrero 2024. Modifica la ley N° 21.258 para consagrar el derecho al olvido oncológico.- Por orden de la Subsecretaría de Salud Pública.- Saluda atentamente a Ud., Marcelo Olivares Pacheco, Jefe de la División Jurídica (S), Ministerio de Salud.

ÍNDICE ANALÍTICO DEL CÓDIGO SANITARIO